WBC 성경주석

아가 · 예레미야애가

솔로몬

WORD BIBLICAL COMMENTARY

Volume 23B

Song of Songs

DUANE GARRETT

Lamentations

PAUL R. HOUSE

THOMAS NELSON PUBLISHERS, Nashville

목 차

〈애가〉

편집자 서문

본 성경 주석 전집(WBC: Word Biblical Commentary)이 세상에 나오기까지는 수 년 간의 기획 과정이 필요했다. 1977년에 본 전집의 편집위원회 위원들은 발행인들과 회합한 자리에서 몇 가지 뚜렷한 특징을 지닌 새로운 성경 주석의 발간 가능성을 면밀하게 검토했다. 그러한 특징이 무엇인지는 독자들이 이 주석서들을 진지한 자세로 읽어 내려가는 과정에서 금방 알게 될 것이다. 하지만 본 성경 주석이 당초에 목표로 삼은 것이 과연 얼마나 완벽하게 성취되었는지는 오로지 시간만이 말해 줄 수 있을 것이다.

우선, 우리는 우리와 뜻을 같이하면서도 세계 도처의 대학교, 신학교 등에서 가르침의 사역에 종사하고 있는 학자들을 되도록 폭 넓게 선발하여 본 성경 주석의 기고자로 삼기 위해 많은 노력을 기울여 왔다. 매우 다양한 교단적 배경을 지닌 본서 기고자들의 폭 넓은 시야는 가히 "복음주의적" – 성경을 하나님의 계시로 받아들이고 기독교 복음의 진리와 능력을 자신의 생명처럼 여긴다는 적극적이고 역사적인 의미에서 – 이라 불려지는 것이 마땅하다.

다음으로, 본 전집에 포함된 주석서들은 처음부터 「WBC 성경주석」의 일환으로 쓰여진 책들이다. 오늘날 성경 주석 분야에서 상당한 호평을 받고 있는 몇몇 전집들이 영어 이외의 언어로 쓰여진 저작들을 영어로 번역한 것에 비하여, 본 성경 주석은 오로지 처음부터 영어로 쓰여진 책들만이 포함되어 있다. 또한 본 전집의 주석가들은 성경 원문을 각자 나름대로 영어로 번역한 다음, 그 번역된 성경 본문을 자신들의 주해와 주석의 바탕으로 삼는 것을 원칙으로 삼았다. 나아가서 본 전집의 대표적인 특징으로는, 그 내용이 어디까지나 성경적인 언어를 바탕으로 하면서도 각계 각층의 독자들 – 공부하는 학생들, 현재 목회 사역에 종사하고 있는 교역자들 그리고 이 분야를 전공하는 학자들이나 교수들 – 이 성경에 대한 신학적 이해를 학문적이면서도 실제적으로 쌓아 나갈 수 있고, 또 그들에게 현실적인 도움이 될 수 있도록 구성되어 있다는 점을 들 수 있다.

마지막으로, 본 성경 주석의 구성 양식에 관하여 몇 마디 말을 덧붙이고자 한다. 우리는 여러 계층의 – 그리고 상이한 수준의 – 독자들을 의식하여, 확실하게 구분되는 몇 개의 단락으로 나누어 책의 내용을 구성했다. 예를 들어, 번역된 성경 본문의 바탕을 이루는 히브리어와 헬라어 원문에 관하여 좀더 깊이 있게 공부하려는 독자들은 본 성경 본문의 "원문주해"를 살펴보고, 현대 신학자들이 어떠한 해석을 내리고 있는지에 관심이 있다면 "참고문헌" 및 "양식/구조/배경"을 참조하면 될 것이다. 또한 어떤 성경 본문의 의미 및 그 본문에 포함된 성경적 계시를 좀더 폭 넓은 관점에서 이해하려면 "주석"과 "해설"을 보면 된다. 그러므로 본 성경 주석을 펼쳐든 사람이라면 누구나 자신에게 유익한 자료들을 얻을 수 있으리라 믿어 의심치 않는다.

이상과 같은 우리의 목표가 상당히 만족스러운 수준까지 달성될 때, 우리 편집자들이 당초에 의도했던 것들이 구체적으로 실현됨과 아울러 본 전집의 기고자들이 흘린 땀방울도 충분한 보상을 받을 수 있게 될 것이다.

책임 편집자 : **데이비드 허바드**(David A. Hubbard)
글렌 바커(Glenn Barker)
구약 편집자 : **존 와츠**(John D. W. Watts)
신약 편집자 : **랠프 마틴**(Ralph P. Martin)

약어표

간행물과 참고문헌

AB	Anchor Bible
ABD	*Anchor Bible Dictionary*. Ed. D. N. Freedman. 6 vols. New York, 1992.
AbrN	*Abr-Nahrain*
AJSL	*American Journal of Semitic Languages and Literature*
AJT	*Asia Journal of Theology*
ALUOS	*Annual of Leeds University Oriental Society*
ANEP	*The Ancient Near East in Pictures Relating to the Old Testament*. Ed. J. B. Pritchard. Princeton, 1969.
ANET	*Ancient Near Eastern Texts Relating to the Old Testament*. Ed. J. B. Pritchard. Princeton, 1969.
AnOr	Analecta orientalia
AOAT	Alter Orient und Altes Testament
ATD	Das Alte Testament Deutsch
AThR	*Anglican Theological Review*
AUSS	*Andrews University Seminary Studies*
BASOR	*Bulletin of the American Schools of Oriental Research*
BDB	Brown, F., S. R. Driver, and C. A. Briggs. *A Hebrew and English Lexicon of the Old Testament*. 1907. Reprint, Peabody, MA, 1999.
BEATAJ	Beiträge zur Erforschung des alten Testaments und des antiken Judentum
BeO	*Bibbia e oriente*
BETL	Bibliotheca ephemeridum theologicarum lovaniensium
BHK	*Biblia Hebraica*. Ed. R. Kittel. Stuttgart, 1905-1906, 1973.[16]
BHS	*Biblia Hebraica Stuttgartensia*. Ed. K. Elliger and W. Rudolph. Stuttgart, 1983.
Bib	*Biblica*
BibInt	*Biblical Interpretation*
BJRL	*Bulletin of the John Rylands University Library of Manchester*
BKAT	Biblischer Kommentar, Altes Testament. Ed. M. Noth and H. W. Wolff.
BRev	*Bible Review*
BSac	*Bibliotheca sacra*
BT	*The Bible Translator*
BTB	*Biblical Theology Bulletin*

BZ	*Biblische Zeitschrift*
BZAW	Beihefte zur Zeitschrift für die alttestamentliche Wissenschaft
CahRB	Cahiers de la Revue biblique
CANE	*Civilizations of the Ancient Near East.* Ed. J. Sasson. New York, 1995.
CBC	Cambridge Bible Commentary
CBQ	*Catholic Biblical Quarterly*
CCSL	Corpus Christianorum: Series latina. Turnhout, 1977-.
CS	*The Context of Scripture.* Ed. W. W. Hallo. Leiden, 1997.
CurTM	*Currents in Theology and Mission*
DAB	Dichter des Alten Bundes
DBI	*Dictionary of Biblical Interpretation.* 2 vols. Ed. J. H. Hayes. Nashville, 1999.
DJD	Discoveries in the Judaean Desert
EncJud	*Encyclopaedia Judaica.* 16 vols. Jerusalem, 1972.
EstBib	*Estudios bíblicos*
EvJ	*Evangelical Journal*
ExpTim	*Expository Times*
FCB	Feminist Companion to the Bible
FOTL	Forms of the Old Testament Literature
GKC	*Gesenius' Hebrew Grammar.* Ed. E. Kautzsch. Trans. E. A. Cowley. 2d ed. London, 1910.
GSAT	Geistliche Schriftlesung Alten Testament
GTJ	*Grace Theological Journal*
HAL	Koehler, L., W. Baumgartner, and J. J. Stamm. *Hebräisches und aramäisches Lexikon zum alten Testament.* Fascicles 1-5, 1967-95 (KBL3). ET: *HALOT.*
HALOT	Koehler, L., W. Baumgartner, and J. J. Stamm. *The Hebrew and Aramaic Lexicon of the Old Testament.* Trans. and ed. under supervision of M. E. J. Richardson. 4 vols. Leiden, 1994-99.
HAR	*Hebrew Annual Review*
HAT	Handbuch zum Alten Testament
HBT	*Horizons in Biblical Theology*
HCOT	Historical Commentary on the Old Testament
HKAT	Handkommentar zum Alten Testament
HTR	*Harvard Theological Review*
HUCA	*Hebrew Union College Annual*
IB	*Interpreter's Bible.* Ed. G. A. Buttrick et al. 12 vols. New York,

1951-1957.

IBC Interpretation: A Bible Commentary for Teaching and Preaching

IBHS *An Introduction to Biblical Hebrew Syntax*. B. K. Waltke and M. O'Connor. Winona Lake, IN, 1990.

ICC International Critical Commentary

Imm *Immanuel*

Int *Interpretation*

ISBE *International Standard Bible Encyclopedia*. Ed. G. W. Bromiley. 4 vols. Grand Rapids, MI, 1979-88.

ITC International Theological Commentary

JAAR *Journal of the American Academy of Religion*

JANESCU *Journal of the Ancient Near Eastern Society of Columbia University*

JAOS *Journal of the American Oriental Society*

JBL *Journal of Biblical Literature*

JBQ *Jewish Bible Quarterly*

JCS *Journal of Cuneiform Studies*

JEA *Journal of Egyptian Archaeology*

JETS *Journal of the Evangelical Theological Society*

JJS *Journal of Jewish Studies*

JNSL *Journal of Northwest Semitic Languages*

JOTT *Journal of Translation and Textlinguistics*

Joüon Joüon, P. *A Grammar of Biblical Hebrew*. Trans. and rev. T. Muraoka. 2 vols. Subsidia biblica 14.1-2. Rome, 1991.

JQR *Jewish Quarterly Review*

JR *Journal of Religion*

JSJ *Journal of the Study of Judaism in the Persian, Hellenistic and Roman Periods*

JSOT *Journal for the Study of the Old Testament*

JSOTSup Journal for the Study of the Old Testament: Supplement Series

JSS *Journal of Semitic Studies*

JTS *Journal of Theological Studies*

KAT Kommentar zu Alten Testament

KHC Kurzer Hand-Commentar zum Alten Testament

LQ *Lutheran Quarterly*

LSJ Liddell, H. G., R. Scott, and H. S. Jones. *A Greek-English Lexicon*. 9th ed. with rev. supplement. Oxford, 1996.

LW *Luther's Works*. Ed. J. Pelikan. St. Louis, 1972.

NAC	New American Commentary
NCB	New Century Bible
NEchtBib	Neue Echter Bibel
NIB	*The New Interpreter's Bible*
NICOT	New International Commentary on the Old Testament
NIDOTTE	*New International Dictionary of Old Testament Theology and Exegesis.* Ed. W. A. VanGemeren. 5 vols. Grand Rapids, MI, 1997.
NPNF[1]	*Nicene and Post-Nicene Fathers,* Series 1
NPNF[2]	*Nicene and Post-Nicene Fathers,* Series 2
NV	*Nova et vetera*
OBO	Orbis biblicus et orientalis
OCD	*The Oxford Classical Dictionary.* Ed. S. Hornblower and A. Spawforth. 3d ed. Oxford, 1996.
OTE	*Old Testament Essays*
OTL	Old Testament Library
Parab	*Parabola*
Per	*Perspectives*
Proof	*Prooftexts: A Journal of Jewish Literary History*
PTR	*Princeton Theological Review*
RA	*Revue d'assyriologie et d'archéologie orientale*
RB	*Revue biblique*
RHR	*Revue de l'histoire des religions*
RTR	*Reformed Theological Review*
SBL	Society of Biblical Literature
SLBDS	SBL Dissertation Series
SBLMS	SBL Monograph Series
SBLSymS	SBL Symposium Series
SBS	Stuttgarter Bibelstudien
SBT	Studies in Biblical Theology
Scr	*Scripture*
SJOT	*Scandinavian Journal of the Old Testament*
SK	*Skrif en kerk*
Sound	*Soundings*
SR	*Studies in Religion*
SSN	Studia Semitica Neerlandica
SwJT	*Southwestern Journal of Theology*
TBC	Torch Bible Commentaries

TLOT	*Theological Lexicon of the Old Testament.* Ed. E. Jenni, with C. Westermann. Trans. M. E. Biddle. 3 vols. Peabody, MA, 1997.
TLZ	*Theologische Literaturzeitung*
TOTC	Tyndale Old Testament Commentaries
TRev	*Theologische Revue*
TTKi	*Tidsskrift for Teologi og Kirke*
TynBul	*Tyndale Bulletin*
UF	*Ugarit-Forschungen*
UT	*Ugaritic Textbook.* C. H. Gordon. AnOr 38. Rome, 1965.
VT	*Vetus Testamentum*
VTSup	Supplements to Vetus Testamentum
WBC	Word Biblical Commentary
ZAW	*Zeitschrift für die alttestamentliche Wissenschaft*

원본, 역본, 고대 작품들

Aram.	Aramaic
DSS	Dead Sea Scrolls
Eng.	English
ESV	English Standard Version
Gk.	Greek
Heb.	Hebrew
K	Kethib
KJV	King James Version
LXX	Septuagint
MT	Masoretic Text
NASB	New American Standard Bible
NEB	New English Bible
NIV	New International Version
NJB	New Jerusalem Bible
NRSV	New Revised Standard Version
OL	Old Latin
Q	Qere
REB	Revised English Bible
RSV	Revised Standard Version
Syr.	Syriac
Tg.	Targum/Targumim
Vg.	Vulgate
α´	Aquila
σ´	Symmachus

히브리문법

abs.	absolute
acc.	accusative
act.	active
adj.	adjective, adjectival
adv.	adverb, adverbial
c.	common
conj.	conjunction, conjunctive consec. consecutive
const.	construct
def. art.	definite article

fem., f.	feminine	masc., m.	masculine
fut.	future	pass.	passive
impf.	imperfect	pf.	perfect
impv.	imperative	pl.	plural
indic.	indicative	prep.	preposition
inf.	infinite	ptc.	participle
int.	interrogative	sg.	singular
juss.	jussive	suf.	suffix(es)

정경과 외경

구약

Gen	Genesis	Song	Song of Songs, Canticles
Exod	Exodus	Isa	Isaiah
Lev	Leviticus	Jer	Jeremiah
Num	Numbers	Lam	Lamentations
Deut	Deuteronomy	Ezek	Ezekiel
Josh	Joshua	Dan	Daniel
Judg	Judges	Hos	Hosea
Ruth	Ruth	Joel	Joel
1-2 Sam	1-2 Samuel	Amos	Amos
1-2 Kgs	1-2 Kings	Obad	Obadiah
1-2 Chr	1-2 Chronicles	Jonah	Jonah
Ezra	Ezra	Mic	Micah
Neh	Nehemiah	Nah	Nahum
Esth	Esther	Hab	Habakkuk
Job	Job	Zeph	Zephaniah
Ps(s)	Psalm(s)	Hag	Haggai
Prov	Proverbs	Zech	Zechariah
Eccl	Ecclesiastes	Mal	Malachi

외경

1-4 Kgdms	1-4 Kingdoms	4 Ezra	4 Ezra
1-2 Esdr	1-2 Esdras	Wis	Wisdom of Solomon
Tob	Tobit	Sir	Ecclesiasticus(Wisdom of Jesus the son of Sirach)
Jdt	Judith		
Add Esth	Additions to Esther	Bar	Baruch

Ep Jer	Epistle of Jeremiah	Bel	Bel and the Dragon
S Th Ch	Song of the Three Children(or Young Men)	Pr Azar	Prayer of Azariah
		1-4 Macc	1-4 Maccabees
Sus	Susanna		

신약

Matt	Matthew	1-2 Thess	1-2 Thessalonians
Mark	Mark	1-2 Tim	1-2 Timothy
Luke	Luke	Titus	Titus
John	John	Philem	Philemon
Acts	Acts	Heb	Hebrews
Rom	Romans	Jas	James
1-2 Cor	1-2 Corinthians	1-2 Pet	1-2 Peter
Gal	Galatians	1-2-3 John	1-2-3 John
Eph	Ephesians	Jude	Jude
Phil	Philippians	Rev	Revelation
Col	Colossians		

기타

B.C.E.	Before the Common Era	n.	note
BM	British Museum	n.d.	no date
ca.	circa	n.s.	new series
C.E.	Common Era	NT	New Testament
chap(s).	chapter(s)	OT	Old Testament
ed(s).	edition; edited by; editor(s)	p(p).	page(s)
esp.	especially	Sup	Supplement
ET	English translation	trans.	translated by; translator
FS	*Festschrift*	Univ.	University
l(l).	line(s)	UP	University Press
lit.	literally	v(v)	verse(s)
MS(S)	manuscript(s)	§	section/paragraph

아가

저자 서문

아가서의 주석을 쓰는 것은 두 가지 이유로 다소 당황하게 만든다. 첫째는 이미 아가서에 대한 훌륭하고 박식한 주석이 있다! 우리가 마빈 포프(Marvin Pope), 아드마르 킬(Othmar Keel), 마이클 폭스(Michael Fox), 그리고 무엇보다도 롤란드 머피(Roland Murphy)의 작품을 이미 가지고 있기에 또 다른 해석을 말하는 것을 주저하게 된다. 하지만 내가 이런 학자들이 제시한 입장을 비판할 때, 그들을 비방하는 것을 의미하지 않음을 독자들이 이해할 것으로 나는 믿는다. 그게 아니라, 나는 그들을 높은 존경심으로 대하고, 그들의 학식과 판단을 깊이 감탄하는 자로서 말하고 있다.

그 다음에 또 다른 당황케 하는 이슈가 있다. 즉 아가서는 철저히 성적(sexual)이다. 내가 성경 연구로 들어가기를 선택할 때, 성경의 성적 이미지를 이해하기 위해서 고대 근동의 에로틱한 작품을 연구하는 많은 시간을 보냈음을 말할 수밖에 없다.

나는 아가서의 주석이나 자료에서 도움 되지 않는 두 가지 태도를 가끔 발견하게 된다. 첫째 태도는 가능한 한 아가서의 성적인 뉘앙스를 축소하고 판단을 흐리게 하는 것이다. 또 다른 바람직하지 않은 태도는 아가서의 성적인 뉘앙스에 빠져서 가능한 한 최대로 에로틱한 설명을 추구하는 것이다. 확실히 아가서에는 성적인 뉘앙스의 상당한 양이 있다. 하지만 이 주석에서 나의 임무는 침착함과 의도된 유모어 감각으로 내가 아는 한 정직하게 본문을 해석하는 것임을 독자들이 이해하리라고 나는 소망한다. 젊은 성인 남녀의 그룹에 아가서를 가르치고, 내가 의도하는 방향으로 확신 있게 나아갈 때, 나는 그 어떤 해로움도 발견할 수 없었음을 주장할 수 있다. 한편으로 나는 최근에 이 그룹의 많은 이들에게서 결혼식을 주재할 수 있었다.

나는 많은 사람들에게 확실히 감사의 빚을 졌다. 무엇보다도 Word Biblical Commentary 시리즈의 아가서를 써달라고 요청해준 존 와츠에게 진심어린 감사를 표하기를 원한다. 나는 그의 인내에 특히 감사를 전하고 싶다. 또한 나는 이 원고를 세심하게 읽어준 것에 대해 짐 와츠에게 감사한다. 나는 WBC 편집위원인 멜라니 맥쿠르가 이 주석이 나오기까지 애써준 노력에 대해 감사하기를 원한다. 나는 고든 콘웰 신학교의 이사들과 직원들에게 매우 감사하다. 그들은 이 프로젝트를 완성할 수 있도록 나에게 안식년을 허락해 주었다. 또한 나는 리서치로 도움을 주었던 이전에 나의 학생 조교였던 웨이후아에게 감사하기를 원한다.

그 무엇보다도, 나는 나의 가족 특히 아내인 패티에게 특히 감사하다. 그들은 아가서와 히브리 시들에 대한 연구에 많은 시간을 보내는 남편과 아빠에게 인내하였다. 특별히 나는 아내인 패티에게 "내 사랑아 너는 어여쁘고 어여쁘다 네 눈이 비둘기 같구나"라고 말하고 싶다.

나는 이 주석을 메사추세추의 잎수위크(Ipswich)의 나의 고향에서 많이 썼다. 시를 좋아하는 학생들은 이 곳이 첫째가는 가장 위대한 미국의 시인인 안네 브라드스트리트(Anne Bradsstreet)의 고향이었음을 알 것이다. 영국의 본래 잎스위크는 위대한 지오프리 초어서(Geoffrey Chaucer)와 관련이 있다. 초어서는 그곳에 집을 소유하고, 자주 방문했다. 두 크리스천 시인들의 핵심적인 주제는 남여간의 사랑이었고, 이 두 시인이 이 주석에서 인용된다. 이들과 내가 거주하던 곳이 우연하게 일치한 것이 내가 사랑의 시를 해석하는 작은 능력을 가진 것으로 조화되기를 소망한다. 나는 그들의 시적인 천재성을 갖지 못한 것이 확실하기 때문이다.

고든 콘웰 신학교에서 2002년 5월
두안 가렛(Duane A. Garrett)

주석 참고문헌

이 주석의 본문에서 아가서에 관한 주석의 언급은 오직 저자의 이름으로만 되어 있다.

Abraham ben Isaac ha-Levi Tamakh. *Commentary on the Song of Songs.* Introduction, variants and comments by L. Feldman. SSN 9. Assen: Van Gorcum, 1970. **Adeney, W. F.** *The Song of Songs and the Lamentations of Jeremiah.* In *The Expositor's Bible,* ed. W. R. Nicoll. London: Hodder and Stoughton, 1895. **Alshich, M.** *Shir Hashirim: Love Song of a Nation.* Trans. R. Shahar. Jerusalem: Feldheim, 1993. **Bergant, D.** *The Song of Songs.* Collegeville, MN: Liturgical, 2001. **Bloch, A. A.,** and **C. Bloch.** *The Song of Songs.* New York: Random House, 1995. **Bunn, J. T.** "Song of Solomon." In *The Broadman Bible Commentary.* Nashville: Broadman, 1971. 5:128-48. **Burrowes, G.** *The Song of Solomon.* 1860. Reprint, London: Banner of Truth Trust, 1958. **Carr, G. L.** *The Song of Solomon: An Introduction and Commentary.* Downers Grove: InterVarsity Press, 1984. **Delitzsch, F.** *Commentary on the Song of Songs and Ecclesiastes.* Trans. M. G. Easton. Edinburgh: T&T Clark, 1877. **Dommershausen, W.,** and **G. Krinetski.** *Ester. Hoheslied.* NEchtBib 2. Würzburg: Echter, 1985. **Durham, J.** *An Exposition of the Song of Solomon.* 1840. Reprint, Carlisle, PA: Banner of Truth Trust, 1982. **Ezra ben Solomon of Gerona.** *Commentary on the Song of Songs.* Selected, edited, and translated by S. Brody. Kalamazoo, MI: Medieval Institute Publications, 1999. **Fuerst, W. J.** *The Books of Ruth, Esther, Ecclesiastes, The Song of Songs, Lamentations: The Five Scrolls.* Cambridge: Cambridge UP, 1975. **Garrett, D. A.** *Proverbs, Ecclesiastes, Song of Songs.* NAC. Nashville: Broadman, 1993. **Gerleman, G.** *Ruth, Das Hohelied.* Neukirchen-Vluyn: Neukirchener, 1965. **Giles of Rome.** *Commentary on the Song of Songs and Other Writings.* Ed. J. Rotelle. Villanova, PA: Augustinian Press, 1998. **Gill, J.** *An Exposition of the Song of Solomon.* 1724. Reprint, Marshallton, DE: National Foundation for Christian Education, 1969. **Ginsburg, C. D.** *The Song of Songs.* 1857. Reprint, New York: Ktav, 1970. **Gordis, R.** *The Song of Songs and Lamentations: A Study, Modern Translation, and Commentary.* New York: Jewish Theological Seminary of America, 1954. **Guillaume de Saint-Thierry.** *Exposé sur le Cantique des Cantiques.* Trans. M. Dumontier. Paris: Cerf: 1998. **Guyon, Madame**(Jeanne Marie Vouvier de la Mothe Guyon). *Song of Songs.* Reprint, Augusta, ME: Christian Books, n.d. **Hontheim, J.** *Da Hohelied: Übersetzt und erklärt.* Biblische Studien. Freiburg 13.4. Freiburg: Herder, 1908. **Joüon, P.** *Le Cantique des cantiques: Commentaire philologique et exégétique.* 2d ed. Paris: Beauchesne, 1909. **Keel, O.** *Das Hohelied.* Zurcher Bibelkommentare AT 18. Zürich: Theologie Verlag, 1986. ______. *The Song of Songs.* Trans. F. J. Gaiser. Minneapolis: Fortress, 1994. **Knight, G. A. F.** *Esther, Song of Songs, Lamentations.* London: SCM Press, 1955. **Levi ben Gershom(Gersonides).** *Commentary on the Song of Songs.* Trans. Menachem Kellner. New Haven: Yale UP, 1998. **Littledale, R. F.** *A Commentary on the Song of Songs: From Ancient and Mediaeval Sources.* London: Masters, 1869. **Longman, T. III.** *Song of Songs. NICOT.* Grand Rapids: Eerdmans, 2001. **Murphy, R. E.** *The Song of Songs: A Commentary on the Book of Canticles or the Song of Songs.* Minneapolis: Fortress, 1990. **Neighbor, R. E.** *The Song of Songs Which Is Solomon's.* Cleveland: Union Gospel Press, 1927. **Origen.** *The Song of Songs: Commentary and Homilies.* Trans. R. P. Lawson. Westminster, MD: Newman, 1957. **Pope, M.** *Song of Songs: A New Translation with Introduction and Commentary.* AB 7C. Garden City, NY: Doubleday, 1977. **Provan, I.** *The* NIV *Application Commentary: Ecclesiastes, Song of Songs.* Grand Rapids: Zondervan, 2001. **Renan, E.** *The Song of Songs.* Trans. W. M. Thomson. London: Thomson, 1860. **Robert, A.,** and **R. Tournay,** with **A. Feuillet.** *Le Cantique des cantiques: Traduction et commentaire.* Paris: Librairie Lecoffre, 1963. Rudolph, W. *Das Buch Ruth, das Hohe Lied, die Klagelieder. KAT* 17.1-3. Gütersloh: Mohn, 1962. **Stadelmann, L. I. J.** *Love and Politics: A New Commentary on the Song of Songs.* New York: Paulist Press, 1992. **Waterman, L.** *The Song of Songs.* Ann Arbor: Univ. of Michigan Press, 1948. **Weems, R. J.** "The Song of Songs." In *NIB.* Nashville: Abingdon, 1997. 5:363-434. **Zlotowitz, M.** *Shir haShirim.* New York: Messorah, 1977.

일반 참고문헌

Albrektson, B. "Singing or Pruning?" *BT* 47(1996) 109-14. **Alden, R. L.** "רְדִיד." *NIDOTTE* §8100. **Alexander, P. S.** "Tradition and Originality in the Targum of the Song of Songs." In *The Aramaic Bible.* Ed. D. Beattie and M. McNamara. Sheffield: Sheffield Academic Press, 1994. 318-39. **Alexeev, A. A.** "The Song of Songs in the Slavonic Bible Tradition." *BT* 47(1996) 119-25. **Alter, R.** "The Poetic and Wisdom Books." In *The Cambridge Companion to Biblical Interpretation.* Ed. J. Barton. Cambridge: Cambridge UP, 1998. ______. *The Art of Biblical Poetry.* New York: Basic Books, 1985. **Anderson, A. A.** *2 Samuel.* WBC 11. Dallas: Word, 1989. **Anderson, R. D.** "Music and Dance in Pharaonic Egypt." In *CANE* 4:2555-68. **Archer, G.** *A Survey of Old Testament Introduction.* Chicago: Moody, 1974. **Auder, J.-P.** "Love and Marriage in the Old Testament." Trans. F. Burke. Scr 10(1958) 65-83. **Baars, W.** "Peshitta Text of Song of Songs in Barhebraeus' Ausar Raze." *VT* 18(1968) 281-89. **Bakon, S.** "Song of Songs." *JBQ* 22(1994) 211-20. **Bar Ilan, M.** "Text Criticism, Erotica and Magic in the Song of Songs." *Shnaton* 9(1985) 31-53; xvi-xvii. **Barker, A. D.** "Music." *OCD.* 1003-12. **Barr, J. J.** "Luis de León and the Song of Songs." In *Language, Theology, and the Bible.* Ed. S. Balentine and J. Barton. Oxford: Clarendon, 1994. 311-24. **Bascom, R. A.** "Hebrew Poetry and the Text of the Song of Songs." In *Discourse Perspectives on Hebrew Poetry in the Scriptures.* Ed. E. Wendland. New York: United Bible Societies, 1994. 95-110. **Beare, F. W.** *The Gospel according to Matthew.* San Francisco: Harper and Row, 1981. **Bekkenkamp, J.** "Into Another Scene of Choices: The Theological Value of the Song of Songs." In *The Song of Songs: A Feminist Companion to the Bible.* FCB 2d ser. 6. Ed. A. Brenner and C. R. Fontaine. Sheffield: Sheffield Academic Press, 2000. 55-89. **Bekkenkamp, J.,** and **F. van Dijk.** "The Canon of the Old Testament and Women's Cultural Traditions." In *A Feminist Companion to the Song of Songs.* FCB 1. Ed. A. Brenner. Sheffield: Sheffield Academic Press, 1993. 67-85. **Bergant, D.** "'My Beloved Is Mine and I Am His'(Song 2:16): The Song of Songs and Honor and Shame." *Semeia* 68(1994) 23-40. **Bernard of Clairvaux.** *Saint Bernard on the Song of Songs: Sermones in Cantica canticorum.*

Trans. and ed. a religious of C.S.M.V. London: Mowbray, 1952. **Black, F. C.** "What Is My Beloved? On Erotic Reading and the Song of Songs." In *The Labour of Reading: Desire, Alienation, and Biblical Interpretation.* Ed. F. C. Black, R. Boer, and E. Runions. Atlanta: Society of Biblical Literature, 1999. **Black, F. C., and J. C. Exum.** "Semiotics in Stained Glass: Edward Burne-Jone's Song of Songs." In *Biblical Studies/Cultural Studies: The Third Colloquium.* Ed. J. Exum and S. D. Moore. Sheffield: Sheffield Academic Press, 1998. 315-42. **Bloch, A. A., and C. Bloch.** "From *In the Garden of Delights.*" *Judaism* 44(1995) 36-63. **Bloom, H.,** ed. *The Song of Songs.* New York: Chelsea House, 1988. **Boyarin, D.** "The Song of Songs: Lock or Key? Intertextuality, Allegory and Midrash." In *The Book and the Text.* Ed. R. Schwartz. Oxford: Blackwell, 1990. 214-30. **Brenner, A.** "'My' Song of Songs." In *The Song of Songs.* FCB 2d ser. 6. Ed. C. R. Fontaine and A. Brenner. Sheffield: Sheffield Academic Press, 2000. 154-68. ______. "A Note on *bat-rabbûn*(Song of Songs VII 5)." *VT* 42(1992) 113-15. ______. "On Reading the Hebrew Bible as a Feminist Woman: Introduction to the Series." In *A Feminist Companion to the Song of Songs.* FCB 1. Ed. A. Brenner. Sheffield: Sheffield Academic Press, 1993. 11-27. ______. *The Song of Songs.* Sheffield: *JSOT* Press, 1989. ______, ed. *Feminist Companion to the Song of Songs.* FCB 1. Sheffield: Sheffield Academic Press, 1993. **Bright, J.** *Jeremiah.* AB 21. Garden City, NY: Doubleday, 1965. **Broadribb, D.** "Thoughts on the Song of Solomon." *AbrN* 3(1961-62) 11-36. **Brock, S. P.** "Mingana Syr 628: A Folio from a Revision of the Peshitta Song of Songs." *JSS* 40(1995) 39-56. **Brooke, G.** "חבר." *NIDOTTE* §2489. **Budde, K.** "Das hebraische Klagelied." *ZAW* 2(1882) 1-52. **Buss, M. J.** "Hosea as a Canonical Problem: With Attention to the Song of Songs." In: *Prophets and Paradigms.* FS G. M. Tucker, ed. S. B. Reid. Sheffield: Sheffield Academic Press, 1996. 79-93. **Cainion, I. J.** "An Analogy of the Song of Songs and Genesis Chapters Two and Three." *SJOT* 14(2000) 219-59. **Campbell, J.** *The Hero with a Thousand Faces.* 2d ed. Princeton, NJ: Princeton UP, 1968. **Carr, D. M.** "Rethinking Sex and Spirituality: The Song of Songs and Its Readings." *Sound* 81(1998) 413-35. **Carr, G. L.** "Is the Song of Songs a 'Sacred Marriage' Drama?" *JETS* 22(1979) 103-14. ______. "The Love Poetry Genre in the Old Testament and the Ancient Near East: Another Look at Inspiration." *JETS* 25(1982) 489-98. ______. "The Old Testament Love Songs and Their Use in the New Testament." *JETS* 24(1981) 97-105. **Childs, B.** *Introduction to* *the Old Testament as Scripture.* Philadelphia: Fortress, 1979. **Christensen, D. L.** "The Masoretic Accentual System and Repeated Metrical Refrains in Nahum, Song of Songs, and Deuteronomy." In *VIII International Congress of the International Organization for Masoretic Studies.* Ed. E. J. Revell. Atlanta: Scholars Press, 1990. 31-36. **Collins, A. Y.** "The Song of Songs in Comparative Perspective." In *Hebrew Bible or Old Testament? Studying the Bible in Judaism and Christianity.* Ed. R. Brook, and J. J. Collins. Notre Dame, IN: Univ. of Notre Dame Press, 1990. 217-19. **Corney, R. W.** "What Does 'Literal Meaning' Mean? Some Commentaries on the Song of Songs." *AThR* 80(1998) 494-516. **Cotton, J.** *A Brief Exposition with Practical Observations upon the Whole Book of Canticles.* 1655. Reprint, New York: Arno, 1972. **Craigie, P. C.** "Biblical and Tamil Poetry: Some Further Reflections." *SR* 8(1979) 169-75. ______. *The Book of Deuteronomy. NICOT.* Grand Rapids: Eerdmans, 1976. ______. *Psalms 1-50.* WBC 19. Dallas: Word, 1983. **Crim, K. R.** "Your Neck Is Like the Tower of David(The Meaning of a Simile in the Song of Solomon 4:4)." *BT* 22(1971) 70-74. **Cross, F. M., Jr.,** and **D. N. Freedman.** *Studies in Ancient Yahwistic Poetry.* 1950. Reprint, Missoula, MT: Scholars Press, 1975. **Davies, W. B.,** and **D. C. Allison.** *The Gospel according to Saint Matthew.* ICC. Edinburgh: T&T Clark, 1997. **Dahood, M.** *Ugaritic-Hebrew Philology: Marginal Notes on Recent Publications.* Rome: Pontifical Biblical Institute, 1965. **Dale, A. M.,** ed. *Euripedes: Alcestis.* Oxford: Oxford UP, 1954. **Davis, V. L.** "Remarks on Michael V. Fox's 'The Cairo Love Songs.'" *JAOS* 100(1980) 111-14. **Dijk-Hemmes, F. van.** "The Imagination of Power and the Power of Imagination: An Intertextual Analysis of Two Biblical Love Songs." *JSOT* 44(1989) 75-88. **Dodds, E. R.** *Bacchae: Edited with Introduction and Commentary.* 2d ed. London: Oxford UP, 1960. **Dorsey, D. A.** "Can These Bones Live? Investigating Literary Structure in the Bible." *EvJ* 9(1991) 11-25. **Driver, G. R.** "Supposed Arabisms in the Old Testament." *JBL* 55(1936) 101-20. **Driver, S. R.** *Notes on the Hebrew Text and Topography of the Books of Samuel.* 2d ed. London: Oxford UP, 1913. **Dryburgh, B.** *Lessons for Lovers in the Song of Songs.* New Canaan, *CT*: Keats, 1975. **Edmée, Sister.** "The Song of Songs and the Cutting of Roots." *AThR* 80(1998) 547-61. **Elegre Heitzmann, A.** "El Cantar de los Cantares: Poesia y Ritual de la Pascua." *Est Bib* 43(1985) 321-30. **Elliot, M. T.** *The Literary Unity of the Canticle.* Frankfurt am Main: Lang, 1989. **Emerton, J. A.** "Lice or a Veil in the Song of Songs

1:7?" In *Understanding Poets and Prophets.* FS G. W. Anderson, ed. A. Auld. Sheffield: *JSOT* Press, 1993. 127-40. ______. "Printed Editions of the Song of Songs in the Peshitta Version." *VT* 17(1967) 417-29. **Epstein, I.** *Hebrew-English Edition of the Babylonian Talmud: Seder Nashim.* Trans. B. D. Klein. London: Soncino, 1985. **Exum, J. C.** "In the Eye of the Beholder: Wishing, Dreaming, and Double Entendre in the Song of Songs." In *The Labour of Reading: Desire, Alienation, and Biblical Interpretation.* Ed. F. C. Black, R. Boer, and E. Runions. Atlanta: Society of Biblical Literature, 1999. 71-86. ______. "A Literary and Structural Analysis of the Song of Songs." *ZAW* 85(1973) 47-79. ______, ed. "Abuse, Desire and the Body: Ezekiel and the Song of Songs." *BibInt* 8(2000) 205-323. **Falk, M.** *The Song of Songs: A New Translation.* San Francisco: Harper San Francisco, 1993. **Fange, E. A. von.** "Budde Hypothesis." *ABD* 1:783-84. ______. "A Poetic Study of the Song of Songs." *Concordia Historical Institute Quarterly* 66(1993) 137-43. **Feuillet, A.** "La drame d'amour du Cantique des Cantiques remis en son contexte prophetique: 2e partie." *NV* 63(1988) 81-136. **Fields, W. W.** "Early and Medieval Jewish Interpretation of the Song of Songs." *GTJ* 2(1980) 221-31. **Flavel, J.** *The Works of John Flavel.* Edinburgh: The Banner of Truth Trust, 1982. **Fohrer, G.** *Introduction to the Old Testament.* Initiated by E. Sellin. Trans. D. E. Green. Nashville: Abingdon, 1968. **Fox, M. V.** "'Love' in the Love Songs." *JEA* 67(1981) 181-82. ______. "Scholia to Canticles(I 4b, ii 4, i4bA, iv 3, v 8, vi 12)." *VT* 33(1983) 199-206. ______. *The Song of Songs and the Ancient Egyptian Love Songs.* Madison: Univ. of Wisconsin Press, 1985. **Garrett, D. A.** *Hosea, Joel.* NAC 19A. Nashville: Broadman and Holman, 1997. ______. *A Modern Grammar for Classical Hebrew.* Nashville: Broadman, 2002. **Geraty, L. T.** "Heshbon." *ABD* 3:181-84. **Gibson, J. C. L.** *Textbook of Syrian Semitic Inscriptions.* London: Oxford UP, 1973. **Glazer, H.** "The Song of Songs: Judaism's Document of Revelation." *Conservative Judaism* 43(1990-91) 55-60. **Gledhill, T.** *The Message of the Song of Songs.* Downers Grove, IL: InterVarsity Press, 1994. **Gollwitzer, H.** *Song of Love: A Biblical Understanding of Sex.* Trans. K. Crim. Philadelphia: Fortress, 1979. **Goodwin, W. W.**, and **C. B. Goolick.** *Greek Grammar.* Waltham, MA: Blaisdell, 1982.

Gordis, R. "Root *dgl* in the Song of Songs." *JBL* 88(1969) 203-4. **Goulder, M. D.** *The Song of Fourteen Songs.* Sheffield: *JSOT* Press, 1986. **Graves, R.** *The Song of Songs.* London: Collins, 1973. **Gundry, R. H.** *Matthew: A Commentary on His*

Handbook for a Mixed Church under Persecution. 2d ed. Grand Rapids: Eerdmans, 1994. **Haag, H.** "Da heutige Verstädnis des Hohenliedes in der katholischen Exegese." In *Melanges biblique et orientaux en l'honneur de Matthias Delcor.* Ed. A. Caquot. *AOAT* 215. Kevelaer; Neukirchen-Vluyn: Butzon und Bercker, 1985. 209-20. **Haïk-Vantoura, S.** *Cantique des Cantique* [sound recording]: *de Salomon dans sa melodie d'origine.* Paris: Fondation Roi David, 1986; Alienor, 1992. **Hamilton, V.** "עור." *NIDOTTE* §6424. **Harman, A. M.** "Modern Discussion on the Song of Solomon." *RTR* 37(1978) 65-72. **Harrison, R. K.** *Introduction to the Old Testament.* Grand Rapids: Eerdmans, 1969. **Häusl, M.**, and **U. Silber.** "'You Are Beautiful My Love': The Song of Songs of Women." In *The Song of Songs.* FCB 2d ser. 6. Ed. C. R. Fontaine and A. Brenner. Sheffield: Sheffield Academic Press, 2000. 187-95. **Hein, R.** *Christian Mythmakers.* Chicago: Cornerstone, 1998. **Hess, R.** "רסס." *NIDOTTE* §8272. **Hill, A. E.** "תַּרְשִׁישׁ." *NIDOTTE* §9577. **Holdsworth, C.** "Two Commentators on the Song of Songs: John of Forde and Alexander Nequam." In *A Gathering of Friends: The Learning and Spirituality of John of Forde.* Ed. H. Costello and C. Holdsworth. Kalamazoo, MI: Cistercian, 1996. 153-74. **Holladay, W. L.** *Jeremiah 2.* Ed. P. D. Hanson. Hermeneia. Minneapolis: Fortress, 1989. **Howard, D. M., Jr.** "Recent Trends in Psalm Studies." In *The Face of Old Testament Studies.* Ed. D. W. Baker and B. T. Arnold. Grand Rapids: Baker, 1999. 329-68. **Hrushovski, B.** "Prosody, Hebrew." In *EncJud* 13:1200-1202. **Jacob, I.**, and **W. Jacob.** "Flora." *ABD* 2:803-17. **Jacobsen, T.** *The Harp That Once … : Sumerian Poetry in Translation.* New Haven: Yale UP, 1987. **Jakobson, R.** "Linguistics and Poetics." In *Roman Jakobson: Selected Writings III.* Ed. S. Rudy. The Hague: Mouton, 1981. 18-51. **Jeremias, J.** *The Parables of Jesus.* 2d ed. New York: Charles Scribner's Sons, 1972. **Jerusalmi, I.**, ed. *The Song of Songs in the Targumic Tradition: Vocalized Aramaic Text with Facing English Translation and Laöino Versions.* Cincinnati: Laöino, 1993. **Joffe, A., J. P. Dessel,** and **R. Hallote.** "The 'Gilat Woman.'" *Near Eastern Archaeology* 64.1-2(March-June 2001) 8-23. **Kallas, E.** "Martin Luther as Expositor of the Song of Songs." *LQ* 2(1988) 323-41. **Kannengiesser, C.** "Divine Love Poetry: The Song of Songs." In *Hebrew Bible or Old Testament? Studying the Bible in Judaism and Christianity.* Ed. R. Brooks and J. J. Collins. Notre Dame, IN: Univ. of Notre Dame Press, 1990. 211-15. **Kellner, M. M.** "Introduction to the Commentary on Song of Songs Composed by the Sage Levi Ben

Gershom: An Annotated Translation." In *From Ancient Israel to Modern Judaism.* Vol. 2, *Judaism in the Middle Ages.* FS M. Fox, ed. J. Neusner, E. S. Frerichs, and N. M. Sarna. Atlanta: Scholars Press, 1989. 187-205. **Kerney, P. J.** "Marriage and Spirituality in the Song of Songs." *BT* 25(1987) 144-49. **Kessler, R.** *Some Poetical and Structural Features of the Song of Songs.* Leeds: Leeds UP, 1957. **King, P.**, and **L. Stager.** *Life in Biblical Israel.* Louisville: Westminster John Knox, 2001. **Kinlaw, D. F.** "Charles Williams' Concept of Imaging Applied to the Song of Songs." *Wesleyan Theological Journal* 16(1981) 85-92. **Konkel, A.** "נְקֻדָּה." *NIDOTTE* §5925. **Kramer, S. N.** *The Sacred Marriage Rite.* Bloomington: Indiana UP, 1969. **Kurtz, D. C.**, and **J. Boardman.** *Greek Burial Customs.* Ithaca: Cornell UP, 1971. **Kutscher, E. Y.** *A History of the Hebrew Language.* Ed. R. Kutscher. Leiden: Brill, 1982. **Landy, F.** "Beauty and the Enigma: An Inquiry into Some Interrelated Episodes of the Song of Songs." *JSOT* 17(1980) 55-106. ______. *Paradoxes of Paradise: Identity and Difference in the Song of Songs.* Sheffield: Almond, 1983. ______. "The Song of Songs and the Garden of Eden." *JBL* 98(1979) 513-28. ______. "Towards a Commentary on the Song of Songs." *CBQ* 39(1977) 482-96. **LaSor, W. S., D. A. Hubbard,** and **F. W. Bush.** *Old Testament Survey.* 1st ed. Grand Rapids: Eerdmans, 1982. **Lehrman, S. M.** "The Song of Songs: Introduction and Commentary." In *The Five Megilloth.* Ed. A. Cohen. Hindhead, Surrey: The Soncino Press, 1946. **Lemaire, A.** "*Zāmīr* dans la Tablette de Gezer et le Cantique des Cantiques." *VT* 25(1975) 15-26. **Lévi-Strauss, C.** *Structural Anthropology.* Trans. C. Jacobson and B. G. Schoepf. New York: Basic, 1963. **Lewis, C. S.** *An Experiment in Criticism.* Cambridge: Cambridge UP, 1961. ______. *The Pilgrim's Regress.* London: Bles, 1933. ______. *Studies in Words.* 2d ed. Cambridge: Cambridge UP, 1967. ______. *The Weight of Glory and Other Addresses.* New York: Macmillan, 1949. **Loder, J.** *The Transforming Moment.* 2d ed. Colorado Springs: Helmers and Howard, 1989. **Lyke, L. L.** "The Song of Songs, Proverbs, and the Theology of Love." In *Theological Exegesis.* Ed. C. Seitz and K. Greene-McCreight. Grand Rapids: Eerdmans, 1999. 208-23. **Maranda, E. K.**, and **P. Maranda.** *Structural Models in Folklore and Transformational Essays.* The Hague: Mouton, 1971. **Marks, E.** "The Economy of God in Song of Songs." *Affirmation and Critique* 4(1999) 24-35. **Martínez, F. G.** *The Dead Sea Scrolls in English.* 2d ed. Grand Rapids: Eerdmans, 1996. **Matter, E. A.** *The Voice of My Beloved.* Philadelphia: Univ. of Pennsylvania

Press, 1990. **Matthews, V.**, and **D. Benjamin.** *Social World of Ancient Israel.* Peabody, MA: Hendrickson, 1993. **Mazar, A.** *Archaeology of the Land of the Bible.* New York: Doubleday, 1992. **Mazor, Y.** "The Song of Songs or the Story of Stories? 'The Song of Songs': Between Genre and Unity." *SJOT* 1(1990) 1-29. **McGinn, B.** "With 'the Kisses of the Mouth': Recent Works on the Song of Songs." *JR* 72(1992) 269-75. **Meer, W. van der,** and **J. C. de Moor,** eds. *The Structural Analysis of Biblical and Canaanite Poetry. JSOTSup* 74. Sheffield: Sheffield Academic Press, 1988. **Miller, P. C.** "Pleasure of the Text, Text of Pleasure: Eros and Language in Origen's Commentary on the Song of Songs." *JAAR* 54(1986) 241-53. **Moor, J. C de.** "The Love of God in the Targum to the Prophets." *JSJ* 24(1993) 257-65. **Mott, S. C.** "The Goodness of Sexual Love in the Song of Songs." *Christian Social Action* 8(1995) 16. **Moye, J.** "Song of Songs—Back to Allegory? Some Hermeneutical Considerations." *AJT* 4(1990) 120-25. **Muilenberg, J.** "Poetry, Hebrew." In *EncJud* 13:671-81. **Munk, L.** "Giving Umbrage: The Song of Songs Which Is Whitman's [*Leaves of Grass* against allegorical interpretation of Song of Songs]." *Literature and Theology* 7(1993) 50-65. **Munro, J.** *Spikenard and Saffron: The Imagery of the Song of Songs. JSOTSup* 203. Sheffield: Sheffield Academic Press, 1995. **Murphy, R. E.** "Form-critical Studies in the Song of Songs." *Int* 27(1973). 413-22. ______. "History of Exegesis as a Hermeneutical Tool: The Song of Songs." *BTB* 16(1986) 87-91. ______. "Interpreting the Song of Songs." *BTB* 9(1979) 99-105. ______. "Patristic and Medieval Exegesis: Help or Hindrance?" *CBQ* 43(1981) 505-16. ______. "Recent Literature on the Canticle of Canticles." *CBQ* 16(1954) 1-11. ______. "The Structure of Canticle of Canticles." *CBQ* 11(1949) 381-91. **Nicol, G. G.** "Of Love and Death: Song of Songs and Ecclesiastes." *ExpTim* 102(1991) 340-41. **Nielsen, K.** "Other Writings: Ruth, Song of Songs, Esther, Daniel." In *The Hebrew Bible Today.* Ed. S. McKenzie and M. P. Graham. Louisville, KY: Westminster John Knox Press, 1988.173-99. **Nowell, I.** "A Celebration of Love." *BT* 25(1987) 140-43. **O'Connor, D.** "Eros in Egypt." In *Archaeology Odyssey* 4.5(Sept./Oct. 2001) 42-51. **Ogden, G. S.** "Some Translational Issues in the Song of Songs." *BT* 41(1990) 222-27. **Page, D.** *Aeschyli septem quae supersunt tragoedias.* Oxford: Oxford UP, 1972. **Parsons, G. W.** "Guidelines for Understanding and Utilizing the Song of Songs." *BSac* 156(1999) 399-422. **Patterson, P.** *Song of Solomon.* Chicago: Moody, 1986. **Paul, S. M.** "An Unrecognized Medical Idiom in Canticles 6, 12 and Job

9, 21." *Bib* 59(1978) 545-47. **Petersen, D. L., and K. H. Richards.** *Interpreting Hebrew Poetry.* Minneapolis: Fortress, 1992. **Pfeiffer, R. H.** *Introduction to the Old Testament.* New York: Harper and Brothers, 1941. **Phipps, W. E.** *Recovering Bible Sensuousness.* Philadelphia: Westminster, 1975. **Pleijel, A.** "Author and Translator: The Stylist's Work with the Song of Songs." *BT* 47(1996) 114-18. **Pope, M. H.** "A Divine Banquet of Ugarit." In *The Use of the Old Testament in the New and Other Essays.* FS W. F. Stinesping, ed J. M. Efird. Durham: Duke UP, 1972. 170-203. ______. "Metastases in Canonical Shapes of the Super Song." In *Canon, Theology, and Old Testament Interpretation.* Ed. G. M. Tucker, D. L. Petersen, and R. R. Wilson. Philadelphia: Fortress, 1988. 312-28. ______. "Response to Sasson on the Sublime Song." *Maarav* 2(1980) 207-14. **Pope, M. H., and J. H. Tigay.** "A Description of Baal." *UF* 3(1971) 117-30. **Reese, J.** *The Book of Wisdom, Song of Songs.* Wilmington, DE: Glazier, 1983. **Reisman, D.** "Iddin-Dagan's Sacred Marriage Hymn." *JCS* 25(1973) 185-202. **Revell, E. J.** "Masoretic Accents." *ABD* 4:594-96. **Reynolds, W. J.** "Imagery in Christian Song." *SwJT* 37(1995) 25-30. **Richardson, J. P.** "Preaching from the Song of Songs: Allegory Revisited." *Evangelical Review of Theology* 21(1997) 250-57. **Roth, N.** "'My Beloved Is Like a Gazelle': Imagery of the Beloved Boy in Religious Hebrew Poetry." *HAR* 8(1984) 143-66. **Sabar, Y.** "*Tafsir sir hassirim:* An Old Neo-Aramaic Version of the Targum on Canticles." *Maarav* 8(1992) 303-17. **Sasson, J. M.** "Unlocking the Poetry of Love in the Song of Songs." *BRev* 1(1985) 10-19. **Schiffman, L. H., and J. C. VanderKam.** *Encyclopedia of the Dead Sea Scrolls.* Oxford: Oxford UP, 2000. **Schmidt, N.** "Is Canticles an Adonis Liturgy?" *JAOS* 46(1926) 154-64. **Schmidt, W. H.** *Introduction to the Old Testament.* Trans. M. J. O'Connell. London: SCM Press, 1979. **Schoff, W. H.,** ed. *The Song of Songs: A Symposium.* Philadelphia: Commercial Museum, 1924. **Schoville, K. N.** "The Impact of the Ras Shamra Texts on the Study of the Song of Songs." Ph.D. diss., University of Wisconsin, 1969. **Schweizer, E.** *The Good News according to Matthew.* Trans. D. E. Green. London: SPCK, 1976. **Segal, B. J.** "Four Repetitions in the Song of Songs." *Dor le Dor* 16(1987-88) 249-55. **Segal, M. H.** "The Song of Songs." *VT* 12(1962) 470-90. **Shippey, T.** *J. R. R. Tolkien: Author of the Century.* Boston: Houghton Mifflin, 2000. **Shults, F. L.** "One Spirit with the Lord." *PTR* 7.3(Summer 2000) 17-26. **Soden, W. von.** *The Ancient Orient.* Trans. D. G. Schley. Grand Rapids: Eerdmans,

1994. **Stanford, W. B.,** ed. *The Odyssey of Homer.* 2d ed. London: Macmillan, 1959. **Stern, E.** *Archaeology of the Land of the Bible.* 4 vols. New York: Doubleday, 2001. **Strand, M.,** and **E. Boland.** *The Making of a Poem.* New York: Norton, 2000. **Suares, C.** *The Song of Songs: The Canonical Song of Solomon Deciphered according to the Original Code of the Qabala.* Berkeley: Shambala, 1972. **Sviri, S.** "The Song of Songs: Eros and the Mystical Quest." In *Jewish Explorations of Sexuality.* Ed. J. Magonet. Providence: Berghahn Books, 1995. 41-50. **Tanner, J. P.** "The History of Interpretation of the Song of Songs." *BSac* 154(1997) 23-46. ______. "The Message of the Song of Songs." *BSac* 154(1997) 142-61. **Thomas, D. W.** "*Kelebh* 'Dog': Its Origin and Some Usages of It in the Old Testament." *VT* 10(1960) 410-27. **Thompson, H. O.** "Carmel, Mount." *ABD* 1:874-75. **Tolkien, J. R. R.** "Beowulf: The Monsters and the Critics." In *An Anthology of Beowulf Criticism.* Ed. L. E. Nicholson. Notre Dame, IN: University of Notre Dame Press, 1963. 51-103. **Tournay, J. R.** "The Song of Songs and Its Concluding Section." *Imm* 10(1980) 5-14. **Toynbee, J. M. C.** *Death and Burial in the Roman World.* Ithaca, NY: Cornell UP, 1971. **Treat, J. C.** "A Fiery Dove: The Song of Songs in Codex Venetus 1." In *A Multiform Heritage: Studies on Early Judaism and Christianity.* FS R. A. Kraft, ed. B. G. Wright III. Atlanta: Scholars Press, 1999. 275-301. **Tromp, N. J.** "Wisdom and the Canticle. Ct 8, 6c-7b: Text, Character, Message and Import." In *La Sagesse de l'Ancien Testament.* Ed. M. Gilbert. Gembloux: Duculot, 1979. 88-95. **Tucker, G. M., D. L. Petersen,** and **R. R. Wilson,** eds. *Canon, Theology, and Old Testament Interpretation.* Philadelphia: Fortress, 1988. **Turner, D.** *Eros and Allegory.* Kalamazoo, MI: Cistercian, 1995. **Tyloch, W.** "Ugaritic Poems and Song of Songs." In *Sulmu IV.* Ed. J. Zablocka and S. Zawadzki. Poznan: UAM, 1993. 295-301. **Vendler, H.** *The Art of Shakespeare's Sonnets.* Cambridge, MA: Harvard UP, 1999 [first paperback edition].

Waldman, N. M. "A Note on Canticles 4, 9." *JBL* 89(1970) 215-17. **Walker, L. L.** "Notes on Higher Criticism and the Dating of Biblical Hebrew." In *A Tribute to Gleason Archer.* Chicago: Moody Press, 1986. ______. "תַּפּוּחַ." *NIDOTTE* §9515. **Walsh, C. E.** *Exquisite Desire: Religion, the Erotic, and the Song of Songs.* Minneapolis: Fortress Press, 2000. **Walton, J.** "עֲלוּמִים." *NIDOTTE* §6596. **Watson, W. G. E.** "Love and Death Once More(Song of Songs VIII 6)." *VT* 47(1997) 385-87. ______. *Traditional Techniques in Classical Hebrew Verse. JSOTSup* 170. Sheffield: Sheffield Academic

Press, 1994. **Webster, E. C.** "Pattern in the Song of Songs." *JSOT* 22(1982) 73-93. **Wendland, E. R.** "Seeking the Path through a Forest of Symbols: A Figurative and Structural Survey of the Song of Songs." *JOTT* 7(1995) 13-59. **Wenham, G.** "*Bᵉtulah*: A Girl of Marriageable Age." *VT* 22(1972) 326-48. **White, J. B.** *A Study of the Language of Love in the Song of Songs and Ancient Egyptian Literature.* Missoula: Scholars Press, 1978. **Whitesell, C. J.** "Behold, Thou Art Fair, My Beloved." *Parab* 20(1995) 92-99. **Wright, F. A.,** ed. and trans. *Select Letters of St. Jerome.* Loeb Classical Library. Cambridge, MA: Harvard UP, 1933. **Wright, J.** "Sexuality within the Old Testament." *St Mark's Review* 106(1981) 3-12. **Würthwein, E.** "Das Hohelied." In *Die fünf Megilloth.* Ed. E. Würthwein, K. Galling, and O. Plöger. Tübingen: Mohr, 1969. 25-71. **Wyk, W. C. van.** "The Peshitta of the Song of Songs(Song of Solomon)." In *Aspects of the Exegetical Process.* Ed. W. C. van Wyk. Hercules, South Africa: N. H. W. Press, 1981. 181-89. **Young, E. J.** *An Introduction to the Old Testament.* Grand Rapids: Eerdmans, 1960. **Zogbo, L.** "Commentaries on the Song of Songs." *BT* 45(1994) 343-48.

서론

아가서는 성경의 작은 책(8장)이다. 그것은 욥기, 시편, 잠언, 전도서, 그리고 애가서 다음에 지혜에 관한 시적인 책의 마지막에 두어진다. 히브리 성경에서는 적어도 10세기 C.E부터 룻기, 전도서, 애가서 그리고 에스더서와 함께 다섯 축제의 두루마리 중에 하나로 성경의 지혜서 가운데 두어졌다. 또한 아가서는 사해 사본들(첫 세기 B.C.E)의 몇몇 사본들이 보여주는 것처럼 유대 성경 전승에서 확고한 위치를 가졌다. 그것은 미쉬나와 탈굼 또한 탈무드의 저작자들에게도 알려졌다. 아가서의 사본들이 10세기 C.E.의 맛소라본(Masoretes)에서부터 히브리어로, 5세기 C.E.로부터 헬라어로, 그리고 이런 초기부터 다른 역본들로 오늘날 존재한다.

아가서는 히브리 성경에서 독특하다. 심지어 그것이 세계 문헌에서도 독특하다고 말하기까지 한다. 하지만 후자의 진술은 과장된 것이다. 아가서는 서정적인 시이다(보론의 '서정적인 시에 대한 접근을 발견하기'를 보라). 그것은 애굽의 사랑 시에 뿌리를 두고 있고, 모든 시대와 장소, 특히 고대세계의 서정시와 유사하다. 어느 것도 아가서와 완전히 "같지"는 않지만, 다른 텍스트들에서 언어, 근원적인 개념 그리고 구조의 사용에서 중요한 유사점들이 있다. 아마도 아가서가 갖는 것처럼 그렇게 다양한 해석을 갖는 시의 단편은 없을 것이다. 많은 사람들이 시의 통상적인 "규칙"을 좇아 아가서를 읽지 않으려고 하기 때문에 매우 다양하다. 정경으로서 아가서의 위치는 모든 세대의 독자들에게 해석적인 재생과 혁신에 열려 있게 만들어, 아가서를 실제 그렇지 않은 것으로 만들어 놓기도 했다.

아가서는 정경 문서다. 히브리 성경에서 아가서는 미쉬나에 규정된 다양한 성일(聖日)에 읽는 다섯 메길라(히브리 성경의 세 번째 항목에 속하는 책, 여기에는 아가서, 룻기, 애가서, 전도서, 에스더가 속한다) 중 하나다. 다른 책들과 연관된 성일은 룻기(오순절), 전도서(장막절), 애가서(the Ninth of Ab, 첫 번째와 두 번째 성전의 파괴에 대한 전승적인 기념일), 그리고 에스더서(부림절)다. 아가서는 유월절 주간에 읽혀진다. 그러나 유월절 두루마리로 아가서를 사용하였다는 증거는 오직 8세기로만 거슬러 올라간다. 어떤 학자들은 수확의 축제가 결혼을 위한 시기였던 마을 문화에서의 이전 사용을 주장한다. 동일한 것을 축제의 주간(오순절)에 룻기서의 사용에 적용시킨다.

아가서의 본래의 목적은 분명하지 않다(Fohrer, *Introduction*, 300). 히브리 성경에서 아가서는 성경의 세 번째 정경인 성문서의 다른 메길라와 짝을 이룬다. 70인경에 따른 기독교 성경에서 아가서는 시편, 잠언, 전도서의 시적인 책들과 짝을 이룬다.

유대인과 크리스천들은 아가서를 성구집의 규칙적인 순환의 일부로서 사용하고, 아가서는 성경의 규칙적인 읽기에 새로운 차원을 추가한다. 하지만 아가서가 정경이라고 해서 적합하지 않는 역할을 억지로 강조하거나 있지도 않은 뜻을 부여할 수는 없다. 아가서의 정경적 위치는 남녀의 사랑에 초점을 맞춘 시로서 그것을 진지하게 취하여 성경의 메시지에 어떻게 적절히 위치시키는가를 결정해야 한다는 것을 의미한다.

톨케인(J. R. R. Tolkien)은 자신의 고전적인 1936년 강연에서 "나는 베어울프(*Beowulf*)를 비평했던 대부분의 사람들(하지만 모두는 아니다)처럼 물론 그것을 읽었다. 하지만…나는 이 시에 관해 언급하고 저작되었던 모든 것을 적절히 읽을 만큼 나의 특별한 걸음걸이에서 그렇게 열심이었던 사람은 아니다. 하지만 나는 베오울피아나(Beowulfiana)가 많은 부문에서 풍요로울지라도 한 가지 점에서 특히 부족하다는 견해를 감히 말할 수 있을 만큼 충분히 그것을 읽었다. 그것은 시를 시로서 이해하는 것에 방향이 맞추어진 비평에 빈약하다…'베오울프'는 예술 작품으로서 연구되기보다는 보다 열심히 사실과 공상의 원천으로 사용되었다"("Beowulf," 51-52). 상당히 동일한 것이 아가서 연구에도 해당된다. 아가서는 알레고리의 비범함에서 신학적인 황금으로 전환될 준비가 되어 있는 돌, 에로틱한 매력에 탐닉하는 보석, 정교하게 멋진 생산물로서 제련되는 원석(原石), 해체시키는 불에서 녹을 준비가 되어 있는 언어의 광석을 위한 원천이다. 뒤이어지는 주석은 아가서가 어떤 것인지를 이해하기 위한 시도다: 서정적인 시의 정경적 작품.

정경으로서의 아가서

참고문헌

Brenner, A. "Aromatics and Perfumes in the Song of Songs." *JSOT* 25(1983) 75-81. **Broyde, M. J.** "Defilement of the Hands, Canonization of the Bible, and the Special Status of Esther, Ecclesiastes, and Song of Songs." *Judaism* 44(1995) 65-79. **Dever, W.** *What Did the Biblical Writers Know and When Did They Know It?* Grand Rapids:

Eerdmans, 2001. **Fox, M. V.** "The Cairo Love Songs." *JAOS* 100(1980) 101-9. **Fredericks, D. C.** *Qoheleth's Language.* Lewiston, NY: Mellen, 1988. **LaCocque, A.** *Romance, She Wrote.* Harrisburg, PA: Trinity Press International, 1998. **Rabin, C.** "The Song of Songs and Tamil Poetry." *SR* 3(1973) 205-19. **Saebø, M.** "On the Canonicity of the Song of Songs." In *Texts, Temples, and Traditions.* FS M. Haran, ed. M. Fox. Winona Lake, IN: Eisenbrauns, 1996. 267-77. **Sasson, V.** "King Solomon and the Dark Lady in the Song of Songs." *VT* 39(1989) 407-14. **Segal, M. H.** "The Song of Songs." *VT* 12(1962) 470-90. **Tov, E.** *Qumran Cave 4: XI. Psalms to Chronicles.* DJD 16. Oxford: Clarendon, 2000. 197, 208-9. **Treat, J. C.** "Aquila, Field, and the Song of Songs." In *Origen's Hexapla and Fragments: Papers Presented at the Rich Seminar on the Hexapla, Oxford Center for Hebrew and Jewish Studies.* Ed. A. Salvesen. Tübingen: Mohr(Siebeck), 1998. 135-37. ______. "A Fiery Dove: The Song of Songs in Codex Venetus 1." In *A Multiform Heritage: Studies on Early Judaism and Christianity.* FS R. A. Kraft, ed. B. G. Wright III. Atlanta: Scholars Press, 1999. 275-301. **Young, I.** *Diversity in Pre-Exilic Hebrew.* Tübingen: Mohr(Siebeck), 1993.

정경화

아가서가 정경에 허입된 연대에 대해서는 확실한 정보가 없다. 하지만 이 문제에 대해 주어진 두 흔한 진술은 잘못된 것이다. 첫째는 아가서가 매우 늦은 시기, 즉 아마도 일세기 C.E.까지 정경에 허입되지 않았다는 것이다. 학자들은 정경이 소위 얌니아 회의에서 설정되었거나 마감되었다는 개념을 버리고 있다(참조. M. Saebø, "On the Canonicity," 268). 아가서의 위치가 이 당시에 랍비들이 논의하고 논쟁하였던 것은 사실이다(Gordids, 9). 하지만 이것은 아가서가 정경인 것으로 이미 오랫동안 간주되지 않았다는 증거는 아니다. 유추적으로 생각할 때, 존 칼빈이 16세기에 제네바에서 아가서의 정경적 위치에 대하여 세바스찬 카스틸리오와 논쟁하였다고 해서, 어느 누구도 이 논쟁이 아가서가 이 시기까지 정경에 포함되지 않았었음을 보이는 것이라고 주장하지는 않을 것이다. 아가서의 정경적인 위치는 논쟁되어 왔고, 가끔씩 논쟁되기를 계속하고 있는 이유는 거룩한 성경에서 발견할 수 있을 것으로 예상하지 못한 것이 있기 때문일 것이다. 아가서를 성경으로 간주하였던 시기를 결정하는데 랍비의 논쟁을 사용할 수는 없다.

학자들은 정경의 개념과 관련하여 랍비의 용어를 이해하지 못하였을 것이다. 많은 학자들이 제2성전 유대교가 아가서, 전도서, 그리고 에스더서를 탈무드의 언급에 기초하여 이 책이 "손을 더럽히지" 않는다고 하여 정경으로 간주하지 않았다고 주장했다. "손을 더럽히다"는 것은 학자들에 의해 "성스러운" 것, 즉 "정경적인 것"의 코드로 간주되었다. 하지만 그 용어는 정경과는 아무런 상관이 없다. 브로이드(M. Broyde)가 주장한 것처럼(Judaism 44[1995] 65-79), 어떤 책이 "손을 더럽힌다"는 금지명령은 누구도 그 책을 건드릴 수 없고, 나아가서 음식을 만지거나 그 책을 음식 곁에 두어서는 안 된다는 것을 의미할 것이다. 그 책은 음식을 부정하게 하고, 따라서 먹기에 적합하지 않게 만들며, "손을 더럽히는" 책은 음식에서 분리하여 간직해야 한다. 이런 배후에 있는 합리성은 이 책들이 더럽혀지거나 설취류가 갉아 먹게 해서는 안 되고, 특별한 관심을 주어야 한다는 것이다. "손을 더럽히는" 책들은 성스러운 위치에 두어야 하지만, 그것들에 이런 위치를 주는 것은 그것들의 정경성이 아니라 이 책들이 거룩한 이름인 야훼(יהוה)를 담고 있다는 사실이다. 거룩한 이름을 담고 있는 텍스트들은 부패, 더럽혀짐, 그리고 파손을 방지하기 위해서 특별한 관심을 주어야 한다. 그러나 아가서, 전도서, 그리고 에스더서는 야훼(יהוה)를 담고 있지 않다. 그러한 책들을 "손을 더럽히는" 위치에서 제한 것은 이런 사실 때문이지 정경적인 위치에 있지 않거나 부족해서가 아니다.

아가서의 정경과 관련한 두 번째 잘못이 있다. 그것은 아가서가 알레고리한 해석으로 덮여졌기 때문에 정경적인 위치가 주어졌다는 것이다. 아가서의 알레고리화(즉 아가서를 하나님과 이스라엘과의 역사를 비유로 다루는 것)가 정경화의 길을 놓지는 않았다. 아가서의 알레고리화를 촉진한 것은 정경 속에서였다. 신학적으로 알레고리화하도록 억압을 느끼지 않았다면 에두르거나 그럴 것 같지 않은 알레고리적 해석을 만들 이유가 없었다. 알레고리적으로 말하게 된 논리적인 상황은 상당히 단순하다. (1) 아가서는 정경에 포함되어 있었다. (2) 정경서들은 거룩하다. (3) 그러므로 아가서는 거룩하다. (3) 하지만 아가서는 세속적으로 보인다. (5) 그러므로 겉보기에 세속적으로 보이는 것에서 아가서를 구하고 영적인 것으로 보이게 하는 해석을 발견해야 한다. 아가서가 이미 성경이 아니었다면 사람들이 우선해서 그것을 알레고리화한 이유를 상상하기 어렵다.

아가서의 텍스트

아가서의 히브리어는 구약성경에서 아주 난해한 것에 속하지만 그런 난해함이 그 언어에 의한 것이지 텍스트의 손상 때문이 아니다. 아가서의 텍스트는 상당한 양의 하팍스 레고메나를 담고 있고 가끔씩 그 형태가 아주 간결해서 파악하기가 어렵다. 하지만 모든 모습에서 아가서는 좋은 상태를 유지했다. 일반적으로 쿰란과 고대 역본들이 그것을 지원해준다.

아가서의 쿰란 단편은 특히 흥미롭다. 동굴 4로부터 아가서의 세 사본들이 있다: 이것들은 4QCanticlesa(아가서 3:7-11; 4:1-7; 6:11?-12; 7:1-7[초기 헤롯 왕의 시기] 부분, 4QCanticlesb(아가서 2:9-17; 3:1-2, 5, 9-10; 4:1-3, 8-11, 14-16; 5:1[첫 세기 B.C.E의 말기] 부분), 그리고 4QCanticlesc(아가서 3:7-8의 작은 단편[첫 세기 B.C.E의 말기])이다. 동굴 6으로부터의 단편인 6QCanticles는 50 C.E.로 연대를 짓고, 아가서 1:1-7을 포함한다. 동굴 4의 단편들의 흥미로움은 그것들이 선택적이라는 것이다. 즉 그것들은 아가서의 항목들을 의도적으로 선별한다. 이는 또 다른 Vorlage, 즉 "복사된 텍스트"를 반영하는 것으로 보이지 않고, 비평적인 목적에 중요성을 갖지 않는다. 아가서를 선별함은 예전적인 목적을 가졌던 것으로 보인다. 맛소라텍스트와 다른 것들은 사소하고, 거의 무의미할 것이다. 예를 들어, 맛소라텍스트가 "시온의 딸들"이라고 말하는 아가서 3:11에서 4QCanta는 "예루살렘의 딸들"이라고 말한다. 이 쿰란 단편이 맛소라텍스트를 수정하였음을 의심하는 근거가 될 것이다. 쿰란의 편집자인 토브(E. Tov)의 말에 따르면 4QCantb의 서기는 "많은 실수를 했고, 그는 아람어에 영향을 상당히 받았다"(DJD 16:197, 208-9). 또한 이 사본은 아마도 팔레오 히브리어(Paleo-Hebrew, 페니키아 알파벳과 일치하는 고대 셈어 알파벳)일 수 있는 특별한 서기적 특징을 담고 있다(DJD 16:205).

머피(Murphy, 7-11)는 고대 역본들의 특징에 대해서 훌륭한 관찰을 제공한다. 트리트(J. Treat, "A Fiery Dove")는 아가서의 옛 헬라어 역본의 멋진 조망을 해석자에게 제공하고(Codex Venetus 1이나 "V"), 이 코덱스에 관한 그의 비평적인 판본에서 노래하는 자의 편에서의 한계와 본래의 서문을 완성한다.

이것들은 역본들이 맛소라텍스트보다 더 우수한 독법을 가진 것으로 보이거나 맛소라텍스트의 수정이 적합하다는 매우 드문 예들이다. 한 가지 사례는 아가서 4:8인데, 거기서 맛소라텍스트는 "나와 함께"(אִתִּי – 일띠)이다. 70인경의 듀로(*δεῦρο*)와 벌게이트역의 베니(*veni*, "오다!")는 문맥에 더 좋은 의미를 만들어준다.

그러므로 "오다"(אֵתִי – 에티)로의 수정이 맛소라텍스트보다 더 선호된다. 아가서 4:8에서도 "산으로부터"(מֵהַרְרֵי – 메하레레)를 정반대인 "굴로부터"(מֵחֹרֵי – 메호레)와 "동굴로부터"(מִמְּעֹנוֹת – 밈메오노트)로 수정한다. 아가서 7:10에서(ET 7:9)에서 맛소라텍스트의 "잠자는 자의 입술"(שִׂפְתֵי יְשֵׁנִים – 시프테 에쉐님)을 더 좋은 의미로 만들어주는 작은 시도가 있다. 70인경, 옛시리아어역, 그리고 벌게이트역에서 "나의 입술과 나의 이빨"(שְׂפָתַי וְשִׁנָּי – 쉬프타이 베쉬나이)로의 수정은 더 선호된다. 그러나 전반적으로 맛소라텍스트가 신뢰할 수 있는 증거이고, 가끔씩 약간의 수정이 제기될지라도, 맛소라텍스트가 이 주석의 근간이다.

저작 시기

많은 학자들이 아가서를 페르시아 시대로 연대를 매긴다. 언어학적 논증들은 아가서의 후대 연대를 유지하기 위해 제시되는 주요한 정당성에 해당한다. 폭스(M. Fox, *Song of Songs*, 186-91)는 그러한 관점의 전형이다: "언어학적 비평은 아가서의 저작에 대한 일반적인 시기를 결정할 수 있는 모든 것이다. 아가서의 언어는 많은 면에서 미쉬나의 히브리와 유사하다"(187). 폭스는 "특징적으로 미쉬나적인 용어와 구문들"을 열거하여 아가서의 늦은 연대를 주장한다.

언어적 논증은 가장 최근의 분석, 특히 영(I. Young, *Diversity*)의 논증에 의해 상당히 손상을 입었다. 이런 논증에 프레드릭(D. Fredericks, *Qoheleth's Language*)의 작품을 추가할 수 있다. 그가 전도서에 초점을 맞추고 있을지라도, 동일한 이슈들을 많이 다룬다. 언어에 기초해서 책들의 연대를 정하는 이전의 논증은 미쉬나주의나 아람어주의라고 생각되는 용어와 문법적 구조의 목록을 형성하여 그 작품이 후대의 것이라고 증거했다. 그것의 대부분은 성경의 히브리 용어의 역사에 대해서 단순하고 직선적인 모형을 사용했다.

영은 아람어가 더 큰 세력들의 공식적인 언어였던 것처럼 히브리어의 기원이 이전의 가나안 문학의 "위엄 있는 언어"의 존속에서 발견된다고 주장한다. 데이어 알라(Deir Alla) 비문은 8세기에서처럼 특히 두 위엄 있는 문화가 서로 충돌할 때, 지역어에서 가나안어와 아람어적인 요소의 상당한 혼합이 있었다고 지적한다. 심지어 고어체의 성경 히브리어도 아람어적인 경향을 보인다. 표준적인 성경 히브리어에서 아람어적인 형태의 사용은 "나쁜 형태"로 간주되지만 이런 규칙은 지혜 문헌에 적용되지 않았다. 영은 "우리는 어떤 말이 '아람어식'인지, 즉 아람어에서 히브리어로 차용된 것인지를 확신 있게 말할 수는 없다"고 진술한다.

우리의 목적을 위해서, 영의 연구의 가장 중요한 양상은 표준적인 성경 히브리어와 미쉬나적 히브리어간의 구분에 관한 그의 분석이다(*Diversity*, 73-96). 학자들은 미쉬나적 히브리어가 성경 히브리어의 직계라고 일반적으로 가정했지만, 영은 보다 확실한 모델을 제시한다. 이전의 연구를 보강하여, 그는 고대 이스라엘에서 디글로시아(diglossia)의 사례를 만들 수 있음을 주장한다. 디글로시아는 각각의 역할을 간직한 채 한 장소와 시간에 공존하는 단일한 언어의 두 다양성이나 방언을 묘사한다. 고전 히브리어는 자주 아람어식을 사용했던 일상적 히브리어와 나란히 공존했다. 유배 이전의 히브리어는 이미 매우 다양했고, 많은 아람어적 요소를 포함했다. 유배 이전의 표준적인 성경 히브리어에서 후대의 성경 히브리어(적당히 아람어화된), 그 다음에 미쉬나적 히브리어(대단히 아람어화된)로의 직계적인 발전이 그 시점까지 히브리어의 역사를 적당하게 대변한다고 주장하는 것은 불가능하다.

우리가 본 것처럼 아람어식의 존재가 책을 후기 연대로 귀결시키기 위한 충분한 근거가 되지 못한다. 그것은 북부 방언이나 단순히 문학적 산문의 순수 히브리어를 유지하는데 관심이 없는 형태를 대변할 뿐이다. 드라이버(G. R. Driver)를 인용하는 프레드릭(D. C. Fredericks)은 특별히 시가 아람어식을 더 간직할 수 있음을 지적하고, 영처럼, 프레드릭도 문서의 연대와 상관없이 지혜 문헌에서 아람어식이 나타날 수 있음을 언급한다.

아가서에서 많은 하팍스 레고메나는 후대의 연대를 암시하지 않는다. 그것은 방언을 반영하는 것이나, "저자가 예외적으로 광범위한 어휘를 사용하는 천재성이 있었음"을 암시한다(Young, *Diversity*, 164). 특이한 단어들을 상당히 사용한 것은 서정시의 특징이다.

관계대명사 쉰(ש)의 사용이 후기 연대를 나타내지 않는다. 설사 미쉬나적 히브리어에서 그 관계대명사의 용법이 두드러질지라도 말이다. 영(*Diversity*, 163)은 그것이 북쪽 이스라엘 방언을 대변하는 것으로 보인다고 지적한다. 드보라의 노래(삿 5:7)에서 그것이 두 번 나타나는데, 영은 그것이 고어적이고 북부적인 히브리어의 특징을 담고 있다고 제기한다. 또한 그것은 므낫세의 기드온의 기사(삿 6:17; 7:12; 8:26)와 북쪽 왕국과 관련한 기사(왕하 6:11)에서 시리아의 왕의 인용에서도 나타난다. 나는 또한 쉰(ש)이 언어의 회화적이거나 보다 간결한 형태를 대변함을 주목한다. 요나서 1:7에서 선원들은 매우 직접적으로 서로에게 말하고, "누구로 인하여"(בשלמי – 뻬쉘레미)라는 표현을 사용한다. 그러나 요나에 대한 언급에서 그들은 보다 언어의 공식적인 형태를 사용하여 뻬쉘레미(בשלמי)를 뻬아쉘 레미(באשר למי, "무슨 연고로")로 대체한다(욘 1:8). 포프(Pope, 33)는 쉰(ש)을 후대의 연대를 가리키는 것으로 취하는 것을 거부한다. 그는 그것을 아카디아어의 *ša*, 우가릿어의 *ḏ*, 가나안어의 *z*, 아람어의 *d*, 그리고 아라비아어의 *ḏū*과 비교한다. 또한 Fredericks, *Qoheleth's Language*, 147-48을 보라. 아가서에서 아주 빈번하게 인용되는 소위 두 차용어는 4:13에서 "과수, 낙원"(פַּרְדֵּס – 빠르떼쉬)과 3:9에 앞필욘(אַפִּרְיוֹן, "연, 가마")이다. 파르떼쉬(פַּרְדֵּס)는 때로 페르시아 차용어라고 생각된다. 영(*Diversity*, 161-62)은 이 용어의 기원을 알 수 없고, 그것이 산스크리트어 기원일 수도 있고, 인도 아리안족이 정복 이전 시대에 가나안에 살았다고 생각할 수 있는 이유가 되기도 함을 보여준다(또한 *Diversity*, 7을 보라). 이런 상황은 앞필욘(אַפִּרְיוֹן, "연")에 대해서도 유사하다. 헬라어 기원일 것으로 자주 언급되는 이 용어는 역시 모호한 단어이지만, 산스크리트 기원일 수도 있다(Young, *Diversity*, 162). 또한 Fredericks, *Qoheleth's Language*, 245를 보라. 브레너(JSOT 25[1983] 75-81)는 까르꼼(כַּרְכֹּם, "샤프란"[saffron])과 네르떼(נֵרְדְּ, "감송향")의 페르시안 기원을 주장하지만 이 단어가 언제 어떻게 그 언어에 유입되었는지는 알 수 없다.

자주 제기되는 또 다른 요지는 아가서가 유일하게 두 와우 연속미완료 형태를 담고 있고, 그 둘이 아가서 6:9에서만 나온다. 와우 연속미완료가 거의 없는 것은 미쉬나 히브리어의 특징이기도 하다. 하지만 사람들은 서정시의 또 다른 단편인 시편 23편에서 와우 연속미완료를 보기를 기대하는 것보다 아가서에서 우리가 갖고 있는 서정시의 짧은 단편에서 와우 연속미완료를 보기를 더 기대하지 않을 것이다. 책의 연대에 대한 언어적 증거처럼 이 논거는 완전히 가치가 없다.

종합해서 말할 때, 영의 작품은 아가서의 언어적 특징의 어느 것도 늦은 저작 연대를 부여할 수 없음을 제기한다. 오히려 그 장르 때문에 아가서는 성경 히브리어의 표준적인 문학적 산문의 많은 언어적 특징을 갖지 않고 있다. 아가서에 대한 그의 분석의 결론(*Diversity*, 165)은 인용할 가치가 있다.

> 아가서는 내용상 북쪽 부족에서 유래하는 드보라의 노래와 상당히 의미 있는 언어적 특색을 공유하고 있다. 아가서는 드보라의 노래를 고어체의 성경 히브리에 위치시키는 고어적 요소의 집단을 보여주지 않는다. 이런 특징은 연대의 구분을 필연적으로 보여주지 않는다. 아가서에 대해서 증거 되는 초기 시대에서 고어체의 성경 히브리어(Archaic Biblical Hebrew) 형태가 여전히 저작되고 있었고, 표준적인 형태(Standard Style)가 여전

히 초보 상태에 있었기 때문이다. 아가서는 고어체 성경 형태나 표준적인 성경 형태에는 없는 초기 작품인 것으로 보인다. 아가서는 북쪽의 드보라의 노래와 특별한 방언적 특징을 공유하고 있다. 하지만 그것은 예루살렘에서 저작된 것으로 보인다.

최근의 성경 학풍은 아가서를 언어에 기초해서 연대를 짓는 일을 멀리한다. 머피(Murphy, 4)는 그러한 논증들은 "난해함을 불러일으킬" 뿐이라고 말한다. 또한 롱맨(Longman, 4-5)과 포프(Pope, 30-34)를 보라.

언어적 이슈와는 달리, 아가서의 초기 연대를 보여주는 몇 가지 증거들이 있다. 첫째로 아가서는 이스라엘의 솔로몬 제국 시에 예상되는 지형적 의식을 반영한다. 아가서에서 언급된 북부 지역은 샤론, 레바논, 헬몬, 그리고 갈멜을 포함한다. 일부 학자들은 아가서에서 다수의 북부 지역에 대한 언급에 압도되어, 이에 기초하여 그 출처가 북부 지역이라고 주장했다(예. LaSor et al., *Old Testament Survey*, 602-3). 이는 그럴 것 같지 않다. 아가서에서 여인의 여자 친구들에 대한 흔한 용어는 "예루살렘의 딸들"(1:5; 2:7; 3:5, 10; 5:8; 5:16; 8:4)이다. 이는 아가서의 공동체가 예루살렘이라는 것을 가리킨다. 즉 지역에 대한 모든 다른 언급들은 직유나 은유로 기능하는 암시들이고, 아가서의 사람들은 실제로 예루살렘 출신이라고 말할 수 있다. 남부 지역(예. 엔게디)과 트랜스 요르단의 지역(헤쉬본, 길르앗)도 아가서에 나타난다. 그것은 물론 어느 시대로부터의 시(poet)라도 레반트의 다양한 지역을 암시할 수 있었을 수 있지만 아가서의 분위기는 범 이스라엘로 묘사될 수 있을 것이다. 머리가 갈멜과 같고, 레바논의 먼 산에 거하며, "샤론의 장미"요 엔게디의 포도원인 이상화된 아가서의 여주인공은 자기 묘사를 위해서 더 큰 범주의 이스라엘의 모든 지역에 의존하고 있다. 이 시는 이방 지역이 아니라 이스라엘 국에 속했거나 영향 하에 있었던 것으로 간주되었을 때에 작성되었다. 세갈(Segal, *VT* 12 [1962] 483)은 "예루살렘에 대해 그렇게 확장된 경계는 이스라엘 국토의 경계를 넓혀 통치하였던 솔로몬 시대에 가장 적합하다"는 것을 지적한다. 결론적이지는 않을지라도, 이런 증거는 첫 글자(superscript)의 의미와 적어도 일치한다.

아가서의 높은 문학적 양식은 이스라엘이 문학적인 추구에 대한 수단과 동기를 가졌던 때에 작성되었을 것임을 암시한다. 유추적으로 라틴 문학의 만개는 문예전성기 시대에 있었고, 고전 헬라 문학의 융성은 아테네 제국에서 있었다. 솔로몬의 통치가 그러한 때였음을 성경은 알려준다. 당시에 이스라엘 국가는 부와 국제적인 학술을 가졌고, 그 왕조는 문학적인 문제에 관심이 있었다. 물론 이스라엘이 이런 면에서 예외적이고 이 책이 모호한 5세기 인물에 의해 작성되었다는 것이 항상 가능하기는 하지만, 그것은 도달할 분명한 결론이 되지는 못한다.

이 책이 솔로몬 제국으로부터 유래한다는 또 다른 환경적인 암시들이 있다. 라빈(C. Rabin, *SR* 3[1973] 2051-9)은 아가서에 언급된 이국적인 향료와 향수들은 커다란 부의 시대와 동방, 특히 인도와의 상업적 관계가 있었던 때를 암시한다고 주장한다. 하지만 이 요지의 타당성을 인식하기 위해서 아가서가 타밀(남인도) 시에 영향을 받았다는 그의 논지를 받아들일 필요는 없고, 또한 동방으로부터의 향료가 레반트(동부 지중해 연안 제국)와 통행한 절대적으로 유일한 때라고 주장할 필요도 없다. 이 사실은 아가서가 커다란 부와 이국적인 풍미가 있었던 때를 반영하는 것이고, 성경에 따르면, 솔로몬 왕조가 이스라엘 역사에서 이런 종류의 지극한 사례가 될 것이다(예. 왕상 10:25). 세갈(M. Segal, *VT* 12[1962] 470-90)은 아가서에 나오는 황금, 설화 석고(줄마노), 사파이어, 보석에 대한 빈번한 언급은 커다란 부의 기원을 암시하는 것임을 지적한다. 그는 다윗의 망대(아 4:4)가 시삽이 취한 황금 방패(왕상 10:16-17; 14:26)일 것이라고 주장한다.

나는 시인이 자신이 거의 경험하지 못했던 것들을 암시할 수 있음이 사실일지라도, 그러한 암시는 자주 진부한 표현이 될 것이라고 다른 곳에서 주장했다. 거의 눈을 보지 못한 시인이 "눈처럼 하얀"이라고 말할 수 있으나, 겨울이 있는 기후에 살았던 시인은 눈, 얼음, 서리, 기타 등등의 더 많은 뉘앙스가 있는 언급을 했을 것이다. 정금 받침에 화반석 기둥에 대한 언급(아 5:15)이나 바로의 화려하게 장식된 말에 대한 언급(아 1:9-11)은 시인이 실제로 이와 같은 것들을 보았음을 암시한다. 아가서에서 정원의 은유는 동등하게 풍성하다: "네게서 나는 것은 석류나무와 각종 아름다운 과수와 고벨화와 나도초와 나도와 번홍화와 창포와 계수와 각종 유향목과 몰약과 침향과 모든 귀한 향품이요"(아 4:13-14). 그러한 놀라운 이국적인 다양성을 가진 정원을 진정으로 알지 못하는 사람은 보다 총칭적인 용어를 사용하였을 것이다. 아가서에서 사치스러운 항목들에 대한 언급은 전혀 진부하지 않다. 시인은 직접적인 경험에서 말하였다.

그 다음에 아가서 6:4에 "내 사랑아 너의 어여쁨이 디르사 같고 너의 고움이 예루살렘 같고"라는 언급이 있는데, 두 도성의 짝은 그것들이 서로 비교할 수 있을 만큼 장엄했음을 암시한다. 만약 디르사가 낙후한 곳이었다면 직유가 작용하지 못할 것이다. 디르사는 초기 일천년 시대에 그 민족의 북쪽 지역의 유력한 도시였다. 그 도시는 오랫동안 북쪽 왕국의 수도였고, 이런 상태는 여로보암 1세와 그의 계승자들인 바사(왕상 15:2, 33), 엘라(왕상 16:8), 시므리(왕상 16:15), 그리고 오므리까지 계속되었고(왕상 16:23-24), 오므리(그는 약 885-874 B.C.E에 통치했다)가 사마리아를 건립했을 때, 수도의 자리를 빼앗겼다.

디사르의 위치는 동일한 논쟁의 문제가 있었으나 그것이 북쪽의 텔 엘파라(Tell el-Far‘ah, north, Dale, "Tirzah," *ABD* 6:573-77; Stern, *Archaeology*, 2:433에서 이 지역에 대한 정체성에 관한 Vaux의 언급을 특히 참조하라)였을 것이라는 일치가 있다. 이 지역의 역사는 신석기 시대부터 후기 철기 시대에 이르지만, 통합된 왕조 시기의 전기 철기 시대에 부흥했다. 이 지역의 역사를 위한 충분한 논의에 대해서는 A. Chambon in Stern, *Archaeology*, 2:433-40을 보라. 통일 왕조 시대에 상응하는 점령의 상황과 관련해서 마자르(Mazar, *Archaeology*, 389)는 이렇게 적고 있다: 디사르(텔 엘 파라[북쪽])는 이 시기에 발전된 도성의 특별한 사례다－잘 계획되어 있고, 인구밀도가 높다. 디사르의 마을은 직각의 형태(후대의 이스라엘 마을에서는 거의 존재하지 않는)와 반복된 전형적인 "네 개의 방이 있는 집"의 모양으로 특징지어진다. 디사르의 역사의 이런 양상은 오므리가 수도를 옮겼을 때 분명히 9세기에 끝이 났다. 또 다른 주요한 국면에서, 지위가 강등된 도시인 디사르는 번성하기를 계속했지만, 이런 양상은 분명히 723년의 앗수르의 정복으로 인해 도시의 파괴로 끝이 났다. 그 도성은 그 후에도 짤막하게 거주지를 회복하였으나, 600 B.C.E.에 완전히 버려졌다.

데버(Dever)는 Level VIIa가 솔로몬의 시대의 도성이었을 것이라고 말한다. 그는 그것을 다음과 같이 묘사한다: "그것의 토기로 확실히 10세기로 추정되는 이 단층은 나가는 성벽과 들어오는 성벽을 구성하고 있었다. 즉 두개의 도성의 문을 갖고 있었다. 도성 문 근처에는 사당을 가진 커다란 공개적인 장소가 있었고, 네 개의 방을 가진 마당이 있는 집의 여러 인접한 단위들이 있었다. 그것은 도시 계획의 일환을 반영하는 것으로 만들어져 있었다. 아마도 디사르는 에브라임의 솔로몬 북쪽 지역의 행정 수도였을 것이다"(*What Did the Biblical Writers Know?* 142).

아가서의 시인은 디사르와 예루살렘을 거의 동등한 것으로 생각했고, 초기의 분열 왕조의 도성이 이런 기준을 충족할 수도 있을지라도, 이전 시기의 양상이 더 적합한 시기로 보인다. 공통된 생각은 예루살렘과 디사르의 이런 비교가 북쪽 지파의 분리 이전에 있었을 것이고, 분리 이후에는 이 두 도성이 심각한 적대관계를 형성했을 것이다. 디사르와 예루살렘의 같은 짝을 포로 이후의 시인으로 귀결시키는 것은 전혀 불가능하다. 디사르 도성은 그 때에는 존재하지 않았고, 그 도성의 영광의 날에 대한 기억을 회상했을 것이라고 생각할 이유가 없다. 디사르가 영광에 대한 은유로서 잠언적이었다고 생각할 이유도 확실히 없다. 라코크(A. LaCocque, *Romance,* 28)는 "비루스 왕의 승리"(Pyrrhic victory)란 표현이 3세기 B.C.E.의 텍스트를 다루고 있음을 의미하지 않는 것처럼, 디사르에 대한 이런 언급이 아가서의 연대를 증명하지 못한다고 제기한다. 하지만 그런 유추는 터무니없다. "비루스 왕의 승리"는 세기를 통해 반복되는 진부한 표현이지만 아가서 6:4은 진부한 표현이 아니고, 디사르와 예루살렘의 비교는 다른 곳에서는 사용되지 않는다. 따라서 우리는 디사르에 대한 언급이 북쪽 이스라엘의 영광의 날을 일종에 반성적으로 돌아보는 것이라고 생각할 이유가 전혀 없다. 포로후의 청중들이 그 영광을 가정적으로 인식하고 있는 것이 아니다. 이런 증거는 쉽게 기각시킬 수는 없다. 이 증거는 위에 언급한 다소 정황적인 논증보다도 훨씬 더 큰 의미를 지닌다. 페르시아 시대에 디사르는 황폐된 과거의 이야기일 뿐이다.

머피(Murphy, 4)는 아가서 6:4에 근거하여 이 책의 연대를 정하는 것을 거부한다. 그는 디사르란 이름이 유사한 라차(רצה, "기쁘게 하는")와 유사하게 들리기 때문에 시인이 그 이름을 선택하였다고 주장한다. 이런 논증은 인위적이고 부자연스럽다. 어근 라차(רצה)가 이 본문의 어디에도 나타나지 않고, 적절한 이름의 어근의 의미에 대한 암시는 아가서가 사용하는 방식이 아니다. 히브리 시에서 그러한 어원론적 암시는 (미 1:10에서처럼) 일종의 익살(paronomasia)과 불가피하게 관련되어 있고, 아가서에서는 발견되지 않는다.

아가서가 이집트의 사랑 시와 유사한 것도 아가서의 연대를 정하는데 역시 중요하다. 이 두 시 사이에 유사한 점이 너무도 많고 가까워서 우연이라고 말할 수가 없다. 이것은 아가서가 애굽의 자료에서 많은 것을 빌렸다는 증거이다. 새로운 방향으로 장르를 취했을지라도 말이다. 히브리어 텍스트와 애굽의 텍스트가 직접적으로 관련이 없다면, 아주 많은 학자들이 그 둘 사이에 일치를 분석하는데 그렇게 많은 관심을 기울인 것은 특별한 일이라고 말할 수밖에 없다. 하지만 바로 이 학자들이 아가서를 애굽의 텍스트보다 거의 1000년 뒤에 작성된 것으로 아가서를 연대짓고 있다. 즉 아가서를 이런 종류의 애굽의 사랑 시가 흥왕하였던 때와 성경에 따르면 애굽의 영향이 예루살렘에 강력하였을 때로 연대를 정하지 않고, 이 학자들은 애굽의 사랑노래의 유행이 한참 지난 몇 백 년 뒤에 그리고 유대 공동체가 페르시아 제국의 작은 부속품이 되었을 때로 정한다. 랜디(Landy)는 애굽의 자료를 아가서를 해석하기 위한 모형으로 사용하지만(*Paradoxes,* 21-24), 아가서가 "매우 늦은 시기"에 만들어졌다고 말한다(*Paradoxes,* 18). 그는 심지어 헬라의 시와 아가서의 유사성은 피상적이고 그 수에서 매우 적다고 양보한다(*Paradoxes,* 26). 화이트(J. B. White)는 논문의 일부를 아가서와 애굽의 시와의 유사성을 보여주는데 사용하지만, 이렇게 부연한다. "아가서가 고대 애굽의 사랑 시에 '문학적으로 의존하고' 있다고 제기하는 것은 연대적이고 문화적인 교환의 문제로 인해 보증할 수가 없다"(*Study of the Language,* 153, 강조는 본래부터 있는 것이다). 그렇다면 우리는 그가 정리한 유사성들을 우연이라고 가정해야 하는가?

폭스(Fox, *Song of Songs,* 186-93)는 아가서를 사전적인 데이터에 근거하여 유배 이후 시대로 연대를 정한다. 그는 아가서와 애굽의 자료가 서로 다른 장르에 속한다는 것을 보여주지는 않는다. 오히려 화이트의 작품처럼 그의 작품은 아가서와 애굽의 자료가 서로 공통된 것을 훨씬 많이 갖고 있다는 것을 보여준다. 그는 주장하건대, 애굽의 사랑 시는 라미사이드 제국(Rameside Empire: 18세기에서 20세기 왕조 또는 15세기 초에서 12세기 말까지의 왕조) 시에 팔레스타인으로 유입되었으나, 아가서는 유배 이후의 어떤 시간에 작성되었다고 말한다. 어떻게 아가서가 거의 일천년의 중단 후에 본질적으로 동일한 장르로 작성되었을 수가 있었는가? 폭스는 서양 시에서 소네트의 존재를 가지고 유추할 수 있다고 주장한다. 그는 또한 11세기 초에 "웬아문의 보고서"(Report of Wenamun)에서 보고된 비블로스(Byblos)의 궁전에 애굽의 여가수가 있었음은 애굽 궁전 음악의 존속을 증거한다고 주장한다(*Song of Songs,* 186-93). 므깃도 아이보리(The Megiddo Ivories, ca. 1350-1150 b.c.e.)도 "프다의 가수"(singer of Ptah)를 언급한다.

폭스의 논증은 적용될 수 없다. 애굽의 사랑 시가 라미사이드 시대에 레반트에 유입되었다는 주장은 그럴 것 같지 않다. 이 시기에 이스라엘(사사 시대)은 문화적인 침체기였고, 이런 혼란한 시기에 이스라엘이 애굽의 귀족적인 음악의 샘플을 들여왔을 것 같지 않다. 가나안 사람들이 그 장르를 수입하여 그것을 이스라엘 백성들에게 전수했다고 주장할 수는 있지만 이것은 가정에 가정을 더하는 것이다. 성경은 다윗-솔로몬 제국이 이스라엘에 만개한 훌륭한 음악적 문학적 시대였음을 알려주고, 또한 이는 애굽의 문화적 영향이 명백한 때였음을 제기한다(애굽 공주와 솔로몬이 결혼함으로 애굽인들이 이스라엘로 많은 것을 가져왔다: 왕상 3:1; 7:8; 9:24). 우리는 애굽의 사랑 시가 이스라엘에 유명하였을 때를 알지 못한다. 아마도 애굽의 사랑 시가 애굽에서 왕성하였을 때의 시기에 발생하였을 것이다. 애굽의 문화가 이스라엘 나라로 직접 유입되고 애굽인들의 고상한 모든 것에 이스라엘이 관심을 가졌을 바로 그때에 말이다. 어느 누구도 2세기 말에 가나안에 애굽의 가수들이 있었으리라고 의심할 필요는 없을지라도, 애굽의 사랑 노래의 장르가 일세기 말까지 레반트에 지속되었다는 개념은 정당하지 못하다.

폭스와 달리, 아래에 간단하게 요약하는 것처럼, 소네트의 역사는 애굽의 사랑 시의 역사와는 전적으로 다르다. 소네트는 고정된 음조와 운율의 구조를 가진 14연의 시다. 13세기의 이탈리아에서 발전된 그것은 페트라크와 단테와 같은 거장들에 속에서 그 표현을 찾을 수 있다. 소네트는 영국에서 16세기에 유명해졌고, 대부분의 현대 독자들은 세익스피어의 시 형태로 소네트를 인식한다. 소네트의 용법은 17세기와 18세기 영국 시에서 쇠퇴했다(하지만 결코 사라지지는 않았다; 밀톤은 17세기 중반에 소네트를 지었고, 다른 참여자들은 벤 존슨[Ben Jonson, ca. 1572-1637], 존 돈[John Donne, ca. 1572-1631], 그리고 토마스 에드워즈[Thomas Edwards [1699-1757] 등이다). 소네트는 괴테(1749-1832)와 여타 작가들의 작품에서 독일 로망스 운동으로 활성화되었다. 영국 시에서 소네트는 19세기와 20세기 초에 재부흥을 가졌다. 이 시기에 많은 소네트 작가들에는 에드가 알렌 포우(Edgar Allen Poe, 1809-1849), 롱펠로우(Henry Wadsworth Longfellow, 1807-1882), 그리고 특히 빈센트 밀레이(Edna St. Vincent Millay, 1892-1950)가 있다. 소네트와 달리, 애굽의 사랑 시가 시적인 형태로서 "계속 지속했다"는 증거가 없다. 장르의 유사성은 아가서가 주전 2000년대 말이나 1000년대 초의 작품임을 암시한다.

요컨대, 어떤 식으로든 아가서의 히브리어는 텍스트상에서 페르시아나 헬라의 기원을 요하지 않는다. 아가서에서 사용된 이미지들은 범 이스라엘적 관점과 부와 이국적인 사치를 직접 경험했던 시인의 저작임을 암시하고, 이는 솔로몬 제국의 기원과 잘 맞아떨어진다. 아가서 6:4에서 디사르에 대한 언급은 아가서가 통일 왕국 시대에 작성되었음을 암시한다. 물론 이런 증거에 초기 분열 왕국의 시기를 완전히 배제할 수는 없을지라도, 유배 후 시기의 연대는 전혀 인정하기 어렵다. 아가서가 2000년대 말의 애굽의 사랑 시에 의존하고 있다는 증거는 상대적으로 이 시기와 가까운 시기를 요하고, 이스라엘의 고문화가 애굽의 영향에 열려 있었을 때를 암시한다. 따라서 그 증거는 다음의 결론으로 수렴된다: 아가서의 책은 통일 왕국 시대에 작성되었다.

저작권

첫 글자(superscript)는 이것이 솔로몬에게 "속하는", "써진", "위해서" 또는 "헌정된" 아가서라고 우리에게 말한다. 전치사구인 리쉘로모 (לשלמה, 문자적으로는 "솔로몬에게")는 모호하다(이에 대한 더 자세한 논의는 1:1의 주석을 보라). 첫 글자는 이 책이 익명이지만 솔로몬에 의해 지원을 받았거나 이 노래를 솔로몬이 저작한 것임을 의미하도록 해석할 수 있게 만든다. 양 경우에 이 책이 솔로몬의 시대로부터 유래하였음을 나타낸다. 그것은 솔로몬을 위해서 또는 솔로몬에 의해 만들어졌다. (어떤 책을 오래 전에 끝난 왕조에게 헌정할 수 있으리라는 개념은 고대 세계나 현대 세계나 유추할 수 없을 것이다.) 전통적으로 이 타이틀은 솔로몬이 아가서를 작성했음을 의미하는 것으로 항상 취해졌다. 또는 이 책이 솔로몬의 이름 하에 모아진 집합에 속하는 것임을 의미한다고 견지되어 왔다. 하지만 현대의 학자들은 아가서의 첫 글자를 통일 왕조를 나타내는 연대의 증거로 거의 취하지 않는다. 초기 왕조의 역사와 게제르와 하조르와 같은 지역의 연대기에 대한 최근의 논쟁을 잘 아는 독자들은 다윗-솔로몬 제국의 역사성이 뜨거운 논쟁의 주제임을 알 것이다. 나는 이스라엘 역사의 문화적이고 정치적인 높은 수위(水位)표로서 10세기 초에서 9세기 초의 성경적 특징(삼하 – 왕하 11; 대상 11장 – 대하 9장)을 정확한 것으로 받아들여야 한다고 믿는다.

데버(W. Dever, *What Did the Biblical Writers Know?* 131-57)는 이런 관점을 보강하는 고고학의 증거를 모은 것으로 설명했다(그가 우리에게 고통스럽게 말하고 있는 것처럼, 그는 성경의 신빙성에 대한 신학적 헌신을 하지는 않는다). 열왕기상 9:15-17에 따르면, 무명의 바로왕이 가나안으로부터 게제르를 점령하여 불태우고, 신부의 혼인지참금으로 그것을 주었다. 그때에 솔로몬은 하조르, 므깃도, 그리고 게제르를 재건하기 위해 부역(강제 노역)을 이용했다. 솔로몬의 계승자인 르호보암의 통치 시에 애굽의 바로인 시삭(또는 세손크)은 유다를 침공하여 상당한 조공을 가져갔다(대하 2:1-9; 왕상 14:25). 시삭은 원정 시에 많은 성의 요새들을 파괴하였다(대하 2:4). 하지만 성경은 그가 노략한 성들을 구체적으로 언급하지는 않는다. 또한 그는 남쪽 네게브와 북쪽 이스라엘을 경유하는 원정을 했다. 카르낙(Karnak)의 아문(Amun)의 성전 벽에 시삭을 기념하는 조각과 텍스트는 시삭이 파괴하였다고 주장하는 150개의 도성을 열거한다.

하조르, 므깃도, 그리고 게제르에 대한 발굴은 성경의 이야기를 보강해주고, 이 시기에 대한 부가적인 빛을 비추어준다. 야딘(Y. Yadin)은 이 세 지역의 문과 포곽의 유사성을 인식하고, 이 모든 것이 솔로몬의 행정 하에서 기술자들이 협력하여 건축한 것이었다고 결론짓는다. 우리의 논의의 목적에 의미가 있는 게제르의 포곽은 파괴된 층 위에 지어졌고, 연대가 10세기 중반인 것으로 토기측정에 의해 알려졌다. 도성의 네 번째 입구는 "특히 잘 정돈되어 있고 아름답게 보존되어 있었다"(Dever, *What Did the Biblical Writers Know?* 132). 이 단층의 게제르 단층(Gezer Stratum) VIII는 9세기 전에 파괴되었다(토기에 의해 다시금 측정된 연대). 따라서 데버는 솔로몬이 재건하였지만 시삭에 의해 곧 파괴된 도성으로 이것을 연대짓고, 그것을 ca. 970에서 925의 연대에 해당하는 것으로 할당한다. 마자르(A. Mazar)는 유사한 결론에 이른다(*Archaeology,* 380-98). 데버는 이렇게 부연한다. "도성의 방벽과 모든 나머지 것들은 10세기 초에서 9세기 초에 팔레스타인의 대부분의 조망을 전적으로 형성했던 조직과 중앙화의 멋지고 폭넓은 과정의 일부라고 다시 강조할 수 있을 것이다"(*What Did the Biblical Writers Know?* 137).

또한 데버는 열왕기상과 역대상에 묘사된 솔로몬의 성전이 당대의 성전 건축술을 정확히 반영하고 있음을 가리키는 증거를 요약한다. 그는 "우리는 히브리 성경에 묘사된 '솔로몬의 성전'의 *모든 단일한 특징*에 해당하는 직접적인 청동기와 철기 시대를 지금 갖고 있고, 그런 유사성은 15-9세기의 가나안-페니키아 세계로부터 발원한다"(*What Did the Biblical Writers Know?* 145, 이탤릭체는 원문에 본래 강조를 위해서 있었다)고 진술한다. 그러한 유사성의 구체적인 사례들은 성전의 삼부조 계획, 각석의 사용(사각의 벽돌)과 나무 기둥의 강화, 입구의 측면에 두 청동 기둥의 사용, 그리고 조각된 게루빔(지품천사)의 사용을 포함한다(이것은 오직 부분적인 열거일 뿐이다). 중요한 요지는 이스라엘의 영광의 시대로서 솔로몬 시대의 성경적 특징이 가설이 아니라는 점이다. 솔로몬과 그의 성취는 실제다. 이것이 솔로몬이 아가서를 썼음을 입증하지는 않지만 포로후의 환상으로서의 개념과 일부 보수주의자들의 완고한 근본주의적 개념을 기각시킬 수 있다.

일부 학자들은 내적인 이유를 들어 아가서의 솔로몬 저작권을 거부한다. 머피(Murphy, 3)는 "솔로몬의 저작권에 대한 전통적인 주장을 작품 자체에서 지지를 발견할 수는 없다. 솔로몬은 어느 곳에서도 화자로 지칭되지 않으며, 화자는 단지 익명의 개인일 뿐이다"라고 진술한다. 이런 논증은 시인이 자신의 시들의 화자로서 주요한 역할을 항상 주어야만 하고 그러한 역할 속에서 자기 자신을 분명하게 거명해야 한다는 것을 함축한다. 하지만 솔로몬의 이름이 아가서에서 다섯 번 서로 다른 곳에서 나타나고 있음을 주목하라(아 1:5; 3:7, 11; 8:11, 12).

롱만(Longman, 5-7)은 머피의 주장을 반복하고 다른 두 가지를 첨가한다: 솔로몬이 아가서를 저작하기에는 도덕적으로 적합하지 않고(결국 솔로몬은 많은 여인들을 가졌고, 이 여인들 중에 많은 이들이 외국 여성이었으며, 이들은 왕과 그의 나라를 배교로 유혹했다), 아가서의 첫 글자는 다양한 세부 항목과 저작자를 분명히 갖고 있는 책인 잠언서에 부여된 사람과 같다(예. 잠 30:1; 31:1).

도덕적인 부적당함과 대비되어, 우리는 시와 철학 또는 신학적 텍스트를 포함하는, 사랑과 덕성에 관한 훌륭한 문학의 상당수가 개인의 삶이 자신이 표현했던 고매한 이상을 온전히 반영하지 못했던 사람이 지었다. 덕스러운 삶과 덕스러운 말이 항상 일치하지는 않는다. 성경의 기술로 볼 때, 솔로몬은 복잡한 사람이었다. 아버지처럼, 그는 현명하고 경건하다고 언급되나 호색하는 경향이 있었다. 그는 이스라엘에 헌신했으나 당대의 국제적 교역의 주요한 인물이었고 외국의 아내의 종교적 열정을 탐닉하려고 하였다(왕상 4:29-34; 8:1-66; 10:1-10; 11:1-8). 게다가 우리는 솔로몬이란 사람에 대해서 실제로는 아무것도 듣지 못하고 있다. 우리는 그의 내적인 반추, 묵상, 또는 후회를 묘사할 수 있는 입장에 있지 못하고, 삶의 다양한 단계에서 그의 정신적 상태나 태도를 묘사할 수 있는 기반을 갖지 못하고 있다(즉 전도서가 이와 관련해서 증거로 인정될 수 없다면). 우리는 "솔로몬과 같은 사람"이 아가서를 쓸 수는 없었다고 말할 수 없다. 솔로몬이 어떤 사람인지를 우리가 알 수 없기 때문이다. 그는 노래를 작성하기를 매우 좋아했다(왕상 4:32)고 성경에서 듣게 된다. 아가서의 첫 글자로부터의 논증은 잠언이 솔로몬에게 귀결되었지만 사실상 다양한 저자의 작품이기 때문에 또한 아가서의 서문도 오직 솔로몬의 통일된 작품임을 필연적으로 의미할 수 없다고 한다. 우리는 아가서의 첫 글자가 단일한 저자에 의한 통일성과 저작권의 확실한 증거는 아니라고 인정할 수는 있다. 동시에 아가서와 잠언은 전적으로 서로 다른 두 책이다. 잠언은 그것이 긴 "편집의 역사"(예. 잠 25:1)를 가졌고, 또한 갈래와 하부 갈래(예, 잠 22:17, 20-21) 그리고 다른 사람에 의해 작성되었다고 진술하는 텍스트들을 갖고 있음을 우리들에게 말해준다. 하지만 아가서는 텍스트의 단일한 덩어리다. 아가서는 잠언 25:1과 같은 분할을 전혀 갖지 않고, 확실히 다양한 저작자에 대한 내적인 지침도 없다.

만약 영향을 미칠 수 있는 구체적인 증거가 있다면 아가서가 다양한 저자들을 갖고 있다고 말할 수 있다. 아가서 1:1은 복합적인 책에 복합적인 서두인 잠언 1:1-7과 같다고 보기보다는 잠언 30:1이나 시편 8:1과 같다고 할 것이다. 요컨대 우리가 아가서의 출처와 관련하여 가질 수 있는 유일한 내적 지침은 1:1에서이며, 그것은 아가서가 "솔로몬의" 것이라는 진술이다. 우리가 실제로 아가서가 편집적인 복잡한 역사를 갖고 있고, 그것이 서로 다른 시인들이 작성한 개별적인 노래들을 포함하고 있다고 잘 입증할 수 있을 때에만 우리는 첫 글자가 이런 결론을 암시한다고 주장할 수 없다.

따라서 그 증거는 아가서가 솔로몬의 시대와 그의 궁전에서 작성되었음을 우리에게 말해준다. 그것이 "솔로몬에 의한" 것이든, 궁중의 시인에 의한 "솔로몬을 위한" 것인지는 알 수 없고, 아가서의 저작을 둘러싼 환경을 식별하려는 어느 시도도 필연적으로 불확실하다. 사손(V. Sasson, *VT* 39[1989] 407-14)은 아가서의 여인이 솔로몬이 결혼했던(왕상 3:1) 바로의 딸이라고 주장하지만, 이것도 단순한 추측일 뿐이다. 언어학적 근거에 따라서 아가서가 솔로몬의 궁전에 거하던 북쪽 시인에 의한 것이었다는 영(Young)의 주장은 바로 잡을 수 있었다.

아가서의 구조와 통일성

참고문헌

Dorsey, D. A. "Literary Structuring in the Song of Songs." *JSOT* 46(1990) 81-96. **Elliot, M. T.** *Literary Unity of the Canticle.* **Exum, J. C.** "A Literary and Structural Analysis of the Song of Songs." *ZAW* 85(1973) 47-79. **Fox, M. V.** *Song of Songs and the Ancient Egyptian Love Songs.* **Grober, S. F.** "The Hospital Lotus: A Cluster of Metaphors. An Inquiry into the Problem of Textual Unity in the Song of Songs." *Semitics* 9(1984) 86-112. **Murphy, R. E.** "Cant 2:8-17—A Unified Poem?" In *Mélanges bibliques et orientaux en l'honneur de M. Mathias Delcor.* Ed. A. Caquot. Neukirchen-Vluyn: Neukirchener Verlag, 1985. 305-10. ______. "The Unity of the Song of Songs." *VT* 29(1979) 436-43. **Shea, W. H.** "The Chiastic Structure of the Song of Songs." *ZAW* 92(1980) 378-96. **Webster, E. C.** "Pattern in the Song of Songs." *JSOT* 22(1982) 73-93.

표면적인 독법에 기초한 아가서는 여덟 장의 공간에 병렬되는 관련성 없는 불합리한 시들의 혼합이다. 장 구분은 무의미하다. 세두마(단락 구분으로서 ס)는 텍스트에서 통상적으로 분명한 휴지에, 아가서에서 다양한 부분에(그리고 아 8:10에 한 페투카[פ]가 있다) 나타나지만 이것은 책의 안내를 위한 결정에 도움이 되지 못한다. 아가서가 사랑 시의 닥치는 대로의 집합이고 식별할 수 있는 구조가 없다손 치더라도 아가서의 모든 서론은 책의 구조에 대해 어떤 것을 말한다(Keel, *Song of*

Songs, 17; Pope, 40-54). 대부분의 학자들은 아가서의 구조를 적용할 수 있다고 있다고 믿는 방식들을 묘사하는 개요를 제공하지만 상당수가 그것을 지원할 수 있는 정당성이나 증거를 갖지 못하고, 단지 인상적인 분석에 불과할 뿐이다. 텍스트가 사랑 노래의 명문선집이라고 믿는 사람들 중에서도, 얼마나 많은 노래들이 있는지에 대한 일치가 없다. 킬(Keel, *Song of Songs*, 18)의 분석에 따르면 아가서에는 42개의 개별적인 시들이 있다. 머피(65-67)는 아가서에서 아홉 갈래를 갖는다. 롱만(viii)은 23개의 시가 있다고 말하고 고울더(Goulder, *Song of Fourteen Songs*)는 14개의 시가 있다고 말한다. 맛소라텍스트의 단락 구분의 위치는 19개의 시가 있음을 암시한다. 포프(Pope)는 개별적인 시들로 작품을 나누는 것을 전적으로 거부하고, 단지 순차적으로 각각의 구절에 주석할 뿐이다. 일반적인 평균의 독자들은 어떤 것 위에서 분석을 시도하기를 선호할 이유가 전혀 없다.

뒤이어지는 논의에서 나는 세 가지 요지를 설정하려고 힘쓸 것이다. 필연적으로 순서가 이와 같지는 않지만, 첫째로 아가서가 편집된 것이라 할지라도, 그것은 13개의 시의 배열에 기반한 단일한 구조를 갖는 단일한 작품이다. 둘째로 아가서의 본질을 인식할 수 있게 만드는 이와 같은 종류의 작품들에 대한 유추가 있다. 셋째로 아가서는 단일한 시인의 작품이다.

아가서에서 노래들의 복수성

아가서의 자료의 다양성은 정확히 이름이 암시하는 바를 제기해준다: 많은 노래들의 노래(a song of many songs). 그 이름은 이중적인 어구의 종류이다: 솔로몬의 노래 중에 가장 좋은 것들이고("노래들 중에 노래"[song of songs]의 최상급적인 의미에서), 많은 노래들로 구성된 단일한 음악적 작품이다. 아가서(The Song of Songs)는 노래 중에 가장 좋은 것들의 통일된 작품으로서 특징지어지는 많은 개별적인 노래들의 혼합이다.

개별적인 노래들을 주제의 통일과 구조의 통일에 의한 임시적인 형태로 인식할 수 있다. 예를 들어, 아가서 1:5-6은 다음과 같은 노래를 갖는다.

예루살렘 여자들아
내가 비록 검으나 아름다우니
게달의 장막 같을지라도
솔로몬의 휘장과도 같구나

내가 일광에 쬐어서 거무스름할지라도
흘겨보지 말 것은
내 어미의 아들들이 나를 노하여 포도원지기를 삼았음이라
나의 포도원은 내가 지키지 못하였구나.

이 노래 이전이나 이후에 여인들의 살갗이나 그녀의 형제와 그녀의 관계에 관심을 갖지 않는다. 그것은 아가서에서 자기 내포적인 단위이고, 여덟 소절을 형성하는 두 연으로 구성되어 있다(1:5-6의 양식/구조/배경을 보라). 이것은 이 텍스트에 대한 어떤 전체적인 구조적 기능이 불가능하다는 것을 의미하는 것이 아니라, 어떤 점에서 그것이 홀로 설 수 있음을 의미한다.

아가서가 개별적인 시들로 구성되어 있다면, 그것은 사랑 노래의 명시 선집이거나 통일된 책의 구조가 있는 개별적인 노래들의 시리즈이다. 전자(명시선집)는 아가서가 한 사람에 의한 다양한 책들의 모음집이거나 지배적인 구조, 주제, 또는 남여간의 사랑의 일반적인 주제를 넘어서서 일관성을 갖지 않는 것임을 암시한다. 후자(통일된 책)는 단일한 시인이나 편집자를 요하고, 모든 노래들은 단일한 작품으로 구성되어 있음을 암시한다.

따라서 여기서 우리들이 생각해야 하는 실제적인 세 가지 이슈가 있다. 첫째는 아가서는 사랑 시의 서로 다른 집합인가, 아니면 문학적 통일성과 일관성의 종류를 갖고 있는가? 둘째로 그것이 통일성이 있다면, 지배적인 전체 구조가 있는가? 셋째로 아가서는 한 시인에 의한 작품인가, 많은 시인들에 의한 작품인가? 저작권의 이슈와 구조의 이슈를 관계없는 것으로 간주할 수 있었을지라도, 많은 시들이 어떻게 아가서의 배후에 있느냐의 문제는 통일성과 그것의 부족에 관한 논의가 나타나게 된다.

이 세 질문들을 대답하려 할 때, 쉽게 세 선택들이 혼합되거나 일치할 수 있다. 아가서는 어쨌든 통일성을 갖지 못했고, 다양한 시인들에 의한 산만한 집합일 수 있었다(Gordis, 16-18; White, *Study of the Language*, 163). 또는 주제적 통일성과 상호 관련된 텍스트를 갖고 있으나 극미한 구조를 가진 명문선집일 수 있었다. 머피(64-67)는 아가서의 느슨한 배열을 대화의 개념에 기초한 순차적인 항목들로 보지만 저작권의 문제는 열어놓는다. 그레드힐(Gledhill, *Message of the Song*, 37-39)은 아가서가 두서없는 형태를 갖고 있지만, 여섯 "주기"로 배열되어 있다고 주장한다. 롱만(Longman, 55)은 아가서에는 "구심성과 원심성"의 의미가 있지만 전체적인 구조는 없다고 말한다. 이런 견해에 따르면 그 책은 다소간에 남여간의 성적인

사랑의 단일한 주제를 다루는 명문선집이다. 많은 학자들에게서 이것은 아가서가 다양한 시들이 있지만 편집자가 어떤 질서와 주제적 통일성을 부여하였음을 암시한다(Longman, 55 n. 161; Keel, *Song of Songs*, 17). 그것이 한 사람의 시인에 의한 것이지만 근본적인 주제적 통일성을 갖고 있고 구조는 결여된 명문선집이라는 것을 암시할 수 있었다. 또는 아가서는 주제적 통일성을 갖고 있는 단일한 시인에 의한 더 커다란 구조에 의해 통제되는 집합일 수 있었다. 어떤 이들은 아가서가 통일성과 구조를 갖고 있지만 통일된 구조는 편집적이라고 주장한다. 내가 아래에서 논증하겠지만 이것은 가장 그럴 것 같지 않다.

아가서의 통일성

아가서는 형태의 통일성을 갖고 있다. 머피는 아가서가 단일한 시인의 작품이라고 주장하지는 않지만 통일의 흔적을 분명하게 엿볼 수 있다고 강조한다(Murphy, *VT* 29[1979] 436-43, 그리고 그의 "Cant 2:8-17 – A Unified Poem?" 310, 거기서 그는 아가서가 "단순한 명문선집, 상이한 시들의 집합"으로 치부할 수 없다고 주장한다). 폭스(Fox, *Song of Songs*, 202-22)는 아가서가 통일성의 강력한 표지를 담고 있음을 보여주었다. 아가서의 통일성에 반대하는 다양한 논증(예를 들어, 다양한 삶의 정황과 지리적인 언급들이 있고, 이중어가 있고, 애굽의 노래들이 명문선집의 견해를 지지한다는 것 등)들은 모두 실패한다(Fox, *Song of Songs*, 203-4). 아가서의 지리학적 다양성과 관련하여 폭스는 "동일한 논증으로 우리는 요나의 책의 일부는 니느웨에서, 일부는 자바에서, 또 일부는 바다에서 작성되었다고 말하고 있는 것이다"(203)라고 언급한다. 나아가서 폭스는 반복어구, 관련어구의 연속, 인물의 묘사, 그리고 내러티브 구조가 모두 이 시가 통일성이 있음을 암시한다고 관찰한다(209-18).

관련어구의 연속은 단어나 모티브가 동일한 순서로 나타날 때 나타난다. 문맥이 이런 순서를 요구하지 않을지라도 말이다. 이에 대한 좋은 사례는 아가서 2:6-7과 3:4b-6a와 비교되는 아가서 8:2-5이다. 모든 세 텍스트에서 동일한 순서를 발견함은 강력한 형태적 통일성을 나타낸다. 내러티브 구조의 좋은 사례는 8:6-7이며, 거기서 아가서는 모든 모양에서 결론으로 나아간다. 이런 구절들은 아가서의 다른 곳에서는 잘 들어맞지 않는다. 아가서의 인물에 대한 묘사는 확실히 통일적이다. 오늘날 대부분의 해석자들은 아가서가 셋으로 구분되는 노래하는 자들이 있음에 동의한다 – 남성 솔로, 여성 솔로, 그리고 여성 코러스. 각각의 부분은 아가서 전체를 통해서 일관된다. 한 노래에서 여성 솔로와 다른 노래에서 여성 솔로가 서로 다른 두 인물이라는 인식을 가질 수 없다. 명문선집의 견해를 취하는 주석자들조차도 전체 작품을 통해 나타나는 단일한 인물로서 아가서의 "여성"을 당연하게 이야기한다.

엘리오트(M. T. Elliot, *Literary Unity*)는 다음의 표지가 아가서의 통일성을 나타낸다고 주장한다. (이것은 그녀가 만든 요지를 설명하기 위해서 그녀가 모아두었던 증거의 샘플이다. 나는 페이지 인용 후에 나 자신의 언급을 일부 첨가한다.)

1. 전체 책을 통해서 아가서의 배경은 봄날이다. 책의 양 끝 지점에서 이런 관점을 알기 위해서 아가서 2:10-13을 7:12-14(ET 7:11-13)과 비교할 수 있다.
2. 아가서의 초점은 전반적으로 여인에게 있다(*Literary Unity*, 237-38). 이것은 항상 고대 근동의 사랑 시의 사례는 아니다.
3. 아가서의 주제는 전반적으로 사랑(אהבה – 아하바)이다(*Literary Unity*, 240). 이것은 흔해 빠진 관찰이지만, 그것이 분명하다는 사실은 아가서를 별로 중요하지 못한 것으로 만들지 못한다. 모든 애굽의 "사랑" 시를 모은다면, 다양한 주제를 발견할 수 있다. 나크초벡 노래(Nakhtsobek Songs)는 실로 도덕적인 타락과 망상에 관한 것이지 아가서에서 사랑이란 용어가 사용된 개념이 아니다.
4. 대화는 문체적인 고안물이다. 아가서 전반을 통해 용어들은 아가서 내에서의 개인들로부터 나오는 것이지 외부적인 제삼의 인물의 해설 시로부터 나오지 않는다(*Literary Unity*, 240).
5. 유사한 이미지와 모티브들이 아가서 전반에 나타난다. 예를 들어, 입맞춤(아 1:2; 4:10; 8:1), 향기(아 1:3, 12-14; 2:13; 3:6; 4:6; 4:10-5:1), 그리고 백합과 연꽃(아 2:1-2, 16; 4:5; 5:13; 7:3)들이 있다. 모든 이미지들의 분포를 작성한다면(엘리오트가 한 것처럼), 텍스트의 통일성에 대한 강력한 사례가 나타난다(*Literary Unity*, 241-46).
6. 일부 자질들이 연인에게 그 다음에 상대방에게로 귀결되는 "반사적인 역동성"이 아가서 전반에 사용된다(*Literary Unity*, 246-51). 예를 들어, 눈은 아가서 1:15(여자의)과 4:10(남자의)에서 비둘기와 같고, 사랑은 아가서 1:2(남자의)과 4:10(여자의)에서 방향(芳香)이나 포도주보다 낫다.

7. 여성에 대한 용어가 아가서 전반에서 자주 실내의 예법에 사용된다. 예를 들어, 아가서 1:4에서 여인은 사랑하는 자의 침궁(חדר – 하달)으로 인도되고, 2:4에서 여인은 잔치집(בית – 뻬트)으로 데려가지지만 3:4과 8:2에서 그녀는 사랑하는 자를 그녀의 어머니의 침실(חדר – 하달)과 집(בית – 뻬트)으로 데려가기를 원한다(*Literary Unity*, 251-52).
8. 인물이 아가서 전체를 통해서 일관되다(*Literary Unity*, 252-53).
9. 동일한 별명이 아가서 전체에서 사랑하는 자에 의해서 그리고 사랑하는 자를 위해서 사용된다. 사례들은 남자를 위한 별명으로서 "나의 사랑"(דודי – 또디)과 여자를 위한 별명으로 "나의 친구"(רעיתי – 라아야티)가 있다. 이런 별명의 사용과 분포의 완전한 조사를 위해서는 *Unity*, 253-56을 보라.
10. 폭스처럼, 엘리오트도 아가서에서 연관된 순차를 살핀다. 그런 사례들을 아가서 1:15를 4:1과 2:16-17을 4:5-6과 비교하는 것에서 알 수 있다(*Literary Unity*, 256-58).
11. 마지막으로 엘리오트는 아가서 2:6과 8:3에서 그리고 2:7; 3:5; 8:4에서 반복된 소절들이 전체 구조적 기능을 갖는다고 주장한다(*Literary Unity*, 258-60).

이러저러한 관점에서 서로 다를 수 있을지라도, 엘리오트가 제시한 증거는 그녀의 결론을 입증할 수 있을 만큼 방대하고 객관적이다: "아가서의 텍스트에 대한 시적 분석은 이 작품에 분포되고, 통합하며, 강력하게 단일한 시라고 주장하게 만드는 열한 가지 주요한 형식을 밝혔다"(*Literary Unity*, 260).

게다가 그로버(S. Grober, *Semitics* 9[1984] 86-112)는 망우스/연꽃/백합(שושנה – 쇼샨나)의 은유가 아가서에서 일관되게 역할을 하고 있음을 보여주었다. 폭스와 엘리오트의 분석처럼 그의 분석은 아가서의 이미지와 은유가 일관되다는 것을 제기하는데, 즉 텍스트가 순환적인 양식을 가지며, 동일한 요소들이 다시 나타나는 이미지의 융합이 있음으로써 이것이 "통일된 텍스트, 즉 단일한 시인의 작품"이라는 결론으로 이끈다(*Semitics* 9[1984] 108).

서로 다른 시인들에 의해 시들이 주제적인 통일성이 없이 닥치는 대로 가져와졌다는 개념은 아가서에서 의미 있는 형태적인 불일치를 지적할 수만 있다면 성립할 수 있다. 폭스(*Song of Songs*, 205)는 사람들이 그러한 텍스트를 찾을 수 있을 것으로 예상하는 불일치를 알리는 목록을 준다. 하지만 이런 표준을 통과한 아가서는 통일된 단편이다.

다양한 시인들에 의한 편집된 집합?

성경학자들은 작품이 한 마음 이상의 생산물이라고 생각할 수 있는 이유가 전혀 없을지라도 다수의 저자와 편집자들을 언급한다. 다양한 시인들의 시가 느슨하게 연합된 작품으로 편집되었다는 개념은 아가서에 특히 적용하기 어려운 독단이다. 시인들은 독특한 관용구를 쓴다. 아가서가 동일한 용어와 은유를 사용한 동일한 종류의 자료를 쓰는 일이 발생한 많은 시인들을 배후에 갖고 있었다고 주장하는 것은 정당성이 없다. 편집자의 경우도 마찬가지로 기각된다. 왜 편집자가 많은 서로 다른 시들을 취하여 동일한 형태로 다시 쓰겠는가? 이전의 시인들로부터의 개념을 빌려온 것이 그를 시인으로 만들어주지 못하지 않겠는가? 아가서는 방대한 작품이 아니다. 한 사람이 전체를 썼다는 것을 상상할 수 없는 것이 아니다. 단일한 시가 그 책의 나머지 부분과 분리시킬 수 있는 스타일이나 어휘를 갖고 있음을 어느 누구도 증명하지 못한다. 킬(Keel, *Song of Songs*, 17)은 시편과 잠언의 반복이 시인들이 서로 빌려왔을 수 있음을 보여준다고 제기한다. 그 점은 고대 세계에서 제기되지만, 유추가 빗나갔다. 잠언은 개별적인 언급의 집합이고, 그런 언급들 중에 반복은 예상할 수 있는 일이다. 하지만 반복 자체가 복수의 저자를 가리키는 것이라고 하는 것을 따를 수가 없다. 단일한 저자는 결코 반복을 사용할 수 없단 말인가! 시편은 삶의 다양한 시대에, 이스라엘 역사의 서로 다른 시대에, 서로 다른 시인들에 의해 노래가 작성된 개별적인 노래의 집합이다. 일부 시들은 매우 유사하고, 어떤 시들을 매우 다르다. 하지만 아가서는 통일된 책이다. 형태와 내용이 다양한 저작자를 제기할 수 있는 이유를 담고 있지 않다. 반복이 주요한 은유와 공식적인 표현(또는 충분한 범주에서 빌려옴)의 문제인 시편과 비교해서, 아가서에서 반복어구와 조합된 순차는 서로 다르다. 아가서에서 반복어구는 후렴구이고, 이것은 시편에서의 경우와 다르다. 시편은 노래들의 '집합'이지만 노래들의 통일된 '노래'가 아니다.

폭스(Fox, *Song of Songs*, 222-24)는 아가서가 현재 형태로 정경에 들어오기 전에 변화를 겪었다고 주장한다. 이는 본래의 시인이 단편을 작성하고 뒤이은 시인들의 세대나 음유시인들이 해를 거듭하면서 순서와 말 그리고 기타 등등을 수정함으로써 그 작품을 반복하는 과정을 겪었다는 것이다. 폭스는 아가서의 경우에 편집이 일어났었는지를 우리가 알 수 없음을 인정하고 있고, 역본들은 맛소라텍스트를 긴밀하게 따르며, 그러한 과정을 증거하지 않는다. 그 이론은 전통적인 편집 이론과는 다르다. 그것은 본래의 원 저자를 전제하지만 또한 우리가 지금 갖고 있는 것은 어떤 다른 단일한 시인이나 노래자의 역본임을 제기한다. 그처럼 편집적인 접근은 순전히 가정이며, 가치 있는 발견이 아니다.

통일된 명문선집이지만 구조는 없다?

어떤 학자들은 아가서가 동일한 종류의 문학적 통일성을 갖고 있기는 하지만 구조는 거의 없거나 없다고 주장한다(예를 들어, Longman, 55-56). 아가서의 확대구조를 반대하는 논증은 성격상 본질적으로 부정적이다: 그들은 확대구조를 선호하는 주장은 작동할 수 없으며 다양하게 제기되는 확대구조는 서로 일치 하지 않고 따라서 서로를 정당하지 못하게 할 뿐이라고 주장한다. 확대구조가 없다고 말하는 것은 비상수단으로 어려운 문제를 끊어버리는 것과 같다. 아가서에서 구조를 찾는 것은 무익하다고 주장하는 것과 같다. 주제적 일관성과 언어적 통일성은 있지만 구조는 없다는 것이다.

하지만 이런 견해는 자체적인 문제가 있다. 아가서를 명문선집이라고 주장하는 학자들은 아가서를 진정한 명문선집과 비교하는 일을 일반적으로 하지 않는다. 명문선집은 아가서와 전혀 같지 않다. 그리스의 명문선집은 멜리저(Meleager, 1세기 B.C.E)에 의해 만들어졌는데, 그는 자신의 스테파노스(*Stephanos*)나 명구집에 50개의 시의 경구를 모았다. 따라서 명문선집은 화보집(*florilegium*), 또는 명시선집이라고도 불린다. 시의 명문선집은 수세기에 걸쳐 인기가 있었다. 고전 텍스트에서 우리는 송시모음집을 갖고 있다(Pindar, Ovid). 또한 우리는 소네트 모음집(세익스피어의 소네트처럼)을 갖고 있다. 더 최근에는 한 사람 또는 많은 시인들에 의한 명문선집의 많은 책들이 있다. 대부분의 명문선집들은 통일성이나 구조가 없는 무작위의 모음집들이다. 설사 형식적으로 동일하거나 공통된 주제를 따르는 단일한 시인(세익스피어의 소네트)에 의한 시의 모음집일지라도 말이다(Edgar Lee Masters에 의한 *Spoon River Anthology*). 명문선집 속에 시들이 19세기 아프리카-아메리카 영가나 "비트"(두드리는) 세대의 시처럼 동일한 장르에 속할지라도, 아가서에서 보는 것과는 다른 폭넓은 형태와 은유의 유형, 주제 등을 볼 수 있다.

파피루스 해리스(Papyrus Harris) 500은 애굽의 사랑 노래의 진정한 명문선집이다. 세 그룹의 노래는 어떤 방식으로든 서로 연관되지 않는다. 그것이 모두 같은 장르에 속하는 것을 제외하고서 말이다. 종합해 볼 때, 그것들은 통일성이나 구조를 갖고 있지 않지만, 공통된 주제와 공통된 시의 수사법을 갖는다(남자나 여자가 상대방을 위해 사랑 노래를 부른다). 예를 들어, 이 모든 노래들은 한 커플과 관련되어 있다고 생각할 이유가 없다(참조. Fox, *Song of Songs*, 16). 이 노래들은 종지나 인물의 통일성, 또는 조합된 순차를 갖지 않는다. 이와는 대조되어, 아가서는 인물묘사의 강력한 통일성, 종지, 일관성, 그리고 조합된 순차를 갖고 있다. 요컨대, 아가서를 진정한 명문선집과 실제로 비교한다면, 아가서와 명문선집간의 차이는 분명하고 의미심장하다.

이 주석은 여기에 확대구조가 있음을 주장할 것이다. 나는 아가서가 교차 대구법적이며, 4:16-5:1이 중심이나 주축이 됨을 주장한다. 4:16-5:1의 텍스트에는 남자와 여자의 결혼의 완성, 즉 그들의 첫 성적인 연합이 나타난다.

아가서의 교차대구법적 구조

몇몇 학자들은 아가서가 교차 대구법적이라고 주장했다. 엑섬(Exum, *ZAW* 85[1973] 47-79)은 많은 연구자들이 인식하기는 했지만 충분히 인정하지 않았던 교차대구법적 구조를 주장했다. 세아(Shea, *ZAW* 92[1980] 378-96)와 웹스터(Webster, *JSOT* 22[1982] 73-93)가 제기한 교차대구법적 구조는 덜 성공적이었다. 이 두 학자들은 교차대구법적 요소를 발견하였지만, 이런 시도는 조심스러운 심사에 의해 무너졌다. 나는 이미 고인이 된 알덴(R. Alden)이 제기한 아가서의 교차대구법적 분석을 출판했다(Garrett, 376). 알덴의 분석은 많은 단어와 어구가 아가서에서 교차대구법적 방식으로 분포되어 있음을 보여주는 훌륭한 일을 하였지만 그는 그 책에 대한 충분한 교차대구법적 구조를 입증하지는 못했다. 그의 분석에는 많은 함정들이 있고, 시나 연(스탠자)에 관한 것보다는 개별적인 단어에 초점을 맞추었다. 도르시(D. Dorsey, *JSOT* 46[1990] 81-96)는 아가서의 많은 요소들이 교차대구법적으로 배열되어 있음을 주장한다. 하지만 그의 제시에서 약점은 5:2-7:11(ET 7:10)의 모든 것과 병렬하는 것으로 아가서 3:1-5의 다섯 구절을 설정하고 후자(5:2-7:11)의 항목의 다수를 이전의 항목과 병렬하지 않은 것으로 설정하고 있다는 것이다. 제시된 교차대구법적 구조는 서로 상당히 모순을 일으켰고, 이러저러한 점에서 무너졌다.

하지만 한 가지 점에서 그것들은 일치한다. 엑섬(Exum)의 분석에서, 정원의 은

유인 아가서 4:12-5:1은 전체 시의 클라이맥스다. 여기서 남자와 여자가 그들의 관계를 완성시키고 있기 때문에 이것은 당연하다. 엑섬은 2:7-3:5이 5:2-6:3과 병행을 이룬다는 것을 제시함으로써 시작한다. 아울러 그녀(엑섬)는 3:6-5:1이 6:4-8:3과 병행을 이룬다고 제기한다. 세아와 알덴은 4:16-5:1 주변에 그것의 전체 교차대구법적 개요를 구조화함으로써, 이 점에 대해 더 명확하게 했다. 세아는 교차대구법의 단위는 1:2-2:2은 8:6-14과 2:3-17은 7:11(ET 7:10)-8:5과 3:1-4:16은 5:1-7:10이라고 제기한다. 알덴의 교차대구법적 분석은 완전한 텍스트를 따라 세워진 것이 아니라 반복된 단어나 어구에 기반하여 세워진다. 예를 들어, 1:1-4a는 "나를 인도하라"가 있고, 8:14은 "달리라"가 있다. 1:5-7과 8:10-12은 모두 "나의 포도원"을 가지며, 3:1-5과 5:2-9은 모두 "행순하는 자들이 나를 찾았다"가 있다. 그의 교차대구법의 중심에는 4:16에 "그의 동산으로"와 5:1a에 "나의 동산으로"가 있다(Garrett, 376). 도르시(Dorsey, *JSOT* 46[1990] 94)도 4:16-5:1을 아가서의 "드라마틱한 클라이맥스"로 묘사한다. 내가 계산한 소절수에 따르면 아가서의 시에는 400개의 소절이 있고, 4:16은 200번째 소절에서 시작한다. 따라서 제기된 교차대구법이 완벽하게 "작용하지"는 않을지라도, 시의 중심에 드라마틱한 성적 연합이 남자와 여자 사이에 발생하고 수많은 요소들이 교차대구법적 순서로 양쪽 사건에서 반복되고 있음은 주목할 만한 가치가 있다.

성경학자들은 문학적 교차대구법이 작용하는 방식에 대해 과도하게 수학적인 개념을 자주 갖는다. 즉 그들은 완벽한 대칭을 요구한다. 교차대구법적 완전함은 텍스트가 아주 작지 않다면 드물다. 아마도 교차대구법적 구조를 보는 사람들은 그것들을 완벽하게 하려는 가책이 있는 것 같다. 그리하여 데이터를 강화시키려 한다. 마찬가지로 연구자들은 어떤 것이 비대칭적인 것으로 보일 때 전체적인 제시가 타당하지 않다고 주장한다. 이것은 호도된 것이다. 예를 들어, 요나서 2장이 비대칭적인 교차대구법적 시라고 나는 주장한다(Garrett, *Modern Grammar,* 306-7). 비대칭은 시인이 물에 빠진 경험을 묘사하는 부가적인 소절들에 시간을 투자하기 때문에 나타나고, 이것은 더 극적인 시를 만들어주지만, 교차대구법은 여전히 기능한다. 아가서에서 많은 차원의 증거가 4:16-5:1이 작품의 중심이라는 것을 암시한다. 아가서는 반복되거나 느슨하게 많은 용어들, 이미지들, 그리고 소절들을 반영하며, 모두는 아닐지라도, 이 중에 많은 것들이 4:16-5:1에 교차대구법적으로 맞추어져 있다. 이런 비대칭은 불완전이 아니라 작품의 복합성과 복잡함을 가리킨다. 개별적인 시에서, 연으로, 이미지로, 개별적인 단어로, 이 모든 것이 하나의 완벽하게 대칭적인 교차대구법의 일부로서 기능한 시적 작품이 있었다면, 그것이 성경학자들에게 인상적이었을 수 있을지라도, 아마도 빈약한 시가 되었을 것이다.

나는 아가서가 교차대구법적 구조를 갖고 있는 통일된 작품이며, 코러스(합창)가 있는 남성 솔로와 여성 솔로가 나타나는, 13개의 개별적인 노래나 장(칸토, *cantos*)으로 구성되어 있다고 제기한다. 나는 여성의 편을 "소프라노"라고 말하고 남성의 편을 "테너"라고 말하며, 예루살렘의 소녀들을 "코러스"(합창)라고 말할 것이다. 나는 이렇게 하는 것이 "남자"와 "여자"라고 하는 것보다 더 좋다고 생각하고, 또한 그렇게 하는 것이 아가서가 드라마가 아니라 노래라는 점을 각인시킨다. 각 장(Canto)은 로마숫자로 표시되며, 하나나 그 이상의 연(스탠자, *stanzas*)를 갖는데, 이것은 각 장의 주요한 갈래가 된다. 따라서 장 I(1:2-4)은 세 연을 갖는다. 또한 나는 각 장을 절(스트로피, *strophes*)로 나눈다. 여기서 절(*strophes*)은 전통적인 용어의 절(*verse*)과 근본적으로 동의어이지만 나의 절(*strophes*)은 맛소라텍스트에서 계수된 것과 동일한 길이를 항상 갖지는 않는다. 따라서 맛소라텍스트에서 아가서 1:2-4은 세 성경 구절(*verse*)을 갖지만, 나의 계수로는 그것은 일곱 절(*strophes*)을 갖는다. 스트로피(절)는 아라비아 숫자로 잇따라 계수된다. 또한 각각의 스트로피는 대문자의 로마 문자로 표시되는 각각의 소절들로 분류된다. 따라서 장(칸토) I에서 "6B"는 스트로피 6, 소절 B이다. 장들(chapters)과 구절(verses)들은 전통적인 방식으로 지칭된다(예. 3:2). 내가 다른 상징들과의 혼돈을 피하기 위해서 스트로피나 스탠자(연)에서 어떤 구조적인 패턴을 보이려 한다면, 나는 그 구조를 구분하기 위해서 그리스 문자를 사용한다(한 가지 예를 위해서 1:2-3의 논의를 보라). 열세 개의 칸토(장)의 교차대구법적 구조의 다이어그램을 위해서는 도표 1을 보라. 이 분석은 반복, 이전 텍스트에 대한 암시, 그리고 때로 짝지어진 노래에서 이전 텍스트와의 대조를 보여준다.

첫 글자(1:1)
A I. 코러스와 소프라노: 입장(1:2-4)
B II. 소프라노: 처녀의 교육 I(1:5-6)
C   III. 소프라노와 코러스: 사랑하는 자를 찾음(1:7-8)
D   IV. 테너, 코러스, 그리고 소프라노: 쌍방의 사랑의 첫 노래(1:9-2:7)
E   V. 소프라노와 테너: 떠나 오라는 초청(2:8-17)
F   VI. 세 결혼 노래들(3:1-5; 3:6-11; 4:1-15)

Fa a. 소프라노: 신부의 근심(3:1-5)
Fb b. 코러스: 신부가 신랑에게 나아오다(3:6-11)
Fc c. 테너: 흠 없는 신부 I(4:1-15)
G VII. 소프라노, 테너, 그리고 코러스: 합방(완성, 4:16-5:1)
F′ VIII. 세 결혼식 날 밤 노래들(5:2-16; 6:1-3; 6:4-10)
Fa′ a. 소프라노, 테너, 코러스: 신부의 고통(5:2-8)
Fb′ b. 코러스와 소프라노: 신부가 신랑을 발견하다(5:9-6:3)
Fc′ c. 테너와 코러스: 흠 없는 신부 II(6:4-10)
E′ IX. 소프라노, 코러스, 테너: 뒤에 처녀 친구들을 남기다 (6:11-7:1[ET 6:13])
D′ X. 테너와 소프라노: 쌍방간의 사랑의 두 번째 노래(7:2[ET 7:1]-8:4)
C′ XI. 코러스와 소프라노: 사랑하는 자에게 요구하다(8:5-7)
B′ XII. 코러스와 소프라노: 처녀의 교육 II(8:8-12)
A′ XIII. 테너, 코러스, 소프라노: 안녕(8:13-14)

도표 1: 아가서의 교차대구법적 구조

칸토 I(1:2-4)는 남자에게 초점을 맞추고 높이는 반면에, 칸토 XIII(8:13-14)는 "정원에 거하는 여인"을 찬미한다. 칸토 I은 포도주와 향으로 남자의 사랑을 비교하는 반면에, 칸토 XIII은 여자의 가슴을 "발삼(복숭아)의 산"과 비교한다. 아가서 1:4에서 여자는 "너는 나를 인도하라 우리가 너를 따라 달려가리라"고 노래하고, 8:14에서 그녀는 "나의 사랑하는 자야 너는 빨리 달리라"고 말한다.

칸토 II(1:5-6)와 칸토 XII(8:8-12)는 가족의 "작은 누이"의 문제를 다룬다. 칸토 II에서 여인은 형제들이 자신이 햇빛 아래서 일하게 하였기 때문에 얼굴이 검다고 항변하고, 칸토 XII에서 코러스는 "우리가 누이, 작은 누이를 갖고 있고/(그녀는 유방이 없다)/ 우리가 우리 누이를 위해 무엇을 할꼬/ 그녀가 결혼하는 그날에 말이다"라고 노래한다. 아울러, 아가서 1:6에서 그녀는 자신의 것이 아닌 포도원을 억지로 돌보게 하는 것을 불평하는 반면에, 8:12에서 그녀는 솔로몬이 일천을 갖고 있을지라도, 그녀는 자신의 포도원을 지키고 돌보리라고 찬미한다.

칸토 III(1:7-8)은 일련의 질문을 하고 그녀의 애인이 어디에 있는지를 알기 원하는 여인으로 시작한다("너의 양떼 먹이는 곳과/ 오정에 쉬게 하는 곳을 내게 고

하라." 코러스는 그녀에게 대답하고(1:7-8의 양식/구조/배경을 보라), 그들은 그녀가 양떼들에게로 가서 그를 찾아나가야 한다고 제기한다. 칸토 XI(8:5-7)은 여인에 대해 묻는 코러스로 시작한다. "그 사랑하는 자를 의지하고/ 거친 들에서 올라오는/ 여자가 누구인고." 즉 칸토 XI에서 그들의 질문이 칸토 III에서 그녀의 질문과 대조되고, 두 노래는 그녀가 찾아나가서 "거친 들"(8:5)과 "양떼의 발자취에서"(1:8) 그녀의 애인을 발견하였음을 나타낸다. 또한 아가서 1:7에서 여인은 다른 남자들에 대한 관심을 표현하는데, 그녀는 주변에 남자들에 대해서 겁이 나지는 않을지라도 편치가 않다. 아가서 8:6에서 그녀는 자신의 남자에게 속한 것으로 자신을 간주한다: "너는 나를 인같이 마음에 품고/ 도장 같이 팔에 두라/ 사랑은 죽음같이 강하고/ 투기는 음부 같이 잔혹하며." 두 노래에서 여인의 관심은 그녀와 그녀의 애인이 오직 서로에게만 속해 있는 것이지만, 칸토 III에서 그녀는 그를 찾아나가서 주변의 남자들로 인해 불편을 느끼고, 칸토 XI에서 그녀는 애인에게 의지하며 그의 독점적인 헌신을 요구한다.

칸토 IV(1:9-2:7)와 칸토 X(7:2[ET 7:1]-8:4)는 서로에 대한 사랑과 욕망을 집요하게 표현하는 남여를 갖는다. 칸토 IV는 여인이 그녀의 모든 장신구에서 멋진 아름다움을 갖고 있다는 선언으로 시작한다(1:9-2:7의 양식/구조/배경을 보라). 심지어 아가서 1:10은 그들이(코러스) 그녀를 위한 더 많은 장신구를 만들 것임을 부연한다. 칸토 X는 분명히 여인의 벗은 몸을 찬미하는 것으로 시작하지만, 그것은 "당신의 엉덩이의 곡선은 반지와 같고/ 예술가의 작품이여!"라고 진술함으로써 도입한다. 따라서 칸토 X에서 그녀의 "장신구"는 그녀의 몸이다. 두 노래는 거의 동일한 두 스트로피로 끝을 맺는다. 첫째로 여인은 남자가 팔로 자신을 감싸 안고 있다고 주장한다: 그의 왼팔은 나의 머리에 있고/ 그의 오른팔은 나를 감싸는도다"(2:6; 8:3). 둘째로 여인은 소녀들에게 "예루살렘 여자들아 내가 너희에게 부탁한다/ 나의 사랑하는 자가 원하기 전에는 흔들지 말며 깨우지 말지니라"고 간청한다(8:4; 2:7의 간청은 약간 더 길다). 이런 유사한 도입과 결론들 사이에서 두 노래는 사랑의 말을 교환하는 남여를 갖는다. 예를 들어, 아가서 2:3에서 여인은 "남자들 중에 나의 사랑하는 자는 수풀 가운데 사과나무 같구나/ 내가 그 그늘에 앉아서 심히 기뻐하였고/ 그 실과는 내 입에 달았구나"라고 노래한다. 아가서 7:8-9(ET 7:7-8)에서 남자는 "내가 말하기를 종려나무에 올라가서 그 가지를 잡으리라 하였나니/ 네 유방은 포도송이 같고/ 네 콧김은 사과 냄새 같고"라고 노래한다. 두 노래는 전체적으로 동일한 은유를 사용하지는 않고 그것들 사이에 차이가 있지만 둘 다

본질적으로 상호간의 사랑에 초점을 맞춘다.

칸토 V(2:8-17)와 칸토 IX(6:11-7:1[ET 6:13])는 집에서 독신 소녀의 삶에서 여인으로 떠나는 것을 중심주제로 갖는다. 칸토 V는 언덕에서 뛰노는 영양과 같은 그녀의 남자의 도착을 선포하는 여인으로 시작한다. 그때에 남자는 그녀의 가정 세계에서 떠나 그와 함께 갈 것을 그녀에게 요청하고, 그의 초대는 봄의 도래에 초점이 맞추어진다: "지면에는 꽃이 피고/ 가지 치는 시기가 돌아오고/ 반구의 소리가 우리 땅에 들리는구나/ 무화과나무에는 푸른 열매가 익었고/ 포도나무는 꽃이 피어 향기를 토하는구나." 칸토 IX는 노래하는 여인으로 시작한다. "골짜기의 푸른 초목을 보려고/ 포도나무가 순이 났는가/ 석류나무가 꽃이 피었는가 알려고/ 내가 호도 동산으로 내려갔을 때에." 칸토 V의 핵심은 아가서 2:13b이다: "나의 사랑 나의 어여쁜 자야 일어나서 함께 가자." 칸토 IX의 극적인 외침은 아가서 7:1(ET 6:13)이다: "돌아오고 돌아오라 술람미 여자야 돌아오고 돌아오라 우리로 너를 보게 하라." 아울러 아가서 6:12의 난해한 히브리어도 여인의 떠남을 암시하는 것으로 보인다. 나는 그것을 이렇게 번역한다. "나는 나 자신의 영혼을 알지 못한다/ 그것은 아미나디브(Ammi-nadiv)의 수레 중에 나를 앉혔도다"(6:12의 주석을 보라). 따라서 칸토 V에서 남자는 그녀가 자신과 함께 갈 것을 요청하고 칸토 IX에서 소녀들은 그녀가 돌아올 것을 원한다.

칸토 VIa(3:1-5)와 칸토 VIIIa(5:2-8)은 아가서에서 가장 분명하게 연관되어 있다. 둘 다 거리에서 사랑하는 자를 찾는 여인에 대한 기상천외한 기사를 묘사하고 있다. 아가서 3:2b-3은 이렇게 적혀 있다: "마음에 사랑하는 자를 거리에서나 큰 길에서나 찾으리라 하고/ 찾으나 만나지 못하였구나/ 성중의 행순하는 자들을/ 만나서 묻기를/ 내 마음에 사랑하는 자를 너희가 보았느냐?" 아가서 5:7은 "성중에서 행순하는 자들이 나를 만나매/ 나를 쳐서 상하게 하였고/ 성벽을 파수하는 자들이 나의 웃옷을 벗겨 취하였구나." 이 주석은 칸토 VIa가 결혼식 날 밤에 대한 신부의 근심과 관련짓고, 칸토 VIIIa는 결혼식 날 밤에 그녀의 실제적인 고통을 묘사한다.

칸토 VIb(3:6-11)와 칸토 VIIIb(5:9-6:3)는 피상적인 독법으로는 분명하지 않은 방식으로 서로 연관이 있다. 칸토 VIb는 코러스로부터의 질문으로 시작한다("이는 누구인가/ 거친 들에서 오는가?"[3:6]); 칸토 VIIIb는 두 부분으로 되어 있으나 각기 코러스로부터의 질문으로 시작한다("여자 중 극히 어여쁜 자야/ 너의 사랑하는 자가 남의 사랑하는 자보다 나은 것이 무엇인가"[5:9] 그리고 "너의 사랑하는 자가 어디로 갔는가/ 너의 사랑하는 자가 어디로 돌이켰는가?"[6:1]). 칸토 VIb는 결혼식의 과정이다. 신부는 신랑의 멋진 가드와 함께 그의 연(palanquin)에서 신랑에게로 데려가진다. 연은 사치스럽게 묘사되지만 경외로운 용어들이다. 여러 다른 것 가운데, 그것은 60인의 전사들이 옹위한다(3:7). 그것은 "레바논의 나무"로 만들어져 있고(4:9), "은기둥"을 갖고 있으며, "덮개"는 "금골격"으로 되어 있다(3:10). 신부가 연으로 데려가질지라도(3:6-11의 해설을 보라), 연 자체는 남자의 능력과 영광을 투사하고 있음을 인식하는 것이 중요하다 – 그것은 "솔로몬"의 연이다(3:9). 칸토 VIIIb는 남자를 묘사하지만(분명히 벗은 몸), 그의 몸은 연의 모든 영광이나 그 이상을 갖는다. 6인의 전사에 대해 어느 것도 말하지 않는 남자는 "만 사람 중에서 뛰어나다"(5:10). 그의 머리, 팔, 그리고 다리는 금이고(5:11, 14, 15), 그는 레바논의 백향목 같다(5:15). 충일함으로 소녀들은 그 연이 바로 "사랑"이라고 외친다(3:10; 10절의 주석을 보라). 반면에 여인은 "그의 전체가 사랑스럽구나/ 예루살렘 여자들아/ 이는 나의 사랑하는 자요/ 나의 친구이다"(5:16). 아울러 칸토 VIb는 결혼 예식에서 신부와 신랑의 만남을 노래한다. 칸토 VIIIb는 그들의 은유적인 재결합을 노래한다. 이것을 이해하기 위해서 칸토 VIIIa가 "예루살렘 여자들아/ 너희에게 내가 부탁한다/ 너희가 나의 사랑하는 자를 만나거든/ 내가 사랑하므로 병이 났다고 하려무나"(5:8)라고 애처롭게 노래하는 여인으로 끝났던 것을 상기해야 한다. 하지만 VIIIb에서 커플은 재결합된다: 코러스가 사랑하는 자가 어디에 있는지를 물을 때 그녀는 "나의 사랑하는 자가 자기 동산으로 내려가/ 향기로운 꽃밭에 이르러서/ 동산 가운데서 양떼를 먹이며/ 백합화를 꺾는구나/ 나는 나의 사랑하는 자에게 속하였고/ 나의 사랑하는 자는 내게 속하였다/ 그가 백합화 가운데서 그 양떼를 먹이는구나"(6:2-3)라고 반응한다. 즉 그는 그녀와 함께 있다. 요컨대, 칸토 VIb는 남여의 의식적인 결합을 묘사하는 반면에, 칸토 VIIIb는 그들을 분리시키는 모든 것의 종말을 묘사한다.

칸토 VIIIc(6:4-10)은 칸토 VIc(4:1-15)의 요약된 각색이다. 각기 와스프(*waṣf*, 아라비아어에서 나옴, 감탄 또는 사랑하는 자를 위한 찬미의 노래)이고, 그것들은 공통된 많은 소절들을 갖는다. 칸토 VIc는 "나의 동무, 너는 어여쁘고/ 너는 어여쁘도다!"(4:1)라고 시작하고, 칸토 VIIIc는 "나의 동무야 너의 어여쁨이 디르사 같고/ 너의 고움이 예루살렘 같고"(6:4)라고 시작한다. 두 노래는 거의 말 그대로 동등한 몇 가지 소절들을 갖는다: "네 머리털은 길르앗 산기슭에/ 누운 염소 떼 같고"(4:1; 6:5), "네 이는 목욕장에서 나온 털 깎인 암양/ 곧 새끼 없는 것은 하나도 없이/ 각각 쌍태를 낳은 양 같구나"(4:2; 6:5), 그리고 "너울 속의 네 뺨은 석류 한 쪽 같구나"(4:3; 6:7). 물론 사용된 은유에서 차이가 있지만 두 노래의 유사함은 상당해서 더 설명을 필요치 않는다.

칸토 VII(4:16-5:1)은 교차대구법의 중심부이고, 결혼식 날밤에 신랑과 신부의 성적인 합일을 묘사한다. 그것은 4소절, 2소절, 다시 4소절, 그리고 다시 2소절의 스트로피로 구성된 열두 소절의 적절히 균형 잡힌 세트다(4:16-5:1의 양식/구조/배경을 보라).

이것은 이 교차대구법을 따르지 않는 상관없는 단락이라고 주장하지 않는다. 오히려 많은 단락들이 아가서 4:16-5:1의 이 중심적인 축과 관련이 있다. 예를 들어, 2:16에서(칸토 V) 여인은 "나의 사랑하는 자는 내게 속하였고/ 나는 그에게 속하였구나/ 그가 백합화 가운데서 양떼를 먹이는구나"라고 노래하고, 6:3에서(칸토 VIIIb) 그녀는 "나는 나의 사랑하는 자에게 속하였고/ 나의 사랑하는 자는 내게 속하였다/ 그가 백합화 가운데서 그 양떼를 먹이는구나"라고 노래한다. 첫 번째 출현에서 그녀는 따라오라는 남자의 초대를 받아들이고, 그의 사랑을 수용한다. 두 번째 경우에, 그녀는 그와 그의 사랑을 찾아 나선다. 그들의 첫 번째 합일의 사건(6:3의 주석을 보라)은 남자를 되찾을 필요가 그녀에게 남겨져 있다는 것이다. 이 병행들이 필자가 제시한 구조 내에 떨어지지 않는다는 사실이 그 구조를 무효화시키지 않는다. 그것은 아가서를 묶어주는 요소들이 많고 복잡하다는 것을 보여줄 뿐이다. 이 주석은 아가서가 신부의 극적인 변화를 전개하고 있음을 제기하고, 교차대구법의 패턴 속에 있는 텍스트만이 아니라, 아가서의 많은 텍스트들이 그런 변화를 묘사하거나 제시한다.

아가서의 시적인 고안물

참고문헌

Black, F. C. "Unlikely Bedfellows: Allegorical and Feminist Readings of Song of Songs 7.1-8." In *The Song of Songs.* FCB 2d ser. 6. Ed. C. R. Fontaine and A. Brenner. Sheffield: Sheffield Academic Press, 2000. 104-29. **Brenner, A.** "'Come Back, Come Back the Shulammite'(Song of Songs 7:1-10): A Parody of the *waṣf* Genre." In *A Feminist Companion to the Song of Songs.* FCB 1. Ed. A. Brenner. Sheffield: Sheffield

Academic Press, 1993. 234-57. **Davis, E. F.** "Romance of the Land in the Song of Songs." *AThR* 80(1998) 533-46. **Falk, M.** "The *Waṣf.*" In *The Song of Songs.* Ed. H. Bloom. New York: Chelsea House, 1988. 67-78. **Good, E. M.** "Ezekiel's Ship: Some Extended Metaphors in the Old Testament." *Semitics* 1(1970) 79-103. **Meyers, C.** "Gender Imagery in the Song of Songs." *HAR* 10(1986) 209-23. **Murphy, R. E.** "Dance and Death in the Song of Songs." In *Love & Death in the Ancient Near East.* FS M. H. Pope, ed. J. H. Marks and R. M. Good. Guilford, *CT*: Four Quarters, 1987. 117-19. **Soulen, R. N.** "The *Waṣfs* of the Song of Songs and Hermeneutic." *JBL* 86(1967) 183-90. **Vendler, H.** *Poems, Poets, Poetry.* Boston: St. Martin's, 1997. **Watson, W. G. E.** "Some Ancient Near Eastern Parallels to the Song of Songs." In *Words Remembered, Texts Renewed.* FS J. F. A. Sawyer, ed. by J. Davies, G. Harvey, and W. G. E. Watson. Sheffield: Sheffield Academic Press, 1995. 253-71. **Whedbee, J. W.** "Paradox and Parody in the Song of Solomon: Towards a Comic Reading of the Most Sublime Song." In *A Feminist Companion to the Song of Songs.* FCB 1. Ed. A. Brenner. Sheffield: Sheffield Academic Press, 1993. 266-78.

스피치 액트와 모티브

사람들은 아가서 4:1-15나 5:10-16과 같은 텍스트에 대해 정당한 공식적 표지로서 와스프(*waṣf*; 감탄이나 사랑하는 자를 위한 찬미의 노래)란 용어를 올바르다고 간주할 수 있지만 이른바 아가서에서 대부분의 형태는 "스피치-액트"(speech-act)로 가장 더 적절하게 묘사된다. 스피치-액트는 표현의 방식에 따른 시적 텍스트에서 말의 분류다(Vendler, *Poems,* 108).

탄원(2:7; 5:8; 8:4)
감탄이나 와스프(1:2b-3a; 4:1-15; 5:10-16; 6:4-9)
도착의 선언(2:8; 3:6; 6:10; 8:5a)
자부심(1:5; 8:12)
요청(2:1, 16; 6:3)
명령(8:6a)
자긍심(1:9-11, 12-14)
묘사(3:7-10)

감탄(4:1a)
권면(1:4a; 2:15; 3:11; 7:12-13[ET 11-12])
일인칭 내러티브(1:6b; 3:1-5; 5:2-7)
교훈(1:8; 8:6b-7)
사랑의 초대(2:14, 17; 8:14)
간청(2:14b; 5:2; 7:1[ET 6:13])
금지(1:6b)
질문(1:7; 5:9; 6:1)
결의(3:4b; 4:6; 7:9[ET 7:8])
열망(3:1; 8:1-2)

스피치 액트와 더불어 아가서에는 많은 모티브가 있다. 이 많은 모티브들을 애굽의 시와 고대세계나 현대세계의 다른 사랑 시들에서 발견할 수 있다. 하지만 그 위치와 사용 그리고 아가서에서 이 모티브들의 의미는 때로 견줄 데가 없다. 모티브의 사례들은 다음과 같다.

남자 연인은 왕(1:12), 목자(1:7), 형제(8:1), 정원사(6:2), 왕자(6:12), 노루(가젤[gazelle], 2:9), 그리고 나무(2:3)로 묘사된다. 여자 연인은 포도원의 일꾼(1:6), 여자 목자(1:8), 손님의 여주인공(3:1-2), 반신(semidivine)의 인물(4:8), 꽃(2:1), 정원(4:12), 그리고 도성(6:4)으로 묘사된다. 유추적으로 파피루스 해리스 그룹(Papyrus Harris group) B의 노래에서의 소녀들은 새를 잡는 사람의 역할을 취한다. 사람들은 때때로 변장이라 일컫는 연인들이 행사하는 "인간" 파트들의 말을 듣지만(왕, 목자, 포도원 일꾼), 그 용어는 우리가 아가서에서 갖는 것보다 정교하고 꾸며진 것들을 함축한다. 성격에 대한 인간의 역할과 비인간적인 이미지를, 전자를 인물로 후자를 상징적인 은유로 묘사함으로써, 구분할 수 있었다(예를 들어, 남자 연인은 노루[가젤: 아프리카 영양의 일종]이다). 이 '모든' 것들이 은유이지만 연인들이 취하는 인물과 아가서가 남자와 여자 연인의 서로 다른 양상들을 가져오기 위해서 사용하는 비인간적 은유와 구분하는 것이 유익하다.

아가서의 또 다른 모티브는 사랑으로 인해 몸이 아프고 상처를 입는 모티브다(2:5; 5:8). 이는 애굽의 시에 자주 나오는 모티브이지만 애굽의 노래들의 상사병은 소년이 소녀를 소녀가 소년에 대한 청소년기의 갈망이다. 아가서의 상처나 증상은 여인의 경험과 관련이 있고, 애굽의 텍스트에서 발견하는 것보다 훨씬 더 심오하고 신비스러운 본질에 속한다.

세 번째 모티브는 여인의 집으로 들어가는 것이 차단되는 남자의 모티브다(*paraklausithyron*). 이 모티브는 아가서 5:2-8에서, 다양한 형태에서, 사랑의 모든 종류의 취급에서 나타난다(Ovid, *Amores* 1.6; Lucretius, *De rerum natura* 4). 아가서의 택스트들과의 가장 의미 있는 병행은 애굽의 파피루스(Papyrus Chester Beatty) 그룹의 C 텍스트에 있는 것이다. 유사한 모티브의 사용이 유사한 의미를 함축하지는 않는다. 애굽의 텍스트들에서, 차단된 연인은 창기의 집에서의 남자이다. 르크리티우스(Lucretius)에서 상대방의 집에 들어가는 것이 차단된 연인은 에피큐로스 철학의 해설의 내용에 나오는 정열의 힘을 서술하고, 비합리적인 성적 욕망의 정죄다. 아가서에서 모티브의 사용은 전적으로 다르고, 이런 것들보다 더 복합적이다.

또 다른 모티브는 함정에 대한 모티브이고, 연인은 다른 이가 그녀, 또는 그를 붙잡아둔 것을 장난스럽게 불평한다. 아가서 7:7(ET 7:5)에서 남자는 자신이 여인의 머리카락에 붙잡혀 있다고 말한다. 체스터 베티 I(Chester Beatty I) 그룹 C는 유사한 이미지를 갖고 파피루스 해리스(Papyrus Harris) 500은 연인에 의해 사로잡힌 것으로 소녀를 묘사한다. 고대의 사랑 시에 자주 나타나는 다양한 사소한 모티브들이 있다. 말하자면 사랑하는 자의 향기, 사랑하는 자의 입술의 부드러움, 그리고 사랑하는 자의 피부의 색깔 등이 그러하다(또한 Watson, "Some Ancient Near Eastern Parallels," 258-63을 보라).

흥미 있는 모티브는 아가서에서의 권위적 인물은 애굽의 시들에서의 권위적인 인물과 대비된다. 애굽의 시들에서 소녀의 어머니는 두 연인들 사이에 자주 끼여든다. 아가서에서 유일한 권위적 인물은 형제들이지만 참으로 두 연인들과 아무런 관계가 없지만 가족의 포도원을 돌보라고 여인에게 강요하는 것으로만 나타난다(1:6). 더 어린 자매의 관리자가 아가서 8:8-9에 나타나지만 권위적인 인물은 익명이고 연인들을 강제로 떼어놓는 것으로 묘사되지 않는다. 여인의 어머니나 가끔씩 남자의 어머니가 여러 번 언급되나, 어느 어머니도 연인들을 떼어놓거나 전혀 어떤 일도 하지 않는다.

아가서에서 전혀 병행을 이루지 않는 모티브는 애굽과 다른 고대 사랑 시에 나타나는 사랑의 성공을 위한 빈번한 기도다. 애굽의 텍스트들에서 소년이나 소녀는 자신의 애정의 대상에 보답해 줄 것을 하돌(Hathor, 또는 다른 신)에게 간청하거나, 권위적인 인물이 그들의 사랑을 막는 것을 포기하고 두 사람이 합하는 것을 허락하게 하기를 구한다. 이런 일은 아가서에서는 일어나지 않는다.

아가서의 은유들

아가서는 외관상 굉장한 은유와 직유를 담고 있다. 이것이 아가서 4:1-5에서 남자가 여자를 찬미하는 방식이다.

너울 속에 있는 네 눈이 비둘기 같고
네 머리털은 길르앗 산기슭에 누운
무리 염소 같구나
네 이는 목욕장에서 나온 털 깎인 암양
곧 새끼 없는 것은 하나도 없이
각각 쌍태를 낳은 양 같구나
네 입술은 홍색 실 같고
네 입은 어여쁘고
너울 속의 네 뺨은 석류 한 쪽 같구나
네 목은 군기를 두려고
건축한 다윗의 망대 곧 일천 방패,
용사의 모든 방패가 달린 망대 같고
네 두 유방은 백합화 가운데서
꼴을 먹는 쌍태 노루 새끼 같구나.

아가서 7:5(ET 7:4)에서 그는 그녀의 코가 레바논의 망대와 같다고 말한다.

이것은 무엇을 만들어 주는가? 그것을 이해할 수 있었던 몇 가지 방식이 있다.

(1) 시들이 아이러니하거나, 당대의 비판자들이 선호하는 용어를 사용하여, 시인이 사랑 시의 장르를 "파괴하고" 있다고 주장할 수 있을 것이다(그러므로 Whedbee, "Paradox and Parody," 266-78). 하지만 나는 이것이 그런 경우라고 생각할 이유가 없다고 본다. 시인이 청중들을 눈짓하거나 뒤에서 게임을 하고 있다고 생각할 수 없다. 브레너(A. Brenner)는 와스프(*waṣf*)들을 코믹한 패러디(해악)로 읽고자 하지만("Come Back," 234-57), 생성된 해석은 실패다. 그녀는 아가서 7:1-10 (ET 6:13-7:9)이 남자들의 눈으로 보기에 코믹하고 에로틱한 "술람미" 여인의 춤

을 묘사하고 있다고 주장한다. 그녀의 해석에서 코미디는 춤추는 소녀가 뚱뚱하고 (7:3[ET 7:2]에 관한 그녀의 독법), "그녀의 가슴은 마치 두 상태 노루처럼 빨리 움직인다"는 사실을 포함한다(7:4[ET 7:3]에 근거하여; "Come Back," 248). 이 여인이 춤을 추고 있다고 믿을 이유는 없다. 오히려 "두 동무들의 춤에서처럼/ 왜 너는 술람미 여인을 보겠는가?"는 춤이 가정적인 비유라는 것을 암시한다. 머피(Murphy, "Dance and Death," 117-18)는 여인이 이 텍스트에서 춤을 추고 있는 것이 아님을 보여준다. 아가서 7:3(ET 7:2)은 여인이 살이 쪘음을 가리키지 않고, 7:4은 그녀의 가슴이 뛰고 있음을 가리키지 않는다(참조. 4:5). 또한 브레너는 세익스피어의 소네트 130을 인용하여 자신의 요지를 설명하지만 이것도 역시 적용할 수 없다. 세익스피어의 소네트에서 사랑 언어의 의례성이 그들의 전면에 나타나지만 아가서 7:1-10에서 우리는 의례적인 언어의 패러디를 볼 수가 없다. 또한 세익스피어가 코미디의 대가였을지라도, 소네트 130은 분명히 익살스럽지 않고 또 그렇게 의도되어 있지도 않다. 따라서 그것은 브레너가 제기하고 있는 장르를 예증하지 않는다. 이에 관한 변형이 그로테스크한 것으로 은유를 보는 것이다 – 그것들의 주제를 전혀 찬미하지 않고 의도적으로 그것들을 기형적인 것으로 조롱함(F. Black, *BibInt* 8[2000] 302-23; idem, "Unlikely Bedfellows," 104-29). 블랙(Black)은 남성이 여성의 몸과 그녀의 성적 매력에 불편해하고 있으므로 그러한 용어에 호소하고 있고, 그 용어는 사랑과 성적 관심의 더 어두운 면을 일반적으로 대변한다고 주장한다. 그러한 독법은 페미니스트 이데올로기에 의해 추구되고, 텍스트에서 그것을 지원하는 것은 거의 없다.

(2) 여성이 "남성적"인 것으로 생각되는 용어들로 묘사되고 이 사랑 시(예를 들어, 4:4에서처럼 그녀의 목이 망대처럼 묘사될 때와 같이 군사적인 용어)는 사랑에서 여인이 지배적이지는 않을지라도 적어도 동등하다는 것을 보여준다(Meyers, *HAR* 10[1986] 209-23; 하지만 Meyers in F. Black, "Unlikely Bedfellows," 121-24의 반박도 보라). 남성적인 용어들로 칭찬함으로써 고대 이스라엘 여인을 추켜세울 수 있는가? 그렇지 않다면, 여기서 왜 그것을 사용했는가? 아가서를 파괴적이고 페미니스트적 텍스트로 "읽는 것"은 아주 우둔하다고 정확히 말할 수 있다. 그러한 독법은 텍스트에서 정치적이고, 사회적이며, 성적인 비판을 찾는데 골몰하여 이 텍스트가 실제로 어떤 것인지(즉 사랑 시)를 잊고 있는 것이다. 남자는 여자가 자신을 붙들고 있는 힘에 대해 사랑하는 자에게 말할 때, 그는 사회적인 질서를 무너뜨리고 있지 않다. (상식을 가진) 어느 연인도 여자가 남성적이라고 주장함으로써 여

인을 칭찬할 수는 없다.

(3) 이 난해한 은유들은 육체적인 아름다움을 묘사하는 문화적으로 용인된 방식이었을 것이다. 그것이 우리에게 이상하게 보일지라도, 고대 이스라엘 사람들은 여인의 코를 망대로 묘사하고, 머리를 산을 달려 내려가는 염소 떼로 묘사하는 것이 전적으로 적절하다고 느꼈을 것이다. 이런 견해에 대한 몇몇 증거들이 있다. 애굽의 작품에서 여인들은 자신을 들판으로 묘사하고, 남자친구가 손으로 흙을 퍼 올렸다고 말한다(Papyrus Harris 500 group C). 한편으로 아가서에서 볼 수 있는 일련의 은유의 지나친 종류를 애굽이나 다른 고대 근동의 텍스트에서 거의 자료를 찾을 수가 없다. (4) 또 다른 가능성은 이 시가 어떤 면에서 은유와 그것에 제시하는 것 간에 실제적인 시각적 유사성을 반영한다는 것이다. 여인의 코는 망대나 산이 수평선과 대칭을 이루는 것과 동일한 방식으로 그녀의 얼굴과 대칭을 이룬다. 여인의 머리와 어깨로 내려온 검은 머리의 장식은 언덕을 내려가는 염소 떼와 실제로 유사할 것이다(따라서 M. Falk on the *waṣf* in "The *Waṣf*," 67-78; 하지만 Falk는 상당한 의역을 통해서만 자신의 목적을 이룬다. 그리하여 "네 머리털은 길르앗 산기슭에 누운/ 무리 염소 같구나"가 "너의 머리 – 염소처럼 검고/산기슭에 누워있는 것과 같도다"가 된다). (5) 아마도 화자는 사물 자체보다는 자신의 '감정'을 묘사하고 있을 것이다(Soulen, *JBL* 86[1967] 183-90). 그가 그녀의 목을 바라볼 때, 다윗의 망대를 볼 때처럼 경외스럽다. (6) 묘사적인 찬미 형태, 또는 와스프의 논리가 풍성한 은유를 이끌고 있을 수 있다. 화자가 여자의 몸의 일부들의 목록을 따라 진행할 때(그리고 여자가 남자의 신체의 일부를 따라 진행할 때), 각 부분에 대해서 어떤 것을 말해야 하는 형태로 제약을 받는다. 따라서 지나치고 특별한 은유는 단지 그 형태의 기능일 뿐이다. 애굽의 텍스트들에서 묘사적인 찬미는 아가서의 성경의 대응부보다 상당히 짧다. (7) 마지막으로 이 은유는 시의 실제적인 주어가 여자가 아니라 땅이며, 아가서의 실제적인 메시지는 이스라엘에 대한 하나님의 사랑이라는 것을 우리에게 말해준다(고로 E. Davis, *AThR* 80[1998] 533-46). 이 마지막 가능성은 알레고리의 방식을 따라가지 않는다면 유효하지 않을 것이다. 이 은유의 많은 것들이 지형이 아니고, 특히 이스라엘이 아니기 때문이다(비둘기와 같은 눈, 금과 같은 팔, 샤프론과 육계나무를 가진 정원 등등).

3에서 6까지의 가능성은 상호 배타적이지 않다. 각기 가능할 수 있었고, 어느 정도 참이다. 동시에 이런 묘사의 양태에 관한 특별한 것이 있다. 그것은 묘사된 것이 삶(life)보다 더 크거나 커다란 의미에 속해 있음을 암시한다. 성경의 묵시적 문헌은 유사한 방식으로 용어를 사용한다. 요한계시록 1:13-16의 용어들을 아가서 5:11-15의 직유와 비교해 보라: "촛대 사이에 인자 같은 이가 발에 끌리는 옷을 입고 가슴에 금띠를 띠고 그 머리와 털의 희기가 흰 양털 같고 눈 같으며 그의 눈은 불꽃 같고 그의 발은 풀무에 단련한 빛난 주석 같고 그의 음성은 많은 물소리와 같으며 그 오른손에 일곱별이 있고 그 입에서 좌우에 날선 검이 나오고 그 얼굴은 해가 힘 있게 비취는 것 같더라." 아가서는 "머리는 정금 같고/ 머리털은 고불고불하고/ 까마귀 같이 검구나/ 눈은 시냇가의 비둘기 같은데/ 젖으로 씻은 듯하고/ 아름답게도 박혔구나/ 뺨은 향기로운 꽃밭 같고/ 향기로운 풀언덕과도 같고/ 입술은 백합화 같고/ 몰약의 즙이 뚝뚝 떨어진다/ 손은 황옥을 물린 황금 노리개 같고/ 몸은 아로새긴 상아에 청옥을 입힌 듯 하구나/ 다리는 정금 받침에 세운 화반석 기둥 같고/ 순금의 주춧대가 있도다."

우리가 아가서에서 보는 방식으로 일반적으로 확대되지는 않을지라도, 지나치고 예상치 못한 은유들이 선지자의 말에서도 나타난다(하지만 E. Good, *Semitics* 1[1970] 79-103을 보라). 예를 들어, 예레미야 46:18은 느부갓네살에 대해 말한다: "그가 과연 산들 중의 다볼 같이, 해변의 갈멜 같이 오리라." 분명한 차이가 있을지라도 이 목록에 일련의 복합적인 짐승으로 다니엘 7장에 나오는 세계 제국의 환상이나 복합적인 짐승이 실어 나르는 에스겔 1장에서의 하나님의 마차를 추가할 수 있을 것이다. 묵시적이고 예언적인 말들 속에 놀라운 이미지의 사례들이 있다. 압도적인 환상은 독자들이 멈추어서 무엇이 교신되고 있는지를 묵상하게 만든다.

아가서의 은유와 직유가 갖는 문제는 낭만적인 명문선집과 축하집에서 발견할 수 있는 종류의 사랑 시를 우리가 찾을 것으로 예상한다는 것이다. 아가서는 사랑 시이지만 독특한 종류의 사랑 시다. 그것은 감상적이지 않다. 크리스천이 록사네연애시를 읊도록 유혹하는 말들을 지은 기라노 드 베르게락(Cyrano de Bergerac)과 같이 "우리의 감정을 말에 전이시키도록" 여기서 우리에게 허락하지 않는다. 아가서의 은유는 연인들이 서로에 대한 애정을 표현하는 것이지만, 또한 그것들은 사랑의 의미를 독자나 청중에게 표현하기도 한다. 그것은 우리로 하여금 남자, 여자 그리고 그들의 사랑의 자질을 이상적인 원형으로 묵상하게 만든다. 아가서의 연인들은 실제보다 더 큰 것으로 보인다. 아가서의 은유가 실제보다 더 크기 때문이다. 그들은 이상화된 사람들이다.

이 주석은 아가서가 성적인 나이가 들어가는 젊은 여인의 변화의 이야기를 말하는 개별적인 노래들의 통일된 작품이라고 주장할 것이다. 아가서는 핵심적인 삶의 사건으로서 그녀의 결혼에 초점을 맞추고, 남편과 성적인 합일의 순간에 중심을 두는 동심원적 구조를 갖는다. 아가서는 독자들이 놀라운 기쁨을 경험하게 만드는 놀랍고 강력한 이미지를 폭넓고 다양하게 사용한다. 그 언어는 풍성하면서 압축적이다. 이 시들을 이해하는 자들은 궁극적으로 진리를 발견할 것이다.

보론: 히브리의 시

참고문헌

Alter, R. *Art of Biblical Poetry.* **Berlin, A.** *The Dynamics of Biblical Parallelism.* Bloomington: Indiana UP, 1985. **Christensen, D. L.** "Narrative Poetics and the Interpretation of the Book of Jonah." In *Directions in Biblical Hebrew Poetry.* Ed. E. R. Follis. *JSOTSup* 40. Sheffield: Sheffield Academic Press, 1987. 29-48. **Collins, T.** *Line-Forms in Hebrew Poetry.* Rome: Biblical Institute Press, 1978. **Cross, F. M., Jr.,** and **D. N. Freedman.** *Studies in Ancient Yahwistic Poetry.* **Freedman, D. N.** *Pottery, Poetry, and Prophecy: Studies in Early Hebrew Poetry.* Winona Lake, IN: Eisenbrauns, 1980. **Gray, G. B.** *The Forms of Hebrew Poetry Considered with Special Reference to the Criticism and Interpretation of the Old Testament.* 1915. Reprint, New York: Ktav, 1972. **Haïk-Vantoura, S.** *The Music of the Bible Revealed: The Deciphering of a Thousand Year Old Notation.* Trans. D. Weber. 2d ed., rev. Paris: Dessain et Tolra, 1987. **Holladay, W. L.** "*Hebrew Verse Structure* Revisited(I): Which Words 'Count'?" *JBL* 118(1999) 19-32. ______. "*Hebrew Verse Structure* Revisited(II): Conjoint Cola, and Further Suggestions." *JBL* 118(1999) 401-16. **Hoop, R. de.** "The Colometry of Hebrew Verse and the Masoretic Accents: Evaluation of a Recent Approach, Part I." *JNSL* 26.1(2000) 47-73. ______. "Part II." *JNSL* 26.2(2000) 65-100. **Hrushovski, B.** "Prosody, Hebrew." *EncJud* 13:1200-1202. **Jakobson, R.** "Grammatical Parallelism and Its Russian Facet." In *Roman Jakobson: Selected Writings III.* Ed. S. Rudy. The Hague: Mouton, 1981. 98-135. **Korpel, M. C. A.,** and **J. C. de Moor.** "Fundamentals of Ugaritic and Hebrew Poetry." In *The Structural Analysis of Biblical and Canaanite Poetry.*

Ed. W. van der Meer and J. C. de Moor. *JSOTSup* 74. Sheffield: Sheffield Academic Press, 1988. **Kugel, J. L.** *The Idea of Biblical Poetry: Parallelism and Its History.* New Haven: Yale UP, 1981. **Lowth, R.** *Lectures on the Sacred Poetry of the Hebrews.* Trans. G. Gregory. Andover: Crocker & Brewster; New York: Leavitt, 1829. **O'Connor, M.** *The Contours of Biblical Hebrew Verse.* Winona Lake, IN: Eisenbrauns, 1997. _______. *Hebrew Verse Structure.* Winona Lake, IN: Eisenbrauns, 1980. **Pardee, D.** *Ugaritic and Hebrew Poetic Parallelism.* Leiden: Brill, 1988. **Price, J. D.** *The Syntax of Masoretic Accents in the Hebrew Bible.* Lewiston, NY: Mellen, 1990. **Schökel, L. A.** *A Manual of Hebrew Poetics.* Rome: Biblical Institute Press, 1988. **Sendrey, A.** *Music in Ancient Israel.* New York: Philosophical Library, 1969. **Stuart, D. K.** *Studies in Early Hebrew Meter.* Missoula, MT: Scholars Press, 1976. **Vance, D. R.** *The Question of Meter in Biblical Hebrew Poetry.* Lewiston, NY: Mellen, 2001. **Watson, W. G. E.** *Classical Hebrew Poetry. JSOTSup* 26. Sheffield: Sheffield Academic Press, 1984. _______. *Traditional Techniques in Classical Hebrew Verse.* **Williams, J. M.** *Style: Toward Clarity and Grace.* Chicago: Univ. of Chicago Press, 1990.

히브리 성경에서 시들을 인식할 수 있는 가장 쉬운 방법은 텍스트가 독자들에게 그것이 시라고 말할 때다: "아가서('노래들의 노래'[The Song[שִׁיר – 쉴] of Songs])는 솔로몬의 것이다"(1:1)라거나 "그때에 다윗이 이 슬픈 노래로 사울과 그 아들 요나단을 조상하고[קִינָה – 퀴나]"(삼하 1:17). 의미상 모든 시편(מִזְמוֹר – 미즈몰)은 시다.

이외에 히브리 성경에서 시를 산문과 구분하는 것은 자주 어렵다. 시편, 욥기, 잠언에서 사용하는 소위 시적인 악센트는 (아가서와 같이) 분명하게 시적인 텍스트에서 사용하지 않고 대부분의 사람들이 이해하기로 시적이지 않은 텍스트에서 사용하고 있기 때문에 별로 소용이 없다(잠언 10-29장). BHS(*Biblia Hebraica Stuttgartensia*)의 편집자는 시적인 텍스트에 소절의 휴지를 줌으로써 산문을 시와 구분 지었지만 그들의 결론은 단지 개인 학자들의 의견일 뿐이지 특별한 고려대상이 될 수가 없다.

계몽주의 이래로 성경 히브리 시에 대한 연구는 두 개념이 지배해 왔다: 대구법과 운율. 히브리 시에서 대구법에 대한 현대적인 인식은 1753년에 이에 대한 로우드(Bishop Robert Lowth)의 논증인 *De sacra poesi Hebraeorum*('성스러운 히브리시와 관련해서')에서 시작된다. 로우드에게서 대구법은 한 소절과 다른 소절과의 "상응"이었다. 그와 그를 따랐던 학자들의 세대는 히브리 시의 주요한 단위가 두 소절 스트로피(bicolon)이었고, 바이콜라(bicola)는 세 가지 근본적인 다양함으로 나타났다고 본질적으로 주장했다: 동의어적인 대구법(synonymous parallelism), 대조적인 대구법(antithetical parallelism), 그리고 종합적인 대구법(synthetic parallelism). 동의어적인 대구법에서 두 번째 소절은 잠언 2:11에서처럼 첫 번째 소절을 대체로 반복한다.

근신이 너를 지키며,
명철이 너를 보호하여.

대조적인 대구법에서 첫 번째 소절에 있는 반의어를 사용하는 두 번째 소절은 잠언 3:33에서처럼 그것의 완성으로서 첫 번째 소절에 상응하는 진술을 만든다.

악인의 집에는 여호와의 저주가 있거니와,
의인의 집에는 복이 있느니라.

종합적인 대구법에서 두 소절의 상응은 진정한 평행이 거의 없거나 암시되지 않는다는 점에서 인위적이다. 그럼에도 불구하고 잠언 4:2에서처럼 바이콜론(bicolon)의 구조는 참된 대구법의 구조를 모방한다.

내가 선한 도리를 너희에게 전하노니
내 법을 떠나지 말라.

이런 분석은 과도하게 단순하여 중요한 질문을 야기한다. (예를 들어, 동의어적인 대구법은 의미론적인가 구문론적인가?) 그럼에도 불구하고, 현재에 취할 수 있는 히브리 시의 연구에 상당한 기초가 된다. 히브리 시의 운율을 발견하고자 하는 연구는 오래되고 고통스러운 역사라고 말할 수 있을 것이다. 고대에서조차도 학자들과 저자들은 그리스와 라틴 시의 운율에 상응하는 히브리 시의 운율적인 패턴의 종류를 찾거나 묘사하기 위해서 애썼다. 그러나 19세기 이래로 히브리 시의 운율에 대한 탐구는 시의 소절에서의 운율이 그것이 담고 있는 많은 악센트와 스트레스에 의해 결정된다는 악센트나 스트레스 구조를 주로 따랐다. 이런 구조의 다양한 역본들의 초기 주창자들은 마이어(Ernst Meier, 1813-1866), 레이(Julius Ley, 1822-1901), 칼 부데(Karl Budde, 1850-1935), 그리고 시버스(Eduard Sievers, 1850-1932)이다. 칼 부데(Karl Budde)는 히브리 만가나 애가가 3:2 스트레스-운율 패턴(즉 각각의 바이콜론은 두 스트레스를 가진 한 소절이 뒤따르는 세 스트레스를 가진 한 소절로 구성되었다)으로 구성되었다고 학자들을 설득하는데 특히 성공했다. 이 운율적인 패턴의 존재(소위 키나[*qinah*] 운율)를 확신한 학자들은 악센트적 운율 구조가 히브리 시에 들어맞는다는 결론에 자연스럽게 의존했다.

히브리 시의 현대적 분석은 대구법이나 스트레스 운율을 단순히 찾는 것보다 훨씬 더 복잡하고, 많은 학자들은 위에서 언급한 두 모델들을 수정하거나 노골적으로 거부하는 구조를 주장하고 있다. 어떤 이들은 두 모델을 융합하기를 시도하고 또 다른 이들은 전적으로 다른 모델들을 갖는다. 이런 상황은 히브리 시의 기본적인 요소를 묘사할 때, 소절, 스트로피, 또는 절과 같은 용어를 일관되게 사용하지 않는다는 사실로 인해 더 복잡하게 되고 있다.

쿠겔(J. Kugel)은 히브리 성경의 대구법의 개념에 관한 역사를 검증하고, 그 의미에 대해서 자극적인 진술을 한다. 그는 "두 번째 소절"의 미묘함과 다양성에 보다 세심한 묘사를 선호하여 로우드의 구조를 거부한다. 그는 이렇게 진술함으로써 "두 번째 소절"이 "동의어적인 대구법"을 의미하지 않음을 분명히 한다: "처음부터 우리의 전체 제시는 요점이 일종의 실제적인 *평행*이 있다는 개념을 내 던진다"(*Idea of Biblical Poetry*, 51, 이탤릭체는 본래부터 있다). 쿠겔에게서 두 번째 소절은 첫 번째 소절을 반영하거나 반영하지 않는 어떤 것을 추가시킨다. 즉 "A는 그러하고, B는 그 이상이다." 아주 의미심장하게 그는 의미론적인 대구법은 히브리 산문에도 자주 나타나고 그것을 시로만 한정할 수 없다고 증거한다. 따라서 그는 시와 산문의 차이를 예리하게 구분해서는 안 된다고 주장한다. 그는 히브리 성경에서 시의 존재를 부정하지는 않지만, 성경 히브리어에서 "시"(poetry)라는 말이 없음을 의미 있는 것으로 간주하고(*Idea of Biblical Poetry*, 69), 어느 정도 그 용어의 사용은 텍스트에 이국적인 개념의 부과를 대변하는 것이라고 진술한다.

많은 학자들은 시와 산문 간의 구분을 쿠겔이 흐리게 한 것을 강력하게 반대했고, 특히 히브리어가 시라는 단어를 결여하고 있는 것이 의미 있다고 하는 개념에 이의를 제기했다. 쿠겔의 모델은 성경의 시의 본질과 존재와 관련해서 우리가 완전히 주관적으로 생각하라고 남겨둔 것으로 보인다. 하지만 그의 작품에 대한 일부 반응은 과장되다. 쿠겔의 분석은 히브리어에서(영어에서처럼)는 가장 단순하고 평범한 산문에서부터 고도의 수사, 그리고 최종적으로 시와 노래에는 정도의 차이가 있다는 것이고, 이는 확실히 정확하다. 시에서조차도 어떤 작품이 얼마나 "시적인" 지를 등급을 매길 수 있다. 나는 지혜 시(잠 1-9장)가 분명한 구조와 "대구법"이 있는 매우 단순한 경향이 있으나, 또 다른 시들은 훨씬 더 서정적이고 섬세하다(아가서나 시편 23편과 같이)고 주장할 수 있을 것이다. 많은 시들이 이 두 극단 사이에 놓이게 된다. 하지만 여전히 나는 산문과 시의 구분을 유지하는 학자들이 옳다고 믿는다.

'시'(*poetry*)로 사람들이 노래되지 않은 구어적인 비 산문을 의미하지 않는다면, 히브리 성경에 적용된 '시'(*poetry*)란 용어는 시대착오적이지 않다. 고대 세계에서 모든 지침들은 시를 통상적으로 말하는 목소리로 읽지 않았다. 그것은 읊어졌다. 즉 고대에 시는 노래였다. 음악적인 도구는 (많은 시편의 첫 글자에 나오는 것처럼) 정확히 그 이유를 위해 고대의 시와 관련이 있다. 그리고 성경 히브리어는 가장 확실하게 "노래"(שׁיר – 쉬르)란 단어를 갖고 있다. 그 외에도 히브리어는 노래에 대한 다른 종류의 많은 용어들이 있다(키나["애가"], 미즈모르, 마스킬, 등등).

문제는 쿠겔과 그를 비판하는 자들이 히브리 시에 대한 근본적인 전제를 공유하고 있다는 것이다. 다시금 쿠겔의 출발점을 인용하면, "성경의 노래의 근본적인 특징은…두 짧은 어절을 형성하고 있는 상대적으로 간단한 문장 형태의 반복된 사용이다." 즉 노래의 근본적인 특징은 바이콜론(bicolon)이다. 이런 출발점은 그 증거에 직면해서 무너진다: 아가서는 그것의 "근본적인 특징"으로 두 번째 소절을 갖는 바이콜론을 갖지 않는다. 물론 많은 시편과 노래들이 상당히 바이콜론(그리고 두 번째 소절)을 사용한다. 하지만 또 많은 것들이 그렇지 않고 데이터는 히브리인들이 노래를 가졌고, 언제 노래를 불렀는지를 알았고, 그리고 노래와 산문을 구분할 수 있었지만 때로는 바이콜론에 집착했고, 또 때로는 바이콜론에 집착하지 않았음을 가리킨다.

히브리 소절들을 스트로피로 그룹을 짓는 일에서, 바이콜론이 선호되어야 한다는 가정으로 시작해서는 안 된다. 게다가 소절들을 함께 연결하는 일종의 대구를 찾는 일에서, 한 시의 스트로피적 구분에서 "강한" 대구법이 약한 대구법보다 우세하다는 원리가 주도해야 한다. 다음의 사례는 이런 가이드라인을 예증한다.

맛소라텍스트 구절의 구분에 따르면, 아가서의 바로 시작에(1:2-3), 보통 다음과 같이 번역되는 두 스트로피(절들)가 있다.

첫 번째 스트로피(2절)	a 내게 입 맞추기를 원하니
	b 네 사랑이 포도주보다 나음이로구나
두 번째 스트로피(3절)	a 네 기름이 향기로워 아름답고
	b 네 이름이 쏟은 향기름 같으므로
	c 처녀들이 너를 사랑하는구나.

스트로피 1(2절)의 소절 a는 삼인칭으로 사랑하는 자에 관해 말하는 반면에 같은 스트로피의 소절 b는 이인칭으로 그에 관해 말한다는 것은 특이하다. 쿠겔(*Idea of Biblical Poetry*, 22)과 베를린(Berlin, *Dynamics of Biblical Parallelism*, 40)이 이 구절을 대구법이 인칭에 변화를 허락하는 증거인 것으로 지적하지만 사실상 여기서 대구법은 극미하고, 이 구절은 그들의 요지를 입증하지 못한다. 구문론적으로 두 소절은 더 이상 다를 수가 없었다. 전적으로 다른 구문에서일지라도, 공통된 근거는 첫째로 소절 a가 "입맞춤"에 대해 언급하고, 소절 b는 "사랑"(또는 "애무")에 대해 언급하고 있다는 것이고, 둘째로 위의 번역에서, 소절 b는 소절 a에 의존한다. 두 소절들이 "내가 그의/당신의 성교를 원합니다"를 의미하는 깊은 차원을 갖고 있다고 주장할 수 있었지만, 이런 등식은 명령적인 의미로 소절 a를 번역하는 것에 달려 있다. 이 모든 것이 인상적으로 들릴지라도, 그것은 지극히 약한 대구법을 만든다. 원인적인 독법으로는 이 소절들은 전혀 평행이 아니다. 한편으로 스트로피 2(3절)의 소절들은 첫 스트로피의 소절 b처럼 이인칭으로 사랑하는 자

에 대해 말한다. 게다가 스트로피 1의 소절 b와 스트로피 2의 소절 a와 b는 모두 향기로운 액체(향수나 포도주)와 어떤 식으로든 사랑하는 자를 비교한다. 이것은 스트로피 1의 소절 a나 스트로피 2의 소절 c에서는 이루어지지 않는다.

우선(*Prima facie*), 맛소라텍스트의 이런 스트로피적 구분이 상당한 의미를 만들고 있지 않다. 그것은 2절이 바이콜론이 규범이라거나 모노콜론은 피해야 한다는 가정으로 단순히 바이콜론으로 2절을 제시하고 있는 것으로 보인다. 소절의 구분이 아트나(*ʾatnah*)에 있다고 기반하여 맛소라텍스트에 바이콜론으로 이것을 간주하지 않는다면(이 경우에 이 구절은 "네 기름은 향기에 좋구나, 네 이름은 쏟은 향기름 같으므로/ 그것이 처녀들이 너를 사랑하는 이유로구나"가 될 것이다) 흥미롭게도 두 번째 스트로피(3절)는 트리콜론(tricolon)이다.

이 시점에서 대안적인 해석에 대한 증거를 제시하지 않고서(1:2과 1:3의 주석을 보라), 나는 더 좋은 번역은 다음과 같다고 제시한다.

첫 번째 스트로피	그가 나에게 입맞춤을 원하니
두 번째 스트로피	a 참으로 네 애무가 포도주보다 좋고
	b 너의 향수의 향기보다 좋으며
	c 네 이름은 쏟아 부은 향기름과 같도다.

따라서 아가서는 트리콜론이 뒤따르는 모노콜론으로 시작하는 것으로 이해할 수 있다. (3절의 마지막 소절, 즉 "그것이 처녀들이 너를 사랑하는 이유로다"는 아마도 분리된 모노콜론이다.) 나의 두 번째 스트로피에서 소절 a와 소절 b간에는 분명히 구문론적이고 의미론적인 대구법이 있고, 이것은 전통적인 작시법보다 더 강력한 대구법의 사례를 제공한다. 하지만 심지어 나의 두 번째 스트로피는 바이콜론이 아니다. 그것은 트리콜론이고, 세 번째 소절은 첫 두 소절과 관련이 있으나 동일한 종류의 대구법을 갖지 않는다. 소절 c는 소절 b로부터 "네 향수"(שְׁמָנֶיךָ – 쉐마네카)를 취하고, 조화와 운문의 뛰어난 작용 속에서 그것을 두 부분으로 나눈다: "향수"(שֶׁמֶן – 쉐멘)와 "네 이름"(שְׁמֶךָ – 쉐메카). 사람들이 보다 전통적인 번역("너의 사랑이 포도주보다 좋고/ 네 기름이 향기를 위해 좋고/ 네 이름은 쏟아 부은 향기름 같다)을 선택할지라도, 여기에 제시된 스트로피적 구분이 맛소라텍스트의 이 구절의 구분보다 더 좋은 의미를 만든다. 하지만 2b절이 3a절에 속한다는 것을 인식할 때, 여기에 제시된 번역이 대단히 명확하다는 것을 나는 믿는다.

위의 예제는 히브리 시들이 서로 평행을 이루는 두 연속되는 소절을 자주 갖지만 이 두 소절들이 바이콜론을 형성하거나 형성하지 않는다는 것을 가리킨다. 매우 자주 그것들은 단순히 더 커다란 스트로피(절)의 일부가 되는 두 소절이 될 것이다. 아가서 2:5은 이것의 또 다른 사례 중 하나다. 맛소라텍스트에서 나는 세 소절의 단일한 스트로피가 되는 것으로 이것을 취한다.

a 너희는 건포도의 침상에 나를 눕히고
b 사과로 나를 시원케 하라
c 내가 사랑하므로 병이 났음이니라.

소절 a와 b는 구문론적으로 의미론적으로 평행이지만 이 둘을 소절 c와 연결하는 (전통적인 의미에서) 대구법은 없고, 오히려 소절 c는 구문론적으로 소절 a와 b에 의존한다. 게다가 나는 소절 c가 첫 두 소절만큼 시적인 모든 비트가 있고, 그것이 실제적인 시가 되는 소절 a와 b를 단순히 보충하는 소절이 아님을 주장한다.

요컨대, 바이콜론이 히브리 시에서 매우 흔한 것은 사실일지라도, 보편적이거나 규범적인 것은 아니다. 우리가 시에서 찾고 있는 것이 연속해서 주어진 유사성이라면, 그때에 그 유사성은 단지 두 소절(line)의 절(verse)의 차원에서가 아니라 어느 차원에서도 나타난다. 실로 어떤 경우에 유사성은 스탠자의 차원에서나 실로 전반적인 시의 차원을 제외하고는 확실하게 보이지 않을 것이다.

20세기 후반에 히브리 시에 대한 연구에 커다란 변화가 있었다. 작품의 근원으로서 히브리 성경에 더 이상 의존하지 않는 크로스(Croos)와 프리드만(Freedman)이 맛소라의 악센트를 무시하고, 새롭게 발견된 우가릿 텍스트들과의 평행에 의존하여 오래된 히브리어 구절의 특징을 규정하기 위해 음절(syllables)을 세는 방법을 고안했다. 그들의 뒤를 스튜어트(Stuart), 크리스텐센(Christensen) 그리고 여타 사람들이 따랐다. 크리스텐센은 남아프리카의 학자인 카스퍼(Casper J. Labuschagne)가 뒤따르는 모래(*morae*, 발음의 단위)를 세는 시스템으로 나아갔다. 화란의 학자들의 그룹(J. C. de Moor가 이끄는 캄펜[Kampen]학파)은 고대 히브리와 우가릿 시에서 콜론을 세는 더 설득력 있는 시스템을 제시했다. 왓슨(Watson)은 모든 "계수하는" 방식을 평가하고 신뢰하지 않았다. 미국과 영국의 일부 학자들은 고대 히브리 시에 대한 논의를 현대 영어와 여타 현대적 언어들에서의 폭넓은 시에 대한 연구로 이끌었다(Kugel). 또 다른 사람들은 고대 히브리 시를 중세와 현대(Israeli)의 히브리 시와 비교하여 고대 히브리 시를 분석하고 있다(Hrushovski와 그의 테아비브[Tel-Aviv] 학파). 하지만 히브리 시에 대한 올바른 접근과 관련하여 어떤 일치도 발전하지는 못했다.

오크너(O'Connor)의 방식은 히브리 시와 관련한 학계의 현재 상태를 요약하는데 유용한 매우 유익하고 정확한 도구다. 그는 히브리 시의 소절이 다음과 같은 제한에 의해 통제를 받는다고 주장한다(*Hebrew Verse Structure*, 86-87).

1. 소절은 0-3개의 "서술 절"을 가질 수 있다. 서술절은 보통 한정사, 동사로 기능하는 부정사 절대형, 동사적으로 기능하는 부정사 구문(예를 들어, 그것이 부정사의 행위의 주체로서 기능하는 대명사적 접미사를 가질 때, 그리고 직접목적어를 가질 때), 또는 동사적으로 기능하는 분사다(예를 들어, 실명사로서가 아니다).

에쉬(שׁי)나 에크(איך)와 같은 단어들의 몇몇 다른 부류들이 서술절이 될 수 있다. 따라서 소절은 서술절을 가질 필요는 없지만 기껏해야 그것은 세 개를 가질 것이다.

2. 소절은 하나와 넷 사이에 구성요소를 가질 수 있다. "구성요소"는 제한을 받지 않는 명사, 연쇄 구문, 명사와 한정적인 형용사, 서술 절, 전치사구와 같은 단어나 어구다. 구성요소는 소절에 문법적인 자리를 채우고, 그것은 번역 상에서 하이픈으로 자주 나타난다. 예를 들어, 사무엘하 1:20의 소절들은 각기 두 구성요소들을 갖고 있다.
   a. Tell-it-not in-Gath(이 일을 가드에도 고하지 말며)
   b. announce-it-not in-the-streets-of-Ashkelon(아스글론 거리에도 전파하지 말지어다)
   c. lest-they-rejoice the-daughters-of-the-Philistines(블레셋 사람의 딸들이 즐거워할까)
   d. lest-they-exult the-daughters-of-the-uncircumcised(할례 받지 못한 자의 딸들이 개가를 부를까 염려로다).
3. 소절은 두 개와 다섯 개 사이의 단위들을 갖는다. 한 "단위"는 동사나 명사 또는 대명사적 접미사를 갖는 전치사와 같은 단어들이지만 부정어의 엘(אל)과 같은 불변화사는 속하지 않는다. 즉 불변화사는 통상적으로 단위로 계산되지 않는다.
4. 구성요소는 오직 네 단위들만을 갖는다.
5. 절(clause)이 세 개의 서술절을 포함한다면, 그것은 의존적인 명사나 명사구를 포함할 수 없다(즉 그것은 그밖에 다른 것을 포함할 수 없다). [아가서 5:7에서의 나의 분류를 보라. 그것은 맛소라텍스트에서 세 개의 동사들과 의존적인 명사구를 포함한다.] 콜론이 두 서술절을 갖는다면, 오직 하나만이 의존적인 명사나 명사구를 가질 것이다.
6. 콜론은 구문론적인 완전성을 가져야 한다. 그것이 하나 또는 그 이상의 서술절을 갖는다면, 그것은 그들 중 하나에 의존하지 않는 명사 구성요소를 가질 수 없다.

여기서 중요한 문제는 "단위"를 형성하는 것을 결정하는 것이다. 따라서 후접의 불변화사와 전접의 불변화사는 배제된다(예를 들어, 대명사적 접미사가 없는 알[על]과 같은 전치사나 나[נא]). 한편으로 일부 악센트가 있는 불변화사는 오크너의 모델에서의 단위들처럼 계산하지 않고, 오크너의 모델에서 마케프(*maqqef*, 낱말의 연결표시)가 있고 없음은 상관이 없다. 홀라데이(W. Holladay, *JBL* 118[1999] 23-32)는 이런 문제를 상세히 탐구하여 이 이슈에 상당한 도움을 준다. 그의 분석에서 단위로 계산하지 않는 불변화사는 부정의 로(לא)와 알(אל)과 끼(כי), 임(אם), 깜(גם), 그리고 아프(אף)와 같은 가장 작은 불변화사도 포함한다. 아마도 끼 깜(גם כי)과 같은 불변화사의 조합은 단일한 단위로 계산할 것이다. 콜(כל)은 보다 난해하다. 그것은 통상적으로 계산해야 하나, 어떤 경우에 그것은 소절을 너무 길게 만들어, 아마도 계산하지 않을 것이다. 샴(שם), 켄(כן)과 오드(עוד)와 같은 부사들은 단위로 계산한다. 관계사 아쉘(אשר)도 역시 그러하다. 의문사 미(מי)는 단위로 계산하지만, 마(מה)는 훨씬 더 난해하다. 홀라데이(Holladay)의 분석에서 그것이 직접적인 질문의 대상일 때 또는 명목상의 질문의 주어일 때는 계산하지만 그것이 동사의 주어와 동사가 곧바로 따라 나올 때, 또는 간접적인 질문인 명목상의 절의 주어일 때는 계산하지 않는다. 이것이 복잡하게 들릴지라도, 마(מה)가 악센트를 갖거나 전접어인지를 결정하는 정도와 자주 관련이 있는 것으로 보인다. 예를 들어, 그것이 명목상의 간접적인 질문의 일부인 욥기 34:4에서, 그것은 전접어이고 포함되지 않는다. 그것이 명목상의 직접적인 질문의 주어인 욥기 7:17에서 그것은 악센트가 있는 접지부다.

이런 적절한 제한이 있을지라도, 스트로피에서 콜론의 구분을 결정하는 것은 자동적인 과정이 아니다. 때로 단일한 긴 소절이나 짧은 두 소절이 콜로메트리(colometry)를 위한 모든 제한에 동등하게 적합할 것이다. 이들의 경우에 콜론의 길이에 대한 다른 지침을 찾을 것이다(예를 들어, 어느 대안이 스트로피의 구조에 더 잘 적용되는지를 결정하라). 위에서 제시한 것처럼 맛소라텍스트에 의해 암시된 콜로메트리가 난해한 경우를 해소하는데 도움이 된다. 하지만 어느 정도 주관성이 여전히 남아 있다. 어느 시스템도 콜로메트리의 흠 없고 자증적인 방도는 없다.

시의 소절의 제한과 더불어, 오크너는 히브리 시에서 기능하는 몇 가지 비유적 용법을 제시했다. 이것들은 다음과 같다(O'Connor, *Hebrew Verse Structure*, 109-32: 성경에 대한 나의 번역).

1. 시편 106:10에서처럼 단어나 어구의 반복, "저희를 그 미워하는 자의 '손'[power]에서 구원하시며 그 원수의 '손'[power]에서 구속하셨고." 반복은 동일 소절에 있을 필요가 없다.
2. 세 가지로 다양하게 나타나는 단어나 어구의 배색.

a. 민수기 22:23에서처럼 연속된 소절에서 두 대안적인 이름들이 사용되는 비노메이션(Binomation), "어느 누구도 '야곱'을 저주할 수 없고/ 어느 누구도 '이스라엘'을 유혹할 수 없다."

b. 시편 106:16에서처럼 동일한 실체를 위해 두 이름을 사용하는 것보다 서로 다른 두 실체를 위해 자주 사용되는 두 짝의 이름과 관련한 등위. "저희가 진에서 모세를 질투하고/ 거룩한 성도 아론을 (질투하매)."

c. 시편 106:43에서처럼 한 어구가 두 부분으로 나뉘고 두 소절로 분배되는 조합, "저희가 '꾀로' 거역하며 '자기 죄악으로' 인하여 낮아짐을 당하였도다." 여기서 "죄악

의 자기 피로"가 나뉘어 두 소절로 분배되었다. 동일한 일이 위의 단락에서 인용한 시편 106:16에서의 소절들에서도 나타나고 있다. 거기서 "야훼의 거룩한"은 아론의 통칭이 아니라 분리되어진 조합된 어구다: "야훼의 사당의 진에서."

3. 시편 106:22에서처럼 두 연속되는 소절들의 구문론의 조합, "그는 함 땅에서 이적을 베푸시는 자요/ 홍해에서 두려움을 일으키는 자로다."
4. 시편 78:47에서처럼 한 소절에서 단어나 어구가 두 번째 소절("이중적 의무"의 단어)에서도 기능하는 것으로 이해되는 생략, "저희 포도나무를 우박으로 '죽이셨고'/ 저희 뽕나무를 서리로(죽이셨도다)."
5. 시편 106:2에서처럼, 한 소절이 구문론적으로 다른 소절에 의존하는 종속, "능히 여호와의 능하신 사적을 전파하는 자(whoever)는 그 영예를 다 알게 하라." 여기서 첫 번째 소절에서 명목상의 어구는 두 번째 소절에서의 어절에 의존한다.
6. 시편 106:47에서처럼 두 의존하는 소절과 두 독립적인 소절이 연속해서 나타나고 두 의존적인 소절이 두 독립적인 소절에 의존하는 혼합, "여호와 우리 하나님이여 우리를 구원하사/ 열방 중에서 모으시고/ 우리로 주의 성호를 감사하며(to praise) 주의 영예를 찬양하게 하소서(to worship)!" 여기서 두 독립적인 소절은 두 의존하는 소절에 선행한다.

오크너의 소절 제한은 히브리 시의 연구를 위해서 이 시점에서 유용한 가장 합리적인 출발점이다. 이런 저런 점에서 의문이 있고, 불변화사가 단위로서 "계수되는" 문제가 다소 있을지라도, 시스템 자체는 유익하고 유효한 것으로 보인다. 실제적인 문제로서 이 주석은 오크너의 소절 제한과 일치하는 한, 맛소라텍스트가 암시한 소절 구분을 따를 것이다. 다른 관심사들이 오크너의 소절 제한의 한계 내에서 대안적인 콜로메트리를 선택하도록 나를 설득하지 않는 한 말이다.

텍스트의 비교: 고대 근동의 사랑 시

참고문헌

Black, J. A. "Babylonian Ballads: A New Genre." *JAOS* 103(1983) 25-34. **Cooper, J. S.** "New Cuneiform Parallels to the Song of Songs." *JBL* 90(1971) 157-62. **Foster, J. L.** *Ancient Egyptian Literature: An Anthology.* Austin: Univ. of Texas Press, 2001. **Fox, M. V.** "The Cairo Love Songs." *JAOS* 100(1980) 101-9. ______. "Love, Passion and Perception in Israelite and Egyptian Love Poetry." *JBL* 102(1983) 219-28. ______. *Song of Songs and the Ancient Egyptian Love Songs.* **Hermann, A.** *Altägyptische*

Liebesdichtung. Wiesbaden: Harrassowitz, 1959. **Jacobsen, T.** *The Harp That Once ⋯* **Lichtheim, M.** *Ancient Egyptian Literature.* Vol. 2, *The New Kingdom.* Berkeley: Univ. of California Press, 1976. **O'Connor, D.** "Eros in Egypt." *Archaeology Odyssey* 4.5(Sept./Oct. 2001) 42-51. **Sasson, J. M.** "A Further Cuneiform Parallel to the Song of Songs?" *ZAW* 85(1973) 359-60. **Watson, W. G. E.** "Some Ancient Near Eastern Parallels to the Song of Songs." In *Words Remembered, Texts Renewed.* FS J. F. A. Sawyer, ed. J. Davies, G. Harvey, and W. G. E. Watson. Sheffield: Sheffield Academic Press, 1995. 253-71. **Westenholz, J. G.** "Love Lyrics from the Ancient Near East." In *CANE,* 4:2471-84. **White, J. B.** *Study of the Language of Love in the Song of Songs and Ancient Egyptian Literature.*

고대 메소포타미아와 이집트의 사랑 시를 발견한 것은 아가서 연구에 획기적인 결과를 가져왔다. 최소한 이런 시들은 아가서가 문학적으로 독특하거나 외톨이가 아니라 고대 사랑 시의 오랜 역사의 일부라는 것을 단번에 증거해 주었다. 이것은 아가서 연구에 수많은 영향을 미쳤고, 가장 두드러진 것은 아가서의 위치를 사랑 시로 진지하게 자리매김하고 그밖에 다른 것을 위한 수단으로 사용하지 않게 했다. 몇몇 학자들은 메소포타미아, 애굽, 그리고 성경의 연애적인 텍스트 간에 유사성을 묘사했다(예를 들어, Watson, "Some Ancient Near Eastern Parallels").

메소포타미아의 유사한 것들

고대 메소포타미아 텍스트는 아가서와 많은 유사함이 있지만 아가서와 달리, 메소포타미아 사랑 시들은 거의 항상 신들의 사랑 문제와 관련이 있고, 찬미나 예전이 되는 경향이 있다(Westenholz, "Love Lyrics"). 예를 들어, 아카디아의 나부(Nabu, 느보)와 타쉬메투(Tashmetu, *CS* 1:445)의 사랑 노래는 본질상 찬미적이다. 나부는 아카디아의 신이고, 타쉬메투는 그의 배우자였다. 둘 다 아카디아의 판테온(만신전)에서 중요하였다. 나보폴라사르(Nabopolassar)의 네오바빌로니안 점토 원통은 이 둘을 마르둑과 다른 높은 신들 옆에 두고 기원한다. 이 시는 아가서와 다소 유사한 요소들이 있다. 예를 들어, 나부와 타쉬메투 노래는 정원에 함께 들어가는 연인들을 언급하고(참조. 아 6:11; 7:13-14[ET 7:12-13]), 또한 연인 중에 한 사람이 노루(가젤)와 같은 넓적다리를 갖고 있다고 찬미를 묘사한다(참조. 아

7:4[ET 7:3]). 아카디아의 사랑 기도도 아가서와 다소 유사한 것을 갖는다(J. Sasson, *ZAW* 85[1973] 359-60).

성적인 모티브가 있는 또 다른 노래는 제곱센(T. Jacobsen)의 "신부의 시트"(The Bridal Sheets: Jacobsen, *Harp That Once* … , 13-15)라 불리는 수메르의 텍스트다. 이 노래에서 신인 우투(Utu)는 누이인 이난나(Inanna)에게 다가가서 그녀가 아마-우숨갈-아나(Ama-ushumgal-anna)와 결혼하도록 준비해줄 것을 말한다. 그런데 그는 그녀에게 이 모든 것을 직접적으로 말하기보다 그(아마우숨갈아나)가 그녀에게 초록의 아마를 가져올 것을 말함으로써 시작한다. 그러면 그녀는 누가 그것을 자기를 위해 말릴 것인지를 묻고(즉 아마의 습기를 빼내어 섬유를 빼낼 수 있도록), 그는 아마우숨갈아나가 아마를 이미 말렸다고 반응한다. 일련의 유사한 질문과 대답이 뒤따르고, 그녀는 자신을 위해서 누가 실을 떠줄 것인지를 묻고, 그는 아마우숨갈아나가 그것을 이미 떠서 가져올 것이라고 말한다. 또 유사한 방식으로 그는 그것을 이미 염색하고 직조하고, 표백해서 가져올 것이라고 말한다. 결국에 우투(Utu)는 그녀가 그녀의 신랑 곧 아마우숨갈아나와 함께 누울 것이라고 말하고, 그녀는 그가 그녀의 마음의 사람이기 때문에 기뻐한다.

두무지(Dumuzi)와 이난나(Inanna)(Tammuz와 Ishtar)에 대한 일련의 사랑 노래가 우르의 세 번째 왕조와 옛 바벨로니아 시대의 수메르 텍스트들에서 존재했다. 다시금 이것들은 본질적으로 찬미이고, 예전으로서 암송되었다. 그것들은 교대로 노래가 불려지거나 북이 수반되었다. 그것들은 새해의 축제에 사용되었을 것이다(*CS* 1:540-43). 우리는 아가서와의 확실한 평행을 발견할 수 있다. 이난나는 가끔 "누이"로 불려지고, 그녀의 눈은 아름다우며, 그녀의 입은 향기롭다. 두무지는 사과나무로 묘사된다(참조. 아 2:3). 물론 이런 종류의 많은 언어들이 사랑 노래에 흔하므로 이 평행의 가치는 제한적이다(예를 들어, 사랑하는 자를 "누이"로 부르는 것은 고대 근동에서 흔하다). 번역자들이 "달빛의 사랑"이라 불리는 세 번째 두무지와 이난나의 노래(Y. Sefati in *CS* 1:542-43)는 두무지에 의해 이난나의 구혼이라 묘사된다. 그것은 밤에 너무 늦게 바깥에 머물러 있는 젊은 여인의 쌍으로 묘사되는 신들로 시작하고, 두무지는 이난나가 자기 어머니(여신인 닌갈[Ningal])에게 거짓말을 하여 여자 친구와 밖에서 춤을 추었다고 말하라고 요청한다. 이런 책략은 분명히 성공하였고, 명판(tablet)에 얼마간의 휴지가 있은 후에, 닌갈은 두무지가 이난나의 "무릎"에 앉을 자격이 있다고 선언한다.

아가서와 유사한 또 다른 텍스트는 "자기 어머니에 대한 루딘기라의 메시지"(Message of Ludingira to His Mother)이며, 이는 몇 가지 옛 바벨로니아어와 세 나라말(수메르어-아카디아어-힛타이트어) 명판에 현존하는 수메르어 단편이다. 이 작품은 아가서에서 발견되는 사랑하는 자를 위한 찬미를 묘사하는 유형의 시(아라비아어를 따라 와스프[*waṣf*]라 불린다)와 유사한 자료를 갖고 있다. 수메르 단편의 특이성은 루딘지라가 이 찬미의 정교한 용어를 자신의 배우자를 위해서가 아니라 어머니를 위해서 사용한다는 것이다. 그가 언급하고 있는 "어머니"는 실제로는 여신 이난나일 것이다(J. Cooper, *JBL* 90[1971] 162을 보라).

중세의 바벨론 텍스트인 영국 박물관의 47507도 타무즈/두무지에 대한 이스타르/이난나의 사랑을 묘사한다. 이 단편적인 텍스트는 아가서와 일부 유사점을 갖고 있다. 예를 들어, 이스타르는 자신의 사랑하는 자를 목자로 묘사한다. 또한 이스타르는 자기 자신과 타무즈 사이에 문을 언급하고, 그것이 저절로 열리기를 소망한다. 블랙(J. Black, *JAOS* 103[1983] 25-34)은 텍스트를 묘사하고, 그것을 "민요"(발라드)로 일컫지만, 그것은 그 노래에 대한 아주 적합한 용어는 아니다.

애굽의 것과 유사함

애굽의 사랑 시는 아가서와 내용과 형식면에서 훨씬 더 유사하다. 독일의 헤르만의 작품(*Altägyptische Liebesdichtung*)에 뒤이어 최근에 이 집성에 대한 영국의 번역과 분석은 리히데임(Lichtheim, *Ancient Egyptian Literature,* 2:181-93), 화이트(White, *Study of the Language of Love*), 폭스(Fox, *Song of Songs*), 그리고 포스터(Foster, *Ancient Egyptian Literature,* 17-31)를 포함한다. 아가서의 연구자들은 특히 애굽의 자료에 대한 최근의 가장 완전한 분석을 제공한 폭스에게 특히 빚을 지고 있다. 뒤이어지는 요약은 그의 번역과 얼마간 그의 언급에 기초한다. 하지만 아가서에 대한 비유는 나의 독자적인 것이다.

애굽의 사랑 노래는 열아홉 번째와 스물 번째 왕조(각기 ca. 1305-1200 B.C.E와 ca. 1200-1150 B.C.E)로부터 출원한다. 그것들은 찬미나 예언이 아니고, 연인들이 신이 아니라 평범한 젊은 사람들이라는 점에서 세속적이다. 그들은 때때로 신에게 도움을 청하지만 – 그들은 특히 애굽의 아프로디테(Aphrodite)인 하토르(Hathor)에게 구한다 – 메히(Mehi)라 불리는 수수께끼 같은 인물의 가능성을 제외하고는 신들은 노래에서 아무런 역할을 하지 않는다. 달리 노래들 속에는 종교적인 요소가 전혀 없다. 이 노래의 주요한 목적은 즐기는 것이다. 그것들은 젊은이의 사랑과 심취, 사랑하는 이에 대한 연모, 그리고 여타 인식할 수 있는 주제들을 묘사한다. 대부분 그것들은 메소포타미아 텍스트들과 비하여 특히 음란하지는 않지만, 때때로 불가해하고, 청중이 포착할 것으로 예상되었던 언어유희와 성적인 암시를 포함했다.

첫 번째 필사본은 파피루스 해리스(Papyrus Harris) 500이고, 열아홉 번째 왕조 초에 출원한다. 그것은 영국박물관에 소장되어 있다. 그 텍스트는 다소 손상을 입었으나 세 가지 분리된 "여흥의 노래"의 명문선집을 포함한다(Fox, *Song of Songs*, 7-29에 있는 그룹 A, B, C). 그룹 A는 대단히 직설적인 에로틱한 텍스트다. 아가서처럼 그것은 남성과 여성의 싱어(노래 부르는 자)를 위한 부분을 갖지만, 다시 아가서처럼, 이 둘은 진정한 대화로서가 아니라, 교대적인 형태의 사랑 노래를 단순히 부른다. 소녀는 소년이 자신에게 빨리 돌아와서 자신의 넓적다리를 애무할 것을 요청하고, 그가 전쟁터에 말이 뛰는 것처럼 서둘러 돌아올 것을 촉구하며, 그녀는 그와의 사랑을 만드는 것이 그녀에게 음료와 같다고 선언한다. 답례로 소년은 소녀("누이"[sister])가 망우스(그 열매를 먹으면 속세를 잊고 황홀경에 빠진다고 함—역자주)와 같고 그녀의 가슴은 일종의 열매나 초목과 같다고 말한다(Fox, *Song of Songs*, 9은 그것이 "흰독말풀"임을 암시한다). 소년은 자신이 소녀의 집에 문지기가 될 것을 소원하기도 한다(그 문은 투명한 이중문으로 되어 있다). 여기서 언급된 모든 요소는 아가서와 유사하다. 아가서에서 여인은 남자와 사랑을 만들기를 간절히 바라고, 그가 젊은 수사슴처럼 그녀에게 빨리 뛰어 올 것을 요청한다(예. 8:14). 그녀는 그의 사랑이 포도주보다 더 좋다(1:2)고 말하고, 남자는 사랑하는 자를 "누이"라 부르며, 그녀의 가슴을 대추야자 열매의 덩어리로 비유한다(4:9; 7:8[ET 7:7]). 그녀는 꽃이고(2:1), 여자의 집의 문은 성적인 은유이기도 하다(5:2-7; 4-5절의 주석을 보라).

파피루스 해리스 500 그룹 B(Papyrus Harris 500 group B, Fox, *Song of Songs*, 16-25)는 아가서와 덜 유사하다. 그것은 소녀에 의해서 독점적으로 노래가 불려지고, 그녀는 자신이 새를 잡으러 나갔다가 사랑하는 자와 성교를 하는 것으로 유혹을 받고 어느 새도 잡지 못하였음을 묘사한다 - 하지만 그녀는 (그녀의 연인을 언급하면서) 펀트(Punt, 애굽 신화집의 파라다이스)의 방향과 향기를 가득한 발톱들을 가진 새를 잡는 것을 묘사한다. 나중에 그녀는 연인이 그녀에게 올 것을 바라지만 그가 다른 여자를 발견하였다고 확신하고서 머리를 제대로 정돈하지 않은 채로 그를 좇아 밖으로 나간다. 성적인 은유를 표시하기 위해서 새의 발톱의 방향(balm)

을 사용한 것은 아가서 5:5에 문빗장에 몰약이 묻어 있는 것과 유사하고, 연인을 찾아나가려고 옷을 제대로 입지 않은 채 달려 나가는 소녀는 연인을 찾아서 거리를 헤매는 아가서의 여인과 유사하다(아 3:1-5; 5:2-7).

그룹 C의 노래(Fox, *Song of Songs*, 26-29)는 다시금 소녀에 의해 불려진다. 그녀는 자신의 마음이 연인과 함께 있은 후로부터 그에게 구속되어 있었다고 말한다. 그녀는 다른 나무보다 뛰어난 나무이고(즉 그녀는 그가 좋아할 만하다), 그녀는 그 남자가 손으로 매만진 육체를 갖고 있는(즉 그가 그녀의 처녀성을 가져갔다) 꽃들이 심겨 있는 들판임을 말한다. 그녀에게서 그의 목소리는 석류의 즙과 같다. 모든 다른 마부보다 뛰어나다는 한 나무에 대한 은유는 아가서 2:3에서도 나타난다. 하지만 거기서는 모든 다른 나무보다 뛰어난 것은 남자다. 여인은 아가서에서 꽃이고, 그녀는 5:4에서 그의 "손"에 의해 처녀성을 잃었음을 묘사한다(5:4-5의 주석을 보라). 여인은 아가서 2:8에서 연인의 목소리에 흥분한다.

애굽의 사랑 시의 두 번째 주요한 자료는 카이로 사랑 노래(Cairo Love Song)다. 이것들은 "아메넴헤드의 지혜"(the Wisdom of Amenemhet)의 흐릿한 복사 위에 새겨진 36.5cm 높이와 직경 43cm의 화분에 쓰여"(Fox, *Song of Songs*, 29) 있었다. 이 화분은 깨졌고, 다소 큰 갭을 만들면서 일부 단편이 소실되고 없다. 이 노래에는 두 그룹이 있는데, 아마도 동일한 시인이 작성했을 것이다.

첫 번째 그룹(Fox, *Song of Songs*, 31-37)은 여성 솔로로 시작한다. 그녀는 자신이 얼마나 사랑하는 자를 바라고 있는지, 그리고 그녀의 사랑은 기름, 향료 그리고 그녀에게 음료와 같다고 말한다(참조. 아 1:2-3). 그녀는 그를 자신의 신이요 망우스라고 부르고, 깨진 단편 쪼가리에서는 북쪽의 바람에 대해 말한다(참조. 아 4:16). 그녀는 사랑하는 자 앞에서 목욕하기를 바라고, 불가해하게 붉은 생선을 가져온 것을 언급한다. 서정시의 나머지 부분은 남자에 의해 노래된다. 그는 그녀가 강의 저편에 있고, 악어가 그들 사이에 있음을 말한다. 그럼에도 불구하고, 그는 물을 건너고 마술에 의한 것처럼 강을 건넌다. 이 때에 악어는 그에게 마치 쥐새끼와 같았다. 강을 건넌 그는 그녀를 품에 안고 입맞춤하고, 침상에 들어갔다고 말한다. 그는 펀트(Punt)의 남자와 같고, 그는 그녀의 냄새를 향수에 비견한다. 아가서도 역시 다다르지 못할 지점에 둘러싸여 있는 것처럼 여인에 대해 언급한다(아 4:8, 거기서 그녀는 사자와 표범이 둘러싼 산 우리에 있는 것으로 언급된다). 하지만 아가서에서 남자는 여인에게로 올라가는 것이 아니라, 도리어 그녀가 내려올 것을 호소한다.

두 번째 카이로 그룹은 소년이 사랑하는 자 옆에 있게 되기를 소원하는 남자의 노래로 전적으로 구성되어 있다. 첫째로 그는 자신이 그녀의 몸종(곧 여종)이 되기를 소원한다. 그녀의 방에서 그녀의 벗은 몸을 볼 수 있도록 말이다. 둘째로 그는 그녀의 옷을 다룰 수 있도록 그녀의 옷을 말리는 자가 되기를 소원한다. 셋째로 그는 그녀의 반지이기를 소원한다. 그녀와 항상 같이 있을 수 있도록 말이다. 넷째로 그는 그녀의 거울(원문이 흐릿하다)이 되기를 분명히 소원한다. 그가 그녀의 모든 아침을 볼 수 있기 원해서다. 다섯째로 그는 꽃의 화환처럼 그녀가 그의 주변에 있기를 바라고, 그녀를 푸르른 정원으로 묘사한다. 여섯 번째로 더욱 직접적으로 그는 그녀가 그에게 오기를 바라고, 그녀를 자신에게 준 신을 경배하기 위한 축제를 베풀 것을 약속한다. 또한 그는 그녀에 대한 이루지 못한 바람으로 인해 지금 상사병이 났다고 말한다. 일곱 번째 연(스탠자)은 깨져 있고, 모호하지만, 여섯 번째를 뒤이어서 계속 말하고 있는 것으로 보인다. 이와 같은 자료는 아가서에는 없는 것들이다. 아가서에는 소녀의 옷을 다루는 것과 같은 안일하고 사춘기적인 환상은 없다. 또한 바라는 소녀를 소년에게 준 것에 대한 보답으로 하나님께 감사제를 드리겠다는 서원도 없다. 하지만 두 가지 눈에 띄는 평행이 애굽의 노래와 아가서에 있다. 소년의 상사병은 아가서 2:5의 반향일 것이나, 아가서에서 병이 난 것은 여인이고, 그녀의 상태는 애굽 노래의 본질보다 훨씬 더 심오한 본질에 속한다. 애굽 노래의 다섯 번째 스탠자에서 소녀는 풍성하게 우거진 정원으로 묘사되는데, 이는 아가서 4:13-14에서의 여인에 대한 찬미와 유사하다.

세 번째 주요한 작품은 스무 번째 왕조의 파피루스에서 발견되는 투린 사랑 노래(Turin Love Song)다(Fox, *Song of Songs,* 44-51). 그것은 전적으로 다른 것들과는 다르다. 그것은 세 가지 주요한 스탠자를 갖고, 각각의 스탠자에서 서로 다른 나무가 젊은 커플에게 이야기한다. 폭스의 분석에 따르면, 첫 번째 나무는 퍼르시(persea, 바로의 애굽에서 경작되는 푸르고 열매가 맺히는 나무, 살구의 일종 – 역자주)이다. 이 나무는 그 씨가 여인의 이빨과 유사하고 열매는 그녀의 가슴과 유사하며, 자신이 모든 다른 나무보다 뛰어나다고 자랑하면서, 이 연인들이 행한 것을 자신이 밝히겠다고 위협한다. 두 번째 스탠자는 자신이 "무화과"나무임을 말하고, 커플이 적합한 경외를 자신에게 주지 않음을 불평하면서 복수하겠다고 위협한다. 세 번째 스탠자는 "작은 무화과" 나무를 찬미하면서, 분명히 같은 시인에게서 출원하는 말로 시작한다. 이 나무는 젊은 커플에게 그들의 사랑을 축하하고, 음료를 마시고, 자신의 그늘에서 사랑을 나눌 것을 즐겁게 노래한다. 그리고 자신이 본 것을 아무데도 이야기하지 않을 것을 약속하면서 끝을 맺는다. 나무 아래서 사랑을 한다는 개념은 아가서에서도 나타난다(8:5; 5절의 주석을 보라). 여인의 몸은 대추 야자나무에 비견되고, 그녀의 가슴은 그 열매의 덩어리다(아 7:8[ET 7:7]).

네 번째 주요한 작품은 체스터 베티 파리루스 I(Chester Beatty Papyrus I love songs) 사랑 노래들이다(Fox, *Song of Songs*, 51-77). 파피루스는 스물 번째 왕조에서 출원하고, 그것은 꽤 길며 사랑 시와 더불어 종교적이고 업무적인 텍스트들을 담고 있다.

체스터 베티 I 그룹 A(Chester Beatty I group A, Fox, *Song of Songs*, 52-66; White, *Study of the Language of Love*, 177-81)는 소년과 소녀가 교대적인 스탠자를 노래하는 일곱 개의 스탠자로 이루어진 노래다. 여기서 소년은 첫 번째 스탠자와 마지막 스탠자를 노래한다. 첫 번째 스탠자는 "누이"가 특이하고 다른 여인들 중에 동등한 자가 없다고 선언하는 소년으로 시작한다(참조. 아 6:8-9). 그때에 그는 그녀의 살갗, 눈, 입술, 목, 가슴, 머리, 팔, 손가락, 엉덩이, 허리, 그리고 넓적다리를 묘사하는 것으로 나아간다. 그는 그녀의 팔이 금으로 둘러싸여 있다고 말한다. 아가서는 여인의 몸을 묘사하는 몇몇 유사한 노래가 있다(예. 아 6:4-7). 두 번째 스탠자에서 애굽의 소녀는 어머니가 두 사람을 떼어놓고 있기에 상사병으로 수척해지고 있다. 세 번째 연은 모호하다. 소년은 메히(Mehi)의 옆을 그의 마차로 지나갈 때 여자친구의 집으로 가고 있었던 것으로 보인다. 메히란 인물의 정체는 불확실하다. 폭스(*Song of Songs*, 64-6)는 젊은이들을 혼란스럽게 하고 상사병에 걸리게 하는 요정과 같은 신이라고 제기한다. 그녀는 적절하게 옷을 입지 않거나 눈 화장도 할 수 없고, 평정을 유지하기가 어렵다. 다섯 번째 스탠자에서 소년은 하도르(Hathor)가 그에게 사랑의 성공을 주실 것을 기도한다. 그는 마지막으로 여자 친구를 보았을 때, 모든 남성들이 그녀를 경외하여 절을 했다고 말하지만 그가 그녀를 본 이후로 오직 다섯 날이 지났을 뿐이다. 여섯 번째 스탠자에서 소녀는 자신이 소년의 집을 지나갔다는 것을 상기하고, 그녀가 그를 보았으며, 그를 아는 모든 사람들이 그를 사랑하는 것을 보았다. 그녀도 성공을 위해서 하도르에게 기도한다: "어머니가 나의 마음을 알아준다면 – / 그녀는 한동안 안에서 있을 것이고/ 그녀의 마음속에 놀라운 것을 둘 것이고/ 그때에 나는 (나의) 형제에게 급히 달려가서/ 동무들 앞에서 그에게 입맞춤하고/ 어느 사람 때문에 부끄러워하지 않을 것이다"(Fox, *Song of Songs*, 55). 이것은 아가서 8:1-2과 대단히 유사하지만 의미 있는 차이가 역시 있다. 일곱 번째 스탠자에서 소년은 소녀를 본 이후로 일곱 날이 지났고 이제 자신의 몸이 아프고 있다고 애처롭게 말한다. 제사장과 의사들이 그에게 아무런 소용이 없을 것이고, 그녀를 보기까지는 회복하지 못할 것이다.

체스터 베티 I 그룹 B(Chester Beatty I group B, Fox, *Song of Songs*, 66-68; White, *Study of the Language of Love*, 181-82)는 젊은 소녀의 세 가지 소원을 표명한다. 첫째로 그녀는 애인이 중간 정거장에 새로운 말을 배치하여 지치지 않고 달리는 왕의 사자의 속도를 가지고 그녀에게 달려오기를 바란다. 그가 "누이"의 집에 도착할 때까지 쉬지 않기를 바란다. 둘째로 그녀는 애인이 "누이"의 집으로 달리는 전쟁의 말과 같이 되기를 바란다. 셋째로 그녀는 그가 사냥꾼과 사냥꾼의 개를 피해 달리며 "누이"의 "동굴"에 다다를 때까지 쉬지 않는 노루처럼 되기를 바란다. 아가서에서 남자는 언덕을 뛰어가는 노루처럼 뛰어 사랑하는 자에게 온다(2:8-9).

체스터 베티 I 그룹 C(Chester Beatty I group C, Fox, *Song of Songs*, 68-77; White, *Study of the Language of Love*, 183-85)는 꽤 독특하다. 그것은 글을 복사했던 서기관을 좇아서 나크소벡 노래들(Nakhtsobek Songs)이라 불린다. 그것은 일곱 스탠자를 갖고 있다. 첫 번째 두 스탠자는 젊은 연인이 노래를 부르는 것이 아니라, 젊은 남자가 "여주인"에게 잡아 죽일 동물과 포도주와 에일(약한 맥주의 일종 – 역자주)을 충분히 공급한다면, 그가 "누이"와 성적인 쾌락으로 즐거워할 수 있을 것임을 선언한 어떤 남자나 남자들이 노래를 부른다. "여주인"은 소녀의 어머니가 아니라 창녀집의 주인임이 분명하다. 이 두 스탠자의 언어는 철저히 에로틱하고, 젊은 남자가 대가를 지불한다면 경험할 수 있는 엑스터시에 대한 창녀의 광고처럼 들린다. 이와 유사한 성경의 평행은 잠언 7장이다. 애굽의 노래의 세 번째 스탠자에서, 소년은 자신이 밧줄에 묶인 것처럼 포로로 사로잡혀 있다고 노래한다. 그는 올가미가 목에 걸려 있는 수소처럼 그녀에게 끌려가고, 그녀의 인이 찍혀 있다. 잠언 7:22과의 유사성이 두드러진다("소년이 곧 그를 따랐으니 소가 푸주로 가는 것 같고"). 네 번째 스탠자에서 소녀는 대담하게 남자에게 자기를 품에 안으라고 촉구하고, 거의 옷을 입지 않은 채로 그에게 다가온다. 다섯 번째 스탠자에서 소녀는 젊은이가 필요한 대가와 축제를 위한 동물, 그리고 음료를 가져왔고, 성적인 합일을 이루기 위해서 왔다고 말한다. 여섯 번째 노래에서 젊은이는 소녀가 그녀의 집 안으로 그를 들여보내지 않으려는 것을 불평한다. 이것이 일곱 번째 스탠자에서 계속되는데, 거기서 소녀는 멍한 상태에서 그녀의 집으로 가서 들여보내줄 것을 요구하면서 문을 두드린다. 그는 자신이 황소와 거위를 문(door)에 대한 희생으로 삼을 것이고, 그 문을 풀의 문(즉 그를 막지 않는 문)으로 바꾼 것을 보상할 것이라고 말한다. 그때에 그는 자신이 올 때마다 문이 그에게 열려 있고 좋은 침대와 친절한 여종이 그를 위해서 준비할 것이라고 말한다. 한마디로, 나크소벡 노래들(Nakhtsobek Songs)은 창녀촌으로 젊은이를 끌어들이는 일을 말하고 있는 것으로 보인다. 첫째로 그는 성적인 환희의 약속이 있는 곳으로 들어올 것을 유혹받는다. 그 다음에 그는 창녀에게 갑자기 유혹되고, 대가를 지불하게 된다. 하지만 그가 이런 쾌락을 탐닉하게 된 후에 계속해서 그곳에서 유희를 즐기려면 더 커다란 선물과 지불을 가져와야 한다. 위에서 제시한 것처럼 잠언 7장은 창기의 유혹적인 방식을 묘사하였다. 아가서는 전적으로 다른 문맥에서 다른 의미를 가질지라도, 아가서에는 이 텍스트의 반향이 있다. 스탠자 3의 젊은이처럼, 아가서의 남자는 자신이 사랑하는 자의 머리에 사로잡혔다고 말한다(7:6[ET 7:5]). 또한 아가서는 들어가는 것을 차단당하여 여자의 집문 밖에 서 있는 남자의 모티브를 5:2-6에서 갖는다. 나크소벡 노래와 아가서의 중요성은 이 서론의 뒷부분에서 더 충분하게 탐구할 것이다.

애굽의 사랑 시의 일련의 잡다한 작은 텍스트들이 있지만 그것들은 단편적이고 여기서는 별 소용이 없다.

아가서와 애굽의 자료를 비교함에서 얻는 것은 무엇인가? 애굽의 작품이 아가서의 언어와 모티브에 영향을 미쳤다. 둘 다 남자나 여자 애인이 부르는 짧은 스탠자들을 갖고 있고, 둘 다 유사한 은유들을 사용한다(여자의 가슴을 열매로 간주하는 나무로서의 여인, 정원으로서의 여인, 머리털로 남자를 유혹하는 여인, 영양처럼 남자에게 뛰어오는 남자, 등등). 또한 둘 다 동일한 모티브(들어가지 못하도록 차단된 연인이나 상사병, 이러저러한 모티브들이 문헌의 두 실체에서 서로 다른 방식으로 사용되었을지라도 말이다). 아가서와 메소포타미아 텍스트들에서 분명히 그러한 것처럼 둘 다 은유의 흔한 자원에 의존하고 있다. 하지만 메소포타미아 텍스트들과의 비교는 아가서와 애굽의 작품들에서 볼 수 있는 것이 단순히 "흔한 산물"이 아니라는 요지를 만든다. 그 유사성은 아주 밀접하고 너무도 많아서 이스라엘 시에 애굽의 시들이 영향을 미치지 않은 것으로 설명할 수 없다.

애굽의 작품은 텍스트들을 재구성하고 해석하는 것과 관련한 어려움 외에는 성경의 자료보다 훨씬 더 단순한 사랑 시이다. 대부분 애굽의 작품의 인물 성격은 철저히 풋내가 난다. 그들은 사랑에 매료되고 멜로드라마적인 것으로 반응하며, 분명히 결혼하지 않으며, 대부분 직설적인 방식으로 말한다. 감추어진 은유를 발견할 수 있을지라도, 은유들 속에는 신비적이거나 심오한 상징주의는 거의 없다. 소녀는 자기 어머니가 남자친구를 인정하지 않기 때문에 흥분하고, 소년은 창기집의 문이 닫혀 있기 때문에 흥분한다. 이런 이미지들은 단순하고 직접적이다. 이와는 대조적으로 아가서의 여인은 자기 어머니와 어머니의 집에 대해서 훨씬 더 신비스럽게 말한다(아 8:1-2에서처럼). 아가서 5:2-6에서 문을 차단한 것은 훨씬 더 복잡하고, 애굽의 대응부분보다 훨씬 더 심오하다고 나는 주장한다. 애굽의 시에서 사랑하는 자를 "소년"(boy)과 "소녀"(girl)로 부른 것은 정확히 그 시들의 청춘기적인 단순한 특징 때문이다. 이에 비하여 아가서의 훨씬 복잡한 세계에서의 연인들은 남자(man)와 여자(woman)다.

두 텍스트들을 비교하는 것은 그것들이 동일한 모티브나 은유를 갖고 있을지라도, 동일한 해석을 갖지 않는다는 것을 가리킨다. 때때로 애굽의 텍스트들에서 남자에 관해 사용된 은유는 아가서에서 여자에 관해 사용된다. 여자의 어머니와 같은 유사한 모티브와 개념들은 애굽의 자료에서 성경으로 이동할 때 전적으로 다른 방식으로 사용될 수 있다. 애굽의 텍스트에서 소년과 소녀가 결혼하지 않은 것이 아가서의 남자와 여자에게 동일하게 해당됨을 의미하지 않는다.

우리는 작성된 텍스트들과 더불어 성에 대한 생생한 표현들(부조의 조각, 무덤의 색칠, 작은 상 등등)의 상당히 많은 것들이 고대 근동으로부터 우리에게 내려왔다. 이 중에 일부는 절제가 있지만, 많은 것들이 심하게 에로틱하다. 에로틱한 자료의 많은 것들이 본질상 종교적이지만, 투린(Turin)의 포르노그라프적 파피루스(pornographic papyrus)는 분명히 세속적이다. 포프와 킬의 주석들은 이런 이미지들의 많은 사진들을 담고 있고, 때로 그것들은 아가서의 이미지를 해석하는데 도움이 된다. 투린의 포르노그라프적 파피루스는 오크너(D. O'Connor, *Archaeology Odyssey* 4.5[2001] 42-51)에 의해 묘사된다.

아가서와 애굽의 텍스트와의 비교

이미 지적한 것처럼, 애굽의 사랑 시는 고대 세계의 다른 어떤 시들보다 아가서의 시적 방법론에 더 가깝다. 이 작품들 중에 하나인 나크소벡 노래(Nakhtsobek Songs)의 파피루스 체스터 베티 I(Papyrus Chester Beatty I)의 그룹 C는 아가서와 유사함을 예상치 못한 방식으로 보여주고 아가서의 해석에 대한 이슈를 분명하게 하는데 도움을 준다. 폭스의 번역인 그 텍스트(*Song of Songs*, 68-77)를 여기에 전체적으로 제시한다. 하지만 폭스는 41번과 42번의 가정된 싱어로서 "시인"을 제기하고, 44번과 45번의 싱어들을 "소녀"로 제기하는데, 싱어들(괄호 안에 있음)에 대한 나의 설명은 다소 다르다.

41 시인(들)으로서 여성 싱어들[창기(들)]

(A) 당신이 (당신의) 누이의 집에 그것을 가지고 와서 그녀의 동굴에 불어넣을(?) 때
그녀의 문(?)이 걷어 올려질 것이다(?)
그녀의 집-여주인이 그것을 판매할 수 있도록.

(B) 춤과 노래로 그녀를 공급하고 그녀가 간직해 두었던 포도주와 독한 술을 공급하라.

(C) 그리고 그녀는 당신에게 이렇게 말할 것이다: "나를 당신의 품에 안으시오, 그것은 새벽녘이 틀 때 우리가 있게 될 방식이오."

42.시인(들)로서의 여성 싱어(들)(창기[들])

(A) 당신이 아무도 없이 홀로 있는 동안에
당신이 그것을 (당신의) 누이의 현관(홀)으로 가져올 때,
그 홀들(?)이 약간 열리고
당신은 그녀의 유혹에 마음을 주게 될 것이다.

(B) 하늘들이 바람을 내려 보낼 것이고
(하지만) 그것을 날려 보내지는 않을 것이다.
그것은 당신에게 그녀의 향기를 가져올 뿐이다: 같이 있는 사람들을 매료시키는 그윽한 아로마 향기.

(C) 당신이 당신의 날을 이루기 위해서 당신에게 선물로 그녀를 보내신 분은 금과 같은 자이라.

43. 소년으로서 남성 싱어

(A) 그녀는 - (나의) 누이 - 올가미 밧줄을 던지는데 매우 기술이 있도다,
하지만 그녀는 소 가축을 들이지는 않을 것이다!

(B) 그녀가 그녀의 머리로 나를 사로 잡는도다,
그녀의 눈이 (나를) 끌어당기는도다,
그녀의 넓적다리로 묶고
봉인을 찍는도다.

44. 소녀로서의 여성 싱어[창기]

(하지만) 당신이 당신의 마음과 씨름하는 동안에 -
"그녀를 따르자! 그녀를 품에 안자!" -
암몬이 행동한 것처럼, 당신에게 온 것은 나였고
나의 속옷이 나의 어깨에 걸쳐 있도다.

45. 소녀로서의 여성 싱어[창기]

나의 오빠가 수로에 있고, 그녀의 발이 강둑에 담겨 있도록.

그는 그 날을 보낼 축제의 단을 준비하도다
곰들의 가장 좋은 것으로(?) 말이다.
그가 (나에게) 〈그의〉 넓적다리의 거대한 것을 허락하도다.
그것은 넓기보다는 길도다.

46. 소년으로서의 남성 싱어

그녀가 – (나의) 누이 – 나에게 한 일에 대해서
나는 그녀에게 침묵을 유지해야 하는가?
그녀는 안으로 가서는
나를 그녀의 집 문에 서있게 두었고,
나에게 "환영합니다!"라고 말하지 않고
나의 밤에 그녀의 귀를 닫아버렸다.

47. 소년으로서의 남성 싱어

(A) 〈나〉는 황홀하여 그녀의 집으로 가서
문을 두드렸으나 그 문이 내게 열리지 않도다.
우리의 문지기를 위한 좋은 밤!
(B) 빗장, 나는 (당신에게) 열릴 것이다!
문, 당신은 나의 운명이다!
(C) 오 문이여, 황소가 (너의) 빗장에 희생이 드려지고
가축이 (너의) 문지방에 드려지도록
건실한 거위가 문설주에 드려지도록,
그리고 꾀꼬리가 (너의) 상인방돌에 드려지도록
너의 힘을 발휘하지 말라.
(D) 하지만 너의 황소의 모든 선별된 조각이 목수 젊은이를 위해 (구해질) 것이다
그가 풀의 문(?)으로 된
갈대의 문빗장을 우리에게 만들어줄 수 있도록 말이다.
(E) (그러고 나서) 어느 때라도 오빠가 와서
그녀의 집이 열린 것을 발견할 수 있고
침상이 멋진 아마포로 깔린 것을 발견하게 되고
예쁜 어린 하인도 발견하게 되리라
(F) 이 어린 하녀는
"…시장님"에게 말할 것이라.

이 시의 전체 세트는 젊은 남자와 창기의 집과 관련된 것임이 매우 분명하다. 그는 여자가 제공할 엑스타시를 즐기기 위한 대가로 음식과 마실 것과 같은 방식으로

대접할 것을 듣게 된다(41번과 42번). 게다가 41A에서 그는 분명히 창기의 감독인 "여주인"에게 그것을 가져오도록 듣게 된다. 폭스(*Song of Songs*, 69-71)는 41-42번을 무명의 "시인"에게로 귀결시키지만, 그 노래들에서 이 소절들을 무명의 시인이 말하는 것으로 생각할 아무런 이유가 없어 보이고, 하물며 시인이 소년에게 그런 조언을 줄 리가 만무하다. 그것들을 창기 자신의 말로 취하거나 창기집의 여인들을 대표하는 소녀들의 합창으로 취하는 것이 더 좋다. 이 시들이 삼인칭으로 "누이"란 말을 하고 있다는 사실(41A번)이 창기가 스스로 화자가 될 수 없을 것으로 생각할 이유는 없다. 소년은 자신이 올가미가 씌어진 황소와 같이 유혹을 받고 있고, 곧 낙인이 찍히게 될 것임을 알고 있지만 그에게 제공된 유혹에 약간의 저항만을 할 뿐이다(43번). 그가 잠시 주저할 때, 창기는 그를 따라 와서 적나라하게 자신을 보여준다(44번: 그녀는 분명히 아무것도 입지 않고 있거나 거의 입지 않고 있다). 45번에서 창기는 소년이 필요한 지불을 하고 물가로 간 것(아마도 창녀 집에 위치한)으로 먼저 묘사한다: "나의 소년은 물가에 있고/ 그의 발이 강둑에 담가졌으며, 그는 그 날을 보낼 축제적인 제단을 준비하고/ 음료의 가장 좋은 선택으로(?) 그리 했다."

그때에 그녀는 그의 은밀한 부분에 대해 말한다: "그는 '(나에게) 〈그의〉 요부의 모양을 허락한다'/ 그것은 넓기보다는 길다." 화이트(White, *Study of the Language of Love*, 184)는 이 두 소절을 "그가 살갗을 나의 넓적다리로 가져왔다/ 그는 넓기보다는 길다"로 번역한다. 우리의 목적을 위해서 우리는 양 번역을 인정할 수 있으나 이 소절에 대한 폭스의 해설은 확실히 잘못되었다: "소녀가 암시적이고, '장난스러운' 방식으로 말하고 있는데, 즉 그녀의 남자친구가 사적인 축제를 준비하고 있는 동안에 허리를 구부렸을 때, 그녀가 남자의 요부 밑에 있는 벗은 것을 보았다고 나는 전제한다"(Fox, *Song of Songs*, 74). 무엇보다도, 그는 그녀의 손님이지 그녀의 남자친구가 아니다. 또한 성적인 쾌락을 파는 것이 이 텍스트의 주제임에 비추어 볼 때, 그녀가 그 광경에 놀랐거나 당황스러워서 소녀답게, '장난스러운' 방식으로 흘리고 있을 리가 없다. 오히려 이 텍스트는 이 사건을 직접적으로 묘사하지 않고 청중에게 어떤 중요한 순간을 생생하게 취하게 하는 잘 알려진 방책이다. 유추적으로 현대의 시가 "그가 머리에 방아쇠를 두었다"라는 말로 끝난다면, 그가 자살을 시도했다는 사실을 우리에게 재차 설명할 필요는 없다. 따라서 45번은 약속한 대로 성적인 호의를 받고 있는 소년으로 끝난다. 문학적인 고안물로서 여자의 언어는 조야하지만 효과적이다. 그녀의 말은 결정적으로 놀람이나 장난스러움의 단어들이 아니다. 젊은 남자는 그녀에게 아무것도 아니다. 단지 성적으로 발기된 남성일 뿐이다. 여기에는 친밀감, 정열 또는 이미지가 없고, 단지 발기된 남자의 페니스의 해부에 대한 평범한 묘사가 있을 뿐이다. 성행위가 해부학으로 귀결된다. 파피루스 해리스 500의 소녀들의 격렬한 언어와 대비되어, 이 창기는 전혀 그녀의 언어에 감정이 없다. 사람들이 화이트의 해석을 따르든 폭스의 해석을 따르든, 그녀의 말은 성적인 발기의 양상을 솔직하게 묘사한 것이고, 이는 독자들에게 성교가 발생했음을 말한다.

그러나 다음 시에서(46-47번), 소년은 소녀의 집 바깥으로 갑자기 나가 있고, 그녀가 자신이 들어오는 것을 허락하지 않음으로 좌절한다. 이것은 뒤이은 상황인 것이 분명한데, 이번에는 그가 빈손으로 왔기 때문일 것이다. 따라서 우리는 새로운 에피소드에 직면하게 된다. 45번에서 그는 손에 선물을 들고 있었지만 여기서 그는 "멍한 상태에서" 그곳에 들렀다고 말한다. 들어가지 못하게 된 충격에서 회복된 후에, 그는 그녀에게 접근하기 위한 고기와 술의 모든 방책을 동원할 것이라고 선언한다(즉 그는 이 순간에는 고기와 술을 갖고 있지 않다). 이런 상황은 해명하기 어렵지 않다. 창기와 친밀감을 경험한 젊은 남자는 그녀를 자신의 연인으로 이제 생각하고, 전에 즐겼던 동일한 호의를 받고 주어지게 될 것으로 예상하고 다시 왔다. 하지만 그녀에게는 그가 단지 손님이기에 지불을 하지 않는다면 그는 봉사를 받을 수가 없다.

소년은 처음에 단순히 화가 나고 당혹스러웠지만(46번), 곧 자신이 지불할 것들을 가지고 와야 한다는 것을 깨닫는다(47번). 그가 사용한 언어는 젊은 남자의 과장된 허세다. 첫째로 그는 모든 종류의 축제로 그 문을 풍성하게 할 것이라고 말한다. 폭스(*Song of Songs*, 77)는 여기서 두 진리의 현관(Hall of Two Truths)이 죽은 자가 자신의 적절한 이름을 대기 전에는 최근에 죽은 자가 그곳을 통과하는 것을 거부하는 죽음의 책(Book of the Dead)을 인용한다(spell 125c). 이것은 잘못된 인도다. 나크소벡 노래들은 모든 면에서 다르다. 아주 의미심장하게는 사랑 시의 문(door)의 부분은 젊은 남자에게 말하지 않는다. 오히려 젊은 남자가 커다란 축제를 그 문으로 가져올 것이라는 주장은 다음번에 그가 소녀의 봉사에 대한 훨씬 충분한 보상을 가지고 올 것이라는 말의 방식일 뿐이다. 유사하게 그녀의 집에 풀(grass)의 문을 두기 위해서 목수에게 지불하겠다는 그의 약속은 그녀의 봉사를 규칙적으로 받기 위해 어떤 지불도 마다하지 않을 것이라는 또 다른 자랑의 확신이다.

이 노래들은 의도적으로 창기에게 묶여 낙인이 찍힌 젊은 남자의 어리석음을 풍자하고 있다. 이 텍스트와 잠언 7장간의 유사성은 이미 주목했다. 아울러 서로 다른 주제적 문제에도 불구하고(나크소벡 노래들에서는 창기에게 가고, 아가서에서는 결혼함), 이 자료는 유사한 이미지 외에도 의미 있는 방식으로 아가서와 평행을 이룬다(머리카락으로 남자를 유혹하는 여자, 아 7:6[ET 7:5]; 여인의 집에 들어가지 못하게 되는 남자, 아 5:2-6).

두 작품들은 함께 통일된 단위를 형성하는 작은 노래들의 시리즈들이다. 어느 것도 이야기라고 칭할 수 없고, 정교한 "무대" 지침을 만들거나 극화하는 것은 잘못일 것이다. 동시에 이 둘은 이야기의 근원을 공유하고 있거나, 함축된 배경 이야기 위에 세워져 있으며, 개별적인 노래들은 배경 이야기에서 기회를 포착한다. 양 경우에, 노래들은 전환이나 해설이 없이 이미지에서 이미지로 급격하게 이동한다. 나크소벡 노래들에서 이미지는 창기의 일반적인 호소(41-42번), 소년의 주저함(43번), 창기의 공격적인 유혹(44번), 매춘의 순간(45번), 그리고 젊은 남자가 들어가는 것을 방해받은 것과 다음번에 그가 충분한 보상을 가져올 것이라는 자기 자랑(46-47번)으로 이어진다.

두 작품들은 중요한 전환점으로서 남자와 여자의 성적인 합일이 있다(애굽의 노래에서 45번; 나는 아 4:16-5:1이 아가서의 중심적인 텍스트라고 제기할 것이다). 나크소벡 노래들은 동심원적인 구조가 있다. 41-42번에서 젊은 남자는 예상된 지불을 하게 된다면 성적인 환희를 약속받는다. 그는 그렇게 하고, 다시금 46-47에서 지불할 것을 주장하고, 성적인 환희를 기대한다. 이 주석은 아가서가 유사한 구조를 갖는다고 제시할 것이다.

아울러, 나크소벡 노래들은 매우 부정적인 방식으로일지라도, 젊은이들의 성적인 변화를 묘사한다. 그는 유혹을 받고, 낙인이 찍히며, 종내는 창녀촌의 노예가 되어 자신이 생각하기에 그의 "누이" 즉 연인이 되는 여자를 갖기 위해서 어느 지불도 불사하겠다고 약속한다. 이 주석은 아가서에서도 변화가 있음을 주장할 것이지만, 그것은 여인에 대한 것이고, 훨씬 더 긍정적인 변화가 있다.

나크소벡 노래와의 비교는 어떻게 아가서가 서정시의 모델을 취하고 그것을 의미 있게 재형성하는지를 보여준다. 나아가서 이 주석에서 사용된 모델, 즉 통일되고 구조화된 전체로 배열된 많은 짧은 노래들로 구성된 복합적인 작품은 이전의 작품에서 유추를 갖는다.

아가서에 대한 유추

“나는 싱어들, 남자와 여자, 그리고 모든 인간의 호사스러움을 얻었습니다.” 그렇게 말함으로써 코헬렛(*Qoheleth*, ‘설교자’)은 고대 근동의 음악에 대한 것을 약간 우리에게 말해준다(전 1:8). 고대의 음악가들은 여성 싱어를 사용하고 흔히 중세 시대에 그러했던 것처럼 소년 소프라노를 사용하지 않았다. 애굽의 예술은 노래할 뿐만 아니라 악기를 연주하고 춤을 추었던 여성 음악가들을 묘사함으로써 이것을 확증해 준다. 부자와 힘 있는 자만이 전문적인 음악 연주로 즐거움을 누릴 수 있었는데, 그들만이 규칙적인 방식으로 전문적인 음악가들을 고용하거나 음악에 재주가 있는 노예들을 얻을 수 있었기 때문이다.

아가서는 전문가들 – 이런 복잡한 작품을 충분히 마스터할 만큼 기술이 있었던 개인들 – 에 의해 불려졌던 음악의 가사였던 것으로 보인다. 이 자료들에서 가장 두드러지는 것은 이것이 매우 복잡하다는 것이다. 그것이 반복을 갖고 있을지라도, 이 반복은 많은 고대의 노래들에서 자주 보는(케렛[Keret]의 우가릿 서사시[Ugaritic epic]가 증거하는) 기술적으로 과다한 종류가 아니라는 것이다. 반복이 아가서에서 나타날 때, 그것은 자주 사소한(또는 주요한) 변화가 있다. 아가서는 끊임없이 초점을 바꾼다. 한 순간에는 여인이 자신의 검은 살갗을 변호하고, 다음에는 여인이 자신의 사랑하는 자를 찾는다. 완전한 작품으로서, 그것은 평균적인 시편보다 훨씬 더 길다. 극단적인 길이를 가진 노래들은 그것이 동일한 패턴을 갖는다면, 애가의 이합체시이든, 호머의 육보격 시의 반복된 통칭이든, 또는 소네트의 운문의 구조를 가진 것이든 간에 습득하기가 다소 더 쉽다. 만일 기억에 도움을 주는 것이 없다면, 그러한 작품을 수행자가 마스터하기는 어렵다. 아가서는 지극히 길지는 않지만, 서정시를 마스터할 수 있는 분명한 도구를 제공하지 않는다. 아가서를 익살스러운 소리로 노래하는 사람들에 대한 아키바(Aqiba)의 불평은 이것과 모순을 일으키지 않는다. 에로틱한 서정시로 아가서에 매력을 가진 많은 사람들은 확실히 이 작품의 개별적인 부분들을 노래할 수 있었다. 아키바가 평신도 싱어들을 언급하고 있다고 가정할지라도, 그의 불평은 이 사람들이 전체 아가서를 마스터했음을 의미하는 것도, 그것이 본래 민속임을 의미하지도 않는다.

아가서는 세 가지 목소리가 있다: 여성 리드, 남성 리드, 그리고 코러스(합창). 그들은 아가서 전체에서 많은 다른 점들에 참여하고 있고, 노래하는 자들은 훈련되고 협력적이어야 했을 것이다. 이것은 사람들이 직업적인 생산성을 요청할 수 있었음을 실천적으로 요구한다. 마지막으로 텍스트는 많은 것을 말해주는데, 그것은 "솔로몬에게 속한 노래들 중에 노래"라는 것이다. 다시 말해서 아가서는 궁중 시이다.

궁중이나 교회를 위해 작곡된 보다 최근의 가치 있는 음악이 우리가 아가서를 이해하는데 도움을 준다. 바흐, 헨델, 그리고 멘델스존의 많은 작품들처럼, 아가서는 통일된 작품을 형성하는 작은 노래들의 집합이다. 서방의 사례처럼, 개별적인 노래들은 남성 또는 여성을 위한 것일 수 있고, 솔로, 듀엣, 합창, 또는 이들 몇몇 사람들의 조합일 수도 있었다. 오라토리오처럼 아가서는 전주곡, 오르간 독주, 간주곡으로 연주될 수 있었을 것이다. 음악의 스타일이, 예를 들어, '메시아'(*Messiah*)의 전주곡과는 매우 달랐음을 도구의 본질이 분명히 나타내고 있을지라도, 시편의 첫 글자와 애굽의 초상은 고대의 음악이 기악과 함께 연주되었을 것임을 우리에게 말해준다.

오라토리오처럼, 아가서의 연주의 과정에서 단일한 노래의 서정시가 여러 번 불려졌을 수 있다. 아가서와 오라토리오와의 차이는 아가서가 어떤 서창(노래 사이에 청중들에게 노래의 배경을 설명하는 간단한 산문 내레이션)도 갖고 있지 않다는 것이다. 이것은 아가서가 완전한 이야기와 같은 것을 말하지 않고 있다는 사실을 강화시키기 때문에 중요하다. 어떤 내러티브도 필요치 않고, 사실상 장면의 변화를 묘사할 필요가 없다. 따라서 아가서를 오라토리오와 유추하여 묘사함으로써 우리는 아가서가 오페라가 아니라는 점을 괴롭지만 지적해야 한다. 아가서는 결혼 사건을 통과하는 남여의 경험을 축하하고, 그 경험의 감정과 의미를 심오하게 표현한다. 다시 한번 헨델의 메시아와의 유추는 우리에게 도움이 된다. 그리스도의 복음을 아는 사람들은 그리스도의 탄생, 십자가 죽음, 부활, 승천, 그리고 재림을 포함하는 그리스도의 '의미'와 크리스천 신앙의 위대한 메시아 사건에 대한 경배의 선포로서 '메시아'의 연주를 인식한다. 하지만 복음을 아무것도 알지 못하는 사람들은 그가 단지 헨델의 오라토리아만을 갖고 있다면 이 사건들을 설명하는데 어려움을 겪게 될 것이다. '메시아'는 예수의 이야기를 말하는 것이 아니라 이미 그 이야기를 알고 있는 사람들을 위한 예수의 이야기의 '의미를 기념하고 있다.' 이런 방식으로 아가서를 언급한다면, 그것은 '메시아'보다 훨씬 더 '비'이야기적인 것을 다루고 있다. '메시아'가 예수 그리스도를 구체적으로 다루고 있을지라도, 아가서는 결혼을 기대하고, 결혼을 완성하며, 결혼을 시작하는, 단지 익명의 이상화된 남자와 여자를 다루고 있다. 아가서는 '결혼 사건 자체'를 기념하고 이상화하지, 어떤 특별한 사람을 그리하지 않는다.

하지만 여기서 제시된 일종의 노래의 집합은 바로크 음악으로 한정되지 않는다는 점을 단지 지적하기 위해서 우리는 로이드 베버(Andrew Lloyd Webber)의 뮤지컬인 캣츠(*Cats*)도 생각할 수 있다. 엘리오트의 시인 *Old Possum's Book of Practical Cats*의 시에 기초한 이 뮤지컬은 출연진들을 동시에 인간과 고양이로 묘사함으로써 "젤리클 캣츠"(Jellicle cats)의 인간성을 기념한다. 거기에는 다양한 싱어들과 그룹들에 의한 개별적인 일련의 노래들이 있지만 어떤 소절과 모티브는 전체 뮤지컬을 통해 반복된다. '캣츠'는 이야기가 아니지만 노래를 아무렇게나 묶어놓은 것이 아니다. 그것은 줄거리(스토리 라인)의 투영이 있다. 마지막으로 노래들의 통일된 작품의 개념은 서방의 혁신이 아니라는 것을 이해하기 위해서 우리는 선지서의 많은 책들이 단일하고, 일관된 메시지로 배열된 시의 집합이라는 것을 인식할 필요가 있다(예를 들어, 호세아, 미가, 아모스 등). 확실히 선지서의 시들은 아가서의 서정적인 시가 아니지만 아가서가 단일한 저자에 의한 개별적인 노래들로 구성된 구조적으로 통일된 작품일 수 있다는 개념은 시대착오적이지 않다. 하지만 심지어 아주 밀접한 유추는 위에서 논의했던 파피루스 체스터 베티 I의 나크소벡 노래에서다.

아가서의 해석

아가서 해석의 역사를 개관하는 것은 아가서 주석의 거의 잣대(*de rigueur*)에 해당한다. 이것은 중요한 요지가 된다. 텍스트의 해석은 처음부터 끝까지 책의 장르와 관련해서 어떤 입장을 취하느냐와 관련이 있다(Longman, 21). 아가서 해석의 역사는 적합한 해석학을 형성하는 문제에 대해 질문을 일으킨다. 아가서를 그리스도와 영혼 사이에 존재하는 사랑의 상징적 묘사로 간주한다면, 그리고 텍스트를 알레고리화 하는 것을 타당한 것으로 받아들인다면, 그때에 모든 소절은 알레고리적으로 탐구될 것이다. 아가서에 대한 방대한 문헌에서 다음과 같은 간단한 샘플들은 독자들에게 수세기에 걸쳐서 다양한 해석자들이 아가서를 어떻게 다루었는지를 인식할 수 있게 해준다.

알레고리적인 해석

참고문헌

Alexander, P. S. "The Song of Songs as Historical Allegory: Notes on the Development of an Exegetical Tradition." In *Targumic and Cognate Studies*. Ed. K. Cathcart and M. Maher. Sheffield: Sheffield Academic Press, 1996. 14-29. ______. "Textual Criticism and Rabbinic Literature: The Case of the Targum of the Song of Songs." *BJRL* 75(1993) 159-73. **Alshich, M.** *Shir Hashirim: Love Song of a Nation*. Trans. R. Shahar. Jerusalem: Feldheim, 1993. **Astell, A. W.** *The Song of Songs in the Middle Ages*. Ithaca, NY: Cornell UP, 1990. **Brown, P.** *The Body and Society: Men, Women, and Sexual Renunciation in Early Christianity*. New York: Columbia UP, 1988. **Burrows, M. S.** "Foundations for an Erotic Christology: Bernard of Clairvaux on Jesus as 'Tender Lover.'" *AThR* 80(1998) 477-93. **Cahill, J. B.** "The Date and Setting of Gregory of Nyssa's Commentary on the Song of Songs." *JTS* 32(1981) 447-60. **Chaucer, G.** *The Canterbury Tales*. Ed. V. A. Kolve and G. Olson. New York: Norton, 1989. **Dove, M.** "Sex, Allegory and Censorship: A Reconsideration of Medieval Commentaries on the Song of Songs." *Literature and Theology* 10(1996) 317-28. **Elder, D.** *The Song of Songs: A Metaphysical Interpretation*. Marina del Rey, CA: DeVorss, 1988. **Goppelt, L.** *Typos: The Typological Interpretation of the Old Testament in the New*. Grand Rapids: Eerdmans, 1982. **Grossfeld, B.** *The Targum to the Five Megilloth*. New York: Hermon, 1973. **John of Ford.** *Sermons on the Final Verses of the Song of Songs*. Trans. W. M. Beckett. Kalamazoo, MI: Cistercian, 1977. **Kellner, M. M.** "Introduction to the Commentary on Song of Songs Composed by the Sage Levi Ben Gershom—An Annotated Translation." In *From Ancient Israel to Modern Judaism*. Vol. 2, *Judaism in the Middle Ages*. FS M. Fox, ed. J. Neusner, E. S. Frerichs, and N. M. Sarna. Atlanta: Scholars Press, 1989. 187-205. **Kimelman, R.** "Rabbi Yohanan and Origen on the Song of Songs: A Third-Century Jewish-Christian Disputation." *HTR* 73(1980) 567-95. **Lewis, C. S.** *The Allegory of Love*. London: Oxford UP, 1936. ______. *On Stories and Other Essays on Literature*. Ed. W. Hooper. New York: Harcourt Brace and Jovanovich, 1966. **Loewe, R.** "Apologetic Motifs in the Targum to the Song of Songs." In *Biblical Motifs: Origins and Transformations*. Ed. A. Altmann and P. W. Lown. Studies and Texts 3. Waltham, MA: Institute of Advanced Judaic Studies, Brandeis University, 1966. 159-96. **Matter, E. A.** *Voice of My Beloved*. **McCambley, C.** "St Gregory of Nyssa's Commentary on the Song of Songs." *Coptic Church Review* 3(1982) 145-52. **Miller, P. C.** "Pleasure of the Text, Text of Pleasure: Eros and Language in Origen's Commentary on the Song of Songs." *JAAR* 54(1986)

241-53. **Newberry, T.** *The Song of Solomon.* Kilmarnock: Ritchie, n.d. **Newton, A. L.** *The Song of Solomon: Compared with Other Parts of Scripture.* New York: Carter & Bros., 1858. **Norris, R. A., Jr.** "The Soul Takes Flight: Gregory of Nyssa and the Song of Songs." *AThR* 80(1998) 517-32. **Phipps, W. E.** "The Plight of the Song of Songs." *JAAR* 42(1974) 82-100. **Simon, M.**, trans. *Midrash Rabbah: Song of Songs.* London: Soncino, 1983. **Thomson, R. W.** "Gregory of Narek's Commentary on the Song of Songs." *JTS* 34(1983) 453-96. **Tournay, J. R.** "Abraham et le Cantique des cantiques." *VT* 25(1975) 544-52. ______. *Word of God, Song of Love.* Trans. J. E. Crowley. New York: Paulist, 1988. **Turner, D.** *Eros and Allegory.*

크리스천과 유대인들은 알레고리로 아가서를 취급하는 오랜 역사를 갖고 있다. 유대인들은 이스라엘의 구속의 역사나 지혜에 대한 사랑을 알레고리하는 것으로 아가서를 자주 취했다. 크리스천들은 아가서를 그리스도와 교회 또는 그리스도와 개인적인 신자들의 영혼간의 사랑을 묘사하는 것으로 전형적으로 간주한다. 가끔씩, 마리아를 경외하는 것과 같은 다른 요소들이 아가서에 대한 기독교 해석에 끼어들었다. 다음의 진술들은 독자들이 관점의 다양성을 인식할 수 있도록 아가서의 다양한 알레고리에 대한 견해를 예증할 것이다. 실제적인 곳에서 나는 서로 다른 해석자들이 유사한 텍스트를 어떻게 다루고 있는지를 설명하기 위해서 동일한 구절이나 유사한 구절에 관한 다양한 해석을 인용할 것이다.

유대적 알레고리

유대적 알레고리주의의 기원은 알려져 있지 않다. 랍비 아키바는 다음과 같은 저주를 발한 것으로 언급된다: "아가서의 노래에서 목소리를 떠는 듯이 부르고 그것을 세속적인 노래로 취급하는 자는 다가올 세상을 공유하지 못할 것이다!"(R. K. Harrison, *Introduction to the Old Testament*, 1051에서 인용된 *t. Sanh.* 12.10와 사실상 아가서에 관한 모든 주요한 주석). 이것은 1세기 말이나 2세기 초 C.E.에서 에로틱한 노래로서 음란한 방식으로 아가서를 노래했던 사람들이 있었음을 암시한다. 아가서의 탈굼(6세기 이후에 저작되었지만 확실히 이전 시기로부터 가져온 자료가 있는)은 다섯 가지 운동 속에서 이스라엘의 죄와 구속 역사의 개요로서 아가서를 제시한다: 출애굽, 시내산, 그리고 정복(1:2-3:6); 솔로몬의 성전(3:7-5:1); 이스라엘의 배교와 유배(5:2-6:1); 회귀와 성전의 재건(6:2-7:11); 그리고 이산과 메시아 시대(7:12-8:14). (탈굼의 요약에 대해서는 Pope 95-96을 보라; 번역에 대해서는 B. Grossfeld, *Targum to the Five Megilloth*, 171-252을 보라.) 탈굼은 단순히 이스라엘 역사의 개괄이 아니다. 그것은 문서로 된 토라와 구전으로 된 토라도 칭송했다. 로웨(R. Loewe, "Apologetic Motifs")는 탈굼의 해석의 요소들은 아가서에 대한 기독교의 알레고리화나 유대의 비밀적 신비주의에 대항하여 논증하고 있다고 주장한다.

포프는 그의 주석에서 탈굼을 인용한다. 한 예는 독자들에게 탈굼의 주해가 선호하는 것을 전달해 준다. 아가서 2:4에 관해서("그는 나를 포도주의 집으로 데리고 오고/ 나를 향한 그의 표지는 사랑이다"), 탈굼은 "이스라엘의 공회는 이렇게 말했다: 야훼는 나를 시내산의 학문 연구소로 데리고 오셨다. 내가 모세의 입, 위대한 서기관, 그리고 내가 사랑 안에서 받았던 하나님의 계명의 통치로부터 율법을 배우기 위해서 말이다. 그리하여 나는 말했다: '야훼가 명한 모든 것을 나는 행할 것이고 순종할 것이다'"(Pope, 377). 알렉산더(P. S. Alexander, "Song of Songs as Historical Allegory")는 탈굼에서 역사적-엘레고리적 해석의 시작에서부터 로버트 학파의 프랑스 카톨릭 해석자들 사이에서 가장 최근에 있었던 부흥에 이르는 아가서의 역사적-알레고리적 해석의 온전한 역사를 전한다(아래의 논의를 보라).

아가서의 미드라쉬 랍바(Midrash Rabbah)는 ca. 500 C.E.의 초기 미드라쉬 시대로 연대를 매기는 듯 보인다. 그 텍스트는 아가서에 대한 랍비적 해석들을 설명하지만 결코 역사적-알레고리적 양상과 동떨어져 있지 않다. 다음의 발췌(Simon's translation, *Midrash Rabbah*, 102-3)는 이를 설명해준다(작은 대문자와 이탤릭체는 본래 있었던 것이다).

> 그는 나를 포도주의 집으로 나를 데려오셨다. 마이어(R. Meir)와 유다(R. Judah)는 이에 대해 다른 설명을 주었다. 마이어는 이렇게 말했다. 이스라엘 공동체는 '악한 성향이 포도주처럼 나를 지배했고, 나는 황소에게 *이것은 그대의 신, 오 이스라엘이요*(출 XXXII, 4)라고 말했다. 포도주가 어떤 이에게 들어올 때, 그것은 그의 마음을 혼란케 만든다.' 유다는 그에게 이렇게 말했다: 그것으로 충분하다, 마이어; 우리는 아가서를 나쁜 감각으로 해석해서는 안 되고 오직 좋은 감각으로 해석해야 한다. 아가서가 이스라엘의 찬양을 위해서만 저작되었기 때문이다. 그때에 **그가 나를 포도주의 집으로 데려오셨다**라는 것으로 의미하는 바는 무엇인가? 이스라엘 공동체는 말했다: '복이 있으신 거룩한 이가 나를 포도주의 위대한 저장소, 곧 시내산으로 나를 데려오셨다. 거기서 그는 나에게 토라와 교훈과 좋은 행위의 표지를 주셨고, 나는 그것을 커다란 사랑으로 받았다.' 아바

(R. Abba)는 이삭(R. Issac)의 이름으로 말했다: 이스라엘 공동체는 '복 있으신 거룩한 이가 나를 포도주의 위대한 저장소, 곧 시내산으로 데려오셨고, 거기서부터 나에게 정결하게 하는 49가지 이유와 불결하게 하는 49가지 이유들을 설명하는 토라와 웨디글로(*wediglo*)(그리고 표지)란 말의 많은 가치를 나에게 주셨다. 그리고 나는 커다란 사랑으로 그것을 받아들였다. 그것은 **나에 대한 그의 표지는 사랑이다**라고 말한다.'

여전히 현존하는 그 다음 중요한 유대적 해석은 유대 공동체의 영적인 리더인 사디아의 해석이다(ca. 892-942). 포프에 따르면(101-2), 그도 아가서를 이스라엘의 알레고리적 역사로 읽지만 그의 주해는 탈굼을 따르지 않았다. 라쉬(Rashi)라고도 불리는 랍비 솔로몬(Rabbi Solomon ben Isaac, ca. 1040-1105)도 아가서를 다소 호세아 1-3장의 노선을 따라서 이스라엘의 죄와 구속의 알레고리로 취급했다. 다른 중세 유대 학자들(Rashbam, ibn Ezra)은 아가서를 다양한 방식으로 알레고리화했다.

보다 철학적인 독법은 마이모니데스(Maimonides, 1135-1204)에 의해 시작되었다. 그는 아가서가 이스라엘 민족에 대해서가 아니라 하나님과 개인간의 사랑에 대해 언급하고 있다고 주장했다. 그의 제자들 중 몇몇은 이런 양태로 주석들을 펴냈고, 그중에 요셉(Joseph ben Judah ben Jacob ibn Aknin), 사무엘(Samuel ibn Tibbon), 모세(Moses ibn Tibbon), 그리고 요셉(Joseph ibn Kaspi)이 들어 있다. 이런 해석자들은 일반적으로 아가서를 지식인들의 신비적 알레고리로 보았다. 16세기 후반에 돈 이삭(Don Isaac Abravanel)은 아가서를 지혜에 대한 솔로몬의 사랑의 알레고리로 취급했고, 이런 해석을 뒤이은 많은 유대 해석자들이 발전시켰다(Pope, 102-12). 쉐키나에 대한 수많은 언급이 있는 카발리스틱 해석(Kabbalistic interpretation)은 에스라(Ezra ben Solomon of Gerona; ca. 1238에 죽음)의 주석에서 찾을 수 있다. 영어 번역본은 1999년에 나왔다(주석 참고문헌을 보라).

아마도 마이모니데스의 전승에서 아가서의 가장 훌륭한 해석자는 게르솜(Levi ben Gershom, 즉 Gersonides)이었고, 그는 1288에서 1344년까지 살았다. 분석의 이런 양태는 지배적인 유대 전통을 결정적으로 깨뜨렸다. 게르소니데스(게르솜)에게서 아가서는 본질적으로 인식론적인 작품이다. 게르소니데스의 주석(Levi ben Gershom, xviii-xx)에 대한 켈러(M. Kellner)의 서론에서 그는 게르소니데스는 지식을 어떻게 획득되는지의 문제와 참된 지식을 얻는 일의 방해에 대해서 관심이 있다고 말한다. 이것은 추상적인 지식의 잘못이 실제로 철학자들을 완전에서 멀어지게 하기 때문에 매우 중요한 문제다. 그때에 토라는 참된 지식을 얻는 일에 안내자가 되고, 아가서는 인식론의 알레고리다. 아가서의 구조는 다음과 같다. (1) 아가서의 목적에 대한 소개(1:1-8), (2) 도덕적인 불완전과 관련한 지식의 방해물(1:9-2:7), (3) 상상력과 견해와 관련한 지식의 방해물(2:8-17), (4) 수학(3:1-4:7), (5) 물리학(4:8-8:4), (6) 형이상학(8:5-14). 게르소니데스의 접근을 그의 아가서 4:5("네 두 유방은 백합화 가운데서 꼴을 먹는 쌍태 노루 새끼 같구나")에 대한 해석이 설명해준다(Levi ben Gershom, 56-57: 이탤릭체는 본래 있었고, 괄호 속의 자료는 첨가되었다).

> 유방이 아기를 키우기 때문에 그는 그녀의 유방에서 나오는 것을 비교했다. 그는 빨리 지나가는 것 때문에 알레고리하게 그녀를 *노루의 두 쌍태 새끼*로 비교했다. 그는 필요한 것을 그를 위해 준비하는 그녀의 성실성 때문에 이 과학[수학] 속에서 이것을 말했다. *백합화 가운데서 풀을 뜯어먹는다*는 그의 진술은 우리의 서론에서 말했던 것에 기초하여 분명하다[그 방향은 지식인들의 자극을 상징한다]. 이 구절은 오직 알레고리로만 조화된다.
>
> 그는 그녀의 머리로부터 차례로 내려가서 그녀의 가슴을 칭찬하기를 시작했다. 이 과학에서는 우리가 다른 존재 때문에 한 존재를 판단할 때 항상 앞에서 뒤로 나아가기 때문이다. 이것은 분명하다. 전반적으로 거의 이것을 피할 수 없다.

이 시점에서, 게르소니데스는 천문학이 이 규칙에 예외가 되는지에 관한 보론으로 나아간다. 아가서에 대한 이런 접근이 비의적이고 유대 대중들을 위한 것으로 의도되어 있지 않은 것은 당연하다. 어쨌거나, 그것은 알레고리주의자(우화주의자)가 아가서에서 자신이 보기를 원하는 것을 볼 수 있다는 사실을 생생하게 예증해준다.

아가서에 대한 철학적, 신비적, 그리고 점성술적인 해석의 기승이 이스라엘의 역사에 초점을 맞춘 유대적 주석들의 마지막 지점을 의미했다고 생각해서는 안 된다. 분명히 13세기에 스페인의 유대인이었던 신비주의적인 랍비 아브라함(Rabbi Abraham ben Isaac ha-Levi Tamakh)은 모든 단락을 두 부분으로 취급한 주석을 썼다: 그것의 본질적 의미와 숨겨진 의미. 본질적 의미를 다룸에 있어서 랍비 아브라함은 사랑 시로서 아가서를 묘사하는데 매우 솔직하고, 에로틱한 본질을 부끄러워하지 않는다. 동시에 그는 상세한 부분에서 성적인 관점에서 은유나 상징주의의 의미를 탐구하지 않는다. 아가서 전체를 통해서 그는 이스라엘의 역사에 대한 암시를 보여준다. 아가서 4:5에 관한 두 유방에 대해서, 그는 "유방은 왕과 대제사장이다. 유방이 자기의 아기에게 영향을 미치는 자원으로서 여인의 영광과 아름다움인 것처럼, 유방은 사람들의 영광과 아름다움 그리고 미쉬나에 진술된 것처럼 우림과 둠밈의 그들에 대한 영향에 관한 자원(소스)이다(Abraham ben Isaac ha-Levi Tamakh, 115).

랍비 모쉐 알쉬크(Rabbi Moshe Alshich, ca. 1502-1591)는 신비적 신학에 영향을 받은 주석을 썼다. 그럼에도 불구하고, 그는 하나님과 이스라엘의 디아스포라에까지도 미치는 이스라엘간의 사랑의 관계에 초점을 맞추었다. 아가서에 대한 그의 보다 전통적인 독법을 아가서 4:5에 대한 그의 해석이 예시해준다(Alshich, 166-67, 강조는 본래부터 있었다).

> 이스라엘은 다른 혜택으로 복을 받았다. 즉 모세와 아론이라는 *두 유방이* 당신들을 보호해 주었고, 당신들이 하늘의 영향으로부터 자양분을 얻을 수 있게 해주었다. 그들은 지극히 빨리 뛰는 두 노루새끼와 같았다. 현자들이 말하는 것처럼(Shemoth Rabbah 15:3), 이스라엘은 아론과 모세의 혜택으로 당시에 구원을 받았던 애굽의 노예상태에서 구원을 신속히 이루어내었다.
>
> 우리들은 모세와 아론의 경건의 위대함을 어떻게 측정할 수 있는가? 모세와 아론은 서로 긴밀하게 연결되어 있어서 바로 그들이 준 혜택으로 우리가 구속을 받았다. *노루의 쌍태*처럼 그들의 영혼은 서로 연결되어 있었다. 하나가 없다면 다른 하나는 존재할 수 없었던 방식으로 말이다. 그들 중 하나가 죽으면, 다른 하나도 마찬가지로 깨어진 마음으로 죽었을 것이다.
>
> 아론은 본래 이스라엘의 지도자요 선지자였다. 하지만 그의 마음이 모세의 위대한 흥함을 들었을 때에 기뻐하였다. 그리고 모세가 리더십의 옷을 갈아입을 것으로 하나님으로부터 명령을 들었을 때, 그는 처음에 "주여 보낼만한 자를 보내소서"(출 4:13)라고 말하면서 거절하였다. 그는 형제의 권위를 침범하는 것을 두려워하면서, 일곱 날 동안 거절의 상태를 유지했다. 현자들이 출애굽에서 위의 구절에 관해서 언급한 것처럼 말이다(Shemoth Rabbah 3:16): "당신이 통상적으로 보내는 사람의 손으로 보내소서, 그리고 그 자는 아론이니이다."
>
> 대안적으로 그것을 다음과 같은 의미로 설명할 수 있다.
>
> *노루의 쌍태*: 탈무드(Bava Bathra 16b)는 노루가 뱀에게 물려서 자궁이 열리면 아기를 낳을 수 있다고 보고한다. 유사하게 모세와 아론의 출생도 말하자면 뱀에게 물림으로써 있었다. 우리가 말했던 것처럼, 애굽에 유배를 당한 이유는 아담의 원조로 인해 뱀이 인류에게 투사한 도덕적인 불순에서 이스라엘을 깨끗하게 하고자 하는 것이었다. 이 도덕적 정결은 토라를 주시고 이스라엘의 땅에 들어가게 하기 위한 일로 준비시켰다. 이런 목적으로 이스라엘을 돕기 위해서 하나님은 그들에게 위대한 지도자들, 즉 모세와 아론을 주셨다. 따라서 그 형제들의 존재는 부분적으로 뱀으로 인한 것이었다.

부분적으로 하로임 빠쇼샤님(הרועים בשושנים)을 "백합화 가운데서 꼴을 먹는"이 아니라 "백합화/장미의 목자"로서 독법함으로써 알쉬크의 해석이 전개된다. 이런 견해는 그가 최초로 주장한 것이 아니다. 미드라쉬 랍바와 라쉬도 모세와 아론으로서 두 유방을 설명했다(하지만 라쉬는 두 유방이 십계명의 두 석판이라고도 주장하였다). 그러나 탈굼은 다소 미묘한 차이가 있다(Pope, 471에서 인용함).

> 당신, 다윗의 아들 메시아와 에브라임의 아들 메시아를 구원할 당신의 두 사령관은 노루의 쌍태, 어린 두 노루에 비견되는 요게벳의 아들들인 모세와 아론과 유사하다. 그들의 혜택으로 인해 이스라엘 집의 사람들은 광야에서 만나와 고기와 미리암의 우물의 물로 40년을 먹었다.

그러나 우리가 보았던 것처럼, 게르소니데스는 이 텍스트를 전적으로 다른 방향으로 취했다.

알레고리주의는 확실히 유대인들 사이에서 생존했다. 알쉬크의 번역자인 샤바르(R. Shahar)는 "아가서는 문자적인 해석을 갖지 않는다. 이 구절들은 상징적이거나 알레고리적이다"(Alshich, 13). 참으로 유대적 해석의 역사의 명문선집인, 아가서에 대한 최근의 유대 주석서인 즐로토비츠(M. Zlotowitz, 1977)는 탈굼, 미드라쉬 라바와 라쉬의 해석의 양상을 칭송한다. 이 주석에 대한 "개관"에서 쉬에르만(N. Scherman)은 "말의 단순한 번역에 따라 구절을 이해하는 것은 그것을 전혀 이해하지 못할 때이다. 아가서는 확실히 사랑의 노래이지만 인간의 서로에 대한 사랑이 아니다"라고 말한다(Zlotowitz, lx). 인간의 사랑에 대한 노래는 하나님이 우리가 이해할 수 있는 언어로 우리에게 자신을 드러내시기를 양보하신 알레고리적 수단일 뿐이다. 그러한 알레고리는 왜 필요한가? 그것은 우리로 하여금 세속적인 탐욕에 대한 승리를 이루어내기 위해서 세상의 욕망을 승화시키게 한다: 하지만 투쟁의 어떤 지점에 있든지 간에, 인간은 하늘의 목적을 인간의 욕망을 이용해야 한다(Zlotowitz, liv에서 Scherman). 기독교 수도원 신학과의 유사성이 여기서 아주 강력해서 누가 누구로부터 빌려왔는지를 궁금하게 만든다.

초기 기독교와 로마 카톨릭의 알레고리화

아가서를 알레고리화했던 초기 기독교 해석자들은 로마의 히폴리투스(d. 235), 오리겐, 제롬, 닛사의 그레고리, 그레고리 대제, 그리고 어거스틴을 포함한다. 그들은 아가서를 서로 다른 방식으로 알레고리화했다. 히폴리투스에게서 아가서는 구원역사를 묘사했다: 그것은 옛 언약의 종말과 새 언약의 시작에 대한 솔로몬의 예언이었다(*Murphy, 15*). 남아 있는 히폴리투스의 주석 단편에서 아가서 4:5의 두 유방은 크리스천들이 빨아먹는 구약과 신약이다(Phipps, JAAR 42[1974] 87). 오리겐(Origen, ca. 185-254)은 아가서가 그리스도와 영혼, 또는 그리스도와 교회간의 사랑을 기린다고 가르쳤고, 이런 접근이 기독교 주해를 지배하게 되었다.

오리겐의 주석은 240-245 C.E.에 만들어진 열권의 분량의 방대한 작품이었다. 그런데 불행하게도 후대의 작가들이 발췌한 것을 제외하고는 유일하게 남아 있는 부분은 그의 서언과 아가서 1:1-2:15에 관한 해석이다. 기독교 알레고리의 근원으로서 올바르게 간주될지라도, 그는 아가서를 드라마 형태의 "결혼 축시"(epithalamium)로 묘사한다(결혼 노래; 아래의 논의를 보라). 즉 놀림투일지라도, 그는 해석의 세 가지 서로 다른 현대적 학파의 대부로 제기된다. 오리겐은 자신의 해석학적 상속자들이 한 것보다 언어의 문자적 의미에 더 관심을 기울인다. 대부분의 알레고리화 하는 해석자들은 코멘트 없이 텍스트의 "평범한 의미"를 지나가지만 그는 항상 거기서부터 시작한다. 로손(Lawson) 번역을 이용한 그의 작품에 대한 사례(Origen, 179-85)는 그의 방법론을 보여준다. 아가서 2:3에 관해서("남자들 중에 나의 사랑하는 자는/ 수풀 가운데 사과나무 같구나/ 내가 그 그늘에 앉아서 심히 기뻐하였고/ 그 실과는 내 입에 달았구나"), 그는 그것이 신랑에 대한 직접적인 칭찬의 말을 가지고 신랑의 말(아 2:3)에 반응하는 신부에게 적합하였다고 단순히 주장함으로써 시작한다. 그는 그녀가 모든 다른 사람들보다 뛰어나다고 그 남자를 비교한다. 부연으로서 오리겐은 목회적인 관심의 부분으로 이동한다. 그는 라틴 청중들이 "사과나무"(*arbor mali*)가 "악한 나무"(*arbor mala*)라고 생각하기를 원치 않으므로, 그는 헬라어 멜론($\mu\hat{\eta}\lambda o\nu$)을 따라 그것을 "멜룸(melum) 나무"라고 부를 것이라고 말한다(Origen, 179).

이 시점에서 그 말들의 더 깊은 의미에 대한 그의 연구가 시작된다. 첫째로 다른 남자들보다 신랑의 뛰어남은 천상의 사역자들보다 그리스도가 뛰어남을 암시하고, 그는 시편 82:6을 인용하여 그 요지를 매듭짓는다. 나아가서 그는 사과의 맛과 냄새는 그리스도가 생명의 떡이며 말씀이 육신이 되었음을 암시한다고 말한다. 그는 이렇게 결론짓는다.

> 그때에 우리는 모든 이단의 저자와 촉진자들이었던 천사들을 의미하는 것으로 수풀을 취할 수 있다. 이 단락에서 교회가 그리스도의 가르침의 향기를 이설의 도그마와 그들의 메마르고 열매 없는 교리의 근원과 비교할 때, 그녀는 "사과"를 그리스도의 교회에서 전파되는 향기롭고 상쾌한 교리로 묘사하고, "수풀"은 다양한 이단들이 제기하는 것들로 묘

사된다(Origen, 181).

"수풀"은 도끼가 나무뿌리에 놓여 있고, 좋은 열매를 맺지 못하는 모든 나무는 불에 던져질 것이라는 마태복음 3:10을 그에게 암시한다. 따라서 신부는 그의 그늘에 앉아 있다. 즉 교회와 영혼은 하나님에게 달라붙는다. 하지만 "그늘"이란 용어는 예레미야 애가 4:20를 그에게 암시한다: "저의 그늘 아래서 열국 중에 살겠다." 그것은 그리스도의 복음이 이방인에게 미쳐야 한다는 것을 가리킨다. 그러므로 교회는 생명이 있는 하나님의 그늘 속에서 거하기를 바란다. 다른 나무 그늘에서는 오직 사망만이 있을 뿐이다(시 23:4). 오리겐은 그늘에 대한 것을 반추함으로써 자기 자신을 돌아보는 듯하다. 그는 이렇게 말한다.

> 나아가서 우리 앞에 단락을 보다 명백하게 하기 위해서 사도가 다가올 좋은 것의 그림자를 갖고 있는 율법에 관해서 언급하고, 축제날과 안식일 날과 새로운 달에 대해 쓰인 모든 것들을 다가올 좋은 것의 그림자 – 물론 문자를 좇아 행했던 것들을 의미하는 – 라고 칭할 때 그것이 무엇을 의미하는지를 또한 살펴보도록 하자. 어떤 의미에서 그는 고대의 의식이 하늘의 것들의 모범과 그림자였다는 것을 선언한다. 이것이 그렇다면 모든 사람들이 율법 하에 있었고, 참된 율법의 본질보다는 그림자를 가졌던 모든 이들이 율법의 그늘 아래 앉아 있었다는 것을 의미한다. 하지만 우리는 지금 그것들의 그늘에는 낯설다. *우리는 율법아래 있지 않고 은혜 아래 있기 때문이다*(Origen, 182-83; 이탤릭체는 본래부터 있었고, 성경의 인용을 나타낸다).

이 시점에서 "그림자"가 좋은 것인지 나쁜 것인지가 우리에게 분명하지 않고, 오리겐은 어느 것도 알지 못하는 것으로 보인다. 그는 단지 그림자를 추적하고 있다. 하지만 그는 그 일을 아직 완성하지 못했다. 그는 그리스도가 진리이고, 우리가 인내하면 얼굴을 맞대고 그를 볼 것이라고 선언한다. 욥기 8:9을 (아마도) 의역하는 그는 인간의 전체 삶이 그림자임을 말한다. 마지막으로 그는 그것을 전체적으로 종합해서 율법이 그 날의 더위로부터 보호를 제공하였지만, 이제 이 세대, 즉 천상의 실제의 그림자인 이 시대의 종말을 기다리고 있을 때 그리스도가 우리의 참된 그늘이라고 말하고 있다.

최종적으로 "그의 열매는 나의 입에 달도다"라는 어절을 언급하는 그는 그것을 "목이 열린 무덤과 같은"(롬 3:13) 거짓 선지자들과 대조시킨다. 참된 복음에 관해서 그는 성경이 "고린도인들이여 너희를 향하여 우리의 입이 열리고"(고후 6:11 RSV)라고 말하는 것을 주지시킨다.

오리겐의 접근에 대한 몇 가지 관찰은 주목할 만하다. 그는 본문에 신학적인 가치를 보지는 않을지라도 본문의 "평범한 의미"를 인식하고 다룬다. 알레고리화는 그의 방법론의 일부일 뿐이다. 자주 그는 표제나 조합으로 텍스트에서 텍스트로 끌어오는 주해의 미스라쉬-페세르 방식으로 종종 느슨하게 불려지는 일에 참여한다. 그는 이런 면에서 거의 랍비적이다. 그의 주해는 미스라쉬 주해에 대한 기독교적 변형일 것이다. 케멜만(R. Kimelman, *HTR* 73[1980] 567-95)은 랍비 요하난(Rabbi Yoḥanan)과 오리겐이 거의 확실히 서로의 주해적 경향을 알았고, 요하난은 아가서에 대한 오리겐의 기독교적 탐구를 맞대응하려고 시도하였음을 보여준다. 따라서 오리겐이 단순히 알레고리화 하고 있는 개념은 전체적으로 정확하지는 않다.

오리겐은 자신이 만들고 있는 연관에 대한 논리적 구조에 대해서는 관심이 없다. 그는 성경에서 단어, 용어 색인의 형태를 좇는 것으로 구성된 성경 인용의 사슬을 모은다. 이런 결과는 토픽의 다양한 배열을 망라하는 일련의 성경 인용 시리즈이지만, 직접적으로 텍스트의 실제적인 연관성은 없다. 그가 안출하고 있는 연관된 사슬과 그가 해석하고 있는 아가서의 텍스트 – 또는 심지어 그 텍스트의 알레고리적 해석까지도 – 사이에는 자주 의미 있는 연관이 없다. 그가 그리스도의 "그림자"로 율법의 논의로 나아갈 때, 그는 원 텍스트가 "그의 그늘" 아래 앉아있는 것을 긍정적으로 언급하고 있다는 사실에 관심을 두지 않는다. 아가서의 텍스트는 단지 그의 언어 사슬의 일차적 연결고리일 뿐이다. 나중에 알레고리주의자들은 거의 오리겐만큼 철저하지는 않지만, 더욱더 일관성 있게 알레고리화 할 것이다. 밀러(P. Miller, *JAAR* 54[1986] 241-53)는 그 텍스트에 대한 오리겐의 취급은 에로스(Eros)와 언어의 이상적인(플라토닉적) 연결에 뿌리내려 있다고 주장한다. 즉 그 텍스트는 독자들에게 묵상으로 이끌고 자극한다.

기독교회에 오리겐은 적어도 두 측면에서 알레고리주의의 시작이다. 그는 후대에 알레고리주의자들이 하는 방식으로 텍스트의 자연적인 의미를 단순히 간과하지는 않는다. 그의 작품은 훌륭한 알레고리라기보다는 성경의 언어 연관적 과정으로 더 잘 묘사할 수 있을 것이다. 그의 계승자들은 단순하고, 직설적인 알레고리화를 행하는 경향이 있게 될 것이다.

닛사의 그레고리는 유사한 신학적 철학적 기초로부터 작업했다. 사실상 아가서에 대한 그의 설교는 대단히 오리겐에게 빚을 졌고, 그 설교들은 오리겐의 작품의 재개정이라 불릴 수 있었다(R. Norris, *AThR* 80[1998] 517-32; C. McCambley, *Coptic Church Review* 3[1982] 145-52을 보라). 또한 그의 설교는 신비적 해석이

들어 있다. 그는 신플라톤주의자들의 사상에 영향을 받은 신학적 구조로 아가서를 이용하여 독자들에게 육적인 것에서 영적인 것을 이끌어내었다(J. Cahill, *JTS* 32[1981] 447-60). 아가서 5:2에 관한 열 번째 설교에서 그는 "그러므로 영혼만이 신의 존재를 묵상하는 것을 누릴 때, 그것은 감각의 쾌락을 좇아 행하는 자를 위한 잠에서는 발생하지 않을 것이다. 영혼은 모든 육체적 운동을 쉬게 될 것이고, 발가벗고, 순전한 사상으로 이 영혼은 경계함을 통해서 하나님의 계시의 통찰을 얻을 것이다"(McCambley, *Coptic Church Review* 3[1982] 49). 동일한 구절에서 "밤이슬이 떨어지다"를 논하는 그는 그것을 묵상하는 영혼에게 성인들의 말씀으로부터 나오는 진리의 이슬이라고 말한다(McCambley, *Coptic Church Review* 3[1982] 150).

오리겐만이 기독교회에서 알레고리주의의 기승에 책임이 있지 않다. 그의 알렉산드리아 학파의 동료들과 더불어, 서방 교회의 중요한 신학자들도 알레고리의 사용을 주창하였다. *De utilitate credendi*에서 어거스틴은 성경 텍스트의 의미에 대한 네 가지 차원을 제기했다: 역사적(쓰인 것과 행한 것), 원인론(어떤 일을 행한 이유), 유추적(신구약성경이 서로 충돌을 일으키지 않음을 보임), 그리고 알레고리적(문자적으로보다는 비유적으로 이해하는 일). 궁극적으로 5세기의 수도사인 존 카시안의 네 가지 방식(네 방식은 역사적[역사적 도성으로서의 예루살렘], 알레고리적[교회로서의 예루살렘], 유추적[천상의 도성으로서 예루살렘], 그리고 비유적[인간의 영혼으로서 예루살렘])이 지배하였다. E. A. Matter, *Voice of My Beloved*, 53-54을 보라.

제롬은 교회 교부들이 아가서의 알레고리적 해석을 가졌던 매력을 설명하고, 그들이 왜 이런 견해를 붙들어야 하는지를 분명하게 상술한다. 자기 딸인 파울라의 교육과 관련하여 제자인 라에타에게 보내는 서신에서 그는 성경 연구에 초점을 맞춘 파울라에 대한 교육 커리큘럼을 요약한다. 그녀는 신구약 성경의 거의 모든 강력한 연구를 마친 후에야 아가서를 읽도록 허락되었다(NPNF^2 6:194): "그녀가 이 모든 것을 마칠 때 안전하게 아가서를 읽을 수 있지만 그 전에는 아니다. 그녀가 처음부터 아가서를 읽는다면, 그것이 육적인 용어로 적혀 있을지라도 영적인 신부의 결혼 노래라는 것을 그녀가 인식하지 못할 것이다. 이것을 이해하지 못하는 그녀는 아가서로 인해 고통을 받을 것이다."

오리겐처럼 제롬도 랍비들에 의해 히브리어 교육을 받았고, 때로 별 의미가 없어 보이는 연쇄적인 형태의 아가서를 읽는 경향이 있었다. 예를 들어, 시편 80편에 대한 소책자에서(CCSL 78:76), 그는 라틴어로 "포도즙 틀"(*pro torcularibus*)이라 읽히는 첫 글자에 상당한 시간을 투자한다. 따라서 그는 포도주와 포도즙 틀과 관련한 상당한 텍스트들을 다음과 같이 인용한다.

> 포도즙 틀은 다른 어느 곳에서도 발견되지 않지만, 포도원과 끝없는 포도 수확이 있는 곳에서는 예외다. 따라서 주님과 구세주는 이렇게 말한다: "나는 포도즙 틀을 밟았고, 이방인 중에는 어느 누구도 나와 함께 있지 않다"(사 63:3). 그러므로 그는 애굽에서 한 포도원을 옮겨서 심었다. 그리고 그는 예레미야서에서 말씀한다: "내가 너를 순전한 참 종자 곧 귀한 포도나무로 심었거늘 내게 대하여 이방 포도나무의 악한 가지가 됨은 어찌 이뇨"[렘 2:21]. 그리고 노아는 포도주를 마시고 취하였다. 그리고 솔로몬은 그것을 언급했고 – 신비스러운 형태로 언급했다(*dicitur in mysterio*) – "나의 친구들아 마시고 취하여라"(아 5:1).

제롬은 노아의 술 취함과 요셉의 연회(창 43장)에 대한 확장된 논의로 이동한다. 그에게서 아가서는 "신비스러운 형태로" 언급되었고, 그도 역시 유사한 단어들을 열거하는 것 외에 더 뚜렷한 이유 없이 아가서를 다른 성경 텍스트들과 함께 그룹을 지었다.

기독교회가 영적인 이상으로서 성적인 금욕과 독신을 환영하였을 때, 아가서를 알레고리화 하는 해석은 불가피하였다. 아가서를 알레고리화했던 모든 사람들이 독신의 삶을 찬양한 것은 아니었다. 유대의 랍비들과 후대의 프로테스탄트 목사들도 결혼을 그들의 신앙적 소명과 대비되는 것으로 간주하지 않았을지라도 아가서를 역시 알레고리화하였다. 모든 성적인 활동을 포기하고 성적인 욕망에서 떠난 크리스천 남여들을 이상화하는 것은 아가서에 대한 "솔직한 의미"의 해석을 생각조차 하지 못하게 만들었다. 교회에서 독신의 이상이 기승을 부렸던 역사에 대해 철저히 조사하기 위해서는 P. Brown, *Body and Society*을 보고, 나아가서 아가서의 신학에 대한 아래의 진술을 참조하라.

수도사 조비니안(Jovinian, ca. 409에 죽음)에 대한 사건은 당시에 교회에서 성에 대한 태도가 알레고리한 해석의 승리를 어떻게 보증해주었는지를 예증해준다. 이 사람은 결혼한 여자도 영적으로 처녀와 동등하였다고 진술했고, 또한 마리아의 영원한 처녀성에 대한 개념을 거부했다. 제롬은 그를 격렬하게 공격했다. 조비니안은 이단으로 선포되어 데오도시우스 황제에 의해 유배를 당했다. '조비니안에 반하여'(*Adversus Jovinianum*)에서 제롬은 결혼을 합법적인 것으로 간주하였으나 교회에서 이등급의 신분으로 여겼고, 심술궂고 불충실한 아내들의 사례에 대한 고전 역사와 문헌은 행복을 금욕에서 가장 발견할 수 있다는 요지를 만든다(i.48). 이 작품은 독신의 삶을 선호하는 교회의 논증의 대들보가 되었고, 그것은 다음 천년동안 서방 기독교에서 널리 알려졌다. 그것의 영향은 '바드의 아내에 대한 서언'(Prologue of the Wife of Bath, 소절 669-72, *Canterbury Tales*, 121)에 이 소절들을 초어서(Chaucer)가 삽입한 것으로도 알 수 있다. 거기서 바드의 아내는 악한 여자들을 기록한 역사에 항거한다. 그녀는 여기서 자신의 이전 남편들 중에 한 사람의 습관을 묘사한다.

그는 밤낮 기쁘게 어떤 책을 읽었다
그는 매우 열심히 그 책을 항상 읽었다.
그는 항상 맛을 느끼며 그 책을 읽었다
언젠가 조비니안에 대항한 책을 썼던
성 제롬이라는 로마에 한 수사가 있었고,
그 책에는 터툴란이 나왔다.

다시 말해서 그녀의 남편은 제롬에 의해 알려진 책들과 여인들과 그들과 결혼한 자들의 어리석음을 묘사하는 여타 것들을 읽고 웃었을 것이다.

성에 대한 제롬의 태도는 아가서에 대한 해석에서 나타났다. 그는 아가서 8:5b를 히브리어에서 번역하여 읽는다(8:5의 주석을 보라). "내가 사과나무 아래에서 너를 깨웠다/ 거기서 너의 어머니가 너를 잉태하였고/ 너를 임신한 그곳에서 그녀는 너를 낳았노라"(*sub arbore malo suscitavi te ibi corrupta est mater tua ibi violata est genetrix tua*). 그의 번역에서 제롬은 하발(חבל)로부터 두 동음이의어를 이용했다. 하나는 "타락하다"를 의미하고, 다른 하나는 "잉태하다"나 "낳다"를 의미한다. 사실상 여기서 혼돈이 없어야 한다. 문맥(그것은 동사 "낳다"[ילד - 야라드]를 또한 갖는다)은 타락이 아닌 출산이 고려되고 있음을 시사하고, 70인경은 그 동사를 오디네센(ὠδίνησέν, "그녀가 애쓰다/출산하다")으로 번역한다. 하지만 제롬은 그 동사를 하발(חבל, "타락하다")의 수동태로 번역했고, 한 경우에는 그것을 코룹타(*corrupta*)로 다른 경우에는 비올라타(*violata*)로 번역했다. 성에 대한 그의 왜곡된 태도가 이 시점에서 그의 번역에 결정적으로 영향을 미쳤다는 의심을 피할 수 없다(Brown, *Body and Society*, 374-76을 보라). 심지어 그에게서 사랑하는 자의 잉태에 이르게 한 성적인 행위는, 강간(*violata*)은 아닐지라도, 타락하고(*corrupta*) 처녀성을 빼앗는 행위다. 여기서 알레고리에 대한 커다란 기회가 있게 된다 - "사과나무"나 "악한 나무"는 십자가를 암시한다. 라틴 텍스트를 이용하여 사람들은 화자를 처녀에게서 태어난 그리스도가 되는 것으로 취할 수 있었고, 타락하여 태어났다고 그가 말하는 자는 여인이 될 수 있었다(즉 우상숭배와 사악함의 자연적인 상태에서 그리스도에 의해 처음 발견된 교회). 이것은 사실상 로마의 질스(Giles, ca. 1243-1316)가 전달한 해석과 정확히 동일하다(p. 167). 그러나 히브리어에서 '여성'이 화자라는 것은 대명사의 성에서 분명하다. 제롬의 번역을 따르면, 이것은 타락하고, 처녀성을 빼앗긴 어머니에게서 태어난 것은 남자임을 함축할 것이다 – 이는 카톨릭 알레고리주의자에게는 신학적인 재앙이다.

피상적인 일치에 근거하여 무관한 텍스트를 서로 연결하고 알레고리화한 경향은 초기 주해에 상당한 고통을 야기하였지만, 그것은 그들로 하여금 그들의 창조성을 충분하게 행사할 수 있게도 했다. 요한복음 13장에서 제자들의 발을 씻기신 예수에 관해서 설교했을 때(Tractate 57; NPNF[1] 1:303-4), 어거스틴은 세례가 모든 죄를 씻기지만 크리스천들은 여전히 스스로 더럽힐 가능성이 있기에 용서, 즉 그들의 발을 씻는 일을 행할 필요가 있음을 주목한다. 하지만 그때에 그는 거의 불가피하게 아가서 5:3을 인용한다. "내가 발을 씻었으니 어찌 다시 더럽히랴." 어거스틴에게서의 문제는 아가서에 대한 그의 이해에서, 여자(즉 교회)가 여기서 그녀의 사랑하는 자(즉 그리스도)에게 말을 전하고, 그녀가 집으로 그를 들여보낼 수 없는 이유에 대한 핑계를 만드는 것이다. 어거스틴은 설교적인 교묘한 기술로만 이 문제를 해결할 수 있다. "오 지극한 신비여!"라고 그는 외친다. 숨겨진 메시지는 사역자들이 그리스도와 함께 천상에 있기를 원하지만 그 대신에 (빌 1:23-24을 인용하면서) 그들은 더러운 세상 여기에서 그리스도를 섬겨야 한다는 것이다.

교부들 중에 이런 종류의 무수한 인용을 발견할 수 있다. 그들은 빈약하고 인위적인 방식으로 보이는 다른 단락과 자동적으로 자주 연결되고, 주어진 노래를 알레고리화 하는 것의 타당성과 관련한 접근을 세운다. 도브(M. Dove, *Literature and Theology* 10[1996] 319-20)는 어거스틴의 마음에 아가서가 그리스도와 교회를 주제로 갖고 있다는 사실은 전혀 알레고리가 아니라 텍스트의 명확한 의미라고 주장한다.

중세 시대는 아가서에 강력한 관심을 증거했다. 클라르보의 버나드(Bernard of Clairvaux, 1090-1153)는 아가서의 첫 두 장에 관한 86개의 설교를 행했다. 그러나 이 방대한 자료는 어떤 의미에서 아가서의 주석이라고 가정할 필요는 없다. 아가서의 단락들은 크리스천 영혼과 하나님 간의 사랑에 관한 설교의 출발점이다. 알레고리화 하는 전형적인 사례들이 모든 것에서 분명하다. 아가서 1:6에 관해서 그는 여인의 어머니는 하늘의 예루살렘이고, 그녀의 형제들은 이방인들을 이교도로부터 분리시키기 위해 싸웠던 사도들이다. 버나드의 설교는 강력하고, 분명하며, 자극적이고, 십자군 운동에서의 역할로 인한 기독교 역사에서 그의 위치는 대단했다. 동시에 아가서에 대한 그의 사용은 임의적이고, 그의 설교는 아가서의 텍스트에 기초한 것이 아니라, 육적인 사랑에서 영적인 사랑으로 영혼을 이끄시는 거룩한 에로스의 신학적 모델에 강력하게 침잠하였다(참조. M. S. Burrows, *AThR* 80[1998] 477-93).

포드의 존(John of Ford, 12세기 말)의 설교도 유사하다. 아가서의 선별된 단락에 기초한 이 설교들은, 알레고리적 설교의 오랜 전통에 분명히 의존하고 있을지라도, 아가서에 관한 지속적인 해석과 같은 것을 시도하지 않는다. 아가서의 구절들은 다시금 단지 다양한 설교를 위한 사례일 뿐이다. 예를 들어, 아가서 5:10에서 "나의 사랑하는 자는 희고도 붉어"로부터 단서를 취해서 그는 두 설교를 한다(John of Ford, 97-124). 첫째로 "희고도"에 기초해서는 하얀 것의 네 가지 본질(어린이, 어른, 회개하는 자, 그리고 부활한 자의 거룩함을 상징하는 우유, 백합화, 눈 그리고 빛)을 묘사한다. 둘째로 "붉어"에 기초해서는 붉음의 네 가지 본질(회개자, 정숙자, 순교자, 그리고 그리스도를 위한 사랑으로 불타는 사람들의 홍조를 상징하는 주홍, 장미, 피, 그리고 루비)을 묘사한다. 이 설교들을 깊은 것으로 생각할 수 있었고(그 사람의 신학에 의존하는), 확실히 경건하였으나, 아가서에 기초했다고 거의 말할 수 없다. 그가 전혀 아가서를 언급하지 않았다면, 사실상 아무런 변화가 없는 동일한 두 설교를 전파했을 것이다.

알레고리한 해석의 대단히 직설적인 단편은 10세기 아르메니아의 수도사 나렉의 그레고리(Gregory of Narek, ca. 1010에 죽었다)로부터다. 신부가 자신이 검고 아름답다고 말하는 아가서 1:4에 대해서 그레고리는 그녀가 이방인 크리스천들을 대변한다고 말한다. 남자가 벽 뒤에 서서 창문과 창살 너머로 보는 노루와도 같다고 묘사하는 아가서 2:9에 대해서 그는 노루는 그리스도이고, 벽은 그가 처녀로부터 취하였던 몸이며, 창은 선지자이고, 창살은 율법이다라고 말한다. 아가서 4:5에 대해서, 그는 두 유방은 남자의 몸과 영혼을 나타낸다고 말한다. 나렉의 그레고리의 주석에 대한 충분한 요약을 위해서는 R. Thomson, *JTS* 34(1983) 453-96을 보라.

중세 기독교의 해석자들은 자주 마리아를 아가서에서 보았다. 논리는 직설적이다: 아가서의 여인은 교회를 대변하고, 마리아는 순수한 교회의 구현이므로, 아가서는 우리에게 마리아를 가리킨다. 12세기 초의 다작의 작가인 호노리우스 아우구스토두넨시스(Honorius Augustodunensis)는 아가서에 대해서 다음과 같이 말한다(E. A. Matter, *Voice of My Beloved,* 59).

> 그러므로 이 책은 복된 마리아의 축제일에 읽혀진다. 그것은 처녀요 어머니가 되는 교회의 유형을 보여주기 때문이다. 모든 이단들에 의해 더럽혀지지 않았기 때문에 처녀요, 은혜를 통해서 항상 영적인 자녀를 낳기 때문에 어머니다. 따라서 교회에 대해서 언급한 모든 것은 신랑의 신부요 어머니로 이해되는 처녀(Virgin, 곧 마리아)에 대해서 말하는 것일 수도 있다.

이런 흐름의 또 다른 해석자는 루퍼트(Rupert of Deutz, ca. 1075에 태어남)였고, 그는 아가서의 일련의 마리아 논리적 해석을 생산했다. 루퍼트에게서 아가서는 마리아를 하와의 구원의 대응자로 선포한다. 예를 들어, 아가서 1:11("나의 나도 기름이 향기를 토하였구나")은 하와의 "교만의 악취"와 마리아의 향기로운 겸손을 언급한다(Matter, *Voice of My Beloved,* 162). 후대의 12세기 주석자인 알란(Alan of Lille)도 아가서를 사용하여 마리아를 칭송했다. 아가서 1:16에서 "우리 집은 백향목 들보"에 대해서, 그는 그 말들이 예수의 육체적 몸의 부패하지 않는 본질을 묘사할지라도, 또한 마리아의 육체적 몸도 역시 어떤 부패가 진행되지 않았다는 것을 주장했다(Matter, *Voice of My Beloved,* 166). 알란에게서 왕의 집이 교회 건물을 대변하는 것 이상으로 그 모든 것은 마리아의 집이다. 아스텔(Astell, *Song of Songs in the Middle Ages,* 46)은 "그녀는 그리스도를 품은 자궁의 집으로 그들의 건축물의 모형이다('domus Christi'). 심지어 그녀는 모성의 정점, 이끄는 개념, 교회의 모형, 그들이 그녀의 첫 태생인 예수 안에서 행하는 것처럼 하나님의 모든 자녀들 속에서 특징이 나타나는 어미이다.

알레고리화한 마리아의 헌신과 아가서의 조합은 우리가 할 수 없었던 해석을 낳았다. 예를 들어, 데니스(Denys the Carthusian, ca. 1402-1471)가 벌게이트역(*Osculetur me osculo oris sui quia meliora sunt ubera tua vino,* "*그가 나에게 입맞춤하게 하기 원하니* 네 가슴은[유방] 포도주보다 나음이로구나"[참조. 70인경])에서 나타난 것처럼 아가서 1:2-3을 취하여 다양한 방식으로 반추했을 때, 그는 놀라운 주장을 생각해 내었다. 그는 "그가 나에게 입맞춤하게"는 성수태 고지일에 마리아의 말("주의 계집종이오니 말씀대로 내게 이루어지이다")을 대변하고, "네 가슴 때문에"는 신랑과 아기로서 마리아에 대한 예수의 말을 대변한다고 말했다. 즉 "입맞춤"은 마리아의 젖을 빠는 아기 예수이다: "다시금 그것은 가장 거룩한 동정녀의 육체적인 유방을 언급하는 것이고, 가장 복을 받은 유방은 그것으로부터 빨아먹는 찬미 받으실 성육신하신 신랑과의 계속된 접촉으로 인해 가장 거룩하게 되었다. *그 것은 가장 좋은 연고보다 더 향기롭다.* 즉 가장 맛있는 처녀의 유유보다 더 향기롭다. 그것은 모든 것의 주인이신 분이 섭리하심으로 자의로 자기 자신을 취하여 우리를 위해서 고통당하신 굶주림과 목마름과 대비되는 유방으로부터 빨아먹었다" (아 1:3a를 나타내는 이탤릭체는 본래부터 있었다; Turner, *Eros and Allegory*, 442). 히브리어에서 '유방'(breasts)이란 단어는 나타나지 않고, 대명사의 성은 남자가 화자가 아님을 나타낸다.

물론 이 당시의 모든 주석이 해석에서 마리아적이지는 않다. 사실상 아가서의 마리아적 주해의 전체 프로그램은 의심스러운 고안물로 간주되었던 것으로 보인다. 12세기 수도사이자 신비주의자인 귈라움(Guillaume de Saint-Thierry, William of Saint-Thierry)은 마리아 신학을 삼간 아가서의 알레고리적 주석을 펴냈다. 아가서에 대한 마리아적 주해는 20세기에도 계속되었다.

아가서는 카톨릭 교회에서 수세기에 걸쳐서 알레고리적 해석을 찾는 것을 지속했다. 아가서를 그리스도와 영혼의 사랑의 알레고리로 취급한 것은 금욕적이고 정적주의적인 마담 귀용의 관심을 끌었다. 그녀는 아가서 7:9("내가 말하기를 종려나무에 올라가서/ 그 가지를 잡으리라 하였나니/ 네 유방은 포도송이 같고/ 네 콧김은 사과 냄새 같고")을 수녀원에서 영적인 지침을 찾는 자신의 경험을 반추하는 방식으로 해석했다.

> 영광의 왕에 의해 만들어진 비유를 듣고 '배우자'의 은혜로 참여하려는 욕구로 황홀하게 되어진 젊은 처녀들은 한 목소리로 외치고, 또는 나머지 사람들의 감정을 표현하는 것을 외친다…나는 완전한 이 여주인의 제자가 될 것이고, 아주 현명하고 부유한 자가 내게 어미가 될 것으로 동의할 것이라면, 나는 그녀의 딸이 될 것이다. 즉 나는 그녀 속에 있는 신랑의 기름부음의 영향을 경험할 것이다. 그녀의 말의 열매는 나에게 절묘한 향기로움을 가진 포도송이처럼 될 것이고, 그녀의 가르침의 정결은 나에게 그 향기로 나를 채울 것이다.

포프(Pope, 179-83)가 지적한 것처럼, 보다 최근의 카톨릭 해석은 아가서를 역사적인 방식으로 알레고리화했다. 이 중에는 저명한 히브리 학자인 폴 쥬온(Paul Joüon, *Cantique des cantiques*[1909])의 주석이 있다. 그것은 아가서가 유대인들에게 고국으로 돌아갈 것을 격려하는 것으로 저작되었다고 주장한다. 그러므로 그의 분석은 탈굼의 전승에 기초해 있고, 그는 아가서가 유대인들을 위해서 있는 것이지

교회나 마리아에 대한 아가서의 적용은 부차적이라고 주장한다. 이런 접근은 로버트(a. Robert, 1883-1955)와 그의 제자들인 퓨일렛트(A. Feuillet)와 투르네이(R. Tournay)의 작품 속에서 발전되었다. 이 학자들에게서 아가서가 이스라엘의 역사, 땅, 그리고 종교를 언급한다는 표지는 모든 곳에서 나타난다. 따라서 투르네이에게서(*VT* 25[1975] 546-47), 남자가 여자에게 "오라"고 한 두 번의 요청(아 2:10, 13)은 야훼가 아브라함에게 "가라"(창 12:1; 22:2)고 한 두 번의 명령을 상기시키고, 아가서의 아름다운 여인의 모습(2:14)은 사라의 아름다운 모습을 상기시킨다(창 12:11). 거기에 많은 다른 그러한 사례들이 있다. 탈굼을 좇는 투르네이(*Word of God*, 87)는 아가서 4:6에 "몰약산"과 "유향의 작은 산"이 성전에 향을 드리는 것을 암시하고, 몰약(מֹור – 몰)의 바로 그 단어는 성전 언덕(작은 산), 곧 모리아 산의 이름을 상기시킨다고 주장한다. 아가서 6:12에서 아미나디브(Ammi-nadiv)란 이름은 언약궤를 자기 집에 머물게 했던 사무엘상 7:1의 아미다답을 상기시킨다. 이것은 투르네이에게서(*Word of God*, 101-2) 언약궤의 전체 역사와 특히 역대상 29:5-6을 암시한다.

최근의 로마 카톨릭 해석가들의 유추적인 해석은 스타델만(L. Stadelmann)의 것이다. 그는 "페르시아 당국자들이 유다에 대한 그들의 지배에 대항하는 반동이 싹트고 있음을 의심할 수 있기 때문에 페르시아 당국자들의 눈에서 유대의 민족주의를 덮기 위한 정치적인 분별"(Stadelmann, 1)을 사용하는 알레고리로 읽는다. 그 책은 유배 이후의 유대인들이 쓴 위장된 애국적인 책자의 일종이다. 아가서 4:1-7은 "정치적인 공동체를 형성할 수 있도록 조화롭게 병합된 도시와 시골 지역의 사회그룹들을 통합하는 민족을 다루고 있다…그 민족은 젊은 여인으로 묘사되고, 머리부터 가슴까지 그녀의 형상은 우아하고 명쾌한 단순함이 있는 것으로 해석된다"(Stadelmann, 115). 6절이 몰약의 산과 유향의 작은 산으로 가는 신랑을 언급할 때, 그것은 유대 왕조를 재형성하기 위해서 예루살렘의 언덕으로 오는 왕을 가리킨다(Stadelmann, 114, 116).

개신교의 알레고리

아가서를 알레고리화 하는 루터의 입장은 다소 모호하고 논쟁이 되어진다. 한편으로 그는 중세 교회의 알레고리주의를 신뢰하지 않고, "[알레고리를] 만드는 것은 노력할 가치가 없는"(LW 15:200) 것이라고 언급했다. 동시에 그는 많은 개인적인 언급을 전형적인 알레고리적 모형을 좇아서 그리했다: "입맞춤"(아 1:2)은 하나님의 말씀이고(LW 15:196), "검은 살갗"(아 1:5)은 교회의 죄성이며(LW 15:201-2), "나의 사랑하는 자는 어린 사슴과 같다"(아 2:9)는 한 도시에서 다른 도시로 하나님의 말씀이 전파되는 것으로 언급하고(LW 15:217-18), "반구"(turtledove; 아 2:12)는 하나님의 말씀을 배우는 거룩한 백성이다(LW 15:219) 등등. 실로 칼라스(E. Kallas, LQ 2[1988] 323-41)와 대비되어, 루터에게서 아가서는 처음부터 끝까지 알레고리화 되었지만 일관된 방식으로는 아니었다. 하지만 루터는 필자가 해석자들의 알레고리화에 대한 시험 사례로 선택하여 사용하고 있는 본문인 아가서 4:5에 관한 아주 흥미로운 코멘트를 한다.

> 하지만 유방과 상태노루의 연결 관계는 무엇인가? 아마도 그는 그들이 음녀의 유방이 아니라 정숙하고 아름다운 유방을 암시하고 있을 것이다….
>
> 하지만 그들은 수풀 속에서 먹는다. 이것은 동일한 묘사의 일부다. 즉 그는 그것의 충만함을 잡초의 조야한 목초지로부터가 아니라 장미로부터 가져온 것처럼 우아하고 멋있는 유방을 의미한다.
>
> 여기서 나는 그러한 묘사를 들을 때 젊은이들에게 해당하는 불순한 사상과 관련한 경고를 발하지 않을 것이다. 성령이 순결하시고, 여인들을 하나님의 선한 피조물로 간주하기를 원하시는 그들의 육체를 언급하고 있기 때문이다. 그리고 실로 하나님이 자기 백성들에게 수여하셨던 지극한 은사에 대한 멋진 특징들을 언급하는 솔로몬을 내가 보고 있다는 사실보다 나를 기쁘게 하는 것은 이 책에 없다(LW 15:230-31).

여전히 그는 이것을 알레고리적인 의미를 갖는 것으로 생각한다. 그는 이 말들의 "자연적인" 의미를 인식하였을 것이나 때때로 그런 흐름 속에서 언급할 수밖에 없었을 것이다.

칼빈의 관점은 일부 논쟁이 되어지고, 그의 경우에 우리가 연구할 증거가 별로 없다. 개신교의 대다수에게서 아가서는 엄격하게 그리스도와 교회/경건한 영혼간의 사랑의 알레고리였다. 플라벨(J. Flavel)과 코톤(J. Cotton)과 같은 17세기의 목사들은 아가서에 이르게 되었을 때 자연적인 의미로 성경을 취하는 것을 포기하였고, 이런 흐름은 19세기에 희극적(dramatic)인 해석이 기승을 부릴 때까지 개신교의 주해를 지배하였다. 심지어 아가서를 읽는 이런 방식은 결코 사라지지 않았고, 개신교의 알레고리적인 아가서의 해석은 20세기에도 계속되고 있다.

스코틀랜드의 목사인 두르함(J. Durham, 1622-1658)은 아가서 4:5의 분석에서 아주 철저하다(212). 그에게서 두 유방은 "잘생긴 몸"으로 확장되고, "젖을 주기에 유용하며", "따뜻한 애정을 의미한다." 유방은 다른 이들을 양육하는 신자들의 적합함을 상징할 뿐만 아니라, 그들이 그리스도를 "가슴에" 품었기 때문에 "그리스도에 대한 친절과 애뜻함"을 상징한다. 아가서를 방대하게 알레고리화한 사람은 존 길(John Gill, 1697-1771)이다. 그는 아가서 4:5에서 수많은 다양한 진리를 발견한다(148-50). 그에게서 두 유방은 교회를 육성시킨 복음의 첫 사역자들이다. 그들은 진리를 사랑스럽고, 명쾌하며, 진리를 지키는 예리한 눈을 갖고 있는 상태 노루와 같다. 그들이 둘이라는 것은 그들에게 요구된 일을 행하기에 충분한 수를 지녔음을 시사한다(두 유방이 한 아기를 먹이기에 충분한 것처럼 말이다). 그들은 쌍태, 즉 조화를 이루며, 백합화 가운데서 꼴을 먹는다. 이는 그들이 성경으로 양육되고, 성도들 중에서 행하고 있음을 의미한다. 아울러 길(Gill)에게서 두 유방은 구약성경과 신약성경이다. 그것은 약속과 교리와도 같다. 두 유방은 세례와 성찬의 두 예전이기도 하다. 요컨대, 두 유방은 쌍으로 있는 기독교 신앙의 것들을 암시한다.

리차드(Richard F. Littledale, 1833-1890)의 분석도 유사하다(156-57). 그는 두 유방이 구약과 신약으로 자녀들을 먹이는 모(Mother) 교회로 간주한다. 뉴톤(A. L. Newton)에게서 아가서 4:5의 두 유방은 그리스도 교회의 연합을 암시하고, 그녀는 고린도전서 1:10와 다른 많은 신약성경 본문을 인용하여 이 덕성을 묘사한다(A. L. Newton, *Song of Solomon*, 118-19). 또 다른 19세기 해석자인 뉴베리(T. Newberry, *Song of Solomon*, 45)는 여인의 눈, 머리, 이빨, 관자놀이, 목, 그리고 유방이 어린양의 결혼잔치에 승리적인 교회의 완전하고 거룩한 상태를 나타내는 것으로 아가서 4:1-5을 간주한다.

19세기 미국의 장로교인인 조지 부로웨스(George Burrowes)도 아가서를 알레고리화한다. 일반적으로 그의 주석은 고전들 속에서 훌륭한 교육을 반영하지만(그것은 고대와 유럽의 문학 작품들을 자주 암시한다), 상상력이 없지는 않다. 그는 우리가 다양한 해석자들의 시범 사례로 사용했던 텍스트인 아가서 4:5에 대하여 "설명된 것이 예수가 보시기에 경건한 영혼의 일반적인 아름다움이다"(285)라고 말한다. 그는 남자가 여인의 유방을 보는 것처럼 예수가 성도들을 본다는 사상에 불편함을 느끼고, 고대의 "동양인들"은 여성의 유방을 비밀스러운 것으로 간주하지 않았고, 여인으로서 그리스도의 사랑하는 자의 은유를 발전시키는 것은 부적당하다고 제기하고 유방을 포함시키지 않는 고통을 취했다. 다양한 신약성경을 언급하는 그는 아가서 4:5이 그리스도가 인간을 어떻게 영화롭게 했는지를 예증한다고 말한다(284-88).

이런 종류의 알레고리적 해석은 20세기의 개신교 성경 연구에서 지속되었다. 네

이버(R. E. Neighbor)의 주석(107)은 아가서를 그리스도와 영혼의 알레고리로 취급하고, 아가서 5:16a에 대해 언급하는데("다리는 정금 받침에 세운 화반석 기둥 같고"), 아가서의 텍스트가 실제로 언급하고 있는 것은 희미하게 반영하고, 신약성경에 무게를 둔다.

> 여기에 셀 수 없는 가치의 반석에 세워진 장중한 능력이 있다. 어찌 이 능력과 감히 대적하겠는가? 하나님의 능력은 참으로 놀랍도다. 주 예수님은 능력의 말씀으로 모든 것을 견지하신다. 그가 말씀하실 때, 저는 자가 걷고, 아픈 자가 낳으며, 귀먹은 자가 듣고, 죽은 자가 일어난다. 우리 주님은 전능하신 하나님이시고, 그의 전능하심으로 그는 모든 영광을 지니신다.

네이버는 아가서 4:5에 대해서는 아무것도 말하지 않고, 두드러지게 성적인 구절은 그냥 건너뛴다(예. 아 7:8-9[ET 7:7-8]).

알레고리적인 해석이 갖는 문제점들

단일한 알레고리적 해석을 읽는 것은 인상적이고, 저자가 심오한 것을 진행 중이라면 놀라울 것이지만, 수많은 알레고리적 해석을 읽는 것은 값이 떨어지고, 전체를 망치기를 원하는 것이다. 알레고리적인 해석들이 비교와 분석을 거부할 수는 없다. 어떤 단일한 해석이 가장 합법적이고 다른 어떤 것보다 더 의미 있게 만들지는 않는다. 알레고리적인 해석은 해석자의 창조적인 상상력에 좌우되는 것이지 아가서와는 관계가 없다. 여인의 유방(아 4:5)이 모세와 아론, 또는 십계명의 두 서판, 또는 수학적인 추리, 또는 기독교회의 목사, 또는 기독교의 신구약 성경, 또는 전체로서의 교회나 개신교 예배의 두 예전, 또는 그리스도가 보시기에 교회의 아름다움으로 이해할 수 있는가? 어느 독법도 다른 독법보다도 본질적으로 더 합리적이거나 그럴 듯하다고 말할 수 없다. "뉴에이지"라 널리 불리는 현대의 절충적인 종교의 관점에서 쓰인 최근의 알레고리적 주석(Elder, *Song of Songs*, 1988)은 이런 점을 예증한다. 그리스도, 부처, 크리쉬나(Krishna), 그리고 "보편적인 하나님"에 대한 이 책의 두서없는 사상은 터무니없게 자의적이지만 아가서의 알레고리처럼 그들은 다른 것들처럼 아주 합법적이라고 주장한다.

알레고리 즉 알레고리로 읽을 것으로 실제 의도되었던 이야기는 일반적으로 독자들에게 그것이 매우 분명하고 의도적인 방식으로 알레고리라는 것을 말한다. 톨킨스(Tolkien)의 '반지의 제왕'(*Lord of the Rings*)을 묘사한 C. S. 루이스는 다음과 같은 요지를 언급한다(*On Stories,* 85): "우리가 알레고리가 아니라 신화라고 읽는 것을 보여주는 것은 거기에 특히 신학적, 또는 정치적, 또는 심리적 적용을 가리키는 것이 없다는 점이다." 이에 비하여 나무에 대한 요담의 알레고리(삿 9:7-21)는 정치적인 알레고리를 이보다 더 두드러지게 지닐 수는 없을 것이다. 아가서는 알레고리적 의미가 의도되어 있다고 주장하지 않는다. 아가서에서 볼 수 있는 종류의 알레고리는 신약성경에서 전례가 없다. 갈라디아서 4:23에서 동사 알레고레오(ἀλληγορέω)를 바울이 사용한 것은 우리가 아가서의 해석에서 그것을 보는 것과 같은 알레고리에 상응하지 않는다. Goppelt, *Typos,* 139-40을 참조하라.

몇 가지 분명한 경향이 알레고리적 해석에 대한 개요에서 나타난다. 첫째로 가장 분명한 것은 개인적인 해석자의 상상력이 전체 과정을 몰고 간다는 것이다. 둘째로 해석자들은 거의 항상 텍스트에서 자신의 종교적 전통을 본다는 점이다. 유대인에게서 두 유방은 모세와 아론이거나 율법의 두 서판이다. 크리스천에게서 두 유방은 모(母) 교회나 신구약 성경, 또는 목사들이다(최근에 아가서를 유대의 정치적 책자로 읽는 카톨릭 해석자들은 여기서 예외가 된다). 세 번째 경향은 알레고리적 해석들은 단순한 심리적 연관성에 의해 자주 암시된다는 점이다. 유방=양육, 따라서 유방은 이스라엘의 위대한 지도자들이나 목사들을 언급한다. 숫자 둘은 모세와 아론이나 신구약 성경과 같은 짝으로 된 것들을 암시한다. 네 번째 경향은 알레고리들이 성경의 다른 구절들과의 언어적 연관성에 의해 자주 암시된다는 점이다. 많은 알레고리적 해석자들은 자신의 해석이 그 주제에 관한 최종적인 뜻이라고 믿는 것으로 보이고, 때로 그렇다고 말할 것이다!

알레고리화 하는 일의 기원과 발전을 아는 것은 그런 방법을 좇는 것을 불편해하게 만들 것이다. 알레고리화는 술취함, 사소함, 폭력, 동성연애, 그리고 그들의 신들의 색욕에 관한 이야기에서 진리의 적은 것들이라고 얻으려는 방식을 찾기 원했던 이교도들 중에서 발생했다. 뵈레시데스(Pherecydes of Syros)와 데오게네스(Theogenes of Rhegium)와 같은 초기 이교도의 알레고리주의자들(6세기 B.C.E.)은 그리스도인들이 그 일을 할 수 있는 길을 제공했다. 따라서 새턴(Saturn, 희랍의 농업의 신)이 자식을 집어삼켰을 때 단지 시간의 흐름의 알레고리로 나타났다. 이런 방식의 해석이 알렉산드리아 학파와 유대의 회당과 기독교회로 로 확대되는 전통을 시작시켰다.

아가서의 알레고리화는 기독교보다는 영지주의적인 신플라톤적 세계관에 뿌리내려 있다. 이 세계관은 필요, 식욕, 배출을 갖는 몸이 본질적으로 저급하고 비영적이며 궁극적으로 악하다고 주장한다. 참된 영성은 몸의 권세에서 탈출하는 것이다. 어떤 이교도들과 영지주의자들은 이런 해방이 육적인 탐닉을 통해서 얻을 수 있다고 주장하기도 하였지만 보다 표준적인 규범과 종교적인 단일신론자들이 채택한 것은 금욕주의였다. 금욕주의자나 자유사상가들의 철학적인 기초는 사실상 동일하다: 육체는 나쁘고 반(反) 영적이다. 따라서 아가서의 알레고리적 해석은 불가피하였다. 아가서는 합리적으로 볼 때 성적인 사랑에 대한 것이 될 수 없다. 비록 결혼이 합법적일지라도, 성적인 사랑은 세속성의 핵심이고, 고로 본질상 악한 것으로 알고 있기 때문이다. 사상의 이런 패턴에 빠진 것은 기독교인들도 마찬가지다. 이전에 인용했던 유대 알레고리주의자인 쉐르만(N. Scherman)은 신플라톤적은 아닐지라도 분위기상 적극적으로 어거스틴적이다.

고대말기와 중세 시대에 기독교회는 성적인 욕구에 대해 적대적인 태도를 채택했다. C. S. 루이스가 '사랑의 알레고리'(*The Allegory of Love*, 14-15; 이탤릭체는 본래부터 있었다)는 그것을 이렇게 묘사한다.

> 결혼에서 성적인 행위에 대해서 중세 교인들의 견해(물론 결혼 외의 성행위에 대해는 이론의 여지가 없다)는 두 가지 보충적인 동의에 의해 모두 제한을 받는다. 첫째로 일찍이 어느 누구도 성적인 행위가 본질적으로 죄스럽다고 주장하지 않았다. 둘째로 일부 악한 요소들이 아담의 타락 이래로 이 행위의 모든 구체적인 사례에 내재되었다는 것을 모두 동의했다. 배움과 재능을 확장시켰던 것은 이런 동반하는 악의 정확한 본질을 결정하려는 노력에서였다. 6세기 말에 그레고리는 이런 문제에 대해 완벽하게 분명했다: 그에게서 이 행위는 순전하지만 그 욕구는 도덕적으로 악하다. 우리가 본질적으로 순수한 행위에 대한 본질적으로 사악한 충동의 개념에 이의를 제기한다면, 분노로 전달된 의로운 책망의 사례가 답이 될 것이다. 우리가 말한 것은 정확히 우리가 말했어야 했던 것이다. 하지만 결과적인 원인이 된 감정은 죄책이 남아 있다. 따라서 구체적인 성 행위, 즉 불가피한 결과적 원인을 *더한* 그 행위는 죄책으로 남아 있다. 중세 말기로 나아갈 때, 이런 견해는 수정된다. 성 빅토르 휴고(Hugo of St. Victor)는 육체적인 욕망을 악으로 생각한 것에는 그레고리와 일치한다. 하지만 그는 구체적인 행위가 죄가 된다고 생각하지 않는다. 자손과 같은 결혼의 좋은 목적이 그것을 "양해해" 주기 때문이다.

이런 태도는 초어서(Chaucer)의 '캔터베리 이야기'(*Canterbury Tales*)에서 잘 예증된다. 덕스러운 크리스천 공주인 콘스탄스(Constance)의 이야기인 '율법 이야기의 남자'(Man of Law's Tale)에 관한 두 번째 책에서, 그는 그녀가 사랑하는 남편인 알라 왕과 성적인 관계를 가졌던 사실을 변증하고, 이것은 경건한 여인이 결혼의 필수적인 부분으로서 감수해야 하는 것이라고 말한다. 이에 비하여 '밀러의 이야기'(Miller's Tale)에서 목수의 아내인 알리슨(Alison)과 니콜라스(Fly Nicholas)의 부정한 정사는 적어도 감칠맛이 있는 것으로 언급한다.

이런 관점은 성경의 가르침과 대비된다. 성경은 육체적인 세계, 살아 있는 피조물, 그리고 남여로서의 인간이 "좋다"라고 선언하며, 남여의 연합을 분명히 찬미한다(창 1장; 2:18-25). 성경적인 신학이 동등하게 기각시키는 두 관점이 있다: 성을 육체와 신 사이에 중보의 관점으로 간주하는 다산의 이교도와 육체 그리고 특히 성을 본질적으로 악하다고 간주하는 금욕주의적인 영지주의적 형태. 성경이 다른 여자를 좇는 탐욕을 악한 것으로 정죄할지라도, 적어도 다른 여자에 대해 표현되었을 때를 제외하고는, 성적인 욕구 자체를 악한 것으로 묘사하지 않는다. 또한 바울은 "임박한 환난"(고전 7:26)을 당하여 결혼을 하고 자녀를 갖는 것이 현명한지를 생각해 보도록 신자들에게 촉구할지라도, 또한 더 많은 신자들이 자기처럼 그리스도의 봉사의 온전한 삶에 헌신할 것을 선호하였을지라도(고전 7:32-35), 그는 금욕이나 처녀성이 본질적으로 결혼한 자보다 더 '거룩한' 상태라고 시사하지 않는다 - 그에게서 정의상 결혼은 성적인 관계를 포함한다(고전 7:1-5).

성적인 사랑의 언어가 영적인 헌신의 영역으로 가져와진다. 아가서 7:8-9(ET 7:7-8)에서, 남자는 여자가 야자수 나무와 같고, 그녀의 유방은 대추나무 송이와 같다고 말한다. 그는 나무에 올라가 송이를 잡는다! 사람들은 자기 백성들에 대한 하나님의 사랑이나 진리에 대한 영혼의 사랑, 또는 어떤 다른 영적인 의미를 포착할 수 있는 것을 묘사하기 위해서 이런 용어를 사용한 것을 붙잡는다. 이것은 예배와 영성에 적합한 용어는 아니다. 이런 용어들을 영적화하는 것은 젊은 남자가 그의 아내의 몸에서 갖는 기쁨을 청자들이 어떻게 칭송할 것인지를 적용하지 못하게 만든다.

나는 아가서의 어느 텍스트의 알레고리화도 신학적이거나 주해적인 가치가 있다고 믿지 않는다. 아가서에서의 남자가 그리스도가 구속자이신 것처럼 구속자의 특징이 있다고 말하는 것은 참일 수 있으나, 이것이 그와 같은 알레고리화를 타당한 것으로 만들지 않는다. 오히려 아가서는 인간의 변화에 대한 깊은 구조를 가져오고, 이 변화의 과정은 기독교 복음의 핵심적인 표현이다. 이런 방식으로 이해할 때, 우리는 안디옥(텍스트의 본질적인 독법)와 알렉산드리아(텍스트의 영적인 독법)의 화해를 이룰 것이다. 즉 사랑 시의 직설적인 의미를 포기함이 없이 아가서의 영적인 의미를 이해할 수 있다.

하지만 변화의 이런 과정을 이해하기 위해서 우리는 아가서의 본질적이고, 일상적이며, 내가 보기에 자명한 의미를 따라 나가야 한다. 아가서를 알레고리화 할 수는 없다. 아가서가 알레고리화 되었을 때, 아가서의 변화의 이미지가 상실되기 때문이다. 여인과 그녀의 처녀성의 상실이 보이지 않게 된다. 솔직하게 말하면, 아가서는 참으로 입맞춤, 육체적인 아름다움, 그리고 성적인 연합에 대한 노래다. 아가서 4:5이 여성의 유방을 언급할 때, 그것은 진짜 여성의 유방을 의미하는 것이지 모세와 아론, 영적인 양육자로서의 마리아, 또는 교회의 양육하는 능력을 의미하지 않는다. 하지만 육체적인 섹스(성)가 전체 이야기가 아니다. 변화가 아가서의 핵심에 있다. 이런 방식으로 이해할 때, 아가서와 그 복음은 친밀감과 초월감에 대한 동일한 필요를 언급하게 된다. 아가서를 정직하게 읽고자 할 때만, 이 메시지를 발견할 수 있다.

희극적인 해석들

참고문헌

Bullock, C. H. *An Introduction to the Old Testament Poetic Books.* Chicago: Moody Press, 1979. **Emmerson, G. I.** "The Song of Songs: Mystification, Ambiguity and Humour." In *Crossing the Boundaries.* FS M. D. Goulder, ed. S. Porter, P. Joyce, and D. E. Orton. Leiden: Brill, 1994. 97-111. **Goulder, M. D.** *Song of Fourteen Songs.* **Waterman, L.** *The Song of Songs.* Ann Arbor: Univ. of Michigan Press, 1948. **Woods, T. E. P.** *Shulammith.* Grand Rapids: Eerdmans, 1940.

최근 두 세기에서 아가서를 일종의 드라마(희극)로 해석하는 것이 대단히 유명해졌다. 거기에 두 가지 주요한 변화가 존재한다: 세 인물 드라마와 두 인물 드라마.

세 인물 드라마의 해석

모든 세 인물의 해석은 동일한 기본적인 이야기 흐름을 좇는다. 솔로몬은 어린 이스라엘 소녀와 잠을 자기를 원하여 그녀를 자신의 후궁으로 들이려 하지만 그녀는 통상적으로 목자로 확인되는 다른 이를 사랑함으로, 성적인 호의를 위한 왕의 간절한 청을 저항한다. 이븐 에즈라(ibn Ezra)가 제기한 것으로 가정하지만 실제로는 그렇지 않은 이 이론은 자코비(J. F. Jacobi), 뢰비손(S. Löwisohn), 그리고 에발트(H. Ewald)에 의해 발전되었다. 뢰비손을 이 해석의 진정한 개척자라고 생각하는 포프(M. Pope, 104, 111-12)와 해리손(R. K. Harrison, Introduction, 1054)을 보라.

세 인물의 드라마는 본질상 임의적이다. 그것의 주창자는 자신들이 이 서정시에서 보기를 원하는 것을 보고자 하는 경향이 있다. 한 해석자가 사랑 시를 "목자"에게 할당한다면, 그 용어들은 열정적이고 순결하며, 또 다른 해석자가 동일한 텍스트를 솔로몬에게 할당하면, 그것은 탐욕적이고, 속임수적이다. 때때로 같은 해석자가 동일한 말을 헛된 아첨과 순수한 사랑으로 동시에 취하기도 한다. 아데니(Adeney, 8)가 이것을 예증해준다. 그는 "솔로몬의 찬사는 형식적이며 과장된 것이고, 그것들은 가장 사치스러운 용어로 애정의 대상을 묘사하지만, 감정의 흔적을 보여주지 못 한다"고 말한다. 솔로몬의 텅 빈 찬사의 한 가지 사례로서 그는 아가서 1:15을 취하는데, 거기서 "솔로몬"은 여인의 눈이 비둘기와 같다고 말한다(Adeney, 19). 아데니는 여인이 그녀의 참된 사랑에 대해 언급할 때도 동일한 헛된 아첨을 사용한 것을 인식하지 못했다(아 5:12).

아가서를 세 인물의 희극으로 보는 상상력의 해석에서 확실히 어느 누구도 우드(T. Woods)를 능가할 자는 없었다. 그는 아가서를 성경책의 배후에 있는 이야기의 길고 교묘한 창조적 각색으로 소개하고 "술람미 여인"(아가서의 여인)이 자기 삼촌에게 왕의 시도에서 자기를 구해내달라고 울고 간청하는 것으로 가득하다고 말한다. 이 주석의 발췌문(*Shulammith*, 50-51)은 이런 접근이 근거가 희박한데서 얼마나 기발한 아이디어를 사용하여 만들어냈는지를 예증해 줄 것이다(아가서의 말씀은 Woods의 원 텍스트에서처럼 굵은 글씨체로 되어 있다).

> 문이 열리고 술람미 여인이 들어온다. 솔로몬이 일어나서 그녀를 환대하고 그녀를 위해 이미 배열된 소파로 안내한다. 그의 눈은 그녀의 아름다움을 집어 삼킬 듯하다. 그때에 왕은 그녀 앞에 무릎을 꿇고, 그녀의 팔을 부드럽게 만지고는 자신도 제어할 수 없는 열정으로 가득한 낮은 목소리로 말한다.
>
> **당신은 아름답소,**
> **디르사 같은 오 나의 사랑;**
> **달처럼 아름답고 해처럼 빛나는**
> **예루살렘의 모습이여,**

최상의 아름다움으로 무장하였도다.

그녀의 결심에도 불구하고, 술람미 여인은 그의 목소리의 감정에 영향을 받고 있다. 그녀는 눈을 들어 그를 자세히 살핀다. 거기에 그녀가 호소할 수 있는 위대한 모습과 고관의 높은 사람에게 있는 관대함이 있는가? 그녀는 자신의 팔을 상할 정도로 붙들고 있는 솔로몬이 외칠 때 이렇게 말한다.

그대의 눈을 나에게서 돌리시오,
그것이 나를 매우 압도하고 있소이다.

실망의 한숨으로, 그녀는 머리를 숙이고, 그가 아주 강하게 붙잡고 있는 손에서 빠져나오려 한다. 그는 그녀를 풀어주고, 자신을 통제하려고 애쓴다. 방안에 침묵이 돈다.

아가서의 이런 소설화는 "희극적"인 해석에서 일어날 수 있는 것을 보여준다: 장면, 행동, 그리고 아가서의 흐름의 배후에 있는 동기들은 텍스트상의 보증이 없이 해석자가 안출해 낸 것이다. 이 발췌문은 세 인물의 모델에 특별한 문제를 보여주는데, 즉 아가서의 가장 아름다운 사랑의 소절이 자기의 여성 주인공을 유혹하는 성에 집착한 왕의 탐닉적인 유혹으로 바뀐다는 것이다.

워터만(L. Waterman)은 아가서에 대한 편집적인 역사를 발전시키고, 그것을 솔로몬이 권좌를 계승하는 역사를 제기하는 것으로 사용한다. "수넴 여자"(Shunammite)를 "술람미 여인"(Shulammite)과 동일시한 그는 솔로몬이 수넴 여자인 아비삭에게 구애하였지만(왕상 1:3-4에서 죽어가는 다윗의 몸을 따뜻하게 해준 젊은 여자), 그녀가 왕을 거부하고 북쪽에 그녀의 사랑하는 자에게로 돌아갔다고 주장한다. 그의 해석은 아가서 4:2이 그녀가 동물인 것처럼 소녀를 살피는 것으로 솔로몬을 풍자하고 있음을 암시하고(*Song of Songs*, 41), 4:4은 솔로몬을 엉뚱하게 보이게 만드는 것을 의미하며(*Song of Songs*, 42), 6:4은 북쪽 나라의 수도인 디르사를 높이는 것이 됨을 암시한다(*Song of Songs*, 41). 많은 세 인물 해석들은 아가서를 반 솔로몬적 소책자로 만든다.

세 인물의 드라마는 프로반(I. Provan)의 주석에서 보다 최근에 나타난다. 그는 아가서가 솔로몬의 후궁의 여인, 즉 이미 솔로몬과 결혼한 여인으로 시작한다고 주장한다(Provan, 246). 후궁에서 그녀는 바깥에 살고 있는 연인을 사모하고, 둘은 결혼하지 않았지만, 결혼한 것으로 스스로 생각한다. 솔로몬의 다양한 텍스트들이 교대로 서로에 대한 연인들의 열정과 솔로몬에 대한 그녀의 경멸을 묘사한다.

아가서에 대한 모든 희극적인 해석은 절묘한 기술이기는 하지만 프로반의 해석은 지극히 복잡하고, 혼란스럽다. 예를 들어, 아가서 3:6-11에 대한 그의 분석(Provan, 298-305)은 "연, 가마"(אפריון – 앞필욘)가 참으로 솔로몬의 궁정이라고 주장한다 그는 그 구조가 연일 수 없다고 주장하는데, 왜냐하면 그것은 "기둥"(עמוד – 암무드)을 갖고 이 용어는 "항상 상당한 규모의 기둥들과 건물을 지탱하기에 충분한 힘을 갖고 있다"(Provan, 300)는 것을 말한다. 그는 이 용어가 "굴뚝"과 텐트의 기둥에도 사용되곤 한다는 것을 인식하고 있을지라도 이 주장을 한다. 이 용어는 곧게 서 있는 어떤 것을 묘사한다. 그것이 굴뚝이든, 텐트의 기둥이든, 지지대든, 또는 기둥이든 간에 말이다. 그것은 방대한 건물을 암시하지 않는다. 그는 이 "궁전"의 중앙에 "마차"가 있다고 주장한다(고로 메르까보[מרכב]를 해석하여: 아 3:10). 그러나 이 "마차"는 성적인 경험을 하는 장소인 솔로몬의 침상이지 실제 마차가 아닌 것으로 판명된다. 또한 프로반은 3:6을 이용하여 이 여인이 희생제물(עולה – 올라를, "나아오는" 것으로 취하지 않고 "전체적인 제사"로 취함)임을 의미한다. 고로 그는 3:6a절이 "이는 누구인가? 사막으로부터의 전체 제물"을 의미하는 것으로 이해하는 듯하다. 그러므로 연기와 향이 있는 본문은 일종의 희생 의식의 모방이다. 히브리어에서 분사가 뒤따라 나오는 의문사는 매우 흔하며, 그것을 "사막으로부터 오는 이는 누구인가?"라고 자연스럽게 취할 수 있을 것이다. 프로반에게서 "사막"은 문자적인 사막이 아니라 솔로몬의 침상에 대한 은유이다(즉 메마른 섹스의 장소). 한편으로 "육십 인의 용사"는 '문자적'이다: "여기서 위대한 솔로몬은 자신의 마차-침상의 주변에서 일을 도모하고 있다. 그는 능력의 솔로몬이지만 60인의 엘리트 용사가 그 밤을 그가 안전하게 지내도록 하는 것이 필요하다"(Provan, 303). 아가서 3:6-11은 "솔로몬과 그의 여성 희생자와 관련한 어둡고 씁쓸한 풍자"(Provan, 304)이다. 사람들은 프로반의 이런 독법에 대하여 이 텍스트의 찬미의 분위기는 아이러니라고 추측할 수 있을 뿐이다.

프로반의 주석은 부정적이다. 그것은 사회적으로 파괴적인 의미를 얻기 위해서 본문의 용어로 게임을 한다. 하지만 그것은 모든 점에서 억지다. 아가서를 반 솔로몬적 비난으로 바꾸려는 결정은 사랑의 언어의 기본적인 표지들조차도 호도한다. 프로반은 "하지만 특별한 왕실의 침상인 사막에서는 참된 친밀감을 경험할 수가 없다"(305)라고 말한다. 그는 호세아 2:14과 같은 텍스트들을 인식하지 못한 것 같다: "그러므로 내가 저를 개유하여 거친 들(사막, 광야)로 데리고 가서 말로 위로하고"(이스라엘에 대한 자신의 사랑을 말씀하시는 여호와시다). 프로반은 솔로몬이 어느 기쁨도 알지 못하고 있다고 주장하고, 텍스트의 활기찬 분위기와 대비되어,

아가서 3:11은 이전 날의 씁쓸한 상기일 뿐이라고 말한다(Provan, 305). 그의 주석은 아가서의 세 인물의 해석이 그 향기로운 열매가 어떻게 신 포도로 변하여 언어의 황폐함을 창출하는지를 보여준다.

두 인물을 갖는 것으로의 해석

두 인물의 해석은 아가서를 참된 사랑에 대한 솔로몬의 헌신의 이야기의 희극적인 제시로 간주한다. 이런 접근을 존 밀톤이 지지했다(Pope, 35를 보라). 보다 최근에는 고울더(*M. D. Goulder*)가 이런 입장을 채택했다. 그는 여인이 아라비아의 공주이고, 아가서는 인종적 편견에 대항하는 책자라고 주장한다(*Song of Fourteen Songs*, 11-14, 75-78). 고울더를 따르며 기념집(*Festschrift*)에서 작성했을지라도, 에머슨(G. Emmerson, "Song of Songs")은 아가서에 대한 그의 분석을 해명한다.

델리취(F. Delitzsch, 1813-1890)는 두 인물의 드라마적 해석의 최고봉의 해석자일 것이다. 델리취는 세 인물의 드라마에서 텍스트에 행해진 언어적 폭력에 대항하여 반응하였고, 자신의 해석의 타당성을 전혀 의심하지 않았다. 아가서에 대한 그의 최초의 1851년 논문에서, 그는 이렇게 썼다: "나는 이 작품의 해석에 대한 올바른 열쇠를 발견하는데 확실히 성공하였다"(Delitzsch, 4). 그의 해석은 전체적으로 세심하다. 그는 세 인물의 드라마(또는 그가 여타 사람들이 "목자의 가설"이라 이름부른)를 파괴하는데 초점을 맞추었다. 아가서 5:7에 대해서 그는 여인이 자신의 사랑하는 자를 들판도 마을도 아닌 도성에서 찾고 있음을 관찰한다. 이는 "목자 가설에 치명적이다"라고 그는 주장한다(Delitzsch, 96). 설사 치명적이 아니더라도, 적어도 한방 먹였다.

델리취는 아가서를 여섯 "행위들"로 나눈다: (1) 연인들의 상호적인 사랑(1:2-2:7), (2) 연인들이 서로를 찾고 발견함(2:8-3:5), (3) 결혼(3:6-5:1), (4) 비웃음당하지만 다시 얻게 되는 사랑(5:2-6:9), (5) 예쁘고 겸손한 공주인 "술람미 여인"(6:10-8:4), 그리고 (6) 술람미 여인의 집에서 사랑의 언약에 대한 재가(8:5-14 Delitzsch, 9-10). 그의 분석은 많은 면에서 통찰력이 있지만 아가서에 대한 완전하고 일관성 있는 이야기의 종류를 끌어내는 데는 실패한다. 그는 아가서 5:2-8을 "비웃음당하는 사랑"으로 묘사하지만 5:2-8의 문자적인 독법에서 부딪히게 되는 분명한 불합리가 그로 하여금 "꿈"의 해석으로 후퇴하게 한다고 주장한다(즉 이 중에 어느 것도 실제로는 발생하지 않았고 – 그것은 모두 꿈일 뿐이다; Delitzsch, 97). 하지만 그것이 단지 꿈이었다면 이것이 비웃음당하는 사랑인가? 게다가 드라마적 해석에서 흔히 그러한 것처럼, 그는 정보의 상당한 양을 텍스트 상에서 해독한다. 아가서 8:5에 대한 언급에서 그는 솔로몬과 젊은 공주가 취한 정확한 루트를 그들이 이스라엘에서 헤르몬 지역의 그녀의 마을로 산책했던 것으로 묘사한다(Delitzsch, 140-41). 델리취의 전지한 듯한 함축적인 주장은 이 텍스트에 대한 그의 전반적인 취급에 확신을 불러오지 못한다. 오히려 전체 기획에 의문을 파생할 뿐이다.

그의 책의 제목이 암시하는 것처럼 고울더는 아가서를 14개의 개별적인 시로 나눈다(1:2-8; 1:9-2:7; 2:8-17; 3:1-5; 3:6-11; 4:1-7; 4:8-5:1; 5:2-9; 5:10-6:3; 6:4-12; 7:1-10; 7:11-8:4; 8:5-10; 8:11-14). 그는 열네 개의 노래들이 4세기 B.C.E에 단일한 작품으로 함께 작성되었다고 말한다. 그는 아가서가 아라비아 공주에 대한 솔로몬의 결혼 이야기를 말하는 것으로 생각하고, 이 작품이 인종 차별주의에 대항하는 책으로 기능하고 있다고 주장한다. 이런 해석을 창출하기 위해서 모든 드라마적 해석이 그리하는 것처럼, 그는 아가서에서 상당한 양의 세세한 내러티브를 독법한다. 예를 들어, 첫 번째 노래(1:2-8)는 아라비아 공주의 "도착"을 묘사하는 것이고, 두 번째 노래(1:9-2:7)는 솔로몬과 그녀의 첫 대면에 대한 설명이라고 말한다(*Song of Fourteen Songs*, 10-20). 하지만 양 텍스트에는 그러한 배경이나 활동을 암시하는 것이 없다. 그는 여인이 게달의 장막처럼 검은 피부를 갖고 있음(1:5)을 제외하고는 뚜렷한 이유가 없는 데도 그녀가 아라비아 사람이라고 주장한다. 사실상 "게달의 장막"은 단순히 직유이고, 그녀의 출신에 대해서는 아무것도 말하지 않는다. 그녀의 검은 피부는 햇빛 아래서 일을 한 것 때문이지 인종적인 것에서 비롯하지 않는다(1:6). 아가서 8(5:2-9)에서 후궁의 경호원이 밤에 배회하는 공주를 때린다(*Song of Fourteen Songs*, 42; 이 경호원이 다음 날 아침에 어깨에 자신의 목을 그대로 달고 있다면 놀랄 일이다). 아가서 11(7:1-10)은 아라비아의 공주가 열왕기상 2:17의 수넴 여인인 아비삭과 같은 솔로몬의 다른 후궁의 일원들과 어떻게 경쟁해야 하는가를 묘사한다고 그는 말한다. 한편 아라비아 공주는 솔로몬에게 에로틱한 춤을 춤으로써 그의 관심을 사로잡는다(*Song of Fourteen Songs*, 54-59). 유사한 임의적인 독법을 주석 전체에서 발견할 수 있다.

드라마적 해석이 갖는 문제점들

위에서의 취급은 아가서의 드라마적 해석이 수많은 문제점이 있음을 보여준다. 가장 분명하고 공통되게 인용되는 문제점은 이 해석들이 텍스트가 실제로 보여주는 것보다 더 많은 정보를 텍스트에서 읽는다는 것이다. 보는 것처럼 아가서는 제기된 이야기들을 지원할 수 있는 충분한 정보를 갖고 있지 않다.

아가서에 정보를 추가해야 할 뿐만 아니라, 아가서에 내재된 정보를 의미의 근본적인 변화에 열려 있게 만들어야 한다. 우리는 이것을 아가서 3:6-11에 대한 프로반의 놀라운 분석에서 보았다. 동일한 것이 두 인물의 드라마의 경우에도 해당된다. 3:1-5의 분석에서 고울더(Goulder, *Song of Fourteen Songs*, 27)는 "거리"가 사실상 궁전의 복도이고, 도성의 "경호원"은 사실상 후궁을 지키는 내시들이며, "예루살렘의 딸들"은 예루살렘의 젊은 여인들이 아니라 후궁의 다른 구성원들이라고 말한다. 드라마적인 해석자들에게서 텍스트는 모든 방면으로 늘릴 수 있다.

아는 것처럼 아가서는 최소한의 플롯을 갖고 있고, 인물의 전개가 없으며, 그리고 하부 플롯이 없다. 두 인물의 독법의 경우에 솔로몬과 그의 사랑하는 자는 사랑에 빠진다. 세 인물에 관한 독법에서, 여인은 목자에 대한 연민으로 솔로몬을 거부한다. 이들 중 어느 것도 사실상 적합한 이야기가 되지 못한다. 드라마로서 아가서는 5세기의 아테네의 희랍 드라마에 결정적으로 뒤떨어진다. 고대의 이스라엘 백성들이 그러한 메마른 플롯을 적합한 이야기로 여겼을 것이라고 말할 수 없다. 우리는 성경의 실제적인 내러티브에서(창세기, 사무엘, 에스더, 등등) 이야기들은 충분히 전개되고 자주 매우 정교하다는 것을 알기 때문이다. 해석자들은 새로운 인물과 갈등의 요소를 포함하는 끝없는 세부사항들을 만들어냄으로써만 부족한 부분을 채울 수가 있다.

드라마가 이스라엘에서 예술 형태로 존재했다는 지침이 없다. 유배 이전 시대에 드라마가 이스라엘이나 근동의 여타 지역에 존재했다고 주장할 수가 없다. 희랍은 5세기 B.C.E에 드라마를 발전시켰지만 유배 이후의 유대 공동체에 수입되었다고 생각할 이유가 없다(그리고 나는 이미 아가서의 책이 그렇게 늦게 만들어졌을 수 없다고 제기했다). 아가서가 후대의 작품이고, 그것이 희랍의 드라마 모델에 대한 유대인들의 적용을 나타낸다면, 아가서가 희랍 드라마와 유사하다고 예상할 수 있을 것이다. 하지만 거기에는 전혀 유사성이 없다. 혼동이 많고 세부사항들이 모든 방면에서 만들어져야 하는 아가서의 드라마적 해석과는 달리, 희랍의 드라마에서 플롯, 말하는 부분, 그리고 드라마의 긴장의 전개는 아주 분명하다. 카르(L. Carr, 34)는 그의 경험에서 아가서는 "극일 수 없다"고 말한다. 아가서는 연극이 아니다.

이 외에 두 가지 문제는 세 인물의 해석에서 특히 그러하다. 그들은 악한 솔로몬에 의한 유혹의 시도로 사랑 시를 취급함으로써 아가서의 아름다움의 상당 부분을 망쳐놓는 경향이 있다. 그리고 그들의 드라마적 재구성은 자주 앞뒤가 맞지 않는다. 불록(Bullock, *Introduction*, 252)은 아가서 7:10-8:4에서 여인을 유혹하려고 하는 솔로몬을 언급한다. 이에 대해 여인은 자신의 잃어버린 목자에 대한 사랑을 선언함으로써 반응하지만 그녀는 목자를 "너"(예. 아 8:1)로 호칭하고, 그가 그곳에 없을지라도, 그에게 "우리가 함께 들로 가자"(아 7:12[ET 7:11])라고 말한다. 그녀가 언급한 목자는 현재 그녀와 같이 있지 않다. 그녀가 무시하는 솔로몬이 그곳에 있고, 그가 그녀에 대한 사랑의 말을 하고 있다! 동일한 것을 레난(E. Renan)의 주석에서도 발견할 수 있다. 거기서 솔로몬은 여인에게 "오, 당신은 예쁘고, 나의 사랑이다"라고 말하고 여인은 같이 있지도 않은 그녀의 애인에게 "오, 당신은 아름답고, 나의 사랑이니이다"(Renan, 129)라고 반응한다. 그와 같은 무대의 방향을 갖는 연극은 현대의 독자들에게 그러한 것처럼 고대의 독자들에게도 혼란스러움을 안겼을 것이다.

제의적인 해석

참고문헌

Albright, W. F. "Archaic Survival in the Text of Canticles." In *Hebrew and Semitic Studies Presented to Godfrey Rolles Driver*. Ed. D. W. Thomas and W. D. McHardy. Oxford: Clarendon, 1963. 1-7. **Carr, G. L.** "Is the Song of Songs a 'Sacred Marriage' Drama?" *JETS* 22(1979) 103-14. **Fox, M. V.** *Song of Songs and the Ancient Egyptian Love Songs*. **Kramer, S. N.** *Sacred Marriage Rite*. **Meek, T.** "The Song of Songs and the Fertility Cult." In *The Song of Songs: A Symposium*. Ed. W. H. Schoff. Philadelphia: The Commercial Museum, 1924. 48-79. **Pope, M. H.** "Metastases in Canonical Shapes of the Super Song." In *Canon, Theology, and Old Testament Interpretation*. Ed. G. M. Tucker, D. L. Petersen, and R. R. Wilson. Philadelphia: Fortess, 1988. 312-28. **Rowley, H. H.** "Interpretation of the Song of Songs." In *The Servant of the Lord and Other Essays*. London: Lutterworth, 1952. 187-234. **Schmidt, N.** "Is Canticles an Adonis Liturgy?" *JAOS* 46(1926) 154-64.

20세기의 두드러진 기여는 아가서의 "제의적 해석"이다. 그것은 본질적으로 아가서를 다산 제의에서 부적당한 것을 삭제한 신화적 시로 간주한다. 이런 제의는 다양한 신화들(Baal, Dumuzi/Tammuz, Osiris, Adonis)에서 다양한 이름으로 나오는 중심적인 신에 초점을 맞춘다. 그들은 죽으나 여신-배우자(앞선 목록과 각기 일치하는 Anat, Inanna/Ishtar, Isis, Aphrodite)의 중보나 대행으로 말미암아 다시 살아난다. 다산의 신의 죽음은 땅의 가뭄이나 메마름과 관련이 있고, 신의 부활은 봄, 소가 송아지를 낳은 것, 땅의 열매, 그리고 인간의 임신과 관련이 있다. 바알 숭배는 유배 이전의 이스라엘에서 정통 야훼주의에 맞수였다. 게다가 어머니-여신의 다산의 인물에 대한 일종의 숭배는 레반트에서 참으로 매우 고대에 있었던 것으로 보인다.

미크(T. Meek, "Song of Songs")는 아가서와 아카디아 찬가들 사이에 유사성을 주목하여 아가서가 다산 찬가의 정제된 역본이었다는 결론에 이르렀다. 쉬미트(N. Schmidt, *JAOS* 46[1926] 154-64)는 아가서와 아카디아 찬가 사이에 정확한 평행이 없고, 아가서는 전혀 다산 제의와 연관성이 있음을 암시하지 않는다고 반응했다. 크레머(S. N. Kramer)는 미키와 달리 아가서가 야훼와 여신을 기념했다고 생각하지 않는 것을 제외하고는 미크의 입장을 지지했다. 오히려 그는 아가서가 이스라엘의 왕과 여신 사이에 성스러운 결혼과 관련이 있다고 말했다. 아울러 그는 아가서가 본래 죽어가는 신을 위한 애도가를 포함했다고 주장하려고 하지 않았고, 수메르의 텍스트들로부터 잘 알려진 결혼 노래들은 그런 모티브에 대한 필요를 근절시켰다고 말했다(Kramer, *Sacred Marriage Rite,* 90-92). 다른 해석자들은 아가서와 이교의 신화 사이에 연관을 주장했다. 알브라이트(W. F. Albright)는 아가서 8:5-7에서 언급된 "어머니"에 대해서 언급했다. "사랑하는 자의 어머니는 신화적 인물이다. 아마도 신에 의해 임신하게 된 후에 사막으로 도망했던 소녀일 것이다"("Archaic Survival," 7). 포프(M. Pope, 465, 548)는 아가서에서 남여에 대한 묘사는 그들이 신들의 우상(idols)임을 암시한다고 주장한다. 특히 남성은 진귀한 금속으로 만들어진 것으로 보이고(아 5:11-15), 여성은 때로 망대로 묘사된다(아 4:4). 또한 포프는 여성의 커다란 코(아 7:5)가 그녀가 여신임을 암시한다고 주장했다("Metastases in Canonical Shapes," 322-23).

이런 주장은 많은 추종자들을 얻지 못했고(참조. Murphy, 40), 합당한 근거로 인정받지 못했다. 로울리(H. H. Rowley, "Interpretation," 213-32)는 이 이론을 철저하게 분석하였고, 그 이론이 학자들 사이에서 여전히 부상하고 있는 동안에 그것의 부족함을 알렸다. 아가서는 다산 텍스트의 중요한 요소들을 전혀 갖고 있지 않다. 죽고 부활하는 신도 없다. 크레머의 주장에도 불구하고, 이는 아가서를 다산 제의의 핵심적이고 중요한 요소로부터 분리시킨다. 세계의 다산이 커플의 성에 달려 있다는 암시도 없다. 아가서에는 그것이 종교적인 텍스트이거나 그것이 찬미하고 있는 성이 성스러운 의미를 갖는다는 암시도 없다. 아가서에는 전혀 찬미적인 것이 없다. 크레머(Kramer, *Sacred Marriage Rite*, 90)는 아가서에서 별칭인 "누이"가 이난나/이스타르에 동일한 용어의 사용과 평행한다고 주장하지만, 사실상 이것은 확실히 세속적인 노래들인 애굽의 사랑 노래의 동일한 용어와 가장 잘 평행한다(참조. Fox, *Song of Songs*, 234-43). 아가서의 여인이 커다란 코를 갖고 있고, 따라서 여신일 것이라는 주장은 그 이론의 인식을 확장시킬 수 없다. 사실상 유일한 평행은 다신 제의 텍스트와 아가서가 결혼과 성에 초점을 맞춘 서정시라는 것이다. 그렇다고 이것이 아가서가 찬미의 정제된 역본임을 의미하지 않는다.

어떤 의미에서 역으로도 사실일 것이다. 수메르의 일부 사랑 시들은 특히 찬미적이지 않고, 오히려 그것들은 그들이 묘사하는 사랑의 활동을 여신인 두무지와 이난나에게 귀결시킴으로써 제의로 가져오려는 일시적인 사랑 노래인 것으로 보인다. 세파티(Y. Sefati)는 예전적인 주석을 제외하고는 두무지에 의한 이난나의 구애의 노래는 고작 여인들에 대한 일시적인 여흥, 말하자면 잡일을 하는 동안에 콧노래를 부를 수 있었던 것으로 보인다(*CS* 1:542). 따라서 이것은 적어도 이 신들에 대한 "찬미"의 일부를 제의로 가져온 수메르의 사랑 민요의 사례일 것이다.

결혼식과 관련한 해석

1873년에 웨츠스타인(J. G. Wetzstein)은 수메르인들 중에서 결혼 예식에 대해 관찰하고 그 관습을 아가서가 반영하고 있음을 비교하는 기사를 게재했다(*Die syrische Dreschtafel*["The Syrian Threshing Table"]). 그의 견해는 뒤이어 델리치에 의해 아가서에 대한 그의 주석의 부록으로 출판되었다(Delitzsch, 162-76). 아가서에 대한 이런 접근은 아가서가 고대 이스라엘의 결혼 축시, 즉 결혼 예식의 과정에서 수행되었음을 뜻하는 일련의 노래들임을 제기한다. 이 결혼 예식은 복잡하고, 길게 늘어져서 아마도 한 주간 동안 지속되었을 것이다. 신랑과 신부는 가상적인 왕과 왕비의 역할을 취하였을 것이고, 수많은 노래와 춤이 진행되었을 것이다. 와스프 또는 찬미를 묘사하는 노래는 이 축제에서 특출한 역할을 했을 것으로 사려된다. 포프가 이를 공식화했을 때(141-45), 이 이론은 사반세기 동안 아가서에 대한 열쇠로 환호를 받았으나, 그때 이후로는 거의 지지를 받지 못한다.

분명한 문제는 19세기 시리아의 문화와 고대 이스라엘 문화 간에 연대적이고 문화적인 차이가 있고, 소수의 와스프 노래들이 있을지라도, 어떻게 아가서가 결혼 축시로 기능했는지를 알기 어렵다. 게다가 시리아의 결혼 의식은 많은 문화들(그들 모두가 레반트에 있었던 것이 아니다)로 거슬러 올라가는 뿌리를 갖고 있고, 보다 최근의 연구들은 시리아에서조차도 결혼에서 "왕의 주간"의 폭넓은 관행이 없었음을 암시한다(Pope, 144을 보라). 포러(Fohrer)는 아가서가 고대 이스라엘의 결혼 의식과 연관이 있음을 의심하지 않을지라도, "그 책은 이런 관점으로 전적으로 해석될 수 없고, 이스라엘의 결혼을 위한 텍스트북이라 부를 수 없다"고 적절하게 언급한다(Fohrer, *Introduction to the* OT, 302).

장례식과 관련한 해석

아가서가 결혼식을 위해 행해지지 않았다면, 아마도 그것은 장례식을 위해서 사용되었을 것이다. 적어도 이것은 포프의 생각이다(210-29). 그는 "고대 근동의 장례식은 포도주, 여자, 그리고 노래로 기념되는 사랑의 축제였다"(Pope, 228)고 주장한다. 그는 뛰어난 역할 개들(dogs)이 그 시간의 주연(酒宴)에 있음에 매우 흥미를 갖고, 그 이슈에 대해서 특별한 양의 시간을 바친다(Pope, 211-14). 또한 그는 성경과 우가릿의 자료에서 미르자(*mrzḥ*, "제의적 축제")란 말의 출현에 매우 관심을 갖는다. 하지만 어느 연구도 아가서에서 개들이 없고, 미르자에 대한 가장 접근한 것은 아가서 2:4의 "포도주의 집"이 고작이기 때문에 특별히 도움이 되지 않는다. 게다가 아가서 8:4에서 죽음에 대한 언급은 어느 사람이 실제로 죽었거나 장례식이 진행되고 있음을 암시하지 않는다. 죽음은 사랑의 능력에 대한 직유일 뿐이다. 이 이론은 포프가 아가서를 제기한 원 배경과 관련을 짓지 못한다는 점에서 실패다. 아가서의 텍스트에 관한 방대한 주석에서 그는 그 이론을 아주 드물게 언급함으로써 독자들은 가끔씩 그가 그 이론에 대해 이미 잊어버렸다고 생각할 것이다.

아가서에 대한 페미니스트 독법

참고문헌

Arbel, D. V. "'My Vineyard, My Very Own, Is for Myself.'" In *Song of Songs: A*

Feminist Companion to the Bible. FCB 2d ser. 6. Ed. A. Brenner and C. R. Fontaine. Sheffield: Sheffield Academic Press, 2000. 90-101. **Black, F. C.** "Unlikely Bedfellows: Allegorical and Feminist Readings of Song of Songs 7.1-8." In *Song of Songs: A Feminist Companion to the Bible.* FCB 2d ser. 6. Ed. A. Brenner and C. R. Fontaine. Sheffield: Sheffield Academic Press, 2000. 104-29. **Brenner, A.** "Women Poets and Authors." In *A Feminist Companion to the Song of Songs.* FCB 1. Ed. A. Brenner. Sheffield: *JSOT* Press, 1993. 86-97. **Brettler, M. Z.** "Sensual or Sublime: On Teaching the Song of Songs." In *Approaches to Teaching the Hebrew Bible as Literature in Translation.* Ed. B. Olshen and Y. S. Feldman. New York: Modern Language Associaton of America, 1989. 133-35. **Butting, K.** "Go Your Way: Women Rewrite the Scriptures(Song of Songs 2.8-14)." In *Song of Songs: A Feminist Companion to the Bible.* FCB 2d ser. 6. Ed. A. Brenner and C. R. Fontaine. Sheffield: Sheffield Academic Press, 2000. 142-51. **Chave, P.** "Towards a Not Too Rosy Picture of the Song of Songs." *Feminist Theology* 18(1998) 41-53. **Exum, J. C.** "Developing Strategies of Feminist Criticism/Developing Strategies for Commentating the Song of Songs." In *Auguries: The Jubilee Volume of the Sheffield Department of Biblical Studies.* Ed. D. J. A. Clines and S. D. Moore. Sheffield: Sheffield Academic Press, 1998. 206-49. ______. "Ten Things Every Feminist Should Know about the Song of Songs." In *Song of Songs: A Feminist Companion to the Bible.* FCB 2d ser. 6. Ed. A. Brenner and C. R. Fontaine. Sheffield: Sheffield Academic Press, 2000. 24-35. **Falk, M.** *Song of Songs: A New Translation.* **Fontaine, C. R.** "The Voice of the Turtle: Now It's *MY* Song of Songs." In *Song of Songs: A Feminist Companion to the Bible.* FCB 2d ser. 6. Ed. A. Brenner and C. R. Fontaine. Sheffield: Sheffield Academic Press, 2000. 169-86. **Goitein, S. D.** "The Song of Songs: A Female Composition." In *A Feminist Companion to the Song of Songs.* FCB 1. Ed. A. Brenner. Sheffield: Sheffield Academic Press, 1993. 58-66. **Merkin, D.** "The Women in the Balcony: On Rereading the Song of Songs." In *Out of the Garden.* Ed. C. Büchmann and C. Spiegel. New York: Fawcett Columbine, 1995. 238-51, 342. **Meyers, C.** "Gender Imagery in the Song of Songs." *HAR* 10(1986) 209-23. **Ostriker, A.** "A Holy of Holies: The Song of Songs as Countertext." In *Song of Songs: A Feminist Companion to the Bible.* FCB 2d ser. 6. Ed. A. Brenner and C. R. Fontaine. Sheffield: Sheffield Academic Press, 2000. 36-54. **Polaski, D. C.** "What Will Ye See in the Shulammite? Women, Power and Panopticism in the Song of Songs."

BibInt 5(1997) 64-81. **Trible, P.** "Depatriarchalizing in Biblical Interpretation." *JAAR* 41(1973) 30-48. **Walsh, C. E.** *Exquisite Desire: Religion, the Erotic, and the Song of Songs.* Minneapolis: Fortress, 2000. _______. "A Startling Voice: Woman's Desire in the Song of Songs." *BTB* 28(1999) 129-34. **Weems, R. J.** "The Song of Songs." In *NIB.* Nashville: Abingdon Press, 1997. 5:363-434.

아가서에 대한 단일한 "페미니스트"적 독법은 없고, 우리는 아가서에 대한 페미니스트적인 분석에서 어떤 경향들에 관해서만 언급할 수 있을 뿐이다. 브렌너(A. Brenner, *Song of Songs,* 88)의 견해는 다음과 같다.

> 아가서에 적용된 페미니스트 독법은 다음과 같은 구체적인 특징들을 다룬다: 이 책 전체 또는 일부에 가능성이 있는 여성 저작권; 성차별(성에 기초하여 사람들을 차별하는 것, 보통 여성들에 대한 사회적 편견에 대해 사용됨)의 결여; 사랑 관계의 동등성, 그리고 여성 인물이 내용을 지배함; 모계적인 관습들의 요소(여성의 손에 있는 권세) 그리고 가부장적인 제도와 대비되는 모계적인 관습들(모계 라인을 통해 남성 친척들과 조상을 추적함); 여성과 남성의 담론에 관한 성적인 분석, 즉 사회가 남성과 여성 구성원들에게 기대하는 감정적 심리학적 속성에 대한 정의; 아가서를 동종의 근동 문화의 사랑 시와 비교하고, 아가서와 히브리 성경의 다른 사랑 주제에 대한 취급의 상호 본문간의 연결을 탐색함.

엑섬(Exum)은 아가서에 대한 현재의 페미니스트 사상에 관한 상세한 분석을 주었다. 그녀는 이 작업의 파괴적인 본질을 묘사하고 주장한다. 예를 들어, "남성 중심적인 텍스트에서 여성과의 상관관계를 얻으려는 가능성 있는 전략은 텍스트 내에서 대안적이고 경쟁적인 담론을 찾으려 한다"("Developing Strategies," 217).

많은 페미니스트들의 관심과 시각은 윔스(R. Weems, "Song of Songs")의 주석과 같은 아가서에 관한 최근의 주석에서 나타난다. 많은 학자들은 아가서를 여성이 작성했을 것이라고 생각했다. 남성의 이런 가능성을 지지하기 위해서 자주 인용되는 것보다 여성 싱어가 더 소절에 나타난다. 1957년에 고이테인(S. D. Goitein)은 여성이 아가서를 저작했다고 주장했다(1993년에 재판된 "Song of Songs"; 또한 Bekkenkamp과 van Dijk, "Canon of the OT," 79을 보라). 가정된 여성 저작권에 관한 근거에 대해서 아르벨(D. Arbel, "My Vineyard")은 전체 아가서를 여성의 내적이고 개인적인 담론으로 읽는다. 브렌너는 여성이 전체 노래를 작성했다는 것에 덜 확신을 갖지만, "나의 개인적인 추측은 1.2-6, 3.1-4, 5.1-7와 5.10-16와 같은 단락들은 본질적으로 여성적이어서 남성은 성공적으로 그 분위기와 느낌을 거의 작성할 수 없다("Women Poets," 91)고 말한다. 어떤 단일한 주제가 아가서의 이전 페미니스트 독법을 지배하고 있다면, 그것은 아가서가 히브리 성경의 가부장적인 것에 반하는 텍스트일 것이다(예. M. Falk, *Song of Songs*, xv-xvi; C. Meyers, *HAR* 10[1986] 209-23; A. Ostriker, "Holy of Holies" 또한 Brenner, *Song of Songs*, 90-91을 보라). 트리블(P. Trible, *JAAR* 41[1973] 30-48)과 부팅(K. Butting, "Go Your Way")은 아가서를 창세기에 기초한 가부장적 질서의 역전으로 읽는다. 특히 트리블은 아가서에서 성의 평등주의로서 그녀가 본 것을 많이 강조한다. 다음 항목에 취해진 분명한 페미니스트적 해석은 아가서가 선지자들이 지지한 가부장적 질서를 뒤엎는 것이다.

아가서의 페미니스트 독법은 관념론적인 신념에 상당한 무게를 두고 작업한다. 브렌너(Brenner, "On Reading the Hebrew Bible," 13)는 그것을 아주 분명하게 설명했다: "페미니스트 여성이나 여성다운 독자가 되는 것은 모든 이슈가 페미니스트 이슈인 것을 의미하고, 모든 주제에 페미니스트 관점이 있다." 브렌너는 동일한 문서에서 계속해서 페미니스트 독자들이 편향적이라고 답한다: "여성다운 독자들은 텍스트의 부당함에 격노하고 자신이 진단하는 해석으로 불을 지핀다. 여성다운 독자들은 특히 페미니스트 색깔을 띠는 독자들은 그 점에서 편향적인데, 기본자세가 자기중심적인 정의를 갖고 있기 때문이다. 포괄적인 비전의 특징을 갖는 훈련의 성취에 의한 것보다 선입관에 더 치우침을 이미 이전에 논증했다"(21). 페미니스트 저자들이 "비전의 포괄성"에 대한 특별한 제기를 하고 있음이 논쟁이 될지라도, 텍스트를 특별한 선입관으로 읽고 있다는 브렌너의 주장은 논쟁의 여지가 없다. 아가서는 더 높은 법칙, 정치적이고 신학적인 페미니즘의 아젠더에 노출되어 있고, 아가서의 가치, 타당성, 그리고 사회적인 비판에서의 유용성에 대한 판단들이 텍스트나 텍스트의 "독법"이 그 아젠다를 지지하느냐의 근거 위에서 만들어진다. 그렇지 않으면, 아가서는 태만함으로 여성들을 위협하는 아젠더를 지지한다—가부장제. 이것은 오로지 두 대안이 있는 것으로 보인다. 고대의 알레고리적 해석에 못지않은 페미니스트 독법은 분명히 의도적으로 텍스트를 건너 뛴다. 전통적인 신학적 전통적 격자보다는 포스트 모던적 정치적 철학적 격자를 통해서 말이다(참조. 페미니스트 관점으로부터는 F. C. Black 2000["Unlikely Bedfellows"], 그리고 나의 관점으로부터는 Garrett, *Hosea, Joel*, 124-33). 그러한 상황에서 아가서를 시로 인식하고 해석하는 것이 아니라 방앗간의 곡물을 만드는데, 말하자면 해석자 마음대로 휘두르게 된다.

아가서의 페미니스트 독법도 학문적인 출판을 위한 특이한 자기 참고용인 경향이 있다. 아가서에 대한 수많은 페미니스트 묵상은 텍스트에 대한 것보다 해석자에게 더욱더 달려 있다(예. Brenner, "'My' Song of Songs"[Brenner's upbringing as an Israeli woman], 그리고 Fontaine, "The Voice of the Turtle: Now It's *MY* Song of Songs,"[Fontaine's fundamentalist childhood]; 또한 D. Merkin, "Women in the Balcony," 246-51을 보라. 그녀는 거기서 믿지 않는 정통 유대인으로서 자신의 어린 시절과 아가서에 대한 그녀의 현재의 감정을 묘사한다). 왈쉬(C. E. Walsh, *Exquisite Desire*)에 의한 주석처럼 본격적인 주석조차도 무관계한 주석자의 경험, 사회적 배경, 그리고 의견들로 반복적으로 되돌아간다. 이런 경향은 해석자가 텍스트와 다른 해석자들보다도 특별한 위치에 있음을 암시한다.

아가서에 대한 페미니스트의 태도가 더욱더 부정적이 되고 있음이 나타난다. 수많은 페미니스트들이 아가서가 인류 평등주의나 심지어 여성 중심적인 개념이 오도되고 있다고 지금 주장한다(D. C. Polaski[*BibInt* 5(1997) 64-81]; P. Chave[*Feminist Theology* 18(1998) 41-53]; F. Black["Unlikely Bedfellows"]; J. C. Exum ["Ten Things Every Feminist Should Know"]). 특히 엑섬(Exum)의 에세이는 아가서가 (낭만적인 정서를 불러일으킴으로써) 그들의 핵심적인 기능을 약화시키고, 그것은 참된 여성에 대한 것이 전혀 아니며, 남성 저자로부터의 남성적인 관점이 있고, 아가서에는 성적 동등함이 없으며, 그것은 여성의 성에 대한 남성의 지배를 유지하며, 여성의 몸을 보여주고, 유혹적이고, 조심스럽게 읽혀져야 한다는 것을 페미니스트에게 경각시킨다. 엑섬은 아가서가 파괴적인 문서 – 페미니스트 신학을 파괴하는 문서 – 라고 말하고 있는 것으로 보인다.

선지서들을 전복하는 것으로서의 아가서

참고문헌

Butting, K. "Go Your Way: Women Rewrite the Scriptures(Song of Songs 2.8-14)." In *The Song of Songs: A Feminist Companion to the Bible.* FCB 2d ser. 6. Ed. A. Brenner and C. R. Fontaine. Sheffield: Sheffield Academic Press, 2000. 142-51. **Garrett, D. A.** *Hosea, Joel.* **LaCocque, A.** *Romance, She Wrote.* Harrisburg, PA:

Trinity Press International, 1998.

현대의 학계에서 "전복하는 텍스트"란 개념은 이런 관점을 고려하지 않고는 거의 진전시킬 수 없었던 위치를 획득했다. 아가서와 관련해서 이 논증은 아가서가 이스라엘에 관한 지배적인 신학과 풍조를 전복하는 반(反)텍스트라는 것이다. 이런 접근은 해석에서 페미니스트의 변형이지만 아가서의 상호 텍스트의 분석에 관한 초점에서 독특하다. 몇몇 학자들을 전복적인 접근의 주창자로 간주할 수 있었다(예. K. Butting, "Go Your Way"). 라코퀘(A. LaCocque)가 이 방법론에 관한 해석의 가장 일관된 진술을 우리에게 주었고(*Romance, She Wrote*), 그의 분석은 이 단락을 상호 분석하는 요지로서 기능할 것이다.

라코퀘의 견해에서 아가서는 여성 시인이 성경의 이미지와 언어를 취하여 그들의 의미를 뒤바꾸어놓았고, 그러므로 선지자들의 정통적이고 가부장적인 세계관을 전복시킨 근본적으로 상호 텍스트적인 작품이다. 시인의 공통된 전략은 선지자들이 사용했던 이미지들을 재생하여 의미 있는 것으로 그것들을 회복시키고 정통적인 세계관에 대한 이런 이미지에 대한 선지자들의 종속을 해체시키는 것이었다. 예를 들어, 선지서들에서 이스라엘은 야훼의 아내이지만, 아가서의 독자는 성적인 이미지의 단일한 적용을 무효로 한다. 아가서는 에로스란 이미지 자체를 기념한다. 그러므로 이 시인은 선지자들이 경멸했던 사치와 에로스 속에서 한껏 즐겼다(*Romance, She Wrote*, 56).

> 아가서의 저자는 이스라엘과 하나님 또는 이스라엘과 의인화된 지혜 사이에 정숙한 사랑을 찬양하는데 자신의 업무를 바치지 않았다. 아가서에는 호크마(ḥokmâ)에 대한 단일한 말도 없다. 시인이 여기서 하고 있는 것은 그녀의 사회적 사슬을 벗어버리는 것이고, 성과 단조로움에서 자유를 외치는 것이다. 그녀는 과감하게 성별된 정의와 형식을 조롱하고 있다. 그녀는 "권력자" 앞에서, 종교와 관습을 거세당한, 에로스가 없는 아가페의 거부를 시도하고 있다. 그녀는 신학적인 은어를 패러디한 용어로, 길들여지고 잘 알려진 것들과 편안한 것들을 교묘히 반향하는 용어로 로맨스를 극대화하고 있다. 아가서는 오락적이다: 왕과 주교와 권력자가 희화되고 조롱을 받는다(*Romance, She Wrote*, 64).

라코퀘의 접근의 기본은 미드라쉬와 알레고리적인 해석간의 구분이다(*Romance, She Wrote*, 6-33). 미드라쉬적 독법은 구체적인 은유에 뿌리내려 있고, 알레고리적인 해석은 거룩한 추상적인 것에 소재를 두고 은유를 벗어던진다. 미드라쉬적 해석은 에로스의 능력에 대한 자유로운 표현으로 기뻐하고, 알레고리적인 독법은 제도적인 이상을 유지하는 것을 추구한다. 무엇보다도 미드라쉬적인 독법은 상호 텍스트적이고, 재형성적이며, 선지자들의 말을 전복시킨다. 알레고리적인 해석은 에로스 자체를 타파하고, 그것을 조직화된 세계관에 일치시킨다. 라코궤는 미드라쉬에서 "그 해석은 알레고리적이 아니다. 즉 의미 있게 하는 자(signifier)를 의미 있게 되는 자(signified)와 연관시킨다. 그것이 의미 있게 하는 자(signifier)를 의미 있게 하는 자(signifier)와 연관시키기 때문이다(예를 들어, 홍해에 관한 단락, 시내산에서의 사건들). 의미 있게 하는 자는 서로를 참조하고, 그것이 의미 있게 되는 자의 주변에 껍질이었던 것처럼 의미 있게 하는 자를 버리지 않는다"(*Romance, She Wrote,* 13-14).

하지만 미드라쉬와 알레고리간의 라코궤의 구분은 인위적이고 아가서의 해석의 이슈를 흐리게 만든다. 랍비의 역사적 독법과 후대의 프랑스 해석자들인 로버트, 투르네이 그리고 퓨일렛의 독법은 그에게 가치가 있다. 그들이 아가서의 이미지를 선지서들 속에서의 상황과 연관을 지어주기 때문이다(그들이 아가서가 어떻게 이 이미지들을 회복시키고, 그러므로 선지자들을 전복시키는가를 보지 않기 때문에 오히려 부정확하게). 라코궤에게서 아가서 해석의 매우 잘못된 사람(*bête noire*)은, 놀랍지 않게, 연정(戀情)을 경멸한 자인 오리겐이다. 오리겐은 아가서의 자연적인 독법은 독자를 해롭게 한다고 주장하였다(*Romance, She Wrote,* 11). 하지만 라코궤는 대단히 미드라쉬적이고 상호 텍스트적이었던 오리겐의 실제적인 주해 방법을 제대로 모르고, 훌륭한 알레고리가 되는 방향으로 나아갔다. 그가 현대의 랍비의 기초와는 다른 신학적 기초로부터 작업했을지라도, 그의 방법론은 두드러지게 다르지 않았다. 미드라쉬가 의미와 의미를 연관짓는다는 라코궤의 주장은 특히 오도하고 있다. "당신의 눈은 비둘기다"와 "당신의 유방은 쌍태노루 새끼와 같다"는 어구는 "시내산에서의 사건"이란 어구를 사용한 것과 동일한 방식으로 언어를 거의 사용하지 않는다. 그는 자주 "의미와 의미"를 진정으로 연결짓지 않고, 단순히 아가서에서 발견되는 표현과 유사한 표현을 히브리 성경에서 찾는다. 아가서를 탈굼과 랍비의 언급으로 요약한 것처럼 미드라쉬적으로 취급한 결과는 기독교의 알레고리와 별반 다르지 않은 필요한 부분을 변경하여 사용하는 것(*mutatis mutandis*)이다.

라코궤가 신봉하고 있는 "상호 텍스트적 독법"은 특히 곤란하다. 이 방법론은 대단히 단순하다. 첫째로 아가서의 어느 텍스트에 대해서 그는 히브리 성경의 다른 곳에서 유사한 언어의 사용을 찾는다. 다소 탈굼과 로버트 또는 투르네이의 방식을 좇아서 말이다. 그때에 그는 아가서가 압제적인 구조를 전복하기 위해서 그 이미지를 수정하거나 바꾸어버렸음을 보여주기를 추구한다. 특히 호세아서가 면밀한 조사의 대상이 되고, 라코퀘의 약점이 가장 분명하게 나타나는 것이 거기에서다. 그에게서 호세아서는 가부장제 옹호의 전형이다: 호세아서에서 죄는 여인의 에로티시즘과 동등하고, 하나님/남성은 악의 희생자이며, 여성에 대한 폭력은 완전히 정당화된다(*Romance, She Wrote*, 34-36). 하지만 이것은 호세아의 메시지를 완전히 곡해한 것이다. 호세아서에 대한 정직한 독법은 호세아가 언급하고 있는 "죄스러운 여성"은 다름 아닌 그 민족의 '남성 지도부'를 대표한다는 것을 보여준다 – 라코퀘의 분석에서 호세아가 권력을 억제하기를 원하는 제사장, 선지자 그리고 행정관들. 게다가 호세아서의 기본적인 이미지는 문란한 '아내'가 아니라 빗나간 '어머니'다. 예를 들어, 호세아 1-2장과 4장은 어머니(이스라엘이 – 제도)와 그의 자녀들(지도자들에 의해 잘못 인도된 이스라엘의 백성들)에 초점을 맞춘다. 여성을 변호함으로써 라코퀘와 유사한 해석자들은 압제하고 있는 구조를 사실상 변호하고 있다. 이에 대한 더 자세한 논의를 위해서는 Garrett, *Hosea, Joel*, esp. 124-33을 보라. 하지만 호세아서의 참된 의미가 논쟁에 열려 있을지라도, 주요한 이슈는 그대로 남는다: 아가서의 의도가 언어의 상호 텍스트적 적용을 통해 호세아서를 전복하려는 것이라면 그 책의 가장 감정적으로 긴장된 이미지, 즉 어머니와 그녀의 자녀들에 대한 이미지를 다루는데 실패한다. 이 근본적인 이미지를 전적으로 무시한다! 시인은 독자들이 자신의 풍자를 포착할 것을 의도하였다면, 호세아서의 풍자화를 목적으로 가졌던 시인이 이 은유를 상관하지 않았을 것이라고 믿기 어렵다.

텍스트의 실제적인 해석에서 라코퀘는 알레고리주의자들처럼 임의적이고 터무니가 없다. 예를 들어, 그는 아가서 2:3에서 사랑하는 자의 "그늘"이 자기 백성들에게 그늘을 주시는 자로서 야훼를 암시한다고 주장한다(*Romance, She Wrote*, 84). 따라서 사랑하는 자와 에로스가 야훼를 대신했다! 호세아 3:1은 아가서 2:5의 "원 텍스트"이다(전자는 애인을 건포도 떡으로 묘사하고, 후자는 여인이 건포도와 사과로 힘을 얻는 것으로 묘사한다). 이것을 이스라엘이 상처를 입고 썩어가고 있다는 호세아 5:12-13과 비교하는 우리들은 호세아서를 도전하는 아가서가 상사병과 건포도 떡을 높이고 있음을 본다(*Romance, She Wrote*, 85)! 아가서 2:14에서 "나로 네 얼굴을 보게 하라"는 출애굽기 33:18-23에서 하나님의 얼굴을 보고자 하는 모세의 바람을 암시한다. 하지만 아가서의 여인이 자기를 보이고 보기에 아름답고 듣기에 향기로울지라도, 하나님은 숨어 계시고 놀라워하신다. "종교주의자들의 귀에, 이 모든 것은 거의 신성모독처럼 들렸을 것임이 확실하다"(*Romance, She Wrote*, 89). 아가서 2:15의 "여우들"은 에스겔 13:4과 예레미야 애가 5:18에 의존하는데, 거기서 그것들은 거짓 선지자이고 시온에서 배회하는 자들이다. 하지만 아가서는 이 이미지를 "아가서의 커플의 자유로운 사랑에 눈을 찌푸리는" 심술궂은 정통주의 사람들로 바꾸었다(*Romance, She Wrote,* 89-90).

이런 접근은 새로운 관점으로 알레고리화 하는 것뿐이다. 어느 알레고리화 하는 자(또는 "미드라쉬적 해석자")도 라코퀘가 만들었던 "상호 텍스트적인 연관들"의 모든 것을 취하여 동등하게 그것들을 아가서의 정통적이고 신앙적인 독법을 유지하는데 역시 사용할 수 있었다. 라코퀘가 붙잡은 "파괴적인 독법"은 그 본문의 기능이 아니라, 해석자가 추정한 연관성을 만들기 위해 선택한 방식의 기능일 뿐이다. 랍비는 이스라엘의 역사를 보고, 오리겐은 영혼과 그리스도를 보며, 라코퀘는 성난 여성 시인의 파괴적인 작품을 본다. 하지만 각기 모두 동등하게 임의적이다. 아가서의 저자가 이런 연관성을 염두에 두었거나 라코퀘가 주장한 것을 의도했다고 생각할 이유가 전혀 없다. 용어색인에 의한 주해는 문학적인 신뢰를 설정하지 못한다.

이 해석에서 아가서의 핵심에는 토라와 선지서의 말씀을 전복적(타파적)인 목적을 위해 내던져버리는 성난 여 시인이 있다. 아가서를 여인의 시로 귀결시키는 것이 합리적이고, 또 그러한 시도는 무엇을 함축하는가? 라코퀘는 여성이 아가서의 시들의 대부분을 말하고 있고, 두드러지게 자기 자신에 대해 말하고 있다는 사실이 여성이 아가서를 작성하였음을 함축한다고 주장한다(*Romance, She Wrote,* 41-44). 이것은 여성이 주인공이고, 이 책의 핵심적인 인물이라는 것을 단지 말할 뿐이지 그것이 우리에게 저작권을 말해주지 않는다. 남자는 아가서를 쓸 수 있는 여성의 관점을 충분히 이해할 수 없었다는 주장은 잘못된 것이다(그리고 성차별적이다!). 초어서가 바드의 아내(Wife of Bath)의 아내에 관한 이야기를 역시 쓸 수 없었다고 우리가 주장해야 하는가?

자신의 사례를 강변하려는 라코퀘의 노력은 몇 가지 의심스러운 주장을 하게 만든다. 예를 들어, 그는 "장례식 노래"가 "여인의 주도" 하에 있다고 말하고, 사무엘상 1:24[sic; 분명히 삼하 1:24에 대한 오식]; 렘 9:16-19; 렘 1; 2; 4(*Romance, She Wrote,* 42)을 인용한다. 하지만 여인들이 민족적인 재앙에 대해 슬퍼하도록 권고 받는다는 사실이 이 장르를 그들의 "지배"에 있는 것으로 만들 수는 없다. 사무엘하 1:17-27, 즉 다윗이 작성한 사울에 대한 슬픔을 비교하라.

고대 세계에서 시인과 저자의 압도적인 다수는 남자들이었다. 여자들이 그리스 세계에서보다 이스라엘에서 저작에 더 활동적이었을지라도(Sappho는 이런 규칙을 입증하는 일에 예외다), 히브리 성경의 매우 적은 부분만이 여성 저자들이나 시인들에게로 귀결된다. 여성 시인들이 히브리 성경에 나타나는 곳에서 여성들은 현대적인 학문적 상상력의 도전적인 선동가는 아니다. 성경의 매우 중요한 여성 시인들은 드보라, 한나, 아마도 미리암, 그리고 신약성경에 마리아다. 하지만 우리들은 그들의 노래에서 무엇을 발견하는가? 그들은 더 정통적일 수 없었다. 참으로 드보라와 미리암은 정통적이었을 뿐 아니라 열렬하게 애국주의자였다. 특히 드보라의 노래는 더 전통적이다. 그녀는 남자가 전사가 되어야 하고 남자가 여자에 의해 죽임을 당해야 하는 것은 남자의 수치라는 관념을 갖고 있다(참조. 삿 4:9). 한나와 마리아는 전통적인 방식으로 압제 당하는 자들에 대한 야훼의 관심이라는 선지자적인 주제를 활용한다. "남성 계급 제도"가 우리에게 여성 시인을 보게 만든다고 주장하는 것은 가정적인(hypothetical) 구조이고 임의적(*ad hoc*)인 논증이다. 타파적인 목적을 위해 자신의 예술을 사용한 히브리 여성 시인에 대한 사례는 없다. 하지만 라코퀘는, 머리를 선지자들에게 돌리는, 아가서를 성난 여성시인에게로 귀결시킬 뿐만 아니라, 아가서의 여인은 제2성전 유대교 내에서 "대항문화"(counterculture)를 대변한다고 말한다(*Romance, She Wrote,* 46). 이런 여성 대항문화에 대한 증거가 어디에 있는가? 이것은 현대의 이데오르기적 사조의 시대착오적인 투영일 뿐이다. 여성이 아가서를 쓸 수 없었다고 말하고 있는 것이 아니라 우리는 단지 그것을 알지 못한다. 아가서의 해석을 성난 여성 시인이라는 가정 하에 세우는 것은 위험스럽다.

라코퀘의 책의 서두에서 그는 우리에게 선택할 수 있는 두 가지 짝을 제시한다. 아가서는 "확립된 세계관에 관한 경구나 변증이거나" 그 세계관을 "잘못되고 기만적인" 것으로 비판한다. 또한 아가서는 방자한 귀족의 감흥을 돋기 위해 쓰인 하찮은 시의 부수물이거나, "성경의 개요에 감히 들어간" "풍자적인 단편"이다(*Romance, She Wrote,* 1). 여기서 시초부터 라코퀘는 아가서가 어떤 책인지를 완전히 오해했다. 아가서는 그가 기술한 종류의 책이 아니다: 아가서는 '서정시'다. 그것은 종교적이거나 정치적인 소책자도 아니고, 교훈집이나 풍자적인 책도 아니다. 아가서는 사랑의 축전이다. 아가서는 가부장적인 것도 타파적인 것도 아니다.

사랑 시로서의 아가서

거의 자동적으로 우리는 아가서가 단지 그렇게 보이는 대로의 책, 즉 남자와 여자의 사랑에 관한 시라는 결론에 도달하게 된다. 이 견해는 새로운 것이 아니다. 아가서를 음란한 방식으로 노래하는 사람들에게 불평을 토로한 아키바는 당대의 많은 사람들이 아가서를 그런 식으로 이해했다는 것을 전제한다. 초대교회에서조차도, 아가서를 알레고리화 하는 것을 반대하는 자가 있었다. 성경 해석의 안디옥 학파(그것은 알레고리적 접근보다도 성경의 자연적이고 "단순한 의미"의 이해를 선호했다)의 추종자인 몹수에스티아의 데오도르(Theodore of Mopsuestia)는 아가서의 알레고리적인 해석을 거부했다. 그는 사후에 콘스탄티노플의 제5종교회의에서 정죄되었고(553 C.E), 아가서에 대한 그의 글은 소실되었다. 그러나 최근에 아가서에 대한 이런 접근이 성경 학계를 지배하게 되었다.

아가서가 "사랑 시"라고 말하는 것은 아가서를 매우 동떨어지게 해석을 진전시키지 않는다. 그것은 아가서가 통일체이거나 느슨한 명문선집이라고 말하지 않고, 또 아가서가 지배적인 주제를 갖고 있다거나 어떤 의미 있는 신학을 갖고 있다고 말하지 않는다. 하지만 아가서를 이 장르에 귀속시키는 것은 좋은 시작이다.

이런 접근은 고대 근동의 사랑 시의 정황 속에서 은유와 상징의 의미를 우리가 찾을 수 있게 한다. 이 이미지는 신학적, 정치적, 관념적, 또는 철학적 암호가 아니다.

또한 이런 접근은 드라마적인 해석의 방식으로 이야기의 "갭을 채울" 필요에서 우리를 자유롭게 만든다. 사실상 갭이 없다. 시인은 청중이 그의 말의 의미를 인식하기를 기대할지라도, 자신이 말하고자 하는 모든 것을 말했다. 사랑 시는 배후에 함축된 스토리를 갖지만(예를 들어, "네가 한때 나를 사랑했지만 지금 너는 가고 없다"거나 "나의 삶은 내가 너를 만나기 전에 공허했다"), 그 자체가 스토리는 아니다(우리는 여기서 고대 근동 시에는 없는 발라드[민요]를 제외시키고 있다 - J. A. Black["Babylonian Ballads: A New Genre," *JAOS* 103(1983) 25-34]이 그것을 주장하기는 할지라도 - 어쨌든 아가서는 분명히 민요가 아니다).

아가서를 사랑 시로 읽는 것은 우리로 하여금 아가서의 해석에서 시의 풍습을 다루게 만든다. 스탠자는 어떻게 형성되어 있는가? 이 책에서 시의 소절은 어떻게 형성하고 있는가? 이미지는 의미를 어떻게 전달하는가? 이것이 아가서에 대해서 물어야 하는 질문들이다.

위대한 시, 특히 위대한 사랑 시들은 자주 사랑하는 사람에 의해 영감을 부여받는다. 때로, 사랑하는 자의 이름과 시인과 그녀 또는 그와의 관계가 알려진다. 예를 들어, 안네 브라드스트리트(Anne Bradstreet(1612?-1672)의 사랑 시는 그녀의 남편인 시몬 브리드스트리트에게로 향해 있다. 때로 사랑의 대상이 가명으로 감추어져 있거나 익명이다. 카툴루스(Catullus, c. 84-54 B.C.E.)는 자신의 사랑 시를 그가 "레스비아"라 부르는 결혼한 여인에게 바친다. 세익스피어의 후대의 소네트들은 "거무스름한 여인"으로 단순히 독자들에게 지금 알려진 여인을 위한 사랑에 대해 말한다.

시인이 자신의 소절에 영감을 주었던 자와 실제적인 사랑 관계를 가졌던 것은 필연적이지는 않다. 단테는 '신곡'에서 확실히 베아트리체와의 사랑에서 열정적이었고, 그녀는 그의 시에서 상당히 두드러진다. 지금 베아트리체 포티나리로 확인되는 실제 베아트리체는 어린 시절에 짤막하게 단테를 만났고, 청소년으로서 가끔 단테와 이야기했을 뿐이다. 하지만 단테의 기사에는 그가 그녀와 즉시 사랑에 빠졌다. 그녀는 다른 남자와 결혼했지만 24살의 나이에 죽었다. 단테는 그녀의 죽음을 서글퍼했지만 그의 마음속에 영원히 젊은 그녀는 그의 시의 시상(詩想)으로 기능했다.

그러한 인물이 아가서의 배후에 있었는가? 우리는 아무것도 알지 못한다. 필자는 이미 아가서가 통일왕조 시대에 속해 있음을 제기했고, 솔로몬이 이 단편의 저자일 수도 있었음을 주장했다. 하지만 이 책의 첫 글자가 이런 결론을 확증해 주지는 않는다. 아가서의 시인은 자신이 이 작품을 썼을 때에 어떤 이를 염두에 두었을 수 있다. 하지만 시인이 실제로 반드시 그의 사랑의 대상과 관계성을 가졌다고 생각할 필요는 없다 – 사실상 이 시의 이상화된 본질은 그 반대를 암시한다. 또한 이것은 드라마적인 해석의 방식으로 아가서를 부풀릴 수 있는 일종의 역사라고 주장할 수도 없다. 하지만 아가서에서 사랑에 관한 탐구는 언젠가 실제적이었지만 시인의 마음에 점차적으로 이상화된 여인 – 베아트리체 – 을 위한 애모를 품고 있을 수 있다. 심지어 거룩한 성경도 인간의 정황 속에서 발생하기 때문에 확실히 어떤 것 또는 어떤 이가 이 시를 쓰는 일에 동기부여를 주었다.

물론 이 모든 것은 순전한 추측이다. 시인은 자신의 작품을 그가 알았던 사랑하는 커플의 관찰에 기초하였을 수 있었거나 전체가 시인의 상상력의 생산물, 즉 시인의 관찰로부터 저작된 인물과 상황일 수도 있다. '우리는 어떤 상황이 이 시를 쓰도록 이끌었는지에 대한 개념을 갖고 있지 못하다.' 게으른 추측은 아가서가 다양한 방식으로 해석되는데 책임이 있음을 적어도 우리에게 상기시키고, 우리가 소유한 것보다 아가서에 대한 더 많은 지식을 주장하는 것을 우리는 조심해야 한다. 이 시의 배경에 대한 더 이상의 추측은 아가서를 조명하기보다 이슈를 더 흐리게 만들 것이다. 우리가 갖고 있는 모든 것은 이상화된 사랑에 대한 묘사, 곧 노래이고, 우리가 분석할 것은 바로 그것이다.

보론: 서정시에 접근하기

참고문헌

Barthes, R. *The Pleasure of the Text.* Trans. R. Miller. New York: Hill and Wang, 1975. **Brooks, C.**, and **R. P. Warren**. *Understanding Poetry.* 4th ed. New York: Holt, Reinhart, & Winston, 1976. **Corney, R. W.** "What Does 'Literal Meaning' Mean? Some Commentaries on the Song of Songs." *AThR* 80(1998) 494-516. **Cureton, R. D.** "Helen Vendler and the Music of Poetry: A Review of *Poems, Poets, Poetry: An Introduction and Anthology* by Helen Vendler." *Versification* 1.1(March 1997) [an electronic journal]. **Hall, D.** *The Pleasures of Poetry.* New York: Harper & Row, 1971. **Vendler, H.** *The Art of Shakespeare's Sonnets.* ______. *The Music of What Happens: Poems, Poets, Critics.* Cambridge, MA: Harvard UP, 1988. ______. *Poems, Poets, Poetry: An Introduction and Anthology.* Boston: St. Martin's, 1997.

큐레톤(R. Cureton, "Helen Vendler," 1)에 따르면 "'서정시는 무엇인가?'라는 질문은 적절하게 대답할 수가 없다." 아가서에 대해서 우리가 갖는 어려움은 이 장르를 다루기 위한 주요한 원리가 없다는데 적어도 부분적으로 기인한다. 서정시와 정경서 사이에서 성경학자들은 시의 형태와 정경의 위치 양자에게 해당할 수 있는 접근을 발견하느라 씨름한다. 특성상 아가서가 에로틱하다는 인식은 만족스런 해석을 얻지 못한다(참조. R. Corney, *AThR* 80[1998] 494-516).

아마도 우리는 서정시를 읽는 방법을 새롭게 배울 필요가 있다. 나는 여기서 서정시가 무엇인지에 관한 총체적인 설명이나 서정시의 비평을 위한 완전한 이론적인 근거를 얻으려는 시도는 하지 않을 것이다. 하지만 나는 이 문학적 장르의 본질에 관한 몇 가지 기본적인 관찰을 제시할 것이다. 소망하기는 그것이 독자들에게 도움이 되기를 바란다. 나는 헬렌 벤들러(Helen Vendler)의 작품에 주로 의존할 것이다. 그녀는 우리 시대 최고의 서정시 비평가로서 널리 간주되고 있다. 그녀를 비판하는 자가 없지 않고, 나도 여기서 그녀가 말한 모든 것을 인정한다거나 나의 간략한 개요가 그녀의 관점을 대변한다고 주장하지 않는다. 다만 그녀의 글이 서정시가 무엇인지에 관한 문제를 작업하는데 도움이 되었다.

"서정시"가 의미하는 바가 무엇인지를 독자들에게 설명하는 것이 필요할 것이다. 이 용어는 수금[*lyre*]이라는 용어와 관련이 있고, 고로 서정시가 수반하여 노래로 불려진 시임을 암시한다. 고전 문명에서 서정시는 본질적으로 그리스에서 개별적인 시인에 의해 불려지는 것으로 의도된 "노래"($\mu\epsilon\lambda o\varsigma$ – 멜로스)일 것이다. 헬라의 서정시의 사례는 삽포(Sappho), 알크만(Alcman), 그리고 핀다르(Pindar)의 시이고, 라틴의 대가는 카툴루스(Catullus)와 호레이스(Horace)를 포함한다. 예를 들어, 핀다르는 그의 송시에서 그리스 운동경기자의 영예의 승리를 찬미했다. 예를 들어, 이 짧고 자기 내포적인 시들은 그리스 비극의 시적인 대화와는 대비된다.

어떤 점에서 서방 문명은 이 시를 노래와 구분했고, 서정시는 노래가 아니라 구두로 언급된 것으로 나타났다. 르네상스는 아마도 순전히 서방 서정시의 시적 형태인 소네트를 창출했다. 여전히 우리는 노래와 서정시의 구분을 너무 날카롭게 그어서는 안 된다. 세익스피어 연극의 많은 노래들을 서정시로 분류할 수 있었기 때문이다. 비음악의 서정시는 주요한 서방 문학의 장르가 되었다. 서정시는 낭만주의 시대에 완벽한 도구였다. 그것은 인간의 상태에 대한 심오한 문학적 탐구가 되었기 때문이다. 존 키츠(John Keats)의 송시에서 예술, 생명, 그리고 죽음에 관한 묵상(예를 들어, "Ode to a Nightingale")은 서정시가 감정을 제한하지 않는 묵상에 대해 얼마나 적합한지를 생생하게 보여준다. 괴테의 시도 서정시를 예증하고, 그의 "An den Schlaf"(To Sleep)는 사랑에서 한 젊은이의 감정적인 절망을 포착한다(애굽의 시에서 젊은 연인들처럼, 그는 여자 친구의 어머니가 그와 그녀간의 장벽으로 작용하고 있음을 본다).

서정시는 본질적으로 상황, 사건 또는 관념에 대한 시인의 묵상이다. 그러므로 서정시들은 짧은 경향이 있다. 서정시의 구체적인 최대의 길이를 설정할 수는 없지만, 500소절의 서정시는 이상한 것이 될 것이다. 서정시는 자주 폭넓게 낭만적이다. 그것이 필수적으로 사랑에 대한 것이 아닐 수 있고(하지만 대체로 그것은 사랑에 관한 것이다), 필수적으로 회고적이거나 감상적이지는 않을지라도, 시인의 마음을 점유한 감정과 묵상을 탐구한다. 따라서 서방 문명에서 낭만주의 시대가 서정시의 가장 많은 양을 낳은 것은 당연한 일이다. 서정시는 이야기를 '말하지' 않고, 이야기를 '반성하거나' '암시한다'는 것을 깨닫는 것은 특히 중요하다. 이야기 자체는 독자들에게 전적으로 생소할 것이고, 시를 읽기 시작할 때 독자는 시인의 남편이 방금 죽었고, 시인이 자신의 슬픔을 설명하고 이해시키려 하고 있다는 것을 알지 못한다. 시에 들어갔을 때, 독자는 처음에 시인의 논조와 시인이 만들고 있는 암시를 이해하지 못해 당황해 한다. 시인이 "이틀 전에 남편이 건초더미를 들어올리는 중에 심장마비로 사망했고, 지금 나는 내가 생각하고 있는 것을 당신에게 말하기를 원합니다"라는 말로 시작하지 않는다. 하지만 독자가 이 사건에 대해 시인의 묵상을 읽을 때, 그런 상황을 이해하기 시작하고 시인이 그들에게 암시하고 있는 사건을 세부적으로 선택하기를 시작한다. 게다가 서정시의 배후에 있는 "이야기"는 매우 단순하고 일차원적이다: 젊은이가 사랑에 빠졌다거나 어떤 부모가 자녀를 잃었다거나, 어린 소녀가 꽃을 꺾었다. 서정시가 이야기를 말하기보다 이야기를 단지 암시하기 때문에 독자는 시의 배후에 있는 이야기가 다양한 인물이나 하부플롯을 갖고 있는 복잡한 것이라면 도리 없이 뜻을 발견하지 못할 것이다. 아가서를 서정시로 특히 구분하고 드라마로 구분하지 않는 것은 이런 암시적인 특징 때문이다. 아가서의 시들은 이야기를 '말하지' 않고, 이야기를 '반추'한다. 아울러, 아가서의 배후에 있는 이야기는 지극히 단순하다: 남자와 여자가 결혼하다.

서정시를 시의 다른 종류와 비교함으로써 인식할 수 있다. 예를 들어, 길가메쉬와 같은 서사시, 키르타의 우가릿 서사시, 오딧세이와 같은 서사시를 서정시로 생각할 수는 없다. 유사하게 선지서와 욥기의 강론과 비판이 시적인 형태로 자주 나타날지라도, 그것은 서정시가 아니다. 발라드를 서정시로 분류해서는 안 된다. 발라드는 본질적으로 노래와 구절 속에서의 이야기이다. 예전적인 시를 서정시로 분류해서는 안 된다. 그것의 주요한 기능은 시인의 내적인 사상을 묵상하는 것이 아니라 공적인 예배를 위한 수단으로서 기능하기 때문이다. 시편의 대부분을 서정시라 칭할 수 없다. 하지만 몇몇 시들은 서정시로 분류할 수 있다. 시편 23편은 훌륭한 사례다. 성경의 지혜 시(예. 시 1편; 잠 2장)는 서정적이지 않다. 지혜 시는 본질적으로 교훈적이고, 의미상 직설적이고 구조적이다. 반면에 서정시는 창조성과 예술적인 표현에 더 관심을 갖는다. 이것은 교훈적인 시가 열등하다는 것을 말하는 것이 아니다. 단순히 시의 서로 다른 종류일 뿐이다. 유사하게 나의 견해로, 장송곡이나 애가를 서정시로 분류해서는 안 된다. 그것의 주요한 기능은 슬픔의 대중적인 표현을 위한 텍스트로 기능하기 때문이다. 따라서 애도의 책들은 서정시가 아니다. 반면에 죽음이나 재난을 내적으로 묵상하는 비가(elegy)는 서정시다. 서정시에 대해서 명백하게 정확한 표현을 갖지 못하는 우리들은 서정시를 읽는 몇 가지 가이드라인을 설정할 수 있다.

서정시는 본질상 자주 수수께끼 같다. 이것은 정도의 문제이고, 일부 서정시들은 의미상 직설적이고 평이하다. 여전히 서정시는 일반적으로 독자나 청자가 정신적이고 감정적인 에너지를 시의 단편을 이해하기 위해서 몰두할 것을 요구한다. 서정시는 에세이, 정치적인 연설, 드라마적인 독백, 또는 뉴스 보고서가 아니다. 이런 것들은 커뮤니케이션의 부담이 글을 쓴 자와 말하는 자에게 대단히 책임이 있고, 주제를 청자가 잘 모를 것을 이해하고 말하는 것이 필수적이다. 하지만 서정시에 대한 적절한 의무는 적당한 말(*mot juste*)을 찾아나가는 것이고, 말과 어구를 시의 교묘하게 상호 연관된 소절과 조합시키는 것이다. 서정시가 의사소통을 전달하고 있을지라도, 본질적으로 독자가 '탐구하고' '인식할' 것을 기대하는 것이지 저절로는 '이해할' 수 없는 예술 작품이다. 서정시가 따라가기가 어려운 몇 가지 또 다른 이유가 있다. 우리는 이것을 아래에서 탐구할 것이다. 중요한 요지는 이것이다: 서정시를 제대로 읽기 위해서는 훈련, 인내 그리고 연습을 필요로 한다. 신참들은 때때로 그들의 어깨를 움츠리고 서정시에서 단순히 뒷걸음칠 것이다. 그 의미가 첫 번째 읽었을 때에 명확하지 않기 때문이다. 아가서를 연구하는 성경 학도들은 아가서가 신명기나 열왕기하처럼 명확하고 직접적인 것으로 기대해서는 안 된다.

그러나 두 번째로, 서정시는 시인이 의도했던 구체적인 의미가 있다. 나는 "의도적인 오류"(즉 저자의 의도된 의미를 찾는 것은 잘못이라거나 의미는 오로지 독자들에게 달려 있다고 말하는 것)의 개념을 거부한다. 서정시의 비평적인 분석은 자주 시의 산문적인 의역으로 시작한다. (벤들러는 의역이 시를 이해하기 위한 '시초'일 뿐이라고 주장하지만 그녀는 반복해서 이런 관습을 따른다; 예를 들어, *Art of Shakespeare's Sonnets*, 495, 540.) 시를 설명하기 위해서 의역하는 흔한 습관은 적어도 두 가지 것들을 내포한다. 첫째로 시는 자주 이해하기가 쉽지 않다. 둘째로 시는 시인이 독자가 포착하기를 의도했던 '본질적'인 의미가 있다. 시가 구체적인 독자를 위한 구체적인 의미가 있다거나 개별적인 독자들이 시에 대한 자신의 시각을 가져온다는 것이 이것을 무효로 만들지는 않는다. 독자는 자신의 개인적인 관점을 뉴스페이퍼의 보고서에 가져오지만, 그것이 뉴스페이퍼 보고서가 의미상 제한이 없다는 것을 의미하지 않는다. 일부 현대의 시들과 노래는 유일한 의미는 그것이 의미가 없는 것일 수 있도록 무의미한 방식으로 말들을 함께 배열한다. 하지만 이것은 고전적인 시에는 해당하지 않고 확실히 아가서는 그렇지 않다.

세 번째로, 서정시는 대단히 암시적이다. 소네트는 '일리아드'에서의 에피소드, 또는 독일 신화의 인물, 또는 프랑스의 골짜기(valley)에서 대단히 암시적이다. 독자가 그 암시를 인식하지 못한다면, 그는 요지를 놓치고, 문맥에서 요지를 추측해야 한다. 시가 암시적이기 때문에, 파악하기가 어렵다. 서정시는 과학적이거나 전문적인 저널과 같은 면이 있다. 즉 서정시는 독자가 암호를 근본적으로 이해하고 텍스트로 나아올 것을 기대한다. 현대의 독자들은 파피루스 해리스 500의 노래들의 메히(Mehi)를 인식하지 못하므로 그의 정체성과 의미는 추측의 문제가 된다. 이것은 아가서에서도 역시 어느 정도 해당한다. 아가서 7:5(ET 7:4)는 여인의 코가 레바논의 망대와 같다고 말한다. 이것은 레바논의 망대를 보지 못했던 우리들(오늘날은 모든 사람에게 해당할 것이다)을 곤란하게 한다.

네 번째로 서정시는 대단히 압축적이다. 역사적인 주제를 다루는 시를 논하는 벤들러는 "역사 시를 생각할 때, 기억해야할 주요한 일은 역사의 풍부함과 시의 간결함 간의 긴장이 항상 도사리고 있다"(*Poems, Poets, Poetry*, 251)는 사실이라고 말한다. 동일한 것이 서정시의 많은 다양한 것들에 대해서 언급할 수 있다. 세익스피어는 소네트의 열네 소절에 여러 시각과 많은 다양한 특성들을 자주 압축한다. 따라서 서정시는 자주 꽤 불투명하다. 아가서의 여인이 예루살렘의 소녀들에게 좋아할 때까지 사랑을 하지 말 것을 요청할 때(예. 2:7), 그녀는 그녀의 사회에서 이해되는 성과 처녀성의 기준을 암시하고 있고, 매우 압축된 방식으로 그들에게 조언하고 있다.

다섯 번째로, 네 번째 요지와 비교하여 다소 역설적으로, 서정시는 사건을 매우 적은 말로 묘사할지라도, 상세히 한 사건의 의미를 탐구한다. 허먼 멜빌(Herman Melville)의 "버지니아에게로의 행진"(The March into Virginia; Vendler, *Poems, Poets, Poetry*, 239-41에서 탐구됨)은 본질적으로 "젊은 연합군 병사들이 마나사에서 전투를 행하기 위해서 즐거이 행진했으나, 대부분이 죽었다. 하지만 살아남은 자들은 냉혹해졌다." 멜빌은 남쪽으로의 군인들의 행진을 유쾌한 분위기를 묘사하는 방식으로 전체 시를 거의 소비했고, 그렇게 함으로써 독자에게 전쟁의 잔인함을 일깨우려 했다. 아가서를 근본적으로 다음과 같이 묘사할 수 있다: "사랑에 빠진 젊은 여인이 결혼하고 처녀성을 잃는다." 그러나 아가서의 진정한 내용이 되는 것은 경험의 의미다.

여섯 번째로, 벤들러가 말하는 것처럼 "시는 인생에서 그 기원을 갖는다. 특히 단일한 개인의 삶에서의 중요한 순간이나 국면 – 출생, 사춘기, 결혼, 죽음 – 또는 우리가 집합적으로 전쟁, 종교적 축제, 공휴일을 기념하는 대중적인 순간에 나타나는 공식적 또는 비공식적인 예식에서 그 기원을 갖는다"(*Poems, Poets, Poetry*, 3). 그녀는 윌리암 블레이크(William Blake)가 "어린이의 슬픔"(Infant Sorrow)에서 탄생의 의미를 어떻게 그리고 있으며, 세익스피어가 소네트 60에서 서로 다른 이미지 하에서 시간의 흐름을 어떻게 이해하고 있는지를 관찰한다(*Poems, Poets, Poetry*, 4, 13). 애굽의 사랑 시들은 상당히 동일한 것을 행하고, 일부는 사랑에 빠진 소년과 소년의 멜로드라마적인 감정을 탐구하며, 한 그룹은 창기에 빠진 소년을 노출시킨다. 아가서는 한 여인의 결혼으로의 정서적인 여행을 탐구하고 기린다.

일곱 번째로, 다시금 벤들러를 뒤좇을 때, 서정적인 노래들은 삶의 사건의 의미를 '탐구할' 뿐 아니라 그것들을 역시 '조정한다'(*Poem, Poets, Poetry*, 25-51). 시가 이 일을 행하는데 사용하는 방책들은 이미 언급했다. 그것들은 언어의 소리들(리듬, 운율의 강조, 음절의 운율, 두운 등등), 스탠자의 배열, 구문론적인 단위들의 일치, 등등을 포함한다. 이전에 묘사한 아가서의 열세 편(cantos)의 교차대구법은 남여의 결혼을 삶의 목적의 성취로 내포한다. 아마도 그들의 연합의 순간인 교차대구법의 중앙이 작품의 처음과 끝의 정중앙에 있는 일곱 번째 칸토(편)인 것은 의미가 있다. 결혼은 출생과 죽음의 중간이고, 양끝을 바라보며, 그것은 중대한 시점으로 간주된다.

여덟 번째로, 서정시는 이야기를 '말하지' 않고 이야기의 '의미를 그린다.' 벤들러는 소설이 에피소드, 성격, 그리고 환경을 상세히 설명할 시간이 있는 반면에 시는 사용한 말의 의미를 포착하는 것을 독자에게 의존한다(Vendler, *Poems, Poets, Poetry*, 150). 조지 허버트(George Herbert: 성공회의 목사[1593-1633])는 "구속"(Redemption)이라는 자신의 시에서 이 원리를 설명한다(Vendler, *Poems, Poets, Poetry*, 161도 이 시를 인용한다).

부유한 주인에게 오랫동안 청지기로 있었으나
소작이 번성하지 않자 나는 담대해져서 주인에게 소송을 제기하여
옛 것을 버리고 새로운 작은 임대를 얻고자 했다

하늘의 정원에서 나는 그를 찾았다
그들은 거기서 나에게 그가 그 땅을 만든 이래로

참으로 오랫동안 소유하셨던 땅으로 최근에 내려갔다고 말했다.

나는 즉시 돌아와서 그의 위대한 탄생을 알고자 커다란 유흥지에서 그를 찾았다.
도성에서, 극장에서, 정원에서 공원에서 법정에서 나는 그를 찾았다.
마침내 나는 아주 시끄러운 열락하는 소리를 들었다.

도둑들 중에 살인자들 중에서 나는 그를 정찰했다.
그는 너의 소송을 인정하여 내가 그것을 위해서 죽었노라고 말했다.

그리스도의 복음이 이 시의 배후에 있는 이야기다. 동시에 이 시는 이야기를 '형태를 바꾸어 말하지' 않고 그것의 '중요성을 탐구한다.' 이미 기독교 신앙을 알고 있지 않은 사람들은 사실상 이 시의 의미를 이해하는데 큰 어려움이 있다. 따라서 복음의 핵심적인 사실들(하나님이 하늘에서 내려 오사, 예수의 위격 안에서 인간이 되시고, 죄인들 가운데 거하시다가 그들을 구속하기 위해서 죽으셨다)이 시 자체를 주기 전에 '주어진다.' 내가 방금 말했던 것처럼 이런 사실들을 단순히 재진술하는 것은 이 시를 전혀 설명하는 것이 아니다. 하지만 이 사실들을 알고서, 이 시의 독자는 허버트가 우리에게 그 사실들의 의미에 새로운 시각을 열어놓은 방식을 인식할 수 있다. 허버트는 예수의 삶의 사건을 다른 형태로 말하거나 구속의 기독교 신학을 재진술하고 있지 않다. 하지만 우리가 시의 배후에 있는 이야기를 인식할 때, 더 커다란 배경의 이야기(복음)가 개인의 삶에 영향을 미치는 방식을 이해할 수 있다. 유사하게 아가서의 독자는 아가서의 배후에 있는 사람의 사건 즉 결혼을 인식할 것을 예상하게 된다. 허버트가 마태복음을 상세하게 재진술하지 않고 있는 것과 마찬가지로 아가서는 그 자체로 상세한 결혼 이야기를 말하고 있지 않다.

여기서 이미 암시했던 아가서의 독법의 긴장점은 정경 텍스트로서 아가서를 읽느냐 예술로서 아가서를 읽느냐의 문제다. 예술 작품으로서 서정시는 독자들에게 기쁨을 주어야 한다. (시의 기쁨에 대한 유용한 서론을 위해서는 Hall, *Pleasures of Poetry*을 보라.) 본문을 읽거나, 시적인 본문을 읽는 주요한 이유가 기쁨을 주는 것임을 확증하기 위해서 롤란드 바르데스(Roland Barthes, *Pleasure of the Text*)의 특이하고 성적으로 제기한 미학에 빠질 필요는 없다. 만약에 단지 요지가 데이터를 전달하는 것이었다면, 평이하고 단순한 산문으로 그것을 더 잘 해낼 수 있었을 것이다. 시의 의역은 시 자체보다도 이해하기가 더 쉽다. 하지만 시에서 이루어지는 커뮤니케이션은 단순히 정보의 전달에 있지 않다("연합군이 흥분하여, 그들의 첫 전투로 행진할 때 태평하였지만, 그들은 곧 전쟁의 실제를 깨닫게 되었다"). 시의 순전한 독법은 독자를 그 경험으로 이끌고 와서, 시가 사랑 노래의 도취케 하는 기쁨이든 엘레지의 애조 띤 슬픔이든 간에, 시의 "기쁨"은 시의 "의미"의 주요한 요소를 형성한다. 시에 대한 온전한 인식은 인식적으로 그것의 본질적인 메시지와 상황을 이해하는 것과 관련이 있지만 또한 시의 용어들을 듣고, 이 특별한 용어들이 왜 선택되었는지 이해하며, 그 미사여구를 즐기며, 감정적인 반응으로 이입하고, 마지막으로 시의 기교를 인식하는 것과 관련이 있다. 따라서 시를 이해하는 것은 먼저, 그리고 가장 단순한 차원에서, 시가 무엇에 대한 것인지를 파악하고, 그 다음에 그것에 감정과 자아의식을 갖고 반응하는 능력, 그리고 마지막으로 그 시가 작용하는 이유에 대해 이해하는 것을 함축한다.

그러나 시의 기쁨을 인식하는 것은 시의 언어, 이미지 그리고 소리, 즉 '표면적'인 질량에 대한 적절한 관심을 주게 한다. 시의 이런 이해는 정경 문서의 독법과 잠재적으로 어떻게 조화하지 못하는가? "비평의 기능"(The Function of Criticism, Vendler, *Music of What Happens,* 16)에서 롤란드 바르데스를 논한 벤들러는 그것에 대해 이같이 적고 있다.

> 이 두 모델들은 근본적으로 양립할 수 없다. 행복에 초점을 맞춘 바르데스의 모델은 의미하는 자를 분배하는 것을 거부하고, 의미되는 자 속에서 진정한 조화를 발견한다. 두 번째 해석학적인 모델은 궁극적으로 양식비평을 피하였을지라도, 그것은 형태에 대한 관심을 주로 더 높은 목적에 대한 수단으로서 간주한다. 문학에서 "감춰진 의미"인 대중적인 개념이 발생한 것은 끊임없이 알레고리화 하는 경향을 갖는 해석학적인 모델로부터다. 세속적인 비평가들은 그들의 안목을 표면적인 것에 두고, 종교적인 비평가들은 거룩한 의미를 좇아서 표면적인 것을 그냥 지나칠 것을 선택한다. 이 두 종류의 비평이 서로 다른 이름일지라도, 항상 우리와 함께 있다. 이 두 비평 학파들은 항상 서로를 불신하고, 상대방에게 불쾌감을 주는 방식으로 예술 작품의 가치를 발견하려고 한다.

어느 것도 일관되고 결정적인 알레고리를 갖는 아가서 해석의 역사로 성경 해석학을 간주한 벤들러의 요지만큼 온전하게 설명할 수는 없을 것이다. 하지만 아가서에 대한 비알레고리적 접근도 못지않게 동일한 방식과 목적에 몰두하고 있다. 드라마적인 양태나 해석의 페미니스트 양태도 신학적이거나 정치적인 도그마의 원천으로서 아가서를 이용하는 일을 삼가지 않는다. 시를 "사랑 시"로서 "평이한 의미"로 읽는 해석자들조차도 근본적으로 그 시 속에서 진리를 찾는데 열중한다. 자주 일관성이 없고 빈약한 결과를 갖게 될지라도 말이다. 나도 역시 아가서의 시 속에서 진리를 찾고자 시도할 것이다.

한편으로 성경학자들이 항상 진리와 의미에 초점을 맞추었을지라도, 성경의 저자들은 "기쁨"과 "진리" 사이에서 딜레마에 빠졌던 것으로 느꼈다고 보이지 않는다 – "오 내가 얼마나 당신의 율법을 사랑하는지요/ 종일토록 나는 그것을 묵상하나이다!"(97절)라고 썼던 시편 119편의 시인은 확실히 그렇지 않았다. 그는 "나는 당신의 율법에서 많은 진리를 발견하나이다"라고 단지 말하고 있지 않다. 그가 반복해서 그런 요지를 역시 만들고 있을지라도 말이다. 율법을 읽고 듣는 바로 그 행위가 강렬한 기쁨의 원천이었다. 그에게서 바로 그 말들은 훌륭한 뮤지컬 악보에서 조심스럽게 선택한 음조와 같았다. 그리고 시편기자는 여기서 '율법'에 관해 말하고 있다 - 일반 독자들이 성경책의 가장 심미적인 기쁨을 생각했을 것 같지는 않다!

이것은 아가서를 해석하는 실제적인 일을 하는 우리를 어디에 두게 하는가? 그것은 우리가 성경이 '진리'로 나아가기 전에 아가서의 '기쁨'으로 시작해야함을 암시한다. 아가서의 소절과 미사여구, 소리와 이미지, 그리고 선택된 용어들의 감정적인 질량과 환기된 감정을 탐구해야 한다. 때때로 - 그리고 나는 여기서 어느 성경 해석자처럼 가책이 있다 - 우리는 너무 많이 은유가 '의미하는' 바에 초점을 맞추고 그것이 '불러일으키는' 것은 충분히 다루지 않는다. 그러나 기쁨에 대한 탐구는 아가서에서 의미의 탐구와 모순 되지 않는다. 아가서가 심오한 진리를 담고 있다면, 그리고 내가 아가서가 그러하다는 것을 확신한다면, 시인이 느꼈고, 우리로 하여금 느끼기를 바랐던 감정을 갖지 않고는 그 진리를 발견할 수 없다. 아가서의 은유에 대한 인식(노루, 비둘기, 여우, 감송, 망대, 우물, 등등)이 아가서의 사랑과 성에 대한 인식으로 이끌어야 하고, 궁극적으로 아가서의 진리에 대한 인식으로 인도해야 한다.

아가서와 기독교 신학

참고문헌

Ayo, N. *Sacred Marriage.* New York: Continuum, 1997. **Boer, R.** "The Second Coming: Repetition and Insatiable Desire in the Song of Songs." *BibInt* 8(2000) 276-301. **Blumenthal, D. R.** "Where God Is Not: The Book of Esther and Song of Songs." *Judaism* 44(1995) 80-92. **Brown, P.** *The Body and Society: Men, Women, and Sexual Renunciation in Early Christianity.* New York: Columbia UP, 1988. **Campbell, J.** *Hero with a Thousand Faces.* Davidson, **R. M.** "Theology of Sexuality in the Song of Songs: Return to Eden." *AUSS* 27(1989) 1-19. **Dillow, J. C.** *Solomon on Sex.* Nashville: Nelson, 1977. **Elliott, M. W.** "Ethics and Aesthetics in the Song of Songs." *TynBul* 45(1994) 137-52. **Gledhill, T.** *Message of the Song of Songs.* **Glickman, S. C.** *A Song for Lovers.* Downers Grove: InterVarsity Press, 1978. **Hein, R.** *Christian Mythmakers.* **Jakobson, R.** "Linguistics and Poetics." In *Roman Jakobson: Selected Writings III.* Ed. S. Rudy. The Hague: Mouton, 1981. 18-51. **Kinlaw, D. F.** "Charles Williams' Concept of Imaging Applied to the Song of Songs." *Wesleyan Theological Journal* 16(1981) 85-92. **Lévi-Strauss, C.** *Structural Anthropology.* **Lewis, C. S.** *The*

Allegory of Love. London: Oxford UP, 1936. ______. *Experiment in Criticism.* ______. *Pilgrim's Regress.* ______. *Surprised by Joy.* New York: Harcourt, Brace, 1955. ______. *Weight of Glory and Other Addresses.* **Loder, J.** *Transforming Moment.* **Maranda, E. K.,** and **P. Maranda.** *Structural Models in Folklore and Transformational Essays.* **Murphy, R. E.** "Cant 2:8-17—A Unified Poem?" In *Mélanges bibliques et orientaux en l'honneur de M. Mathias Delcor.* Ed. A. Caquot. Neukirchen-Vluyn: Neukirchener Verlag, 1985. 305-10. ______. "The Song of Songs: Critical Biblical Scholarship vis-à-vis Exegetical Traditions." In *Understanding the Word.* FS B. W. Anderson, ed. J. T. Butler, E. W. Conrad, and B. C. Ollenburger. Sheffield: *JSOT* Press, 1985. 63-69. **Payne, R.** "The Song of Songs: Song of Woman, Song of Man, Song of God." *ExpTim* 107(1996) 329-33. **Shippey, T.** *J. R. R. Tolkien: Author of the Century.* **Shults, F. L.** "One Spirit with the Lord." *Princeton Theological Review* 7.3 (2000) 17-26. Snaith, **J. G.** *The Song of Songs.* Grand Rapids: Eerdmans, 1993. **Trible, P.** *God and the Rhetoric of Sexuality.* Philadelphia: Fortress, 1978. **Tolkien, J. R. R.** "Beowulf: The Monsters and the Critics." In *An Anthology of Beowulf Criticism.* Ed. L. E. Nicholson. Notre Dame, IN: Univ. of Notre Dame Press, 1963. **Walsh, C. E.** *Exquisite Desire: Religion, the Erotic, and the Song of Songs.* Minneapolis: Fortress, 2000.

문제의 개관

알레고리적인 해석의 소멸은 아가서를 신학적으로 빈약한 책으로 남겨둔 것으로 보인다. 신학적인 반추들은 자주 매우 빈약하게 숙고한 아가서의 현대적 소개의 뒷전으로 숨어버렸다. 그들의 요지는 이와 같은 것으로 보인다: "사랑과 성은 좋다!" (때때로 그 메시지는 "성은 좋다!"라고 짝을 이룬다), 아가서는 "성적인 필요와 성취를 합법화한다", 아가서는 "공개적으로 인간의 사랑의 에로틱한 본질을 찬미한다", 아가서는 "인간의 삶에서 사랑의 탁월성을 선언한다" 등등(아가서에서 "성의 신학"에 대한 충분한 제시를 위해서는 R. M. Davidson, *AUSS* 27[1989] 1-19을 보라). 아가서가 제시하는 모든 것이 "성의 신학"인가? 아가서는 어떤 실제적인 신학을 갖고 있는가? 아가서는 주해적인 절묘한 기술로만 신학적인 메시지를 얻을 수 있는 비신학적인 사랑 노래인가?

아가서에서 신학을 찾는 문제는 하나님의 이름(יהוה - 야훼)과 하나님(אלהים - 엘로힘)에 대한 말이 절대로 그 책에 나타나지 않는다는 사실로 인해 더 복잡하게 된다. 아가서 2:7에서 "하나님"에 대한 완곡한 표현이 있을 수 있고(7절에 관한 주석을 보라), 아가서 8:6에서 접두사 יה이 "야훼"로부터의 "야"일 가능성이 있다. 하지만 하나님의 이름의 실제적인 사용은 어느 경우도 없고, 어느 것도 신학을 제기하지 않는다. 블르멘달(D. R. Blumenthal, *Judaism* 44[1995] 80-92)은 페미니스트의 흐름을 따라서 하나님의 이름이 없는 이유를 만들려고 하지만 그의 주장은 설득력이 없다.

머피(Murphy, 100-105)는 오랫동안 이 문제와 씨름하고 결론을 내린다. "인간의 성적 성취는 남여간의 호혜적인 사랑 속에서 열렬히 추구되고 완성된다: 그렇다, 문학적인 감각에서 그리고 신학적으로 연관된 의미에서 그것이 아가서와 관련된 것이다"(103). 하지만 머피는 대부분의 현대적 학자들과 달리 알레고리적인 의미에 더 동정적이다. 그는 거의 초기 알레고리주의자들과 하나님의 사랑에 관한 풍성한 찬미로 적극적으로 돌아간다(12-28; 또한 그의 "Song of Songs: Critical Biblical Schoarship"을 보라). 그는 또한 결혼의 은유 하에서 하나님과 자기 백성들 간에 관계를 묘사하는 몇몇 텍스트들을 인용하고(예. 사 62:4-5), 사랑이 하나님으로부터의 위대한 선물이라는 요지를 만든다(104-5). 나이트(G. A. F. Knight, 64-65)는 마찬가지로 아가서의 신학적 의미를 느슨한 유추로 하나님의 사랑과 인간의 사랑에서 찾는다. 아요(N. Ayo)는 이 유추를 최대로 이용한다. 그의 견해에 따르면 아가서는 성을 찬미하지만, 그것은 궁극적으로 영적인데, "육적인 것과 영적인 것은 같은 동전의 양면이기" 때문이라고 말한다(*Sacred Marriage*, 61). 롱만(Longman)의 분석(58-70)도 유사하다: 아가서는 성적인 사랑을 찬미하고, 창세기 3장의 영향을 역전시키는 일종의 구속으로 성적인 사랑을 묘사하며, (렘 2:1과 계 19:6-8과 같은 텍스트를 인용하면서) 성적인 사랑을 하나님과 인간의 사랑의 예증으로서 높인다.

문제는 아가서가 성적인 사랑을 찬미한다는 요지를 제외하고는 이 신학적 통찰의 모든 것을 아가서 바깥에서 끌어오고 있다는 사실이다. 머피(105 n. 400)는 사랑이 하나님의 선물이라는 요지를 전달하는 구절들의 인상적인 목록을 만들지만, 그 가운데 어느 인용도 아가서에서 나오지 않는다. 결혼과 성적인 사랑이 하나님과 인간 사이의 사랑을 '예증한다'는 요지는 절대적으로 아가서 바깥의 텍스트들에 의존한다. 교회는 그리스도의 신부이지만 이 신학적 개념은 아가서에 기초해 있지 않다(신약성경의 어느 텍스트도 아가서를 암시하고 있지 않다). 또한 아가서는 어느 신학적 구성도 제시하지 않으며, 인간의 성적인 사랑이 하나님의 사랑을 예증한다는 아가서에서의 제기는 없다.

아요(Ayo)의 주석은 전반적으로 오리겐에게로 거의 돌아간다. 에로스와 영적인 사모함이 근본적으로 하나이고 동일하다는 전제에서 작업한 그는 처음에 아가서의 "문자적"인 독법으로 시작하지만, 연쇄적인 형태로 그는 신약성경과 연결할 수 있는 것을 찾는다. 예를 들어, 아가서 7:13(ET 7:12)에서 "포도원"(כרם – 께렘)이란 용어의 언급은 요한복음 15:1-11의 참 포도나무로서 그리스도에 대한 논의를 촉발시킨다(*Sacred Marriage*, 230). 이것은 신학적인 해석이 아니라, 신학적인 잔재주다.

아가서를 창세기 2-3장과 연관시키는 것도 유사하게 무관계하다. 트리블(P. Trible, *God and the Rhetoric of Sexuality*, 144-65)이 이런 연관을 만든다. 둘 사이에 분명한 연관이 거의 없고 소원하다(예를 들어, "사모"[תשוקה – 떼슈콰]에 대한 단어가 창 3:16과 아 7:11[또한 창 4:7]에 나타난다). 심지어 이런 연관도 의심스러운 가치가 있고, 그것들이 아가서에서 창세기에 대한 의도적인 암시라고 생각할 이유가 거의 없다. 아가서는 정원, 나무, 그리고 자연적인 배경을 언급하지만, 이것들은 아가서가 창세기의 타락 이야기를 반전시키기 위해 초점을 맞추고 있다는 지침이 없다. 도시보다 자연을 일반적으로 선호하는 목가적이고 전원적인 배경은 사랑 시에 자주 나타난다. 그것이 이교이건 기독교이건 말이다. "어떤 방식으로도, 아가서는 창세기의 미드라쉬"라는 트리블(P. Trible, *God and the Rhetoric of Sexuality*, 47)의 주장은 설득력이 없다. 창세기 2-3장에 대비되는 아가서는 낙원을 다시 얻는 것과 마찬가지로 성적인 사랑을 대변한다고 말할 수는 있겠지만, 이것이 아가서의 본질적인 메시지라고 말하는 것은 잘못이다. 오히려 '우리'가 아가서와 창세기 2-3장을 병렬시킴으로써 창출한 메시지일 뿐이다. 아가서를 창세기와 비교하는 것은 비합법적이지는 않지만, 아가서의 의미를 발견하기 위해서 해석자가 반복해서 창세기로 돌아갈 때, 제기된 의미가 아가서와 전혀 관계가 없음을 분명히 말하게 되는 것뿐이다. 페인(R. Payne, *ExpTim* 107[1996] 331-32)은 창세기 1장을 이용하여 유사한 논리를 따른다: 하나님이 인류를 그의 형상대로 남자와 여자로 만드셨기에 아가서에서 남자와 여자의 사랑은 하나님의 사랑을 반영한다. 그것은 창세기 1장에 근본적으로 뿌리내려 있는 것이지 아가서에 뿌리내려 있는 것이 아님이 분명하고, 그것은 아가서를 해석하거나 아가서를 신학적으로 적용하기 위한 분명한 지침을 제공해 주지 못한다.

또 다른 접근도 더 좋을 것이 없다. 스나이드(J. G. Snaith, *Song of Songs,* 134)는 아가서가 "하나님이 주신 인간의 사랑의 칭송" 이외에 아가서에는 도덕적인 신학이 없다고 말한다. 킬(Keel, [1994] 32-37)은 "기본적인 힘으로서의 사랑"에 초점을 맞추고, 아가서가 거의 사랑을 의인화한다고 결론짓는다 - 또는 사랑을 여신으로 신성시한다(34). 아가서가 장례식 축제에 기초하고 있다는 포프의 주장(210-29)은 사랑과 성에서 사람들은 생명을 붙들고 죽음을 초월하기를 추구한다고 제기한다. 엘리오트(M. W. Elliott, *TynBul* 45[1994] 137-52)는 사랑하는 자를 노루로 은유화시킨 것(아 8:14)은 어떻게 우리의 육체적 실제가 창조된 질서와 연결되고, 노루의 뛰는 것으로 상징되는 더 높은 영적 실제로 우리를 부르는가를 독자들에게 상기시킨다고 주장한다. 그러한 분석은 우리가 아가서에서 신학을 발견하고자 할 때 알레고리로 얼마나 밀접하게 돌아가는지를 예시해준다.

아가서를 좋은 섹스에 대한 성경적 가이드로서 사용하는 최근의 시도(참조. J. C. Dillow, *Solomon on Sex*)를 진지하게 취해서는 안 된다. 글레드힐(T. Gledhill, *Message of the Song*)은 아가서를 통해서 도덕적인 교훈을 찾고, 그가 말하는 많은 것이 타당하기도 하고, 어떤 것들은 아가서의 텍스트에 기초해 있다. 프로반(Provan)은 관계없는 자료를 아가서에서 가정한 도덕적 가르침으로 가지고 들어오고, 출애굽기 20장, 사사기 11장 그리고 에스더서에서 가져온 텍스트를 이용하여 여성에 대한 구약의 견해, 특히 첩에 대한 잘못을 공격한다(Provan, 272-77). 다른 드라마적/역사적 해석처럼 프로반은 아가서 자체보다는 자신이 재구성한 드라마로 교화한다(또한 다르게 재구성한 이야기는 S. C. Glickman, *Song for Lovers*을 보라).

여자와 남자의 사랑은 인간과 하나님의 사랑의 유추라는 개념 - 특히 에로스의 이상적 이해를 사용할 때 - 은 훨씬 더 어두운 방향으로 이끌 수 있다. 에로스가 하나님을 찾는 수단이 된다. 궁극적으로 성적인 충동을 높이어, 그것이 본질이 되고 하나님에 대한 바람이 축소된다. 월시(C. E. Walsh)는 자신이 적당히 이름 붙인 주석인 '탁월한 욕망'(*Exquisite Desire: Religion, the Erotic, and the Song of Songs*)에서 에로티시즘과 영성의 지나친 탐구를 통해 이런 방향으로 나아간다. 에로스가 영적인 욕구의 표현으로서 합법화될 때, 성경을 읽는 것과 포르노그래피를 읽는 것이 궁극적으로 차이가 없다.

사랑과 성에 대한 교훈

이 모든 것은 "사랑과 성이 좋다"라는 요지가 타당하지 않다는 것을 말하는 것이 아니다. 오히려 그 말은 옳고, 아가서의 메시지의 '일부'이기도 하다. 하지만 아가서는 그 이상을 말한다. 아가서에는 도덕적인 교훈들이 있고, 아가서를 인간의 성적 사랑의 찬미로 읽을지라도, 이 교훈들을 분류하는 것이 유익하다.

금욕적인 이상주의의 거부로서 아가서

성을 본질적으로 혐오적이고 거룩함과 대조되는 것으로 취급하는 경향과는 달리, 아가서는 성적인 사랑을 훌륭한 아름다움이 있고 인간의 삶을 풍요롭게 하는 것이 있다고 제기한다. 아가서는 사랑과 성이 좋다는 것을 가르친다. 이교도주의는 그러한 교훈을 거의 필요로 하지 않는다. 그것은 이미 신들의 쾌락과 힘에 대한 접근을 위한 주신제의 요지로서 이미 성을 숭배한다(하지만 나는 여기에 처녀성과 금욕주의에 대한 이상화도 이교도에 뿌리를 두고 있음을 덧붙이고자 한다). 하지만 일신론의 형태에서도, 의심과 죄의식의 어두운 저장소가 있고, 성은 이 저장소의 깊은 하부에서부터 나타난다. 이런 정신구조는 식욕과 배출이 있는 인간의 몸의 육체를 혐오하고, 육체로부터 자유를 얻기를 갈망한다. 그리하여 영혼이 육체의 욕구로부터 자유하고 영적이 될 수 있도록 말이다. 그것은 사도 바울의 명령인 "그러므로 땅에 있는 지체를 죽이라"(골 3:5)를 너무 진지하게 취한 것이다. 고행자의 옷, 자기 스스로 매질함, 그리고 쓴 약초를 첨가하여 의도적으로 입에 맞지 않게 만든 소량의 음식으로만 긴 금식을 중단하는 것은 육체의 억압에서 자기를 자유롭게 하기 위한 크리스천 금욕주의 흔한 전략이다. (바울은 그러한 관행을 염두에 두고 있지 않았다. 그에게서 죽이는 일은 "음란과 부정과 사욕과 악한 정욕과 탐심"[골 3:5]을 삼가는 것을 언급했다. 그에게서 금욕적인 실천은 아무 소용이 없고 오해하고 있는 것이다[골 2:16-23].)

피터 브라운(Peter Brown)은 그의 권위 있는 '몸과 사회'(*The Body and Society: Men, Women, and Sexual Renunciation in Early Christianity*)에서 초대 기독교의 성적인 태도를 철저히 문서화했다. 그의 발견을 추출하는 것은 눈을 휘둥그레 하게 만들 만큼 놀라운 일이고, 교회 교부들의 가르침을 음미하는 것은 가치가 있다. 많은 초대 크리스천들에게서 성령이 성(性)적으로 활동하고 있었던(즉 결혼한) 사람에게 충만하게 오실 수 있다는 개념은 쉽게 상상할 수 없었다(*Body and Society*,

65-82). 이런 태도는 성경 텍스트보다는 이교도와 플라토닉 전통에 많이 빚진 것임을 주목해야 한다. 영속적인 금욕을 향한 강력한 경향은 소아시아와 시리아의 교회들에서 쾌 초기에 나타났다. 정통교회의 공동체는 그러한 극단주의를 반대했지만, 그들은 성(다시금 결혼 내에서)을 기독교 영성을 근본적으로 위협하는 것으로 간주하였다. 알렉산드리아의 클레멘트는, 기독교 결혼의 이상주의의 대표자일지라도, 스토아적 방식으로 행동거지에 대한 조심스러운 관심을 보이는 성행위에 대한 규칙을 제시할 만큼 나아갔다(Brown, *Body and Society*, 133). 크리스천들은 결혼한 커플 사이일지라도 성적인 관계를 드물게 하면서, 임신과 수유 중에는 성교를 삼갈 것을 교훈 받았다.

처녀성의 이상을 풍부하게 찬미했으며, 독신남성으로 살 것을 약속한 영적인 복은 성별된 처녀 또는 그렇지 않은 육체적인 여인들이 주는 거대한 방해물과 자주 싸워야 했다. 고대 말에, 사막의 교부들은 여성의 몸이 주는 영적인 유혹에서 벗어날 수 있는 사막의 피난처를 찾았다. "4세기와 5세기에 애굽의 금욕주의적인 문학은 성적인 유혹과 영웅적인 성적 회피와 관련한 생생한 일화의 저장소가 되었다. 이런 새로운 수도사적 민간전승에서 육체는 삼가야 할 예리한 초점이 되었다. 여성은 남성의 육체가 즉각적으로 반응할 것을 예상할 수 있는 끊임없는 유혹의 근원으로 제시되었다. 늙고 병든 주교의 발을 씻어주는 수녀일지라도 그것은 즉시 음란으로 그들을 떨어뜨리기에 충분한 자극으로 생각되었다"(Brown, *Body and Society*, 242). 하지만 여성과의 완전한 분리가 성의 권세에서 그들을 구하지는 못했다. 수도사들 중에서 동성연애와 남색을 경계하는 세부적인 명령과 규제가 이를 증거한다(*Body and Society*, 246).

교회에서 육체와 여성을 다루는 생활양식(*Body and Society*, 246)을 세우는 것은 어거스틴에게로 넘어갔다. 크리스천의 소명을 위해서 신실한 정부(사실상 합법적인 아내다)와 아들을 버렸던, 이전에 마니교의 추종자였던, 이 학자는 독신의 이상주의에서 돌아설 수는 없었을 것이다. 한편으로 그는 덜 엄격했고, 제롬이 그러했던 것보다도 더 자비로웠다. 어거스틴에게서 인간의 근본적인 문제는 인간이 육체적인 존재이었다거나 인간이 성적인 욕구를 경험했다는 것이 아니라, 그 의지가 왜곡되었고 분쟁, 시기, 미움을 향해 나아가고 있다는 것이다. 이것은 결혼한 사람이거나 독신의 사람이거나 마찬가지로 해당되었다. 어거스틴은 결혼과 가정을 영예롭게 높였고, 다소 냉정한 이상을 소유하고 있다면 결혼에서 성적인 연합을 경시하지는 않았다. 특히 그는 성교를 포기하고 영적인 연합의 상태로 함께 사는 결혼한 커플들에 대한 깊은 찬미를 가졌다(Brown, *Body and Society*, 387-407).

어거스틴에게서 거룩의 더 높은 차원은 독신에서 발견된다. 서방 교회에서 수세기 동안 지적으로 성문화되고 궁극적으로 카톨릭 교회에서 제도화된 결과는 결혼은 합법적이고 어느 정도 감탄할 일이지만, 행위의 가장 육체적인 섹스에 의해 영성의 더 낮은 레벨로 영원히 후퇴한 이중적 영성이었다. 하나님께 가까이 있기 위해서는 금욕해야 했다.

아가서가 반영하고 있는 성의 충일한 기쁨은 육체를 본질적으로 악하거나 성적인 행위를 본질적으로 하등한 것으로 간주하는 신학에서는 거의 발전할 수가 없다. 유사하게 여성의 몸에 두어진 엄청난 찬사는 여성의 성을 위험하고 불경건한 것으로 간주하는 관점에서는 발생할 수가 없다. 아가서의 여인이 남자의 몸에 두는 찬사는 남성도 역시 관능적인 존재임을 암시한다. 정경에 아가서가 들어 있는 것이 어떤 것을 암시한다면, 그것은 바로 이것이다: 하나님을 온 마음과 영으로 사랑하고 이성을 온 마음과 몸으로 사랑하는 것이 서로 반대되지 않는다. 독신은 성적으로 활동적인 남편이나 아내보다 거룩의 지름길이 아니다.

아가서에는 성적 감정이 없는 피조물로서 연관짓는 남여의 이상에 대한 여지가 없다. 실제 세계는 남자와 여자가 있다. 성이 없는 "인간"은 추상적인 것이고 아가서는 추상적으로 다루지 않는다. 성의 근본적인 실제, 즉 제롬과 어거스틴의 냉혹한 발견은 여자와 남자를 참으로 정욕과 불충성과 씨름하게 만든다. 이 문제에 대해서 아가서는 침묵하지 않는다. "너는 나를 인 같이 마음에 품고/ 도장 같이 팔에 두라/ 사랑은 죽음 같이 강하고/ 투기는 음부 같이 잔혹하며"(아 8:6). 사랑은 엄한 주인이고, 사랑하는 자에게 절대적인 신실함을 요구한다. 결혼은 온전히 일부일처가 되어야 한다. 하지만 아가서는 간음에 대항하는 명령을 주거나 교화하지 않는다. 오히려 신실함을 '요구하는' 정열이 신실함의 '방패'이기도 하다. 사랑의 열정 없이 살아가려고 하는 것은 실망스럽게 소망이 없을 뿐 아니라, 비현명하고, 비성경적이며, 금하려는 모든 정욕에 문을 열어놓게 되는 것이다. 아가서에서 올바른 열정은 잘못된 열정에 대항하는 방파제다.

낭만적인 사랑

우리는 이미 중세 교회가 성적인 요구를 본질적으로 악한 것으로 간주했음을 주목했다. C. S. 루이스가 썼던 것처럼(*Allegory of Love*, 14), "하지만 중세의 관점에 따르면, 정열적인 사랑은 그 자체로 악하였으며, 그 대상이 아내였다면 악을 멈출 수가 없었다. 남자가 언젠가 이런 감정에 굴복했다면, 그는 그 앞에 '죄의식'과 '순전한' 사랑 간의 선택의 여지가 없었다: 그는 유일한 선택, 즉 오직 회개하든지, 죄의식의 다른 형태들 속에 있든지 하는 것이었다." 성적인 요구의 이런 개념 하에서는 자기 아내에 대한 낭만적이고, 열정적인 사랑은 불가능하다 - 그리고 중세 시대에 멋진 사랑의 낭만적인 개념은 간음과 혼외정사와 관련이 있었던 것은 놀랍지 않다. 여기서 어느 연대의 사람도 벗어날 수 없다. 현대의(또는 포스트모던) 문화도 낭만과 정열의 유망한 설정으로서 결혼을 간주하는데 커다란 어려움이 있다. 현대의 소설에서 뜨거운 사랑은 변함없이 혼외적인 배경에서다.

아가서는 처음부터 끝까지 정열과 욕구로 가득 차 있다. 두 유방과 허벅지에 대한 분명한 언급은 중세의 성직자들에게 더 커다란 관심을 갖게 한 정열의 표현이었을 것이다. 중세 사람들은 현세의 욕망을 제어하도록 들었고, 이상적인 것은 열정 없이 단지 생식을 위해서 자기 아내와의 성교를 갖는 남자였다. 열정은 아가서가 찬미하는 것이다. 성적인 행위에 대한 언급은 대단히 드물고 보통 간접적이다. 간접적이지 않거나 가려져 있지 않은 것은 서로에 대한 커플의 열렬한 욕구다. 나는 이미 결혼이 아가서의 핵심이라고 믿는다는 것을 언급했다. 그러므로 아가서가 설정하는 것은 서로에 대한 뜨거운 욕구를 경험하는 남편과 아내의 합법적인 사랑과 아름다움이다. 아가서는 중세의 크리스천 문화가 이해하지 못했고, 현재와 포스트모던 문화가 인위적으로 획득할 수 없는 것을 이룬다: 전통적인 윤리 상황에서 서로에 대한 열정적인 바람을 유지하는 남여.

성적인 도덕성

아가서는 인간의 성적 삶에 대한 규제를 처방하거나 (한 가지 의미 있는 예외가 있다) 심지어 명확하게 그것에 대해 말하지 않지만, 이것이 본문을 지배하고 있는 도덕적 견해가 없음을 의미하지 않는다. 아가서의 성은 일부일처제이고, 이성간의 사랑이다. 이는 아가서에 대한 자본주의의 프로테스탄트 도덕성을 부과하고 있지 않다. 사실상, 이성간의 일부일처가 아가서가 찬미하는 모든 것의 기초다.

아가서의 성은 이성 사이에 있다. 아가서의 "게이(동성) 독법"은 아가서에 대한 비본질적인 가치를 부과하는 일 중에서 가장 폭력적인 종류에 해당한다(참조. 자기 방식의 묘사를 갖는 "왜곡된" 독법인 R. Boer, *BibInt* 8[2000] 276-301). 아가서의 중심적인 연인들은 남자와 여자일 뿐 아니라 이것이 전체적으로 공동체의 견해임을 이해할 수 있다. 아가서의 시작에서 남자의 사랑의 광휘를 찬미할 때, 여자는 처녀들이 "올바르게" 남자를 사랑하는 것으로 반응한다(아 1:3-4).

이 사랑은 본질상 일부일처다. 여인은 남자에게 "나의 누이, 나의 친구, 나의 신부"이다(예. 아 5:1). 그녀는 개화한 망우스이고, 모든 다른 여자들은 가시들이다(아 2:2). 60명의 여왕들, 80명의 첩들, 그리고 처녀들의 끝없는 수가 있을지라도 "나의 비둘기"는 완전하고 유일하다(아 6:8-9; 인물들은 인위적인 비교를 나타내고, 남자는 자신이 다른 여왕, 첩, 그리고 여자 친구들을 갖고 있다고 말하지 않는다[6:8-9에 주석을 보라]). 여자에게서 남자는 단순히 "나의 사랑하는 자"이고 "나의 영혼이 사랑하는"(예, 아 1:7; 5:10) 이다. 그는 사과나무이고, 모든 다른 남자는 숲 속의 나무들일 뿐이다(아 2:3). 그는 수 만의 남자들 중에서 가장 좋다(아 5:10). 가장 강력하게는 여인은 "나의 사랑하는 자는 나의 것이고, 나는 그의 것이다"라고 외친다(예. 아 2:16). 이 모든 것을 새하얀 거짓말과 텅 빈 "달콤한 말"(마치 여러 여자친구들이 있는 남자가 그중의 한 사람에게 "너는 나에게 유일한 여자 친구야"라고 말하는 것처럼!)로 기각시키는 것은 아가서가 대립하고 있는 일종의 냉소주의에 빠지는 것이다. 아가서는 이상화된 완전한 사랑을 그리고, 이 이상화된 연인들이 서로에 대한 절대적인 헌신을 표할 때, 우리는 그들이 그것을 의미한다고 생각할 수 있다.

세 가지 다른 텍스트들이 이것이 일부일처(그리고 결혼한) 관계라는 것을 암시한다. 첫째로 아가서 3:6-11에서 연(palanquin)에 신부의 도착은 거의 확실히 고대 이스라엘 백성들의 결혼식 전통을 반영한다(3:6-11의 주석을 보라). 고대의 청중들은 이것을 인식하였을 것이고, 이것이 혼외적인 섹스를 하는 커플이 아니라는 것을 이해했을 것이다.

아가서 8:6-7에서 여인은 아가서에서 거의 드문 교훈적인 단락 중 하나를 노래한다: "너는 나를 인 같이 마음에 품고/ 도장 같이 팔에 두라/ 사랑은 죽음 같이 강하고/ 투기는 음부 같이 잔혹하며/ 불 같이 일어나니/ 그 기세가 여호와의 불과 같으니라/ 이 사랑은 많은 물이 꺼치지 못하겠고/ 홍수라도 엄몰하지 못하나니/ 사람이 그 온 가산을 다 주고 사랑과 바꾸려 할지라도/ 오히려 멸시를 받으리라." 고대 이스라엘의 서기관들 중에 두루마리 위에 공문서 인장으로 소유권을 확정하는 것과 동일한 방식으로 그녀는 남자에 대한 소유권을 주장한다. 그녀는 강력한 사랑으로 강력한 소유에 이르렀음을 선언한다. 이런 방식으로 사랑하는 여자는 그녀의 남자를 다른 여성과 공유할 수가 없다. 그러한 사랑은 죽음만큼 강력하고, 그것은 전적으로 사랑하는 자의 마음을 사로잡는다. 그녀는 그러한 사랑이 드물고 일생의 한번의 경험이라고 주장한다. 많은 이들이 사랑을 전혀 경험하지 못한다. 지혜처럼, 이런 사랑을 돈으로 살 수 없고, 신부에 대한 신실은 여기서 지혜(Wisdom) 자체에 대한 신실과 동등하게 된다(8:5-7의 해설을 보라). 사랑의 그러한 드문 선물을 보호해야지 바깥으로 내던지는 것은 지극히 어리석은 짓이다.

세 번째 모범적인 텍스트는 아가서 2:7과 평행단락들인데, 거기서 여인은 처녀들에게 좋아할 때까지 사랑을 일으키고 일깨우지 말 것을 맹세하라고 요청한다. 여인은 이것을 의미한다: 적당한 때까지 성적인 관계에 들어가지 말라. 아가서의 패턴을 따른 "적당한 때"는 그녀의 모든 삶으로 사랑할 수 있는 한 남자를 발견하고 결혼할 때다. 즉 여인은 처녀들이 결혼할 때까지 처녀로 남아 있어야 함을 주장한다. 이는 귀족적인 도덕성이나 본문에 대한 기독교인의 조작이 아니다. 이는 지혜(Wisdom)이고 고대의 청중들은 그와 같이 그것을 이해했을 것이다('보론: 고대 세계의 처녀성'을 보라).

커플이 결혼하지 않았다고 주장하는 유일한 근거는 다른 관점에서 여인이 "나의 어머니의 집"으로 그 남자를 데려갈 것이라는 선언이다(예. 아 3:4). 문자적으로 취하면, 이것은 여인이 여전히 집에 거하고 있고, 결혼하지 않았으며, 그녀의 부모의 집에서 애인과 만날 약속을 하고 있다. 아가서 5:2-8도 자주 동일한 방식으로 읽혀진다. 이 주석은 이 단락의 이런 문자적 이해는 완전히 그것을 오해하는 것임을 제기할 것이다. 그녀의 "어머니의 집"은 그녀의 자궁이고, 그녀는 그 남자와 성적인 관계를 가질 것을 결정하였다. 하지만 그녀는 집에 살고 있지 않고, 그녀의 어머니 가까이에서 남자친구와 섹스를 하고 있지 않다. 그녀는 자기 남편에 대해서 말하고 있다.

관계를 부드럽게 하고 육성시키는 것

위에서 묘사한 것처럼, 많은 해석자들이 좋은 관계를 갖기 위한 방법을 암시하는 것으로 아가서를 탐구하려고 한다. 이것은 과도한 것일 수 있다. 이상적인 사랑의 묘사로서 아가서를 취급하고, 두 연인들이 서로를 대하는 방법이 어떤 면에서 결혼관계에 모범이 됨을 보여준다고 하는 것이 옳다. 커플이 나누는 애정 어린 말들은 사랑이 무르익는다면 헌신의 부드러운 표현이 적당하고 올바르다는 것을 시사한다. 아가서의 사랑은 엄격히 육체적인 활동이 아니다. 자주 사랑하는 자의 몸과 애정을 찬미하는 '말들'이 본질을 이룬다. 친밀성과 헌신을 선언하는 말들을 사용한 것은 필연적이고 사랑의 기쁨의 일환이다.

성적인 사랑에 대한 실제적인 이상을 암시하는 많은 다른 텍스트들을 발견할 수 있다. 아가서 1:5은 당대의 문화에 의해 결정된 것으로서 아름다움은 오해할 수 있음을 암시한다. 아가서 1:9-10을 베드로전서 3:3과 비교하는 것은 독자가 여인들을 위한 보석을 사용하는 일의 균형 잡힌 견해에 이를 수 있게 한다. 베드로는 여성의 아름다움의 진정한 찬사는 경건한 삶이라고 말하고, 유행에 매료되지 않게 한다. 아가서는 보석이 여인의 아름다움을 확장시키고, 사랑하는 사람이 여인에게 보석을 적절히 줄 때가 있음을 제기한다. 확실히 어느 생각도 참이다. 아가서 1:13은 여인의 아름다움에 대한 가장 놀라운 찬사는 그녀의 남편의 사랑임을 제기한다.

해 아래서 덧없는 즐거움

아가서의 남녀는 젊다. 그들의 신체는 완벽하다: 아름다운 눈, 검은 머리, 황금빛 살결, 그리고 이빨은 상한 것이 없다(아 4:2). 젊은 남자는 노루처럼 산에서 뛰고 있다(아 2:9). 젊은 여자의 볼은 젊음의 홍조가 있다(아 6:7). 그들은 사랑과 성에서 새롭다. 그것은 영광스럽고, 놀라우며, 빨리 지나간다 – 아가서가 묘사하는 봄날처럼(아 2:10-13).

나의 사랑 나의 어여쁜 자야
일어나서 함께 가자
겨울도 지나고 비도 그쳤고
지면에는 꽃이 피고
새의 노래할 때가 이르렀는데
반구의 소리가 우리 땅에 들리는구나
무화과나무에는 푸른 열매가 익었고
포도나무는 꽃이 피어 향기를 토하는구나

그것이 실로 짧은 순간이라는 인식이 없이는 아가서를 읽을 수가 없다. "청년이여 네 어린 때를 즐거워하며 네 청년의 날을 마음에 기뻐하여 마음에 원하는 길과 네 눈이 보는 대로 좇아 행하라 그러나 하나님이 이 모든 일로 인하여 너를 심판하실 줄 알라 그런즉 근심으로 네 마음에서 떠나게 하며 악으로 네 몸에서 물러가게 하라 어릴 때와 청년의 때가 다 헛되니라"(전 11:9-11). 아가서는 코헬렛(Qoheleth)의 훈계에 살을 붙인다. 인생은 짧고, 해 아래서의 우리의 날들은 적다. 우리에게 젊음의 만발이 있는 시간은 빨리 지나간다. 아가서의 젊은 남녀는 해 아래서 영광스런 그들의 순간을 붙잡았다.

이에 더하여 사랑 시가 있는 곳에는 죽음의 그림자가 있다. 다음 소절들에서 보는 것처럼 그것은 시기심과 연관되어 있다.

> 이 시큼한 통지자, 서서히 침식하는 스파이,
> 사랑의 온유한 원천을 갉아먹는 궤양,
> 고자질장이요 싸움을 일으키는 이 시기심,
> 이것은 때로 정직한 소식을 가져오지만, 때로 거짓된 소식을 가져온다.
> 내가 그대를 사랑한다면 내가 그대의 죽음을 두려워해야 한다고
> 나의 마음을 두드리고, 나의 귀에 속삭인다.
> (세익스피어의 *Venus and Adonis*, ll. 655-60).

아가서에서 사랑과 죽음은 능력에서 동등하다: "사랑은 죽음 같이 강하고 투기는 음부 같이 잔혹하며"(아 8:6). 아가서의 목가적인 사랑 시의 맨 끝에서 죽음을 만나게 되는 것은 충격적이고 섬직하다. 아가서에서 죽음과 음부(무덤)가 사랑의 소유하는 능력을 근본적으로 예증하고 있을지라도, 그것들은 연인들이 서로간의 영원한 신실함을 맹세할 때마다, 어느 날 한 사람이 다른 사람을 묻게 되는 것을 깨닫도록 상기시킨다. 하지만 이 사랑이 짧지만 영광스러운 봄날의 극치를 누릴 충분한 이야기이기도 하다. "우리가 너를 인하여 기뻐하며 즐거워하니/ 네 사랑이 포도주에서 지남이라"(아 1:4).

사모함의 감정

위에서 논의한 것처럼, 아가서는 그리스도와 교회 또는 하나님과 이스라엘의 알레고리가 아니다. 하지만 남자와 여자간의 사랑 관계는 인간 영혼의 근본적인 필요를 표명한다. 다시 말해서 이는 영혼의 변화와 구속에 대한 모형이다. 이는 새로운 통찰이 아니다. 저자와 시인들은 이것을 오랫동안 인식해 왔기에 낭만적인 사랑이 고립된 불행에서 사람을 이끌어내어 변화된 삶으로 인도하는 방법에 대한 경험을 묘사하려고 했다. 이런 변화는 자신의 정체성을 망가뜨리지 않고 내적 인성을 재창조하는 친밀함으로 내적 자아를 열어놓는다. 사랑에 빠진 남자(또는 여자)는 처음으로 자신이 상처와 배신의 두려움이 없이 내어줄 수 있음을 선언한다. 사랑에 빠진 여자(또는 남자)는 처음으로 자신이 '행복, 신뢰, 성취'가 의미하는 바를 알게 되었다고 말한다. 이것은 물론 이상적인 모습이다. 사람들이 자주 이기적이고, 어리

섞고, 악한 세상에서는 이런 이상을 자주 이룰 수가 없다. 위대한 행복을 위한 능력인 낭만적인 사랑은 지배, 조작 그리고 배신의 힘으로 쉽게 왜곡되어, 이 낭만적인 사랑이 불행, 폭력, 그리고 좌절의 커다란 근원이 되기도 한다. 그럼에도 불구하고, 사람들의 사랑은 이상에 근접하고, 이 이상은 아가서의 주제이므로 여기서 우리의 관심은 바로 이 이상에 있고, 왜곡과 실패에 있지 않다.

C. S. 루이스의 변증론에서 주요한 주제는 욕구, 성향 그리고 감정이 우리가 누구이며 무엇인지를 가리킨다는 점이다. 루이스는 '영광의 무게'(*Weight of Glory*)에서 이렇게 논증했다.

> 인간의 육체적인 배고픔은 인간이 어떤 빵을 얻을 것임을 증거하는 것이 아니다. 그는 대서양의 뗏목에서 굶주려 죽게 될 것이다. 하지만 확실히 인간의 배고픔은 자신의 신체를 먹는 것으로 보충하고 먹을 수 있는 자양분이 존재하는 세계에서 서식할 수 있는 종족이 나오게 했음을 입증해준다. 동일한 방식으로 낙원에 대한 욕구가 내가 그것을 누릴 것임을 입증한다고 나는 믿지 않을지라도(나는 그렇게 되기를 소망하지만), 그것은 그러한 일이 존재하고 어떤 이에게 그러한 일이 발생할 것이라는 좋은 지침이 된다고 나는 생각한다. 남자가 여자를 사랑하는 것이고 여자를 정복하는 것이 아니지만, 사랑에 빠졌다고 일컫는 현상이 성적 감정이 없는 세상에서 발생했다면 매우 이상하게 들릴 것이다(6).

루이스는 이런 개념을 일찍이 발전시켰다. 예를 들어, 「순례의 역행」(*The Pilgrim's Regress*)의 서문에 다른 형태로 그것이 표현되고 있다.

이런 개념은 센수히트(*Sehnsucht*, '그리움의 깊은 감정적 상태' – 역자주) 또는 그리움이란 경험의 개념과 관련되어 있다. 즉 우리 자신, 세계, 그리고 하나님에 대한 근본적인 어떤 것을 깨닫는 중요한 순간과 관련되어 있다. 루이스는 이 용어를 '기쁨'이란 말로 전형적으로 사용했고, 그것은 '놀라운 기쁨'에서 묘사된 것처럼 그의 회심의 인격적 경험에서 주요한 주제였다(Hein, *Christian Mythmakers*, 201-45을 보라). 루이스는 아마도 「영광의 무게」(*Weight of Glory*, 12-13)에서 이와 같은 말로 그것을 가장 잘 표현했다.

> 이것은 나에게 영광의 다른 감정을 가져다준다 – 광휘와 장엄함과 광채, 우리는 태양처럼 빛나게 되어 있고, 샛별이 주어져 있다. 나는 그것이 의미하는 바를 알기 시작하고 있다고 생각한다. 물론 어떤 면에서 하나님은 이미 우리에게 샛별을 주셨다: 당신이 충분히 일찍 일어나기를 원한다면 매우 밝은 아침에 그 선물을 향유할 수 있다. 우리는 무엇

을 더 원하는가라고 당신은 물을 수 있다. 아, 그러나 우리는 훨씬 더 많은 것을 원한다-심미적인 책들이 거의 인식하지 못하는 것. 하지만 시인과 신화론자들은 그 모든 것에 대해 알고 있다. 우리는 단순히 아름다움을 보기를 원치 않는다. 그것이 충분히 풍성하다는 것을 하나님이 알고 있을지라도 말이다. 우리는 거의 말로 표현할 수 없는 어떤 다른 것을 원한다-우리가 보는 아름다움과 연합하고, 그것으로 들어가며, 우리들 속에 그것을 받아들이고, 그것으로 몸을 씻고, 그것의 일부가 되는 것.

쉔수히트(*Sehnsucht*)는 시의 소절을 읽는 동안에, 또는 석양의 갑작스러운 광경에서, 또는 남녀가 서로 사랑하고 있음을 발견하는 순간에 올 수 있다. 그 순간에 우리는 말하지 못했고, 인식하지 못했던 마음의 필요에 응답하는 우리들 바깥에 어떤 것이 있음을 이해한다. 우리는 우리를 삼키지 않고 변화시키는 확실한 '선'에 우리 자신을 열어놓는 자유를 갈망한다. 쉔수히트의 초월적인 순간은 구속과 변화가 참으로 필요하고, 진정으로 가능하며, 그것이 없는 인생은 텅 비어있음을 우리에게 말한다. 우리는 센수히트의 순간을 만들어 내거나 반복할 수는 없다. 그 순간은 물질적인 것이 아니라 우리 바깥에 실제를 좇는 우리 속에 실제에 대한 증언이기 때문이다. 따라서 센수히트는 단순히 하나님을 아는 경험에 대한 유추가 아니라, 은혜의 순간이다. 그 순간을 만들어 내거나 반복하려고 하는 것은 경험의 우상을 만드는 것이고, 실제적인 사건은 우리의 근본적인 필요와 그 필요가 충족되는 방법에 관한 진정한 이해다.

그 피조물이 하나님에 대한 '라이벌'로서 그것을 보는 이의 눈 속에 있을지라도(즉 우상으로서 말이다), 그것이 하나님의 선하심의 작은 증표로서 하나님에 대한 '가교'로서 기능할 수도 있다는 찰스 윌리암스로부터 루이스가 도출해낸 개념이 이와 관련되어 있다. 그 피조물이 창조주의 모습을 간직하고 있기 때문에 그것은 창조주를 확인해주고 가리키는 모형이나 형상이다. 따라서 그 피조물은 쉔수히트를 일깨우고 하나님에 대한 사모함을 자극하는 힘이 있다. 동시에 그 피조물은 그 자체로 의미가 있게 된다. 그 피조물(즉 인간 커플과 그들의 사랑)은, 눈에 보이지 않고 실제로 보이기를 멈춘 아가서의 알레고리적 해석과 대비되어, 눈에 보이는 것이 된다(참조. D. F. Kinlaw, *Wesleyan Theological Journal* 16[1981] 85-92).

신학에 대한 전망: 영혼의 변화

우리는 우리가 시작했던 곳으로 되돌아온다: 아가서에 따른 사랑과 성은 선하다.

아가서가 솔직한 진술로 가져온 아름다움과 파토스(정념)에도 불구하고, 그것은 심오한 신학에는 부족하다. 하지만 이 주석은 사실상 그것이 그렇지 않다는 것을 제기할 것이다. 아가서는 훌륭한 신학적 의미가 있는 변화의 경험을 묘사하고 있다. 아가서에서 그러한 신학을 찾을 수 있다는 주장은 어떤 확실한 요건들을 성취해야만 한다.

1. 그것은 아가서 자체 내에서 발원할 필요가 있다. 이는 본문의 해석을 가져오기 위한 해석학적 열쇠를 찾을 수 없다고 말하고 있는 것이 아니다. 하지만 메시지 자체는 아가서 내에서부터 발생해야 한다. 아가서가 그리스도가 교회에 대해 갖는 사랑을 기념하고 있다고 말하는 것은 아가서가 아니라 에베소에서 신학을 세우는 것이다.

2. 아가서의 신학은 주해적으로 열매가 있어야 하고 성경 텍스트들의 유사 알레고리적인 해석에서 피난처를 찾지 않는 정직한 방식으로 구체적인 본문들을 해석해야 한다.

3. 그러한 에로티시즘을 아가서의 신학이라 일컬을 수는 없다. 성이 아가서의 지배적인 특징일지라도, 아가서의 메시지가 신학이라고 불리어진다면, 그것이 묘사하고 있는 본질적인 바람은 성을 초월하여야지 성 자체로 되돌아가서는 안 된다. 하나님에 대한 바람과 다른 사람에 대한 바람간의 유추가 있기는 하지만, 성을 갖는 것은 영적인 행위가 아니며, 성에 대한 욕구는 하나님에 대한 욕구가 아니다.

4. 아가서의 해석은 사랑의 진정한 알레고리로 인도되어야 한다. 이것은 본문의 알레고리화가 아니라 어떻게 아가서의 사랑과 욕구가 인간의 마음의 근본적인 바람의 양상이 되는가를 이해하는 것이다.

나는 아가서의 그러한 신학적 해석을 변화의 신학에서 발견할 수 있다고 믿는다. 나는 아가서가 캄벨(J. Campbell, *Hero with a Thousand Faces*)과 레비-스트라우스(C. Levi-Strauss, *Structural Anthropology*)가 가르쳤던 의미로 영웅적인 추구와 변화로 간주될 때 균형을 얻을 수 있음을 제기할 것이다.

변화를 위한 모델

레비-스트라우스(Claude Lévi-Strauss)의 문화적 인류학과 제임스 로더(James Loder, *Transforming Moment*)의 신학에 대한 인류학의 적용에 기초한 르론 술투(F. LeRon Shults, *Princeton Theological Review* 7.3[2000] 17-26)는 모든 변화를 이루는 신화의 하부에는 변화의 원리로 묘사할 수 있는 공통된 구조가 있다고 주장한다. 레비-스트라우스(*Structural Anthropology*, 206-31)는 신화의 구조의 분석에 기초해서 신화와 언어학간의 유사성이 있었음을 결정했다. 특히 구조 언어학은 구체적인 언어 행위인 '발화'(發話)와 체계로서의 '언어'를 구분할 수 있다. '언어'는 인간 언어의 불변하는 깊은 구조이다. '발화'는 구체적이고 임의적인 상징으로 주어진 언어의 문법과 어휘다. 레비-스트라우스는 신화는 '언어'의 구조와 영원한 진리의 새로운 지시 대상을 생산하는 '발화'의 구체성을 사용한다고 주장했다. 사람들은 구체적이고 통시적인(순차적인) 이야기로서 우선 신화를 이해할 수 있다. 하지만 또 다른 차원에서 사람들은 신화를 인간 존재의 구조에 관한 공시적인(또는 초시간적인) 설명의 선언으로 볼 수 있다. 그는 단일한 신화는 유사한 에피소드들을 갖는 경향이 있음을 발견했다. 유사한 것들이 이야기의 깊은 구조를 안출해내는데 도움이 되었기 때문이다.

레비-스트라우스는 신화가 "C가 D인 것처럼 A는 B와 같다"로 개념의 두 짝을 연관짓는 경향을 발견했다. 그는 신화의 구조를 단순한 형태로 표현했다(Lévi-Strauss, *Structural Anthropology*, 228): 이 구조에는 두 "인물들"이 있는데, 이야기의 주인공과 그 주인공을 변화시키는 위격인 구속자(또는 사건이나 사물). 또한 두 주도하는 기능이나 존재의 영역이 있다.

많은 학자들이 더 발전시켰던 것처럼 그 공식은 이야기의 주인공이 존재의 한 영역에서 시작하나 존재의 또 다른 영역에 있게 되기를 바라는 변화의 구조를 묘사한다. 우리는 이 둘을 각각 "불행한 상황"과 "바라는 상황"으로 부른다. 그러나 주인공은 존재의 이런 영역으로의 변화를 이룰 수가 없다. 주인공은 구속자를 필요로 한다. 구속하거나 변화시키는 기능을 이루기 위해서는 구속자가 존재의 양 영역 – 불행한 상황과 바라는 상황 – 에 동시적으로 존재하는 것이 필요하다. 구속자가 불행한 상황에 있지 않다면 주인공과 연관될 수가 없다. 한편으로 구속자가 바라는 상황에 있지 않다면 주인공을 도울 수가 없다. 구속자는 존재의 두 영역에 동시적으로 기능하고 양편을 동등하게 주인공을 연관짓는다.

이 모델에서 묘사된 것처럼 변화의 원리에서 발생하는 세 가지 움직임이 있다. 첫째로 구속자는 존재의 두 영역에서 존재하는 양극단의 중재자다. 이는 불행한 상황에서 바라는 상황으로 나아가기를 바라고, 정체성이나 자아를 상실함이 없이 존재의 영역이 그렇게 되기를 바라는 주인공을 구속자가 중재할 수 있게 만든다.

둘째로 이중 부정이 발생한다. 이 이중 부정은 먼저 주인공이 부정적인 상황 속에 있고, 그가 그러한 상태에 있다는 사실을 수납해야 하는 것과 관련이 있다. 특히 주인공은 존재의 첫 번째 상태에서(불행한 상황) 존재의 두 번째 상황(바라는 상황)으로 스스로 나아갈 수 없음을 인식해야 한다. 이 부정은 주인공이 구속자에게 변화를 중재하도록 허락할 때 부정되어진다. 주인공이 구속자의 중재에 내어놓을 때, 주인공은 자신이 바라는 바에 이를 수 있으나 그것은 오직 부정, 즉 작용인으로서 행함으로써 바라는 상황에 도달하겠다는 시도를 주인공이 포기함으로써만 도달할 수 있다. 세 번째는 주인공이 불행한 상황에서 바라는 상황으로의 전환을 통해서 나아가게 되는 변증법적인 정체성의 출현이다. 처음에 주인공은 존재의 그 영역(불행한 상황)에서 작용인이다. 작용인으로서 주인공은 자유하나 곤궁한 처지에 빠진다(예를 들어, 친밀함, 기쁨, 활력, 또는 의미의 부재로 고통을 당한다). 그때에 주인공은 작용인이 되는 것에서 존재의 영역이 되는 것으로 나아간다. 즉 구속 후에 주인공은 더 이상 작용인이 아니라 정체성을 주신 이, 곧 이제 존재의 진정한 작용인이 바라는 상태인 존재의 영역이 된다. 주인공의 전환이나 치환이 이러하다: 그는 더 이상 자신의 존재의 작용인이라고 주장하지 않고, 구속자의 중재에 의해 추구된 존재의 작용 하에서 "진정한 존재"를 발견한다. 주인공은 바라는 상황에 지배적인 작용인이 아니라, 주인공은 바라던 실제의 영역이 된다. 이 실제를 "진정한 존재"라 부를 수 있다.

"진정한 존재"는 의미, 사랑, 친밀함, 가치 또는 생명을 의미한다. 주인공은 "진정한 존재"를 추구했으나 자신이 작용인으로서 행하기를 계속하는 동안에는 거기에 도달할 수 없었다. 주인공은 자신이 망가지고, 삼켜지고, 정체성을 상실할 것을 두려워했다. 만약 그가 바라던 실제에 단순히 무릎을 꿇고, 그 영역에 자신을 내어주게 되면 말이다. 하지만 존재의 두 영역에서 동일한 시간에 기능하는 구속자는 주인공을 변화의 과정을 통해서 데려올 수가 있다. 구속자가 주인공에게 이 변화를 감내할 수 있는 용기와 수단을 준다고 말할 수 있다. 그리고 주인공은 전혀 삼킴을 당하지 않는다. 구속되어지는 상황에서 그는 전혀 소멸되지 않는다. "작용인"으로서의 신분의 상실이 정체성의 상실과 관련되지 않는다. 그것은 변증법적인 정체성인 새로운 정체성을 의미한다. 존재의 양 영역에 존재하는 구속자와의 관계를 통해서 주인공은 자유와 존재의 바라던 영역으로의 접근을 발견한다. 하지만 주인공은 두 영역에서 활동하는 구속자의 정확한 대응자는 아니다. 주인공은 지배적인 작용으로서 자신의 역할의 부정을 받아들이고 바라던 상황이 작용하는 영역이 된다. 페에르(Pierre)와 엘리 마란다(Elli Maranda, *Structural Models*)는 레비 스트라우스의 주장을 수정하여 민간전승과 변환적인 모델이라는 다양한 구조를 소개하지만 그것들도 여전히 이런 근본적인 구조 내에서 작동한다.

이 시점에서 여기서 묘사된 전체 프로젝트에 대한 몇몇 이의제기가 다루어질 필요가 있다. 구조주의는 그르치기 쉽고, 위(僞) 수학적인 정밀함으로 텍스트와 스토리의 분석을 접근한 것으로 비판을 받는다. 사람들은 이 모델이 진정으로 신화론을 지배하고 있는지를 의문시한다. 또는 히브리 성경의 정경적인 권위에 대한 대단히 높은 신뢰를 갖고 있는 독자들이 신화로부터 가져온 구조를 아가서에 정당하게 적용할 수 있는지를 의문하거나 그러한 적용이 아가서를 신화로 간주하는 것을 의미하지는 않는지 의아해 한다. 마지막으로 어떤 타당성이 위의 모델에 부여된다할지라도, 그것이 아가서에 설득력 있게 적용할 수 있는지 어떻게 그것이 가능한지를 의문한다.

구조주의의 방법론이 위 수학적이라는 첫 번째 의문과 관련해서 나는 그것이 어느 정도 옳다고 생각한다. 구조주의자의 공식은 편리한 지름길일지라도, 문학적 해석을 위한 기괴한 방식일 수 있고, 혼돈을 가져온다. 이에 더하여 과학적인 주해로는 확실히 어느 것도 입증할 수 없다. 신화에 대한 이런 접근이 옳다고 말할 수는 없다. 과학적인 입증과 유사한 공식으로 그 접근을 설명하였기 때문이다. 하지만 구조주의가 과학적인 객관성을 갖고 있다는 주장의 과도한 야망이 있고, 일부 의문스러운 개념들이 있을지라도, 그것의 해석적인 통찰의 모든 것이 부당함을 의미하지는 않는다. 주인공이 존재의 새로운 영역을 이루려는 탐구를 통해 변화를 이루어간다는 주장은 많은 경우에 타당하다. 슐츠(Shults)가 지적한 것처럼, "해체주의자와 포스트구조주의 학자들은 레비-스트라우스를 인간 존재들 사이에 유사성이나 공통된 구조를 발견하였음을 주장하는 사람과 더불어 비판할 것이나…이런 철학적인 단계에서 그들의 비판은 모든 근본적인 상대주의자와 허무주의자의 입장에서 발견하는 자아 지시적 모순의 문제에 종속되어 있음을 지적하는 것이 중요하다"(*Princeton Theological Review* 7.3[2000] 25 n. 6). 레비-스트라우스의 모델은 아래에서 논의한 것처럼 아가서에 잘 들어맞는다.

두 번째 의문에 대한 대답으로, 이런 모델이 모든 신화들에 필연적으로 내재되어 있지 않을지라도, 이 모델과 그 요소들이 일부 신화들과 이야기들, 노래들에 확실히 내재되어 있다고 말할 수 있다. 일부 현대의 신화론과 소설들은 어느 정도 이 모델을 따른다.

아가서와 관련한 신화의 사용

아가서에 대한 이 모델의 적용이 아가서를 신화로 간주하는 것을 의미하는가? 나는 아가서를 여러 이유로 신화로 묘사하지 않는다. '신화'라는 용어는 자연에 대한 범신론과 정령주의적인 개념으로 두드러지게 특징지어지는 이교 세계관을 자주 나타낸다. 아가서에는 이런 것이 전혀 없다. 아가서는 이 세상이 하나님에 의해 창조되고 하나님과 구분되어 있다는 히브리 성경의 조망 - 그리고 특히 지혜서의 조망 - 을 공유한다. 이 세상은 하나님의 몸이 아니며 마술적인 것도 없다. 아가서에서 성은 성스러운 의미가 아니고 다산 제의를 기념하지도 않는다. 아가서의 세계가 이상화되어 있을지라도, 거기에는 환상적인 것들이 없다. 신들도 없고 마술적인 피조물도 없다. 실제 세계에 상응하지 않는 어떤 요소도 없다. 은유는 단순히 은유일 뿐이고, 여인은 전혀 꽃이 아니다. 그녀는 남자와 교제를 나누지, 소나 백조나 노루와 교제를 나누지 않는다.

'신화'라는 용어는 많은 이들에게 도움이 되지 않는다. 성경에서 신화는 거짓되고 무가치한 이야기를 단순히 내포하기 때문이다. 바울은 "그 귀를 진리에서 돌이켜 허탄한 이야기를 좇"(딤후 4:4)는 사람들을 책망했다. 장르와 관련되는 한, 아가서는 서정시이지 서사적인 신화가 아니다.

동시에 어떤 구조를 신화에서 발견할 수 있다는 사실이 그 구조가 거짓되고 왜곡되었음을 의미하지 않는다. 또한 그 구조가 오직 신화 속에서만 존재함을 의미하지 않는다. 심지어 이교의 신화도 인간의 상황에 대한 많은 심오한 진리를 상징적으로 내포하고 있다. 그리고 아가서는 상징에서 풍부하다.

C. S. 루이스는 아가서에 내재해 있는 의미를 더 자세히 논하는데 도움을 주고 조명해주는 신화에 관한 개념을 제공한다. 「비판의 실험」(*An Experiment in Criticism*, 43-44)에서 루이스는 초시간적인 진리의 도구로서 신화의 여섯 가지 특징을 전달한다.

1. 신화는 어떤 의미에서 문학적이지 않다. 즉 스토리 자체, 스토리의 예술적인 이야기가 없는 것이 신화를 형성한다. 신화를 읽는 문학적 기쁨은 신화적 의미의 이해와는 전적으로 분리된다. 루이스는 오르프스(Orpheus)의 스토리를 단순하고 축약적인 이야기가 어떻게 그것의 모든 신화적 능력을 담고 있는지를 보임으로써 예증한다(*Experiment in Criticism*, 40-41).

3. 인물들에 대한 인간의 감정이입은 최소한이다. "우리는 각 인물들의 움직임의 패턴이 우리의 삶과 심오한 관련이 있음을 실로 느끼지만 신화의 인물들에서 우리

자신들로의 상상으로 전이되지는 않는다"(*Experiment in Criticism*, 44).

4. 신화는 불가능하고 초자연적인 것들을 다룸으로써 환상적이다.

5. 신화는 슬프거나 기쁘지만, 항상 무겁다. 결코 코믹하지 않다.

6. 신화는 경외스럽다. "우리는 신령적인 것을 느낀다. 그것은 어떤 위대한 순간이 우리에게 교신하였던 것과 같다"(*Experiment in Criticism*, 44).

이 목록은 어떻게 아가서와 비교되는가? 신화와 달리 아가서의 기쁨은 분명히 비문학적이지 않다. 고도의 서정시로서 아가서의 문학적 창조성과 언어의 사용은 대단히 중요하다. 아가서에서 예술을 떼어놓는다면, 남는 것이 아무것도 없다. 로만 제이콥(Roman Jakobson)의 용어를 사용할 때("Linguistics and Poetics," 18-51), 아가서에서 시적인 기능이 인식적인 기능을 지배한다.

'신화'에 대한 루이스의 사용에서처럼, 아가서의 힘은 서스펜스와 내러티브 기술에 달려 있지 않다. 아가서는 내러티브가 아니다. 아가서의 인물들과의 진정한 공감도 없다. 아가서의 인물들은 이상화되어 있고, 독자들과는 거리가 있어 보인다. 우리는 관찰자요 청중이다. 아가서는 마술이나 불가능한 것들을 다루지 않는다. 한편으로 아가서의 언어는 통상적인 인간의 경험을 초월한다. 여인의 머리는 산과 같고, 레바논의 백향목이 있는 사자들과 함께 거하며, 유방은 두 사슴이며, 그녀는 살아 있는 정원이거나 대추야자 나무이고, 영광스러운 태양, 달, 별과 같아서 통상적인 여성이 아니다.

아가서는 두 세계 사이에 있다. 그것의 인물들은 문학적인 균형에서는 신화적이지만 마술의 세례에 거하지 않고 신들도 아니다. 그들은 범상하지만 범상적인 것보다는 더 특별하다. 아가서는 진지하고 결코 코믹하지 않다. 자주 유쾌하지만 아가서의 찬미는 진지하며 경망스럽지 않다. 아가서는 경외스럽다. 루이스의 "그것은 어떤 위대한 순간이 우리에게 교신하였던 것과 같다"(*Experiment in Criticism*, 44)란 말이 마치 아가서를 묘사하는 것과 같다. 아가서가 온전히 신화나 서사시는 아닐지라도, 서사시나 신화에서 가져오는 해석적인 도구들이 아가서의 빛을 던져줄 수 있음을 암시하는 요소들을 간직하고 있다.

레비-스트라우스가 묘사한 구조를 아가서에 의미 있게 적용할 수 있는가? 그것을 시도해보고 무슨 일이 일어나는 지를 볼 수 있다. 독자들이 그러한 노력이 성공적인지 그렇지 않은 지를 결정할 수 있지만 나는 그것이 가능하다고 생각한다. 아가서에 이 구조적인 분석을 적용함이 구조적인 분석의 의미를 규명하고, 어떻게 그 구조적인 분석이 기독교 신학에서 기능하는지를 보일 것이다.

그러나 한 가지 단서가 필요하다. 아가서는 서정시이지 서사시가 아니다. 영웅의 이야기와의 많은 또는 분명한 평행들을 기대하거나 그것이 존재하지 않는 곳에 평행들을 억지로 부과해서는 안 된다. 하지만 다른 문학으로부터의 유추가 아가서를 더 충분히 이해할 수 있게 돕는다면 그것은 아주 좋은 일이다.

영웅의 탐구하는 노력과 변화로서의 아가서

「일천의 얼굴을 갖고 있는 영웅」(*The Hero with a Thousand Faces*)에서 캄벨(J. Campbell)은 영웅과 영웅의 탐구의 이야기에서 공통된 요소를 연구했다. 우리는 이 모델에 관한 캄벨의 이해를 완전히 따를 필요는 없다. 또한 영웅적인 탐구의 개념으로부터 통찰을 얻기 위해서 아가서가 이 모델의 모든 측면들을 이룬다고 가정할 필요도 없다.

아가서의 주인공은 여성이다. 이것은 통상적이지 않다. 길가메시, 제이슨, 아네아스, 또는 누크 스카이워커이든 간에 고전적인 영웅적 탐구의 영웅은 남성이다. 탐구는 자주 입문의 수단이 된다. 그것은 통상적으로 처음에는 주저하는 모습을 담는다. 영웅의 편에서 어떤 일을 행하는데, 노골적인 거부, 익숙한 환경을 떠남, 그리고 괴물이나 악인과의 갈등은 아니라할지라도 말이다. 영웅은 현명한 노인, 신, 또는 마법사에게서 탐구 중에 자주 도움을 받고, 영웅은 자주 동료 그룹을 갖게 된다.

아가서의 여성은 아가서 2:5-7과 3:1-5에서 결혼과 처녀성의 상실이 있기 전에 염려와 주저함으로 씨름한다고 이 주석은 제기한다. 그녀는 악의 세력과 다투지는 않지만, "탐구"의 과정에서 5:2-8에서 "경호원"으로부터 폭력을 당하게 된다. 그녀는 자신을 인도하는 현자도 없고, 반복해서 자기 어머니와 어머니의 집에 의뢰할 뿐이다. 그녀는 자기 어머니가 "자기를 가르치곤 했다"고 특히 말한다(아 8:2). 여인은 예루살렘의 처녀들 가운데서 동료 그룹을 형성하고 있다.

이런 유사성과는 달리, 여인의 "탐구는 지극히 가정적이다. 그녀는 결국에 단지 결혼할 뿐이다. 신화와 전설에 몇몇 영웅적인 여성 인물들이 있다. 가장 두드러지는 것은 여신 이시스(또는 아낫이나 이난나)이고, 그녀는 아래로 떨어진 배우자인 오시리스(또는 바알이나 두무지)를 구조한다. 또한 엘렉트라와 같은 영웅적 여성이 있다. 하지만 아가서의 여인의 경험은 이런 인물들과는 거리가 멀고, 이런 신화에서 아가서와의 병행을 찾으려 하는 것은 명쾌함보다는 혼란을 가중시킬 것이다. 아가서의 여인은 결정적으로 전사가 아니다.

여전히 그녀의 경험과 인물됨은 일반적인 생명과는 뭔가 다르다. 그녀는 몸이 때로 거대한 용어로 묘사되고, 빛은 마치 태양과 같으며, 산에 거한다. 하지만 그녀는 여신이 아니다(제의적인 해석에서처럼). 그녀는 결혼하고 남자와 성적인 관계를 가지며, 처녀성을 상실하는 통상적인 여성들의 경험의 의미를 규정하기 위한 전형 – 그녀는 보편적인 의미가 주어져 있다 – 일 뿐이다. 나아가서 아가서는 독립성이 사랑에 대비되고, 처녀성이 비처녀성과 대비되는 양극단의 쌍을 중재하기를 추구한다.

그녀의 처음 상태나 이 주석에서 묘사된 것처럼 "불행한 상황"은 처녀성의 상태다. 그러므로 그녀의 바라는 상황은 "처녀성을 벗어나는" 것이다. 아가서에서 처녀성은 소외와 갇혀 있음의 상태다. 그녀는 남자와의 밀접한 관계성이 없고, 따라서 성적으로 독립적이다. 그녀는 닫힌 정원이고, 봉인된 우물이다. 그녀는 마치 경호원들이 성벽을 지키고 있는 둘러싸인 도시와 같거나 맹수들에 둘러싸인 높은 산의 동굴에 있는 여신과 같다. 그녀의 독립성은 어느 남자도 그녀의 몸에 접근할 수 없게 한다. 그러나 아이러니하게도, 그녀의 독립성은 자유가 아니라 자유의 반대다. 처녀의 상태에서 남자와 그녀의 유일한 관계는 그녀의 오빠들과의 관계다. 그들은 그녀를 외부자로 간주하거나 심지어 포도원에서 일하기에 적합한 일꾼이다. 노예로서 일하는 그녀는 자신의 "포도원"(아 1:6)을 경작할 수 있는 기회가 없다. 성적으로 '독립적'일지라도, 그녀는 자신의 삶, 기쁨, 또는 의미를 육성할 수 있는 '자유'가 없고, 그녀는 사랑을 줄 수도 받을 수도 없다. 처녀성은 보호막이기도 하고 감옥이기도 하다. 그녀는 그것으로부터 자유하기를 원하지만 그녀의 영토를 떠나는 것을 두려워한다. 처녀성 상실의 고통은 물리적이고 정신적이다. 그녀는 처녀성의 상실이 그녀의 죽음을 의미하는 것이라고 두려워한다(즉 육체적인 외상뿐만 아니라 자신의 정체성을 망가뜨릴 것을 두려워한다).

그녀는 스스로 즉 난잡한 성행위를 통해서 이런 딜레마를 해결할 수는 없다. 그렇게 하는 것은 그녀가 친밀함, 기쁨 또는 그녀가 추구하는 의미를 얻지 못하고 처녀성을 상실하는 것이 될 것이다. 레비-스트라우스의 공식의 관점에서, 그녀는 바라는 상황인 "비처녀성"으로 스스로의 길을 놓을 수가 없고, 존재의 이 영역을 통제하는 대리자가 될 수 없다. 그녀가 그렇게 시도한다면, 계속해서 자치력을 가질 수 있으나 자유는 갖지 못한다(아이러니하게도, 성에서의 진정한 자유는 한 남자가 독점적으로 그녀의 성적 기쁨을 주관하고, 그녀가 그 남자의 바람을 독점적으로 주관할 때 존재한다. 아가서의 그녀의 후렴구에서처럼 말이다. "나는 나의 사랑하는 자에게 속하였구나 그가 나를 사모하는구나"[아 7:11〈ET 7:10〉]). 무분별한 성행위로 자유와 친밀감이 전보다 그녀에게서 더 멀어질 것이다. 그녀는 육체적으로는 처녀가 아닐지라도, 감정적으로 여전히 처녀성의 벽에 눌려 있을 것이다. 그녀는 사실상 자유로워진 것이 아니라 무분별한 처녀, 곧 "한 남자에 의해 사랑을 받지 못한" 것을 의미하는 '처녀'가 될 것이다. 이것이 창기의 딜레마다. 창기는 성행위를 하지만 홀로고 사랑이 없다. 따라서 아가서의 여인은 예루살렘의 처녀들에게 시간이 올 때까지 성적인 욕구를 일깨우거나 불러일으키지 말 것을 반복해서 말한다(아 2:7; 3:5; 8:4). 그녀의 메시지는 처녀성이 성적인 자유에 도달하는 열쇠다 – 단순히 섹스를 하는 능력이 아니라 성적인 관계에서 기쁨과 친밀함의 도달로서 이해된 자유.

아가서의 남자는 중재자이거나 중보자이다. 공식(公式)의 차원에서 그는 동시에 불행한 상황과 바라는 상황에 있다: 그는 처녀성(성적으로 경험이 없는)과 비처녀성(남성)을 갖고 있다. 남성은 처녀의 물리적 속성, 즉 처녀막을 갖고 있지 않다는 점에서 비처녀성의 존재의 영역에 속한다. 즉 그는 처녀막을 찢게 만드는 물리적인 외상이 없이 성교를 할 수 있다. 아마도 처녀성의 물리적 문제보다도 더 의미가 있는 것은 사회가 처녀성의 벽으로 남성을 가두지 않는다는 사실이다. 이것은 이스라엘 문화가 난잡한 성교와 관련해서 이중적인 잣대를 남성에게 부여하였다는 것을 의미하지 않는다. 잠언서는 남자의 이런 선택권을 거부한다. 그럼에도 불구하고, 남성은 "처녀"란 호칭으로 세상에서 가두어지지 않는다. 그러므로 동시에 남성은 존재의 두 영역을 점유하고 있다.

사람들은 이 남성이 어떤 근거로 이전에 성적인 경험을 갖지 않았다고 주장할 수 있는지를 물을 것이다. 그가 이전에 성관계를 갖지 않았다고 분명하게 선언하고 있지 않기 때문이다(사랑 노래에서 그것을 말하는 것은 매우 이례적인 일이 될 것이다). 이런 결혼을 도출한데는 세 가지 이유가 있다. 아가서는 성경의 지혜문헌의 전통에 서 있다. "솔로몬의 아가서"란 칭호가 이미 이런 연관을 설정해주고, 욥기, 잠언, 룻, 그리고 전도서 속에 히브리 정경의 아가서의 위치는 이런 분류를 더 강화시킨다(룻기가 여성의 지혜문헌으로 간주할 수 있는지는 논쟁이 된다). 지혜문헌은 젊은 남자가 창기와 성행위를 하는 것을 피하고, "젊은이의 아내"와만 애정과 성적인 에너지를 발산할 것을 분명하게 강조한다(예. 잠 5장과 7장). 아가서에서 남성 여인의 전형은 나크소벡 노래들의 젊은 남자처럼 창기와 놀아나는 자가 될 수가 없다. 젊은이의 사랑을 기념하는 이 시의 본질이 신선한 사랑 이외에 다른 어떤 것으로서 남자를 보지 못하게 만든다. 이 시의 핵심은 성적인 경험의 흥분과 신선함이다. 젊은 연인들과 첫 사랑이 이 시가 추구하는 바다. 남자는 여성에 대한 자세에서 경외감을 표현한다. 그는 여성이 같이 있다는 것에 압도되고, 그녀를 감히 접근할 수 없음을 느낀다. 그녀는 망대이고, 그는 그녀를 경외롭게 여긴다. 여기서 그의 태도는 때 묻지 않은 남자의 태도다 – 여성의 아름다운 모습에 진부하지 않고 순진하며 놀라워한다. 그의 말은 성적인 관계의 새로움과 경이감을 느낄 수 없는, 가끔씩 성행위를 하는, 남자의 말이 아니다.

구속자로서 남자와 그가 주고 있는 사랑은 고립된 처녀성에서 자유와 사랑과 평화의 상태로 여인을 전환시키는 중재역할을 한다.

여인은 아가서에서 외부자(아웃사이더)로 시작한다. 그녀는 농부의 검은 피부를 갖고 있고, 그녀의 가족과 함께 농부의 일을 한다. 그녀는 자신의 이익을 추구할 자유가 없다. 그런 점에서 그녀는 그녀가 원하는 사람이 아니다(아 1:5-6). 그녀는 연인과 함께 있기를 바라지만 남성들을 두려워한다(1:7). 그럼에도 불구하고, 그녀와 연인간의 사랑은 강력하다 – 그들은 서로 경외한다(1:9-2:7). 연인이 그녀에게 와서 함께 가지고 외친다(2:8-17). 그것은 그녀가 성의 능력을 대면하고 처녀성의 상실을 가져오게 하는 그녀에 대한 남성의 열정이다. 이런 모습이 그녀로 하여금 몸을 아프게 만들지라도 말이다(2:5). 그녀 앞에 있게 될 결혼식 날 밤을 전망하면서, 그녀는 두려움의 밤을 보낸다. 그녀는 친밀함과 자유를 주는 자인 자신의 연인을 찾아 나서지만, 그녀는 벽 뒤에 경호원들을 발견한다 – 그녀의 처녀성. 갑자기 신랑이 나타나고, 그녀는 그를 "자신의 어머니의 집"으로 데려가려는 결정을 한다. 즉 그녀의 처녀성을 그와 끝내려는 결정을 한다(3:1-5). 결혼 예식이 뒤따른다(3:6-11). 그때에 그는 그녀에게 부드러운 유혹을 한다(4:1-15). 그녀에 대한 그의 열정은 그녀가 "닫힌 정원"을 열 수 있는 힘을 주고 그녀의 연인을 그의 잔치로 들어오게 만든다(4:16-5:1).

이것은 처녀성의 상실이 외상이 없음을 의미하지 않는다. 그녀가 그 경험을 겪을 때, 고통하고 외로움을 느낀다(아 5:2-8). 처녀성의 단순한 상실이 변화는 아니다. 그녀가 문란한 성행위를 하는 여인이라면, 처녀성을 육체적으로 상실했을지라도, 친밀감, 자유 그리고 기쁨은 없었을 것이다. 그녀의 변화는 두 단계로 완성된다. 그녀는 그녀의 연인이 얼마나 놀라운지(즉 얼마나 그녀가 그를 사랑하는지)를 묵상하고, 그는 그녀에게 다시 와서 그의 바람과 그녀에 대한 애모가 절대로 누그러들지 않음을 분명히 한다(6:1-9). 여인의 몸은 사랑의 영역이 되었다. 구조적인 공식의 차원에서 주인공인 여인은 바라는 실제, 즉 사랑의 존재의 영역이 되었다. 모든 사람들이 보는 것처럼 그녀는 정원이고 사랑, 기쁨, 생명의 구현이다(6:9-13). 연인의 바람은 그녀에게 있다. 사랑, 친밀함, 성적인 기쁨이 그녀의 인격 속에 진정으로 자리를 하게 된다(7:1-10). 그녀는 단순히 처녀성을 상실한 것이 아니다. 그녀는 남자를 그녀 안으로 취했다. 이것은 그녀가 단순히 수동적임을 의미하지 않으며, 더군다나 그녀의 인격을 상실했음을 의미하지 않는다. 오히려 그녀는 참된 성적 자유를 갖는다. 그녀는 연인의 몸 안에서 기뻐한다(5:10-16). 그녀는 성적인 것을 알게 된 여인으로서 자신의 역할에 행복하기에 그녀의 유일한 후회는 그것에 대해 보다 공개적일 수 없다는 것이다(8:1-4). 그녀는 사랑의 의미를 이해하고, 사랑에 대한 참된 해석자요 안내자가 되었다(8:6-7).

아마도 여인에 대한 미화가 아가서 8:10에 나타난다: "나는 성벽이요 나의 유방은 망대 같으니/ 그러므로 나는 그의 보기에 화평을 얻은 자 같구나." 이전에 그녀는 경호원이 지키고 있는, 둘러싸이고, 문이 잠긴 도시와도 같았다. 그녀는 전쟁을 치를 만반의 준비가 되어 있었다. 즉 자신의 처녀성을 지킬 준비가 되어 있었다. 그러나 그의 눈 속에서 화평이 왔다. 그는 성벽을 허물지 않았고, 그녀를 정복하지 않았다. 그녀와 남성 간의 평화는 "그의 눈 속에서" 즉 그녀를 위한 그의 사랑 속에서 찾았다. 경호원과 성벽은 더 이상 필요치 않다. 그는 친밀함 속에서 그녀의 처녀성에 대한 진정한 마침에 도달했다. 그녀는 이제 자유하게 되고, 그녀는 마침내 자신의 포도원을 돌볼 수 있다(8:11-12). 그녀의 자유는 문란한 성행위(그녀는 준비되기 전에는 사랑을 일깨우지 않았다)나 남성을 배격함으로써(영원한 처녀성) 온 것이 아니라 그녀에게 사랑의 영역을 만들어 주었던 변화에 의해서 오게 되었다.

신학적인 묵상

아가서에서 묘사된 처녀성의 상실에 대한 독특한 '여성적' 경험은 이상적인 형태로 '인간' 경험과 '인간' 영혼의 중요한 양상을 탐구한다(그것은 유일하게 '여성'의 영혼의 '여성적' 경험이 아니다). 처녀성이 이 세상에서 가장 거룩함에 가까운 것으로 보았던 교회 교부들과 달리, 아가서에서 처녀성은 소외와 갇힘을 대변한다. 처녀는 차단된 정원이고 성벽에 둘러싸인 도성이다. 차단의 상징으로서 아가서 여성의 처녀성은 남녀의 소외된 영혼에 대해 말한다.

우리 인간 남녀는 자유와 사랑을 갈구하는 외롭고 독립적인 영혼으로서 감정적인 장벽 뒤에 존재하고 있다. 우리의 바람 또는 센수히트는 소외, 거부, 그리고 죽음으로부터 풀려나는 것이다. 그럼에도 불구하고 우리는 친밀감과 그것의 신학적인 대응부인 거룩함을 두려워한다. 그것이 우리에게 침투하면, 우리를 파괴할 것 같아 보인다. 우리가 거룩함의 대양에 빠지면, 익사할 것이라고 생각한다. 우리는 선악을 아는 나무를 먹고 벗었음을 인식하고서 스스로 옷을 지어 입었다. 우리는 벗은 것을 발견하기를 원치 않으나 친밀감이 우리의 장벽을 뚫고 들어오면 우리의 수치가 눈에 보이게 될 것을 안다. 우리는 독립적인 대리자가 되는 거짓된 자유를 버리지 못한다.

보다 추상적인 용어로 설명하면, 우리는 우리의 소외와 부패 그리고 유한성을 초월할 필요를 인식한다. 하지만 영원하고 무한하며 순수한 것을 두려워한다. 우리는 변화를 필요로 하고, 아가서는 변화의 과정을 찬미한다: 처녀가 결혼하고 기쁨의 사랑의 영토가 된다. 아가서는 친밀함에 대한 인간의 필요가 보편적이고 그런 상태가 가능함을 우리들에게 말한다.

슐츠(Shults, *Princeton Theological Review* 7.3[2000] 17-26)는 변화에 대한 레비-스트라우스의 구조적 분석은 기독교 복음을 또한 묘사한다고 주장한다. 그는 변화의 원리가 주와 "한 영혼"이 되는 기독교적 경험으로 역할한다고 주장한다(고전 6:17). 아가서를 기독교 복음과 비교할 때, 우리는 이 둘이 인간 변화의 동일한 과정을 묘사하고 있음을 알 수 있다. 변화의 구조적 측면에서 기독교 복음을 묘사할 때, 우리는 복음과 아가서가 만나는 지점을 알 수 있다.

동방교회는 죽음에 대한 인간의 근본적인 곤경을 인식한다. 그리스도는 성육신, 죽음, 부활 그리고 뒤이은 성령의 부으심을 통해서 우리를 구원하신다. 동방 교회의 구원론은 일종의 인간의 신성화로 가끔씩 묘사된다. 그것은 우리가 문자적으로 신이 된다는 것이 아니라 그리스도의 신성과 그의 부활로 우리가 거룩한 본질을 분여받았다는 것이다(벧후 1:4). 이런 방식으로 이해할 때, 인간성(또는 개인의 인격)은 불행한 상황에 있는 주인공으로 묘사된다. 즉 우리의 존재 영역이 죽음에 의해 종속되어 있다. 우리는 죽을 운명에 처해 있고, 유한하며, 사라지게 된다. 이런 상황에서 우리는 이런 곤경을 피하여 바라는 상황(존재의 하나님의 영역, 즉 불멸성)으로 들어가기를 바란다.

신인(神人)이신 그리스도는 불멸과 죽음, 무한과 유한, 그리고 영존과 소멸을 동시에 갖고 있다. 그는 존재의 구조에서 구속자시다. 그는 중보자시다. 하나님으로서 그는 우리에게 우리의 부정을 보이고, 우리의 죽을 운명을 보이지만 인간으로서 그는 우리와 연합하신다. 그 안에서 인간 종족은 변화의 과정을 겪는다. 죽음으로 그는 우리의 부정을 부정하고, 부활로 그는 인간 종족을 죽음의 속박에서 푸신다. 그 안에서 우리는 새로운 정체성, 곧 우리가 신이 되는 것이 아니라 우리가 거룩한 생명이 이제 존재하는 영역됨에 기초한 변증법적인 정체성을 갖는다. 우리의 영생은 우리가 죽음과 생명을 관장하는 대리자가 되는 문제에 속한 것이 아니다. 그것은 거룩한 영의 문제 또는 우리 안에 사시는 부활의 능력의 문제다. 우리는 우리 스스로 대리자가 됨으로써 거룩해 지려는 또는 생명과 죽음의 능력을 조절하려는 모든 시도를 포기한다. 그 대신에 "이제는 내가 산 것이 아니요 오직 내 안에 그리스도께서 사신 것이라 이제 내가 육체 가운데 사는 것은 나를 사랑하사 나를 위하여 자기 몸을 버리신 하나님의 아들을 믿는 믿음 안에서 사는 것"(갈 2:20)이다.

서방 교회는 인간의 주요한 문제가 하나님의 진노를 불러오는 죄임을 인식한다. 다시 한번, 인간 곧 이 이야기의 주인공은 불행한 상태에 있지만 그것에서 자유하기를 갈구한다. 이전처럼 주인공은 스스로 주도자가 됨으로써는 바라는 영역, 곧 의에 들어갈 수가 없다. 그가 자신의 "노력"으로 의의 영역에 들어갈 수 있었다면, 그는 의를 제어하는 대리자가 되었을 것이고, 그때에 바울의 말로 그는 자랑할 것이 있었을 것이다(롬 4:2). 하지만 사실상 그것은 불가능하다.

그리스도는 죄 없으신 분으로서 우리를 위해 죄인처럼 우리의 문제에 들어오신다(고후 5:21). 다시 그는 두 극단을 중보하시는 구속자시다. 죄가 없는 존재의 바라는 상태에 계신 분으로서, 그는 우리의 부정(우리의 죄) 속에서 우리를 대면하시지만, 불행한 상태에 계신 분으로서 우리의 죄를 담당하신 분으로서 우리의 부정을 부정하신다. 의에 대한 우리의 탐구는 우리가 그것을 도달할 수 없고, 다만 우리의 변화나 치환으로만 끝날 수 있다. 우리는 의에 도달할 수 있는 동인이거나 의의 주인이 아니다. 우리는 의가 거하는 거주지다(롬 6:16-20). 육체는 이제 죄로 인해 죽어 있지만 영은 의로 인해 산다(롬 8:10). 요컨대, 우리는 의가 제어하는 동인으로서 통치하는 존재의 영역이 된다. 그리스도는 우리의 지혜, 의, 거룩, 그리고 구속이시다(고전 1:30).

우리는 변화의 원리 속에서 계속해서 역동적임을 잊어서는 안 된다. 아가서의 여인이 사랑의 영역이 되지만 남자는 계속해서 그녀의 아름다움과 정결에 대한 경외감으로 관계를 갖는다. 마치 그녀가 영원히 처녀인 것처럼 말이다. 크리스천으로서 우리는 변화의 공식의 양편에 있는 그리스도와 관계 짓기를 계속한다. 우리는 영생의 소망으로서 그리스도를 바라보는 죽을 운명의 사람들이다. 우리는 용서를 구하기를 계속하는 죄인들이다. 하지만 한편으로 우리는 하나님의 생명과 의의 영역이 된 변화된 존재로서 우리의 불멸의 통로이신 죽을 운명으로서, 또한 우리를 의로 옷 입히시는 분으로서, 그리스도와 관계를 갖는다. 우리의 구속은 정적이지만 동적이고, 영원히 우리의 구속자의 위격에 종속된다.

구속에 대한 이런 이해는 크리스천의 영성에 대한 독특한 본질을 더 잘 이해하게 만들어준다. 우리는 영지주의적인 형태로 순결한 상태의 영역으로 존재의 사다리를 올라가지 않으며, 또한 물질의 더 낮은 사다리로 내려가지 않는다. 우리는 하나님 안으로 흡수되기를 추구하거나 개체의 영혼의 소멸됨을 추구하지 않는다. 기독교 영성에서 개체와 몸은 우리가 해방을 추구하는 환영이 아니다.

크리스천 영성은 두 실체에 초점을 맞춘다. 첫째로 구속자가 없이는 구속이 없다. 둘째로 크리스천 영성은 "신령적"이 되는 문제가 아니라 성령의 영역이 되는 문제다. 이것이 우리가 어떻게 "그리스도와 함께 죽지만" 살아 있는 존재가 되거나, 개체의 소멸이 없이 성령 안에서 살아 있는 존재가 되는가를 설명해준다. 우리는 존재하기를 멈춘 것이 아니라 생명과 의를 제어하는 동인이라기보다는 이제 성령의 영역이 된다. 우리는 성령 안으로 흡수되는 존재를 말하지 않는다. 오히려 성령이 우리 안에 사신다. 우리는 자유하나 독립적이 아니다. 성령의 영역이 됨으로써 친밀감, 사랑, 의 그리고 생명을 경험하기 때문이다. 여인이 남편과 연합하듯이 주와 연합한 우리는 그와 함께 한 영이 된다. 크리스천의 영성은 이것이다: 구속을 통해서 우리는 하나님의 사랑의 영역이 된다.

말하고자 하는 요지는 이것이다: 복음과 아가서는 모두 존재의 다른 차원에 관해서 인간영혼의 가장 근본적인 필요를 묘사한다. 우리는 아가서와 크리스천 복음의 연관이 단순히 유추의 문제가 아님을 분명히 해야 한다. 처녀성을 잃는 여인의 경험은 그리스도와 교회에 대한 '알레고리'가 아니며, 또한 하나님과 그리스도 안에서 구속에 대한 우리의 필요는 친밀감에 대한 우리의 필요에 대한 '유추'가 아니라는 사실이다. 오히려 사랑과 의미에 대한 우리의 필요는 우리의 존재의 다른 차원을 설명하는 단순한 것이다. 육체와 피를 갖고, 하나님에 의해 번성하고 이 땅을 채우며 가족을 형성하도록 창조된 피조물로서, 이성간의 사랑과 성에 대한 욕구로 우리의 필요를 표현한다. 하나님의 형상으로 창조되고, 하나님을 영화롭게 하고 영원히 그를 존귀히 여기도록 만들어진 존재로서 그것은 그 자체로 영적인 구속에 대한 마음의 바람을 표현한다. 하지만 좀더 명확하게 말한다면, 이것은 에로스와 하나님에 대한 바람이 하나이고 동일함을 의미하지 않는다. 에로스와 하나님에 대한 바람이 사랑과 의미에 기인함을 의미하나 각각의 바람을 올바르게 기능하는 것은 그 자신의 영역에서 성취되어야지 다른 것에서 성취되어서는 안 된다는 것을 의미한다.

아가서에서 여인의 경험은 인간 영혼의 깊은 구조를 가져온다. C. S. 루이스가 묘사한 센수히트는 사랑, 그리고 궁극적으로 하나님에 대한 우리가 필요로 하는 '알레고리'가 아니라 그것은 그 자체의 '표현'이다. 하늘을 바라볼 때, 또는 음악을 들을 때, 서사시의 글을 읽을 때 포착하는 지나가는 영광의 섬광은 선하고, 아름다우며, 사랑스러운 것에 대한 깊은 바람으로부터 나오는 흔적이다. 사람들이 사랑, 기쁨, 자유, 또는 어느 차원에서의 친밀감을 경험할 때, 인간의 본성을 구속하는 (redeem) 어떤 것으로 경험하고 있다. 그러므로 하나님을 아는 것이 궁극적인 구속의 경험이고, 모든 다른 구속적인 경험이 실제적일지라도 그것은 그림자처럼 제한되어 있다.

아가서의 신학의 의미

위에서 묘사한 것처럼 아가서의 신학은 의미 있는 파생 효과를 갖는다. 뒤이어지는 것은 엄밀히 말해서 아가서의 신학은 아니고 우리들이 성경의 가르침의 다른 영역에 의존함으로써 지체와 사회에 대한 신학의 의미다.

남녀들을 교회의 영적 삶에 통합하는 문제에 대한 해결은 많은 초기 기독교인들이 상상했던 것과는 꽤 다르다는 것을 이 아가서의 해석이 보여준다. 의지의 속박이란 보다 포괄적인 이해를 갖는 어거스틴의 해결은 확실히 타티안, 오리겐, 또는 제롬의 해결보다 더 낫지만 어거스틴의 모델은 근본적으로 결함이 있다. 이층적 영성 – 결혼한 그리스도인보다 위에 있는 거룩한 독신 – 이 설정되었고, 심지어 결혼한 신자들도 절제의 이상을 끊임없이 추구하도록 촉구된다. 아가서에 대한 나의 독법이 옳다면, 성경은 대부분의 교회 교부들이 감히 생각할 수 없었고, 끔찍스러운 것으로 간주했던 것을 행하고 있다: '아가서는 여성의 처녀성의 상실을 축하한다.'

이것은 기독교 신학 역사의 관점에서 유방, 입맞춤, 그리고 넓적다리에 대한 아가서의 언급들보다 훨씬 더 의미 있는 이슈다. 페미니스트 독법과 여타 현대적 주석들처럼 텍스트의 에로틱한 기사에 초점을 맞추는 것은 아가서의 요지를 전적으로 놓치는 미숙하고 무딘 것이다. 오히려 기독교 세계에서 많이 칭송된 이상인 처녀성이 아가서의 표제로 나타나기 때문에 아가서가 기독교인들에게 충격적이다. 한 마디로 독신은 규범도 이상도 아니며, 그것은 영적인 혜택을 부여하지 못한다.

이것은 독신을 금하지 않으며, 독신의 "영적인 은사"를 갖고 있는 남녀들의 훌륭한 사례를 훼손하지 않는다. 하지만 아가서는 독신이 영적 은사의 길이 아님을 함축한다. 오히려 독신은 하나님의 일과 교회에 보다 자기 자신을 드리기 위해서 다른 책무로부터 신자를 자유하게 만드는 은사다(고전 7:32-35). 한 마디로, 독신이 주는 것은 보다 거룩한 것이 아니라 더 많은 시간이다. 세대를 뛰어넘어 어떤 사람의 인격을 판단하기는 어렵지만, 그의 문서가 어떤 지침이 된다고 한다면, 우리 중 많은 이들이 성 제롬을 기독교 자애의 모델로 여겼으리라고 생각하기 어렵다. 확실히 당대의 많은 크리스천들이 그에게 관심을 기울이지 않았다. 절제의 영적 덕성을 외치지만 자애가 없는 모질고 갈등적인 금욕과 독신은 뗑그렁거리는 심벌즈에 지나지 않을 뿐이다. 성난 독신주의를 가진 사람은 켄터베리 이야기(*The Canterbury Tales*)의 수도원 여 원장에 관한 이야기를 상기시킨다. 이 여 원장은 처녀 마리아의 찬미를 노래했던 어린 소년을 경모하는 말을 하지만 유대 공동체를 사악하고 기괴한 동물의 패로 묘사하고 유대 학살을 독려한다. 확실히 초어서의 독자들은 여기서 아이러니를 놓치지 않았을 것이다. 처녀성이 증오하는 마음에 거룩함을 부여하지 못한다.

유대인들은 쿰란 공동체가 명한 성적인 절제에서 증거 되는 것처럼 성적추구를 가책하는 시기를 역시 겪었다. 하지만 랍비들이 예루살렘 함락의 재난을 겪고 나서 유대교를 재건하였을 때, 독신을 칭송한 것이 아니라 결혼을 유대교의 규범적인 형태로 만들 것을 선택했다. 이 일을 행한 그들은 가정을 유대교인의 삶의 핵심으로 만들었다. 랍비 아키바(R. Aqiba)가 저속한 방식으로 아가서를 지저귀는 사람들에게 행한 그의 유명한 저주를 사실상 모든 주석가들이 인용한다. 하지만 덜 알려진 것은 아키바가 아내인 라헬과 가졌던 사랑의 교훈이 잠언적이라는 사실이다(S. Sviri, "Song of Songs," 48을 보라). 결혼과 가정을 그들의 종교적 삶에서 칭송함으로써 유대 지도자들은 기독교인들이 했던 것보다 더 훌륭한 지혜를 보였다. 아가서를 풍유화(알레고리화) 하였을지라도 그들이 이 일을 했다는 것은 흥미롭다. 이런 형태가 영적인 이상으로서 독신주의에서는 돌아섰지만 아가서를 알레고리화하기를 계속했던 루터와 같은 많은 개신교 신학자들 속에서 반복되고 있다.

아가서의 신학은 교회의 삶에 영향을 미친다. 첫째로 꼭 필요한 것으로 남녀의 성적 합일의 아름다움과 의미를 수용함은 창조 교리의 완전한 의미의 수용과 관련된다. 세상이 타락하였으나 그것은 여전히 하나님의 피조물이다. 출산은 창세기 1장의 말씀으로 볼 때 "좋고", 선함은 특히 양육하고 번성하는 것을 포함한다. 기독교인들은 마침내 영지주의와 마니교의 창조물을 경시하는 교리를 거부하였지만, 몸과 몸의 욕구가 최종적인 분석에서 성경의 삶과 모순 되지 않고, 어긋나지 않음을 온전히 믿을 수는 없었다.

창조의 교리를 수용함으로써만 그리스도인들은 시대들 사이에서 그것이 의미하는 바를 매듭짓게 되었다. 한편으로 우리는 그리스도와 함께 죽고, 성령의 능력으로 살아 있다. 우리는 그 안에서 몸의 부활을 고대하고 있다. 우리는 이 세상의 부패와 죽을 운명의 연약함을 피하기를 소망하면서 내적으로 신음하고 있다. 우리의 시민권은 하늘에 있고, 그곳에 그리스도가 하나님 아버지 우편에 좌정해 계신다. 동시에 우리는 해 아래서 살고 있는 죽을 운명의 존재들이고, 이런 우리들에게 하나님은 생명이 끝나기 전에 창조의 좋은 것들을 누릴 수 있는 짧은 날을 주셨다. 노변과 들판의 축복, 자궁의 축복, 정원의 축복, 부모, 자녀, 가정, 친구의 축복은 짧은 시간만 우리의 것이다. 아무리 우리가 영적일지라도, 여전히 먹는 것이 필요하고 가정이라 일컫는 곳이 필요하다. 우리들 대부분은 우리 옆에 같이 누워있을 동반자를 필요로 한다. 기도와 금식을 아주 많이 한다할지라도, 우리가 죽을 운명의 사람이고 첫 창조의 구성원이라는 사실을 바꾸지는 못한다. 우리는 인류의 근본적인 사실을 초월하지 못한다. 우리는 이 세상에 속해 있지는 않지만, 이 세상에 살고 있는 피조물이다. 올바르게 이 두 영역과 관련짓는 방법을 배우는 것은 어려운 도전이지만, 현명한 자는 하나만 붙잡고 다른 하나는 경시하지 않을 것이다.

따라서 창조와 아가서의 신학은 성화와 관련이 있다. 천상의 영역과 지상의 영역을 동시에 관련하는 것이 우리가 하나님과 맘몬을 동시에 섬기는 것을 의미하지 않는다. 하지만, 우리는 이와 관련해서 방종할 수 없는 인간이라는 사실을 수용하는 것이 가능하다. 우리는 정신적으로 예쁜 소녀를 겁탈하거나 악마화하거나 문란한 행위나 포르노그래피를 전혀 탐닉하지 않는다고 말할 수 없다. 우리는 영적인 초인간이 아니고 회개의 깨우침 속에서 은혜를 찾는 사람임을 추구해야 한다. 하나님이 주신 좋은 것들을 누리고, 사람들에게 결혼을 금하고 어떤 음식들을 먹지 못하게 하는 사람들의 가르침을 따라서는 안 된다. 하나님은 믿고 진리를 아는 사람들이 감사함으로 그것을 받을 수 있도록 창조하셨다. 하지만 탐욕에 대한 승리는 오로지 기도와 금식 또는 하나님에 대한 열정을 자극함으로써만 도달되는 것도 자주 아니다.

우리가 순결을 추구하고 육체의 정욕과 싸운다고 말할 때, 독점적이지는 않지만 특히 남자들의 문제인 것들을 말한다. 수도사, 사제, 그리고 신학자들이 정의하기 어려운 내적 평화를 영웅적으로 추구했을 때 교회를 혼란으로 내몬 것이 바로 이 단일한 문제다. 믿는 남자가 아가서를 안다면, 탈출구가 그의 아내에 대한 열정으로 말미암아 온다. 성적인 열정은 많은 물로도 끌 수 없는 불이지만 이 열정이 온유하지만 죽음처럼 강력한 사랑의 맥락에서 존재한다면, 그가 마음과 그의 팔에 보증으로서 아내를 설정하는 열정을 갖는다면, 그것은 하나님이 보시기에 "좋다." '아가서에서 묘사된 결혼은 마음을 보호한다. 생물학적인 욕구에 대한 출구를 육체에 주는 것으로서가 아니라 마음에 사랑하는 자에 대한 열정을 줌으로써 말이다.' 완전한 사랑은 두려움을 내쫓으며, 정욕을 대신하는 올바른 열정이 있다. 결국에 탐욕은 빈 마음의 간절한 굶주림이다. 독신의 진정한 '은사'가 있는 사람들에게서 하나님에 대한 사랑만이 여전히 그 굶주림을 채울 것이지만 대부분의 사람들은 이 은사를 갖고 있지 못하다. 독신으로 말미암은 거룩함의 약속은 그 은사를 갖고 있지 않은 모든 이들에게는 기만이다. 그러한 사람들은 자기 자아와 불가능한 전쟁을 벌이고 있다. 그들에게서 마음과 몸의 이런 굶주림은 배우자에 대한 열정적인 사랑으로, 통상적이고 정당한 방식으로 채워져야 한다. 이 경우에 "아내를 얻는 자는 복을 얻고 여호와께 은총을 받는 자니라"(잠 18:22). 하나님에 대한 지식과 좋은 아내는 각기 소중한 가치가 있는 진주다. 그것을 위해서 남자는 정욕을 포함해서 다른 모든 것들을 포기한다. 그는 많은 금욕적인 교회 교부들이 슬프게도 결코 알지 못했던 평화를 발견할 것이다.

이것은 의지의 근본적인 속박을 극복하게 하는, 승리적인 복음이 아니다. 하나님과 자기 아내를 사랑하는 남자도 어거스틴이 인간의 마음에서 인식했던 이상한 뒤틀림에 여전히 열려 있다. 여기서 제시하고 있는 것은 영적인 슈퍼맨의 새로운 다양성을 제시하고 있는 것이 아니라, 그러한 이상은 우리들에게 불가능하다는 전제로부터 작동한다. 하지만 자기 자신 안에 평화의 형태가 불가능하다면, 마음에서 가정에서 그리고 하나님 안에 기쁨의 삶이 없다면, 그때에 복음은 헛된 것이다.

다시금 아가서에서 묘사된 열정적인 사랑은 하나님에 대한 열정을 대신하는 것을 추구하고 있지 않다. 하나님은 에로스를 통해서 우리를 끌어당기지 않으신다. 아가서에서 성은 예배의 행위가 아니다. 그것은 성스러운 의미를 갖지도 하나님을 찾는 역할을 하지도 않는다. 그것은 오로지 이 세상에 속한 활동이다. 천국에서는 사람들이 결혼하지도 결혼한 상태에 있지도 않기 때문이다(마 22:30). 하나님이 아가서에서 한번도 거명되지 않고, 기도도 아가서에는 나오지 않는다. 아가서에 대한 예리한 인식과 창조의 교리는 천상적인 영역과 지상적인 영역을 혼돈스럽게 하지 않으며, 성으로, 또는 다른 사람에 대한 열정적인 사랑으로, 하나님에 대한 마음의 필요를 채우려고 시도하지 않는다.

그러나 도움이 되지 않는 것은 성과 속의 분리다. 아가서에서 결혼한 상태에 대한 칭송은 가정의 구속과 참으로 가정에서 교회의 위치가 우리가 놓쳤던 것임을 함축한다. 이 세상에 많은 좋은 회당이 있지만 유대교가 유대의 가정을 유대인의 생활의 중심적 위치로 만들었기 때문에 히브리인들의 유산과 믿음이 세속 생활에 스며들었고, 장엄한 성당과 같은 구조에 초점을 맞추지 않았다. 가정에서 유월절 밤 축제의 광경은 회당에서 토라를 읽는 광경 못지않게 훌륭하다. 이에 비하여 기독교인들은 천국의 작은 극장으로 그들의 교회를 만들려고 했고, 초기 세기의 가정 교회들을 전적으로 포기하였다. 기독교 세계는 유대교에서 교회론적인 예전들을 많이 차용하였지만, 가정의 예전을 적용하는 것을 전적으로 게을리 하였다. 결과적으로 이 영역에서 슬프게도 빈약해졌다. 근본 문제는 성적인 재생산으로 영속되고 이 세상의 영역인 가정이 성령의 영역이 될 수 있음을 믿지 않았다는 사실이다.

아가서의 신학이 남성의 절박한 필요를 언급할 때, 또한 그것은 친밀과 존중에 대한 여성의 필요를 충족시킨다. 고대 세계에서 여성들은 자주 약하고 결점이 있는 인간으로 경시되었다. 이런 경향은 현대 학문계에서 가끔 더 과장되고 있지만 그럼에도 불구하고 그것은 사실이다. 위에서 묘사한 것처럼 아가서에서 여성이 영웅적인 주인공이다. 하지만 그녀의 영웅주의는 남성의 역할을 한 전사 여신인 아낫(Anat)의 영웅주의가 아니다. 오히려 그녀의 영웅주의는 남자를 자신에게로 데리고 오는 의지의 순전한 여성적 행위에 있다. 여기서 그 메시지는 단순하다: 모든 여성의 고통 – 처녀막을 잃고, 임신을 하고 아기를 낳는 것 – 을 경시해서는 안 된다. 그것들은 전쟁에서 나가서 싸우려는 남자의 의지가 용기 있는 행위인 것과 마찬가지로 용기 있는 행위다. 그럼에도 불구하고, 바울은 여자들이 해산함으로 구원을 얻으리라고 말한다(딤전 2:15).

아가서의 방식대로 올바르게 인식된 여인은 믿는 가정의 사랑의 영역이다. 남편은 아비와 어미를 떠나 자기 아내를 붙든다. 사랑의 영역으로서 여인의 실제는 그녀 안에서 자라는 자녀들에 의한 생생한 실제가 만들어진다. 그녀는 가정의 사랑의 영광이다: 달처럼 아름답고, 해처럼 빛나며, 하늘의 장관처럼 경외롭다. 그녀의 남편과 자녀들이 일어나서 그녀가 복되다고 외칠 것이다.

앞에 적힌 윗 글자(1:1)

참고문헌

Cotterell, P. "The Greatest Song: Some Linguistic Considerations." *BT* 47(1996) 101-8.

본 문

1 솔로몬의 아가라	1 The Song of Songs.[a] Of Solomon.

원문주해

1.a. 맛소라텍스트는 아쉘(אשר), "which"을 포함한다.

양식/구조/배경

이것은 위에 쓴 글자(곧 본문 위에 첨가된 글자)이며, 시편(예를 들어, 히브리 시형에서 시 3:1; 4:1; 5:1; 6:1; 7:1)과 여타 곳(예. 합 3:1; 출 15:1; 신 31:30)에 나타나는 많은 시편의 윗 글자와 유사하다. 하지만 시편의 많은 윗 글자와 달리, 아가서는 음악의 방향과 어떤 역사적 사건인지를 언급하지 않는다. 음악적인 방향은 "합창을 위해", "현악기에 대해서", 그리고 "단일 음조에 맞추어"와 같은 표기를 포함한다(시 4, 5, 6, 7, 8, 9, 11, 12, 13, 14, 18, 19, 20, 21, 22, 31, 그 외의 것들에 대한 윗 글자를 보라). 아가서에 음악적인 방향이 없음은 아가서가 다양한 음조, 도구, 음악적 스타일을 확실히 필요로 했던 길고 복잡한 가사였음을 알 수 있는 것으로 그 이유를 가장 잘 설명할 수 있을 것이다. 어느 단일한 표기도 전체 아가서를 연주하는데 필요한 다양한 음악적 방향을 묘사하기에 충분하지 않았을 것이다.

아가서에 어느 역사적 사건에 대한 표기도 없음은 아가서가 솔로몬의 삶 가운데 있었던 에피소드의 기사를 나타낸다는 주장과 관련하여 특히 의미가 있다(예를 들어, 아가서는 "연인 목자"로부터 떼어놓음으로써 술람미 여인의 사랑을 얻으려는 솔로몬의 실패한 시도에 관한 이야기다). 상당수 시편의 윗 글자가 역사적 사건이나 사람들에 대해 언급한다. 그 시편이 명확하게 그러한 사건과 인물들에 대한 세

부사항을 묘사하지는 않을지라도 말이다. 이런 사례들에 시편 3, 7, 18, 34, 51, 52, 56편이 포함된다. 예를 들어, 시편 56편의 윗 글자는 그 시편이 다윗이 가드에서 블레셋에 잡혔을 때에 발행한다고 진술한다. 그것은 정경을 구성한 사람들이 그들이 느끼기에 역사적 출처와 관련하여 신뢰할 수 있는 정보를 갖고 있다면, 윗 글자에 역사적 정보를 포함시켰음을 의미한다. 그러므로 그들은 어떤 실제적인 에피소드를 아가서와 연관시킬 수 있는 정보를 갖지 못했거나 단순히 아가서가 역사적 사건들의 제시라고 생각하지 않았음을 암시한다. 이것이 아가서의 역사적/드라마적 해석을 포기하게 하는 결정적 논증이 되지는 않지만, 그것은 적어도 역사적 해석을 찾을 것으로 기대하는 해석의 증거를 우리가 발견할 수 없음을 말해준다.

주석

1 쉴 하쉬림(שִׁיר הַשִּׁירִים)이란 어구는 최상급으로 기능하며 "솔로몬에 속한 노래 중에 가장 좋은 것들"이라고 합법적으로 번역할 수 있었다. 동시에 그것은 서방 음악에서 오라토리오 전통(서론의 아가서의 구조에 관한 논의를 보라)과 유사한 더 작은 노래들의 집합인 단일한 음악적 산물인 "노래들 중에 노래"로 보다 문자적으로 읽을 수도 있다.

리쉘로모(לִשְׁלֹמֹה)는 "솔로몬의 집합에 속한"다는 의미로 "솔로몬의"로 번역할 수 있을 것이다. 또한 그것을 "솔로몬에 의해 (작성된)"(*lamed auctoris*)으로 취할 수도 있었다. 마지막으로 그것은 아마도 "모압에 대한"(לְמוֹאָב – 레모압)이란 예레미야 48:1을 따라서 "대한"을 의미할 수 있었다. 롱만(Longman, 3)과 대비되어 그것을 "솔로몬의/지혜문헌 전승에서"로 번역할 근거는 없다. 그것이 "솔로몬에 대한"을 의미할 가능성은 가장 적다. 솔로몬이 아가서에서 언급되고 있기는 하지만(1:5; 3:7, 9, 11; 8:11-12), 아가서는 예레미야 48장이 모압에 대한 것을 말하고 있다는 의미에서 솔로몬과 관련짓지 않는다. 아가서가 솔로몬에 "대한 것"이라고 말하는 것은 그가 아가서의 중심적인 주제임을 말해야 하는데, 그것은 자증적으로 그런 경우가 되지 않는다. "솔로몬에게 (헌정된)"이란 번역은 솔로몬의 궁전의 한 시인이 솔로몬의 영예로 아가서를 저작했음을 암시한다. 이런 해석은 이스라엘 바깥에서 많은 유사한 경우를 갖는다. 아우구스투스는 주인의 영예로 아이네이드(Aeneid)를 저작한 버질(Virgil)의 후원자다.

불행하게도 우리는 리쉘로모(לִשְׁלֹמֹה)를 이런 방식으로 해석하기 위한 확실한 근거가 없다. "솔로몬의"(of Solomon)란 번역은 히브리어만큼이나 모호하다. 솔로몬이 아가서를 작성했음을 의미할 수도 있고, 어느 사람이 그것을 작성하여 후원자로서 솔로몬이 그것을 소유했음을 의미할 수도 있다. 우리는 이런 모호성을 뛰어넘을 어떤 것도 얻지 못한다. 아가서의 저작권에 대한 더 자세한 논의에 대해서는 서론을 보라.

해설

윗 글자는 아가서에 대해서 세 가지를 우리에게 말해준다. 첫째로 아가서는 솔로몬의 집합에 속한다. 둘째로 윗 글자는 아가서가 솔로몬의 집합의 음악적 작품 가운데 가장 좋은 사례로 간주되어진다. 마지막으로 아가서는 단일한 음악적 생산물의 짧은 작품들의 집합임을 나타낸다.

I. 코러스(합창)와 소프라노: 입장(1:2-4)

참고문헌

Bloch, A. A., and **C. Bloch**. "From *In the Garden of Delights.*" *Judaism* 44(1995) 36-63. **Callow, J.** "Units and Flow in the Song of Songs 1:2-2:6." In *Biblical Hebrew and Discourse Linguistics.* Ed. R. D. Bergen. Dallas: Summer Institute of Linguistics, 1994. 462-88. **Dahood, M.** *Ugaritic-Hebrew Philology.*

본 문

첫 스탠자(연)	First Stanza
소프라노	soprano
2 내게 입 맞추기를 원하니 1A	**2** He will kiss[a] me with the kisses of his mouth. 1A
합창	chorus
네 사랑이 포도주보다 나음이로구나 2A	Indeed your caresses are better than wine,[b] 2A
3 네 기름의 향기보다 낫도다 2B	**3** [a]better than the fragrances of your perfumes.[a] 2B
네 이름이 쏟은 향기름 같으므로 2C	Your very name is like perfumes poured out.[b] 2C
소프라노	soprano
처녀들이 너를 사랑하는구나 3A	That is why the girls love you. 3A
두 번째 스탠자	Second Stanza
4 너는 나를 인도하라 우리가 너를 따라 달려가리라 4A	**4** Take me with you! Let us run! 4A
세 번째 스탠자	Third Stanza
왕이 나를 침궁으로 이끌어 들이시니 5A	The king brings[a] me to his chamber. 5A
합창	chorus
우리가 너를 인하여 기뻐하며 즐거워하니 6A	We will rejoice and celebrate! 6A
네 사랑이 포도주에서 지남이라(포도주보다 낫도다) 6B	We will commemorate your caresses rather than wine! 6B
소프라노	soprano
처녀들이 너를 사랑함이 마땅하니라 7A	Rightly they love you! 7A

원문주해

2.a 나샤크(נשק, "입맞춤")를 샤콰(שקה, "어떤 이에게 술을 주다")로 수정함으로써 얻어지는 것은 아무것도 없다. 이샤퀘니(ישקני)를 명령법인 "그가 나에게 입맞춤하게 하라"로 보편적으로 독법하지만, 어형론적으로 그것은 단순 미완료다. 명령법의 번역이 가능하기는 하지만 반드시 요구되는 것은 아니다. 두 스트로피의 평행적인 구조는 그것이 직설법임을 암시하지만, 전통적으로 그것을 명령법으로 취한다.

2.b. 옛 라틴어 역본과 벌게이트 역본이 뒤따르는 70인경은 여성이 아니라 남성이 2b절을 노래하는 것을 아마도 함축한다. 그것은 여기서 명사 또드(דד)를 독법함으로써 "너의 가슴[*μαστοί* – 마스토이]은 포도주보다 낫다"라고 읽는다. 물론 70인경의 번역자가 이 소절을 노래하는 여인을 상상하였을 가능성이 있기는 하지만, 그것은 매우 이상한 일이 될 것이다. 여기서 70인경의 독법을 채택할 이유는 없다.

3.a-a. 70인경은 카이 오스메 무론 수 휘페르 판타 타 아로마타(*καὶ ὀσμὴ μύρων σου ὑπὲρ πάντα τὰ ἀρώματα*, "너의 기름은 어느 기름보다 향기롭도다")라고 독법한다.

3b. 수정하지 않은 채로 남겨두었다면, 쉐멘 뚜라크(שמן תורק)를 "기름이 부어지다"(호팔[수동사역] 미완료)로 번역할 수 있었다. 명사 쉐멘(שמן)을 갖는 여성 동사의 사용이 특이하고 미완료가 여기서 잘 들어맞지 않을지라도 말이다. Q, 70인경(*ἐκκενωθε*), 아퀼라역, 옛라틴어역, 벌게이트역을 따라서 튜라크(תורק, "부었다")를 분사인 뮤라크(מורק, "부은")로 수정함으로써 양 문제들을 수정할 수도 있을 것이다. 그렇지 않다면 뮤라크(תורק)를 고유명사로 간주하여 그것을 "투락의 기름"(oil of Turac)으로 번역할 수 있을 것이다.

4.a. 이와 같은 시적 본문에서 완료의 헤비아니(הביאני, "나를 이끌어 들이다")는 필연적으로 과거시제의 번역을 필요로 하지 않는다.

양식/구조/배경

아가서는 주제인 사랑의 찬미를 선언하는 세 스탠자로 시작한다. 본문은 소프라노와 젊은 여인들의 합창(코러스)이 서두 구절에서 동시에 노래를 부르고 있음을 시사한다. 첫 마디인 "그가 나를 입맞추기를 원하니"는 이 가사의 바로 이 일부가 단일한 여성 싱어를 위해서 있음을 나타내준다. 다른 대명사들은 싱어들의 성적 구분을 유지하기 위해서 여기서 사용된다: 처녀들이 "사랑함이 마땅한" 남자인 "왕"만이 아니라 그들은 "너의"(남성 단수) 애무, 향, 그리고 이름을 노래한다. 이 모든 것은 이 소절들이 처녀들에 의해 노래가 불려지고 있음을 제기한다. 이 모든 텍스트는 여성 솔로에게 속한 것인지 적어도 그것의 일부가 합창에 속한 것인지를 결정하는 것은 아주 어렵다. 그러나 텍스트는 우리가 이 부분을 구분할 수 있게 만드는 몇 가지 암시를 포함하고 있다. 첫째로 본문의 관점은 이 짧은 서정시에서 자주 변한다. 그것은 삼인칭의 진술로 시작하여("그가 내게 입맞추기를 원하니") 즉시 이인칭("네 사랑〈애무〉이 포도주보다 나음이로구나")으로 변한다. 이것을 여인이 남성을 보다 우월한 자로 언급하고 있고, 따라서 보다 친밀한 이인칭으로 바뀌기 전에 형식적으로 경의를 표하는 언어를 처음에 사용하고 있다는 식(고로 A. A. and C. Bloch, *Judaism* 44[1995] 51-52)에 기초해서 설명해서는 안 된다. 그녀는 형식적인 방식으로 남자를 언급하지 않으며, 형식적인 삼인칭 호칭("나의 주"와 "당신의 종")의 특징적인 용어는 아가서의 어느 곳에서도 사용되지 않는다. 둘째로 여성 싱어 – "소프라노" – 는 젊은 처녀들(어린 소녀들)이 올바르게 남자를 사랑하고 있다고 선언한다. 합창이 이 시점까지 침묵하고 있었다면 그러한 소절을 여인이 말하였다고 하는 것은 이상할 것이다(그렇지 않다면, 그들이 그를 전적으로 사랑하고 있음을 청중들이 어떻게 알 것인가?). 따라서 대체로 서두 구절이 여성 솔리스트(독주자)와 코러스(합창)가 부르는 서정시로 만들어져 있음이 아주 분명해 보인다.

위에서 설명한 것처럼, 서두의 말인 "그가 내게 입맞추기를 원하니"는 아마도 여성 솔로에게 해당할 것이다. 소절 2A-C("네 사랑이 포도주보다 나음이로구나/ 네 기름이 향기로워 아름답고/ 네 이름이 쏟은 향기름 같으므로")는 삼인칭에서 이인칭으로 바뀌고 있고, 이런 변화는 싱어들의 변화를 나타낸다고 제기할 수 있을 것이다. 그러므로 이 세 소절은 소녀들의 합창으로 불려지고 있다. 소절 2A-C는 2A의 시작과 B의 끝에 토비임(טובים)의 반복으로 연결되고, 2A와 2B는 세 단위의 동사가 없는 절이며, 거기서 두 단위는 이인칭 남성 단수 접미사로 끝난다(위에서 묘사한 교차대구법적 일치를 주목하라). 또 다른 세 단위 소절인 소절 2C는 사랑받는 자가 값나가는 향유보다도 더 귀하다는 은유적인 유추를 계속한다. 또한 소절 2C는 쉠(שם)의 협화음으로 2B와 연결된다. 소절 2B의 중간의 단어는 "너의 기름"(שמניך – 쉐마네카)이고, 소절 2C는 "기름"(שמן – 쉐멘)으로 시작하고 "너의 이름"(שמך – 쉐메카)으로 끝난다. 이 모든 것은 스트로피 2가 긴밀하게 묶여진 단위이고 합창으로 노래 불려지고 있음을 암시한다. 소절 3A("그것이 처녀들이 너를 사랑하는 이유로다", "처녀들이 너를 사랑하는구나" – 한글개역)를 분명히 소프라노가 노래하고, 만약 그것이 소절 2A-C을 노래했던 여성 합창이었다면, 다시금 그것은 더 많은 의미를 만들어준다. 청중은 처녀들이 젊은 남자를 "사랑하고" 있다고 추측하지 않아야 한다. 그들은 몸소 그것을 들었다.

두 번째 스탠자는 단일한 소절뿐이다. 이는 놀라운 일로 보이고, 아가서에 다른 단일 소절 스탠자는 없지만 다른 스트로피의 소절에 그것을 합세시킬 수 있는 설득력 있는 방법은 없다. 단일 소절 스탠자는 존재할 수 있다. 시편 15:5c을 보라.

스탠자 1처럼, 스탠자 3은 다시금 한 소절 스트로피로 시작하고(소절 5A, "왕이 나를 침궁으로 이끌어 들이시니"), 소프라노에 의해 노래가 불려지고 여자에 대한 남자의 성애를 표현하고 있다. 소절 1A처럼 이 소절은 삼인칭으로 남자를 언급한다. 그러나 뒤이어지는 두 소절들(6A-B, "우리가 너를 인하여 기뻐하며 즐거워하니 / 네 사랑이 포도주에서 지남이라")은 서로 일치한다(각기 세 단위의 일인칭 복수 연장형이고, 6A는 한 단위의 전치사구가 뒤따르는 두 동사를 갖고 있으며, 6B는 두 단위의 전치사구가 뒤따르는 한 동사다). 이것들은 합창에 할당된 서정시로 가장 잘 간주된다. "우리"는 합창이 노래를 하고 있음을 암시하고, 남자의 사랑이 포도주와 호의적으로 비교되는 바이콜론의 주제가 스트로피 2의 주제를 반복한다. 마지막으로 세 번째 스탠자는 소프라노에게 해당하는 한 소절 스트로피로 끝나고(7A), 거기서 그녀는 처녀들이 "정당하게" 남자를 칭송하고 있음을 다시금 선언한다. 세 번째 스탠자가 왜 첫 번째 스탠자보다 더 짧은 한 소절인지는 분명하지 않지만, 음악적인 이유로 인해 시인이 이 칸토를 열 소절로 유지하기를 원했을 수도 있다.

따라서 해석된 스탠자 1과 3은 각기 여인에 대한 남자의 사랑 행위를 묘사하는 소절을 노래하는 소프라노로 시작한다. 그 다음에 합창은 포도주와 기름의 은유적인 비유로 여인에 대한 남자의 사랑을 칭송한다. 여인은 이 스탠자를 남자에 대한 합창부의 평가가 타당함을 확증하는 스트로피로 이 스탠자들을 각기 끝맺는다. 칸토 1의 구조는 도표 2로 설명할 수 있다.

α	남자의 성애에 관한 기사 1A			
	β	남자의 성애에 대한 합창부의 찬미 2A-C		
		γ	합창부의 찬미에 대한 확증 3A	
			δ	데려가줄 것을 남자에게 요청함 4A
α´	남자의 성애에 대한 기사 5A			
	β´	남자의 성애에 대한 합창부의 찬미 6A-B		
		γ´	합창부의 찬미에 대한 확증 7A	

도표 2. 칸토 1의 구조

서론의 형식적 기능은 청중들에게 연주의 주제, 즉 남자와 여자 간의 사랑의 기쁨을 준비하게 하는 것이고, 또한 그것은 대체로 사랑의 해석이 여인의 관점에서 발생하고 있음을 나타낸다(처녀들이 여기서 모두 그 노래를 부르고 있기 때문에). "우리가 너를 인하여 기뻐하며 즐거워하니/ 네 사랑이 포도주에서 지남이라"는 말은 청중에게 앞으로 나타날 것이 무엇일지를 말해준다: 사랑의 찬미.

따라서 이 칸토는 예기적이다. 즉 청중에게 아가서가 결론에 이르기 전에 어디로 향해 나아갈 것인지를 말해준다. 몇 가지 주제가 이 소절에서 제기된다. 서두어들은 입맞춤에 초점을 맞추고, 성적 유희가 아가서의 두드러진 주제임을 나타낸다. 남자와 그의 사랑을 기름과 포도주에 비교함은 본성 그리고 다른 비성적(nonsexual) 즐거움으로부터 취해진 사랑의 은유적 이미지가 아가서에서 지배적으로 나타날 것임을 암시한다. 즉 사랑과 사랑하는 자가 고대 이스라엘의 아름답고 멋진 꽃, 동물, 향기, 그리고 음식에서 가져온 용어를 사용하여 자주 묘사될 것이다. 이 소절들에는 결혼에 관한 두 지침이 있다. 첫째로 소절 4A의 "너는 나를 인도하라 우리가 너를 따라 달려가리라"는 여인이 아가서 1:6에서 오빠들의 집으로 보이는 그녀의 현재 상태의 제한을 피하고 싶은 마음을 나타낸다. 둘째로 소절 5A의 "왕이 나를 침궁으로 이끌어 들이시니"는 결혼과 결혼식 날 밤을 암시한다. "왕"은 신랑의 모티브이고(예를 들어, 3:6-11에서 전개되는), 그녀를 그의 침궁으로 데려감은 결혼식 날 밤을 암시한다. 그러나 다시금 이것은 예기적이고, 그녀는 아가서를 결혼식의 침실로 시작하지 않는다. 처녀들이 "올바르게", "마땅하게" 남자를 사랑하고 있다는 소프라노의 소절은 아가서가 여인에 대한 남자의 사랑을 선하고 영광스러운 것으로 찬미하고 있음을 제기한다.

두 번째 스탠자인 "너는 나를 인도하라 우리가 너를 따라 달려가리라"의 위치와 본질은 의미가 있다. 서로 다른 것 사이에 동일한 구조를 갖는 두 스트로피가 위치하고 있는 그것은 어느 정도 이 칸토의 핵심적 요지다. 그것은 기쁨으로 가득 차 있고, 아가서에 대한 논조를 설정하며 이 커플이 그곳을 탈피하여 함께 있기를 바라고 있음을 청중에게 말해준다.

주석

2 나샤크(נשׁק)에서 "(그가) 내게 입맞추기를 원하니"는 "술을 주다"(שׁקה – 샤콰)라는 어근(히필[사역형 능동태] 어근)으로부터의 동사와 유사하게 들린다는 점에서 "그가 내게 입맞출 것이다"(יַשְׁקֵנִי – 이샤퀘니)의 용법을 갖는 언어유희와 관련이 있다. 이 동음이의어의 익살은 그의 사랑이 포도주보다 낫다는 1:2b의 비교로

이끈다. 그러나 이것은 이 소절이 A. A.와 C. Bloch의 *Judaism* 44(1995) 47A에서 행해진 것처럼 "그가 나에게 그의 입맞춤으로 술취하게 하라"와 같은 것으로 이 소절을 번역하는 것을 정당하게 만들지는 않는다.

여기서 또딤(דודים)은 사랑의 정신적인 상태보다는 – 육체적인 사랑을 하는 – "애무"를 더욱 일컫는다. 후자(정신적 상태)가 완전히 배제되고 있지는 않을지라도 말이다. 유추적인 용법에 대해서는 잠언 7:18(נרוה דדים עד־הבקר – 니르베 도딤 아드 하뽀켈, "아침까지 흡족하게 서로 사랑하며"), 에스겔 16:8(והנה עתך עת דדים – 베힌네 이떼크 에트 또딤, "네 때가 사랑스러운 때라"[즉 너는 성적인 성숙을 얻었다]), 그리고 에스겔 23:17(למשכב דדים – 레미쉬까브 또딤, "연애하는 침상에 올라")을 보라.

3 레레아흐(לריח)에 대한 라메드(ל)는 2절의 말미에 미야인(מיין)을 갖는 מן의 의미를 존속한다. 이 소절의 온전한 번역은 "너의 향수의 방향만큼이나 (너의 사랑은) 좋구나"가 될 수 있었다. 하지만 라메드(ל)는 우가릿어의 민(מן)의 의미를 가질 수 있고(*UT* §10.1), 동일한 것이 여기서의 사례인 것으로 보인다. 비교의 텍스트에서 라메드(ל)의 사용은 Dahood *Ugaritic-Hebrew Philology*, 29-30에서 묘사된다. 또는 라메드(ל)는 "강조적인 라메드(ל)"일 수 있었다(Gerleman, 94). 또한 *IBHS* 11.2.10h을 보라. 히브리어는 교차대구법을 형성한다. 도표 3을 보라.

"참으로 너의 사랑(애무)이 더 낫다"(כי־טובים דדיך) α 2A
"포도주보다"(מיין) β
"너의 기름의 방향보다도"(לריח שמניך) β´ 2B
"(애무가) 낫다"(טובים) α´

도표 3. 아가서 1:3의 교차대구법

소절 2A(αβ)는 "낫고"(טובים – 토비임)로 시작하고, 2B(β´α´)도 "낫고"(טובים – 토비임)로 끝난다. 각 소절은 세 단위들, 즉 각기 두 단위들을 갖는 각 소절의 첫 반행(α과 β´)과 각기 한 단위를 갖는 두 번째 반행(β과 α´)을 갖는다. "너의 사랑"(דדיך – 또데카, "너의 애무")은 α´(생략)에서 토비임(טובים, "better")의 함축된 주어다. 토비임(טובים)은 레레아흐(לריח, "방향보다")를 수식할 수 없다. 그것은 복수이고 레아흐(ריח)는 단수이기 때문이다. 따라서 "너희 기름의 방향은 좋다"("the fragrance of your perfumes is good")는 여기서 선택될 수 없다. 소절 2B를 "향기 때문에 너희 기름이 좋다"("for fragrance, your perfumes are good")로 번역할 수도 있었다. 하지만 이런 해석은 교차대구법의 구문을 없애버린다. 소절 2B의 문법이 2A의 문법과 같지 않게 되는 것을 요구하기 때문이다. 또한 그러한 번역은 남자와 그의 사랑보다도 향기름을 찬미의 대상으로 만든다. 합창부의 서정시의 전반적인 요지는 그와 그의 사랑이 포도주와 향기름보다 더 낫다는 것으로 보인다.

위에서 지적했던 것처럼, 소절 2A와 2B는 한데 묶어서 읽어야 한다: "참으로 너의 애무는 포도주보다 낫고/ 너의 기름의 향기보다 낫도다." 이것은 그의 몸의 향기가 놀라울지라도, 그의 사랑이 더 낫다는 것을 암시한다. 세 번째 소절(2C)은 그의 "이름"(그의 성격, 인물됨, 또는 그의 모든 사랑)이 향기름의 가장 좋고 비싸게 사용되는 것보다 더 낫다고 주장함으로써 이 사실을 보강한다. 쉐멘 튜라크(תורק שמן)란 어구는, 그것이 "기름을 붓다"를 의미하지 않는다면, 어떤 구체적인 향기름의 고유 명사, 즉 "투락의 기름"(oil of Turac")일 수도 있었다(Fox, *Song of Songs*, 98). 따라서 이 어구는 향내 나는 기름의 놀라운 적용이나 특히 값비싸거나 기분을 좋게 하는 기름을 일컫는다. 어찌되었든지 이 소절은 순전한 그의 이름은 향기로 즐겁게 해주는 것과 같다.

4 "왕이 침궁으로 나를 이끌어들인다"는 소절은 통상적인 "왕이 나를 침궁으로 '데려갔다'"라고 번역하는 것만큼 이상하게 들린다. 두 인물의 드라마적 해석(서론을 보라)은 젊은 신부와 함께 있는 솔로몬으로 이것을 취하지만, 세 인물의 드라마적 해석은 그것을 솔로몬이 여자 목자를 유괴하여 그녀를 유혹하는 동안에 포로로 억류하고 있는 것으로 본다. 어느 것도 만족스럽지 못하다. 두 해석은 남자의 방에 이미 들어가 있는 여인으로 시작한다. 설득력 있는 해석을 결여하고 있고, 모든 방향에서 해석이 가능할지라도 그녀가 이 이야기의 바로 시작에서 남자의 침실에 있다면 아가서에 의미를 가져다주는 것이 불가능하다. (양식/구조/배경을 보라.)

해설

아가서는 아주 단순하고 가장 직설적인 방식으로 여인에 대한 남자의 사랑을 묘사함으로써 시작한다: 그는 그녀를 입맞춤할 것이다. 입맞춤은 여기서 애정의 기본적인 행위이고, 그것은 아가서에서 알레고리적인 묘사로 가리지 않은 아주 적은 수의 사랑의 행위 중 하나다. 입맞춤은 사랑 행위의 시작이고, 그것은 두 사람의 얼굴과 입을 맞대게 하는 매우 밀접한 방식이다. 물론 남자의 입맞춤은 여인의 몸의 다른 부분도 역시 만지게 될 것이고, 이 용어는 아가서가 그들의 성적 관계를 탐구할 것임을 암시한다. 하지만 직접적이고 단순한 행위인 입맞춤은 남자를 여자와 한데 묶어주고, 아가서를 시작시킨다.

"네 사랑(애무)이 포도주보다 나음이로구나"의 요지는 두 가지다: 그의 사랑은 즐겁고 매혹적이다. 사랑은 기쁨의 황홀로 이끈다. 향수처럼 그의 애무는 감각을 압도하고, 일종의 황홀경을 낳는다. 향내 나는 기름은 건강함(고대 세계에서 기름은 예방과 치유적인 약료에 기본이다), 기쁨(이것은 에로틱한 향내가 나는 오일이다), 그리고 가치(향수는 매우 비싸다)를 함축한다.

남자와 그의 사랑의 질(quality)에 대한 여인의 평가는 지극하다: 그는 매우 훌륭해서 생명보다 더 크다. 이에 대비되어, 다음 칸토(1:5-6)에서 여인은 하찮은 처녀 농부에 지나지 않아 보인다. 그러나 아가서의 여러 과정에서, 여인은 모든 이들이 사랑의 진정한 구현으로 그녀를 부러워하는 결과를 갖는 변화를 경험하게 될 것이다. 아가서 4:10에서 남자는 상당히 재가공된 형태로 1:2b-3을 상기시키는 말로 여인을 칭찬한다: '그녀'의 사랑은 포도주보다 낫다. 게다가 합창은 그녀가 여인들 중에 가장 아름답다고 말할 것이고, 궁극적으로 그녀의 모습에 놀라움을 금치 못할 것이다(예를 들어, 아 6:10 7:1[ET 6:13]).

합창이 이 소절들을 노래하고 있다는 위에서의 제시가 마치 남자가 마을의 모든 처녀들과 사랑을 나누었던 것처럼 합창하는 처녀들이 이 남자와 사랑 행위를 했음을 함축하지 않는다. 그러한 해석은 이 칸토를 마치 드라마인 것처럼 독법하는 것이 될 것이다. 합창하는 여인들은 아가서 전체에서 나올 때, 주인공 여인을 돋보이게 하는 자로서 행동하고 단지 사랑과 연인들을 찬미하고 있다.

함께 도망가자는 호소는 아가서에 자주 나오는 모티브다. 그것은 젊은 연인들의 공통된 바람을 표현하고 있다. 그들은 그들을 붙들고 있는 제한을 탈피하여 함께 사랑을 깊이 나누기를 원한다. 그러나 아가서에서 이런 욕구는 여인이 오빠들의 지배와 그 집에서 아직도 어린아이 – 또는 노예 – 의 상태에 있는 것처럼 여기는 속박에서 자유하기를 원하기 때문에 이 여인에 대한 특별한 관심사다.

이런 용어들은 청중들이 뒤이어지는 칸토에서 무엇을 들을 수 있을 것인지를 예상하게 만드는 표제적인 진술이다. 아가서는 그녀가 선택한 신랑, 즉 그녀가 여기서 "왕"이란 지칭을 주고 있는 이의 결혼 침실로 나아가는 여인의 모습과 관련이 있다. 그것은 처녀성의 폐쇄와 보호를 포기하는 것, 즉 그녀가 왕의 침실로 들어갈 때 발생하는 사건에 관한 칸토다. 게다가 "왕"이란 호칭은 신랑으로서 그 남자가 강력한 구세주의 모형적인 역할을 한다는 것을 암시한다. 이것도 역시 아가서에서 탐구할 것이다. 그 결과가 여인이 고귀해지는 것이기 때문에 아주 놀라운 방식으로 말이다.

두 번의 반복된 후렴구인 처녀들이 그 남자를 올바르게 사랑하고 있다는 여인의 말은 그녀의 위치와 다른 처녀들과의 위치를 설정시킨다. 그녀는 그들이 바라는 것을 삶에서 이루었다. 따라서 서정시에는 경쟁적인 모습이 들어 있다. 그녀는 그들 모두가 열렬히 감탄하는 남자를 가짐으로써 그들이 그녀의 성공을 시기하게 만든다. 그녀는 그들이 아직 시작하지 못한 여행을 착수하고 있다. 아가서에서 처녀들의 위치가 처음부터 설정된다: 그들은 주인공 여자가 사랑의 세계로 들어갈 때 그녀와 교감하는 관찰자들이다. 그들은 그녀가 떠나고 있는 세계를 대변하지만 대체로 그녀를 방해하려고 하지 않는다. 그들도 역시 어느 날 사랑을 경험할 것을 바라기 때문이다. 그녀도 역시 그들의 부러움으로 얻게 되는 격려로 인해 이 관계로 진전할 수 있는 힘을 얻는다. 예기적이고 표제적인 본문으로 이해되는 첫 번째 칸토는 청중들에게 또는 독자들에게 앞으로 있게 될 것이 무엇인지를 말해준다. "왕이 나를 침궁으로 이끌어 들이시니"는 아가서의 중심적인 사건인 결혼식 날 밤을 우리에게 일깨워주고, "우리가 너를 인하여 기뻐하며 즐거워하니"는 그런 분위기를 우리에게 말해준다. "처녀들이 너를 사랑함이 마땅하니라"는 사랑과 결혼과 성의 신비와 능력은 인식할 만한 가치가 있음을 제기한다.

II. 소프라노: 처녀의 교육 I(1:5-6)

참고문헌

Ogden, G. S. "'Black but Beautiful'(Song of Songs 1.5)." *BT* 47(1996) 443-45.

본 문

소프라노	soprano	
5 내가 비록 검으나 아름다우니	5 I am dark yet lovely,	1A
예루살렘 여자들아	O daughters of Jerusalem,	1B
게달의 장막 같을지라도 솔로몬의 휘장과도 같구나	like the tents of Kedar, like the curtains of Solomon.	1C
6 거무스름할지라도 흘겨보지 말 것은	6 Do not stare[a] at me, that I am swarthy	1D
내가 일광에 쬐어서	and that the sun has gazed upon me.	1E
내 어미의 아들들이 나를 노하여	It was my mother's sons![b] They burned with anger toward me.	2A
포도원지기를 삼았음이라	They forced me to be a keeper of the vineyards,	2B
나의 포도원은 내가 지키지 못하였구나	while my vineyard—the one that was mine—I could not keep.	2C

원문주해

6.a. 아홉 개의 사본들이 띠레우니(תיראוני, "나를 두려워하지 말라", "나를 흘겨보지 말라" - 한글개역)를 독법한다. 맛소라텍스트를 보라.

6.b. 어절의 첫 부분에 위치해 있는 뻬네 임미(בני אמי, "내 어미의 아들들")는 이것을 이 소절의 초점으로 만들어준다.

양식/구조/배경

새로운 칸토는 서정시의 주제가 급격하게 바뀌었다는 사실을 나타낸다. 이 칸토는 두 스트로피로 구분되는 여덟 소절로 되어 있다. 1A에 1C의 구문론적인 의존이 소절 1A-C(5절)을 묶어준다. 아울러, 1A는 두 술부를 갖는 동사가 없는 어절이며, 1C는 각기 전치사 כ로 시작하는 두 어구를 갖는다. 소절 1D와 1E는 일치(ש로 시작하는 두 관계절)와 차이(1D에서 "나를 흘겨보지 말라"가 두 소절을 통제한다)에 의해 연합한다. 소절 1D를 1F와 연결하는 ש의 협화음이 두드러진다. (*dagesh forte* 를 갖는) 복수 문자들을 셈에 넣을 때, ש은 네 연속되는 단어들에서 8번이나 나타난다. 게다가 1A에서 두 서술 형용사와 1C에서 전치사 כ을 갖는 어구의 짝은 관계사 ש을 갖는 1D-E에서 두 관계절로 응답된다. 이것은 1D-E가 1A-C와 동일한 스트로피의 일부임을 암시한다(맛소라텍스트의 시형과는 대비된다).

마지막 세 소절들(2A-C)은 모든 것이 형제들의 행위와 관련이 있다는 점에서 일관되다. 소절 2A는 "그들이 나에게 노하였다"로 끝나고, 2B는 "그들이 나를 억지로 하게 했다"로 시작하는데, 이것들은 모두 두 동사의 주어로 기능하는 "내 어미의 아들들"을 갖는다. 아울러, "그들이 노하였다"(נחרו – 니하루)와 "포도원지기"(נטרה – 노테라), 그리고 "내가 지키지 [못]하였다"(נטרתי – 나타레띠)란 세 단어들은 협화음을 통해 세 소절들을 연결시킨다.

여성 솔로가 이 전체 칸토를 노래한다. 언어행위로서 그것은 그녀의 문화적 표준에 대한 자기 평가적 설정이다. 이 칸토는 그녀가 여성의 아름다움의 표준에 이르지 못하기 때문에 사랑을 얻지 못할 수 있다는 기저에 깔린 두려움을 표현한다.

주석

5 여인은 다른 처녀들이 자기를 보는 것에 당황해 하고 그녀의 검은 피부에 대해 방어적이 된다. 일부 해석자들은 그녀의 말을 "내가 검고(and) 아름답다"(예. Pope, 307-18)를 의미하는 것으로 취한다. 그러나 자신의 검은 피부에 대한 그녀의 방어는 그녀의 문화가 검은 피부를 매력적인 것으로 간주하지 않고 있음을 시사한다. 따라서 베나바(ונאוה)에 접속사는 "그리고"(and)보다는 "그러나"(but)란 번역을 필요로 한다.

그녀는 자신을 "게달의 장막"과 "솔로몬의 휘장"으로 비유한다. "게달"(קדר – 퀘달)은 아랍 유목민족을 일컫고, 앗수르바니팔은 아랍에 대한 원정에서 키다리(*ki-da-ri*)의 왕을 패배시켰다고 말한다(*ANET*, 298-99). 일부 해석자들은 "솔로몬"을 다른 아랍족속의 이름인 "살마"로 수정한다. 하지만 어떤 텍스트적 증거도 이것을 지지하지 않는다. 게다가 이런 수정이 정돈된 대구법을 형성할지라도, 그것은 아마도 유추의 주요한 요지를 놓치고 있다. 아랍 유목민족의 은신처로서 게달의 장막은 무두질한 짐승의 가죽으로 만들어졌거나 조야한 삼베옷으로 만들어졌고, 색깔은 검었을 것으로 추정할 수 있다. 그것들은 여행객들이 소지할 수 있는 유일한 은신처로서 바람, 모래, 열 그리고 가끔씩 폭풍우의 혹독함을 견뎌내야 했었기 때문에 매우 억셌을 것이다. 게달의 장막은 강하고 믿음직한 장막을 가리키는 것으로 속담적이 되었을 것이다. 이에 비하여 솔로몬의 휘장은 정교한 장인에 의해 만들어져서 훌륭한 세목을 이루고 있었을 것이다. 아마도 휘장은 색감, 구슬, 그리고 진주가 실로 조화를 이루었을 것이다. 마치 레이스 장식처럼 말이다. 따라서 여인은 자신이 게달의 장막처럼 검을 피부를 가졌다 – 그리고 그녀는 이 장막처럼 동등하게 강인하다. 하지만 그녀는 솔로몬의 휘장처럼 아름답고, 공주들에게 주어지는 칭송을 받을 만하다. 5절의 구조는 "게달의 장막처럼 거무스름하고", "솔로몬의 휘장처럼 아름답다"를 의미하는 패턴을 가져오기도 한다. 그것은 호격으로 구분되는 두 평행적인 개념의 짝을 갖는다. 도표 4를 보라.

"나는 거무스름하다"(שחורה אני) α 1A
　　"하지만 아름답다"(ונאוה) β
"예루살렘의 여자들아"(בנותי רושלם) γ 1B
　　"게달의 장막과 같은"(כאהלי קדר) α´ 1C
"솔로몬의 휘장과 같은"(כיריעות שלמה) β´

도표 4. 칸토 II의 스탠자 1의 구조

"거무스름한"(שחורה – 쉐호라)은 "게달의 장막과 같은"(כאהלי קדר – 께오홀레 퀘달)과 연계되고, "아름다운"(ונאוה – 베나아바)은 "솔로몬의 휘장과도 같은"(שלמה כיריעות – 끼리오트 쉘로모)과 연계된다. 이런 식의 "재배치"는 성경 히브리시의 특징으로 오랫동안 인식되어 왔다.

6 그녀는 오빠들이 태양이 내리쬐는 시간에 포도원에서 일하게 하였기 때문에 자신의 피부가 검다고 설명한다. 그녀는 자신의 상황을 설명하는 많은 언어유희를 사용한다. 그녀는 처녀들이 자기를 쳐다보지(ראה – 라아) 말 것을 요구하지만 태양이 그녀를 "응시하고"(שזף – 샤자프) 있다. 그녀의 언어유희는 샤자프(שזף)가 "응시하다"를 의미하지만, 그것은 샤다프(שדף)가 "쬐다"를 의미한다는 사실을 활용하고 있다. 그것은 ד과 ז의 통상적인 상호교환 때문에 아주 효과적인 언어유희다. 이는 아람어에서 자주 관찰되는 현상이다. 그때에 그녀는 확실한 동의어인 샤다프(שדף)를 사용하여 오빠들이 자기에게 "노하였"(חרה – 하라)음을 말한다.

그녀는 오빠들이 자기에게 왜 노하였는지는 설명하지 않는다. 책의 말미에 어린 가슴을 갖고 있는 작은 누이동생을 보호라는 것과 관련한 소절에 비추어 볼 때(아 8:8-9), 이것이 그녀의 정숙을 지키기 위한 오빠들의 결정이었을 가능성이 있다. 하지만 1장에서 오빠들이 그녀가 남자들과 연관되는 것을 막기 위해서 포도원에서 그녀가 일하게 했다고 진술하지는 않는다. 한편 아가서 8:12에서 포도원의 이미지 하에서 여인의 자립적인 감정의 진술은 그녀의 성적관심이 여기서 이슈임을 암시한다. 적어도 오빠들은 젊은 여인들의 삶에 끼어들어 그들을 함께 있지 못하게 방해하는 권위적인 인물을 대변한다고 말할 수 있다.

해설

어떤 해석자들은 "내가 비록 검으나 아름다우니"란 소절을 여인이 비이스라엘 사람, 아마도 아프리카 종족에 속하는 자였음을 함축한다고 간주한다. 예를 들어, 윔스(Weems, 5:384)는 "이것은 외국 여성이 하나님의 언약 백성의 비전이 얼마다 다양한지(예. 룻과 라합)를 상기시키는 성경의 첫 번째 경우가 아니다"라고 주장한다. 이런 해석은 여인을 인종적인 편견의 강력한 반대자가 되는 것으로 추론하는 일의 기초가 되며, 사회적 학대에 반하여 그녀는 살갗이 보다 밝은 이스라엘 남성과의 사랑을 추구한다. 이런 해석이 흥미가 있기는 하지만, 그것은 텍스트에 기반한 의미가 아니다. 여인은 자신이 살갗이 왜 검은지를 분명히 진술하고 있다. 즉 그녀는 포도원에서 해를 쪼이며 야외에서 일하였다. 그녀는 자신이 비이스라엘 혈통임을 결코 암시하지 않는다. 아가서는 어디에서도 인종적인 긴장의 문제를 언급하지 않거나 타 인종간의 관계가 이야기의 핵심임을 시사하지 않는다.

그러나 우리는 아가서가 그녀의 검은 피부에 관한 문제를 왜 제기하는지를 물을 수 있다. 현대의 백인 유럽인(Caucasian Europeans)과 북미 아메리카인들은 햇볕에 탄 피부를 매력적이고 건강하게 보이는 것으로 간주하고, 또 이 문화에서의 독자들은 그녀가 이런 모습에 대해 변호하는 것을 자연이 혼란스럽게 여길 것이다. 그러나 농경사회에서 검은 피부는 통상적이고, 그것은 농부의 계급에 속하는 자라는 표지가 된다. 그러한 사회에서 거무스름한 얼굴은 흔하였고, 그것은 남성이 좋아하거나 여성이 열망하는 모습이 아니다. 실로 거의 모든 사회가 통상적이지 않은 것을 이국적이며, 매혹적인 것으로 간주하는 경향이 있다. 농사를 짓는 여성과 대비되는 이상(理想)인 일본의 게이샤는 놀라울 정도로 하얀 피부를 가졌다(또는 하얀 화장을 했다). 심지어 평균적인 유럽의 농사짓는 여성이 대단히 검고, 허리가 굽고, 남성적이었던 시대에, 당대의 예술가들은 매력적인 여인을 창백하고, 부드럽고, 풍만한 것으로 그렸다(참조. Rubens에 의한 "The Rape of the Daughters of Leucippus"와 Boucher에 의한 "Cupid a Captive").

따라서 이런 구절들은 인종적인 문제와 관련이 없고, 사랑의 기쁨, 특히 여인의 몸에 대한 인식은 모든 사회 계층에 해당한다는 것을 제기한다. 단순히 엘리트들에게만이 아니다. 아울러 이 구절들은 그녀가 평범하다는 것에 기초하여 여성의 단정함을 인식하지 못하는 인위적이고 문화적으로 제기된 미의 표준에 대해서도 반대한다. 평민과 그의 아내 사이에 사랑은 궁중의 두 구성원들 사이에 사랑처럼 놀랍고, 농사짓는 처녀가 그녀의 사랑하는 자로부터 갖는 칭송이 왕비가 고취시키는 어느 사랑처럼 노래로 찬미할 가치가 있다. "거무스름한 숙녀"에 대한 세익스피어의 소네트는 소네트 127에서처럼 미의 이런 개념을 웅변적으로 증거한다.

늙은 나이에 검다는 것은 멋진 것으로 간주되지 않고,
또한 그러하다면, 그것은 아름다움의 이름을 얻을 수 없다네;
하지만 지금 미의 연이은 상속자는 검으며,
미가 비정상적인 수치로 중상을 당하였다네.

또한 여인의 모습에 대한 이런 묘사는 우리가 어린 다윗의 용모를 읽을 때와 매우 유사하다: "그의 빛이 붉고 눈이 빼어나고 얼굴이 아름답더라"(삼상 16:12). 다윗이 붉은 피부를 갖게 된 이유는 유사하다: "그가 양을 지키고 있기"(삼상 16:11) 때문이다. 아마도 포도원을 여인이 지키고 있음을 양을 지키고 있는 다윗의 모습에 여성적으로 대응하는 것으로 간주할 수도 있다. 하지만 이런 평행이 의미가 있는 것인지를 알 수가 없다. 아가서에서 그것은 우연인가 의도적인가? 만약 의도적이라면, 그 요지는 세심한 독자가 다윗과 연관 지을 동일한 젊음의 활력과 영웅적인 모습을 여인에게 부여하는 것이다.

그러므로 그녀는 처녀들이 자신의 검은 피부를 경시하면서 바라보지 말 것을 요구한다(1D-E). 그녀의 관심은 여기서 그 사회의 아름다움의 표준과 계급의 정체성에 있는 것이지 인종에 있지 않다. 그녀의 말은 "평범하고 하찮은 농사짓는 처녀로 나를 간주하지 말라"는 문화적인 코드가 있다.

오빠들은 젊은 여인이 부계적 가정에서 느끼는 억압의 일반적인 의미를 대변한다. 결혼하고 가정을 떠나게 되어 있는 여동생으로서 그녀는 종에 해당하는 거친 대우를 받고 있다. 가정의 재산을 소비하는 외부인과 유사한 자로 간주되고 있는 그녀는 오빠들에 의해 가정의 공통된 선을 위해서 천한 일을 하도록 강요받고 있고, 그녀 자신이 원하는 것을 추구하지 못하고 있다. 고로 여기에는 신데렐라 모티브와 같은 것이 존재한다. 그녀의 "왕"과의 결혼은 그가 '매력적인 왕자'임을 암시한다. 그것은 육감적인 쾌락만을 의미하지 않는다. 그것은 그녀 자신의 존재가 되는 자유를 얻는 것이고, 새로운 가정의 중심에 있게 되는 것이다. 이런 관계성 속에서 그녀가 사랑하는 남자는 농부와 외부인에서 왕비와 내부인으로 그녀의 변화를 중재한다.

그녀가 자신의 포도원을 돌보지 못하고 있었다는 그녀의 불만은 이런 주제를 더욱더 탐구한다. 그녀의 포도원은 그녀의 몸이고, 그녀의 이득이며, 그녀의 순수한 자아다. 그녀는 그녀의 "열매"를 남편에게 줄 것이다(아 4:16). 아울러 자기 포도원을 돌보는 것은 자신의 열망을 경작하고 그것이 열매를 맺는 것을 보는 능력을 대변한다.

그러나 오빠들의 편에서 여인에 대한 대우는 그녀가 어린 시절과 청소년기에 받았던 "교육"으로서 중요하다. 적어도 그것은 포도원에서 오랜 시간 일하는 것으로 형성된 힘든 교육이었다. 그러나 그것은 그녀를 강하고 성숙하게 만들었고, 그녀에게 자유와 성인기의 혜택에 대한 인식을 가져다주었다. 그녀는 자신의 포도원을 돌볼 수 있을 때(아 8:12), 최대로 그것을 누리게 될 것이다.

현대의 독자들은 여인의 상황 속에서 그녀의 전망을 이해할 필요가 있다. 고대 이스라엘에서 젊은 여인(아마도 창기나 과부는 예외일 것이다)은 혼자 살지 않았다. 아울러 결혼하여 다른 가족으로 들어간다는 사실은 어느 정도 그녀를 가정에서 외부인으로 여기게 만들었다(하지만 이런 사실을 너무 과장해서는 안 된다). 따라서 아가서의 여인에게서 결혼은 그녀 자신의 가족으로 들어가서 그녀 자신의 삶을 경작하는 자유를 갖는 것을 의미했다. 물론 이런 특징은 어느 정도 이상화되어 있다. 확실히 어떤 결혼은 어린 시절 가정에서 경험했던 것보다 더 나쁜 억압의 상태로 들어가는 여성들이 있게 했다. 하지만 여전히 그녀가 바라고 있는 이상 – 사랑과 결혼 관계에서 참된 자유 – 은 모든 시대와 문화에서 유효하다.

III. 소프라노 그리고 코러스: 사랑하는 자를 찾음(1:7-8)

참고문헌

Brooke, G. "חבר." *NIDOTTE* §2489. **Emerton, J. A.** "Lice or a Veil in the Song of Songs 1:7?" In *Understanding Poets and Prophets.* FS G. W. Anderson, ed. A. Auld. Sheffield: JSOT Press, 1993. 127-40. **Holladay, W. L.** *Jeremiah 2.*

본 문

소프라노	soprano	
7 내게 고하라	**7** Tell me,	1A
내 마음에 사랑하는 자야	you whom my soul loves:	1B
너의 양떼 먹이는 곳과	Where do you graze your flocks?	1C
오정에 쉬게 하는 곳을	Where do you rest them at noon?	1D
어찌 얼굴을 가리운 자 같이 되랴	You don't want[a] me to be like a woman picking at fleas[b]	1E
내가 네 동무 양떼 곁에서	among the flocks of your companions!	1F
코러스	chorus	
8 네가 알지 못하겠거든	**8** Well,[a] if you don't know,	2A
여인 중에 어여쁜 자야	most beautiful of women,	2B
양떼의 발자취를 따라	get yourself out in the tracks of the flock	2C
너의 염소 새끼를 먹일지니라	and tend your kids	2D
목자들의 장막 곁에서	at the tents of the shepherds.	2E

원문주해

7.a. 맛소라텍스트의 샬라마(שלמה) 문자적으로는 "누구[ש] 왜[למה – 라마]?"인 이 관용구는 "네가 내가 요구하는 것을 행하지 않는다면, 이것이 그 결과가 될 것이다, 네가 동의할 것으로 확신하건대 그것은 피해야 할 결과다"를 함축하는 요청으로 사용되고 있다. 예를 들어, 출애굽기 32:12과 민수기 27:4을 보라.

7b. 아타(עטה)는 아주 난해하다. 70인경은 아타(עטה)의 입증된 의미와 일치하는 페리발로멘(*περιβαλλομέν*, "감싸다")을 갖는다. 한편 께오테야(כעטיה)는 능동태 분사인데, 그 의미가 "감싼 여인처럼"이라면 사람들은 재귀동사나 수동태를 예상할 것이다. 탈굼역 옛시리아어역 심마쿠스역 벌게이트역은 모두 그것을 "방황하다"를 의미하는 것으로 취한다. 아타(עטה)를 따아(תעה)의 이형으로서 타아(טעה)로 수정할 수 있었다(참조. 겔 13:

10). 그러나 이것이 텍스트의 수정을 필요로 하는 한, 대안적인 해석들이 다른 이유로 덜 가능성이 없어 보이지 않는다면, 개연성이 있는 것으로 간주해서는 안 된다. 세 번째 가능성은 아타(עטה)가 여기서 "낡아 채다"(*HALOT* עטה II)이고 따라서 벼룩과 곤충을 잡다나 "이를 잡다"(delouse)일 가능성이 있다.

8.a. 임-로 테드이 라크(אם־לא תדעי לך) "네가 스스로 알지 못한다면"의 말미에 라크(לך, "네 스스로")는 "네가 이것을 알아야 한다"를 시사한다. Fox, *Song of Songs*, 103을 보라. 가장 근접한 평행은 욥기 5:27의 쉐마에나 베앝따 다아-라크(שמענה ואתה דע־לך) "너는 듣고 네게 유익된 줄 알지니라"다.

양식/구조/배경

이 칸토는 두 스트로피를 담고 있다. 그것은 사랑하는 자를 찾는 모티브를 잇는다. 7절의 구조는 호격어구가 뒤따르는("내 마음에 사랑하는 자[너]") 서두의 명령("내게 고하라"), 조화되는 소절의 쌍(1C와 1D) 그리고 수사적인 질문으로 표현된 불만(문자적으로는, "내가 왜 당신의 동무들의 양떼 가운데서 벼룩을 잡는 여인처럼 되어야 하는가?)으로 되어 있다. 1B-E에는 교차대구법적 요소가 있다. 이미 지적한 것처럼, 1C와 1D는 조화되는 쌍을 이룬다(각 소절은 이인칭 남성 단수 미완료가 뒤따르는 에카[איכה]로 시작한다). 또한 1B와 1E는 각기 후접의 의문대명사인 쉰(שׁ, "who?")으로 시작하고 서두어인 쉐아하바(שאהבה, "네 마음이 사랑하는 자")와 샬라마(שלמה, "who why?")의 협화음이 있다. 소절 1F는 구문론적으로 1E에 의존하고, 그것을 1E의 반행구로 읽을 수 있었으나 맛소라의 영창을 참조하라.

8절에서 "네가 알지 못하겠거든"(소절 2A)이란 소절은 7절에서 "내게 고하라"는 명령(소절 1A)에 반응한다. 또한 1A는 "내게"(לי – 리)로 끝나고, 2A는 "네게"(לך – 라크)로 끝난다. 8절의 네 소절은 교차대구법적 구조를 이루고, "여인"은 "목자들"에 대응하고, "양떼의 발자취를 따라"는 "너의 염소 새끼를 먹일지니라"에 대응한다(도표 5를 보라). 소절 2E를 독립적인 소절보다는 2D의 반행으로 읽을 수 있었으나, 다시금 영창은 다른 것을 가리키며 이것을 거부하게 만드는 요인은 없다.

"여인 중에 어여쁜 자야"(היפה בנשים) α
"양떼의 발자취를 따라"(צאי־לך בעקבי הצאן) β
"너의 염소 새끼를 먹일지니라"(ורעי את־גדיתיך) β′
"목자들의 장막 곁에서"(על משכנות הרעים) α′

도표 5. 아가서 1:8의 교차대구법적 구조

스트로피 2의 소절들은 스트로피 1의 소절들과 일치하고 대응한다. "내게 고하라"(소절 1A)의 명령은 2A의 "네가 알지 못하겠거든"과 대응하고, 호격의 "내 마음이 사랑하는 자[너])"(소절 1B)는 소절 2B의 호격의 "여인 중에 어여쁜 자야"와 대응한다. 소절 1C-D의 두 조화되는 질문("너의 양떼 먹이는 곳이 어디이며", "네가 오정에 쉬게 하는 곳은 어디인가")은 소절 2C-D에 두 조화되는 지시에 대응한다("양떼 곁에 네 자신을 두고/ 네 새끼를 돌보라"). 소절 1E("너는 네가 벼룩을 잡고 있기를 원치 않는다")는 대응부분이 없지만, 소절 1F("너의 동무들의 양떼 주에서")는 소절 2E("목자들의 장막 곁에서")와 분명한 조화를 이룬다. 1F와 2E는 알(על, "upon")로 시작하는 두 단위의 전치사구이다(본래 알[על]은 단위로 계산하지 않는다). 미완료 대칭은 "벼룩을 잡는 것"에 대한 여인의 우려는 대답할 가치가 없는 것으로 기각되었음을 암시한다. 다시 말해서 여인은 그런 우려를 제쳐놓을 것으로 암묵적으로 듣게 된다.

주석자들은 두 번째 스트로피(8절)를 남자의 소절로 자주 취급한다. 확실히 텍스트가 "여인 중의 가장 아름다운 자"로 여인을 언급하고 있기 때문이고, 특히 그녀가 남자에게 질문을 던졌기 때문이다. 따라서 8절을 남자가 말하였을 것이라고 본다(예. Murphy, 134). 하지만 합창(코러스)이 그녀의 질문에 대답할 수 없거나 그녀를 아름답다고 말하지 못할 이유가 없다. 엑섬(Exum, *ZAW* 85[1973] 72)은 코러스가 8절에서 노래하고 있음을 가리키는 5-10절의 구조를 보여준다(도표 6를 보라). 따라서 추론하건대, 이 스트로피는 여인에 대한 코러스의 반응이다. 그녀가 질문을 남자에게 던지고 있음에도 불구하고 말이다. 아울러 다른 곳에서 오직 코러스만이 그녀를 "여인들 중에 가장 아름답다"고 외친다(היפה בנשים - 하야파 빠나쉼, "여인들 중에 가장 아름다운[어여쁜]"이 5:9과 6:1에 나타나고, 이 모든 것은 코러스에 해당한다). 테너(남성)는 이런 별명을 사용하지 않고, 그는 그녀를 "나의 동무"(רעיתי - 라아야띠), "나의 누이"(אחתי - 아호티), 그리고 "신부"(כלה - 칼라)라고 특징적으로 부른다. 그러므로 8절은 코러스에 속함이 거의 확실하다.

α "어여쁜"(נאוה, 5-6절: 여인이 예루살렘의 딸들에게)
β "너 목자"(תרעה, 7절: 여인이 남자에게)
β′ "그리고 목자?"(ורעי, 8절: 여자들이 여인에게)
α′ "그것들이 아름답다"(נאוו, 10절: 남자가 여인에게)

도표 6. 아가서 1:5-10에 대한 엑섬의 분석

주석

7 이 스트로피에서 여자는 남자를 찾고 있다. "네 마음이 사랑하는 자"란 어구는 여인이 남자에 대해 사용하는 별명 중 하나다. 그것은 여기와 아가서 3:1, 2, 3, 4에 나타난다. 그 용어는 장엄하기보다는 목가적이다. 그녀의 연인은 지금 왕이 아니라 목자다. 다시금 이것은 연인이 그녀의 안목 속에서 보이는 역할의 은유다. 우리는 목자와 목자의 연인에 관한 문자적 이야기로 발전시킬 필요가 없다.

아타(עטה)를 여기서 "감싸다"로 간주하는 주석가들은 창세기 38:14과의 평행을 자주 제기하는데, 거기서 다말은 자신의 얼굴을 가리고 목자(특히 유다)가 자신을 창기로 오인하게 만든다(예. Fox, *Song of Songs*, 103). 하지만 아가서의 여인은 창기나 바람난 여자로 위협하고 있지 않다. 동사 아타(עטה)는 창세기 38장에 나타나지 않고, 가린 것이 창기의 표시였음도 분명하지 않다. 에머톤(Emerton, "Lice or a Veil," 129)이 말하는 것처럼, "베일을 쓰는 것이 창기의 관행이었다면, 아가서 1:7에 여인은 베일을 쓰지 않았을 것이다. 또한 베일을 가리지 않았을지라도, 그녀가 '베일을 가린 자처럼' 되었다고 말하는 것은 이상할 것이다. 게다가 창기가 공직의 표시로서 베일을 가리었고, 여인이 적절히 옷을 입지 않았을 때 창기로 간주되었다고 생각하는 것은 자기모순일 것이다"라고 말한다. 끝으로 원문주해 7.b.에서 언급한 것처럼 여기서 이 동사는 수동태나 재귀 분사가 아니다.

여전히 여기서 아타(עטה)를 "감쌌다"나 "덮었다"로 번역해야 한다면, "가리고 있는 여인"과 같이 되지 않으려는 그녀의 바람은 창기보다는 과부와 관련이 있어야 할 것이다. 아타(עטה)는 애도나 수치의 맥락에서 나타난다. 레위기 13:45에서 문둥병자는 "얼굴의 절반"을 가리고 나가야 했다. 이는 슬픔이나 수치의 관습적인 표지였다(겔 24:17, 22; 미 3:7을 보라). 시편기자는 수치를 가린(עטה) 것으로 대적자들에 대해 가끔 언급한다(예. 시 89:46[ET 89:45]). 확실히 어근 아타(עטה)는 항상 수치나 슬픔을 내포하지는 않는다(예. 시 104:2). 이스라엘 백성의 과부들이 홀아비가 했던 것과 동일한 방식으로 애도의 시간에 그들 자신을 가렸다면, 여인은 연인이 그녀에게 오지 않는다면, 자신이 목자들 중에서 과부처럼 될 것이라고 말하고 있는 것이다. 즉 그녀는 그를 잃고 홀로 남은 것으로 보일 것이다. 그렇지만 여전히 "가린 여인"을 이스라엘 청중들이 "무방비한 과부 여인"을 의미하는 것으로 인식하였을 것이라고 말하는 것은 꽤 과장이 될 것이다.

원문주해 7.b.에서 제기된 두 번째 대안적인 해석인 "내가 당신의 동무들 중에서 헤매는 여인과 같이 되어야 하는가?"는 확실히 합리적이지만 그것은 너무 평이하고 산문적이라고 말할 수 있을 것이다. 그녀는 헤매는 자가 되기를 원치 않음을 단순히 제기하지만 시적인 내포를 결여하고 있다. 또한 이전의 원문주해에서 언급한 것처럼, 그것은 수정(修正)이 있었고 이것이 이형 동사라는 이해를 필요로 한다.

미학적인 근거 위에서 "내가 왜 벼룩/곤충을 잡는 여자처럼 되어야 하는가?"라는 세 번째 대안을 주장할 수 있다. 그러나 사실상 주장하는 바는 바로 그 경우가 아니다. 그녀는 자신이 벼룩이나 곤충을 갖고 있고, 그녀가 자기의 남자를 기다리는 동안에 주위에 벼룩을 잡고 앉아 있을 것임을 말하고 있지 않다(반대로는 Emerton, "Lice or a Veil," 138; Fuerst, 171). 그녀가 목자들 사이로 그 남자를 찾아 나간다면, 자신이 목자들의 벼룩과 곤충을 붙잡아 그것들을 죽이기를 시작하게 될 것이라고 말하고 있다.

"벼룩을 잡다"를 의미하는 가장 강력한 사례는 예레미야 43:12이다: "느브갓네살이 애굽 신들의 집에 불을 놓을 것인즉 그가 그들을 불사르며 그들을 사로잡을 것이요 목자가 그 몸에 곤충을 잡는 것 같이(그 몸에 옷을 두름 같이 – 한글개역) 애굽 땅을 자기 몸에 두르고 평안히 그곳을 떠날 것이며." 많은 번역들이 예레미야 43:12에 아타(עטה)를 "자신을 감싸다"로 번역하지만 이 문맥에서 느부갓네살이 애굽에서 "자기 자신을 감싸는" 것을 상상하는 것은 이치에 맞지 않으며, 왜 목자가 옷으로 자신을 두르는지가 분명하지 않다. 에머톤(Emerton, "Lice or a Veil")과 홀라데이(Holladay, *Jeremiah 2,* 302)를 보라. 아울러 70인경은 예레미야 43:12의 아타(עטה)를 프데이리조(φθειρίζω, "곤충을 잡다")로 번역한다. 아타(עטה)에 관한 이런 해석이 가장 의미가 있다. 목자는 상당한 시간을 짐승들 주변에서 보내고, 그들은 옷에 벼룩, 진드기, 또는 곤충을 지니고 있는 대부분의 사람들보다 더 그러했을 것이다. 유추적으로 애굽의 지도자들은 느부갓네살에게 곤충이나 벼룩과 같다. 이런 해석이 이사야 22:17-18에도 가장 잘 들어맞는다. 그 구절에서 야훼는 세브나(Shebna)라 일컫는 어떤 청지기를 겁주시는데, 야훼는 그를 잡아(עטה), 공같이 말아서 던져 버리실 것이다. 그가 주인의 집에 수치를 가져다주기 때문이다. 여기서도 역시 세브나는 단지 해충에 지나지 않음이 제기되고, 벼룩이나 진드기를 죽이기 위해서 마는 것처럼 야훼가 그를 말을 것임이 제기된다(보통 벼룩을 단순히 쥐어서 죽일 수는 없다). 여기 아가서 1:7에서 목자와의 연관은 그 의미가 벼룩이나 진드기를 잡는 것을 암시한다. 더 자세한 것은 아래를 보라. "동무"는 동료(시 45:8[ET 45:7]), 동맹자(창 14:3; 사 1:23), 아는 자(단 2:13, 17의 아람어), 또는 동료(전

4:10; 또한 겔 37:16, 19을 보라)를 묘사하는 어근인 하벨(חבר)로부터의 용어인 하베레카(חבריך)를 번역한 것이다. 여기서 그 용어는 연인의 친구, 또는 실리적인 동료 – 즉 다른 목자들 – 가 되는 사람들을 함축한다. 동무는 필연적으로 선하거나(단 2:13) 악하지(사 1:27) 않다. 그들은 단순히 남자들의 그룹이고, 그처럼 여인이 불편해 하고 위협을 느끼는 영역을 대변한다. 그녀에게서, 여기서 남자들의 세상을 대변하는 "목자들"은 부정하고 더럽고 곤충으로 찌들어 있다. 그녀가 그들 사이에서 거하여 움직인다면, 그녀는 곧 그들처럼 몸을 긁으며 벼룩을 잡고 있을 것이다!

8 이 본문의 논조는 조르는 것이 아니라 온건한 책망이다. (남자가 응답하기보다는) 예루살렘의 여인들이 응답하고 있는데, 그들의 적절한 반응은 자명하기 때문이다. 하지만 그들의 반응은 지리적인 위치의 방향설정 외에는 아무것도 없다.

해설

여인은 사랑하는 자를 보기를 원하나 그를 계속 찾아 나서기를 원치 않는다. 그가 있는 곳을 정확히 알지 못한다면, 그녀는 자신이 불편해 하는 상황인, 모든 목자들 사이에서 그를 찾으러 나가야 한다고 주장한다. 그녀의 말은 남자들이 주변에 있는 것을 불편해함을 시사한다. 그녀는 다른 여성들과 함께 있는 것을 편하게 여길 수 있는 젊은 나이의 여성이다. 남자들, 즉 오빠들과 살면서 느꼈던 경험은 좋지 않았다. 그녀는 남자들의 문화가 몸을 박차고 일어날 정도는 아닐지라도 괴로운 것임을 발견하고, 그들 사이에 들어간다는 생각을 결코 환영할 수가 없다. 그녀는 그녀의 남자를 사랑하지만, 그가 그녀에게 나아오기를 바란다. 그녀는 그의 세계로 들어가기를 원치 않는다. 그녀의 말은 그녀가 남자들의 두 세계 – 그녀가 아웃사이더이고 일에 종속되게 만드는 오빠들과 그녀가 진정한 아웃사이더가 되는 다른 목자들 – 에 끼여 있다.

그녀가 듣게 되는 응답은 그녀가 인사이더가 될 수 있고, 그렇게 하는 것은 그녀의 편에서 용기 있는 행동이 필요하다는 확증이다. 예루살렘의 처녀들은 그녀가 목자들 사이에서 벼룩을 잡으리라는 염려를 떨쳐버리고, 그를 찾을 수 있는 단순히 양떼들이 있는 것으로 나아갈 것을 촉구한다. 아울러, 그들은 그녀가 여 목자가 될 것을 촉구한다. 그들의 요지는 그녀가 밖으로 나가서 그에게 합세할 때, 그녀가 더 이상 아웃사이더 – 목자들 사이에 있는 여성 – 가 아니라 그녀 자신의 공동체와 가정을 찾게 될 것이라는 사실이다. 그녀의 연인의 공동체가 그녀의 것이고, 그녀는 두려움이나 불편함을 가질 필요가 없다. 그녀는 인사이더가 될 것이다. 그들의 온건한 책망의 배후에 있는 요지는 그녀가 남자의 세계로 들어가지 않고는 사랑하는 자와 하나가 될 수 없다는 사실이다. 더 구체적으로는 이와 관련한 모든 것에서 그녀가 남자와 더 가까워져야 한다. 따라서 그들은 그녀가 두려움과 주저함을 버릴 것을 말한다. 그녀는 대담하게 사랑하는 남자에게 적극적이어야 한다. 더 깊은 차원에서는 남성 문화와 남성의 몸에 대한 두려움을 극복해야 한다.

IV. 테너, 코러스, 그리고 소프라노: 상호적인 사랑의 첫 노래 (1:9-2:7)

참고문헌

Brenner, A. "Aromatics and Perfumes in the Song of Songs." *JSOT* 25(1983) 75-81. **Chaucer, G.** *The Canterbury Tales.* Ed. V. A. Kolve and G. Olson. New York: Norton, 1989. **Grober, S. F.** "The Hospital Lotus: A Cluster of Metaphors. An Inquiry into the Problem of Textual Unity in the Song of Songs." *Semitics* 9(1984) 86-112. **Hamilton, V.** "עוּר." *NIDOTTE* §6424. **Hunt, P. N.** "Sensory Images in Song of Songs 1:12-2:16." In *Dort ziehen Schiffe dahin: Collected Communications to the XIVth Congress of the International Organization for the Study of the Old Testament.* Ed. M. Augustin, and K. Schunck. New York: Lang, 1996. 69-78. **Keel, O.** *Deine Blicke send Tauben: Zur Metaphorik des Hohen Liedes.* SBS 114-15. Stuttgart: Katholisches Bibelwerk, 1984. **Konkel, A.** "נְקֻדָּה." *NIDOTTE* §5925. **Pope, M. H.** "A Mare in Pharoah's Chariotry." *BASOR* 200(1970) 56-61. **Saebø, M.** "On the Canonicity of the Song of Songs." In *Texts, Temples, and Traditions.* FS M. Haran, ed. M. Fox. Winona Lake, IN: Eisenbrauns, 1996. 267-77. **Walker, L. L.** "תַּפּוּחַ." *NIDOTTE* §9515.

본 문

첫 번째 스탠자	First Stanza	
테너	tenor	
9 바로의 병거의 준마에	**9** To a mare[a] belonging to the horses with the chariots of Pharaoh	1A
내 사랑아 내가 너를…비하였구나	I liken you,[b] my companion.	1B
10 네 두 뺨은 보석으로(땋은 머리털로) 아름답고,	**10** So[a] attractive are your cheeks with[b] jewelry	1C
네 목은 구슬꿰미로 아름답구나	so attractive is your neck with[b] its necklace!	1D
합창	chorus	
11 우리가 너를 위하여 금사슬을	**11** Jewelry of gold we shall make for you	2A
은을 박아 만들리라	with the decorations of silver!	2B
두 번째 스탠자	Second Stanza	
소프라노	soprano	
12 왕이 상에 앉았을 때까지(에 - 한글개역)	**12** Until[a] the king is at his circle,	3A

나의 나도 기름이 향기를 토하였구나	my spikenard[b] gives of its fragrance.	3B
13 나의 사랑하는 자는 내 품 가운데 몰약 향낭이요	**13** Like the bundle of myrrh is my lover to me:	4A
그는 나의 가슴 사이에서 그 밤을 보낼 것이라	he will pass the night between my breasts.	4B
14 나의 사랑하는 자는 내게	**14** Like a bunch of henna blossoms is my lover to me	4C
엔게디 포도원의 고벨화 송이로구나	in the vineyards of Engedi.	4D
세 번째 스탠자	Third Stanza	
테너	tenor	
15 내 사랑아 너는 어여쁘고	**15** How beautiful you are, my companion,	5A
너는 어여쁘다	how beautiful you are:	5B
네 눈이 비둘기 같구나	your eyes are doves!	5C
소프라노	soprano	
16 나의 사랑하는 자야 너는 어여쁘고 화창하다	**16** How beautiful you are, my lover: really delightful!	6A
우리의 침상은 푸르고	Our bed is really verdant!	7A
17 우리 집은 백향목 들보요,	**17** The beams of our house are cedars!	7B
석가래는 잣나무로다	Our rafters are firs!	7C
네 번째 스탠자	Fourth Stanza	
2:1 나는 사론의 수선화요 8A	**2:1** I am a rose of Sharon,	8A
골짜기의 백합화로구나	a lotus[a] of the valleys.	8B
테너	tenor	
2 가시나무 가운데 백합화 같구나	**2** Like a lotus among thorns,	9A
여자들 중에 내 사랑은	so is my companion among the other young women.	9B
소프라노	soprano	
3 수풀 가운데 사과나무 같구나	**3** Like an apple tree among the trees of the woods,	10A
남자들 중에 나의 사랑하는 자는	so is my lover among the young men.	10B
내가 그 그늘에 앉아서 심히 기뻐하였고	In his shade I take pleasure and sit,	10C
그 실과는 내 입에 달았구나	and his fruit is sweet in my mouth.	10D
다섯 번째 스탠자	Fifth Stanza	
4 그가 나를 인도하여 잔치집에 들어갔으니	**4** He takes me to the house of wine,	11A
그 사랑이 내 위에 기로구나	and his banner[a] toward me is love.	11B
5 너희는 건포도로 내 힘을 돕고	**5** Lay me on a bed of raisins:	12A
사과로 나를 시원케 하라	stretch me out on a couch of apples,	12B
내가 사랑하므로 병이 났음이니라	for I am wounded by love.	12C
여섯 번째 스탠자	Sixth Stanza	
6 그가 왼손으로 내 머리에 베게하고	**6** His left hand is under my head,	13A

오른손으로 나를 안는구나	and his right hand embraces me.	13B
[7] 예루살렘 여자들아 내가 너희에게 부탁한다	**7** I call on you to swear, daughters of Jerusalem,	14A
노루와 들사슴으로	[a]by the gazelles or by the does of the field,[a]	14B
너는 사랑의 정열을 일깨우지 말지니라	that you will not arouse or awaken the passions of love[b]	14C
준비가 되기 전까지는	until they are ready.	14D

원문주해

9.a. 레슈사티(לְסֻסָתִי, "암말")에서 י로 끝마침은 대명사 접미사가 아니라 연결어이다(*GKC* §90, k-n; Joüon §93, l). 그것은 두 명사들 사이에 연결을 강조하고, 구문의 상태와 관련이 있다. 여기서 그 의미에 대해서는 9절의 주석을 보라.

9.b. A. A.와 C. Bloch(*Song of Songs*, 143-45)은 띠미티(דמיתי)를 "내가 꿈꾸었다"를 의미하는 것으로 취하고 "나의 사랑아, 내가 너를 바로의 병거에 암말인 것처럼 꿈을 꾸었다"라고 번역한다(*Song of Songs*, 51). 하지만 따마(דמה)는 "꿈을 꾸다"를 의미하지 않는다. 그것은 "(그것을/그 사람을) (어떤 것/어떤 이)로 비교하다, 가정하다, 생각하다, 고려하다"를 의미한다. 여기서 그것은 단순히 "내가 비교하다"가 맞다.

10.a. 70인경 심마쿠스역 옛라틴어역 탈굼역은 마(מה, "how")를 삽입하는데, 그것은 소절의 의미를 포착하기는 하지만 불필요하다. 맛소라텍스트로 독법하라.

10.b. 맛소라텍스트의 ב, "with." 70인경 옛라틴어역 벌게이트역 = כ, "like." 맛소라텍스트로 독법하라.

12.a. 아드 쉐함멜렉(עד־שהמלך)에서 아드-쉐(עד־ש)란 어구는 "동안"(while)이 아니라 "까지"(until)를 의미한다. 사사기 5:7; 시편 123:2; 아가서 2:7, 17; 3:4, 5; 4:6; 8:4을 보라. 동일한 것이 보다 흔한 아드 아쉘(עד אשר)에도 해당된다.

12.b. נרדי(נרד - 네르뗴에서 유래)이란 용어는 감송향을 의미하는 것으로 보인다. 그 용어는 헬라어 나르도스(*νάρδος*)와 같은 고대 언어와 동족어에서 잘 입증된다. 참조. *HALOT* "נֵרְדְּ." 히브리 성경에서 그것은 여기와 아가서 4:13-14에서만 나온다.

2:1.a. 쇼샨나(שושנה)는 (망우스가 일종의 백합화일지라도) "백합화"보다는 "망우스"를 의미하는 것으로 가장 잘 간주된다. 2:1의 주석을 보라.

4.a. 떼겔(דגל)이 "기, 표지"(banner)를 의미할 수 있을지라도(Murphy, 132의 주장에도 불구하고), "나를 향한 그의 표지"는 그 용어가 군사적이 아니라 정원과 포도원에서 유래하는 이 문맥에서 특이한 은유로서 아주 두드러진다. 그러므로 고디스(Gordis, 81-82)와 포프(Pope, 376)가 아카디아어 디글루(***diglu***, "소원, 의도")의 동족어로 이것을 독법함으로써 뒤를 따른다. 고디스(Gordis, *JBL* 88[1969] 203-4)는 그것이 "그리고

나를 바라보는 그의 모습이 사랑스럽다"는 것을 의미한다고 제기한다. 하지만 "기"에 대한 좋은 사례가 "기로 특징지어지는"과 같은 것을 의미하는 아가서 5:10; 6:4, 10에 어근인 떼겔(דגל)에서 만들어진다. 여기에는 의도적인 모호성이 있다. 4절의 주석을 보라.

7.a-a. 70인경 엔 타이스 두나메신 카이 엔 타이스 이스쿠세신 투 아그루(*ἐν ταῖς δυνάμεσιν καὶ ἐν ταῖς ἰσχύσεσιν τοῦ αγροῦ*, "들의 힘과 권세로", "by the power and might of the field").

7.b. 벌게이트역 옛시리아어역은 수동태 과거의 의미를 갖는다: "사랑 받는."

양식/구조/배경

여인과 남자가 이 칸토를 지배한다. 합창은 단 한 구절에서만 나온다(1:11). 많은 해석자들이 주장하는 것처럼, 아가서 1:11도 남자에게 속한다고 주장할 수 있지만, 복수 동사는 그렇지 않음을 함축하고 폭넓은 문맥의 해석은 이 구절을 합창으로 귀결시키는 것을 타당하게 만든다. 특히 남자는 보석류가 여인의 아름다움을 확장시킨다고 선언함으로써 시작하고(1:9-10), 합창은 여인에게 더 많은 보석을 주겠다는 열정적인 약속을 한다(1:11). 이것은 젊은 처녀들이 신부를 위해서 문자적으로 보석을 사기 원한다는 것을 의미하지 않는다. 그들은 여인의 반응을 돋보이게 하기 위해서 단순히 그것을 말하고 있다. 그들은 장신구가 여인의 아름다움을 확장시킨다면, 반드시 그녀가 장신구를 더 많이 가져야 한다는 일반적인 견해를 노래한다. 이에 대해서 여인은 그녀의 아름다움에 대한 진정한 확장은 남자에 대한 그녀의 사랑이라고 반응한다(1:12-15).

이 칸토는 전체적으로 38개의 소절이 있는 여섯 스탠자를 형성한다. 스탠자 1과 2는 각기 여섯 소절을 갖는다. 스탠자 3은 일곱 소절을 갖고, 스탠자 4는 여덟 소절을 가지며, 스탠자 5는 다섯 소절을 갖는다. 스탠자 6는 여섯 소절을 갖는다. 추론해 볼 때, 테너인 남자는 아홉 소절을 갖고, 합창은 두 소절을 가지며, 소프라노는 27소절을 갖는다. 스탠자를 오직 한 싱어가 전적으로 노래 부를 필요는 없다. 스탠자 3의 소절들은 동시적으로 해당한다. 테너와 소프라노가 교대로 서로의 아름다움을 찬미하는데, 분명히 서로 다른 싱어들이 파트들을 부르고 있는 것처럼 말이다.

칸토의 첫 번째 스탠자는 여성의 아름다움을 확장시키는 장식에 중심을 이룬다. 그것은 두 스트로피로 구성되어 있다. 1A는 1B에 의존적이고, 1C에 나부(נאוו, "아주 매력적인")란 말이 이중적인 의무를 행함으로 10절에 생략이 있다. 이 네 소절(1A-D)을 각기 두 소절의 두 스트로피인 것으로 취할 수 있었으나, 1C-D(10절)의 의미는 1A-B(9절)에 의존한다. 11절에서 소절 2B는 구문론적으로 2A에 의존한다.

두 번째 스탠자(12-14절)도 두 스트로피를 이루지만, 여기서 첫 번째 스트로피는 두 소절을 갖고, 두 번째 스트로피는 네 소절을 갖는다. 따라서 첫 번째 스탠자의 형태를 역으로 형성한다. 첫 번째 스트로피(12절)는 "왕"으로 연인을 언급하고, 그녀가 그를 기다리는 동안에 그녀의 나드향이 향기를 내는 것으로 언급한다. 이 두 소절들은 구문론적인 의존에 의해 서로 묶여 있다. 두 번째 스트로피에서(13-14절에서), 소절 4A-B는 또디 리(דודי לי, "나에게 나의 연인")란 반복을 갖는 소절 4C-D에 의해 조화된다. 이 스트로피에서 남자 연인은 은유적으로 여인의 품 안에서 나는 향이다.

세 번째 스탠자에서 소절들은 반복과 일치를 통해서 하나로 묶여 있다. 소절 5A-B는 힌나크 야파(הנך יפה, "네가 얼마나 어여쁜지")를 두 번 반복한다. 이 텍스트는 아가서 4:1에서 다시 나타나나, 4:1은 우리가 그 텍스트에서 분리된 소절로서 "너의 눈이 너울 뒤에 있는 비둘기 같다"고 취급하게 만들면서 "너의 눈이 비둘기다" 다음에 "너울 뒤에"(מבעד לצמתך – 미빠아드 레참마테크)를 갖는다. 그 때문에, 1:15에서도 분리된 소절로서 "너의 눈이 비둘기다"를 간주하는 것이 가장 좋을 것이다. 소절 6A는 여인의 반응에서 5A-B로부터 힌나크 야파(הנך יפה)를 선택한다: הנך יפה, "당신은 얼마나 어여쁜고." 6A와 7A에서 "참으로"로 번역된 아프(אף)의 사용을 통해 스트로피 6에서 스트로피 7로의 전환이 있다. 심지어, 소절 7A-C에서 조화된 구조와 주제의 변화는 우리가 소절 6A와 소절 7A-C에서 두 분리된 스트로피를 갖는다는 것을 암시한다. 소절 7A-C는 동사가 없는 절이며 의미론적으로 서로 연관되고(푸른 나무의 종류를 다루는), 이 모든 세 소절들은 주어로 추가된 접미사 누(נו, "our")를 갖는다. 다음 스탠자에서처럼 이 스탠자에서 소프라노와 테너는 자신의 파트들을 교대로 노래한다.

네 번째 스탠자는 교창을 계속하고, 서정시의 초점이 바뀐다. 여기서 여인과 남자는 은유적으로 꽃이나 나무다. 이 스탠자는 긴 여덟 소절이다. 아가서 2:1(8A-B)에서 여인은 생략으로 바이콜론에서 자신을 꽃으로 비교한다(אני – 아니, "내가"는 이중적인 의무를 행한다). 남자는 이 은유를 취하여 2절(9A-B)에서 그 의미를 확대한다. 그는 두 소절을 연합시키는 "like … so …"(כ와 כן)을 사용함으로써 구문론적인 의존을 사용한다. 여인은 정확히 동일한 패턴으로 10A-B에서 반응하고, 그를 사과나무로 비교한다. 하지만 그녀는 사과나무의 은유를 또 다른 두 소절로 확대한다(10C-D). 이것은 교창과 꽃이나 식물의 은유에 마감을 가져온다. 다시 한번 소절들은 긴밀하게 서로 엮여 있고, 단일한 개념적 은유(멋진 식물로서 사랑하는 자)의 주위를 맴돈다. 우리는 싱어들이 연이은 형태로 서로 반응했다고 생각할 수 있을 것이다.

소프라노는 끝까지 솔로로 노래하기를 계속한다. 토픽이 아가서 2:4에서 급격히 변하고, 테너가 더 이상 노래하지 않으므로, 나는 스탠자의 휴지가 있음을 제기한다. 스탠자 5는 두 소절 스트로피(4절[소절 11A-B])와 세 소절 스트로피(5절[소절 12A-C])를 갖는다. 이것들을 분리된 스트로피로 간주해야 한다. 4절은 완료동사와 동사가 없는 절을 가지면서 직설법인 반면에, 5절은 두 명령법 동사를 갖고 있다는 점에서 의지를 나타낸다. 11A이 헤비아니(הביאני, "그가 나를 인도하다")로 시작하고, 11B는 아하바(אהבה, "사랑")로 끝난다. 5절의 세 소절들은 먼저 일치로 서로 묶여 있고, 12B는 ב을 갖는 전치사구가 뒤따르는 접미사로 된 명령법(סמכוני – 삼메쿠니와 רפדוני – 랖뻬두니)을 갖는다. 그때에 소절 12C는 의존(כי – 끼)을 통해서 12A-B와 서로 엮여 있다.

여섯 번째 스탠자는 다섯 번째 스탠자와 동일한 패턴을 갖는다. 여기서도 역시 소프라노는 여자에 대한 남자의 사랑스런 행위를 묘사하는 두 소절 스트로피로 시작한다(6절[13A-B]). 여자는 두 소절을 하나로 묶는 쌍인 밀접한 "오른손 – 왼손"을 사용한다. 그 다음에 그녀는 예루살렘의 처녀들이 적당한 시기가 되기 전까지 사랑을 일깨우지 말 것을 부탁하면서 다른 의지적인 단락으로 이동한다(7절[14A-D]).

따라서 네 번째 칸토의 여섯 스탠자들은 쌍으로 되어 있다. 첫 두 쌍은 각기 여섯 소절로 되어 있고, 각기 네 소절과 두 소절의 스트로피를 갖는다. 스탠자 3과 4는 네 소절의 파트로 각기 끝맺는 여인과 교창적으로 노래가 불려진다. 스탠자 5와 6는 여성 솔로로 노래가 불려지고, 두 군데 모두에서 여성은 남자의 사랑스런 행위의 두 소절로 된 기사로 시작하고, 더 길고 의지적인 스트로피가 그것을 뒤따른다.

여섯 스트로피는 밀접한 관계가 있다. 여섯 스탠자에서 발전된 개념은 다음과 같다.

스탠자 1 테너와 합창은 보석류와 관련하여 소프라노를 칭송한다.
스탠자 2 소프라노는 자기 품에 두어진 단순한 목걸이로 테너를 언급한다.
스탠자 3 테너는 소프라노를 찬미하고, 소프라노는 이에 반응한다.
스탠자 4 소프라노의 자기 평가: 테너는 소프라노를 찬미하고 소프라노는 이에 반응하며, "사과나무"로서 테너의 "그늘"에서 쉼을 얻는 것을 말한다.

스탠자 5 소프라노는 테너의 사랑의 행위에 대해 말하고, "건포도"와 "사과"를 줄 것을 요구한다.

스탠자 6 소프라노는 테너의 사랑의 행위에 대해 말하고, 때가 되기 전에 코러스가 사랑을 일깨우지 말 것을 촉구한다.

스탠자의 세 쌍 간의 연결이 대단히 분명하다. 스탠자 1과 2는 여인을 위한 보석류에 대해서 말한다. 스탠자 1은 금과 은의 보석류에 관한 것이고, 스탠자 2는 아마도 가죽 끈에 매달린 단순한 주머니이다. 스탠자 3과 4는 교대로 서로를 칭송하는 남자와 여자를 갖는다. 스탠자 5와 6는 남자의 사랑의 행위를 언급함으로써 시작하고, 스탠자 5는 침상에 있는 것처럼 여인이 몸을 뻗는 것을 말하고, 스탠자 6는 소녀들이 사랑을 "세우거나" "일깨우지" 말 것을 조언한다. 아울러 스탠자 2와 4에는 서로 연관관계가 있다. 스탠자 2에서 남자는 여인의 가슴에서 쉼을 얻고, 스탠자 4에서 여자는 남자의 그늘에서 쉼을 얻는다. 또한 스탠자 4는 남자를 사과나무로 묘사하고, 스탠자 5에서 여자는 사과를 얻게 할 것을 요구한다. 마지막으로 코러스(합창)는 칸토의 시작과 끝에 나온다. 스탠자 1에서 합창은 여인에게 보석을 가져다주겠다고 열정적으로 약속하지만, 스탠자 6에서 그들은 너무 일찍 사랑에 눈을 뜨지 말 것을 경고 받는다.

주석

9 현대의 독자들은 남자가 자신의 애인을 말에 비교하는 것에 다소 당황할 것이다. 요지는 그녀가 말과 같이 보인다는 것이 아니라, 바로의 마차(병거)에 말처럼 멋지게 보인다는 것이다. 실제 시각적인 유사성의 유일한 요지는 그녀와 바로의 마차를 끄는 암말이 멋진 장식으로 꾸며져 있다는 것이다. 애굽의 도판은 왕실의 마차를 머리장식과 화려한 장신구로 묘사한다(Tutankhamen, *ANEP*, 60의 마차; 또한 Keel[1994] 57, 도표 13을 보라).

포프(338-39)는 그녀가 전쟁의 수말들 사이에서 커다란 혼란과 흥분을 야기하고 있다는 점에서 바로의 마차들 사이에 있는 암말과 같다고 주장한다. 그는 바로의 마차들을 수말들이 끌었고, 암말을 수말들 가운데 보내어 발정한 수말이 흥분함으로써 적군이 바로의 마차 부대를 전쟁에서 무력하게 하였다고 주장한다.

그러나 이것이 이 은유의 의미라면, 이 칸토가 그것을 전혀 발전시키지 않은 것은 이상하다. 뒤이어지는 구절에서 장식과 여인의 품위 있는 모습이 진정한 요지로 보인다. 여인은 자신이 여성이라는 지극히 단순한 이유 때문에 수말보다는 암말로 비견되고 있다. 애굽의 전쟁에서 설사 마차 부대가 수말들만을 사용했다는 요지가 사실이라 할지라도 그것은 관계가 없다. 텍스트는 이 구절에서 전쟁에 대한 배경을 전혀 언급하지 않는다. 전쟁 중에 수말들을 혼란케 하기 위해 배회하는 암말에 대한 것은 더욱더 그렇다. 바로의 마차는 필연적으로 전쟁 중에 있는 마차일 수는 없다(Keel의 지나친 의역[(1994) 56], "바로의 전쟁 마차들 중에 있는 암말"은 완전히 근거가 없다). 포프는 아멘호텝 2세가 축사 가운데 있는 한 암말을 무척 좋아했음을 묘사하는 텍스트를 인용한다.

이 구절의 해석자는 레수사티(לְסֻסָתִי, "암말로")의 연결어를 간과해서는 안 된다. 아마도 고풍일지라도, 우리는 그것이 의미 없는 것처럼 생략하여 넘어가서는 안 된다. 연결어는 속격이나 두 명사간의 구문관계를 강조한다. 사례들은 쇼케니 세네(שֹׁכְנִי סְנֶה, "오지의 거주자", 신 33:16)와 오제비 하촌(עֹזְבֵי הַצֹּאן, "양떼를 버린 자", 슥 11:17)을 포함한다. 하지만 더 흥미로운 것은 예레미야애가 1:1에서다. 거기서 연결어가 세 번 나타난다: 예루살렘은 라빠티 암(רַבָּתִי עָם, "거민이 큼", 즉 인구가 많음); 라빠티 바꼬임(רַבָּתִי בַגּוֹיִם, "열국 중에 [도성들]의 크던 자") 그리고 사라티 빰메디노트(שָׂרָתִי בַּמְּדִינוֹת, "열방 중에 [도성들의] 공주 되었던 자"). 전치사 ב가 나타나는 후자의 두 경우에, 연결어는 의미 없는 고어나 운문의 균형이 아니다. 양 경우에 그것은 '함의되어 있으나' '명시적이 아닌' 피지배명사다. 예루살렘은 커다란 열방이나 지방이 아니었고, 열방과 지방에 '있는 도성들 중에' 커다란 사례였다. 아가서에서 유사하게 남자는 여자를 "바로의 병거들 사이에" 암말로 비견하고 있는 것이 아니라 "바로의 병거와 [함께 있는 말들]에 속하는 암말"(לְסֻסָתִי בְּרִכְבֵי פַרְעֹה – 레수사티 베리크베 파르오)로 비교하고 있다. 다시 말해서 암말은 바로의 병거와 함께 있는 '말들의 부류의 구성원'이다. 그처럼 암말은 수말들 사이에 적군이 방출한 이국의 말이 될 수가 없다.

이것을 바로의 마차부대를 혼란을 낳게 하는 암말을 의미하는 것으로 취하는 해석자들은 일반적으로 여기서 "병거"(רכב – 레켑, 마차)가 복수임을 지적한다. 이는 레켑(רכב)이 복수로 나타나는 히브리 성경의 유일한 곳이다. 통상적으로 단수 명사는 단일한 병거나 군대의 마차 부대를 일컫는 집합으로 사용된다. 후자의 용법의 사례는 출애굽기 14:9(רכב פרעה – 레켑 파르오, "바로의 병거들")과 14:23(כל סוס פרעה רכבו ופרשיו – 콜 수스 파르오 리크뽀 우파라샤브, "바로의 말들, 병거들과 그

마병들")을 포함한다. 여기서 의미 있는 것은 "바로의 병거부대"에 대한 히브리 표현은 레켑 파르오(רֶכֶב פַּרְעֹה)라는 것이다. 그러므로 파르오 베리크베(בְּרִכְבֵי פַּרְעֹה)란 어구는 아마도 "바로에게 속한 개인 마차들"을 의미한다. 즉 그것은 '군사적인 단위'를 일컫지 않고 '바로가 사용한 개인적인 마차들'을 묘사한다.

비유의 실제적인 요지가 바로의 암말에 대한 장식이라면, 그때에 의미상 여인은 동등하게 화려한 장식을 했을 것임을 이해해야 한다. 10절은 그것을 확증해 준다. 우아한 보석으로 장식한 여인은 결혼식 장면(또는 어떤 다른 특별한 경우)을 함축한다. 이스라엘의 여인들은 일상적인 때에는 그러한 장신구를 사용하지 않았기 때문이다. 그렇다고 이것이 뒤이어지는 모든 구절들이 결혼 예식의 구체적인 요소들을 일컬음을 의미하지는 않는다.

10 또림(תֹּרִים)의 의미는 어느 정도 추측의 문제다. 이 용어는 분명히 어근 똘(תּוֹר, "turn")과 관련이 있고, 장식적인 형태로 꼬아진 어떤 것을 의미한다. 그것이 볼과 목까지 내려왔기 때문에 아마도 일종의 보석류였을 것이다. 그것이 그녀의 머리와 목을 위한 것 이외에 이 보석에 대해서 더 많은 말을 하기는 어렵다. 그녀는 일종의 구슬이 달린 보석을 했을 것으로 보인다. 이는 고대 근동에서 여신과 여인들의 모습에서 보이는 다양한 구슬이 달린 목걸이와 귀걸이와 유사하다. 이것은 고대 애굽에서 왕실 말들의 머리에 장식한 것들의 모습과 일치한다. 여인이 단 목걸이는 그것이 목 주변에 견고하게 입혀졌다는 점에서 사실상 옷깃이었다. 어떤 에로틱한 예술작품에서, 여인들은 옷깃의 목걸이만을 입고 있지만 이 구절에서 여인은 보석류와 장신구의 더 우아한 모습을 연출하고 있는 것으로 보인다. 그것들이 그녀의 볼을 타고 내려왔기 때문이다. 그녀가 누드 상태에 있다는 암시는 없다.

11 네쿠또트(נְקֻדּוֹת, "장식")는 단추나 못이고, 네쿠또트 하까세프(נְקֻדּוֹת הַכָּסֶף)는 "은을 박은 것이고" 형태는 금 보석으로 작업했을 것이다. 가능성 있는 동족어는 창세기 30:32-33, 35, 39; 31:8, 10, 12에서 야곱의 얼룩덜룩한 양을 묘사하는 용어인 나코드(נָקֹד, "반점")이다. 네쿠또트(נְקֻדּוֹת)의 정확한 의미는 추측의 문제다. A. Konkel, *NIDOTTE* §5925을 보라.

코러스가 이 구절을 노래하고 있고, 함축된 이미지가 그녀가 살고 있는 문화가 규정한 우아한 장신구로 장식한 신부에 관한 것이라면, 이 구절은 가능한 한 우아하고 멋지게 차려 입은 신부를 보고자 하는 사람들—특히 여인들의—의 일반적인 바람을 표현한다. 이 구절은 신부가 옷차림을 하는 것을 돕는 결혼식에서의 젊은 여인들을 암시한다고 말할 수 있다.

12 여인은 자신의 나도 기름이 "왕"이 "상"(circle)에 올 때까지 향기를 품는다고 수수께끼같이 말한다. 여기서 "상"(circle)이란 용어는 연회나 침상을 일컬을 수 있거나 예레미야 31:22(נקבה תסובב גבר – 네케바 떼소벱 까벨, "여자가 남자를 안으리라")에 묘사된 여인이 남자를 불가해하게 안은 것과 관련이 있을 것이다. (סבב – 사바브)로부터 메사브(מסב, "서클")는 연회의 범주, 방, 식탁, 또는 다소 둥근 것으로 상상할 수 있는 그밖에 모든 것으로 취할 수 있었다. 열왕기하 23:5에서 그것은 예루살렘의 "주위"(즉 외곽)이다. 어떤 다른 분명한 증거가 없을지라도, 대부분의 해석자들은 70인경의 엔 아나클리세이(ἐν ἀνακλίσει)를 고려하기를 선호하여 아나클리노(ἀνακλίνω, "기대다")에 근거하여 그것을 식사나 잠을 자기 위해 사용하는 침상이나 침대인 것으로 취한다. 성경 이후의 히브리어에서 메시바(*mĕsibbā*)는 연회를 베푸는 파티를 의미한다고 관찰한 포프(347)도 보라. 나는 "서클"(circle)이라는 번역으로 메사브(מסב)의 모호성을 간직하기를 원한다.

그러나 일종의 성적인 의미가 내재해 있음은 분명하다. 다음 구절에 성적인 내용이 매우 대담하게 진술된다. "서클"이 침상이나 침대라면, 친밀성의 의미가 들어 있음이 분명하다. 만약 그것이 연회라면 메시바("연회의 파티")에서 유추하여 그것은 즐거운 연회에서 신부가 제공하는 것으로서 음식을 먹는다는 개념이 들어 있을 것이다. 이런 종류의 이미지는 아가서에서 자주 사용되고 있어서(예. 2:4-5에서), 그러한 해석을 특별하거나 무리한 것으로 생각할 수 없다. "서클"이 예레미야 31:22에서 남자에 대한 여자의 "범주"(서클)와 유사한 방식으로 기능한다면, 성적인 합일은 없다할지라도, 아마도 그것은 여자의 품안일 것이다. 한편으로 이것은 결혼식과 관련하여 개최된 문자적인 연회를 암시할 수도 있다. "서클"이 은유의 혼합을 주기 위해서 의도적으로 모호한 상태로 남겨져 있을 가능성이 꽤 있다. 여기서 "왕"은 그녀의 연인, 즉 신랑에 대한 은유이고, 그는 그녀가 보기에 왕의 가치가 있을 정도로 중요하고 아름답고 매력이 있다. 따라서 그녀는 자신의 나도 기름이 그가 "서클", 즉 연회와 그녀의 품안으로 올 때까지 향기를 낸다고 말하고 있다. 단순한 용어로 번역할 때, 그녀는 가까이오고 있는 "왕", 즉 그녀의 신랑을 바라보면서 나도 기름이 향기를 품고 있음을 말하고 있다.

13 금과 은으로 만들어진 목걸이의 비싸고 다소 과장된 아름다움과 대비되어(10-11절), 여인은 그녀의 가슴 사이에 "몰약 향낭"을 언급한다. 이 향낭은 금속이

아니고 금, 은 또는 보석류의 진주처럼 차갑지 않고 단순한 끈에 매달린 옷이나 가죽의 부드러운 주머니다. 그것은 비싸지 않지만 매우 친밀하다. 그것은 금과 달리 매혹적인 향기를 발한다. 그녀의 가슴에 그것이 위치함은 분명히 육감적이다. 사랑을 이 향낭과 동일시함으로써 그녀는 – 몰약으로 상징되고 있는 – 사랑에 대한 그녀의 '경험'의 감정과 남자인 그녀의 사랑의 '대상'을 구분하지 않는다. 그녀의 "사랑"은 동시적으로 그녀의 남자이자 그녀의 감정이다. 몰약 향낭(주머니)은 그녀가 자신의 품으로 남자가 오고 있음을 기다릴 때 그의 대리자로서도 기능한다. 미완료인 야린(יָלִין)은 "그가 내 품에서 밤을 지낼 것이다"라는 미래적인 번역이 주어져야 한다. 이것은 남자가 그의 "서클"에 올 때"까지" 그녀가 기다리고 있는 이전 구절에서 이미 보인 미래에 대한 적용을 존속시킨다.

14 다음에 여인은 남자를 엔게디 포도원의 고벨화 송이로 비유한다. 고벨화는 십피트(3미터)의 높이로 자라는 관목인데, 분명히 방향으로 사용되었던 하얗고 향내 나는 꽃의 송이를 갖는다. 이 구절은 그것을 포도원의 덩굴 사이에 자리하고 있는 것으로 만드는데, 고벨화 송이는 그곳에 아름다움과 향기를 더해준다. 사해 서쪽에 위치한 오아시스인 엔게디는 적어도 7세기 B.C.E.에서부터 세심하게 돌본 포도원이 있는 것으로 유명하다(Keel, [1994] 67). 12절의 나도 기름과 13절의 몰약 향낭은 모두 여인의 몸을 장식하고, 그러므로 고벨화도 역시 여인의 몸의 일부를 가리키기 위해서 장식된 것으로 포도원(여자)을 간주해야 한다. 이것은 남자가 먹을 그녀의 "열매"(예. 아 4:12-16)에 대한 빈번한 언급과 포도송이로서 그녀의 가슴을 그리고 있는 것과 일치한다(아 7:9[ET 7:8]). 따라서 고벨화인 남자는 심지어 그가 여인의 품에 몰약 향낭인 것처럼 포도원인 여인을 장식하는 꽃을 피운 식물이다. 12-14절을 여인이 달고 있는 보석을 칭송하는 문맥과 이런 장식을 추가하기 원하는 코러스의 문맥(9-11절) 속에서 이해해야 한다.

15 이 구절은 여인들이 서로를 칭송하는 말을 던지고 있는 세 번째 스트로피를 시작한다. "네 눈이 비둘기다"("your eyes are doves"; 한글개역은 "네 눈이 비둘기 같구나")라는 의미는 자증적이지 않다. 어떤 해석자들은 여인의 눈이 비둘기 같다고 주장하지만 이런 개념은 엉터리는 아닐지라도 기반이 약하다. 어떤 이들은 그것을 여인의 눈이 비둘기의 눈과 같음을 의미한다고 간주하지만 텍스트는 그녀의 눈이 비둘기라고 단순히 말한다. 어쨌든, 비둘기의 눈은 두드러질 만한 게 없다. 성경의 다른 곳에서 비둘기에 대한 언급은 그리 도움이 되지 않는다(예를 들어, 홍수 이야기에서 비둘기, 창 8장; 고난을 피할 수 있게 해주는 비둘기의 날개, 시

55:7[ET 55:6]; 비둘기의 우는 소리, 사 38:14와 59:11; 지각없는 동물로서 비둘기, 호 7:11; 성령의 상징으로서 비둘기, 마 3:16).

한편으로 예레미야 48:28은 바위가 많은 돌의 높은 곳에서 안식처를 찾는 동물로서 비둘기를 묘사한다. 이는 아가서 2:14에서 평행을 갖는 은유다. 1:15에 "네 눈이 비둘기다"는 4:1에서 "너울 속에 있는 네 눈이 비둘기 같고"의 축약형일 수 있었다. 이 경우에 그 은유는 너울(베일) 속에 있는 그녀의 눈이 절벽에 지어진 보금자리의 안전하고 높은 곳에 있는 비둘기를 남자에게 상기시킴을 함축한다. 유추적으로 여인은 동등하게 아름답지만 다다르기가 쉽지 않다. 그러나 1:15을 아가서 2:14이나 4:1에 견주어 해석해야 하는 것은 확실하지 않다. "비둘기"(יוֹנָה - 요나)는 아가서 5:2과 6:9에서 단순히 여인에 대한 애칭이고, 5:12에서 여인은 남자의 눈이 비둘기와 같다고 말한다. 따라서 눈이 비둘기와 같다는 내용은 여인에게만 독점적으로 적용되지 않고, 1:15의 은유가 필연적으로 여인의 너울과 절벽에 숨어 있는 비둘기와 관련이 있는 것은 아니다.

킬(Keel, [1994] 70-73)은 초상적(도상적, iconographic)인 증거는 비둘기가 고대 근동 지중해 세계에서 성적인 것을 상징하였다는 것을 결론적으로 증거한다고 주장한다. 그는 다른 사례들을 인용한다: 비둘기가 머리 위로 날아갈 때 남자 친구 앞에서 자신의 너울을 벗는 비옥다산의 여인을 보여주는 ca. 1750년의 시리아의 원통형 상(相), 여신이 날아가는 비둘기를 가지고 지팡이를 들고 있는 13세기의 미타니(Mitanni) 원통형 상, 비둘기가 여신의 상징인 달의 표지 아래 있는 8세기 또는 7세기의 라키쉬(Lachish)로부터의 스카라베. 이런 증거는 고대 사람들이 비둘기를 육감적인 것과 연관지었음을 보여주기에 충분하다. 설사 그것이 오로지 육감적인 것으로만 사용되지 않았을지라도 말이다(위에서 인용한 다른 성경 본문이 보여주는 것처럼). "네 눈이 비둘기다"는 "나는 네가 성적으로 매력적임을 발견한다"에 대한 문화적 암호(코드)일 가능성이 있다.

물론 우리는 이런 은유를 너무 강하게 밀고나가서는 안 된다. 비둘기는 실상 어느 것도 상징하지 않을 수 있다. "네 눈이 비둘기 같다"는 어구는 어떤 논리적 연관을 초월하는 그저 단순히 애정과 매력의 표현일 수 있다. 비둘기를 생각할 때, 사람들은 부드러운 비둘기의 울음소리, 휘젓는 날개, 부드러움, 그리고 하연 비둘기의 경우에 밝은 색깔을 생각한다. 이 용어를 은유적인 것과 동일시하기보다는 단순히 기쁨이 함축되어 있는 것으로 취할 수 있다.

16 여인은 남자의 찬미와 같은 종류로 보답한다. 그녀는 남자를 야파(יָפֶה, "아름

다운")의 남성형인 야페(יָפֶה)로 선언한다. 그 다음에 그녀는 그들의 침대가 "푸르다"(רענן – 라아난)고 말한다. "푸르른"(רענן – 라아난)이란 말은 예츠(עץ, "tree")란 말이나 올리브와 같은 특별한 나무의 종류(렘 11:16)와 연관해서 성경에서 거의 항상 나타난다. 라아난(רענן, "푸르른")이 가끔 "번성한"을 의미할지라도(시 92:15[ET 92:14]; 단 4:1[ET 4:4]), 그것은 여기서의 의미가 아닌 것으로 보인다. 다음 구절(1:17)에서 나무를 언급하고 있는 것에 비추어 볼 때, 그들의 침상의 푸름은 나무의 푸름을 언급함이 틀림없다. 성경의 다른 부분에서, "모든 푸른 나무"(כל־עץ רענן – 콜 예츠 라아난)는 다산 비옥의 종교적인 매춘이 성행했던 숲이나 삼림 지대를 불가피하게 일컫는다(신 12:2; 왕상 14:23; 왕하 16:4; 17:10; 사 57:5; 렘 2:20; 3:6, 13; 겔 6:13; 대하 28:4). 자신들의 침상을 잎이 우거진 나무 그늘로 묘사함으로써 그녀는 성적인 열락을 즐길 시간이 다가왔음을 말하고 있다.

17 이 소절은 남자에게 속하고, 따라서 교창적인 노래를 계속 유지하고 있을 가능성이 있다. 한편으로 여기서 파트의 변화가 있다는 분명한 지침은 없다. 게다가 다음 스탠자도 역시 교창적이고, 네 소절에서 파트를 부르는 소프라노로 끝나며, 우리는 동일한 일이 여기서도 발생하고 있다고 제기할 수 있다. 침상이 푸르다는 선언을 계속 이어가고 있는 그녀는 석가래가 백향목과 잣나무라고 말한다. 즉 그들은 아래로는 푸름이 있고, 위로는 나무그늘이 있는 곳에 있다. 그들은 나무의 은밀한 숲에 들어와 있다.

2: 1 학자들은 이 구절을 두 양 극단으로 해석한다. 첫째로 많은 학자들은 "샤론의 장미(수선화 – 한글개역)"(חבצלת – 하밪체레트)라는 여인의 묘사를 자기 비하로 간주한다. 그녀가 "나는 많은 처녀들 중에 단지 한 사람일 뿐입니다"라고 말하고 있는 것처럼 말이다. 이런 해석에서 "샤론의 장미"를 일종의 크로커스(철단[鐵丹])이나 작은 꽃으로 간주하고, "골짜기의 백합화"는 아주 흔한 것을 제기한다. 따라서 이런 해석에 따르면, 그녀는 "나는 특별한 자가 아닙니다"를 의미한다. 이런 해석과 연관된 다른 문제들을 예외로 두더라도, 남자와 여자가 서로 풍성하게 칭송을 하고 있는 노래에서 뒤로 물러선 자기표현을 했을 것 같지 않다.

한편으로 킬([1994] 78-80)은 그녀 스스로 사랑과 삶의 중심이라고 주장하고 있다고 제기한다. 그는 쇼산나(שושנה, 남성형: שושן – 쇼산)가 "백합화"가 아니라 "망우스"를 의미한다고 주장한다. 그의 가장 강력한 논증은 솔로몬의 기둥의 대접받침이 쇼산(שושן) 디자인(왕상 7:19, 22)을 하고 있다는 것이다. 훌륭한 금속으로 성전 건물에 씻는 대야인 "바다"를 만들었던 것처럼 말이다(왕상 7:26). 그는 망우스 디자인이 애굽의 기둥과 컵의 대접받침에서도 흔히 사용되고, 일반적인 백합화 형태를 결코 발견할 수 없음을 주목한다. 게다가 애굽인들과 페니키아인들의 예술은 망우스를 신들과 생명을 상징하는 꽃으로 묘사한다. 또한 그로버(S. Grober, *Semitics* 9[1984] 88)를 보라. 그는 쇼샨(שׁוּשַׁן)이 분명히 "망우스"를 의미하는 애굽의 차용어임을 주장한다. 이런 논증들은 설득력이 있다. "백합화"보다는 "망우스"로 이 용어를 번역하는 것이 가장 좋다. 따라서 망우스는 사실상 백합화의 일종이고, 이스라엘 백성들은 이 둘을 세심하게 구분하지 않았으리라는 것을 염두에 두어야 한다.

아울러 킬(Keel, [1994] 78)은 여기서 "샤론의 장미"로 번역된 꽃이 그 용어(חבצלת – 하밯체레트)가 나타나는 구약성경의 유일한 다른 곳에서(사 35:1) 그것이 종말론적인 구원의 여명을 대변하기 때문에 상당히 중요한 의미가 있다고 주장한다. 하지만 여기서 킬은 지나치게 앞으로 나아간 것 같다. 이사야 35:1에서 하밯체레트(חבצלת)에 관한 주요한 요지는 그것이 개별적으로 멋진 꽃이 아니라 만개하였을 때, 그 꽃이 너무도 풍성하여 온 골짜기를 덮었다는 것을 말하고 있다. 이는 "저는 샤론의 하밯체레트(חבצלת)입니다"를 "저는 많은 처녀들 중에 한 사람일 뿐입니다"를 의미하는 해석과 보다 일치한다.

이 두 해석에 진리가 담겨 있는 것으로 보인다. 한편으로 그녀는 "저는 많은 처녀들 중에 한 사람입니다"라고 말하고 있다. 하지만, 이것으로 그녀가 "저는 특별한 것이 없습니다"를 의미하지 않는다. 그녀는 아름다움과 생명을 나타내는 꽃이다. 그녀는 자신이 "골짜기의 망우스"라고 말하고, 망우스의 능력에 대한 전통적인 개념을 자극할 때에 이 사실을 강조하고 있다. 그녀는 모든 세계에서 특별하다고 주장하고 있지는 않지만, 여인으로서 자신의 역할이 아름답고 강력하다는 것을 주장하고 있다.

부연하면, 우리는 많은 시편들이 "망우스"(עַל־שֹׁשַׁנִּים – 알 쇼샤님)의 장단을 설정하고 있음도 주목해야 한다. 이에는 시편 69편과 80편을 포함하나, 이런 목적을 위한 가장 흥미로운 사례는 결혼식 시편인 시편 45편이다. 윗 글자는 그것을 '망우스(עַל־שֹׁשַׁנִּים – 알 쇼샤님)의 장단에'라고 설정하고 있을 뿐 아니라 그것을 "사랑 노래"라고 부른다(שִׁיר יְדִידֹת – 쉬 예디도트). 그것은 망우스라 불린 장단이나 음악 형태가 시편 45편에 선택되었는데, 그 음악이 사랑 노래와 관련이 있었기 때문이다(시편 69편과 80편은 한탄의 시이다. 우리는 이 음악이 사랑스러움과 애도를 위한 양 형태에서 적절하였을지라도, 이 음악을 역시 갖고 있는 이 시편들에 어떤 의미가 있는지를 말할 수는 없다).

2 남자는 사실상 여자가 온 세계에서 유일하다고 반응한다. 그는 모든 다른 젊은 여성과 비교해서 그녀가 가시나무 가운데 망우스라고 말한다. 이런 반응에 비추어, "샤론의 장미"라는 그녀의 주장은 자신을 많은 꽃들 중에 하나로 묘사하고 있음이 상당히 분명하다. 하지만 그에게서 그녀는 그 꽃이 얼마나 좋든지 간에 '한' 꽃이 아니라 '유일한' 망우스다. 남자가 여자에게 헌신하고 있음을 이 말들이 함축하고 있음이 자명하다. 그의 선언은 일부일처의 의미가 들어 있다. 그녀는 유일한 꽃이요, 그는 그녀만을 사랑한다.

3 여인은 교창적인 시리즈를 계속함으로써 시작한다: 남자는 망우스가 가시나무에 비교되는 것처럼 그녀가 다른 여자와 비교된다고 말하고, 여자는 사과나무가 숲 속의 나무와 비교되는 것처럼 다른 남자와 비교된다고 반응한다. 물론 비교하고 있는 요지는 사과나무가 맛있는 열매를 맺지만 숲 속의 나무는 그렇지 못하다는 사실이다.

많은 학자들이 식용사과가 고대 이스라엘에 알려져 있지 않았다고 주장하고 탚뿌아흐(תפוח)가 살구나무였다고 제기한다(특히 Fox, *Song of Songs,* 107, 하지만 오렌지 심지어 레몬을 포함하는 주장들이 있다). 사과는 고대 메소포타미아에 알려져 있었다(von Soden, *Ancient Orient,* 102-3). 또한 고대 그리스와 로마도 사과를 역시 알고 있었다. 고대 이스라엘도 역시 사과를 알고 있었을 것으로 확실히 추정할 수 있다. 사과나무는 카스피해와 흑해 사이의 지역에서 기원하고, 이주자들에 의해 신세계로 가져가졌다. 월커(L. Walker)는 살구나무는 중국에서 늦게 수입되었지만 탚뿌아흐(תפוח)의 후대의 사용은 "사과"라는 의미를 암시하는 소스와 즙을 만든 것과 연관이 있음을 주목한다(*NIDOTTE* §9515). 이 용어는 70인경(*μῆλον* – 멜론)과 벌게이트역(*malum*)에서 모두 "사과"로 번역된다.

위에서 언급했던 것처럼, 사과는 그리스-로마 문학에서 꽤 의미가 있었다. 사과는 특히 여인들(또는 여신들)과 성과 관련이 있다. (위[僞]) 아폴로도루스(Apollodorus), *Library* 2.173에 따르면, 에리스(Eris, "분쟁")는 헤라, 아테네, 그리고 아프로디테간의 미의 경쟁에서 사과를 부상으로 제공했고, 궁극적으로 이는 트로이 전쟁을 자극했다. 아틀란타(Atalanta)와 멜라니온(Melanion; 더 흔하게는 히포메네스로 알려진)의 이야기에서, 운동을 잘하는 처녀인 아틀란타는 자신과 결혼하기 원하는 어느 남자하고도 완전히 무장을 한 채 경쟁을 하겠다는 도전을 제기했다. 만약 그녀가 이긴다면, 경쟁한 남자는 즉시 죽을 것이지만 만약 그 남자가 이긴다면, 그녀와 결혼할 것이다. 많은 이들이 이 시도에서 죽임을 당한 후에 멜라니온은 아프로디테가 그에게 주었던 헤스페리데스의 금사과를 그녀 앞에 던짐으로써 이길 수 있었다. 아틀란타는 그 사과를 붙잡기 위해서 몸을 구부릴 수밖에 없었다(*Library* 1.401). 또 다른 신화는 어스(Earth)가 헤라와의 결혼 후에 헤스페리데스의 금사과를 제우스에게 어떻게 선물했는지를 말해준다. 헤스페리데스(요정)와 드라곤(용)은 서쪽 세계의 끝으로 이 사과를 후송했고, 헤라클레스의 열한 번째의 공력이 그것들을 가져올 수 있게 되었다(*Library* 1.221). 그리스에 대한 소개에서 파우사니아스(Pausanias)는 사과를 손에 들고 있는 여신 아프로디테의 이미지를 묘사한다. 이 사과의 모습은 현존하는 많은 화분에도 나타난다. 예를 들어, 아티카(Attica)의 초기 고전적인 화분(카달로그 런던 D 6)은 나무에서 사과를 따는 소녀(또는 요정)을 묘사하고 있다. 약 450 B.C.E.(보스톤 01.8083)에 캄파니아(Campania)의 붉은 모습의 화분은 디오니수스의 축제에 세 명의 여인들의 모습을 그리고 있는데, 그 중앙에 있는 여자는 사과를 들고 있다. 다른 화분들의 예술작품은 사과가 성적인 의미를 담고 있다는 사실을 반영해 준다.

요컨대, 여인과 성을 사과와 연관시킨 고전적인 증거는 아주 강력하고, 남자가 여자에게 사과나무와 같다는 여인의 주장은 이런 모티브와 일치한다. 그녀는 남자의 그늘과 열매에서 기쁨을 취하고, 그와 함께 거하고 있음을 말한다. 아틀란타와 멜라니온의 신화에서처럼, 그녀는 사과를 어찌 저항할 수 없는 것으로 발견한 처녀다.

[4] 원문주해 4.a.에서 진술한 것처럼, 이 문맥에서 베디그로(ודגלו)는 "그의 뜻"이라는 의미를 갖는다. 하지만 "기"(דגל – 떼겔)라는 보다 흔한 히브리 의미를 배제할 수는 없다. 아가서에서 나중에 처녀로서 여인은 성벽에 둘러싸인 도시이며(6:4), 경비병들이 지키고 서 있다. 남자는 이 도성을 정복하지는 않았지만, 평화롭게 그녀에게 나아오고, 자의로 인정을 받는다(예를 들어, 아 8:10을 보라). 이런 은유에 비추어 이해할 때, "나를 향한 그의 기는 사랑이로구나"(그 사랑이 내 위에 기로구나 – 한글개역)라는 소절은 이해할 만하고, 남자는 적군이 아니라 동맹국으로 나아오는 "왕"이다. 그는 그녀를 평화로이 접근한 것이지 정복한 것이 아니다. "나를 향한 그의 기는 사랑이로구나"는 남사가 전쟁이나 폭력을 행사하지 않고 접수한 성벽으로 둘러싸인 도성으로서 여인에 대한 은유를 은근히 보이고 있다.

그는 사랑을 그녀에게 주려는 의도로 그녀를 "포도주의 집"(잔치집 – 한글개역)으로 데려왔다. 해석자들은 베트 하야인(בית היין, "포도주의 집")이란 어구를 넓은 범위의 방식으로 이해했다 – 연회장으로서, 심포지움으로서, 또는 술을 마시고 사랑을 나누는 정자로서. 결혼식 잔치가 여기서 고려되고 있다면, "포도주의 집"은 어떤 면에서 연회일 것이고, 또 다른 차원에서는 예상되는 사랑 행위일 것이다. 아가서에서 포도주는 자주 사랑을 나누는 것, 특히 입맞춤을 내포하거나 관련되어 있다(1:2, 4; 4:10; 5:1; 7:3[ET 2], 10[ET 9]; 8:2).

5 칼(*qal*)에서 동사 사막(סמך)은 "쉬다, 지원하다, 기대다"를 의미한다. 창세기 27:37에서 베다간 베티로쉬 세막띠브(ודגן ותירש סמכתיו)은 "곡식과 포도주를 그에게 공급하였으니"를 의미하고, 따라서 많은 이들이 여기서 그 용어는 "새롭게 하다"나 "음식을 공급하다"를 의미하는 것으로 결론 내린다. 한편으로 베사막따 엘 야데카 알라브(וסמכת את־ידך עליו)란 어구는 "그리고 너의 손을 그에게 두다"(민 27:18)를 의미하고, 사막(סמך)의 주요한 의미는 어떤 것이 다른 것에 기대거나 기대어 쉰다는 것을 가리킨다(다른 사례들은 출 29:10, 15, 19; 레 1:4 3:2, 8을 포함한다). 창세기 27:37을 "어떤 이의 삶에 필요한 것들을 제공하는" 것을 의미하는 것으로 영어 단어에서 사용되는 '지원하다'(*support*)와 유사한 사막(סמך)의 은유적인 용법으로 이해하는 것이 가장 좋다. 사막(סמך)은 "의지하다"를 의미하는 것으로 은유적으로 사용되기도 한다(예. 대하 32:8[니팔형]). 하지만 영어에서 "내가 그를 지원했다(support)"가 "(음식의 과정에서) 내가 그에게 음식으로 봉사했"음을 의미하는 것으로 사용하지 않으며, 우리는 히브리어 사막(סמך)을 여기서 그렇게 이해해야 하는 것을 의심하지 않을 수 없다. 아마도 사막(סמך)의 피엘형은(오직 여기서만 사용된) "나에게 음식을 먹이다"라기보다는 "(나를) 쉬게 해주다"를 의미할 것이다.

라파드(רפד)란 동사는 히브리 성경에서 세 번 나타난다. 욥기 41:22(ET 41:30)에 레비아탄에 관한 묘사에서(라파드[רפד]의 칼 어간을 사용해서) 따흐따브 하두데 하리쉬 일빠드 하루츠 야레 티트(תחתיו חדודי חרש ירפד חרוץ עלי־טיט, "그 배 아래는 날카로운 와륵 같으니 진흙 위에 타작 기계 같이 자취를 내는구나")가 있다. 피엘형은 욥기 17:13의 "내가 내 침상을 흑암에 베풀고[뻗치고, רפדתי – 립빠드띠]"에 나타난다. 이 두 사례로부터 칼(*qal*)이 전환적이거나 중간적인 의미인 "펼치다"나 "뻗치다"를 의미하는 것으로 보인다. 여기서 피엘의 사례(רפדוני – 랍페두니)는 "나를 펼치게 하라"를 의미할 수 있었으나, "나를 뻗치게 하라"로 번역하는 것이 아마도 더 적합할 것이다. 그 용어는 어떤 이에게 음식을 제공한다는 내용을 전혀 내포하지 않는다.

동사 하라(חלה)는 상처나 고통을 받는 것을 의미한다. 상처의 원인은 병(삼상 19:14; 왕상 14:1, 5; 17:17), 권태(사 57:10), 또는 손해나 부상(왕하 1:2; 대하

22:6)일 것이다. 그 용어는 병에 대해서 자주 사용되고, 이것을 "상사병"으로 번역할 수 있었다. 하지만 현대의 독자들에게 이것은 청년기의 갈망을 함축하고, 아울러 그 이상의 의미가 있다. 어떤 의미에서 사랑은 여인을 아프게 했거나 병이 나게 했고, 건포도와 사과가 있는 곳에 그녀를 눕힐 것을 그녀는 요구하는가? 학자들은 이 텍스트를 그녀가 사랑의 흥분으로 상기되어 있음을 단순히 의미하고, 그녀는 힘을 회복하기 위해서 건포도와 사과를 필요로 한다고 자주 취한다. 또한 많은 해석자들은 이 음식들이 성욕을 촉진하는 성분이 들어 있는 것으로 사려 되었다고 지적한다.

건포도와 사과가 있는 침상에 누어있는 이미지는 여러 의미를 갖는다. 누어있음은 피곤하거나 아픈 사람의 쉼을 함축하고, 음식의 공급은 그러한 사람에게 힘을 공급한다. 한편으로 누어있음은 성적인 의미를 담고 있고, 건포도와 사과와 같은 달콤한 것들은 성적 유희를 내포한다. 이런 음식 속에서 누어있음은 화려한 사치를 상징한다. 따라서 그녀의 요청은 애정과 기력에 대한 호소이지만, 그것은 파라다이스의 배경을 암시한다. 그녀는 "사랑으로 인해 아프기" 때문에 이것을 필요로 한다. 그때에 진정한 질문은 그녀가 아프다는 것이 무엇인지와 관련된다.

그녀의 사랑의 아픔은 연인에 대한 그녀의 깊은 욕구를 반영하지만 짝사랑의 슬픔이나 부재하고 있는 연인에 대한 필요가 아니다. 오히려 그것은 갈등적인 욕구다. 하라(חלה, "상처를 입다, 병이 났다")는 진정한 아픔이나 손상을 함축하고, 여기서 그 용어는 그녀가 과도하게 흥분되어 있거나 과도한 자극으로 상기되어 있음을 의미할 것 같지 않다. 유사하게 여기서 단순히 청년기의 연모를 의미할 것 같지도 않다. 이 용어는 독자가 냉소적이기보다 공감할 수 있는 진정한 고통을 함축한다. 이것을 깊은 염려와 갈등으로 인해 생겨나는 정신적인 고통으로 취하는 것이 더 좋다. 여기서 건포도나 사과의 침상에 누어있는 것으로 은유적으로 묘사된 그녀의 염려에 대한 해결책은 사랑하는 자의 애정이다. 그녀가 내적인 갈등을 극복하게 하는 것은 그의 애정이다. 그녀는 이미 아가서 2:3에서 연인을 사과나무로 묘사했기에 여기서 그의 애정을 언급하기 위해서 "사과"를 취하는 것은 해석적인 도약이 아니다.

6 한 쌍의 "오른손"과 "왼손"은 수메르의 사랑 시에도 나타나지만 거기서의 용법은 보다 에로틱하다. 수메르의 노래 중 하나에서 여인은 남자가 왼손을 자기 머리에 대고, 오른 손으로는 자신의 벗은 몸, 곧 생식기를 만질 것을 요구한다(*CS* 1:541). 여기 아가서에서, 오른손-왼손의 쌍은 단지 애정과 지원을 함축하는 것이지 생식기를 자극하는 것이 아니다.

이 구절은 이전 구절의 요청에 대한 응답이다. 남자는 왼팔로 그녀에게 쉼을 주는 반면에 오른손으로 그녀를 끌어안는다. 그는 부드러운 애정의 표현으로 그녀를 지원하고, 그의 사랑은 그녀가 쉼을 얻는 건포도요 사과다. 그러나 위의 양식/구조/배경에서 설명한 것처럼 이것은 스트로피 5보다는 스트로피 6에 속하는 것으로 보인다. 적당한 시간이 오기 전에 처녀들이 사랑을 일깨우지 말아야 한다는 선언(아 2:7)은 이 구절과 긴밀하게 연관되어 있다.

7 이는 예루살렘 처녀들이 "기뻐하기 전에는 사랑을 일깨우지" 않을 것("내 사랑이 원하기 전에는 흔들지 말고 깨우지 말지니라" – 한글개역)을 맹세하라고 여인이 요구하는 세 본문 중에서 첫 번째다. 다른 두 본문은 아가서 3:5과 8:4에 있다(8:4은 노루와 들사슴과 관련한 소절이 없다). 우리는 그녀가 처녀들에게 노루로 맹세할 것을 왜 요구하는지 그리고 특히 그들이 무엇을 맹세해야 하는지가 자연스럽게 의문이 든다.

많은 현대의 해석자들은 "노루와 들사슴으로"(בצבאות או באילות השדה – 삐츠바오트 오 삐아로트 핫사데)를 "(야훼) 만군의 주로"(Sabaoth, [צבאות – 츠바오트])와 "하나님 샤다이로"(Shaddai, [אלהים שדי – 엘로힘 샤다이])의 완곡어법인 것으로 취한다(참조. 70인경에 관한 원문주해 2:7.a-a.). 우연의 일치가 탁월하고, 해석자들이 이것을 완곡어법으로 취했던 이유를 아는 것은 어렵지 않다. 하지만 그 유사함이 의도적인 것이라면, 단지 언어유희에 지나지 않을 뿐이고, 우리는 이 본문에 실제로 내재해 있는 말들을 여전히 다루어야 한다. 노루와 사슴에 대한 용어는 사바오드와 엘 샤다이와의 유사성 때문에 단순히 선택되지는 않았을 것이다. 노루와 사슴은 아가서와 고대 근동의 사랑의 이미지에 중요한 역할을 한다. 여인의 연인은 노루와 같고(아 2:9, 17), 그녀의 가슴은 노루의 쌍태와 같다(아 4:5; 7:3). 킬(Keel, [1994] 91-93)은 근동의 도판에서 노루나 사슴의 위치를 성과 여신과 관련이 있는 것으로 증거 했다. 아마도 아가서의 어휘뿐만 아니라 고대 근동의 폭넓은 문화에서도 노루와 사슴은 사랑의 기쁨을 대변할 것이다. 처녀들이 노루의 이름으로 맹세할 것을 촉구한 여인은 신성의 이름으로 맹세하기보다는 사랑 자체로 맹세할 것을 그들에게 요청하고 있다.

폭스(Fox, *Song of Songs*, 110)는 여인이 코러스에게 자기들(여인과 애인)의 사랑이 마쳐지기 전에는 방해하지 말 것을 요구하고 있다고 주장한다. 그는 우르(עור)가 성적으로 일깨우지 말 것을 의미하는 것이 아니라 어떤 이를 "깨우지" 말 것을 의미한다고 설명한다. 따라서 그는 어떤 이를 깨우는 것은 어떤 이를 방해하는 것과 동등하고, 따라서 그녀는 처녀들이 자신들을 방해하지 말 것을 요구하고 있다고 결론 내린다. 그러나 그의 해석은 매우 부자연스럽다. "원할 때까지는 사랑을 일깨우지 말라"는 "우리가 사랑을 나누는 것을 마칠 때까지 우리를 방해하지 말라"를 의미할 수가 없다. 우르(עור)가 본래 "성적으로 일깨우다"를 의미하지 않는다고 주장하는 것은 이것이 은유적인 언어라는 요지를 놓치는 것이다. 그녀는 처녀들에게 사랑 자체를 "일깨우지" 말 것을 말하고 있다. 우르(עור)가 오직 성적인 각성을 내포한다는 것을 입증하지 않고서도 "사랑을 일깨우다"를 각성적(더 정확하게 말하면 인생에서 최초의 성적 활동에 대한 은유로서) 은유로서 곧바로 이해할 수 있다. 이외에도 폭스의 번역은 단순히 잘못되었다. 해밀톤(V. Hamilton, *NIDOTTE* §6424, 3:357)은 우르(עור)의 의미를 다음과 같다고 요약한다: "단순한 수동태 어간에서 그 동사는 어떤 활동에 상기되거나 흥분된 것에 사용된다. 작위적이고 원인적인 어간에서 그 동사는 어떤 이의 행동을 자극하거나 불러일으키는데 사용된다. 발생하는 활동은 전쟁, 일, 또는 사랑과 같은 과외적인 노력을 요구하는 것들이다." 이 용어는 "방해하다"를 전혀 의미하지 않는다.

해설

상징적으로 이 본문은 '결혼식'의 영광과 '결혼'의 영광간의 긴장을 묘사한다. 결혼식의 영광은 예식과 우아한 복장에 있다. 결혼의 영광은 남자와 여자의 사랑에 있다. 아가서의 여인은 결혼식의 예복이 아니라 결혼의 시작으로서 그 의미에 관심을 맞춘다.

"왕"은 여기서 그녀의 연인이요 신랑이다. 그는 그녀가 보기에 왕의 아름다움과 매력과 의미를 갖고 있다. 따라서 그녀의 나드 기름이 그의 "서클", 즉 향연과 그녀의 품안으로 올 때까지 향기를 품는다. 간단한 용어로 번역할 때, 그녀는 나드 기름이 "왕" 곧 신랑이 그녀에게 오는 것을 맞이하면서 향기를 품는다고 말하고 있다.

지배적인 주제는 무엇이 여인의 아름다움을 확장시키느냐다. 남자와 코러스는 금과 은의 값비싼 장식으로 그녀를 꾸미기를 바란다. 이런 감정은 나쁘지 않고, 그녀에 대한 사랑으로 발생하고 있으나 그것은 참된 장식을 표면적인 장식으로 대체할 뿐이다. 오히려 그녀의 바람은 나드 기름의 향, 몰약, 그리고 고벨화로 확장된다고 주장한다. 즉 그녀의 아름다움은 그녀의 연인과의 사랑에 의해 확장된다고 주장한다. 그녀는 남자가 자신에게 다가오기를 기다릴 때, 나드 기름의 향기를 품는다. 그녀는 가슴 사이에 몰약과 같이 그를 품을 것이다. 그는 그녀, 곧 포도원의 아름다움을 장식하는 고벨화와 같다. 이 향수의 방향은 사랑 그 자체와 같고, 눈에 보이지 않으나 강력하고 향기롭다. 그녀의 참된 장식은 신랑이요 그에 대해 갖고 있는 사랑이라고 그녀는 주장한다.

사랑의 유희와 푸르른 파라다이스와의 관계("우리의 침상은 참으로 푸르구나")는 보편적이고, 다산 제의가 성의 중심으로서 이런 배경을 붙잡은 것은 놀랍지 않다. 이스라엘 백성들이 "우리의 침상은 푸르다"를 그들의 사랑 유희가 준비가 되었음을 암시하는 것으로 들었으리라고 가정하는 것은 아마도 안전하다고 본다. 동시에 이 이미지는 본래 악하지 않다. 하나님도 이스라엘에 푸르게 우거진 생명을 주는 나무가 될 것임을 약속하실 때 다산 제의의 용어를 사용하신다(호 14:4-8[ET 14:5-9]). 숲은 성적인 사랑의 영역이다. 직업적인 창기(또는 현대적인 배경에서 정부[情婦])가 성적인 기쁨의 용어를 사용한다할지라도, 그러한 심상은 정당하게 사랑으로 서로 헌신하는 커플의 배경에 속한다. 아가서가 우리에게 가져다주는 질문은 바로 이것이다: 창기와의 밀통이나 결혼한 커플과의 연합 이 둘 중에 어느 것이 성적인 기쁨의 진정한 영역인가?

사랑 시에서 매우 흔한 모티브는 지금 같이 있지 않는 연인에 대한 그리움이나 일방적인 사랑에 대한 낙남 또는 감히 공개적으로 말할 수 없는 사랑의 고통으로 시간을 소비하는 것이다. 애굽의 사랑 시들은 자주 사랑하는 자를 다시금 보기를 바라기 때문에 발생하는 상사병의 모티브를 사용한다. 예를 들어, 파피루스 체스터베티 I 그룹 34에서 여인이 연인과 함께 있지 못함으로써 얼마나 불안하고 초조한가를 묘사한다. 그녀는 심지어 자신의 스카프도 입을 수 없고 눈 화장을 할 수 없다. 동일한 텍스트의 그룹 37에서 소년은 꼬박 칠일 동안 사랑하는 이를 보지 못함으로 아프게 되었고, 어느 약도 소용 없음을 선언한다.

영어에서 이런 종류의 상사병의 고전적인 표현이 초어서의 캔터베리 이야기(*Canterbury Tales*)에 나오는 기사의 이야기(Knight's Tale)에 있고, 사랑에 관한 문학이 그것을 자주 예증해준다. 아르시타(Arcita)가 아테네의 감옥에서 풀려나서 도성에서 추방될 때, 그는 공개적으로 밝히지 못했던 사랑하는 대상인 에밀리를 결코 다시 보지 못할 것이라는 생각에 낙심한다(p.36, 소절 497-508).

> 아르시다가 더베로 갔을 때
> 그는 슬픔에 겨워 어찌할 수가 없었다
> 그는 그의 여인을 결코 보지 못할 것이다
> 그는 모든 것이 끝난 것으로 여겼다.

피조물이 견디기 어려울 정도의 얼마나 커다란 슬픔이 임하였는지
세상이 그를 짓누르는 것 같았고
그의 잠, 말, 음료가 맛을 잃었으며
그는 자신이 메마른 막대기와 같다고 느꼈고
그의 눈은 파였으며, 앞은 흐렸다
그의 얼굴은 창백하여 잿빛과 같았고
외로움이 영원할 것 같아
그는 밤마다 홀로 울었다.

아가서는 이와는 두드러지게 다르다. 여기서 소프라노는 남자가 같이 있지 못하거나 그를 다시 봄으로써만 자신이 치유될 수 있다고 시사하지 않는다. 오히려 6절은 남자가 그녀와 함께 있음을 암시한다. 같이 있지 못하는 연인을 그리워하는 것이 아니라, 오히려 건포도와 사과 위에 같이 눕기를 요구한다. 아가서는 사랑의 아픔의 모티브를 취하고 있고, 같이 있지 못하는 연인이란 문학 도구를 사용하지 않는데, 통상적인 방식을 바꾸어 전적으로 새로운 방향으로 그것을 취한다.

바라는 욕구는 많은 이유로 인해 갈등을 발생시켰을 것이다: 여인은 자기 가족이 거부하는 남자를 사랑하고 있거나(로미오와 쥴리엣에서처럼), 그를 사랑하나 다른 의무와 상충되고 있음을 안다. 아가서 3:1-5는 여인의 사랑의 갈등적인 상태를 상징적으로 묘사한다. 그녀는 5:2-8에서 그녀의 고통의 근원에 온전히 직면하고, 거기서 그녀는 다시 한번 "사랑으로 인해 병이 났다"고 선언한다(5:8). 아가서는 사랑의 여신(또는 신)에게 호소하지 않는다는 점에서 고대의 사랑 시와는 다른 독특한 점이 있다. 또한 여인과 남자는 사랑의 행복을 추구하는 일에 도움을 위해 전혀 아프로디테에게 (그녀의 많은 칭호들 중에 어느 것이라도 사용하여) 구하지도 않는다. 하지만 야훼 하나님도 명시적으로 부르지 않는다. 이것은 아가서가 "세속적"이기 때문이 아니라 야훼가 에로스나 아프로디테의 역할을 행한다는 암시를 피하고 있기 때문이다. 아가서는 고대 세계의 사랑을 둘러싼 미신에도 관여하지 않는다. 아가서는 거룩한 기도, 의식, 또는 남자가 사랑에 빠지게 하도록 야훼에게 요청하는 기원을 제공하지 않는다. 사바오트와 엘 샤다이와 같이 들리는 말들을 사용함으로써 여인은 예루살렘의 처녀들이 취하기를 요청하는 맹세의 중요성을 새기게 만든다. 그럼에도 불구하고, 여인은 하나님의 이름을 부르는 것을 삼가고 대신에 사랑으로 그들이 맹세하게 만든다.

그녀의 호소는 사랑의 열정이 준비될 때까지는 그 사랑을 일깨우지 말라는 것이

다. 즉 그것은 단순한 도덕적 권고다(참조. M. Saebø, "On the Canonicity," 276). 다시 말해서, 그녀는 적절한 때가 되기까지는 성적인 경험을 피할 것을 말하고 있다. 현대의 서방의 독자들은 이것을 "당신이 감정적으로 성적 활동에 준비가 되었다고 확신할 수 있을 때까지는 성적 활동을 행하지 말라"를 의미하는 것으로 취할 수 있을 것이다. 그러한 해석은 고대 이스라엘의 도덕적 코드와 아가서의 메시지와는 꽤 맞지 않는다. 이 문맥에서 이 권고는 처녀들이 난잡한 성행위를 금하고 결혼하기까지 처녀성을 유지해야 한다는 것을 의미할 수 있다. 이는 기독교 또는 자본주의 윤리를 문맥에 부과하는 문제가 아니다. 오히려 이와 관련해서 고대의 도덕적 규범은 현대의 서방의 규범보다 훨씬 더 보수적이다. 게다가 아가서의 핵심에는 여인이 사랑하는 남자와 결혼하여 처녀성을 바치는 젊은 여자의 사건이다. 사랑 그리고 처녀에서 성적으로 활동하는 여인으로의 전환에 대한 강력한 감정의 열정이 구약성경이 "당신의 젊음의 남편"이라 일컫는 것을 경험하는 것이다. 여인은 젊은 처녀들에게 사랑하는 이를 만나서 결혼하기까지는 기다릴 것을 단순히 말하고 있다.

이런 견지에서, 소절 14C-D(아가서 2:6b)가 더욱 의미를 갖는다. 남자가 온유하게 그녀를 지원할 때, 그녀는 그와 "사랑을 일깨우는 것"에서 평안할 수 있다. 자신을 헌신하지 않거나 여자를 지원할 준비가 되어 있는 않은 남자와 사랑을 일깨우는 여자는 외롭고 고통스러운 자신을 발견하게 될 것이다.

V. 소프라노와 테너: 있는 곳을 떠나라는 요청(2:8-17)

참고문헌

Albrektson, B. "Singing or Pruning?" *BT* 47(1996) 109-14. **Butting, K.** "Go Your Way: Women Rewrite the Scriptures(Song of Songs 2.8-14)." In *Song of Songs: A Feminist Companion to the Bible.* FCB 2d ser. 6. Ed. A. A. Brenner and C. R. Fontaine. Sheffield: Sheffield Academic Press, 2000. 142-51. **Gibson, J. C. L.** *Textbook of Syrian Semitic Inscriptions.* **Lemaire, A.** "*Zāmīr* dans la Tablette de Gezer et le Cantique des Cantiques." *VT* 25(1975) 15-26. **Murphy, R. E.** "Cant 2:8-17—A Unified Poem?" In *Mélanges bibliques et orientaux en l'honneur de M. Mathias Delcor.* Ed. A. Caquot. Neukirchen-Vluyn: Neukirchener Verlag, 1985. 305-10. **Weems, R. J.** "The Song of Songs." In *NIB.* Nashville: Abingdon, 1997. 5:363-434.

본 문

첫 번째 스탠자	First Stanza	
소프라노	soprano	
8 나의 사랑하는 자의 목소리로구나 보라	**8** The sound of my lover!	1A
넘어 오는구나	There, he is coming,	1B
그가 산에서 달리고	leaping on the mountains,	1C
작은 산을 빨리	springing on the hills!	1D
9 나의 사랑하는 자는 노루와도 같고	**9** My lover is similar to a gazelle	1E
어린 사슴과도 같아서	or the stag of the deer.[a]	1F
우리 벽 뒤에 서서	There, he is standing behind our wall,	2A
창으로 들여다보며	gazing through the windows,	2B
창살 틈으로 엿보는구나	peeking[b] through the lattices!	2C
두 번째 스탠자	Second Stanza	
테너	tenor	
10 나의 사랑하는 자가 내게 말하여 이르기를(히	**10** My lover spoke up and said to me,	2D
브리 원문에는 없는 내용) 나의 사랑 나의 어여쁜	Arise, my companion, my beautiful one,[a]	3A
자야	and come along!	3B
일어나서 함께 가자		
11 겨울도 지나고	**11** For see, the winter[a] has passed,	4A
비도 그쳤고	the rain is done,	4B

겨울이 지나갔도다(한글개역에는 없음)
12 지면에는 꽃이 피고
새의 노래할 때가 이르렀는데
반구의 소리가 우리 땅에 들리는구나
13 무화과나무에는 푸른 열매가 익었고
포도나무는 꽃이 피어 향기를 토하는구나

세 번째 스탠자

나의 사랑 나의 어여쁜 자야 일어나서
함께 가자
14 바위 틈…나의 비둘기야
낭떠러지 은밀한 속에 있는
나로 네 얼굴을 보게 하라
네 소리를 듣게 하라
네 소리는 부드럽고
네 얼굴은 아름답구나

네 번째 스탠자

합창(코러스)
15 우리를 위하여…작은 여우를 잡으라
여우 곧 포도원을 허는
우리의 포도원에 꽃이 피었음이니라

다섯 번째 스탠자

소프라노
16 나의 사랑하는 자는 내게 속하였고 나는 그에게 속하였구나
그가 백합화 가운데서 양떼를 먹이는구나
17 나의 사랑하는 자야 날이 기울고
그림자가 갈 때에
노루와 어린 사슴 같아여라
돌아와서 베데르 산에서의

it is gone away. 4C
12 The flowers appear in the land, 5A
the time of pruning and singing[a] arrives, 5B
the sound of the dove is heard in our land! 5C
13 The fig tree ripens its figs, 5D
and the vines from blossoms give their fragrance. 5E

Third Stanza

Arise! Come, my companion, my beautiful one! 6A
Come along! 6B
14 My dove in the clefts of the rock, 7A
[a]in the coverts of the cliff![a] 7B
Show me your form! 7C
Let me hear your voice! 7D
For your voice is sweet 7E
and your form is lovely. 7F

Fourth Stanza

chorus
15 Catch foxes for us, 8A
little foxes ruining vineyards! 8B
Our vineyards are in bloom. 8C

Fifth Stanza

soprano
16 My lover is mine and I am his, 9A
he who grazes among the lotuses. 9B
17 Until the day comes to life 10A
and the shadows flee, 10B
Take your fill![a] Make yourself, my lover, like the gazelle 10C
or like the stag of the deer on the cleft mountains![b]

원문주해

9.a. 70인경은 에피 타 오레 바이델(*ἐπὶ τὰ ὄρη Βαιθηλ*, "베델의 산에서")을 추가한다.

9.b. 츄츠(צוץ, 사역형 능동태)는 통상적으로 "꽃피다"를 의미한다(예. 사 27:6). 하지만 그 개념은 가끔 은유적으로 사용된다(시 72:16). 여기서만 그 용어는 "엿보다"를 의미한다.

10.a. 70인경은 페리스테라 무(*περιστερά μου*)를 추가하고, 벌게이트역은 콜룸바 메아(*columba mea*)를 추가한다. 둘 다 "나의 비둘기"(반구 – 한글개역)를 의미한다.

11.a. סתו (Q סְתָיו – 세타브)는 시리아어와 아라비아어 동족어뿐만 아니라 유대의 아람어에서도 알려져 있지만 구약성경에서 그것은 하팍스레고메논(*hapax legomenon*)이다. 그것은 "겨울"이나 "겨울비"를 의미한다. 참조. Lemaire, *VT* 25(1975) 23.

12.a. 학자들과 번역자들은 자밀(זמיר)이 여기서 보다 통상적인 의미인 "노래"(I זמר – 자말, "sing")인지, 또는 그것이 어근 II זמר, "잘라내다"인지에 관한 문제로 씨름한다(B. Albrektson, *BT* 47[1996] 109-14). 10b-13a절의 주석을 보라.

14.a-a. 70인경 에코메나 투 프로테이키스마토스(ἐχόμενα τοῦ προτειχίσματος, "외벽에 붙어 있는").

17.a. 해석자들은 솝(סב, "turn")이 여기서 "떠나다"나 "돌아오다"인지에 관해서 둘로 나뉜다(70인경 시리아역 벌게이트역). "먹다"("eat")로 독법하라. 17절의 주석을 보라.

17.b. 어근 바텔(בתר)은 "쪼개진"이나 "둘로 갈라진"을 의미한다. 따라서 알-하레 바텔(על־הרי בתר)이란 어구는 "갈라진 산에서"를 의미한다(참조. BDB בתר). 더 자세한 것은 17절 주석에서의 논의를 보라.

양식/구조/배경

이 단위의 핵심에는 여인이 그곳을 떠날 것을 호소하는 남자에 의한 초청하는 언어 행위에 있다(10b-14절). 여인은 남자의 칸토에 도입을 노래하고(8-10a절), 그들 둘은 서로에게 속하고 남자가 새벽 동틀 때까지 여자를 사랑할 수 있다고 격려하는 말들로 남자에게 반응함으로써 이 단위를 결론짓는다. 코러스는 역시 이 단위에서 짤막한 부문만을 참여한다. 15절에서 그들은 여우를 잡으라는 수수께끼 같은 소절로 연인들을 고무시킨다(코러스의 이 구절에 대한 기여와 관련해서는 아래의 논의를 보라).

첫 번째 스탠자를 형성하는 두 스트로피는 서로 평행을 이룬다. 도표 7에서 나타나는 것처럼 이 두 스트로피를 함께 연결하기 위해서 2:8-10a에서 일치가 사용된다. 소절 αα는 "거기서 그가 오고 있다"(הנה־זה בא – 힌네-제 빠)를 갖는데, 그것은 α´의 "거기서 우리의 벽 뒤에서"(הנה־זה עומד – 힌네-제 오메드)와 일치한다. β와 ββ의 두 소절은 β´와 ββ´의 두 소절과 일치하고, 두 짝은 전치사구가 뒤따르는 분사구를 갖는다(그리고 접두어 מ을 네 분사들을 사용함으로써 협화음을 유지한다). 소절 γ은 남자의 소절로 들어가기 전에 반복을 사용함으로써 "나의 사랑은…같아서"(דומה דודי – 또메 도디)로 시작하고 γ´은 "나의 사랑이 말하였다"(ענה דודי – 아나 도디)로 시작한다.

"나의 사랑하는 자의 음성"(קול דודי)	α	1A
"거기서 그가 오고 있다"(הנה־זה בא)	αα	1B
"산에서 뛰고 있고"(מדלג על־ההרים)	β	1C
"작은 산을 빨리 넘어 오는구나"(מקפץ על־הגבעות)	ββ	1D
"나의 사랑은 노루와도 같고"(דומה דודי לצבי)	γ	1E
"어린 사슴과도 같아서"(או לעפר האילים)	γγ	1F
"거기서 그는 우리의 벽 위에 서 있고"(הנה־זה עומד אחר כתלנו)	α´	2A
"창으로 들여다보며"(משגיח מן־החלנות)	β´	2B
"창살 틈으로 엿보는구나"(מציץ מן־החרכים)	ββ´	2C
"나의 사랑하는 자가 내게 말하여 이르기를"(ענה דודי ואמר לי)	γ´	2D

도표 7 아가서 2:8-10a의 조화

두 번째와 세 번째 스탠자는 각기 남자가 여자에게 그곳을 떠나라는 요청으로 시작한다는 점에서 서로 평행을 이룬다(소절 3A-B와 6A-B). 두 번째 스탠자에서 떠나라는 이 요청은 봄의 도래를 묘사하는 일련의 스트로피가 뒤따른다. 스트로피 4는 겨울의 마침을 묘사하고, 스트로피 5는 식물과 동물의 깨어남을 묘사한다. 세 번째 스탠자에서 떠나라는 요청이 있은 후에(소절 6A-B), 남자는 여자에게 바위 틈 낭떠러지에 비둘기로서 여자를 호칭한다. 이런 은유는 이 스탠자를 호도애(암수가 사이좋기로 유명한 새 – 역자주)의 소리가 봄날의 도래와 함께 들리는 이전의 스탠자와 연결된다(12절[소절 5C]). 그러나 스트로피 7(14절)에서, 이미지는 봄날의 전조가 아니라 아름답지만 접근할 수 없는 피조물로서 비둘기이다. 스트로피 7은 히브리 시의 많은 수사어구를 다시 보여준다. 소절 7A에는 일치와 생략(יונתי – 요나티, "나의 반구[비둘기]"의 "이중적인 의무"를 주목하라)으로 7B와 연관된다. 소절 7C는 구문론적인 의존으로 7A-B에 묶여 있다(이 경우에 7A-B는 본래 호격이기 때문에 7A-B는 7C의 명령법에 의존한다). 소절 7D는 7C와 일치하고, 소절 7E는 종속적인 불변화사를 통해 7D에 의존한다. 소절 7F는 소절 7E와 일치한다.

네 번째 스탠자(15절)는 이전 것이나 뒤이어지는 것과 구문론적인 관계를 갖지 않는다. 따라서 네 번째 스탠자는 독립적인 스탠자로 취급해야 한다. 여전히 그것은 봄의 도래와 젊은이의 삶을 칭송하는 다섯 번째 칸토와 잘 어울린다. 이 수수께끼 같은 구절의 의미는 아래에서 탐구된다.

소프라노가 다섯 번째 스탠자를 노래하고, 거기서 그녀는 작은 산을 넘어오는 어린 사슴으로 신랑에 대한 은유를 재개한다. 남자의 스탠자처럼 이 스탠자는 두 소절의 스트로피로 시작하고, 그 다음에 더 긴 두 번째 스트로피로 나아간다. 그러나 명령법으로 시작해서 명령법의 긴 해설로 나아가는 남자의 스탠자와 달리, 여자는 스트로피 9에서 남자에 관한 묘사를 시작하고 스트로피 10에서 일련의 초청의 명령법으로 나아간다. 스트로피 10의 소절 구분은 일부 해석을 요한다: 소절 10A-B는 10C에 의존하고, 10D는 (생략함으로써) 소절 10C에 일치한다.

주석

8-10a 여인은 애인을 산을 "달리는"(מדלג – 메달렉) 것으로 묘사한다. 이것은 뒤이어지는 은유인 노루의 역할을 분명히 보여준다. 달리는 것은 에너지와 활력을 내포하고, 여인은 "나의 사랑하는 자의 음성"이란 말로 자신의 흥분을 표현한다. 노루나 사슴은 폭력성이 없는 힘만이 아니라 아름다움과 은혜를 함축한다(예를 들어, 사자와는 다르다). 사슴이 산에서 뛰는 것을 보았던 사람은 이 말이 불러오는 자비로운 힘의 이미지를 곧바로 이해할 것이다. 체스터 베티 파피루스 I도 노루로 여인의 애인을 묘사함으로 그것은 어느 정도 같은 계통의 은유다. 사랑하는 자를 "엿보는 톰"으로 간주해서는 안 된다. 창으로 들여다보는 것은 사슴이란 은유의 기능일 가능성이 높다. 창문 바깥에 사슴을 보는 것에 흥분한 젊은 여인의 이미지는 연인이 다가오는 것에 흥분한 젊은 여인의 이미지와 합쳐진다. 남자는 "우리의 벽"(כתלנו – 꼬트레누) 즉 그녀의 부모와 형제들의 벽 바깥에 있다. 그러므로 연인은 어린 시절의 집에서 그녀를 나오게 하기 위해서 다가오는 아름다운 아웃사이더, 노루에 해당한다. 그녀의 가정환경, 즉 가정은 노루의 영역인 벌판과 대조된다. 요지는 남자가 여인을 구애하고 있다. 그는 그녀가 어린 시절의 집을 떠나서 그와 함께 벌판 – 여기서 그것은 성적인 성숙의 벌판과 어린 시절 가정의 안전함을 포기하는 위험성을 동시에 암시한다 – 으로 달리기를 원한다.

10b-13a 남자의 소절들은 두 부분으로 되어 있는데, 10a절과 13b절에서 각기 "나의 동무야 나의 어여쁜 자야 일어나서 함께 가자!"로 시작한다. "나의 동무"(רעיתי – 라야티)가 여인에 대한 그의 통상적인 명칭이지만 그는 그녀를 오직 여기와 13b절에서만 "나의 어여쁜 자야"(יפתי – 야파티)라고 부른다. 남자가 "나의 누이"(אחתי – 아호티)와 이 시점에서 그녀를 위해 "신부"(כלה – 칼라)라는 용어를 사용하지 않은 것은 흥미롭다. 이 용어들은 4:8-15에서 남자의 말에서 지배적으로 사용될 것이다.

남자의 칸토의 일부는 봄의 도래에 대한 아름다운 설명이다. 봄과 로망스와의 연관은 자연스럽고 보편적이다. 원문주해 12.a.에서 언급했던 것처럼, 자밀(זמיר, 12절)이 "노래"를 의미하는지 "잘라내다, 전지하다"(pruning)를 의미하는지는 결정하기가 난해하다. 문맥은 양 방향에서 어느 하나의 성향을 가질 수 있었다. 12a절의 식물에 꽃이 핌은 "전지하다"를 선호하게 만드나 12c절에 비둘기의 울음소리는 "노래"를 선호하게 만든다. 킬(Keel, [1994] 101)은 포도나무의 전지는 수액이 생겨나기 전인 1월과 3월 사이에 발생하지만 겨울비가 4월말까지 지속할 수 있다고 주장한다. 또한 그는 식물이 꽃이 피고 무화과가 싹이 나는 것이 전지하는 시즌에 너무 늦지 않은, 4월과 5월에 발생한다고 주장한다. 그러므로 그는 자밀(זמיר)이 여기서 "노래"를 의미한다고 주장한다. 한편으로 어느 전지도 식물이 꽃이 피고 있고 열매를 맺기 시작하는 동안에는 전혀 발생할 수 없다고 생각하는 것도 무리다. 사실상 이사야 18:5은 전지와 포도나무 가지를 잘라주는 것이 그것들이 꽃을 피우고 있는 동안에 발생했음을 분명히 확증한다. 자밀(זמיר)이란 용어가 게제르 캘린더(Gezer Calendar, Gibson, *Textbook of Syrian Semitic Inscriptions,* 1.1-4을 보라)의 소절 6에서도 나타나고, 그 두 출현들이 서로를 조명해주는 것으로 보인다(Lemaire, *VT* 25[1975] 15-26). 하지만 게제로 캘린더(Gezer Calendar)는 여기서 불분명하고, 그 둘을 연관짓기는 어렵다. 고대의 역본들은 이의 없이 "전지하다"를 의미하는 것으로 그 용어를 취한다(예. 70인경: *καιρὸςτῆς τομῆς ἔφθ*). "전지하다"란 의미를 원예학적 토대 위에서 배제할 수는 없다.

동시에 자밀(זמיר)은 통상적으로 "노래하다"를 의미하고(예. 사 24:16; 시 95:2; 욥 35:10), 비둘기의 울음소리에 대한 언급은 노래를 암시한다. 우리는 아마도 여기서 의도적인 모호성이나 이중적인 의미의 경우를 생각할 수 있을 것이다. 본문은 이것을 야누스(양면신)의 대구법 형태로 보여준다. 그것은 전지(12a절)와 노래(12c 절)의 시간이다. 남자는 여자에게 구애하고 그녀가 그에게 나아올 것을 호소한다. 봄은 이 땅이 깨어날 때이고, 그는 그녀 안에 있는 사랑을 일깨우기를 추구하고 있다.

13b-14 다시 한번 남자는 고대 근동에서 낭만적이거나 성적인 함축을 담고 있는 피조물인 비둘기와 사랑하는 자를 연관짓는다. 그러나 여기에서 여자 자신이 비둘기라 불리고 있지 여자의 눈이 아니다. 그는 여자를 산꼭대기 바위틈 높은 곳에 있는 보금자리로 묘사한다. 그것은 인간의 손이 닿을 수 없다. 그녀가 남자가 뻗치는 영역 안에 있지 않다는 것이 주요한 요지다. 여인을 쉽게 접근할 수 없다는 모티

브가 반복해서 남자의 노래에 나타난다. 그는 여자에게 다다를 수가 없다. 그들이 함께 있기 위해서는 여자가 남자에게 와야 한다. 또는 문을 남자에게 열어주거나 그에게 내려와야 한다. 하지만 그는 힘으로 또는 함정으로 여자를 얻으려고 시도하지 않는다. 여자를 얻으려는 그녀의 유일한 방법은 그의 말이다. 그는 그녀에게 호소하고, 그녀를 칭송하며, 그녀의 여러 애칭을 부른다. 또한 그녀가 주는 능력의 기쁨을 열렬히 언급한다.

15 이 구절은 자주 남자나 여자에게로 귀속되지만, 복수형의 에헤주-라누(אחזו־לנו, "우리를 위해 잡아라")는 여기서 복수형이 커플에게 호소하는 코러스임을 함축한다. 남자나 여자가 코러스에게 호소하고 있을 가능성이 있기는 하지만 보통 아가서에서 남자와 여자가 행위의 초점이기 때문에 그것은 통상적이지 않을 것이다. 코러스가 어떤 것을 행하도록 요청을 받고 있다면, 그들은 일반적으로 "예루살렘의 딸들"로 호칭된다(예. 아 5:8). 게다가 코러스가 커플을 위해 여우를 잡을 것을 요청받는 이유를 상상하기가 어렵다. 그러나 완전히 용인할 수 없는 것은 이것을 남자가 여자에게 언급하는 구절이나 여자가 남자에게 언급하는 구절로 취하는 것이다. 이런 해석은 명령법의 복수형을 전적으로 무시한다(אחזו – 에헤주). 아가서의 일부에서 싱어들의 신분에 대한 단서가 본래 매우 빈약하지만 본문에 명시적인 지칭을 간과함으로써는 어느 것도 얻을 수 없다.

고대 세계에서 여우들은 포도원에서 포도를 훔치는 것으로 악명이 높다. 아리스토파네스(Aristophanes)의 *Knights* 1075-77에서 데모스(Demos)와 소시지 파는 자는 "수여우"와 관련한 신탁에 대해 해석을 논한다. 데모스는 "왜 신탁은 '수여우' 대신에 '개'를 말하지 않는가"라고 묻는다. 그때에 소시지 파는 자는 "그것은 병사들이 들에서 포도를 먹는 어린 여우들과 비교되기 때문이다"라고 반응한다. 아리스토텔레스는 여우를 해롭고 교활한 것으로 생각했다(*History of Animals* 488b.1). 핀다르(Pindar, *Pythian Odes* 2.75), 소포클레스(Sophocles, *Ajax* 101), 그리고 플라톤(Plato, *Republic* 365c)을 포함하는 다른 고전 작가들도 이런 감정을 반영한다. 고전 도기에 사냥 장면을 담은 형상들은 젊은 사람들이 여우를 사냥했던 사실을 증거 한다. 이 아가서 본문과 유사한 파피루스 해리스 500 애굽 텍스트들에서 한 여인은 자신의 애인을 그녀의 여우로 언급한다(그 해석에 관해서는 Keel, [1994] 110 n. 2을 보라; 또한 그는 화환을 두른 젊은 여인들과 술 취한 자들이 머리를 정열의 여신과 여우들에게로 들어올리고 있는 하도르[Hathor]에 대한 찬미를 인용한다).

여우에 대한 성경의 텍스트들은 이 단락의 의미를 크게 조명해 주지는 못한다.

삼손은 여우를 잡아서 그것들을 블레셋에게 복수하는데 사용했다(삿 15:4-5). 다른 텍스트들은 여우의 작은 사이즈를 암시하거나(느 3:35[ET 4:3]) 썩은 고기를 먹는 동물로서의 여우의 행동을 언급한다(시 63:11[ET 63:10]; 겔 13:4; 애 5:18). 예수는 여우를 교활함의 은유로 사용한다(눅 13:32).

본문에 대한 일부 해석자들은 터무니없지는 않을지라도 대단히 믿기 어려운 주장을 한다. 혹자는 여기서 왕의 사냥단을 보고, 왕이 지금 말하고 있다고 주장한다. 왕을 복수로 표현한 것이 아가서에서 이상하게 들리는 것을 제외한다 할지라도, 사냥을 하고 있는 왕이 다른 이에게 자신을 위해 여우 사냥을 할 것을 요청하지는 않을 것이고, 또한 포도원에 대한 관심이 그의 동기가 되지도 않을 것이다. 또한 고전 도기들은 여우 사냥이 왕의 놀이가 아니라 소년들의 놀이였음을 보여준다. 앗수르의 얕은 부조에서 왕은 사자를 사냥한다. 여우는 고대 근동에서 왕에게 하잘것 없는 놀이였다! 하지만 여우가 환각적인 버섯에 대한 은유라는 로버트 그라브(Robert Graves)의 해석은 상식을 벗어난다(Pope, 403에서 인용함). 혹자는 여우가 이 젊은이들의 사랑을 온전히 꽃피우지 못하게 방해하거나 여인이 그녀의 모든 매력적인 모습을 보이지 못하게 막는 어떤 것이라고 말한다. 웹("Song of Songs," 394)은 그것이 연인들이 은밀히 그들의 관계를 완성하려는 영악한 책략이라고 말한다. 이런 해석들 중 어느 것도 추천할 만한 것이 없고, 어느 것도 의미 있게 아가서의 나머지 부분과 연관을 짓지 못한다. 고디스(Gordis, 82)는 이 소절을 "작은 여우들이 우리를 사로잡았다"라고 읽도록 수정해야 한다고 주장한다. 그는 이 소절이 여인에게 속하고 그녀는 이미 자신의 처녀성을 상실했던 것을 고백하고 있다고 주장한다. 하지만 여인은 자신을 복수로 어디에서도 언급하지 않으며, 고디스가 אֶחֱזוּ(에헤주 명령형)을 완료형으로 수정한 것은 정당성이 없다. 또 다른 그럴 것 같지 않은 해석은 폴크(Falk, *Song of Songs*, 178)의 해석이다. 그는 여우들을 거리에서 무방비한 여인들을 학대하는 도성 순찰자들로 취한다. 보다 에로틱한 해석은 여우들이 성에 대해 거칠고 길들여지지 않은 본성을 대변하고, 이 구절이 그런 세력을 길들이고, 문명화된 삶의 영역으로 가져오게 하라고 요청하고 있다는 것이다(Landy, *Paradoxes of Paradise*, 240-41).

혹자는 여우들이 소녀(처녀 – 한글개역)들의 순결을 빼앗는 소년들이고(예. Murphy, 141), 코러스는 그러한 소년들로부터 자신들을 보호해달라고 요청하고 있다고 말한다. 이는 여인이 성적인 행위를 삼갈 것을 처녀들에게 명하였고(예. 아 2:7), 또 처녀들이 꽃으로 대변되고 있으며(아 2:1), 이 구절에서 "우리의 포도원이 꽃을 피우고 있다"는 소절을 설명할 수 있었다는 점에서 추천할 만하다. 하지만 아가서 2:7에서 처녀들은 스스로 자신의 처녀성을 지켜야 하는 책임을 취할 것을 명령받고 있고, 연인들이 처녀들에게서 소년들을 지키는 것을 요구받고 있다고 보는 것은 이상하다. 또한 여우들은 꽃을 좇는 것이 아니라 포도를 좇는다. 요컨대, 이 구절의 해석에서 발견하게 되는 것은 고대인들이 여우와 포도를 어떻게 생각하였는지에 대한 탐구가 없이 통상적으로 시행된 추측의 상당한 내용을 보일 뿐이다.

아가서 2:15의 은유에서 코러스는 "포도원에 꽃이 피었기" 때문에 "여우를 잡으라"고 요구한다. 즉 포도가 꽃을 피우고 포도열매가 나타나기 시작하기 전에 이제 여우들을 잡아야 한다. 하지만 이 용어를 마치 아가서의 세계에 중요한 위협과 관련이 있는 것처럼 너무 진지하게 취해서는 안 된다. 여우들은 "작은"이라고 불리고 있고, 그것들을 죽이기보다(그렇다면, 이는 더 불길한 분위기를 만들어주었을 것이다) "잡으라"고 말한다. 이 구절은 확실히 시골스러운 이스라엘의 삶을 반영한다. 봄이 도래했고 포도원이 형태를 내기 시작하는 어린 포도로 꽃을 피웠을 때, 젊은이들이 여우를 잡는 놀이를 했었다고 생각해 볼 수도 있다. 위에서 언급했던 것처럼, 여우를 좇는 것은 고전 그리스에서 소년들의 임무였다. 확실히 그들은 여우로 게임을 즐겼다. 그들에게서 그 놀이는 재미있었을 것이고, 농부들에게는 더 많은 포도의 수확을 보증하였을 것이다. 하지만 그 놀이는 공동체의 생과사의 문제는 아니었다. 작은 여우는 메뚜기 재앙과는 달랐다. 요컨대, 이 구절의 진정한 초점은 포도원에 제기된 '위협'이 아니라, "작은 여우"를 좇는 '게임'이다. 이 용어의 심상 – 포도원에 꽃이 핌과 즐거이 놀고 있는 젊은 연인에 대한 은유로서 여우들의 역할 – 은 그 용어에 성적인 의미가 들어있다는 느낌을 준다. 사냥꾼들이 사냥으로 좇기는 자와 동화된다. 그들이 좇고 있는 여우들처럼 커플은 젊고, 흥분되고, 생기로 가득하다. 때는 봄날이고, 젊은이들은 유희를 즐기고 있다. 내 견해로 이것 이상으로 이 구절에 대해서 말할 것이 없고, 뽑아내야할 깊은 상징이 없다고 생각한다.

16 이 단순한 감정인 "나의 사랑하는 자는 내게 속하였고 나는 그에게 속하였구나"는 아마도 아가서의 가장 아름다운 소절이다. 이것은 창세기 2:24의 선언을 되돌아보고("이러므로 남자가 부모를 떠나 그 아내와 연합하여 둘이 한 몸을 이룰지로다"), 고린도전서 7:4을 바라본다("아내가 자기 몸을 주장하지 못하고 오직 그 남편이 하며 남편도 이와 같이 자기 몸을 주장하지 못하고 오직 그 아내가 하나니"). 참된 사랑은 일부일처제다. 그것은 상대에 대한 헌신을 함축하지만, 또한 상대방에게서 정절을 기대할 수 있는 권리를 가짐을 함축한다.

르오(רעה)는 여기서 "가축이 풀을 뜯어먹도록 이끌다"를 의미하는 것이 아니라 가축을 놓아먹이는 것을 의미한다. 즉 그것은 식물을 뜯어먹는 동물을 언급하는 것이지 목자가 동물이 풀을 뜯어먹도록 이끌고 있음을 의미하지 않는다. 여기서 그것은 노루나 사슴으로 남자를 비유한 역할을 사용한다. 여자는 애인을 망우스 위에서 뜯어먹는 것으로 묘사한다. 이 은유는 다소 혼합되어 있다. 사슴이 통상적으로 망우스 사이에서 풀을 뜯어먹는 것으로 알려져 있지 않기 때문이다. 하지만 킬(Keel, [1994] 111-15)이 보여주는 것처럼, 망우스는 애굽의 예술에서 성과 관련이 있었다. 여타 항목들 중에서 킬은 투탄카멘(Tutankhamen)의 무덤에 색칠한 아이보리 타일을 인용하는데, 거기서 앙케세나멘(Ankhesenamen) 여왕은 투탄카멘 앞에 서 있다. 그녀는 망우스 꽃다발을 들고 있고, 허리 아래를 노출시키면서 중앙이 열려 있는 속이 비치는 가운을 입고 있다. 그것은 사랑에 대한 초대였을 것이고, 애굽인들이 망우스를 사랑의 유희와 연관시킨 방식을 나타내준다.

17 아드 쉐야푸아흐 하욤(עד שיפוח היום)은 문자적으로는 "날이 숨쉴 때까지"를 의미한다. 숨이 고대 사상에서 생명의 힘이나 임재와 관련이 있기 때문에(נפש – 네페쉬의 다양한 의미처럼), 이 개념은 생명으로 나아오는 날(곧 해뜰 때)을 가리킬 것이다. 이 은유는 빛이 비치고, 바람이 흔들거리며, 새들이 노래하며, 기타 등등의 일이 일어날 때 세계가 죽음에서 깨어나는 방식을 포착하고 있다.

여인은 아침 해가 뜰 때까지, 즉 밤 내내 연인이 그녀와 함께 머물 것을 요청하고 있다. 해석자들은 "그림자가 갈 때까지"(ונסו הצללים – 베나수 핫체라림)가 해뜰 때를 나타내는지 해질 때를 나타내는지와 관련해서 의견이 갈린다. 하지만 그것을 해질 때로 간주하는 것은 아주 부자연스럽다. 온 세계는 그림자가 "도망할" 때로 어두움에 사로잡힌 때를 통상적으로 생각하지 않는다. 혹자는 그림자가 도망하는 것이 태양이 질 때에 그림자가 더 커지는 것을 의미한다고 주장하지만 "도망가는 것"은 더 커지는 것이 아니라 사라진다는 뜻을 내포하고 있다. 여인은 아침 해가 뜰 때까지 남자에게 그녀를 온 밤 내내 사랑해줄 것을 요청하고 있다. 그녀의 몸에 대한 그의 기쁨은 16절에서 노루가 풀을 뜯는 것처럼 먹는 것의 은유 하에서 묘사되고 있지만, 그녀는 그에게 "몸을 눕혀서 먹을" 것을 그에게 말할 때 보다 인간적인 조건으로 먹는 것을 대변하고 있다.

솝(סב)은 "돌아오다"("turn"이나 "return")로 번역되지만 문맥에서는 어느 것도 의미를 갖지 못한다. 여기서 동사는 사무엘상 16:1에서 그 동사가 갖고 있는 것과 동일한 의미를 더욱더 가질 것이다. 즉 앉거나 기대서 음식을 먹는 것을 의미하고,

16절은 망우스 위에서 음식을 먹는 노루로 남자를 언급하고 있다. 물론 노루는 먹기 위해서 글자 그대로 기대지는 않지만 이것이 노루의 자연적인 역사에 관한 문자적인 모습으로 암시하고 있지 않다. 이 구절의 용어는 노루나 사슴, 음식 먹기, 그리고 사랑 나누기를 포함하는 몇몇 심상들이 융합되어 있다. 기대는 것은 음식을 취하고 사랑을 나누는 일의 통상적인 인간의 방식이었다. 추측컨대 예루살렘 남서쪽 약 11km에 키르벳-예후드(Khirbet el-Yehud)로 확인되는 바티르(Battir)를 아퀼라와 심마쿠스가 그것과 연관시켰던 사실에도 불구하고, "베델의 산"으로서 하레 바텔(הרי בתר)의 가능한 지형적인 위치를 확인하는 노력은 쓸데없고 우둔한 일이다. 장소의 지명으로 "바티르"는 여호수아 15:59과 역대상 6:44의 코덱스 알렉산드리누스(Codex Alexandrinus)에 바이데르(*Βαιθηρ*)나 바이드데르(*Βαιθθηρ*)로 나타난다. 뻬텔(בֶּתֶר)이란 용어는 맛소라텍스트의 이 텍스트에는 둘 다 나타나지 않고, 설사 그것이 맛소라텍스트에 있었다 하더라도 뻬델(בֶּתֶר)로 쓰여 있었을 것 같지 않다. 뻬이텔(בֵּיתֵר)이 아마도 철자되었을 것이다(참조. *HALOT* בֶּתֶר III). 아가서 2:17의 바텔(בתר)과 이 장소의 동일시는 가능하지 않은 것으로 간주해야 한다(참조. Murphy, 139).

어근 바텔(בתר)은 두 부분으로 어떤 것을 "나누다"를 언급한다. 그것은 구약성경에 6회 나타나는데, 여기서와 창세기 15:10(3회) 그리고 예레미야 34:18-19에서 그러하다. 후자의 두 본문에서 그 용어는 희생 동물을 두 절반으로 나누고 그 부분 사이를 거니는 언약 예식을 묘사한다. 이 동사(칼과 피엘)는 두 부분으로 나뉜 것을 의미하고, 명사 뻬텔(בֶּתֶר)은 아가서 2:17에서 그것이 갈라진 틈 자체를 언급하는 것이 아니라면 두 부분을 묘사한다. 지금 아가서 본문의 70인경은 이 용어의 배후에 어근 바탈(בתר, "쪼개다")이 있음을 분명히 간주하면서 그리고 산에 갈라진 곳을 언급하면서, "성지의 산"(*ὄρη κοιλωμάτων* – 오레 코일로마톤)을 갖는다. 하레 바텔(הרי בתר)이란 어구는 여자의 두 유방 사이에 갈라진 곳을 매우 두드러지게 언급한다. 아가서 8:14은 여인이 은유적인 산의 이름을 "갈라진 산"에서 "발삼의 산"(הרי בשמים – 하레 베사밈)으로 바꾼 것을 제외하고는 이 구절과 동일하다. 양 텍스트에서 이 "산들"은 아가서 2:17에서 골짜기에 의해 서로 분리되거나 갈라진 두 산으로 대변되고, 8:14에서 (여인의 향수를 언급하는) 향으로 냄새를 내는 산으로 언급한 그녀의 유방을 묘사한다. 남자는 유사하게, 두 쌍태로 사랑하는 이의 유방을 즉시 비교한 후에, 아가서 4:6에서 자신이 "몰약 산"(הר המור – 하르 하몰)과 유향의 작은 산(Frankincense Hill, גבעת הלבונה – 기브아트 할레보나)에 이를 것이라고 선언한다. 이 용어들을 사용하여 그는 개별적으로 그녀의 두 "갈라진 산들"을 분명히 거명한다. 이 구절의 의미를 찾기 위해서 "베델의 산", "유향의 작은 산" 또는 "발삼의 산"을 레반트의 지형학을 찾아 나설 필요는 없다.

해설

이 칸토를 여자에 대한 남자의 구애와 남자에 대한 여자의 긍정적인 반응으로 읽어야 한다. 그것은 남자와 여자 사이에 사랑의 말들의 위치를 보여준다. 남자가 여자의 애정과 헌신을 얻기 위해서는 말로 그녀의 영혼을 건드려야 한다. 아가서는 남녀의 성과 몸에 대한 것만이 아니라 온유하고 애정 어린 말이 담겨 있는 작품이다. 이 모티브들 – 여인에게 접근하기 어려움과 여인을 온유한 말로 다다르려는 남자의 시도 – 은 처녀성의 개념이 얼마나 철저하게 아가서를 지배하고 있는지를 또 다시 보여준다. 고대 이스라엘의 문화에서 처녀성은 여자가 남자에게 다가가기 어렵게 만들고, 남자는 여자의 마음과 몸을 열게 하기 위해서 사랑의 말로 유인해야 했다. 이 두 모티브가 아가서 3장에서 남자의 칸토를 지배한다.

여인은 자신의 사랑을 남자에게 주겠다는 기꺼운 마음의 선언을 하는 방식으로서 자신의 가슴으로 나아올 것을 남자에게 요청한다. (아가서에서 유방에 대한 많은 언급들 중 어느 것도 말하지 않는) 잠언 5:19에 비추어 볼 때, 우리는 이스라엘 백성들이 성적인 열락의 장소로서 여성의 유방에 초점을 맞추었다는 것을 거의 의심할 필요가 없다. 요컨대, 그녀는 남자의 초대에 자신의 초대로 반응하고, 그를 가지려는 의지를 표명한다. 이 사건이 본질적으로 아가서 4:16-5:1에서 묘사된다. 이 드라마틱한 초대를 갖는 다섯 번째 칸토를 마감하면서 여인은 그에게 자신의 사랑과 몸을 주겠다는 의지를 표명한다. 남자는 그녀 안에서 사랑을 발생시켰고, 일깨웠다. 그러나 이것은 초대에 불과하다는 것을 유념하라. 본문은 이 커플이 성교를 함으로써 이미 그들의 관계를 완성시켰음을 나타내지 않는다.

보론: 성경과 고대 세계에서의 처녀성

참고문헌

Anderson, A. A. *2 Samuel.* **Bergant, D.** "'My Beloved Is Mine and I Am His'(Song 2:16): The Song of Songs and Honor and Shame." *Semeia* 68(1994)

23-40. **Dale, A. M.** *Euripedes: Alcestis.* **Driver, S. R.** *Notes on the Hebrew Text and Topography of the Books of Samuel.* **Matthews, V.**, and **D. Benjamin.** *Social World of Ancient Israel.* **Page, D.** *Aeschyli septem quae supersunt tragoedias.* **Roth, M.**, trans. "The Laws of Eshnunna." In *CS* 2.332-35. **Walton, J.** "עֲלוּמִים." *NIDOTTE* §6596. **Wenham, G.** "*B*^{e}*tulah*: A Girl of Marriageable Age." *VT* 22(1972) 326-48.

이 주석은 아가서가 결혼과 사랑하는 젊은 커플의 성적인 관계에 초점을 맞추고 있음을 제시한다. 그것은 아가서의 상당 부분이 결혼식 날 밤에 젊은 여인이 처녀성을 상실하는 것을 다룸을 보여준다. 현대의 독자들은 이 사건이 현대의 서방에서보다도 고대 이스라엘에서 훨씬 더 중요하며 훨씬 더 관심을 받았다는 것을 이해해야 한다. 고대 세계에서 특히 이스라엘에서 처녀성의 의미에 특별한 관심을 가질 필요가 있다.

뻬투라(בתולה, "처녀")라는 직접적인 말이 아가서에 나타나지 않는다. 이것은 아가서에 처녀성의 개념이 존재하지 않는다는 것을 의미하지 않는다. 아가서는 여성의 처녀적인 상태에 초점을 맞추는 다양하게 폭넓은 이미지를 사용한다. 1:6에서 여자는 오빠들의 관심과 지배 하에 있다. 1:7에서 여자는 주변에 남자들이 있는 곳에 가는 것을 원치 않는다. 2:9에서 여자는 벽과 창살 뒤에 있다. 2:14에서 여자는 다가갈 수 없는 높은 바위틈에 있는 비둘기다. 3:3에서 여자는 순찰자의 감시 하에 있다. 3:7에 여자는 병사들의 부대에 둘러싸여 있다. 4:4에서 그녀의 목은 튼튼히 세워진 망대와 같다. 4:8에서 여자는 높은 산의 동굴에 있다. 4:12a에서 여자는 잠겨진 정원이다. 4:12b에서 여자는 봉인된 샘이다. 5:2-8에서 여자는 잠긴 문 뒤에 있다. 커플의 합방이 있은 후에, 8:8-9에서 아가서는 "작은 누이"의 적절한 바리게이트를 논하지만, 아가서의 여인은 자신이 평화로운 성벽이라고 선언한다(8:10). 젊은 여인의 처녀성의 상태가 아가서에서 매우 고려되고 있다.

젊은 이스라엘 여성에게서 처녀성의 상실은 여자의 삶의 매우 중요한 이정표 중 하나였다. 여자의 명예와 가족의 자존감이 처녀성의 상태로 대변되었다. 처녀와 가족들은 "매춘을 행하지" 않고, 어느 날 순결함으로 결혼에 들어간다는 생각으로 처녀성을 보존했다. 처녀성은 그 부모의 집에 속한다는 상징이었다. 또한 어느 외간 남자에 종속되어 있지 않고 그녀가 근본적으로 선하다는 표지였다. 심지어 '결혼해서도' 처녀성을 상실하는 것은 정신적인 상처가 컸다. 뒤이어지는 본문들에서 아가서는 이런 정신적인 상처의 감정을 탐구한다.

히브리 성경은 젊은 여성들과 소녀들에 대하여 수많은 용어들을 사용한다. 여기에는 뻬투라(בתולה, 통상적으로 "처녀"); 알마(עלמה, "젊은 여인"); 나아라(נערה, "소녀") 그리고 이르다(ילדה, "소녀")가 포함된다. 나아라(נערה)란 용어는 여자의 성적인 역사와는 관계없이 단순히 젊은 여인이나 소녀를 의미하는 것으로 나타난다. 사사기 19:4에서 베들레헴의 레위인의 첩을 나아라(נערה)라 부른다. 이르다(ילדה)도 단순히 어린이에게 성의 개념을 주지 않는 것처럼 성적인 함축을 내포하지 않는 것으로 보인다. 성적인 성숙에 이르렀거나(창 34:4) 어린 나이(슥 8:5)의 소녀(girl)에 대해서도 그 용어를 사용할 수 있다. 알마(עלמה)의 의미는 이사야 7:14에 그 용어가 사용되고 있는 사실로 인해 상당한 논쟁의 주제가 되었다: "보라 처녀[עלמה – 알마]가 잉태하여 아들을 낳을 것이요 그 이름을 임마누엘이라 하리라"(RSV). 이 용어의 의미에 대한 가장 좋은 해결책은 왈톤(Walton, *NIDOTTE* §6596)의 해결책인 것 같다. 여인(woman)은 그녀가 처음으로 성관계를 가질 때가 아니라 어머니가 될 때에 알마(עלמה)가 되는 것을 멈춘다(사 54:4을 보라).

뻬투라(בתולה)란 용어는 웬함(Wenham, *VT* 22[1972] 326-48)이 이 용어가 성적인 무경험을 함축하지 않고, 결혼 연령의 여성을 단순히 묘사한다고 주장한 이래로 훨씬 더 주목을 받았다. 웬함의 주장은 네 본문에서 가장 강력하고(에 2:17-19; 욜 1:8; 겔 23:3; 욥 31:1), 뻬투라(בתולה)가 성적인 역사와 어떤 관계가 있어 보이지 않는 용어인 빠훌(בחור, "젊은 남자")과 자주 짝을 이룬다는 사실로 인해 지지를 얻는 것으로 보인다. 에스더의 본문은 에스더가 어느 다른 여자들(אשה – 잇샤)이나 후궁의 어떤 처녀들(בתולה – 뻬투라)보다도 왕을 더 기쁘게 했다는 내용을 진술한다. 요엘 1:8은 젊은 시절 약혼한 남편을 위해 애곡하는 처녀(בתולה)처럼 울 것을 사람들에게 요구한다. 에스겔 23:3, 8에서 "그 처녀[דדי בתוליהן – 따데 뻬툴레헨]의 가슴이 어루만진 바 되었었나니"는 난잡한 누이에 대한 은유로 이스라엘과 유다의 배교를 묘사한다. 욥기 31:1에서 욥 족장은 자신이 처녀(בתולה)를 주목하지 않았다고 말한다.

이 중에 어느 것도 뻬투라(בתולה)가 "처녀"(virgin)를 내포한다는 근본적인 개념을 바꿀 수 있는 설득력 있는 이유가 되지 못한다. 에스더 2:17-19에서 뻬투라(בתולה)란 용어는 에스겔 2:2에 따르면 아하수에로가 새로운 왕비를 발견하려는 목적으로 모였던 처녀들의 그룹에 대한 지난 일의 언급이다. 아하수에로는 "처녀들"로 지칭된 여인들의 원래 그룹의 어느 다른 구성원보다도 더 에스더를 사랑했다. 그것은 처녀성을 상실했던 여인이 여전히 통상적으로 뻬투라(בתולה)라 불렸다는 것을 시사하지 않는다. 요엘서의 본문(1:8)은 결혼을 완성하지 않았을지라도 법적으로 결혼한 약혼한 커플로 가장 잘 이해된다. 결혼을 완성하기 전에 "남편"을 잃었던 젊은 처녀의 곤경은 훨씬 더 연민을 자아냈고, 요엘의 수사에 비유로 사용되었다. 유사하게 에스겔 23:3, 8의 생생한 언어도 성적으로 관계를 맺은 소녀(여자, girl)를 뻬투라(בתולה)라 불렀음을 의미하지 않는다. 에스겔 23장의 요지는 그들이 외국의 연인들과 '처녀성을 상실했다'는 것이고, 그녀의 연인이 그녀의 "처녀의 유방"을 애무했다는 진술은 놀랍지만 효과적인 방식으로 이 개념을 표현한다. 다시 말해서 처녀였고 처녀의 상태로 남아 있어야 했던 그들의 유방이 이제 애무를 당하고 있다. 욥기의 본문(31:1)은 뻬투라(בתולה)의 의미에 대해 아무것도 우리에게 말하지 않는다. 여자는 단지 욥이 탐욕을 추구하지 않았다고 주장하는 젊은 여자일 뿐이다. 뻬투라(בתולה)란 용어의 선택은 그가 힘을 가진 남자로서 자신의 지위를 이용하려고 생각하지 않았고 그가 젊은 여인들의 처녀성을 빼앗지 않았음을 함축한다.

신명기 22:13-21은 이 논의에 상당히 중요하다. 이 본문은 여자와 결혼하였으나 합방이 있은 후에 여자를 경시하고 사람들에게 그녀가 처녀로 결혼하지 않았다고 말하기 시작하는 남자와 관련이 있다: "내가 이 여자를 취하였더니 그와 동침할 때에 그의 처녀인 표적을 보지 못하였노라"(בתולים – 뻬툴림, 14절). 이런 처사에 대한 반응으로 여자의 가족은 처녀성의 증거를 보여야 했다(17절). 이렇게 처녀성을 증거 하면, 마을의 장로들은 여자를 중상한 일에 대한 벌로 일백 세겔을 남자에게 청구했다. 그러나 여자가 사실상 "창기처럼 행했고", 결혼 전에 처녀성을 상실했다면, 그녀는 돌에 쳐 죽임을 당하였다(21절).

웬함(*VT* 22[1972] 334-36)은 이 이슈가 여자가 결혼하기 전에 다른 남자에 의해 이미 임신한 것으로 인해 고소를 당한 경우이고 여자의 아버지가 이런 고소에 딸이 결혼하였을 때 임신하지 아니하였다는 것을 입증하기 위해서 월경을 하는 동안에 묻혔던 속옷을 가져옴으로써 반박할 수 있었다고 주장한다. 따라서 웬함에게서 뻬툴림(בתולים)은 "월경"을 의미하는 것으로 보인다. 많은 학자들은 이런 분석에 설득을 당하고 있지만 그것은 거리가 먼 이야기다. 본문은 임신이 이 사건과 관련이 있음을 함축하는 어떤 것도 말하지 않는다. 또한 언젠가 그녀의 월경 피가 묻어 있었던 그녀의 속옷 조가리를 여자가 결혼하였을 때 임신하지 않았다는 증거로 사람들이 어떻게 간주할 수 있었는지 상상하기 어렵다 – 그리고 웬함은 자신이 제시하는 이 특이한 관습에 대한 역사적 유추를 제시하지 않는다. 웬함이 상상하는 이런 종류의 상황을 율법이 관여하고 있었다면, 그것은 결혼하기 직전에 임신하였던 여인에게만 적용할 수 있을 것이다. 결혼하기 한두 달 전보다 더 많은 시점에 임신하였던 여인은 너무 빨리 해산함으로써 자신의 죄를 입증하게 될 것이다(그리고 이보다 더 오래 임신한 여성은 결혼식에서 이미 그 증거가 나타나 보였을 것이다). 통상적으로 잘 발생하지 않는 상황 – 결혼 전에 다른 남자에 의해 임신한 여성—에 대해서 그렇게 세부적인 상황을 토라가 포함시켰다고 하는 것은 매우 이례적인 일이 될 것이다.

게다가 다른 본문들에서의 용법이 뻬툴림(בתולים)이 "처녀성"을 의미하는 것이지 "월경"을 의미하지 않는 것임을 분명히 한다. 사사기 11:37-38에서 입다의 딸은 자신의 "처녀성"(בתולים)에 대해서 애곡하고 있지 "월경"에 대해서 애곡하고 있지 않다. 레위기 21:13은 사제가 뻬툴림(בתולים), 즉 처녀 상태에 있는 여인과 결혼해야 한다고 말한다. 이 용어는 월경을 하고 따라서 제사장을 위해 아기를 임신할 수 있는 여인을 의미하는 것이 아니다(반대로는 Wenham, *VT* 22[1972] 337-38). 문맥은 이 본문의 관심이 여인의 성적인 역사이지 자녀를 낳는 능력이 아님을 보여준다. 레위기 21:13-15 전체를 읽어보는 것은 가치가 있다: "그는 처녀를 취하여 아내를 삼을지니 과부나 이혼된 여인이나 더러운 여인이나 기생을 취하지 말고 자기 백성 중 처녀를 취하여 아내를 삼아 그 자손으로 백성 중에서 더럽히지 말지니 나는 그를 거룩하게 하는 여호와임이니라." 문맥에서 13절을 "그는 월경을 하는 여인과만 결혼할 것이요"를 의미하는 것으로 취하는 것은 난센스다. "처녀"는 여기서 "과부나 이혼한 여자, 또는 더럽혀진 여자와 기생"과 대조된다. 분명히 이들 중에 어느 누구도 여전히 월경을 할 수 있었고 자녀를 낳을 수 있었다. 유사하게 뻬투라(בתולה)와 결혼하라는 요지는 제사장이 자손을 '갖는' 것이 아니라 자손을 '더럽히지 않는' 것이다.

신명기 22:13-21의 일반적인 해석이 확실히 정확하다. 여자는 결혼식 날 밤이 있은 후에 처녀막 파열로 인한 피 묻은 옷 쪼가리를 부모에게 맡겨두었던 것으로 보인다. 이것은 여자의 처녀성의 증거로 기능했고, 가족에게 그것을 보이는 것은 증인이 보는 앞에서 의식적인 형태로 행해졌을 것이다(Craigie, *Book of Deuteronomy*, 292-93을 보라). 유사한 관습이 다른 문화들 속에서 알려진다(웬함은 팔레스타인 문화에서 이와 유사한 것들을 주목한다[*VT* 22(1972) 334]). 물론 피 묻은 옷의 존재가 여자가 결혼식 날 밤에 처녀였다는 무오류한 증거는 아니었다(그리고 그 문제에서 모든 여자가 처녀성을 상실할 때 피를 흘리는 것은 아니다). 율법의 진정한 목적은 절대적인 증거를 제시하는 것이 아니라 딸의 처녀성을 유지하는 일의 필요성을 강화시키고자 하는 것이었다. "난잡한 생활을 했던 여자는 아버지의 집의 문에서" 돌로 죽임을 당하였음을 유념하라. 여자가 아버지의 집에서 사는 동안에 부도덕하였기 때문이다. 요컨대, '딸들의 처녀성을 유지하는 것은 부모와 가정의 책임이다.' 딸의 정숙을 유지하는 것은 명예와 수치가 지배하는 문화에서 커다란 의미가 있었다(D. Bergant, *Semeia* 68[1994] 23-40을 보라). 율법의 표면적인 영향은 젊은 여자들과 그들의 부모들이 뻬툴림(בתולים), 즉 소녀(처녀)의 처녀성의 공식적인 증거를 확보하고 보존하는 일에 확실히 조심해야 했다는 것이다. 의도된 보다 의미 있는 결과는 그들이 여자의 실제적인 처녀성을 유지하는데 조심했을 것이다. 또한 처녀성의 공식적인 증거를 처녀의 부모들이 보존했다는 사실은 처녀의 남편이 강력한 증거도 없이 그녀의 인품을 공개적으로 의문하는 것을 막을 수 있게 했다.

우리가 추구하는 목적을 위해서, 신명기 22장은 이스라엘 사회가 젊은 여자들의 처녀성의 문제에 주었던 상당한 관심을 다시 나타내준다. 이 이슈가 젊은 여인의 삶을 통제했고, 그들 부모들의 주요한 관심사였음을 분명히 말할 수 있다. 딸의 처녀성이나 동일한 것이 없음은 가문의 위신 또는 수치다. (이런 현상이 암논에 의한 다말의 강간 이야기에서도 반영되어 있다[삼하 13장].)

빠훌(בחור, "젊은 남자", "young man")과 반대되는 뻬투라(בתולה)의 용법은 도성의 파괴에 대한 애곡의 텍스트에 보통 나타난다. 예를 들어, 아모스 8:13은 진노의 날에 "처녀와 젊은 남자"가 다 목이 말라 피곤해지리라고 주장한다(또한 신 32:25; 렘 31:13; 시 78:63; 대하 36:17). 본래 이 두 단어의 쌍은 뻬투라(בתולה)가 "처녀"를 의미하는지에 대해서 참으로 아무것도 우리에게 말해주지 않지만, 이런 쌍으로 그 용어의 사용은 아마도 의도적이다. 도성의 함락은 남편이 되지 않은 젊은 남자들뿐만 아니라 아직 결혼하지 않은 젊은 여자들의 죽음과 관련된 것으로 보일 때 더 비극적이다. 입다의 딸의 애곡은 만약 젊은 여자의 죽음이 결혼하기 전이었다면 특히 더 슬펐을 것임을 이스라엘 백성들이 느꼈음을 가리킨다. 뻬투라(בתולה)란 용어의 난해함은 사람들이 그 용어를 특히 '처녀'(*virgin*)로 그리고 성적인 경험이 없는 것과 관련하여 사용한다는 사실로 인해 온다. 참으로 현대 영어에서 처녀(*virgin*)는 오직 성적으로 경험이 없는 자를 언급하는 방향으로 흘러가서, 뻬투라(בתולה), *virgo*, 또는 파르데노스(*παρθένος*)(이중에 어느 것도 남성 대응자를 갖지 않는다)에 대해서 고대 세계에서는 생각하지 않았던 용법인 "동정남"을 묘사하는 성적으로 무경험한 '남성'을 규칙적으로 일컫는 것으로까지 나아갔다. 성경 히브리어는 현대 영어가 '소녀'(*girl*)란 말을 단순히 사용하는 문맥에서 뻬투라(בתולה)란 용어를 사용한다. 동일한 것이 문학에서 자주 나타나는 라틴어의 비르고(*virgo*)와 헬라어의 파르데노스(*παρθένος*)에 적용된다. 이 언어들이 아주 자주 이런 용어를 사용했다고 해서 그 말이 성적인 무경험을 내포하지 않음을 의미하지 않는다. 오히려 이런 흔한 사용은 처녀성의 이상(理想)이 얼마나 이 사회를 지배하였는지를 설명해준다.

뻬투라(בתולה)와 의미상 가장 동등한 영어는 처녀(*maiden*)다. 뻬투라(בתולה)처럼 '처녀'(*maiden*)는 여자가 아직 어리고(하지만 어린이는 아니다), 싱글이고, 성적인 경험이 없음을 시사한다. 그 용어는 엄격하게 성적으로 경험이 없는 자에 초점을 맞추지는 않지만(현대 영어의 '처녀'[*virgin*]의 경우와는 다르다), "그 처녀(maiden)가 여러 남자들과 성관계를 가졌다"와 같은 문장을 만드는 것은 매우 이상하거나 아이러니할 것이다. *maiden*이 일반적인 영어 용법을 축소시킨 것(2-3세기 전에 영어 텍스트에 훨씬 더 통상적인 용법과는 대비되어)은 문화적인 변화를 반영한다. 처녀성은 더 이상 젊은 여성에 대한 우리의 이상으로 지배하지 않고, 많은 사람들이 처녀성을 결혼하지 않은 여성에게 기대하는 규범으로서 더 이상 간주하지 않는다. 뻬투라(בתולה)란 용어가 여성의 성적 과거에 대해서 현실적인 정확성을 내포하고 있지는 않을지라도, 성경적 증거는 히브리 화자가 성적으로 경험 있는 여자를 뻬투라(בתולה)로 언급하지 않았음을 가리킨다.

또한 뻬투라(בתולה) 다음에 설명적인 "그녀는 남자를 알지 못했다"(예. 창 24:16)는 히브리 독자가 뻬투라(בתולה)란 말에 이미 함축되어 있는 처녀성을 생각하였음을 의미함을 유념해야 한다. 설명적인 보족어는 요지를 더 강력하게 또는 직접적이게 만들어주고, 성적인 무경험의 '구체적인 이슈'에 관심을 기울이기 원했다면 그 이상의 코멘트를 필요로 하게 만들면서, 고대 사람들이 우리가 말하는 것보다 훨씬 더 자주 "처녀"(maidens)를 말했다는 사실로 인해 발생한다. 대비되어, "그녀는 남자를 알지 못했다"는 뻬투라

(בתולה)를 부연하지 않고는 나아라(נערה, "girl")와 같은 용어와 함께 사용되지 않는다. 그렇지 않다면 이 어구는 설명적 보족어가 아니라 전적으로 새로운 개념을 도입할 것이다.

때로 여자는 좋은 가문의 젊은 남자의 아내가 되기 위한 적절한 후보자로서의 자격을 확보하였기에 처녀라 불린다(창 24:16). 레위의 법령은 제사장들은 창기, 이혼한 여자, 또는 전에 아내로 있었던 미망인들이 아닌 처녀를 취할 것으로 요구받았다. 그렇게 하지 않는 것은 제사장직의 거룩함을 위반하는 것이 될 것이다(레 21:13-14). 다윗의 처녀 딸들은 그들이 입은 긴 소매나 자수가 놓인 옷으로 확인되었다(삼하 13:18, 야곱이 창 37:3에서 요셉에게 주었던 자색 옷에 사용된 것과 동일한 용어[כתנת פסים – 께토네트 빠심]를 일컫는다). 그 옷은 젊은 여인들이 '결혼적령기'와 '성적인 경험이 없는 상태'를 확인해 주었다. 이 지역에서 고대와 현대의 서방 문화의 차이는 꽤 크다. 현대 사회에는 옷을 입은 여인으로 "처녀"의 의미를 담는 경우는 없다.

고전 문학은 젊은 여자들이 처녀성을 유지하는 일이 중요함을 주장한 말들로 풍성하다. 아쉴루스(Aeschylus)의 *Suppliant Maidens* 1000-1017에서 다나우(Danau)는 남자들의 탐욕스런 욕구에 직면해서 덕성을 유지할 것을 자기 딸들에게 호소한다. 그는 "너의 생명보다 정절을 영예롭게 여겨라"(*τὸ σωφρονεῖν τιμῶσα τοῦ βίου πλέον*[D. Page, *Aeschyli septem*, 130, line 1013])고 권면한다. 딸들은 "처녀성의 청순함"과 관련하는 한, 덕성의 길에서 벗어나지 않을 것이라고 반응한다. 유리피데스(Euripides)의 *Alcestis* 175-79에서 남편을 위해 자기 생명을 포기하려고 하는 불행한 아내는 처음 처녀성을 포기했던 곳인 자기 침상을 바라보고 이제 그녀의 덕성과 정절 때문에 곧 죽게 되리라는 사실로 인해 한탄한다: (*Ὦ λέκτρον, ἔνθα παρθένει' ἔλυσ| κορεύματ' ἐκ τοῦδ' ἀνδρός, οὗ θνῄσκω πέρι χαῖρ*, A. M. Dale *Euripedes: Alcestis*, lines 177-79]). 이 장면에서 두드러지는 것은 곧 죽을 여인이 자신이 처녀성을 상실했던 곳에 관심을 기울이고 있다는 사실이다. 요컨대, 결혼 전까지 여자가 처녀성을 지키는 일에 부여된 중요한 의미가 고대 사람들의 마음속을 상당히 지배하였다. 정절은 알세티스(Alcestis)에게 닥치는 것을 받아들일 수 없는 명예의 배지요 증거였다. 이것은 그리스-로마 세계가 성에 대해서 특히 청교도적이었음을 제기하고 있는 것이 아니다 – 진리는 다른 방향에 있다. 여전히 당시 사회는, 설사 자주 위선적이었을지라도, 이런 이상을 열렬히 붙잡았다. 아니 그 이상으로 이런 사례들은 현대의 서방 문화가 실천하거나 곧바로 이해할 수 없는 처녀성에 대한 애착을 반영한다.

요세푸스의 세계는 구약의 유대교와 그리스-로마 문화를 포함했다. *Jewish Antiquities* 1.246에서 그는 이방인 청중들을 위해서 이스라엘 역사를 다른 형식으로 바꾸어 말한다. 아브라함이 이삭의 아내를 찾기 위해 보낸 종과 리브가와의 첫 번째 만남의 기사(창 24장)에서 요세푸스는 리브가가 이런 방식으로 자기 자신을 소개하게 만든다: "사람들은 저를 리브가라 부릅니다. 제 아버지는 브두엘이지만 그는 죽었습니다. 라반은 제 오빠인데, 지금 제 어머니를 모시고 있습니다. 그는 우리 가족의 일을 돌보고, 저의 처녀성을 지켜주는 자입니다." 요세푸스는 전적으로 정당성이 없지는 않을지라도, 리브가의 말에 대한 창세기 기사를 확장시켰다(창 24:16). 그러나 두드러지는 것은 라반이 리브가의 수호자 됨이 두 주요한 임무와 관련이 있다고 요세푸스가 믿고 있었다는 사실이다: 그는 가정의 일을 다루었고, 리브가의 처녀성을 지켜주는 자였다. 요세푸스는 라반의 역할에 대한 이런 이해가 유대 문화와 일치하고, 그리스-로마 청중들도 동등하게 이해하리라고 느꼈다.

VI. 세 결혼식 날 밤 노래들(3:1-4:15)

A. 소프라노: 신부의 근심(3:1-5)

참고문헌

Edmée, Sister. "The Song of Songs and the Cutting of Roots." *AThR* 80(1998) 547-61.
Lundbom, J. R. "Mary Magdalene and Song of Songs 3:1-4." *Int* 49(1995) 172-75.

본 문

소프라노	soprano	
1 내가 밤에 침상에서	**1** On my bed night after night	1A
마음에 사랑하는 자를 찾았구나	I seek whom my soul loves:	1B
찾아도 발견치 못하였구나	I seek him[a] and do not find him.	1C
2 이에 내가 일어나서 성중으로 돌아다니며	**2** "I will arise and I will go about in the city	2A
거리에서나 큰 길에서나	in the streets and in the plazas	2B
마음에 사랑하는 자를 찾으리라 하고	I will seek whom my soul loves."	2C
찾으나 만나지 못하였구나	I seek him and do not find him.[a]	2D
3 성중의 행순하는 자들을	**3** The guards find me,	3A
만나서 묻기를	those who go about in the city:	3B
내 마음에 사랑하는 자를 너희가 보았느냐 하고	"Have you seen whom my soul loves?"	3C
4 그들을 떠나자마자	**4** It is just a moment from when I turn from them	3D
마음에 사랑하는 자를 만나서	until I find whom my soul loves.	3E
그를 붙잡고 놓지 아니하였노라	I hold him and will not let him go	3F
내 어미 집으로, 가기까지	until I bring him to the house of my mother,	3G
나를 잉태한 자의 방으로	to the chamber of my conceiver.	3H
5 예루살렘 여자들아 내가 너희에게 부탁한다	**5** I call on you to swear, daughters of Jerusalem,	4A
노루와 들 사슴으로	by the gazelles or by the does of the field,	4B
흔들지 말고 깨우지 말지니라	that you will not arouse or awaken	4C
사랑하는 자가 원하기 전에는	the passions of love until they are ready.	4D

원문주해

1.a. 70인경, 옛라틴어역과 옛시리아어역의 일부 사본들은 "내가 그를 불렀으나 그가 듣지 못하였다"를 추가한다.

2.a. LXX^{A+MSS}는 "내가 그를 불렀으나 그가 듣지 못하였다"를 추가한다.

양식/구조/배경

이 칸토는 네 스트로피로 구성되어 있다. 소절 1A는 의존에 의해 1B와 연결되어 있고, 1B는 일치에 의해 1C와 연결되어 있다(두 소절들은 בקש – 빠콰쉬, "찾다"로 시작한다). 소절 2A와 2B는 의존에 의해 연합하고, 두 소절은 각 소절의 시작에 빠콰쉬(בקש)에서 반복된 동사의 쌍으로 다시금 엮여 있는 2C와 2D로 인도된다.

세 번째 스트로피는 여덟 소절로 되어 있고, 조화된 표현의 일곱 쌍을 갖는다. 동사 마차(מצא, "발견하다")가 3A와 3E에서 나타나고, 쉐아하바 나프쉬(שאהבה נפשי, "내 영혼이 사랑하는")란 표현이 3C와 3E에서 나타나며, 정동사와 함께 아드-쉐(עד־ש, "…하기까지")란 형태가 3E와 3G에서 나타난다. 또한 구문론적인 의존의 사례들이 있다: 소절 3C는 3B에 의존하고, 소절 3F는 3E에 의존하며, 소절 3H는 3G의 마지막 어구와 일치한다. 이 여덟 소절들은 긴 스트로피를 형성하나 그것들을 함께 묶어주기에 충분한 시적인 수사어구가 있다.

네 번째 스트로피(네 소절)는 아가서 2:7와 8:4에서 발견되는 단순히 간원 형식으로 되어 있다. 그것은 다른 본문들에서 발견되는 "그가 왼손으로 내 머리에 베게 하고 오른손으로 나를 안는구나"라는 소절을 생략하고 있다. 완전한 형식은 아가서 2:7에서만 발견된다.

이 단락은 빠콰쉬(בקש, "찾다", 4회), 마차(מצא, "발견하다", 4회), 그리고 사바브(סבב, "돌아다니다", 2회)를 포함하는 많은 슬로건에 의해 한데 묶여 있다. 여인은 이 칸토에서 유일한 싱어다. 그것은 솔로로 되어 있다.

완료 동사가 본문을 지배하기에 많은 번역들이 과거시제로 전체 단락을 위치시킨다. 이는 아마도 정확하지 않아 보인다. 완료형은 필연적으로 과거 행위를 나타내지 않으며, 자주 시적인 본문에서는 과거의 행위가 아니다. 내러티브 텍스트에서 과거 사건의 연속(주 스토리라인이나 "최전면" 행위를 제공하는)은 와우 연속 미완료의 사슬을 사용한다. 하지만 시적인 본문에서도, 과거 사건의 연속이 일련의 와우 연속미완료로 주어질 수 있다. 시편 18편의 사건들의 열거에서 와우 연속미완료의 높은 수는 이에 대한 좋은 사례다. 그러나 여기서 와우 연속미완료 형은 없다. 과거 사건의 단순한 상술이 독점적으로 완료형을 사용하는 것은 다소 이례적이고, 이 본문이 어쨌든 시적이기 때문에 우리는 그것을 단순 과거시제로 번역하는 것을 의심할 만한 보다 많은 이유가 있다. 완료형은 여기서 시간 구조보다는 동사의 행위에 초점을 맞춘다. 이것이 구체적인 과거 사건의 내러티브가 아니라는 더 진전된 지침은 그녀가 그것을 "밤마다"(1절) 나타나는 사건으로서 도입한다는 사실, 그리고 그녀가 "그리고 내가 그렇게 말했다"와 같은 표현을 통해서 과거 시제의 구조 속에서 그것들을 제기함이 없이 2절에서 자기 추동형(자기 권유형, cohortative)을 사용한다는 사실을 포함한다. 분명하게 과거시제인 유일한 완료는 레이템(ראיתם)이며 그것은 완료의 과거 시제 용법이 보다 흔한 상황인 직접적인 질문("네가 보았는가?")으로 나타난다.

주석

1 빨레로트(בלילות)는 "온 밤을"을 의미하지 않고, "밤에" 또는 "밤마다"를 의미한다. 요지는 그것이 규칙적으로 밤에 일어나는 행동이지 한 특별한 밤의 과정에서 발생했던 사건이 아니다. Fox, *Song of Songs*, 118; Murphy, 145을 보라. 여인은 밤마다 침상에서 연인을 찾지만 그를 발견하지 못한다. 이는 성적인 완성을 위해 밤중에 남자와 같이 있고 싶은 열망을 나타낸다. 그렇다고 그녀가 실제로 침상에서 자기 연인을 발견할 것을 기대했음을 의미하는 것으로 취해서는 안 된다. 그녀가 묘사하고 있는 것은 홀로 잠을 잘 때에 사람들이 경험하는 욕구일 뿐이다. 그녀는 "[그녀의] 영혼이 사랑하는 자"를 원한다. 그녀의 말은 그녀가 이미 사랑하고 있는 구체적인 남성을 바라고 있음을 반영하고, 침상에서 그녀의 외로움과 애정과 남편에 대한 그녀의 욕구를 언급한다. 젊은 여인의 '바람과 동요'가 여기서 실제적인 포커스다.

오늘날 많은 이들은 이것을 "나의 영혼이 사랑하는"이라고 하지 않고 "내가 사랑하는"이라고 번역한다. 네페쉬(נפש)가 가질 수 있는 다양한 의미에도 불구하고, "영혼"이란 용어를 이 관용구의 번역에서 탈락시켜서는 안 된다. Edmée, *AThR* 80(1998) 556-61을 참조하라.

2 여기서 여인은 나태한 소원을 이겨내고 연인을 찾기 위한 적극적인 행동을 취한다. 이런 결정은 아가서 1:7-8과 비교된다(거기서 여인은 목자들 사이에서 벼

룩을 잡지 않고 연인을 찾기 원하지만 코러스에 의해 온화하게 비판을 받는 자신을 발견한다). 그 본문에서 처녀들은 그녀가 연인을 찾기 원한다면 그를 발견할 수 있는 곳으로 가야 한다고 말한다. 여기서 그녀는 자신의 생각과 일치하여 무행동에서 행동으로 옮긴다. 아가서 3:2에서 자기 권유형 동사들(אקומה נא, ואסובבה – 아쿠마나, 바아소베바 그리고 אבקשה – 아바크샤 "내가 일어날 것이다", "내가 돌아다닐 것이다", "내가 찾을 것이다")은 강력하게 단정적이며, 결의를 내포하고 있다: 그녀는 연인을 찾아나가려는 마음을 굳혔다. 그녀는 게으르고 낭만적인 생각을 중단하고, 이런 행동으로 인해 발생하는 모든 정서적인 위험을 무릅쓰고 남자를 실제로 찾아나간다(다시금 이것은 모두 비유적이다). 도성의 거리와 큰 길에서 남자를 찾는 그녀의 행위는 잠언 1:20-21; 7:10-13; 8:1-4에서 지혜의 여인과 창기의 행동과 비견된다. 각각의 경우에, 문제가 되고 있는 "여인"은 남자를 유인하기 위해서 찾고 있다. 찾는 것은 본래 선한 것도 악한 것도 아니다. 문제가 되고 있는 여인의 성격과 목적은 그 행위가 도덕적 자질을 알려준다. 아가서의 여인은 남자를 가리키려 하거나(지혜의 연인이 그리하는 것처럼), 지옥으로 남자를 끌고 가려고(창기가 그리하는 것처럼) 하지 않는다. 그녀는 참된 연인과 그녀의 마음의 동반자를 찾고 있다.

여전히 우리는 이것을 그녀가 도성 거리를 문자적으로 방황했음을 의미하는 것으로 취해서는 안 된다(지혜의 여인도 역시 문자적으로 거리를 헤매고 있지 않다). 오히려 이 말은 수동적인 욕구에서 자기 침상으로 연인을 데려오려는 확고한 결의로의 움직임을 묘사한다. 환타지(환상)에서 성의 유희는 쉽고, 복잡하지 않으며, 수동적인 주인공에게 저절로 다가온다. 하지만 실제에서는 성적인 기쁨과 관계의 성취는 노력과 성숙과 능동적인 참여, 그리고 방해를 극복하는 결의를 요한다. 여인이 홀로 밤에 거리를 찾아 나선 것은 커다란 결의를 요하는 일이고, 비유로서 그녀의 행동은 성년에 다다랐음을 의미한다.

많은 신화들이 주인공이 바라는 바를 얻기 위해서 안전한 집이나 문명을 나섬으로써 모험을 감수하는 '탐구'를 묘사한다. 자주 이런 탐구는 주인공의 변화의 과정의 일부다. 고대 메소포타미아 세계에서 가장 유명한 탐구적인 전설은 자기 친구인 엔키두의 죽음에 바다에서 영원한 젊음의 식물을 찾아 나섰던 길가메쉬와 관련이 있다(그는 그것을 발견하였으나 다시금 잃어버렸다). 그리스 신화는 황금 양털을 얻기 위해서 아고나우츠와 함께 콜키스로 항해했던 영웅 제이슨의 이야기와 같은 많은 탐구와 여행 이야기를 갖고 있다. 또 다른 위대하지만 실패했던 탐구는 오프

퓨스의 탐구인데, 그는 하데스로 내려가서 자신의 아내인 유리디스와 함께 지상으로 다시 돌아오는 것에 거의 성공할 뻔했다.

아가서의 여인은 비유적으로 영웅의 여행을 착수함으로써 아가서의 진정한 주인공이 됨을 스스로 보인다. 예루살렘 거리에서 헤매는 것은 탐구의 이상(ideal)을 대변한다. 이 서정시를 실제적인 사건으로 독법하는 것은 더 깊은 요지를 놓친다. 여인은 남자를 스스로 취하려는 용기 있는 결의를 함으로써 자신의 사랑을 발전시키려는 책임감을 갖는다. 그럼에도 불구하고 그녀는 즉시 그를 발견하지 못하고 도성의 순찰자들을 먼저 대처해야 한다.

3 순찰자들의 출현은 전적으로 예상치 못한 것이다. "행순하는 자들이 나를 발견하고서"(מצאוני השמרים – 메차우니 하쇼메림)가 "하지만 내가 그를 찾지 못하고"(ולא מצאתיו – 베로 메차티브) 직후에 나타난다. 심지어 전환을 나타내는 어떤 불변화사도 없이 말이다. 또한 청중들은 순찰자들에 대한 사전 지식을 전혀 갖지 못하고 있다. 그들이 아가서에 갑작스럽게 나타남은 해석자들에게 수수께끼 같은 양상을 제기한다. 우리가 그들에 대해 아는 것은 이 구절에서 그들이 여인을 발견하고, 여인은 그들에게 자기 애인을 어디에서 찾을 수 있는지를 묻는 것이다. 그리고 아가서 5:7에서 그들은 다시금 그녀를 발견하지만, 그 때에는 그녀를 때리고, 가해를 입히고, 그녀의 얼굴 가리개를 빼앗는다. 애굽의 사랑 시들과 고대의 성적 심상들이 아가서의 순찰자들에 대한 유추를 갖고 있지 않음을 주목할 필요가 있다.

분명히 아가서 3:3과 5:7은 서로 연계되어 있다. 이미 여기 3:3에서 우리는 순찰자들이 여인의 처녀성을 대변함을 제기할 수 이유를 갖고 있다. 고대의 도성은 "처녀"(참조. 애 2:13; 사 47:1)였다. 게다가 아가서의 여인은 도성으로 특징지어진다(아 6:4, 거기서 그녀는 디르자와 예루살렘으로 비유된다). 고대의 독자들에게서 처녀성의 측면에서 결혼 적령기의 여성을 생각한 것에 비추어 볼 때, "도성"의 "순찰자들"이 여인의 처녀성을 대변한다는 개념은 전혀 억지가 아니다. 아가서 5:7에 견주어 볼 때, 순찰자들이 그녀의 처녀성을 대변한다는 것은 거의 확실하다. 주인공 여자가 육체적으로 폭행을 당하는 사랑 노래를 갖는 것은 단순히 난센스일 것이다. 게다가 아가서의 어느 누구도 여인이 매를 맞았다는 것에 놀라지 않는다. 아가서는 이 사건에 대한 분노나 황급함을 시사하지 않는다. "순찰자들"은 매우 비인격적이다. 그들은 모양도, 감정도, 말도, 무기도, 손도, 얼굴도, 이름도 없다. 요컨대 그들은 전혀 인간의 모습을 보이지 않는다. 우리가 여인이 문자 그대로 두 경우에 순찰자들을 만났고, 한 경우에 폭행을 당한 것으로 이해하려고 한다면, 그 경험이 독자에게 아주 더 생생하고 희생자에 대한 감정이입을 불러올 수 있도록 폭행자에 대해서 이 이상의 어떤 말을 했을 것으로 예상할 수 있을 것이다. 여인이 순찰자들로부터 받았던 고통이 상징적이고 이외 다른 것을 대변하지 않는다면, 이 기사는 일관성이 없다. 더 자세한 논의에 대해서는 아래 5:7의 '주석'을 보라.

한편으로 순찰자들이 지금 여기서 그녀를 다룬 방식과 5:5에서 그녀를 다룬 방식에 차이가 나고 있음이 역시 눈에 띈다. 5:7에서 순찰자들은 그녀를 막무가내로 폭행하고, 어떤 종류의 대면이 있음을 암시하지 않는다. 여기서 그녀는 순찰자들에게 자기 연인을 찾는 일을 도울 수 있는지를 묻는다. 그들은 아무런 반응도 하지 않지만 그렇다고 적대적이지도 않다. 그들은 단순히 말이 없을 뿐이다. 이것은 무엇을 의미할 수 있는가? 다시금 이런 차이를 문자적인 차원에서 해결하려고 하는 것은 소용이 없다. 첫 번째 대면에서 실제 순찰자들이 멍하니 서 있었고, 두 번째 대면에서는 갑자기 비합리적으로 적대적이 되었던 것처럼 말이다. 하지만 사건의 상징적인 시리즈로서 3:3의 대면은 의미로 가득하다.

첫째로 순찰자들은 여인이 자기 애인을 찾을 때에 갑자기 나타난다. 즉 그녀가 애인을 바라고 있을 때, 그녀의 처녀성의 야만적인 사실이 갑자가 그녀의 마음에 나타난다. 둘째로 그녀가 순찰자들에게 자기 애인을 보았는지를 묻는다. 즉 그녀는 애인을 찾는 열쇠로서 자신의 처녀성을 바라본다. 처녀성이 없이는 그녀가 남자를 얻지 못할 것이다. 처녀성은 고대 이스라엘에서 결혼에 대한 자격요건(*sine qua non*)이다(과부의 경우를 제외하고는). 그럼에도 불구하고 순찰자들은 그녀의 애인이 어디에 있는지를 보여주지 않는다. 그들은 침묵하고 (이 시점에서) 수동적이 된다.

4 순서의 세 번째 단계로서 그녀는 순찰자들에게서 돌아서자마자 곧바로 애인을 발견한다. 여기에 나오는 동사들은 두드러진다. "돌아서다"로 번역된 동사는 아바르(עבר)인데, 이는 장애물이나 경계를 넘어서는 것을 내포한다. 그때에 그녀는 자기 애인을 확실히 붙잡고(אחז – 아하즈)다시는 놓아주지 않을 것이다(רפה – 라파). 이 용어는 드라마틱하고, 결의, 결심, 그리고 확고함을 대변한다. 그녀는 마음에서 경계선을 넘어섰다. 그녀는 처녀성에서 돌아서서 애인을 꽉 붙잡는다. 즉 그녀는 그녀의 처녀성을 그에게 주기로 선택했다.

게다가 그녀는 자기 어머니의 집과 방, 곧 자기를 낳아준 곳으로 그를 데리고 갈 것을 결심한다. 여기서 "나를 잉태한 자"(הורתי – 호라티)란 용어는 "내 어미"(אמי – 임미)에 상응하기 위해서 사용되었다. 유사한 평행이 호세아 2:7(ET 2:5)에 나타난다. 이것들은 하라(הרה)의 칼 여성 분사를 사용하는 유일한 두 본문들이다. 이 개념도 문자적으로 취한다면 꽤 난해하다. 여인의 욕구가 애인과의 성적인 관계인 것이 꽤 분명해 보이지만(그녀가 그를 꽉 붙잡았다는 점에서), 우리는 정숙한 이스라엘 처녀가 성관계를 갖기 위한 밤을 위해서 자기 어머니의 집으로 남자를 데리고 들어온다는 것은 상상하기 어렵다. 이 상황에 대한 이러한 이해는 대단히 시대착오적이다. 물론 자기 어머니의 집으로 남자를 데리고 옴으로써 그녀가 이 남자와 공식적으로 결혼하려는 의도를 선언한다는 점에서 어머니에게 그를 데려오는 것임을 의미한다고 주장할 수 있었다. 그렇다면 이 소절은 그녀가 이 남자와 결혼하기를 바란다는 것을 선언하기를 원하고 있음을 단지 의미할 것이다. 그러나 아가서 8:2에서, 분명히 이 남녀의 관계성의 완성(아 4:16-5:1)이 있은 후인 텍스트에서, 그녀는 자기 어머니의 집으로 그를 데려갈 것임을 다시 선언한다. 거기서 그녀는 자신의 남편과 성관계를 가지려는 의도를 확실히 묘사하고 있고(8:2의 주석을 보라), 3:4의 이 용어가 이와 다른 의미를 가질 것 같지 않다. 아울러 아가서 3:1-5의 초점은 침상에서 그 남자를 찾은 것처럼 애인에 대한 그녀의 열정적인 욕구에 있고, 결혼 예식의 관계를 완성하는 일에는 관심이 없다. 어쨌든 그녀가 침상에서 뛰쳐나오고, 도성으로 남자가 방황하는 것을 발견하고, 공식적인 결혼 선언을 하기 위해서 자기 어머니 집으로 그를 데려가는 것으로 상상하는 것은 매우 기이한 일이 될 것이다.

따라서 어머니의 "집"(בית – 베트)과 그녀를 잉태한 여인의 "방"(חדר – 헤데르)은 다시금 대리적인 용어들이다. 그것들은 자궁이고, 이것은 모든 이들을 잉태하는 집과 방이다. 말하자면 그녀는 애인을 자기 어머니의 방으로 데려오기를 결심한다. 아울러 여인은 자기 어머니와 처녀성의 상실에 직면하는 문제를 동일시한다. 사실상 그녀의 어머니는 그녀에 대한 역할 모델이 되고, 그녀에게 이 사건을 직면할 수 있는 용기를 준다(또한 8:2의 주석을 보라).

마지막으로 우리는 남자의 인물을 이 에피소드의 일부에서 전혀 발견할 수 없음을 주목해야 한다. 우리는 무엇보다도 그가 왜 여인에게서 잃어버림을 당하였는지에 관한 설명을 듣지 못한다. 그리고 그녀가 그를 찾았을 때, 그는 아무런 말도 없고, 아무런 행동도 하지 않는다. 이것은 이 칸토의 비실제성의 의미를 추가할 뿐이고, 나아가서 실제 "이야기"는 마음과 여인의 감정적인 투쟁에서 발생하고 있음을 가리킨다.

5 여인은 예루살렘 처녀들에게 적절한 때가 오기까지 성적인 열정을 일깨우지

말 것을 갑작스럽게 요청한다(아 2:7을 보라). 3:1-5의 순서의 일부로서 이것은 앞뒤가 맞지 않는다. 젊은 남자를 자기 어머니의 집으로 데려가는 과정에서 그녀가 갑작스럽게 돌아서서 친구들에게 성적인 도덕성에 대해 훈계하는 것은 이치에 맞지 않는다. (그들은 역시 어딘지 모르는 곳에서 갑작스럽게 나타나지 않았는가?) 하지만 이런 문제는 독자가 이것을 사건의 문자적인 시리즈로서 읽지 않는 한 관계가 없다. 여인은 이 시점에서 사랑의 밤을 보내기 위해 젊은 애인을 실제로 데려오고 있지 않다. 오히려 그녀는 마음속에서 처녀성의 문제에 직면했고, 자신의 처녀성을 간직하기보다 애인을 데려오기를 단호히 결심했다. 이런 방식으로 이해할 때 예루살렘 처녀들에 대한 갑작스러운 훈계는 문맥에 완벽하게 들어맞는다. 그녀는 이것이 매우 커다란 결정이고, 그녀의 친구들은 사랑을 성급하게 이루지 말아야 함을 사실상 말하고 있다. 적절한 때와 적절한 사람을 기다리라고 그녀는 제기하고 있다.

해설

이 칸토의 모티브는 애인에 대한 젊은 여인의 사모다. 구조는 간단하다: 1-4절에서 여인은 애인을 찾고 발견하며, 5절에서 예루살렘의 처녀들에게 적절한 때가 오기까지 성적인 행위를 피할 것을 주문하는 일을 반복한다.

이 단락의 해석은 매우 논쟁이 되고 있다. 아가서에 대한 희극적이고 역사적인 독법은 이것을 자주 문자적으로 취한다. 그렇게 하는 것은 그런 방식을 주장하는 대부분의 주석자들이 대처하지 못하는 확실한 난해함에 부딪히게 된다: 그녀는 자기 어머니와 여전히 같이 살고 있고, 따라서 결혼하지 않았음을 시사한다. 애인을 찾기 위해서 거리를 배회했던 미혼의 처녀가 남자를 집으로 끌고 들어오는 것(분명히 성적인 목적을 위해서)은 이 책의 여성 영웅에 대해서 기대하는 여인과는 너무 달라 보인다. 도성의 순찰자가 평행 단락(아 5:2-8)에서 그녀를 때린다는 사실은 좀처럼 도움이 되지 않는다. 사실상 모든 소절이 비유적인 칸토에서 독자가 이 기괴한 에피소드를 문자적인 방식으로 읽기를 변호하는 것은 이상한 일이 될 것이다.

아울러, 여러 주석가들은 이스라엘의 처녀가 밤에 도성의 거리를 배회하고 있었을 것 같지 않음을 주목했다. 그러한 여자는 창기로 간주되었을 것이다(호 2:7; 잠 7:10). 룻이 밤에 보아스를 찾기 위해서 타작마당으로 나간 것은 사실이지만(룻 3장), 그것은 시골의 마을이었지(베들레헴), 예루살렘 도성에서가 아니다. 게다가 룻은 보아스를 찾기 위해서 주위를 헤맨 것이 아니라 그가 어디에 있는지를 정확히 알았다. 딸들의 처녀성에 관한 측면에서 부모들에게 주어진 신명기 22:13-21의 위치를 고려해 볼 때, 부모들이 한밤중에 그들이 거리를 배회하도록 허락했을 리가 없을 것이다(하물며 그 밤에 애인을 집으로 데려오는 것은 더더욱 그러하다!).

이 단락은 자주 꿈으로 묘사되는데(예. Rudolph, 137-38; Gledhill, *Message*, 143-46), 텍스트가 전달하는 세부적인 상황의 자증적인 터무니없음 때문이다(이 사건이 밤마다 일어났고, 그녀는 밤에 거리를 헤매고, 순찰자들이 그녀의 애인이 누구인지를 알 것을 그녀가 기대하고, 갑자기 그녀의 애인을 발견하는 것 등등). 그러나 보다 최근의 주석가들은 이 본문을 꿈이라고 부르는 것은 실제로 해석에 전혀 도움이 되지 않기 때문에 본문을 다루는데 "꿈"이라는 전략을 포기했다. 꿈에서는 어느 것도 발생할 수 있고, 꿈은 자주 아무런 의미를 갖지 못한다는 것을 사실상 말하고 있기에, 따라서 독자들이 이 본문의 기이한 일들을 이해할 의무가 없다는 것이다. 보다 중요한 것은 본문이 전혀 이것이 꿈이라고 시사하지 않고 있다.

아가서의 제의적 해석들은 이 본문을 바알을 찾고 있는 아나트(Anat)나 타무즈를 찾고 있는 이쉬타르(Ishtar)와 연관시킨다. 제기된 평행들은 이쉬타르가 지하세계로 하강하여 일곱 문의 순찰자들과 교섭해야 했고, 아나트가 바알을 찾는데 태양 여신인 사프쉬(Shapsh)의 도움을 구했다는 사실을 포함한다(Pope, 419-22을 보라). 그러나 이 중에 어느 것도 이 본문을 제의적인 문서로 전환시키기에 충분하지 못하다. 여인은 여신도 아니고 남자는 신도 아니다. 그는 죽음이나 위험에 처해 있지도 않다.

이 본문의 유일한 일관적인 해석은 그것이 여인의 정신적 고민을 대변한다는 것이다. 여인이 한 남자의 아내가 될 준비를 하는 과정에서 말이다. 밤에 홀로 그녀는 애인을 그리워한다. 그녀가 정신적으로 그를 추구할 때, 그리고 그와의 육체적 관계를 상상할 때, 그녀는 자신의 처녀성에 직면한다. 그녀는 자신의 처녀성을 상실하는 사건을 진행하지 않고는 그를 가질 수가 없다는 것을 안다. 그럼에도 불구하고, 그녀는 그를 자신에게로 데려오기를 결심한다. 그녀는 이 결심을 사소한 문제로 보지 않고, 친구들에게 적절한 때가 왔음을 확신할 때까지 그들의 처녀성을 지킬 것을 훈계함으로써 이 칸토를 매듭짓는다. 평행적인 사건인 아가서 5:2-8은 그녀의 처녀성의 상실을 염려하고 있음을 묘사하지 않고 그 사건 자체를 묘사하고 있다. 아가서 3:1-5의 메시지는 결혼식 날 밤이 있기 전에 이런 문제의 감정에 직면하지 않았던 처녀는 결혼을 아직 준비하지 않은 것으로 보이게 만든다.

B. 코러스: 신부가 신랑에게 오다(3:6-11)

참고문헌

Beare, F. W. *Gospel according to Matthew.* **Davies, W. B.,** and **D. C. Allison.** *Gospel according to Saint Matthew.* **Dirksen, P. B.** "Song of Songs 3:6-7." *VT* 39(1989) 219-25. **Driver, G. R.** "Supposed Arabisms in the Old Testament." *JBL* 55(1936) 101-20. **Epstein, I.** *Hebrew-English Edition of the Babylonian Talmud: Seder Nashim.* **Garrett, D. A.** *Hosea, Joel.* **Gundry, R. H.** *Matthew.* **Jeremias, J.** *Parables of Jesus.* **Schweizer, E.** *Good News according to Matthew.*

본 문

코러스
6 누구인고
거친 들에서 오는 자가
연기 기둥과도 같고
몰약과 유향과 장사의 여러 가지 향품으로
향기롭게도 하고
7 이는 솔로몬의 연이라
육십 인이 옹위하였는데
이스라엘 용사 중

8 다 칼을 잡고
싸움에 익숙한 사람들이라
각기 허리에 칼을 찼느니라
밤의 두려움을 인하여
9 자기의 연을 만들었는데
솔로몬 왕이 레바논 나무로
10 그 기둥은 은이요
바닥은 금이요
자리는 자색 담이라
그 안에는 사랑이 입혔구나
예루살렘 여자들아, 나와라
시온의 여자들아 나와서 보라

chorus
6 Who is this 1A
coming up from the wilderness 1B
like columns[a] of smoke 1C
when there is a fragrant burning[b] of myrrh and
frankincense, 1D
the best of exotic fragrances? 1E
7 Oh, it is his palanquin! The one that belongs to
Solomon! 1F
Sixty warriors are about it, 2A
the elite of the warriors of Israel! 2B
8 All of them are skilled with swords 2C
and trained in warfare. 2D
Each man has his sword at his side 2E
because of the terrors of the night. 2F
9 The king made a sedan chair for himself: 3A
Solomon made it from the wood of Lebanon. 3B
10 He made its pillars of silver 3C
and its canopy framework of gold. 3D
Its seat is purple, 3E
and its interior is fitted together—this is love! 3F
Daughters of Jerusalem, **11** come out! 4A
And look, O daughters of Zion, 4B

면류관을 쓴 솔로몬 왕을	at King Solomon with his crown—	4C
그 면류관은 모친이 씌운 것이라	the one with which his mother crowned him	4D
그의 결혼식 날에	on the day of his wedding,	4E
그 날에 그의 마음이 기쁨으로 가득하였다	on the day his heart was full of joy.	4F

원문주해

6.a. 맛소라텍스트 께티마로트(כתימרות, "…의 기둥처럼"). α´는 끼테무나트(כתמונות, "…의 형태처럼"). 옛시리아어역은 까아테로트(כעטרת, "풍성한 것처럼"). 맛소라텍스트로 독법하라.

6.b. 맛소라텍스트 메쿹테레트(מְקֻטֶּרֶת)는 여성형 푸알 분사다: "태워진." α´ 벌게이트역 탈굼역은 전치사 멘(מן)을 갖는 능동태 분사를 독법한다: "…을 태운 것에서."

양식/구조/배경

코러스만이 이 칸토를 노래한다. 테너나 소프라노를 위한 부분은 없다. 이 칸토는 통일성이 있고, 두 혹은 그 이상의 싱어들 간의 교창적인 특징은 없으며, 따라서 몇 부분으로 나눠지 않는다. 폭스(*Song of Songs*, 119-27)는 6절이 코러스에 속하고 7-11절은 사랑하는 이에 대한 여인의 묘사라고 주장하지만 그것은 설득력이 없다. 여인의 도착이 이 칸토의 모든 관심의 대상이기 때문에, 그녀는 분명히 싱어가 아니다. 테너 또한 이 부분의 싱어가 되는 것은 빈약한 선택이다. 남자가 도성의 처녀들에게 흥분하여 나와서 자신의 사랑하는 자 또는 "솔로몬"을 보라고 외치는 것은 어울리지 않는다. 그는 아가서의 다른 곳에서 이와 같은 일을 결코 하지 않는다.

이 소절을 코러스에 할당하는 것을 반대하기도 한다. 10-11절에서 합창자들이 예루살렘의 처녀들에게 밖으로 나올 것을 요구했다는 근거에서 그들은 예루살렘의 처녀들이 될 수 없다고 주장한다. 하지만 이런 반대는 빈약하다. 코러스는 예루살렘 처녀들의 전부가 아니고 작은 대표적인 그룹이다. 처녀들이 나와서 광경을 볼 것을 외치는 사람들은 다른 처녀들이다.

이 칸토는 여섯 소절의 네 스트로피를 갖는다. 말하자면 이 칸토는 전체적으로 24소절을 갖는다. 소절 1A와 1B를 단일한 소절로 취할 수 있었으나, 아가서 6:10과 8:5(מי זאת - 미 조트, "이는 누구인가?"가 나타나는 또 다른 곳)에서의 평행이 미 조트(מי זאת)를 분리된 소절로 취하는 것을 가장 좋게 만든다. 6:10과 8:5에서 미 조트(מי זאת)는 (분사들과 함께) 일련의 상응하는 소절이 뒤따른다. 여기서 미 조트(מי זאת)는 단일한 분사 소절이 뒤따르지만, 다른 본문들과 구조적인 평행을 아주 잘 유지하는 것으로 보인다. 첫 번째 스트로피에서 1A는 1F로 응답되고, 1B-E는 그들이 다가오고 있는 것을 보는, 여인의 호송대를 묘사하고 있는, 조트(זאת, "이 것")에 대한 설명이다.

두 번째 스트로피는 다소 첫 번째 소절과 동일한 구조를 갖는다. 소절 2A는 60명의 용사들에 관심을 맞추고, 2F는 "밤의 두려움으로 인해"라는 소절을 갖는, 언급되지는 않았지만 분명한 질문인 "60명의 군사들이 왜 거기에 있는가"로 응답된다. 이 사이에 2B-E는 60명의 용사들을 설명하고, 그들의 성격을 전달해준다.

세 번째 스트로피도 설명적이다. 그것은 왕이 연을 만들었음을 3A에서 선언하고, 3B-E에서 연의 재료와 특징들을 묘사하는 것으로 나아간다. 하지만 3F는 홀로 서 있는 "사랑"(אהבה – 아하바)이란 단어로 마감하면서 특이한 변화가 있다. 첫 두 스트로피의 구조와 유사함을 가지고 있는 이것은 진술되지 않은 질문인 "연의 이름은 무엇인가?" 또는 "연의 목적은 무엇인가?"에 대한 응답으로 보인다.

마지막 스트로피는 여섯 소절이다. 그것은 처녀들이 나와서 이 광경을 볼 것을 외치면서 일치를 사용하는 두 소절로 시작한다는 점에서 구조적으로 다르다(4A-B). 소절 4C-D는 어근 아타르(עטר, "면류관")를 갖는 단어들과 4B에 대한 의존으로 연합되어 있다. 소절 4E-F는 뻬욤(ביום, "그 날에")으로 시작하는 두 소절들을 갖는 반복과 4D에 대한 그것들의 의존에 의해 함께 묶여 있다.

이것은 결혼식에 신부와 신랑의 출현을 축하하는 도착 노래이다. 여인이 가마(연)로 신랑에게 데려와지고(6-10절), 신랑은 면류관을 쓰고서 신부의 도착을 기다리기 위해서 결혼식 집 바깥에 나와 있다. 연을 타고 오는 자가 남자가 아니라 여자임을 주목해야 한다(반대로는 Murphy, 151).

주석

6 미 조트(מי זאת)란 어구는 "이는(여인) 누구인고?"를 의미한다. 많은 학자들은 11절에 기초해서 이 광경의 중심에 남자가 있다고 이 내용을 지적한다. 그러나 사실상 이 텍스트는 11절의 "솔로몬"이 6-10절의 연(가마)에 있음을 결코 나타내고 있지 않다. 게다가 7절이 오고 있는 것이 솔로몬의 연이라고 말한다는 사실은

그가 안에 있지 않다는 것을 의미한다. 조트(זאת)가 중립적일 수 있음은 사실이다. 그것은 모호하거나 정의되지 않은 언급을 갖는 여성 대명사이고(*IBHS*, 692), 이 말은 단일한 사람이 아니라 다가오고 있는 전체 광경을 언급할 수도 있었다. 하지만 이런 해석이 갖는 문제는 본문이 출애굽기 13:14에서처럼 "이것은 무엇인가?"(מה־זאת – 마 조트)가 아니라, 여성 대명사가 진정으로 사람임을 나타내면서 "이는 누구인가"(מִי זאת – 미 조트)라고 되어 있다는 사실이다. 미 조트(מִי זאת)란 어구는 아가서 6:10과 8:5에서만 히브리 성경의 다른 곳에 나타나고, 이 두 곳에서 관심의 대상은 여인이다.

가장 간단한 해결책은 여인이 연에 있고(6절), 남자가 그녀의 도착을 기다리고 있는 것이다(11절). 또한 P. Dirksen, *VT* 39(1989) 219-25을 보라. 코러스는 그녀가 연기기둥으로 보이는 것과 더불어 "거친 들(광야)에서"(מִן־הַמִּדְבָּר – 민 하미드빨) 오고 있다고 외친다. 성경 독자들에게서 이 용어는 "구름기둥"의 형태로 쉐키나(하나님의 모습)를 가졌던 광야에서의 방랑을 즉시 내포한다. 그런데 이 용어는 정확히 그것과 동일하지는 않다. 여기서 "기둥"(תִּימֲרָה – 띠마라)이란 용어가 출애굽 기사에서의 구름기둥에 사용되고 있지 않다(עמוד הענן – 암뮤드 헤아난; 예. 출 13:22). 본문은 신현이 아니라 결혼식 잔치를 묘사하고 있다. 하지만 여전히 시각적인 심상은 고전적인 신현의 용어를 생각나게 만든다. 또한 우리는 그들이 "광야"("거친 들" – 한글개역)에서 특히 도착하고 있음을 주목해야 한다. G. L. Carr(108)와 대비되게, 민 하미드빨(מִן־הַמִּדְבָּר)은 여기서 "광야"로 번역해야지 "사막"으로 번역해서는 안 된다. 사막은 오도된 것이고, 광야 모티브의 의미를 놓친다. 역사적이고 문학적이며 종교적인 광야의 함축된 내용이 이 용어를 이끌어가고 있다. 광야에 대한 언급은 그것은 솔로몬의 삶이나 고대 이스라엘의 결혼 의식을 문자적으로 형상화하고 있음을 의미하지 않는다. 정경적이고 문학적인 관점에서 광야는 대단히 의미가 있다(Garrett, *Hosea, Joel*, 88-91을 보라). 광야는 이스라엘이 하나님과 함께 거하던 장소이고, 광야에서 이스라엘이 약속의 땅을 얻기 위해서 가나안에 왔다. 또한 모세가 자신의 전환기에 거하였던 곳이고, 거기서 그는 불타는 가시떨기 나무의 신비적인 경험을 보았다. 광야는 에덴동산의 이미지를 거의 함축한다: 호세아는 광야를 하나님이 여인의 마음을 이스라엘로 되돌리는 거룩한 간구의 장소로 부른다(호 2:16[et 2:14]). 킬(Keel, [1994] 126)은 아쉬타르테(Ashtarte)와 이쉬타르(Ishtar)가 광야의 여신이었음을 관찰한다. 이 칸토는 이 사건에 장엄함과 기이함을 부여하기 위해서 이런 용어들로 그녀의 도착을 언급한다. 이스라엘의 군대나 하나님처럼 주위가 영광의 구름이 있는 광야로부터 나타난다.

코러스가 보고 있는 연기 기둥은 수행원들이 만들어낸 먼지, 즉 연기 같은 향의 기둥처럼 보이는 먼지이거나, 사실상 향의 연무일 것이다. 콰탈(קטר)은 동물의 희생제사의 번제나 연기로 보내는 향을 묘사한다. 그 용어는 다가오는 광경이 다양한 형태의 향을 태움으로써 대단히 향기를 내뿜고 있음을 함축할 수 있었다. 대안적으로 그것은 접근하고 있는 무리가 향으로 올려진 연기 기둥처럼 보이는 먼지 기둥을 차올리고 있음을 의미한다. 하지만 이것이 그런 의미라 할지라도, 향의 비유는 그것이 자극하는 풍요로움과 기쁨의 감정에 여전히 의미가 있다. 많은 현대적 해석과 다르게 메쿹테레트(מקפרת)를 연기나 태움에 대한 언급이 없이 단순히 "향내 나는" 것으로 번역하는 것은 관련된 개인들이 어떤 향수를 단지 뿌린 것을 이것이 함축하는 것으로 보이기 때문에 오도하는 것이다. 콰탈(קטר)은 향기를 내는 파우더를 태우는 것을 함축한다. 메쿹테레트(מקפרת)는 조트(זאת, "이것은")와 동격은 아닐지라도, 그 대명사에 영향을 주는 여성 단수일 것이다. 만약 그것이 조트(זאת)와 동격이라면, 그것은 조트(זאת)가 언급하는(그것이 여인이든 전체 광경이든 간에) 것이 희생제사로서 태워지고 있었음을 함축할 것이나, 그것은 그 경우가 아니다. 태워지고 있는 것은 향기 나는 송진, 몰약, 유향이고 결혼식 파티가 아니다. 몰약(מור – 몰)은 남성 대명사이고 통상적으로 태우기 위한 향으로보다는 향기를 내는 기름으로 사용된다. 그러나 유향(לבונה – 레보나)은 여성형이고, 그러한 목적을 위해서 사용되고 (예. 레 2:2), 메쿹테레트(מקפרת)의 성은 레보나(לבונה)에 의해 결정될 것이다. 몰약과 다른 이국적인 분말 송진을 태우는 것은 이 장면이 얼마나 사치스럽고 풍요로운지를 나타내준다.

미콜 아브콰트 로켈(מכל אבקת רוכל)은 문자적으로는 "상인의 모든 분말에서"이지만 그것은 아마도 지역에서 생산할 수 없었기에 수입업자에게로 가야했던 향료를 언급한다. 그러므로 그것들은 "이국적"이었다. 미콜(מכל)에서 ־מ은 부분사이고, 가장 좋은 향이 사용되고 있음을 함축한다.

멀리서 접근하고 있는 호송부대를 바라보는 처녀들의 집단이 특이한 향품과 향을 멀리서 감지할 수 있었다고 생각하는 것은 분명히 비실제적이다. 하지만 연무의 기둥의 실제적인 본질과 글자 그대로 인간의 감각의 제한은 여기서 이슈가 아니다. 성경의 다른 곳에서 태우는 향은 거룩한 예배의 맥락에서 나타난다(예. 출 30-31장; 레 2:1-2; 민 7장). 이 문화에서 살고 있는 청중들에게 향은 신비, 경외, 그리고 예배의 기쁨과 거룩함을 내포했다. 여기서 향이 내포하고 있는 것을 안출해냄으로써, 아가서는 인간의 사랑에 대한 경외에 방향을 맞추고 있다.

7 9절에서 "연"(침상 가마, אפריון – 앞필욘)과 관련하여 "연"(palanquin, 호위 가마)이나 침상 가마로서 미빠(מִטָּה)의 의미는 앞필욘(אפריון) 어원이 불확실할지라도 대단히 잘 구축되어 있다. 카르(G. L. Carr, 111)는 다른 두 대상들을 언급하는 두 개의 단어로 취하지만, 그것은 그럴 것 같지 않다. 미빠(מִטָּה)란 말은 근본적으로 "침상"을 의미하지만, 문맥은 그것이 움직이는 왕의 가마의 일종인 것을 필요로 하는데, 6절에 따르면, 그것이 광야로부터 오고 있기 때문이다. 또한 게르레만(Gerleman, 138)을 보라. 이것은 분명히 고정된 침상일 수 없었다. 폭스(Fox, *Song of Songs*, 125-27)는 6절을 7-11절과 분리하려고 하고, 따라서 미빠(מִטָּה)와 앞필욘(אפריון)이 연(가마)이라기보다는 고정된 침대를 묘사하는 것이라고 주장한다. 앞필욘(אפריון)이 고정된 침대라는 폭스의 언어학적 주장은 설득력이 없다. 학자들은 간혹 앞필욘(אפריון)을 산스크리트어의 *paryanka*("연"; 참조. BDB) 또는 헬라어의 포레이온(φορεῖον, "침상 가마")과 연관짓는다. 70인경은 포레이온(φορεῖον)을 갖고 있고, 벌게이트 역은 *ferculum*, "운반대, 침상 가마"를 갖는다. 이는 적어도 우리에게 고대 사람들이 이 용어를 어떻게 이해했는지를 말해준다. 설사 6절이 없다하더라도 앞필욘(אפריון)이나 미빠(מִטָּה)가 여기서 어떻게 침상일 수 있었는지를 알기 어렵다. 만약 그 용어가 침상을 의미하는 것이라면, 예루살렘의 처녀들이 (솔로몬의 사적인 방을 침입할 수 있었던 것처럼, 11절) 그것을 와서 보도록 초대받지는 않았을 것이다. 그의 미빠(מִטָּה)의 주변에 서 있는 60명의 호위병에 대한 이미지도 우리가 그 용어를 잠을 자는 침상으로 간주한다면 동등하게 이상하다.

여기서 문법은 다소 어색하다. 그것의 번역은 "오, 그의 연이다! 솔로몬에게 속한 것!"이 된다. 이런 형태는 흥분된 외침과 갑작스러운 인지에 적합하다. 마치 젊은 십대들이 예기치 않은 축하에 직면해서 발하는 소리처럼 말이다. 60명의 호위병들은 일종의 왕실 근위대다. 미깁뽀레(מגברי, "용사")에서 מן은 부분사이고 이스라엘의 용사들로부터 선발한 사람들임을 함축한다 – 즉 왕실 근위대의 엘리트적 부대. 학자들은 그 수가 다윗의 근위대의 수(30명; 삼하 23:18-19)에 두 배임을 주목했다. 이 두 배가 의도적이라면, 이 광경이 형언할 수 없이 영광스러움을 암시하는 과장어구일 것이다. 사실상, 통상적인 결혼에서 신부의 행렬은 신랑의 친구들이 수반하였으나 여기서 왕실의 치장은 그 장면을 훨씬 더 멋지게 만들고 있다.

8 아후제 헤렙(אחזי חרב)이란 어구는 문자적으로 "검을 쥐었다"이다. 오늘날 많은 학자들은 메룸메데 밀하마(מלמדי מלחמה, "전쟁으로 훈련된")과 평행하여 그것을

"검으로 다듬어진"을 의미하는 것으로 취한다. 아카디아어 동족어인 아하즈(*aḫāzu*, "배우다")와 우가릿어의 아흐드 흐르드(*aḫd ḥrṯh*, "경작하는 일에 익숙하다")는 이런 사실을 지원해준다. 더 자세한 논의는 포프(435)를 보라.

경호대의 군사적인 무용과 준비는 다시금 이 장면의 장엄함을 더해주지만, 그들이 "밤의 두려움을 인하여" 무장하고 있다는 특이한 논조에 비추어 단순히 군사적인 예복을 입은 것 이상의 의미가 있지 않은가를 의문한다. 학자들은 자주 이것을 결혼식 날 밤에 신부나 신랑을 죽이려 하는 시기하는 악마에 대한 미신과 연관시킨다(토빗서 6:14-18에서처럼). 이에 대한 충분한 논의를 위해서는 포프(435-40)를 보라. 그러나 그러한 미신을 아가서의 다른 곳에서 발견할 수 없고, 악마를 방어하는 데 병사들을 사용하는 것은 어쨌든 매우 이례적이다. 일부 해석자들이 제기하는 것처럼 확실히 어느 누구도 결혼식 날 밤에 침상의 주변에 서 있는 60명의 병사들을 원치 않을 것이다. 나는 아가서 3:1-5에서 도성의 순찰자들이 여인의 처녀성을 가리키는 것임을 이론화했다. 이 본문의 용사들이 엄격하게 그녀의 처녀성에 대한 비유는 아닐지라도, 그런 이미지가 동일한 개념의 일부를 내포할 수 있다. 여인은 남자에게 정결하고 안전하게 데려와져야 한다. 밤의 두려움은 모호하지만 그것이 "밤"이라는 것이 의미가 있다. 이 때는 사랑의 시간이지만 또한 배반, 도둑질, 매복, 그리고 강간의 시간이기도 하다. 여인은 신랑과 함께 있게 밤에 안전하게 올 수 있도록 보호받고 있다.

한마디로 본문은 신부가 지역의 남자들의 명예 경호대(아마도 신부의 오빠들이나 신랑의 친구들)에 의해 호송되고 있는 고대 이스라엘 백성들의 결혼식에 관한 실제적인 관습을 반영하고 있다. 경호에 대한 필요는 실제적이라기보다는 상징적이었으나 그들은 여자를 안전하고 건강하게 결혼식장으로 데려오는 역할을 하였다.

9 얼핏 보기에 본문의 초점이 신부나 신랑이라기보다는 가마와 호위대에 있는 것으로 보이는 것이 의아스럽다. 이 칸토가 특별하게 관련된 개인보다는 사랑과 결혼의 영광을 칭송하고 있기 때문이다. 위에서 설명한 것처럼, "솔로몬"에 대한 언급은 이 칸토에 찬란함을 부가하고, 결혼을 고귀한 사건의 지위로 격상시킨다.

10 이것이 연(가마)의 어떤 부분을 묘사하고 있는지를 확실히 하기는 어렵다. 여전히 이것은 매우 호사스러운 도구임이 분명하다. "그 기둥"(עמודיו – 암뮤다브)은 가마의 덮개를 지지하고 있는 기둥을 가리킨다. 레피다(רפידה)는 하팍스 레고메논(*hapax legomenon*, 단 한번 기록에 남아 있는 어구 – 역자주)이지만, 라파드

(רפד, "펼치다")와 관련이 있는 것으로 보인다. 나는 그것을 가마 위에 닫집 모양의 덮개를 지지하고 있는 골조인 것으로 간주한다. 만약 그것이 옳다면, 이는 덮개를 지지했던 나무 골조가 금으로 도금되었음을 의미할 것이다. 본래 따베크(תוך)는 "중앙"을 의미하나, 여기서 그것은 가마의 내부 장식의 일부를 가리킨다. 하팍스 레고메논일지라도, 그것은 라츄프(רצוף)가 "아로새긴"이나 "적합한"을 확실히 의미하는 것으로 보인다. 머피(149)는 아카디아어와 시리아어의 평행이 이런 해석을 지지한다는 것을 주목한다. 에스겔 40:17-18에서 명사 리츠파(רצפה)는 "포장"을 의미하고, 따라서 라차프(רצף)는 물체들의 결합을 묘사하는 것으로 보인다. 70인경은 여기 아가서에서 실제로 "포장"(*λιθόστρωτον* – 리도스트로톤)이란 단어를 갖는다.

"자색"(ארגמן – 아르까만)의 의미는 지금 다루고 있는 항목이 동부 지중해에서 발견되는 어떤 연체 동물의 분비물(연체동물의 네 종 중의 하나가 사용될 수 있었다)로 자색을 염색한 재료로 만들어졌다는 것이다. 두로와 시돈은 이 재료의 주 원산지였다. 색깔은 대단히 높이 평가되었고, 이 염색으로 도색한 물체는 매우 비쌌다(*ISBE* 3:1057, "purple"[자색]에 따르면, 이 염색의 단일한 그램을 얻기 위해서 8천의 연체동물을 필요로 했다). 일반적인 가구의 장식을 위해 이 염색을 사용하지 않았으리라는 것은 두말할 필요가 없다.

아하바(אהבה, "사랑")의 의미는 여기서 모호하다. 많은 학자들이 수정을 제기한다. 폭스(*Song of Songs*, 126)는 그것을 아바님(אֲבָנִים, "돌")으로 수정한다. 아바님(אבנים)이 진귀한 돌(자주 수식어와 함께)을 가리킬 수 있을지라도, 이런 풍부한 어휘로 치장한 책에서 사용되기에는 매우 단조로운 용어로 보인다. 아바님(אבנים)이란 말은 통상적으로 단지 바위를 가리킨다. 어쨌든 이런 수정에 대한 증거가 부족하다. 머피(149)는 일부 학자들이 호브님(הָבְנִים, "흑단"[ebony])으로 수정하고 있음을 지적한다. 이것은 "돌"(stones)보다는 더 좋은 의미를 만들어주지만, 그것도 역시 순전히 추측적인 문제가 있다. 드라이버(G. R. Driver(*JBL* 55[1936] 111)는 아하바(אַהֲבָה)가 여기서 아라비아어 동족어에 근거해서 "가죽"을 의미한다고 주장했지만 이 주장도 학자들의 지지를 거의 받지 못했다. 요컨대, 어떤 수정도 충분히 설득적이지 못하다. 그러나 아하바(אַהֲבָה)를 갖는 בְּ 같은 함축된 전치사를 이해하려고 한다면, 그것이 "사랑(이란 말)으로 아로새긴"을 의미하는 것으로 취할 수 있거나 "사랑"을 비유적인 재료로 간주하여 그것으로부터 가마의 이 부분을 만들었을 수 있다. 일부 학자들은 가마의 내부 장식을 에로틱한 모티브를 묘사하는 아이보리

타일로 꾸민 것이라고 주장하지만, 이런 방식으로 아하바(אַהֲבָה)를 사용한 평행이 없다. 히브리어가 에로틱한 예술을 나타나기 위해서 "사랑"과 같은 추상적인 용어를 이용하였을 가능성을 부여한다할지라도, 사용된 용어는 거의 확실히 또딤(דּדִים)이지 아하바(אַהֲבָה)가 아닐 것이다. 시들이 보통 불변화사와 전치사를 생략할지라도, 이것은 여기서 그 경우가 아님이 분명하다. 또한 그것을 부사적으로 "사랑스럽게"로 번역하기에도 근거가 부족하다(NASB, NIV).

이 텍스트의 어느 수정이나 번역도 설득력이 있거나 폭넓은 인정을 얻지 못한다. 그러므로 나는 "가마의 내부 장식을 적절히 엮어놓은"으로 확실히 사용되고 있다고 제기한다. 이 소절은 도구의 기능의 질량만을 언급하고 있지 사용된 재료에 대해서는 아무것도 언급하지 않고, 어떤 사실적인 예술에 관해서는 더더욱 그렇다. 즉 가마의 부분들은 못, 로프, 또는 여타 재료들로 함께 묶여져서 조여진 것이 아니라 세심하게 새겨져서 맞물려 연결되었다. 라츄프(רָצֻפָה)의 이런 이해는 우리가 이 용어에 대해서 알고 있는 것에도 적절하다. 만약 이것이 옳다면, 그때에 아하바(אַהֲבָה)란 단어는 단락에서 어떤 다른 단어와의 분명한 문법적 연결이 없이도 홀로 서게 된다. 이것이 그 경우라면, 아하바(אַהֲבָה)를 전체 기사와 동격으로 일종에 일시 중단한 서술부로 읽을 수 있을 것이다. 즉 전체 수송부대를 "사랑"이라 부를 수 있는데, 장엄하고 풍성한 가마, 향의 방향, 그리고 왕실 경호대가 이 사건의 의미를 함께 묘사하고 있기 때문이다. 심오한 경탄 – 남자와 여자의 사랑 – 이 의식에서 존귀히 여겨지고 있다. 아하바(אַהֲבָה)의 용법이 이상하게 보인다면, 여인에 대한 다양한 아름다움의 광범위한 와스프(*waṣf*)의 중간에 남자가 나중에 그녀를 "아름다운 사랑"(אהבה בתענוגים – 아하바 빠따아누김, 아 7:7[ET 7:6])으로 선언하고 있음을 주목할 필요가 있다.

본문이 신현과 예배의 용어에 의존하고 있는 방식은 이런 해석에 신임을 더해준다. 가마의 재료들 – 레바논 나무, 은, 그리고 금 – 은 솔로몬이 그것을 "만들었다"는 사실과 엮여져서 사려 깊은 독자들에게 성전의 건물을 상기시키게 만든다(왕상 5-6장). 자색의 구조는 성막의 구조를 상기시킨다(예. 출 35장). 가마는 거의 일종의 신전이나 언약궤에 해당한다. 본문은 여인에 대해서 남자에 대해서 어느 것도 말하고 있지 않다. 모든 관심이 그 광경과 풍성한 호송대에 있다. 여기서 "사랑"(אהבה – 아하바)이 놀랍고 신비스러운 선물로서 존귀히 여김을 받고 있다.

밉뻬노트 예루샬라임(מבנות ירושלם): 전치사 민(מן) 때문에 이것을 "예루살렘의 딸들에 의한"으로 자주 번역한다. 그러나 מ을 강조적이고 이전 소절에서 아하바

(אהבה, "사랑")를 갖는 전접어 מ으로 취급하는 것이 더 좋다. 포프(446)와 머피(150)를 보라. מ을 여기서 전치사 민(מן)을 대변하는 것으로 취한다할지라도, 그것은 여전히 밉뻬노트 예루샬라임(מבנות ירושלם)이 소절 3F와 연결되어야함을 추구하지는 않을 것이다. 민(מן)을 불변화사로 취급할 수 있었다. 어쨌든 이 어구는 호격이고, 11절로 이어지는 권면으로 나아가고, 소절 4B의 "예루살렘의 딸들아"(בנות ציון – 뻬노트 치욘)와 조화를 이룬다.

11 코러스는 예루살렘의 처녀들에게 "솔로몬"을 볼 것을 외치지만, 바로 솔로몬 자신에 대해서는 거의 말하지 않는다. 대신에, 그들의 말은 (1) 그가 결혼식 날에 얻은 왕관, (2) 그의 어머니, 그리고 결혼식에서 그의 마음을 채운 기쁨에 관심을 기울인다. 이미 제기한 것처럼, "솔로몬"은 여기서 이야기의 인물이 아니라, 모든 신랑(이상적으로)이 참여하는 특성인 왕적인 권위의 상징으로 기능한다.

"왕관, 면류관"(עטר, 아타르)은 여기서 필연적으로 나라의 왕관이 아니라 일종의 결혼 화관일 것이다. 그러나 그것이 결혼 화관일지라도, 솔로몬의 머리에 씌어 있다는 사실은 그것에 왕적인 위치를 설정시킨다. 사실상 결혼 화관을 쓴 것은 모든 신랑을 그러한 위치로 올려놓는다. 성경 후의 유대 관습들이 어떤 가이드가 된다면, 이스라엘의 신랑들은 이 때에 결혼 왕관을 썼을 것이고, 신부는 사실상 가마로 신랑에서 데려와졌을 것이다. *B. Soṭah* 49a는 이렇게 시작한다(엡스타인[Epstein] 번역판, 1985): "베스파시안과의 전쟁 동안에 그들은[랍비들]은 신랑이 썼던 왕관[의 사용]과 북[의 사용]을 금지시켰다. 퀴이터스(Quietus)와의 전쟁 시에 그들은 신부가 썼던 왕관(의 사용)을 금지시켰고, 어느 누구도 자기 아들에게 헬라어를 가르쳐서는 안 되었다. 마지막 전쟁 시에 그들은 신부가 도성의 한가운데서 가마에서 나올 수 없다고 선언했지만, 우리의 랍비들이 신부가 도성 가운데서 가마에서 나올 수 있게 허락하였다." 마카비3서 4:8과 *m. Soṭah* 9:14을 보라. 물론 이 관습이 아가서 3:5-11로부터 나왔을 가능성이 있기는 하지만 이 단락이 상당히 모호하다는 견지에서 후대의 관습이 아가서에서 발원하였다기보다는 아가서가 고대의 관습을 암시하고 있을 가능성이 더 높다.

본문은 신랑의 어머니가 결혼식 화관을 아들의 머리에 씌어줌을 암시한다. 솔로몬의 역사적인 어머니는 우리가 잘 아는 밧세바다. 성경을 잘 알고 있는 독자들은 이 본문을 접하고서, 다윗의 악명 높은 죄가 이 암시의 요지는 아닐지라도, 다윗과 그녀의 역사를 상기하지 않을 수 없다. 그럼에도 불구하고, 이야기의 상기는 밧세바가 지붕에서 목욕을 하였고, 유혹적인 아름다움으로 왕을 끌었던 여인이었음을 생각나게 만든다. 지금 결혼식에서 아들에게 왕관을 씌어주는 의식적인 임무를 행하고 있을지라도, 그녀는 한때 강력한 성적인 여인이었다. 가정적인 이미지를 풍기는 어머니가 한때는 매혹적인 여인이었다. 다른 곳에서 아가서는 남자와 여자의 성적인 경험을 자기 어머니들의 경험의 갱신으로 설명한다(아 8:2, 5). 남녀는 그들이 어머니들에 의해 생겨났다는 신비로 들어감으로써 이 범주를 완성시킨다. 또한 결혼식에 어머니가 임재함은 고대 이스라엘에서 결혼이 단순히 사적인 문제가 아니라 확대 가정, 특히 신랑의 가족과 연관이 있음을 상기시킨다.

결혼식에서 "솔로몬"의 기쁨은 이 사건의 기념적인 본질을 청중들에게 상기시킨다. 이 기쁨은 다가올 결혼식 날 밤의 문제만이 아니라 지금 신부와 신랑의 흥분과 사랑에 따른 것이다. 도성의 젊은 여인들은 이런 흥분을 경험하도록 부름을 받는다.

해설

남녀의 결혼은 여기서 존엄하고 고귀한 사건으로서 제시된다. 본래 남자와 여자는 평범한 인간이지만, 신부를 신랑에게로 데려오는 예식은 그 둘을 왕적인 신분으로 고양시킨다. 결혼은 하나님이 여자를 첫 번째 "왕"인 아담에게로 데려오셨을 때인 창세기 2장의 이야기를 재현하는 것을 암시한다. 그것은 우리가 성취하도록 의도된 이상과 창조의 기적, 즉 타락으로 완전히 망가지지 않았던 남녀의 연합을 상기시킨다. 호송대의 의식적인 장신구는 위대한 영광을 나타낸다. 그것은 사랑의 칭송이다.

우리가 여기서 신부의 도착에 관한 칸토를 갖는다는 사실은 아가서가 결혼 시연이거나 결혼 의식의 텍스트였음을 의미하지 않는다. 오히려 아가서는 아가서의 과정에서 발생하였던 것을 청중들에게 적용하기 위해서 고대 이스라엘의 결혼 예식을 그리고 있는 것으로 보인다. 즉 신부의 도착에 관한 칸토를 집어넣음으로써, 시인은 청중들에게 아가서가 남녀의 결혼의 완성으로 나아가고 있음을 말해주고 있다.

이 칸토의 독특한 모티브는 왕실 의상의 풍성함이다. 신부는 신랑에게 속하는 사치스러운 가마로 도착하고, 호위대는 굉장한 군사적 에스코트를 벌이며, 남자는 왕이라 불려진다. 이 텍스트는 두 번이나 "솔로몬"을 언급한다. 그럴지라도, 이것은 아가서가 솔로몬의 삶에서 실제적인 사건을 묘사하고 있거나 솔로몬이 아가서의 중심인물임을 설정하고 있지 않다. 대신에 "솔로몬"은 단지 사슴, 포도원, 또는 목자와 같은 서정시의 모티브일 뿐이다. 일부 학자들은 솔로몬의 역할을 신랑이 행하는 것으로 말하지만, 그것이 부정확하지는 않지만, 솔로몬이 이상적인 신랑의 모습을 연출하는 비유적인 인물로서 기능하고 있다고 말하는 것이 더 정확할 것이다. 아가서 2:9에서 노루의 모티브는 아름다움, 은혜, 그리고 이상화된 젊은이의 활력을 내포하고, 솔로몬의 형상은 신랑에게 고귀한 모습 - 신부가 신랑이 제공한 호위대에 둘러싸여 연에서 나올 때 신부의 도착을 맞이하는 왕 - 을 대변한다. 따라서 결혼식 날에 신랑은 동무들보다 위에 있고, 다른 남자들보다 더 멋지게 차려 입으며, 신부에게 왕실의 영접을 제공하는 가상의 왕이다. 이 날에 젊은이는 "모든 영광 속에 있는 솔로몬"이다(마 6:29 RSV).

여기서 발생하고 있는 흥미로운 평행은 현명하고 어리석은 처녀에 대한 예수의 비유다(마 25:1-13; 일부 해석자들[예. Schweizer, *Good News according to Matthew*, 466]에 반대하여 나는 전체 비유를 그리스도적이라고 생각한다[참조. Davies and Allison, *Gospel according to Saint Matthew*, 392-94]). 이 단락에서 열 처녀들(*παρθένοι* - 파르데노이)은 신랑의 도착을 기다리며 밖에 서 있다. 신랑은 밤(늦지 않은 밤)에 언젠가 올 것으로 분명히 기대되고 있다. 그를 영접하려는 처녀들이 모두 횃불(이것이 "램프"보다 더 선호된다; 이 문제의 논의에 대해서는 Gundry, *Matthew*, 498-500을 보라)을 들고 있지만 신랑은 밤이 깊도록 나타나지 않는다. 이 시점에서 멀리 있던 어떤 이가 신랑이 오고 있음을 외치고, 처녀들은 서둘러 횃불을 준비하여 신랑을 집으로 안내한다. 하지만 기름이 떨어지지 않은 불타고 있는 횃불을 들고 있던 처녀들만이 결혼식 잔치에 들어갈 수 있게 된다.

예레미아스(Jeremias, *Parables of Jesus*, 172-74)는 이 모습이 인위적인 구성이 아니라 본질적 사항에서 고대 유대의 결혼식에서 발생하였던 것을 정확히 묘사하고 있다는 것을 19세기의 팔레스타인의 기사에 근거해서 주장한다. 그렇다 할지라도, 예수의 비유는 상상한 부분을 의문으로 남겨둔다. 신랑이 어디로 가고 있고, 신부가 그때에 어디에 있으며, 이 모든 것이 결혼식의 어느 단계에서 발생했는지를 포함해서 말이다. 예레미야스가 문서화한 정보 이외에 이 비유에서 묘사된 결혼관습과 관련한 사항들은 우리들에게 전해지지 않는다. 비어(F. W. Beare, *Gospel according to Matthew*, 480)는 신약성경 학자들이 이 텍스트를 해석하기 위해서 이 시기의 결혼 관습을 추측으로 재구성화하고 있다고 지적한다.

예레미아스가 설명한 팔레스타인의 결혼과 신약성경 간에는 1900년간의 차이가 있고, 신약성경과 아가서의 저작 간에는 상당한 시간(나의 추산으로는 약 900년간)이 있었다. 그렇지만 여전히 비유는 유용하다. 아가서와 신약성경에서 젊고 결혼하지 않은 여인들의 그룹은 도착하는 무리들을 선포하고 환영한다. 마태복음에서 신랑이 도착하고, 아가서에서는 신부가 도착한다. 이 비유는 대조적으로, 신부를 태운 연이 낮 동안에 도착한다(사람들이 연기기둥이나 멀리서 먼지를 볼 수 있었던 관찰로 볼 때 확정할 수 있다). 또한 우리는 아가서의 처녀들이 횃불을 들고 있었다는 지침을 얻지 못한다. 한편으로 아가서에서 묘사된 관습(여자가 연을 타고 남자가 결혼화관을 쓴)은 초기 성경 후 유대교에서 강력한 증거가 있다(3:11에 관한 주석을 보라).

몇 가지 방식에서 아가서와 마태복음간의 차이가 있음을 설명할 수 있다. 첫째로, 본문은 당대의 결혼 관습에 대한 철저한 기사를 제공해 주는 것을 의도하지 않는다. 두 본문은 통상적인 결혼 축제의 과정에서 발생했던 서로 다른 사건들을 암시한다. 그렇다면, 하나는 신랑의 도착(한밤중에)이고 다른 하나는 신부의 도착(그 다음 낮?)일 수 있다. 둘째로 10세기 B.C.E.와 일세기 유대 그리고 19세기 팔레스타인간의 시간적이고 문화적인 차이를 무시할 수는 없다. 예레미아스는 19세기에서조차도 팔레스타인의 결혼 관습은 마을마다 달랐음을 지적한다. 예수의 비유에서 묘사된 관습은 아가서의 문화적 배경에서는 존재하지 않았을 것이다. 셋째로 아가서는 그 이미지로 솔로몬의 신부로서 바로의 딸의 도착과 같은 사건에 의존하고 있을 것이다(왕상 3:1). 다시금, 이것은 바로 그 사건에 '대한' 칸토가 아니라 그 사건이 아가서의 모티브로서 기능했던 결혼의 장엄함에 대한 특징을 제공했음을 의미할 뿐이다. 네 번째로 아가서와 예수는 수사적인 목적을 위해서 결혼 관습을 적절히 설명하고 있다.

예수의 비유에서 처녀들의 절반은 마침내 신랑이 도달했을 때 기름이 떨어졌다. 이것은 실제적인 결혼에서는 통상적으로 발생할 수 있는 일이 아니다. 신랑이 밤늦게까지 도착하지 않았던 것이 통상적인 것이라면 아마도 처녀들은 충분히 기름을 가져왔을 것이다. 예수는 비유를 통한 메시지를 위해서 기름이 없는 처녀들의 특별한 상황을 만드셨다.

이것은 아가서와 마태복음의 설명간의 상당한 차이가 있음을 가리킨다. 마태복음에서 초점은 열 처녀와 그들의 준비 또는 준비 부족에 있다. 마태복음에서 신랑의 수행원들(그가 수행원들을 데리고 왔다면)과 수송 수단이 전혀 관심을 얻지 못할 뿐만 아니라 신랑도 거의 관심을 얻지 못한다. 반면에 아가서에서 왕실의 공식

방문의 구조 하에 설명되고 있는 '신부의 수송대의 본질에 모든 관심이 있다.' 신부에 대해서 어느 것도 언급되고 있지 않다. 이 칸토의 세부사항들은 당대의 결혼 관습만큼이나 왕실의 결혼 장신구를 그리고 있다. 다시 말해서 고대 이스라엘의 통상적인 신부의 행렬에서 일어났던 것을 설명하고 있는 것이 아니라 왕실이란 장엄한 비유 하에 결혼 과정을 이상적으로 그리고 있다.

C. 테너: 흠 없는 신부 I(4:1-15)

참고문헌

Brown, J. P. "The Mediterranean Vocabulary of the Vine." *VT* 19(1969) 146-70. **Crim, K. R.** "'Your Neck Is like the Tower of David'(The Meaning of a Simile in Song of Solomon)." *BT* 22(1971) 70-74. **Eichrodt, W.** *Ezekiel.* OTL. Philadelphia: Westminster, 1970. **Garrett, D. A.** *Hosea, Joel.* **Honeyman, A. M.** "Two Contributions to Canaanite Toponymy." *JTS* 50(1949) 50-52. **Lichtheim, M.** *Ancient Egyptian Literature.* Vol. 2, *The New Kingdom.* Berkeley: Univ. of California Press, 1976. **Lyke, L. L.** "The Song of Songs, Proverbs, and the Theology of Love." In *Theological Exegesis.* Ed. C. Seitz and K. Greene-McCreight. Grand Rapids: Eerdmans, 1999. 208-23. **Waldman, N. M.** "A Note on Canticles 4:9." *JBL* 89(1970) 215-17.

본 문

첫 번째 스탠자	First Stanza	
테너	tenor	
1 내 사랑 너는 어여쁘고도	**1** How beautiful you are, my companion,	1A
어여쁘다	how beautiful you are!	1B
너울 속에 있는 네 눈이 비둘기 같고	Your eyes are doves behind your veil.[a]	1C
네 머리털은 누운 무리 염소 같구나	Your hair is like the flock of goats	2A
길르앗 산 기슭에	skipping[b] from Mount Gilead.	2B
2 네 이는 양 같구나	**2** Your teeth are like a shorn flock	3A
목욕장에서 나온	that comes up from washing	3B
각각 쌍태를 낳은	in which every one has a twin:	3C
털 깎인 암양 곧 새끼 없는 것은 하나도 없이	not one among them is bereft of its partner.	3D
3 네 입술은 홍색 실 같고	**3** Your lips are like scarlet thread,	4A
네 입은 어여쁘고	and your speech is lovely.	4B
너울 속의 네 뺨은 석류 한 쪽 같구나	Your cheek is like a split pomegranate behind your veil.	5A
4 네 목은 다윗의 망대	**4** Your neck is like the tower of David,	6A
군기를 두려고 건축한	built in courses.	6B
곧 일천 방패	A thousand shields hang upon it,	6C
용사의 모든 방패가 달린 망대 같고	all of them the armaments of warriors.	6D

5 네 두 유방은 쌍태 노루 새끼 같구나
백합화 가운데서 꼴을 먹는
6 날이 기울고
그림자가 갈 때에
내가 몰약 산과
유향의 작은 산으로 가리라

두 번째 스탠자

7 나의 사랑 너는 순전히 어여뻐서
아무 흠이 없구나
8 나의 신부야 너는 레바논에서부터 나와 함께 하고
레바논에서부터 나와 함께 가자
아마나의 꼭대기에서
스닐과 헤르몬 꼭대기에서
사자 굴과
표범 산에서 내려다 보아라

세 번째 스탠자

9 나의 누이, 나의 신부야 네가 내 마음을 빼앗았구나
네 눈으로 한번 보는 것과
네 목의 구슬 한 꿰미로 내 마음을 빼앗았구나

10 나의 누이 나의 신부야 네 사랑이 어찌 그리 아름다운지
네 사랑은 포도주에 지나고
네 기름의 향기는 각양 향품보다 승하구나

11 내 신부야 네 입술에서는 꿀방울이 떨어지고

네 혀 밑에는 꿀과 젖이 있고
네 의복의 향기는 레바논의 향기 같구나

네 번째 스탠자

12 나의 누이, 나의 신부는 잠근 동산이요
덮은 우물이요 봉한 샘이로구나
13 네게서 나는 것은
석류나무와 각종 아름다운 과수와
고벨화와 나도초와
14 나도와 번홍화와
창포와 계수와

5 Your breasts are like two fawns, 7A
twins of a gazelle, that feed among the lotuses. 7B
6 Until the day comes to life 8A
and the shadows flee, 8B
I will get me to Myrrh Mountain 8C
and to Incense Hill. 8D

Second Stanza

7 You are beautiful all over, my companion, 9A
and you do not have a single flaw. 9B
8 Come[a] from Lebanon, O bride! 10A
Come[a] from Lebanon, make your way! 10B
Venture[b] from the summit of Amana, 10C
from the summit of Senir and Hermon! 10D
from the dens of lions, 10E
from the lairs[c] of leopards! 10F

Third Stanza

9 You leave me breathless, my sister, my bride. 11A
You leave me breathless with one of your glances,[a] 11B
with one strand of your necklace. 11C

10 How beautiful are your caresses,[a] my sister, my bride! 12A
How much better are your caresses[a] than wine! 12B
and the aroma of your perfume than any balsam! 12C
11 Your lips drip honey, my bride! 13A

Honey and cream are under your tongue! 13B
The aroma of your clothes is like the aroma of Lebanon.[a] 13C

Fourth Stanza

12 An enclosed garden is my sister, my bride! 14A
an enclosed pool, a sealed fountain. 14B
13 Your growth is a paradise: 15A
pomegranates with choice fruit, 15B
henna with spikenard, 15C
14 nard and saffron, 15D
calamus and cinnamon, 15E

각종 유향목과	with every incense tree,	15F
몰약과 침향과	myrrh and aloes	15G
모든 귀한 향품이요	with all the best balsam.	15H
[15] 너는 동산의 샘이요	**15** Garden fountain!	16A
생수의 우물이요	Well of living water,	16B
레바논에서부터 흐르는 시내로구나	and flowing from Lebanon!	16C

원문주해

1.a. 맛소라텍스트의 밉빠아드 레참마테크(מבעד לצמתך, "너울 너머에", '주석'을 보라)에 대해서, 70인경은 매우 특별한 어구인 에크토스 테스 시오페세오스 수(*ἐκτὸς τῆς σιωπήσεώς σου*, "너의 침묵 너머에")에서 참마(צמה, "너울"[veil])에 대해서 시오페시스(*σιώπησι*, "침묵" 또는 "과묵")를 갖는다. 벌게이트역은 아브스퀘 에오 쿠도드 인트린세쿠스 라테트(*absque eo quod intrinsecus latet*, "안에 숨겨져 있는 것을 넘어서"), 심마쿠스역은 칼룸마(*κάλυμμ*, "너울"[veil]).

1.b. 70인경은 아페칼루프데산(*ἀπεκαλύφθησαν*, "드러나다")으로 번역하지만 벌게이트역은 아센데룬트(*ascenderunt*, "올라가다")로 번역한다.

8.a. 맛소라텍스트는 잍띠(אִתִּי, "나와 함께")이지만 고대 역본들(70인경, 옛라틴어역, 옛시리아어역, 그리고 벌게이트역)은 이것을 앝따(אתה)에서 여성 단수 명령법의 에티(אֵתִי, "오라!")로 독법하는 것을 강력히 지지한다. 70인경은 듀로(*δεῦρ*, "오라")이고 벌게이트역은 베니(*veni*, "오라")를 갖는다. 머피(Murphy, 155)는 맛소라텍스트가 의미가 있다는 근거 위에서 맛소라텍스트를 무시할 필요가 없다고 주장한다. 이것은 따보이(תבואי)가 "이중적인 의무"의 동사인 것으로 취하게 만들 것을 필요로 하지만, 동사 따보이(תבואי, "너의 길을 만들라")가 두 소절 중에서 두 번째 소절의 말미에 이중적인 의미를 행하는 것은 이상하게 보인다. 통상적으로 이중적인 의무의 동사는 따슈리(תשורי, "감행하다")가 그 용어를 뒤따르는 모든 것을 통제하는 이 구절의 후반부에서처럼 생략 구조의 시작에 있다. 킬(Keel, [1994] 154)은 보다 난해한 독법이라는데 근거하여 잍띠(אִתִּי)를 인정하지만, 그는 이 용어가 변질되었다고 생각하는 것으로 보이는 생략을 통해 이 구절을 번역한다. 이것은 도움 되는 해결책이 아니다. 역본들을 따르는 것이 가장 알기 쉽고, 많은 학자들이 그리하는 것처럼 잍띠(אִתִּי)로 읽는 것이 좋다(예. Pope, 474).

8.b. BDB와 대비되어 슐(שׁוּר)을 "응시하다"가 아니라 "여행하다"로 취함. Fox, *Song of Songs*, 135을 보라.

8.c. 밈메오노트(מִמְּעֹנוֹת, "동굴[den]에서")와 평행하여 맛소라텍스트의 메할레이(מֵהַרְרֵי, "산에서부터")를 메호레이(מֵחֹרֵי, "굴에서부터")로 수정함. 참조. 사자의 동굴과 관련한 나훔 2:13: 호라브 우메오노타브(חֹרָיו וּמְעֹנֹתָיו, "그의 굴과 동굴").

9.a. 머피(156)가 지적한 것처럼, 아인(עַיִן, "눈")은 여성형이지만, 여기서 본문은 빼이하드(בְּאַחַד, "one")란 말의 남성형을 사용한다(하지만 Q는 이것을 빼아하트[בְּאַחַת]로 수정한다). 성의 불일치는 그의 마음을 빼앗은 것은 엄격히 말해서 그녀의 눈들 중에 하나가 아니라 그녀의 눈짓 중 하나라는 사실로 설명할 수 있을 것이다(참조. Keel, [1994] 71).

10.a. 맛소라텍스트의 도다이크(דֹדַיִךְ, "네 사랑, 네 애무")를 두 번 다 70인경은 샤다이크(שָׁדַיִךְ)로 읽으면서 마스토이 수(*μαστοί σου*, "너의 유방")를 갖는다. 벌게이트 역을 참조하고, '주석'을 보라.

11.a. 10절에서 미콜 빼사밈(מִכָּל־בְּשָׂמִים, "어느 기름보다도")에 상응하기 위해서 케레아흐 레바논(כְּרֵיחַ לְבָנוֹן, "레바논의 향기 같은")을 케레아흐 레보나(כְּרֵיחַ לְבֹנָה, "유향의 향기처럼")로 수정해야 할 가능성이 있다. 하지만 맛소라텍스트가 이해할 수 있는 것이기에 바꿀 필요는 없다.

양식/구조/배경

아가서의 문맥에서 신부는 가마로 신랑에게 데려와졌고(아 3:6-11), 이제 그들은 결혼을 완성시킬 준비가 되어 있다. 신랑이 자신에게 모든 것을 맡길 것을 신부에게 부드럽게 설득할 때 사랑의 용어 - "나의 동무"(רעיתי - 라아야띠), "나의 누이"(אחתי - 아호티), 그리고 "신부"(כלה - 칼라) - 가 이 칸토를 지배한다.

이 칸토는 네 스탠자로 나뉘고, 각기 서두소절에서 신부에 대한 애정을 표현하는 것으로 특징지어진다. 1절에서 남자는 "내 동무야(사랑 - 한글개역) 너는 어여쁘다"라고 선언하고, 첫 번째 스탠자는 7절까지 계속된다. 7절에서 남자는 "나의 동무(사랑) 너는 순전히 어여뻐서"라고 말하고, 8절까지 두 번째 스탠자는 계속된다. 세 번째 스탠자인 9-11절은 소절 11A에서 여자를 "나의 누이, 나의 신부야"로 남자가 부르면서 시작하지만, 이 스탠자의 두 번째 스트로피의 첫 소절에서 여자의 아름다움에 대한 선언을 역시 갖는다(소절 12A): "네 사랑, 나의 누이, 나의 신부야 어찌 그리 아름다운지!" 네 번째 스탠자인 12-15절도 여자를 자신의 신부와 누이로 부르는 남자로 시작한다. 종합해서 네 스탠자들은 교대적으로 신부를 찬미하면서 그녀를 쉽게 접근할 수 없는 이로 언급하는 신랑을 대변한다(도표 8을 보라). 분명한 요지는 여자가 자발적으로 오기까지는 남자가 그녀를 어찌할 수 없다는 사실이다. 그것은 그녀가 해야만 하는 결정이다. 그러한 긴 칸토를 구분하는 것은 쉽지 않다. 물론 네 스탠자를 각기 스트로피로 만들 수 있었지만, 그렇게 하는 것은 너무 방대한 스트로피를 만드는 것이고, 소절들 간의 관계성을 모호하게 만든다. 위의 논의는 전체적으로 16개의 스트로피가 있음을 제시한다.

스트로피 1-8은 첫 스탠자를 형성한다. 여인의 몸의 일부에 대한 묘사가 와스프(사랑하는 자에 대한 찬미의 노래)를 지배한다. 첫 번째 스트로피(1A-C)는 아가서 1:15에서 나타나는 스트로피를 반복한다. 두 번째와 세 번째 스트로피(2A-3D)는 모든 소절이 쉰(ש) 문자로 시작한다(소절 3D에서는 접속사가 그 문자를 선행한다). 네 번째, 다섯 번째, 그리고 여섯 번째 스트로피는 세 주제와 관련이 있다: 입(4A-B), 볼(5A), 그리고 목(6A-D). 각 스트로피는 전치사 כ, "같이"(like)를 갖는 소절로 시작하는 것으로 특징지어진다. 일곱 번째 스트로피는 두 언덕(8A-D)과 쌍태 노루의 은유로 유방을 묘사한다.

α 신부의 기쁨: 그녀의 아름다움(1-6절["나의 동무"])
β 쉽게 얻을 수 없는 기쁨: 산의 여신으로서의 신부(7-8절["신부"])
α´ 신부의 기쁨: 그녀의 사랑스러움(9-11절["나의 누이, (나의) 신부])
β´ 쉽게 얻을 수 없는 기쁨: 잠겨진 정원으로서의 신부(12-15절["나의 누이, (나의) 신부"])

도표 8 칸토 VIc의 교대적인 주제

두 번째 스탠자는 두 스트로피로 구성되어 있다(7-8절, 소절 9A-10F). 스트로피 9을 첫 번째 스탠자를 결론짓는 삽입으로 읽을 수 있었으나, 위에서 개략한 이유로 인해 그것은 두 번째 스탠자의 서두에 속한다. 스트로피 10은 여성 명령법인 "레바논에서부터 오라"로 읽어야 하는, 소절 10A-B(אתי מלבנון – 잍띠 밀레바논)의 서두 소절의 반복을 사용하고 있다. 소절 10B는 따슈리(תשורי, "감행하라")에 의해 소절 10D-F의 시작에 상응하는 따보이(תבואי, "네 길을 만들라")로 끝나고. 둘 다 양태적인 이인칭 여성 단수이다. 소절 10D-F는 10C에 의존하고 있고, 10C-F에서 민(מן)을 갖는 전치사구의 네 번의 반복을 통한 조화를 사용하고 있다.

세 번째 스탠자는 세 스트로피로 구성되어 있다(9-11절에서 11A-13C). 각각의 스트로피는 세 소절로 되어 있고, 모든 세 소절들은 동일한 패턴을 갖는다: "B" 소절들은 조화나 반복을 통해, 어느 정도 "A" 소절들과 평행하고, "C" 소절들은 "B" 소절에 구문론적인 의존으로 스트로피를 결론짓는다. 스트로피 11은 11A-B에서 반복(לבבתני – 리밥띠니, "네가 내 마음을 빼앗았구나")으로 시작한다. 11A(אחתי – 아호티, "나의 누이")와 11B(באחת – 뻬아하트, "한 번으로"[with one])의 두 번째 단어에는 협화음이 있다. 소절 11C는 의존과 일치에 의해 11B에 묶여 있다(11B에 באחת – 빼아하트, "with one"; 11C에 באחד – 빼아하드, "with one"). 스트로피 12도 마찬가지로 반복(דדיך – 도다이크, "애무"[사랑 – 한글개역, "your caresses"]로도 역시 반복되는 12A와 12B에 מה – 마, "어찌")으로 시작한다. 소절 12C는 단순한 접속사로 12B에 묶여 있다. 스트로피 13은 문자적인 반복으로 시작하지는 않지만 소절 13A와 13B는 각기 "꿀"을 의미하는 단어로 시작한다(נפת – 노페트와 דבשׁ – 떼바쉬). 소절 13C는 13B와 다른 접속사로 묶여 있다. 다른 요소들도 이 스탠자의 소절들을 함께 연결해준다. 예를 들어, 소절 12C와 13C는 각기 베레아흐(וריח, "그리고 향기")로 시작한다. 끝으로 모든 세 스트로피들은 동일한 논리가 있다: 두 소절들은 여자의 사랑 행위가 도취케 만드는 능력을 묘사하고, 세 번째 소절은 여자가 입고 있는 옷의 애교 있음을 묘사한다. 스트로피 11(9절)에서 두 소절들은 여자가 "남자의 마음을 빼앗는" 것을 진술하고, 세 번째 소절은 여자의 목걸이를 언급한다. 스트로피 12(10절)에서 두 소절들은 여자의 사랑(애무)이 얼마나 멋진지를 언급하고, 세 번째 소절은 여자의 향기를 언급한다. 스트로피 13(11절)에서 두 소절들은 여자의 입맞춤의 향기로움을 언급하고, 세 번째 소절은 여자의 옷의 향기를 언급한다. 이 모든 요소들은 이 스탠자가 세 소절의 세 스트로피로 되어 있음을 특징짓게 만든다.

네 번째 스탠자도 세 스트로피로 구성되어 있다(12-15절, 스트로피 14-16). 첫 번째 스트로피는 반복을 사용하는 두 소절로 시작한다(גן נעול – 깐 나울, "잠근 동산"[14A]과 גל נעול – 깔 나울, "덮은 우물"[14B]). 따라서 스트로피 14는 반복이나 조화를 사용하는 두 소절로 시작하고, 따라서 이전 스탠자의 세 스트로피의 사용과 동일한 패턴을 따르고 있는 것으로 보인다. 그러나 그것은 이 패턴을 깨뜨리고, 스트로피 15는 전적으로 다르다. 스트로피 1은 두 번째 소절에 의존하는 세 번째 소절이 뒤따르는 조화를 사용한 두 소절의 패턴으로 돌아간다. 이전 스탠자의 스트로피 13처럼, 스트로피 16은 소절 A와 B에 대한 일종의 반복을 이루는 동의어적인 용어들을 사용한다: "동산의 샘"(מעין גנים – 마아얀 깐님)과 "생수의 우물"(באר מים חיים – 빼엘 마임 하임) 소절 16C는 다른 접속사를 통해 16B에 의존한다.

주석

[1] 여인의 눈이 비둘기와 같다는 비유는 해독하기가 난해하다. 1:15의 주석을

보라. 하지만 이 구절에서 비유의 요지는 낭떠러지 바위틈에 숨어있는 비둘기처럼 여인의 눈이 부분적으로 너울(가리개, 베일) 뒤에 가려져 있는 것으로 보인다(아 2:14과 렘 48:28을 보라). 그는 너울 뒤에 가리어져 있는 여인의 눈이 매우 유혹적임을 발견한다.

"너울 뒤에"(מבעד לצמתך – 밉빠아드 레참마테크)라는 관용구는 여기와 4:3 그리고 6:7에 나타난다. "너울"로서 참마(צמה)의 의미는 의문스럽다. 이 문제는 복합어 전치사 מבעד ל(מן + בעד + ל)이 이 구절들에서만 나타나고, 참마(צמה)가 이사야 47:2에서만 다른 곳에서 나타난다는 사실로 인해 더 복잡해진다. 걸리만(G. Gerleman, 144)은 70인경의 시오페시스(σιώπησις, "침묵"이나 "과묵")가 차마트(צמת, "파괴하다, 가라앉히다")로 그 동사를 오독하였다고 주장한다. 벌게이트 역도 동등하게 모호하다(원문주해 4:1.a을 보라). 일부는 참마(צמה)를 "(머리) 타래"로 번역하지만 이것을 지지할 수 있는 증거가 적절하지 못하다. 16세기 스페인의 히브리어 학자인 레온(Luis de León)은 참마(צמה)가 사실상 여성의 외음부를 가리키기 때문에 제롬이 완곡한 의역을 사용하였다고 주장했다(J. Barr, "Luis de León," 231-33). 이런 해석은 깔리 참마테크(גלי צמתך)가 "너울을 벗다"보다는 "너의 외음부를 드러내다"를 의미하는 것으로 취할 수 있었던 "바벨론의 처녀 딸"의 조롱거리를 말하는 이사야 47:2에 비추어 가능하다. 이사야 47:3의 첫 어절은 "네 부끄러운 것이 보일 것이라"(תגל ערותך – 띡깔 엘바테크)다. 하지만 참마(צמה)란 용어에 대한 이런 해석으로 아가서에서 "너의 눈은 너의 뒤에 비둘기다"(עיניך יונים מבעד לצמתך – 예나이크 요님 밉빠아드 레참마테크)라는 소절을 의미 있게 만드는 것은 거의 불가능하다. 포프(457)는 심마쿠스역이 여기서 칼룸마(κάλυμμ, "베일, 너울")를 갖고, 어근 참맘(צמם)에서 나온 아랍어 동사에서 그것은 얼굴을 가리는데 사용된다. 따라서 "너울"이란 번역을 여기서 사용할 수 있다.

검고 꼬부라진 그녀의 머리털은 남자에게 산기슭을 뛰어 내려가는 염소 떼를 상기시킨다. 어근 깔라쉬(גלש)는 아가서 6:5에서의 동일한 어구에서만 정확히 다시 나타난다. 그것의 의미는 불확실하다. 역본들은 별로 도움이 되지 않고, 해석에서 차이가 있다(원문주해 4:1.b.를 보라). 포프(459-60)는 두 주장들이 동족어에서 만들어졌음을 관찰한다. 애굽의 텍스트인 파피루스 랜싱(Papyrus Lansing)에서 왼쪽 페이지 1, 9, *k›-p›-šw*은 "가볍게 뛰다"를 의미하는 것으로 보인다. 한편으로 우가릿어의 단편(2001.1.5)은 *wtglṯ thmt*이란 어구를 담고 있는데, 그것을 "그리고 넘실거리다"를 의미하는 것으로 취할 수 있다. 우리에게 최소한의 정보가 주어진 상태이기 때문에, 여기서 깔라쉬(גלש)를 염소 떼가 산을 깡충깡충 뛰어 내려가고 있는 것을 의미하는 것으로 취하는 것이 가장 좋을 것이고 따라서 멀리서 볼 때, 머리털의 요란하고 관능적인 집합체와 유사했을 것이다. (*HALOT* גלש을 보라.) 목양을 하는 사람들에게, 이것은 대단히 높은 찬미였을 것이고, 이 칭송은 여인의 활력을 내포한다.

여인에 대한 찬미는 염소들이 "길르앗 산"으로 뛰어 내려가고 있는 것으로 상술되고 있다. 길르앗 산의 위치는 알려지지 않는다. 그것은 단일한 산이 아니라 사마리아 반대편의 트랜스요르단의 능선이었을 것이다. 사사기 7:3은 "길르앗의 산"(מהר הגלעד – 메하르 하낄라드)을 언급하지만 학자들의 다수는 이 텍스트를 의심스러운 것으로 간주하고 "길보아 산"(Mount Gilboa)으로 수정하거나 "갈루드 산"(Mount Galud)으로 번역한다. "갈루드"로 해석되어진 길르앗 산은 요단 서쪽과 에즈릴(Jezreel)의 남쪽의 아인 야루드(Ain Jalud)를 가리킬 것이다(참조. *ISBE* 2:470, "Gilead, Mount"). 그러나 여기 아가서에서 이 본문을 의심할 만한 본질적인 이유가 없다. 아마도 메하르 낄라드(מהר גלעד)는 일반적으로 길르앗의 경사면이나 지금 우리에게는 소실된 길르앗의 어떤 특별한 지역에 부여된 이름일 것이다.

남자가 자주 장소, 식물, 그리고 레반트의 동물로 여인을 자주 찬미하는 것이 눈에 띈다. 다른 곳에서 그는 여자의 특징을 다윗이 지었던 망대(4:4), 레바논(4:11), 디르사와 예루살렘(6:4), 헤스본의 연못(7:4), 그리고 갈멜(7:5)로 비유한다. 본문은 염소, 털 깎인 양, 풀을 먹는 노루, 포도원, 지역의 꽃들 그리고 열매들과 관련한 것으로 풍성하다.

2 여인은 이빨을 모두 가지고 있다. 이는 현대 서양의 독자들에게는 다소 익살스럽게 보일 것이나 우리는 대단히 정교한 치과 교정술의 시대에 살고 있다. 매우 최근까지 이빨을 상하지 않은 아름답고 건강한 웃음은 사람들이 당연하게 여길 수 없는 것이었다. 이빨이 방금 목욕하고 나온 털 깎인 양과 같다는 사실은 그것들이 아주 깨끗하고 하얗다는 것을 분명히 함축한다. 콰찹(קצב)에 대한 자료가 거의 없을지라도, 열왕기하 6:6은 드문 어근인 콰찹(קצב)이 "깎다"를 의미하거나 양과 관련하여 "베어낸"을 의미하는 매우 강력한 증거다.

모든 것이 쌍태를 가졌다는 사실은 어느 이빨도 소실된 것이 없음을 의미한다. "이중의" 또는 "쌍태를 갖다"라는 의미를 갖는 어근 따암(תאם)은 출애굽기 26:24과 36:29에 나타나고(두 경우에 명사 또암[תּוֹאַם]), 아가서 6:6에서 그것은 사실상 현재의 본문을 반복한다. 이 경우에 히필[사역형 능동태]의 마트이모트(מַתְאִימוֹת)는 "쌍태를 낳다"를 의미하지 않는데, 그럴 경우에 세 양을 고려해야 하게 된다(어미와 어미의 두 양). 따라서 오히려 그것은 쌍둥이 형제나 쌍으로 있는 것을 의미한다. 우리는 "쌍태"를 위아래의 이빨의 서로 상응하는 것을 가리키는 것으로 취할 수 있었으나, 아마도 그것은 얼굴의 오른편에 있는 이빨과 왼편에 있는 이빨이 서로 조화되는 것을 의미할 것이다. 즉 오른쪽 위 송곳니는 왼쪽 위의 송곳니와 조화되고 있다. 다른 것도 마찬가지다.

형용사 베샤쿨라(וְשַׁכֻּלָה)은 통상적으로 "아이가 없는"을 의미하거나 자녀의 죽음으로 인해 사별의 고통을 겪는 것을 가리킨다. 여기서의 요지는 모든 어린양이 쌍태라는 것이지, 모든 양이 쌍태새끼를 갖고 있음이 아니다. 베샤쿨라(וְשַׁכֻּלָה, "잃은")와 셰쿨람(שֶׁכֻּלָּם, "모든 것")이란 용어에서 협화음도 주목하라.

목욕장에서 나와서 뛰고 있는 털 깎인 양은 활력과 건강을 내포한다. 마치 환한 웃음이 좋은 건강의 표지인 것처럼 말이다. 털 깎는 시간의 양의 이미지는 이런 삶을 잘 알고 있었던 사람들 속에서 목가적 삶의 기쁨을 깊이 인식하도록 느끼게 하였을 것이다.

3 여자의 입술이 "홍색 실 같다"는 개념은 우리에게 별로 매력이 없어 보인다. 그것이 그녀가 얇은 입술을 가진 것을 시사하는 것으로 보이기 때문이다. 하지만 여기서는 그것이 요지가 아니다. 비유와 입술간의 명백한 시각적 연결은 빨간 색깔이다. 지금도 여전히 많은 문화에서 여인을 입술의 매력으로 간주하는 특징 말이다. 성경의 독자들에게 "주홍 실"(חוט השני – 훝 핫샤니)은 라합이 이스라엘 백성에게 자기 집을 알린 "붉은 줄"(수 2:18)을 묘사하는데 사용된 것과 정확히 동일한 말임이 눈에 띈다. 기생 라합이 그러한 물건을 자기 집에서 곧바로 이용할 수 있었던 것은 우연일까? 아마도. 하지만 붉은 실(주홍실)은 일종의 성적인 의미를 가졌을 것이고 따라서 일종의 기생의 상표로 사용되었을 것이다. 킬([1994] 143)은 기생은 자신의 직업의 상징으로서 문에 붉은 줄을 부착했을 것이라고 주장한다. 그렇다면, 붉은 줄은 본래 기생을 표시하는 것이 아니었을 것이다. 그것은 기생이 제멋대로 사용한 사랑의 상징이었을 수 있다. 따라서 어느 경우에도, 남자가 사랑의 초대로서 여자의 입술을 보았을 수 있다는 것이 요지다.

"네 입은 어여쁘고." 해석자들은 통상적으로 여기서 미드빨(מדבר)을 시프토타이크(שפתתיך, "네 입술")와 짝을 이룬다고 보고 "언어의 기관으로서의 입"을 의미하는 것으로 취한다. 하지만 여기서 미드빨(מדבר)은 언어의 기관보다는 말씨를 가리키는 것으로 더욱더 보인다. 아가서는 완전히 중복적인 대구법을 자주 피한다. 또한 형용사 나베(נאוה, "어여쁜")는 오로지 시각적인 아름다움만을 언급하지 않는다. 시편 147:1을 보라(נאוה תהלה – 나바 테힐라, "찬송함[하나님에 대한]이 아름답다"). 아가서의 다른 곳에서 남자는 여자의 목소리를 듣고 기뻐 찬미한다(2:14). 폭스(*Song of Songs*, 130)는 부미드빠레크 나베(נאוה ומדבריך)가 "그리고 너의 황무지는 오아시스다"를 의미하는 것으로 여길 수 있었던 언어유희라고 주장한다. 심지어 그녀의 흠도 아름답다는 것을 의미하면서 말이다. 하지만 남자는 여자가 흠이 없다(7절)고 간주한다. 어쨌든 남자가 "황무지"를 "흠"을 의미하는 것으로 사용했을 것 같지 않다.

명사 락콰(רקה, "뺨")는 성경에서 다섯 번 나타난다. 여기에 아가서 6:7에서의 평행적인 텍스트, 또한 사사기 4:21-22, 5:26이 포함된다. 후자의 세 텍스트들은 모두 시스라의 관자놀이를 장막의 말뚝으로 박아 죽인 방법을 묘사한다. 아마도 이 용어는 우리가 관자놀이와 볼이라 불리는 것을 포함하여 머리 부분을 가리킬 것이다. 석류의 반쪽으로 여자의 볼을 묘사함으로써 남자는 둘 중의 하나를 의미할 것이다. 그는 석류 반쪽이 둥글게 부풀어 오른 방식과 유사하게 여자가 높은 볼 뼈를 갖고 있음을 말할 수 있었다. 그러나 더 그럴 듯한 것은 너울 너머 보이는 여자의 볼 부분이 둘로 쪼개진 석류의 내부처럼 핑크 빛 색깔을 가졌음을 의미할 것이다. 그는 여자의 입술의 붉음에 대해 이미 말했고, 여기서의 요지는 그녀가 젊음의 홍조를 지녔으리라는 것이다. 또한 석류의 내부는 달콤함과 관능적인 유희를 가졌음을 암시한다.

4 "다윗의 망대"로 묘사하는데 사용되고 있는 군사적 용어는 비유의 주된 요지가 높은 망대처럼 그녀의 목이 길고 가늘다는 의미가 아니다(애굽인들이 긴 목을 매력적인 것으로 간주했다는 사실에도 불구하고 말이다). 분명히 망대와 목 사이에는 표면적인 유사성이 있기는 하지만 높이, 가냘픔, 그리고 조화는 여기서 그 용어에 해당하지 않는다. 킬(Keel, [1994] 147)은 고대 근동의 망대들이 가냘프기보다는 육중한 경향이 있었음을 관찰한다. 또한 모든 망대가 이와 같이 무기로 장식된 것은 아니다.

레탈삐요트(לתלפיות, 하팍스 레고메논)는 불확실하다. 70인경은 그것을 고유명사로 읽는다. 대부분의 사람들은 그것을 "층을 놓다"를 의미하는 어근 라파(*לפא)에서 온 명사로 취급한다(Gerleman 148). 따라서 빠누 레탈피요트(לתלפיות בנוי)는 통상적으로 "층을 쌓다"로 번역된다. BDB는 추측적인 "병기고"를 말하며 크림(Crim,

BT 22[1971] 74)은 의심스러운 해석인 "네 목은 다윗의 망대와 같이/ 둥글고 부드럽다// 일천의 유명한 병사들이/ 그 아름다움에 그들의 방패를 놓는다"라고 말한다. "층을 쌓다"라는 어구는 그것이 다듬은 돌로 만들어졌음을 의미할 것이다 – 즉 정확하게 깎아서 단단하게 결합한 돌(참조. *HALOT* תַּלְפִּיּוֹת). 미학적으로 이것은 보다 감탄할 만한 망대를 형성했을 것이고, 또한 군사적인 이점도 가졌을 것이다. 적군이 쉽게 올라올 수 없거나 돌을 빼낼 수 없었을 것이기 때문이다.

셰레트(שֶׁלֶט)란 말은 구약성경에 일곱 번 나타난다(삼하 8:7[‖ 대하 18:7]; 왕하 11:10[‖ 대하 23:9]; 렘 51:11; 겔 27:11 그리고 여기서). 그 용어는 보통 "방패"로 번역되고 있다(여기 아가서에서 그것은 마겐[מָגֵן]과 짝을 이룬다). 한편으로 "방패"는 "(화살의) 떨림"을 의미하는 것으로 보이는 예레미야 51:11에는 적절하지 않고, (평행을 갖는) 사무엘서와 열왕기서의 두 테스트에서만 "방패"일 것이다. 폭스(*Song of Songs*, 131)는 셰레트(שֶׁלֶט)가 단순히 "군사적 장비"를 의미하는 좋은 사례를 만든다. 에스겔 27:1은 이 본문과 아주 두드러진 평행을 갖는다: "용사들(Gammadim)은 네 여러 망대에 있었음이여 네 사면 성 위에 방패를 달아[עַל־חוֹמוֹתַיִךְ בְּמִגְדְּלוֹתַיִךְ הָיוּ שִׁלְטֵיהֶם תִּלּוּ – 빼믹떼로타이크 하유 실테헴 띨루 알-호모타이크] 네 아름다움을 온전케 하였도다." 이 본문은 두로에 대한 한탄이고, "감마딤"(Gammadim, 용사들 – 한글개역)의 신원은 불확실하다(Eichrodt, *Ezekiel*, 379은 그것을 "보초들"을 의미하는 것으로 취한다). 그러나 감마딤이 무기를 갖고 성벽을 장식했고 보호했던 도성의 군사들과 방어자인 것은 분명하다. 셰레트(שֶׁלֶט)를 정확히 번역하기는 불가능하지만 본질적으로 그것은 분명히 군사적이다.

우리가 방패와 무기가 어떤 의미에서 목걸이와 목에 두른 여타 보석에 대한 은유라고 가정할 수 있을지라도, 여자의 목을 이런 용어들로 묘사한 군사적인 내포를 무시할 수 없다. 목과 이스라엘의 위대한 용사 왕인 다윗의 망대와 연관지은 것은 본문의 군사적인 분위기를 강화시킨다. 에스겔 27:11의 용어가 이 구절의 용어와 매우 유사하다. 군사적인 병기와 관련한 일종의 아름다움이 있지만 그것은 힘을 내포하는 아름다움이다. 벽과 망대에 적용한 이 용어는 난공불락을 내포한다. 여자에 대한 남자의 찬미는 그가 여자를 마음대로 취할 수 없다는 사실에서 일부 기인한다. 힘으로 취할 수 없는 것을 그녀가 자의로 내어줄 것을 희망하면서 그는 부드럽게 말한다. 게다가 그의 말은 그녀의 행동 방식과 아름다움을 소중히 여긴다는 것을 함축한다. 그녀는 그녀의 아름다움에서 약하지 않고 강하다.

5 여자의 유방과 쌍태에는 둘이 쌍으로 되어 있다는 것 외에 다른 시각적인 유

사성은 분명히 없어 보인다. 많은 학자들은 두 사슴(노루새끼들 - 한글개역)이 큰 꽃들 사이에서 불쑥 튀어나온 둥근 등이며, 이는 여기서 직유에 해당한다고 주장하는 루돌프(W. Rudolph, 147)를 따른다. 하지만 킬([1994] 150)이 지적한 것처럼, 이것은 아가서 7:3에서의 직유의 더 짧은 변형에서는 작용하지 않는다. 또한 우리는 여인이 가슴에 화환을 두르고 있다고 생각할 필요도 없다(Fox, *Song of Songs,* 131). 오히려 그것은 이 비유가 아가서에서 노루들의 쾌활함, 힘, 그리고 매력을 내포하는 방식의 또 다른 사례일 수 있다(예. 아 2:7, 9). 망우스 꽃들 사이에서 꼴을 먹는 사슴들의 모습(고로 빠쇼샤님[בַּשּׁוֹשַׁנִּים]을 취하는)은 자연스러워 보이지 않는다. 망우스는 수련(water lily)이다. 물론 이 이미지는 물 '속에'서 수련을 '먹고 있는' 사슴의 형상이 아니다. 이 모습을 망우스가 자라고 있는 연못의 가장자리에서 풀을 뜯고 있는 것으로 이해하는 것이 더 좋다. 이런 의미에서 사슴들이 망우스 '사이에' 있다는 것은 마른 땅 위에 서 있는 것이다. 또는 쇼샤님(שׁוֹשַׁנִּים)이 백합화와 망우스 둘 다를 내포하고 있을 수 있다(2:1-2, 16의 '주석'을 보라). 하지만 망우스와 사슴의 병렬은 의미가 있다. 둘 다 아름다움, 매력, 그리고 활력을 내포한다. 여인은 남자의 입술을 망우스에 비교하기도 하고(아 5:13), 자기 자신을 망우스라고 부르기도 한다(아 2:1). 남자에게서 여인의 유방은 그녀의 성적 매력의 핵심 포인트다.

6 "날이 생명이 있을 때까지"(עַד שֶׁיָּפוּחַ הַיּוֹם - 아드 셰아푸아흐 하욤)(날이 기울고 - 한글개역)로 번역하는 것에 대해서는 이전의 2:17의 주석을 보라.

여자의 유방을 묘사하고 나서 남자는 갑작스럽게 그런 묘사를 중단하고 자신의 의도를 밝힌다. 그는 "몰약 산"과 "유황의 작은 산"에 이를 것을 결심한다. 이 말의 의미는 그리 모호하지 않다: 두 작은 산은 분명히 여자의 유방이다. 그것들은 이스라엘이나 여타 곳의 문자적인 산이 아니며, 또한 단순히 "사랑 시의 가공의 세계"도 아니다(Murphy, 159). 학자들은 여자의 팔 안에 있는 남자가 신들의 영토인 푼트(Punt)지역으로 자신을 상상하는 것을 가끔 인용한다(참조. Keel, [1994] 152). 나의 견해로는, 여기서 애굽의 텍스트의 유추는 지나치다. "몰약 산"과 "유황의 작은 산"은 푼트나 엘리시안 필드와 같은 어떤 신화적인 파라다이스의 고유 명사가 아니며, 또한 그것은 이스라엘 지역의 문자적인 작은 산들이 아니다. 그것들은 유방에 대한 직설적인 은유다. 아가서 7:7-8에서 남자는 여기서 그가 그렇게 하는 것과 동일한 것들을 상당히 행한다. 와스프(여인에 대한 찬미)의 과정에서 남자는 여인의 유방에 이르러, 갑자가 그녀의 아름다움에 대한 묘사를 중단하고 그녀의 유방을 즐기려는 예리한 욕구를 표명한다. 7:7에서 그는 두 유방이 대추나무 열매의 송이와 같다고 말하고, 7:8에서 자신이 그 나무로 올라가서 그 송이를 잡을 것임을 말한다. 유방은 여기서 "몰약 산"과 "유황의 작은 산"이란 이름이 주어지는데, 분명히 그 모양이 산과 같기 때문이고, 또한 그것이 향료가 그리하는 것처럼 이국적인 유희를 주기 때문이다. 게다가 이스라엘의 신부는 자신의 가슴을 몰약과 유향으로 글자 그대로 향을 내었을 것이다. 아가서 1:13에서 여인은 남자를 자신의 유방 가운데 있는 몰약 향낭으로 묘사하는데, 이는 실제적인 신부의 관습을 반영하는 은유다. 남자는 "날이 활력이 있고, 그림자가 도망할 때까지" 이 산에 이르겠다고 말함으로써, 그가 온밤 내내 그녀와 사랑을 나누려는 것을 의미한다. 사랑의 언어는 종종 과장된다.

7 이 구절은 남자가 이해시키기 원하는 모든 것을 명확하게 말해주는 요약으로 와스프를 결론짓는다: 여자는 전혀 흠이 없다.

8 이 구절을 어떻게 번역한다할지라도(원문주해 4:8.c), 남자가 여자의 산의 거처지에 함께 있는 것을 의미하는 것으로 그것을 취해서는 안 된다. 여자가 레바논에서 남자를 수반할 수 있도록 여자가 그녀의 산 거처지에서 내려올 것을 남자가 요청하고 있음을 의미할 수 있었다. 그것은 잍띠(אִתִּי, "나와 함께")를 여전히 보유하는 독법이지만 수정이 더 낫다.

이 스트로피는 여인을 여신과 같은 용어로 표현한다. 그녀는 사자와 표범이 거하는 북쪽 산의 높은 곳에 있다. 킬([1994] 155)은 안티-레바논(Anti-Lebanon) 산맥이 이스라엘 주변에서 가장 높은 산이며 해발 3088미터에 이른다고 한다. 헬몬과 아마나는 이 산맥에 속하는 두 산이지만 아마나는 논쟁이 되어진다. 신명기 3:9에 따르면, 헬몬과 스닐은 하나이고, 동일한 산이다. 킬([1994] 155-57)도 아카드 시대(ca. 2200)의 원통형 질그릇은 산에서 내려오는 또는 끈에 묶인 사자의 등에 발을 올려놓고 서 있는 이쉬타르를 묘사하고, 그는 사자 위에 서 있는 옷을 입지 않은 여신에 대한 애굽의 형상을 재생산한다. 또한 우가릿의 항구인 미네트 엘 베이다(Minet el-Beida)에서 나온 ca. 1350의 금장식은 상당한 예증이 된다. 그것은 목걸이만 걸고 있는 옷을 입지 않은 여신을 묘사하고(9절), 그녀는 사자 위에 서서 양손에 노루를 붙들고 있다(Keel, [1994] 91을 보라). 유사한 단편은 크노소스의 미노에서 나온 스탬프 도장인데(ca. 1500), 그것은 두 사자들이 양편에 서 있고, 산 정상에서 가슴을 훤히 내보이는 여신을 그리고 있다(Keel, [1994] 160을 보라).

기독교 시대에, "천사"로 자신의 꿈의 여인을 찬미했던 젊은이는 그녀가 초인간이었다고 문자적으로 확증하고 있지 않고, 또한 그는 경건서적을 만들고 있지도 않았다. 유사하게 여기 아가서가 여인을 여신의 용어로 묘사하고 있을지라도, 그녀는 여신이 아니고, 이는 찬미의 단편도 아니다. 아울러, 우리는 그녀를 이런 용어로 갑자기 묘사하고 있는 것을 관용할 수 없는 것으로 간주하거나, 이것이 아가서를 방해하거나 조화될 수 없는 삽입으로 보아서도 안 된다. 여신의 전통적인 이미지를 이용하여 남자가 여자에게 얼마나 접근하기가 어려운가를 은유적인 시각으로 제공하고 있을 뿐이다. 본문의 요지는 여인이 놀랍고, 강력하며(그녀의 성적 매력에서), 접근이 용이하지 않다는 것이다. 그처럼 이 본문은 1-7절에서 이전에 있었던 것을 적절히 반응한다. 남자는 여자를 기대와 상상을 초월하는 아름다움이 있는 것으로 간주하고, 남자와 여자가 서로 아주 가까이 있는 순간에도, 남자는 여자가 실제로 자신에게 모든 것을 맡길 것인지를 궁금해 한다. 그녀는 남자에게 여신과 같다. 그녀를 소유하는 것이 여신을 소유하는 것처럼 마술적이고 불가능한 것으로 보이기 때문이다 – 그리고 우리는 고대 세계의 많은 여신들이 "처녀"라는 별명을 갖고 있음을 역시 기억하는 것이 좋다. 다시 한번, 여인의 처녀성이 권리를 주장하고, 남자의 영역에서 그녀를 멀리 두게 한다. 그녀가 산 거처지에서 내려오기를 선택한다면 그때야 그의 것이 될 것이다.

여기서 처음으로 여인은 "신부"(כלה – 칼라)(이 용어가 "며느리"를 의미할 수도 있지만, 문맥은 여기서 그런 의미를 배제한다)라 불린다. 이 용어는 아가서에서 여섯 번 나타나는데, 놀랍게도 연속해서 다섯 구절(4:8, 9, 10, 11, 12)에 나타나고, 아주 근접한 5:2에서 여섯 번째로 나타난다. 많은 학자들이 결혼했거나 하게 될 것을 함축하지 않는 단순히 사랑의 용어로 신부(כלה)를 간주한다. 이 용어의 사용이 아가서가 결혼 축시임을 입증하지는 않을지라도 – 하물며 일종의 결혼 예전은 더욱 아니다 – "신부"가 여기서 그 용어의 통상적인 의미를 담고 있지 않다고 주장할 이유는 없다. 아가서의 배후에 있는 유사(quiasi) 이야기에서 남자와 여자는 금방 결혼하였다. 남자는 또한 여자를 "누이"라고 부르는 것이 사실이지만 이 용어는 남자가 여자에 대해 사용하는 사랑 용어로 잘 알려져 있고, 그것은 "나의 동무"(רעיתי – 라아야띠)처럼 기능한다. 하지만 사실상 신부가 아니었던 여자에 대한 사랑 용어로서 "신부"(כלה – 칼라)를 사용하는 것은 이상한 일일 것이다.

게다가 우리는 여기에서만 "신부"(כלה – 칼라)란 용어의 놀라운 연속된 사용을 설명해야할 필요가 있다. 위에서 설명한 것처럼, 이 칸토는 신랑이 새 신부에게 결혼식 날 밤에 첫 번째 합방을 요구하고 있음을 묘사한다. 신랑은 신부에게 부드럽게 호소하고 있고, 사실상 남편으로서 그녀의 몸에 대한 자신의 권리를 단순히 주장하기보다는 유혹하고 있다. 그러므로 그는 반복해서 그녀를 이 문맥에서 "신부"라고 부르면서, 그녀가 그와 이러한 관계에 들어섰으며, 신부는 정말로 결혼을 완성하기까지는 진정으로 신부가 아니라는 것을 온유하게 상기시키고 있다. 그녀를 "신부"라고 부르는 것은 이제 그의 아내가 되었다는 근거 위에서 그녀로부터 섹스를 단순히 요구하고 있는 것이 아니라, 그들의 관계의 본질을 부드럽게 상기시키고 있다. 신부라는 별칭으로 그녀를 다섯 번 연속해서 부르고 있는 남자는 그녀를 산 위에 여신이나 닫힌 정원(아 4:12)과 같다고 말하고 있을지라도(아 4:8), 그녀가 그에게 얼마나 어여쁘고 기쁨이 되는지를 언급한다. 요지는 정말로 신부가 되기 위해서 여자는 남자에게 내려와 그녀의 정원을 열어주어야 한다는 것이다. 아가서 5:1에서 마지막으로, 즉 그들의 성적인 합일을 찬미하면서(내가 그렇게 해석하는 것처럼), 그는 그녀를 마지막으로 "신부"라고 부른다. 이 시점부터 그녀는 더 이상 신부가 아니고 아내다.

9 "네가 나를 마음 조리게 한다"("네가 내 마음을 빼앗았구나" – 한글개역). 피엘의 파생형인 립빠브띠니(לִבַּבְתִּנִי)를 어떤 이의 마음을 빼앗거나(즉 감정을 흔들리게 하거나 약하게 하는) 또는 어떤 이에게 마음을 주다(즉 성적으로 힘을 얻거나 심지어 자극하다)로 이해할 수 있다. 해석자들은 각기 그들의 견해를 주고, 이 이슈 중의 어느 한편을 지지한다. 포프(479-80)는 수메르와 아카디아의 유사한 것들은 어근 *lbb*, "마음"이 남성의 성적인 자극을 가리킬 수 있음을 함축한다. 또한 월담(Waldman, *JBL* 89[1970] 215-17)을 보라. 그는 오르게(*ὀργή*, "흥분하다")와 오르가오(*ὀργαω*, "자극하다")에서 유추하여 랍빠브(לִבֵּב)가 "흥분하다"와 그것으로부터 "성적으로 자극을 받다"는 것을 의미한다고 주장한다. 폭스(*Song of Songs*, 136)는 문제가 되고 있는 아카디아의 자료가 여기서의 주된 관심이 아닌 무기력을 다루고 있다는 근거 위에서 이 해석을 거부한다. 이것은 빈약한 반대이고, 우리가 소유하고 있는 구체적인 아카디아의 텍스트들이 성적인 의미에서 그들이 *lbb*를 사용할 때 무기력을 다루고 있다는 사실은 *lbb*이 무기력을 다루는 문맥에서만 자극을 내포한다는 것을 의미하지 않는다. 피엘의 랍빠브(לִבֵּב)는 성경에서 네 번만 나타나는데, 둘은 이 구절에서 다른 둘은 동음이의어적인 어근에서 오는 "빵을 굽다"를 의미하는 사무엘하 13:6, 8에 나타난다. 학자들은 이 사례를 무관계한 것으로 본질적으로 설정하지만, 그것들은 어떤 의미에서 여기의 이슈와 밀접한 관계가 있다. 사무엘하 2장에서 암논은 다말이 와서 그녀가 직접 손으로 자기에게 먹일 수 있도록 자신

이 보는 데서 "빵을 구울"(לבב – 랍빠브) 것을 요구한다. 히브리의 독자들은 이 두 의미 사이에 있는 언어유희를 알았을 것이고, 또한 타락한 귀족이 교묘한 꾀로 열락을 즐기려는 것을 나타내고 있다고 여겼을 것이다. 하지만 아가서에서 우리는 랍빠브(לבב)를 어떻게 취하여야 하는지 불분명하다. 그 용어는 본래 모호하고, 자극과 여자에 의한 남자의 감정적인 흔들림 모두를 내포하였을 가능성이 있다. 이 때문에 나는 "네가 나를 마음 조리게 한다"라는 번역으로 모호하게 그것을 남겨두었다. 어쨌든 여인이 남자의 모든 관심을 가져갔음이 분명하다.

명사 아나크(ענק, "꼰 줄, 꿰미")는 사사기 8:26에서 하아나코트(הָעֲנָקוֹת) 형태로 나타난다. 잠언 1:9에서 바아나킴(וַעֲנָקִים)은 꼰 줄, 구슬, 또는 연결사슬로 구성되었든지 간에 일종의 목걸이를 묘사한다. 여기서 עֲנָק는 단일한 구슬이나 많은 실의 목걸이의 줄을 의미한다. 한 번 쳐다보는 것이나 단일한 줄, 또는 그녀의 목걸이의 구슬, 즉 다시 말해서, 그녀의 편에서 하찮은 행동이나 사사로운 보석의 일부도 그를 사로잡기에 충분하다. 고대 근동에서 여신은 가끔 보석 이외에는 아무것도 입지 않은 것으로 묘사되었다.

사랑 용어로서 "나의 누이"(אחתי – 아호티)의 사용은 자연스럽게 학문적인 흥미를 자극했다. 이 용어는 애굽의 사랑 시, 심지어 수메르의 사랑 시에서도 발견된다. 애굽의 왕실의 근친혼의 관습에 영향을 받은 일부 해석자들은 이것이 공통된 관습이라고 생각했다. 하지만 그것은 거의 그렇지 않다. 이 용어는 여기서 여자가 문자적으로 그의 누이가 됨을 의미하지 않는다. 하지만 여전히 우리들은 아가서가 왜 근친상간적인 사랑을 함축하는 것으로 보이는 사랑 용어를 사용하였는가를 의문해야 한다(참조. 레 18:9). 합법적인 사랑의 애정 어린 표현으로서 이 용어의 의미는 그것의 문자적 의미와 상관이 없는 것은 아니다. 형제와 누이는 동일한 가족과 가정의 구성원이다. 가까운 친척으로서 이들 사이에 감정적인 유대는 매우 강력하다. 고대 이스라엘의 가족에서 확실히 친족과 그 의무는 가벼이 여길 수 없었다. 여자를 자신의 "누이"라고 부름으로써 남자는 그들이 한 가족이 되었음을 시사한다. 정경적인 유추는 여자가 남자의 뼈 중에 뼈요 살 중에 살이로다(창 2:23)라고 아담이 선언하는데서다. 지혜문헌에서, 이에 비하여, 창기와 간음자는 "외국 여자"이거나 "외인"이다(נכריה – 나크리아; 예. 잠 2:16; 5:20; 6:24; 7:5). 그녀를 누이라 부름으로써 남자는 그 둘이 공통된 살과 피를 가짐으로써 하나가 되었음을 선언하고 있다.

10 이 스트로피는 여자의 몸에 대한 찬미의 반복으로 시작하지만 그녀로부터 사

랑을 받는 기쁨의 찬미로 나아간다. 여기서의 은유는 육체적인 대상보다는 감정과 관련이 있다. 포도, 향수, 기름, 꿀, 그리고 우유는 모두 물체 자체를 내포하고 있는 것이 아니라 그것들의 맛과 향기를 내포하고 있다. 또한 고체(망대, 산, 염소나 양)보다는 액체인 은유들은 육체적인 몸의 찬미보다는 곧바로 행위의 찬미 – 그녀의 사랑 행위 – 를 가져온다.

발삼("기름")은 줄기가 상처가 났을 때에 식물에서 나오는 향기로운 송진이다. 그것은 향수와 향료를 준비하는데 사용되고, 아가서에서 뽀셈(בֹּשֶׂם)이란 말은 발삼에서 만들어진 향수를 언급한다. 고전 문학도 발삼 나무(*τὸ βάλσαμο* – 토 발사몬)를 언급한다. 그 기름의 이국적인 특성은 흥미로운 전설을 가져왔다. 파우사니아스(Pausanias, *Description of Greece* 9.28.3)에 따르면, 발삼 나무는 아라비아에서 자랐고, 자주 송진을 채취하기 전에 도망가야 했던 독사들의 거처지였다. 이런 활동의 위험성은 생각하는 것만큼 그리 크지 않았다고, 파우사니아스는 이렇게 확증한다: "독사들이 아주 좋은 향료를 먹었기 때문에 그 독이 약화되어 치명적이지 않다." 발삼이란 말은 때로 "양념"으로 번역되었으나 이는 영어로 된 이 용어가 잎이 무성한 허브와 땅에서 나는 후추 열매를 함축하는 것으로 보이기 때문에 오도하는 것이다. 여기서는 확실히 그것을 의미하지 않는다. 시바의 여왕은 솔로몬 왕을 방문했을 때, 발삼(향품 – 한글개역)을 가져왔다(왕상 10:2, 10). 모든 부유한 가정에서 적어도 사람들은 발삼을 여인들의 화장에 사용하였다(에 2:12).

이 구절의 용어는 상당히 희극적으로 재가공하고 있지만 아가서 1:2-3에 남자에게 두어졌던 찬미의 구절을 반영하고 있다: "내게 입맞추기를 원하니 네 사랑이 포도주보다 나음이로구나 네 기름이 향기로워 아름답고 네 이름이 쏟은 향기름 같으므로 처녀들이 너를 사랑하는구나." 아가서에서 찬미의 초점이 점차적으로 남자에서 여자에게로 옮겨진다.

11 "네 입술에서는 꿀방울이 떨어지고"(נֹפֶת תִּטֹּפְנָה שִׂפְתוֹתַיִךְ – 노페트 띨토페나 싶토타이크)란 어구의 유음과 협화음은 이 구절의 관능성을 강조한다. 아가서는 모든 종류의 성적 경험을 불러일으킨다. 향료, 발삼(기름), 레바논의 백향목에서부터 꿀의 향기와 우유의 풍성함에 이르기까지 여인이 가져다주는 기쁨을 전달하기 위해서다. 젖과 꿀은 이스라엘 땅의 비옥함을 말해주는 관용적인 표현이고(출 3:8), 이스라엘 여인이 가져다주는 기쁨을 그 땅의 영광을 생각나게 하는 용어로 찬미하고 있음은 우연이 아닐 것이다(4:1의 주석을 보라).

12 네 번째 스트로피에서, 여인은 잠근 동산과 우물이다. 깔(גַּל, "우물")은 기본

적으로 쌓아올린 것을 의미하고, 바위더미나 곡선에 사용된다. 이 의미를 본문에 억지로 적용하는 것은 무익하다(예를 들어, NASB의 "바위 정원"). 70인경, 벌게이트역, 옛시리아어역, 그리고 몇몇 히브리 사본들을 포함하여 깔(גל)을 깐(גן, "동산"[garden])으로 수정할 만한 충분한 증거가 있다. 다시 말해서 포프(488-89)는 여기서 "우물"을 내포하는 어근 *gll*을 취하기 위한 좋은 증거를 모았다. 깔라(גלה)는 스가랴 4:3과 전도서 12:6에서 "주발"(bowl)을 의미하고, 복수는 여호수아 15:19과 사사기 1:15에서 "샘물"을 의미한다. 깐(גן)을 갖는 협화음이 이전의 은유와 그것을 연결시켜주기 때문에, 여기서 "우물"이란 드문 용어로서 아가서 깔(גל)을 사용하지만, 그 의미가 뒤이어지는 은유인 "샘"과 그것을 연결시켜준다고 나는 제기한다.

고대 근동의 동산(garden, 한글 번역상으로는 정원 – 역자주)은 단순한 꽃이나 야채가 있는 정원이라기보다는 작은 공원에 해당하였다. 성경과 그 외의 많은 텍스트들이 그러한 정원이 얼마나 기쁨의 근원으로서 자랑스럽게 여겨지고 간주되었음을 증거한다. 주요한 사례는 전도서 2:4-6이며, 거기서 저자는 세 구절을 할애하여 정원의 내용을 묘사한다. 이 정원은 포도원, 과일나무, 그리고 우물을 포함했다. 파피루스 해리스 500(Papyrus Harris 500)에서 소녀는 자신을 샘을 가진 정원(동산)이라고 묘사한다. 리히다임(Lichtheim)의 번역에(*New Kingdom*, 192), 그것은 "나는 당신의 가장 좋은 누이요/ 나는 정원처럼 당신에게 속하고/ 나는 꽃으로 식물을 심었으며/ 그리고 향기로운 풀을 심었으며/ 너의 손으로 팠으며/ 북풍이 새롭게 하는구나"라고 적혀 있다. 샘으로서 여인이 주는 기쁨에 대한 형상은 잠언 5:18-20을 상기시킨다. 거기서 "젊은 적에 아내"를 "샘"이라 부르고, 젊은이는 아내의 가슴으로 만족할 것으로 권고 받는다.

리케(L. Lyke, "Song of Songs")는 "우물에서 약혼자를 만난다는" 모티브의 요지에서 아가서와 족장 이야기(창 24:10-61; 29:1-20; 출 2:15b-21)의 연관을 안출하기를 시도한다. 그는 우물과 물의 용어가 여성과 다산의 이미지를 상기시킨다고 관찰한다(또한 잠 5:15-18의 연관 속에서). 이로부터 리케는 "이 은유의 복합성으로 말미암아 개별적으로 특별한 이 용어의 신학적인 기록을 아가서 전반에 투사할 수 있다. 따라서 그것이 인간의 사랑시일지라도, 동일한 은유를 통해 하나님과 인간의 관계를 이해하는 고대 관용구의 용어로 이해할 수 있다. 이것은 아가서를 *전반적으로* 알레고리적으로 읽을 수 있다는 의미로 이끄는 언어에 대한 집합적인 직관에 대한 확장이다"(이탤릭체는 본래부터 있었다)라고 결론짓는다. 나아가서 그는 이 용어의 '주요한' 인간적 기록에 '이차적'인 신학적 기록의 영향이 인간 사랑의 거룩함을 언명하는 것을 가능하게 하는 수단 중 하나를 제공한다고 결론짓는다("Song of Songs," 223).

리케의 분석에는 몇 가지 문제가 있다. 첫째로 여인이 봉인된 샘이라고 말하는 아가서가 우물이나 샘에서 '만나는' 창세기와 출애굽기의 본문을 직접적으로 암시한다는 것은 전적으로 불분명하다. 둘째로 샘이나 우물의 의미를 리케가 주장하는 전체적인 전환의 종류로 만들 수 있을 것 같지 않다. 셋째로 "신학적인 기록"이 샘의 은유에 있다는 주장과 그것을 어떻게 아가서로 전환할 수 있는지가 분명하지 않다. 넷째로 많은 다른 학자들처럼, 리케는 "전반적으로" 아가서를 합법적으로 알레고리화할 수 있다고 주장한다. 하지만 문제는 세부적인 것들에 있다. "어떤 점에서" 인간 사이에 사랑이 하나님과 인간 사이에 사랑의 형상이라는 끊임없는 주장은 실제로 그것이 어떻게 행해졌고, 또 특별한 텍스트에서 어떻게 행해졌는지를 보일 수 없다면, 텅 빈 취지일 뿐이다. 아가서와 그밖에 다른 곳(특히 잠 5장)에서 발견되는 우물의 은유의 용법은 성경에서 우물이나 샘이 여자가 주는 기쁨과 다산의 측면에서 여성의 관능을 대변할 수 있다고 주장하지만 그것을 넘어서는 더 이상 안전하게 진전시킬 수 없다.

이 구절에서 두드러진 은유의 특징은 여자가 "잠근" 동산(정원)이자 "봉한 샘"이라는 것이다. 요지는 여자가 모든 다른 사람들에게는 닫혀 있고 그 사람에게는 열려 있음이 아니다. 오히려 그것은 여자가 아직 여전히 처녀이고, 아직 이 남자에게 완전히 안착하지 않았다는 것이다. 산위에 여신에 관한 이전의 은유처럼, 이 스트로피는 접근이 쉽지 않은 이로서의 여자를 대변한다. 그는 그녀가 자신에게 오픈하기를 호소하고 있다.

13 "내게서 나는 것"(שְׁלָחַיִךְ – 쉐라하이크)은 일반적으로 "싹트다"로 번역된다. 이 용어가 사실상 이것을 의미한다는 증거는 기대할 수 있는 것보다 적다. 명사 샬라흐(שֶׁלַח)는 통상적으로 느헤미야 4:11, 17(ET 4:17, 23)에서처럼 "무기"나 "발사체"를 의미한다. 일부 해석자들은 이 말이 요엘 2:8에서 "우물"이나 "터널"을 의미한다고 주장하지만, 이것은 확실히 잘못되었다(Garrett, *Hosea, Joel*, 341 n. 34을 보라). 킬(Keel, [1994] 176)은 이 용어가 여기서 "도관"(수로)을 의미하고, 그것은 여성의 질에 대한 은유라고 주장하지만, 그는 이런 주장을 지원할 수 있는 증거를 거의 갖지 못한다. 그는 느헤미야 3:15에 뻬레카트 하쉘라흐(בְּרֵכַת הַשֶּׁלַח, "셀라 못가")를 인용하지만, 고유 명사의 용법이 어떤 단어의 의미를 설정해주지는 못한다.

예를 들어, 아골 골짜기란 이름이 '아골'이 "골짜기"와 관련한 어떤 것을 의미함을 시사하지 않는다(그것은 "고통"을 의미한다). 킬은 샬라흐(שׁלח)를 샤하트(שׁחת, "구덩이")와 유사한 욥기 33:18에서의 "수갱"을 의미하는 것으로 취한다. 이것이 현대적인 지지를 받는다(많은 학자들이 여기서 River Styx를 참조한다). 하지만 전통적인 번역인 "검"이 역시 옳을 것이다(70인경은 그것을 "전쟁"에 대한 환유로 간주한다). 킬은 아라이바어에서 샬크(*shalch*)가 "질"을 의미할 수 있다고 지적하지만, 이것은 히브리어가 여기서 문자적으로 "도관"을 의미한다는 개념을 지원할 근거가 빈약하다. 게다가 남자가 여기서 도관의 은유 하에서 여자의 질에 대해서 노래하고 있다면, 그가 왜 복수형을 사용하겠는가("너의 도관들")? 마지막으로 다양한 과일, 향료, 그리고 향수의 12개의 서로 다른 용어들을 통해서 그것을 묘사함으로써 여자의 질을 화려하게 묘사하는 것은 좋지 않은 취미다. 본문이 명확하지 않기에 학자들은 그 텍스트를 수정하는 다양한 방식을 보여주었다. 말하자면 그것을 관계대명사 שׁ을 갖는 샬라흐(שׁלח)와 대명사 접미사를 갖는 명사 라흐(לַח, "새로움")가 있는 라흐카(לחך)로 읽어야 한다고 주장했다. 그러므로 해석할 때, 그것은 "너의 새로움"(Rudolph, 151을 보라)이다. 아마도 전통적인 해석이 옳을 것이다. 즉 이 용어는 어근 샬라흐(שׁלח, "내보내다")에 기반해서 "자라는" 식물의 일부를 가리킨다. 예레미야 17:8과 시편 80:12(ET 80:11)에서 동사 샬라흐(שׁלח)와 이사야 16:8에서 명사 쉐루호테하(שׁלחותיה, "그 싹")를 보라. 여기서 이 용어는 일반적으로 식물들의 성장을 가리키고, 단일한 식물의 가지를 가리키지는 않는다.

요컨대, "너의 자람"이란 어구는 여인의 몸의 어떤 일부를 가리키지 않는다. 오히려 그것은 사랑의 행위의 즐거움에 대한 은유인 그녀의 "정원"에서 발견되는 다양한 식물들을 가리킨다. 이 구절은 식물의 은유 하에서 여자의 몸을 해부하고 있지 않다. 하물며 그녀의 질에 초점을 맞추고 있는 것은 더욱 아니다. 그것은 여자의 사랑이 다양하고 많은 기쁨을 준다는 개념을 전달하기 위해서 향기로운 식물들을 사용한다. 그녀의 사랑은 그에게 에덴("낙원"), 즉 이국적이고, 맛있고, 멋진 종류의 식물이 다양하게 있는 정원 동산이다. 그녀를 사랑하는 것은 결코 지루할 수가 없다.

나는 빠르떼스(פרדס)를 여기서 "파라다이스"(낙원)로 번역하는데, 이것이 이 용어가 의미하는 바를 영어 독자들에게 가장 잘 전달하는 것으로 보이기 때문이다. 미국 영어에서 '공원'(*park*)은 나무와 레크리에이션 장소가 있는 대중적인 지역을 내포하지만 향료나 먹을 수 있는 식물이 없고, '과수원'은 사과나 오렌지가 많이 재배되는 곳을 내포한다. '정원'(*Garden*)은 재배되는 꽃들이나 야채가 있는 작은 범위의 토양이 있는 곳을 내포한다. 심지어 '파라다이스'(낙원)란 용어도 충분히 적절하지 않다. 많은 이들에게 낙원은 열대의 섬(tropical island)을 암시하기 때문이다. 빠르떼스(פרדס)는 매우 아름답고 모든 종류의 나무를 포함하고 있다는 점에서 공원과 같고, 꽃, 향료, 그리고 먹을 수 있는 식물들이 있다는 점에서 정원과 같은 이상적인 장소다. 또한 표준이 되는 텍스트에서 영창이 있음에도 불구하고, 빠르떼스(פרדס)를 여기서 구문으로 간주할 이유는 없다. 콜론의 휴지를 특징짓는 사소한 멈춤이 그것을 뒤따라야 한다.

빠르떼스(פרדס, "파라다이스") 다음에 이 단위들을 한정짓도록 돕는 전치사 임(עם, "with")을 갖는 일곱 소절들이 뒤따른다. 여기에 다섯 개 항목의 쌍이 있다. 첫 두 쌍은 임(עם, 15B-C)을 사용하지만, 15D, 15E, 그리고 15G는 임(עם)이 없다. 소절 15F와 15H는 콜(כל, "all")로 특징지어지는 복수의 항목들을 갖는 임(עם)을 사용한다. 따라서 소절 15B-H는 구조화된 목록을 형성한다(도표 9을 보라).

14 나드(감송향)는 인도에서 기원했고, 사프란(번홍화)은 카스피해와 흑해 주변의 지역으로부터 발생했다. 콰네(קנה)은 근본적으로 "등나무"나 "갈대"를 의미한다. 창포는 일종의 향기 나는 갈대이고, 여기서가 바로 그것을 의미하는 것으로 보인다. 예레미야 6:20은 향기 나는 등나무 줄기를 유향과 연결시키고, 그것이 먼 나라에서 수입되었다고 말한다. 출애굽기 30:23은 그것이 제의적인 목적을 위해 사용되었음을 가리키고, 또한 그것을 계피와 연관시킨다. 창포는 아마도 북 인도에서 수입되어진 다양한 향기 나는 줄기일 것이고(참조. *ISBE* 1:573, "Calamus"), 계피는 인도와 스리랑카에서 왔을 것이다. 유향은 남 아라비아에서 왔고, "알로에"는 아마도 인도와 말라야에서 발견되는 독수리 나무의 크고 가느다란 나무일 것이다(*ISBE* 1:99, "Aloes"). 학자들은 여기에 묘사된 많은 식물들이 아주 다양함으로 그것은 단일한 정원이 이 모든 것을 포함할 수 있다고 상상할 수 없다고 지적한다. 따라서 이 정원은 환상적인 정원의 일종으로 자주 간주된다. 이런 정원은 분명히 아주 부유한 사람들만이 가질 수 있을 것이다. 어쨌든, 이것을 문자적인 정원으로 간주하는 것은 의미가 없다.

"선별된 열매를 가진 석류나무"(רמונים עם פרי מגדים) 15B
"감송향을 가진 적갈색"(כפרים עם־נרדים) 15C
"나도와 번홍화와"(נרד וכרכם) 15D
"창포와 계수와"(קנה וקנמון) 15E

“각종 유향목과”(עם כל־עצי לבונה)	15F
“몰약과 침향과”(מר ואהלות)	15G
“모든 귀한 향품이요”(עם כל־ראשי בשמים)	15H

도표 9. 칸토 VIc, 소절 15B-H의 구조

15 이 스트로피의 시작인 아가서 4:12에서 남자는 동산과 샘의 두 은유로 그녀를 노래했지만 여기서는 우물로 돌아옴으로써 결론을 맺는다. 이전에 언급한 것처럼, 지혜 문헌에서 샘으로서의 여자는 성적인 기쁨을 주는 것을 의미한다(잠 5:18-20). 문자적인 차원에서 동산에 샘이나 우물은 두 가지 목적을 갖는다: 식물에 물을 주는 것과 동산에 있는 사람들에게 목마름을 채워주는 것이다. 여기서 수원(水原)이 물을 단순히 모아둔 수조라기보다는 우물이나 샘이라는 것은 의미가 있다. 우물이나 샘은 의미상 안쪽에 수원을 갖고, 메마르지 않는다. 여인은 동산의 즐거움과 그녀가 주는 신선함을 유지하는데 필요한 모든 것을 자신 안에 있는 근원에 의존한다. 그녀는 물줄기에 대인(접한) 나무처럼 계속해서 번성하는 시편 1장이나 예레미야 17:8의 의로운 남자에 상응한다.

해설

종합해서, 네 스탠자는 신랑이 신부를 자기에게 내려놓도록 부드럽게 설득하는 것을 나타낸다. 그는 교호적으로 그녀를 찬미하고, 그녀를 감히 접근할 수 없는 자라고 표명한다. 분명한 요지는 그녀가 자발적으로 그에게 나아오기까지는 그는 그녀를 함부로 할 수가 없다. 그것은 그녀가 취해야 하는 결정이다. 이 본문은 사랑의 온유한 언어, 특히 남자에게서 여자에게로 향하는 찬미의 자리를 인식한다. 그러한 언어는 여기서 조작적이거나 강압적이지 않다. 그것은 남자의 육체적인 욕구를 여자에 대한 감정적인 필요에 종속시킨다. 또한 섹스는 우선해서 두 마음의 연합이지 두 몸의 연합이 아님을 인식한다. 끝으로 그것은 무력을 사용하거나 남편으로서 법적인 권리를 주장하는 것은 좋치 않은 것으로 특징짓는다. 아가서의 문맥에서, 신부는 가마로 신랑에게 데려와졌고(3:6-11), 이제 그들은 그들의 결혼을 완성시킬 준비가 되어 있다.

많은 모티브들이 나타난다. 학자들은 통상적으로 감탄의 찬미를 와스프, 즉 사랑하는 이에 대한 찬미의 노래(특히 1-7절에서 보는 것처럼)라 일컫는다. 사랑하는 이에게 이르지 못하는 무능력에 대한 모티브는 애굽의 사랑 시에서도 흔하다. 그러나 연모는 두 연인이 육체적으로 서로 떨어져 있다는 점에서 사실적이지만 여기 아가서에서 두 연인은 같이 있지만 단지 신부의 처녀성에 의해서 갈라져 있다. 환상의 정원으로서 여인에 대한 모티브는 아가서의 다른 곳과 고대 근동 시에도 나타난다. 여신의 모습을 한 여인에 대한 초상, 즉 높은 산에서 사자에 둘러싸인 여인은 고대의 작품에서 익숙한 모티브에 의존하고 있다. 여기서 아가서는 다른 곳에서처럼 전통적인 모티브와 당대의 유사한 것들과는 전적으로 다른 본문을 창출하는 이미지를 기술적으로 활용하고 재조정한다.

남부 미국 출신의 남자는 사랑하는 이의 아름다움을 핀 목련의 아름다움과 비교하거나 그녀에 대한 자신의 사랑이 미시시피 강의 흐름처럼 영원한 것이라고 선언한다. 콜로라도나 알베르타 출신의 남자는 마음속에서 아내에 대한 자신의 사랑을 록키 산에 대한 사랑과 연합시킬 것이다. 마인 해변 출신의 남자는 깎아지른 절벽에 부딪히는 파도를 보거나, 아내를 바라볼 때 또는 아내의 향수를 맡을 때처럼 바다 공기를 냄새 맡을 때와 같은 감정을 경험할 것이다. 이것은 여인이 이 지역에 대한 알레고리이거나 지역의 자연적인 역사가 여인에 대한 알레고리임을 의미하지 않는다. 여인이 실제로 지역적인 비유처럼 보이거나 향을 낸다는 것은 더욱더 의미하지 않는다. 고향에 대한 사랑은 자주 특별한 것으로 색채를 띨 수가 있다—텍사스의 수레국화꽃, 아리조나의 사막꽃, 한국의 까치. 남자가 자기 아내를 사랑하고 고향을 사랑할 때, 이 두 사랑은 보충적이고 경쟁적이 아닌 방식으로 합병될 수 있다. 이런 유대는 아주 강력해서 먼 지역에서 싸우는 병사가 아내와 고국을 수호하기 위해서 싸우고 있다고 인식한다. 마치 아내와 고국이 하나이고 동일한 것처럼 말이다.

우리는 아가서의 남성 싱어가 레반트에서 아주 많은 특별한 형상들을 사용했을 것으로 간주하지 않아야 한다. 비록 상투적인 문구가 없는 것은 아닐지라도, 그는 보다 보편적인 은유들을 손쉽게 사용했을 것이다. 하지만 그가 노래하는 여인은 어느 장소에나 있는 여인은 아니다. 결국에 그녀는 이스라엘 여인이고, 그녀의 모습, 예절, 그리고 방향은 이스라엘이란 장소와 활동과 자연적인 역사가 불러일으키는 향수와 다르지 않은 감정을 자아낸다. 고대 이스라엘 땅과 그 목가적인 방식을 모르는 우리들에게서 이런 비유의 많은 것들이 코믹하지는 않을지라도 좀 이상하게 들린다. 하지만 이 땅과 그 방식을 알고 사랑했던 청중들에게서 여인에 대한 남자의 이 찬미는 깊은 감정을 불러일으켰을 것이고, 남자가 이 여인을 왜 그렇게 사랑했는지를 그들에게 말해주었을 것이다. 고향에 대한 사랑처럼 배우자에 대한 사랑은 특별하고 특이하다. 그러나 동시에 여인을 이스라엘 사람들에게 익숙한 용어로 묘사한 지역적인 색채가 이것을 애국적이거나 민족적인 소책자로 만들지는 않는다. 그러한 민족적인 정체성은 아가서에서 전혀 역할을 하지 못한다.

VII. **소프라노, 테너, 그리고 코러스: 완성**(4:16-5:1)

본 문

테너	tenor	
16 북풍아 일어나라 남풍아 오라	**16** Awaken, north wind, and come, south wind!	1A
나의 동산에 불어서 향기를 날리라	Breathe on my garden and let the scent of its balsam waft!	1B
소프라노	soprano	
나의 사랑하는 자가 그 동산에 들어가서	Let my lover come to his[a] garden	2A
그 아름다운 실과 먹기를 원하노라	and eat its choice fruits.	2B
테너	tenor	
5:1 나의 누이, 나의 신부야 내가 내 동산에 들어와서	**5:1** I come[a] to my garden, my sister, my bride.	3A
나의 몰약과 향재료를 거두고	I pick my myrrh with my balsam.	3B
나의 꿀송이와 꿀을 먹고	I eat my honeycomb[b] with my honey.	3C
내 포도주와 내 젖을 마셨으니	I drink my wine with my milk.	3D
코러스	chorus	
나의 친구들아 먹으라	Eat, friends!	4A
나의 사랑하는 사람들아 마시고 많이 마시라!	Drink and be drunken with lovemaking![c]	4B

원문주해

16.a. LXX[A] 의 두 사본들은 케폰 무(*κῆπόν μου*, "나의 정원")를 갖는다. 하지만 화자에 대한 맛소라텍스트의 변화가 좋은 의미를 갖고 있기에 존속되어야 한다.

5:1.a. 완료 형태가 항상 과거를 가리키지는 않는다. 적어도 시에서는 그렇다. 여기서 현재적인 번역이 많은 역본들에서 발견되는 영어의 현재 완료보다 더 적절하다.

1.b. 맛소라텍스트의 야리(יַעְרִי, "나의 벌집"). 70인경(그리고 벌게이트역)은 아르톤 무(*αρτον μου*, "나의 빵").

1.c. 또딤(דודים)이 여기서 "연인"을 의미하는 호격인지(רעים - 레임, "친구들"과 평행하는) 또는 쉐투 베쉬크루(שתו ושכרו)의 직접목격어인지, 그리고 "사랑나누기"에 대해 사용되는 추상적인 복수인지를 말하기가 난해하다. 이 용어는 아가서에서 자주 남자에 대한 용어로서 대명사 접미사를 갖는 단수로 나타난다(예. 아 1:16에 또디[דודי, "나의 연인"]와 5:9에 또데크[דודך, "너의 연인"]). 하지만 그것은 복수로 여섯 번 나타난다(아 1:2, 4; 4:10[2회]; 7:13과 여기서). 그것이 복수인 모든 다른 경우에, 연인들보다는 사랑을

나누는 것을 가리킨다.

양식/구조/배경

이 칸토에서 정원은 여인의 몸이다. 아가서 4:16b이 "나의 정원(동산 – 한글개역)"에 관해서 언급하지만, 4:16c이 "그의 정원"에 관해서 언급하고 있기 때문에 남자가 4:16ab를 노래하고 여자가 4:16c를 노래하고 있는 것으로 보인다. 5:1에서 남자는 "나의 포도주", "나의 발삼"(향유), 그리고 "나의 몰약"을 여인의 몸과 애정을 통한 기쁨과 관련하여 모두 언급한다. 따라서 남자도 여자를 "나의 정원"으로 노래한다. 물론 여자가 16절 전체를 노래하고 있을 가능성이 있다. 즉 먼저는 "나의 정원"으로 그 다음에 "그의 정원"으로 여자의 몸을 언급하였을 가능성이 있기는 하지만 남자가 4:16c를 노래하고 있을 가능성은 없다.

유사하게, 아가서 5:1에서 남자가 소절 3A-D를 노래하고 있는 것은 분명하지만, 코러스가 5:1의 말미에 4A-B에서 노래하고 있는 것으로 보인다. 이 마지막 소절들의 쌍은 "친구들"이라 호칭하고, 사랑을 깊이 마실 것을 그들에게 권고한다. 즉 5:1c에서 코러스는 두 연인들이 그들의 시간을 함께 누릴 것을 말하고 있는 것으로 보인다.

이 서정시가 내가 배열한 것과 같다면, 그것은 간결한 대칭을 형성한다. 네 스트로피는 각기 조화를 이루며 함께 묶여 있다. 설사 스트로피 1에서 일부 변화가 있을지라도 말이다. 스트로피 3에서 각 소절은 일인칭 완료 동사로 시작하고, 이 동사는 항상 행위의 목적격이 되는 명사가 뒤따른다(모든 경우에 명사는 일인칭 단수 접미사를 갖는다). 유일한 변이는 소절 3A가 "나의 누이, 신부"로 끝나는 반면에 다른 세 소절들은 모두 임(עם, "with")을 사용하는 전치사구로 끝난다.

아가서의 구조에서 이런 부분은 이 작품 전체를 망라하는 커다란 교차대구법의 중심이다. 자주 성경의 교차대구법에서 중심적인 텍스트는 전체 텍스트에 대한 해석학적 열쇠를 제공하고 통제한다. 이 경우에 이 핵심적인 부분은 남자와 여자의 성적 결합이다. 이 순간이 전체 책의 중심축이 되고, 이 주석은 처녀에서 아내로 나아가는 이 혼례 사건이 아가서의 주제임을 제기한다.

주석

16 본문은 "북풍"(צפון – 차폰)과 "남풍"(תימן – 테만)을 사용하지만, 루아흐

(רוח)란 용어를 피한다. 이 용어는 "바람"을 의미하지만, 또한 창세기 1:2에서 혼란을 덮고, 에스겔 37:9에서 죽은 뼈에 생기를 부여한 거룩한 영이기도 하다. 루아흐(רוח)를 사용하지 않음으로써, 본문은 성적인 행위를 제의적인 사건으로 설명할 어느 가능성도 배제한다. 남자는 이 바람이 그의 정원에 생명을 불어넣을 것을 기원한다. 이 행위는 창세기 2:7에서 첫 남자의 몸에 생기를 불어넣으신 하나님을 상기시킨다. 본문은 성적인 행위를 신화적인 용어로 다루거나 그 순간을 신성시하지 하지 않을지라도, 그것은 신비적인 것과 성적인 환상의 준 종교적인 능력을 불러일으킨다.

5: 1 이 구절의 용어는 전치사 임(עם, "with")과 연결된 향수와 풍미가 있는 쌍을 가진 아가서 4:1-15에 찬미의 노래를 상기시킨다. 특히 4:13-14을 보라. 몰약, 발삼(향수), 꿀, 포도주, 그리고 우유는 모두 지금 대명사 "나의"로 수식을 받는다. 여인은 이제 멀리 있고, 감히 건드릴 수 없는 기이한 처녀가 아니다. 그녀는 그의 것이다. 코러스는 이 칸토를 이 순간을 누리라는 권면으로 마감한다. 그들은 제한을 권고하지 않는다. 동사 샤칼(שכר)은 짙게 마실 것을 의미한다. 그것은 자주 취하는 것을 의미한다(예. 창 9:21; 삼상 1:14; 렘 25:27). 그들은 이 기쁨을 충분히 나누어야 한다.

해설

다른 곳에 히브리 성경은 북쪽에서 그 다음에 남쪽에서 부는 바람에 대해 언급하는데, 이는 동쪽에서 떠서 서쪽으로 지는 태양의 움직임과는 정반대다(전 1:5-6). 여기서 바람은 정원의 이국적인 식물들의 향기를 자극한다. 바람의 세력이 묘사되고 있지는 않지만, 우리는 다소 격랑을 일으키는 북쪽과 남쪽의 바람이 합쳐서 다가오는 것을 예상할 수 있을 것이다. 분명히 여기서 고려되고 있는 바람은 은유적인 정원을 파괴하거나 향기를 걷어 가버릴 정도로 심각하지는 않을 것이지만, 필연적으로 미풍의 부드러운 바람은 아니다. 정원에 강력한 바람이 몰아침은 그 정원이 외적인 세력에 사로잡혔다는 개념을 전달한다. 나무들이 조화로이 움직이고 식물의 송진과 기름이 퍼져나가는 것처럼 말이다. 그것은 여인의 성적인 열정에 대한 적절한 은유다.

남자는 그의 새 아내가 정열을 경험하고 자신에게 그녀 자신을 줄 것을 바라지만, 아내가 그에게 사로잡히고, 흥분하고, 열어놓는 성적인 "마술"은 그가 조절할 수 있는 것이 아니다. 그는 자기 외부의 힘으로써만 그것을 불러올 수 있다. 히브리의 지혜는 에로스나 아프로디테와 같은 이름 하에 이 권세를 신성시 하지는 않지만, 성의 감정적인 열정은 우리들을 제어하는 강력한 힘이라고 이해한다.

여인은 남자가 그의 정원에 와서 그의 선별된 실과를 먹어야 한다고 반응한다. 아가서의 언어에서 이것은 그가 성적으로 그녀에게 들어오라는 직설적인 초대다. 아가서의 구조에서 이것은 핵심적인 부분이고 클라이맥스다. 아가서의 모든 것이 이것, 즉 새로운 남편과 아내의 연합에 초점을 맞춘다.

VIII. 세 결혼식 날 밤 노래들(5:2-6:10)

A. 소프라노, 테너, 그리고 코러스: 고통과 변화(5:2-8)

참고문헌

Alden, R. "רְדִיד." *NIDOTTE* §8100. **Black, F. C.** "Beauty or the Beast? The Grotesque Body in the Song of Songs." *BibInt* 8(2000) 302-23. **Bright, J.** *Jeremiah.* **Exum, J. C.** "A Literary and Structural Analysis of the Song of Songs." *ZAW 85*(1973) 47-79. **Hess, R.** "רסס." *NIDOTTE* §8272. **Holladay, W. L.** *Jeremiah 2.* **Israelit-Groll, S.** *The Art of Egyptian Love Lyrics. CahRB* 49. Paris: Gabalda, 2000. **King, P.**, and **L. Stager**. *Life in Biblical Israel.* **Phipps, W. E.** "The Plight of the Song of Songs." *JAAR* 42(1974) 82-100. **Thomas, D. W.** "*Kelebh* 'Dog': Its Origin and Some Usages of It in the Old Testament." *VT* 10(1960) 410-27. **Walsh, C. E.** "A Startling Voice: Woman's Desire in the Song of Songs." *BTB* 28(1998) 129-34.

본 문

첫 번째 스탠자	First Stanza	
소프라노	soprano	
2 내가 잘지라도 마음은 깨었는데	**2** I am asleep, but my heart is awake.	1A
나의 사랑하는 자의 소리가 들리는구나	The voice of my lover, pounding:[a]	1B
테너	tenor	
문을 두드려 이르기를 문 열어 다고!	Open to me!	2A
나의 누이, 나의 사랑, 나의 비둘기, 나의 완전한 자야	My sister, my companion, my dove, my perfect one!	2B
내 머리에는 이슬이	Now that my head is full of dew,	2C
내 머리털에는 밤이슬이 가득하였다 하는구나	my locks are full with the drops of the night!	2D
3 내가 옷을 벗었으니	**3** I have stripped off my tunic!	3A
어찌 다시 입겠으며	How can I put it back on?	3B
내가 발을 씻었으니	I have washed my feet!	3C
어찌 다시 더럽히랴마는	How can I defile them?	3D

두 번째 스탠자	Second Stanza	
소프라노	soprano	
4 나의 사랑하는 자가 문틈으로 손을 들이밀매	**4** My lover puts his hand through[a] the opening.	4A
내 마음이 동하여서	and my womb rages against it.	4B
5 일어나서 나의 사랑하는 자 위하여 문을 열 때	**5** I arise to open for my beloved.	5A
몰약이 내 손에서	and my hand drips myrrh;	5B
몰약의 즙이 내 손가락에서	even my fingers are running with myrrh.	5C
문빗장에 듣는구나	on the handles of the bolt.	5D
6 내가 나의 사랑하는 자 위하여 문을 열었으나	**6** I open to my lover.	6A
그가 벌써 물러갔네	and my lover has lost interest![a] He has moved along!	6B
그가 말할 때에 내 혼이 나갔구나	I expire when he speaks.	7A
내가 그를 찾아도 못 만났고 불러도 응답이 없었구나	I seek him and do not find him;	8A
	I call him and he does not answer!	8B
세 번째 스탠자	Third Stanza	
7 성중에서 행순하는 자들이 나를 만나매	**7** The guards that go about the city find me.	9A
나를 쳐서 상하게 하였고	They beat me. they wound me.	9B
나의 웃옷을 벗겨 취하였구나	they take my veil from me.	9C
성벽을 파수하는 자들이	the guards of the walls.	9D
네 번째 스탠자	Fourth Stanza	
8 예루살렘 여자들아 너희에게 내가 부탁한다	**8** I call upon you to swear. daughters of Jerusalem.	10A
너희가 나의 사랑하는 자를 만나거든	if you find my lover.	10B
내가 사랑하므로 병이 났다고	what should you say to him?	10C
(그에게 말)하려무나	That I am wounded by love.	10D

원문주해

2.a. 70인경은 에피 텐 두란(ἐπὶ τὴν θυραν. "문에서")을 추가한다.

4.a. 전치사 민(מִן)은 여기서 아가서 2:9에서와 같이 "through"(으로)를 분명히 의미한다.

6.a.. 70인경에는 생략되어 있다. 아퀼라역 심마쿠스역 옛시리아어역은 벌게이트역의 데크리나베라트(*declinaverat.* "(나를) 피하다")와 같다.

양식/구조/배경

이 텍스트는 아가서에 나타나는 불협화음이다. 여인의 고귀함을 열광적으로 찬미하고 4:1-5:1에서 그들의 연합을 우아하게 묘사한 후에, 우리는 문을 두드리다가 사라지고, 뒤이어서 여인이 남자를 찾아 나섰다가 도성 순찰자들에게 매를 맞는 거의 일관성이 없어 보이는 칸토를 갑작스럽게 만나게 된다. 뒤이어지는 주석이 설명하는 것처럼, 이것은 실제적인 문이나 순찰자 또는 여인이 매를 맞은 것과 관련한 사실적인 이야기로 해석할 필요가 없다. 오히려 이것은 처녀성을 상실한 여인을 상징적으로 보여주고 있다.

이 칸토는 두 번째 결혼식 날 밤 칸토의 첫 부분이고, 아가서 3:1-5에 상응한다. 3:1-5이 결혼식 날 밤에 여인의 근심을 다루고 있는 반면에 이 부분은 그 실제적인 사건과 관련이 있다. 내가 3절을 여성의 서정시라기보다는 남성의 서정시로 간주하고 있다는 점에서 대부분의 주석가들과는 다르다. 아래에 5:3의 '주석'을 보라.

이 칸토를 네 스탠자로 손쉽게 나눌 수 있다. 첫 번째 스탠자는 여자의 문으로 들어가려는 남자의 결사적인 시도를 묘사하는 두 소절의 스트로피로 시작한다(소절 1A-B). 이 스트로피는 동사가 없는 절들만 사용하고 있다. 스트로피 2는 매우 간결한 언어를 사용하고, 소절 2B는 단순히 네 번의 호격일 뿐이다! 스트로피 3에서 소절 3A-B는 소절 3C-D와 일치한다.

첫 번째 스탠자와 마찬가지로 두 번째 스탠자(4-6절)는 두 소절의 스트로피로 시작하는데(소절 4A-B), 이는 여자의 연인의 편에서 다소 과격하고 무례한 행동을 암시한다. 문을 여는 것을 묘사하는 여러 스트로피들이 뒤따른다. 먼저 그녀는 빗장과 문을 여는 즙이 떨어지는 그녀의 손가락(소절 5A-D), 갑작스런 "사라짐" 또는 여자의 애인의 편에서의 관심의 상실(소절 6A-B), 남자가 말할 때에 그녀가 듣지 못함(7A), 그리고 여자가 남자를 찾지 못함(소절 8A-B)을 묘사한다. 이 스트로피들은 구문론적인 의존(스트로피 4, 5 그리고 6), 반복(5B-C), 그리고 조화(스트로피 8)를 사용한다.

세 번째와 네 번째 스탠자는 두 예기치 않았던 무리들을 소개한다: 행순하는 자들(순찰자, 7절)과 예루살렘의 소녀들(8절, 스트로피 10). 각 스트로피는 네 소절을 갖는다. 아가서 2:7; 3:5; 8:4처럼 스트로피 10은 예루살렘 처녀들에게로 향해진 간원 형태로 시작한다. 그러나 여기서 그녀가 그들에게 간청하고 있는 약속은 준비가 되기 전에 사랑을 일깨우지 말라는 것이 아니라, 사랑으로 인해 자신이 상처를 입었다는 것을 연인에게 말해달라는 것이다. 본문은 이것이 예기한 않은 간청을 사용하고 있다는 사실에 관심을 갖는다: 9절에서 처녀들은 그녀가 왜 이렇게 하는지를 묻는다.

많은 해석자들은 이 단락이 파라크라우시디론(*paraklausithyron*), 즉 처녀의 집 바깥에 서서 들어가도록 허락해 달라는 연인의 불평하는 노래가 갖는 유사성에 관심을 기울인다. 연인들 사이에 문에 대한 언급은 고대의 사랑 시의 전반에 나타난다. 로마의 작품(예. Lucretius, *De rerum natura* 4.1177-79), 애굽의 파피루스 체스터 베티 I, 그리고 아카디아어 족의 영국 박물관 47507 등에서 이것을 발견할 수 있다. 비교가 교육적일지라도, 그것은 해석자들을 잘못 인도할 수 있다. 아가서는 다른 시들과는 다르다. 아가서는 전통적인 모티브들을 취하지만 그것을 우리가 다른 문헌들에서 보는 것과는 전적으로 다른 패턴으로 엮고 있다. 머피(169)는 파라크라우시디론(*paraklausithyron*)의 본질은 문밖에서 또 그의 여자 친구에게서 배제되고 있음을 불평하고 있지만, 아가서의 이곳에서는 그런 요소가 없음을 관찰한다. 그러나 사실상 고대 시에서 연인들 사이에 있는 문의 이미지에 대한 표준적인 용법은 없다. 서로 다른 텍스트들은 전적으로 다른 방식으로 문의 이미지를 사용한다.

예를 들어, 루크리테우스(Lucretius)에서 여자 친구의 문에서 애걸하는 연인은 감정의 열정의 지나친 모습을 보인다. 영국 박물관 47507에서 문을 열어달라고 구하는 이는 사실상 여자 연인(이쉬타르)이다. 파리푸스 체스터 베티 I에서는 창기가 진정으로 서로 사랑하지 않으며 그녀의 봉사에 대한 지불을 해야 한다는 것을 잊은 어리석은 젊은이에 관한 것이다. 게다가 애굽의 노래는 창기를 얻으려고 창녀촌에 들어가려고 하는 소년에 대한 매우 직설적인 단편이다. 세부적인 것들은 관련된 상징적인 요소들이 들어 있다: 그가 문으로 제의를 가져오겠다고 말할 때, 그는 창기의 주인에게 선물을 가져올 것임을 의미하고, 그가 잔디 문을 지을 돈을 목수에게 지불하겠다고 말할 때, 창기의 집에 들어가기 위해서 그가 치러야할 한도를 표현하는 과장법을 사용하고 있다.

아가서의 이 칸토는 애굽의 단편의 추론적인 용어와는 사실상 관계가 없다. 제기하건데, 이 단락을 문자적인 독법을 사용하여 이해하려고 하는 것은 비현실적이고 불가능하다. 만약 이 서정시를 문자적인 요지로 이해할 수 있다고 주장한다면, 끔직스러운 것이 아가서에 남겨지게 된다. 즉 남자가 연인의 문을 두드리고, 얼마간 주저한 후에 그녀가 그를 맞으려고 일어나지만 그가 이미 사라지고 없기에 그녀가 광란적으로 그를 찾으러 나선다. 하지만 순찰자들이 그녀를 발견하고 옷을 벗기고 때렸다! 사랑 노래(문자적으로 취한다면)로서 이것은 괴이한 패러디다. 이 자료를 의미 있게 해석할 수 있는 유일한 방법은 기상천외한 이미지와 조화되지 않는 특징들이 무엇을 위해 존재하는가를 사리는 것이다: 표면적인 텍스트의 유사 이야기와는 전적으로 다른 것을 상징하는 비유다. 요컨대, 애굽이나 라틴 시들이 만들어낸 것과는 꽤 다른 메시지를 전달하기 위해서 라클라우시디론의 방법을 취하여 근본적으로 수정하여 이용하였다.

아가서 1:2에서 비교적 순수한 입맞춤(נשק – 나샤크)을 제외하고는 아가서는 성적인 행위를 묘사하기 위해서 직접적인 용어를 결코 사용하지 않고 항상 은유로 가려진 채로 시도함을 깨닫는 것이 중요하다. 성적인 행위들에 대한 전형적인 성경 용어들(예를 들어, 여자와 함께 눕다[שׁכב – 샤카브], 여자에게 들어가다[בוא – 뽀], 여자를 알다[ידע – 야다], 어떤 사람의 벗은 것을 발견하다[גלה ערוה – 깔라 에르바])는 아가서에서 나타나지 않고, "동정, 처녀성"(בתולים – 뻬툴림)과 같은 직설적인 용어도 유사하게 삼간다. 본문이 대단히 상스러운 것으로 보이는 곳에서도, 여전히 비유를 사용한다(예. 아 7:8-9[ET 7:7-8]: "네 키는 종려나무 같고 네 유방은 그 열매 송이 같구나 내가 말하기를 종려나무에 올라가서 그 가지를 잡으리라 하였나니 네 유방은 포도송이 같고 네 콧김은 사과 냄새 같고 네 입은 좋은 포도주 같을 것이니라 이 포도주는 나의 사랑하는 자를 위하여 미끄럽게 흘러 내려 자는 자의 입으로 움직이게 하느니라.") 우리가 여기서 발견하는 것은 비유로 역시 언급된 여자의 성적 사건에 관한 기사다.

주석

2 "내가 잘지라도 마음은 깨었는데"(אני ישׁנה ולבי ער – 아니 예쉐나 베립삐 엘)는 여자가 꿈을 꾸고 있음을 필연적으로 의미하지 않는다. 꿈에 관한 전형적인 셈족 어휘가 나타나지 않는다(Pope, 510-11). 엘(ער, "깨다")이란 말은 아가서 4:16에서 어근 우르(עור)가 그러한 것처럼 각성을 내포한다(참조. Exum, *ZAW* 85 [1973] 61). "내가 자고 있다"는 그녀가 침상에 있음을 단지 의미할 것이다. 아가서 3:1-5에서처럼 이 에피소드를 다루는 사람들은 그것을 꿈으로 간단히 처리해서는 안 된다. 문자적으로 취할 때, 여자가 잠을 자고 있었다면 곧 깨어날 수 있도록 남자는 그녀의 문을 두드리고 있다(남자가 꿈의 일부에 속하고 전체 에피소드가 실제적이 아니라고 주장하지 않는다면).

이 본문은 이미지에서 기상천외하고 많은 특별한 것들이 발생하는 것이 사실이지만, 상징들을 해석해야지 꿈으로 간단히 처리할 수는 없다. 물론 꿈은 자주 기이하고 대단히 상징적이다(창 40-41장; 단 2장). 아마도 "내가 잘지라도 마음을 깨어 있는데"는 기이하고 상징적인 이미지를 사용하는 꿈같은 텍스트를 독자들이 예상하게 하는 표지일 것이다. 또한 잠을 자면서 동시에 깨어 있음은 여자가 감각을 잃고 있으면서도 동시에 경계하고 있는 것이다. 이것이 처녀성의 상실의 순간이라면, 여자가 경험을 하려 할 때, 그녀의 마음이 충격의 상태로 바뀌었음을 나타낼 수 있다.

동사 도페크(דופק)는 "두드리는" 것이나 열심히 추진하는 것을 내포한다. 따파크(דפק)가 창세기 33:13에 나타나는데, 거기서 야곱은 열심히 몰지 않으면 가축이 죽게 될 것임을 경고한다. 또한 사사기 19:22에 그 용어가 나타나는데, 거기서 기브아 사람들이 집의 문을 맹렬히 두드려 부수기를 시도했다. 폭스(Fox, *Song of Songs*, 143)는 에스라를 따르고, 여기서 이 용어가 "간청"을 의미한다고 주장하지만, 히브리 성경의 다른 곳에 부여된 의미가 더 선호된다. 의도된 의미가 "간청하다"라면, 아탈(עתר)이나 하라(חלה)를 예상할 수 있을 것이다. 분명히 이것은 어떤 점잖은 의미에서 "두드리는" 것이 아니다. 사사기 19:22을 유추해 볼 때, 문을 맹렬히 두드려 부스기를 시도하는 것에 가깝다. 이 소절의 구문을 두 가지 방식 중 하나로 취할 수 있다. 콜(קול)이란 말을 "어떤 소리"와 같이 외침으로 간주할 수 있고, 그리하여 NRSV에서처럼 "들어보라!"로 의역할 수 있다. 대안적으로 콜 또디(קול דודי)를 구문 연결, 즉 서술부로 도페크(דופק)를 갖는 "나의 사랑하는 자의 소리"로 읽을 수 있다. 문법적으로 후자가 더 그럴듯하다. 아마도 청중들은 그가 문을 두드리고 이 문에 물리적인 두드림이 그가 어떻게 말하고 있는가와 조화를 이루고 있음을 이해했을 것이다. 뒤이어지는 소절들에서 남자는 필사적으로 들어가려는 것을 특징짓는 스타카토식의 두드리는 형태의 말을 사용한다.

남자의 말은 필사적인 특징을 갖는다: "나의 누이, 나의 사랑, 나의 비둘기, 나의 완전한 자야 문 열어 다고." 애정 어린 용어들의 연이어 나오는 것은 남자가 가능한 한 부드러우려고 하지만 그녀가 속히 "문을 열어주기"를 서두르고 있음을 시사한다. 내가 본문을 정확하게 해석하였다면, 이것은 그들의 결혼의 완성의 순간이다. 그는 이제 그녀와 성적 연합을 완성하려고 하지만, 그녀가 지금 머뭇거리고 있는 것으로 보인다. 그녀의 저항은 남자에 대한 갑작스러운 거부가 아니라 처녀성의 실제에 직면해서다. 남자의 편에서 그는 더 이상 자신을 제어할 수가 없다. 본문은 남자와 여자가 매우 다른 육체적 충동과 관심으로 결혼식 날 밤에 들어와 있음을 시사한다. 남자는 육체적인 합일을 완성하고 성적인 안도감에 도달하려는 압도적인 필요를 느끼고 있지만 여자는 수반하게 될 육체적인 고통의 두려움과 더불어 처녀성에 대해 문화적으로 조건이 부여된 정신적 장벽으로 인해 공포와 망설임을 느끼고 있다. 남자의 관점에서 볼 때, 여자는 낯설게 머뭇거리고 열정적이지 못하다. 여자의 관점에서 볼 때, 남자는 너무 많은 것을 요구하고 남의 감정에 예민하지 못하다. 아가서가 전달하는 지혜는 파트너의 예기치 않은 행동에 직면하여 당사자들이 이해하도록 준비하게 만든다.

이 용어들이 분명히 남자에게 속하는 것일지라도, 아가서의 공연에서 소프라노가 남자의 소리를 풍자하여 사실상 노래하였을 수 있다. 소절 2B에서 그러한 것처럼 서로에 대해 칭찬했던 애정의 용어들이 그 달콤함을 상실하고 있다.

남자가 이런 호소를 전달하고 있는 이유는 다음과 같다: "내 머리에는 이슬이, 내 머리털에는 밤이슬이 가득하였다 하는구나"(שֶׁרֹּאשִׁי נִמְלָא־טָל קְוֻצּוֹתַי רְסִיסֵי לָיְלָה – 쉘로쉬 님라-탈 퀘붗쵸타이 레시세, 라엘라). 이 비유는 집의 문 바깥에 서서 이슬에 적시고 있기 때문에 안으로 들어갈 수 있게 해달라고 간절히 구하고 있는 남자를 분명히 묘사하고 있다. 문자적으로 취할 때, 서술된 이유가 빈약하다. 빗속에서 바깥에 서 있는 것을 불평할 수 있을 수 있으나, 이슬 속에서 바깥에 서 있는 것으로 불평하지는 않을 것이다. "밤이슬"에 적신 "머리"는 머리털에 문자적으로 이슬이 내린 것이 아니다. 레시세(רסיס)는 여기서 오직 "떨어짐"을 의미한다. 아모스 6:11에서 이 용어는 "향기"나 "잘게 썰은 것"을 의미하나 이것은 여기와는 관련이 없는 형태인 것으로 보인다(참조. *HALOT*). 에스겔 46:14에서 어근 라사스(רסס)는 "축축해지다"를 의미하고, 그것은 여기서 "떨어지다"의 의미와 잘 맞고, 아라비아어와 시리아어에서 동족어를 갖는다. *NIDOTTE* §8272에 헤스(Hess)를 참조하라. 남자는 자신의 성적 자극이 이 시점에서 너무도 강력해서 더 이상 지체함을 참아낼 수 없다고 간청하고 있다. 현대 영어의 어법에서 '머리'는 때로 페니스에 대한 완곡어법이고, 이 본문은 언어적으로 동일한 상황에서 사용하고 있는 것으로 보인다. "밤이슬"은 정자를 가리킨다.

(부연하면, 나는 로쉬[ראשׁ]에 대한 이런 이해가 난해한 이 텍스트를 설명할 수 있고, 나아가서 "머리"가 페니스를 가리킬 수 있는 증거를 제공할 수 있다고 주장한다. 사무엘하 3:6-6에서 우리는 사울이 죽은 후에, 아브넬이 사울의 첩인 리스바를 취하였다. 이스보셋(이스바알)은 이것을 자신에 대한 정치적인 행위로 간주하였다. 아브넬이 자신의 아버지의 첩을 취하였다는 사실은 이스바알이 다윗과의 싸움에서 빈약하게 보이게 만들었다. 그리하여 그는 아브넬에게 그 일에 대해 설명할 것을 요구했다. 아브넬은 분히 여기며, "내가 유다의 개 대강[머리]이냐"(אָנֹכִי אֲשֶׁר לִיהוּדָה

הראש כלב – 하로쉬 케레브 아노키 아쉘 리후다)라고 응답했다. "개머리"란 의미는 학자들을 혼란하게 했다. 대부분의 학자들은 그것을 일종의 모욕으로 간주하지만 [그것은 확실히 그러하다], 개머리가 왜 비방의 초점이 되어야하는지가 분명하지 않다. 토마스[D. W. Thomas[*VT* 10(1960) 417-23]는 "개머리"가 추악한 인간이라는 속어라고 주장하지만 그것은 설득력이 없고, 아무튼 아브넬이 자신이 "유다에게 속한 추악한 인간"인지를 왜 묻고 있는지가 분명하지 않다. 하지만 "머리"가 "페니스"의 슬랭(속어)이고, "개머리"가 특별한 비방의 일종이라면, 그 자는 남성 창기가 된다. 이 경우에 아브넬은 다윗당["유다"]이 리스바와 잠을 잔 남성 창기로서 그를 고용했다고 이스바알이 생각하고 있는지를 묻고 있기에 이스바알을 당황케 만들고 있다. 이런 해석은 "개"가 본래 남성 창기에 대한 용어였음을 인식할 때 더욱더 그럴듯하다[신 23:18-19(ET 23:17-18), 거기서 문맥은 "개의 품삯을 남성 창기가 벌어들인 돈"인 것을 필요로 한다]. 직업 군인인 아브넬은 자신이 "개머리"로 이스바알이 생각하고 있는지를 물을 때 이중적으로 보이는 용어를 사용하고 있다.)

이스라엘 청중들이 남자의 "머리"에 대한 언급을 성적인 의미로 들었을 것임을 상상하는 것은 전혀 어렵지 않다. 아울러 유사한 것들이 "밤이슬"을 정자의 방출에 해당하는 것으로 이해하게 만든다. 신명기 23:11(ET 23:10)은 남자가 꿈속에서 방사하는 것을 "밤의 사건"(מקרה־לילה – 믹퀘레-라엘라)으로 묘사한다. 그것은 우리가 여기서 보게 되는 "밤이슬"보다는 덜 암시적인 어구이지만, 여전히 분명하다. 어쨌든 남자의 주요한 관심은 그의 머리가 이슬에 젖고 있음이 아니라, 그의 말은 성적인 방사에 대한 긴급한 욕구를 상징적으로 묘사하고 있다.

3 이 구절은 거의 항상 소프라노의 서정시의 일부로 간주된다. 해석자들은 여자가 이미 잠들어 있었기 때문에 문을 열기 위해서 일어날 수 없었다고 변명을 하고 있는 것이라고 일반적으로 주장한다. 그러나 남자가 바깥으로 그녀가 나오도록 요구하고 있는 것이 아니라, 그가 안으로 들어가기를 원하고 있기 때문에 그것은 그럴 것 같지 않다. 그녀는 자신의 발을 씻었고, 그 발을 더럽히지 않았다고 주장할 이유가 없다. 이 말들이 남자의 서정시의 연속이라는 것 외에 다른 지침은 없다. 즉 그 말들은 남자가 자신을 안으로 들어가게 해달라고 간청하는 여자에 대한 진전된 간청일 뿐이다. 우리는 "옷"(כתנת – 쿠토네트)이 여인의 옷이 거의 아니라는 것을 주목해야 한다. 그것은 구약성경에서 남자의 의복에 더 자주 사용되었다(예. 창 37:3; 출 28:4; 40:14; 삼하 15:32; 사 22:21; 스 2:69).

이 부분을 남자가 말한 것으로 취할 때, 그가 그의 발을 씻었다는 어구는 문 바깥에 준비된 물동이로 발을 씻었고, 따라서 자신의 발을 씻는 고통을 방금 하였기에 거리로 돌아가기를 원치 않음을 함축한다. 우리는 복수로 되어 있는 "발"(רֶגֶל – 레겔)을 생식기 부분에 대한 완곡어법으로 사용하고 있음을 주목해야 한다. *HALOT* רֶגֶל을 참조하라. 그가 옷을 벗었다는 진술은 문 바깥에서 벗은 채로 서 있는 놀라운 이미지를 주고 있다. 이것을 문자적으로 취한다면 터무니없는 일이 될 것이나, 여기서 본문을 문 바깥에 있는 남자에 대한 은유를 지워버리고, 그것이 결혼을 완성하려는 순간의 남자를 의미하는 것이라고 여긴다면 이해가 가능하다. 그것은 남자가 여자와 합일하려고 옷을 벗은 상태이고, 은유는 그가 문 바깥에 서 있는 것을 함축한다. 이런 은유에 내포된 긴급함의 감정은 문 바깥에서 벗은 채로 서서 결사적으로 안으로 들어가려는 남자를 상상한다면 더욱더 생생하다.

이 말들을 여인의 말로 취한다할지라도 이 소절의 성적인 의미는 여전히 내재해 있다. "옷"(כתנת – 쿠토네트)이 특히 여성의 옷임을 언급하는 특별한 곳은 다말의 이야기에서다. 거기서 다말이 입고 있는 "옷"(כתנת – 쿠토네트)은 처녀성의 상징이다(삼하 13:18). 그 용어가 여자에게 속하는 것이라면, 그것은 "내가 나의 옷(כתנת – 쿠토네트)을 벗고 있다(면), 내가 어찌 다시 입으리요"를 의미할 수 있었다. 이는 그녀가 처녀성의 상실이 저항할 수 없음을 알고 있기 때문에 주저하고 있음을 의미한다.

4-5 많은 해석자들은 이 구절을 남자가 문을 열려고 빗장에 손을 대고 있는 것을 의미하는 것으로 취한다(참조. NIV, NJV). 하지만 홀(חר)이 "빗장"을 의미할 수 있는 증거가 없다(Pope, 518-19; G. L. Carr, 134; Fox, *Song of Songs*, 144을 보라). 홀(חר)이란 말은 단순히 "구멍"을 의미한다(예. 겔 8:7; 왕하 12:10). 물론 그 용어는 가끔씩 동굴을 가리키기도 한다(예. 욥 30:6). 킬(Keel, [1994] 190)은 "열쇠구멍은 분명히 드물었고, 그것은 손으로 들이밀 수 없는 방식으로 만들어졌다"고 언급하지만 그는 남자가 엿보는 구멍을 통해서 손을 넣으려고 했다는 더 터무니없는 생각을 제기한다. 남녀의 성적 합일이란 의도된 의미가 본문의 표면에 나타나 있다. 만약 이스라엘의 집이 문을 열기 위해서 손을 넣을 수 있는 구멍이 있었다고 하더라도, 그리고 홀(חר)이 그러한 구멍을 가리킨다할지라도, 성적인 의미가 분명히 내재해 있다(참조. King and Stager, *Life in Biblical Israel*, 31-33).

"손"(יד – 야드)이란 용어는 "페니스"의 완곡한 의미를 갖는 것으로 잘 알려져 있다(사 57:8, 10; 참조. Ugaritic text 52:33-35[*UT* 409에서 나타남]; *HALOT* יָד). 제자훈련에 관한 쿰란 매뉴얼(The Qumran Manual of Discipline)은 사람의 "손"(יד

– 야드)을 드러내놓게 하는 벌을 규정한다(1QS 7:13). 일찍이 수메르의 사랑 시에서 "손"은 남성의 기관을 대변하는 것으로 나타난다. 수신 왕(King Shu-Sin)의 사랑하는 자에 대한 노래에서, 여자는 성적인 합일에 대한 분명한 완곡어법으로 "손"을 "잔"에 넣을 것을 신랑에서 부탁한다(*CS* 1:542). 손은 단순히 손임이 사실일지라도, 이 경우에 남자의 손(יד – 야드)을 "구멍"(חר – 홀)에 댄다는 의미를 피하기가 어렵다.

여인은 "나의 자궁이 격노했다"("내 마음이 동하여서" – 한글개역)를 부연하는데, "자궁"(מעים – 메임)은 내적인 기관이나 장, 가장 개인적인 비밀스런 부분들을 일컬을 수 있고, 때로 감정을 언급할 수 있다. 그러나 여인에 관해 사용된 이 용어는 거의 항상 자궁을 가리키고, 그것은 자주 평행으로서 뻬텐(בטן)을 갖는다. 예를 들어, "내가 태, 곧 나의 어머니의 자궁에서부터 당신을 의존했다"(מבטן ממעי אמי עליך נסמכתי – 알레카 니스마크띠 밉뻬텐 밈메예 임미)(시 71:1)와 "내가 나의 자궁에 너희 남편 된 아들들이 여전히 갖고 있는가?"(עמי העוד־לי בנים במעי – 임미 하오드-리 바님 뻬메아)(룻 1:11 NIV)가 있다. 동사 하마(המה)는 불평하다, 투덜거리다, 우르릉거리다 또는 소동하다를 의미한다. 알(על)을 갖는 그것의 용법의 가장 유사한 사례는 시편 42:6(ET 42:5), 12(ET 12:11); 43:5인데, 거기서 시편기자는 자신의 낙심한 영혼(נפש – 네페쉬)에게 "너는 왜 나에게 불평하는가"라고 묻는다. 따라서 여인은 자신의 자궁이 남자 즉 연인에 대해서 불평하거나 분노하고 있음을 선언한다. 그들의 합일의 순간에 여자의 성적 기관은 이런 사건들과 투쟁하고 있었던 것으로 보인다. 그녀에게서 결혼을 통한 합일의 순간이 환상이 아니었다. "자궁"(מעים – 메임)은 단지 성적인 기관을 넘어선다. 자궁은 그녀의 "내부"가 합일의 사건과 싸우고 있는 것으로 보인다.

폭스(*Song of Songs*, 144-45)는 이것이 남녀의 성적인 합일의 은유라는 견해를 거부한다. 그의 중요한 주장은 다음과 같다. 첫째로, 그는 남자가 그의 "손"을 "구멍"에 대는 것은 그가 그녀의 창문으로 손을 대는 것을 의미할 뿐이라고 주장한다. 폭스는 "시인이 [성적인] 독법을 막기 위한 그러한 방식으로 '그가 구멍을 통해 손을 넣는다'고 어떻게 말할 수 있었는지를" 묻는다. 둘째로, 폭스는 여인이 남자를 위해서 일어나서 문을 열어주었다고 말하는 5절이 만약 4절이 성교가 이미 발생했음을 함축한다면 별 의미가 없다고 주장한다(또한 D. Bergant, 64). 세 번째로, 폭스는 문빗장의 각 부분이 여성의 생식기의 구체적인 부분을 대변한다는 "부인과적인 착상"으로 이 본문을 읽지 않아야 한다고 주장한다. 넷째로 그는 여자와 성적인 합일을 갖고, 그 다음에 갑자가 일어나서 문에서 사라지는 것(6절)은 고약한 취미이고 남자에 대한 사랑 노래의 분위기를 망친다. 폭스는 제때에 여자가 문을 열었다면 커플이 성적인 합일을 가졌을 것이지만, 그녀는 너무 늦었다고 주장한다.

첫 번째 반대와 관련해서 히브리 성경은 "구멍"(חר – 홀)이 "창문"을 의미하는 것으로 사용하고 있지 않음을 주목해야 한다. "시인이 성적인 설명이 없이 '그의 손을 구멍에 넣었다'고 어찌 말할 수 있었을 것인가"라는 문제는 시인이 '성적인 의미를 의도하지 않았다면' 그러한 자극적인 용어를 사용함으로써 기이한 진술을 만들 이유가 없기 때문에 부적절하다. 시인이 실제로 "창문"을 의미했다면, 그는 매우 익숙한 용어인 할론(חלון)을 사용했을 것이다. 그 용어는 어떤 성적인 뉘앙스, 무엇보다도 여자의 생식기를 상징하지는 않았을 것이다. 이스라엘의 집이 일종의 손 크기만큼의 열쇠구멍이나 커다란 들여다보는 구멍이 있었음을 인정한다할지라도, "남자가 문을 열기를 시도했다"고 말하기를 의미했던 시인이 성적인 뉘앙스가 없이 이것을 의사소통하는 방법을 찾는 것에 당황했음을 의미하지 않는다. "그가 문틈으로 손을 들이밀매"라는 어절은 성적인 것이고, 이 같은 미묘한 언어를 사용할 수 있는 기술을 가진 시인이, 그것이 그의 의도였다면 이를 피하는 것을 확실히 알았을 것이다. 우리는 킹(King)과 스테이저(Stager)(*Life in Biblical Israel*, 32)가 그들이 "애굽"의 열쇠와 열쇠구멍 체계라 불리는 그들의 기사에서 아가서 5:4-6에 "시인의 이중적인 의도(entendre)가 이 단락에서 분명히 들어 있다"고 부연한 것을 주목해야 한다.

폭스의 두 번째 반대는 의미 있게 하는 것(signifier)과 의미 있게 되는 것(signified)의 혼돈에서 발생한다. 의미 있게 하는 것(은유)은 집으로 들어가려고 하는 남자에 관한 것이고, 의미 있게 되는 것은 새 아내와 성적인 합일에 이르려는 남자이다. 여자가 일어날 것을 말할 때, 그녀는 은유의 차원에서 문을 열어주기 위해서 일어났음을 말하고 있다. 그러나 문을 열기 위해서 침상에서 일어난 것은 의미 있게 되는 사건(성적인 합일)의 부분이 아니다. 의미 있게 하는 것에서 상세한 것으로 취해서 문자적으로 그것을 의미 있게 되는 것에 적용해서는 안 된다. "성적인 합일이 있은 직후에 남자에게 문을 열어주기 위해서 침대에서 왜 일어났는가"라는 질문은 "아가서 8:4에 '향의 산'이 여자의 유방을 언급하는 것이라면, 그녀는 사랑하는 자가 유방 위에 있는 '노루'처럼 될 것을 왜 요구하는가? 그녀는 그가 자신의 유방을 짓밟기를 원하는가?"라고 묻는 것과 같다.

그녀가 일어났다는 것은 마침내 이 사건에 대한 완전한 승인의 순간에 이르렀음을 의미할 것이다. 일어남은 그녀의 편에서 각성(잠에서 깨어남)을 의미할 수 있었으나 여기서 그것을 필요로 하지 않는다. 그것은 여자가 지금 남자를 품에 안고 있고, 바로 이 순간을 지칭한다. 동사 쿰(קום, "일어나다")은 남자나 여자가 행할 것으로 예상되는 행위를 실천하는 것을 자주 함축한다(예. 창 37:5, "모든 아들들과 딸들이 그를 위로하기 위해서 일어났다"). 문자적일 일어남이 요구되지 않고, 이 동사는 보조적이다. '은유'(의미 있게 하는 것)에서 그녀의 "일어남"은 문을 열기 위해서 그녀가 나아가고 있는 것의 일부다. 일어남이란 말은 단지 문의 은유의 일부일 것이고, 그것은 전혀 다른 것을 의미하지 않고, 그처럼 설명을 필요로 하지 않는다.

"몰약이 내 손에서, 몰약의 즙이 내 손가락에서 문빗장에 듣는구나"라는 뒤따라 나오는 설명이 이런 해석을 지원해준다. 이것을 "부인과적인 착상"으로 읽을 필요가 없다거나(Fox), 문의 모든 부분이 문을 연다는 문자적인 의미를 넘어서는 어떤 것이 여기에 진행되고 있다고 보는 여성의 몸의 일부를 대변한다고 주장할 필요가 없다. 여인의 손이 몰약 – 매우 비싼 물품 – 으로 젖어 있고, 그것이 떨어지고 있다고 하는 것은 아주 기이하다. 유추해 볼 때, 현대의 여성은 아주 비싼 향수를 손에다가 손가락으로 붇지는 않을 것이다. 문로(J. Munro)는 아가서의 이미에 대한 분석에서(*Spikenard and Saffron*, 49), "통상적으로 아라비아와 인도에서 수입하는 매우 비싼 제품인 몰약을 그냥 손에서 떨어지게 하지는 않을 것이다. 몰약이 다른 어떤 것보다도 거룩한 기름의 성분을 갖는 매우 비싼 제품이기 때문이다(출 30:23-25). 그러므로 몰약을 떨어뜨린다는 이미지는 매우 풍성한 것을 상징한다"고 말한다. 하지만 나는 몰약의 떨어짐은 풍성함의 이미지(그것은 아 3:1-5의 주제가 아니다)가 아니라, 그러한 과다함은 이 이미지를 문자적으로 읽어서는 안 된다는 것을 함축한다고 제기한다.

남자가 자신의 사랑의 상징으로서 문빗장에 상당한 몰약을 남겨 두었다는 머피의 주장(171)은 불가능하다(여인의 손가락이 문빗장을 적셨지 그 반대가 아니다). 머피의 견해는 상사병이 난 남자가 사랑하는 이의 문간에 꽃을 갖다 두고 문기둥에 기름을 바르며 문에 입맞춤을 하는 루크리테우스(Lucretius)에서 유래한 것으로 보인다(*De rerum natura* 4.1177-79). 위에서 언급했던 것처럼, 파라클라우시디론(*paraklausithyron*)은 고대 시에서 다양한 방식으로 사용되고, 아가서는 이 이미지를 취하여 다른 독특한 방식으로 변형하였던 것이고, 루크리티우스나 애굽의 시를 아가서에서 이런 이치의 의미를 결정하는데 사용할 수는 없다. 음란한 것으로 성적인 해석을 간주한 사람들은 시인이 이 기사에서 왜 그러한 비자연스러운 설명을 포함시켰는가를 설명해야 한다. 문빗장을 적시는 손에 몰약을 듬뿍 묻힌 여인의 모습을 문자적으로 취해서는 안 된다.

은유적인 문의 서로 다른 요소들의 '의미'가 '사건의 연속'이나 이야기의 '개별적인 요소들'을 단순하거나 논리적인 방식으로 일관성을 갖지 않을 가능성이 있다. 이는 각 사건이 일관되게 그리고 순차적으로 풍유적인 의미를 갖는(천로역정에서처럼) 사건의 연속을 말해주고 있는 알레고리가 아니다. 오히려 이것은 은유의 시리즈일 뿐이고, 이 은유들은 논리적으로 일관되지 않다. 예를 들어, 문을 두드리며 결사적으로 안으로 들어가려 하는 남자는 새 아내와 성적인 합일을 이루려는 남자를 대변한다. 즉 그는 여자에게 들어가기를 원한다. 그러나 이것이 문의 모든 부분이 여자의 몸의 또 다른 일부를 대변하거나 모든 연속되는 상징적 요소가 논리적으로 첫 번째 것과 통일성을 가짐을 의미하지 않는다. 여인의 손가락에 향수 기름이 떨어지고 있을 때, 그것이 문빗장을 적신다. 여기서 "손가락"(ואצבעתי – 베예츠빼오타이)이 여자의 생식기를 대변하고, 기름은 여성의 액을 암시하며, "문빗장"은 남자의 페니스를 암시한다는 결론을 피하기 어렵다. 한 순간에 문이 여인의 몸을 대변하거나 두드리는 남자가 그녀의 안쪽으로 들어가기를 바란다는 것을 가리키고, 또 다른 순간에는 문빗장이 남자의 몸의 일부를 대변하는 것은 문제가 되지 않는다. (이것은 "부인과적 착상"이 아니다[Fox].) 이런 해석은 우리가 성경의 히브리어가 다른 곳에서 "손가락"을 여인의 생식기에 대한 완곡어법으로 사용하고 있음을 입증하는 일을 요구하지 않는다. 그것은 고정된 은유가 아니다. 문맥의 상징들, 즉 문을 여는 여인의 심상에 의해 결정되어진다. 성교는 체액과 관련이 있다. 이 경우에 "몰약"(מור – 몰)은 여자의 자연적인 애액을 암시한다. 몰약이 아가서에서 성적인 기쁨을 내포하기 때문이다(1:13; 4:6, 14; 5:1, 13). 이 은유는 여인이 지금 남자가 자신에게로 들어오는 것을 이제 완전히 용납하고 있음을 암시한다. 남자에게 문을 열기 위해서 여인이 일어났음은 그와 같은 것을 상당히 암시한다.

여인의 젖은 손가락은 그녀가 자위행위를 하고 있고, 이는 "성경의 자위행위적인 꿈"이라고 말하는 최근의 페미니스트적인 해석을 주목해보자(C. Walsh *BTB* 28[1998] 129-34; 또한 Walsh, *Exquisite Desire*, 105-14; F. C. Black, *BibInt* 8 [2000] 314-15). 이런 견해에 따르면, 오직 꿈일 뿐이기 때문에 남자는 허상이다. 이 칸토가 여인의 꿈을 묘사하고 있음을 확증한다면, 이런 해석을 생각해볼 수는 있다. 하지만 나는 2절의 주석에서 이 본문이 꿈에 관한 기사로 간주할 이유가 없음을 제기했다. 아울러, 본문에 대한 이런 해석은 비합리적으로 선택적이다. 텍스트의

한 부분은 “꿈”이고(문에 있는 남자), 따라서 중요하지 않은 것으로 기각시키는 반면에, 다른 부분은 실제로 발생하였고(그녀의 손가락이 젖어 있다), 전체 텍스트의 핵심이다. 이 해석에 의하면, 남자가 여자와 성적 관계를 가졌음을 함축하는 그의 “손”에 대한 언급은 여자의 환상으로 털어내 버린다. 문에 서서 여자에게 외치며, 손을 구멍에 대고, 다른 곳으로 사라지며, 그 다음에 여자가 찾아나서는 남자는 여자의 손가락보다도 훨씬 더 중요하다. 여자의 손가락은 실제인 것으로 취급하고 다른 것들은 꿈속에 벌어진 환상으로 취급할 근거가 없다. 이것은 여성의 자위행위에 대한 단락이 아니다.

6 이 구절의 서두어인 “내가 사랑하는 자에게 열었다”는 그녀가 자기 몸을 새 남편에게 주었다는 것을 우리에게 말해준다. 아마도 “내가 열었다”(פתחתי אני – 빠타헤띠 아니)가 여기서 직접 목적어를 갖고 있지 않은 것은 의미가 있다(J. C. Exum “In the Eye of the Beholder,” 83-84). 열은 것은 그녀 자신이다. 오히려 그 이상으로 여인은 그녀의 마음과 정체성과 이전 삶을 그에게 내려놓았다. 그녀는 처녀의 신분을 그에게 포기했고, 진정한 의미에서 그의 손에 그녀 자신을 내려놓았다. 그녀가 남자의 완전한 헌신과 애정을 기대하고 필요로 하는 것은 바로 이 순간이다. 그런데 그 다음 말은 충격적이다: 그녀의 사랑하는 자가 관심을 잃고 있다(또는 아마도 “헤매다”)! 하마크(חמק)는 자주 “가버리다”로 번역되지만, 그 번역은 일부 해설을 요한다. 그 어근은 예레미야 31:22에만 다른 곳에서 나타난다: “패역한 딸아 네가 어느 때까지 방황하겠느냐[תִּתְחַמָּקִין – 띠트함마퀸] 여호와가 새 일을 세상에 창조하였나니 곧 여자가 남자를 안으리라.” 문맥에서 띠트함마퀸[תתחמקין]은 여자가 남자친구들 사이에서 마음을 정하는데 어려움을 겪고 있음을 의미한다. 브라이트(Bright, *Jeremiah*, 276)는 “방황하다, 꾸물거리다”는 번역을 적절히 제기했다. 홀라데이(Holladay, 1989:194)는 아라비아어 *ḥamiqa/ḥamuqa*이 “어리석은”이나 “미련한”을 의미함을 주목한다. 히트하메크(התחמק)의 주요한 의미는 이 장소에서 저 장소로 육체적으로 옮겨가는 것보다는 우유부단함과 어리석고 경박한 행위인 것으로 보인다. 여기서 칼 어근에서 남자가 여자에게서 여자로 이동하는 것을 의미하지 않는다. 그것은 관심의 상실을 암시한다. 요지는 남자가 문에서 육체적으로 멀리 달아났다는 것이 아니라 그의 관심이 급격히 소진되었다는 것이다. 물론 비유적인 이야기에서 그는 사라지고 여자는 거리로 남자를 찾아 나선다. 이것이 우리에게 남자가 여자와 성적인 관계를 갖고 갑자기 일어나서 떠나는 것이 부적당하다는 폭스의 네 번째 반대를 불러온다. 다시 한번 이 반대는 의미 있게 하는 것과 의미 있게 되는

것의 근본적인 혼돈을 반영한다. 의미 있게 하는 것은 그의 손을 구멍에 대고서 들어오기를 열망하다가 갑자기 떠나는 그녀의 남자다. 의미 있게 되는 것은 신부와 신랑의 첫 번째 성적 합일과 신부가 이 경험을 어떻게 인식하느냐다. 문에서의 남자의 상징적인 이야기의 세목들과 결혼의 완성이란 의미 있게 되는 사건을 서로 혼합시켜서는 안 된다. 하마크(חמק)를 "떠나다"로 번역할 수 있었을지라도, 비유적인 이야기에서 남자의 은유적인 떠남이 실제적인 사건(의미 있게 되는 것)에서 남자가 여자와 성적인 관계를 가진 후에 문자적으로 침대에서 일어나 거리로 나갔음을 의미하지 않는다.

남자의 갑작스러운 "관심의 상실"은 그가 성적인 방출을 경험한 것에 지나지 않아 보인다. 그처럼 그의 열렬한 정열과 욕구가 급격히 완화되었다. 이것은 남자가 여자를 사랑하거나 바라는 것을 멈추었음을 진정으로 의미하지 않으며, 하물며 문에서 멀리 뛰쳐나갔음을 의미 하지 않는다. 남자의 관점에서 유별나거나 무정한 방식으로 행동하지 않았음을 암시한다. 그러나 여자의 관점에서는 남자가 갑자기 그녀를 버린 것으로 보인다. 즉시 남자의 열정이 식어버렸다. 여자가 남자에게 열기를 시작하자마자 말이다. 남자는 행동적인 의미에서 아바르(עבר, "움직이다")를 갖는다. 마치 그가 사랑의 행위를 마치고, 다른 어떤 것으로 움직였던 것처럼 말이다. 동사 아바르(עבר)는 자주 "떠났다"나 "갔다"로 번역되나 이는 아주 정확한 것으로 보이지는 않는다. "떠나"에 대해서 히브리어는 많은 동사를 사용할 수 있다(הלך – 할라크, עלה – 알라, בוא – 뽀). 하지만 아바르(עבר)는 일반적으로 "건너다"를 의미하고, 그것은 자주 강을 건너거나 영토를 넘어가는데 사용된다. 비유적으로 그 용어는 자주 도덕적인 경계를 넘어서는 것, 즉 "위반하다"를 의미한다. 이 문맥에서 아바르(עבר)의 용법을 위한 좋은 유추는 창세기 18:5인데, 거기서 아브라함은 방문객들에게 먹은 다음에 계속 행할 길(עבר – 아바르)을 갈 것을 말하는데, 그들이 지나가는 길(עבר – 아바르)에 들렀기 때문이다. 그러므로 아가서 5:6에서 이 용어는 "계속 가다"나 "여행을 계속하다"와 같은 뜻을 의미한다. 단순한 떠남이 주 요지인 것으로 보이지 않는다(그것은 할라크[הלך]가 되었을 것이기 때문이다). 여기서 이 용이는 "그가 그의 일을 하러 갔다"라는 개념을 전달한다. 단순히 몸이 사라지고 없음을 의미하는 것이 아니라 관심의 상실이 함축되어 있다. 여자에게서 이것은 잔인한 일(조크)이다. 특히 그녀가 육체적이고 감정적인 고통 중에 있다면 말이다.

따라서 여인은 그가 말하였을 때 자신이 혼이 나갔다고 말한다. "나의 영혼이 나갔다"(נפשׁ יצאה – 나프쉬 야체아)를 이해하기 위해서 우리가 가질 수 있는 유일한 도움 되는 사례는 그 은유가 "죽다"를 의미하는 창세가 35:18이다. 아가서에서 여인은 자신이 죽었음을 의미하지 않는다. 그 어구는 "숨이 나가다"를 의미하고, 이는 영어의 화자들이 "전적으로 낙심하였다"고 말할 때, 그리고 상심의 경험을 일컬을 때나 소망이 사라졌다는 의미할 때에 사용하는 것과 유사할 수 있었다. 동시에 우리는 이런 표현이 "내가 죽었다"를 의미하는 것으로 그것을 들었을 수 있었던 이스라엘 청중들에게 충격을 주지 않았으리라고 가정할 수 없다. "혼이 나갔다"가 적절한 번역이다.

"그가 말할 때"(בדברו – 베답베로): 남자가 여인에게 말하고 있다면, 그는 분명히 문자적으로 부재해 있지 않다. 여기서의 말은 평범한 대화로 되돌아왔고 열정적인 사랑의 행위와 용어는 끝이 났다는 것을 내포한다. 그는 환상적인 에로스의 영역에서 떠나 일상적인 상태로 되돌아왔다. 그녀는 실망감을 느끼고 힘이 빠져 있다 – 더 나쁘게는 그녀는 죽었다고 말한다. 어떤 이가 주장하는 것처럼, 이 문맥에서 따바르(דבר)가 "떠나다"를 의미한다면(원문주해 5:6.a.), 요지는 심지어 더 강력해진다: 그는 단순히 그녀와 사랑을 나누는 것을 멈추었고, 이제 끝이 났다! 그러나 나는 "떠나다"가 아카디아어와 아라비아어 동족어에 근거한 그 단어의 의미일 것으로 생각하지 않는다(예. Murphy, 165; Pope, 526). *HALOT* s.v. I דבר는 "떠나다"나 "돌아서다"를 의미하는 피엘에서 따바르(דבר)의 몇몇 사례를 열거하지만 이런 사례들은 "말하다"의 통상적인 의미로도 읽을 수 있거나(예. 시 75:6[ET 75:5]) 추측적인 수정에 기초한 것이다(예. 시 56:6[ET 56:5]). 고대의 이스라엘 청중들이 "그가 떠났을 때"(בדברו – 베답베로)를 의미하는 것으로 인식하였을 가능성이 있기는 하지만, 이것은 확실히 거리가 있다. 번역자들은 "그가 말했을 때"라는 보통의 의미가 불가능하다고 느끼는데, 상정한 대로라면, 남자가 밤에 그곳을 이탈하였기 때문이다. 하지만 문을 두드리고 떠나가 버린 남자의 기사는 단순히 의미 있게 하는 자, 즉 전적으로 다른 것을 대변하는 상징적인 기사임을 이 주석은 논증한다. 그처럼 세부적인 사항들을 문자적으로 읽는다면 터무니없고 불가능하다. "그가 떠났다"란 의미가 이 해석에 적합할지라도, 나는 그 용어가 성경 히브리어에서의 이 의미를 갖는다는 것을 확신할 수 없다. 그 용어를 통상적인 의미인 "말하다"로 취하고 이 시점에서 본문이 문에 있는 남자의 은유의 제한 하에서 작용하고 있지 않다고 이해하는 것이 더 좋다.

7 도성의 순찰자는 여인의 처녀성을 비유한다고 이미 제기했었다. 아가서 3:1-5에서 여인은 처녀성을 잃는데 대한 걱정에 직면한다. 이 본문에서는 그녀가

처녀성을 잃고 있다. 순찰자가 때리는 것은 여자의 남편이 물러난 후에 그녀가 갖는 흥분된 고통이다.

아가서가 순찰자들이 레디디(רדידי)를 빼어갔다고 말하고 있는 것은 다소 특이하게 보인다. 레디디(רדידי)란 용어의 의미는 불확실하다. 그것은 "나의 숄(어깨 걸치개)"이나 "나의 얼굴가리개(베일)"를 의미할 수 있다. 그 용어는 이사야 3:23에서만 다른 곳에 나타나는데, 거기서는 여자가 사용하는 옷과 악세사리의 목록 가운데 그 용어가 포함된다. 아마도 얇은 가리개(베일)의 일종일 것이다(참조. Alden, רָדִיד, *NIDOTTE* §8100). 따라서 레디디(רדידי)는 히브리 성경에서 독점적으로 여인의 옷의 단위인 것으로 보인다. 그것은 특히 젊은 여인들과 관련된 옷이었을 것이다. 이사야의 텍스트는 "시온을 딸들"(사 3:16-17; 또한 사 4:4을 보라)을 보석, 옷 그리고 자극적인 매너리즘에 대해서 혹평한다. "시온/예루살렘의 딸들"이란 용어가 바로 여기 이사야와 아가서에서만 나타난다는 사실에 비추어 볼 때, 그것은 이사야가 부유하고 나이든 여자들보다는 젊고, 패션 감각이 있는 여성들을 언급하고 있는 것으로 보인다. "시온/예루살렘의 딸"이란 은유적인 어구가 "처녀" 예루살렘을 가리킨다는 것은 이사야의 "시온/예루살렘의 딸들"이 실제로 젊은 여인들이었음을 시사한다.

성경 히브리어가 레디디(רדידי)를 젊은 여인들 – 처녀로 여겨지는 여자들 – 과 관련을 짓고 있다면, 이 본문에서 레디디(רדידי)는 처녀성을 대변할 것이다. 그렇지 않다면, 본문이 순찰자가 그것을 빼앗아 갔다고 지적할 분명한 이유가 없다. 이런 상술이 그 공격을 보다 생생하게 만드는 시인의 방법은 아니다; 실제 병사들은 여인들의 베일들을 거의 사용하지 않았을 것이다. 그러나 시적인 은유로서 병사들이 여인의 베일을 빼앗아간 것은 그녀가 "시온의 딸들"에 속하는 외적인 표지를 제거한 것이다. 자신의 처녀성을 상실한 여인으로서 그녀는 더 이상 이런 여인들에 속하지 않으며, 뒤이어지는 텍스트들과 여인 스스로 이것을 분명히 할 것이다.

고대의 사랑 시가 순찰자에 대한 유추를 갖고 있지는 않을지라도, 킬(Keel, [1994] 195)은 중세 앗수르의 법령(12세기)의 흥미로운 조항을 다음과 같이 인용한다: "창기는 감히 가리개(베일)를 해서는 안 된다. 그녀의 머리가 밖으로 나와야 한다. 가리개를 한 창기를 보는 사람은 그녀를 체포하여 증인을 모으고, 그녀를 관가로 데려와야 한다. 그녀의 보석을 빼앗을 수는 없지만 그녀를 체포한 사람이 그녀의 옷을 가질 수 있다. 그녀는 50대의 매를 맞을 것이고, 그녀의 머리를 밀어야 한다." 이 텍스트와 아가서 사이에 몇 가지 의미 있는 차이가 나타난다. 아가서의 여인은 창기가 아니고 체포되지 않고 단순히 폭행을 당한다. 순찰자들은 그녀의 옷을 합법적인 절차를 따라 갖는 것이 아니라 단지 무력으로 그녀의 가리개를 빼앗는다. 앗수르의 텍스트는 순찰자가 아니라 일반적인 시민의 역할을 묘사한다. 그럼에도 불구하고 앗수르의 텍스트는 가리개가 고대 근동 문화에서 여성의 신분을 대변하는 것임을 우리에게 말해준다. 이것은 아가서의 이 본문의 상징에서 여인이 합법적인 방식으로 자신의 처녀성을 잃었다할지라도, 자신의 순결을 잃은 것을 느끼고 있음을 함축한다. 즉 결혼 때까지 처녀성을 보존해야 한다는 아주 많은 강조가 주어지는 문화에서 처녀는 불가피하게 특별한 신분을 갖는다.

순찰자에 의해 여인이 폭행을 당하는 것은 그녀의 처녀성을 잃은 것에 대한 육체적이고 감정적인 고통을 대변한다. 처녀성의 의미 있는 상실과 비유적인 야이기를 연관짓는데 연대적인 정밀성을 기대해서는 안 된다. 비유적인 이야기는 사건의 다른 양상을 대변한다. 그것은 정확하고 순서적인 기사가 아니다.

텍스트의 이런 해석에 반대하는 주장들은 여인이 "한동안 처녀가 아니었고" 그렇기에 그녀가 방금 처녀성을 상실한 것이 아니라고 제기한다(Longman, 130). 하지만 여인이 아가서 4:16-5:1에서 합일에 이르기 전에 처녀성을 상실하였다는 어떤 지침도 없다. 개관해 볼 때, 여인은 남자에 대한 갈망과 자의식에 대해서 노래함으로써 시작한다(1:2-8). 그 다음에 여자와 남자는 서로에 대한 헌신을 노래한다(1:9-2:7). 이 용어가 성적인 것을 부여하지만(그는 유방 사이에 있는 몰약 향낭과 같다, 1:13), 그들이 성적인 합일에 이르렀다는 진술은 없다. 아가서 2:8-17은 어머니 집을 떠나라는 초대가 있고, 다시금 성적인 완성에 대한 요구가 분명하지만 그 욕구가 완성되었다는 표지는 없다. 아가서 3:1-4:15은 4:16-5:1에서 성취의 순간으로 직접적으로 이끄는 "결혼식 날 밤의 노래"의 시작이다. 요컨대, 1:2-4:15의 언어는 성적인 기대가 있지만, 합일이 아직 발생하지 않았음을 강력하게 함축한다. 핍스(W. E. Phipps, *JAAR* 42[1974] 83)는 "아가서를 문란한 젊은이들의 성적인 심취와 실험으로 해석하는 것은 시대착오적이다"라고 제기한다.

롱만(Longman)은 5:2-8을 본질상 에로틱한 것을 인식하지만("문은 분명히 여자의 생식기에 대한 완곡어법이다"[166]), 순찰자가 여인을 때린 구절에 대해서는 그것을 "꿈"으로 묘사하고 "불친절한 도시 대중들의 눈총"(169)을 상징하는 해석의 방식으로 제기한다. 하지만 사람들이 왜 그녀에게 불친절한가? 본문은 이 요지를 만들기 위해서 그러한 폭력적인 언어를 사용하는가? "도시 대중의 눈총"의 적대감은 아가서에서 어떤 큰 역할을 하는가, 또는 그것은 이 본문과 상관이 없는가, 그렇다면 왜 그러한가? 이 구절은 독자들을 놀라게 하지만 관련이 없는 것으로 임시적으로 제쳐 놓을 수는 없다. 독자들은 이 놀라운 구절이 아가서에 왜 포함되었는지를 알 필요가 있다. 나는 이 책의 문맥에서 이 본문을 의미 있게 만드는 독법은 그녀가 처녀성이기를 멈추게 되는 순간을 묘사한다고 제기한다.

요컨대, 이 칸토에서 성적인 상징이 없다고 주장하는 것은 표면적이고 문자적인 독법이 주어질 때 이야기의 상세한 부분이 얼마나 기괴하고 부자연스럽게 되는지를 보는 것을 거부하는 것이다. 집에 들어갈 필요에 대한 남자의 이유는 그의 머리가 밤이슬에 젖었다는 빈약하고 이상한 변명이며, (위에서 제기한 것처럼) 남자는 문 바깥에 옷을 벗은 채로 서 있고, 여자는 비싼 기름을 손가락에 상당히 적시고 있고, 여자가 남자가 들어올 것을 기대하지도 또 처음에 그를 들여보내려고 하지도 않을지라도 침상으로 가기 전에 기름이 손에 흐르고 있으며, 여자가 문을 열기 시작할 때 남자는 갑자기 사라지고, 무엇보다도 로맨틱한 성적인 사랑 노래의 주인공인 여인이 도성의 순찰자들에게 폭행을 당한다! 시인이 이런 차원으로 이 칸토를 우리가 듣기를 의도했다고 상상하기 어렵다. 글레드힐(Gledhill, *Message of the Song of Songs*, 178, 이탤릭은 본래부터 있었다)은 문자적으로 이 이야기를 읽기를 원하나 "스스로 자유하려고 애씀으로써 그녀의 빈약한 옷이 찢겨 졌고, 힘이 소진되었으며, *상처를 입고*, 반나체가 되었다"고 말함으로써 본문의 스캔들(사건)을 피하려고 애쓴다. 그러나 본문은 "나를 쳐서 상하게 하였고 성벽을 파수하는 자들이 나의 웃옷을 벗겨 취하였구나"라고 말한다. 즉 이것은 손으로 하는 다툼이 아니라 폭행이다. 상징주의가 모든 본문을 지배하는 책에서(남자는 사과나무, 목자, 왕, 노루요, 여자는 대추나무, 동산, 농부, 왕비), 시인이 갑자가 문자적이지만 기괴한 이야기를 말할 이유가 있는가? 글레드힐(*Message of the Song of Songs*, 181)은 본문이 도덕적인 교훈을 가르친다고 주장함으로써만 이것을 정당화할 수 있다: 이 칸토는 여인이 요염한 것 때문에 어떻게 당하는지를 말해준다("그녀는 인식의 부족이나 부재에 대한 벌로서 그녀의 사랑에서 의도적으로 물러나고 있다"). 이런 설명이 이 본문에 전적으로 무관계하다는 사실 이외에도, 문자적인 독법으로는 이 커플이 아직 결혼하지 않았다는 것을 기억할 필요가 있다. 그들은 같은 집에서 살고 있지 않다. 그런 경우에 남자를 끌어들이는 것은 해야 할 올바른 일인가? 남자를 안으로 들이는 것을 거부하는 것이 요염한 것인가?

한편으로 여기서 성적인 심상을 보는 많은 해석자들이 상당히 일관성이 없다. 왈쉬(Walsh)는 이 요소들이 꿈이고 어느 것은 실제라고 말함으로써 선별적이다. 또 다른 해석자들은 초기 부분에서 많은 성적 언급들을 살피지만, 여인이 순찰자에게 폭행을 당할 때는 "꿈"이란 해석으로 그냥 지나간다.

8 다시 한번 여인은 예루살렘의 소녀들에게 약속할 것을 요청한다. 폭스(*Song of Songs*, 146)가 "내가 사랑함으로 상처를 입었다고 그에게 말하지 말라"고 번역한 것이 가능하기는 하지만 그가 제기하는 유추(왕상 12:16; 욥 16:6)는 그럴 것 같지 않다. 이런 번역은 본문이 "이라면"(if)(אם – 임)이나 심지어 "왜"(why)(למה – 람마)를 사용했다면 옳을 수 있을 것이나 "무엇"(what)(מה – 마)임으로 단지 가능성일 뿐이다. 여자가 사랑함으로 상처를 입었다는 것을 그들이 사랑하는 이에게 전달할 것을 요청하고 있을 가능성이 더 높다. 그녀는 남자의 행동을 이해할 수 없고, 그에게 버림받은 것처럼 느낀다. 그녀만 오직 고통을 겪어야 했다. 이것은 친구들을 통해서 처녀가 사랑하는 이에게 메시지를 전달하고 있는 것이 아니다. 이것은 청중들에게 여인의 상태에 대해 정보를 전달하기 위해서 코러스에게 이야기하는 것을 사용하는 시적인 고안이다. 그것은 처녀성을 잃은 순간에도 그녀는 자신이 여전히 감정적인 시련을 다룰 때 친구들의 위로와 격려를 추구하는 처녀처럼 여전히 생각하고 있음을 보여준다. 그녀는 처녀에서 아내로의 감정적인 변화를 아직 완전히 완성하지 못했다. 그러나 친구들은 남자에 대한 그녀의 사랑을 상기시킬 것이고, 그녀가 그녀의 변화를 완성시키게 할 것이다(5:9). 그러나 우리는 다시 한번 이것이 노래이지 희극이나 역사가 아니라는 것을 상기해야 한다. 싱어들의 상호작용을 배우들의 대화로 이해해서는 안 된다. 서정시는 우리가 그 용어를 이해하는 대로 "스토리"를 형성하지는 않는다. 여인이 매를 맞고서 갑자기 그녀의 친구들에게 달려가지는 않았다. "그녀가 왜 갑자기 옛 친구들과 이야기하기를 시작하는가"라는 질문은 이 장르를 이해하지 못한 것이다.

그녀가 사랑함으로 병이 났다고 하는 마지막 소절은 아가서 2:5의 소절을 반복한다. 거기서 그녀의 고통은 연인과의 성적인 관계를 바라지만 동시에 두려움으로 가득하였다는 사실에서 왔다. 여기서 그녀의 상처는 실제적이다. 그녀가 원하고 두려워했던 것이 이미 발생했다.

해설

내가 제기하고 있는 해석에서, 전체 장면은 은유적인 이야기다: 남자가 여자의 문을 두드리고, 여자는 남자에게 열어주지만 그가 사라지고 없음을 발견하며, 여자는 남자를 찾아다니다가 순찰자들에게 매를 맞는다. 이야기의 기이한 요소(머리가 이슬에 젖고, 손가락에 기름이 묻어 있는 것 등등)는 상징주의를 발전시키기 위해서 시인이 고안한 것으로 이해해야 한다. 상징적인 차원에서 전체 장면은 새 남편이 필사적으로 새 아내의 안쪽으로 들어가기를 원하고, 아내는 성적인 흥분을 경험하며, 남편은 성적 방사를 한 후에 관심을 상실하고, 아내는 버려짐을 느끼고 처녀성의 상실로 인해 고통을 경험하는 것과 관련이 있다.

이런 식으로 이해할 때, 남자를 여자가 찾아 나섬은 은유적이다. 문자적으로 여인은 자기 연인을 좇아 밤중에 뛰어들고 있지 않다. 그 대신에 여인은 감정적으로 버려짐을 느낀다. 그녀는 자신에 대한 남자의 사랑이 어디로 가버렸는지를 궁금해한다. 그녀는 이 순간에 얼마나 강력하게 열정과 애정을 필요로 하고 있는지를 남자가 알지 못함을 느낀다. 그가 자기와 지금 함께 있지 않은 것처럼 말이다. 이 밤에 남자를 여자가 찾아 나섬은 여자의 열망을 상징한다.

학자들은 연인에 대한 여자의 열망과 오시리스에 대한 이시스의 열망 또는 바알에 대한 아낫의 열망간의 유사성을 때로 가져온다. 이 신화들에서 신(오시리스, 바알)은 악한 신(셋, 못, 얌)과 싸운다. 선한 신은 죽임을 당하지만 그의 위로자인 여신(이시스, 아낫)이 남신을 부활케 하기 위해서 그의 몸을 찾는다. 이 신화론적 모티브와 아가서의 이 부분 간의 유사성에 대한 의미를 과장하기가 쉽다. 아가서에서 남녀는 신이 아니고, 남자는 악한 신과 싸우고 있지 않으며, 죽지도 않고 여자가 남자를 부활케 하려고 하지도 않는다. 설사 유사한 것이 있다면, (도성의 순찰자들로 인해) 죽을 위험에 빠진 자는 남자가 아니라 여자라는 사실이다.

남자를 좇아 나가는 여인의 열정과의 유사성을 가져올 수 있는 보다 확실한 영역은 고대 세계의 영웅 문학에서다. 영웅적인 인물들(길가메쉬, 헤라클레스, 오르퓨스, 야손 등등)은 그들이 바라는 목표를 위루기 위해서 찾아 나서고 이런 임무를 수행 중에 그들은 커다란 위험에 직면한다. 고대 전설에서 변화가 주로 비극적인 맥락에서 나타날지라도, 이런 탐구는 변화적인 사건을 만들어낸다.

아가서에서 주인공은 여자다. 그녀는 사랑을 얻기 위해서 밤에 끔찍한 위험을 감수하고 찾아 나선다. 영웅적인 탐구를 취하는 여인들에 대한 고대 이야기는 아주 드물지만 그렇다고 아예 알려지지 않은 것은 아니다. 사이키(Psyche)의 신화는 가장 좋은 사례라 할 수 있다. 아풀레이우스(Apuleius) 번역판에 따르면, 시기심 많은 비너스는 큐피드에게 사이키를 사랑하게 만드는 황홀한 아름다움을 남자들이 가장 싫어하는 것으로 만들 것을 명했다. 그런데 큐피드도 사이키에게 사랑에 빠져서 그녀를 먼 섬에 데려다 놓고, 밤에만 방문했다. 사이키는 큐피드의 모습을 찾아서는 결코 안 된다고 경고했지만, 그녀는 큐피드가 잠들어 있는 동안에 램프를 가지고 그를 보기 위해서 왔다. 사이키는 큐피드의 아름다움을 보고 있을 때, 램프의 기름 한 방울이 그에게 떨어짐으로 잠에서 깼다. 그는 그녀를 책망하고 그곳을 도망쳤다. 사이키는 그 후에 큐피드를 찾기 위해서 온 땅을 돌아다녔다. 비너스는 사이키에게 혹독한 일을 했지만, 큐피드는 사이키의 참회에 감동하였고, 쥬피터는 사이키를 마침내 여신으로 만들어 주었다.

우리는 통상적으로 "그가 떠났을 때 나는 참혹해졌다"거나 그와 유사한 것들로 번역되나 이전에 "내가 말하였을 때 나는 혼이 나갔다"로 번역한 6절을 한 번 더 살필 필요가 있다. 어떤 의미에서 이것은 그녀의 새 남편이 강렬한 애정에서 평범한 세계로 급격하게 돌아온 것으로 보일 때에 오는 일종의 실망감의 소용돌이다. 하지만 이 말은 더 많은 의미가 있다. 여인의 혼이 나감은 영웅적인 탐구의 이야기에서 흔히 있는 주제, 즉 영웅의 "죽음"과 "부활"(이것이 여기서 말 그대로의 죽음이 아니기 때문에 인용부호를 매겼다)과 같은 것을 반영한다. 하데스로의 하강은 옛 자아를 결정적으로 깨뜨리고 귀환은 새 자아의 탄생이다. 따라서 이 용어는 변화의 모티브를 함축한다. 신화들처럼 아가서는 심각한 위험에 직면하는 곳으로 영웅적인 탐구를 나가는 주인공을 갖는다. 그녀는 안전을 뒤로 하고 사랑하는 이를 얻기 위해서 위험과 고통에 자신을 노출시킨다. 실제로 밤에 거리로 나서는 여행을 하지는 않지만, 그녀가 어떤 대가를 치르더라도, 그녀의 사랑하는 이가 용기와 헌신의 행위를 갖게 하는 그녀의 결심을 이 이미지가 묘사해준다.

이런 해석은 문학적이고 실제적인 차원에서 바람직하다. 이것은 젊은 남자와 젊은 여자(처녀)가 근본적으로 다른 성적 본성을 가지고 결혼식 날 밤으로 들어감을 보여준다. 남자에게서 성적 합일의 욕구는 급할지라도 복잡하지 않은 문제다. 그러나 여자에게서 그것은 더욱더 복잡한 문제이고, 육체적인 상처와 감정적인 지원과 온유한 사랑을 필요로 한다. 남자와 여자는 그들의 결혼을 서로 이해한다는 차원에서 잘 접근한다. 아가서에서 연인에 대한 여자의 탐구와 서사문학에서 정해진 일을 완수하는 영웅의 탐구 간에 제기되는 평행은 사랑하는 이를 위해서 이 순간을 직면하는 여자의 용기가 그녀를 영웅적인 차원으로 올려놓음을 가리킨다. 그녀는 남자가 알지 못하는 상처에 직면하고 그렇게 함으로써 그녀는 아가서의 용감한 영웅적인 주인공이 된다.

B. 신부가 신랑을 발견하다(5:9-6:3)

참고문헌

Hill, A. E. "תַּרְשִׁישׁ." *NIDOTTE* §9577. **Lee, G. M.** "Song of Songs 5:16, 'My Beloved Is White and Ruddy.'" *VT* 21(1971) 609. **Martínez, F. G.** *The Dead Sea Scrolls in English.*

본 문

첫 번째 스탠자	First Stanza	
코러스	chorus	
9 너의 사랑하는 자가 남의 사랑하는 자보다 나은 것이 무엇인가	**9** What makes your lover better than other lovers,	1A
여자 중 극히 어여쁜 자야	most beautiful of women,	1B
너의 사랑하는 자가 남의 사랑하는 자보다 나은 것이 무엇이기에	what makes your lover better than other lovers,	1C
이같이 우리에게 부탁하는가	that you would have us swear such an oath?	1D
소프라노	soprano	
10 나의 사랑하는 자는 희고도 붉어	**10** My lover is radiant and tan:	2A
만 사람에 뛰어난다	he is outstanding[a] among ten thousand.	2B
11 머리는 정금 같고	**11** His head is pure gold.	3A
머리털은 고불고불하고	His hair is like the spathe,[a]	3B
까마귀 같이 검구나	black as a raven.	3C
12 눈은…비둘기 같은데	**12** His eyes are like doves	4A
시냇가의	beside streams of water,	4B
젖으로 씻은 듯하고	washed in milk,[a]	4C
물로 가득한 웅덩이에 앉아 있는[아름답게도 박혔구나 – 한글개역]	sitting on basins filled with water.	4D
13 뺨은 향기로운 꽃밭 같고	**13** His cheeks are like a bed of balsam:	5A
향기로운 풀언덕과도 같고	they are trellises of aromatic herbs.	5B
입술은 백합화 같고	His lips are lotuses,	6A
몰약의 즙이 뚝뚝 떨어진다	dripping with flowing myrrh.	6B
14 손은 황금 노리개 같고	**14** His arms are rods of gold	7A
황옥을 물린	set with the golden topaz.	7B
몸은 아로새긴 상아에	His loins are a piece of ivory	8A
청옥을 입힌 듯 하구나	hung with sapphires.	8B
15 다리는 화반석 기둥 같고	**15** His thighs are alabaster pillars	9A

형상은 레바논 같고	set on pedestals of pure gold.	9B
그가 미치는 영향은 레바논같고(한글개역에는 생략되어 있음)	The effect he gives is like Lebanon:	9C
백향목처럼 보기 좋고	he is as choice as the cedars.	9D
16 입은 심히 다니	**16** His mouth is sweetness itself.	10A
그 전체가 사랑스럽구나	Every part of him is desirable!	10B
이는 나의 사랑하는 자요 나의 친구일다	This is my lover, this is my companion,	10C
예루살렘 여자들아	O daughters of Jerusalem!	10D
두 번째 스탠자	Second Stanza	
코러스	chorus	
6:1 너의 사랑하는 자가 어디로 갔는가	**6:1** Where has your lover gone,	11A
여자 중 극히 어여쁜 자야	most beautiful of women,	11B
너의 사랑하는 자가 어디로 돌이켰는가	where has your lover turned,	11C
우리가 너와 함께 찾으리라	that we may seek him with you?	11D
소프라노	soprano	
2 나의 사랑하는 자가 자기 동산으로 내려가	**2** My lover went down to his garden	12A
향기로운 꽃밭에 이르러서	to beds of balsam,	12B
동산 가운데서 양떼를 먹이며	to graze in his gardens	12C
백합화를 꺾는구나	and to gather lotuses.	12D
3 나는 나의 사랑하는 자에게 속하였고 나의 사랑하는 자는 내게 속하였다	**3** I am my lover's and my lover is mine,	13A
그가 백합화 가운데서 그 양떼를 먹이는구나	he who grazes among the lotuses.	13B

원문주해

10.a. 맛소라텍스트의 따굴(דָּגוּל)은 아가서 6:4, 10에서 다시 나타나는 어근인 따갈(דגל, "기를 올리다")에서 유래한다. 여기서 그것은 "특별한 것으로 특징지어지다"를 의미하는 것으로 보이고, 따라서 "현저한, 뛰어난"이다. 70인경 벌게이트역 탈굼역은 그 용어를 "선택된"으로 번역한다.

11.a. 맛소라텍스트의 딸따림(תַּלְתַּלִּים, 하팍스 레고메논)은 불확실하다. 그것은 때로 뗼(תל, "쌓아올린 것")에 유추하여 "굽이침이 있는"으로 번역되지만 이것은 추측에 지나지 않다. 70인경은 그것을 엘라타(ἐλά,)라 번역하는데, 이는 보통 "종려잎"이라 번역되고 어떤 이들은 이 번역을 여기서 선호한다. 그러나 LSJ는 엘라테(ἐλάτη)가 "은색 전나무"나 "대추잎의 불염포"를 의미하는 것으로 지칭한다. 불염포는 천남성류와 같은 식물의 육수화서나 꽃을 감싸는 부분이다.

12.a. 로돌프(Rudolph, 158)는 하프로그라피(haplography)로 인해 상실되었다는 근거 위에서 빼하랍(בחלב, "우유") 다음에 쉰나브(שִׁנָּיו, "그의 이빨")를 삽입할 것을 제기한다.

이는 그럴 것 같지 않다.

양식/구조/배경

이 단락에서 코러스가 제기한 질문이 신부에 의한 노래로 이끈다. 주제는 은유적으로 잃어버린 신랑을 찾는 것이지만 실상은 먼저 신랑에 대한 신부의 사랑에 맞춘 신부의 묵상과 두 번째는 신부에 대한 신랑의 사랑에 대한 신부의 묵상을 다룬다. 여자는 신랑을 찾기보다는 자기 자신과 신랑을 사랑하는 이유를 재발견한다. 이 책의 더 커다란 구조 속에서 아가서 5:9-6:3은 코러스가 신부의 도착을 환영하는 아가서 3:6-11에 상응한다. 3:6-11의 텍스트에서 신부가 신랑에게 온 반면에 이 구절의 텍스트에서는 신부가 비유적으로 신랑을 찾는다. 양 단락에서 코러스가 결정적인 역할을 한다. 진귀한 것들이 양 단락의 심상을 지배한다. 3:6-11에서 금, 은, 레바논의 백향목, 그리고 자주색 편물이 연(가마)을 형성한다. 5:9-6:3에서는 남자를 금, 상아, 사파리, 그리고 줄마노(설화석고)로 묘사한다.

아가서 5:9-6:3은 두 스탠자를 형성하는데, 각기 코러스가 제기하는 질문이 앞에 있다. 각각의 경우에, 이 질문은 네 소절의 스트로피 형태를 취하고(5:9-6:1), 신부는 자신이 사랑하는 남자의 고귀함에 대한 길다란 선언으로 반응한다.

첫 번째 스탠자의 첫 스트로피(5:9, 코러스가 노래하는)는 조화되는 소절들의 짝을 갖는다(소절 1A는 소절 1C에서 반복된다). 뒤이어지는 소프라노 편에서(10-16절), 여자는 주로 남자의 몸의 일부를 묘사하는 일련의 짧은 스트로피들을 노래한다. 두 번째 스탠자의 첫 스트로피(6:1, 다시금 코러스가 노래한다)는 소절들의 또 다른 조화되는 짝이 있다(소절 11A-B는 11C-D와 조화를 이룬다). 소프라노는 두 스트로피로 반응한다(6:2-3). 이 스트로피는 둘 다 구문론적인 의존에 의해 서로 함께 묶여 있다.

이 텍스트는 잘 알려진 와스프를 사용한다. 처녀들이 신랑을 찾을 수 있도록 그 무리들에게 사랑하는 자를 여인이 묘사하는 문학적인 외적 표현 하에 여인은 사실상 신랑의 특별한 것들을 발견하는 모든 것들을 상기하게 된다(5:9-15). 남자에 대한 여자의 사랑은 5:2-7의 고통을 넘어서게 한다. 그 다음에 남자를 어디에서 찾을 것인가를 처녀들에게 말하는 과정에서, 여인은 남자가 자신을 사랑하고 자신이 주는 기쁨 속에서 그가 기뻐함을 외친다(6:2-3). 여자는 자신과 남자가 서로서로 속해 있음을 승리적으로 선언하고 처녀성의 상실로 인해 나타난 치유 과정을 완성한다.

주석

9 코러스는 자신들이 신부에게 그러한 약속을 할 만큼 그녀의 사랑하는 자를 특별하게 만드는 것이 무엇인지를 묻는다. 이 질문은 여인이 남편을 왜 사랑하는지를 상기하게 만든다. 사실상 합창자의 질문은 여인이 남자에게 처녀성을 주었던 근본적인 이유를 묵상하도록 요청한다. 따라서 남자에 대한 여인의 사랑은 그녀의 변화를 완성시킨다. 여자는 처녀성을 상실하였기 때문이 아니라 이 사건이 그녀에게 사랑하고 사랑받는 이의 맥락에서 실행된 영웅적인 추구였기 때문에 변화가 이루어진다(위의 5:2-8의 '해설'을 보라). 따라서 여자는 이 경험의 고통에 대처할 수 있고, 남자가 자신을 전혀 버리지 않았다는 것을 깨닫는다.

10 하얀 피부를 대단히 높이 샀던 여성의 아름다움에 대한 고대의 표준과 대비되게(1:5의 '주석'을 보라), 고대인들은 검게 그을린 남자의 피부를 선호하였던 것으로 보인다. 그을린 피부는 남성적인 것으로 간주되었다. 다윗이 붉은 피부를 가진 것은 매력적인 것으로 간주되었다(삼상 16:12). 신랑이 "만 사람에 뛰어나다"고 그녀가 아가서 2:3에서 언급한 것을 보다 평범하게 진술한 것이다.

11 이 와스프에서 여자는 남자의 머리에서부터 다리에 이르는 방식으로 찬미한다. 그녀는 머리털이 머리보다 위에 있을지라도 머리털을 언급하기 전에 머리에 대해서 말한다. 머리(그리고 얼굴)는 남자의 개성과 인격을 함축하고, 이것이 머리털보다 선행한다. 다시 말해서 그녀가 사랑하는 것은 그의 몸의 일부가 아니라 남자 자신이다.

불염포(원문주해 5:11.a.을 보라)는 천성남류와 같이 식물의 과분을 감싼다. 젤러만(Gerleman, 173-74)은 종려야자의 이 부분이 바깥쪽은 어둡지만 안쪽은 희다고 주장한다. 그것의 어두운 외면은 까마귀와 비교하기에 적당한 대응물을 형성한다. 검은 머리는 젊음과 활력을 함축하고, 이것은 자연스럽게 나이와 경험을 내포하는 회색 머리와 대조된다(잠 20:29을 보라). 고대 사람들은 자주 대머리를 풍자했다(참조. 왕하 2:23). 아리스토파네스(Aristophanes)의 희극은 대머리를 조롱하거나 과소평가했다(예. *Clouds* 540: "그녀는 대머리를 조롱하지 않거나 음란한 춤을 추지 않는다"). 여인의 사랑하는 자는 대머리도 흰머리도 없다.

12 비둘기와 눈을 비교하는 요지가 신비로울지라도, 비둘기와 눈을 비교하는 것

은 평범한 은유에 속한다. 그러나 여기서 초점이 되고 있는 것은 비둘기 자체보다도 비둘기가 물에 젖은 것이다. 이것은 그의 눈이 물기가 있고 반짝이고 있음을 시사한다. 부정적으로 표현한다면, 남자는 메마르고 흐리멍덩한 눈을 갖고 있지 않다. 새들이 씻을 때에 펄럭거림은 그 눈이 살아 있고 춤추는 듯한 움직임을 갖고 있음을 암시한다. "젖"(חלב – 하랍)은 그것이 풍부함을 내포하기 때문에 더욱 과장된 형태의 은유를 전달한다. 새가 실제로 젖에 씻을 이유는 분명히 없다.

"물로 가득한 웅덩이에 앉아 있는"(יֹשְׁבוֹת עַל־מִלֵּאת – 요쉬보트 알-밀레트, "아름답게도 박혔구나" – 한글개역)은 난해하다. 어떤 이들은 그것을 "보석들과 같은 것으로 싸여 있는"으로 번역한다(참조. NIV). 마레(מלא)의 피헬형이 보석들을 배열하는 것에 사용할 수 있다는 근거에서다(출 28:17; 또한 명사 מלאה – 밀루아, "배열"을 참조하다). 하지만 고르디스(Gordis, 90)는 이것을 부적당한 번역이라고 말한다. 머피(Murphy, 166)는 남자의 이빨이 여기서 주제라고 이해하고, 그것을 "정렬된"으로 번역하지만 이것은 설득력이 없다. 비둘기가 여기서 주도적인 은유인 것으로 보인다는 사실에 비추어, 밀루아(מלאת)가 보석을 쌓아놓은 것이나 이빨의 치은이라기보다는 새가 자리를 차지하고 있는 물로 가득한 웅덩이를 가리키는 것으로 간주하는 것이 가장 좋아 보인다. 70인경은 에피 플레로마타 휘다톤(*ἐπὶ πληρώματα ὑδάτων*, "물웅덩이 위에")이라고 읽는다. 킬(Keel, [1994] 199-201)도 그러하다. 그릇 위에 앉아 있는 비둘기를 묘사하는 로마 근처에 키프레스(Cypress)와 하드리안(Hadrian)의 별장에서 나온 그릇에 관한 그의 형상을 참조하라.

13 "향기로운 풀의 탑"[מִגְדְּלוֹת – 믹떼로트]("향기로운 꽃밭 같고" – 한글개역)은 그것을 자주 피엘 분사형 메가드떼로트(מְגַדְּלוֹת)로 수정하고 "향기로운 꽃을 만발한"과 같은 것으로 번역하는 아주 난해한 은유에 속한다(Murphy, 166). 하지만 까달(גדל)의 피엘이 식물을 자라게 하는 비에 대해 사용되거나(사 44:14; 겔 31:4), 식물이 자라는 것을 돌보는 사람에 대해 사용될지라도(욘 4:10), 다른 곳에서 식물이 자라는 장소에 대해서는 사용되지 않는다. 킬([1994] 201)은 젤러만(175)을 따르고, 그것을 애굽인들이 술 파티에서 머리에 분명히 썼던 향을 품는 솔방울을 가리키는 것으로 취한다. 그러나 남자의 '뺨'을 '머리의 맨 윗부분'에 통상적으로 두었던 향품으로서 남자의 '뺨'을 묘사하는 것은 아가서의 기준으로 볼 때도 맞지 않는 전환으로 보인다. 가장 좋은 해결책은 메가드떼로트(מְגַדְּלוֹת)가 군사적인 탑이 아니라 높기 때문에 탑처럼 보이는 꽃들의 봉오리인 것으로 보인다(참조. NJB와 MASB). 그것은 믹떼로트 멜콰힘(מגדלות מרקחים)이 향기로운 꽃과 풀의 격자구조물

인 것으로 보인다.

"뺨"(לְחִי – 레히)은 여자의 초점이 남자의 수명보다는 피부에 더욱 있다는 것을 우리에게 말하고 있을지라도, 남자의 뺨을 발삼이나 향료의 격자구조물과 같이 묘사한 것은 아마도 수염과 관련이 있을 것이다. 그는 자신의 수염이 일종의 향이 발하게 했을 것이나, 이것도 역시 필연적으로 이 은유의 핵심은 아니다. 멜콰힘(מֶרְקָחִים)은 하팍스이지만, 향을 발하는 기름과 관련한 말들에서 발견되는 어근 라콰흐(רקח, 그러므로 *HALOT*)를 따르는 풀의 향기와 같은 것을 의미한다. 아가서에서 향품과 향수는 문자적으로 향이 내재되어 있든 그렇지 않은 간에 육감적으로 기쁨을 주는 어떤 것을 일반적으로 시사한다.

유사하게 입술은 망우스(백합화 – 한글개역)로 묘사되는데, 어떤 의미에서 입술이 망우스와 같아 보이기 때문이 아니라 즐겁게 하거나 기쁨을 주는 능력에서 거의 마술적이기 때문이다. 망우스는 애굽인들에게 생명의 상징이었다. 게다가 여인은 남자의 키스가 달콤함을 의미한다. 헤로도투스는 *Histories* 2.92.2-3에서 애굽인들이 망우스 꽃을 보고 양귀비 같은 중앙을 으깨어서 빵으로 구었다고 전한다. 또한 그는 망우스의 뿌리가 달콤한 맛을 내었다고 우리들에게 말해준다. '오디세이'에서 오디세이는 지중해를 건너다가 "망우스를 먹는 자들"(*λωτοφάγοι* – 로토파고이)을 만난다. 오디세이(*Odyssey* 9.91-97, W. B. Stanford, ed., *The Odyssey of Homer*, 2d ed. [London: Macmillan, 1959] 134)에서 묘사된 것처럼 망우스를 먹으면 기분이 좋아져서 모든 것을 망각하게 만들었다.

οἱ δ' αἶψ' οἰχόμενοι μίγεν ἀνδράσι Λωτοφάγοισιν
οὐδ' ἄρα Λωτοφάγοι μήδονθ' ἑτάροισιν ὄλεθρον
ἡμετέροις, ἀλλά σφι δόσαν λωτοῖο πάσαπθαι
τῶν δ' ὅς τις λωτοῖο φάγοι μελιηδέα κασασθαι
οὐκέτ' ἀπαγγεῖλαι πάλιν ἤθελεν οὐδε νέεσθασι
ἀλλ' αὐτοῦ βούλοντο μετ' ἀνδράσι Λωτοφάγοιοι
λωτὸν ἐρεπτόμενοι μενέμεν νόστου τε λαθέσθαι

곧바로 나아가던 그들은 망우스를 먹는 자들과 섞이었다.
망우스를 먹는 자들은 친구들에게 해를 입히지 않았다.
그리하여 우리들도 그들이 준 망우스를 먹었다.
하지만 망우스의 향기로운 열매를 먹는 누구나
더 이상 보고를 전달하려거도 심지어 돌아가려고도 하지 않았다.

그들은 망우스를 먹는 자들과 함께 있기를 원하며
망우스를 따는 재미에 집으로 돌아가는 것을 잊었다.

다른 고전 작가들도 망우스를 먹으면 기분이 좋아져서 모든 것을 잊는다고 언급한다. 따라서 신부는 신랑의 입술이 자신에게 꿈같은 희열로 들어가게 한다고 암시하고 있을 것이다. 물론 우리는 LSJ가 "애굽의 망우스"를 로토스(*λωτός*)를 의미하는 것으로 열거하고 있을지라도, "애굽의 고전 문학의 로토스(*λωτός*, "망우스")와 히브리어의 쇼샨(שׁוֹשַׁן)이 동일하다고 확신할 수는 없다. 여인은 남자의 입술이 몰약의 즙이 떨어지는 것으로 부연한다. 이것은 아가서 5:5에서 그녀가 사용하고 있던 어구를 꿀방울이 떨어지는 입술의 이미지(아 4:11)와 조합하고 있다. 이 본문에서처럼, 이 은유는 성적인 흥분과 기쁨을 내포하고 있다(위의 2:2, 16의 '주석'을 보라).

14 환유로서 "그의 손들"(יָדָיו – 야다브)은 분명히 그의 팔을 가리킬 것이다. 그것이 손가락을 가리키는 것이 아니라면, 손들을 막대와 같은 것으로 묘사하는 것은 거의 이치에 맞지 않기 때문이다. 보석("황옥" – 한글개역), 따르쉬쉬(תַּרְשִׁישׁ)와 관련해서 학자들 사이에 거의 일치가 없다. 나는 *NIDOTTE* §9577의 "금으로 된 황옥"을 선택했다. 하지만 이것은 따르쉬쉬(תַּרְשִׁישׁ)가 정관사를 갖는 히브리 성경의 유일한 곳이다. 이것은 손가락이 황옥에 덮여 있다기보다는 그녀가 손에 단일한 돌을 갖고 있음을 시사한다.

메예(מֵעֶה, "허리")(이중어인 메아임[מְעַיִם]이나 복수의 메임[מֵעִים]으로 나타남)는 (내부적으로) 몸의 하복부를 일컫는다. 그것은 장을 일컬을 수도 있다(삼하 20:10). 이 부분이 감정을 통제하는 것으로 생각되기 때문에 이 용어는 자주 감정적인 상태를 언급한다(사 16:11; 애 1:20). 아람어 메에(מְעֵה)는 다니엘 2:32의 외복부를 일컫지만, 이 의미가 히브리어에 적용되는지는 분명하지 않다. 이 용어는 남자의 것이든 여자의 것이든 간에 자주 생식기를 일컫는다(창 15:4; 25:23; 삼하 7:12). 이 용어는 분명히 남자의 내적인 기관이나 감정을 묘사하고 있지 않다. 그것은 일반적으로 복부를 일컫거나 구체적으로 말하면 남자의 생식기를 일컫는다. 고풍이기는 할지라도, 영어의 "요부"(*loins*)가 이 의미의 범위를 가장 잘 포착한다.

"조각"(עֶשֶׁת – 예쉐트)은 상당히 많은 해석을 낳는다. 많은 이들이 그 용어를 "판"이나 "패널"과 같은 것으로 번역한다. NJB는 "덩어리"로 번역한다. 이 해석은 퓩시온(*πυξίον*, "판")을 갖는 70인경을 따른다. "판"이나 "명판"에 대한 보다 흔한 히브리 용어는 치츠(צִיץ) 낄라욘(גִּלָּיוֹן, 사 3:23와 8:1)이고 특히 루아흐(לוּחַ)이다.

어떤 이들은 어근 예쉐트(עשת)가 샤만(שמן, "살찌다")과 짝을 이루는 예레미야 5:28을 따라 예쉐트(עשת)를 "유연함"이나 "빛나다"를 의미하는 것으로 취한다. 그러나 예레미야 5:28의 형태가 여기에 그 용어와 관련이 있는지는 전적으로 분명하지 않고, 유추적으로 번역을 하려는 시도는 참으로 추측에 지나지 않을 뿐이다. 더 그럴 듯한 평행은 예쉐트 자합(עשת זהב)이 "금막대(들)"를 의미하는 쿰란(3Q15 I, 5 II, 4)의 구리빛 두루마리(Copper Scrol)에 있다(Martínez, *Dead Sea Scrolls in English*, 461는 그것을 "금괴"로 번역한다). 젤러만(Gerleman, 176)은 금괴가 벽돌이나 원반형을 취하였을 것임을 제기한다. 이것을 "판"이란 번역을 지지하는 것으로 취할 수 있다. 한편으로 벽들, 원반 또는 판의 형태가 금에 적절할지라도, 상아에는 적합하지 않아 보인다. 게다가 괴가 아직 예술적인 형태를 취하지 않았다는 점에서 "금괴"가 금 보석이나 아로새긴 금과는 다른 것처럼 여기서 예쉐트(עשת)가 완성되지 않은 상태의 상아를 가리킬 것임을 "금괴"와의 평행이 암시한다. 상아 엄니의 자연적인 형태는 "막대"가 더 그럴 듯한 번역임을 가리킨다. 한편으로 우리는 이것을 상아의 완전한 엄니인 것으로 취해서는 안 된다. 히브리어는 여기서 그것에 대해서 아마도 퀘렌(קרן)을 사용했을 것이기 때문이다(겔 27:15을 보라, 거기서 콰노트 쉔[קרנות שן]은 "상아의 엄니"다). 머피는 흥미롭게도 이 두 소절을 "그의 복부, 상아로 만들어진 작품/ 사파이어로 덮힌"(164)으로 번역한다. 하지만 소개의 각주에서(75 n. 305), 그는 보다 철저한 취급을 제기하고, 그것을 "그의 허리, 청금석으로 앉힌 상아의 기둥"이라 번역한다. 또한 그는 랍비의 자료가 예쉐트(עשת)가 "두루마리 형태로 비교되는" 기둥을 일컫는다고 제기한다. 그러므로 이 용어는 거의 확실히 페니스에 대한 은유로 사용되고 있지만 나는 더 중립적인 번역인 "조각"(piece)을 예쉐트(עשת)에 제기하였다.

아라프(עלף, "달린")는 다소 기이하다. 70인경은 에피 리두(ἐπὶ λίθου, "돌 위에")를 갖지만, 아마도 70인경이 여기서 추측을 하고 있다고 말하는 포프(Pope, 544)가 옳을 것이다. 이사야 51:20(푸알), 아모스 8:13(히트파엘), 그리고 요나 4:8(히트파엘)에서 그것은 "연약한"을 의미한다. 창세기 38:14에서 그것은 자신의 신분을 감추기 위해서 커다란 옷을 감싼 딤나에 대해 사용된다(히트파엘). 에스겔 31:15에서 이 어근의 출현도 푸알(강조형 수동태, *HALOT*)로 발음하고 "약하게 되다"로 번역해야 한다. 여기 아가서에서(푸알), 그것은 사파이어(청옥)가 부착된 은유적인 상아(여기서 שֵׁן – 쉔은 여성명사로 취급된다)를 묘사한다. 어떤 학자들은 "희미한, 연약한"(עלף – 아라프)과 "포장"(עלף – 아라프)이 동일한 어근에서 나온다는 것을 부정하지만 아라프(עלף)가 일관되게 푸알과 히트파엘(강의적 재귀형)에서 나타난다는 사실에 비추어 볼 때, 우리는 아마도 단일한 어근으로 다룰 수 있다. 이 어근의 근본적인 개념은 아마도 "쳐져 있다"나 "달려 있다"일 것이다. 이것은 "희미한"이나 "연약한"이란 의미에 대한 설명이 될 것이다. 이런 상태에 사람이나 나무는 빈약하게 걸쳐 있는 사지나 무너질 즈음에 있는 것을 대변하며, 그것은 창세기 38:14에 "감싼"이란 의미도 설명해준다(즉 다말은 커다란 베일을 몸에 걸쳤다). 청옥이 상아에 새겨졌던 것처럼 아가서에 여기서 메율레페트(מעלפת)이 어떻게 "아로새긴"을 의미할 수 있었는지는 알기 어렵다. "청옥이 입혀진"이란 번역도 그럴 것 같지 않은데, 청옥(사파이어)은 다말의 옷이 자기 얼굴을 가린 방식으로 상아를 눈에 띠지 않게 만들었을 것 같지 않기 때문이다. 아라프(עלף)의 주요한 요지는 어떤 것이 달려 있다는 것이지 다른 어떤 것이 그것을 덮고 있음이 아니다. 아라프(עלף)의 다른 용법과 일치하여, 그것은 상아가 매달린 청옥을 갖고 있다는 것으로 보인다.

팔과 막대의 유사성은 분명하다. 다시 한번 여인은 남자를 "금"(זהב – 자합)으로 언급한다. 많은 해석자들은 그녀가 신상을 묘사하고 있는 것으로 보인다고 지적하고 따라서 이것은 본래 신상에 대한 찬미였다고 가정한다. 하지만 이는 전적으로 불필요하다. "금"은 높은 가치가 있다는 개념을 전달하고, 그것은 여인이 이미 남자를 햇볕에 그을린 것으로 묘사했던 사실을 반영해준다. 여인이 통상적으로 햇볕에 노출된 남자의 몸의 일부(머리, 팔, 그리고 발목)를 금으로 묘사하지만, 가려진 부분(허리와 넓적다리)을 상아와 줄마노(설화석고[alabaster], 즉 비유할 때, 창백한)로 묘사하고 있음은 주목할 만하다. 그녀는 어떤 형상을 묘사하고 있는 것이 아니라, 은유적으로 진귀한 자료를 사용한 남자의 몸을 묘사하고 있다.

"그의 요부(loins)는 청옥이 달린 상아 조각이다"(מעיו עשת שן מעלפת ספירים – 메아브 에쉐트 쉔 메율레페트 삽피림)의 의미가 분명하지만, 사람들은 보다 자극적이지 않고 전통적인 번역이 감추어져 있다고 시도한다("그의 복부는 청옥으로 아로새겨진 상아의 판이다"). 그러나 내가 말할 수 있는 한, 이것은 청옥이 달린 상아의 조각이라는 증거임을 나타내준다. 이는 자연스럽게 남자의 생식기를 암시하며, 사람들은 이것을 보고, 여기서 헬라의 희극에서 발견할 수 있는 일종의 음경 숭배적인 유머인지를 궁금해 한다. 그러나 이 심상(이전에 설명했던 것처럼, 에쉐트[עשת]는 Longman, 164와 달리 "엄니"를 의미하지 않는다)은 헬라의 희극에서처럼 거대한 페니스를 가진 것과 관련이 없다. 오히려 여인은 그녀에게 대단히 가치가 있는 것으로 남자의 사적인 부분을 묘사하고 있다. 여인은 남자의 눈, 팔 또는 다리에 초점을 맞춘 것처럼 이 부분에 지금 초점을 맞추고 있고, 몸의 이 부분을 잘 묘사하기 위해서 진귀한 금속과 보석을 사용한다. 사랑에 빠진 여자가 남편의 신체에서 기쁨을 얻는 것은 부적절하지 않다. 여기서의 분위기는 코믹하지 않다.

15 아드네(אדני)란 용어는 여기서 꽂는 구멍(소켓)보다는 "주춧대"로 번역해야 한다. 이 은유에서 이것은 넓적다리가 의존하는 곳이다. 그의 넓적다리는 기둥이고, 그의 발목이나 발은 기둥을 위한 기초나 주춧대다.

이전에 말한 것처럼, 남자의 상부 넓적다리(설화석고, alabaster)는 아래 발목의 황금색과 대비되지만, 그녀는 남자의 모든 부분을 높게 칭송한다. 여인에게 남자의 모습이 미치는 전체적인 영향은 레바논의 영향과 같다. 여자가 보기에 그는 장엄하다. 그녀는 남자의 신체를 진귀한 재료와 같은 것으로 묘사했던 것을 이제는 포기하고 숲으로 비유한다. 그녀가 신상을 묘사하고 있지 않음이 이제 분명해져야 한다. 그녀는 레바논과의 비교를 사용하는데, 숲 속의 나무들은 강하고 아름다우며(하지만 과도한 꽃무늬 색깔은 없다), 따라서 남성의 아름다움을 상징하기에 적합하다. 아가서 2:3에서 여인은 남자를 나무들(즉 사람들) 중에서 가장 아름다운 것으로 언급한다. 요담의 비유(삿 9:7-15)도 서로 다른 사람의 특성을 나무와 비교한다.

16 여인은 남자의 입맞춤의 기쁨에 대한 암시(아 1:2)로 그의 입이 가져다주는 기쁨으로 되돌아간다. 아가서 5:2-7의 좌절을 치료하는 승리적이고 유쾌한 논조가 이 구절에 있다. 아가서 1:4에 상응하는 것으로서("처녀들이 너를 사랑함이 마땅하니라"), 여인은 사실상 "나도 그를 당연히 사랑한다!"라고 말하고 있다. 여기서만 여인은 남자에게 레이(רעי, "나의 동무")라고 말하는데, 다른 곳에서는 남자가 통상적으로 여자를 이 용어를 사용하여 언급한다. 여인은 예루살렘의 처녀들과 자신을 완전히 다르게 설정한다. 이제 그녀의 참된 동무는 처녀들이 아니라 신랑이다.

6: 1 코러스의 두 번째 질문은 소프라노의 다음 부분을 연결하는 것으로 기능한다. 그들의 질문은 여자가 남자의 모습을 설명했을 때, 남자의 아름다움에 그들이 매우 관심이 끌리어 그들이 그를 보기를 원한다는 인상을 준다. 그러나 기껏해야 이 질문은 표면적으로 그렇게 기능할 뿐이다. 다시 한번 말하지만, 이 본문의 요지는 여자가 문자적으로 자기 친구들에게 사라져버린 남자를 찾는 일에 합세해줄 것을 요청하고 있지 않다. 오히려 이 질문은 여인이 자신에 대한 남편의 사랑의 온전한 의미를 깨달음으로써 그녀가 변화의 과정을 완성하게 한다. 첫 번째 질문(아 5:9)은 여인이 남자를 얼마나 많이 사랑하는지를 묵상하게 만들고, 이 질문은 여인

이 얼마나 남편을 사랑하는지를 인식하게 만든다.

[2]-[3] 남자를 잃어버린 것이 아니다. 그녀는 그가 있는 곳을 정확히 한다. 그는 어디에 있는가? 그는 그녀와 사랑을 나누고 있다! 아가서 4:16에서처럼, 남자가 속해 있는 "정원"(גן - 깐)은 아내의 몸이다. 아가서 5:13에서 여인은 남자의 볼을 발삼의 침상으로 묘사했지만 이제 여인은 남자가 기쁨을 취하는 발삼의 침상이 된다. 그들은 서로에게 속해 있고, 상호적으로 서로로부터 기쁨을 취한다. 노루의 은유 아래 남자는 정원의 식물을 먹고 있다. 정원사처럼 남자는 정원에서 망우스를 따고 있다.

이 모든 것을 문자적인 방식으로 읽는다면 내러티브를 혼란하게 만든다. 여인이 자기 친구들에게 사랑하는 자를 찾는 일을 도울 것을 요청하면서 바깥에 서 있는 것으로 상상한다면, 그 순간에 남자는 그녀와 사랑을 나누는 과정에 있을 수 없다. 심지어 여인의 비유는 혼합적이고 다소 일관성이 없다. 그는 정원사로서 그리고 풀을 먹는 동물로서 정원에 들어가고, 망우스(고대 이스라엘의 특이한 작물)를 채집한다. 그러나 칸토의 일부로서 백합화는 청중들을 사랑의 이미지로 감싼다. 소프라노는 남자의 사랑의 실제와 임재를 노래한다.

다산비옥의 제의적 관점으로 아가서를 해석하는 사람들과는 대비되게 내려감(ירד - 야라드)은 음부로의 하강을 내포할 수가 없다. 이 구절에서 "사랑과 죽음"이란 없다(Pope, 210-29을 보라). 킬(Keel, [1994] 209)은 그리스-로마 시대 때까지 팔레스타인에서의 정착은 항상 언덕에서였고, 정원(아가서에서는 동산)은 계곡에 있었음을 주목한다. 따라서 정원으로 가는 사람은 필연적으로 "내려갈" 것이다.

해설

다시 한번 나는 독자들에게 이것이 노래이지 드라마나 역사가 아니라는 사실을 상기시켜야 한다. 이것은 친구들에게 밤중에 기이하게 달아나버린 연인에 대해 실제로 이야기하는 여인에 관한 것이 아니다. 이전처럼, 우리는 의미 있게 하는 것과 의미 있게 되는 것을 혼동해서는 안 되고, 젊은 신부가 결혼의 완성한 직후에 사라져버린 신랑을 찾도록 친구들에게 도움을 바깥에서 구하고 있는 것으로 상상하지 말아야 한다. 또한 우리는 젊은 신부가 여자 친구들에게 남편의 신체를 실제로 상세히 설명하고 있는 것으로 생각해서도 안 된다. 어느 "줄거리"도 여기에 내재해 있지 않고 다만 사랑의 변화시키는 능력을 음악적으로 제시하고 있을 뿐이다.

"나는 나의 사랑하는 자에게 속하였고 나의 사랑하는 자는 내게 속하였다": 여인은 아가서 5:2-7의 고통을 넘어서 이제는 사랑하는 자와 사랑 받는 자가 되었고 남자의 모든 욕구가 그녀 속에서 실현되었다는 깨달음으로 나아갈 수 있었다. 처녀에서 아내로의 그녀의 변화가 완성되었다. 그녀는 이제 애정과 헌신으로 남자에게 완전히 종속되었고, 그가 그녀를 소유한 것처럼 그녀도 그를 소유하였다. 의문의 여지없이 일부일처 이외에 다른 어떤 사랑도 묘사하고 있지 않다. 여기서 남자에 대한 여자의 외침은 창세기 2:23에서 "그녀는 나의 뼈요 내 몸의 살이로다"는 남자의 외침에 상응한다. 둘이 한 몸이 되었다.

C. **테너와 코러스: 흠 없는 신부** II(6:4-10)

참고문헌

Stern, E. *Archaeology of the Land of the Bible.*

본 문

테너	tenor	
4 내 사랑아 너의 어여쁨이 디르사 같고	**4** You are beautiful, my companion, like Tirzah,[a]	1A
너의 고움이 예루살렘 같고	lovely, like Jerusalem,	1B
엄위함이 기치를 벌인 군대 같구나	awesome, like panoplied cities.	1C
5 돌이켜 나를 보지 말라	**5** Turn your eyes away from me,	2A
네 눈이 나를 놀래니	for they excite me!	2B
네 머리털은 누운 염소떼 같고	Your hair is like the flock of goats	3A
길르앗 산기슭에	skipping from Gilead.[b]	3B
6 네 이는 암양떼	**6** Your teeth are like a flock of lambs	4A
목욕장에서 나온	that comes up from washing,	4B
각각 쌍태를 낳은 양 같고	in which every one has a twin:	4C
곧 새끼 없는 것은 하나도 없이	not one among them is bereft of its partner.[a]	4D
7 너울 속의 너의 뺨은 석류 한 쪽 같구나	**7** Your cheek is like a split pomegranate behind your veil.[a]	5A

8 왕후가 육십이요	**8** There are sixty queens	6A
비빈이 팔십이요	and eighty concubines	6B
시녀가 무수하되	and girls without number,	6C
9 나의 비둘기, 나의 완전한 자는 하나뿐이로구나	**9** but she is unique – my dove, my perfect one:	7A
그는 그 어미의 외딸이요	she is unique to her mother,	7B
그 낳은 자의 귀중히 여기는(흠 없는 – 한글개역) 자로구나	flawless to the one who gave her birth.	7C
여자들이 그를 보고 복된 자라 하고	The girls see her, and they reckon her blessed:	8A
왕후와 비빈들도 그를 칭찬하는구나	the queens and concubines see her and praise her:	8B
코러스	chorus	
10 여자가 누구인가	**10** Who is this,	9A
아침빛 같이 뚜렷하고	looking down like dawn?	9B
달 같이 아름답고	Beautiful as the moon,	9C
해 같이 맑고	bright as the sun,	9D
하늘의 장관처럼(기치를 벌인 군대 같이 – 한글개역) 엄위한	awesome as the panoply of heaven.[a]	9E

원문주해

4.a. 70인경은 오스 유도키아(ως ευδοκια, "만족스럽게")라고 번역한다(다른 역본들도 이를 따른다). 다른 도성들을 언급하는 문맥은 맛소라텍스트를 지지한다.

5.a. 원문주해 4:1.b와 4:1의 주석을 보라.

6.a. 주석 4:2을 보라.

7.a. 주석 4:3을 보라.

양식/구조/배경

4절과 10절에 "엄위한 도성/하늘처럼 경이로운"(אימה כנדגלות – 아윱마 깐니드까로트)이란 어구는 이 본문의 경계를 한정하는 포괄문으로 기능한다. 남자는 이 단락을 당대의 위대한 도성과 같이 경이로운 것으로 여인을 노래함으로써 시작하고, 그녀를 하늘의 군대와 비교함으로써 결론짓는다. 10절의 세 소절들("달 같이 아름답고 해 같이 맑고 기치를 벌인 군대 같이 엄위한")은 4절의 세 소절들("너의 어여쁨이 디르사 같고 너의 고움이 예루살렘 같고 엄위함이 기치를 벌인 도성(군대 – 한글개역) 같구나")에 반응한다. 10절("이는 누구인고")을 코러스에 속한 것으로 독법하는 것은 절대적으로 필요한 것은 아니다. 테너가 이 스트로피를 역시 노래할 수도 있었다. 한편으로 코러스의 반응이 처녀들, 왕후들, 그리고 비빈들이 그녀를 모두 찬양한다고 9b절이 선언한 후에 나오는 것은 적절하다. 이 때문에 10절을 테너와 코러스가 동시에 노래하고 있을 가능성이 있다.

흔히 와스프는 논의 중인 개별적인 몸의 일부로 통제되는 많은 작은 스트로피를 사용한다. 여기에는 여전히 훌륭한 접근이 있다. 8절에 조화적인 세 소절 스트로피(스트로피 6)는 또 다른 조화적인 9절의 세 소절 스트로피로 응답된다(스트로피 7).

이 단락은 아가서 4:1-15의 와스프의 주제와 은유를 상당히 반복한다. 어떤 경우에는 축어적인 반복이 있다. 4:9과 6:5은 서로 다른 표현을 사용할지라도, 여인의 눈이 어떻게 남자를 흥분케 하고 굴복케 하는가를 언급한다. 거의 동일한 용어를 사용하여 양 본문은 여자의 머리를 길르앗 산기슭에 누운 염소와 같다고 표현한다(아 4:1b; 6:5b; 후자는 하르[הר, "산"]란 말이 없다). 6절에서 여인의 이빨과 양의 쌍태를 비교함은 아가서 4:2과 유사한데, 다만 4:2이 "털깎인 [암양]"(הקצובות – 학케츄보트)이지만 6:6은 "암양떼"(הרחלים – 하레헬림)를 사용한다. 여인의 볼에 대한 두 비교에서 석류 한쪽이란 용어(4:3b; 6:7)는 동일하다. 동일한 비유는 주제에서는 유사하지만 내용에서는 다르다. 아가서 4:8에서 여인은 사자들이 거하는 높은 산에 있는 여신이고, 4:12에서 여인은 닫힌 정원(동산)이지만 6:4에서 여인은 무장한 도성이고, 6:10에서 여인은 하늘의 군대다. 한편으로 각각의 텍스트는 독자적인 개념들을 발전시킨다. 아가서 6:8-9에서 모든 다른 여인들이 여인에 비해 열등하게 비교되고, 심지어 그녀를 찬미하는데, 이 주제는 4:1-15에는 없다. 한편으로 정원의 모티브는 4:1-15을 상당히 지배하지만, 6:4-10에는 그런 내용이 전혀 없다. 끝으로 4:1-15은 여인의 몸의 부분들을 시적으로 찬미할 때 매우 세부적이고 정교하다.

정원에 관한 용어는 여기서 생략되는데, 아마도 이 은유는 성적인 기쁨에 상당히 초점이 맞추어져 있기 때문이다. 이 칸토에서 테너는 여인에 대한 성적인 욕구보다는 여인에 대한 자신의 계속된 헌신을 노래하고 있다.

주석

4 남자가 "사라진" 다음에 다시 나타나서 한 첫 번째 말은 "내 동무야 너는 어여쁘다"("내 사랑아 너의 어여쁨이" – 한글개역)이다(야파 – יפה, "어여쁜"이 먼저

나온다). 그것은 여인에 대한 남자의 계속된 헌신을 그녀에게 재확신시키는 것으로 기능한다. 남자는 암몬의 방식으로 역할하지 않는다. 암논은 여인을 점령하고는 관심을 바로 잃는다(삼하 13:15). 그것이 아니라 여기서 남자는 경외함으로 그녀를 대하기를 계속한다: "어여쁘고, 예루살렘과 같고, 위엄스럽고, 기치를 벌인 도성과 같구나." 여자에 대한 남자의 이런 태도를 두려움의 태도로 표현하는 것은 옳지 않지만(Murphy, 177는 이에 반대한다), 확실히 경외적인 모습이 들어 있다. 공격할 수 없는 도성으로 여인을 비유한 것(처녀 시온처럼; 사 37:22)은 그들이 결혼을 완성한 후에도 사라지지 않는다. 여인은 더 이상 처녀가 아니지만 더럽혀지지 않은 상태에 있다.

레이니(A. F. Rainey, *ISBE* 4:860-61)에 따르면(A. Chambon in Stern, *Archaeology of the Land of the Bible*, 2:433-40), 디르사 도성은 와디엘-파라 근처에 텔엘-파라와 관련이 있고 세겜 북북동쪽 11Km에 위치하였던 것으로 보인다. 복스(R. de Vaux)는 1946년과 1960년 사이에 이 장소를 발굴하여 일찍이 신석기 시대에 정착민이 있었음을 발견하였다. 방어 성벽, 똑바른 거리, 그리고 직사각형 집을 가진 도시는 초기 청동기 시대에 여기에 존재했으나 2600 B.C.E. 경에 버려졌다. 새로운 도시가 *MB* IIA와 IIB 시기에 세워졌고, 이 도시가 13세기까지 지속되었음을 증거한다. 복스(De Vaux)는 철기 시대의 세 가지 주요한 지층을 묘사했다. 가장 이른 것(지층 III)은 다윗과 솔로몬 시대에 속하고, 900 B.C.E. 경에 파괴되었다. 카르낙(Karnak)에서 나온 세손크(Sheshonq)(Shishak)의 매우 손상된 석판을 어떻게 독법하느냐에 달려있지만, 바로의 시삭이 10세기 후반의 원정 시에 이 도성을 약탈했을 가능성이 있다(K. A. Kitchen, *ISBE*, 4:489). 이 도성의 다음 주요한 형국인 지층 II를 복스는 8세기로 지정했다. 그것은 폭력적인 고통을 당했다. 마지막 국면(지층 I)은 훨씬 더 약화되었는데, 이는 722년에 사마리아에 대한 앗수르의 파괴 이후 시대에 속한다.

성경은 여호수아 하에서 이스라엘이 이 도성을 쟁취했다고 말해준다(수 12:24). 열왕기상 14:12-17은 여로보암이 통일왕국을 깬 이후에 이곳을 자신의 수도로 삼았음을 암시한다. 디르사는 시므리의 짧은 통치 시까지 북왕국의 수도였다. 열왕기상 16:17-18에 따르면, 오므리는 디르사에서 시므리를 계략에 빠뜨려, 그 도성을 포위하였다. 도성의 방어가 무너졌을 때, 시므리는 자기 머리 위의 궁전에 불을 지르고 그곳에서 죽었다. 그때에 오므리는 수도를 사마리아로 옮겼다.

이런 자료는 디르사가 통일 왕국 시대에 주요한 도시였고, 분열왕국의 초기 시대에 서로 적대적인 도시였으며, 이 후에는 변방의 버려진 도시였음을 우리에게 말해준다. 종합해 볼 때, 아가서는 디르사를 예루살렘에 대응할 수 있는 북쪽의 도시로 여기고 있음이 두드러진다. 아가서가 북왕국의 계승 이후에 예루살렘에서 쓰였다면 이 도성을 칭송했을 리가 없을 것이다(또는 아가서가 북왕국에서 쓰였다면, 예루살렘을 칭송하였을 리가 없다). 킬(Keel, [1994] 213)은 "그러한 언급은 두 수도들 사이에 지극한 긴장 관계가 조성되었던 시기를 상상하기 어렵다(참조. 왕상 15:6, 16)"라고 말한다. 유배 이후에 디르사는 단순히 아무런 의미를 갖지 못하게 되었다. 그런 시기에는, 시인이 그러한 평행관계를 창출하는 것은 의미가 없을 것이다. 물론 일종의 의도적인 고풍 형식으로 평행을 창출하였다고 항상 주장할 수는 있지만 그러한 해석은 분명히 임시 변통적이다. 디르사는 유배 이후의 시인이 청중들에게 디르사의 이전의 영광을 상기하게 촉발할 수 있는 종류의 유산을 남기지 않았고, 또한 (영국에 카멜롯과 같은) 전설적인 성채 형태로 기능하지 않았다. 액면 그대로 취할 때, 이 평행은 아가서가 디르사가 북쪽에서 두각을 나타냈지만 아직 적국의 지배에 들어가지 않았을 때의 좁은 역사의 시기에 작성되었음을 시사한다. 그러한 한정은 솔로몬 시대로 이 텍스트를 확실히 설정케 만든다.

"장엄한 도성"("기치를 벌인 군대" – 한글개역"): 민수기 2장에서 군사적 단위를 조직하였던 깃발을 자주 사용하였던 것처럼 따갈(דגל)은 군사적인 부대와 연관이 있다. 여기서 여성 복수 니팔(단순형 수동태) 분사는 장엄한 군사적인 세력으로 맞섰던 디르사와 예루살렘 도성을 가리킨다.

5-7 어근 라합(רהב)은 이사야 3:5에서 무례함을 보이는 것을 의미하고 잠언 6:3에서는 어떤 사람에게 대담하게 조르는 것을 의미한다(둘 다 칼). 시편 138:3(사역형 능동태)는 어떤 이를 대담하게 만드는 것을 의미한다. 여기서(사역형 능동태), 번역자들은 그것을 우리가 다른 곳에서 보는 것과는 반대편 의미인, "겸손한, 의기를 꺾다, 또는 어떤 이를 부끄럽게 하다"를 의미하는 것으로 자주 취한다. 그러나 여기서(6-9절) 남자의 칸토를 상기해 볼 때, 그는 여자를 칭송하고 있지 그녀가 있음으로 해서 당황해 하고 있는 것으로 보이지 않는다. 여기서의 요지는 여자의 눈이 남자를 흥분시킴으로써 그가 명석한 머리를 거의 유지할 수 없다는 것이지 그녀가 자신을 부끄럽게 느끼게 만든다는 뜻이 아니다. 따라서 히필[사역형 능동태]의 라합(רהב)은 "대담하게 하다"나 "흥분하다"를 의미하는 것으로 취해야지 "당황하다"로 취해서는 안 된다. 이 의미는 그녀가 가까이 있을 때, 정신을 똑바로 차릴 수 없음을 말하고 있는 것으로 보인다. 그녀의 모든 것이 그를 자극한다.

5b-6절에서 테너는 아가서 4:1-3의 자료를 본질적으로 반복한다. 다시금 이 반복을 더 이상 의미가 없는 주요한 은유의 단순한 사용으로 간주해서는 안 된다. 이 반복은 여자에 대한 남자의 욕구가 축소되지 않았다는 메시지를 전달한다. 여인은 남자가 보기에 결혼의 완성을 기다릴 때와 마찬가지로 아름답고 신비롭다.

8-9 남자가 사랑하는 자를 모든 다른 여인들보다 나은 것으로 간주하는 이 두 절의 요지는 자명하다. 독자들은 왕후와 빈이 솔로몬의 전설적인 왕궁 여인들(왕상 11:3)을 가리키는지를 자연스럽게 궁금해 할 것이다. 델리취(Delitzsch, [1877] 111)는 상대적으로 "적은" 수는 솔로몬의 통치에 초기 시대를 반영했다고 주장했다. 그러나 어림잡은 수는 이것이 과장법적인 비유로 사용된 인위적인 방책임을 가리킨다. 이 방책은 지혜문헌의 숫자적인 형태와 유사하다: "세 가지가 있고…네 가지가 있다"("60"과 "80"은 3×20과 4×20을 대변한다). 아울러, 세평에 따르면, 황녀와 빈들은 여인들 중에서 가장 아름답다(황녀는 뭐든 맘대로 할 수 있는 환경에서 자라났고, 빈들은 그들의 아름다움 때문에 특별히 간택되었기 때문이다). 지혜문헌의 방식으로 남자는 아무리 많은 다른 여인들이 있을지라도 자신의 사랑하는 자가 훨씬 더 낫다는 것을 선포하고 있다. 다른 여인들이 60, 80 또는 무수하게 있을 수 있을지라도, 그의 동무는 "하나"(אחת – 아호트)다.

10 아윰마 깐니드까로트(אימה כנדגלות)은 4절("엄위함이 기치를 벌인 도성[군대 – 한글개역] 같구나")에서 발견할 수 있는 것과 정확히 동일한 어구다. 하지만 문맥이 다르다. 4절에서 여인은 난공불락의 도성으로 비견되고, 10절에서 여인은 천체로 비견되고 있으며, 니드까로트(נדגלות)는 천상의 군대로 의인화된 별임에 틀림없다("엄위함으로 기치를 벌인 하늘과 같구나").

이 구절은 아가서 1:5-6을 돌아본다. 거기서 여인은 자신이 오빠들이 화를 내기 때문에(어근 חרה – 하라, "뜨거운"에서 나온 נִחֲרוּ – 니하루) 햇볕 아래서 일을 함으로 검게(שחורה – 쉐호라) 되었지만 여전히 아름답다(יפה – 야파)고 말한다. 여기서 여인은 새벽(שחר – 샤하르)과 같아 보이고, 아름답고(יפה – 야파), 빛나는 해처럼 눈부시다(כַּחַמָּה – 까함마, 문자적으로는 "열처럼"). 4절이 난공불락의 도성의 비유 하에 여인의 위엄 있는 아름다움을 묘사했지만, 10절에서의 본문은 여인을 천체의 비유 하에 장엄한 아름다움을 가진 것으로 묘사한다.

새벽은 날의 어떤 시간이 아니라 일종의 천체다. 이교도 문학은 새벽을 여신과 동일시했고, 호머의 학도들은 "밝은 기호가 표시되는 새벽"(ῥοδοδάκτυλο᾽Ηως – 로도다크튤로스 호스)에 익숙하다. 이 본문에서 "달"을 레바나(לבנה)란 용어로 취한 것(흔한 ירח – 예라흐와는 대비된다)은 레바나(לבנה)가 라반(לבן, "하얀")의 여성형이라는 사실에 의해 영향을 받았을 것이다. 비유의 요지는 보름달의 밝은 빛을 가진 여인의 장엄함이다. 유사하게 "태양"으로 함마(חמה)를 선택한 것(통상적인 שמש – 쉐메쉬를 사용하지 않고)은 "열"(חם – 함)과의 유사함 때문일 것이다(여인의 광채에 대한 또 다른 반영). 또한 시인은 사람들이 이교도의 신과의 연관성을 생각할 수 있기 때문에 쉐메쉬(שמש)와 예라흐(ירח)를 사용하는 것을 삼가기를 원했을 것이다. 여인이 화려하고 과장된 칭송을 받고 있을지라도, 신격화되지 않는다(또한 이것은 여신을 칭송하는 찬송도 아니다). 이전에 설명한 것처럼, 아흄마 깐니드까로트(אימה כנדגלות)란 어구는 여기서 천상의 무리들 즉 별들을 가리킨다. 이런 의인화된 군대의 본질(기를 가진 천사의 군대로서 별들)은 다시금 여인의 아름다움에 위엄이 있음을 가리킨다.

해설

4장의 소절들을 축어적으로 또는 거의 축어적으로 여기서 반복하고 있다고 해서 그것이 형식적인 표현만 하고 있는 것이 아니다. 이전의 여자에 대한 칭송의 말을 반복함으로써 남자는 여인에 대한 자신의 욕구가 그녀와의 관계를 완성시켰다고 해서 축소된 것이 아님을 시사한다. 아가서 6:4-10이 여인의 몸을 묘사함에 있어서 상세하거나 완전하지 않은 사실은 주로 심미적인 이유 때문이다 – 이 단락을 아가서 4:1-15에 와스프의 모든 세부적인 것들을 사용하여 기술적으로 작업하였다면 오히려 장황했을 것이다. 칭송에서 단지 몇몇 항목만을 반복한 것 – 여인의 머리, 이빨, 볼 – 은 그가 여전히 여인을 동일한 방식으로 느끼고 있음을 청중들에게 알리기에 충분하다. 한편으로 4:1-15에서 여인의 아름다움에 대한 긴 칭송은 구체적인 목적을 갖고 있다. 거기서 남자는 여인이 자신에게 마음을 열게 하기 위해서 사랑과 칭송의 말들로 그녀를 설득하고 있다. 그는 사실상 부드럽게 그녀를 '유혹하고' 있다. 결혼식 날 밤에 신부를 신랑이 유혹한다는 것을 정당하게 말할 수 있다면 말이다. 아가서 6:4-10에서 남자는 여인에 대한 자신의 바람을 재확증하기에 충분하다.

아가서 4:1-15에서 산 위에 여신과 닫힌 정원에서 아가서 6:4-10에서 장엄한 도성과 천체로 비유를 바꾼은 의미가 있다. 여신과 닫힌 정원의 배후에 있는 모티브는 그녀가 '접근불가능'하다는 것이다. 반면에 장엄한 도성과 천상의 배열이 가져다주는 모티브는 여인이 '위엄'이 있다는 것이다. 강력한 도성은 전쟁 때에도 점령할 수 없는데, 그는 평화로이 그녀에게로 다가왔다(참조. 아 8:10). 그리고 접근 불가능한 것으로 천상의 무리들을 말할 수 있을지라도, 이것은 이 비유에서 통상적으로 가져오고자 하는 의미가 아니다. 오히려 천상의 무리들로 그녀를 비교한 것은 그녀가 경이로움을 갖고 있음을 시사한다.

그녀는 더 이상 처녀가 아니라는 단순한 이유 때문에 더 이상 산의 여신도 닫힌 정원도 아니다. 신랑이 신부의 순결을 빼앗았다. 하지만 순결을 잃은 것이 비천함이나 신분의 상실을 내포하지 않는다. 남자는 마음속에서 그녀를 결코 경시하지 않는다. 그녀를 이전과 똑같이 경외시하고 있다. 여인에 대한 그의 사랑은 긴급한 열정에서 심오한 헌신으로 성숙되었다.

IX. 소프라노, 코러스, 그리고 테너: 처녀들을 떠나옴(6:11-7:1 [6:13])

참고문헌

Bloch, A. A., and **C. Bloch.** "From *In the Garden of Delights.*" *Judaism* 44(1995) 36-63. **Deckers, M.** "The Structure of the Song of Songs and the Centrality of *nepeš*(6.12)." In *A Feminist Companion to the Song of Songs.* FCB 1. Ed. A. Brenner. Sheffield: Sheffield Academic Press, 1993. 172-212. **Paul, S. M.** "An Unrecognized Medical Idiom in Canticles 6, 12 and Job 9, 21." *Bib* 59(1978) 545-47.

본 문

소프라노	soprano	
11 내가 호도 동산으로 내려갔을 때에	**11** I came down to the nut[a] grove	1A
골짜기의 푸른 초목을 보려고	to see the young plants by the river,	1B
포도나무가 순이 났는가	to see if the vines were budding,	1C
석류나무가 꽃이 피었는가 알려고	the pomegranates blooming.[b]	1D
12 부지중에 내 마음이	**12** I do not know my own soul:	2A
나로 내 귀한 백성의 수레 가운데 이르게 하였구나	it has set me among the chariots of Ammi-nadiv![a]	2B
코러스	chorus	
7:1 [한글개역은 6:13] 돌아오고 돌아오라 술람미 여자야	**7:1** Come back, come back, O Shulammite![a]	3A
돌아오고 돌아오라 우리로 너를 보게 하라	Come back, come back, that we may gaze on you!	3B
테너	tenor	
너희가 어찌하여 술람미 여자를 보려느냐	Why would you gaze on the Shulammite,	4A
"두 동무들의 춤"("마하나임의 춤추는 것"–한글개역)을 보는 것처럼	as on the "Dance of the Two Companies"?[b]	4B

원문주해

11.a. 히브리 성경에서 하팍스 레고메논(*hapax legomenon*, 단 한번 기록에 남아 있는 어구–역자주)일지라도, "호두"(또는 더 구체적으로는 "호두나무")의 의미가 성경 후 히

브리어와 동족어에서 에고즈(אגוז)에 잘 구축되어 있다. Pope, 574-79을 보라.

11.b. 헬라어는 여기서 에케이 도소 투스 마스투스 무 소이(ἐκεῖ δώσω τοὺς μαστούς μου σοί, "거기서 나는 당신에게 나의 젖을 줄 것이다")를 추가한다.

12.a. 이 고유명사에 대한 충분한 논의를 위해서는 12절의 주석을 보라.

7:1.a. 이것을 "수넴 여자"(즉 아비삭, 왕상 1:3, 15; 2:17-22에 나오는 여인)로 수정할 만한 근거가 없다.

1.b. 함마하나임(הַמַּחֲנָיִם)이란 말은 문자적으로는 "두 진영들"이다. 고유명사로서 마하나임(מַחֲנַיִם)은 야곱이 이름붙인 길르앗에 있는 장소를 일컫는다(창 32:3[ET 32:2]). 지명으로서 이 용어는 성경에서 13번 나타나지만, 정관사와 함께 나타나지는 않는다.

양식/구조/배경

11-12절의 싱어는 분명히 여인이다. 12절이 수레에 이르게 된 사람을 언급하고 있고, 그 이후에 복수 형태인 "우리로 너를 보게 하라"(ונחזה־בך - 베네헤제-빠크)와 함께 코러스에 속하는 "돌아오라, 술람미 여자야"(아 7:1a[ET 6:13a])라는 소절을 외치고 있기 때문이다. 술라미 여자를 대신하여 코러스에게 반응하는 아가서 7:1b(ET 6:13b)은 남성 싱어에 속한다.

이 짤막한 단락은 노래하는 세 파트로 재빨리 진행되고, 이런 싱어들의 급속한 변화는 여인의 상황에 변화가 있음을 나타낸다. 이는 조용하고 목가적인 심상(여인은 자신이 기르고 있는 초목이 잘 자라고 있는지를 보기 위해서 내려간다)으로 시작하지만, 갑자기 장면의 급격한 변화가 있음을 소개한다(여인이 자신이 어떻게 아미나디브[*Ammi-nadiv*, "나의 사랑하는 자는 왕자다"의 수레를 타고 있는지를 이해하지 못한다). 아가서는 여인이 친구들을 실망스럽게 하면서 떠나고 있음을 갑자기 알린다. 마지막으로 신랑은 처녀들이 신부를 계속 볼 수 있도록 머물 것을 요구하지 말라고 가볍게 책망한다.

주석

11-12 정원의 은유는 거의 항상 여성의 성을 가리키고(예. 아 4:12-5:1), 일부 증거는 사과처럼 호두가 고대 세계에서 성을 상징했음을 지적한다. 라코니아(Laconia, 그리스 남부에 있었던 옛 나라 - 역자주)에 카야(Caryae)라 불리는 장소(*Καρύαι*, "호두나무")는 아르테미스 카야티스("호두나무의 아르테미스")의 형상이 있던 장소였다. 여기서 매년 라코니아의 여인들은 카루아테이아(*Καρυάτεια*)라

불리는 축제에서 단체적인 춤을 개최했다(Pausanias, *Description of Greece* 3.10.7). 그러나 아가서의 이 단락에서 여인은 단지 호두와 어린 초목을 보기 위해서 내려갔지 축제와는 관련이 없다. 이 소절의 언어들은 활동이 아니라 기대를 내포한다. 이 식물들을 살피러 내려간 것으로 자신을 묘사함으로써 그녀는 이것이 이전 날에 대한 은유적인 회상임을 가리킨다. 그녀가 사랑의 때를 기다리고 있었을 때 말이다. 예루살렘 처녀들이 취할 것을 요청한 맹세의 말에서처럼, 여인은 "준비될 때까지는 사랑의 열정을 일깨우지"(아 2:7) 않았을 것이다. 그러나 12절에서 그녀는 갑자기 자신의 상황이 극적으로 변했음을 발견한다.

12 로 야다에띠(לא ידעתי)은 자주 "내가 그것을 알기 전에"로 번역되지만 이에 대한 정당성은 거의 없다. 만약 그와 같은 의미가 의도되었다면, 뻬테렘 에다(בטרם אדע)와 같은 것을 예상할 수 있을 것이다. 욥기 9:21(לא־אדע נפשי - 로-예다 나프쉬)을 유추해서 볼 때, "나도 나 자신을 알지 못한다"(לא ידעתי נפשי - 로 야다에띠 나프쉬)를 의미하는 것으로 이해해야 한다. "나는 안정을 유지할 수 없다"나 "나는 기쁨으로 어쩔 줄을 모른다"를 아마도 내포할 것이다. 폴(S. M. Paul, *Bib* 59[1978] 545-47)은 메소포타미아 지역의 의료적인 텍스트에 있는 용법과 이것을 비교하는데, 거기서 "나 자신을 알지 못한다"는 것은 감정의 과도한 자극 때문에 의식을 부분적으로 잃었음을 함축한다.

거의 모든 사람들이 12절 후반부의 의미를 파악하지 못한다(참조. Pope, 584-91). 이 구절은 수정과 추측의 상당한 양을 생산해 냈다. 하지만 그 어느 것도 적당하지 않다. 예를 들어, 마르께보트(מרכבות, "수레")의 자음을 마브르께트(מברכת, "복 받은 이")로 바꾼 것(Murphy, 177; 참조. NAB)은 거의 설득력이 없다(Murphy는 스스로 "학자들이 제기한 많은 수정 중에 어느 것도 진정으로 설득력이 없다"라고 말한다). 또 다른 그럴 것 같지 않은 제안은 A. A. 와 C. Bloch(*Judaism* 44[1995] 57-58)의 견해다. 그들은 암미-나디브(עמי־נדיב)를 나디브-암미(נדיב־עמי, "나의 백성들의 귀족")로 문자를 바꾸어 그것을 "그녀가 가장 멋진 수레에 나를 앉혔다"라고 매우 자의적으로 번역한다. 고대 역본에서 이 번역은 그것이 우리가 맛소라텍스트에서 갖고 있는 것과 동일한 텍스트로 작업한 것이고, 그들도 역시 우리에게 해당하는 의미상의 어려움을 가졌음을 암시한다. 그러므로 이것을 최소한의 수정으로 해석하기를 시도해야 한다. 샤마트니 마르께보트(שמתני מרכבות)를 취할 수 있는 가장 자연스러운 방법은 "그녀가[즉 나의 영혼, נפש - 네페쉬] 이 수레(사이에)에 나를 앉혔다"이다. 암미-나디브(עמי־נדיב)에 대한 가장 적은 저항의 길을 취한 사람들은 그것을 단순히 고유명사로 취급할 수 있었다. 이런 방식을 70인경, 벌게이트역, 그리고 일부 히브리 사본들이 취하였다. 설사 그것들이 "아미나디브"를 보다 익숙한 "아미나답"으로 독법하고 있을지라도 말이다. 이런 번역이 갖는 주요한 문제는 고대 이스라엘 사람들에게 "아미나디브"가 우리에게 전적으로 상실된 어떤 의미를 갖지 않았다면, 그것은 이치에 맞지 않아 보인다는 사실이다.

지금 아미나디브란 이름은 전적으로 알려져 있지 않다. 그것을 아미나답으로 읽는 것은 실로 이 문제에 도움이 되지 않는다. 성경에 훌륭한 평판을 얻은 것으로 아미나답과 관련한 내용이 없기 때문이다. 아미나답이란 이름을 출애굽기 6:23; 민수기 1:7; 2:3; 7:12, 17; 10:14; 룻기 4:19-20; 역대하 2:10; 6:7(ET 6:22); 15:10-11에서 발견할 수 있다. 이 중에 어느 것도 여기서 수레에 대한 의미나 상징을 주기에 충분한 내용이 없다. 포프(587)가 "이해하기 어려운 말들을 고유명사로 간주하는 편리함은 성경과 그밖에 다른 곳에서 괴상한 결과를 초래했다"고 주장한 것은 옳다. 어떤 수정이 사용되어야 한다면, 암미-나디브(עַמִּי־נָדִיב)를 임미 나디브(עִמִּי נָדִיב, "왕자다운 사람이 나와 함께 있다")로 읽을 수 있었다. 여전히 이것도 추측에 지나지 않는다. 그러나 가장 좋은 해결책은 수정하지 않고 암미-나디브(עַמִּי־נָדִיב)를 사랑하는 자에 대한 여인이 쓰는 별명으로 간주하는 것이다. 이런 해석에 대한 지원은 단순히 두 구절 떨어진 7:2(ET 7:1)에 있다. 거기서 남자는 여인을 빠트-나디브(בַּת־נָדִיב, "황족의 딸") 즉 "나의 숙녀"로 부른다. 암미-나디브(עַמִּי־נָדִיב)에서 여인은 여인이 아가서 1:13-14과 같은 텍스트에서 자주 사용한 용어인 보다 익숙한 또디(דּוֹדִי, "나의 사랑하는 자")를 암미(עַמִּי)로 대신했다. 또디(דּוֹדִי)는 "나의 삼촌"을 의미하지만 "나의 사랑"을 의미하는 것으로 애정 어리게 사용할 수 있고, 암미(עַמִּי)도 역시 "나의 삼촌"을 의미한다. 그것은 암미자바드(עַמִּיזָבָד, 대상 27:6)과 암미엘(עַמִּיאֵל, 민 13:12)과 같은 고유명사에 흔히 사용된다. 따라서 확장에 의해서 암미(עַמִּי)는 "나의 사랑하는 자"를 의미하는 것으로 역시 취할 수 있었던 것으로 보인다. 따라서 인위적으로 만들어진 것이라 할지라도, 참으로 암미-나디브(עַמִּי־נָדִיב)는 고유명사인 "나의 사랑하는 자는 왕이다"이다.

여인은 자신의 영혼(נפשׁ – 네페쉬, "마음" – 한글개역)이 그녀를 데려와서 이제 "나의 사랑하는 자는 왕이다"(즉 그녀의 새로운 남편)라는 수레에 있게 한 것에 깜작 놀랬다. 그녀의 상황에 대한 이런 묘사는 아마도 결혼식 날 밤을 뒤잇는 날에 새 신부와 함께 신랑이 떠났을 때인 고대 이스라엘의 결혼 예식에 실제적인 대응부를 가졌을 것이다. 어느 경우에도 여인은 이제 새로운 삶으로 데려가진다.

7:1의 위에서 지적한 것처럼, 이 구절의 두 절반은 서로 다른 부분들에 속한다. 첫 번째 소절은 "우리로 너를 보게 하라"고 외치고, 반면에 두 번째 소절은 그들이 왜 그렇게 하기를 원하는지 물으면서 온화하게 꾸짖고 있기 때문이다. 전반부의 복수는 그것이 코러스에 해당함을 시사하고, 따라서 후반부는 신랑에서 속한다(아마도 여인이 삼인칭으로 자기 자신을 언급할 것 같지 않다). 떼헤쥬(תֶּחֱזוּ, "너희들이 보게")가 남성 복수라는 사실이 아가서에서 역할하고 있는 남성 코러스임을 시사할 수 있었으나, 히브리어는 이인칭 여성 복수의 사용에서 일관성이 없고 때로 이인칭 남성 복수 형태를 여성 복수의 주어로 사용한다(예. 룻 1:8). 더 중요한 것은 아가서가 이인칭 여성 복수형을 전혀 사용하지 않는다는 사실이다. 심지어 처녀들을 분명히 언급하고 있는 때에도 말이다(아 1:6; 2:7; 3:5; 5:8; 8:4). 남성 코러스는 진정으로 나타나 있지 않다.

처녀들은 여인의 아름다움과 친구 됨을 누릴 수 있도록 그들과 함께 남아 있기를 신부에게 원한다. 이것은 신부의 모습 속에서 보이는 기쁨을 말하는 것이지 성적인 유혹(남성 코러스가 암시하는 것처럼)이 아니다.

하지만 신부가 대답하도록 두지 않고, 신랑이 그녀를 위해서 말한다. 그의 말은 신부를 볼 수 있는 시간이 끝났음을 시사한다. 그녀의 훌륭한 아름다움을 볼 수 있는 때가 모두 지났다. 결혼식이 이제 끝났다. "두 동무의 춤"("Dance of the Two Companies", "마하나임의 춤추는 것" – 한글개역)의 정확한 의미는 알 수 없지만 그것이 아가서의 청중들에게 익숙한 춤이었음을 가정할 수 있다. 그것이 두 동무가 춤추는 것과 관련이 있었다면, 꽤 복잡하고 상당히 관람하는 자들을 넋을 잃게 하였을 것이다. 명사 메호라(מחלה, "춤", 어근 חול – 훌, "회전하다"에서 나옴)는 특히 즐거운 종류의 춤을 시사하는 것으로 보이고(출 15:20; 32:19; 삿 21:21; 삼상 29:5), 아마도 터키의 "회전 춤"의 황홀한 댄스와 유사하였을 것이다. 신랑은 신부가 마치 그러한 쇼를 보이는 것처럼, 그녀를 바라보지 말 것을 처녀들에게 말하고 있다. 킬이 주장하는 것처럼 여기서 두 당사자들간의 다툼이 있다고 볼 필요는 없다(Keel, [1994] 229).

해설

아가서의 구조에서 이 단락은 신랑이 여인에게 같이 떠나자고 초대하였던 아가서 2:8-17에 대한 응답이다. 2:8-17의 단락도 목가적인 심상을 갖고 있다(연인으로서의 노루와 봄의 조망을 갖는 피어난 꽃들). 더 중요한 것은 아가서 2:10에서 남자는 여자에게 자신과 함께 떠나자고 요청하지만, 아가서 7:1(ET 6:13)에서 코러스는 "돌아오고 돌아오라"고 외치고, 뒤이어 테너가 온화하게 꾸짖는다. 아가서의 정신세계에서 코러스는 그들의 세상에 여인이 그대로 머물기를 원하지만, 그녀는 처녀에서 아내로 문지방을 넘었기 때문에 그렇게 할 수가 없다.

X. 테너와 소프라노: 상호적인 사랑의 두 번째 노래(7:2[1]-8:4)

참고문헌

Black, F. C. "What Is My Beloved? On Erotic Reading and the Song of Songs." In *The Labour of Reading: Desire, Alienation, and Biblical Interpretation.* Ed. F. C. Black, R. Boer, and E. Runions. Atlanta: Society of Biblical Literature, 1999. **Brenner, A.** "Aromatics and Perfumes in the Song of Songs." *JSOT* 25(1983) 75-81. ______. "'Come Back, Come Back the Shulammite'(Song of Songs 7:1-10): A Parody of the *waṣf* Genre." In *A Feminist Companion to the Song of Songs.* FCB 1. Ed. A. Brenner. Sheffield: Sheffield Academic Press, 1993. 234-57. ______. "A Note on *bat-rabbîm*(Song of Songs VII 5)." *VT* 42(1992) 113-15. **Joffe, A., J. P. Dessel,** and **R. Hallote.** "The 'Gilat Woman.'" *Near Eastern Archaeology* 64.1-2(2001) 8-23. **King, P.,** and **L. Stager.** *Life in Biblical Israel.* **Stern, E.** *Archaeology of the Land of the Bible.* **Trible, P.** *God and the Rhetoric of Sexuality.* Philadelphia: Fortress, 1978.

본 문

첫 번째 스탠자	First Stanza	
테너	tenor	
2(1) 귀한 자의 딸아 신을 신은 네 발이 어찌 그리	**2(1)** How beautiful are your feet in sandals,	
아름다운가	Bath-nadiv![a]	1A
네 넓적다리는 둥글어서	The curves of your hips are like rings,	1B
공교한 장색의 만든 구슬꿰미 같구나	the work of an artist![b]	1C
3 둥근 잔 같고	**3** Your navel is like a rounded goblet	2A
배꼽은 섞은 포도주를 가득히 부은	that never lacks[a] for mixed wine![b]	2B
허리는 백합화로 두른	Your belly is like a heap of wheat	3A
밀단 같구나	hedged about[c] with lotuses.	3B
4 두 유방은 암사슴의	**4** Your two breasts are like two fawns,	4A
쌍태 새끼 같고	twins of a gazelle.	4B
5 목은 상아 망대 같구나	**5** Your neck is like the Tower of Ivory.[a]	5A
눈은 못 같고	Your eyes are like the pools of Heshbon	6A
헤스본 바드랍빔 문 곁의	at the gate of Bath Rabbim.[b]	6B

코는 레바논 망대 같구나	Your nose is like the Tower of Lebanon 7A
다메섹을 향한	looking toward[c] Damascus. 7B
6 머리는 갈멜산 같고	6 Your head creates the effect of Mount Carmel,8A
드리운 머리털은 자주 빛이 있으니	and the strands of your hair are like rich, purple cloth; 8A
왕이 그 머리카락에 매이었구나	a king could get caught in that "loom" of yours![a]
두 번째 스탠자	Second Stanza 8B
7 사랑아 네가 어찌 그리 아름다운지	7 How beautiful you are! How pleasant you are!9A
어찌 그리 화창한지 쾌락하게 하는구나	You are love with all its delights! 9B
8 네 키는 종려나무 같고	8 This is what your full physique is like: a palm tree. 10A
네 유방은 그 열매 송이 같구나	And your breasts are its clusters: 10B
9 내가 말하기를 종려나무에 올라가서	9 I said, "I will climb the palm tree; 10C
그 가지를 잡으리라 하였나니	I will hold its panicles of dates,[a] 10D
네 유방은 포도송이 같고	that your breasts may be like the clusters of grapes 10E
네 콧김은 사과 냄새 같고	and the fragrance of your nipples[b] like apples."10F
세 번째 스탠자	Third Stanza
테너	tenor
10 네 입은 좋은 포도주 같을 것이니라	10 Your mouth is like the finest wine 11A
소프라노	soprano
이 포도주는 나의 사랑하는 자를 위하여	going smoothly[a] to my lover 11B
테너	tenor
미끄럽게 흘러 내려서 자는 자의 입으로 움직이게 하느니라	gliding past my lips and teeth![b] 11C
소프라노	soprano
11 나는 나의 사랑하는 자에게 속하였구나 그가 나를 사모하는구나	11 I belong to my lover, and his desire is for me. 11D
네 번째 스탠자	Fourth Stanza
소프라노	soprano
12 나의 사랑하는 자야 우리가 함께 들로 가서	12 Come, my lover, let us go to the field! 12A
동네에서 유숙하자	Let us spend the night among the henna! 12B
13 우리가 일찍이 일어나서 포도원으로 가서	13 Let us go early to the vineyards! 13A
	Let us see if the vine has budded, 13B
포도 움이 돋았는지	if the grape blossom has opened, 13C
꽃술이 퍼졌는지	if the pomegranates are in bloom. 13D
석류꽃이 피었는지 보자	There I will give you my love! 13E
거기서 내가 나의 사랑을 네게 주리라	
14 합환채가 향기를 토하고	14 The mandrakes give forth a fragrance, 14A

우리의 문 앞에는 각양 귀한 실과가	and at our doorways are all manner of choice fruits. 14B
새 것, 묵은 것이 구비하였구나	new things as well as old 14C
내가 나의 사랑하는 자 너를 위하여 쌓아둔 것이로구나	my lover, I treasure up for you. 14D
다섯 번째 스탠자	Fifth Stanza
8:1 네가 오라비 같았었더면	**8:1** If only I could treat you like my brother, 15A
내 어미의 젖을 먹은	one who sucked at the breasts of my mother! 15B
내가 밖에서 너를 만날 때에 입을 맞추어도	I would find you in public and kiss you, 15C
나를 업신여길 자가 없었을 것이라	and no one would scorn me! 15D
2 내가 너를 이끌어	**2** I will lead you, I will take you, 16A
내 어미 집에 들이고 네게서 교훈을 받았으리라	to the house of my mother who used to teach me! 16B
나는 향기로운 술	I will let you drink wine (the spiced variety!)[a] 16C
곧 석류즙으로 네게 마시웠겠고	and the sweet wine of my pomegranate![b] 16D
여섯 번째 스탠자	Sixth Stanza
3 너는 왼손으로 내 머리에 베개하고	**3** His left hand is under my head, 17A
오른손으론 나를 안았었으리라	and his right hand embraces me. 17B
4 예루살렘 여자들아 내가 너희에게 부탁한다	**4** I call on you to swear, daughters of Jerusalem, 17C
흔들지 말며 깨우지 말지니라	that you will not arouse or awaken the passions of love 17D
나의 사랑하는 자가 원하기 전에는(그들이 준비되기까지는 – 한글개역)	until they are ready. 17E

원문주해

2.a. 문자적으로는 "왕자의 딸"(בַּת־נָדִיב – 빠트-나디브)이다. 이는 사랑하는 자에 대한 별명이다. 6:12의 주석을 보라.

2.b. 암만(אָמָּן)이란 말은 하팍스 레고메논이지만, 그 의미는 의심스럽지 않다. 그것은 아카디아어 움마누("장색공")와 관련이 있고, 70인경에서 테크니테스(τεχνίτης)와 벨게이트역에서 아디펙스(*artifex*)로 번역된다. *HALOT*을 참조하라. 잠언 8:30과 예레미야 52:15은 연관된 아몬(אָמוֹן)을 갖는다.

3.a. 부정의 미완료는 거의 형용사적인 역할을 갖는다. 따라서 알-예흐살(אַל־יֶחְסַר)을 "결코 부족하지 않은"으로 번역해야지, "부족하게 않게 하라"는 명령법으로 번역해서는 안 된다.

3.b. 메제그(מֶזֶג)는 하팍스 레고메논이지만 아마도 이사야 65:11과 잠언 23:30에서 발견할 수 있는 밈사크(מִמְסָךְ, "혼합된 포도주")와 관련이 있을 것이다. 그것은 일종의 혼합되거나 향이 섞인 포도주의 일종일 것이다.

3.c. 슈그(סוּג)는 성경 히브리어에서 또 다른 하팍스 레고메논이지만, "울타리가 쳐진"이란 의미는 미쉬나 히브리어와 동족어에 잘 구축되어 있다. 참조. *HALOT*, סוּג II.

5.a. 수많은 학자들이 차바레크 께믹딸 핫쉔(צוארך כמגדל השן, "목은 상아 망대 같구나") 다음에 한 소절이 생략된 것으로 지적했지만, 어느 것이 생략되어 있는지를 우리가 결정하기에는 증거가 부족하고, 추측적인 수정은 설득력이 없다.

5.b. 헤스본 북동쪽에서 멀지 않은 암몬 족속의 도시인 라바(Rabbah)와 관련하여 빠트 라바(בת רבה)를 독법한다. A. Brenner, *VT* 42(1992) 113-15을 보라.

5.c. 뻬네 담마세크(פני דמשק)는 통상적으로 "다메섹의 얼굴"을 의미하지만, 여기서 뻬네(פני)는 리프네(לפני, "향해서"나 "맞닿아")의 줄임말인 것으로 보인다.

6.a. 빠레하팀(ברהטים)은 난해하다. 다른 곳에서 라하트(רהט)는 "마시는 물통"(창 30:38, 41; 출 2:16)이다. 하지만 밧줄을 묶었던 기둥과 같은 직조의 일부를 가리킨다(참조. *HALOT*, רַהַט). 문맥은 이 해석을 지지하고, 나는 단순하게 하기 위해서 직조의 어떤 부분인지를 구체화하지 않고 그것을 "당신의 '직조'"로 번역했다.

9.a. 산신나(סנסנה)란 말은 아카디아어 '시시누'(*sissinnu*)를 따라 "대추야자의 꽃차례"를 의미하는 것으로 보인다. *HALOT*, סַנְסִנָּה을 보라

9.b. 아프(אַף)는 규칙적으로 "코"를 의미하지만(예. 창 24:47; 왕하 19:28; 욥 40:24, 26; 잠 30:33), 테너가 "당신의 코의 향기"라고 노래하였다는 것은 기괴하다. 머피(Murphy, 183)는 아프(אַף)가 여기서 "호흡"을 의미하지만 "분노"에 대해서 아프(אַף)의 사용이 이 개념을 암시한다고 주장하지 않는다면, 결코 이 의미를 갖지 못한다. 이에 기초해서, 킬(Keel, [1994] 246)은 아프(אַף)가 "힘든 호흡과 열정이 만들어낸 육감"을 의미하는 것으로 취한다. 이것은 가능하기는 하지만 이 용어가 분노에 대해서만이 아니라 에로틱한 열정에 사용되었다는 증거가 없다. "호흡"에 대한 통상적인 히브리어는 루아흐(רוח)와 네샤마(נשמה)이지만 아프(אַף)는 아니다. 사무엘하 22:16은 "그의 코의 호흡"(רוח אפו - 루아흐 앞포)을 언급하지만 이것은 코가 호흡을 '갖고' 있음을 의미하는 것이지 코가 호흡 '이다'를 의미하지 않는다. 히브리어가 호흡의 향기를 말하기 원할 때, 호흡에 대해서 르아흐(רוח)를 사용한다(욥 19:17). 포프(Pope, 636-37)는 우가릿어 '아프'("입구")에 유추해서 그것이 여기서 "음문"을 의미한다고 주장한다. 이것은 꽤 동떨어진 이야기다. *UT* 52.24, 59, 61에서("The Birth of Dawn and Dusk"), 신들이 "젖꼭지"를 빤다(*bap dd* 또는 *bap zd*). 또한 아카디아어 '아푸'는 젖꼭지에 대해서 사용할 수도 있었다. 히브리인들이 때로 아프(אַף)를 우가릿어와 아카디아어 텍스트들에서 증거된 방식을 사용했다면, 그들은 그것을 이 문맥에서 "젖꼭지"를 의미하는 것으로 취하였을 것이다.

10.a. 또벱(דובב)은 하팍스 레고메논이다. 대부분의 학자들은 그것을 따바브(דבב)의 칼 분사인 것으로 취하지만 히브리 성경의 다른 곳에서 그 어근은 소문을 말하거나 퍼뜨리는 것을 내포한다. *HALOT*(דבב)은 아가서에서 이런 출현을 아랍어 '다바'("기어가다")

와 연관시키지만 이것은 거의 설득력이 없다. 머피(183-84)는 더 설득력 있게 그것을, "흐르다"를 의미한다고 말하는, 어근 또브(דוב)과 연관시키지만 *HALOT*는 아랍어 '드브'(*dwb*, "녹다")와 연관시킨다. 이런 난해함에도 불구하고, *HALOT*(דבב)은 또벱(דּוֹבֵב)이 여기서 "졸졸 흐르다"와 같은 것을 의미하는 것임을 제기한다.

10.b. 시프테 예쉐님(שִׂפְתֵי יְשֵׁנִים, "잠자는 사람들의 입술들")에 대해서는 70인경의 케일레신 무 카이 오두신(*χείλεσίν μου καὶ ὀδοῦσιν*), 옛시리아어역, 그리고 벌게이트역과 더불어 세파타이 베쉰나이(שְׂפָתַי וְשִׁנָּי, "나의 입술과 나의 이빨")이라고 독법하라.

8:2.a. 미야인 하레콰흐(מִיַּיִן הָרֶקַח)는 자주 "향이 섞인 포도주"로 번역된다. 그것이 그 의미라면 하레콰흐(הָרֶקַח)를 갖는 구문에서든 그것과 함께 하는 문법적인 일치에서든 야인(יַיִן)을 예상할 수 있을지라도 말이다.

2.b. 많은 사본들이 일인칭 단수 접미사라기보다는 여기서 복수의 림모님(רִמֹּנִים, "석류")를 갖는다. 이는 더 쉬운 독법이지만("석류의 향기로운 석류주"), 이와 같이 성적으로(sexually) 부과된 용어에서는 "나의 석류"가 맞다.

양식/구조/배경

아가서 7:2(ET 7:1)-8:4은 여섯 스탠자의 방대한 칸토다. 첫 두 스탠자인 아가서 7:2-9(소절 1A-10F)은 여인의 아름다음을 찬미하는 묘사적인 노래인 와스프다. 테너에 의해 노래 불려지는 첫 번째 스탠자는 "신을 신은 네 발이 어찌 그리 아름다운가"로 시작하여 여인의 몸에 관한 묘사가 뒤를 잇는다. 이 묘사는 아래의 발에서 위의 머리로 진행된다. 이 부분의 칸토는 아홉 개의 작은 스트로피를 갖고 있고, 각기 차례대로 몸의 부분을 묘사한다(발과 다리, 스트로피 1; 배꼽과 복부, 스트로피 2; 유방, 스트로피 4; 목, 스트로피 5; 눈, 스트로피 6; 코, 스트로피 7; 머리와 머리털, 스트로피 8). 두 번째 스탠자는 "네가 어찌 그리 아름다운지"로 특징지어짐으로, 7:2에 "신을 신은 네 발이 어찌 그리 아름다운가"를 반영한다. 여인에 대한 감탄조의 찬미 이후에 테너는 여인의 전체적인 몸, 특히 그녀의 유방을 찬미하는 더 길고 단일한 스트로피를 노래한다(소절 10A-F). 따라서 이 두 스탠자는 모두 여인의 아름다움에 관한 감탄이라는 점에서 서로를 반영해 주고 있지만, 스탠자 1은 여자의 아름다움에 대한 세부 항목적인 묘사를 전달하는 반면에 스탠자 2는 보다 전체적인 형태에서 여인의 몸을 묘사하지만 그녀의 유방에 초점을 맞춘다.

세 번째 스탠자에서(7:10-11), 테너와 소프라노는 교창적으로 네 소절을 서로 노래한다(소절 11A-D). 베힉케크(וחכך, "그리고 너의 입천장")에 여성 단수 접미사는 테너가 11A를 노래하고 있음을 암시한다. 소절 11B는 레도디(לדודי, "나의 사랑하는 자에게")라는 말을 사용하는데, 그것은 남자에 대한 여자의 별명이다. 그것은 이 소절을 소프라노가 노래하고 있음을 가리킨다. 소절 11C는 싱어가 누구인지에 대한 암시를 포함하고 있지는 않지만, 남자에게로 할당된다. 소절 11D는 다시금 도디(דודי)을 언급하고 따라서 소프라노가 노래하고 있다. 이런 주고받음은 여자에 대한 남자의 찬미에서(7:1-9) 남자를 열망하는 여자의 노래(7:12-8:4)로의 멋진 전환을 만들어준다.

남자에 대한 여자의 열망을 묘사하는 네 번째 스탠자와 다섯 번째 스탠자(7:12-8:2)는 처음 두 스탠자에서 테너의 말에 대한 여자의 반응이다. 네 번째 스탠자에서(7:12-14[소절 12A-13D]), 여자는 포도원과 정원이란 은유적인 용어 속에서 남자의 애정에 대한 그녀의 바람을 선언하고, 이는 7:8-9에서 종려나무, 포도, 그리고 사과나무로 여인을 남자가 묘사한 것을 반영하고 있다. 이 스탠자는 세 스트로피를 갖는다. 첫 번째 스트로피인 7:12(소절 12A-B)은 들판과 헤너(henna, 식물의 일종 – 역자주)로의 초대다. 두 번째 스트로피인 7:13(소절 13A-E)은 남자를 포도원이라 칭한다. 세 번째 스트로피인 7:14(소절 14A-D)은 그들의 문에 흰독말풀("합환채", mandrake)에 초점을 맞춘다. 다섯 번째 스탠자에서(8:1-2[소절 15A-16D])에서 여자는 공개적으로 사랑하는 이에 대한 애정을 보일 수 있기를 바라지만(첫 번째 스트로피, 소절 15A-D), 그 대신에 "내 어미의 집"으로 그를 데려갈 것이라고 주장한다(두 번째 스트로피, 소절 16A-D).

여섯 번째 스탠자는 아가서 2:6-7을 상당히 반복하고, 이 칸토를 끝맺는다. 전체적으로 두 스탠자에서 여자에 대한 사랑을 노래하는 남자, 싱어들의 전환적인 교환, 두 스탠자에서 남자에 대한 사랑을 노래하는 여자, 그리고 처녀들에 대한 익숙한 간원형태의 결론으로 배열되어 있다.

아가서의 보다 큰 구조에서 이 칸토와 양립하고 있는 네 번째 칸토(아 1:9-2:7)도 지배적인 형식적 요소로서의 와스프로 특징지어지고, 또한 여섯 스탠자로 구성되어 있다.

시인의 기법이 개별적인 스트로피의 구조에서 나타난다. 스트로피 2에서 유음이 두 소절을 연결시킨다(אגן הסהר – 악깐 핫싸할 "rounded goblet"과 אל־יחסר – 알 예흐살, "does not lack"). 스트로피 14와 15에서(7:14[ET 7:13]-8:1)는 각기 포괄문을 갖는다. 소절 14A는 학뒤다임(הדודאים, "흰독말풀"[합환채])으로 시작하는데, 그것은 14D의 서두에 또디(דודי, "나의 사랑")와 같이 들린다. 스트로피 15에서 소절

15A와 15D는 리(לִי, "나에게")로 끝난다. 여전히 여기서 스트로피들의 구성은 아가서의 다른 부분에서 볼 수 있는 정교한 예술은 갖고 있지 못하다. 아마도 와스프에서 신체의 목록이 이 자료의 많은 부분을 통제하고 있기 때문일 것이다.

주석

2 아가서의 나머지 부분을 볼 때, 여자의 전체 몸이 남자에게 노출되어 있는 것으로 보이기 때문에 발에 "신발"을 언급함으로써 시작하는 것은 기묘하다. 여인의 엉덩이의 곡선에 관한 묘사는 그녀의 엉덩이가 노출되어 있음을 명확하게 말하고 있지는 않지만, 아마도 그런 사실을 함축하고 있는 것으로 보인다. 하리(חלי)를 금 귀걸이의 둥근 곡선과 같은 것으로 이해하는 것이 옳다면, 여인의 벗은 엉덩이(히프)에 대한 적절한 비유다. 3절에서 확실히 여인의 배꼽이 노출되어 있다. 따라서 이 와스프에서 여인이 옷을 입지 않았거나 거의 입지 않은 것으로 묘사되고 있는 것으로 보인다. 하지만 물론 어떤 노래가 항상 이런 것들에 일관성이 있는 것은 아니다. 벗은 몸에 신발을 신은 것은 성적으로 애타게 하려는 것일 수도 있다. 킬(Keel, [1994] 231)은 세나카립의 궁전에 있는 부조의 유배에 대한 초상에 근거하여 유대 여성들이 통상적으로 맨발로 다녔다고 주장한다. 그렇다면 신발은 여인이 특히 남자를 유혹하려는 방식에서 신고 있다는 개념을 전달할 수 있다. 또한 킬이 주장한 것처럼, 신발을 신은 것은 흔한 여성이 가질 수 없는 위엄을 그녀에게 가져다주고 있다.

아가서 6:12에서 아미나디브와 바드나디브("나의 사랑하는 왕자"와 "왕자의 딸")는 남자와 여자에 대한 과장법(애칭)을 취하고 있다. 이것들은 분명히 그들의 실명이 아니라 그들이 서로 부여한 별명이다. 즉 이들은 각기 왕족이자 고귀한 자로 다른 이를 서로 간주하고 있다. 이런 이름들이 둘 다 실제 왕실의 가족에 속하고 있음을 함축하지 않는다.

하리(חֲלִי)란 용어는 여기와 히브리 성경의 잠언 25:12에서만 나타난다. 하지만 호세아 2:15도 유사한 헬야(חֶלְיָה)를 갖는다. "장신구"라는 총칭적인 번역은 별로 도움이 되지 않는다. 어떤 이는 그것을 "보석"으로 번역하지만 만약 "보석"으로 "보석용 원석"을 의미한다면, 그것은 해당되지 않을 것이다. 비유의 요지가 여인의 넓적다리가 부드럽고 둥글다는 것이기 때문이다. 물론 보석용 원석은 그렇지가 못하다. 잠언의 본문은 네젬(נזם, "귀걸이")과 짝을 이루는 하리(חלי)를 가지며, 이는 하리(חלי)가 자주 금으로 만들어졌음을 나타내며, 또한 이는 하리(חלי)가 둥근 형태(아마도 공 형태로 되어진)의 보석류의 일종임을 함축한다.

3 에스겔 16:4에서 숄(שׁר)은 배꼽 줄(탯줄)이며, 잠언 3:8에서는 분명히 배꼽이고, 환유에 의해서 몸의 건강함을 나타낸다(לעצמותיך – 레아츠모테카, "네 골수"와 평행을 이룸). 포프(Pope, 617)는 아랍어 '서르'(*surr*)도 "탯줄"을 의미하지만 아랍어의 '시르'(*sirr*)는 여성의 "외음부"나 "간음"을 의미함을 주목하고, 이 용어는 여성의 생식기를 가리킨다고 주장한다. 많은 주석가들이 여기서 "배꼽"을 사실상 여성의 질로 간주하고, 따라서 그들은 "섞은 포도주가 가득한" 이란 말은 발기한 여인의 축축함을 가리키는 것이라고 주장한다(따라서 분명히 Pope, 620와 Murphy, 185). 한편으로 머피(182)가 그리했던 것처럼 샤레렉(שׁררך)을 "너의 계곡"으로 번역할 이유는 없다. 그것이 "배꼽"만을 의미한다고 하는 위에서 인용한 증거는 상당히 분명하다. 더욱이 둥근 잔은 배꼽에 대한 적합한 비유이지만 질에 대한 비유로는 다소 기이하다. 물론 배꼽이 완곡하게 여인의 생식기를 암시할 수는 있을 것이다(Longman, 195). 적어도 표면적으로 여인의 배와 배꼽이 여기서 남자의 찬미의 초점이다.

악깐(אגן)은 매우 커다란 혼합용 그릇이나 헬라어 '크라테르', 즉 양손이 달린 큰 그릇과 유사한 잔이다. 포프(618)는 히르베트 셈린(Hirbet Semrin)의 성소가 돌그릇의 아홉 가지 표본을 생산했음을 주목하는데, 이중의 어떤 것은 "아무개 크라테르(krater[*ꜥgn› dnh*])는 아무개 신에게 헌정되었다"라는 비문을 갖고 있다. 또한 포프는 페트라의 절벽에 새겨진 그릇의 형상은 그것을 *ꜥgn*으로 정의하는 비문을 갖고 있음을 주목한다. 밀이 있는 들이 백합화나 망우스로 둘러싸여 있다고 하는 것은 이상하게 보이지만 그것이 여인의 배이고 실제로 꽃을 갖고 있는 밀이 아닐 것이다. 다시 말해서 여인은 허리에 꽃의 사슬을 두르고 있을 수 있다. 하지만 이것조차도 불필요할 수 있다. 꽃은 "밀단"의 이미지가 가져다주는 아름다운 모습을 확장하기 위해서 단순히 본문에 나오고, 꽃들은 특별한 의미나 문자적인 대응부분을 갖지 않을 수 있다.

여기서 포도주와 밀의 의미는 무엇인가? 우리는 이미 여러 명의 저자들이 메제그(מזג, "포도주")를 질액인 것으로 취하고 있음을 주목했다. 롱만(Longman, 195)은 힡띰(חטים, "밀")이 음모라고 주장한다. 이런 해석은 우리가 뻬텐(בטן, "배")이란 용어를 특히 "음모"를 의미하는 것으로 취할 것을 필요로 한다. 그것은 다소 무리하다. 롱만 이전에 브레너(Brenner, "Come Back," 247)는 밀단이 음모였다고 주장했지만, 그녀는 그 용어로 복부와 음모를 동시에 언급하는 것으로 보았다. 브레너의 주해는 여기서 특이하고, 그녀는 이 구절이 아가서의 여인이 "솔직히 뚱뚱하다"고 우리에게 말하고 있다고 주장한다("Come Back," 248). 이 본문은 배꼽과 복부 주변을 언급하고 있는 것이지 특히 생식기만 언급하고 있지 않다. "밀"은 비만을 암시하지 않는다.

이 구절은 여인의 몸과 관련하여 포도주와 밀, 들의 생산물, 그리고 포도원을 언급한다. 힡띰(חטים, "밀")은 아가서에서 여기만 나타난다. 하지만 "포도주"(여기서는 메제그[מזג] 다른 곳에서는 야인[יין])는 사랑의 기쁨을 위해 여러 번 사용된다. 아가서의 다른 곳에서의 용법과 일치하여 "포도주"가 보통 구체적인 체액(음액, 침 등등)을 가리키는 것이 아니라 일반적으로 사랑의 기쁨을 가리킨다(아 1:2, 4; 2:4; 4:10; 5:1; 8:2).

보리, 콩, 편두와 더불어 밀은 이스라엘의 식단 주원료이지만, 향기로운 과일, 꿀, 그리고 포도주와 달리, 그것은 황홀한 기쁨이나 사랑 나눔과 관계가 없다. 어떤 이들은 여인의 복부의 색깔이 밀의 색깔과 비슷하다고 주장한다. 이것은 이 용어를 부분적으로 설명해줄 수는 있으나 적절한 해석으로 보이지 않는다. 추수한 밀 다발의 곡선은 여인의 허리의 곡선을 암시할 수 있다. 이것은 시인이 더 모호한 아레마(ערמה, "더미, 단"[heap])를 사용하지 않고 아룸마(אלמה, "다발"[sheaf])란 용어를 사용했다면 그 의미였음이 보다 더 확실하였을 것이다. 한편으로 아룸마(אלמה)는 히브리 성경의 두 구절에서만 나타나고(창 37:7; 시 126:6), 아레마(ערמה)는 때때로 다발(sheaf)을 언급했을 것이다. 중간이 묶여 있는 밀대의 다발은 확실히 여인의 허리를 암시할 수 있었다. (이스라엘의 추수의 관행에 대한 묘사에 대해서는 King and Stager, *Life in Biblical Israel*, 89-91을 보라.)

여전히 여기서 "밀"(חטים – 힡띰)의 사용이 두드러진다. 이스라엘의 다른 주식과 더불어 밀은 생명을 위한 필수품이었고, 들의 주요한 열매로 간주되었기 때문에, "밀"은 여성 특유의 생산하는 능력, 즉 "배"(또는 뻬텐[בטן, "자궁")로 아이를 자라게 하는 능력을 에둘러 암시하는 것일 수 있다. 고대 이스라엘에서 첫 아이의 탄생이 늦어지는 것이 복이 될 수 없었고, 하물며 임신을 피하는 것은 더욱더 그러했다. 결혼하면 곧바로 아기를 갖기를 바랐다. 첫 임신을 가능하면 빨리 가지려는 욕구를 커플들은 갖는다. 따라서 남자가 여기서 열매를 생산하는 여인의 "복부"의 능력을 찬미하는 것일 수도 있다. 생명의 징표로서 이런 능력을 갖는 밀과의 연관성은 적절한 것으로 보인다.

히브리어 뻬텐(בטן, "배, 자궁, 위")은 모호한 단어이고 이 구절은 상당히 많은 모호성을 함축하고 있는 것으로 보인다. 첫째로 이 구절은 여인의 배꼽과 둥근 허리의 단순한 아름다움을 언급할 수 있다. 묶은 밀단처럼 말이다. 둘째로 그 용어는 여성의 생식기 부분을 암시할 수 있다. 성적인 발기와 관련한 것을 포함해서 말이다. 셋째로 그 용어는 "배"에서의 생산 능력을 갖는 자로서의 여인을 언급할 수 있다. 다시 말해서 이 구절의 의미는 여인의 배꼽과 허리 또는 단순히 질과 성적인 발기부분으로 제한되는 것이 아니라 모든 아름다움, 성욕, 그리고 생산 능력을 갖는 전체적인 "복부"를 포괄한다.

4 이 구절은 축약된 형태로 아가서 4:5을 반복한다(그곳에서의 주석을 보라). 이런 반복은 독자들에게 아가서의 많은 용어들이 정칙(formula)이 있음을 상기시킨다. 따라서 우리는 어떤 은유에서 너무 많은 것을 독법하려는 것을 조심해야 한다. 두 쌍태로서의 유방에 대한 이미지가 두드러지지만 반드시 다양한 의미가 담겨 있지는 않다.

5 정관사가 있음에도 불구하고, 많은 번역들이 거의 항상 께믹딸 핫쉔(השן כמגדל)을 "그(the) 상아 망대처럼"이 아니라 "어떤(a) 상아 망대처럼"으로 번역한다. 물론 본문이 실제 상아로 만들어지거나 상아로 덮인 망대를 일컫지는 않을 것이다. 그 비용이 그렇게 하지 못하게 했을 것이다. 아모스 3:15에 "상아의 집"처럼 여기서 묘사된 망대는 그 안에 상아가 있거나 그 위에 상아가 있는 것을 말할 것이다. 또는 단순히 상아처럼 보였을 수도 있다.

시인은 상상의 대상을 말하고 있었을 것인가? 아마도 그렇지 않을 것이다. 비실제적인 대상은 빈약한 직유를 만들기 때문이다. 그것은 아가서의 통상적인 방식이 아니다. 게다가 관사는 그것이 실제적인 망대(탑, 시 45:9[ET 45:8]에서 이상적이고 불명확한 "상아궁"과는 대비된다)임을 암시한다. 이 문맥에서 직유와 은유로 사용된 또 다른 항목들(베드 바림, 헤스본, 갈멜)은 실제적인 대상이고 고유명사들이다. 동일한 상징에 의해서 께믹딸 할레바논(כמגדל הלבנון)은 "레바논의 그 망대와 같고"이며, 이는 불명확한 명사로서 번역해서는 안 된다. 이 망대가 다메섹을 향하고 있다고 말하고 있기 때문에 그것은 구체적인 망대다.

"상아 망대"는 아가서 4:4에서 남자가 여자를 묘사하는 "다윗의 망대"와 같기도 하고 같지 않기도 한다. 두 경우에, 망대와 목이 유사함이 확실히 시인에게 이 은유를 제공했을지라도, 요지는 여자의 목과 전술된 망대와의 시각적인 상응이 있다는 뜻이 아니다. 오히려 망대의 위엄과 경외스러움이 여인에게 적용된다. 한편으로

4:4에 "다윗의 망대"는 청중에게 요새와 같은 것을 암시했고, 그곳에서 그 용어는 난공불락을 함축한다. 하지만 "상아 망대"라는 이름은 두드러진 아름다움과 정교함을 함축한다 - 크림 같이 하얀 채색. 은유의 변화는 의미가 있다. 여인은 더 이상 남자에게서 난공불락이 아니다. 군사적인 용어가 이제 사라졌다. 하지만 그녀는 당당하다. 힘과 우아함을 가진 망대로 계속 남아 있다. 이 용법은 영어에서 "상아탑"이 함축한 높고 고고한 학문을 가리키지 않음을 두말할 필요가 없다.

헤스본은 사해의 북쪽 변방의 트랜스요르단 서쪽에 자리하고 있었다. 고고학적 연구는 철기시대의 약간의 자료를 발굴한 것으로 연대를 매기지만, 거주의 증거는 적어도 1200 B.C.E.로 거슬러 올라간다. 성경의 내러티브는 헤스본이 그 이전에 사람들이 거주했다고 알려준다. 민수기 21:25-34은 아모리의 시혼 왕의 도성으로 그것을 확인시켜준다. 이 지역에는 많은 수의 연못(저수지)이 있다. 이중에 하나는 아가서가 언급하는 있는 연못일 수 있었다. 특히 텔 헤스반(Tell Hesban)의 단층 17(Stratum 17, 9-8세기)은 텔(Tell)의 남쪽 부분에서 커다란 저수지를 만들었다. 그것은 한쪽이 15미터였고, 약 2백만 리터의 용량을 보유했다. 게라티(L. T. Geraty, "Heshbon," *ABD* 3:181-84)는 이것이 아가서 7:5의 저수지였을 것이라고 주장한다. 하지만 이 주석이 제기하고 있는 아가서의 연대가 옳다면(10세기), 아마도 다른 연못을 의미할 것이다. 또한 게라티는 12세기나 11세기의 달걀 형태의 연못을 묘사한다(Stern, *Archaeology of the Land of the Bible*, 2:628에서). 헤스본은 단층 16(7세기에서 6세기)의 끝에서 분명히 엄청난 파괴를 겪었다. 분명히 이 지역은 약 500 B.C.E.에서 약 200 B.C.E에서 약 300년간 버려졌고(L. T. Geraty in E. Stern, *Archaeology of the Land of the Bible*, 2:628), 헬라시대에 재건되었다.

눈은 시인에게 연못을 암시하는데, 눈은 습기와 반사하는 능력이 있고, 또 깊이를 갖고 있기 때문이다. 또한 연못은 마시는 물을 내포하고 따라서 이 소절은 여인의 아름다움에 적신다는 개념을 함축한다. 여인의 눈은 남자의 찬미의 특별한 초점이고, 그는 눈을 일련의 은유적 표현으로 묘사한다. 눈은 비둘기(아 1:15; 4:1)와 같고, 눈은 그를 흥분케 하고(4:9), 그의 욕구를 발전시킨다(6:5). 이전의 언급들이 그녀가 성적으로 매력적임을 의미하는 것으로 위에서 제시되었다. 적어도 표면적으로 연못이 어떤 분명한 방식으로 성적인 흥분을 암시하지 않기 때문에 이 마지막 은유는 다르게 보인다 - 성적으로 제기된 용어로 가득한 와스프의 문맥에서는 특이하다. 이 스탠자는 발에서부터 위로 나아가지만 사실상 얼굴과 머리에서 정점을 이룬다. 그녀의 머리에 대한 이런 포커스는 그녀의 얼굴의 독특한 아름다움과 그녀의 얼굴이 대변하는 인물에 대한 그의 사랑을 함축한다. 그는 그녀에 의해 흥분되어 있지만 3절에 여인의 유방과 생식기를 보고서도 그는 그녀의 얼굴에 대한 광경을 잃지 않는다.

그녀의 코가 레바논의 망대와 같다는 외침은 현대의 독자들에게 코믹해 보이고, 그녀가 특이하게 긴 코를 갖고 있음을 암시한다. 하지만 이것은 확실히 시인의 의도가 아니다. 다시금 "망대"(מגדל – 믹딸)는 위엄과 힘을 내포한다. 또한 망대는 전경에 훌륭한 대칭과 아름다움을 부여하고 보는 이들의 관심을 모을 것이다. 동일한 방식으로 여인의 코는 얼굴의 완전한 대칭을 형성하고 남자의 칭송을 이끌어낸다.

6 로쉐크 아라이크 깍깔멜(ראשך עליך ככרמל)은 문자적으로는 "네 위의 머리는 갈멜과 같고"이며, 그것은 특히 투박해 보인다. 하지만 아리크(עליך)는 아마도 단장했을 때 여인의 머리와 머리털이 전반적인 모습에 미치는 영향을 함축하는 것이지 단지 그녀의 머리가 몸에 자리하고 있음을 나타내지 않는다.

그녀의 머리는 갈멜 산과 시각적인 유사성을 갖지 않는다(여기서 "갈멜"은 샤론 평지의 지중해 평원에서 돌출해 있는 튀어나온 육지["갈멜산]를 말하는 것이지 유다의 마을 갈멜이 아니다). 히브리어 로쉬(ראש, "머리")가 산 정상(삼하 15:32)과 머리털(사 7:20)에 대해서 사용된다는 사실은 시인에게 이 비유를 제기하게 만들었을 것이다. '갈멜'이란 이름은 "과수원"이나 "포도원"을 의미하나 그 용어는 아가서에서 흔한 명사로 사용되지 않는다. 여인을 대변하는 것으로서 이 지역은 올리브, 곡식, 그리고 포도로 비옥한 땅을 이룬다. 갈멜은 적어도 2천년 전부터 성스러운 곳으로 알려져 있었다. 따라서 엘리야와 바알과 아세라 신의 다산의 제사장들과 결투한 장소로 적절했다(왕상 18장). 톰슨(H. O. Thompson)의 "Carmel, Mount," *ABD* 1:874-75을 참조하라. 갈멜산은 그리 높지 않지만(약 550미터[1800피트]), 평지와 바다 위에 돌출해 있음이 훨씬 두드러진 아름다움을 만들어준다. 이 소절은 갈멜이 좌정하고 있는 전경에 특별한 아름다움을 주는 것처럼 여인의 머리/머리털이 그녀의 몸의 아름다움을 완성시킨다는 점을 주로 보여주지만 아울러 이 비유는 그녀의 생산력도 암시해준다.

여기서 사용된 것과 같은 딸라(דלה, "머리숱")에 대한 유일하게 유사한 것이 이사야 38:12에 나오는데, 거기서 그것은 직물의 날실이다. 그것은 어근 따랄(דלל, "늘어뜨리다")에서 출원하고, 따라서 그것은 머리타래나 머리의 꼰 것을 의미한다. 아르까만(ארגמן)이란 말은 보통 자주색 조개의 껍질에서 나온 붉은 자주색으로 물들인 천을 일컫는다. 여기서 그것은 이런 색깔로 염색한 실을 일컫지만, 아직 옷으로 만들어지지는 않았다. 아마도 청중들은 여인이 불그스레한 검은 머리를 갖고 있는 것으로 이해하였을 것이고, 심지어 이 특별한 용어인 아르까만(אַרְגָּמָן)은 염색이 매우 비쌌고, 이 색깔로 만든 직물은 매우 값이 나갔기 때문에 아마도 선택되었을 것이다.

베틀의 비유는 그녀의 여성적 파워가 남성의 파워의 가장 활발한 형태, 즉 왕의 파워보다도 더 크다는 것을 함축한다. 옷을 짜는 것은 고대 세계에서 순전히 여성의 일로 자주 간주되었다. 잠언 31:19의 이상적인 아내는 손으로 실을 짜는 것이다(하지만 사무엘하 3:29에 다윗의 저주에 따라서 남자가 실 짜는 일을 하는 것은 수치스러웠다). 이 규칙에 대한 예외가 있었다. 여럿이 같이 모일 수 있는 장막을 만드는 장인은 직조 기술을 가졌던 사람들을 포함했다(출 35:34-35). 이는 직조기술을 가진 사람들을 포함하는 전문 길드가 있었음을 함축한다. 그럴지라도, 전반적으로 고대세계에서 베틀과 실톳대는 거의 변함없이 여성들과 관련이 있었다. 복잡한 베틀 짜는 형태는 좋은 기술과 관련이 있었고, 또한 측정할 수 있는 능력을 포함하는 것이었기에, 옷을 짜는 일은 명석하고 지적인 여자들과 관련되었다. 이런 주제가 반복해서 희랍 신화에 나온다. 크레타의 공주이자 미노스 왕의 딸인 아리아드네(Ariadne)는 데서스(Theseus)에게 실타래를 줌으로써 그가 미로를 빠져나올 수 있게 했다. 오디세이의 아내인 페넬로페(Penelope)는 남편이 죽었음을 설득하는 청혼자들과 싸워야만 했다. 그녀는 수의를 다 짠 다음에 새로운 남편을 맞이할 것이라고 청혼자들에게 말함으로써 시간을 벌었는데, 그녀는 전날에 일한 작업을 매일 밤 다시 풀어버렸다. 아라크네(Arachne)의 이야기는 여성들이 자신들의 기술에 얼마나 자부심을 가졌는지를 보여준다. 아라크네는 베틀 짜는 일이 뛰어나서 여신 아데나와 경쟁을 벌이자고 도전했다. 결국 그녀가 이겼지만 원한을 품은 여신은 그녀를 거미로 만들어버렸다. 성경에서 영악한 들릴라는 머리를 짜서 삼손의 힘을 빼앗고자 했다(삿 16:13-14). 따라서 테너가 직조의 뛰어난 기술을 남자를 간직하는 여인의 능력과 연관시킨 것은 놀랍지 않다. 여기서의 유희는 사랑스러움과 즐거움의 분위기를 나타내는 것이지 속임이나 의심의 모습은 없다.

7 이 구절은 이 칸토에서 테너에게 속한 것으로 새로운 스탠자를 시작한다. "네가 어찌 그리 아름다운지"라는 이 서두 소절은 첫 번째 스탠자의 서두에 "네 발이 어찌 아름다운지"에 상응한다. 서두 스트로피(아 7:7, 서절 9A-B)는 간단하고 추상적이다. 이 스탠자의 훨씬 더 긴 두 번째 스트로피(7:8-9, 소절 10A-F)는 구체적으로(은유적인 것과 더불어) 여인의 몸과 여인과 사랑을 나누기 원하는 욕구를 묘

사한다. 머피(186)는 7:7을 첫 번째 스탠자의 결론으로 간주한다. 즉 그것이 7:2에 포함된 것으로 간주한다. 그것이 가능하기는 하지만 그런 방식으로 취할 때, 두 번째 스탠자나 와스프가 꽤 급작스럽게 시작하고, 어떤 도입부분도 없다.

아하바 빹따아누김(אהבה בתענוגים)은 문자적으로는 "즐거움을 주는 사랑"("너는 …이다"가 함축되어 있다)이다. 혹자는 아하바(אהבה)를 여인을 가리키는 것으로 취하고(구체적인 것에 대한 추상적인 관념), 그것을 "사랑하는 자"로 번역한다. 또 다른 이는 빹따아누김(בַּתַּעֲנוּגִים)에 대해서 시리아와 아퀼라의 빠트 따아누김(תַּעֲנוּגִים בַּת, "애교 있는 소녀")으로 독법함으로써 이 해석을 전개한다. 하지만 아하바(אהבה)는 아가서의 다른 곳에서 이런 식으로 구체화되지 않는다(그것은 열 구절에서 11번 나타난다). 아하바(אהבה)가 일반 추상명사이고 그 어구를 나타나는 대로 해석할 수 있기 때문에 나는 그것을 남자가 여자와의 관계에서 얼마나 스릴을 느끼는가를 외치고 있는 것으로 간주한다. 그러므로 소절 9B를 "오 사랑하는 자, 즐거움을 주는 딸"(Murphy, 80)로 번역해서는 안 되고, 문맥을 따라 "(너는) 모든 즐거움을 갖는 사랑이로다"라고 번역해야 한다. 그는 "오 사랑하는 자"가 그리하는 것처럼 추상적인 아하바(אהבה)를 구상명사로서 단순히 사용하고 있지 않다. 오히려 그는 사랑의 추상적인 특성이 여인의 몸으로 구체화되고 있음을 주장한다. 남자에게서 여자는 사랑이 주는 즐거움의 육화된 형태다.

8 문자적으로는 "너의 높이"인 코마테크(קומתך)는 여기서 머리에서 발끝까지를 바라보았을 때 여인의 전체 몸에 의해 전달된 인상을 가리킨다. 즉 "너의 완전한 체격"이다.

"종려나무"(תמר – 따말)는 가장 오래 재배된 과일나무다. 두 제이콥(I. Jacob과 W. Jacob, "Flora," *ABD* 2:803-17)에 따르면, 종려나무는 모든 부분이 건설과 베틀에 사용할 수 있었던 매우 유용한 식물이었다. 고대 근동에서 가구, 담, 로프, 머리 장식, 바구니, 그리고 많은 다른 항목들을 이 나무의 원목에서 생산할 수 있었다. 아울러 그 꽃은 하얗고 향기가 나며 열매는 매우 달콤하다. 이 나무는 오래도록 레반트의 여성들과 관련이 있었다. 다말(תמר)은 창세기 38:6과 사무엘하 13:1에서 여성의 이름으로 나온다. 이 나무는 매우 장엄하고, 높이가 일백 피트까지 자랄 수 있다. 따라서 남자가 선택한 이 은유는 적합하고, 매우 칭송적이다. 의미 있게 되는 것과 의미 있게 하는 것 사이에 시각적인 유사성은 함축되어 있지 않다.

또한 킬(Keel, [1994] 242-43)은 종려나무가 고대세계가 비옥의 여신들과 관련이 있고, 아울러 거룩한 나무의 형태로 간주됨을 주목한다. 예를 들어, 메소포타미아의 원통형 장식에서 종려나무는 이시타르의 형상 옆에 나란히 나타난다. 이런 연관성은 중요하지만, 그것을 너무 많이 강조해서도 안 된다. 나는 "종려나무로 올라가서 그 송이(또는 유방)를 잡겠다는 남자의 계획은 제식 행위의 분위기를 갖는다는 킬의 견해([1994] 246)에 동의할 수 없다. 다시 말하지만, 많은 현대의 해석자들과는 달리, 아가서는 성을 의식화하지 않으며, 성교를 제의적 사건으로 다루지 않는다. 유사하게 여인에 대한 찬미가 그녀를 신격화하지 않는다. 여전히 고대 사상에서 종려나무가 여성의 성의 은유로서 의미를 가졌다는 사실이 여기서 사용된 상징의 선택에 확실히 영향을 미쳤을 것이다. 여인(여신이 아님)은 남자에게서 종려나무가 대변하는 성적인 능력과 기쁨의 표현이다.

종려나무의 열매 송이로 여인의 유방을 비유한 것은 이 여인이 유방으로(또는 아마도 계란으로) 뒤덮인 에베소의 아디메 여신처럼 많은 유방을 가진 것으로 형상화 되고 있음을 의미하지 않는다. 종려나무의 열매는 향기롭고, 특히 사람들을 나무에 끌게 하는 것은 그 열매다. 따라서 여인의 유방은 기쁨을 주고, 강력하게 남자를 끌어당긴다. 또한 개별적인 종려열매는 약간 작지만, 종려나무의 열매 종이는 여인의 유방과 다소 유사한 방식으로 둥글다.

9 "내가 말했다"(אמרתי – 아말띠)는 여인의 몸을 향유하려는 남자의 결심을 나타낸다. 이런 결심이 알려주는 것은 종려나무로 올라가려는 은유와 잘 맞아떨어진다. 이 나무가 올라가기에는 아주 높았고, 고대의 과수원 농부들이 소유할 수 있었던 초기적인 장비에 비추어볼 때, 열매에 도달하기 위해서 종려나무에 올라가는 것은 쉬운 일은 아니었을 것이다. 그렇다고 이것이 여인과의 사랑에 도달하는 것이 남자의 편에서 어떤 영웅적인 힘의 모습을 보여야 한다는 것을 의미하지 않는다. 그것은 단지 여자가 주는 즐거움을 누리려는 욕구는 열매를 위해서 종려나무에 올라가기 필요한 결의와 소망과 동등하다는 것을 의미할 뿐이다.

즐거움의 근원으로서 여인의 유방에 초점을 맞춘 것은 잠언 5:19의 권면을 상기시킨다: "너는 그(너의 아내) 품(유방)을 항상 족하게 여기며 그 사랑을 항상 연모하라." 킬(Keel, [1994] 246)은 유방에 이렇게 초점을 맞춘 것이 고대 이스라엘(특히 6-8세기 B.C.E)의 "기둥 여신들"(pillar goddesses)을 생각나게 한다고 관찰한다. 이것들은 커다란 쌍의 유방을 제외하고는 누드이지만 때로 분명하게 규정되지 않는 해부학적인 요소들을 갖는 여성 형상들이다. 킬이 지적한 것처럼, 초기 조상(彫像)들은 자주 여성의 생식기를 강조했지 유방에 대해서는 별 관심을 기울이지 않았다. 이와 관련해서 주목할 만한 것이 "길라트 여인"(Gilat woman)인데, 이는 브엘세바

유역에서 발견된 4천년 전의 형상이다(Joffe, Dessel과 Hallote, *Near Eastern Archaeology* 64.1-2[2001] 8-23을 보라). 옷을 벗은 여인의 모습은 아주 원시적이고, 그녀는 원통형의 몸통과 귀를 나타내는 작은 꼭지를 갖고 있는 둥근 머리를 갖고 있다. 그녀의 얼굴은 투박하게 색칠되어 있다. 그녀의 팔과 다리는 마치 막대기 조각과 같다. 하지만 특이하게 그녀의 유방이 가슴에서 별로 주목을 받지 못할지라도, 생식기는 전체 몸에서 가장 사실적으로 만들어진 부분이다. 심지어 음모를 테라코타 점토의 몸의 가랑이 부분에 세심하게 칼로 새겨서 나타내기까지 했다. 그러한 관심이 머리털에는 주어지지 않았다. 킬([1994] 250)은 게제르, 라키쉬 그리고 그밖에 다른 곳에서 마찬가지로 여성의 벗은 가랑이에는 상당히 주목하지만 유방에는 관심을 기울이지 않는 주전 2천년 전의 스카라베 생산품을 주목한다. 따라서 여인의 생식기에서 유방으로 초점이 옮겨짐은 비옥 다산에 대한 강조에서 성적인 쾌락에 대한 초점으로 이동한 것을 가리키고 있을 가능성이 있다. 어쨌든 여기서와 잠언 5장에서 유방을 주목함은 성적인 활동이 즐거움을 위한 것이지 단지 생산을 위한 것이 아님을 나타내는 것이 적어도 분명하다.

소절 10D의 "내가 종려의 가지를 붙들 것이라"(אחזה בסנסניו - 오하자 빼산신나브)를 "내가 잡을 것이라"나 ""움켜쥘 것이라"로 번역할 수 있었다. 이것은 폭력적인 용어로 보이고, 남자의 편에서 힘든 행위가 아니라면 여인에 의해서 조잡한 것으로 간주될 수 있었다. 하지만 모든 것을 문맥에서 읽어야 하고, 동사는 단지 여인의 유방에 대한 남자의 열정만을 묘사하고 있을 뿐이다. 남자와 여자가 사랑의 기쁨 속에서 즐거워하고 있다는 보다 커다란 문맥 속에서, 이 동사를 공격적으로 적극적인 행위인 것으로 취할 필요는 없다.

여자의 유방이 포도송이와 같다는 10E와 그녀의 젖꼭지(콧김 - 한글개역)가 사과의 향기를 갖고 있다는 10F에서 은유의 전환이 있다. 사랑의 나눔과 특히 여인의 몸을 열매로 비유한 것은 이상하지 않다.

[10] 이것과 다음 구절은 소프라노 파트로의 교창적인 전환을 만들어준다. 께옌 할토브(כיין הטוב), 문자적으로는 "좋은 포도주와 같은"은 아주 좋은 포도주를 일컬으며 따라서 "상품의 포도주"를 말한다. 포도주는 아가서 1:2에서 입맞춤의 행위와 관련이 있고, 나아가서 입술과 이빨에 대한 언급(제기된 수정에서처럼)은 이 입맞춤이 이 스탠자의 초점임을 함축한다. 이 서정시의 교창적인 노래는 이 활동이 남자와 여자에게서 동등하게 즐거움을 가져다주고 있음을 함축한다.

[11] 아가서 2:16과 6:3에서, 여인은 자신이 애인에게 속해 있고, 그녀의 애인은

자신에게 속해 있다고 단순히 노래한다. 여기서 그녀는 "나는 나의 사랑하는 자에게 속하였구나 그가 나를 사모하는구나"라고 노래한다. 그녀는 남자가 자신에게 속한다고 왜 주장하지 않는가? 그가 그녀에게 속해 있다는 것은 확실히 여전히 참이다. 소유권은 일방 도로가 아니다. 그럼에도 불구하고 바뀐 용어는 의미가 있다. 사랑과 사모함의 장소가 여인의 몸이다. 모든 소유와 바람이 그녀에게로 향해 있다. 남자와 여자가 상호적으로 서로 소유하고 있다는 사실은 여전히 참일지라도, 여기서 그들의 사랑을 지배하고 있는 것은 여인의 몸이다.

영어 단어에서 '바람'(*desire*)처럼 히브리어 떼슈콰(תשוקה)는 건전할 수도 있고 병적일 수도 있다. 그 용어는 히브리 성경에서 세 번 나타나는데, 창세기 3:16과 4:7 그리고 아가서의 이 구절에서다. 창세기 4:7에서 죄는 가인을 먹이로 삼으려고 매복하여 웅크리고 있는 맹수의 일종으로 은유적으로 제시되고 있다. 거기서 "소원"(desire)은 분명히 악이다. 창세기 3:16의 해석은 의견이 분분하지만 문맥에서 볼 때, 그 바람은 병리적인 것으로 간주해야 한다. 관련된 소절인 "너의 사모함이 남편에게 있을 것이고, 남편은 너를 다스릴 것이니라"(NIV)는 문법적으로 창세기 4:7에 상응하고, 따라서 그 사모함은 부정적인 욕구와 동일한 독법을 갖는 것으로 주어져야 한다(반대로는 Trible, *God and the Rhetoric of Sexuality*, 160). 게다가 창세기 3:16의 문맥에서 하나님은 죄로 인해서 여인의 삶에 들어오게 될 고통과 갈등을 묘사하고 있다. 여인의 사모나 남자에 의한 통치를 긍정적이거나 건전한 것으로 문맥에서 해석할 수는 없다. 타락으로 인해서 결혼의 이상(ideal)이 깨어지고 치명상을 입은 것으로 창세기 3장에서 그려진다. 여인은 남자를 "사모할" 것이지만 그것은 건강치 못하고 의존적이거나 지배적인 욕구가 될 것이다. 남자도 마찬가지로 축복된 형태가 아니라 냉엄한 억압자로서 여자를 "다스리게" 될 것이다.

그럼에도 불구하고 이 용법은 아가서 7:11에서의 떼슈콰(תשוקה)의 의미를 결정짓지 못한다. 아가서에서 사랑과 결혼의 이상은 타락이 결코 일어나지 않았던 것처럼 거의 제시된다. 창세기에서 떼슈콰(תשוקה)의 의미를 아가서로 전이시켜서는 안 된다. 아가서는 따뜻하고 건강하고 건전한 사랑, 성, 그리고 남자와 여자의 즐거움을 대변한다.

12 빡케파림(בכפרים)의 의미가 무엇인지 알기가 어렵다. 고대든 현대든 대부분의 역본들은 케파림(כְּפָרִים)을 "마을"을 의미하는 것으로 취한다(예. 70인경: *κώμαις*). 그런데 여기서 "마을"이 단순히 "시골"을 의미하는 것이 아니라면 그녀가 마을로 가기를 왜 원하는가? 한편으로 헤너를 의미하는 케파림(כפרים)은 아가서

1:14에서 사랑의 기쁨 중 하나이고, 아가서 4:13에서 특히 여인의 몸 중에 하나다. 이것이 사랑의 초대이기 때문에(13절; "거기서 내가 나의 사랑을 네게 주리라"), 케파림(כפרים)을 헤너를 가리키는 것으로 취하는 것이 가장 좋아 보인다. 1:14에서 그녀의 연인과 연인이 그녀에 대해서 갖는 사랑은 그녀의 아름다움을 장식하는 헤너의 만개와 같다. 4:13에서 남자는 여인의 몸이 그에게 주는 다양한 기쁨에 대한 은유적인 묘사의 일부인 것으로 헤너를 사용한다. 따라서 헤너 속에서 밤을 보내는 것은 확실히 그녀와 사랑을 누리라는 남자에 대한 초대다.

들로 가자는 남자에 대한 초대는 아마도 이중적인 뜻이 들어 있다. 연인들은 은밀히 사랑을 누릴 수 있는 들로 실제로 나아갔다. 도시와 마을의 제한된 곳에서 막힌 구역들과 대비되어 확대가정으로 이루어진 집들이 전혀 없다고 말할 수 있는 들에 은밀함의 차원이 있었음을 민수기 22:23-27의 강간에 관한 법률에서도 확실하게 알 수 있다. 동시에 아가서에서 정원(동산), 포도원, 그리고 초원과 같은 들판은 사랑의 기쁨을 상징한다.

13 머피(187)가 관찰한 것처럼, "우리가 일찍이 일어나서"(נשכימה - 나쉬끼마)는 여행의 두 번째 방식을 나타내는 것이 아니라 이전 구절에서의 초대와 평행을 이룬다. 소프라노가 싱어다. 소절 13B와 13D가 축어적으로 아가서 6:11에 나타난 두 소절을 반복한다. 거기서도 여인이 싱어다. 6:11에서 여인의 말은 기대를 의미한다. 그녀의 이런 말을 아미나디브의 수레("귀한 백성의 수레")에 이르렀다는 말이 곧 뒤따른다. 아가서 6:11-7:11은 처녀에서 아내로 여인이 바뀌고 있음을 계속해서 열거한다. 6:11과 대비되어 아가서 7:13에서 여인은 정원을 혼자 내려가지 않고 같이 가자고 남자를 초대한다. 6:11의 모티브는 무르익고 변화된 젊은 여인의 묵상이지만, 7:13은 공동의 탐구와 발견이다. 따라서 그녀의 말의 배후에 성적인 의미가 깔려 있다고 말하는 것이 옳을지라도, 정원을 가장하여 약속장소로의 또 다른 초대 그 이상의 의미가 들어 있다. 정원은 기다림과 기대의 장소이지만 이제 그것은 여자와 남자가 함께 사랑의 기쁨을 탐구하는 곳이다. 여기서도 이중적인 뜻이 들어 있다. 포도원과 작은 숲(호도 동산 – 한글개역)은 성과 성적인 발견을 상징하지만 그것들은 글자 그대로 젊은 연인들이 함께 노닐 수 있는 포도원과 작은 숲이기도 하다.

14 이것은 합환채(흰독말풀)가 언급되는 아가서의 유일한 곳이다. 합환체가 나타나는 성경의 다른 유일한 곳은 레아의 합환채의 유명한 에피소드에서다(창 30:14-16). 미신과 민속의 상당 부분이 합환채와 관련이 있다. 합환채의 뿌리는 인

간의 형상과 다소 유사하고("아시아의 합환채"라 불리는 인삼과 유사하다), 전설은 합환채가 뿌리가 뽑힐 때에 비명을 질러서 그 비명으로 인해 사람이 사망하거나 정신이 나가게 할 수 있다고 전한다. 민속에서 합환채는 치료적이거나 생산할 수 있는 능력을 주는 것으로 간주되었고, 최면용으로 사용되기도 하였다(그것은 사실상 상당히 독성이 있다). 두 제이콥("Flora," *ABD* 2:803-17)에 따르면, 합환채는 "푸르고 보랏빛을 띤 방울 형태의 꽃"을 갖는다. 여인이 사실상 뿌리를 언급하지 않고 단지 그 꽃과 꽃이 발산하는 향기만을 언급하고 있는 것은 합환채 뿌리의 상정된 힘에 특히 비추어 볼 때, 주목할 만하다. 그러나 킬(Keel, [1994] 257-59)은 합환채의 향기는 성욕을 촉진하는 능력을 갖고 있는 것으로 고대인들에 의해 사려되었다고 제기한다. 의미심장하게 그는 애굽의 왕비가 바로의 코에 합환채를 두어 그의 성적인 관심을 불러일으키려 한 텔 엘-아마르나(14세기)의 색칠한 부조를 지적한다. 카이로의 사랑 노래들도 유사하게 합환채의 향기를 사랑 나눔의 전주로 간주한다.

소프라노는 모든 선별된 과일이 문 앞에 있음을 노래한다. 문은 여인의 생식기의 또 다른 상징인 것으로 취할 수 있었으나 이것은 그렇지 않을 것이다. 여인이 "우리의 문 앞"이라고 말하고 있기 때문이다. 한 문보다는 더 많은 웅장한 집이 그려지고 있고, 그 문에는 다양한 실과와 식물이 있다. 문은 모든 종류의 일상적인 활동에 참여하는 관용구인 "들어가고 나가는" 히브리 개념을 암시한다(예. 신 28:6). 게다가 "옛 것과 새 것"(חדשים גם־ישנים – 하다쉼 깜 예샤님)은 "모든 종류의 것들"을 말하는 것에 지나지 않는다. 따라서 이 용어는 이 커플의 집이, 익숙하고 새로운, 모든 종류의 기쁨으로 풍성하다는 것을 암시한다. 성은 이 이미지에 생략되어 있지는 않다 – 확실히 문맥은 성적인 용어로 가득하다 – 하지만 성이 가정의 행복의 이상화된 모습으로 설정되어 있다.

사랑스럽게 여자의 몸을 남자에게 준다는 것이 13-14절에 나타나는 두 스트로피의 마지막 소절에 나타나 있다. 스트로피 14(13절)는 "거기서 내가 나의 사랑을 네게 주리라"(소절 13E)로 끝나고 스트로피 15(14절)는 "내가 나의 사랑하는 자 너를 위하여 (이것들을) 쌓아둔 것이로구나"(소절 14D)로 끝난다. 여인은 즐겁고 사랑스런 가정의 중심에 서 있다.

8: 1 여자의 남자가 자신의 오라비였으면 하는 여인의 소망은 현대인들의 귀에 아주 이상하게 들린다. 마치 그녀가 근친상간을 바라는 이상한 욕구가 있는 것처럼 말이다. 그러나 독자들은 두 가지를 명심해야 한다. 첫째로 '오빠'와 '누이'는 고대

근동지방에서 연인들 간에 사랑을 표현하는 흔한 용어다. 애굽의 사랑 시에는 이 용어가 자주 사용되는 것으로 나타난다. 둘째로 여인은 공개적으로 연인과 사랑을 나눌 수 있기를 소망하고 있지 않고, 단지 남자에 대한 자신의 애정을 공개적으로 알릴 수 있기를 바라고 있다. 남자와 여자간의 애정을 분명히 공개적으로 보여주는 것은 심지어 남편과 아내일지라도, 당시에 이스라엘 사회에서는 매우 비난을 받는 일이었다. 하지만 가까운 혈족 간에는 공동체에 물의를 일으키지 않고서 공개적으로 키스할 수 있었다(창 29:11). 따라서 여기서 그녀의 바람은 자신의 오라비와 키스하려는 것이 아니라 자신의 남편에 대한 사랑을 부끄러워하지 않고 알리려는 것이다. 커플의 성적인 생활은 적당히 비밀스러운 것이나, 이런 매우 사적인 것이 어찌되었든 그녀가 남자의 사랑 속에서 발견했던 기쁨을 공개적으로 표현하지 못하게 했다. 여인은 근친상간주의자가 아닌 것처럼 과시주의자도 아님을 부연해야 한다. 단지 자신이 남자에 대해 어떻게 느끼고 있는지를 모든 이들에게 알릴 수 있도록 공개적으로 키스하기를 원할 뿐이다. 파피루스 체스터 베티 I 그룹 A(Papyrus Chester Beatty I group A)는 비난을 두려워하지 않고 자신의 "오라비"와 키스하려는 동일한 욕구를 정확히 표현한다.

하지만 아가서의 여인이 남자를 "오라비"로 묘사하고 있는 용어가 눈길을 끈다: "네가 내 어미의 젖을 먹은 오라비 같았었더라면." 이 소절은 여자의 유방에 도달하려는 결의를 언급했던 남자 파트의 끝부분을 상기시키고(아 7:9), 여인이 "자기 어머니의 집"으로 남자를 데려가겠다고 말하는 다음 구절을 예조한다.

[2] 이 스트로피(소절 16A)의 첫 소절의 동사들은 기원법이나 가정법으로 번역해서는 안 된다. 미완료 형태인 엔하가카 아비아카(אנהגך אביאך)는 이전 구절의 기원 구문을 계속 존속시키고 있지 않다. 여기에 표현된 행위들 – 사랑하는 이에게 포도주를 주겠다는 것과 같은 – 도달할 수 없는 소원이 아니라 여자가 얼마든지 남자와 함께 할 수 있는 종류의 것들이다. 나란히 두 동사를 사용한 것은 사랑하는 이에 대한 의도를 실행하고자 하는 여인의 결심을 나타낸다.

그것들을 "내가 너를 이끌 것이고, 네가 너를 들일 것이다"로 번역해야 한다. 그녀는 남자가 자기 오라비였다면 자신의 어머니의 집으로 그를 들일 수 있겠다는 것을 말하고 있지 않다. 오히려 접속사를 생략하고 있는 두 동사의 배치는 강조적이고 여인의 결심을 말하고 있다. 결심을 암시하는 접속사를 갖지 않는 둘 또는 그 이상의 미완료를 사용함은 이상한 일이 아니다. 예를 들어, 출애굽기 15:9에서도 우리는 "대적자가 말했다. '내가 좇아서 내가 취할 것이고, 탈취물을 나누리라[אשׂיג

אחלק ארדף – 아르또프 앗시그 아할레크]'"(RSV). 따라서 킬([1994] 261)과는 대비되어, 여인은 가만히 자기 어머니의 집으로 사랑하는 이를 들일 수 있도록 그가 자신의 오빠이기를 바라고 있음을 말하고 있지 않다. 오히려 여인은 사랑하는 이에게 공개적으로 애정을 표현할 수 없기 때문에 은밀하게 그에게 해줄 수 있는 애정으로 보답할 것임을 선언하고 있다.

"나를 가르쳤던 내 어머니의 집으로"(אל־בית אמי תלמדני – 엘-뻬트 임미 떼람메데니)("내 어미 집에 들이고 네게서 교훈을 받았으리라" – 한글개역)이란 소절이 관심을 불러일으킨다. 그녀는 자기 어머니의 집으로 그를 데리고 오려고 하였는가? 많은 해석자들은 이 커플이 아직 결혼하지 않았고, 여인은 성적인 회합을 이루기 위해서 그를 그곳으로 데려가기를 원하고 있다고 가정한다. 그러나 다른 곳에서 여인은 그와 사랑을 나눌 장소를 찾는데 어려움을 겪지 않는데, 구태여 왜 그녀가 지금 밀회를 위해서 자기 어머니의 집으로 그를 데려가기를 원하겠는가? 그 관계가 아직 불법적인 것이라면, 자기 부모의 집보다 더 위험한 것으로 가득한 장소가 어디 있단 말인가? 그녀가 그가 자기 오라비가 되기를 바라서 그를 집으로 데려가서 연인이 되기를 원하였다는 견해로 되돌아간다면, 그 논리는 기괴할 정도로 잘못되어서 고대의 시적인 자유의 한계를 넘어서는 것이다.

동사 떼람메데니(תלמדני)를 "네가 나를 가르칠 것이다"로 번역할 수 있었다. 그러나 자기 "어머니의 집"에 대한 언급은 이 동사가 삼인칭 여성 단수(그녀의 어머니를 언급함)를 암시하는 것이지 이인칭 남성 단수가 아니다. 하지만 그 형태가 모호하기에 많은 해석자들이 그것을 이인칭 남성 단수로 간주한다. 이 단계에서 여자의 어머니가 그녀를 가르칠 것 같지 않기 때문이다. 그런데 문맥의 의미는 미래가 될 필요는 없고, "그녀가 나를 가르치다"가 "그녀가 나의 모범으로 기능하다"를 의미할 수도 있었다. 하지만 아마도 여기서 이 말은 역사적인 미완료이고, "그녀가 나를 가르치곤 했다"일 것이고, 따라서 "그녀는 나의 선생이었다"이다. 아가서의 다른 곳에서 여자는 남자가 사랑에 자신의 선생이 될 것을 고대하는 입장에 있지 않고, 따라서 그녀는 남자와의 관계를 여기서 그러한 용어로 묘사하고 있다고 하는 것은 이상하게 보인다. 게다가 소절의 제한이 우리가 "나를 가르치곤 했던 나의 어머니의 집으로"(אל־בית אמי תלמדני – 엘-뻬트 임미 떼람메데니)를 단일 소절로 취급할 것을 요구한다. 우리는 소절 16A에서 소절 16B로 아비아카(אביאך)를 떨어뜨릴 수는 없다. 그것은 소절 16A를 단일한 단위로 남겨둘 것이기 때문이다(너무 짧다). 그렇다고 우리는 단일한 소절로 16A-B를 취급할 수는 없다. 그것은 다섯 구성 요소로

한 소절을 우리에게 전달해줄 것이기 때문이다(너무 길다). 또한 몇몇 해석자들과는 달리 우리는 동사 떼람메데니(תלמדני)를 소절 16C로 이동하여 그것을 "네가 나를 가르칠 것이므로 나는 네게 향기로운 포도주를 줄 것이다"(고로 Keel, [1994] 261-62)로 번역할 수는 없다. 이런 이동은 서로 다른 사람에 관한 두 단순한 미완료를 나란히 배치하는 것이고, 이는 꽤 거슬린다. 만약 그 의미가 "내가 너에게 술을 줌으로 너는 나에게 가르칠 것이다"라면, 동사 아쉬퀘카(אשקך)는 확실히 접속사를 가질 것이다. 아울러 소절 16B는 구문론적으로 16A에 묶여 있다. 이 모든 것은 임미(אמי, "나의 어머니")가 함축된 관계대명사를 갖는 동사 떼람메데니(תלמדני)의 주어임을 암시한다. 많은 학자들(예. Pope, 659)은 떼레드니(תלדני, "그녀가 나를 낳았다")로 수정할 것을 주장하지만, 그것은 보증된 것이 아니다. 그녀가 남자의 아내라 할지라도, 그녀가 왜 자신의 어머니의 집으로 가기를 원하는지가 전혀 분명하지 않다. 아가서 전반을 통해서 우리는 가족들 – 그녀의 "어머니의 아들들"(아 1:6) – 의 지배를 받는 가정에 살던 처녀가 남편의 사랑 속에서 그들의 지배에서 자유케 되는 여인을 전환을 보고 있다. 따라서 자기 어머니의 집에서 사랑을 나누려는 바람은 놀라운 일이다.

"내 어미 집"은 아가서의 다른 곳으로는 단지 3:4에만 나온다. 거기서 나는 여인의 어머니의 집과 그녀를 잉태했던 여인의 방은 단지 자궁일 수 있음을 제기했다. 여기서 그 의미는 심지어 더 분명해진다. 아가서 8:1-2에서 여인은 밤에 사랑을 나누는 곳으로 남자를 데리고 가는데, 글자 그대로 자기 어머니의 집에서 이 일을 행하려 한다고 설명하는 것은 만족스럽지 못하다. 따라서 "내 어미 집"은 여기서 여성의 생식기에 대한 완곡어법이고, 그것은 출산의 장소를 지칭하는 것으로 적절하다.

따라서 "나를 가르치곤 했던 내 어미"란 어구는 그녀의 어머니가 그녀의 첫 선생이자 성에 관한 방식에서 그녀의 첫 모범이었음을 암시한다. 고대 이스라엘에서 어머니는 사춘기, 생리, 성, 자녀생산, 그리고 수유에서 확실히 처녀들의 주요한 선생이었다. 당시에는 인간의 성에 대해서 가르칠 중등학교의 강의가 없었다. 그녀가 가정에서 가장 어리지 않았다면, 이스라엘 여성들은 더 어린 가족의 탄생에 참석하였을 것이고, 또 더 어린 동생을 어머니나 어머니의 친구들이 기르는 것을 보았을 것이다. 물론 농사를 짓는 이스라엘의 처녀들은 어머니를 도와 동물들을 관리하는 일에 참여했을 것이다. 요컨대, 고대의 소녀들은 현대의 소녀들보다 자기 어머니의 성적인 삶과 관련한 일을 훨씬 더 친밀하게 인식하면서 자랐을 것이다. 그렇기에 여인은 이런 일들에서 "나의 선생"이라고 자기 어머니를 올바르게 일컫고 있는 것이다.

이런 모습에는 아름다운 것들이 있다. 그녀는 성적인 세계에 들어옴으로써 두렵고 이상한 일을 행하고 있지 않다. 그녀는 지금까지 자기와 가장 가까웠던 사람의 삶 속에서 보고 들었던 것을 흉내 내고 있다. 그녀의 어머니가 아버지와 사랑을 나누며 아들과 딸을 낳았던 것처럼, 그녀도 동일한 일을 행할 것이고 자신의 딸들의 교사가 될 것이다.

아시스(עסיס)는 일종의 향기로운 신선한 포도주다. 그 용어는 이사야 49:26; 요엘 1:5; 4:18(ET 3:18); 아모스 9:13 그리고 여기에 나타난다. 남자에게 포도주와 향기로운 석류즙을 주겠다는 그녀의 약속은 남자에게 호의를 베풀겠다는 또 다른 매우 분명한 약속이다. 킬([1994] 263)은 옷을 벗은 할렘의 여인이 남자에게 석류와 합환채를 주는 람세스 3세 시대의 부조를 예로 드는데, 이는 이 항목의 성적인 의미를 아주 분명하게 보여주는 장면이다.

3-4 이 구절들은 아가서 2:6-7을 반복한다. 여기서 노루로 맹세하며 탄원하지 않고 있는 점을 제외하고서 말이다. 다시금 여인은 남자의 사랑 속에서 쉼을 얻는다. 그녀는 처녀들이 적당한 때가 오기까지 사랑을 일깨우지 말 것을 다시 당부한다.

해설

첫째로 남자는 여자의 신체의 다양한 부분을 찬미하는 묘사를 전달하고, 그 다음에 여자와 사랑을 나누려는 강력한 의사를 생생하게 묘사한다. 두 번째 스탠자(7-9절)에서 그가 여자의 유방에 갖는 관심에도 불구하고, 여기서 발에서부터 점차적으로 신체의 윗부분으로 올라가는 움직임은 의미가 있다. 첫 번째 스탠자의 목표와 초점은 여인의 얼굴과 머리다. 이런 초점은 여인의 인격과 성격에 대한 인식을 전달한다. 신체의 어느 부분보다도 얼굴은 그 사람의 개성을 물리적으로 나타내 주기 때문이다. 여인은 아름답지만 대체로 간접적인 용어를 사용하여 사랑의 기쁨에 대해 말한다. 하지만 마지막 스탠자에서 여인은 남자와 사랑을 나누려함을 보다 더 과감하게 제기한다. 따라서 첫 번째와 네 번째 스탠자는 이 칸토의 초점이 되는 것으로 간주해야 하는 두 번째와 다섯 번째 스탠자의 전주이다. 요지는 연인들이 성적인 행위에 참여할 자유가 있고 지금 그렇게 하고자 하는 의도를 갖고 있다는 것이다. 이 노래는 사랑하는 자의 팔에 누어 행복함을 표현하며 다른 처녀들에게 애정과 마음을 헛되이 사용하지 말 것을 경고하는 여인으로 끝을 맺는다.

XI. 코러스와 소프라노: 사랑하는 자에게 외침(8:5-7)

참고문헌

Albright, W. F. "Archaic Survival in the Text of Canticles." In *Hebrew and Semitic Studies.* FS G. R. Driver, ed. D. W. Thomas and W. D. McHardy. Oxford: Clarendon, 1963. 1-7. **Murphy, R. E.** "Dance and Death in the Song of Songs." In *Love & Death in the Ancient Near East.* FS M. H Pope, ed. J. H. Marks and R. M. Good. Guilford, *CT*: Four Quarters, 1987. 117-19. **Tromp, N. J.** "Wisdom and the Canticle. Ct 8, 6c-7b: Text, Character, Message and Import." In *La Sagesse de l'Ancien Testament.* Ed. M. Gilbert. Gembloux: Duculot, 1979. 88-95. **Watson, W. G. E.** "Love and Death Once More(Song of Songs VIII 6)." *VT* 47(1997) 385-87.

본 문

첫 번째 스탠자	First Stanza	
코러스	chorus	
5 여자가 누구인고	**5** Who is this	1A
거친 들에서 올라오는	coming up from the wilderness,[a]	1B
그 사랑하는 자를 의지하고	leaning on her lover?	1C
소프라노	soprano	
사과나무 아래서 내가 너를 깨웠노라	Under the apple tree I aroused you.[b]	2A
너를 인하여 네 어미가 신고한	That is where your mother conceived you:[b]	2B
너를 낳은 자가 애쓴 그곳	that is where she conceived, she gave you[b] birth.	2C
두 번째 스탠자	Second Stanza	
6 너는 나를 인 같이 마음에 품고	**6** Set me like a seal upon your heart,	3A
도장 같이 팔에 두라	like a seal upon your arm.	3B
사랑은 죽음 같이 강하고	For love is strong, like death.	3C
투기는 음부 같이 잔혹하며	Jealousy is severe, like the grave.	3D
불 같이 일어나니 그 기세가 여호와의 불과 같으니라	Its spark[a] is a blaze of fire! It is a mighty flame!	3E
7 이 사랑은 많은 물이 꺼치지 못하겠고	**7** Many waters are not able to extinguish love,	3F
홍수라도 엄몰하지 못하나니	and rivers cannot overwhelm it.	3G
사람이 그 온 가산을 다 주고 사랑과 바꾸려 할지라도	If a man were to give all his worldly possessions[a] for love,	3H
오히려 멸시를 받으리라	his offer would be utterly scorned.	3I

원문주해

5.a. 맛소라텍스트 함미드빨(המדבר, "그 광야"). 70인경의 렐류칸디스메네(λελευκανθισμένη)(옛라틴어역에 의해 지지를 받음) = 미트빨레트(מתברברת, "자기 자신을 정결하게 하는").

5.b. 옛시리아어역은 이 구절에서 이인칭 단수 접미사를 여성으로 번역하고, 따라서 이것을 남자의 소절로 간주할 것으로 요구하며, 일부 해석자들은 이 선례를 따랐다. 그러나 일부 학자들(예. Murphy, 191)의 편에서 광범위한 논의가 있음에도 불구하고, 옛시리아어역만이 이 수정을 만드는 빈약한 근거를 갖고 있다. 히브리어는 분명하고 널리 지지를 받는데, 이런 상황에서 수정을 만드는 것은 추천되지 않는다. 그것은 일부 해석자들이 여인이 의도적으로 남자가 공격적이 되도록 야기하였다는 견해를 발견하였던 것으로 보인다.

7.a. 에트 콜 혼 빼토(את כל הון ביתו), 문자적으로는 "그의 집의 모든 부"이다.

양식/구조/배경

이 칸토는 두 스탠자를 갖고 있다: 첫 번째는 두 유사한 스트로피로 구성되어 있고, 두 번째 스탠자는 단일한 긴 스트로피로 구성되어 있다. 그것은 합창의 도입부를 갖고 있지만(8:5a), 칸토의 본론은 소프라노에 해당한다(8:5b-7). 이 합창부의 스트로피를 두 소절로 간주할 수 있지만, 우리가 1B와 1C에서 소절들의 서로 상응하는 짝을 갖고 있기 때문에(전치사구가 뒤따르는 분사), 그것은 아마도 1A가 완전한 소절로 서 있게 하는 것이 가장 좋을 것이다.

소프라노 파트는 두 스트로피를 갖고 있는데, 하나는 아주 짧고, 다른 하나는 매우 길다. 아가서 8:5b의 "사과나무 아래서"는 첫 번째 스트로피다. 합창부의 스트로피에서처럼, 세 소절이 있는데 소절 2C는 긴밀하게 소절 2B에 상응한다. 따라서 이 칸토는 두 세 소절 스트로피로 시작하고 있고, 각기 첫 번째 소절에 구문론적으로 의존하는 두 상응하는 소절이 뒤따르는 모두(冒頭) 소절을 갖는다.

두 번째 스탠자는 흔치 않게 긴 스트로피를 갖는다 - 아홉 소절. 물론 이것을 더 작은 스트로피로 분해할 것을 주장하기도 하지만 그렇게 할 어떤 분명한 이유가 보이지 않는다. 전체 스트로피는 사랑의 능력이란 개념에 의해서 함께 묶여 있는 것으로 보인다. 소절 3F와 3H는 특이하게 길고, 그것들은 두 개의 아주 짧은 소절들(3G와 3I)에 의해 응답된다. 우리는 이것이 연주되었을 때 어떻게 들렸을 것인지 궁금할 것이다.

형식적으로 이 칸토는 질문(합창부에 의한 노래)이지만 재빨리 질문에서 사랑의 능력에 대한 노래로 바뀐다(소프라노). 이런 면에서 이 단위는 아가서 3:6-11을 회고한다. 두 칸토는 신부가 나아오는 것을 언급한다. 하지만 아가서 4:1-15에서는 신부를 부드럽게 유혹하는 노래와 함께 테너가 3:6-11에서 코러스(합창부)의 칸토에 반응했던 반면에, 여기서는 소프라노가 사랑의 능력과 질투의 맹렬함으로 반응한다(아 8:5-7). 즉 그들의 합일이 있기 전에 여인의 도착은 여인이 남자에게 온전히 자신을 내어줄 것을 남자가 호소하는 것이 뒤따르지만, 그들의 합일이 있은 후에 여기서 여인의 도착은 남자의 절대적인 헌신을 여자가 요청하는 것이 뒤따른다.

하지만 아가서의 구조에서 이 단위는 사랑하는 자를 찾는 노래인 1:7-8을 회고한다. 거기서 소프라노는 사랑하는 이를 찾지 못하여 그가 어디에 있는지를 묻고, 양떼들 사이에서 "이를 잡는" 여인이 되기를 원치 않음을 부연한다. 나아가서 코러스는 목자들을 찾을 수 있는 곳으로 나아가라고 말했다. 하지만 여기에서 목초지로 갈 것을 여인에게 말하는 대신에 코러스는 여인의 도착을 노래한다. 그녀는 남자에게 호소하는 서정시로 자신의 파트를 시작한다. "사과나무 아래서 내가 너를 깨웠노라." 즉 사랑하는 자를 찾는 대신에, 그녀는 남자를 찾았던 곳에 대해서 노래한다. 게다가 아가서 1:7에서 여인은 뜨거운 정오 시간에 남자가 양떼를 누이는 곳에 대해서 물었지만, 8:6에서는 사랑의 열기를 노래하면서, 그것이 꺼지지 않는 불이라고 선언한다. 아주 중요하게는 1:7-8이 사랑하는 이를 찾는데 다소 절망적인 생각을 묘사하고 있는 반면에 이 본문에서 여자는 남자가 그의 마음과 팔에 인장으로 그녀를 영구적으로 새길 것을 요구한다. 그녀는 결코 그를 다시 잃지 않을 것이다.

주석

5 소절 1A-B는 아가서 3:6의 본문을 그대로 반복한다("거친 들에서 오는 자가 누구인고?"). 하지만 뒤이어지는 소절은 근본적으로 다르다. 3:6이 "연기 기둥과 같은"이란 신현적인 묘사를 갖지만 현재의 본문은 "그녀의 사랑하는 자를 의지하고"로 계속된다. 이전의 본문은 신부가 왕실의 위엄으로 도착하는 것을 묘사하는 반면에 이 본문은 남자로부터 보증과 안전을 이끌어내려는 여인의 이미지를 보여준다. 또한 이전의 본문은 합창부가 솔로몬적인 신랑의 군사적 위엄을 멋지게 묘사하는 항목으로 이동하는 반면에(아 3:7-11), 여기서는 도착의 이미지를 가능한 빨리 언급하고 지나간다. 그 대신에 여인은 남편과 자기를 묶어놓는 열정적인 사랑에 대

해 노래한다. 3:6-11의 모티브는 형식적인 의식을 갖는 남자와 여자이지만 여기서의 모티브는 열정적인 사랑을 갖는 남녀에 관한 것이다.

동사 우르(עור)가 아가서에서 9번 나타나고, 여기서처럼 이 중에 네 번은 포렐어간이다. 칼(*qal*)에서 동사는 "깨우다"를 의미한다(참조. 아 4:16; 5:2). 니팔(단순형 수동태)에서 그것은 "깨움을 받다"를 의미한다. 히필(사역형 능동태)은 "깨우다"나 더 자주 "움직이다"(예. 41:2, 25; 45:13; 스 1:1)를 의미한다. 포렐에서 그것은 "움직이다", "혼란케 하다", 또는 "일으키다"(시 80:3; 욥 3:8; 잠 10:12; 슥 9:13)를 의미한다. 포렐은 자주 일종의 격정이나 열정을 일으키는 것을 암시한다. 아가서에 나타나는 세 다른 포렐은 2:7; 3:5; 8:4이다. 거기서 여인은 예루살렘 처녀들에게 사랑을 "일으키"(포렐)거나 "일깨우지"(히필) 말 것을 부탁한다. 요컨대, 여인은 남자가 사과나무 아래서 졸고 있을 때 단순히 그를 깨웠던 것을 여기서 말하고 있지 않다. 오히려 "일으키다"가 적당한 번역이다.

여인의 칸토는 불같은 열정, 소유, 그리고 고통과 관련이 있다. 여인이 사과나무 아래서 남자를 일으켰다(깨웠다 – 한글개역)는 직설적인 주장으로 시작하는데, 이는 특징적으로 육체적인 사랑에 대한 은유다. 그 다음에 그녀는 이 장소, 즉 사과나무가 남자의 어머니가 그를 잉태했고, 애를 썼으며, 그를 낳았던 곳이라고 말한다. 학자들은 이에 대해 많은 것을 말했지만, "사랑하는 자의 어머니는 신에 의해 임신한 후에 사막으로 도망갔던 신화적인 인물의 처녀였다"고 주장했던 알브라이트(W. F. Albright, "Archaic Survival," 7)를 넘어서지는 못했다. 하지만 이것은 이 칸토의 요지가 아니다. "사과"의 의미를 2:3의 주석에서 논했지만 일으킨 구체적인 장소 – 사과나무 아래서 – 는 설명을 요한다. 그것은 왜 종려나무 아래서나 포도원에서라고 말하지 않았는가? 사과 이외에 아가서에서 성을 나타내는 많은 다른 과일들과 정원의 은유가 있다. 사과나무의 출현이 의미가 있어 보인다. 많은 사과나무의 특수성은 그것이 울퉁불퉁하고 뒤틀려 있고, 특히 겨울에는 많은 다른 나무들보다 늙어 보인다는 것이다. 그럼에도 불구하고 사과나무는 붉은 색깔을 띠고, 둥근 형태의 즙이 많은 신선한 열매를 생산함으로 매우 젊은 이미지를 갖는다. 사과나무의 가지들은 여러 방향으로 분기하고, 사과나무에는 직선적인 것이 없다(예를 들어, 종려나무와는 대조된다). 이 모든 것은 사과나무가 성만이 아니라 세대에서 세대로 이어지는 성도 상징한다. 옛 것은 새 것을 낳고, "가족의 나무"는 퍼지기를 계속하고, 세월을 통해 성장한다.

"내가 너를 깨웠노라"(עוררתיך – 오랄띠카)는 성적이고 생산적인 활동을 가리키지만 여인은 이 모든 것이 사과나무 아래서 발생했음을 문자적으로 의미하지 않는다. 오히려 사과나무의 은유 하에 여인은 다소 직접적으로 성교를 언급하고 뒤이어서 잉태와 탄생을 이야기하고 있다. 성적인 연합과 출생은 강렬한 육체적이고 감정적인 기쁨의 시간이자 고통의 시간이다. 여인은 남편과 이런 종류의 강렬한 육체적 관계에 들어갔고, 그녀는 그들의 어머니들의 경험을 반복한다.

하발(חבל)의 피엘형이 아이를 "출생하다"를 의미하는지 아니면 "잉태하다"를 의미하는지와 관련하여 논쟁이 있다(참조. *HALOT*, 그리고 헤벨[חֵבֶל]이 "노동의 고통"을 의미함을 참조하라[예. 사 13:8; 26:17]). 이런 형태가 임신과 관련하여 사용되는 유일한 다른 곳은 시편 7:15(ET 7:14; הנה יחבל־און והרה עמל וילד שׁקר - 힌네 예합뻴 아벤 베하라 아말 베야라드 샤퀠, "악인이 죄악을 해산함이여 잔해를 잉태하며 궤휼을 낳았도다")에서다. 시편 7편은 아이를 낳는 것보다는 임신을 일컫는 것으로 취급하는 것을 지지한다. 여전히 아가서는 여기서 이 용어의 모호성을 활용하는 것으로 보인다. 아래를 보라.

6 고대 근동에서, 도장은 점토나 왁스로 찍혀지는 나무, 점토, 또는 돌의 도장으로 만들어졌다. 아울러 찍는 도장과 더불어 원통형 도장은 형상을 얻기 위해서 점토 흙으로 주위를 말을 수 있었다. 독특한 애굽의 도장인 스카라베(scarab, 풍뎅이 모양으로 조각한 보석이나 도기 - 역자주)도 이에 포함된다(창 41:42에서 바로가 요셉에게 건네주었던 반지의 경우가 분명히 이에 포함될 것이다). 도장을 그림 형상이나 문자, 또는 둘 다를 사용하여 새겼을 것이다.

도장은 소유권을 나타내거나 보증을 유지하는데 특히 중요했다. 재물을 보관하기 위해서, 왕의 칙령이나 행위의 진정성을 보증하기 위해서 그리고 두루마리의 내용을 보존하기 위해서 인이라 불리는 도장을 사용했다(신 32:34; 에 3:12; 렘 32:10; 사 29:11). 창세기 38:18에 유다의 도장(스카라베?)은 그가 며느리와 같이 있었다는 증거였다. 이스라엘의 지파를 대변하는 열두 돌의 흉패는 "여호와께 성결"이라 새겨진 도장을 가졌다(출 28:36). 이는 이스라엘 지파가 하나님의 특별한 소유물이었음을 나타낸다. 이세벨은 아하스의 이름으로 그의 도장을 사용함으로써 서신을 보낼 수 있었다(왕상 21:8).

이 본문에서 여인은 남자가 그의 마음과 팔에 도장을 둘 것을 요청한다. 이는 결혼에 대한 언약적 헌신의 증표이고, 여호와에 대한 이스라엘의 언약적 신실성을 나타내는 증표나 상기로서 성구를 붙이는 것과 유사하다(신 6:4-9; 11:13-21). 아가서에서 "도장"(חותם - 호탐)은 목 주변이나 팔에 인을 두르는 것을 가리킬 수 있었으나, 이는 순전히 은유적인 것으로 보인다. 우리는 고대 근동 사람들이 현대의 결혼반지와 유사한 사랑이나 결혼의 표준적인 증표를 가졌다는 증거를 얻지 못한다. 창세기 24장에서 아브라함의 종은 이삭의 아내로 리브가를 데리러 오겠다는 의지의 증표로서 그녀에게 반지와 팔찌를 준다. 하지만 고대 근동의 어느 보석도 현대의 결혼반지처럼 특별한 방식으로 결혼을 내포하는 것으로 이해할 수 있느냐는 명확하지 않다. 머피(191)는 "사랑하는 자에게 속한 어떤 것을 입는 관행이 물론 당시에 널리 퍼져 있었다"고 진술한다. 하지만 여전히 여기서 아내나 여자 친구에 대한 사랑을 대변하는 보석이나 옷을 입는 남자들의 통상적인 관행을 여인이 암시하고 있는 것으로 보이지 않는다. 아가서를 복사하고 보존했던 서기관들은 이 소절을 그들이 보통 두루마리를 작성하여 마감하고 자신들의 것으로 표시했던 인과 연관지었을 것이 확실하다. 이것이 이 은유의 핵심이다. 두루마리를 마감하고 소유주의 인으로 단단히 봉인한 것처럼, 남자는 모든 다른 여성들에게 이제 닫혀 있다.

다음의 소절인 "사랑은 죽음 같이 강하고/ 투기는 음부(무덤) 같이 잔혹하며"를 해석해야 하는 것은 바로 이런 관점에서다. 이것은 장례적인 제의를 가리키지 않고(Pope, 228-29과 여러 곳에), 또한 사랑이 죽음을 막는 것을 의미하는 마귀를 좇는 호부를 의미하지도 않는다(참조. Pope, 666-67과 Keel, [1994] 272-74). 아울러 이시스와 오시리스 또는 바알과 아낫과 관련한 다산 신화에서 이 소절의 열쇠를 찾아서도 안 된다. 킬(Keel, [1994] 274-75)이 암시하는 것처럼(예를 들어, 삼상 19:9-17의 미갈) 고통의 시간에 있는 자기 사람을 구하였던 영웅적인 여성의 이야기는 또 다른 잘못된 추적이다. 아가서의 여인은 여기서 자기 남편을 위해 싸우거나 그의 생명을 구하겠다고 약속하고 있지 않다.

이 문맥에서 사랑은 죽음과의 '전쟁'에 있지 않고 단지 죽음과 '비교'되고 있다(또한 Murphy, "Dance and Death," 118을 보라). 트롬프(N. J. Tromp, "Wisdom and the Canticle," 94)는 8:6b-7c이 다음의 메시지를 전달하는 지혜의 가르침이라고 주장한다: "사랑은 여기서 세상과 인류의 존재를 위협하는 부정적인 세력을 극복케 하는 힘으로 대변된다. 다시 말해서 사랑은 혼돈에 승리를 가져오고, 건전한 질서와 생명을 낳는다." 하지만 트롬프와 달리, 이것이 부차적으로 편집된 첨가물이라고 의심할 이유가 없고, (직접적인 이슈가 사랑의 소유인) 문맥에서 분리시키는 것은 보증된 것이 아니다. 죽음에 대해 "승리"를 얻게 하는 사랑에 관한 지침이 여기에 없다. 사랑과 죽음은 개념적으로 묶여 있으나 양극단을 이룬다. "사랑이 죽음처럼 강력하다"는 것은 죽음에 직면해서 가족의 계보가 보존되는 성과 재생의 능력을 주로 언급하고 있지도 않은 것 같다(Watson, *VT* 47[1997] 385-87). 이것이 확실히 사실이고, 아가서와 심지어 이전 구절에서 재생산에 대한 일부 암시가 있을지라도, 다음 소절들은 그녀가 여기서 재생산적인 기능보다는 사랑의 열정과 질투에 관해서 말하고 있음이 분명하다.

레쉐프(רֶשֶׁף)는 욥기 5:7에서 "불꽃"(spark)을 의미하고 시편 78:48에서는 빛을 가리키는 것으로 보인다. 신명기 32:24과 하박국 3:5에서 그 용어는 재앙이다. 시편 76:4에서(ET 3), "화살의 불꽃"(רִשְׁפֵי־קָשֶׁת – 리쉬페 콰쉐트)은 화살을 의미하는 것으로 보인다. 불꽃의 어근의 개념이 이 모든 용법의 배후에 있는 것으로 보인다. 따라서 "불꽃"은 이 지점에서 가장 합리적인 번역이다. 레쉐프(רֶשֶׁף)란 말은 자체적으로는 "화살"을 의미하지 않는다. 그것을 한정명사인 "화살"이 없이는 그런 방식으로 해석해서는 안 된다. 큐피드의 화살과 같은 것을 여기서 암시하지도 않는다. 또한 여기서 그것이 빛을 의미한다고 가정할 설득력 있는 이유도 없다.

살헤베트야(שלהבתיה)란 용어는 여기서만 나타나지만, 아마도 명사 살헤베트(שַׁלְהֶבֶת, "불길")와 거룩한 이름인 여호와(יהוה)의 축약형의 조합일 것이다. 예를 들어, 그것이 삼인칭 여성 단수 대명사 접미어(70인경에서처럼)라는 대안적인 설명은 설득력이 없다. 다채로운 70인경의 번역인 페리프테라 아우테스 페리프테라 퓨로스 플로게스 아우테스(*περίπτερα αὐτῆς περίπτερα πυρός φλόγες αὐτῆς*, "그녀의 열주(列柱)에 둘러싸여 있는, 그녀의 불꽃의 열주에 둘러싸여 있는"은 히브리어 텍스트를 수정하거나 해석할 바람직한 근거는 아니다. 동시에 살헤베트야(שלהבתיה)를 하나님의 이름을 실제적으로 언급하는 것으로 취해서도 안 된다. 여기서 마침 부분은 모든 신학적인 의미를 사실상 상실했고, 단지 "권능" 또는 그와 같은 것을 형용사적으로 기능하고 있을 뿐이다.

사랑의 불꽃이 권능의 불꽃과 같다는 주장은 얌(Yamm)이나 못(Mot)과 싸우고 있는 동안에 천둥을 내던진 날씨의 신을 암시하지 않는다. 여기서 그 용어는 사랑의 격노하는 능력을 묘사하고 있다. 명사 살헤베트(שלהבת, "불길")는 사악한 자들에 대한 하나님의 멸망케 하심을 묘사하고 있는 욥기 15:30과 하나님이 네게브의 나무를 불로 사를 것이라고 위협하는 에스겔 21:3(ET 20:47)에서 나타난다. 양 경우에, 불은 하나님의 진노를 은유적으로 나타낸다. 이 용어는 성경에서 문자적인 불에 대해서도 사용되지 않는다. 오히려 그것은 질투하는 노여움을 내포한다. 여기서 고려되고 있는 것은 격노의 불이지 긍휼의 불이 아니다(반대로는 Murphy, 197). 이 용어는 남자와 여자간의 사랑의 띠의 열정과 독점성을 묘사한다. 이 구절에서 그것이 거룩한 속성과 대응하는 부분을 가질지라도, 질투의 "불"은 인간의 속성이다.

7 불과 물의 대조가 분명하게 나타나고 있어서 이 소절을 설명하기 위해서 원시적인 혼돈의 물의 신화적 이미지로 되돌아갈 필요는 거의 없다. 사랑의 불의 격렬함은 아주 위대해서 홍수라도 그것을 끌 수가 없다. 이 사랑의 영역에 들어간 이후에는 어느 누구도 그 능력을 피할 수가 없다. 이 불을 그들의 삶에 인정한 사람들은 그 불을 끄기가 불가능하다는 것을 발견하게 될 것이다.

해설

이 칸토는 왜 도착의 모티브로 시작하고 있는가? 이는 뒤이어지는 사랑의 능력에 관한 엄숙한 분석에 필요하거나 조화되는 서론으로 보이지 않는다. 하지만 자세히 살펴보면, 그것은 여인의 노래에 적합한 전주이다. 이전에 도착에 관한 칸토(아 3:6-11)는 장엄하고 영웅적인 신분을 커플에게 주었다. 여기서도 동일한 분위기가 있다. 여인은 관심이 대상이 되며, 높은 위치에 올려져 있다. 여인이 "사랑하는 자를 의지하고" 있다는 사실이 그녀의 위치를 축소시키지 못하고, 오히려 청중에게 여인이 사랑을 아는 자라는 사실을 암시한다. 합창부의 전주는 여인이 뒤이어지는 사랑의 심오한 선언을 할 수 있는 충분한 경험과 위치에 있음을 알려준다.

아가서에서 어머니에 대한 애착(5절)은 중요하다. 아가서는 아버지를 한 번도 언급하지 않지만 어머니는 일곱 번이나 언급한다(아 1:6; 3:4, 11; 6:9; 8:1, 2, 5). 여인이 결혼하기 전에 가정의 삶은 "어머니의 아들"에 의해 통제되었다(1:6). 솔로몬은 어머니에 의해 면류관이 씌어지며(3:11), 신부는 어머니의 사랑하는 딸이다(6:9). 오라비와 누이의 친밀한 관계는 이 둘이 한 어머니의 젖꼭지로 양육을 받았다는 사실로 정의된다(8:1). "어머니의 집"은 성적이고 생산적인 기능을 갖는 여인의 자궁에 대한 은유다(3:4; 8:2). 여기 8:5에서 아내/어머니의 열정이 그녀와 그녀의 남편을 함께 묶어준다.

종합해서 말하면, 어머니가 우월하게 나타나고, 아버지에 대해서는 침묵하는 것은 설명하기 그리 어렵지 않다: 처녀성을 상실하고, 임신하며, 자녀를 출산하고, 자녀들을 양육하는 여성의 경험의 열정적인 깊이와 대비되게 남자의 성적인 경험은 비교도 안 되게 아주 단순하다. 여성이 성적이고 가정적인 사랑을 지배한다.

여인의 이름이 남자의 팔과 마음 그리고 영혼에 은유적으로 새겨진다. 여인이 남자에 대해서 두 젖가슴 사이에 몰약 향낭과 같다고 노래했다(아 1:13). 이제 그녀는 자신이 남편의 몸과 마음에 인이 찍혀진 것으로 노래한다. 이것은 여인이 남자를 그녀의 것으로 소유하고 이제 완전한 정절을 요구하고 있음을 의미할 수 있다. 연합은 물론 사랑의 연합이지만, 그녀는 그것에 대해서 부끄럽지 않게 소유하고 독점적이 될 수 있다. 남자와 여자가 처음부터 "한 육체"가 된 것을 의미하였기 때문에 부정과 일부다처제는 여기서 배제된다. 여인이 남자에 대해서 소유를 주장하고 있는 용어는 매우 강력하고, 아가서가 남자보다는 독점적인 소유권을 주장하는 여인으로 끝나고 있음이 두드러진다.

여인은 죽음과 같이 사랑은 피할 수 없는 것임을 제기한다. 남자와 여자가 경험했던 사랑은 서로를 영구적으로 묶어주었다. 서로에 대한 그들의 사랑의 열정은 죽음이 그러한 것처럼 가차 없이 그들을 묶어두고, 오직 죽음만이 이 두 사랑하는 자를 사실상 분리시킬 수 있다. 격렬함과 파괴의 힘이 이 용어들에 내재해 있다. 열정적으로 사랑하는 사람들은 열정적으로 소유한다. 사랑과 사랑하는 자를 가벼이 다루지 않는다. 여호와는 질투하는 하나님이시다(출 20:5). 신실치 못함에 대해 편집증적이고, 신경증적으로 의존하거나 잘못되게 질투하는 사람들이 있을지라도(문학에서 오델로에 의해 예시되는), 독점성 자체가 잘못되었거나 억압적인 것이 아니다. 연인이 사랑의 라이벌이 생겼는데도 무관심한 것은 잘못된 것이다. 또한 이 문맥에서 질투는 연인이 신실치 못하다는 편집증적인 의심을 가리키지 않는다. 이스라엘에 대한 하나님의 질투하심이 모델이라면 이 용어는 건강한 관계의 설정으로 적합한 소유됨을 가리킨다. 건강한 영혼들이 올바르게 경험하는 이런 독점성은 사랑의 영광의 일부이고, 나아가서 이런 관계로 들어가는 일의 진지성을 보여준다.

죽음과의 비교는 아마도 또 다른 의미가 있을 것이다: 결혼은 다른 사람에게 자신의 생명을 주는 것이고, 결혼하는 자는 모든 다른 이들에 대해서는 죽은 것이다. 복음으로 참된 자유와 생명을 경험하기 위해서 "죽어야" 한다는 예수의 가르침과 유사하게(요 12:24), 결혼에서 성의 기쁨을 경험하기 위해서 모든 혼외정사적인 섹스에 대해 죽어야 한다.

어느 누구도 사랑이나 성적인 관계를 가벼이 또는 생각 없이 들어가서는 안 된다. 그렇게 하는 것은 감정적인 재앙 – 사랑은 자기 자신의 영혼만이 아니라 다른 이의 영혼에 커다란 능력을 갖는다 – 을 초래한다. 사랑을 가볍게 할 수 있고 그 불을 의지대로 쉽게 끌 수 있다고 생각하는 사람들은 마음 안에 폭풍을 만들고, 사랑하는 이들에게 고통을 초래할 것이다. 여인은 사랑의 능력에 대해서 그러한 경고를 청중들에게 주고 있다. 그녀는 이미 세 번이나 예루살렘의 처녀들이 때가 이르기 전에 사랑을 일깨우지 말 것을 부탁했다(아 2:7; 3:5; 8:4).

그러나 이것은 사랑이 나쁜 것이라고 말하고 있지 않다. 사랑은 인간이 소망하는 절묘한 것이고, 영혼의 절실한 경험이다. 다른 사람에 대해서 이런 종류의 열정을 갖는 것은 선물이다. 그것을 살 수도 팔 수도 없다. 여인이 사랑을 위해서 자신의 돈을 주는 어떤 이에 대해서 말할 때, 그녀는 성적인 호의를 사는 것을 언급하지도(확실히 그렇게 할 수 있다) 심지어 돈으로 아내를 얻는 것을 언급하지도 않는다. 하지만 그것은 매우 흔한 일이다. 그녀는 사랑 자체의 경험, 즉 결코 살 수 없는 것을 언급하고 있다.

아울러, 이 본문은 다른 성경의 지혜문학과 교차하고 있다. 사랑은 부와 소유를 넘어서는 가치가 있다. 결코 돈으로 살 수가 없다. 잠언 16:16은 "지혜를 얻는 것이 금을 얻는 것보다 얼마나 나은고 명철을 얻는 것이 은을 얻는 것보다 더욱 나으니라"고 외친다. 지혜의 여인처럼, 사랑은 금의 가치를 능가한다(잠 8:19). 아가서 8:7에서 남자의 정절을 요구하는 자가 여인임을 주목하는 것은 중요하다. 고대 근동지방에서 여자의 의한 간음은 가증스러운 죄로 여겨졌지만 남자의 경우에는 이 문제에서 덜 심각했다. 하지만 잠언 5:7-23에서처럼 여기서 성적인 헌신은 남편에게도 요구된다. 신부는 지혜의 여인이 젊은 남자에게 요청했던 것처럼(잠 1:20-33), 남자에게 그와 동일한 종류의 요구를 하고 있다. 신부에 대해서 신실함은 지혜(Wisdom)에 대해서 신실한 것과 동등하다. 신부를 지키는 것은 사랑을 보존하고, 지혜를 지키는 것은 생명을 보존한다.

XII. 코러스와 소프라노: 처녀의 교육 II(8:8-12)

참고문헌

Alden, R. L. "Song of Songs 8:12a: Who Said It?" *JETS* 31(1988) 271-78. **Arbel, D. V.** "'My Vineyard, My Very Own, Is for Myself.'" In *The Song of Songs: A Feminist Companion to the Bible.* FCB 2d ser. 6. Ed. A. A. Brenner and C. R. Fontaine. Sheffield: Sheffield Academic Press, 2000. 90-101.

본 문

첫 번째 스탠자	First Stanza	
코러스	chorus	
우리에게 있는 작은 누이는	**8** We have a sister, a little girl	1A
아직도 유방이 없구나	(she has no breasts).	1B
우리가 그를 위하여 무엇을 할꼬	What shall we do for our sister	1C
그가 청혼함을 받는 날에는	on the day that she is engaged?	1D
9 그가 성벽일진대	**9** If she is a wall,	2A
우리는 은 망대를 그 위에 세울 것이요	we will build her a tier[a] of silver.	2B
그가 문일진대	If she is a door,	2C
우리는 백향목 판자로 두르리라	we will enclose her with a plank of cedar.	2D
소프라노	soprano	
10 나는 성벽이요 나의 유방은 망대 같으니	**10** I was[a] a wall, and my breasts were like towers	3A
그러므로 나는 그의 보기에 화평을 얻은 자 같구나	then[b] in his[c] eyes I was one[d] who finds peace.	3B

두 번째 스탠자	Second Stanza	
코러스	chorus	
11 솔로몬이 바알하몬에 포도원이 있어	**11** There was a vineyard belonging to Solomon in Baal Hamon.	4A
지키는 자들에게 맡겨두고	He leased the vineyard to tenants.	4B
그들로 각기 그 실과를 인하여서 은 일천을 바치게 하였구나	Each would pay from his crop a thousand pieces of silver.	4C
소프라노	soprano	
12 내게 속한 내 포도원은 내 앞에 있구나	**12** My vineyard, the one that belongs to me, is in my power.[a]	5A
솔로몬 너는 일천을 얻겠고	The thousand are for you, Solomon,	5B
실과 지키는 자도 이백을 얻겠구나	but two hundred for those who tend the crops	5C

원문주해

9.a. 70인경 옛라틴어역 옛시리아어역 그리고 벌게이트역은 이것을 복수로 만든다. MT를 따라 단수로 읽어라.

10.a. 대부분의 번역과 대비되게, 동사가 없는 어절인 아니 호마(אֲנִי חוֹמָה)를 현재시제로 번역하는 것은 불필요하다. 시간적인 불변화사인 아즈(אָז)는 이 구절이 과거와 관련되어 있음을 함축한다.

10.b. 70인경은 맛소라텍스트의 아즈(אז, "그때에"[then])를 에고[ἐγώ]즉 아니[אני, "나")로 독법한다. 맛소라텍스트로 독법하라.

10.c. LXX[B] "그들의 눈에."

10.d. 분사인 께모체에트(כמוצאת)는 "발견한 자와 같은"을 의미하지만 "같은"("like", כ)은 여기서 성벽으로 둘러싸인 도시에 관한 은유와 관련이 있다. "같은"이 이 번역에 포함되어 있다면, "나는 평화를 발견한 도성과 같았다"를 의미하는 것으로 그것을 이해해야 한다. 그렇지 않다면, כ을 *kaf veritatis*에서처럼 번역하지 않은 채로 남겨두어야 한다.

12.a. 레파나이(לְפָנָי)는 "내 앞에"일 뿐만 아니라 "나의 능력으로"를 의미한다. 이에 대한 평행은 창세기 34:10이다: 베하아레츠 띠흐예 리프네켐 쉐부 우세하루하 베헤아하주 빠흐(וסחרוה והאחזו בהוהארא תהיה לפניכם שבו, "땅이 너희 앞에 있으니 여기 머물러 매매하며 여기서 기업을 얻으라").

양식/구조/배경

이 본문은 두 스탠자로 구성되어 있다. 첫 번째 스탠자는 세 스트로피를 갖고 있고, 두 번째 스탠자는 두 스트로피를 갖고 있다. 각각의 스탠자에서 코러스는 삼자와 관련한 특별한 이슈를 묘사하는 서정시로 먼저 노래한다(스트로피 1에서 "작은 누이"에 대한 적절한 관심과 스트로피 4에서 솔로몬의 포도원에 대한 관심). 그때에 각 스탠자에서 소프라노는 코러스가 제기한 이슈에 대비하여 여인 자신의 상황을 묘사함으로써 반응한다. 코러스의 스트로피 1과 2는 각기 네 소절로 되어 있고, 스트로피 3에서 여인의 반응은 두 소절로 되어 있다. 스탠자 2에서 코러스와 소프라노는 세 소절의 단일한 스트로피를 노래한다.

따라서 이 칸토는 서정시의 주요한 부분을 테너나 소프라노가 노래하지 않고 코러스가 노래하고 있다는 사실로 인해 특이하다. 남자와 여자의 열정적인 사랑보다는 공동체의 관심과 질문이 이 칸토를 지배하고 있다고 말할 수 있다. 한편으로 코러스가 대단히 지배하고 있는 스탠자(아 8:8-10)에서, 소절이 균형을 이루고 소프라노가 마지막 말을 하는 스탠자(아 8:11-12)로의 이동은 여인이 자기 주변의 세상에서 어떤 점에서 승리하였다는 것을 함축한다.

이 단위는 아가서 1:5-6의 "처녀의 교육"과 분명히 관련이 있다. 아가서 1:5-6를 8:8-12와 연결하는 표제어는 "솔로몬"(שלמה), "돌보는 자, 일꾼"(נטר – 나탈), 그리고 "나의 포도원"(כרמי – 까르미)이다. 이 본문의 요지는 여인이 어린 시절을 뒤에 남기고 이제 여인의 자유와 책임의 상태로 들어갔다는 사실이다.

해석자들은 아가서 8:8-9을 오라비들에게 속한다고 자주 주장한다. 그러나 아가서의 어느 곳에서도 "오라비"로 역할 하는 남성 코러스가 있다는 암시를 발견할 수 없다. 이는 아가서를 노래라기보다는 드라마로 생각한 데서 나온 결과다. 아가서에서 여성 코러스조차도 아주 느슨하게 예루살렘 처녀의 역할을 한다. 그들의 주요한 역할은 아가서에서 제삼자의 목소리를 제공하는 것이다. 그들은 두 주요한 싱어와 상호작용하고 오직 두 파트의 노래가 제공하는 것보다 대본에 더 많은 자유와 복합성을 제공한다. 드라마나 역사에서 실제적인 인물인 것처럼 8:8-9의 작은 누이(어린 소녀)와 코러스 간의 관계를 질문할 필요는 없다. 작은 누이를 소개하는 이면의 전체적인 요지는 아가서가 처녀에서 아내로 변화되는 것을 설명하는 수단을 제공할 뿐이다.

아가서 8:8-9에 복수 형태가 이 서정시가 코러스에 속하고 소프라노나 테너에 속하지 않는다는 아주 분명한 지침이 됨을 부연할 수 있다. 물론 우리가 여기서 더 복잡한 어떤 것을 가질 수 있다고 말할 수 있는 가능성이 있기는 하지만(예를 들어, 소프라노와 테너가 동시에 8-9절에서 노래하고 있다고 보는 것), 다른 반대되는 분명한 증거가 없는 상황에서는 일인칭 복수 형태는 코러스가 노래하고 있음을 함축하고 있다는 가장 단순한 해결책으로 가는 것이 가장 좋다. 8:12의 싱어는 8:10의 싱어인 여인과 확실히 동일하다(또한 Alden, *JETS* 31[1988] 271-78을 보라).

주석

8 이 코러스는 유방이 없다고 말함으로써 작은 누이를 묘사한다. 그러므로 그녀는 작은 아이와 청년기의 어느 지점에 있다. 이런 묘사에서 성적인 본질이 두드러진다. 그것은 성적인 성숙의 측면에서 그녀를 규정하고 있다. 이것은 이사야 7:15-16(도덕적인 선택을 할 수 있는 능력), 이사야 8:4("아버지"와 "어머니"를 말하는 능력), 예레미야 1:6(웅변적으로 말할 수 있는 능력), 그리고 요나 4:11(좌와

우를 구분할 수 있는 능력)과 같이 정신적인 능력의 측면에서 어린시절과 성인시절을 정의하는 보다 전형적인 방식과 대조된다. 하지만 이런 묘사는 적절하다. 코러스의 관심의 초점이 되는 것은 정확히 소녀의 성적인 삶이기 때문이다.

사무엘상 25:39의 "다윗이 아비가일로 자기 아내를 삼으려고 보내어 그에게 말하게 하매"(וידבר באביגיל לקחתה לו לאשה – 바예답벨 빠아비가일 레콰히따흐 로 레잇샤)는 관용구인 쉐예듑빨 빠흐(שידבר־בה)가 약혼한 여인을 언급함을 가리킨다. 엄격한 문법이 빠욤 쉐예듑빨 빠흐(ביום שידבר־בה, "그녀가 약혼한 날에")가 그들이 그 구체적인 날에 무엇을 해야 하는지를 알기를 원한다는 것을 의미함을 함축할지라도, 실제적인 의미는 그리 정확하지 않다. 즉 그들이 어린이의 약혼하는 날에 구체적으로 무엇을 해야 하는지를 묻는 대신에, 그들은 그녀의 미래의 약혼과 '관련하여' 무엇을 해야 하는지를 묻고 있다. 한편으로 여기서 고려되고 있는 문화적인 관습이 그녀가 여전히 어린 아이이고 실제적인 결혼식이 있기 오래 전에 약혼한 소녀와 관련이 있다면, 그 문법을 보다 문자적으로 적용할 수 있다. 어쨌든 코러스는 그녀가 어떤 날 결혼할 것이라는 사실에 비추어 그들이 그녀에게 무엇을 해야 하는지를 묻고 있는 것으로 보인다.

9 해석자들은 여기서 호마(חומה, "벽")와 떼레트(דלת, "문")를 정결을 대변하는 벽과 난잡한 성향을 대변하는 문의 대조를 자주 본다. 즉 이 대안들은 특히 성적인 영역에서 소녀의 도덕적인 특징을 가리키는 것으로 간주한다. 표면적으로 이는 합리적인 것으로 보이나, 몇 가지 요소가 그럴 법하지 않은 해석이 되게 만든다. 첫째로 성인이 되기 전의 소녀가 수년이 흐른 뒤에 정숙할 것인지를 미리 결정할 수 있거나 결정해야 하는 것이 분명하지 않다. 둘째로 각각의 대안 다음에 귀결절은 상당히 동일하다. 양 경우에 그것들은 공격으로부터 소녀를 방어하는 것이다(즉 그녀의 정결을 유지하기 위한 조치들을 취하는 것). 셋째로 "문"이란 용어는 여기서 접근이 아니라 방어를 묘사하고 있다. 그 의도가 남성의 성적인 욕구에 저항하지 않는 것으로서 그녀를 묘사하는 것이었다면, 이 본문은 아마도 "문"(דלת – 떼레트) 자체보다는 "출입구"(פתח – 뻬타흐) 또는 "열린 통로"를 사용했을 것이다. 킬(Keel, [1994] 279)을 참조하라. 그것은 임(אם, "if")에 의해 도입된 두 대안들이 "우리가 벽의 유추를 사용한다면"과 "우리가 문의 유추를 사용한다면"을 더욱더 의미하였을 것이다. 양 경우에, 그 유추는 소녀의 도덕적 성향과 관련이 있는 것이 아니라 성벽으로 둘러싸인 도시로서 처녀의 모습을 회고한다. 양 유추로 코러스는 어린 소녀가 결혼하기까지 처녀로 있을 것을 보증하는 조치를 그들이 취할 것을 주장한다.

"열, 층"(טירה – 티라)이란 용어는 거의 항상 "진, 야영지"(창 25:16; 민 31:10; 겔 25:4; 시 69:26; 대상 6:39)를 의미한다. 한번은 그것이 벽의 열을 의미한다(겔 46:23; 거기서 그것은 툴[טור]과 관련하여 사용된다; 출 28:17-20; 39:10-13; 왕상 6:36; 7:2, 4, 12, 18, 20, 42; 대하 4:13의 보석, 기둥, 조상, 또는 돌의 열이나 층). 여기서 이 용어는 자주 "탑"이나 "성곽"을 의미하는 것으로 자주 취해지나 이런 용법에 대한 분명한 유추가 없다. 티라(טִירָה)가 근본적으로 툴(טור)의 변이형이라면, 그것이 어떻게 "진"(텐트의 열이 있는), 또는 벽의 돌의 층을 의미할 수 있었는지를 설명할 수 있었다. 그러나 이것이 전쟁의 망루의 종류라는 개념은 정당화하기가 어렵다.

여기서 나츌(נצור)의 번역은 난해하다. 동사 출(צור)은 신명기 14:25; 열왕기하 5:23; 에스라 5:3에서처럼 때로 가방에 돈을 "확보하는" 것을 의미한다. 이 용법은 차랄(צרר, "묶다")과 평행이고, 일부 학자들은 여기서 이 형태를 출(צרר)의 변이형인 것으로 간주한다. 하지만 백향목으로 어떤 것을 "묶을" 수는 없으므로, 이런 해석은 배제되어야 한다. 70인경은 "윤곽을 그리다"나 "선을 긋다"를 의미하는 동사인 디아그라프소멘(*διαγράψωμεν*)을 갖는다. 이는 70인경의 번역자가 "조각, 형태, 또는 새김"의 의미로 출(צור)을 독법하고 있음을 시사한다(출 32:4; 왕상 7:15을 보라). 이것은 야찰(יצר)의 두 모양을 가진 형태다. 이런 방식으로 취할 때, "문"은 백향목의 조각술로 장식하거나 새길 수 있었음을 시사할 것이다. 또한 출(צור)은 출애굽기 23:22와 신명기 2:9, 19에서처럼 괴롭히거나 싸우는 것을 의미할 수도 있으나, 이 용법은 여기서 전혀 불가능하다. 출(צור)은 자주 신명기 20:12; 사무엘하 11:1; 20:15; 열왕기상 15:27; 16:17; 20:1에서처럼 "포위하다"를 의미한다. 이 모든 경우에 그것은 전치사 알(על)과 함께 자주 사용되고, 참으로 알(על)과 사용된 동사 출(צור)은 다른 곳에서 항상 "포위하다"(20회)를 의미한다. 이것은 매우 강력한 증거이고, 동일한 의미가 여기서 우세하다고 생각할 수 있다. 그러나 포위하다의 목적은 단지 도성으로 침투하는 것만이 아니다. 포위는 무엇보다도 사람이 도성으로 들어가는 것이나 나가는 것을 막는 전략이었다. 따라서 우리는 이것을 "공격"의 의미가 아니라 "봉함"의 의미로 취해야 한다.

티라트 까세프(טירת כסף, "은의 층[망대 – 한글개역])"와 루아흐 아레즈(לוח ארז, "백향목의 판자")는 둘 다 공격(처녀성의 상실)에 대항해서 성(처녀성)을 요새화하는 것을 의미한다. 이 은유는 그녀가 처녀성을 어떻게 상실하느냐(무력이든 동의든 간에)에는 관심이 없다. 단지 코러스는 처녀성의 상실을 막는 것을 의도하고 있음을 보여준다. 그러나 은과 백향목은 장식이지 방어적인 성채에 전형적으로 사용할 수 있는 재료가 아니다. 이것은 은의 경우에 자명하지만 백향목은 호화로운 거주지와 관련이 있다(예. 삼하 7:2, 7; 렘 22:14-15; 왕상 5-7장; 스 3:7). 소녀의 처녀성을 확보하기 위해서 (철, 돌, 또는 일반적인 나무와 대비되는) 비싸고 화려한 재료를 사용하였다는 의미는 처녀로서의 그녀의 신분이 위엄을 확장하는 방식으로 영예롭게 유지되어야 한다는 것이다. 그녀는 범죄자처럼 감옥에 있지 않고, 고귀한 보화처럼 보호되고 있다. 역사적인 유추는 다윗의 처녀 딸들이 훌륭한 옷으로 단장했던 방식에서 찾을 수 있다(삼하 13:18).

10 소프라노는 벽에 망대로서 그녀의 유방을 묘사함으로써 예상치 않은 방향으로 벽의 이미지를 전환시킨다. 이것은 작은 누이와 달리 그녀가 성적인 성숙에 이르렀고 완전한 유방을 가졌다는 사실을 분명히 전달한다. 하지만 이것은 또한 유혹에 대한 그녀의 저항을 나타낸다. 도성의 방비에서 망대는 모든 공격자들에 대한 저항의 당당한 상징이다. 망대를 취하는 것은 저항의 마지막 자취를 붕괴시켰고, 도성이 적의 손에 들어간다는 것을 함축한다.

"그의 눈에"(בְּעֵינָיו – 베에나브)는 "그의 평가에 있어서"나 "그의 견해에"를 단지 의미하는 것이 아니다. 그녀도 스스로 그의 눈에서 평화를 발견했다는 것을 의미한다.

11-12 바알 하몬(Baal Hamon)은 잘 알려져 있지 않다. 오래된 추측은 바알 하몬이 유딧서 8:3의 발라몬(Balamon)과 동일시되고, 그 텍스트에 따르면 그것은 도단(Dothan, 사마리아의 북쪽) 근처에 있었던 성이다. 포프(Pope, 686-88)는 바알 하몬과 봉헌된 비문에 언급된 카르타고(Carthaginian)의 신인 바알-함모(*Baal-ḥammo*)간에 유사성을 주목한다. 그는 하몬(הָמוֹן)이 여호수아 19:28에 언급된 도성의 이름인 함몬(חַמּוֹן)으로 수정되어야 한다고 주장한다. 또한 그는 함몬이란 이름이 마숩(*Maṣub*) 비문에 나타나는 것을 또한 주목한다. 그것은 일부 백성들이 함몬의 신의 사당에서 아쉬타르트(Ashtarte)에게 성물을 헌정했음을 언급한다. 그는 바알 함몬이 장소 이름이었다는 의심스러운 해석을 갖는 몇몇 텍스트에 기초하여 주장한다. 아울러 아쉬타르트가 우가릿 텍스트 2001.2.1의 포도원을 지키는 모티브와 관련이 있었기 때문에 그는 이 텍스트와 아가서 1:6이 함몬에 아쉬타르트에 대한 성물을 암시하는 것이라고 주장한다. 이런 수정이 지지를 받지 못한다는 사실 이외에도, 포프가 제기한 연관성은 너무 빈약해서 설득력이 없다.

바알 함몬이란 이름은 순전히 가공적이다. 그것은 "소동의 주인", "재물의 주인",

또는 아마도 "무리들의 남편"을 의미한다. 이는 솔로몬의 부와 유명한 처첩들에 대한 장난조의 암시일 수 있었다. 포도원은 실제적인 재물과 소유를 대변하지만 아가서에 그것은 여성의 성을 대변하기도 한다. 따라서 많은 해석자들은 솔로몬의 포도원을 그의 후궁들에 대한 매우 약하게 가려진 인유로 간주한다. 이런 유추에서 일꾼들은 후궁을 지키는 자들이었을 것이다. 혹자는 여기서 솔로몬의 비용에서 익살을 본다: 일꾼들에게 돌아가는 200세겔(12절)은 솔로몬의 후궁을 책임 맡고 있는 관원들의 일부가 이 여인들로부터 성적인 호의를 받았음을 함축한다(이것은 후궁의 모든 지킴이들이 내시는 아니었다는 것을 가정한다). 이런 해석이 옳다면, 12절의 싱어로 남자를 간주할 수도 있을 것이다. 그는 여인들의 무리를 가진 솔로몬과 달리 자신을 위한 단일한 포도원, 그의 아내를 갖고 있음을 말하고 있을 것이다.

위의 해석을 더 진전시키면, 그것은 "솔로몬의 포도원"이 후궁보다는 창기집을 묘사하고 있는 것으로 보인다. 이 포도원에서 여인들이 솔로몬에게 은 일천을 지불하고 자기들은 은 이백을 갖는 포도원의 일꾼들의 지배 하에 있다면, 그것은 창기집이 될 수 있다. 후궁은 이윤을 만들지 않는다. 하지만 이는 이 본문이 함축하는 바가 아니다. 솔로몬의 포도원이 단순히 그의 후궁이라면, 이윤의 은유는 잘못 상정된 것이고 아주 어색할 뿐이다.

하지만 이 해석을 다소 피상적이고 궁극적으로 단순히 잘못된 것으로 간주할 수 있는 설득력 있는 이유가 있다. 여인이 아가서 8:12에서 싱어다. 그것은 여인이 오라비의 권위 하에 있는 동안에 자신의 포도원을 보유할 수 없었음을 불평한 아가서 1:6과 관련이 있기 때문이다. 8:12에서 우리는 여인이 이제 자신의 포도원을 관장하고 있다는 여인의 구속과 변화를 보게 된다. 8:12에서 그녀의 남편이 그녀, 곧 포도원에 대한 권위를 단순히 선언하고 있다면 이런 조화는 파괴되고, 두 단락간의 관계는 모호해진다. 여기서의 주요한 문제는 현대의 독자들이 남편과 아내 간의 관계에 대한 고대세계의 이해를 수용하기를 거부하지 않는 것이다. 본문은 일종의 균형을 요구하고 있다. 이런 균형은 그것이 아무리 사실일지라도 자신의 포도원을 소유하고 있다고 선언하는 남자에 의해서는 성취되지 않는다.

솔로몬의 포도원이 그의 처첩들을 암시할지라도, 그것은 오로지 또는 심지어 주로 그렇지는 않다. 이 은유를 해석하는 열쇠는 아가서 1:6에서 여인이 사용한 용어다. 거기서 자신의 포도원을 재배하는 자유가 없음은 그녀의 노예적인 상태를 상징한다. 거기서 그녀는 오라비들이 부과한 의무 때문에 자신의 포도주를 기를 수 없었다. 반면에 솔로몬은 자신의 포도원을 스스로 재배하지 않는다. 그는 종들에게 포도원을 돌보고 그것이 잘 자라도록 지켜보는 자리를 자발적으로 내어주었다.

해설

여인은 아가서 1:5-6에서 오라비들이 자신을 노예처럼 다루었던 어머니의 집에서의 생활에 관해 노래한다. 그녀는 가족의 포도원에서 일하도록 강요받았고, 자신의 것을 재배할 수 있는 기회를 갖지 못했다. 그녀는 사실상 아웃사이더(이방인)이었고, 자신의 이득을 발견하고 발전시킬 수 있는 자유가 주어지지 않았다. 그럼에도 불구하고 그녀는 그런 경험에 의해 강해졌고, 여인으로서 자신의 자리를 차지할 준비가 되어 있다.

또한 아가서 8:8-12의 본문은 처녀 교육을 다루고 있다. 첫째로 코러스의 싱어들은 작은 누이에게 무엇을 해야 하는지를 묻고 웅변적으로 스스로 질문에 대답한다(8-9절). 그 다음에 여인은 코러스가 사용했던 벽이란 은유 하에서(10절) 처녀에서 아내로의 변화를 노래한다. 이전에 그녀는 남자들과 관련한 전쟁을 할 준비가 되어 있는 자와 같았다. 그녀의 방어는 완벽했고, 벽(그녀의 처녀성)을 순찰하는 자가 둘러싸고 있는 성이었다(아 3:3). 그러나 그에게서 그녀는 평화를 발견했다. 즉 그의 눈을 들여다봄으로써, 그녀는 완전히 신뢰할 수 있는 자를 발견했다. 그녀는 더 이상 포위 상태의 성이 아니었다. 그녀는 자유로이 문을 열 수 있었다. "망대"는 이제 그녀의 사랑하는 자에게 속하고 그것은 무력으로나 정복으로 이루어지지 않았다. 그의 깃발이 도성에 걸려 있고, 그것은 사랑의 깃발이다(아 2:4).

11절에서 코러스는 솔로몬의 포도원을 노래한다. 이는 아가서 1:5-6의 포도원을 분명히 상기시키는 모티브다. 솔로몬은 사실상 인생에서 직접적으로 참여하는 기쁨을 스스로 차단했고, 그 과정을 재정적인 거래로 바꾸었다. 자신의 손으로 돌보았던 포도가지로부터 포도를 먹는 기쁨을 갖고 정원을 돌보는 토지의 이상(理想)은 지분을 받으며 예루살렘에 앉아있는 솔로몬에게는 해당되지 않는다. 본문은 성적인 사랑의 참된 의미가 솔로몬에게는 역시 상실되어 있는 점에서 여기서 그의 후궁을 암시한다. 그에게서 엄청난 후궁은 정치적인 필수품이었으며, 그가 위대하고 부유한 왕이었다는 시각적인 표지였다. 하지만 그는 이 칸토의 싱어가 경험했던 것과 같은 사랑의 경험을 하지 못했다: "나의 사랑하는 자는 나에게 속하고, 나는 그에게 속한다." 솔로몬은 무리의 주인인 '바알 하몬'이었다. 그는 많은 훌륭한 것들과 사람을 소유하였지만 멀리서만 그것을 알았다.

여인은 솔로몬의 위치, 즉 방대한 토지를 보기만 하는 지주로 있기보다 자기 포도원을 직접 재배할 것으로 응답한다. 솔로몬과 대비되어, 그녀는 생명과 그녀의 사랑하는 자를 직접적으로 경험한다.

XIII. 테너, 코러스, 그리고 소프라노: 인사(8:13-14)

참고문헌

John of Ford. *Sermons on the Final Verses of the Song of Songs.* Trans. W. M. Beckett. Kalamazoo, MI: Cistercian, 1977. **Tournay, J. R.** "The Song of Songs and Its Concluding Section." *Imm* 10(1980) 5-14.

본 문

테너와 코러스		tenor and chorus	
13 너 동산에 거한 자야	1A	**13** O lady[a] who inhabits the gardens,	1A
동무들이 네 소리에 귀를 기울이니 나로 듣게 하려무나	1B	while friends listen for your voice,[b] let me hear you!	1B
소프라노		soprano	
14 나의 사랑하는 자야 너는 빨리 달리라	2A	**14** Hasten away, my lover,	2A
향기로운 산들에서 노루와도 같고	2B	and make yourself [a]like a gazelle[a]	2B
어린 사슴과도 같아여라	2C	or a young stag on the mountains of balsam!	2C

원문주해

13.a. "숙녀"가 여성 단수 분사인 하요세벧(הַיּוֹשֶׁבֶת, "거하는 자")에 의해 함축되어 있다. 70인경은 남성 단수의 호 카데메노스(ὁ καθήμενος)를 갖고 옛시리아어역은 남성 복수로 읽지만, 맛소라텍스트의 수정이 요구되지 않는다. 참조. Murphy, 194.

13.b. 레콜레크(לְקוֹלֵךְ, "네 목소리에")는 마크쉬비임(מַקְשִׁיבִים, "듣는")과 하쉬미이니(הַשְׁמִיעִנִי, "내가 듣게 하라")의 대상으로서 이중적인 의무를 행할 수 있었다.

14.a-a. 70인경과 몇몇 시리아 사본들에는 생략되어 있다.

양식/구조/배경

이 텍스트는 두 개의 짧은 스트로피로 구성되어 있다. 13절에서 남성 또는 코러스 또는 둘 파트 다 여성에게 외치고 있고, 14절에서 여성이 응답한다. 학자들은 싱어가 13절에서 누구인지에 대해서 확신하지 못하지만, 여성이 아가서의 초점이고 주인공이기 때문에 코러스와 테너가 여기서 그녀에게 함께 노래하고 있는 것으로 이해되어진다. 그들은 사실상 그녀의 변화를 축하하기 위해서 그녀에게 스포트라이트를 던지고 있다. 소리의 이런 합성은 아가서 1:2-4의 도입의 대응인데, 거기서 소프라노와 코러스는 남자에 대한 찬미를 선언하는 일에 서로 경쟁한다. 여성은 14절에서 향기로운(발삼) 산 위에 노루를 가장하여 그의 역할을 재개할 것을 남자에게 요청함으로써 반응한다. 아가서가 "내게 입을 맞출 것을" 남자에게 요청함으로써 시작했던 것처럼(1:2), 여인과의 사랑으로 그가 기뻐할 것을 요청하는 것으로 끝난다.

주석

13 아가서 2:14에서 여인의 소리는 남자에게 매우 향기롭고, 그는 여인이 말하는 것을 듣기 원한다. 이 구절에서 모든 사람이 그녀와 사랑에 빠졌다. 테너와 코러스가 동시에 이 부분을 노래하고 있음이 옳다면, 이 소리의 조화는 모든 이들이 여인이 말하기를 듣기 원한다는 것을 청중들에게 알린다. 이 서정시는 "친구들이 너의 소리를 듣고자 한다"고 선언한다. "동무들"(חברים – 하베림)은 아가서의 다른 곳으로는 오직 1:7에서만 나타나는데, 거기서 그것은 여인이 사랑하는 자의 친구들인 다른 목자들을 가리킨다. 그 본문에서 여인은 그의 친구들 중에 나타나는 것, 즉 그녀가 아웃사이더가 되는 상황을 주저하는 것을 노래했다. 그런데 여기서 그녀는 남자의 아내가 되어 있고, 모든 이들 – 남편, 처녀, 그리고 목자들 – 에 의해 칭송을 받는다. 그녀는 칭송의 대상으로서 남자를 대신했다(아 1:2-4을 보라).

"동산에 거한 자[숙녀]"(היושבת בגנים – 하요세베트 빠깐님)라는 호칭은 의미가 있다. 아가서에서 동산이나 과일의 은유는 규칙적으로 성적인 기쁨을 일반적으로 가리키고 또한 구체적으로 여인의 몸을 가리킨다. 여기서 동산에 거하는 숙녀로서 그녀는 사랑을 지배하고 있다. 사랑의 기쁨과 욕망이 중심에 그녀를 두고 있고, 모든 이들이 놀라움으로 그녀를 바라본다. 확실히 남자는 그녀에게 매료되어 있다("나로 듣게 하려무나"라는 소절은 테너 혼자서 노래하고 있을 것이다.)

14 여인은 남자에게만 오직 반응하고 있고, 코러스나 "동무들"에게는 관심이 없어 보인다. 이것은 여인이 남자의 동무들 중에서 있게 된다고 생각하여 고민하는 아가서 1:7과 대비된다. 여기서 그녀는 관심을 온통 남자에게 두고 다른 모든 이들은 간과한다. 그녀가 남자에게 "달릴"(ברח – 빼라흐) 것을 말할 때, 그녀는 그가 그녀에게서 멀리 달아나야 함을 의미하고 있지 않다. 산위에 노루의 은유 하에서 그

녀는 무리들로부터 떨어져 나와서 오직 그녀에게 모든 관심을 줄 것을 요청하고 있다. "향기로운(발삼) 산"(הרי בשׂמים – 하레 베사밈)이란 어구는 여인의 유방을 일컫고, (그녀의 성에 대한 초점을 갖는) 전체 몸에 대한 환유로 작용한다. 그녀는 남자가 그와 사랑을 나눌 것을 요청하고 있다.

해설

이것은 칸토나 스탠자가 산의 은유 하에서 그녀의 유방을 경험하는 남자와 관련하여 끝나는 세 번째 부분이다. 떠나라는 초대의 칸토(아 2:8-17)는 "깎아지른 산 위에"(2:17) 노루나 사슴과 같을 것을 남자에게 요청하는 것으로 끝난다. 아가서 4:6에서 남자는 자신이 "몰약 산과 유향의 작은 산"에 이르게 될 것을 언급함으로써 스탠자를 끝낸다. 여기서 전체 아가서는 "향기로운 산"을 경험할 것을 남자에게 요청하는 것으로 끝난다. 산은 분명히 아가서에서 유방에 대해 자주 사용하는 이미지이지만, 그 이상의 의미를 언급하고 있다. 아가서에서 유방에 대한 또 다른 이미지는 종려나 포도의 송이다(아 7:9[ET 7:8]). 하지만 산은 유방과 분명히 시각적인 유사성을 가진 것 외에, 본질상 다함이 없고, 일시적인 것이 아니다. 산들은 장엄함과 영구성을 내포한다. 그처럼 아마도 산은 성적인 사랑이 어느 커플의 다른 경험을 초월함을 보여주기 때문에 선호되는 은유다. 그것은 인간 경험에 보편적으로 내주한다. 그것은 산처럼 위엄이 있고, 또한 아가서 자체는 아름다움과 위엄이 내포하는 진술인 산과 같다. 다양한 파트의 말미에, 전체 송시의 말미에, 산에 대한 외침을 집어넣음으로써 본문은 산을 특별한 관심의 대상으로 만들어준다. 사랑 나눔의 영역으로서 유방에 이렇게 초점을 맞춤은 잠언 5:19과 일치하고 아가서가 올바르게 지혜 문헌에 속함을 제기한다. 나아가서 그것은 여인의 몸(그리고 특히 그녀의 유방)은 커플의 사랑의 중심이다. 마지막으로 문자적으로 '산'은 이스라엘의 언덕의 목가적인 배경을 암시하고, 젊은 연인들을 위한 이상적인 배경이란 이미지를 암시한다. 따라서 남자와 여자는 목가적인 시골로 떠나서 청중과 독자들에게 사랑의 먼 그리움의 비전을 남겨둔다.

예레미야애가

저자 서문

내가 정확하게 상기한다면, 나는 존 와츠와 1996년 가을에 이 프로젝트를 맡을 수 있는지를 처음 논의했다. 데이비드 허바드가 애가에 관한 이 주석을 완성하지 못하고 세상을 떠났기에, 존은 허바드가 남겨놓은 1장의 자료를 넘겨받아 그것을 이 주석 책에 포함시켜 작업할 사람이 있는지를 찾고 있었다. 나는 허바드 박사와 한번도 같이 만나는 특혜를 얻지 못했으나, 그의 사역이 나에게 많은 영향을 미쳤다. 나는 1997년의 어느 날에 이 일에 대한 책임을 수용했고, 그로 인한 결과가 바로 당신들 앞에 있다. 이 시리즈의 전반적인 주해를 관장했던 "아버지 박사"인 존 와츠 그리고 나의 친구인 제임스 와츠와 다시 한번 일할 수 있는 기회를 얻은 것은 나의 영광이다. 그들의 편집적인 전문 기술은 멜라니 맥과이어가 했던 것처럼 이 주석을 더 좋은 책으로 만들었다. 이 주석은 많은 이들의 도움과 함께 여러 장소에서 작성되었다. 최초의 작업은 남부침례신학교에서 1997에서 1999까지 이루어졌다. 나는 나를 위해 도서목록을 찾는 일을 도와주었던 보이스 센테니얼 도서관의 브루스 카이스링에게 특히 감사하다.

이 프로젝트에 대한 진전된 작업은 1999에서 2001년까지 트리니티 에피스코팔 학교에서 가르치는 동안이었다. 나의 학교 동료 교수인 학장 갈빈 맥그라스와 총장 피터 무어의 한없는 지원을 누린 것 외에, 나는 연구조교로서 사라 네브하르트를 둠으로써 매우 도움을 받았다. 사라는 내가 필요로 하는 자료들을 챙겨주었고, 이 일을 로버트 문데이 박사와 트리니티 도서관의 스텝들이 더 쉽게 만들어주었다. 2001년 여름 동안에, 나는 베손 디비니티 스쿨에서 가르쳤고, 그곳에서 샘포드 대학교 도서관을 사용하고 '서론'을 작성했다.

2000년 이래로 나는 휘튼 대학교의 교수로 봉직했고, 이 학교는 교수진들의 저술 작업을 놀라울 정도로 지원한다. 나는 스테핀 웹스터, 암버 스톤, 케이드 윌리암스, 그리고 조지 그로스로부터 자료를 얻는 작업에 도움을 받았다. 또한 나는 부스웰 메모리얼 도서관의 스텝들의 도움을 얻는 은혜를 입었다. 2002년 여름에 나는 호주 시드니의 무어 신학 대학교에서 연구와 저술을 할 수 있도록 대학이 제공하는 알덴 그란트 연구비의 혜택을 입었다. 내가 그곳에 거주하는 동안에, 구약의 동료 교수인 베리 웹과 폴 윌리암슨뿐만 아니라 무어 대학교의 교장인 존 우드하우스에 의해 격려를 받았다. 이 대학의 도서관원들은 변함없이 친절했고, 도움이 되었다. 대주교인

피터 젠센과 시드니의 성 엔드류 성당의 책임자인 필립 젠센은 우리가 거주할 수 있는 장소를 마련해주었고, 풍성한 대접을 해주었다. 젠센 형제는 은혜롭고, 선하며 용기를 주는 친구들이다. 그들의 아내들인 크리스틴과 헬렌도 마찬가지다.

이미 언급한 친구들 외에 나는 오래 동안 사귀었던 친구들과 가족들로부터 끊임없는 지원을 받았다. 리차드 베일리, 카일 맥크레란, 마이크 터커, 톰 존스, 그리고 그렉 톤버리는 이 프로젝트와 나의 삶에 대해 특별한 격려를 아끼지 않았다. 1998년에 자비의 은사를 갖고 있는 벤 미첼은 매우 어려운 시기에 나와 함께 있었고, 나의 가장 오래되고 현명한 친구인 짐 덱슨은 힘든 시기에 어려운 결정들을 하는데 나를 이끌어주었다. 벤과 짐은 대단히 우호적인 신학을 갖고 있다. 항상 그랬던 것처럼, 하프만은 저술 작업 내내 나에게 영감을 주고, 격려하고, 정보를 주었다. 사실상 스코트는 이 프로젝트를 맡는 일을 수용하도록 가장 먼저 나에게 조언을 주었던 사람이다. 오직 하나님만이 스코트와 같은 친구를 당신에게 주실 수 있다. 나의 누이인 수잔 킹슬리와 그녀의 남편인 고든은 그들이 알고 있는 것 이상으로 슬픔과 희망에 대한 나의 견해를 형성시켰다.

무엇보다도 나의 아내인 헤더와 나의 딸인 몰리가 그들의 사랑, 웃음, 그리고 이 프로젝트에 대한 의견을 전해 주었다. 전문적인 신학 편집자인 헤더는 사랑과 격려와 함께 조언을 아낌없이 해주었다. 또한 그녀는 내가 학문적인 저술에 이바지할 수 있도록 우리 가정에 분위기를 만들어준다. 딸 몰리는 모든 완료된 단계마다 같이 기뻐했다. 그녀도 지난 몇 년간에 발생했던 어려운 변화를 같이 나누었다. 그녀는 현재 신학교에서 학부 과정을 마치고 있고, 내년에는 옥스퍼드 대학교에서 신약학으로 대학원 과정을 공부할 것이다. 나는 주님에 대한 그녀의 헌신에 감사하다. 이 주석을 데이비드 허바드 박사의 영전에 바치는 것이 적절할지라도, 내가 이것을 딸 몰리에게 바치기를 원하는데, 아마도 그도 이런 나의 결정에 동의할 것이라고 믿는다. 결국에 그가 주님의 일을 위해서 몰리와 같은 사람들을 준비시키는데 일생을 바쳤기 때문이고, 나도 적어도 그의 헌신의 일부를 공유하고 있기 때문이다.

이러저러한 친절에 대해서 나는 매우 감사하다.

폴 R. 하우스
휘튼 대학교에서
2003년 부활절에

주석 참고문헌

주석의 본문에서 애가의 주석에 관한 언급들은 저자의 이름으로만 되어 있다.

Aalders, G. C. *De Klaagliederen.* Kampen: Kok, 1952. **Adeney, W. F.** *The Song of Solomon and the Lamentations of Jeremiah.* New York: Funk & Wagnalls, 1900. **Alshekh, M.** *The Book of Lamentations: Solace amidst the Ashes: The Commentary of Rabbi Mosheh Alshich on Megillath Eichah/Lamentations.* Jerusalem: Feldheim, 1993. **Ash, A. L.** *Jeremiah and Lamentations.* The Living Word Commentary. Abilene, TX: Abilene Christian UP, 1987. **Berlin, A.** *Lamentations.* OTL. Louisville, KY: Westminster John Knox, 2002. **Bettan, I.** *The Five Scrolls: A Commentary on the Song of Songs, Ruth, Lamentations, Ecclesiastes, Esther.* Cincinnati: Union of American Hebrew Congregations, 1950. **Boecker, H. J.** *Klagelieder.* Zurich: Theologischer Verlag, 1985. **Bonaventure.** *D. Bonaventvrœ S.R.E. Episcopi Card.… In librvm sapientiœ & lamentatinoes Ieremiae Prophetae pia & erudite expositio.* Venice: Apud Petrum de Francisdcijs, 1574. **Brandscheidt, R.** *Das Buch der Klagelieder. GSAT* 10. Düsseldorf: Patmos, 1988. **Budde, K.** "Die Klagelieder." In K. Budde, A. Bertholet, and D. G. Wildeboer, *Die Funf Megillot.* KHC 17. Freiburg, Leipzig, and Tübingen: Mohr(Siebeck), 1898. **Bugenhagen, J.** *In Ieremian Propetam Commentarium.* Vitebergae: In Officina Petri Seitz, 1546. **Bullinger, H.** *Threnorum, seu, Lamentationum beati Ieremiae prophetae breuis explication.* Tiguri: Excudebat Froschouerus, 1561. **Calvin, J.** *Commentaries on the Book of the Prophet Jeremiah and the Lamentations.* Trans. J. Owen. Calvin's Commentaries 11. 1563. Reprint, Grand Rapids, MI: Baker, 1996. **Castro, C. de.** *Commentariorum in Ieremiœ Prophetias, Lamentationes, et Baruch.* Paris: Apud Michaëlem Sonniom, 1609. **Cheyne, T. K.** *Lamentations.* London: Funk & Wagnalls, 1913. **Coffman, J. B.** *Ecclesiastes, Song of Solomon, Lamentations.* Abilene, TX: Abilene Christian UP, 1994. **Crowley, E. J.** *The Books of Lamentations, Baruch, Sophonia, Nahum, and Hebacuc: With a Commentary.* New York: Paulist Press, 1962. **Dalglish, E. R.** *Jeremiah, Lamentations.* Nashville: Broadman, 1983. **Davidson, R.** *Jeremiah II and Lamentations.* Daily Study Bible. Philadelphia: Westminster, 1985. **Del Rio, M. A.** *Commentarivs litteralis in Threnos, id est, Lamen-*

tationes Ieremiœ prophetœ. Lvgdvni: Svmptibvs Horatii Cardon, 1608. **Deursen, F. van.** *Ruth, Klaagliederen, Esther.* Amsterdam: Duijten & Schipperheijn, 1991. **Dobbs-Allsopp, F. W.** *Lamentations.* IBC. Louisville, KY: Westminster John Knox, 2002. **Droin, J. M.** *Le Livre des Lamentations: "Comment?": Une traduction et un commentaire.* Geneva: Labor & Fides, 1995. **Ellicott, C. J.** *The Book of Jeremiah and Lamentations.* Grand Rapids, MI: Zondervan, 1961. **Ellison, H. L.** "Lamentations." In *Expositor's Bible Commentary.* 12 vols. Grand Rapids, MI: Zondervan, 1986. 6:695-733. **Ewald, H.** *Die Psalmen und die Klagelieder.* 3d ed. DAB. Göttingen: Vandenhoeck & Ruprecht, 1866. **Exell, J. S.** *Jeremiah, the Lamentations of Jeremiah.* 1900. Reprint, New York: Revell, 1981. **Figueiro, P. A.** *Paraphrases in Praophetias Ieremiœ, Commentarios in eiusdem Lamentationes.* Lyon: Suptibus Horatii Cardon, 1615. **Fuerst, W. J.** *The Books of Ruth, Esther, Ecclesiastes, the Song of Songs, Lamentations.* CBC. Cambridge: Cambridge UP, 1975. **Gaab, J. F. von.** *Beiträge zur Erklärung des sogenannten Hohenlieds, Koheleths und der Klaglieder.* Tübingen: Heerbrandt'schen, 1795. **Gelin, A.** *Jérémie—Les Lamentations—Le Livre de Baruch.* La Sainte Bible de Jérusalem. Paris: Cerf, 1951. **Gerstenberger, E. S.** *Psalms, Part 2, and Lamentations.* FOTL 15. Grand Rapids, MI: Eerdmans, 2001. ______. *Zu Hilfe, mein Gott: Psalmen und Klagelieder.* Neukirchen-Vluyn: Neukirchener Verlag, 1989. **Ghislerius, M.** *In Ieremiam propetam commentarii* ··· Jugduni: Laurentii Durand, 1623. **Gordis, R.** *The Song of Songs and Lamentations.* New York: Ktav, 1974. **Gosdeck, D. M.** *Jeremiah, Lamentations.* Milwaukee: Northwestern, 2000. ______. *Jeremiah, Lamentations.* St. Louis: CPH, 1995. **Gottwald, N. K.** "Lamentations." In *Harper's Bible Commentary.* Ed. J. L. Mays et al. San Francisco: Harper & Row, 1988. 646-51. **Gross, H.** *Klagelieder.* Würzburg: Echter, 1986. **Guest, J.** *Jeremiah, Lamentations.* Communicator's Commentary. Waco, TX: Word, 1988. **Guinan, M. D.** "Lamentations." In *The New Jerome Biblical Commentary.* Ed. R. E. Brown et al. Englewood Cliffs, NJ: Prentice Hall, 1990. 558-62. **Habel, N. C.** *Jeremiah and Lamentations.* St. Louis: Concordia, 1968. **Haller, M.** "Die Klagelieder." In M. Haller and K. Galling, *Die Funf Megilloth.* HAT 18. Tübingen: Mohr(Siebeck), 1940. **Hamon, M.** *Commentaire sur les Lamentations de Jérémie.* Paris: Chez Le Clere, 1790. **Hardt, H. von der.** *Threnos.* Helmstadii, 1712. **Harrison, R. K.** *Jeremiah and Lamentations.* TOTC. Downers Grove, IL: InterVarsity Press, 1973. **Henderson, E.** *The Book of the Prophet Jeremiah and*

That of the Lamentations. Andover: Draper, 1868. **Hillers, D. R.** *Lamentations.* AB 7A. New York: Doubleday, 1972. ______. *Lamentations.* 2d ed. AB 7A. New York: Doubleday, 1992. **Hinton, L. B.** *Jeremiah and Lamentations.* Basic Bible Commentary. Nashville: Abingdon, 1988. **Hitzig, J.** *Das Hohe Lied: Erklärt von d. Ferdinand Hitzig. Die Klaglieder. Erklärt von d. Otto Thenius.* Leipzig: Hirzel, 1855. **Huelsemann, J.** *D. Joh. Hulsemanni in Jeremian & Threnos Commentarius posthumus.* Frankfurt: Sumptibus Johannis Herebordi Klosii, 1696. **Huey, F. B.** *Jeremiah and Lamentations.* NAC. Nashville: Broadman Press, 1993. **Jensen, I. L.** *Jeremiah and Lamentations.* Chicago: Moody Press, 1966. **Kaiser, O.** "Klagelieder." In H. Ringren and O. Kaiser, *Das Hohelied/Klagelieder/Das Buch Ester.* 4th ed. ATD 16.2. Göttingen: Vandenhoeck & Ruprecht, 1992. **Keil, C. F.** *Jeremiah, Lamentations.* Trans. J. Martin. Commentary on the Old Testament 8. 1872. Reprint, Grand Rapids, MI: Eerdmans, 1980. **Kent, D. G.** *Lamentations: Bible Study Commentary.* Grand Rapids, MI: Zondervan, 1983. **Knabenbauer, J.** *Commentarius in Danielum prophetam, Lamentationes et Baruch.* Paris: Lethielluex, 1891. **Knight, G. A. F.** *Esther, Song of Songs, and Lamentations.* TBC. London: SCM Press, 1955. **Kodell, J.** *Lamentations, Haggai, Zechariah, Malachi, Obadiah, Joel, Second Zechariah, Baruch.* Wilmington, DE: Glazier, 1982. **Kraus, H. J.** *Klagelieder.* 3d ed. BKAT 20. Neukirchen-Vluyn: Neukirchener Verlag, 1968. **Kuist, H. T.** *The Book of Jeremiah: the Lamentations of Jeremiah.* Richmond, VA: John Knox, 1960. **Lamparter, H.** *Das Buch der Sehnsucht: Das Buch Ruth, das Hohe Lied, die Klagelieder.* Stuttgart: Calwer, 1962. **Löhr, M.** *Die Klagelieder des Jeremia.* HKAT 3.2.2. Göttingen: Vandenhoeck & Ruprecht, 1906. **Lowth, W.** *A Commentary upon the Prophecy and Lamentations of Jeremiah.* London, 1728. **Lundmark, J.** *In Threnos Jeremiae dissertation: Cujus partem primam.* Upsala: Edman, 1799. **Mayer, F.** *Die Klagelieder Jeremias: Ein Evengelium für Mühselige und Beladene.* Stuttgart: Quell, 1934. **McGee, J. V.** *Jeremiah and Lamentations.* Pasadena, CA: Thru the Bible Books, 1978. **Meek, T. J.**, and **W. P. Merrill.** "Lamentations." *IB.* 12 vols. Nashville: Abingdon, 1956. 6:3-38. **Moskowitz, Y. Z.** "Lamentations." In *Five Megillot.* Daʿat Miqra Series. Jerusalem: Mosad Harav Kook, 1990. **Müller, H. P.** *Das Hohelied, Klagelieder, das Buch Ester.* Göttingen: Vandenhoeck & Ruprecht, 1992. **Nägelsbach, C. W. H.** *The Book of the Prophet Jeremiah: Theologically and Homiletically Expounded.* Edinburgh: Clark, 1871. **O'Connor, K. M.** "Lamentations."

NIB. Nashville: Abingdon, 2001. 6:1013-72. ______. "Lamentations." In *The Women's Bible Commentary.* Ed. C. A. Newsom and S. H. Ringe. Louisville, KY: Westminster John Knox, 1992. 178-82. **Oecolampadius, J.** *In Hieremiam Prephetam Commentariorum libri tres.* Argentinae: In Officina Matthia Apiarii, 1533. **Oettli, S.** "Die Klagelieder." In *Kurzgefaszter Kommentar zu den heiligen Schrisften Alten und Neuen Testaments.* Ed. H. Strack and O. Zöckler. A: Altes Testament 7. Abteilung: Die poetischen Hagiographen. Nördlingen, 1889. 199-224. **Origen.** *Jeremiahomilien; Keleliederkommentar; Erklärung der Samuel- und Königsbücher.* Reprint, Berlin: Akademie, 1983. **Paffrath, T.** *Die Klagelieder.* Bonn: Hanstein, 1932. **Paschasius Radbertus.** Commentaria in Lamentationibus Ieremie prophete. Basel: Balilien, 1502. ______. *In Lamentatioes Ieremiœ prophetœ quœ ut quinque capitibus continent, ita in quing redegit libros, opus certe aureun, nunquam antehac uisum, nec typis excusum.* Cologne: Ex officina Eucharii, 1532. **Peake, A. S.** *Jeremiah and Lamentations.* Vol. 2, *Jeremiah XXV to LII, Lamentations.* Century Bible. London: Caxton, 1911. **Piscator, J.** *In Prophetam Jeremiam et ejusdem Lamentationes Commentarius.* Herbornae Nassoviorum: Ex Officina typographica Christophori Corvini, 1614. **Plöger, O.** "Die Klagelieder." In O. Plöger et al. *Fünf Megilloth: Ruth, Das Hohelied, Esther, Der Prediger, Die Klagelieder.*(HAT 1.18, 2d ed. Tübingen: Mohr(Siebeck), 1969. **Provan, I.** *Lamentations.* NCB. Grand Rapids, MI: Eerdmans, 1991. **Re'emi, S. P.** "The Theology of Hope: A Commentary on the Book of Lamentations." In R. Martin-Achard and S. P. Re'emi, *God's People in Crisis: A Commentary on the Book of Amos and A Commentary on the Book of Lamentations.* ITC. Grand Rapids, MI: Eerdmans, 1984. **Renkema, J.** *Lamentations.* Trans. B. Doyle. HCOT. Leuven: Peeters, 1998. **Ricciotti, G.** *Le Lamentazioni de Geremia.* Turin and Rome: n.p., 1924. **Ringgren, H.** *Das Hohe Lied, Klagelieder, Das Buch Esther.* Göttingen: Vandenhoeck & Ruprecht, 1981. **Rudolph, W.** *Das Buch Ruth, Das Hohe Lied, Die Klagelieder.* 2d ed. KAT 17.1-3. Gutersloh: Mohn, 1962. **Salters, R. B.** *Jonah and Lamentations.* Old Testament Guides. Sheffield: JSOT Press, 1994. **Schneider, H.** *Das Buch Daniel. Das Buch der Klagelieder. Das Buch Baruch.* Frieburg: Herder, 1954. **Smit, G.** *Ruth, Ester en Klaagliederen.* Groningen: Wolters, 1930. **Smith, J.** *Jeremiah and Lamentations.* Joplin, MO: College Press, 1972. **Stoll, C. D.** *Die Klagelieder.* Woppertal: Brockhaus, 1986. **Streane, A. W.** *Jeremiah, Lamentations.* Cambridge Bible for Schools and Colleges. Cambridge: Cambridge UP,

1881. **Strobel, A.** *Trauer um Jerusalem: Jeremia, Klagelieder, Baruch.* Stuttgart: Katholisches Bibelwerk, 1973. **Tarnow, J.** *In Threnos Jeremiae commentarius.* Hamburg: Sumptibus Sam. Heilii & Joh. Gottf. Liebezeit, 1707. **Thenius, O.** *Die Klagelieder.* Leipzig: Mohr(Siebeck), 1855. **Tobiah ben Elieser(Toviyahu ben Eli'ezer).** *Tobia ben Elieser's Commentar zu Threni(Lekach Tob.): Zum ersten male nach ms. München.* Berlin: Druck von H. Itzkowski, 1895. **Udall, J.** *A Commentarie upon the Lamentations of Ieremy.* London, 1900. **Vaihinger, J. G.** *Der Prediger und das hohelied.* Stuttgart: Besler, 1858. **Weiser, A.** "Klagelieder." In H. Ringren, A. Weiser, and W. Zimmerli, *Spruche/Prediger, Das Hohe Lied/Klagelieder, Das Buch Esther.* 2d ed. ATD 16. Göttingen: Vandenhoeck & Ruprecht, 1962. **Westermann, C.** *Lamentations: Issues and Interpretation.* Trans. C. Muenchow. Minneapolis: Fortress, 1994. **Wiesmann, H.** *Die Klagelieder.* Frankfurt am Main: Philosophisch-theologische Hochschule Sankt Georgen, 1954. **Wright, J. S.** *Lamentations, Ezekiel, Daniel.* Grand Rapids, MI: Eerdmans, 1970. **Yamamuro, G.** *Eremiya-ki: Eremiya aika.* Tokyo: Kyuseidan Shuppan oyobi Kyokyubu, 1941. **Ziegler, J.** *Jeremias. Baruch. Threni. Epistula Jeremiae.* 2d ed. Göttingen: Vandenhoeck & Ruprecht, 1976. **Zlotowitz, A.** *Lamentations: A New Translation with a Commentary Anthologized from Talmudic, Midrashic, and Rabbinic Sources.* New York: Mesorah, 1977.

일반 참고문헌

Ahuvyah, A. "*ʾykh yšbh bdd hʿyr rty ʿm*(Lam 1:1)." *Beth Miqra* 24(1979) 423-25. **Albrektson, B.** *Studies in the Text and Theology of the Book of Lamentations.* Lund: Gleerup, 1963. **Alexander, P. S.** "The Textual Tradition of Targum Lamentations." *AbrN* 24(1986) 1-26. **Alter, R.** *The Art of Biblical Poetry.* New York: Basic, 1985. **Anderson, G. A.** *A Time to Mourn, a Time to Dance: The Expression of Grief and Joy in Israelite Religion.* University Park, PA: Pennsylvania State UP, 1991. **Barthélemy, D.** *Critique textuelle de l'Ancien Testament.* Vol. 2, *Isaïe, Jérémie, Lamentations.* OBO 50.2. Fribourg and Göttingen, 1986. **Baumgartner, W.** *Die Klagegedichte des Jeremias.* BZAW 32. Giessen: Töpelmann, 1917. **Begrich, J.** "Zur hebräischen Metrik." *TRev* 4(1932) 67-89. **Benjamin ben Aaron of Zalozce.** *Tore zahav: ʿal Hamishah humshe Torah gam ʿal Megilat Ekhah u-Megilat Ester.* Jerusalem, 1988. **Berlin, A.** *The Dynamics of Biblical Parallelism.* Bloomington: Indiana UP, 1985. **Bosman, H. J.** "Two Proposals for a Structural Analysis of Lamentations 3 and 5." In *Bible et Inromatique.* Paris: Champion, 1992. 77-98. **Bouzard, W. C., Jr.** *We Have Heard with Our Ears, O God: Sources of the Communal Laments in the Psalms.* SBLDS 159. Atlanta: Scholars Press, 1997. **Bracke, J. M.** *Jeremiah 30-52 and Lamentations.* Louisville: Westminster John Knox, 2000. **Brandscheidt, R.** *Gotteszorn und Menschenleid: Die Gerichtsklage des leidenden Gerechten in Klagelieder 3.* Trier: Paulinus, 1983. **Brooks, R.** *Great Is Your Faithfulness.* North Darlington: Evangelical Press, 1989. **Brug, J. F.** "Biblical Acrostics and Their Relationship to Other Ancient Near Eastern Acrostics." In *Scripture in Context: The Bible in the Light of Cuneiform Literature.* 3 vols. Ed. W. W. Hallo et al. Lewiston, NY: 1990. 3:283-304. **Brunet, G.** "Une Interpretation nouvelle du livre biblique des Lamentations." *RHR* 175(1969) 115-17. ______. *Les Lamentation contre Jérémie: Réinterpretation des quatre premières lamentations.* Paris: Presses Universitaires de France, 1968. **Budde, K.** "Das hebräische Klagelied." *ZAW* 2(1882) 1-52. ______. "Poetry(Hebrew)." In *A Dictionary of the Bible.* Ed. J. Hastings. 5 vols. Edinburgh: T & T Clark, 1902. 4:2-13. **Cannon, W. W.** "The Authorship of Lamentations." *BSac* 81(1924) 42-58. **Caro, H.**

I. *Beiträge zur ältesten Exegese des Buches Threni mit besonderer Berücksichtigung des Midrasch und Targum.* Berlin: Itzowski, 1893. **Cohen, A.** *Midrash Rabbah: Lamentations.* London: Soncino, 1939. **Cohen, C.** "The 'Widowed' City." *JANESCU* 5(1973) 75-81. **Cohen, M. E.** *The Canonical Lamentations of Mesopotamia.* 2 vols. Potomac, MD: CDL, 1988. ______. *Sumerian Hymnology: The Eršemma.* Cincinnati: Hebrew Union College Press, 1981. **Cohen, S.** "The Destruction from Scripture to Midrash." *Proof* 2(1982) 18-39. **Cowles, H.** *Jeremiah and His Lamentations.* New York: Appleton, 1880. **Dahood, M.** "New Readings in Lamentations." *Bib* 59(1978) 174-97. **De Hoop, R.** "Lamentations: The *Qinah*-Metre Questioned." In *Delimitation Criticism. A New Tool in Biblical Scholarship.* Ed. M. C. A. Korpel and J. M. Oesch. Assen: Van Gocum, 2000. 80-104. **Dennison, J. T., Jr.** "The Lament and the Lamenter." *Kerux* 12(1997) 30-34. **Dobbs-Allsopp, F. W.** "The Effects of Enjambment in Lamentations(Part 2)." *ZAW* 113(2001) 370-85. ______. "The Enjambing Line in Lamentations: A Taxonomy(Part 1)." *ZAW* 113(2001) 219-39. ______. "Linguistic Evidence for the Date of Lamentations." *JANESCU* 26(1998) 1-36. ______. "The Syntagma of *bat* Followed by a Geographical Name in the Hebrew Bible: A Reconsideration of Its Meaning and Grammar." *CBQ* 57(1995) 451-70. ______. "Tragedy, Tradition, and Theology in the Book of Lamentations." *JSOT* 74(1997) 29-60. ______. *Weep, O Daughter of Zion: A Study of the City-Lament Genre in the Hebrew Bible.* BibOr 44. Rome: Pontifical Biblical Institute, 1993. **Dori, Z.** *Megilat Ekhah: tirgumah u-midrashah.* Kiryat Netafim: Dori, 1984. **Dorsey, D. A.** "Lamentations: Communicating Meaning through Structure." *EvJ* 6(1988) 83-90. **Durlesser, J. A.** "The Book of Lamentations and the Mesopotamian Laments: Experiential or Literary Ties." *Proceedings, Eastern Great Lakes Biblical Society* 3(1983) 69-84. **Eichler, U.** "Der klagende Jeremia." *TLZ* 103(1978) 918-19. **Eissfeldt, O.** *The Old Testament: An Introduction.* Trans. P. Ackroyd. New York: Harper and Row, 1965. **Everson, A. J.** "Days of Yahweh." *JBL* 93(1974) 329-37. **Ferris, P. W., Jr.** *The Genre of Communal Lament in the Bible and the Ancient Near East.* SBLDS 127. Atlanta: Scholars Press, 1992. **Fitzgerald, A.** "The Mythological Background for the Presentation of Jerusalem as Queen and False Worship as Adultery in the OT." *CBQ* 34(1972) 403-16. **Follis, E. R.** "The Holy City as Daughter." In *Directions in Biblical Hebrew Poetry.* Ed. E. R. Follis. *JSOTSup* 40. Sheffield: *JSOT* Press, 1987. 173-84.

Freedman, D. N. "Acrostic Poems in the Hebrew Bible: Alphabetic and Otherwise." *CBQ* 48(1986) 408-31. ______. "Acrostics and Metrics in Hebrew Poetry." *HTR* 65(1972) 367-92. **Gadd, C. J.** "The Second Lamentation for Ur." In *Hebrew and Semitic Studies.* FS G. R. Driver, ed. D. W. Thomas and W. D. McHardy. Oxford: Oxford UP, 1963. 59-71. **Garr, W. R.** "The *Qinah*: A Study of Poetic Meter, Syntax and Style." *ZAW* 95(1983) 54-75. **Gordis, R.** "A Note on Lamentations ii 13." *JTS* 34(1933) 162-63. **Gottlieb, H.** "Das Kultische Leiden des Königs: Zu den Klageliedern 3, 1." *SJOT* 1(1987) 121-26. ______. *A Study on the Text of Lamentations.* Acta Jutlandica 48, Theology Series 12. Arhus: Arhus UP, 1978. **Gottwald, N. K.** "The Book of Lamentations Reconsidered." In *The Hebrew Bible in Its Social World and in Ours.* SBLSymS. Atlanta: Scholars, 1993. 165-73. ______. "Lamentations." *Int* 9(1955) 320-38. ______. *Studies in the Book of Lamentations.* Rev. ed. *SBT* 1.14. London: SCM Press, 1962. **Gous, I.** "A Survey of Research on the Book of Lamentations." *OTE* 5(1992) 185-205. **Graetz, N.** "Jerusalem the Widow." *Shofar* 17.2(Winter 1999) 16-24. **Gray, G. B.** *The Form of Hebrew Poetry.* 1915. Reprint, New York: Ktav, 1972. **Green, M. W.** "The Eridu Lament." *JCS* 30(1978) 127-67. **Grossberg, D.** *Centripetal and Centrifugal Structures in Biblical Poetry.* SBLMS 39. Atlanta: Scholars Press, 1989. **Grossfeld, B.** "The Targum to Lam. 2:10." *JJS* 28(1977) 60-64. **Guest, D.** "Hiding behind the Naked Woman in Lamentations: A Recriminative Response." *BibInt* 7(1999) 413-48. **Gunkel, H.** *Introduction to Psalms: The Genres of the Religious Lyric of Israel.* Ed. J. Begrich. Trans. J. Nogalski. 1933. Reprint, Macon, GA: Mercer UP, 1998. ______. "Klagelieder Jeremiae." In *Die Religion in Geschichte und Gegenwart.* 2d ed. Tübingen: Mohr (Siebeck), 1929. 1049-52. **Gwaltney, W. C., Jr.** "The Biblical Book of Lamentations in the Context of Near Eastern Lament Literature." In *Scripture in Context II: More Essays on the Comparative Method.* Ed. W. Hallo, J. Moyer, and L. Perdue. Winona Lake, IN: Eisenbrauns, 1983. 191-211. ______. "Lamentations, Book of." *DBI* 2:44-48. **Ha'adni, M.** *Perush le-sifre Tehilim, Pirke Avot, Rut, Ekhah, Ester.* Tel-Aviv: Afikim, 1997. **Hallbäck, G.** *Prædikerens Bog og Klagesangens: Fortolket.* Copenhagen: Danske bibelselskab, 1993. **Hallo, W. W.** "Lamentations and Prayers in Sumer and Akkad." In *Civilizations of the Ancient Near East.* 4 vols. Ed. J. Sasson. New York: Charles Scribner's Sons, 1995. 3:1871-81. **Helberg, J. L.** "The Incomparable Sorrow of Zion in the Book of Lamentations." In

Studies in Wisdom Literature. Ed. C. W. van Wyk. Hercules, S. Africa: NHW Press, 1973. 27-36. ______. "Land in the Book of Lamentations." *ZAW* 102(1990) 372-85. **Hillers, D. R.** "History and Poetry in Lamentations." *CurTM* 10(1983) 155-61. ______. "Lamentations, Book of." *ABD* 4:137-41. ______. "Observations on Syntax and Meter in Lamentations." In *A Light unto My Path.* FS J. M. Myers, ed. H. M. Bream et al. Philadelphia: Temple UP, 1974. 265-70. **Horgan, M. P.** "A Lament over Jerusalem('4Q179')." *JSS* 18(1973) 222-34. **Hunter, J.** *Faces of a Lamenting City: The Development and Coherence of the Book of Lamentations.* BEATAJ 39. Frankfurt am Main: Lang, 1998. **Jacob ben Hayyim Feivush, ha-Kohen.** *Zera‘ Ya‘akov: … perush … ‘al … Shir ha-Shirim, Ekhah, Yonah …* Warsaw: Di-defus Yisrael be-Reb Yosef ha-Kohen Alapin, 1878. **Jahnow, H.** *Das hebräische Leichenlied im Rahmen der Volkerdichtung.* BZAW 36. Giessen: Töpelmann, 1923. **Johnson, B.** "Form and Message in Lamentations." *ZAW* 97(1985) 58-73. **Joseph Hayyim ben Elijah al Hakam.** *Sefer Nehamat Tsiyon: perush be-derekh ha pardes ‘al Megilat Ekhah.* Jerusalem: Yeshu‘an ben David Salem, 1987. **Joyce, P.** "Lamentations and the Grief Process: A Psychological Reading." *BibInt* 1(1993) 304-20. ______. "Sitting Loose to History: Reading the Book of Lamentations without Primary Reference to Its Original Historical Setting." In *In Search of True Wisdom.* FS R. E. Clements, ed. E. Ball. *JSOTSup* 300. Sheffield: *JSOT* Press, 1999. 246-62. **Kaiser, B. B.** "Poet as Female Impersonator: The Image of Daughter Zion as Speaker in Biblical Poems of Suffering." *JR* 67(1987) 164-82. **Kaiser, W. C., Jr.** *A Biblical Approach to Suffering.* Chicago: Moody Press, 1982. **Kartveit, M.** "Sions dotter." *TTKi* 1-2(2001) 97-112. **Kasser, R.** *Jérémie 40, 3-52, 34, Lamentations, Épître de Jérémie, Baruch 1, 1-5, 5.* Cologne: Biblioteca Bodmeriana, 1964. **Klein, J.**, ed. "Lamentations." *Encyclopedia Olam Hatanakh* 16A. Ramat Gan: Revivim, n.d. 107-59. **Kohen Stedek, B.** *Alon Bakhut: be’ul ‘al megilat kinot.* 1711. Reprint, Brooklyn: Ahim Goldenburg, 1991. **Kramer, S. N.** "The Weeping Goddess: Sumerian Prototypes of the Mater Dolorosa." *BA* 46(1983) 69-80. ***Krašovec*, J.** *Reward, Punishment, and Forgiveness: The Thinking and Beliefs of Ancient Israel in the Light of Greek and Modern Views. VTSup* 78. Leiden: Brill, 2000. ______. "The Source of Hope in the Book of Lamentations." *VT* 42(1992) 223-33. **Lanahan, W. F.** "The Speaking Voice in the Book of Lamentations." *JBL* 93(1974) 41-49. **Landa, N. H. S.** *Sefer Ahavat Tsiyon.* 1893. Reprint, Bruklin:

Goldenburg, 1993. **Landy, F.** "Lamentations." In *The Literary Guide to the Bible.* Ed. R. Alter and F. Kermode. Cambridge, MA: Belknap, 1987. 329-34. **Langedult, P.** *Aantekeningen of Verklaaringer Over het geheele Nieuwe Testament: Als mede over de Klaagliederen van Jeremias.* Amsterdam: Pietersz, 1687. **Lee, N. C.** *The Singers of Lamentations: Cities under Siege, from Ur to Jerusalem to Sarajevo.* Biblical Interpretation 60. Leiden: Brill, 2002. **Levine, E.** *The Aramaic Version of Lamentations.* New York: Hermon, 1976. **Linafeldt, T.** "Margins of Lamentations." In *Reading Bibles, Writing Bodies: Identity and the Book.* Ed. T. K. Beal and D. M. Gunn. London: Routledge, 1997. 219-32. ______. "Surviving Lamentations." *HBT* 17 (1995) 45-61. ______. *Surviving Lamentations: Catastrophe, Lament, and Protest in the Afterlife of a Biblical Book.* Chicago: Univ. of Chicago Press, 2000. **Löhr, M.** "Alphabetische und alphabetisierende Lieder im Alten Testament." *ZAW* 25(1905) 173-98. ______. "Der Sprachgebrauch des Buches der Klagelieder." *ZAW* 14(1894) 31-50. **Marcus, D.** "Non-recurring Doublets in the Book of Lamentations." *HAR* 10(1986) 177-95. **McDaniel, T. F.** "The Alleged Sumerian Influence upon Lamentations." *VT* 18(1968) 198-209. ______. "Philological Studies in Lamentations, I." *Bib* 49(1968) 27-53. **Michalowski, P.** *The Lamentation over the Destruction of Sumer and Ur.* Winona Lake, IN: Eisenbrauns, 1989. **Mintz, A.** "The Rhetoric of Lamentations and the Representation of Catastrophe." *Proof* 2(1982) 1-17. **Moore, M. S.** "Human Suffering in Lamentations." *RB* 90(1983) 534-55. **Nathansohn, J.** *Dibere Shaul ål ha-Tora we-hamesh Me-gillot* min. Lemberg: Suess, 1875. **Neusner, J.** *Israel after Calamity: The Book of Lamentations.* The Bible of Judaism Library. Valley Forge, PA: Trinity Press International, 1995. **O'Connor, K. M.** *Lamentations and the Tears of the World.* Maryknoll, NY: Orbis, 2002. **Pham, X. H. T.** *Mourning in the Ancient Near East and the Hebrew Bible. JSOTSup* 302. Sheffield: Sheffield Academic Press, 1999. **Pick, S.** *Das dritte capitel der Klagelieder in seinem sprachlichem verhältniss zu den Weissagunger Jeremias.* Breslau: Schatzky, 1888. **Porteous, N.** "Jerusalem-Zion: The Growth of a Symbol." In *Verbannung und Geimkehr.* FS W. Randolph, ed. A. Kuschke. Tübingen: Mohr(Siebeck), 1961. 235-52. **Raabe, A.** *Die Klagelider des Jeremias und der Prediger des Salomon im Urtext nach neuester Kenntniss der Sprache dehandelt(erstere metrische) übersetzt: Mit Anmerkungen und einem Glossar versehen neuer Gesichtspuckt für hebräisches Versmaas eröffnet.* Leipzig: Fernau, 1880.

Renkema, J. "The Literary Structure of Lamentations(I-IV)." In *The Structural Analysis of Biblical and Canaanite Poetry.* Ed. W. van der Meer and J. C. de Moor. *JSOTSup* 74. Sheffield: *JSOT* Press, 1988. 294-396. ______. "The Meaning of the Parallel Acrostics in Lamentations." *VT* 45(1995) 379-83. **Reyburn, W. D.** *A Handbook on Lamentations.* UBS Handbook Series. New York: United Bible Societies, 1992. **Robinson, T. H.** "Once More on the Text of Lamentations." *ZAW* 52(1934) 309-10. **Rudolph, W.** "Der Text der Klagelieder." *ZAW* 56(1938) 101-22. **Ruppert, L.** "Klagelieder in Israel und Babylonien: Verschiendene Deutungen der Gewalt." In *Gewalt und Gewaltlosigkeit im Alten Testament.* Ed. N. Lohfink. Freiburg: Herder, 1983. 111-58. **Ryken, P.** *Jeremiah and Lamentations: From Sorrow to Hope.* Wheaton, IL: Crossway, 2000. **Salters, R. B.** "Searching for Patterns in Lamentations." *OTE* 11(1998) 93-104. ______. "Using Rashi, Ibn Ezra and Joseph Kara on Lamentations." *JNSL* 25(1999) 201-13. **Selms, A. van.** *Jeremiah deel III en Klaagliederen.* Nijkerk: Callenbach, 1974. **Shea, W. H.** "The *qinah* Structure of the Book of Lamentations." *Bib* 60(1979) 103-7. **Shelomoh, D.** *Sefer Mesos kol ha-mit'ablim: perush ʿal Megalit Ekhah bi-shene ofanim, ha-rishon be-derekh yagon va-anahot veha-sheni be derekh sovaʾ semahot.* Jerusalem, 1988. **Slavitt, D. R.** *The Book of Lamentations: A Meditation and Translation.* Baltimore: Johns Hopkins UP, 2001. **Sorotzkin, Y.** *Megilat Rut: ʿim perush Rinat Yitshak; Megilat Ekhah: ʿim perush Rinat Titshak.* Wickliffe, OH: Sorotzkin, 1989. **Tanhum ben Joseph of Jerusalem.** *Tanchumi Kierosolymitani Commentarii araicus in Lamentationes e codice unico bodleiano literis hebraicis exarato descripsit charactere arabico et edidt Gulielmus Cureton.* London: Madden, 1843. **Taylor, R. R.** *Studies in Jeremiah and Lamentations.* Abilene, TX: Quality, 1992. **Thomas, W.** *Scriptures Opened and Sundry Cases of Conscience Resolved, in Plain and Practical Answers to Several Questions, upon the Proverbs of Solomon, Ecclesiastes, Jeremiah, Lamentations, Ezekiel, and Daniel.* London: Sampson Evans, 1675. **Thompson, J. A.** "Israel's 'lovers.'" *VT* 27(1977) 475-81. **Tigay, J.** "Lamentations, Book of." *EncJud.* 10:1368-75. **Tossanus, D.** *Lamentationes Ieremiase prophetœ, lamentabili hoc et lugubri tempore perecessariœ.* Frankfurt: Apud Andream Wechelum, 1581. **Van der Heide, A.** *The Yemenite Tradition of the Targum of Lamentations: Critical Text and Analysis.* Leiden: Brill, 1981. **Vermigli, P. M.** *In Lamentationes Ieremiae Prophetae.* Tiguri: Bodmer, 1629. **Vital, B. ha-Cohen.** *Alon Bakhut: Beʾur*

ʿal megilat Kinot. Venice: Nella Stamparia Bragadina, 1711. **Waltke, B.,** and **M. O'Connor.** *An Introduction to Biblical Hebrew Syntax.* Winona Lake, IN: Eisenbrauns, 1990. **Weintraub, N.** *Elyashiv: perush ʿal megilat Ekhah.* Jerusalem: Defus Erets Yisra'el, 1945. **Weissblueth, S.** "*Mipî ʿelyôn lōʾ tēṣēʾ hārāʿôt wehaṭṭôb.*" *Beth Miqra* 32(1986-87) 64-67. **Westermann, C.** *Praise and Lament in the Psalms.* Trans. K. Crim. Atlanta: John Knox, 1981. **Wiesmann, H.** "Der plamnäszige Aufbau der Klagelieder des Jeremias." *Bib* 7(1926) 146-61. ______. "Der Verfasser des Büchleinds der Klagelieder ein Augenzeuge der behandelten Ereignisse?" *Bib* 17(1936) 71-84. ______. "Der Zweck der Klagelieder des Jeremias." *Bib* 7(1926) 412-28.

서론

참고문헌

Alter, R. *Art of Biblical Poetry.* **Barth, K.** "The Strange New World within the Bible." In *The Word of God and the Word of Man.* Trans. D. Horton. 1957. Reprint, Gloucester, MA: Peter Smith, 1978. **Berlin, A.** *Dynamics of Biblical Parallelism.* **Kugel, J. L.** *The Idea of Biblical Poetry.* New Haven, *CT*: Yale UP, 1981. **Lowth, R.** *Lectures on the Sacred Poetry of the Hebrews.* Trans. G. Gregory. [Originally *De Sacra Poesi Hebraeorum: Praelectiones Acadamiae Oxonii Habitae.* 2 vols. Oxonii, Italy: Typographo Clarendoniano, 1753.] Andover: Codman, 1829. **O'Connor, J. M.** *Hebrew Verse Structure.* Winona Lake, IN: Eisenbrauns, 1997. **Smart, J.** *The Strange Silence of the Bible in the Church.* Atlanta: John Knox, 1980. **Westermann, C.** *Praise and Lament in the Psalms.*

애가에 관한 글을 썼을 때, 별다른 논쟁이 일어나지 않는다면, 이는 많은 성경책들에게 주어졌던 일종의 비평적이고 대중적인 관심을 받지 못했다는 의미가 될 것이다. 애가 연구에 몇 가지 의미 있는 기여가 있었으나, 이 성경은 많은 학자들과 일반 독자들에게 여전히 모호한 채로 남아 있다. 그리고 학문계와 서방 교회의 현재의 관심을 볼 때도, 이것이 왜 그러한가 하는 이유를 이해하는데 그리 어렵지 않다.

이 책은 인간의 죄에 대한 하나님의 벌이 야기한 고통, 실로 고뇌를 전달한다. 그것은 거의 현대 시대에는 인기 있는 주제가 아니다. 고대 전승이 애가서를 예레미야와 연관시켰을지라도, 이 책의 저자는 무명이다. 따라서 학도들과 학자들은 과거의 위대한 인물이나 특정한 사상 군으로 애가서를 확신 있게 연결할 수는 없다. 애가서는 성경 신학자들이 그들의 사상에서 흔히 반영하는 구원 역사를 포함시키지 못하게 만드는, 역사에서 구원하시는 하나님의 위대한 행위 중 하나가 아니라, 이스라엘의 가장 커다란 실패를 묘사한다. 이 책은 네 장에서 특별한 시적 형태인 이합체 시를 따른다. 단지 마지막 장에서 그 패턴이 깨질 뿐이다. 이 시들은 많은 다른 책들보다도 분명하게 통일적인 원리를 거의 갖고 있지 않다. 따라서 편집 비평은 명백한 신학적 요소를 그들의 연구에서 확보하는데 실패하고, 양식 비평도 이 시가 시편에서 발견할 수 있는 애가 형태에 어떻게 적합하게 어울리는지를 식별하는 노력에서 어려움을 겪었다. 이 책은 유대의 예전적인 생활에서 성전 파괴를 나타내는데 사용되었고, 기독교 예배에서는 성주간에 사용되었다. 하지만 교회에서 좀처럼 애가서를 설교하지 않는다. 이 모든 사실은 애가서가 21세기의 독자들에게 어떤 가치가 있는가를 흐리게 만드는 경향이 있다.

이런 상황이 주어졌을 때, 애가서의 잠재적인 학문적 그리고 종말론적 가치를 강조하는 것이 필요하다. 목록을 확장할 수 있을지라도, 애가서는 기독교회가 상고할 필요가 있는 네 가지 근본적인 이유를 갖고 있다. 나는 성경 연구에 통상적으로 아주 헌신했던 사람들조차도 진정으로 애가를 포용했다고 생각하지 않기 때문에 '재고'가 아니라 '상고'라고 말한다. 이 네 가지 이유들은 애가와 관련한 점증하는 의미 있는 학문적 전승으로부터 나온다. 희망하건대, 각각의 이유들이 이 전승을 효과적으로 확장시키는 방식을 제공하기를 바란다. 특히 이 서론과 주석에서 그것들을 설명할 때 말이다.

첫째로 애가에 관심을 기울이는 것은 구약의 시, 특히 어려운 주제를 전달하고 있는 시들에 관한 능력과 관계성에 대해 확장된 인식을 갖도록 도울 것이다. 구약을 연구하는 이들은 히브리 시의 세심하고 통찰력 있는 분석으로부터 오랫동안 혜택을 입어 왔다. 18세기의 로드(Lowth)의 독창적인 작품(*Lectures on the Sacred Poetry of the Hebrews*)에서부터 알터(Alter, *Art of Biblical Poetry*), 베를린(Berlin, *Dynamics of Biblical Parallelism*), 쿠겔(Kugel, *Idea of Biblical Poetry*), 오크너(J. M. O'Connor, *Hebrew Verse Structure*), 그리고 20세기의 여타 학자들에 이르기까지 학문계는 비내러티브적인 히브리 본문들을 이해하려는 시도에서 많은 소중한 근거를 획득했다. 확실히 히브리 내러티브의 분석에서 훨씬 더 많은 근거를 얻을 수 있다고 주장할 수 있지만 그런 가능성이 시로 행해진 작품에 대한 고마움을 약화시켜서는 안 된다. 시적 장르의 보다 오래된 개념이 도전을 받고 있다는 사실이 이런 인식을 손상시켜서는 안 된다. 건전한 개념은 진부한 교감에서 자주 나오지 않지만, 동시에 시대의 검증을 통해 서 있는 보다 오래된 개념을 단순히 그것이 수십 년 전에 또는 수 세기 전에 발표된 밋밋한 맛을 지녔다는 이유로 기각시켜서는 안 된다. 다른 시대에 태어난 개념들과 적합하고 유익한 파트너쉽을 형성할 수 있다.

요컨대, 애가서를 형성하고 있는 시들은 성경의 문헌에서도 좀처럼 볼 수 없는 언어적이고 개념적인 능력을 보여준다. 그들의 능력은 주제, 구조, 극적인 연출, 아이러니(특히 역전의 아이러니), 전환적인 분위기, 역사적 배경, 신학적 무게, 그리고 역설적인 이미지로부터 생성된다. 이런 능력은 이 책을 크게 읽을 때에 특히 분명하지만, 심지어 조용히 읽고 또 읽을 때도 보다 분명해진다. 문서로 된 텍스트로서 애가는 눈을 사용하여 지성과 감성을 움직이게 한다. 문서로 된 텍스트로서 시는 말에 논리적이고 정신적인 인상을 창출시킨다. 문서로 된 텍스트로서 시는 중요한 개별적이고 집합적인 무게를 갖는데, 그것이 죄에 대한 개별적이고 집합적인 벌에 대한 두려움의 실제적이고 세부적인 감정을 불러일으키기 때문이다. 이 책이 문서화된 텍스트로서 우리에게 나아오기 때문에, 구두적인 설명으로서 이 시가 삶에 미치는 영향을 부정함이 없이 본문에 관심을 기울이는 것이 적절하다.

둘째로 애가를 상고하는 것이 기독교 학문과 예배를 깊게 하는 일로 인도할 것이다. 클라우스 베스터만은 애가의 시들을 '애도'로 해석하고 인식해야 한다고 올바르게 주장했다. 애가의 시들을 현재의 관습이나 선호에 맞게 재해석해서는 안 된다. 그는 교회가 애도하는 방식을 재발견하기까지는 애가서가 대체로 읽혀지지 않게 될 것이라고 주장한다. 성경이 기도하라고 가르친 대로 교회가 '기도하는' 능력을 가질 때, 교회가 손상되지 않을 것이다. 역으로 말해서 애가를 연구하고 사용하려는 새로운 의지가 교회의 신학적인 기초를 깊게 하고 살아있는 하나님의 성경과의 관계를 더욱더 확장시킬 것이다. 따라서 베스트만의 의견대로, 애가의 문학적 형태, 역사적 배경, 주해적으로 상술된 의미, 그리고 신학적 의미를 결정하는 학문적 노력은 꼭 필요한 생명력 있는 학문적 시도다. 이 일은 '교회'에 대한 봉사이고, 또한 교회가 살벌한 세상에서 실제성을 갖고 있는지를 보려고 기다리고 있는 현재 기독교회 바깥에 살고 있는 사람들을 위한 봉사다. 따라서 애가 연구는 우리의 삶의 배경에서 매우 중요한 결과를 낳을 수 있는 전문적인 책임과 관련이 있다.

서방의 기독교 공동체는 죄에 대해서 애통하는 방법을 전적으로 잊어버린 것은 아니지만 엄청난 세계적 사건들에 비추어서도 그렇게 애통하는 방법을 잊는 과정 속에 확실히 있다. 신학적인 건망증으로 이끄는 이런 결과는 부분적으로 성경 전반을 일관되게, 세심하게, 실제적으로 그리고 신학적으로 읽고 해석하는 것을 보통 실패한네서 온다. 전통주의자들은 이 문제에서 비진통주의자들과 마찬가지로 죄인이다. 보수적인 학자들과 목사들은 지금 한 세대 전에 주요한 교단의 학자들이 썼던 책과 문서를 특징지었던 성경적 지식의 부족에 대한 일종의 걱정 어린 표시를 보내고 있다.

하지만 이런 건망증에 대한 또 다른 이유가 있다. 서방 교회가 성공과 부에 매료되고, 이와 동일한 일을 행하도록 세계의 2/3의 크리스천들이 이에 영향을 받고 있다. 편한 것과 돈을 성공의 가치로 여기는 사람들은 고난과 슬픔에 대한 성경의 진술을 간과하는 경향이 있다. 그들은 죄를 고백하는 것을 피한다. 그렇게 하는 것은 자신들이 행복하지 않고 불만족스럽다고 인정하는 것이 된다고 생각하기 때문이다. 실제성에 대한 부족은 이런 종류의 기독교에 범람하고 있고, 이런 사상의 추종자들은 애가에 별 흥미를 두지 않는 것 같다. 그들은 "우리가 승리의 햇볕을 쬐고 있는데 왜 그러한 패배에 대해서 읽어야 하는가?"라고 묻는다.

애가서를 상고하는 것이 성경에 묘사된 실제 세계로 교회를 되돌릴 수 있다. 애가에서 죄는 파괴적이므로 고백해야 한다. 그렇지 않으면 죄에 대한 용서가 없다. 애가에서 죄는 결과를 갖는다. 애가에서 하나님은 죄, 고난, 그리고 타락에 대해서 관심을 두시고, 그것에 대해서 어떤 일을 행하신다. 애가에서 하나님의 백성들은 무슨 일을 하든지 상관하지 않고 편하게 지내지 못한다. 애가에서 하나님은 정당하시고, 일관되시고, 돌보시며, 궁극적으로 신실하시다. 의문의 여지없이, 애가에서 발견할 수 있는 이러저러한 주제들은 성경 전반에 흐르는 사상이다. 그렇다면 이 책에 대한 우리의 태도는 성경의 가르침의 나머지 많은 부분을 어떻게 보아야할지에 대한 지침을 얻고자 하는 것이다. 따라서 이 작은 책을 수용하는 것은 보다 철저하게 성경의 기독교적 세계관을 포용할 수 있도록 잘 인도한다.

셋째로 애가의 연구는 시란 장르의 연구에 대한 확실한 핵심 포인트로 도울 수 있다. 예를 들어, 헤르만 군켈(Hermann Gunkel, *Introduction to Psalms*)과 클라우스 베스터만(Claus Westermann, *Praise and Lament in the Psalms*)은 비가가 매우 단순한 형태로 시작해서 시간이 지날수록 보다 복잡한 형태로 개정되었다고 진술한다. 애가서에 관해서 글을 썼을 때 이 두 사람은 그 책이 많은 혼합된 형태의 시들을 포함하고 있다고 결론 내린다. 많은 면에서 애가서 주석의 대가인 조한 렌케마(Johan Renkema)는 애가서가 세속적인 영역과 거룩한 영역에서 다양한 시적 형태를 가져왔다고 주장한다. 그렇다면, 그 시들이 항상 동일 형태의 저작인 것처럼 비가와 찬가를 분석하는 것은 불가능하다. 또한 그 시들이 꽤 특이한 것처럼 소위 잡종적인 시로 취급하는 것도 불가능하다. 따라서 시편의 본질과 목적만이 아니라 그 시들이 믿음의 공동체에 인식되고 형성되고 전수된 방식도 탐구해야 한다.

넷째로 애가서의 연구는 구약 신학에 대한 보다 깊고 실제적인 역사적 실체를 가져다줄 것이다. 의문의 여지없이, 성경의 한 부분인 애가서는 히브리 정경의 항목에서 적게 취급되었다. 이런 상황에 대한 많은 이유가 있지만, 이를 언급할 필요가 있는 것이 사실이다. 애가서의 보다 면밀한 심사는 유배의 역할, 사람들의 좌절과 고통, 구약성경에서의 예전, 믿음, 그리고 소망에 대한 이해를 돕는다. 또한 신학자들이 주님과 하나님의 진노의 날과 같은 거대한 주제를 깨닫는 것을 도울 수 있다. 결국에 율법과 선지서에서 발견할 수 있는 많은 하나님의 위협의 결과가 전개되고 있는 것이 애가서다. 성전의 파괴(시 74편을 보라)와 다윗 왕조의 상실(시 89편을 보라)을 다루고 있는 시편들을 반영하고 있는 것이 여기 애가서다. 아마도 이런 과정을 통해서 문학적 분석이 역사적 데이터와 신학적 묵상과 긴밀하게 조우될 수 있다. 이는 학문계에 오랜 현안이다.

분명히 이 주석은 위에서 지적한 목표에 매우 작은 첫 지불일 뿐이다. 여전히 이런 흐름을 뒤따르는 작업이 그런 목적에 이를 수 있는 작은 기여를 만들 것이다. 따라서 이 주석은 이런 작은 과정에 참여하기를 시도하고 있다. 애가서에 대한 매우 전통적인 서론을 제공함으로써 먼저 시작할 것이고, 그 다음에 애가서의 텍스트, 형태, 구조, 의미 그리고 각 항목의 신학을 심사하는 것으로 나아갈 것이다.

이 책이 독자들이 애가서를 더 잘 이해할 수 있기를 소망하는 것은 새로운 방법을 통해서라기보다는 그 주제를 보충하는 방식으로 설정된 접근의 적용을 통해서다.

텍스트

참고문헌

Albrektson, B. *Studies in the Text and Theology.* **Alexander, P. S.** "The Textual Tradition of Targum Lamentations." *AbrN* 24(1984) 1-26. **Allegro, J. M.,** and **A. A. Anderson.** *Qumran Cave 4, I(4Q158-4Q186).* DJD 5. Oxford: Clarendon, 1968. **Dahood, M.** "New Readings in Lamentations." *Bib* 59(1978) 174-97. **Driver, G. R.** "Hebrew Notes on 'Song of Songs' and 'Lamentations.'" In *Festschrift Alfred Bertholet.* Ed. W. Baumgartner et al. Tübingen: Mohr, 1950. 134-46. ______. "Notes on the Text of Lamentations." *ZAW* 52(1934) 308-9. **Gottlieb, H.** *Study on the Text of Lamentations.* **Horgan, M. P.** "A Lament over Jerusalem('4Q179')." *JSS* 18(1973) 222-34. **Levine, E.** *Aramaic Version.* **Robinson, T. H.** "Notes on the Text of Lamentations." *ZAW* 51(1933) 255-59. ______. "Once More on the Text of Lamentations." *ZAW* 52(1934) 309-10. **Rudolph, W.** "Der Text der Klagelieder." *ZAW*

56(1938) 101-22.

애가서에 대한 실제 다른 모든 주석들처럼 이 책도 *Biblia Hebraica Stuttgartensia (BHS)*와 초기 번역인 *Biblia Hebraica Kittel(BHK)*에서 나타난 것처럼 히브리 성경의 맛소라텍스트의 번역과 언급에 기초를 두고 있다. 관련한 고대 번역들에서 발견되는 변형들은 그러한 변화가 적절하다고 여겨지는 곳들만 심사하고 포함시킬 것이다. 이런 수정들은 이 책의 히브리어, 헬라어, 시리아어, 그리고 아람어 역본들의 전문가들이 매우 많이 맛소라텍스트와 같은 히브리 텍스트에 밀접하게 보통 밀착하고 있다는 것에 동의하는 경향이 있다. 이런 논의에 대한 짧은 역사는 이런 행동 과정에 합리성을 제공한다.

1963년 전에 베르틸 알브렉손이 '애가서의 텍스트와 신학에 대한 연구'(*Studies in the Text and Theology of the Book of Lamentations, with a Critical Edition of the Peshitta Text*)라는 책을 출판하였을 때, 학자들은 맛소라텍스트를 그대로 인정하거나 상대적으로 아주 적은 수정을 제공하는 경향이 있었다. 이런 수정들은 애가서의 텍스트가 키나 운율(아래의 "시적 운율"을 보라)이 어떻게 작용하는가에 관한 관점에서 상당히 의견이 갈렸던 주석가들의 견해에 기초했다. 또 다른 때에 이런 수정들은 그리스어와 시리아어 역본들의 밀접한 비교와 더욱더 연결되어 있었다. 그러나 알브렉손의 논문의 출판 이후에 학계는 애가서의 본문 비평적 이슈에 관한 첫 번째 전면적인 취급이 있었다. 알브렉손은 헬라어 "번역"이 전반적으로 상당히 문자적이라고 결론짓는다. 몇 가지 부분에서는 아주 극단적으로 맹종할 정도로 말이다. 애가서의 거의 모든 구절은 번역자가 히브리 텍스트의 모든 단일한 단어를 충실하게 번역하기를 시도했고 수많은 두드러진 문자주의의 사례들이 있음을 보여준다(*Studies in the Text and Theology*, 208). 옛시리아어역에 대해서 알렉스톤은 "70인경처럼 옛시리아어역은 맛소라텍스트와 거의 동일한 히브리 텍스트에 기초하고 있다. 몇몇 구분되는 특징을 관찰할 수 있을지라도 전반적으로 P(페쉬타나 시리아 텍스트)는 *Vorlage*[번역했던 히브리 텍스트]의 충실한 번역이다"(210). 그의 견해에 따르면, 옛시리아어역은 맛소라텍스트와 다를 때, 번역에서 보통 분명하고 그럴듯한 의미로 번역한다(211). 따라서 이런 변형들은 맛소라텍스트와 다른 사본 전승을 보여주지 않는다(211). 또한 그는 시리아어와 헬라어 번역은 이 둘이 서로 다른 방식 때문에 맛소라텍스트의 동일한 역본에 기초하고 있다고 결론짓는다.

철저하고 세심하게 제기된 1978년 논문인 '애가서 텍스트에 관한 연구'(*A Study*

on the Text of Lamentations)에서 한스 고틀리브(Hans Gottlieb)는 알렉스톤의 작품에 관한 몇 가지 수정과 순화를 제공할지라도, 알브렉손의 관점을 근본적으로 확증한다. 그는 "내 견해로 애가서에서 본문 비평적 문제에 대한 알브렉스톤의 접근은 원리상 정확하고 대부분의 경우에 나는 개별적인 문제들에 관한 그의 해결에 동의한다"(*Study on the Text,* 4). 이런 의미 있는 일치에도 불구하고, 고틀리브는 자신이 생각하기에 알브렉손이 애가서 3장과 그밖에 다른 곳에서 만들고 있는 실수를 교정하기를 시도한다. 또한 그는 미첼 다후드(Mitchell Dahood, *Bib* 59[1978] 174-97)가 애가서의 용어들에 대한 북서부 셈족의 배경을 만들고 있는 관찰을 평가한다(*Study on the Text,* 14). 고틀리브의 본문 비평적 방법론은 건전하기에, 따라서 이 주석의 번역과 원문주해 그리고 주해적 진술에서 참고할 것이다.

사해 두루마리는 애가서의 본문 전승에 제한된 통찰을 제공한다. 두루마리의 전반에서 애가서의 몇몇 "작은 부분들"이 있지만(Hillers, [1972], xxxix), 다양한 구약 성경책에서 성경의 단락들을 포함하는 예루살렘 도성에 대한 애가인 4Q179의 책에 있는 몇 가지 인용들이 있다(J. M. Allegro and A. A. Anderson, *Qumran Cave 4, I(4Q158-4Q186),* 75-77). 호르간(Maurya Horgan)은 이 사본이 글자체 때문에 30 B.C.E. 이전에 기록되었을 것이라고 적고 있고, 안티오커스 4세의 통치가 이 저작의 배경이라고 주장한다(*JSS* 18[1973] 222-23). 나아가서 그녀는 "이 단편적인 쿰란 문서에는 에세네 공동체에 기원을 두어야 하는 것들이 없다. 에센파의 구체적인 조항에 대한 언급이 없거나 쿰란 역사에서 두드러진 사람이나 사건에 관한 언급이 없다. 더욱이 텍스트가 대체로 성경적인 암시들로 구성되어 있을지라도, 성경과 관련한 쿰란 문헌에서 자주 발견되는 것과 같은 언급이나 해석이 없다"(223)고 주목한다. 본문 비평을 위한 이 단편의 주요한 가치는 애가서의 다양한 구절들을 그것이 인용하고 있다는 사실이다. 이러한 문서가 존재함은 이 인용들에 어떤 잠재적인 실수가 있는지를 살펴보게 만든다. 이 단편은 제2성전 유대교에서 비가의 역할에 대한 통찰을 제공해준다. 그것이 성경 전반이 민족적인 재앙과 죄를 개인적으로 또는 집합적으로 슬퍼하는데 이 텍스트들을 어떻게 사용할 수 있었는지를 설명해주기 때문이다.

애가서에 대한 아람어 역본들은 본문 비평에 가치가 있다. 이 역본들이 587 B.C.E.의 파괴 이후에 오랫동안 증발된 예전적 관행을 드러내는 것에 보다 가치가 있을지라도 말이다. '애가의 아람어 역본'(*The Aramaic Version of Lamentations,* 1976)에서, 에탄 레빈(Etan Levine)은 애가서 탈굼의 가치를 이렇게 말함으로써 요약한다. "애가의 아람어 역본이 성경 작품을 단순히 아람어로 번역한 것이었다면, 그 가치는 대체로 언어학적 양상으로 제한되었을 것이다. 그러나 탈굼은 사실상 그 책을 다시 썼고, 그 주제는 제1성전만이 아니라 제2성전의 쇠락을 포함한다. 더 나아가서 탈굼은 유배에 대한 이유와 궁극적인 구원의 과정에 대해 논증한다. 그것은 기독교 주해와 신학을 역행하면서 신정론, 권고, 그리고 메시아주의를 다룬다. 수정과 조탁과 의역에 탈굼은 '구두 토라'와 '성문 토라'를 융합한다"(9). 따라서 탈굼은 일부는 번역이고, 일부는 주석이며, 일부는 논증적인 책자이고, 일부는 영감 있는 책이다. 알렉산더(P. S. Alexander)는 탈굼 텍스트의 두 근본적인 개정판이 있다고 주목한다. 하나는 서방으로부터이고, 다른 하나는 예멘으로부터인데, 연대를 확실히 정하기가 불가능하다(*AbrN* 24[1986] 6-8). 또한 그는 고대의 예전을 이해하기 위한 탈굼의 가치를 강조하고(1), 3장에서부터, "간단한 실수가 있을지라도 원문을 다소 축어적으로 번역하고 있다"(1)는 그의 확신에 기초한 본문 비평의 가치를 주장한다.

애가서의 본문 비평적 문제들에 몰두한 많은 논문들이 있지는 않을지라도 그 성경책에 대한 많은 번역과 참고물들이 있다. 물론 과거 50년에 RSV, NEB, NASB, NIV, NRSV, REB 그리고 ESV와 같은 성경 전체에 대한 여러 번역들이 출판되었다. 게다가 이런 대중적인 번역들 외에, 고트왈드(Norman K. Gottwald), 로버트 고디스(Robert Gordis), 델버트 힐러스(Delbert Hillers), 조한 렌케마(Johan Renkema), 클라우스 베스터만(Claus Westermann), 아델 베를린(Adele Berlin), 그리고 여타 사람들이 본문 비평적 주석을 전형적으로 포함하는 애가서의 번역을 제공했다. 그러므로 구체적인 본문의 이슈에 관한 많은 분석들이 있고, 이 주석의 번역과 주해에서 이런 자료의 많은 것들을 활용할 것이다.

매우 짧은 개요를 제기하였지만, 애가서의 기본적인 히브리 텍스트로 맛소라텍스트를 사용하는 것이 적절하다. 이런 결론은 이 텍스트가 결코 수정을 필요로 하지 않음을 의미하는 것이 아니라, 그러한 변형은 숫자적으로 별로 크지 않다고 말하는 것이 정당하다. 이런 분야에 대한 많은 확고한 기여들이 지난 수십 년에 걸쳐서 있었고, 이 주석의 목표 중 하나는 이런 성취의 보다 의미 있는 것들을 한 곳에 가져오는 것이다.

이 주석의 번역은 몇 가지 기본적인 원리를 따르고 있다. 첫째는 이전의 단락에서 전술한 것처럼, 이 주석의 번역은 맛소라텍스트를 따른다는 것이다. 증거가 강력하게 그 변화를 보증하는 곳에서는 텍스트를 수정하고 알브렉손(Albrektson), 루돌프(Gottlieb, Rudolph), 그리고 레빈(Levine)이 제기한 주장들을 매우 진지하게 취한다. 둘째로 본질적으로 문자적인 번역을 하려고 한다. 즉 축어적으로, 그리고 어구적으로 번역하려고 애쓴다. 셋째로 그것이 두 파트로 전개되고 있는 것처럼 각 소절을 제시하려 한다. 반복과 대구법은 이 구조에서 더 분명하게 번역된다. 넷째로 주제와 용어의 연관을 보다 분명하게 할 수 있도록 용어를 일관되게 번역하기를 시도한다. 다섯째로 운문적인 요소를 번역하려고 노력하지는 않는다. 이런 방법은 사용할 수 있는 유일하게 타당한 방법을 아닐지라도, 타당한 접근이다.

저작자와 연대

참고문헌

Cannon, W. W. "The Authorship of Lamentations." *BSac* 81(1924) 42-58. **Childs, B. S.** *Introduction to the Old Testament as Scripture.* Philadelphia: Fortress, 1980. **Craigie, P. C.** *The Old Testament.* Nashville: Abingdon Press, 1986. **Dillard, R. B.,** and **T. Longman III.** *An Introduction to the Old Testament.* Grand Rapids, MI: Zondervan, 1994. **Dobbs-Allsopp, F. W.** "Linguistic Evidence for the Date of Lamentations." *JANESCU* 26(1998) 1-36. **Driver, S. R.** *An Introduction to the Literature of the Old Testament.* 1897. Reprint, Gloucester, MA: Peter Smith, 1972. **Eissfeldt, O.** *Old Testament.* **Gadd, C. J.** "The Second Lamentation for Ur." In *Hebrew and Semitic Studies.* FS G. R. Driver, ed. D. W. Thomas and W. D. McHardy. London: Oxford UP, 1963. **Gwaltney, W. C.** "The Biblical Book of Lamentations in the Context of Near Eastern Lament Literature." In *Scripture in Context II: More Essays on the Comparative Method.* Ed. W. Hallo, J. Moyer, and L. Perdue. Winona Lake, IN: Eisenbrauns, 1983. 191-211. **Harrison, R. K.** *Old Testament Introduction.* Grand Rapids, MI: Eerdmans, 1969. **Jahnow, H.** *Hebräische Leichenlied.* **Kaiser, O.** *Introduction to the Old Testament: A Presentation of Its Results and Problems.* Trans. J. Sturdy. Minneapolis: Augsburg, 1975. **Kramer, S. N.** *Lamentation over the Destruction of Ur.* Chicago: Univ. of Chicago Press, 1940. ______. "Lamentation over the Destruction of Ur." In *ANET,* 455-63. ______. "Lamentation over the Destruction of Nippur." *Acta Sumerologica* 13(1991) 1-26. **LaSor, W. S., D. A. Hubbard,** and **F. W. Bush.** *Old Testament Survey: The Message, Form, and Background of the Old*

Testament. 2d ed. Grand Rapids, MI: Eerdmans, 1996. **Lee, N. C.** *The Singers of Lamentations.* **McDaniel, T. F.** "The Alleged Sumerian Influence upon Lamentations." *VT* 18(1968) 198-209. **Rendtorff, R.** *The Old Testament: An Introduction.* Trans. J. Bowden. Philadelphia: Fortress, 1986. **Young, E. J.** *An Introduction to the Old Testament.* Rev. ed. Grand Rapids, MI: Eerdmans, 1964.

애가서의 저자와 연대를 결정하는 일은 몇 가지 요인에 달려 있고, 그 요인은 각기 현혹케 하는 난해함을 포함하고 있다. 연대를 평가할 때, 저자를 확신 있게 설정할 수 없지만 저작의 연대를 어느 정도 확신을 갖고 설정할 수 있다는 형제 같은 양 결론을 피하기가 어렵다. 이렇게 겉으로 보기에 모순 되어 보이는 결과는 이 주제에 관한 학계가 제공하는 자료가 많다는 것을 생각할 때 정당해 보인다. 애가서 연구의 뒤이어지는 개요는 총망라한 것은 아닐지라도, 연구 분야의 주요한 양상들을 건드리고 있다. 이 개요는 구약 비평의 서로 다른 장르들을 심사함으로써 전개한다.

구약에 대한 서론

애가서는 저자에 대한 이름을 한번도 언급하지 않고, 또한 성경의 어떤 다른 책도 애가의 저자의 신분에 대한 아무런 진술도 하지 않는다. 하지만 이 책은 587-586 B.C.E.라고 흔히 연대가 매겨지는 사건인 예루살렘 함락을 묘사하고 있다. 이는 학자들이 이 책의 연대에 대해 꽤 확신을 느끼게 만들어준다. 유대 전승은 70인경을 번역했던 시대만큼 이른 예루살렘 함락의 목격자인 예레미야와 애가서를 연관지었다. 확실히 알 수는 없을지라도, 몇몇 전문가들은 이런 결정이 역대하 35:25에 부분적으로 기초하고 있다고 믿는다. 그것은 "예레미야는 요시아를 위하여 애가를 지었으며 노래하는 남자와 여자는 요시야를 슬피 노래하니 이스라엘에 규례가 되어 오늘날까지 이르렀으며 그 가사는 애가 중에 기록되었더라"고 진술한다. 대부분의 영어 번역이 그런 것처럼 구약성경에 대한 옛시리아어역과 라틴어역은 이런 전승을 따랐다. 애가서가 예루살렘 함락을 분명히 다루고 있기 때문에 역대하에 언급된 애가가 어떻게 애가서의 애가일 수 있었는지를 알기는 어렵다. 따라서 아마도 이 구절로부터, 신앙의 고대 공동체는 예레미야가 애가를 작성했음을 알았고, 그가 애가서의 시들에 책임이 있었을 것으로 여겼을 것이다. 그들은 아마도 예레미야의 애가와 이 책(애가서)의 애가들 간의 유사성을 주목했을 것이고, 의심 없이 예레미야가 예루살렘 함락과 가장 연관된 선지자라는 지식에 의존했을 것이다. 이 단락이 예레미야의 저작권에 믿음을 불러일으켰든, 어떤 전승이 그리했든지 간에, 수세기동안 예레미야는 통상적으로 이 책의 저자로 수용되었던 것이 사실이다. 따라서 이 전승의 정확성을 탐구하는 것은 전적으로 적절하다. 그렇게 하기 위해서 구약성경에 대한 서론들, 주석들, 논문들, 그리고 문서들이 제공한 증거를 심사해야 한다.

최근에 구약성경에 대한 서론을 썼던 학자들은 예레미야 저작권에 대한 고대의 믿음에 거의 동의하지 않는다. 일반적으로 신학적인 스펙트럼(관점)을 갖는 학자들은 이 문제에 대해서 공손한 불가지론을 표명한다. 예를 들어, 오토 에이스펠트(Otto Eissfeldt)는 "실제 시인이나 시인들을 발견하려고 노력하는 것은 게으른 일이다"(*Old Testament*, 505)라고 적고 있다. 그는 예레미야가 예루살렘의 파괴에 대한 애가와 어떻게 관련되었는지를 알 수 있을지라도, 예루살렘에 대한 밝은 미래를 보았던(렘 30-33장을 보라) 동일한 예레미야가 애가서의 작가(들)가 했던 것처럼 한탄했을 것이라고 생각하지 않는다. 유사하게 레이몬드 딜라드(Raymond Dillard)와 트렘퍼 롱만(Tremper Longman)은 예레미야 "전승이 불가능하지는 않을지라도 그것은 확실치 않다고 결론짓는다. 아울러 본문이 그것을 주장하지 않고 그 해석이 그것에 의존하지 않기 때문에 논증할 만한 가치가 없다"(*Introduction*, 304)고 결론짓는다. 학자들이 서로 다른 방식으로 표명하고 있을지라도, 드라이버(S. R. Driver, *Introduction*, 461-65), 해리슨(R. K. Harrison, *Old Testament* 1070), 오토 카이저(Otto Kaiser, *Introduction*, 355), 브레바드 차일즈(Brevard Childs, *Introduction*, 592-93), 롤프 렌돌프(Rolf Rendtorff, *Old Testament*, 269), 피터 크레이그(Peter C. Craigie, *Old Testament*, 240), 윌리엄 라소르(and William S. LaSor), 데이비드 허바드(David A. Hubbard), 그리고 프레드릭 부쉬(Frederick W. Bush, *Old Testament Survey*, 527)는 동일한 접근을 취한다. 심지어 구약의 소개에서 보수적인 저자 가운데 한 사람인 영(E. J. Young)조차도 "이런 논증에 비추어 상당히 예레미야가 애가서를 작성했을 것 같다. 그러나 물론 우리는 확신할 수 없다. 가장 좋은 것은 우리가 저자가 누구인지를 실로 알 수 없음을 인정하는 것이다"(*Introduction*, 344)라고 진술한다. 분명히 이 학자들은 할 수 있는 한 책의 저자를 확정하는 일의 중요성을 축소하지 않는다. 그런데 그들은 애가서의 경우에 그렇게 할 수 있다고 생각하지 않는다. 그러나 그들이 저작권 문제에서 소심함을 보일지라도, 이 책의 상세한 감정적 묘사가 이 시들이 예루살렘 함락 직후에 그 일의 목격자였던 사람이 작성했다는 결론에 이른다고 주장하는 경향이 있다.

이 전문가들이 예레미야의 저작권에 대한 확실한 증거를 고찰하는 것을 주목할 필요가 있다. 특히 드라이버(S. R. Driver)가 예레미야가 애가서를 작성했다고 주장하지 않을지라도, 그는 예레미야서와 애가서가 공유하고 있는 구체적인 문학적 특성들을 살피는 특별한 관심을 취함으로써 본인(필자)은 그를 이 문제에 관한 대표적인 초기 학자로 활용할 것이다. 그는 예레미야서와 애가서간의 네 가지 근본적인 유사성의 범주를 열거한다.

첫째로 그는 이 책이 공통된 풍조를 갖고 있다고 적고 있다. 각기 "민족적인 슬픔에 깊이 공감하고, 그 감정을 제한 없이 쏟아 부으려 한다는 사실은 애가서와 예레미야서(예를 들어, 14-15장)에서 동등하게 자명하다"(*Introduction*, 462). 이런 공통된 분위기는 예레미야의 애가적 항목을 견지하고 있다고 말해야 하지만 그 책에서 전체적으로는 아니다.

둘째로 드라이버(*Introduction*, 462)는 이 두 책이 동일한 원인으로 민족의 멸망을 귀속시키고 있다고 결론짓는다. 유다는 민족적인 죄(애 1:5, 8, 14, 18; 3:42; 4:6, 22; 5:7, 16와 비교되는 렘 14:7; 16:10-12; 17:1-3 등등), 죄악된 선지자와 제사장(애 2:14; 4:13-15와 비교되는 렘 2:7-8; 5:31; 14:13; 23:11-40; 27:1-28:17), 그리고 약하고 신뢰할 수 없는 동맹국들에 대한 헛된 확신(렘 1:2, 19; 4:17와 비교되는 렘 2:18, 36 30:14; 37:5-10)으로 망한다.

셋째로 드라이버는 이 두 책이 동일한 은유와 언어의 모습을 사용하고 있음을 주목한다(*Introduction*, 462). 예를 들어, 예루살렘을 "치유할 수 없는 약속 위반을 한 시온의 처녀 딸"(애 1:15 2:13와 비교되는 렘 8:21ff.; 14:17)이라 묘사한다. 이 두 책이 그들의 적을 주님이 물리쳐 달라고 호소하고(애 3:64-66과 렘 11:20), 그리고 이 두 책은 어느 날 대적자들이 예루살렘처럼 황폐케 될 것을 예상한다(애 4:21과 렘 49:12).

넷째로, 드라이버는 두 책에서 거의 동일한 어구를 열한 가지로 열거한다(*Introduction*, 462).

1. 예루살렘을 사랑하던 자가 예루살렘에 위로를 주지 못한다(애 1:2; 1:8b-9; 렘 30:14; 13:22b, 26).
2. 예루살렘의 눈과 예레미야의 눈에 눈물이 흐르고 있다(애 1:16a; 2:11a, 18b; 3:48-49; 렘 9:1, 18b; 13:17b; 14:17).
3. 예루살렘의 죄는 크다(애 2:11, 13; 3:47-48; 4:10; 렘 6:14; 8:11, 21).

4. 이스라엘의 제사장과 선지자들이 죄를 지었다(애 2:14; 4:13; 렘 2:8; 5:31; 14:13ff.; 23:11).
5. 이스라엘의 여인들은 포위되어 있는 동안에 자기 아이들을 먹는다(애 2:20; 4:10; 렘 19:9).
6. 이스라엘은 그 주변에 모든 공포를 갖고 있다(애 2:22; 렘 6:25; 20:10).
7. 애가 3:14의 화자는 "내가 조롱거리가 되었다"라고 말하는데, 이 어구를 예레미야 20:7에서 예레미야의 입술에서도 발견할 수 있다.
8. 두 책은 "쑥"과 "쑥과 독한 물"(렘 3:15; 렘 9:15; 23:15)이란 용어를 사용한다.
9. 두 책은 "두려움과 함정"(애 3:47; 렘 48:43)을 사용한다.
10. 두 책은 "그들이 나를 좇도다"라는 어구를 사용한다(애 3:52; 렘 16:16b).
11. 두 책은 "잔"이란 용어를 사용한다(애 4:21; 5:16; 렘 13:18b; 25:15; 49:12).

이런 평행이 우연하지 않다고 말하는 것이 정당하다. 적어도 애가의 저자나 저자들은 예레미야의 저자와 유사한 언어를 사용했다. 그것은 다른 어떤 것보다도 두 책이 언어적 신학적 관점을 공유하고 있음을 의미한다.

동시에 드라이버는 애가서와 예레미야서가 동일한 사람에 의해 작성되지 않았을 것이라고 주장하게 만든 차이점들을 진술한다. 그는 어떤 형태상의 변화가 이 두 책 간에 존재한다고 주장한다. 즉 애가서는 훨씬 더 긴 예레미야서에서 사용하지 않는 몇 가지 말들을 포함하고 있다고 주장한다. 그는 "문학적인 양식에서 예레미야가 했던 것처럼 본능적인 자극을 따랐던 저자가 1-4장의 알파벳 순서가 암시하는 인위적인 제한에 자신을 한정시켰을" 것이라고 믿기가 어려움을 발견한다(*Introduction*, 463-64). 그는 애가 2-4장에 이합체 순서에서의 변화는 그것들을 1장의 저자가 쓰지 않았음을 의미하고, 나아가서 예레미야가 전체 애가서의 저자였을 수 없음을 의미한다고 생각한다.

더 중요하게는 드라이버는 애가서와 예레미야서의 신학적인 차이가 있음을 인식하고 식별한다(*Introduction*, 463). 특히 그는 애가 1:21-22과 3:59-66의 저자가 그런 것처럼 예레미야가 그의/이스라엘의 대적자들을 주님이 심판하기를 바랐음을 표명하였을 것 같지 않다고 결론짓는다. 그는 예레미야가 유다를 심판하는 하나님의 도구로 바벨론을 생각하고 동시에 하나님이 바벨론을 심판하시기를 소망하였을 것이라는 점을 의심한다. 또한 드라이버는 예레미야가 애가 2:9이 주장하는 것처럼 환상이 선지자들에게서 멈추어졌음을 진술하였으리라고 생각하지 않는다. 나아가서 애가 4:17은 저자와 백성들이 자신들을 구원할 수 없었던 민족을 기다리고 있었다고 말하는데, 드라이버는 그것을 예레미야 37:5-10과 직접적으로 모순 되는 것으로 생각한다. 마지막으로 드라이버는 예레미야가 애가 4:20이 그리 하고 있는 것처럼 시드기야(유다의 마지막 왕)에 대해서 좋게 말하였을 것 같지 않다고 생각한다.

드라이버의 비판의 상당 부분은, 아이디어의 몇 가지는 장점이 있을지라도, 면밀한 검사가 뒷받침되고 있지 않다. 긍정적인 측면에서 그는 애가서와 예레미야서의 어법에서 중요한 차이들을 정확하게 식별하고 있다. 이런 차이의 일부는 상이한 주제 때문일 수 있었지만, 구문에서 유사함을 논리적으로 기대할 수 있었던 곳이라도 항상 유사함을 발견하지는 못한다. 부정적인 측면에서 예레미야서가 이합체의 애가에서 예루살렘의 함락에 대해서 어떤 종류의 분위기(톤)와 시적 접근을 취할 수 있었는지를 정확히 확신 있게 주장하는 것은 불가능하다. 어느 저자도 어떤 장르나 톤이라도 문학적 필요에 적합하게 적용한다. 따라서 이합체 형태의 약간의 변화로부터 한 저자가 모든 네 시들을 쓸 수 없었다고 결정하는 것은 동등하게 불가능하다. 그러한 증거는 아무리 해도 결론에 이르지 못한다.

심지어 드라이버가 주장하는 신학적 차이는 견지하기가 더 어렵다. 한 경우 이상에서 선지자는 주님에게 자신의 유명한 "고백"(렘 12:1-4; 17:18; 18:18-23을 보라)의 장소인 특히 예레미야 11-20장에서 대적자들을 벌주시기를 간구한다. 빗나간 민족을 위해서 중보하는 것이 항상 그의 일은 아니었다. 마찬가지로 선지자일지라도, 예레미야는 자신에게 동의하지 않았던 선지자들에게 매우 비판적이었다(23:11, 33-35; 27:1-28:17; 여타 구절들). 예레미야가 바벨론이 하나님의 진노의 도구가 되는 것을 진정으로 이해하고 있을지라도, 또한 그는 하나님의 심판의 대상으로 바벨론을 특징짓는다(렘 50:1-51:64). 그 다음에 분명히 선지자의 신학을 정확하게 묘사하고 있는 예레미야서는 드라이버가 상세히 논한 것보다 드라이버가 말하는 주제에 대해서 더욱더 다양하지만 균형 잡힌 접근을 포함한다.

일백년이 지났을지라도, 드라이버의 개요는 여전히 애가서 연구의 많은 주요한 흐름을 전달하고 있다. 예를 들어, 드라이버의 효과적인 분석은 구약 서론을 쓴 주요한 저자들이 저작권의 문제에 대해서는 다소 불가지론적인 입장을 취하는 이유를 드러낸다. 언어적인 차이는 예레미야의 저작권을 설정하기 전에 멈춰 서게 만들기에 충분하다. 동시에 언어적인 유사성은 두 책들이 신학적인 어휘와 신학적인 관점을 공유하고 있다는 것을 인정하게 만든다. 따라서 이 학자들의 다수는 저작권의 문제에 대해서 중립을 유지하는 것이 가장 좋다고 생각한다. 하지만 이런 전문가들의 대다수가 이 책들에 흔히 갖고 있는 신학적 문학적 관점들에 행하고 있는 것보다 더 많은 연구를 하는 것이 필요하다. 애가서의 정경적 통일성과 신명기의 문학을 밝히는 것이 이런 공통된 요소이고, 애가서를 예레미야의 신학적 문학적 무게의 위대함으로 인해서 애가서를 상실하지 않게 하는 것이 이런 차이점들이다.

주석, 논문 그리고 문서들

주석, 논문, 그리고 학문적 문서 전통은 많은 미묘하고 상세한 방향으로 논의를 취하고 있을지라도, 보통 구약의 전승에 대한 서론으로서 동일한 결과를 많이 담고 있다. 애가서에 대한 예레미야의 저작권을 인정하는 저자들은 소수에 속하기 때문에, 아마도 그들을 먼저 소개하는 것이 좋을 것 같다. 모두는 아닐지라도, 이런 관점의 고수자들은 19세기 후반과 20세기 전반에 두드러졌던 벨하우젠(Wellhausen), 군켈(Gunkel), 그리고 여타 학자들이 실천한 역사-비평적 방법이 부상하기 전에 글을 썼다. 따라서 그들은 역사-비평 학파의 사람들보다 전통적인 범위 내에서 보통 활동하였다 하더라도, 그들의 결론에 역사적, 언어적, 신학적 이유들을 제공했다. 그들은 교회가 항상 애가서에 대해서 말해왔던 것을 단순히 재진술하지는 않았다. 애가서에 대한 예레미야의 저작권을 인정하는 모든 학자들은 근본적으로 두 가지 확신을 견지한다: 애가서는 한 사람이 작성한 통일된 구성을 갖고 있고, 애가서는 예레미야서의 내용과 밀접함으로 이 두 책을 예레미야 선지자가 작성하였다. 따라서 그들은 애가서가 587 B.C.E. 이후에 작성되었다고 믿는다.

예를 들어, 존 칼빈(John Calvin, 1509-1564)은 1563년에 애가서에 관한 상당한 분량(영어판으로 200페이지)의 번역과 주석을 썼다. 칼빈이 예레미야가 애가서를 작성했다고 결론을 내릴지라도, 그는 주석가들이 여전히 논의하고 있는 동일한 근본적인 이슈들을 다룸이 없이 결론을 내리지는 않았다. 예를 들어, 그는 애가서가 요시아의 죽음을 기리고 애도하고자 썼다는 제롬의 주장에 동의하지 않는다(299). 또한 그는 예레미야가 애가서에서 예언적인 방식으로 예루살렘의 함락을 썼다는 것을 부정한다. 애가서에서 "사건을 진술하는 예레미야의 방식은 예언적인 문서에서 사용된 것과는 전적으로 다르기"(299) 때문이다. 이 인용은 칼빈이 예레미야와 애가서 간의 언어적 용법에서 차이가 있음을 인식하였고, 또 그 책이 예루살렘 함락 이후에 작성되었음을 믿었다는 것을 가리킨다. 마지막으로 칼빈은 애가서의 신학이 사람들 속에 회개와 소망을 불어넣으려는 의도로 작성된 통일된 작품이라고 결론짓는다. 그는 "우리는 지금 어느 정도 이 책을 **예레미야**가 어떤 목적으로 썼는지를

이해하고 있다: 그의 목적은 그 땅이 황폐화되고, 성전이 파괴되고, 하나님의 언약이 소용없는 것으로 보이며, 따라서 구원의 모든 소망이 사라진 것으로 보일지라도, 백성들이 진정한 회개와 신앙으로 하나님을 찾는다면 소망은 여전히 남아 있음을 보이는 것이었다. 그러므로 그는 그의 소명의 과정을 전개해 나갔고, 그의 교리는 아무런 혜택이 없지 않았음을 증거한다"(300). 다시 말해서 칼빈은 이 책의 신학은 하나님의 심판, 인간의 회개, 주님 안에서의 소망, 그리고 하나님의 자비를 확신하며 드리는 기도와 같은 주제와 관련이 있음을 주장한다(300). 그 다음에 칼빈은 히브리 텍스트를 설명하면서 이런 저런 관련된 개념들을 상술했다.

칼빈의 분석의 일부에 확실히 오류를 발견할 수 있을지라도, 그는 애가서에 관해서 역사적으로 그리고 언어학적으로 기초한 첫 작품 중 하나인 그 책에서 더 진전된 연구를 위한 초석을 놓았다. 그는 예레미야가 애가서의 저자이고, 예루살렘의 함락은 그 책의 역사적 배경이며, 회개와 갱신이 애가서의 핵심적인 신학을 형성하며, 주해적 작품은 모두 이런 주제에 대한 결론을 알려야 한다고 주장한다. 다시 말해서 칼빈은 그 책의 저작권에 대한 전통적인 결론에 이르렀지만, 맹목적으로 그리하지는 않았다. 그의 주해적 신학적 통찰은 오늘날에도 애가서에 유익한 주해를 계속 돕고 있다.

케일(C. F. Keil, 1872)과 스트리니(A. W. Streane, 1881)가 애가서에 관한 주석을 출판하였을 즈음에는 예레미야가 그 책의 저자였음을 의문하는 결정적인 변화가 이미 발생하기 시작했다. 실로 70인경, 벌게이트역, 옛시리아어역, 아라비아역, 그리고 탈굼역이 예레미야를 애가서의 저자로 생각했음을 충분히 지적한 케일은 좀더 상세히 그 논쟁에 관한 역사를 살피는 것이 필요함을 발견했다(339-50을 보라). 1712년에 헤르만(Hermann von der Hardt)의 작품이 애가서에 대한 예레미야의 저작권을 처음으로 의문하기 시작해서 테니우스(Thenius, 1855) 그리고 에발트(Ewald, 1866)의 주석에 이르기까지 케일은 학자들이 애가서의 저작권의 전통적인 견해를 부정했던 세 가지 근본적인 이유를 살피고 논박하기를 추구했다.

첫째로 케일은 애가서에 있는 진술과 모순된 것이 예레미야서의 진술에 있다는 개념을 인용한다. 이런 모순의 주요한 것은 사람들이 아버지의 죄로 인해 고통당했다고 진술하는 애가 5:7과 "아비가 신 포도를 먹었으므로 아들들의 이가 시다"고 말하는 잠언을 통렬히 비난하고 있는 예레미야 31:39-30간의 차이다. 케일은 애가서의 구절이 출애굽기 20:5과 예레미야 16:11에서 발견할 수 있는 진술과 유사한 사실을 말하고 있다고 주장한다. 그는 이 텍스트가 자신의 죄로 인해 후손이 고통을 당하게 야기할 수 있다고 알려주고 있고 예레미야의 구절은 그들 자신의 죄에 대한 책임을 지기를 거부하는 사람들을 다루고 있다고 주장한다. 다시 말해서, 부모들의 죄로 인해서 고통을 당할 수 있지만, 단순히 고통을 당하고 있다고 해서 그것이 그 경우라는 보증은 없다는 사실이다(341-42). 확실히 케일은 분석에서 옳다. 예레미야가 애가서를 작성하였든 하지 않았든 간에 단지 이런 증거에 신뢰를 두지 않는다.

둘째로 케일은 애가서가 571 B.C.E. 이후에 작성되었던 에스겔을 인용하고 있기 때문에 예레미야가 애가서를 작성할 수 없었을 것이라는 주장을 다룬다. 그는 애가 2:14과 에스겔의 다른 단락간의 연관성이 있어 보이는 것을 예레미야와 에스겔의 한 가지 또는 그 이상의 이적을 예레미야가 알고 있었을 가능성이 있다는 것으로 텍스트의 연관성을 가장 설명할 수 있음을 발견한다(342-44). 적어도 케일은 애가서에서 에스겔에 관한 어떤 직접적인 인용이 있음을 부정한다. 따라서 그는 그 문제에 관한 상당히 긴 분석을 하고 난 다음에 예레미야의 저작권을 수용하지 못하게 만든다는 이런 이유들을 배격한다.

셋째로 케일은 예레미야서와 애가서 사이에 제기된 형태적 언어적 차이를 살핀다. 서두의 개요 후에 케일은 "이 시들의 언어와 표현의 양상은 확실히 특별한 것을 많이 보여주고, 우리는 그 속에서 예레미야의 예언에서는 나타나지 않는 많은 언어, 표현 형태 그리고 양상들을 발견한다"(346). 그는 "하지만 애가서가 경고하고 책망하며 위로하고자 하는 예언적 연설이 아니라 언어의 적절한 형태를 갖고 있는 서정시라는 것을 염두에 두어야 한다. 이는 예언적인 연설과는 다르다"(346)고 계속해서 말한다. 그러므로 케일은 애가서가 예레미야서와 다른 특이점을 장르와 그 책의 주제로 돌린다.

이런 이의를 다루면서 케일은 드라이버가 지적한 것처럼 두 책 간에 형태적인 유사성의 인상적인 목록으로 저작권에 관한 그의 논의를 결론짓는다(Keil, 345 n. 1, 348 n. 1, 349을 보라). 그는 단순히 전승으로 돌아가거나 그의 사례를 만들기 위해서 조화의 기법에 의존하지 않는다. 오히려 그는 결론을 언어적이고 합리적인 과정에 기초하기를 시도한다. 그의 분석은 이 두 책들 간에 견고한 접촉점이 있음을 보여준다. 그의 결론에 동의하지 않는다할지라도, 사람들은 애가서가 예레미야나 그의 관점을 공유하고 있는 사람으로부터 어구와 신학적 주제를 빌려오고 있을 가능성을 여전히 진지하게 다루어야 한다.

스트리니(Streane, 1881)는 케일보다는 덜 상세할지라도 동일한 반대를 주목하고 도전한다. 아마도 스트리니의 가장 의미 있는 기여는 애가서와 예레미야서간의 언어적, 분위기적, 신학적 유사성을 집합한 것이다(356-57을 보라). 다시금 이런 구절들은 책들 간의 명확한 신학적 언어적 일치가 있다는 결론으로 이끈다. 사람들이 "예레미야가 의문의 여지없이" 그 책의 저자임을 스트리니만큼 확신할 수는 없을지라도, 어느 누구도 이런 일치의 영역을 간과할 수는 없다. 칼빈과 케일에게도 해당하는 것처럼, 스트리니는 결론을 가져올 때, 예레미야의 저작권에 관한 전승을 진지하게 취하지만, 그는 오로지 전승에만 기반한 것이 아니라 적어도 주해적, 신학적, 그리고 역사적 분석에 기초하여 저작권에 대하여 결정한다.

20세기의 저자들은 아주 소수만이 애가서의 예레미야 저작권을 주장했다. 이런 일반적인 풍토에 예외적인 사람이 캐논(W. W. Cannon)이었다. 1924년에 출간된 문서에서(*BSac* 81[1924] 42-58), 그는 예레미야의 저작권에 대한 반대들을 평가하고 아홉 가지 사상에 기초하여 자신이 발견한 것을 논증했다.

1. 이 책은 목격자에 의해 거의 쓰였고, 따라서 약 587년 B.C. 경에 작성되었다.
2. 처음 네 시들은 키노드(*qinoth*)이거나 장송곡인데, 이런 문학 형태를 예레미야 9:9b-11, 9:20-21, 22:6-7, 22:21-23에서도 발견할 수 있다.
3. 예레미야는 유다의 운명에 대해 심히 염려했다.
4. 예레미야서와 애가서는 의미 있는 신학적 언어적 연관을 공유한다.
5. 두 책들 간의 언어적 신학적 차이는 예레미야가 두 책의 저자가 되지 못할 정도로 특이하고 상세하지 않다.
6. 여러 저자가 아닌 한 저자가 애가서를 작성한 것으로 보인다.
7. 그 시들이 근본적으로 다른 시대에 작성되었을 것 같지 않다.
8. 애가서와 에스겔서간의 연관성은 애가서의 예레미야 저작권을 불가능하게 할 정도로 언급되고 있지 않다.
9. 예레미야는 예루살렘 함락 후에 애가서를 작성할 수 있는 시간과 기회를 가졌다(*BSac* 81[1924] 43-58)

캐논은 자신의 논증이 틀림없는 결론이 아님을 인정함으로써 분석을 마친다. 여전히 그는 "하지만 본 저자(캐논)는 예레미야가 이 시들의 저자라는 전승이 아마도 사실이고, 어떤 다른 관점을 제시하는 것보다 예레미야의 저작권이 훨씬 우세하다고 말할 수 있다고 주장한다"(*BSac* 81[1924] 58)고 적고 있다.

캐논의 문서는 세심하게 조직되어 논증되었다. 그것은 가능한 한 당대에 예레미야의 저작권에 대한 논증의 훌륭한 요약을 포함한다. 그가 제시한 대부분의 개념들은 케일의 견해를 공유하고 있거나 드라이버가 지적한 것들이다. 그러나 특별히 중요한 것은 예레미야서에서 키노드(*qinoth*)에 관한 그의 언급이다. 이 텍스트들은 예레미야와 애가서가 두 책에서 신학을 창출할 수 있게 만드는 기법의 형태를 공유하고 있음을 보여준다. 따라서 이 단락들을 서로 견주어 읽는 것은 각기 신학적이고 언어적인 강조를 조명할 수 있게 만든다.

아마도 20세기에 애가서에 대한 예레미야의 저작권을 주장하는 사람들에 주요한 사람은 헤르만 비스만(Hermann Wiesmann)일 것이다. 그는 1920년대와 30년대에 이 주제에 관한 몇 가지 핵심적인 문서들을 저술한 후에 1954년에 *Die Klagelieder*이란 책을 출간했다. 그 이전에 칼빈, 케일, 그리고 스트리니처럼 비스만은 예레미야와 애가서의 언어적 신학적 연관성이 그 책들이 동일한 저자를 갖고 있고, 그 저자는 바로 예레미야임을 가리킨다고 주장했다. 또한 그는 히브리의 성문서 항목에 애가서가 위치하고 있음은 이 책을 예레미야가 작성하지 않았음을 의미한다고 하는 것을 부정하고 애가서가 예전적인 목적을 위해서 성문서에 위치하게 되었다는 주장을 제시했다(56-84). 그의 전임자들과는 달리, 비스만은 삼십년간에 걸쳐서 여러 발표지에 증거를 제시했다. 비스만의 작품은 예레미야가 애가서의 저자가 아니라면 예레미야서에 나타나는 것들과 유사한 구체적인 말과 어구와 개념들이 애가서에 어떻게 영향을 주었는지를 진지하게 취해야 함을 다시 한번 보여준다. 예레미야가 애가서를 작성했는지를 결정하기 위해서 이런 정보를 사용하는 것이 충분하지 않다할지라도, 이 증거들은 애가서를 해석하는데 사용되어야 한다.

애가서에 대한 예레미야의 저작권을 논증하지는 않았을지라도, 빌헬름 루돌프(Wilhelm Rudolph)는 *Die Klagelieder*(2d ed., 1962)에서 애가서 3장이 문학적 방식에서 예레미야의 입에서 나온 소리와 같이 들린다고 제기했다(227-45). 또한 그는 애가서가 에스겔, 이사야, 그리고 시편과 언어적인 연관성이 있음을 주목한다. 단지 예레미야서만이 아니다. 따라서 루돌프는 애가서의 중심적인 시는 남은 자(렘넌트)의 선지자로서 예레미야의 유산의 특징을 담고 있다. 하지만 루돌프는 이 증거가 예레미야의 저작권을 논증하기에 충분하다고 생각하지는 않는다. 여전히 그는 예레미야와의 연관성에 중요한 수단을 찾으려고 노력한다. 그것은 쉽지 않은 탐구다. 또한 그는 애가서를 폭넓은 성경 자료와 연관시키기를 추구하는데, 그것은 구약정경의 신학적 구조 내에 애가서를 두는데 아주 중요하다.

마지막으로 휴이(F. B. Huey)는 자신의 1993년 주석에서 애가서의 예레미야 저작권을 조심스럽게 제시한다. 휴이는 예레미야가 애가서를 작성했던 전승이 꽤 오래되었고, 널리 입증되었으며, 아울러 예레미야는 예루살렘 멸망의 목격자였고, 그 책의 통일성을 옹호할 수 있고, 그리고 논리적 신학적 근거에 기초한 예레미야 저작권에 대한 반대 논증이 그렇게 설득력이 있지 않다고 적고 있다(442-43을 보라). 따라서 그는 예레미야가 그 책을 썼다고 결정할 수 있는 가능성이 많다고 결론짓는다. 사실상 그는 "예레미야가 이 애가를 언급했다는 것을 의심할 만한 이유가 없다. 따라서 그가 그 책의 저자다"(443)라고 진술한다. 동시에 그는 "그러나 성경의 가치와 영감은 인간 저자나 저자들이 누구인지를 확인하는 일에 달려 있지 않다"(443)고 주장한다. 다시 말해서, 휴이는 예레미야가 애가서를 작성했음을 발견하지만 어떤 저자가 그 책을 썼다는 사실이 구체적인 성경적 진리를 논의하는데 문제가 있게 하지 않음을 의미한다는 사실을 깨닫는다. 그의 전임자들처럼 애가서 연구에 대한 휴이의 주요한 기여는 그의 언어적 주해적 연구에서다. 그는 이 부문에서 죄, 고난, 심판, 그리고 소망에 대한 구약성경의 가르침의 참여자로서 애가서를 보다 인식하게 만드는 구약정경 전체와 예레미야와의 연관을 지적한다.

모든 학문적 전통에서 그러한 것처럼, 방금 소개한 것은 장점과 약점이 있다. 장점은 이미 진술했다. 예를 들어, 예레미야의 저작권을 인정하는 학자들은 언어적이고 주해적인 높은 기술을 보여준다. 예레미야와 다른 구약성경책 그리고 애가서간의 언어적 신학적 연관에 대한 일관된 설명은 애가서를 정경적 문맥과 분리되어 취급하지 못하게 만든다. 이 책의 통일성에 대한 이런 학자들의 확신은 애가서를 느슨하게 연관된 시들의 집합으로 취급하지 못하게 한다. 역사적인 문맥에 대한 그들의 헌신은 애가서를 허공에서 취급하지 못하게 한다.

그렇지만 이런 주장에 대한 약점도 같이 제시하는 것이 적절할 것이다. 예를 들어, 그들은 그 책을 예레미야와 연관짓는 성경 외적인 전승에 너무 많이 의존한다. 그렇다면, 그들은 실제 성경의 증언이 아닌 전승에 너무 강조점을 두고 있다. 또한 애가서와 예레미야서와의 연관을 주목하는 그들의 바람은 두 책 간의 차이점에 관한 논의를 제한시킨다. 마지막으로 두 책 간의 연관에 대한 그들의 확신이 애가서가 예레미야서의 신학을 규명하는 방식을 정의하는데(또는 예레미야서가 애가서의 신학을 규명하는 방식에) 보다 많은 시간을 보낼 수 있었다. 하지만 정당하게 이러저러한 약점이 있을지라도, 이 전승은 애가서 연구에 의미 있는 기여를 하고 있는데, 그것이 너무 자주 소홀히 되는 경향이 있다.

의문의 여지없이, 지난 2백년간의 애가서 학자들의 다수는 칼빈, 케일, 스트리니, 캐논, 비스만, 그리고 휴이의 견해에 동의하지 않았다. 그들은 드라이버가 열거한 것과 같이 애가서의 예레미야 저작권에 대한 전통적인 역사 비평적 반대를 수용하였기 때문에 대체로 그러하였다. 그들 중 많은 이들은 한 저자가 모든 다섯 시를 작성하지 않았다고 믿기 때문에, 그리고 한 저자가 모든 다섯 시들을 작성했다고 생각하는 사람들은 예레미야가 그 시들의 저자였다고 결론지을 필요가 있다고 생각하지 않기 때문에 그리하였다.

19세기 주석가들로부터 시작한 성경 연구에 역사 비평적 전통은 애가서에 대한 예레미야의 저작권의 개념을 거부할 수 있는 어떤 특별한 이유들을 수용했다. 이런 이유들 중에 몇 가지는 위의 논의에서 이미 언급했다. 예를 들어, 데니우스(Thenius, 1855), 에발트(Ewald, 1866), 그리고 부데(Budde, 1898)는 예레미야가 애가서의 저자가 아니라고 주장했는데, 예레미야가 애가 4:17이나 5:7에 표현된 감정에 동의하지 않았을 것이기 때문이다. 또한 애가서가 예언서가 아니라 히브리 정경의 성문서에 배치되어 있고, 애가 2:14과 여타 본문이 에스겔을 인용하는 것으로 보이기 때문이다. 또한 부데는 이 책의 다섯 애가들의 주제적 내용에서의 차이가 다양한 저자들이 작업한 것임을 결정하기에 충분하다고 결론지었다. 부데의 주석은 애가서의 시적인 운율에 관한 1882년의 혁신적인 에세이를 보충했다(*ZAW* 2[1882] 1-52). 이 에세이에서 그는 시들의 내용에서의 차이와 시들의 운율의 동일성을 강조했다. 따라서 부데는 그 책의 시들을 여러 저자들이 작성했고, 예전적인 목적을 위해서 오랜 기간에 걸쳐서 모아졌다는 개념을 일반화시키려 했다. 역사 비평가들은 저작권과 애가서의 편집 연대에 관한 이 주석가들의 결론을 모두 수용하지는 않았지만, 예레미야의 저작권에 대한 그들의 논증은 학문의 역사 비평적 전승의 확립된 일부가 되었다.

20세기 전반부에 역사 비평 학자들은 부데가 확립한 노선을 따라 애가서의 저작권을 논의하기를 계속했다. 이 논의들은 핵심적인 양식 비평 연구들에 의해서도 보충되었다. 예를 들어, 막스 로어(Max Löhr, 1906; rev. ed. 1923), 피크(A. S. Peake, 1911), 루돌프(Wilhelm Rudolph, 1939; 2d ed. 1962), 그리고 막스 할러(Max Haller, 1940)의 주석들은 예레미야의 저작권의 불가능성에 대한 부데와 여타 학자들의 결론의 근본적인 전제를 수용했다. 그러나 그렇게 하는 동안에, 그들은 그 책이 갖고 있는 저자들의 수에는 일치하지 않았다. 한편으로 로어와 할러는 다양한 애가서의 표현과 강조가 한 저자가 그 책을 썼을 것 같지 않음을 의미한다고 결론지었다. 할러는 그 책의 저자들은 예언적 사상에 영향을 받았고, 아마도 그 저자들은 성전에서 노래하는 자들이었을 것이라고 주장했다(94). 한편으로 루돌프는 그 시들이 애가 3장에 하나님의 본질에 관한 고백으로 한데 묶을 수 있는 일관된 신학적 비전을 공유하고 있다고 생각했다. 이 학자들은 예레미야 저작권을 고수하는 자들과는 다른 방식으로 통일성과 씨름한다. 그들은 시들의 한 그룹이 주제적으로 언어적으로 한데 묶여 있거나 묶여 있지 않은 방법 그리고 애가서의 언어와 신학이 예레미야에서 발견할 수 있는 것과 어떻게 같은지 또는 다른 지를 살피기보다는 이런 차이점들이 애가서의 저작과 편집에 무엇을 의미하는지를 논증하려는 경향이 있다. 이 학자들은 내적인 문학과 신학적인 일관성의 새로운 패러다임을 추구하는데, 그들이 예레미야의 저작권을 포기하였기 때문이다. 그들의 통찰은 보다 보수적인 동료들이 제시한 통찰과 더불어 통일성의 요소만이 아니라 과도한 통일성의 견해를 제어하고 균형을 잡는 일을 제공하기 때문에 중요하다.

이 시기에 출간된 두 중요한 양식 비평적인 작품은 미래의 애가서 연구에 상당히 영향을 미쳤다. 1923년에 자나우(Hedwig Jahnow)는 히브리 애가에 관한 연구를 출간했는데(*Das hebräische Leichenlied im Rahmen der Volkerdichtung*), 그것은 애가서의 애가들은 사무엘하 3:33-34와 예레미야 38:22에서 발견할 수 있는 것과 같은 장송곡이나 애도가(만가)에서 유래했다고 결론지었다(124-62). 그녀는 이런 애도가의 다양한 요소들을 주목했고, 애가서가 한 도시, 이 경우에 예루살렘의 멸망에 대한 형식을 개작하였다고 진술했다. 부데와 캐논과 같은 이전에 학자들과 주석들은 애가서에서 장례적인 주제와 장례적인 운율의 사용을 이미 언급했으나, 자나우는 보다 상세하게 애도가의 문학적 요소들을 조직화하였다. 또한 그녀는 애가서의 저자가 세속적인 형태(장례적인 애도가)를 예루살렘 함락을 표현하는 종교적인 형태로 전환시켰다고 강조했다.

1933년에, 자나우의 교수인 헤르만 군켈(Hermann Gunkel)은 애가 1, 2, 4장이 애도가이고, 애가 3장은, 대체로 개별적인 애가일지라도, 혼합된 장르에 속하며, 애가 5장은 공동체의 애가라는 사실의 증거로서 자나우의 연구물을 인용했다. 애가서의 저작과 관련한 역사적 과정에 대해서 군켈은 "시편 저작의 후기에, 자나우가 멋지게 설명한 애가 1, 2, 4장에서 드러나는 것처럼 애도가의 형태가 흔한 불평에 관한 몇 가지 모티브로 이끌어졌다…이런 병합의 형태는 더 주목할 만하다. 애도가와 불평은 그들의 형태에서 별개의 세계이기 때문이다. 한편으로 두 장르는 불평들을 지배하는 어떤 먼 관계성을 갖고 있다. 게다가 애도가는 통상적으로 개인의 죽음과 관련이 있지만, 애가서에서는 시온의 불행과 관련이 있다. 따라서 그것은 정치적인 요소로 채워졌고, 공동적인 불평에 더 가깝게 되었다. 고로 본래 공동적인 애가의 특징이 있었던 몇 가지 요소들이 그들의 방식을 애가서에서 발견했다"(*Introduction*, 95-96). 분명히 군켈은 창조적인 형태를 인정할지라도 애가서를 오랜 시간에 걸쳐서 형성된 시들의 집합으로 생각한다. 애도 형태에 첨가된 종교적 요소들과 관련하여 군켈은 "야훼가 본래 주체였던 요소가 애도가에서는 통상적으로 가능하지 않다(참조. 1:5c, 12e, 13-15, 17-18; 2:1-9, 17-19, 21f 4:11, 16)고 주장한다. 야훼에 대한 언급은 그의 이름을 사용하는 *소환*(1:9e, 11e, 20a 2:20a), 시온의 고난을 돌아봐주시고 그 신음하는 소리를 들어달라는 야훼에 대한 '간구'(1:9e, 11e, 20e, 21a, 2:20a), 대적자들에 대한 *저주*와 *간구*(1:22b), 하나님의 통치(1:18a)와 조합된 *죄의 고백*(1:18b, 20d 4:6, 13), 마지막으로 적절한 몇 가지 불평이 애도가보다 더 근접한 공동적인 불평의 주제를 따른다(특히 1:9f, 20a, b, c, 21a을 참조하라). 이런 방식으로 본래 애도가의 '세속적'인 장르에서 '종교적'인 시로 바뀌었다 (H. Jahnow)"(*Introduction to Psalms*, 96[이탤릭체는 본래부터 있었다]).

결론에서 그는 다양한 장르에 서로 다른 저자를 할당하고, 시편에서 엄격한 양식비평적 작품에서처럼 서로 분리하여 시들을 해석하며, 그것들을 6세기 B.C.E.보다 후대로 연대를 매기는 것이 필요함을 발견했다. 시대가 발전할 때, 자나우의 성과는 고대의 정황 내에서 애가서의 진전된 분석을 부채질했고, 반면에 군켈의 관찰은 애가서의 장르와 통일성에 관한 작업에 활력을 불어넣었다. 군켈의 영향은 1950년과 1970년 사이에 쓰인 작품들에서 특히 두드러졌다. 그 작품이 애가서의 통일성을 주장하는 것이든 혼합적인 본질을 주장하는 것이든 말이다. 그런데 흥미롭게도, 애가서의 연대에 관한 그의 견해는 문학적 다양성에 관한 그의 견해만큼 곧바로 수용되지는 않았다.

군켈의 개념에 대해 무엇을 생각하든 간에 그의 분석이 가져다준 혜택 중 하나는 애가서의 예술성이 아주 뛰어나다는 것이다. 케일, 부데, 그리고 케논의 분석만이 아니라 군켈의 분석에서 애가서가 한 가지 이상의 시적인 형태를 조합하고 그 결과를 이루기 위해서 한 종류 이상의 시적 운율을 사용하고 있다고 결론을 내리는 것이 적절하다. 다시 말해서, 애가서는 많은 면에서 예술적으로 다양하고 심지어 탁월하다. 적어도 애가서의 저자나 편집자들은 매우 창조적인 차원을 이룩해 내었다. 이 사실이 애가서의 저작권과 연대에 관한 미래의 연구에 얼마나 영향을 주었는지는 학자 본인들에게 달려 있다.

애가서에 기여한 몇 가지 자극적인 책과 문서들이 1950년과 1975년에 나타났다. 핵심적인 문서들은 애가서와 고대 세계의 애도가의 사용 간에 역사적인 연관성을 강조했다. 주요한 주석들은 이전 년도에서 제기되었던 문제들에 응답하기를 계속했다. 적어도 애가서의 신학과 관련한 두 획기적인 논문들이 출간되었다. 따라서 역사, 주해, 그리고 신학이 애가서에 어떻게 상호작용하는가에 대해서 이전 시대보다 더 많은 관심이 주어졌다. 그러나 전반적으로 애가서 연구에서 이런 발전에도 불구하고, 저작권에 관한 논의에서 주요한 이슈들은 전과 거의 그대로 남아 있었다. 여전히 시간이 진행되었을 때도, 애가서에 대한 통일된 접근을 선호하는 것이 논의에서 더욱 흔해졌다. 애가서가 묘사하고 있는 사건의 연대와 비슷한 시기에 작업되었다는 믿음처럼 말이다.

당시에 몇 가지 문서와 논문이 애가서와 다른 고대 근동의 애가 간의 가능성 있는 연관관계를 심사하는데 헌신했다. 크레머(S. N. Kramer)는 많은 면에서 이 분야의 개척자였다. 그는 50여년 이상동안 도성의 파괴에 대한 수메르의 애가와 애가서에 관한 여러 비교 연구를 작성했다. 그의 결론은 2천년 B.C.E에서 작성된 우르(Ur)에 대한 애가와 애가서간의 몇 가지 유사성이 있다는 것이었다. 그때에 그는 이런 유사성이 애가서의 저자가 수메르의 형태를 예루살렘에 대한 시로 전환하였음을 의미한다고 주장했다(*Lamentation over the Destruction of Ur*; "Lamentation over the Destruction of Ur," 455-63; *Acta Sumerologica* 13[1991] 1-26을 보라). 가드(C. J. Gadd)는 근본적으로 크레머의 의견에 동의하여 수메르의 노래가 적어도 히브리의 저자에게 영향을 미쳤다고 주장했다("Second Lamentation for Ur," 61). 크레머와 가드의 결론에 조심스러운 비판을 한 맥다니엘(T. F. McDaniel)은 수메르의 애가와 아가서간에 그러한 연결을 가능하게 하기에는 너무 시간이 많이 떨어져 있다고 주장했다. 따라서 그는 6세기 B.C.E의 유대와 고대 수메르 간의 구체적인 연결은 없었다고 주장했다(*VT* 18[1968] 209). 더 구체적으로 맥다니엘은 6세기 B.C.E.의 중반에 유다에서 작업했던 저자가 어떻게 수메르의 문서를 알았겠느냐고 의문했다(*VT* 18[1968] 207). 이런 결론에 기초해서 맥다니엘은 애가서의 연대를 예루살렘 함락이 있은 후 몇 십 년 내에 작성되었다고 여긴다. 맥다니엘이 갖지 못했던 증거를 고려한 것에 기초해서 그왈트니(W. C. Gwaltney, Jr.)는 이 주제에 관한 1983년의 취급에서 크레머의 평가를 의존했다("Biblical Book of Lamentations," 191-211). 그왈트니는 6세기 B.C.에 앗수르와 페르시아의 시대에 유대의 유배자들은 사실상 이전의 수메르의 문서 형태를 배울 수 있는 기회를 가졌다고 주장했다(210-11). 따라서 맥다니엘이 지적한 시간과 기회의 갭은 관계가 없다는 것이다. 수메르의 애가와 애가서 간의 연관에 관한 그왈트니의 의견의 타당성과 상관없이, 그는 애가서가 언제 작성되었는지에 관한 맥다니엘의 평가에 동의한다. 두 학자들은 그 책의 연대를 위한 시발점으로서 예루살렘 함락 직후에 어느 해로 취한다.

그들의 의견이 오류가 있을 수 있음을 분명히 인식하고 있을지라도, 1950년대에 역사-비평적 주석의 저자들은 애가서 자료의 다양성에 일반적으로 초점을 맞추었다. 예를 들어, 조지 나이트(George A. F. Knight, 1955)와 미크(T. J. Meek, 1956)는 애가서 2장과 4장만이 동일한 저자에 의해 이루어진 것으로 진술한다. 두 학자들이 유배 직후에 완성된 책의 연대를 매길지라도, 그 책의 나머지는 많은 시간에 걸쳐서 여러 저자들에 의해 작성되었다는 표지가 보인다는 것이다(Knight, 116; Meek, 5을 보라). 미크는 이 시들이 팔레스타인에서 작성되어 제의적 목적을 위해 가져와졌다고 결론을 짓는 반면에, 나이트는 그것이 예레미야 선지자와 에스겔 선지자를 잘 알고 있었던 목격자들이 작성했다고 결정한다.(116). 그들의 이런 말은 시의 정체성, 삶의 배경, 그리고 고백과 관련하여 몇 가지 열린 가능성을 남겨 두었지만, 그들은 이 책이 유배 직후에 바로 작성되었다는 것에 동의한다.

나이트와 미크보다도 애가서의 단일한 저자의 가능성에 더욱 열려 있을지라도, H. J. 크라우스(1st ed. 1956; 3d ed. 1968)와 알투르 바이저(Artur Weiser, 1st ed. 1958; 2d ed. 1962)도 1, 2장, 그리고 4장 그리고 그 책의 나머지 부분간의 상이성을 고려했다. 특히 두 저자들은 3장을 다른 시들과는 다른 것으로 간주했고, 전체적으로 그 책의 메시지에 전략상 중요한 것으로 여겼다. 그 책의 저자나 저자들의 정확한 신원에 관해서 확실하게 언급하고 있지는 않을지라도, 크라우스와 바이저는 이 시들이 유배 직후에 예루살렘 제의와 관련되었던 사람이 작성하고 수집했다고 주장한다(Kraus[1968], 13-15, and Weiser[1958], 40-42을 보라). 그러므로 저작권에 관한 그들의 상고는 나이트와 미크가 제기한 결론과 매우 유사하였고, 그 책의 저자들에 대한 가능성 있는 후보자로서 예루살렘 도성의 패배 이후에 그 도성에서 제의적 기능을 세워보려는 자임을 형성하였다.

애가서 신학에 두 주요한 작업은 그 책의 저작권의 논의에 상당한 기여를 했다. 1954년(2d ed. 1962)의 논문 *Studies in the Book of Lamentations*에서 놀만 고트왈드(Norman Gottwald)는 애가서에 대한 번역과 서론과 신학적 평가를 세기했다. 예레미야가 그 책을 작성했느냐 그렇지 않느냐에 대한 겉으로 보기에 끊이지 않는 논쟁에 실망한 고트왈드는 정말로 필요한 것은 애가서 신학의 분석에 있다고 주장했다. 그 책의 저작권에 관해서 고트왈드는 "열매가 있는 연구 방식을 분명히 하기 위해서 저자는 예레미야가 애가서를 작성했음을 자신이 믿지 않음을 분명히 하기를 원하고, 또한 일반적인 비평적 대안(아마도 2세기의 기간에 걸쳐 있는 세 명이나 그 이상의 저자들)에 만족하지 않는다. 그는 적어도 첫 네 시들(그것은 처음 네 장에 상응한다)은 단일한 시인의 작품이라고 믿는다. 결론적인 시와 관련해서는 독단적이 되는 것이 불가능하다. 하지만 이 모든 시들은 587에서 538 B.C. 사이의 유배 시기로부터 유래하는 것으로 이해해야 한다. 통일된 역사적, 배경, 형태와 어휘의 유사성, 그리고 그것이 공유하고 사상의 공유는 애가서의 *신학*을 말할 수 있게 해준다"(21[이탤릭체는 본래부터 있었다])라고 적고 있다. 애가서의 신학에 관한 고트왈드의 뒤이은 분석(아래에 "Theological Purposes in Lamentations"을 보라)은 백성들이 요시아의 통치 시에 회개하였을 때 왜 그렇게 심각하게 유다가 벌을 받았는지를 묻는 혼합된 시편 형태(33-46)에 기술을 갖고 있는 저자임을 드러낸다(47-62). 고트왈트의 책은 애가서의 단지 역사적인 것만이 아니라 신학적인 분석을 적절히 제기한다. 그러나 애가서가 개혁에 직면해서 실패한 것에 대해 슬퍼하고 있다는 그의 주장은 민족이 예루살렘 멸망의 시대에 행동하고 있는 방식에 관한 성경의 설명과 맞지 않는다.

베르틸 알브렉손(Bertil Albrektson)은 애가서 연구에서 유사한 실망을 표현하고 '애가서의 신학과 텍스트 연구'(*Studies in the Text and Theology of the Book of Lamentations, with a Critical Edition of the Peshitta Text*, 1963)에서 보다 신학적인 과정을 점검하려는 바람을 나타냈다. 고트왈드처럼 알브렉손은 이전의 주석들이 예레미야가 아가서를 작성했는지에 너무 많은 시간을 소비하고 그 책의 신학에 관해서는 너무 적은 시간을 투자한다고 불평한다(214). 고트왈드의 책에서 그러했던 것처럼, 알브렉손의 논문은 애가서의 저자에 대한 많은 구체적인 설명을 제시하지는 않지만, 저자의 모습이 어떠한지에 기여하는 진술이 역시 있다. 짤막하게 진술하고 있는 알브렉손은 그 책이 예루살렘의 성전 전승에 배후를 두고 있는 단일한 저자라고 믿는다(223). 이 저자는 사상의 두 흐름에 영향을 받았다: 예루살렘은 하나님의 선택된 도성이고, 결코 무너질 수 없다는 시온 전승과 제의의 중심성을 강조했던 신명기적 전승(238). 그때에 저자는 이 전승들은 신학적인 형태로 도성의 파괴에 대한 사실을 융합하는 노력을 기울였다(238-39). 알브렉손의 연구는 추천할 만한 많은 것이 있다. 특히 신명기와 예루살렘 신학의 혼합에 관한 강조("Theological Purposes in Lamentations"을 보라)와 그 혼합이 저자의 사상을 규명하는데 어떻게 도움이 되는지에 관해서 말이다. 고트왈드의 연구와 더불어, 알브렉손의 작품은 저자의 신원을 완전히 권위 있게 주장할 수는 없을지라도 저자를 설명하려는 시도를 돕고, 두 작품은 애가서의 저작권에 관한 어느 평가도 신학을 고려해야 한다는 것을 올바르게 제기한다.

오토 플뤠거(Otto Plöger, 2d ed. 1969), 델버트 힐러스(Delbert R. Hillers, 1972; 2d ed. 1992), 그리고 로버트 고디스(Robert Gordis, 1974)는 저작권과 연대에 대한 더 오래된 견해를 강화시켰고, 그 주제에 대한 새로운 접근을 입안했다. 예를 들어, 플뤠거는 모든 다섯 시들은 단일한 저자에게서 왔다고 진술하지만, 1, 2, 4장은 3, 5장과는 내용과 형식에서 다르다고 지적했다. 그의 입장에 대해서 독단적이지는 않을지라도, 플뤠거는 이 책이 아마도 제의적 범주에서 발생했을 것이라고 결론내렸다(129-30을 보라). 한편으로 고디스는 이 책의 주제와 관점에서 서로 다른 차이점은 "다양한 비가가 단일한 저자로부터 파생하지 않고 있음을 분명히 보여준다"(126)고 결정했다. 이런 다양함이 주어졌을 때, 그는 예루살렘의 멸망을 생생하게 묘사하고 있는 2장과 4장은 570년 B.C.E. 경에 살았던 목격자가 작성했음을 주장한다. 파괴와는 거리가 더 멀어 보이는 다른 세 시들은 530 B.C.E. 경에 완성되었다는 것이다(126-27을 보라). 고디스는 저자가 활동했던 범주에 관해서 구체적인 진술을 하지 않는다. 플뤠거나 고디스와 달리, 힐러스는 "이 통일성이 한 저자로부터이든 본래 개별적인 작품을 모았던 편집자로부터 기인하든 간에 독법할 수 있는 통일된 것"으로 해석한다([1972], xxii; 유사한 결론에 대해서는 Hillers[1992]을 보라). 그는 수년을 통해서 제기된 증거가 결론에 이르지 못하는 것을 발견하였기 때문이고, 또한 갖고 있는 본문과 더불어 작업하려는 바람 때문에 그렇게 한다. 힐러스는 애가서가 예루살렘 함락 직후에 팔레스타인에서 작성되었다고 믿었지만 저작의 개인적인 상황이나 사상의 군에 대해서는 어떤 의견도 진술하지 않는다. 학자들이 플뤠거와 고디스가 채택한 노선을 따라 작업하기를 계속했을지라도, 많은 저자들은 힐러스가 선택한 길을 취하여 저작권과 연대의 문제를 논의하는 것에는 덜 시간을 소비하기를 결정했다.

1975-2002년에 작성된 애가서에 관한 문서와 주석의 전반은 저작권과 연대에 대한 이전의 접근 중 하나를 선택하는 학자들의 경향을 보여준다. 오토 카이저(Otto Kaiser, 4th ed. 1992)는 모든 시들이 예루살렘 함락보다 훨씬 늦은 시기에 출원했다고 주장하며, 가장 이른 시는 450 B.C.E에 작성되었고, 가장 늦은 시는 300 B.C.E.에 작성되었다고 주장한다(109-10). 따라서 그는 책의 연대에 관한 19세기말의 많은 비평에 동의한다.

폴 레미(S. Paul Re'emi, 1984)는 그의 책이 나타났던 시리즈에 적합하게 애가서에 대한 신학적인 접근을 취했다. 그는 예레미야가 애가서를 쓸 수 없었던 이유에 대한 역사 비평적 학자들이 수년간 제기한 이유들을 수용하지만, 저자가 제사장이나 예언자적 범주에서 나오지 않는다고 진술하는 것을 제외하고는 이 주제에 대해서 진전된 언급을 하지 않는다(80-81). 그러므로 레미는 이 점에서 많은 역사 비평적 주해와는 다르다. 또한 그는 애가서의 신학을 조명하기 위한 시도로 고트왈드와 알브렉손의 발자취를 따른다.

보수적인 '강해 성경'(*Expositor's Bible*) 주석 시리즈를 썼던 엘리손(H. L. Ellison, 1986)은 예레미야의 저작권을 지지하거나 지지하지 않는 논증은 "매우 동등하게" 생각하는 것이 가장 좋고, 예레미야 저작권에 대한 논증은 "주로 감성적으로"(696) 보인다고 결론짓는다. 대부분의 주석가들처럼, 엘리손은 이 책은 묘사되고 있는 사건의 몇 십 년 내에 팔레스타인에서 작성되었다고 제기했다.

세심하고 면밀하게 제기한 논증을 펼친 후에 아인(Iain Provan, 1991)은 "애가서에서 시의 문학적 특징을 고려할 때 저작권과 저작의 장소에 관한 문제를 결정하는 것은 불충분한 증거"가 있을 뿐이라고 주장한다. 프로반이 이런 결론에 이르게 된 이유는 이 책이 기념하고 있는 사건이 상당히 지나서 그것이 작성되었고, 책의 본래적인 목적을 정확히 회복할 수 없다고 여겼기 때문이었다. 그는 냉소적이거나 호방한 방식으로 의견을 제시하지 않았다. 오히려 그의 견해들은 전반적으로 학문적인 진술을 반영한다. 반대하는 입장이 그럴듯하다면, 그 접근이 옳다고 완전히 확신할 수 있다고 진술하는 것은 불가능하다고 그는 논증한다. 이런 방식으로 엘리손처럼 프로반은 저작권의 주제에 대해서 힐러의 접근을 따른다.

클라우스 베스터만(Claus Westermann, 1990; ET 1994)은 자신의 중요한 주석에서 애가의 의미와 중요성을 심사하고 강조하기를 추구했다. 애가서에 대한 분석의 전주로서 베스터만은 애가서 연구의 역사에 관해서 상당히 점검한다. 하지만 그는 저자들이 애가들을 생명력 있는 성경의 자료로서 얼마나 진지하게 취하였는지 또는 취하지 않았는지에 초점을 맞춘다. 저작권과 연대에 관해서 베스터만은 이 시들이 예루살렘 함락에 대한 이전의 구두 반응을 후대에 문자적인 표현으로 반응한 것이라고 생각한다. 그러므로 이 시들에서 첫 번째 목소리를 포착하는 것은 불가능하고, 다만 이 소리가 목격자의 소리였음을 결론짓는 것은 가능하다고 말한다. 이 시들은 이사야 40-55장의 평행에 기초하여 550 B.C.E 경에 발생했을 것 같지만 베스터만은 3장을 좀더 후대로 할당해야 한다고 생각한다. 베스터만의 가장 훌륭한 통찰은 애가의 본질과 목적에 관한 주제에 있을지라도(아래를 보라), 그는 애가 연구의 단계에서 그 연대와 저자들을 본래 구두로 언급되고 작성된 자료를 할당하는 일의 어려움을 보여준다.

조한 렌케마(Johan Renkema, 1993; ET 1998)는 독자들에게 애가서의 훌륭한 역사적, 주해적 구조적 주석을 제공한다. 실로 이 책은 애가서의 의미를 상술하는데 거의 지칠 줄 모르는 헌신을 보여준 탁월성이 있다. 많은 이전의 학자들과 마찬가지로 렌케마는 이 책이 예루살렘 멸망 이후에 성전의 범주에서 발생되었다고 주장한다. 사실상 그는 이 시들이 성전의 노래하는 자들, 즉 성전이 파괴된 다음에도 활동하기를 계속했던 조합으로부터 왔다고 주장한다. 그는 "백성들이 멸망과 함께 타협이 도래하는 것은 몇 십 년을 요하지 않았다. 오히려 끔찍한 기근에 대한 강렬한 강조는 보다 최근의 경험을 가리킨다"54)라고 적고 있다. 렌케마는 본문 자체에 긴밀한 분석에 기초하여 자신의 결정에 이르렀음을 주목하는 것은 중요하다. 모든 점에서 그는 왜 자신이 그것을 주장하는지에 대한 본문의 증거를 제기한다. 따라서 그의 견해를 채택하지 않을 때라도 적어도 그의 주장을 진지하게 다루어야 한다.

에르하르트 게르스텐베르거(Erhard Gerstenberger)는 2001년의 애가서에 관한 양식 비평적 연구를 제공했다. 많은 면에서 그는 그 책에 관한 역사 비평적 연구의 중심에 서 있다. 예를 들어, 유대와 기독교 전승에서 그 책의 해석의 역사를 주목한 후에 그는 "언어적, 역사적, 장르적, 그리고 주제적 이유에서 현대의 학문계는 선지자 예레미야의 저작권을 수용할 수가 없다"(468)고 결론짓는다. 그 다음에 그는 애가서를 그 책과 메소포타미아 애도가 사이에 평행들에 비추어 독법하는 중요성을 강조한다(469). 다시 말해서 그는 자나우, 그왈트니, 헬러스, 베스터만, 그리고 여타 사람들이 수행한 작업을 높게 인식했다. 그 다음에 그는 그 책의 운율을 정확하게 설정하는 어려움을 지적하고 장르로서 이합체에 관해서 거의 시간을 소비하지 않는다(469-71). 나아가서 "편집자", "저자", 그리고 "전달자"라는 용어를 자유롭게 썼던(471) 그는 이 시들이 거의 매년 애도 기간에 하나님의 은혜와 도움을 구하는 "예전적인 절차에 적합한 것으로 보인다"고 결론짓는다. 마지막으로 그는 애가서의 기원에 관한 장소와 시간을 정확하게 지정하기에는 증거가 충분하지 않다고 결정하지만 동시에 그는 공동적인 예배에서 애가서의 역할을 강조한다(473-75). 그러고 나서 그는 이런 근본적인 결론에 비추어서 그 책을 해석한다.

카드린 오크너(Kathleen O'Connor)의 2001년 주석은 이 책에 대한 더 오래된 접근과의 접촉점을 유지하지만 또한 그 책의 신학적인 분석에 새로운 흐름을 반영한다. 그녀는 그 책이 587 B.C.E.의 멸망에 대체로 호소하고 있다고 믿지만, 정확한 배경이나 관련된 저자들의 수를 결정하는 것은 불가능하다고 생각한다([2001] 1013-16). 여전히 그녀는 "그 책의 현재 형태에서 자료의 통일성을 가정한다"([2001] 1016). 그녀는 이합체가 개별적인 시에서 "다양한 소리, 이미지, 그리고 관점"에 질서를 가져다주는 방식을 주목하고(1019), 교호적인 화자의 중요성을 지적한다([2001] 1020). 아마도 아주 중요하게는, 그녀는 그 시들이 "공동적이고 개별적인 고통을 재경험하고, 보게 하고, 아마도 치유케 할 수 있는 공간을 어떻게 창출하는지…실로 우리의 공동적인 삶의 회복이 자신의 고난과 세계의 고난 속에서 보다 융성한 삶으로 어떻게 이끌 수 있었는지"를 강조한다([2001] 1013). 그녀는 "그 책은 고통의 증인으로, 생존의 간증으로, 그리고 비인간적인 고난을 놀라운 문학의 예술로 변화시킨 것으로 기능한다. 그 과정에서 하나님의 정의에 대한 심오한 질문이 발생한다"([2001] 1024)고 주장한다. 분명히 오크너는 그 책이 사람들의 고통을 말할 수 있게 해준다고 주장하는데, 이는 베스터만이 1994년의 책에서 반복해서 제기한 강조였다. 분명히 그녀는 하나님의 정의를 음미하고, 또 반드시 음미해야 한다는 개념에 열려 있다. 이런 방식으로 그녀는 여기서 그리고 2002년의 책에서 보다 새로운 관점과 연결시킨다(아래의 "Theological Purposes in Lamentations"을 보라).

도브스-알소프(F. W. Dobbs-Allsopp)는 애가서의 언어적이고 신학적인 연구를 제기했다. 1998년에 그는 '애가서의 연대에 대한 언어적 증거'("Linguistic Evidence for the Date of Lamentations", *JANESCU* 26[1998] 1-36)를 출간했는데, 거기서 그는 애가서의 어휘, 구문, 철자법을 살폈다. 그는 애가서가 적어도 유배 이후의 17가지 양상을 보여주고, 그 책은 아마도 540-520 B.C.E에 작성되었을 것이라고 주장했다. 따라서 그는 그 책의 연대에 관한 대다수의 전문가들의 견해에 동의한다. 2002년 주석에서 그는 그 책의 연대에 관한 이전의 결론을 확증하고, 나아가서 "형태와 관점, 키나 운율의 지배, 그리고 전체적인 순서에서 언어적 세부사항에서의 일반적인 유사성의 널리 관찰되는 통일성이 단일한 저자의 작품임을 널리 암시한다"(5)고 진술한다. 그러므로 이런 결론과 관련한 어려움을 수용하기는 할지라도, 그는 여러 시인들의 작품이라기보다는 단일한 시인의 작품으로 애가서를 쓰기를 선호한다.

낸시 리(Nancy Lee)의 2002 논문인 '애가의 노래자들'(*The Singers of Lamentations*)은 애가서의 저작권, 연대 그리고 적용에 관한 이슈에 창조적이고 유익한 기여를 했다. 애가서를 면밀히 분석하였을 뿐만 아니라 그녀는 그 책을 고대와 현대의 애가 문헌과 비교한다. 애가서의 분석의 일부로서 그녀는 예레미야의 진정한 예언으로 그녀가 생각하는 것을 애가서와 비교하고(*Singers,* 46을 보라), 바로 이 사람이 애가서에서 말하고 있다고 결론짓는다(129). 그러므로 선지자가 예레미야서에서보다도 애가서에서 더 함께 고통을 당하는 자일지라도(14-46), 애가서는 예레미야서의 일종의 확장이다. 애가서의 신학적인 관점과 관련해서 그녀는 그 책은 "개인적인 순결과 집합적인 죄일 수 있는 긴장을 견지하고 있다. 그러나 그 책은 수도의 정치적 종교적 지도자들을 더 비난함으로써 결국에 집합적인 죄라는 뉘앙스를 띤다"고 결정한다(198). 아마도 애가서에서 예레미야의 잠재적인 역할에 대한 그녀의 논증은 미래의 연구에 그런 가능성을 자극할 것이다. 적어도 애가서와 예레미야간의 연관에 대한 그녀의 세심한 표현은 그 과정을 미래의 애가서에 대한 취급에 필수적이게 만든다. 애가서를 이해하기 위해서는 예레미야의 사상을 연구해야 한다.

아델레 베를린(Adele Berlin)의 2002년 주석은 많은 면에서 저작권과 연대에 관한 애가서 학문의 주요한 흐름을 대변한다. 예를 들어, 그녀는 그 책의 연대(520 B.C.E보다 늦지 않은; Berlin, 34-35을 보라)에 대해서 도브스-알소프의 결론에 동의한다. 나아가서 그녀는 애가서에서 예레미야란 인물에 관한 리(Lee)의 말에 동의하고(30-32), 여러 저자를 애가서에 두는 것을 불필요하다고 여긴다. 마지막으로 그녀는 과거의 애가서 주석에 나타났던 보다 신학적인 분석에 관한 경향을 반영하지만(7-22), 애가서와 다른 고대 애가들간의 평행들을 관찰하는 것을 빠뜨리지 않는다(26-30). 다시 말해서 그녀의 책은 애가서 학문의 상태에 관한 훌륭한 보고를 전달해주고 이런 교감을 넘어서는 중요한 통찰을 제공한다(아래의 주석을 보라).

논의의 이 시점에서 애가서에 대한 예레미야 저작권을 인정하지 않는 학자들이 제기한 주요한 강조를 요약하는 것이 적절하다. 첫째로 그들의 반대편 대응자들처럼 그들은 결론을 가져오기 위해서 언어적, 신학적, 문학적 데이터를 세심하게 살핀다. 하지만 그들의 반대편 대응자들과 달리, 그들은 연구한 결과에 동의하지 않는다. 한편으로 이 전문가들 중의 몇몇은 애가서를 형성하고 있는 다섯 시가 서로 연결된 전체를 이루고 있으며, 이는 단일한 저자/편집자가 있을 가능성이 높다고 확증한다. 다른 한편으로 예레미야 저작권을 인정하지 않는 다른 많은 사람들 중에는 이 자료가 너무 다양해서 그러한 결론에 이를 수 없다고 주장한다. 따라서 그들은 저자나 저자들에 대한 다양한 선택을 제기한다. 이런 선택들을 소개하면, 알려지지 않은 기원과 헌신을 가진 몇몇 사람들이 이 시들을 써서 모았고, 예언적 범주에 영향을 받은 사람들이 애가서를 작성하여 모았으며, 또는 제의적 관행과 관련되어 있던 그룹(예를 들어, 성전에 노래하는 자들)이 예배를 위해 그것들을 저작하고 개작하였다는 것이다. 이런 다양한 가능성은 시간이 지나면서 학자들로 하여금 이 문제를 확실하게 접근할 수 없는 것으로 결정하게 만들었다.

둘째로 그들의 반대편 대응자들처럼 예레미야 저작권을 인정하지 않는 학자들은 애가서가 예루살렘 함락 후 몇 년이 지나지 않아서 현재의 문학적 형태로 나타났다는 것에 근본적으로 동의한다. 물론 이런 일치에 예외가 있기는 하지만 지난 세기 동안에 아주 많은 전문가들이 이 결론에 이르렀다. 따라서 이 책이 언제 출현했는가에 대한 그들의 의견은 애가서에 나오는 역사적 입장과 예레미야 저작권을 주장하는 저자들과 일치한다.

셋째로 많은 작품들이 애가서 저자의 문학적인 기술을 드러낸다. 그들의 반대편 대응자들도 이 영역에서 거의 부족하지 않을지라도, 전반적으로 양식 비평과 역사 비평을 하는 학자들은 이 문제에 아주 깊게 몰두한다. 그러한 연구가 이 책의 저자에 관한 정확한 신분을 밝혀냈다고 주장하지는 않지만, 그들은 이 책의 주제에 대한 저자의 접근을 설명하는데 도움을 준다. 이런 전통에 따르면, 저자는 제사(예배)적 관습과 성전과 연관된 신학을 잘 알고 있는 사람이었다. 가장 그럴 법한 것은 애가서의 저자가 예루살렘의 파괴 시에 공포를 몸소 겪었거나 적어도 그것을 경험한 사람들을 알고 있었다. 이 저자는 이스라엘의 고통의 원인이 그들이 하나님께 죄를 지었고, 이런 그들의 행동으로 인해 고통을 당하고 있다고 믿었다. 물론 이 저자가 그 고통이 죄에 충분하고 곧 쉼을 얻으리라는 희망을 함축하고 있을지라도 말이다. 이 저자는 애가를 쓰는 기술에 대단히 익숙하였고, 이전의 예술적인 표현과 교감하는 신선한 애가를 만들기 위해서 혼합된 전통적 시편 형태에 능통하였다. 하지만 동시에 이 저자는 무명이고, 때로 수수께끼 같은 인물로 남아 있다. 이 익명의 사람의 과거를 발견할 수 없기 때문에, 이 저자의 작품의 배경에 대해 결론을 이끌어낼 때 조심해야 한다. 예레미야 저작권의 고수자들이 이 책의 저자에 대해 확고할지라도, 그들이 주장하는 전반적인 저작자에 대한 모습은 그들의 반대편 대응자들이 주장하는 모습과 크게 다르지 않다고 말하는 것이 정당하다.

결론

저자작와 연대에 대한 문제에 일치가 없을지라도 이미 언급한 선택 중 하나를 새로운 브랜드로 열렬하게 제기하거나 논증하려는 유혹이 있다. 결국에 이 분야는 이런 가능성들에 많이 열려 있다. 하지만 그러한 유혹에도 불구하고, 본 주석은, 본문 자체가 제기하는 증거에 기초한 접근을 소망할지라도, 훨씬 단순한 접근을 취한다. 십중팔구 애가서는 왜 예루살렘이 함락되었고 그 영향이 대중들에게 어떻게 미쳤으며, 백성들이 그들이 버렸던 주님에게 어떻게 돌아올 수 있었는지를 설명하는데 헌신하는 믿는 개인에 의해 작성되었을 것이다. 이 개인은 신학적이고도 실제적인 총체성을 가진 것으로 이끌었던 그들의 고통에 대한 표현을 백성들이 발견할 수 있기를 원하고, 또한 이스라엘이 하나님과의 관계를 회복하는 것을 돕는데 헌신하였다. 십중팔구 이 책은 도성의 파괴 이후에 몇 십 년 내에 작성되었을 것이지만, 이런 가능성은 단지 가능성일 뿐이다.

왜 한 개인이고 사람들의 집합은 아닌가? 이 질문에 대답할 때 겸손하고 조심스러워해야 할지라도, 나에게서 한 사람이 분명히 애가서 1, 2, 4장을 썼을 것으로 보인다. 언어적 주제적 내용의 유사성과 이 책의 많은 부문에서 본문의 교차적인 연관에서 비추어볼 때 말이다(주석 항목을 보라). 또한 특히 책의 흐름으로 볼 때 동일한 사람이나 유사한 마음의 소유자가 애가서 3장을 썼을 가능성이 있다.(주석 항목을 보라). 여전히 3장은 베스터만과 여타 학자들이 잘 증거하는 것처럼 이 시들 중에서 형태와 관점에서 가장 독특하다. 애가서 5장이 다섯 시들 중에서 형태적으로 가장 독특한 것은 확실히 사실이지만, 그것은 히브리 시의 거의 드문 형태가 아닌 공동체적 애가다. 동일한 사람이 그것과 여타 시들을 작성했을 수 있다. 애가서 1, 2, 3, 4장은 이합체적 패턴을 사용하고, 애가서 5장은 이합체적 형태를 반영한다. 이 시들의 차이점은 매우 일관되고 통일된 구조 내에서 존재할 뿐이다.

나아가서 그룹으로서 다섯 시에는 식별할 수 있는 전개가 있다. 아래에 제기된 책의 구조에 관한 논의가 알려주는 것처럼 말이다. 첫 두 시는 사람들과 그 책과 관련한 문제들을 제시한다. 삼인칭으로 말하고 있는 내레이터, 시온 그리고 일인칭 화자가 주요한 인물이다. 그리고 고난의 지극성, 원인 그리고 구조의 방법이 핵심 주제다. 3장은 2장의 일인칭 화자일 것으로 보이는 믿음의 공동체의 대표자에 의한 독백을 제공한다. 이 대표자는 백성들과 함께 고난을 당했고, 그는 어떻게 다른 사람들도 자신과 같이 언약의 하나님과 더 좋은 관계에 이를 수 있는가를 조언한다. 4장은 민족의 고통을 상세히 다루기를 계속하고, 5장은 민족이 적어도 3장에서 제시된 조언을 취하고 있음을 가리키는 공동체적 애가로 이 책을 결론짓는다.

몇몇 어휘와 주제적 대응/반영이 장들의 특별한 부분들 사이에 나타나는데, 아마도 이는 의도적인 저작자의 기획으로 보인다. 시들 간의 차이점은 단일한 저자가 그것을 개별적으로 작성하여 같은 곳으로 가져온 것이거나, 단일한 사람이, 그 시들이 통일된 신학을 표현하기 때문에, 다양한 저자들에 의한 다섯 시들을 한 곳으로 가져왔을 가능성은 있다. 시들에서 많은 유사성은 그것들이 한 저자나 유사한 마음을 가진 개인들의 그룹이 작업했을 것임을 암시한다. 다시 말해서 그 시들은 느슨하게 연관된 단편들의 이종(異種)이 아니다. 그것들은 한 패턴을 갖고 있다. 그 패턴이 많은 다른 성경 본문에서 발견할 수 없는 것이라 할지라도 말이다. 이러한 패턴은 그룹 활동을 반영하고 있을 가능성이 있기는 하지만, 그러한 작은 작품을 큰 그룹이 오랜 기간에 걸쳐서 작업한 생산물일 것 같지는 않다. 적어도 이런 사실에 비추어 볼 때, 지금 우리가 소유하고 있는 애가서를 형성한 사람은 단일한 저자/편집자로 제기하는 것이 보다 가능할 것이다.

하지만 이 개인의 신분을 정확히 진술하는 것은 불가능하다. 본문이 저자에 대해서 알리고 있지 않음을 상기해야 한다. 이는 매우 근본적인 단계에서, 아마도 애가서가 단지 한 사람이 아니라 여러 사람들의 기도로 고려할 수 있도록, 이 본문을 익명의 작품으로 읽어야 함을 의미한다. 이런 결론은 다른 관점의 기각을 의미하지 않는다. 예레미야 저작권의 전통은 예레미야서와 애가서간의 중요한 접촉점을 지적했다. 실로 이 전통은 예레미야서에 비추어 애가서의 형태와 신학을 다루는 정당성을 이룩해내었다. 또 다른 전통, 말하자면 예레미야 저작권을 인정하지 않는 전통은 이 책의 다양성을 이해하기를 추구해야 할 필요를 알려주었고, 서로 다른 잠재적 기원을 생각하게 했다. 위에서 진술한 것처럼 그들은 저자나 저자들이 주장했던 가능한 믿음들도 진술했다.

여전히 이 주석은 '한 그룹'이 아니라 '한 저자'가 애가서를 작성했음을 견지할 것이나, 그러면서도 동시에 반대편 관점의 사람들이 작성한 분명한 자료를 이용하기를 시도할 것이다. 또한 위에서 지적한 예레미야 전통이나 비예레미야적 전통에서 엿볼 수 있는, 근본적으로 정확한, 전반적인 저작자의 모습을 상고할 것이다. 특별한 한 사람을 거론하는 것을 제외하고는 많은 면에서 두 전통의 대표자들은 이 책이 아마도 갖고 있었던 저자의 종류에 동의한다.

연대에 대해서는 애가서에서 발견할 수 있는 애가의 종류가 이 사건이 있은 지 며칠 내에 작성되었다고 결론을 내릴 필요는 없다. 이 시들이 이합체라는 사실은 상당한 관심과 기술이 이 저작을 만드는데 필요했음을 가리킨다. 따라서 도성의 함락을 본 목격자가 즉석에서 이합체의 시로 외쳤다고 생각하기는 어렵다. 시의 주제가 묘사하고 있는 사건이 오래 지난 후의 관심도 간직하고 있음이 사실이다.

여전히 이합체 형태와 애가서의 내용은 늦은 연대를 필요로 하지 않는다. 한 사건을 기념하고 그것을 예배로 포함시키는 것은 세기들(centuries, 아주 오랜 시간)을 거의 취하지 않을 것이기 때문이다. 사실상 슬퍼하는 예배자들은 도성의 파괴 직후에 성전에 왔다(렘 41:5과 슥 7:1-4을 보라). 학개는 새로운 성전이 건축되기도 전에 성전 터에 예배자들이 몰려 왔음을 알려준다. 분명히 애가서에서 발견할 수 있는 유형의 애가들을 사용하였을 가능성이 587 B.C.E. 직후에 존재한다. 분명히 이런 가능성은 이후에 수세기 동안 존재했고, 많은 면에서 현재까지도 계속되고 있다. 하지만 직접적인 필요가 이 책을 예루살렘 함락의 시기와 아주 가깝게 작성했고, 그 이래로 그것을 쭉 사용했음을 강력하게 함축한다. 아마도 70인경이 애가서를 예레미야에게 귀결시킨 것도 사람들의 죄로 인한 성전의 파괴를 슬퍼하는 이 책의 초기 사용의 증거이기도 하다.

이런 조심스러운 결론을 살펴볼 때, 이 주석은 애가서가 한 사람의 작품라고 생각한다. 이 사람은 언어적으로 시들을 연관시키고, 그것들을 우리가 지금 갖고 있는 순서로 배열하였다. 이 시들은 주님이 이스라엘이 오랜 시간 불순종한다면, 하나님이 자신의 이름을 두셨던 그곳조차도 가만두지 않으신다는 신학적인 관점(예레미야와 시온을 사랑했던 여타 선지자들 속에서 발견할 수 있는)을 반영한다. 이 시들은 시편에서 발견할 수 있는 애가 전통, 즉 특히 요지를 만들기 위해서 다양한 자료를 혼합한 애가들, 더 특별하게는 예루살렘 함락과 그 의미를 다루는 시편들을 반영한다. 저자가 하나님의 백성들을 매우 사랑했고, 그것이 스스로 자초한 화였을지라도(또는, 특히 그렇기 때문에) 그들의 고통을 슬퍼했다. 아마도 가장 중요하게는 이 저자가 하나님의 언약 백성들의 슬픔을 공유했고, 하나님의 신실한 사람 중 하나로서 그의 시들을 통해서(속에서) 백성들에게 봉사했다. 저자는 이같이 성경의 훌륭한 시인들과 함께 생각하고 쓰고 느낀다. 확실히 이 저자는 예레미야, 성전의 노래하는 자, 예언 지향적인 제사장, 또는 믿는 공동체의 신실한 구성원일 수 있었다. 하지만 어떤 이유인지, 이 사람은 무명으로 있을 것을 선택한다. 이는 저자의 이름과 환경을 알고자 하는 바람이 있음에도 불구하고, 해석자들에게 오로지 저자의 시와 신학을 의탁하게 만든다. 이런 결정은 독자들로 하여금 그 책의 메시지로 향하게 만든다. 그것은 독자들로 하여금 고난과 죄의 고백에 대한 이 책의 표현을 피하지 못하게 하고, 나아가서 서구의 통상적인 종교적 문화적 행태에서 떠나게 만든다.

예전적인 사용

애가서는 예전적인 사용의 오랜 역사를 갖고 있다. 애가서가 처음 기원한 연대에서부터 예배에 확실히 사용되었을지라도, 초기 예배의 윤곽은 우리에게 거의 사라져 있다. 하지만 수세기동안 이 책을 읽는 일이 성전 파괴를 기억하는 일을 둘러싼 의식의 일부였다. 대단히 가능성 있고 현재에 알려진 용법에 관한 조사는 현대의 전례 학자들이 애가서를 오늘날 예배에 어떻게 사용할 수 있는지에 관한 통찰을 제공해준다.

구약성경은 예루살렘의 멸망을 애통하는 예배가 거의 그 멸망이 있었던 때에 발생했고, 상당한 시간 동안 계속되었다. 예레미야 41:4-8은 수염을 깎고, 옷을 찢으며, 몸에 상처를 내며, 바벨론의 통치자인 게달리아가 죽은 직후에 제물을 가지고 도성으로 모여든 애곡자들을 설명한다. 그들의 이런 행위는 즉흥적인 것일 수 있으나 특이한 것으로 묘사되지 않는다. 따라서 일종의 애곡하는 의식은 유배의 시작에서부터 경건의 한 형태로 생각되었다.

6-70년이 지난 후에, 애곡과 금식은 스가랴 7:3-5과 8:19에 따르면 다섯 번째 달과 일곱 번째 달에 있었다. 이런 관습은 도성의 파괴가 있은 후로 관찰할 수 있는 것으로 묘사되지만, 이런 단락들은 도성의 파괴가 애곡의 근원이었다고 분명히 진술하지는 않는다. 여전히 이 애곡하는 달들은 파괴의 시기로서 열왕기하 25:8과 예레미야 52:12-30에 열거된 것들과 일치한다. 따라서 그 연관은 상당히 가능성이 있다. 그렇다면 이스라엘은 초기 시기부터 성전 구조물과 민족적인 독립의 상실을 기억했고, 이는 백성들이 그 사건이 발생한 때부터 그것의 신학적이고 역사적인 중요성을 반성했음을 강력히 함축한다.

이런 고대의 모습에 기초하여, 후대에 유대교는 애가서를 "현대의 달력에 따르면 7월과 9월에 해당하는 다섯 번째 달 아브월의 아홉 번째 날에"에 있었던 대중적인 통회하는 행사에 애가서를 사용했다. "*두 번째* 성전이 아브월 아홉 번째 날에 함락되었고, 바르 코크바의 요새인 바타르가 A.D. 135년의 그 날에 무너졌던 전승 때문에 두 성경의 양 날짜(왕하 25:8-9은 아브월 일곱 번째 날을 제시하고, 렘 52:12은 열 번째 날을 제시한다)를 엄격히 고수하기를 원해서 이 아홉 번째 날을 선택하였다"(Hillers[1972], xli.[이탤릭체는 본래부터 있었다]). 587년 B.C.E.의 예루살렘 함락은 애도의 예배를 특징짓는 유일한 사건은 아니었다. 에탄 레빈(Etan Levine)이 쓴 것처럼, "유대 전승은 아브월 아홉 번째 날에 다섯 가지 재앙을 귀속시킨다: 애굽을 떠났던 히브리인 중에 갈렙과 여호수아를 제외한 누구도 약속된 땅에 들어가지 못한다는 선포, 첫 번째 성전과 두 번째 성전의 파괴, 바르 코크바의 반란 동안에 마지막 요새인 바타르의 함락, 로마인들에 의한 예루살렘의 약탈. 결과적으로 이 날은 모든 금식일에서 가장 중요한 날로 생각된다"(*Aramaic Version*, 13). 이런 우울한 기념일에, 애가서를 예루살렘에 대한 바벨론의 파괴만이 아니라 모든 종류의 민족적이고 개인적인 재앙을 묘사하는 책으로 사용하였다.

아브월 아홉 번째 날에 대한 세부 설명은 그들의 예전적인 역사와 애가서에 대한 후대의 기독교적인 사용과의 잠재적인 연관성에서 흥미롭다. 레빈은 애가서가 먼저 절기 동안에 개인적으로만 읽혀졌으나, 시간이 흐르면서 회당 예배에 포함되었다고 지적한다. 또한 그는 궁극적으로 이런 관찰은 "회당이 모든 치장을 벗고, 거룩한 궤의 휘장을 벗기며, 책을 읽을 수 있는 작은 초를 제외하고는 모든 불을 껐으며, 회중들은 마루나 걸상에 맨발로 앉아서 작은 나지막한 소리로 노래를 부르는 것을 보여주었다. 이 노래의 음악적 양식은 전통적인 유대 레퍼토리와 유사하지는 않지만, 그것을 시리아 기독교인들 가운데서(마론파 교도와 제임스파)와 애굽의 곱트 교도들(예수를 믿는 애굽인들) 사이에서 발견할 수 있다"(*Aramaic Version*, 13)고 진술한다. 이런 관습은 이 애도하는 의식을 수행하는 일이 얼마나 중요하고 진지했는지를 조명해준다. 그것들은 제단을 벗기고, 죄를 통회하며, 하나님이 행하실 것을 인내하며 기다리는 것과 같은 성 세족일, 성 금요일, 그리고 성 토요일의 사순절 기간에 애가서를 기독교인들이 사용한 것과 분명히 유사하다. 양 전통은 예전에서 가장 참회하고 반성하다는 의식과 상응한다는 점에서 애가서를 포함시킨다.

수세기를 통해서 애가서는 중요한 시기에 의미 있는 방법으로 사용되었다. 이 책은 예루살렘 함락을 자신의 죄와 삶의 재앙을 슬퍼하는 패러다임으로 사용하는데 헌신하는 예배를 위해서 작성되었고, 또한 적어도 예배에 포함되었다. 의문의 여지없이 후대 세기에 애가서는 예루살렘의 바벨론 침투와 관계가 없는 재앙들에 대해서도 적용되었다. 이런 적용은 후대의 예배자들이 애가서를 그 책의 근본적인 문맥에 적합한 환경에 적용시키는데 자유로웠음을 적어도 암시한다. 성주간에 그 책을 기독교가 사용하는 것도 동일한 요지를 만들어준다. 예수 그리스도를 믿는 신자들은 애가서를 가장 깊은 죄와 가장 커다란 삶의 고통을 표현하는데 사용할 수 있는 은혜로운 것으로 여겼다. 그들은 애가서를 적절한 상황에서 취할 때, 그것이 너무 비통하지도, 너무 부정적이지도, 또는 하나님의 권위에 너무 도전적이지도 않음을 발견했다. 이런 배경에서 애가서를 사용하려는 의지는 현재의 재난적인 상황에서 그 책을 어떻게 사용할 수 있는지를 재점검할 수 있게 해주고, 이는 나아가서 현대의 예배와 잘 알려진 신학의 아주 깊은 곳으로 이끌어줄 수 있었다.

정경에서의 위치

참고문헌

Childs, B. S. *Introduction to the Old Testament as Scripture.* Philadelphia: Fortress, 1980. 590-97. **House, P. R.** *Old Testament Theology.* Downers Grove, IL: InterVarsity Press, 1998. 483-89.

애가서의 정경성에 대해서는 심각한 반대는 결코 없었다. 동시에 이 책은 정경의 다양한 역본에서 한 곳에 위치하기보다는 여러 곳에 위치하였다. 이런 차이는 저작자와 연대에 대한 견해의 선호와 주제적인 내용에 대한 강조에 따른 것임을 보여준다(정경의 헬라어, 라틴어, 영어 역본).

저작자와 연대에 관한 항목에서 이전에 진술했던 것처럼, 70인경은 예레미야를 애가서의 저자로 인용한다. 따라서 헬라어 전통이 애가서를 예레미야서 바로 다음에 두고 있음은 놀랍지 않다. 벌게이트역(라틴어)이 70인경을 따랐고, 영어 성경은 벌게이트역을 따랐기 때문에 이 두 역본들은 애가서를 예레미야서 다음에 두었다. 이런 관행은 지난 수십 년간에 걸쳐서 애가서의 저작자에 대한 의문에도 불구하고 계속되었다.

애가서의 히브리 순서는 적어도 두 주제적 관심을 반영한다. 첫째로 예전적인 관심이다. 애가서는 절기들과 연관된 네 개의 서로 다른 책과 연계되어 있다: 아가서(유월절), 룻기(Feast of Weeks), 전도서(장막절), 에스더(부림절). 메길로드(Megilloth)라 불렸던 이 다섯 책들은 각각의 절기에 읽혀졌고, 그것이 각 정경 목록에서 항상 같은 곳에 나타나지는 않았을지라도, 통상적으로 정경적인 배열에 같이 묶여졌다. 둘째로 맛소라텍스트에서 애가서는 성문서에서 유배의 사건을 도입하고, 그 다음에 유배와 관련한 시련을 다루는 두 책인 에스더서와 다니엘서가 이어졌다. 이런 유배의 주제는 에스라, 느헤미야, 역대서가 예레미야의 예언의 성취와 유배의 끝을 특징지었던 약속된 땅으로의 귀환과 관련한 문제들을 언급할 때까지 계속된다(렘 29:10-13). 따라서 애가서는 어렵지만 때로 몹시 고통스러운 환경 하에서 주님을 위해 살아가는데 중요한 문제들을 탐구하는데 몰두하는 책들의 앞에 놓인다. 애가서는 유배가 왜 일어났고, 유배 이후에 어떻게 하나님께 돌아갈 수 있는가를 적절히 이해하는데 도움을 준다.

시의 형태와 운율

참고문헌

Budde, C. "Das hebräische Klagelied." *ZAW* 2(1882) 1-52. **Freedman, D. N.** "Acrostic Poems in the Hebrew Bible: Alphabetic and Otherwise." *CBQ* 48(1986) 408-31. ______. "Acrostics and Metrics in Hebrew Poetry." *HTR* 65(1972) 367-92. ______. "Acrostics and Metrics in Hebrew Poetry." In *Pottery, Poetry, and Prophecy: Studies in Early Hebrew Poetry.* Winona Lake, IN: Eisenbrauns, 1980. 51-76. **Garr, W. R.** "The *Qinah*: A Study of Poetic Meter, Syntax, and Style." *ZAW* 95(1983) 54-75. **Grossberg, D.** *Centripetal and Centrifugal Structures in Hebrew Poetry.* SBLMS 39. Atlanta: Scholars Press, 1989. **Heater, H.** "Structure and Meaning in Lamentations." *BSac* 149(1992) 304-15. **Hillers, D.** "Lamentations, Book of." *ABD,* 4:137-41. ______. "Observations on Syntax and Meter in Lamentations." In *A Light unto My Path.* FS J. M. Myers, ed. H. M. Bream et al. Philadelphia: Temple UP, 1974, 265-70. **Johnson, B.** "Form and Message in Lamentations." *ZAW* 97(1985) 58-73. **Shea, W. H.** "*Qinah* Meter and Strophic Structure in Psalm 137." *HAR* 8(1984) 199-214. ______. "The *qinah* Structure of the Book of Lamentations." *Bib* 60(1979) 103-7.

애가서의 형태와 구조는 가장 고유하고 창조적인 특징을 갖고 있다. 일련의 네 이합체의 시와, 한 개의 이합체와 유사한 시로 되어 있는 이 책은 새로운 문학 형태를 안출하기 위해서 기존의 문학적 형태를 잘 이용하고 있다. 이 창조적인 문학 행위의 탁월성은 얼핏 보기에는 항상 자명해 보이지는 않는데, 특히 다른 보다 눈에 띄는 설정 형태가 독자의 관심을 자주 사로잡기 때문이다. 이합체 형식, 운율, 음절 반복의 기술, 일반적인 구조, 그리고 장르의 혼합을 이 책이 사용하고 있는 모습을 간단하게 살펴보는 것이 애가서의 예술적인 탁월함을 일부 살피는데 도움을 줄 것이다.

이합체 형식

애가서는 다섯 개로 분명히 묘사된 시들로 구성되어 있고, 각각의 시들은 히브리 알파벳이 22개의 문자에 의해 통제된다. 처음 네 시들은 각기 연속하는 소절이나 소절 세트가 히브리 알파벳의 연속하는 문자로 시작하는 것을 의미하는 이합체이다. 이 형식을 사용함에서 있어서도, 저자는 유연성을 보여준다. 힐러가 이 책의 이합체와 관련하여 말하였던 것처럼, "1장과 2장은 상대적으로 단순한 유형에 속하고, 거기서 각 스탠자는 세 소절을 갖고, 각 스탠자의 첫 소절만이 알파벳에 상응함으로 스탠자 1은 알렙으로 시작하고 스탠자 2는 벳트로 시작하며, 히브리 알파벳의 22문자로 쭉 계속된다. 4장은 동일한 형태에 속하지만 여기서 각 스탠자는 오직 두 소절만을 갖는다. 3장은 더욱더 정교하다: 각 스탠자는 세 소절을 갖고 있고, 모든 세 소절은 적절한 문자로 시작하는데, 알렙으로 시작하는 세 소절이 있고, 벳트로 시작하는 세 소절이 있으며, 그런 식으로 쭉 이어진다. 5장은 이합체가 아니지만 정확히 22소절을 갖고 있고, 따라서 다소 약한 정도로 알파벳에 상응한다. 22소절을 갖는 다른 성경의 시들이 존재하고 – 시편 33, 38, 103편 – 이 모든 경우에 소절의 수는 의도적으로 선택한 것으로 생각하는 것이 합리적이다. 물론 어느 것도 이합체는 아닐지라도 말이다"([1972], xxiv-xxv). 한 가지를 힐러의 뛰어난 설명에 덧붙여야 한다. 그것은 애가서 1장과 2장이 작은 면에서 서로 다르다는 것이다. 두 장이 알파벳을 따를지라도, 애가서 1장은 아인 다음에 페의 순서를 따르는 반면에 애가 2장(뿐만 아니라 3-4장도)은 페 다음에 아인의 순서를 따른다. 두 알파벳 순서는 다른 고대 히브리 문헌에서 나타나는데, 전자의 순서는 시편 119편과 같은 텍스트에서 나타나고, 후자의 순서는 잠언 31장에서 나타난다(이 점에 관해서는 Renkema, 48-49을 보라).

성경 학문이 존재하는 한, 전문가들은 이합체에 대한 성경 저자들의 사용을 설명하는 이론을 제기했다. 첫째로 몇몇 저자들은 이합체가 마술적인 힘을 갖고 있다고 생각했기 때문에 저자들이 그런 형식을 사용했다고 주장했다. 이런 선택은 그럴 것 같지 않은데, 구약성경에는 마술에 대한 조직적인 반박이 있기 때문이다. 둘째로 보다 많은 학자들은 이합체 구조가 거의 문맹인 사회에서 기억을 유지할 수 있게 도왔다고 결론지었다. 이 개념은 장점이 있기는 하지만 이합체 형식이나 그 자료를 아는 것이 더 단순한지를 의문할 정도로 그것이 아주 정교하다. 셋째로 또 다른 전문가들은 이합체 형식이 심미적인 아름다움과 예술적인 표현을 가져다준다고 제기했다. 물론 다른 저자들은 이합체의 구조가 부자연스럽고 강압적임을 발견하고 오직 그렇다고 보는 사람의 눈에만 아름다울 것이라고 주장한다. 여전히 애가서에서 이합체의 다양한 종류의 광범위한 사용은 책의 저자가 이런 고대의 예술 형태에 상당한 기법을 소유했음을 가리킨다. 따라서 세 번째 가능성은 분명한 장점이 있다. 하지만 그것이 저자가 이합체를 사용했던 유일한 이유는 아니었을 것이다. 넷째로 많은 주석자들은 이합체의 사용이 저자가 완성의 감정을 전달하려는 의미가 있음을 의미한다고 결정했다. "A에서 Z로 이어지는" 모든 것이 본문에 포함되어 있다는 감정을 아마도 전달해주었을 것이다. 이런 개념도 장점이 있다. 애가서가 예루살렘의 함락과 그 이후의 사건과 연관한 고난의 본질과 다양성을 다소 포괄적으로 설명하고 있기 때문이다. 아마도 세 번째와 네 번째의 선택이 가장 좋은 주장이다. 따라서 이런 가능성으로 시작하여 그것들을 필요한 대로 발전시키는 것이 적합할 것이다.

심미적인 선택은 책의 구조와 내용에 관한 유익한 관찰로 이끈다. 예를 들어, 이 책의 이합체는 소절의 길이, 동일한 문자의 반복, 그리고 알파벳 순서에서의 약간의 변화로 다양한 차이를 보여주는데, 그것은 이합체 형식을 통한 독특한 시들을 창출한다(Renkema, 48을 보라). 그러한 차이를 번역 상에서 나타내기는 어려울지라도, 그 책이 본래 전달되었던 청중들에게는 그것이 명확했을 것이다. 이런 변화는 이 시들을 서로 다르지만 매우 많이 연관된 작품으로 특징지어주었을 것인데, 이 사실은 책의 메시지를 결정하기 위한 효과를 갖는다(아래의 "Theological Purposes in Lamentations"을 보라). 시들 간의 미묘한 차이는, 책의 통일성과 저작자에 대한 의미를 갖는, 본래 본문에 있었던 것임을 그 시들은 나타낸다(반대로는 Westermann, 63).

애가서의 시들에서 개별적이지만 통합되어 있는 이합체는 이 책을 전체로서의 구조를 갖게 하고 있다고 말하는 것이 가능하다. 학자들은 애가서 3장이 이 책의 숫자적인 중심에 있을 뿐만 아니라 주제적이고 논리적인 중심에도 있음을 오랫동안 주목했다. 즉 1장과 2장에서 진술된 문제들은 3장에서 적어도 임시적인 해결을 보게 되고, 3장은 나아가서 4장과 5장의 내용에 영향을 준다(이런 의견들의 개요를 위해서는 Westermann, 63-76을 보라). 보 존슨(Bo Johnson, *ZAW* 97[1985] 62)은 이 책의 개별적인 이합체가 이 책의 메시지에 일치하는 전체 책에 대한 이합체 구조를 만든다고 주장한다. 그는 1장과 2장이 첫 소절이 알파벳의 연속된 문자로 시작하는 22개의 세 소절의 단편을 형성하고, 3장도 22개의 세 소절 단편을 형성하지만 각 소절이 알파벳의 적절한 문자로 시작하며, 4장은 알파벳의 연속된 숫자로 시작하는 두 소절의 단편들로 형성되어 있고, 5장은 두 소절의 22개의 단편을 갖지만 그 어느 것도 알파벳의 연속된 숫자로 시작하지 않는다. 이런 구조를 볼 때, 이 책의 이합체 형식은 1장에서 3장까지는 강화되는데, 3장이 모든 시들 중에서 가장 이합체적이기 때문이다(65). 이 책의 중앙 지점 이후에는 이합체 형식은 일련의 22개의 단편을 갖는 4장에서 다소 약화되고, 5장이 22개의 소절을 갖지만 알파벳이 연속하는 것이 아니기 때문에 완전히 사라진다.

이런 형식은 독자의 관심을 시의 형태의 세심한 사용에 의한 책의 메시지의 흐름에 초점을 맞추게 한다. 그것은 독자들을 3장의 중심으로의 점증된 관심으로 인도하고, 나아가서 1장과 2장이 어떻게 핵심 포인트로 이끌며, 4장과 5장이 이 책에서 이전에 제기된 이슈들을 어떻게 해결하거나 또는 해결하지 못하는지를 점검하게 만든다. 이런 식으로 이 책의 형식과 기능이 병합한다.

조한 렌케마(Johan Renkema)는 이합체가 책의 구조를 형성하는 보다 진전된 방식을 제기한다. 그는 몇몇 부분에서 이 특별한 이합체 단편은 서로 상응한다는 것을 주목한다. 다시 말해서, 예를 들어, 알렙 소절의 내용들이 유사하다. 그는 1:1, 2:1, 3:1과 5:1이 과부의 생활, 가난함, 어둠, 그리고 치욕과 연관된 이미지로 연결되어 있다고 주장한다(Renkema, 39). 그는 벳트와 뒤이어지는 항목들에 대한 유사한 시적 반향을 제기한다(39-40). 렌케마의 이런 연관성에 관한 주장에 논쟁을 제기할지라도, 그의 논지는 건전하다. 주제적 연관성이 이 책의 이합체의 특별한 부분들 사이에서 존재한다. 그렇게 함으로써 이 책은 한 번 더 형식과 메시지를 연결시킨다. 여기서 나타나는 것은 심미적인 것을 위해서 심미적인 사례가 있는 것이 아니라 책의 메시지를 위해서 심미적인 것이 있다.

따라서 심미적인 형식은 애가서에서 많은 것들을 행한다. 그것은 다섯 시들을 창출하고, 독자들이 서로 구분할 수 있게 도와준다. 그것은 책의 특별한 부분들을 서로 상응하는 부분과 연관을 지어준다. 그것은 독자들로 하여금 다섯 개의 개별적인 시인 것으로 우선 보이는 것들의 메시지에 초점을 맞추게 도와준다. 그것은 고통과 슬픔의 철저한 취급이 이 책에 나타나 있다는 점을 독자들에게 전달한다. 다시 말해서 이합체 형식은 예술적인 방책 이상이다. 이합체는 책을 예술적이게 할 뿐만 아니라 기능적이게 만든다.

시적 운율

히브리 시에서 시적 운율을 논하려는 사람들은 학문적인 일치에 가깝게 나아가는 것이 어려움을 발견한다. 사실상 최근에 구약성경의 본문에서 비내러티브적인 본질에 관한 전반적인 의문이 다시금 발생했다. 전문가들은 대구법, 운율, 그리고 시와 같은 용어법을 사용하는 일의 전후를 논의했다. 나는 여기서 그 문제를 자세히 열거하고 논증하지는 않을 것이지만, 이 주석은 그러한 용어법 사용의 타당성을 인정하고, 동시에 이 논증이 학문계에 중요한 결과를 가져다주었던 방식을 기쁘게 언급한다.

이 문제에 관해서 논쟁이 있을지라도, 몇몇 다른 시적인 책들의 해석자들이 제공하는 것보다 좀더 확신 있게 독자들에게 그 원리를 보여주는 애가서의 운율의 규칙적인 부분이 있다는 일반적인 학계의 일치가 있다. 이 리듬은 부데가 애가서에 관한 독창적인 글에서 상세히 묘사한 용어인 키나 운율이라 전형적으로 일컫는다 (*ZAW* 2[1882] 1-52).

부데는 애가서 1-4장에서(엄격한 이합체적 시들) 표준적인 시적 소절은 두 동일하지 않은 항목으로 구성되어 있는데, 첫 번째 항목은 두 번째 항목보다 한 단어가 더 길다(5). 그는 서로 다른 패턴을 사용한 몇몇 구절들이 애가서에 있을지라도, 통상적인 순서가 세 단어를 두 단어(3:2 운율)가 뒤따랐다고 주장한다(6). 애가서와 이사야 14장과 에스겔 27장과 같은 연관된 본문에서 이런 운율의 사용을 개요한 후에(6-23), 부데는 이 시적 형식이 죽은 자를 애도하는데 십중팔구 사용되었을 것이라고 결론 내린다(24-25). 그는 애가서가 항상 통상적인 히브리 시적 대구법을 사용하지는 않지만 두 소절 중에 두 번째 소절이 자주 첫 번째 소절을 반향하고 있음을 알 수 있다고 진술한다(19). 그러므로 부데는 애가서에 인식할 수 있는 장르(장례의 애가), 분명한 운율(키나라 불리는 3:2), 그리고 대구법의 매우 일관된 패턴(반향의 기술)이 들어 있다고 주장한다. 부데의 글이 출판된 이래로 그의 작품에 관한 논의와 점검이 제기되었지만, 부데의 논지의 일반적인 개요는 지금까지 애가서의 형식, 운율, 그리고 목적에 관한 논의의 일반적인 윤곽으로 남아 있다.

한 특별한 논의는 3:2 운율의 목적이란 영역에서다. 부데의 글은 3:2 운율의 모습이 항상 장례적인 애가를 나타냈다는 인상을 남길 수 있었다. 델버트 힐러스(Delbert Hillers)는 "이 리듬이 필연적으로 고대 히브리 용법에서 애가와 연관되었다고 확신할 수는 없다. 애가가 이 리듬이 없이도 나타나고(예. 삼하 1:17-27), 이 리듬이 애가가 아닌 곳에서도 나타나기 때문이다"("Lamentations, Book of," *ABD*, 4:139)라고 진술한다. 데이비드 노엘 프리드만(David Noel Freedman)의 이합체에 대한 세심한 분석은 애가서가 실로 더 짧은 두 번째 소절을 갖고 있음을 지적하지만, 또한 그는 이 운율이 엄격하게 장례적인 애가가 아닌 애가들에서 존재함을 보여준다(*HTR* 65[1972] 392). 따라서 3:2의 운율은 주요한 내용으로 애가를 갖는 텍스트에서 보통 나타나지만, 이 애가는 장례적인 애가가 아닐 수도 있다. 이 점은 애가서와 멸망한 도성에 대한 다른 고대 근동의 애가간의 역사적 연관관계를 논의할 때 중요하다(아래를 보라).

키나는 독특한 구문론적 구조를 갖는다. 애가서의 시적 구문론에 관한 분석에서 델버트 힐러스는 이 책의 시적 소절을 창세기의 내러티브적 구문론과 비교한다. 그는 2/3의 경우에 동사들에서 애가서는 표준적인 동사-주어-전치사-구 형식을 따른다는 것을 발견한다(Hillers, "Observations on Syntax and Meter," 267-68). 남아있는 다른 경우에, 동사-전치사구-주어 또는 동사-직접목적어-전치사구가 나타난다. 하지만 힐러스는 이런 차이가 왜 발생하는지를 자신의 글에서 진술하지는 않는다(268). 여전히 힐러스의 연구는 애가서의 시적 문장구조가 일반적으로 내러티브 구문에 상응한다는 것을 보여준다. 그 책이 1/3의 경우에 다소 그런 표준에서 벗어날지라도 말이다.

1983년의 글에서 란달 가르(W. Randall Garr)는 이런 상이함이 키나 운율, 구문, 그리고 형식에서 왜 나타나는지를 식별하려고 노력한다. 애가서에서 이런 요소들을 세심하고 근본적으로 정확하게 다룬 후에, 가르는 다음과 같은 결론에 이른다. 첫째로 두 부분의 시적 소절에서 첫 소절(소절 A)은 처음에 동사를 갖지만 동사 다음에 몇 가지 구문론적으로 가능한 것들을 사용한다(*ZAW* 95[1983] 73). 이런 접근은 얼핏 보기에 이합체 시 형식 내에서 매우 엄중한 3:2 운율인 것으로 보이는 것에서 애가서의 저자에게 융통성을 가져다준다. 둘째로 두 번째 소절(소절 B)은 "소절 A에 매우 의존한다"(74). 그러므로 소절 B는 소절 A에서 시작된 요지를 강화시키고, 정교하게 하며, 돋보이게 하고, 부드럽게 하며 또는 분명하게 한다. 이런 반향적 기술은 두 번째 소절이 첫 번째 소절보다 더 짧은 3:2 운율에서 가능하다. 셋째로 내러티브의 저자가 표준적인 어순을 바꿀 때처럼, "한 단어나 단어들의 그룹"을 강조할 수 있도록 통상적인 구문에서의 변화가 발생한다(74). 가르의 관찰은 키나 구문이 어떻게 작용하는지를 설명해준다. 그것은 특히 개별적인 시적 소절들 간에 관계성을 해석자들이 이해하도록 돕는다. 개별적인 소절들이 전체 시를 창출하기 위해서 서로 어떻게 연결하고 있는지에 관한 더 많은 연구를 할 필요가 있지만, 가르의 글은 이전에 가능할 수 있었던 것보다 더 확고한 근거 위에 그러한 연구를 둔다.

윌리암 세아(William H. Shea)는 애가서에서 키나 형식의 역할이 기본적인 소절의 역할을 능가한다는 것을 보여주기를 시도한다. 실로 그는 3:2의 순서가 이 작품 전체를 형성한다고 주장한다. 세아는 애가서의 처음 세 장은 세 소절 항목에 기초한 이합체이고, 나머지 두 장은 두 소절 항목으로 형성된 시라는 것을 먼저 지적한다. 그 다음에 그는 "그러므로 애가서의 시적 자료들의 두 주요한 단위와 관련하는 한, 그것을 각기 세 장(1-3장)과 두 장(4-5장)의 항목으로 나눌 수 있거나 애가서 전체 책을 포괄하는 커다란 규모로 3:2의 키나 패턴으로 나눌 수 있다"(*Bib* 60[1979] 106)고 적고 있다. 이런 이론은 처음 네 장은 이합체이지만 마지막 장은 아니라는 오래 지속된 "문제"도 고려한다. 세아는 5장이 이합체가 아닐지라도, 그 장은 여전히 다른 장들처럼 동일한 기본적인 키나 운율을 갖고 있다고 주장한다. 책의 통일성에 대해서 세아는 "그러한 구조는 5장을 처음 네 장의 이합체 장들과는 다른 후대의 저자에게로 귀속시키야 한다는 견해에 강력한 반론이 된다. 다섯 번째 장을 이전의 네 장과 분리하는 것은 이 책이 포괄적인 단위로 작성되었다는 매우 정확한 키나 구조를 망가뜨릴 것이다"(107)라고 결론짓는다. 저작자에 대한 세아의 언급과 관련하여 논쟁이 있었을지라도, 세아의 제기는 이 책에 광범위한 편집이 있었다고 하는 애가서 저작자에 대한 설명이 바람직한 것이 아님을 제기한다고 렌케마가 관찰할 때 그는 옳게 말하고 있다(Renkema, 38).

따라서 세아의 글은 키나 형식은 일관된 전체를 만들어주는 이합체 구조와 짝을 이룬다고 주장한다. 애가서의 구조에 관한 존슨(Johnson)의 발견(*ZAW* 97[1985] 58-73), 이합체 항목간의 연결에 관한 렌케마의 결론, 그리고 키나 소절에 관한 부데의 발견과 더불어 세아의 제안은 저자의 이합체적 성과에 대한 이해를 돕는다. 소절, 장, 책 그리고 메시지의 통일성이 애가서에 존재한다. 동시에 다양성은 구별된 시와 중요한 시적 소절을 보여주는 방식으로 나타난다. 전반적으로 이 책은 일관되고, 미묘한 통일성이 있지만, 억지로 동일하게 만들려는 식으로 그렇게 하지는 않으며, 이 책의 시적 운율은 이런 예술적인 성취에서 강력한 역할을 담당한다.

애가서와 고대 근동의 유사한 것들

참고문헌

Ferris, P. W., Jr. *Genre of Communal Lament.* **Green, M. W.** "The Eridu Lament." *JCS* 30(1978) 127-67. ______. "The Uruk Lament." *JAOS* 104(1984) 253-79. **Gwaltney, W. C.** "The Biblical Book of Lamentations in the Context of Near Eastern Lament Literature." In *Scripture in Context II: More Essays on the Comparative Method.* Ed. W. Hallo, J. Moyer, and L. Perdue. Winona Lake, IN: Eisenbrauns, 1983. 191-211. **Jahnow, H.** *Hebräische Leichenlied.* **Kramer, S. N.** "Lamentation over the Destruction of Nippur." *Acta Sumerologica* 13(1991) 1-26. ______. *Lamentation over the Destruction of Ur.* Chicago: Univ. of Chicago Press, 1940. ______. "Lamentation over the Destruction of Ur." In *ANET,* 455-63. **McDaniel, T. F.** "The Alleged Sumerian Influence upon Lamentations." *VT* 18(1968) 198-209. **Michalowski, P.** *Lamentation over the Destruction of Sumer and Ur.* **Walton, J. H.** *Ancient Israelite Literature in Its Cultural Context: A Survey of Parallels between Biblical and Ancient Near Eastern Texts.* Grand Rapids, MI: Zondervan, 1989.

저작자와 연대에 관한 항목에서 진술했던 것처럼(이전에 그곳을 보라), 지난 수십 년간에 걸쳐서 학자들은 애가서와 고대 수메르의 애가, 특히 멸망한 도성에 대해 제기된 애가 간에 차이점과 유사점을 지적했다. 이 논의가 방대하고 중요하기 때문에, 논쟁의 어느 부분이 애가서 연구에 가장 관련이 있는지를 결정하는 것이 필요하다. 우리가 고대 애가에 대해서 배우는 어떤 것도 애가서의 보다 정교한 해석에 기여할 수 있기 때문에 이런 결정을 하는 것은 쉽지 않다. 여전히 이런 비교 연구들이 일반적으로 애가의 본질이나 특히 도성과 관련한 애가를 강조하는 경향이 있기에, 도성의 멸망에 대한 애가와 관련한 증거를 살피는 것이 의미가 있다고 본다. 그것이 애가서와 가장 분명하게 유사하기 때문이다. 애가서가 형식과 내용에서 다른 고대 문화에 의존하고 있는 정도를 심사하는 것(만약 있다면)도 적절하다.

단편적인 형태보다도 더 많이 발굴되어 영어로 번역된 다섯 수메르/바벨론 도성 애가들이 있다. 이 텍스트들은 '우르의 멸망에 대한 애가'(*Lamentation over the Destruction of Ur*), '수메르와 우르의 멸망에 대한 애가'(*Lamentation over the Destruction of Sumer and Ur*), '니프르 애가'(*The Nippur Lament*), '에리두 애가'(*The Eridu Lament*), 그리고 '우룩의 애가'(*The Uruk Lament*)를 포함한다(Walton, *Ancient Israelite Literature*, 160). 우르에 대한 애가는 이 텍스트들 중에서 가장 유명하다. 그것들은 약 2000 B.C.E.에 발생했던 사건인 우르의 멸망을 묘사하고 있고, 2천년 B.C.E.의 첫 삼세기로 연대가 추정된다(참조. Kramer, *ANET*, 455; Michalowski, *Lamentation over the Destruction of Sumer and Ur*, 16; Walton, *Ancient Israelite Literature*, 160). 이것이 출판된 이래로 이 텍스트들을 애가서와 비교하게 되었고, 그 단편에서 어떤 문학적 요소들이 공통적으로 들어있는지를 결정하게 되었다. 일반적으로 말해서, 이 텍스트들이 대단히 유사하다고 주장했던 사람들이 있었고, 이 텍스트들이 동일한 일반적인 고대의 환경의 일부이지만, 내용, 구조 그리고 형태에서 거의 동일하지 않다고 주장했던 사람들이 있었다.

크레머(S. N. Kramer)는 전자의 입장을 취했다. 1940년에 독창적인 논문으로 시작해서(*Lamentation over the Destruction of Ur*), 크레머는 수메르가 "24세기 B.C." 만큼 일찍이 나타났던 예술 형태인 고대 근동 애가의 어머니였다고 주장한다("Lamentation over the Destruction of Nippur: A Preliminary Report," *ErIsr* 9[1969] 89). 우르와 수메르의 도성 애가를 적어도 번역했던 크레머는 이 시들을 "2세기 B.C.의 전반부의 언젠가의 시점"으로 연대를 매긴다(*ANET*, 455). 크레머는 우르에 대한 애가가 다른 멸망한 도성에 대한 원시적인 애가로서 기능했다고 결론짓는다. 끝으로 그는 "성경의 '애가서'가 적지 않게 그 형태와 내용을 이 메소포타미아 선구자에게 빚을 지고 있고, '솔로몬'의 오래 전에 파괴된 성전의 '서쪽 벽'에서 애곡하는 애가를 발하는 현대의 정통 유대인은 4,000년 전에 수메르에서 시작된 전통을 담고 있다"(*ErIsr* 9[1969] 89)고 주장했다.

예상할 수 있었던 것처럼, 모든 학자들이 2천년 B.C.E. 수메르와 6세기 B.C.E. 사이에 분명히 식별할 수 있는 역사적 연관성이 있다는 것을 동의하지는 않았다. 하지만 수메르의 애가가 이스라엘의 애가가 이전에 만들어졌다거나, 어떤 면에서 이스라엘의 애가가 이전의 수메르 전통을 반영한다는 것을 의심하는 사람들은 그리 많지 않다. 그렇다고 이런 일치가 애가서가 이전의 시들에 의해 영향을 직접적으로 받았다는 결론으로 확실히 이끌지 못한다. 크레머 자신도 이런 연관이 어떻게 발생했는지에 대해서 설명하지 못한다.

토마스 맥다니엘(Thomas F. McDaniel)은 불가능하지는 않을지라도 애가서의 문서가 작성되던 시기보다 1400년이 앞선 시기의 예술 형태를 애가서가 의존하고 있다고 보기는 어렵다고 주장한다(*VT* 18[1968] 200). 또한 그는 주제만 서로 유사할 뿐이기 때문에, 애가서와 수메르 텍스트 사이에 어휘적 언어적 유사성을 너무 강조하는 것을 거부한다. 오히려 그는 애가서가 도성에 대한 또 다른 성경의 애가와 형태상에서 더 유사함을 발견한다(참조. 겔 27장). 따라서 그는 "유사한 언어적 모티브를 말하기보다 승리자의 손에 멸망한 공통된 경험을 말하기"를 선호한다(200-201). 힐러스는 수메르의 영향을 전적으로 무시하지는 않지만, 애가서를 수메르의 도성 애가의 직접적인 문학적 후예로 생각할 수 없다고 여긴다([1972], xxix).

보다 최근의 작품에서 그왈트니(W. C. Gwaltney, Jr., 1983), 미칼로스키(Piotr Michalowski, 1989), 그리고 페리스(Paul W. Ferris, Jr., 1992)는 양 사상 군이 제기한 증거를 심사하고 서로 다른 결론에 이르렀다. 그러나 그들의 불일치에도 불구하고, 이 주제에 대한 그들의 연구는 의미가 있다. 그것이 단지 잠재적인 역사적 연관성만이 아니라 애가서와 이전에 수메르의 도성에 관한 애가들간의 실제적인 문학적 상응성을 조명해 주기 때문이다.

그발트니의 글("The Biblical Book of Lamentations in the Context of Near Eastern Literature")은 두 가지 근본적인 목적을 갖고 있다. 첫째는 수메르의 형태가 애가서에 영향을 주었는지를 심사하고, 둘째는 애가서와 수메르의 도성 애가 사이의 유사성과 차이성을 지적하는 것이다. 첫 번째 요지에 관해서 그왈트니는 수메르/바벨론의 애가의 발전을 개요하고, 고대의 도성 애가가 약 1925 B.C.E.에 작성되었고, 그것들은 민족 예전의 주요한 시들에 완전히 포함되지는 않았다고 결정한다(196). 나아가서 그는 첫 일천년 바벨론의 애가는 본질적으로는 혼합적이었지만 여전히 도성 애가의 요소들을 유지했다고 주장한다(203-5). 그 다음에 그는 애가서와 비교하고, 그는 두드러진 몇 가지 유사점과 차이점을 생각할 수 있음을 발견한다(아래를 보라). 끝으로 그는 "유대의 성직자"가 바벨론의 제의적 활동에서 애가들을 목격했을 것이고, "북왕국의 유배자들은 앗수르의 도성에서 이런 제의들을 지키거나 참여할 수 있는 유사한 기회를 가졌다"(210)는 것을 주목한다. 분명히 그왈트니는 바벨론의 애가와 애가서 사이에 밀접한 해석적 연관을 유지하는 것이 역사적이고 기원학적인 이유를 위해 중요하다고 생각한다.

수메르의 도성 애가, 첫 일천년의 바벨론 애가, 그리고 애가서에 관한 그왈트니의 문학적 분석은 철저하고 명확하다. 편리를 위해서 그는 네 부분으로 논의를 나눈다: 제의적인 사례들, 형식/구조, 시적 기교, 그리고 신학("Biblical Book of Lamentations," 205). 제의적인 상황에 관한 문제에 대해서 그는 "이것이 우리에게 말해주는 문서를 우리는 갖고 있지 않다"(209)고 지적한다. 다시 말해서 애가서나 바벨론 텍스트의 제의적 사용에 대한 증거가 불충분하여 어떤 구체적인 결론을 이끌어내기가 어렵다. 구조와 조직에 대해서는 그왈트니는 텍스트들이 두 전통에서 전개되는 방식에서 거의 동일한 점을 관찰하지 못한다(209).

그왈트니가 애가서와 바벨론의 애가 사이에 명확하게 상응하는 것들로 생각할 수 있는 것들을 발견한 것은 시적 기교와 신학에서다. 그는 공통된 시적 기교에는 일인칭, 이인칭, 삼인칭 화자의 교환적 사용, 화와 감탄의 외침, 그리고 긴밀하게 조직된 대구법의 사용이 포함된다고 주장한다("Biblical Book of Lamentations," 209). 여기에 "얼마나 오래?"와 같은 어구의 출현과 고통 받는 자들에게 무슨 일이 일어났는지를 세심하게 살펴달라는 신에 대한 공통된 탄원을 추가할 수 있을 것이다(206을 보라). 그가 열거한 신학적인 공통점은 어떤 구체적인 이유로 도성의 멸망을 야기하는 신, 신이 도성을 버렸다는 개념, 그리고 신이 모든 능력을 갖고 있다는 개념을 포함한다(208). 이런 신학적 유사성에도 불구하고, 그왈트니는, 애가서에는 없는, 신을 자각케 하는 외침과 도성을 위해 우는 여신과 같은 특징을 포함하고 있음을 관찰한다. 따라서 그는 이 두 전통이 긴밀하게 동일하다고 주장하지는 않는다.

'수메르와 우르의 멸망에 대한 애가'(*Lamentation over the Destruction of Sumer and Ur*)에서 미칼로스키(Piotr Michalowski)는 그룹으로서 도성 애가에 관한 근본적인 분석을 제공한다. 그는 도성 애가와 애가서간의 광범위한 상응점을 발견하지 못한다. 또한 그는 도성 애가와 다른 것들 간의 많은 유사성도 발견하지 못한다. 그는 "형식의 관점에서 '도성애가'라는 명칭 하에 함께 모을 수 있었던 이 텍스트들은 동종이 아니다. 그것이 도성과 국가의 멸망과 파괴를 상세히 묘사하고 있다는 사실과 신들이 이런 재앙을 진행시키고 있다는 결정을 제외하고는 그것들은 거의 공통점이 없다. 모든 잘 알려진 사례들은 '키루구'라 불려지는 항목으로 나뉘지만, 이 항목의 수와 규모는 개별적인 저작에 따라 다르다. '에리두의 애가'(*The Eridu Lament*)와 '우륵의 애가'(*The Uruk Lament*)의 단편적인 진술이 이 문제를 일반화하게 어렵게 만들지라도 말이다"(5-6). '에리두의 애가'(*The Eridu Lamcnt*)를 번역한 그린(M. W. Green)은 도성 애가의 다양성에 대해서 유사한 진술을 한다. 그녀는 "이 다섯 주요한 작품들은 특징적인 주제적 내용을 갖는 독특한 문학적 장르를 형성하지만, 상당한 형태적 구조적 다양성이 있다"고 진술한다(*JCS* 30[1978] 127). 도성 애가에 대한 그린과 미칼로스키의 관찰로 볼 때, 그 장르가 일반적인 방식 이상으로 애가서에 필연적으로 어떻게 영향을 줄 수 있었는지를 결정하기는 어렵다. 결국에 바벨론의 도성 애가들에서 빌려 왔다는 내용은 열린 논쟁의 문제가 될 것이다.

페리스는 고대 애가의 폭넓은 범위를 살핀다. 그러므로 그의 작품은 위에서 인용했던 대부분의 사람들보다 훨씬 넓다. 여전히 그는 도성 애가를 상세히 취급하고 그왈트니의 견해에 비판적으로 영향을 준다. 도성 애가에 관한 분석에서 그는 그 모든 것들은, 버림에 대한 불평, 신에 대한 간구, 그리고 회복에 대한 호소와 같은, 약간의 기본적인 구조적 요소를 공유하고 있다고 관찰한다. 또한 그는 시의 한 가지 이상에서 황폐된 상태를 포함한다고 관찰한다(*Genre of Communal Lament*, 28-36). 따라서 애가서에 나타나는 바벨론의 도성 애가의 일부 요소들이 있다. 문제는 애가서가 이전 텍스트들에 의존하고 있다고 생각할 만큼 이 요소들이 충분히 보증된 것이냐다.

히브리의 개인적 공동체적 애가를 철저히 검증한 후에 페리스는 그왈트니의 주장에 대답한다. 페리스는 그왈트니의 학문적 차원을 분명히 존중한 후에, 그왈트니의 두 주요한 결론, 즉 도성 애가와 그 애가들이 사용한 시적 기교가 애가서와 충분히 유사함으로 이 성경책이 바벨론의 작품에 영향을 받았다고 주장하는 결론에 동의하지 않는다. 이 첫 번째 요지에 관해서 페리스는 그왈트니가 도성 애가와 애가서가 각각의 신들을 강력하고 관련된 도성의 파괴에 책임이 있으며 또 의인화된 특징을 소유한 것으로 묘사하고 있다고 주장한 것은 옳다(*Genre of Communal Lament*, 170-71). 하지만 그는 그러한 신의 특징은 단지 애가만이 아니라 모든 성스러운 문헌에서 존재하고, 애가의 본질은 도움을 구하는 간구와 엄청난 재난을 슬퍼하는 것을 포함한다고 제기한다. 두 번째 요지에 관해서 페리스는 그왈트니가 자신의 논의를 애가서로 한정함으로써 그 결과를 왜곡하고 있다고 믿는다. 히브리의 애가가 그밖에 다른 곳에서도 나타나기 때문이다. 그러므로 그왈트니의 종합은 모든 도성 애가들을 조사하여 그중에 애가서에 가까운 요소들을 취하여 둘 사이에 가까운 관계를 주장하는 결과를 갖는다. 보다 충분한 분석이 훨씬 일반적인 차이를 보여주는 때에도 말이다. 따라서 이들에 관한 관련된 시들과 관점을 오래도록 철저히 검증한 후에 페리스는 "가능한 자료들을 면밀히 살피면 애가가 유배 시에 바벨론에서 직접적으로 습득한 것이라는 이론을 지지할 수 없는 것으로 보인다. 히브리의 공동체적 애가는 충분히 독특하고 형태와 양식에서 거의 유일한 유연성을 보여준다"(174)라고 결론 내린다. 동시에 그는 바벨론과 히브리의 시들은 공통된 문화에서 나왔고 직접적인 의존을 입증할 수는 없을지라도 일부 특징들을 공유하고 있음을 부연한다(173-74).

이 주제에 관한 다양한 의견의 본질과 진전된 증거를 발견할 수 있는 가능성을 볼 때, 결론을 말함에 있어서 신중해야 한다. 여전히 다섯 가지 문제가 주목을 받을 만하다. 첫째로 애가서는 도성 애가의 오래도록 인정된 노선에 서 있다. 히브리 시가 예루살렘을 그러한 관심을 둘 만한 가치가 있다고 생각했다는 것은 저자의 마음에 간직된 그 도성의 위치를 강화시켜준다. 결국에 우르와 두로와 같은 커다란 도성에 주어졌던 취급이 있다. 둘째로 애가서는 수메르/바벨론 애가와 일부 주제적이고 시적인 유사성을 갖고 있다. 이런 유사성은 관련된 신, 도성의 멸망의 원인으로서 신의 불쾌함, 도성의 파괴에 대한 긴 묘사 그리고 신의 도움을 구하는 간구를 포함한다. 셋째로 바벨론의 애가와 애가서간에는 주요한 차이가 있다. 다신론이 바벨론의 기사에서 지배를 하지만 엄격한 일신론이 애가서에 표현된 신학적 관점이다. 따라서 기도는 두 전승에서 서로 다른 기능과 초점을 갖는다. 넷째로 바벨론의 텍스트와 애가서를 서로 연결하기에 충분한 문학적 역사적 증거가 없다. 그렇다고 이 사실이 이스라엘의 애가가 어떤 면에서 역사적으로 이전의 애가 전통에 의존하고 있다는 강력한 가능성을 부정하지는 않는다. 다섯째로 바벨론의 시의 평행을 이용하는 적절한 방법은 애가서를 위한 건설적인 의견교환을 이루는 동반자(파트너)로서다. 즉 바벨론의 도성 애가를 애가서와 함께 읽는 것은 애가서의 저자와 청중이 그들의 배경에서 무엇을 경험했고 표현했는지를 해석자들이 더 잘 이해할 수 있게 만든다. 또한 그것은 가장 끔찍한 시대에 나타났던 이스라엘의 독특한 믿음을 보여준다.

장르: 애가서와 이합체

참고문헌

Ferris, P. W., Jr. *Genre of Communal Lament.* **Gunkel, H.** *Introduction to Psalms.* **Westermann, C.** *Praise and Lament in the Psalms.*

이합체 형식, 시적 운율, 그리고 고대 애가 전승에서 애가서의 위치에 관한 이상의 설명을 볼 때, 이 책의 장르를 결정하는 것은 쉽기도 하고 어렵기도 하다. 한편으로 이 책의 내용은 애가서를 전반적으로 개인과 믿음의 공동체를 포함하는 이합체적 형식의 일련의 애가로 분명히 특징지어진다. 그러한 텍스트들이 구약성경에 존재할지라도, 분명히 애가서의 애가들은 표준적이고 직설적인 애가들은 아니다. 오히려 애가서의 애가들은 형식들을 혼합한 시들이고, 이 사실은 이미 수십 년 전에 군켈이 인식하였다(*Introduction to Psalms,* 82-98). 사실상 애가서는 시적 형태들을 단순히 개작하거나 혼합한 것이 아니다. 오히려 저자는 전지하지는 않을지라도 잘 알고 있는 내레이터의 출현, 내러티브 구문, 사건의 묘사 그리고 대화와 같은 내러티브 기교들을 사용한다. 다시 말해서 저자는 예루살렘의 곤경을 표준적인 시와 선별된 내러티브 요소들을 조화시킴으로써 효과적으로 제시하는 시들로부터 책을 만든다.

물론, 애가 연구는 오랜 동안 일반적으로 성경 비평과 특히 양식 비평의 주요소가 되었다. 따라서 학자들은 애가서의 근본적인 문학적 요소들을 자주 묘사했다. 예를 들어, 군켈은 공동체 애가의 주요한 범주는 다음과 같은 것들을 포함한다고 주장한다: "1. 불행에 대해 토로하는 애가, 2. 불행을 바꿔달라는 야훼에 대한 간구의 호소, 3. 위로를 위해 자기 자신을 비난하거나 야훼가 듣고 간섭하실 수 있도록 야훼 앞에서 말하는 모든 형태의 사상들이 나타난다"(*Introduction to Psalms,* 88[강조는 본래부터 있었다]). 찬미와 애가의 본질에 관해 어느 누구 못지않게 효과적으로 이야기한 클라우스 베스터만은 공동체적 애가는 "고난과 고난의 치욕"을 뉘우치고(*Praise and Lament in the Psalms,* 179), 그것들은 "왜?"와 "얼마나 오래?"와 같은 질문을 자주 포함한다고 부연한다(176). 또한 그는 애가서는 장례식의 애도가라기보다는 호소하는 애가라고 강조한다. "호소하는 애가는 공동체를 향해 있기보다는 하나님을 향해 있기"(95) 때문이다. 이런 다양한 요소들이 주어졌을 때, 페리스는 공동체적 애가에 대해서 다음과 같은 정의를 내린다: "공동체 애가는 작품의 내용이 공동체를 위해서 사용할 수 있도록 구성되어 있고, 그것은 그들에게 임했거나 곧 임할, 육체적이든 문화적이든, 인식할 수 있는 재난에 대한 토로와 슬픔과 설움을 표현하고 구원을 위해 하나님께 호소하는 것을 가리킨다"(*Genre of Communal Lament,* 10). 히브리 애가에 대한 그의 분석은 다양한 구조적 가능성이 필요한 슬픔과 설움을 전달하는데 사용되었음을 알려준다.

개인적인 애가에 대해서 군켈은 네 가지 기본적인 요소를 열거한다: 출두, 고충 토로, 간구, 그리고 주에 대한 확증(*Introduction to Psalms,* 152-80). 베스터만은 군켈의 분류에 기본적으로 동의하지만, 다음과 같은 다섯 가지 항목으로 다듬는다:

제언(그리고 도입적인 간구), 적절한 애도, 하나님을 향해 돌아섬(주에 대한 신뢰의 고백), 탄원, 그리고 찬미의 맹세(*Praise and Lament in the Psalms*, 170). 물론 애가의 작성으로 이끄는 몇 가지 상황들이 있고, 군켈과 베스터만이 제기한 구조적인 배열은 그 두 사람이 기꺼이 인정하는 것처럼 보편적이지는 않지만 기본적이다.

한 가지 특별한 애가 형태가 애가서를 지배하고 있지 않음을 우리는 재빨리 알 수 있다. 자나우의 작품(*Hebräische Leichenlied*)에 기초하여 군켈은 애가서 1, 2, 4장을 애도가에서 변형된 공동체적인 고충의 호소라고 생각한다(*Introduction to Psalms*, 95). 그는 애가 3장을 개인적인 고충과 공동체의 고충(94)의 혼합으로 분류하고, 애가 5장은 대단히 솔직한 공동체의 고충토로로 분류한다(82). 분명히 그는 모든 다섯 시들을 표준적인 개인 애가나 공동체 애가로서보다는 혼합된 형태로 취급한다. 베스터만이 애가서가 개인의 애도가를 모은 것이라기보다는 공동체의 고충토로를 형성하는 일련의 시들이라고 강조할지라도, 그는 근본적으로 이 시들의 형태에서 군켈의 언급에 동의한다. 애가서의 시들은 애가와 관련한 요소들을 포함하지만 일정한 구조적 형식을 공유하지 않는다(Westermann, 95-98). 따라서 델버트 힐러스(Delbert Hillers)는 애가서의 저자는 "종속적으로 따랐던 예전적이거나 문학적인 모델을 갖지 않았다. 한편으로 언어와 심사에서 저자는 다소 밀접하게 전승을 따르고 있다"고 힐러스가 말할 때, 그는 그 상황을 올바르게 평가하고 있다([1972], xxviii).

이런 분석은 장르와 관련하는 한, 애가서는 정확하게 일치하는 성경이나 고대 근동의 평행이 없음을 알려준다. 렌케마가 관찰한 것처럼, "구약성경에서 규모의 측면에서 애가서와 유사한 것이 없기 때문에, 우리는 이 다섯 개의 밀접하게 연관된 노래가 독특한 문학적 창출을 만들고 있다고 가정할 수밖에 없다"(41). 이 책은 좋은 편집이나 나쁜 편집을 반영하는 형태의 혼합이 아니다. 이 책은 관련된 문학적 자료의 능숙한 조합이다. 이 책이 키나 운율과 종합적인 구조를 혼합하고 있고, 개인적인 애가와 공동체의 애가를 조합하고 있으며, 내러티브와 시의 기본적인 구문을 혼합하고 있으며, 모든 이합체를 동일하게 만들지 않으면서 이합체의 구조를 사용하며, 첫 시에서부터 마지막 시에 이르는 주제적 연속성을 제공하고 있다고 생각할 때, 이 책의 장르에 대한 구체적인 이름을 둘 수는 없을지라도, 그 예술성에 깊은 인상을 받을 수 있다. 나중에 제기하는 애가서의 주해는 애가서의 다양한 부분을 고려하겠지만, 성경 텍스트의 구체적으로 알려진 장으로 이 책을 끼여 맞추려고 하지는 않을 것이다.

동시에 애가들을 그 나름의 장점에 따라 해석하는 것이 무엇을 의미하는지를 세심하게 고려하는 것이 적절하다. 이는 베스터만이 특히 애가서에 대한 자신의 작품에서 취하려 했던 것이다. 그는 오랫동안 애가는 학계와 공식적인 예배 환경에서 저평가 되어왔다고 올바르게 진술한다: "애가들에 대한 이런 저평가는 본문의 해석자들에게서 직접적으로 유래하는 것이 아니라, 애가들에 대한 선입관적인 사전 이해에 그 원인이 있다. 하나님 앞에서 불평을 토로하는 것은 적절하지 않다고 생각되었고, 애가는 하나님을 향한 적절한 행위와 양립할 수 없고, 하나님에 대한 경건한 태도를 혼란케 하거나 축소시킨다"(81). 베스터만이 비판한 것처럼 성경에 대한 이런 접근은 물론 성경의 독자들이 성경의 많은 부분을 살피지 못하게 한다. 그것은 사실상 신학적인 균등성에서 멀리 떠나게 하고, 영적인 부정직이나 환멸로 이끈다. 애가 장르를 공동의 예배로 회복시키는 것은 많은 좋은 효과를 가질 수 있었으나 베스터만은 가장 중요한 한 가지를 제기한다: 애가는 상처 입은 사람들이 하나님께 직접적으로 나아가는 고통의 언어를 사용하게 한다(89-91). 자신이 어떻게 느끼는지를 보고하거나, 회복을 전제할 필요가 없다. 도우실 수 있는 분에게 직접적으로 나아가는 것과 관계의 회복이 있다.

애가의 언어와 목적을 되찾을 수만 있다면, 새로운 청중들에게 이 장르를 복원할 수 있을 것이다. 애가서는 구약성경에서 애가 신학을 가장 분명하게 대표한다. 애가서는 이전 형태를 사용함으로써 과거와의 믿음을 유지하고, 새롭고 충분히 창조적인 일관된 형태를 만드는 새로운 방식을 안출함으로써 미래와 보조를 맞춘다. 따라서 애가서는 오늘날의 믿음의 사람들에게 애가가 사용가능한 장르이게 만드는 훌륭한 잠재력을 갖는다.

애가서의 신학적인 목적

참고문헌

Albrektson, B. *Studies in the Text and Theology of the Book of Lamentations.* **Childs, B. S.** *Introduction to the Old Testament as Scripture.* Philadelphia: Fortress, 1980. 590-97. **Ferris, P. W.** *Genre of Communal Lament.* **Gottwald, N. K.** *Studies in the Book of Lamentations.* **House, P. R.** *Old Testament Theology.* Downers Grove, IL: InterVarsity Press, 1998. 483-89. **Linafeldt, T.** *Surviving Lamentations.* **O'Connor, K.**

M. *Lamentations and the Tears of the World.* **Preuss, H. D.** *Old Testament Theology.* Trans. L. G. Perdue. 2 vols. Louisville, KY: Westminster John Knox, 1991, 1992.

저작자와 연대에 관한 견해의 개요가 보여주는 것처럼 사실상 애가서에 관한 모든 주요한 작품은 이 책에 대한 신학적인 언급을 한다. 동시에 이 언급의 상당 부분이 그 책의 신학적인 의미를 필연적으로 이끌어내지는 않는다. 실로 베스터만은 이런 신학적인 관찰이 두 가지 근본적인 요지로 들끓게 한다는 것을 진술한다: 이 책은 민족이 왜 고통을 당하며 어떻게 이런 고통에서 구조를 얻을 수 있는지를 진술한다(76). 따라서 구약성경의 전반적인 신학에서 그것의 독특한 증거와 역할을 발견하기 위해서 애가서의 신학을 좀더 분석하는 것이 적절하다. 이런 분석은 애가서가 언약적 저주와 복, 예언적인 경고와 권면, 그리고 하나님의 의와 신실하심을 세우기 위한 예루살렘의 함락에 대한 시편의 묵상에 관한 텍스트들을 활용하고, 한편으로 인간의 죄, 회한, 당혹, 합법적인 질문, 인내 그리고 예배에 관한 텍스트들을 활용하는 것을 드러낸다. 잘 알려진 형식의 적용이 문학적 수단을 제공하는데, 이합체가 이 개념을 전달한다.

고트왈드와 알브렉손의 논문은 애가서에 관한 중요한 신학 연구를 형성시켰다. 그것들은 애가서에 관한 이전의 신학적 연구를 요약하고 평가하며, 나아가서 대부분의 후속하는 작품들에서 자주 인용되었다. 따라서 그들의 책들은 이 분야에 중추를 이룬다. 그것들은 이 주제에 관한 진전된 연구로 이끈다.

고트왈드(*Studies in the Book of Lamentations,* 51)는 애가서의 신학의 핵심에 단일한 질문이 있다고 주장했다: 이스라엘은 약 622 B.C.E.에 요시아가 제정한 개혁 직후에 어찌 그토록 심각하게 고통을 당할 수 있었는가(51)? 그는 이 질문이 "역사와 믿음의 긴장이 처음으로 아주 날카롭게 제기된 이스라엘의 삶의 시점에서"(51) 나온다고 결론짓는다. 어찌 그렇게? 그들의 역사의 이 시점에서, 개혁이 복을 가져올 것을 기대했던 신명기 신학의 고수자들에 의해 사람들이 배움을 얻었기 때문이다. 따라서 패배와 파괴가 개혁에 이어 발생했을 때, 사람들은 설명을 들을 것을 추구했다. 이스라엘은 지난 영광과 현재의 고난 그리고 하나님이 다시 한번 그들의 운명을 바꾸실 수 있다고 선언함으로써 미래에 대한 희망을 묘사하는 반전의 주제(이번에는 긍정적인 방향에서)를 사용함으로써 애가서에서 그 괴로움을 표현한다. 이런 방식으로 민족은 고통, 하나님에 대한 믿음, 의미 있는 역사에 대한 믿음, 그리고 역사에 대한 하나님의 주권에 대한 믿음을 진술한다(62). 종합적으로 애가서는 이스라엘의 예언적 사상에 대한 위대한 전통에 참여하지만, 예전에 대한 제사장적 관심을 언약적 신실함에 대한 예언적 소망을 연합시킨다(114-19).

분명히 고트왈드의 작품에는 추천할 만한 것이 많다. 사실상 과장의 위험이 있을지라도, 고트왈드가 쓴 모든 것은 사실상 옳다. 백성들이 신실한 개혁자들이 되었고, 그 때문에 왜 그렇게 고통을 당해야 하는지를 의문할 이유를 갖고 있었다는 그의 중심적인 역사적 관점을 제외하면 말이다. 결국 이 역사적 관점은 애가서 자체에 의해 입증되지 않거나 구약성경의 전반적인 증거에 의해서도 입증되지 않는다. 실로 그 반대편 요지가 애가서와 구약성경에 의해서 나타나는 것으로 보인다. 동시에 저자가 사용한 문학적 신학적 수단에 관한 고트왈드의 묘사는 상당히 정확하다. 애가서는 과거와 잠재적인 미래의 반전에 초점을 맞춘다. 그것은 예언적인 강조와 제사장적인 강조의 연속성을 유지하며, 심판의 감정과 희망의 표현 사이에서 길을 찾는다. 애가서의 저자는 민족이 단지 과거만이 아니라 현재와 미래를 하나님과 함께 하고 있다고 믿는다. 다시 말해서 고트왈드가 만든 신학적 소득을 그의 기본적인 역사적 결론에 대한 중요한 불일치로 인해서 대수롭지 않게 여겨서는 안 된다.

유사한 생각을 알브렉손의 논문에 대해서도 표현할 수 있다. 히브리어와 시리아역의 상세한 비교를 포함하는 애가서 본문에 대한 탁월한 논증을 한 후에, 알브렉손은 광범위하게 고트왈드의 책과 협력한다. 그는 고트왈드의 장점은 상당하다고 결론짓는다. 특히 내용 분석의 영역에서 말이다. 동시에 그는 이스라엘이 요시아의 개혁 이후에 어떻게 그렇게 심하게 고난을 당할 수 있는지에 대한 질문이 애가서 신학의 핵심이라는 고트왈드의 주장에는 동의하지 않는다. 그는 신명기적 신학이 애가서에서 충만하며, 신명기 28장과 애가서간의 연관성에 특별한 관심이 집중되어 있다고 생각한다(*Studies in the Text and Theology*, 234). 그는 신명기의 신학이 애가서 신학에 주요한 요소라고 고트왈드와 함께 결론짓지만, 그는 백성들이 언약적 복이 아니라 언약적 저주를 예상할 수 있는 이유를 갖고 있었다고 생각한다(27-28장을 보라).

이런 신명기적 요소에 알브렉손은 자신이 믿기에 애가서에 필수적인 시온에 대한 강조를 부연한다. 그는 시편 46, 48, 76과 같은 시온 시편들은 예루살렘의 불가침을 강조한다고 지적하고, 나아가서 애가 2:15; 4:12, 20; 5:19와 같은 구절들은 시온 시편의 구절들과 유사한 이미지를 포함하고 있다고 주목한다(*Studies in the Text and Theology*, 220-29). 그 다음에 그는 "애가서 신학의 열쇠는 사실상 특별한 종교적 개념과 역사적 실제(성전과 도성의 불가침을 믿는 시온 전승에 대한 확신과 실제적인 심각한 상황) 간의 긴장에서 발견할 수 있다"고 주장한다(230). 또한 알브렉손은 애가서에서 고통에 대한 많은 질문과 묘사를 이스라엘이 예루살렘 도성은 침략될 수 없다는 사상을 가졌다는 증거로 인용한다. 마지막으로 그는 신명기 전통과 시온 전통이 핵심적인 성소에 대한 공통된 관심에 의해 애가서와 결합된다고 설명한다. 알브렉손에 따르면, 저자의 역사에 관한 해석이 한편으로 하나님의 주권이 되게 하고 다른 한편으로 기도, 고백, 질문을 통하여 하나님께 나아가는 백성들의 필요이게 하는 것이 바로 이런 연관성이다(235).

알브렉손의 성과는 고트왈드처럼 상당하다. 신명기 신학과 시온 신학간의 연관에 대한 그의 강조는 애가서 신학의 온전한 성과를 이해하는데 필요하다. 고트왈드의 핵심적인 역사적 의문에 관한 그의 거부는 적절하고, 시온의 멸망에 관한 이스라엘의 의문에 대한 그의 분별은 애가서의 구조와 논증을 추적하는데 유익하다. 종합적으로 말해서 알브렉손의 책은 애가서의 신학적 논의에 의미 있는 요소를 추가시킨다.

그러나 이런 발전에도 불구하고 알브렉손은 애가서의 신학의 양상을 과대평가하거나 과소평가하는 몇 가지 부분이 있다. 주요한 과대평가는 예루살렘의 불가침에 대한 그의 결론에서다. 이 주제에 대한 논쟁할 수 있는 진술을 거의 쓸 수 없을지라도, 시온의 불가침과 예루살렘의 난공불락은 구약성경에서 필연적으로 동일한 것인지 의문하는 것은 정당하다. 결국에 시온은 시편 46, 48, 76편에서 죄나 불순종으로 방해 받지 않는 구속받은 백성들과 함께 하나님이 거하시는 하나님의 집이다. 유사한 주제가 이사야 25장에 있고, 거기서 시온(צִיּוֹן)이란 말이 나타나지는 않지만, 하나님의 산이란 개념이 확실히 존재한다. 하나님 곧 시온의 왕을 무너뜨릴 수 없기 때문에 시온을 무너뜨릴 수 없다. 시온 백성들은 안전하다. 그들은 죽음이 물러난 곳에 살고(사 25:6-12), 예루살렘이 모든 피조물과 함께 변화되었던 곳에 살기 때문이다(사 65:17-25). 한편으로 예루살렘은 하나님이 그의 이름을 두기로 선택하신 곳이지만(신 12:8-12; 왕상 9:3; 등등), 불순종이 이 백성들의 삶의 방식이 된다면 파멸을 쌓는 곳이 된다(왕상 9:6-9). 요컨대, 시온은 영광스러운 예루살렘으로 자주 묘사되지만, 예루살렘은 시온으로 항상 명명되지는 않는다.

예루살렘에 대한 하나님의 선택과 예루살렘에 대한 위협은 예레미야 7장과 26장에 "성전 설교"에서 특히 분명하게 나타난다. 나아가서 애가서에서 백성들이 가졌던 믿음과 도성을 함락할 수 없다는 대적자들의 생각(4:12)이 이 책과 관련이 있을지라도, 이것을 저자의 견해와 동등한 것으로 두어서는 안 된다. 저자는 백성들의 곤경과 그들의 제사장, 왕, 선지자들이 그들에게 말한 거짓말을 믿는 경향으로 인해 오는 결과에 대해 커다란 동정심을 갖고 있다(애 2:9-10; 4:13). 하지만 죄가 심판으로 이끌 것이라는 사실에 전혀 놀라지 않는다. 다시 말해서 저자는 선지자 예레미야와 상당히 같은 견해를 갖고 있다. 따라서 전반적으로 구약성경에서 신명기 신학과 시온 신학의 연관에 대한 알브렉손의 평가는 다듬을 필요가 있고, 이는 애가서에 대한 그의 결론도 마찬가지임을 의미한다. 하지만 이런 평가가 애가서 연구에 대한 그의 기여를 축소시키지는 않는다. 그의 작품이 그러한 논의와 불일치에 대한 근거를 제공하기 때문이다.

주석의 전통과 관련해서 베스터만(76-81), 프로반(20-25), 그리고 렌케마(58-63)에 의한 개요는 주석가들이 애가서 신학에 대한 세 가지 기본적인 관점 중 하나를 통상적으로 취한다는 것을 보여준다. 그들은 애가서가 예루살렘이 고난 받는 이유에 대한 설명을 제공하고, 고난으로부터 벗어나는 방법을 가리켜주며, 또는 하나님께 그리고 서로 다른 사람들에게 그들의 고통을 예배자가 표현할 수 있는 방식을 제공한다고 결론짓는다. 물론 이런 개념은 다양한 논의들에서 자주 중복된다. 베스터만, 프로반, 그리고 렌케마가 이런 강조의 첫 두 가지에 과도한 결함을 발견하지 않을지라도, 그들은 이런 이슈를 넘어서서 더 충분하게 세 번째 선택의 의미를 상고하는 것으로 나아갈 필요를 강조한다. 특히 베스터만은 성경의 믿음에서 "고충토로"나 "한탄"의 중요성을 인식하기를 바란다(Westermann, 81을 보라). 프로반은 버려짐, 소외, 그리고 배척의 감정과 같은 고통의 결과를 고려할 것을 희망한다(Provan, 24을 보라). 렌케마(Renkema)는 곤경의 원인에 대한 민족의 당혹스러움과 그것이 의미하는 바가 애가서 신학의 핵심이었고, 이 당혹스러움을 애가서에서 발견할 수 있는 기도가 표현해 준다고 제기한다(Renkema, 62-65).

주석의 전통에서 이런 강조는 고트왈드와 알브렉손에서 발견할 수 있는 사람들과 다르지 않다. 첫 번째 관심, 즉 파멸의 이유를 찾을 필요는 개혁과 관련한 기대와 도성의 파괴에 대한 현실간의 상관관계에 대한 고트왈드의 설명과 일치한다. 이는 예루살렘의 불가침에 대한 백성들의 관심에 관한 알브렉손의 언급과도 일치한다. 이런 일치는 어떤 면에서 백성들의 의문을 부당한 것으로 해석하는 것에 부분적으로 의존하는 것으로 보인다. 다시 말해서 백성들은 그들이 어느 정도 신실하였을 때 왜 고통을 당하였는지를 의문하거나 하나님이 그러한 재앙이 결코 일어나지 않았을 것을 약속하셨을 때 왜 도성이 약탈을 당하였는지를 묻고 있다. 하나님의 약속이 공허해진 것으로 보인다.

이런 관점이 갖는 한 가지 문제는 애가서 자체가 그러한 주장을 하고 있지 않다는 점이다. 백성들은 자신들의 상실을 슬퍼한다. 그들은 저지른 죄보다도 자신의 상실이 더 크다고 생각한다. 그들은 고통이 멈추기를 아주 강조적으로 원하고, 그들처럼 대적자들도 벌을 받아 마땅하다고 분명히 생각한다. 하지만 이런 주장은 시편에 유사한 단락들의 사례에 자주 나오는 것처럼 무고함을 주장하는 일이 수반하지 않는다(시 3-7장을 보라). 사실상 죄책의 수용과 죄를 고백할 필요가 있다는 것으로 보인다. 애가서에서 백성들은 민족의 죄의 발아래 자신들의 화를 두지만, 현재의 끔찍한 고통에서 그들을 건져내실 수 있는 하나님께 다가가기를 계속한다. 이런 식으로 애가서는 욥기와 다소 유사하게 작용하지만 그 역도 해당한다. 자신의 죄 때문에 고난당하는 사람들은 무고하게 고난당하는 자들이 외치는 것처럼 하나님께 외치고 있음을 보여준다.

주석가들이 진술한 두 번째 관심, 곧 고난에서 길을 찾을 필요는 고트왈드와 알브렉손이 광범위하게 다루지는 않았지만 전적으로 다루지 않은 것은 아니다. 고트왈드와 알브렉손 그리고 주석가들은 애가서 3장이 이스라엘이 고난의 시대에 어떻게 대처할지를 이해하는데 중요하다는데 동의한다. 이 장은 전반적으로 민족과 밀접하게 연관된 한 개인이 광범위한 묵상을 제공한다. 이 개인은 자신의 죄를 인정하고, 하나님의 신실하심을 고백하며, 하나님께로 돌아오는 것과 민족의 대적자들에 대한 처벌을 위한 공동체적 기도를 드린다. 그 뒤에 5장은 주님이 백성들을 회복시킬 것이라는 공동적인 기도로 그 책을 결론짓는다. 알브렉손은 침범할 수 없는 성전에 하나님이 좌정하신 것으로 이스라엘이 백성들이 단순하게 믿는 것을 멈추고 역사의 차꼬를 푸시며 궁극적으로 통치하시는 하나님을 신뢰하는 것을 배워야 한다는 것을 이런 단락들이 알려준다고 지적한다(239). 고트왈드도 역사에서 하나님의 주권이 중요함을 표현하고, 하나님이 "영원토록 버리지 않으실 것"이라고 말하는 예레미야 3:31이 "하나님에 관한 애가서 이해의 높은 수위표(watermark)"라고 부연한다. 주님이 인간을 기쁘게 또는 임의적으로 심판하지 않는다고 이스라엘이 믿는 한, 사람들을 지탱케 하고, 언약의 하나님이시기도 한 역사의 하나님과 새롭고 더 강력한 관계로 인도하는 소망의 신학이 있다.

확실히 주석가와 신학자간에 이런 요지의 일치는 건전하다. 애가서는 소망의 신학, 현재의 상황을 넘어서서 나아가는 신학을 하나님의 성품에 기초한다. 하나님은 의롭고 정의로우시기 때문에 백성들은 언약을 깨뜨린 것으로 인해 고통을 당했다. 이런 고난은 이스라엘의 신실한 자들과 불신실한 자들이 공동으로 당했다. 사실상 언약에 대한 하나님의 신실하심은 이 백성이 그들 자신의 불신실함에 대해서 벌을 받을 것을 요구했다(신 28:15-68). 동시에 언약은 회개가 일어날 때, 용서와 갱신을 약속한다(신 30:1-10). 따라서 이 민족은 적합하고 적극적인 방식으로 하나님의 신실하심에 지금 의지할 수 있다. 모든 소망이 역사를 통치하시는 분인 주께 있다. 애가서의 말미에 불분명하게 남아 있는 것은 역사의 주님이 이스라엘의 민족의 역사에서 이 중요한 때에 그의 신실성을 어떻게 지키시는 가이며, 이는 신실한 개인들도 마찬가지로 주님이 그들의 개인적인 상황에서 어떻게 역사하실 지를 기다리는 것을 배워야한다는 것을 의미한다.

주석가들이 진술하는 세 번째 관심, 즉 애가서가 고충토로와 슬픔의 언어를 표현하고 있다는 제기는 고트왈드와 알브렉손도 분명히 공유하고 있지만, 이 문제를 가장 활발하게 다룬 것은 주석가들이다. 이것은 몇몇 저자들이 공유하고 있는 강력한 양식 비평적 전통 때문일 것이다. 그렇다면 베스터만이 애가서의 애가를 단순히 하나님, 이스라엘, 또는 역사와 신학의 상호작용에 대한 언급만이 아니라 비탄으로 취급하는 일의 중요성을 보여주려는 특별한 열심을 가졌던 것은 놀랍지 않다. 현재의 기도에 애가의 부적합성에 대한 과도한 진술을 통해서든, 간접적으로 애가를 인간의 죄와 하나님의 본질에 대한 단순한 고백으로 전환함으로써든, 성경의 믿음의 타당한 표현으로서 애가에 대한 일반적인 가치절하를 반대한다(81-84). 그 대신에 베스터만은 "애가의 진정한 의미는 그것이 고통을 당하고 있는 자들이 표현을 찾을 수 있게 해주는 방식에 있다"(81). 그는 크리스천의 기도의 방식으로서 애가의 타당성을 생생하게 하기를 원한다. 그리하여 교회가 승리, 교만 그리고 인간의 존재에 본질적인 고통을 보지 않으려 하는 마음을 갖지 않도록 말이다.(82). 또한 그는 애가가 인간의 고통을 표현하는 여러 방식들을 강조하기를 원한다. 나아가서 그것은 인간의 관계성과 하나님과 인간의 관계성에 영향을 준다(96).

이런 관심을 가진 학자는 베스터만이 유일하지 않다. 프로반은 애가서가 그 책에서 묘사된 고난을 독자들에게로 가져오기를 추구한다고 진술한다. 그는 "우리는 고통의 경험에서 배우도록 초대받고 있다. 또한 그들의 경험을 하나님의 실제와 연관지을 수 있는 일에 참여하도록 초대받고 있다. 애가서는 강력한 도전의 방식으로 믿음의 고난을 상기시키고 우리가 그 고난의 의미를 느끼고 생각하도록 초대한다"(Provan, 24). 이런 방식으로 애가서의 메시지에 들어가기 위해서는 단지 고통으로부터 빠른 탈출을 발견하기 위해서 읽는 것이 아니라 이 책의 언어가 말하는 것을 배워야 한다.

렌케마는 애가서에 대한 베스터만의 신학적 교훈을 기도의 합법적인 형태로 인식한다. 동시에 그는 "587년의 커다란 낙심 동안에 백성들의 고충토로로서 애가서의 본래 형태를 집착한 것은 실제로 발생했던 일을 그가 보지 못하게 한다: 고난은 애도-기도가 뒤따르는 것이 아니라 – 통상적으로는 그러하다 – 환멸이 뒤따랐다! (Renkema, 60). 이런 환멸은 587년의 사건과 백성들이 생각하기에 하나님의 성품에 대해서 알고 있었던 사실 간의 차이의 놀라움으로부터 파생했다(62). 그들은 하나님의 벌이 너무 심하였다고 생각했다. 따라서 지금 그들에게 이 일은 부당한 것으로 보인다. 동시에 하나님의 본질과 역사에서의 하나님의 행위에 대한 그들의 믿음, 특히 민족들에 대한 하나님의 왕권은 소망의 신학을 위한 정신적인 구조를 제공했다(66-69). 69). 역경에서 만들어진 이 믿음은 신학과 실제가 화해되는 특히 애가서 3장에서 가장 잘 진술된다(70). 이런 강조를 통해서 렌케마는 애가의 가치에 대한 베스터만의 근본적인 전제를 인정하지만, 문학적 형식을 넘어서서 이 형태를 통해서 진술된 신학적 원리로 나아간다.

최근에 애가서를 구절구절 분석하는 전통적인 기교보다는 애가서에 대한 신학적 묵상에 더 기울이는 몇몇 책들은 애가서의 신학을 이해하려는 새로운 방식을 취했다. 홀로코스트(대량학살), 월드 트레이드 센터 테러 이후에 악과 고난과 관련한 이슈들에 부분적으로 관심을 두고, 또한 애가서가 인간의 고난을 설명하기보다는 인간의 생존을 보여주며 고통을 소리 내고 있다는 베스터만의 주장에 부분적으로 기초해서, 이 학자들은 예루살렘에 대한 하나님의 남용과 폭력을 공개적으로 논의한다.

토드 리나펠트(Tod Linafelt)는 애가서 1-2장을 살피고, 그가 생각하기에 생존적인 문학이라고 여겨지는 고대와 현대의 자료들과 그것을 비교한다. 그는 애가서 1-2장에서 세 개념을 조명한다(*Surviving Lamentations*, 18). 첫째로 그는 현재의 독자들이 "책의 거칠고 폭력적인, 뿐만 아니라 신학적으로 도전적인, 이미지와 언어에서 생존을 위한 전략"을 발견할 필요가 있다고 믿는다. 둘째로 그는 생존이 애가서의 주요한 이슈라는 베스터만의 "여담"에 동의한다(Westermann, 81을 보라). 셋째로 그는 시온의 자녀들의 생존이 애가서 1-2장의 주요한 이슈라고 주장하고, 또한 애가서의 여성적 특징이 과거에 주목을 받았던 것보다 더 학문적인 취급을 받을 만하다고 결론짓는다. 리나펠트에 따르면 생존은 쉽지 않다. 생존은 이 책에서 하나님이 부재해 보이는 공백을 독자들이 채우는 애가서의 이후 부분에서만 진정으로 나타나기 때문이다(*Surviving Lamentations*, 61).

카드렌 오크너(Kathleen O'Connor, *Lamentations and the Tears of the World,* 110-24)와 도브스-알솝(F. W. Dobbs-Allsopp, 44-46)은, 이 본문이 어떤 소망을 묘사하는 지를 이야기하기 전에, 그들이 각기 "남용하시는 하나님"과 "하나님의 폭력"이라 일컫는 것을 논한다. 오크너는 애가서가 하나님에 대해서 "모순의 코러스"를 제공하는데, 이 책은 하나님의 선하심과 인간을 괴롭히시고 학대하시는 하나님을 동시에 언급하고 있기 때문이다(111-13). 이런 관찰과 관련한 난제를 가정하면서, 오크너는 독자들이 하나님의 폭력과 폭력에 대한 텍스트들을 정당화하거나 간과하고 있으며, 또는 하나님이 사랑이 있으시며 동시에 남용적이지만 신의 주권성 때문에 비난을 생각하지 않는다고 적고 있다(116-19). 그녀는 애가서를 하나님의 말씀으로서의 능력이 공동체에 나타나고, "이 공동체의 구성원들이 [공동체의] 상황에 계시된 말씀을 성육신해야"(121) 하는 책으로 애가서를 읽는 또 다른 길을 추구하기를 결정한다. 사실상 그녀는 이 책이 이 과정을 모형화하고 있다고 믿는다. 그것이 하나님에 대한 서로 다른 관점을 계시하고 있기 때문이다. 마지막에 오크너는 애가서가 하나님이 "인생으로 고생하며 근심하게 하심이 본심이 아니시로다"라는 애가서 3:33에 표현된 가느다란 소망을 독자들에게 남겨두는 것으로 결론을 내린다. 그녀는 애가서에서 하나님의 침묵은 "하나님이 사랑하는 사람들에게 직면한 재앙을 설명할 준비를 갖추지 않고 있다는 것을 드러내신다. 그 대신에 하나님은 전체 공동체가 악하고 가증한 행위에 대하여 하나님을 참소하는 것으로 고통하신다. 아마도 하나님의 침묵은 거룩하게 계산된 멸망을 드러내기보다 하나님의 순결함을 감추신다. 나는 그것이 그렇게 되기를 원한다"(124)고 소망한다.

도브스-알솝은 관련된 진술을 한다. 그는 하나님의 폭력의 궁극적인 이유는 신비에 가리어져 있지만 일부 관찰할 수 있다고 적고 있다(44). 예를 들어, "폭력은 하나님에 대한 성경의 증거의 일부다." 주요한 사례가 예수의 십자가다. "폭력을 하나님에 대한 다른 용어와 분리해서 취급할 수 없다." 하나님 안에 있는 폭력을 맞서는 것은 독자들이 일반적으로 폭력에 맞서는 것이다. 신자들이 폭력을 정당화할 수는 없지만 폭력이 존재한다는 것을 인정해야 한다(44-46). 린나펠트(Linafelt)처럼 도브스-알솝은, 소망은 생존이 "연장된 삶"을 의미하는 한 생존 속에 다소 거한다고 믿는다(46). 나아가서 그는 "하나님이 인간을 창조하셨던 선함을 재확증하는" 인간의 위엄에 소망을 둔다(47). 오크너처럼 그도 애가서 3:19-24과 3:25-39에 초점을 맞추지만, 홀로커스트와 같은 끔찍한 사건을 하찮게 여기는 정도로 이 구절들을 사용하는 것을 경계한다(48). 따라서 애가서는 유지해야 할 필요가 있는 "신정론적이고 반신정론적인 극단"을 포함하고 있다고 말한다. 여전히 도브스-알솝은 소망이 존재하는 곳에는 하나님이 거하신다고 결론짓고, 존 레벤손(Jon Levenson)에 동의하여, 악을 몰아내 달라고 하나님께 구하는데 시간을 보내는 것이 악이 왜 존재하는가를 설명하려는데 보내는 시간보다 더 좋다고 주장한다(48).

이 책들은 일반적으로 구약신학과 특히 애가서 신학 연구에서 새로운 발전을 나타내는 몇몇 책들 중에 단지 세 책일 뿐이다. 그것들은 단지 본문에서 믿음의 공동체로가 아니라, 역시 본문의 의미의 기초로서 공동체에서 현재의 독자들에게로의 해석학적인 전환을 반영한다. 충분히 흥미롭게도, 이 학자들은 본문을 그들의 권위로 사용하지만 본문에서 떠나 있다. 그들은 상처를 입고 있는 사람들을 위로하기 위한 방법을 찾고자하는 좋은 이유로 그렇게 한다. 따라서 우리가 그들에게 동의하지 않는다면, 그것은 그들이 의도한 기초에 있는 것이 아니라 그 방법의 기초와 그 방법이 도출해내었던 또는 도출해내지 못했던 그 결과에 있다. 그들이 방법에서 잘못되어 있다면, 그들은 이런 가치 있는 목표를 이룰 수 없다.

이런 최근의 저자들은 몇 가지 중요한 신학적 기여를 했다. 첫째로 그들은 애가서를 현재의 신학적-윤리적 이슈에 상당히 기여하는 책으로 진지하게 취한다. 둘째로, 그들은 하나님의 본성을 진지한 현대의 도덕적 이슈로 다룬다. 신학에 대한 그들의 접근은 단지 인간중심적이 아니라 신중심적이다. 셋째로 그들은 인간이 꽤 진지하게 묻는 통상적인 고난을 질문으로 취한다. 그렇게 함으로써 그들은 전통적인 신학적 구조의 한계를 넘어선다. 넷째로 그들은 실로 한탄을 한탄으로 진지하게 취한다. 그들은 그 시들을 고통을 표현하는 시로 취하는 시도를 놓치지 않는다.

동시에 애가서의 신학에 대한 그들의 접근에 몇 가지 문제들이 있다. 첫째로 그들은 애가서에서 서로 다른 화자가 예루살렘에 발생했던 것에서 서로 일치하고 있다는 점을 주목하지 않는다. 애가서는 실로 교호적이고 독특한 소리들이 있지만 그것은 보충적이지 경쟁적인 소리가 아니다. 모든 인물이 이스라엘의 죄가 이런 고통을 야기했고, 하나님이 이 고통을 가져오셨으며, 이 고통은 심각하다고 동의한다. 둘째로 그들은 원래의 상황에 대한 애가서의 진술을 인정하지 않는다. 즉 그들은 모든 책의 고난자들이 무고한 고난자는 아니라고 책의 화자가 진술할 때 그 화자를 온전하게 믿지 않는다. 물론 그들은 애가서의 화자들이 무고한 어린아이들의 상황을 얼마나 슬퍼하는지를 올바르게 관찰하고 있고, 또 이 이슈는 반응할 가치가 있다. 동시에 이 시점에서 하나님을 남용적으로 생각해야 하는지, 이스라엘 백성을 가장 게으른 부모들이라고 상상해야 하는지에 열린 질문이 있지만, 성경의 증언은 이 부모들이 바벨론이 오기 전에 거듭 경고를 무시했다고 말한다. 셋째로 그들은 애가서를 성경 신학의 맥락보다는 이와 분리하여 다룬다. 물론 이런 비판은 전체 성경적 증언을 왜 우선해야 하는지 되물을 수 있지만, 이 책의 장르, 목적, 또는 배경을 성경 본문들에 의뢰하지 않고 이해하는 것은 문제가 있다. 넷째로 그들은 3장의 주요한 주제인 하나님과 이스라엘간의 관계의 회복보다는 고통에 대해 누구를 비난해야 하는지에 초점을 맞춘다. 그들은 하나님의 침묵을 올바르게 지적하지만 비난이 그 요지가 아니다. 중요한 것은 그 침묵을 어떻게 다리를 놓느냐다. 이 실제를 4장과 5장에서 백성들의 정직한 기도가 증거한다.

고트왈드와 알브렉손의 논문과 베스터만, 프로반, 렌케마, 리나펠트, 오크너, 도브스-알솝의 신학적 언급을 보았을 때, 애가서의 신학을 요약함에 있어서, 그들의 결론을 고려하는 것이 적절하다. 간단하게 말한다면, 그들은 신명기, 시온, 그리고 한탄의 주제의 중요성을 설정한다. 또한 애가서에서 이론 모습들을 전개할 때, 그들은 하나님의 본질과 이스라엘의 본질을 심사할 필요성을 보여주고, 또 예루살렘 함락으로 영향을 받은 사람들이 어떻게 하나님과 역사에서 하나님의 행하심을 이해하는지의 적절성을 보여준다. 이러저러한 주제적 요소들을 종합할 때, 애가서 신학에 관한 다음과 같은 요약은 네 가지 중심적인 주제를 사용한다: 하나님과 하나님의 백성들, 하나님과 예루살렘, 하나님과 민족들, 그리고 하나님과 기도. 이런 범주에서 애가서에서 하나님의 모습이 그려질 것이다.

하나님, 하나님의 백성 그리고 그들의 고난

독자들은 하나님의 백성들을 통해서, 그들의 민족의 수도가 파괴되는 것으로 영향을 받은 이스라엘의 기도를 통해서, 애가서의 하나님을 만난다. 따라서 애가서의 신학의 논의를 이 책에서 주님이 이스라엘과 어떻게 관계 짓는가를 살펴봄으로써 시작하는 것이 바람직하다. 몇 가지 특징들이 본문에서 나타나지만, 이는 하나님이나 백성들에게 즉시로 기분 좋은 말들은 아니다.

첫째로 몇 가지 단락들은 주님을 계속해서 죄를 지은 이스라엘을 호되게 심판하시는 분으로 묘사한다. 예를 들어, 이 책의 첫 네 구절들은 예루살렘을 커다란 반전과 끔찍한 약탈로 고통당했던 여인으로 묘사한다(애 1:1-4). 그 다음에 애가 1:5은 이런 고난이 왜 발생했는지를 진술한다 – 이스라엘은 하나님에 대해서 죄를 지었고, 그 죄는 엄청난 슬픔을 주님이 야기하게 만들었다. 나중에 애가 1:12은 이 슬픔과 고통이 하나님의 진노에 따른 결과임을 가리킨다. 동시에 이 책은 하나님의 진노는 하나님의 의에 따른 결과임을 고백하는데, 이 의는 충동과는 정반대된다(애 1:18). 애가서가 전개되어 나아갈 때, 이 주제는 애가의 규칙적인 부분이 되는데, 이것을 특히 1, 2, 4장에서 발견할 수 있고, 실로 이 책은 황폐화의 끔찍한 고통에서 구조해달라고 하나님께 탄원하는 것으로 끝난다(애 5:19-22). 하나님은 이스라엘이 죄를 지었기 때문에 철저히 벌하신다. 이는 이 민족의 역사에 오랜 시대의 결론이기도 하다.

둘째로 이 책은 끔찍한 벌은 부분적으로 주님이 자기 백성들에게 하신 약속을 지키는 하나님이시기 때문이다. 하나님은 자신의 말에 신실하시고, 실로 그의 말씀을 통해서 세상을 통치하신다(애 3:37-38). 예루살렘의 파괴는 하나님의 말씀의 성취다(애 2:17). 여기에 이 책의 많은 아이러니 중 하나가 있다: 애가서 3:22-23에서 백성들에게 소망을 가져다주는 동일하신 신실성과 의뢰할 만함이 그들에게 파괴를 가져다준다. 이 시는 신명기 신학의 다양한 본질을 강조한다. 하나님은 항상 사랑스러우시고 진실하시다. 그 때문에 하나님이 이스라엘과 하나님 간의 관계를 손상시키거나 잠정적으로 깨뜨리게 하는 모든 죄들을 기꺼이 벌하시게 한다는 것을 의미한다. 사랑은 중요한 관계를 보호하는 것을 필요로 하기 때문이다.

셋째로 애가서는 주님이 이스라엘이 기도해야 하는 분이심을 진술한다. 하나님은 보시고(1:11; 1:20; 3:59), 들으시며(3:56), 기억하시고(3:19 5:1), 건지신다(3:26, 57-58). 따라서 하나님은 이 백성들이 도움을 위해 방향을 돌려야하는 하는 유일한 분이시다. 주님께 기도하는 사람들은 주님이 긍휼이 많으시고, 신실하시며, 사랑을 베풀기를 기꺼이 행하실 것으로 기대한다(3:22-23). 그들은 하나님의 첫 번째 마음은 심판을 행하시는 것이 아님을 깨닫는다. 심판하시는 것은 하나님의 본심이 아니다(3:33). 그들은 언약의 당사자로서 하나님의 실패가 아니라 그들의 죄가 비극을 야기했다는 것을 인정한다. 또한 그들은 기꺼이 들으시고, 용서하시며, 회복시키시고, 새롭게 하시는 하나님과의 관계에 의존한다(2:20).

의문의 여지없이, 애가를 매우 중요하게 만드는 것은 하나님의 백성들이 그 애가를 발하고 있다는 사실이다. 이런 상황은 비극이지만, 하나님이 사랑했던 아브라함, 즉 하나님이 사랑하고 선택했던 백성의 시대 이래로 쭉 돌보셨던 바로 그 사람들에게 이 슬픔이 둘러싸도록 하나님이 야기하셨다(신 7:7-8). 이 상황은 비극이다. 하나님의 백성들이 그들의 사랑하는 하나님이 심각한 벌을 행사하게 함으로써 사랑을 보일 필요성을 만들었기 때문이다(신 7:9-11). 사실상 이 벌은 백성들이 하나님께 지금 누구를 심판하셨는가를 기억하도록 간구했을 정도로 고통스럽다(애 2:20). 이런 예외적인 상황에도 불구하고, 백성들이 하나님께 소망을 두게 만드는 것은 그 관계성이다. 이스라엘 역사에서 하나님의 본질을 드러내고 확립하였던 것이 바로 이 관계성이다. 하나님이 이스라엘을 벌하였다는 사실이 이 언약적인 관계를 부정하지 못한다. 하나님의 백성들은 하나님의 백성으로 남아 있다.

하나님과 예루살렘/시온

알브렉손의 논문(*Studies in the Text and Theology*)은 예루살렘/시온을 향한 하나님의 태도를 이해하는데 필요한 것들을 조명하고 애가서의 신학이 이 도성의 멸망과 미래의 상태에 상당히 관심이 있다고 올바르게 제기한다. 그러나 이 도성 차제가 하나님의 주요한 관심이 아니라는 것을 기억해야 한다. 그 백성들이 가장 중요하다. 하지만 여전히 도성의 역할은 의미가 있고, 이 민족에 대한 하나님의 계속된 사랑의 가시적인 상징을 나타내는 것으로 가장 잘 이해되어진다. 그러한 계속된 사랑이 가까운 미래이든, 먼 미래이든, 아니면 종말론적인 미래이든 상관없이 말이다. 이런 식으로 이 책은 다시 한번 신명기의 신학과 믿음을 견지한다.

예루살렘의 파괴는 전반적으로 민족의 패배를 상징한다. 도성들에 대한 다른 고대의 애가들에서도 그러한 것처럼, 예루살렘에 대한 애가는 수도인 도성이 침략을 당하였던 모든 다른 도성들을 대표하기 때문에 매우 중요하다. 예루살렘이 망하였다면, 그때에 그 땅에 모든 덜 의미 있는 장소들에 무슨 일이 발생한 것인가? 그 민족의 강력한 요새인 예루살렘이 침범을 당하였다면, 확실히 전체 땅이 황폐화되었을 것이다. 민족적인 무용(武勇)의 이 가시적인 상징이 없다면, 민중들은 쉽게 그 마음을 상실할 수 있었다.

물론 이런 근본적인 중요한 주제보다도 더 많은 의미가 예루살렘의 파괴에 포함되어 있다. 신명기의 텍스트에서 하나님은 예배와 희생 제사를 위한 한 특별한 장소를 선택할 것을 약속하신다(신 12:5-14). 이스라엘 역사의 초기에 이 곳은 실로였지만(수 18:1; 삿 18:31; 삼상 1-2장; 렘 7:12-15), 다윗은 나중에 언약궤를 예루살렘으로 옮겨 그곳을 예배와 하나님이 복 주시는 행위의 중심적인 수단으로 삼았다(삼하 6-7장을 보라). 솔로몬은 언약궤를 새로이 지은 성전으로 그의 통치 초기에 옮겼고, 하나님은 그의 아름을 그곳에 영원히 두실 것을 약속하셨다. 그 민족이 하나님을 섬기는데서 돌아서지 않는다면 말이다(왕상 9:1-9). 예레미야의 성전 설교(렘 7장; 26장)는 근본적으로 열왕기상 9:1-9에서 발견할 수 있는 개념의 메시지에 기초해 있다. 따라서 성전의 주님이 그의 이름을 두셨던 장소를 대표함으로 그것은 매우 특별한 전당이었다. 하지만 이 민족이 관계성을 계속 누리기 위한 언약의 규정을 더 이상 순종하지 않는다면, 하나님이 떠나실 수도 있는 장소이기도 하다(겔 10:1-22). 하나님은 의로우신 자유 속에서 행하신다. 예루살렘은 그곳의 점유자들이 어떻게 행하든지 상관하지 않고 서 있는 건물이 아니다. 고로 예루살렘은 그곳의 백성들과 지도자들이 무슨 일을 행하든지 침범할 수 없는 도성이 아니다.

의문의 여지없이, 많은 이스라엘 백성들이 이 문헌에 제시된 개념과 다른 개념을 가졌던 것으로 보였다. 실로 예레미야의 성전 설교는 언약을 위반하고 성전이 서 있는 한 그들이 하나님의 약속된 땅에서 안전할 것이라고 믿는 사람들을 교정하려고 시도한다(렘 7:1-5). 이 사람들은 어째서 그러한 오해를 간직하였는가? 확실하게 말할 수는 없을지라도, 일부 학자들은 이런 믿음이 시편과 이사야에서 묵상하는 것과 같은 시온 신학에서 발생하였다고 주장했다. 이것이 그러한 확신의 자료였다고 한다면, 이런 근원에 대한 그들의 결론이 정확한지를 평가해 보아야만 한다. 성경은 상충적인 시온/예루살렘 신학을 간직하고 있는가? 그렇다면, 애가서는 어느 편에 서 있는가?

애가서의 문맥에서 이런 질문을 대답하기 위해서는 몇 가지 근본적인 원리들을 주목하는 것이 필요하다. 첫째로 이사야서, 예레미야서, 그리고 시편은 모두 예루살렘/시온이 하나님이 특별하게 사용하셨던 장소라는 것에 동의한다. 그것은 성전이 세워졌던 곳은 예루살렘에 인접한 시온 산에서다. 그러므로 그 백성들이 하나님을 찬양하였던 곳은 시온에서다. 주님에게 그리고 주님 앞에서 애통해 했던 곳도 시온에서다. 시온에서 적절한 속죄의 희생을 드렸고, 일반적으로 하나님과 공동체가 서로 교제하는 경험을 하였다(H. D. Preuss, *Old Testament Theology*, 2:46을 보라). 이 모든 것은 하나님이 이런 목적을 위해서 그 장소를 선택하셨기 때문에 가능했다. 구약성경 신학의 모든 요소는 이런 근본적인 전제에 동의한다.

둘째로 이사야서, 예레미야서, 시편은 모두, 하나님의 백성들이 하나님을 섬기기를 거부하기 때문에, 하나님이 예루살렘을 배격하시고 대적자들의 손에 넘기신다는데 동의한다(사 1:4-9; 3:16-26; 8:5-15; 29:1-4; 시 74편; 79편; 렘 7:1-15; 52장; Preuss, *Old Testament Theology*, 2:44-46을 보라). 한 장소로서 예루살렘/시온이 아무리 중요해도 이 민족의 죄악된 행위로 인해 그것을 보호할 수가 없다. 중요한 것과 불가침성을 동일한 것으로 착각해서는 안 된다. 애가서는 이런 원리를 가장 분명하게 증거한다.

셋째로, 이사야서, 예레미야서, 그리고 시편도 하나님이 다시 한번 예루살렘을 선택하시어 특별한 장소가 되게 하시리라는데 동의한다(Preuss, *Old Testament Theology*, 2:50-51). 이스라엘의 역사에서 예루살렘/시온의 미래적 역할이 여전히 있다. 이 역할은 그 땅에 그 백성들이 재정주하는 것과 관련이 있고(사 14:1; 렘 32:1-15; 시 126편 등등), 또한 옛 장소에서 새로이 예배하는 것과 관련이 있다(또한 학 1-2장을 보라). 따라서 예루살렘은 주님이 선택하셨던 첫 번째 중심적인 장소인 실로와 같지 않다(렘 7:1-15). 예루살렘은 영원히 그 탁월함을 상실하지 않기 때문이다.

넷째로, 이사야서, 예레미야서, 그리고 시편은 예루살렘/시온에 종말론적인 미래가 있음을 강조한다. 일반적으로 불가침적인 요소를 가장 분명하게 포함하고 있는 것이 바로 이 주제다. 이 예루살렘/시온에서는 더 이상의 죽음이 없거나(사 25:6-12) 아픔이 없다. 그것은 완벽하게 재창조된 예루살렘이기 때문이다(사 65:17-25). 이 예루살렘/시온은 영원한 언약인 새로운 언약과 관계가 있다(렘 31:31-40). 이 예루살렘/시온은 다윗가의 메시아의 본부다(시 2편을 보라). 그러므로 이 예루살렘/시온은 정결하고 영광스러운 도시이고, 이스라엘의 거룩한 하나님이 모든 열방 중에서 신실한 자들을 영원히 통치하시는 곳이다(사 25:6-12). 이 예루살렘은 종말론적인 나라의 수도다. 이런 식으로 시온 신학은 신명기 신학에서 제기된 죄의 영향을 궁극적으로 제거한다.

이 원리들을 볼 때, 구약성경이 가리키는 것과 일부 이스라엘 백성들이 믿었던 것 사이에 차이가 있음을 주목하는 것이 중요하다. 일부 이스라엘 백성들은 예루살렘의 죄악된 도성을 주님이 그의 백성들과 거하시는 거룩한 도성인 시온과 절대적으로 동일시할 수 있었다고 분명히 믿었다. 그러므로 그들은 그들의 도성이 결코 침범을 당하지 않을 것이라고 아마도 생각했다. 그들은 701 B.C.E.의 산헤립이 가져온 위기 시에 구원과 같은 과거의 구원을 그들의 확신이 타당하다는 증거로 읽었을 것이다. 그렇다면, 그들은 성경 전체의 정경적인 증거와 조화를 이루지 못했다. 그들은 신명기와 시온 신학의 합류를 이해하지 못했다. 애가서의 원 청중이 거짓되거나 적어도 불완전한 신학을 믿었던 정도에 따라서 그 청중들은 환멸로 고통을 당했다. 마찬가지로 그들의 미래의 위로는 예루살렘 신학에 대한 보다 균형 잡힌 접근을 수용하는 정도에 달려 있고, 애가서는 그들로 하여금 이런 형태의 신학적 사고를 수용할 수 있게 한다.

하나님과 민족들

애가서는 이사야서, 예레미야서, 또는 '열둘'(Twelve)과 같은 책에서 발견할 수 있는 열방들에 대한 광범위한 취급을 하지는 않지만, 그럼에도 불구하고 하나님의 열방들 간의 관계성에 관한 요소들이 나타난다. 이 요소들의 대부분은 온 땅의 백성들의 구속자로서 하나님의 역할보다는 온 땅의 심판자로서의 하나님의 역할을 언급한다. 여전히 심판자로서 하나님은 이스라엘과 열방들을 변함없이 다루신다는 것을 주목하는 것이 필요하다. 어떤 실체도 자기들이 좋아하는 대로 살 수 없으며 하나님의 진노를 피할 수 없다. 이스라엘과 열방들 모두 이스라엘의 언약의 하나님께 책임이 있다.

애가서에서 이스라엘과 열방들에 대한 하나님의 행위의 일관성을 보여주기 위해서 이스라엘에 하나님이 역사하신 일을 다시금 간단하게 살피는 것이 적절하다. 분명히 애가서에 주님은 이스라엘의 죄에 대해 지치셨고, 그 죄를 심판하실 것을 결정하셨다. 하나님의 심판은 외국 군대에 의한 예루살렘의 침략, 도성의 패배로 인한 끔찍한 고통, 그리고 황폐화된 지역에 살고 있는 사람들의 고통이란 형태를 취하신다. 애가서는 주님이 온 땅의 심판자를 무시한데서 오는 고통을 언약의 사람들에게 면해 주지 않으신다는 것을 보여준다. 바벨론은 심판에 대한 하나님의 대리자로 제기된다. 하나님이 그들을 보내셨기 때문이다.

하나님이 이스라엘을 다루신 방법을 주목할 때, 주님은 유사한 방식으로 열방들을 다루신다는 것을 알 수 있다. 열방들에 대한 정보의 대부분이 애가서의 기도들 속에서 나타날지라도, 이 정보는 '저자의' 확신으로 여전히 나타난다. 고통, 슬픔, 그리고 참회를 표현하는 이 책은 애가 1:22에서 이스라엘의 대적자들의 악함을 주님이 심판하실 것을 요청한다. 이 지점에서 애가서는 대적자들이 이스라엘에 벌을 내리신 하나님의 사자들이라고 주장하지만, 동시에 침략자들은 잔악한 행위를 함으로써 죄를 지었음을 인식한다(또한 5:11을 보라). 유사한 감정이 3장에서 진술되는데, 거기서 "고통을 당하는 사람을" 하나님이 본심으로 고통을 당하게 하는 것이 아님을 덧붙여 말하기 때문이다. 또한 하나님은 부당함을 인정하지 않으신다(애 3:33-36). 아마도 그 부당함은 이스라엘의 대적자들의 행위를 일컫는다. 또한 그는 이스라엘의 대적자들을 심판하실 것을 기도한다(애 3:64-66). 애가 4:22에서 본문은 시온의 고통이 끝나가나 에돔의 고통이 곧 시작될 것임을 진술한다. 다시금 그 벌에 대한 이유는 외국 민족의 죄이다. 모든 경우에 시인은 주님이 그러한 죄를 벌하실 것을 간구하고, 하나님이 응답하실 것을 기대한다.

분명히 애가서는 하나님이 이스라엘에게 그러하신 것처럼 침략자에게도 동일한 정당한 표준을 적용하실 것을 기대한다. 부당함, 잔인함 그리고 여타 폭력적인 행위를 범함으로써 죄를 지은 사람들은 하나님의 진노를 피할 수 없다. 이사야 19:21-25 또는 스바냐 3:8-9에서 나타나는 것처럼 열방들에 대한 소망의 구체적인 표현은 없지만, 이스라엘에 대한 그러한 소망도 애가서에서 명확하게 다루어지지는 않는다. 소망은 가능하기는 하지만, 애가서의 메시지의 명백한 부분은 아니다. 하지만 이스라엘을 심판하신 하나님이 이스라엘을 새롭게 하실 것을 기대할 수 있다면, 하나님이 열방들에 대해서도 유사한 계획을 갖고 계심을 기대할 수 있다.

하나님과 기도

마지막으로 애가서는 기도의 책이다. 이 사실이 독자들로 하여금 기도의 본질, 목적, 영역을 다루게 한다. 특히 애가의 영역에서 말이다. 그러한 작업을 하는 것은 독자들로 하여금 하나님의 본질과 행위와 씨름하게 하는데, 이는 기도와 기도의 요소와 뗄 수 없이 연결되어 있는 이슈다. 애가서에서 기도는 사람들이 기도할 수 있는 유일한 한 분 하나님이 있음을 알려준다. 백성들은 이 하나님이 온전히 의로우시고, 기도를 들으시고 응답하시며, 적극적이고 고충어린 기도를 듣고 응답하기를 원하시며, 끊임없이 자비로우시고, 언약의 백성들에게 신실하시다는 것을 고백한다. 요컨대 하나님은 온 피조물과 역사를 통치하신다.

고대의 애가들과 비교하여 살펴볼 때, 애가서는 한 분 하나님에게 온 관심을 기울이고 있음이 두드러진다. 다른 열방들의 애가들은 중심 되는 신이 자비로 응답하지 않았을 때 이차적이거나 삼차적인 신에게 도움을 자주 구했다(Ferris, *Genre of Communal Lament*, 28-45을 보라). 그러나 구약성경에서는 백성들이 의뢰하는 다른 신이 없다. 시편, 욥기, 그리고 여타 고난에 관한 본문들 속에서 그러한 것처럼 애가서는 확실한 유일신론적인 믿음을 보여준다. 저자가 다른 신이 자신들을 도울 수 있다고 믿었다면, 그 신을 불렀을 것이다. 믿음의 사람들이 다른 신을 찾을 때가 있었다면, 그것은 그들이 바라던 삶과 멀어져서 살고 있었을 때이다. 그러나 이런 모든 본문들에서 신실한 사람들은 한 분 하나님 이외에 어디에도 의뢰할 곳을 갖지 않았음을 보여준다. 그들은 기도할 수 있고 기도하기 원하는 다른 신을 갖지 않는다. 그들의 관계는, 그들의 죄 때문일지라도, 그들에게 끔찍한 시간을 가져오신 바로 그 분 하나님에게만 있다. 그들의 고백은 다른 신이 없다는 것이고, 그들을 이끄는 소망은 벌하시는 하나님이 회복시키시는 하나님이기도 하다는 사실이다(House, *Old Testament Theology*, 489-90을 보라).

백성들은 오랫동안 관계를 갖고 있는 한 분 하나님께 기도할 때, 좋든 나쁘든 하나님이 의로우시다는 것을 기대할 수 있다. 실로 애가서 1:18은 이런 믿음을 명확하게 진술한다. 이 고백이 기도에 의미하는 바는 주님이 정당하고 의로운 일을 행하실 것을 기대할 수 있다는 것이다. 하지만 이런 확신이 갖는 문제는 백성들이 언제 어떻게 하나님의 의가 그들의 멸망에서 압제자들의 멸망으로 방향을 바꾸실 지를 확신할 수 없다는 것이다. 그들은 죄를 심판하는 의로우신 하나님이 자신들을 심판하셨음을 알고 있고, 또 적당한 때에 자신들을 잔인하게 대한 압제자들을 심판하실 것을 알고 있지만, 벌의 수단을 통한 그러한 구원이 "얼마나 오래" 걸릴지는 오직 하나님만이 대답하실 수 있는 문제다. 여전히 하나님이 의로우시다는 진리를 이해하는 것은 역사를 통치하시는 한 분 하나님이 영원히 침묵하지 않으실 것이라는 희망을 그 민족에게 준다(애 3:33-36을 보라).

심지어 한탄의 기도일지라도, 하나님이 기도를 듣고 대답하시는 것을 예배자들이 마음속에 갖고 있었음을 의문의 여지가 없다. 이 책의 몇몇 탄원은 이 요지를 분명히 해준다. 이스라엘은 하나님이 "보고"(예를 들어, 애 1:9; 1:11; 1:20; 2:20; 등등), "기억하고"(예를 들어, 애 3:19; 5:1), 그리고 "회복시키실"(애 5:21) 것을 구한다. 그러한 요청을 들어주시는 것이 하나님의 본성과 능력 안에 있기 때문이다. 하나님이 보셨고, 기억하셨고, 헤치셨던 것처럼, 그 반대의 일도 발생할 수 있다. 기도의 분위기는 백성들을 위해서 행하시는 하나님의 뜻을 그냥 참고 있을 수 없는 것으로 보인다. 예루살렘의 현재의 상태는 심각하므로 기도의 분위기도 심각하다. 모든 것이 잘 되고 있고, 사람들은 고통스러워하지 않고 있으며, 이 민족이 제대로 행동하고 있거나 하나님이 그 순간에도 특히 온유하시게 나타나신다고 가식할 이유가 없다. 엄연한 사실을 진술하고, 고백과 회개가 주어졌을 때, 주께서 전처럼 이 백성들을 대해 달라고 구하는 것은 실제적이고 정직하다. 실로 참된 소망은 이런 종류의 실제적인 직시에서 온다. 이보다 덜한 것은 이 민족이 무엇이 왜 발생했는지를 이해하지 못하였다는 인정일 수밖에 없다.

또한 애가서는 백성들이 기도하는 하나님이 끊임없이 신실하시고 긍휼이 많으시다는 것을 고백한다(애 3:22-23). 믿음의 이 진술은 이 책의 중간 장(chapter)의 초석이며, 애통 가운데서도 민족의 소망을 위해 간직해야 할 요지로서 기능한다. 주님이 긍휼이 많으시고 신실하기 때문에 3장의 내러이터는 자신에게 임한 고난을 참아낼 수 있다(애 3:19-38). 주님이 완전하게 의로우신 것처럼 한없이 긍휼이 많으시기 때문에(애 1:18), "시온의 딸"은 하나님이 더 이상 이 백성을 벌하지 않으실 것을 믿을 수 있다(애 4:22). 하나님이 본심으로 고통을 주시지 않았기 때문에(애 3:32-33), 확실히 주님은 이스라엘을 위해서 은혜로 행하실 것이다. 분명히 주님은 과거에 그렇게 행하셨다(애 5:21). 따라서 이 책의 기도들은 의미가 있다. 그것은 단순히 절망적인 소원이 아니다.

마지막으로 백성들이 기도할 때, 그들은 세상을 통치하시는 하나님께 말하고 있다고 것을 알고 있다. 그들은 자신들의 죄를 보시고(애 1:8), 그 죄를 정복하고 벌하시기(애 1:18) 위해서 군대를 보내시며, 한편으로 이스라엘을 압제했던 자들을 벌하실(애 4:22) 수 있는 하나님으로부터 도움을 구한다. 이 하나님은 세상을 말씀의 능력으로 통치하시는 분이시다(애 3:37). 그의 입으로부터 행복과 재난이 오고(애 3:38), 그의 보좌는 영원히 존속한다(애 5:19). 애가서에서 기도는 예배자들과 관련한 모든 것들의 통치자이신 분에게 전적으로 솔직하게 말하고 있다. 그러한 기도는 좀더 높은 능력을 가진 자에게 단순히 포기하는 것이 아니다. 하나님의 본성에 비추어서, 현재의 상황을 겸손하지만 실제적으로 분투해나가는 것이다. 놀랍게도 이런 분투를 우주의 통치자와 함께 행할 수 있고, 애가서의 형식, 논조, 그리고 내용은 이런 유형의 기도에 필요한 자질과 진지함을 반영해준다.

결론

더 진전된 신학적인 묵상을 이 주석의 '해설' 항목에서 제기할 것이지만 이 시점에서 하나님의 특성에 관한 애가서의 일부 결론을 도출하는 것이 적절하다. 이전의 논의로부터 주님이 의로우시고, 정당하시며, 강력하시고, 온유하시며, 봉사하시고, 자비로우시며, 신실하시고, 기도를 듣고 응답하기를 기꺼이 원하신다는 것이 분명하다. 의문의 여지없이 주님은 철저하고, 깊이 스며들고, 일관된 죄를 철저하고 엄하며, 한없이 심판하시는 분이시다. 동시에 이런 특성은 하나님의 본성의 주요한 양상이 아니라는 사실도 분명하다. 이런 특성들은 하나님의 본성으로부터 나오는 일관된 행위가 아니기 때문이다. 하나님의 사랑, 신실하심, 통치하시는 능력이 주님의 여상하신 특성이므로 언약의 백성들은 미래에 대해 소망을 갖는다.

브리바드 차일즈(Brevard Childs)가 지적한 것처럼, 이 신학은 뒤이어지는 공동체의 세대에 희망을 주는 근거로 기능한다. 그는 애가서를 통해서 공동체는 "하나님을 믿는 믿음으로 부름을 받고 동시에 공동적인 기도로 공동체의 참화를 제하도록 부름을 받았다"고 적고 있다(*Introduction to the Old Testament as Scripture*, 595). 신실한 사람들이 그리하는 것처럼, 고백과 소망이 슬픔과 좌절을 대신한다. 따라서 성경에 애가서가 있음은 새로운 세대에게 어떤 상황에서든 하나님의 신실하심과 통치하시는 능력에 적응할 수 있는 기회를 준다(House, *Old Testament Theology*, 488을 보라). 또한 그들에게 슬픔을 그렇게 사용할 수 있도록 기회를 준다.

이 성이 어찌 홀로 있는가(1:1-22)

참고문헌

Ahuvyah, A. "*ʾykh yšbh bdd hʿyr rty ʿm*(Lam 1:1)." *Beth Miqra* 24(1979) 423-25. **Biddle, M.** "The Figure of Lady Jerusalem: Identification, Deification, and Personification of Cities in the Ancient Near East." In *Scripture in Context: The Biblical Canon in Comparative Perspective.* Ed. K. L. Younger et al. Lewiston, NY: Mellen, 1991. 4:173-94. **Cohen, C.** "The 'Widowed' City." *JANESCU* 5(1973) 75-81. **Cross, F. M.** "Studies in the Structure of Hebrew Verse: The Prosody of Lamentations 1:1-22." In *The Word of the Lord Shall Go Forth.* FS D. N. Freedman. Ed. C. L. Meyers and M. O'Connor. Winona Lake, IN: Eisenbrauns, 1983. 129-55. **Dahood, M.** "New Readings in Lamentations." *Bib* 59(1978) 174-97. **Dobbs-Allsopp, F. W.,** and **T. Linafelt.** "The Rape of Zion in Thr 1, 10." *ZAW* 113(2001) 77-81. **Driver, G. R.** "Hebrew Notes on 'Song of Songs' and 'Lamentations.'" In *Festschrift Alfred Bertholet.* Ed. W. Baumgartner et al. Tübingen: Mohr(Siebeck), 1950. 134-46. **Ewald, H.** *Die Psalmen und die Klagelieder.* **Ferris, P. W., Jr.** *Genre of Communal Lament.* **Follis, E. R.** "Zion, Daughter of." *ABD,* 6:1103. **Gottlieb, H.** *Study on the Text of Lamentations.* **Gottwald, N. K.** *Studies in the Book of Lamentations.* **Gunkel, H.** *Introduction to Psalms: The Genres of the Religious Lyric of Israel.* **Hillers, D. R.** "Roads to Zion Mourn(Lam 1:4)" *Per* 12(1971) 121-34. **Hurowitz, V.** "*zwllh*=peddler/tramp/vagabond/beggar: Lamentations i 11 in Light of Akkadian *zilulû.*" *VT* 49(1999) 542-45. **Jahnow, H.** *Hebräische Leichenlied.* **Kaiser, B. B.** "Poet as 'Female Impersonator.'" *JR* 67(1987) 164-83. **Linafeldt, T.** *Surviving Lamentations.* **McDaniel, T. F.** "Philological Studies in Lamentations, I." *Bib* 49(1968) 27-53. **O'Connor, K. M.** *Lamentations and the Tears of the World.* **Praetorius, F.** "Threni I, 12. 14. II, 6. 13." *ZAW* 15(1895) 143-46. **Provan, I.** "Reading Texts against an Historical Background: The Case of Lamentations 1." *SJOT* 1(1990) 130-43. **Renkema, J.** "Literary Structure of Lamentations(I-IV)." In *The Structural Analysis of Biblical and Canaanite Poetry.* Ed. W. van der Meer and J. C. de Moor. *JSOTSup* 74. Sheffield: *JSOT* Press, 1988. 294-396. **Robinson, T. H.** "Anacrusis in Hebrew Poetry." In

Werden und Wesen des Alten Testaments. BZAW 66. Giessen: Töpelmann, 1936. 37-40. **Rudolph, W.** "Der Text der Klagelieder." *ZAW* 56(1938) 101-22. **Salters, R.** "Lamentations 1:3: Light from the History of Exegesis." In *A Word in Season.* FS W. McKane. Ed. J. D. Martin and P. M. Davies. *JSOTSup* 42. Sheffield: *JSOT* Press, 1986. 73-89. ______. "Structure and Implication in Lamentations 1?" *SJOT* 14(2000) 293-300. **Seow, C. L.** "A Textual Note on Lamentations 1:20." *CBQ* 47(1985) 416-19.

본 문

א 1 슬프다 이 성이여	1 [a] How[b] she dwells[c] alone!	(3)
본래는 거민이 많더니	The city great with[d] people[e]	(3+2)
이제는 어찌 그리 적막히 앉았는고	has become like a widow.	
본래는 열국 중에 크던 자가	(The city) great among the nations,	(2+2+2)
이제는 과부 같고 본래는 열방 중에 공주 되었던	princess among the provinces,	
자가	has become a vassal.	
이제는 조공 드리는 자가 되었도다		
ב 2 밤새도록 애곡하니	2 She weeps bitterly in the night,	(3+2)
눈물이 뺨에 흐름이여	and her tears[a] are on her cheeks.[b]	
사랑하던 자 중에 위로하는 자가 없고	There is no one comforting her	(3+2)
	out of all her lovers.	
친구도 다 배반하여	All her friends have dealt treacherously with her;	(4+3)
원수가 되었도다	they have become her enemies.	
ג 3 유다는 환난과 많은 수고로 인하여	3 Judah has gone into exile under affliction,	(3+2)
사로잡혀 갔도다	and under harsh servitude.	
저가 열방에 거하여	She dwells among the nations;	(3+3)
평강을 얻지 못함이여	she does not find rest.	
그 모든 핍박하는 자가 저를 좇아	All her pursuers overtook her	(3+2)
협착한 곳에 미쳤도다	between the straits.[a]	
ד 4 시온의 도로가 처량함이여	4 The roads to Zion mourn,	(3+3)
절기에 나아가는 사람이 없음이로다	for none are coming to the festival.	
모든 성문이 황적하며	All her gates[a] are desolate;	(3+2)
제사장들이 탄식하며	her priests are groaning.	
처녀들이 근심하며	Her virgins are grieving,[b]	(2+3)
저도 곤고를 받았도다	and she suffers bitterly.	
ה 5 저의 대적이 머리가 되고	5 Her foes have become (her) master;	(3+2)
저의 원수가 형통함은	her enemies prosper.	
저의 죄가 많으므로	For the Lord has made her grieve	(3+3)

여호와께서 곤고케 하셨음이라
어린 자녀들이
대적에게 사로잡혔도다
ו 6 처녀 시온의

모든 영광이 떠나감이여
저의 목백은
꼴을 찾지 못한
사슴이 쫓는 자 앞에서
힘없이 달림 같도다
ז 7 예루살렘이 생각함이여
환난과 군박을 당하는 날에
옛날의
모든
즐거움을
백성이 대적의 손에 빠지나

돕는 자가 없고
대적은 보고
그 황적함을 비웃도다
ח 8 예루살렘이 크게 범죄하므로
불결한 자 같이 되니
전에 높이던 모든 자가
그 적신을 보고 업신여김이여
저가 탄식하며
물러가도다
ט 9 저의 더러움이 그 치마에 있으나
결국을 생각지 아니함이여
그러므로 놀랍게 낮아져도
위로할 자가 없도다
여호와여 원수가 스스로 큰 체하오니
나의 환난을 감찰하소서
י 10 대적이 손을 펴서
보물을 빼앗았나이다
주께서 이미 이방인을 금하여
주의 공회에 들어오지 못하게 하셨사오나
저희가 성소에 들어간 것을
예루살렘이 보았나이다
כ 11 그 모든 백성이
생명을 소성시키려고

because of her numerous transgressions.
Her children have gone away, (2+3)
captives before the foe.
6 And has gone out[a] [b]from Daughter[b] Zion,
(4+2)
all her majesty.
Her officials have become like deer; (3+3)
they have not found pasture.
They have fled without strength, (3+2)
before their pursuers.
7 Jerusalem remembers (2+3)
(in) the days of her affliction and her wanderings,[a]
[b]All her precious things (2+2+2)
that were
from days of old,[b]
When her people fell into the hand of the foe,
(4+3)
and there was no one helping her.
Her enemies saw her; they laughed (3+2)
because of her annihilation.
8 Jerusalem sinned greatly;[a] (3+3)
[b]therefore[b] she became impure.[c]
All who honored her despised[d] her, (3+3)
for they saw her nakedness.
She herself groaned (3+2)
and turned away.
9 Her uncleanness was in her skirts; (2+3)
she took no thought for her future.
Thus she went downa amazingly;[b] (2+3)
there was no one comforting her.
"See, O Lord, my affliction,[c] (3+3)
for my enemy has triumphed."[d]
10 The enemy has stretched out his hand (3+3)
over all her precious things.
For she has seen the nations (3+2)
enter her holy place,
whom you commanded not to enter (4+2)
into your assembly.
11 All her people are groaning, (3+2)
seeking bread.

보물로 식물들을 바꾸었더니 지금도 탄식하며	They trade their precious things[a] for food, (3+2)
양식을 구하나이다	to revive their strength.
나는 비천하오니 여호와여	"See, O Lord, and consider, (3+3)
나를 권고하옵소서	for I am despised."
ל 12 무릇 지나가는 자여	**12** Is it nothing to you,[a] (2+2)
너희에게는 관계가 없는가	all you who pass by?
볼지어다	Consider, and see (2+3+3)
내게 임한 근심 같은	if there is any sorrow like my sorrow,
근심이 있는가	which was brought (severely) upon me,
여호와께서 진노하신 날에	which the Lord made (me) grieve, (3+3)
나를 괴롭게 하신 것이로다	on the day of his fierce anger.
מ 13 위에서부터 나의 골수에 불을 보내어	**13** From on high he sent fire (3+2)
이기게 하시고	into my bones, and it trampled them.[a]
내 발 앞에 그물을 베푸사	He spread a net for my feet: (3+2)
나로 물러가게 하셨음이여	he turned me back.
종일토록 고적하여	He left me desolate, (2+3)
곤비케 하셨도다	faint all day.
נ 14 내 죄악의 멍에를	**14** He bound[a] a yoke of my transgressions: (3+2)
그 손으로 묶고 얽어	by his hand they were fastened together.
내 목에 올리사	They went up[b] upon my neck: (3+2)
내 힘을 피곤케 하셨음이여	he caused my strength to fail.
내가 당할 수 없는 자의 손에	The Lord[c] gave me into the hands of (3+3)
주께서 나를 붙이셨도다	(those before whom) I am unable to stand.
ס 15 주께서 내 지경 안 모든 용사를	**15** He has scorned[a] all my strong men – (3+2)
없는 것 같이 여기시고	the Lord in my midst.[b]
성회를 모아	He has proclaimed a festival against me (3+2)
내 소년들을 부수심이여	to shatter my chosen ones.
처녀 유다를	The Lord has trodden the wine-press (3+3)
술틀에 밟으셨도다	for the virgin daughter of Judah.
ע 16 이를 인하여 내가 우니	**16** For these things I am weeping: (4+4)
내 눈에 눈물이 물 같이 흐름이여	my eyes, my eyes[a] flow with tears
나를 위로하여 내 영을 소성시킬 자가	because a comforter is far from me, (4+2)
멀리 떠났음이로다	one to restore my soul.
원수들이 이기매	My sons are desolate (3+3)
내 자녀들이 외롭도다	because the enemy has prevailed.
פ 17 시온이 두 손을 폈으나	**17** Zion stretches out her hands: (3+3)
위로할 자가 없도다	there is no one comforting her.
여호와께서 야곱의 사면에 있는 자를 명하여	The Lord has commanded concerning Jacob(3+3)
야곱의 대적이 되게 하셨으니	that his neighbors become his foes.

예루살렘은 저희 가운데	Jerusalem has become	(2+2)
불결한 자 같도다	an unclean thing in their midst.[a]	
צ **18** 여호와는 의로우시도다	**18** The Lord is indeed righteous,	(3+3)
내가 여호와의 명령을 거역하였도다	for I have rebelled against his word.	
너희 모든 백성들아 내 말을 듣고	Listen, please, all peoples,[a]	(4+2)
내 근심을 볼지어다	and see my sorrow.	
나의 처녀와 소년들이	My virgins and my young men	(2+2)
사로잡혀 갔도다	have gone into captivity.	
ק **19** 내가 내 사랑하는 자를 불렀으나	**19** I called to my lovers:	(2+2)
저희가 나를 속였으며	they deceived me.	
나의 제사장들과 장로들은	My priests and my elders	(2+2)
기절하였도다	perished in the city	
소성시킬 식물을 구하다가	while they sought food for themselves	(4+2)
성중에서	so they might revive their souls.[a]	
ר **20** 여호와여 돌아보옵소서	**20** Look, O Lord, for I am in distress:	(3+2)
내가 환난 중에서 마음이 괴롭고	my inward parts are in turmoil.	
마음이 번뇌하오니	My heart is cast down within me	(3+3)
나의 패역이 심히 큼이니이다	because I have been very rebellious.	
밖으로는 칼의 살륙이 있고	In the street the sword bereaves:	(3+2)
집에는 사망 같은 것이 있나이다	in the house it is like death.[a]	
ש **21** 저희가 나의 탄식을 들었으나	**21** They heard[a] that I am groaning:	(4+3)
나를 위로하는 자가 없고	there was no one comforting me.	
나의 모든 원수가 나의 재앙을 들었으나	All my enemies have heard of my calamity.	(4+4)
주께서 이렇게 행하심을 기뻐하나이다	They rejoice that you yourself have done it.	
주께서 반포하신 날을 이르게 하시리니	You have brought[b] the day you announced,	(3+2)
저희가 나와 같이 되겠나이다	but let them be as I am.	
ת **22** 저희 모든 악을 주 앞에 나타내시고	**22** Let all their evil (deeds) come before you:	(4+2)
나의 모든 죄악을 인하여	now deal (severely) with it,	
내게 행하신 것 같이	just as you have dealt (severely) with me	(3+3)
저희에게 행하옵소서	for all my transgressions,	
나의 탄식이 많고	because many are my groans,	(3+2)
나의 마음이 곤비하니이다.	and my heart is faint.	

원문주해

1.a. 70인경(벌게이트역이 뒤를 따른다)은 다음의 문장을 앞에 둔다: *καὶ ἐγένετο μετὰ τὸ αἰχμαλωτισθῆναι τὸν Ισραηλ καὶ Ιερυσαλημ ἐρημωθῆναι ἐκάθισεν Ιερεμιας κλαίων καὶ ἐθρήτοῦτον ἐπὶ Ιεροσαλημ καὶ εἰπεν.* 힐러스(Hillers, [1992] 64)는 그 문

장을 "이스라엘 백성이 포로로 잡혀가고, 예루살렘이 황폐화된 다음에 이 책이 나타났다. 예레미야는 앉아서 울면서 예루살렘에 대한 이 애가로 통곡했다고 그는 말했다"라고 번역한다.

1.b. 에카(איכה, "어찌")가 *BHS*에서 한 소절의 시작에 나타난다. 아마도 그 책의 타이틀을 나타내기 위해서일 것이다(Robinson, "Anacrusis in Hebrew Poetry," 37-40을 보라). 크라우스(Kraus, 22)는 이 단어가 애가 스타일의 특징이라는 것을 올바르게 반대한다(참조. 애 2:1; 4:1; 사 1:21; 14:4; 렘 48:17).

1.c. 야쉬바(ישׁבה, "앉다, 거하다"). 완료는 본질적으로 상당히 고정된 현재 상태를 묘사하기 위해서 사용된다.

1.d. 랍빠티(רבתי, "많다, 충만하다")는 아래에 사라티(שׂרתי, "왕자"[공주 – 한글개역])가 그러한 것처럼 초기 사례의 끝마침인 י을 보유하고 있다(*GKC* §90.l).

1.e. 암(עם, "거민이"). 크라우스(Kraus, 22)는 옛시리아어역이 아마도 본문이 빼암(בעם)이라고 독법해야 하는 것을 의미하는 "with"를 첨가한다고 주장한다. 알브렉손(Albrektson, *Studies in the Text and Theology*, 55)은 동의하지 않고, "거민으로"(with people)가 "맛소라텍스트의 자연적인 표현"이라고 주장한다.

2.a. 베딤아타흐(ודמעתה, "그녀의 눈물"). 단수는 분명히 집합적인 의미로서다.

2.b. 맛소라텍스트의 레헤야흐(לחיה, "그녀의 볼")도 집합적이다. 70인경, 옛시리아어역, 벌게이트역은 그것을 복수로 만들지만 두 히브리 사본들은 그것을 양수형으로 만든다.

3.a. 뻰 함메차림(בין המצרים)은 메찰(מצר, "좁은 장소")에서 문자적으로는 "좁은 곳 사이에"다(BDB, 865). 70인경의 톤 들리본톤 아우텐(*τῶν θλιβόντων αὐτὴν*, "그것을 압착하는 것")은 히브리어를 차랄(צרר, "묶다, 제한하다")의 히필형 분사로 잘못 보았다(BDB, 869). 옛시리아어역과 벌게이트역은 "협착한 것 사이에"라고 바르게 번역한다.

4.a. 맛소라텍스트의 콜 쉐아레하(כל שׁעריה, "모든 그녀의 문들"). *BHS*의 수정인 쇼아레하(שׁעריה)는 불필요하다.

4.b. 누고트(נוגות, "슬퍼하다")(יגה – 야가로부터의 니팔 분사). 70인경은 네후고트(נהוגות, "유리되다")에서 분명히 번역한 아고메나이(*ἀγόμεν*, "끌려간 자, 유괴되다")라고 읽는다. 이 구절의 있을 법한 대구법에 기초하여 맛소라텍스트를 따른다.

6.a. 바예체(ויצא, "떠나갔다")는 능동태이지만(칼 미완료 3인칭 남성 단수, יצא – 야차), *BHS*는 수동태 카이 엑세르데(*καὶ ἐξήρθη*)라는 70인경의 추측적인 독법을 제기한다("제하여지다"; 히브리어를 수동태로 재조정함; *BHS* 의 각주를 보라). 의미상에는 거의 차이가 없다.

6.b-b. 민 빠트 치욘(מן בת ציון, "처녀 시온으로부터"). 케레(Qere, '읽을 것')의 소수의 역본들은 נ을 없애고, 밉빠트(מבת)라 읽는다. 의미상에는 변화가 없다.

7.a. 맛소라텍스트는 "그녀의 방랑"이라 독법한다. *BHS*는 이 용어를 분사로 만든다(70인경의 아포스몬[ἀπωσμῶν, "방랑"]을 보라). 의미상에는 변화가 없다.

7.b-b. 1-3장에서 1:7과 2:19은 유일한 네 소절 구절들이다. 한 소절을 생략할 것을 주장하는 학자들은 어느 소절을 생략해야 하는지에 대해서 다르다. 힐러스(Hillers, [1992] 68)와 크라우스(Kraus, 22)는 두 번째 소절을 없앤다. 렌케마(Renkema, 128)는 나타나는 대로 본문의 일관성을 주장한다. 고대의 어느 역본도 어느 소절을 생략하지 않고 있고, 애가서의 통상적인 시적 패턴에서 일탈한 것에 기초한 수정은 이 책이 단순하게 보여주지 않는 형태를 단순하게 가정하는 것이다. 따라서 맛소라텍스트를 취하라.

8.a. 헬 하트아(חטא חטאה, "크게 범죄하다"). 이 번역은 첫 단어를 부정사 절대형으로 만들기 위해서 חֵטְא을 하타(חָטֹא)로 수정한다. 맛소라텍스트의 모음을 간직한다할지라도, 이 구절의 의미는 바뀌지 않는다. "죄"의 이중적인 사용의 형태가 예루살렘의 사악함을 강조하기 때문이다.

8.b-b. *BHS*는 운율을 살리기 위해서 삭제를 주장한다. 맛소라텍스트로 독법하라.

8.c. 레니다(לנידה, "불결한")는 하팍스 레고메논이다. 그것이 닏다(נִדָּה)의 일부라면(BDB, 622), 아래에 17절에서처럼 "불결"을 의미할 것이다. 하지만 그것이 노드(נוד)로부터 유래한다면(BDB, 626-27), "배회하다, 떨다"를 의미한다.

8.d. 힢지루하(הזילוה, "그녀를 업신여기다"). 이것이 나잘(נזל)로부터 온 히필형 완료라면, 그것은 "그녀가 지나가게 하다"를 의미한다. 하지만 그것이 자랄(זלל)로부터의 히필형 완료라면, 그것은 "그녀를 가볍게 만들다, 그녀를 경시하다"를 의미한다(BDB, 273). *GKC* §67y을 보라. 후자의 의미가 문맥에 더 잘 맞는다.

9.a. 바떼레드(ותרד, "그러므로 낮아졌다"). 칼 미완료 3인칭 여성 단수와 와우 연속. *BHS*의 각주는 밭뚜라드(ותורד) 호팔 미완료 3인칭 여성단수, "그녀가 데려가졌다"를 주장한다. 이런 독법은 심마쿠스역을 따른다: 카이 카테크데(καὶ κατήχθη, 수동태, "그녀가 데려가졌다). 벌게이트역도 수동태로 읽는다(*deposita est*). 이 수정이 바브(와우)를 첨가할 것을 필요로 하고, 또 그 형태가 나타난 대로 의미를 갖기 때문에 맛소라텍스트를 그대로 유지하는 것을 옹호할 수 있다.

9.b. 뻬라임(פלאים, "놀랍게, 특이하게"). 이 남성 복수 명사는 확대나 강화다. *GKC* §124a-f을 보라.

9.c. 온이(עניי, "나의 환난"). 여기서 일인칭으로 말하는 것으로 바뀌고 있음을 주목하라. 옛라틴어역을 따르는 보하릭(Boharic)역과 암브로스는 이런 변화를 보지 못하고, "그녀의 환난"으로 그냥 읽는다.

9.d. 힉딜(הגדיל, "승리했다"). 문자적으로는 "크게 되었다나 광대해졌다." 월트케-오코너(Waltke-O'Connor)는 여기서 "주어가 자기 자신을 큰 것으로 스스로 간주함을 야기한다"(440)고 진술한다.

11.a. 마하마떼헴(מחמודיהם, "그들의 소중한 물건"). 일부 사본들은 케레(Qere, '읽을 것') 독법이 바브(와우)를 생략하고 있음을 가리킨다. 의미상에 중요한 차이는 없다.

12.a. 로 아레켐(לוא אליכם, "그것이 너희와는 관계가 없는가?"). 이 어구는 관용적인 영어로 번역하기가 매우 어렵다. 이 번역은 이 어구를 질문으로 전환시킨다. 70인경은 이 말을 문자적으로 단순히 번역한다. 이런 선택들에 대한 논의를 위해서는 알브렉손(Albrektson, *Studies in the Text and Theology*, 66-69)을 보라.

13.a. 바이르떼나(וירדנה, "그리고 그것이 그들을 밟았다"). 맛소라텍스트는 이 형태를 라다(רדה)로부터의 칼 미완료 3인칭 남성 단수로 보여준다. 70인경과 옛시리아어역은 히브리 동사를 어근 야라드(ירד, '내려가다')로부터 히필형으로 해석했다(Albrektson, *Studies in the Text and Theology*, 72). 골디스(Gordis, 157)는 맛소라텍스트가 나타난 대로 의미를 갖는다는 증거로 요엘 4:13(맛소라텍스트)과 같은 평행들을 인용한다. 드라이버(Driver, "Hebrew Notes," 137), 케일(Keil, 370), 그리고 알브렉손(Albrektson, *Studies in the Text and Theology*, 72)은 동의한다.

14.a. 니쉬콰드(נשקד, "그가 묶었다")는 어근이 구약성경에서 여기만 나타나는 하팍스 레고메논이다. 70인경은 니쉬콰드 알(נשקד על)의 히브리 텍스트를 에르게고레데 에피(ἐγρηγορήθη ἐπί, "그가 신경 쓰다")로 독법하는데, 이는 שׂ이 שׁ로의 변화와 두 번째 단어에서 모음 부분의 변화를 필요로 한다(עֹל이 עַל으로). 렌케마(Renkema, 164)는 난해한 형태들은 수정을 요구한다는 견해를 거부하고, 알브렉손(*Studies in the Text and Theology*, 74)의 에왈드에 관한 긍정적인 평가에 동의한다(329). 에왈드는 사콰드(שׂקד)가 "멍에를 두는 것에 대한 전문적인 용어"도 된다는 것을 제기한다. 문맥은 주님이 이 멍에를 유다의 죄로 인해 만드셨고, 이 멍에가 그들의 무릎을 쳐지게 한다는 것으로 보인다.

14.b. 아루(עלו, "그들이 올라갔다"). 14절은 알(על)을 두 번 포함하고, 아루(עלו)를 한 번 포함한다. 5절은 알(על)과 오라레하(עולליה)를 포함하는 반면에, 22절은 오렐(עולל)이 있다. 따라서 "위에"(upon)와 "올라가다"(go up), "멍에"의 의미는 역본들을 혼란스럽게 했던 방식에 영향을 미친다. 여기서 LXX[L]은 톤 주곤 아우투(τὸν ζυγὸν αὐτοῦ, "그의 멍에")로 독법하고, 그것은 우루(עֻלּוֹ)와 같다. LXX[B]에서 그 본문은 아네베산(ἀνέβησαν, "그들이 올라가다")으로 독법하는데, 그것은 (עָלוּ - 아루)에 상응한다. 맛소라텍스트의 언어유희를 간직해야 한다(Albrektson, *Studies in the Text and Theology*, 74-75을 보라).

14.c. 아도나이(אדני, "주님[아도나이]"). *BHS*는 야훼(יהוה, "주님[야훼]")로 독법할 것을 제기한다. 루돌프(Rudolph, 207)와 힐러스(Hillers, [1992] 74)는 이 문제를 논의하는데, 힐러스는 둘 사이에 서로 다른 변화가 있음은 특별한 패턴이 없다고 결론 내린다. 그러므로 *BHS*의 주장을 받아들일 설득력 있는 이유는 없다.

15.a. 실라(סלה, "그가 경멸하셨다"). 이 형태(피엘 완료 3인칭 남성 단수)는 맛소라텍

스트에서 여기만 나타난다. 힐러스([1992] 74)는 서기관이 실라(סלה)와 사랄(סלל, "그가 쌓아놓았다")을 혼동했다고 주장한다. 그는 이런 독법이 1:15c에서 추수의 이미지에 연결된다고 주장한다. 렌케마(168-69)는 힐러스의 주장에 동의하지만 케일(372)은 실라(סלה)를 "일소하다, 없애다"로 독법한다. 이 역본들은 폭넓게 다양하고, 이는 어근이 다양한 의미를 가질 수 있는 드문 동사를 번역하려는 그들의 노력을 아마도 엿볼 수 있다.

15.b. 뻬킬삐(בקרבי, "내 영역 안에"). 70인경은 에크 메수 무(*ἐκ μέσου μου*, "나의 영역으로부터")라고 읽고, 벌게이트역이 이를 뒤따른다. ב은 70인경에 מ과 혼돈되었을 것이다.

16.a. 에니 에니(עיני עיני, "내 눈, 내 눈"). 고틀리브(Gottlieb, *Study on the Text*, 18)에 따르면, 다섯 개의 히브리 사본들, 70인경, 옛시리아어역, 그리고 벌게이트역만이 둘 중에 한 말만을 번역한다. 대부분의 현대 번역들은 그것들의 이런 인도를 따른다. 여전히 고트리브(*Study on the Text*, 19)는 "셈어적 텍스트에서 단어들이 반복되는 것은 결코 드문 현상이 아니므로, 그것은 더 큰 강조인 것으로 간주해야 한다"라고 지적한다. 렌케마(172)와 케일(373)은 이에 동의하지만 힐러스는 알브렉슨(*Studies in the Text and Theology*, 77)처럼 이 어구를 "분명한 중복 오사의 사례"로 여긴다.

17.a. 뻬네헴(ביניהם, "그들 가운데"). *BHS*는 뻬에네헴(בעיניהם, "그들의 눈 속에")으로 읽을 것을 제기한다. 어떻게 읽든지 간에 문맥상에서 의미가 있지만, 텍스트의 지원이 없이 바꾸는 것은 불필요하다.

18.a. 콜 암밈(כל עמים, "모든 백성들"). 몇몇 히브리 사본들, 70인경, 그리고 탈굼은 케레(Qere)로 독법한다: 하암밈(העמים, "백성들"). 어떤 해석적으로 중요한 것이 이런 변화에 달려 있는 것 같지 않다.

19.a. 70인경과 옛시리아어역은 "그리고 그들은 아무것도 발견하지 못했다." 크라우스(22)는 이 독법을 가능한 것으로 인정하지만, 알브렉슨(*Studies in the Text and Theology*, 80), 힐러스([1992] 76), 그리고 렌케마(186)는 매우 난해한 텍스트에 해설적인 난외주로 이 어구를 올바르게 생각한다. 탈굼은 이 어구를 포함하지 않는다.

20.a. 빠빠이트 깜마베트(בבית כמות, "집에는 사망 같은 것이 있나이다"). 알브렉슨(*Studies in the Text and Theology*, 81)은 이 단어들이 "고대의 난문"임을 주목한다. 옛시리아어역은 빠빠이트 모트(בבית מות, "죽음의 집에")라고 읽는 전통에 기초하였을 것이지만, 알브렉슨(81)은 옛시리아어역의 번역자가 "히브리 텍스트의 문자적이지만 모호한 번역보다는 분명하고 읽을 만한 번역을 좋아하였고, P의 텍스트는 난해한 단락에서 정확히 우리가 예상해야하는 종류의 번역"인 것 같다고 생각한다. 고디스(159-60)와 고틀리브(*Study on the Text*, 20)는 כ이 "단언의 카프"라고 결론짓는다. 그것은 "밖으로는 검이 생명을 빼앗고, 안으로는 죽음이 있다"를 가장 좋은 독법이 되게 만든다(Gordis, 159). 바깥과 안쪽 간에 이런 비교는 보존해야 하는 가장 중요한 요소다.

21.a. 샤메우(שָׁמְעוּ, "그들이 들었다"). 70인경은 아쿠사테(ἀκούσατε)로 읽는데, 이는 쉼우(שִׁמְעוּ)와 동등한 복수 명령법이지만 옛시리아어역은 단수 명령볍 형태로 번역한다. 알브렉손(*Studies in the Text and Theology*, 83)은 문맥에 근거해서 그리고 옛시리아어역의 번역자가 난해한 텍스트들을 전형적으로 부드럽게 손질한다는 그의 결론에 기초해서 맛소라텍스트를 오리지널이라고 생각한다. 고틀리브(*Study on the Text*, 20-21)는 이에 동의하고, 단수와 복수 형태가 옛시리아어역에서 자주 호환된다고 부연한다.

*BHS*는 하베 에트(הָבֵא אֶת, "가져오다")에 상응하는 옛시리아어역을 받아들일 것을 주장한다. 알브렉손(*Studies in the Text and Theology*, 83-84)은 번역자가 하베트(הבאת)를 하베 에트(הבא את)로 쉽게 오독할 수 있었다고 생각한다. 고틀리브(*Study on the Text*, 21-22)는 동의하지 않는다. 그가 생각하기에 욤 콰라타(יום קראת)는 예루살렘의 파괴가 아니라 회복에 대한 소망을 언급하고 있기 때문이다. 대적자에 관한 이 구절의 강조를 살펴볼 때, 알브렉손의 독법이 보다 그럴법하다.

양식/구조/배경

사실상 애가서 1장의 장르를 언급하는 모든 학자들은 이 시가 '혼합된 형태'라고 생각한다. 즉 그들은 이 텍스트가 한 가지 유형의 시를 뛰어넘는 요소를 섞어놓고 있다고 결론짓는다. 예를 들어, 애가서의 형태에 관한 그의 개척적인 작품에서 자나우(Jahnow, *Hebräische Leichenlied*, 168-91)는 애가서 1장이 애도가의 근본적인 특징들을 몇 가지 포함하고 있다고 진술한다. 부분적으로 그녀의 논문에서 발견한 것에 기초하여 군켈은 애가서 1장이 애도가에서 종교적인 시로 애가 1장을 전환시키는 모티브를 적용시키고 있다고 주장한다(*Introduction to Psalms*, 95). 베스터만은 애가서 1장의 저작에 관한 자나우와 군켈의 역사적 재구성을 인정하지 않을지라도, 그는 애도가의 어떤 특징들이 그 시에 나타나고 있다는 것에 동의한다. 그는 그 시의 시작에서 애도의 외침, 애도의 외침을 뒤잇는 묘사, 그 시에서 사용된 애도 요소들의 사례로서 반전적인 모티브의 존재가 나타나는 것을 인용한다(117). 또한 그는 공동적인 고충토로와 분명하게 연관이 있음을 식별한다(아래를 보라). 유사하게, 레에미(Re'emi)는 죄의 고백(1:5, 8, 14, 18, 20)과 개인적인 한탄(1:9c-11c, 12-16)이 애가 1장의 일부이며(79), 시인이 하나님께 호소할 때, 이 애가는 기도로 변한다(84). 이런 목록을 확장할 수 있겠으나 요지는 분명해진다. 학자들은 애가서 1장이 어느 장르의 "순전한" 형태라고 생각하지 않는다.

애가서 1장을 어떤 특별한 장르로 할당하는 것을 조심스러워함에도 불구하고, 베스터만은 이 시가 공동적인 비탄의 몇 가지 요소들을 보여준다고 주장했다. 그는 공동적인 비탄에서 발견할 수 있는 모티브로서 다음과 같은 특징들을 열거한다: 탄원, 하나님에 대한 불평, 공동체의 직접적인 불평, 대적자들에 대한 불평, 죄에 대한 인정, 확신과 반성의 맹세, 유념해달라는 하나님에 대한 간청, 조정에 대한 간청, 그리고 대적자들에게 앙갚음 해달라는 간청(118-19). 따라서 그가 공동적인 애가의 주요한 요소로 생각하고 있는 것에서 단 두 가지가 애가서 1장에 나타나지 않고 있음을 지적한다: 확신의 맹세와 언약 백성들을 위해서 간섭해달라는 간청. 그는 "재앙의 쇼크가 너무도 깊어서 이런 말을 방해할 정도였기"(119) 때문이라고 이 요소들이 없다고 추측한다. 베스터만은 나타나고 있는 공동적인 애가가 표준적인 공동체의 애가를 특징짓는 분명하고도 구체적인 순서로 전개되고 있지 않다는 것을 인정하고, 이는 후대의 편집의 과정에서 본래의 구두 자료들에 이합체 구조가 부과되었기 때문이라고 주장한다(100-104). 다시 말해서 그의 견해에 따르면 공동적인 애가의 요소가 분명하지만, 그것들은 텍스트의 구성 역사 때문에 다른 문학적 양상들이 혼합되었다.

렌케마는 보이는 대로 또는 이전의 어떤 이론적 형태에 따라 단락에 장르를 설정하는 일의 가능성을 의문한다. 이런 결론은 전반적으로 이 책을 단일한 장르에 할당할 수 없다는 그의 확신과 일치한다. 그가 공동체 애가의 모티브에 관한 베스터만의 목록 열거에 동의할지라도, 이 장의 저작과정에 베스터만의 역사적 재구성을 의문한다(92). 그는 전통적인 공동적 애가의 순서가 결여되어 있고, 아울러 다른 곳에서 공동체의 애가를 표현하는데 이합체의 시가 사용되고 있지 않다는 사실이 이 시의 장르를 확증할 만한 방법이 없음을 의미한다고 주장한다(92). 해석자들은 잘 알려진 장르로부터 모티브를 고려해야 하지만, 전반적인 이 책처럼 1장은 독특한 구성으로 취급해야 한다(Renkema, 92).

애가서에 관한 이 중요한 대표적인 해석자들의 의견이 다양한 것으로 볼 때, 작업할 새로운 근거, 하지만 장르에 대한 과거에 있었던 확실한 고찰들과의 접촉점을 유지하는 새로운 근거를 찾는 것이 적절하다. 이런 목표를 이루는 한 가지 방법은 이합체 형식을 단순히 자료나 자료의 부과와 같은 것을 보여주는 편리한 방식을 넘어서는 것이라고 간주하는 것이다. 많은 문화들이 설정된 구조 내에서 시인이 창조성을 입증할 것을 요구하는 시적 형태를 갖고 있다. 의문의 여지없이 이합체는 애가서의 저자에게서 그러한 장르였다. 그것은 정교함, 몇 가지 문학적 주제적 모티브의 사용, 그리고 운율의 다양성을 고무시켰다. 알파벳의 기본적인 순서만이 고정되어 있었다. 그밖에 모든 것은 저작자의 전개에 열려 있었다. 베스터만은 애가를 애가로서 진지하게 취해야 한다고 올바르게 주장했다. 마찬가지로 애가서를 이합체로서 진지하게 취해야한다고 주장하는 것이 정당하다. 이런 방식으로 애가서의 주제와 구조적 요소를 효과적이고 적절한 방식으로 강조할 수 있을 것이다.

긴 이합체 형식은 포괄적인 이해를 취할 것을 요구한다. 따라서 시편 119편은 율법의 가치와 관련한 개념의 충분한 범위를 상술할 것을 결정했고, 애가서의 저자는 민족적이고 개인적인 슬픔을 상세히 설명하고 어떤 소망의 근거가 존재하는지 길을 찾고자 했다(Gottwald, *Studies,* 32을 보라). 그렇게 함으로써 애가서의 저자는 장송곡의 모티브뿐만이 아니라 개인적이고 공동적인 애가 모티브를 사용할 수 있었다. 실로 시인은 주제적인 문제의 범주 때문에 그렇게 할 수 있었다. 이 시인은 주제, 소리, 운율, 그리고 어휘의 반복을 이 과정에서 사용하였다. 다시금 그 장르가 포괄적인 표현과 주제를 요구하기 때문이다. 아래의 언급은 시인이 장르의 혼합, 구조의 예술적인 전개, 그리고 어휘의 분명한 반복적 사용을 통해 이 근본적인 목표를 추구했던 방식을 짤막하게 분석해 놓았다. 고트왈드는 "예술적인 성취를 의도한 것과 실현한 것의 일치로 판단한다면, 애가서의 저자는 자신이 설정한 한계 내에서, 일등급의 예술가였다"(32)고 썼을 때 옳게 말하였다.

이합체의 문학적 형식의 혼합

전술했던 것처럼, 장송곡의 요소가 애가 1장에 나타난다. 이에 관한 최초의 증거가 이 책의 바로 첫 단어에서 나타난다. 내레이터가 "어찌"(슬프다 – 한글개역)라고 외칠 때에 말이다. 다른 구약성경의 텍스트들은 억제할 수 없는 슬픔을 표현하기 위해서 고뇌의 외침을 사용한다. 예를 들어, 이사야 1:21은 예루살렘에 관하여, "신실하던 성읍이 어찌하여 창기가 되었는고"라고 외친다. 예레미야 48:17은 모압과 관련하여 "어찌하여 강한 막대기, 아름다운 지팡이가 부러졌는고"라고 진술한다. 이 단어의 더 짧은 형태가 사울과 요나단에 대한 다윗의 장례애가에서 사무엘하 1:19-27과 선지자가 유다의 영적 타락을 한탄할 때인 예레미야 2:20-21에서, 그리고 선지자가 조롱의 노래를 보고할 때인 미가서 2:4에서 거의 동일한 의미로 구약의 애도가에 나타난다. 분명히 애가서의 시작에서 "어찌"(איכה – 에카)의 사용은 독자들의 마음을 다양한 일반적인 방향으로 취할 수 있었지만 각 방향은 일종의 슬픔을 포함한다.

앞부분과 반대되는 비극적인 표현의 사용은 애가서에서 두드러지는 또 다른 장례/애도 요소이다. 이 모티브는 서두에 "어찌"로 시작하고 1-11절까지 그 분위기가 계속된다. 이 구절들에서 시인은 과거의 영광과 현재의 재난을 생생하게 대조하여 조명하고 있다. 위에서 이사야 1:21과 예레미야 48:17로부터 인용한 사례 외에도 이런 상반되는 내용의 유형은 사무엘하 1:19과 27에도 나타난다.

> 오호라 두 용사가 엎드러졌도다
>
> 오호라 두 용사가
> 전쟁 중에 엎드러졌도다
>
> 오호라 두 용사가 엎드러졌으며
> 싸우는 병기가 망하였도다!

이런 짧은 실망의 외침은 에스겔 27장에서 두로의 나라와 통치자에 대한 애가를 노래하는 에스겔이 노래 속에 나오는 긴 대조와 상응한다. 여기서 선지자는 해양무역의 두로의 영광스러운 역사(겔 27:1-25a)가 무너진(겔 27:25:25b-36) 것을 강조하는 시와 산문에서 확장된 애도(키나)를 제공하고 거대한 도시를 애도하는 슬픔의 의식을 상세히 묘사하는 것으로 끝난다(겔 27:30-32).

애가서 1:1-11은 서로 상반되는 것들의 몇몇 극적인 진술을 제기한다. 이 대조되는 상황의 두 양편이 아마도 이합체 형식으로 인해 동일한 구절에서 나타난다. 이런 대조는 다음과 같은 사례들을 포함한다.

> 1:1 "본래는 거민이 많고…열방 중에 공주 되었던 자가…
> 이제는 과부 같고 조공 드리는 자가 되었도다."
> 1:2 "친구도 다 배반하여 원수가 되었도다."
> 1:4 "시온의 도로가 처량함이여 절기에 나아가는 사람이 없음이로다."
> 1:6 "처녀 시온의 모든 영광이 떠나감이여…힘없이 달림 같도다."
> 1:7 "예루살렘이…옛날의 모든 즐거움을 생각함이여."
> 1:8 "전에 높이던 모든 자가…업신여김이여."
> 1:10 "저희가 성소에 들어간 것을 예루살렘이 보았나이다."
> 1:11 "그들이 보물로 식물들을 바꾸었너니."
> 1:17 "시온이 두 손을 폈으나 위로할 자가 없도다."
> 1:18 "나의 처녀와 소년들이 사로잡혀 갔도다."
> 1:20 "나의 마음이 번뇌하오니."

그러한 단락들은 지금 상반된 상황들을 지금 분명히 강조한다. 두로처럼 예루살렘도 전에는 결코 생각하지 못했던 상태가 되었다. 예루살렘이 오랫동안 있었던 높은 곳에서 떨어졌다. 그리고 이 모든 상반된 것들은 예루살렘이 죄를 지었기 때문에 발생했다. 따라서 예루살렘의 애도하는 언급은 이제껏 있지 않았던 말들을 필요로 하기 때문에 비극적이다. 예루살렘의 상반된 상황은 스스로가 만들었다.

"어찌, 오호라, 슬프다 – 한글개역"(איכה – 에카)란 외침과 상반된 용어들을 사용한 것 외에 애가서의 저자는 특히 1:1-11에서 도시의 고통을 묘사하는 긴 장송곡 같은 요소를 사용한다. 예루살렘은 비통하게 울고 있고(1:2), 그 자녀들은 유배를 당하였다(1:3). 예루살렘의 길은 슬픔으로 가득 차 있고(1:4), 대적자들이 그곳을 통치하고 있다(1:5). 예루살렘의 지도자들은 도망했고(1:6), 대적자들이 히죽이 웃고 있다(1:7). 예루살렘은 신음하고(1:8), 거민들도 신음하며 먹을 것을 찾고 있다(1:11). 보다 정교한 비참함에 대한 묘사가 2장과 4장에 나타나므로, 이 모티브는 전체적으로 이 책에 잘 구축되어 있다. 예루살렘의 고통은 오로지 평범한 용어로 진술되지 않는다. 오히려 그 고통은 저자가 그리하였던 것처럼 독자들에게 생생하다.

처음 열한 절이 전개될 때, 본문은 유다가 죄를 지었기 때문에 하나님이 고통을 야기하셨다는 것을 점차적으로 인식한다. 하나님을 직접적으로 호칭하지는 않을지라도, 야훼가 벌의 궁극적인 대리자로 인정되고, 유다의 범죄가 1:5에서 심판의 궁극적인 원인으로 인식된다. 1:8에서 "예루살렘이 크게 죄를 지었다"는 사실은 사악하고 위험한 대적자들이 벌을 주는 하나님의 사자로서 행하게 인도된다. 1:11의 초점이 사람들의 끔찍한 고통임을 계속 보여줄지라도, 이 고통은 독자들에게 구체적인 종류의 신학적인 의미를 만들어준다.

이 논의의 시작에서 진술되었던 것처럼, 저자는 1장과 뒤이어지는 장들에서 공동적인 애가의 다양한 요소들을 포함시킨다. 첫째로 유다의 상황과 상태를 하나님이 "보시도록"(ראה – 레에) 구하는 의인화된 집단적 도성으로부터의 분명한 요청이 있다(1:9c, 11c, 20a). 야훼가 관심을 기울여서 알아달라는 유사한 간구가 불평에 대한 표준적인 시편에서 나타난다(시 5:1; 13:3; 17:1; 31:2; 80:14; 86:6; 88:2; 102:1; 130:2; 141:1; 143:1을 보라). 주님에게로 향하는 이 탄원들은 깨어진 도성이 생명의 불꽃과 소망의 실마리를 갖는다는 것을 보여준다. 장례적인 용어는 도성의 절망과 황폐화를 전달하는 극적인 수단이지만, '징징 조르는' 용어가 나타난다는 사실은 완전한 절망의 감정을 모면한다. 백성들이 하나님께 다가가는 한, 현재의 끔찍한 상황에서 길을 찾을 수 있다.

둘째로 비할 데 없는 슬픔을 이해하기 위해서 지나가는 사람들에게 극적으로 외친 다음에(1:12a-b), 도성은 1:12c-15에서 하나님에 대한 불평을 시작한다. 그러한 불평은 시편 44:9-16, 74:9-11 그리고 80:12-13에서 공동적인 애가의 전형이다. 애가 1:12c-15에서 주님에 대한 불평은 직접적으로 주를 호칭하지는 않고 다소 익명적인 사람으로 불려진다. 삼인칭일지라도, 주님이 여전히 언급되고 있으므로, 본문은 주님이 듣고 도성을 위해서 행하실 것을 아마도 함축한다. 주님이 그러한 간구를 직접적으로 듣기를 원하고 계신지를 화자가 생각하고 있지 않은지, 또는 화자가 주님께 화나 나서 주님을 부르기를 원치 않고 있는지 의문이 생긴다.

셋째로 잔인하였던 옛 대적자들(1:21b)과 최근에 대적자가 된 옛 친구들(1:17b, 19a)에 대한 불평이 있다. 넷째로 예루살렘 도성은 백성들의 죄를 인정하고(1:14a-b, 20b; 또한 1:5b, 8-9을 보라), 하나님의 정당성을 제기한다(1:16, 20a-b, 21a). 이런 인정은 도성이 당하고 있는 고통 때문에 그 고백을 약하게 소리를 낼지라도 신뢰의 고백으로서 기능한다. 다섯째로 공동적인 애가의 이런 요소들은 고통을 나눌 수 있는 사람에 대한 도성의 간청(1:12, 18b), 위로자가 없는 것에 대한 도성의 불평(1:16b, 17a, 21a), 그리고 고뇌어린 묘사(1:16b, 20a-b, 21a)에 의해 보충된다.

여섯째이자 마지막으로 이 장은 다시 한번 일어난 일을 야훼가 "보아주실"(ראה - 레예, 1:20a; 1:9c, 11c을 보라) 것을 도성이 구하는 것으로 끝난다. 그러나 1:9c와 11c와 달리, 도성은 예루살렘을 노략했던 대적자들을 벌할 것을 주님께 간구한다(1:21-22). 그 도성이 이전에 두려워했거나 사람들의 죄에 대해서 공개적으로 주님께 말하기를 원치 않았을지라도, 이제는 주님에게 직접적으로 그리고 강력하게 호소한다. 유다의 대적자들은 크게 죄를 지었음으로 그들도 하나님의 진노를 받아야 한다. 확실히 언약의 백성들을 심판했던 동일하신 하나님이 사악한 이방인들에게 동일하게 응답하실 것이다.

위에서 지적했던 것처럼, 베스터만은 에가서 1장이 사실상 공동적인 불만토로에서 발견할 수 있는 모든 구성요소들을 포함하고 있다고 생각한다. 또한 그는 장송곡의 요소가 침략으로 인해 당하는 고통의 사실상의 백과사진을 만드는 공동적인 애가의 통상적인 특징들을 조합하고 있음을 주장한다. 이런 관찰을 통해서 이 텍스트의 장르를 설명하는 긴 여정을 진행한다. 그러나 다시금 이합체 형식의 의미를 잊어서는 안 된다. 도성의 고통에 관한 묘사를 가능한 한 완전하게 하는 것은 이합체다. 독자들이 알파벳이 표현하는 모든 고통을 참아내게 하는 것도 이합체 형식이다. 장송곡, 공동체의 애가, 고통에 관한 여타 표현들에 관한 요소를 포함시키도록 이끄는 것은 이합체 형식이다. 따라서 렌케마가 이 장과 애가서 전체를 이합체가 없었다면 어느 것도 인정할 수 없었다고 강조하는 것은 옳을지라도, 이 시의 형태가 어떻게 관련되어 있는지를 심사하고 이야기하는 것은 중요하다.

구조적인 패턴들

애가서 1장은 구조적인 통일성을 보여준다. 애가서 1장에서 동심원적인 패턴을 발견한 첫 번째 사람은 아닐지라도(A. Condamin, *Poemes de la Bible*[Paris, 1933]), 렌케마(Renkema, 295-97)는 애가서 1장에서 반복된 언어의 이런 유형을 가장 완전하게 분석하였다. 렌케마에 따르면, 이런 패턴은 시의 이합체적 구조와 1:12에 화자가 바뀌는 것에 의해 결정된다. 또한 그는 이 장의 아주 분명한 선적인 움직임은 동심원적 패턴을 증거함을 보여준다(85)고 제기한다. 렌케마가 생각하는 동심원적 패턴은 그가 이 장의 "핵심"이라고 생각하는 1:11-12을 중심으로 순환한다. 그 구절이 알파벳의 중심이고, 그 구절이 이 장의 주요한 주제("하나님, 인간! 우리의 비참함을 보소서", 297)를 선언하기 때문이다.

어법이나 어휘의 유사성에 기초하여, 이 구절들은 시의 두 절반과 짝을 이루고, 결과적으로 서로 상응하는 구절들은 시의 중심점에서 동일한 거리를 유지한다. 예를 들어, 그는 1절과 22절은 랍빠티/라보트(רבתי/רבות, "많은"이나 "큰")란 단어를 포함하고, 2절과 21절은 옌 라흐 메나헴/ 옌 메나헴 리(אין־לה מנחם/אין מנחם לי, "그녀를/나를 위로하는 없고")를 포함하며, 이렇게 전체적인 장이 서로 상응한다고 주장한다(Renkema, 296-97를 보라). 렌케마는 8절과 15절은 강력한 공통된 연결고리를 갖고 있지 않음을 지적하지만(296), 그는 이합체 구조의 서로 반대되는 구절들의 의도적인 연결에 대한 매우 강력한 사례를 여전히 만든다. 8절과 15절에 잠재적인 의문 부호를 둘 수 있음에도 불구하고, 이것은 괄목할 만한 패턴이다. 2장이 아주 그럴듯하게 동심원적 패턴을 보인다는 사실은 이런 연결이 단순한 우연이나 이합체 형식에 다소 필요한 것이라고 간단히 생각하기 어렵게 만든다. 오히려 그것들은 보다도 의도적인 문학적 예술성의 결과이다.

애가서 1장은 주제적인 요소의 반복으로 통일성을 보여준다. 아마도 이런 주제의 가장 두드러진 특징은 예루살렘에 위로와 도움이 없다는 사실이다.

1:2 "위로하는 자가 없고."

1:7 "도울 자가 없고."
1:9 "위로할 자가 없고."
1:16 "위로자가 내게서 멀리 떠나갔음이라."
1:17 "위로할 자가 없도다."
1:21 "나를 위로할 자가 없었다."

구문의 변화는 주제를 강조하고, 그 강조를 다양하게 만든다. 시의 각 절반은 주제의 세 사례들을 갖고 있고, 내레이터와 예루살렘은 불평을 제기한다. 이 주제가 규칙적으로 나타나는 것을 볼 때, 1장의 어느 요약에서도 그것을 고려해야 한다. 이 장의 주요한 주제는 예루살렘의 비참함이지만, 이 비참함은 도움과 인간의 친절이 없음으로 인해 더 강화된다.

이 장에서 "모든"(כל – 콜)이 계속 출현함도 이 시를 전체적으로 묶어준다. 열세 개의 구절에서 열여섯 번이나 시인은 포괄하는 "모든"을 읊조리고, 내레이터와 예루살렘이 이 용어를 모두 사용한다. 다음의 목록을 보라.

1:2 "모든 사랑하던 자"
1:2 "모든 친구들"
1:3 "모든 핍박하는 자"
1:4 "모든 성문"
1:6 "모든 영광"
1:7 "모든 보물"
1:8 "전에 높이던 모든 자"
1:10 "모든 보물"
1:11 "모든 백성"
1:12 "모든 지나가는 자"
1:13 "종일토록"
1:15 "모든 용사"
1:18 "모든 백성들"
1:21 "나의 모든 원수"
1:22 "지희 모는 악"
1:22 "나의 모든 죄악"

렌케마는 이런 일관된 반복은 재앙의 전체성, 포괄성, 완전성의 모습을 전달한다고 말한다(307). 이런 목록을 간단하게 살피더라도, 이 장이 모든 의미 있는 주제가

"모든"(כל – 콜)에 의해 확대된다는 것을 알려준다. 따라서 예루살렘이 직면한 모든 문제는 전체적인 차원에서 진술된다. 백성들은 원수들에 의해 완전한 핍박, 재산의 완전한 상실, 제의적 활동의 온전한 상실, 모든 지도자들의 상실, 공식적인 동맹국들로부터의 완전한 동정심의 결여, 위엄과 위신의 전적인 포기, 그리고 죄로 인해서 하나님 앞에서 완전한 죄인이 되어 있다. 모든 약점이 노출되었고, 재난을 피할 수 있는 모든 희망이 좌절되었다.

이런 언어적인 설명은 애가서 1장에서 심미적인 구조적 통일성을 가리킨다. 동시에 이 장은 전략적인 부분에서 화자의 변화를 둘러싼 주제적 발전이 있음을 보여준다. 예루살렘의 화에 대한 삼인칭의 묘사에서 직접적인 일인칭 화자로의 이동은 이 장이 참화의 아주 인격적인 본질을 강조하게 만든다. 예루살렘의 고뇌의 전체성을 보여주는 이합체의 한정은 느껴지고 관찰되는 민족적이고 개인 인격적인 고통을 포함한다.

화자의 변화가 1:9c, 1:11c, 그리고 (아마도) 1:12a에 나타난다. 1:1-9b에서 매우 예리하고 동정적인 삼인칭 내레이터가 예루살렘의 운(1:1-3), 예루살렘의 지역의 황폐화(1:4-6), 그리고 예루살렘의 패배에 대한 이유(1:7-9b)를 설명한다. 주님이 "나의 고난을 보아 달라"(…ראה את־עניי – 레예 에트 온이, 1:9c)는 일인칭 화자의 외침은 진심어린 묘사에 끼어든다. 내레이터는 도성의 원수들이 재산을 약탈하여 백성들이 생명을 존속하기 위해서 먹을 것을 얻기 위해서 보물을 팔아야 한다고 지적하면서, 1:10-11b에서 언급하기를 계속한다. 다시 한번 이 시점에서 사건에 대한 묘사는 도성이 얼마나 능욕을 당하고 있는지를 "보아 달라"(ראה – 레예)는 하나님에 대한 간청에 의해 중단된다. 따라서 두 일인칭 화자의 외치는 소리는 방해나 유연한 연설에서 흐름을 끊는 것이라기보다는 구두 부호 – 그리고 감탄사 – 로서 더욱더 기능한다. 사실상 1:9c와 1:11c에서의 외침은 내레이터가 예루살렘의 끔찍한 곤경을 정확하게 묘사했음을 가리킨다. 일인칭 화자는 백성들의 경험에 대해서 언급했던 것에 기초해서 하나님께 호소하는 것으로 이동한다.

1:12-22에서 일인칭 화자와 삼인칭 내레이터는 역할을 바꾼다. 일인칭 화자는 주님이 1:12-16에서 주님이 도성에 가져오신 고통의 광대함을 생각해 볼 수 있도록 지나가는 행인에게 탄원한다. 확실히 죄는 슬픔을 야기했지만(1:14), 이런 인정이 슬픔을 축소하기보다는 슬픔을 증가시킨다(1:16). 이 지점에서 삼인칭 내레이터는 다른 쪽 상대자에게 동의한다. 시온은 위로자도 없고, 하나님은 이런 재앙들을 가져오셨으며, 예루살렘은 더럽혀졌다(1:17). 이런 양상은 논쟁의 여지가 없다. 마지막

으로 1:18-22에서 일인칭 화자는 이 문제에서 야훼가 "의로우시고"(צדיק הוא יהוה - 찰띠크 후 아도나이)(1:18), 예루살렘을 "사랑하던 자들"(למאהבי - 람아하바이)이 그녀(예루살렘)를 속였다(1:19)고 거리낌 없이 인정한다. 그러한 무서운 상황에서 예루살렘은 주님이 그 고통을 "돌아보실"(ראה - 레예, 1:20) 것을 간구하고, 주가 예루살렘 백성들을 다루신 것처럼 대적자들의 죄도 다루실 것을 구한다(1:22).

1:1-11에서처럼, 한 화자의 언어는 다른 화자의 말을 분명히 하는 외침으로 기능한다. 두 화자는 원인, 범주, 그리고 도성의 참화와 그 이후에 관한 끔찍함에 대해 서로 일치한다. 그때에 이 시는 두 대표적인 화자에 의한 탄탄하고 철저한 묘사와 관련한 포괄적인 의미를 포함한다. 한 화자는 예루살렘의 관점을 제기하고, 또 다른 화자는 그 장면에 동정적인 어느 증인의 관점을 제기한다. 이 양상들은 상실, 결과, 두려움, 그리고 해결에 관한 통합적이고 포괄적인 문학적 특징들을 얻기 위해 위에서 지적한 언어적 연관들과 합세한다. 다시 말해서 이 시는 이합체 형태에 본질적인 목표와 가능성을 이루는데 성공한다.

이런 주요한 의견들을 살필 때, 다음과 같은 근본적인 구조/주제적 요소가 1장에서 확실하다. 1장을 두 주요한 부분으로 나눌 수 있다: 예루살렘의 참화를 조명하는 1-11절과 도성이 도움을 구하는 외침을 조명하는 12-22절. 이 두 주요한 표제 내에는 여러 하부 표제들이 있다. 여기에는 예루살렘의 상반된 역전(1:1-3), 적막함(1:4-6), 부정함(1:7-9), 신음함(1:10-11), 살을 에는 듯한 슬픔(1:12-16), 이해할 수 있는 고통(1:17), 그리고 주님에 대한 기도(1:18-22)가 포함된다. 두 사람이 이 장에서 말한다: 동정적인 삼인칭 화자 내러이터(1:1-11b, 17)와 예루살렘(1:9c, 11c, 12-16, 18-22). 분명히 화자의 변화는 주제의 변화를 결정짓는다. 애가 1:1-11은 알파벳의 전반부를 다루고, 1:12-22은 후반부를 다룬다. 따라서 주요한 화자들이 끼어드는 것은 알파벳 형식에서 중간 부분이다.

시의 배경은 서론에서 논의했다. 이 시가 언제 저작되었는지를 절대적으로 확신하여 말하는 것은 불가능할지라도, 그것이 어떤 장면을 묘사하고 있는지는 분명하다. 예루살렘은 그 죄 때문에 멸망했고, 바벨론이 이 구절들에서 이름이 나오지는 않을지라도, 587 B.C.의 파괴가 여기서의 배경이다. 프로반은 이 텍스트가 어떤 멸망에도 적합할 만큼 충분히 일반적이라고 올바르게 관찰하지만, 이 성경은 한 특별한 패배의 사건에 초점을 맞춘 것으로 보인다. 따라서 587년의 상황이 이 시와 전체적으로 애가서에 가장 논리적인 배경으로 기능한다.

위에서 주목했던 것처럼, 베스터만(98-105)은 본문이 현재의 형태로 나타나게 된 과정을 식별하기를 추구했다. 많은 다른 주석가들처럼 베스터만은 이 시의 용어가 새롭고, 열려 있고, 신선하다고 여기고 그것은 도성의 멸망 직후에 발생했다고 말한다(102). 그는 시의 대단히 구조화된 본질을 이합체 형식이 부과되었고, 또는 적어도 후대에 부차적인 자료로서 사용되었다고 주장함으로써 설명한다(100). 물론 베스터만의 접근은 이 주석이 취하는 것보다 이합체에 대한 훨씬 더 부정적인 평가를 취할 것을 요구한다. 포괄적인 진술에 특히 적합한 형태로서 이합체의 가치를 볼 때, 도성의 멸망에 관한 절대적인 영향을 표현하기를 원하는 시인이 어떤 다른 형태에서처럼 이합체 형식으로 생생한 증인의 말을 구성하였던 것으로 보인다. 사실상 어떤 다른 성경의 시적 형태도 이합체로서 아주 압축된 공간에서 그 인상과 사건을 아주 철저하게 보고하기가 아마도 쉽지 않을 것이다.

따라서 이 시가 언제 저작되었든지 간에 그리고 이 주석이 그것을 비교적 587 B.C.E. 직후에 작성한 것으로 취급하든 간에(이전에 서론을 보라), 이합체 형식은 효과적인 설명을 손상시키기보다 기여한다. 베스터만은 시의 언어의 밀접성을 올바르게 강조하고, 동떨어진 저자에 의해 단순히 형태화된 작품으로 이 텍스트를 생각하는 것을 올바르게 배격한다. 하지만 이합체 형식이 저자의 능력과 목적을 다소 약화시킨다는 그의 주장은 근거가 없다. 사실상 저자의 주제에 대해 가장 적합한 형태로서 이합체에 초점을 맞춘 것은 베스터만이 가장 바라는 것(애가를 애가로서 진지하게 취하는 것)을 독자들에게 할 수 있도록 도와준다. 애가서의 저자는 아주 진지하게 애가를 취하여 포괄적인 애가 형태를 선택하고, 바로 처음부터 그리하였다. 끔찍한 상황들이 모든 문학적 기술과 구조 또는 다른 것들을 방해하지 못하고, 실로 역사적으로 그런 상황들은 꽤 자주 매우 반대편 결과를 가져왔다.

주석

1-3 이 장의 첫 번째 항목은 1:4까지 이름이 나타나지 않는 "도성"(העיר – 하일)의 황적함을 묘사한다. 게다가 성의 곤경은 이 구절들에서 나타나는 끔찍한 일련의 운명의 역전에 상응한다. 과거의 풍부함과 탁월함이 현재의 끔찍한 헐벗음과 치욕 그리고 황폐화와 대조된다(1:1). 이 땅에 주요한 도성에 사람들이 많이 거하였음은 거주민들의 축출과 상실과 비교된다. 간단하게 진술하면, 유다는 그 땅을 떠나 유배 길에 올랐고, 예루살렘을 포함하여 주민이 비어 있고, 미래에 대한 분명한 소망이 없다.

1 이합체 시는 "어찌, 슬프다 – 한글개역"(איכה – 예카)로 시작하며 이 단어는 민족들이나 도성들에 대한 장례적인 용어와 자주 관련된다(사 1:21; 렘 48:17). 고디스는 "이 단어가 히브리 비가의 특징인 부사 예크(איך, '어찌')의 더 길고 보다 시적인 형태이다. 이 두 형태들은 그가 통곡하고 있는 재앙에서 시인의 슬픔과 회의를 표현하는데 사용된다(예를 들어, 사 1:21와 렘 2:21을 참조하라). 이 용법은 현자와 우자에게 닥친 동일한 운명에서 코헬렛의 외침에서처럼 산문에서도 나타난다(전 2:16)"(153)고 적고 있다. 여기서 이 단어는 전반적으로 이 책의 주제 타이틀로 그리고 알파벳의 첫 문자로 나타난다. 따라서 예루살렘의 고통의 포괄적인 다룸은 시의 나머지 부분이 설명하는 외침으로 시작한다.

현재에 예루살렘은 홀로 "거하고"나 "앉아" 있다. 여기서 히브리어의 완료 형태(ישבה – 야쉐바)는 본질상 꽤 고정된 상태를 묘사한다. 이 시점에서 도성은 불편한 고독의 정적이고 장기적으로 지속되는 분위기 속에 있다. 예루살렘은 "홀로, 적막히"(בדד – 빠다드) 있다. 이 단어는 형용사로서 기능하는 명사이지만, 여성형 문맥에서 자주 부사적 속격이다. 그것은 야숍(ישב, 레 13:46; 렘 15:17) 또는 샤칸(שכן, 민 23:9; 신 33:28; 렘 49:31; 미 7:14)이든 간에 "거하다"를 의미하는 단어와 자주 나타나고, 그것은 넓은 의미의 범주를 갖는다. 이 용법은 하나님의 유일성 – "홀로 한분이신 하나님이 나를 평안히 눕게 하시도다"(시 4:9[ET 4:8] NRSV) – 과 홀로 있을 때에 "안전"이나 "보증"(신 33:28; 렘 49:31; 미 7:14)을 포함한다. 후자의 단락이 여기서 시인에게서 빠다드(בדד)의 의미를 형성하고 있다면, 텍스트의 진의는 지극히 아이러니함이 틀림없다. 도성이 안전하게 보증을 얻지 못하고 있기 때문이다(참조. Hillers, [1992] 64). 그러나 문맥을 볼 때, "고립되어 외로이 있는" 것이 의도된 의미일 것이다. 예루살렘은 또 다른 빠다드(בדד) 단락인 레위기 13:46에서 묘사된 문둥병자처럼 고립되어 있다. 따라서 예루살렘은 문둥병자처럼 외로이 거하고 있다. 동맹국도 없고(1:2), 거주자가 있더라도 아주 소수다(1:3). 예루살렘이 외로이 적막하게 거주하고 있다는 선언은 나머지 구절이 설명하는 표제로서 기능한다.

분명한 상반된 모습을 묘사하는 일이 시작된다. 도성은 많은 사람들로 언젠가 가득 차 있었지만 이제는 과부와 같다. 도성은 언젠가 열국들 중에 크던 자였으나 조공 드리는 자가 되었다. 그러므로 아이러니한 코멘트로 빠다드(בדד)를 의도하고 있든 그렇지 않든 간에 이 어구는 끔찍하고, 아이러니한 상황을 형성한다. 언젠가 "위대하였던" 곳이 더 이상 그런 위치를 점유하고 있지 못한다.

도성의 이전에 영광을 세 가지로 표현하고 있다. 도성은 거민의 풍성함(רבתי עם - 랍빠티 암, "사람들로 가득한")과 이웃하는 열국들 중에서의 탁월함(רבתי בגוים - 랍빠티 바꼬임, "열국 중에 크던 자"), 이웃하는 열방들 중에서 리더십의 자질과 위치(שׂרתי במדינות - 사라티 빰메디노트, "열방 중에 공주")를 점유하고 있었다. 실로 세 번째 이미지는 두 번째 이지미를 강화시킨다. 얼마다 유다가 열국 중에서 존중을 받았는지 그리고 지금 얼마나 나락으로 떨어졌는지를 조명한다.

첫 번째 긍정적인 이미지는 민족의 생산과 충만함으로 가득한 민족의 어머니의 이미지다. 맥다니엘은 페니티아와 우가릿의 평행에 기초하여 랍빠티(רבתי)가 "큰" 이나 "가득한"보다는 "부인, 첩"을 의미한다고 주장한다(*Bib* 49[1968] 29-31). 그는 비스만(Wiesmann)이 그의 주석Wiesmann, 103, 107)에서 이 경칭적인 의미를 적어도 함축했다고 지적한다(30). 렌케마는 이 어구를 "이 도성, 백성들 사이에 있는 이 여성"(96)이라고 번역하고 있기 때문에 어느 정도 이에 동의한다. 그러나 힐러스는 이사야 1:21("신실하던 성읍이 어찌하여 창기가 되었는고")과 사무엘상 2:5(ורבת בנים — 베랍빠트 빠님, "많은 자녀를 둔 자는") 같은 성경의 평행이 맥다니엘의 색다른 매혹적인 주장보다 바람직한 전통적인 이해를 만드는 것으로 보인다([1992] 64)고 강조한 것은 옳다. 이전 시대에 예루살렘은 많은 거주자들을 갖고 있다는 점에서 "사람들이 많았다."

두 번째 긍정적인 이미지는 "열국들 중에 크던" 도성이라는 것이다. 크라우스는 이 어구가 597 B.C.E의 재앙 이전에 해들을 언급할 수 있다고 주장한다(26). 요시아의 통치의 후반부 동안에 적어도(640-609 B.C.E.) 이 민족은 주요한 역할에서 물러났던 것은 사실이다. 605 B.C.E에 바벨론의 위협과 요시아의 죽음 직후에 유다의 정치적인 상황에 대한 애굽의 지배는 작은 민족에 고통스러운 영향을 미친 것도 사실이다. 크라우스가 유다가 이전의 탁월함을 상실하였던 시대 중 하나를 올바르게 확인할지라도, 597 B.C.E.를 가장 그럴듯한 언급으로 설정하는 것은 불가능하다. 587 B.C.E.에 예루살렘의 패배가 문맥에 가장 적합하다고 결론짓는 것이 가장 그럴법하다. 이스라엘의 탁월함은 실로 가끔씩 이루어졌으나 그 영광의 날이 어떤 과거에 발생했든지 간에 확실히 그것은 과거일 뿐이다.

세 번째 긍정적인 이미지는 두 번째 이미지를 조명한다. 예루살렘이 뛰어났거나 "컸을"(רבתי - 랍빠티) 뿐만 아니라, 사실상 예루살렘은 열방(במדינות - 빰메디노트) 중에서 고귀한 사람인 "공주"(שׂרתי - 사라티)였다. 예루살렘은 동등한 것들 중에 한 민족이 아니었다. 아마도 시인은 예루살렘이 힘센 국제적 권력에 대항하는 지역 동맹의 리더였을 때나(사 7:1-16), 왕이 앗수르에 대항하여 싸웠을 때(왕하 18:1-37), 또는 심지어 왕이 애굽에 대항하다가 그 목숨을 잃었을 때(왕하 23:28-30)를 회상하고 있을 것이다. 어쨌든 유다는 한때에 수동적인 더 작은 열방보다 뛰어났었던 때가 있었다. 시인은 이 때를 상기하고 그 소실을 두드러지게 만든다.

두 대조적인 이미지가 예루살렘의 운명이 역전된 것을 표현한다. 첫째로 예루살렘은 "이제는 과부처럼 되었다"(היתה כאלמנה – 하예타 께알마다). 야쉐바(ישבה)에서처럼, 여기서 완료시제 동사는 분명히 영구적인 상태와 관련이 있다. 명사 께알마나(כאלמנה)는 한 가지 내포보다 더 많은 것을 담고 있다. 그것은 도성이 남편(그녀가)이 없게 되었음을 실로 의미할 수 있다. 결국에 몇 가지 구약 텍스트들은 하나님의 배우자로서 이스라엘의 은유를 사용하고(참조. 사 54:1-8; 겔 16, 23장; 호 1-3장), 이 이미지는 이스라엘이 하나님을 떠난 것이나 이스라엘이 죄로 인해 하나님이 이스라엘에게서 돌아서신 것을 포함한다. 이 어구는 의인화된 도성을 고아와 거주하는 외국인들과 더불어 무시를 당하는 사람들의 부류에 속한다(참조. 신 10:18; 16:11; 사 1:23; 렘 7:6-7; 94:6; 애 5:3). 그러한 사람들은 자주 효과적인 변호를 받지 못하였기에 그들의 권리가 간과되었고, 정의가 그들에게는 왜곡되었다. 과부를 하나님이 보호하시겠다는 약속(참조. 시 68:6[ET 68:5]; 146:9)은 빼앗긴 도성의 사람들에게는 실로 멀어보였다. 풍족함에서 텅 빈 것으로 그리고 기쁨에서 괴로움으로의 삶의 변화를 한탄했던 나오미처럼(룻 1:20-21), 예루살렘은 이런 비참한 상황으로의 역전의 고통을 느꼈다.

둘째로 "열방 중에 공주 되었던 자가 이제는 조공 드리는 자가 되었다." 많은 이란 의미에서 "많고" "크고"(רבתי – 랍빠티)의 반복은 상실한 영광의 모습을 강화시킨다. 또한 그것은 끼 랍뽀트 안호타이(כי רבות אנחתי, "나의 탄식이 많고")라는 1장의 마지막 절을 예기한다. 한때에 사람으로 들끓었고 위엄을 갖추었던 것이 신음과 쓰러짐으로 가득하게 되었다. 1:1을 이야기하는 내레이터와 1:22을 이야기하는 도성은 이런 점에서 일치한다.

예루살렘은 예전의 "공주"로 묘사된다. 이 단어는 그것의 영어 번역보다 덜 정확하다. 가나안의 장군이 돌아올 것을 시스라의 어미와 함께 헛되게 기다렸던 궁정의 여인들(삿 5:28), 후궁에서 첩들과 대비되는 솔로몬의 700명의 아내들(왕상 11:3), 회복된 이스라엘을 양육할 궁중의 여인들(사 49:23), 그리고 페르시아의 귀족의 아내들(에 1:18)을 묘사하기 위해서 복수로 그 용어를 사용했기 때문이다. 형태상 사라(שׂרה)란 용어는 아직 태어나지 않은 중요한 민족의 어미로서 사라에게 주어진 이름이다(참조. 창 17:15-21; 사 51:2). 과거에 예루살렘은 참으로 의미 있는 도시였다.

예루살렘의 중요성은 그 지역의 "열방들"과 비교할 때 특히 주목할 만하다. 열왕기상에서 메디나(מדינה)는 행정적인 구역을 가리키지만(왕상 20:14-15, 17, 19을 보라), 에스더서(30번), 다니엘 8:2과 11:24, 에스라 2:1, 그리고 느헤미야 1:3, 7:6, 11:3에서 그것은 "지방", 또는 "도"를 묘사한다. 예루살렘이 파괴되었을 시기에, 유다처럼 암몬, 두로, 시돈, 그리고 블레셋 같은 민족들은 바벨론의 실제적인 지방이 되었고, 그 이전에는 그들 중 많은 나라가 앗수르를 추종하였다. 때때로 유다는 자치권을 행사했고, 그것은 유다의 탁월함을 인정하는 설명이 될 수 있다. 힐러스([1992] 81)가 지적한 것처럼, 시인은 예루살렘의 강한 파워에 관한 주제와 시편 48:2-4(ET 48:1-3)과 87:1-3에서 발견할 수 있는 것과 같은 아름다움이란 주제를 반향하고 있는 것으로 보인다. 유다의 시민에게서 예루살렘은 정치적으로, 영적으로, 지형학적으로, 심미적으로 중요했다. 그런데 이제 예루살렘은 다른 열방들과 같이 되었다.

한때에 특권적인 위치에 있었던 자가 조공을 드리는 자가 되었다. 예루살렘은 현재에 "조공 드리는 자"(היתה למס - 하예타 라마스)이거나 "강압적인 노동을 해야 하는 자"가 되었다. 이 어구는 이전에 억압을 받던 경우, 특히 애굽에서의 시기(출 1:11)와 솔로몬 하에서의 경우(왕상 4:6; 9:15-21)를 상기시킨다. 애굽을 언급함은 바벨론 유수가 출애굽의 반전으로 자주 간주되었다는 생각을 상기시킨다. 노예, 또는 거의 자유가 없는 삶이 예루살렘에 할당되었다.

2 시인은 이제 도성의 적막함과 위로가 없음에 초점을 맞춘다. 리에미(Re'emi)가 쓴 것처럼 "과부에 관한 주제가 더 전개되는데, 비탄에 잠겨, 그녀는 고통에 겨워 밤에 운다. 하지만 그녀를 위로할 자가 없다. 이전에 잘 될 때에 그녀를 사랑했던 자들은 그녀를 버렸다. 심지어 어떤 이들을 그녀를 배신했다(참조. 렘 16:5; 욥 2:11)"(84-85). 1절에서 백성들은 그 성을 떠나갔고, 여기서 그 성은 "사랑하던 자"(אהביה - 오하베하)도 "친구들"(רעיה - 레예하)도 없다.

이 성의 슬픔은 강조적으로 표현된다. "그녀가 애곡하다"란 어구는 부정사 절대형(בכו - 빠코)과 동일한 어근(תבכה - 떱케)의 미완료시제 동사로 구성되어 있는데, 이는 행위를 강화시키는 흔한 방식이다. 그녀의 애곡은 "밤에"(בלילה - 빠라엘라) 발생한다. 그것은 그녀의 외롭고 오래된 슬픔을 강조한다. 그 눈물이 "뺨에"(ודמעתה על לחיה - 베딤아타흐 알 레헤야흐) 있거나 아마도 "항상 뺨에" 있으므로,

그 슬픔은 거의 영구적인 것과 동일하다. 그녀는 위로의 분명한 소망이 없다.

그러한 애곡은 불평토로와 애가에 흔히 나타나는 이스라엘의 어휘다(시 69:11 [ET 69:10]; 78:64; 126:6; 137:1을 보라). 그것은 인간에 대한 이스라엘의 표현에 핵심이다. 구약의 저자들은 하갈의 애곡(창 21:16)에서부터 느헤미야 8:9에서 율법을 읽는 것을 듣던 사람들의 애곡에 이르기까지 자주 애곡에 관한 많은 사례들을 기록한다. 마찬가지로 "눈물들"(דמעתה – 딤아타흐)은 애가, 특히 시편(6:7[ET 6:6]; 39:13[ET 39:12]; 42:4[ET 42:3]; 56:9[ET 56:8] 등등)에서 규칙적으로 나타나고, 또한 예레미야서(8:23[ET 9:1]; 9:17[ET 18]; 13:17; 31:16)에서도 나타난다. 예루살렘의 고통은 유일하지 않다. 본문이 진행됨에 따라서, 예루살렘의 슬픔은 애가의 언어에서 좀처럼 표현되지 않았던 깊은 곳에 이른다.

예루살렘의 고통은 고독할 뿐만 아니라 고통스럽다. 예루살렘은 "모든 사랑하던 자"(מכל אהביה – 미콜 오하베하) 또는 "모든 친구들/동맹국들"(כל רעיה – 콜 레예하)로부터 도움을 정당하게 도움을 기대할 수 있었을 것이지만, 만약 그렇게 했다면, 전적으로 실망했을 것이다. 이런 실망이 1장에서 반영되어 있고, 1:9, 16, 17, 21에 다시금 표현되어 있다. 예루살렘은 "그녀를 위로하는"(אין לה מנחם – 엔 라흐 메나헴) 자가 없다. 베스터만은 "히브리 동사 '니함'은 영어의 '위로하다'보다도 더 넓은 범주의 의미를 갖는다. '니함'은 고통을 경감하거나 완화시킬 수 있는 행위를 또한 일컫는다. 이런 보다 완전한 의미의 범주가 욥의 친구들이 욥을 위로하기 위해서 왔다고 말하였을 때에 그 언급의 배후에 있다. 또한 그것은 제2 이사야서의 외침인 '위로하라, 나의 백성을 위로하라'란 서두 어절의 의미이기도 하다"(125)라고 언급한다. 베스터만은 고대 세계에서 "인종적 갈등과 집단 사이의 갈등의 실제"는 "사람들이 본질적으로 서로 이웃하고 있는 자들"이라는 사실을 부인할 수 없다고 부연한다(125). 낯선 이, 심지어 대적자들로부터 어떤 도움이 전혀 없음을 슬퍼할 수 있었다면, 고통의 시기에 멀리 서 있는 옛 친구들로부터 발생하는 고통은 오죽 하겠는가?

누가 "사랑하던 자"(אהביה – 오하베하)이고 "친구들"(רעיה – 레예하)인가? 프로반(Provan)은 이스라엘의 죄가 1:5까지는 소개되고 있지 않기 때문에 "그녀를 사랑하던 모든 자"가 "사랑하던 자"보다 더 바람직하다고 주장한다(36). 힐러스는 친구들의 배신은 히브리와 바벨론 문학에서 공통된 주제임에 동의하지만([1992] 81), 또한 그는 "특히 호세아서, 예레미야서, 에스겔서에서 익숙한 은유적인 용어에서 야훼의 아내인 이스라엘은 다른 열국들과 신들과 동맹함으로써 야훼에게 불신실하였다(예. 호 8:9-10; 겔 16:28-29; 23:5-21). 결국 이런 정부(情夫)들은 그녀를 버렸거나(호 2:9[=7E]; 렘 22:20-22; 30:14) 돌아섰다(겔 16:37-41; 23:22-29; 또한 아래 19절을 참조하라)"([1992] 82). 이 지점에서 조심해야 할지라도, "사랑하던 자"에 대한 언급은 이 울고 있는 여인이 처음에 그녀가 보인 모습처럼 순수하지 않다는 것을 독자들에게 아마도 경각시킨다. 미래적인 계시가 여기서 전조된다. 그녀의 "친구들"은 바벨론으로부터 예루살렘을 보호하겠다는 맹약을 했던 이웃하는 자들이었다(참조. 렘 27:1-22). 이 약한 동맹은 그녀를 건져낼 수가 없었다. 하나님만이 그렇게 할 수 있었으나, 이 백성들은 그런 선택을 거부했다(참조. 렘 25:1-38). 설상가상으로 그들은 그녀를 "배신했고, 기만했으며"(בגדו – 빠게두) "대적자가 되었다"(היו לה לאיבים – 하유 라흐 레오예빔). 605-587 B.C.E.의 배경에 비추어 볼 때, 애굽이 유다를 돕지 않으려하거나 도울 수 없었던 동맹국이었던 반면에, 에돔은 불행에 빠진 예루살렘을 노략질하는 것을 즐거워했던 이웃하는 민족이다(Obad 10-14을 보라).

3 1:2의 도성의 쓰라린 고독을 묘사했던 시인은 이제 이 책에서 처음으로 유다가 유배로 내려간 것을 묘사한다. '김멜'로 시작하는 단어에 대한 필요가 유배의 주제를 도입하는 깔라(גלה)의 사용을 촉진시킨다. 유배는 애가서에서 명백한 주제적 모티브는 아니다. 이 사실이 이 책의 팔레스타인 기원을 알려준다. 동사 깔라(גלה)는 여기와 유배의 끝을 예기(豫期)하는 4:22에서만 나타나고, 명사 꼴라(גולה)는 이 책에서 나타나지 않는다. 유배는 예루살렘이 홀로 앉아서 울고 회복을 소망하는 이유다. 저자는 유배를 공개적으로 분명한 기초적 이미지보다는 끊임없는 배경 이미지로 삼을 것을 선택한다.

유배의 주제로서 유다의 종 됨은 이 시의 고난의 장면과 범주를 확장시킨다. 이제 수도(首都)와 민족의 이름이 의인화된다. 대부분의 의인화처럼, 이것은 과장법으로 작용한다(Rudolph, 210; Provan, 38을 보라). 그것은 전체 민족의 유배를 묘사하고 있지 않기 때문이다(렘 40-42장을 보라). 많은 시민들이 강압적으로 국외로 끌려갔고, 그들 중에는 에스겔이 그곳에 갔을 때인 597 B.C.E.에는 이송되지 않았던 전문 무역상들, 지도자들 그리고 일반적인 시민들이 포함되었다. 끔찍한 수많은 이송이 어미 예루살렘의 상실, 적막함, 그리고 폐허를 가중시켰다. 이런 포괄적인 상실의 의미는 이 유배가 루돌프가 제기한 것처럼(193) 587 B.C.E.의 유배이지 597 B.C.E.의 침입이 아니라는 사실을 알려준다.

"고난과 고된 종이 됨"이 예루살렘의 유배를 특징짓는다. 그녀(예루살렘)의 "고난"(מעני – 메오니)은 예루살렘의 속국의 신분에서 함축되어 있는 강압적인 노동을 일컫고(1:1), 그것은 1:7, 9과 3:1, 19에서 발생하는 계속된 주제이다. "거친 수고("많은 수고" – 한글개역)로 번역된 우메롭 아보다(ומרב עבדה)는 문자적으로 "노동의 과다함"을 의미한다. 그녀는 온종일 일한다. 그러한 끊임없는 노동은 이스라엘이 애굽에서 종 되었던 때를 상기하게 만든다(출 1:14; 2:23; 5:11; 6:6, 9을 보라). 유다의 고난은 모세의 시대에 견뎌내야만 했던 것과 동등하지만 독자들은 그들이 조상들의 순수성을 동등하게 갖고 있는지를 의문해야 했다.

출애굽의 이미지가 1:3a의 배후에 있다면, 유다가 "열방에 거하여" "평강을 얻지 못 한다"는 사실은 더욱더 매섭다. 여기서 "열방들"(בגוים – 빡꼬임)은 아마도 "이방인"을 의미한다. 유다는 지금 열국 가운데 살고 있고, 약속의 땅에서 흩어졌다. 불가피하게 애가서에서 여기만 사용된 용어인 "평강"(מנוח – 마노아흐, "쉼")을 얻지 못한다. 이 용어의 자매 명사인 메누하(מנוחה)와 그 동사 군은 구약성경에서 이스라엘을 약속된 땅으로 안전하게 정착시키시는 하나님의 행위를 묘사하기 위해서 자주 사용된다(신 12:9; 25:19; 삼하 7:1, 11 등등을 보라). 유배의 고통과 수치는 주님이 여호수아, 다윗 그리고 솔로몬 하에서 백성들에게 주셨던 평강의 상실로 귀결되었다. 하나님의 백성들은 출애굽하기 이전에 애굽에 있던 상태로 적어도 돌아갔다.

유다는 대적자들에게서 도망하여 유배를 피하려고 했다. 이런 도주는 성공적이지 못했다. "그 모든 핍박하는 자가 저를 쫓아 협착한 곳에 미쳤"기 때문이다. "모든 핍박하는 자, 모든 추격하는 자"(כל רדפיה – 콜 로데페하)는 "철저하고 잘 갖추어진 행위"를 나타낸다. 이런 추적의 이미지가 1:6, 3:43, 3:66, 4:19, 5:5에 다시 나타난다. 이 좇는 자가 "미쳤도다"(השיגוה – 힛쉬구하)는 사실은 바벨론이 도성의 방벽을 부수고 들어왔을 때 예루살렘을 떠나려고 했던 시드기야의 시도에 관한 기사를 반영한다. 열왕기하 25:1-7과 그 평행 구절인 예레미야 52:1-11은 시드기야와 그의 군사들 그리고 신하들을 추격하여 사로잡는 것을 묘사하기 위해서 라다프(רדף)와 나사그(נשג)의 형태를 사용한다. 따라서 시인은 바벨론의 침략을 반영하고, 그것은 실로 동맹국들이 그녀를 버리고 기만한 후에 발생했다(1:2). 침략자들이 도성의 도망자들을 어디에서 체포했는지는 결정하기가 더 어렵다. "협착한 곳"(המצרים – 함메차림)이 거의 없기 때문이다. 케일은 "이 말은 협착, 곧 도망하기가 불가능한 좁은 곳을 나타낸다(시 cxvi.3, cxviii.5), 또는 도망할 곳을 찾을 수 없는 삶의 상황을 일컫는다"(361)라고 적고 있다. 그러므로 이 말은 바벨론의 침략의 단순한 완전성을 나타내거나 감정의 상태를 묘사하는 것이다. 즉 그것은 "바벨론이 도성과 언덕의 좁은 곳에서 우리를 붙잡았다"거나 "우리가 낙심하는 중에 바벨론이 우리를 체포하였다"를 단순히 의미한다. 십중팔구 시인은 이 용어가 신축적인 의미를 담고 있기 때문에 사용했을 것이다. 역사적인 상황에 따라 그 의미를 선택할 수 있게 했다.

지금까지 이 본문은 예루살렘의 고통과 상황을 소개했다. 시인은 이 도성을 과부와 비교했고, 이 끔찍한 상황의 역전을 귀족에서 종복으로 지적했으며, 슬픔의 깊이를 묘사했고, 이웃과 사랑하던 자가 불신실하게 행동했음을 알렸으며, 자녀들이 유배로 끌려갔음을 보여주었다. 또한 도성의 역사적 상황은 신학적인 결과를 갖는다. 유다는 약속의 땅에서 열방들 중에 평강이 없는 곳을 향해 떠났다. 이런 기초적인 문제가 이 책 전체를 통해서 다시 나타나고, 전반적으로 이 책을 이해하기 위한 이 내용의 중요성을 아무리 강조해도 지나치지 않다.

4-6 이 단락은 몇 가지 요소들에 의해 1-3절과 밀접하게 연관되어 있다. 첫째로 의인화의 사용이 도성의 "도로"(דרכי – 따르케)와 "성문"(שעריה – 쉐아레하)을 포함하는 것으로 확장된다(1:4bc). 둘째로 이제 이름이 거명되기 전에 도성은 시온으로 확인된다(1:4a, 6a). 셋째로 도성은 관심의 중심이 된다. 도성은 이름으로 두 번, 대명사인 "그녀"나 "그녀의"로 열 번 언급되고 있기 때문이다. 넷째로 "대적/원수"(צריה/איביה – 차레하/오예베하)가 의미 있는 요소가 되기를 계속한다. 다섯째로 대적이 일은 "좇는 것"(רדף – 라다프)이나 "사냥하는" 것으로 다시 한번 묘사된다(1:3c과 1:6c과 비교하라). 이 구절들은 특별한 장소 – 도로, 성문(1:4ab) – 와 인구의 분리 – 제사장, 젊은 여인들(1:4bc), 자녀들(1:5c), 그리고 귀족들(1:6b) – 를 조명함으로써 도성의 파괴와 고통을 묘사하는 것을 확장한다.

이 모든 슬픈 사실에 대한 묘사는 시온의 무력한 상실의 양상을 보인다. 도성은 심각한 고통에 찌들어 있고(1:4c), 권위를 빼앗겼으며(1:5a), 야훼에 의해 슬픔으로 고통을 당하며(1:5b), 자녀들을 빼앗겼고(1:5c), 옛날의 명성을 빼앗겼으며(1:6a), 리더십을 상실했다(1:6bc). 1:3에서 소개되는 유배는 1:5-6에서 더 자세히 묘사된다. 1:5-6에서는 시온의 자녀들과 지도자들이 이스라엘 백성들을 억압하는 대적들에 의해 포로로 잡혀가는데, 마치 꼴을 찾지 못한 사슴이 대적의 활을 피하며 힘없이 달리는 것과 같다. 이합체 형식은 그 임무를 감당하기를 계속한다. 슬픔, 죄 그리고 고난에 대한 묘사들이 나타나지만 이제는 거의 항상 이미 언급한 것에 기초해 있다. 감정적이든, 육체적이든, 영적이든, 실제적인 모든 형태를 시로 가져온다. 주도면밀함이 이 작품을 특징짓는다.

4 의인화의 형태를 계속 사용하는 시인은 "시온의 도로가 애곡한다(처량하다 – 한글개역)"고 적고 있다. 이 어구는 처음으로 그 도성의 신원을 분명하게 밝힌다. 렌케마가 관찰한 것처럼, "단순히 그 이름 자체가 예루살렘과 동의어는 아니다. 시온은 야훼가 거하시는 장소인 성전 도시로 제의가 이루어지는 지역으로서의 예루살렘에 대한 독특한 용어다"(112). 수도에 대한 공통된 지칭인 "시온"(ציון – 치욘)은 다윗이 언약궤를 두었고, 솔로몬이 성전을 지었던 거룩한 산의 의미를 내포한 것을 상실하지 않았다. 하나님의 집과 왕의 집이 그곳에 있었기 때문에 시온의 중요성은 확실하였다. "시온"(ציון)은 예루살렘에 대해서 시인이 부르기를 좋아하는 단어다. 그것은 1장에서 세 번 나타나고, 2장에서는 일곱 번 나타난다. 예루살렘(ירושלם – 예루살람)은 이 시들에서 일곱 번 나타나는데 모두 1-2장에서다. "도성"(עיר – 이르)은 여섯 번 사용되는데, 그 가운데 1-2장에서 네 번 나타난다. 비교해 볼 때, 3-5장에서 시온은 오직 세 번만 나타나고(4:11; 5:11; 5:18), 도성은 두 번만 나타난다(3:51 5:11). 도성의 화는 나중에서보다도 사람들의 화, 고백 그리고 간구가 지배적일 때인 이 책의 초기 시들에서 더 많이 강조된다.

"도로"(דרכי – 따르케)는 유다 전체에 대한 예배의 중심성을 강조한다. 모든 도로들이 예루살렘과 하나님의 성전으로 인도되기 때문이다. 그러나 예루살렘으로 향하는 모든 길은 이제 텅 비어 있고, 어느 누구도 축제, 기도, 또는 희생 제사를 위해서 시온으로 오지 않는다. 이런 황적한 도로는 호세아 4:3과 예레미야 12:4과 23:10에서의 "땅", 요엘 1:10에서의 "밭" 그리고 이사야 3:26과 예레미야 14:2에서의 "문"으로 표현된 슬픔과 유사한 방식으로 애곡한다(אבלות – 아베로트)(Budde, 80을 보라). 이런 생명 없는 물질들이 지금까지 열거되지 않은 힘과 원인들에 의해 그들에게 임한 슬픔으로 고통한다.

시온의 "성문"(שעריה – 쉐아레하)은 도로의 슬픔을 공유한다. "황적한"이 쇼메민(שוממין)의 의미를 포착할지라도, "섬뜩한"이나 "놀란"으로 그 용어를 번역하는 것이 가능하다. 이것이 예레미야 2:12에서 그 용어의 동사 형태의 사용에서 증거된다("오 하늘아, 놀랄지어다"). 반응과 결과를 동시에 유념해야 한다. 황적함은 여기서 심리적인 감정과 현재의 사회적 상태를 동시에 함축한다.

이런 공통된 슬픔은 "절기에 나아가는 사람이 없음이라"(מבלי באי מועד – 밉베리 빠예 모에드)는 사실에서 유래한다. "절기"(מועד – 모에드)란 말은 지정된 시간, 장소, 또는 회합을 포함하는 의미의 범주를 갖는다(BDB, 417-18). 이 모든 세 가지 가능성과 조합이 애가서에 나타난다. 1:4(참조. 2:6b, 7, 22)에서 그 용어는 시온에 중심을 둔 이스라엘의 절기에 관한 역사적 달력에 의해 지정된 축제를 일컫는다(레 23; 신 16). 2:6a에서 그 용어는 하나님이 지정하신 모임 장소인 성전을 나타내고, 1:15에서 그 용어는 당사자들 간에 만남을 일컫는다. 출애굽기, 레위기, 민수기에서 그 용어의 끊임없는 용법은 그 개념이 이스라엘의 역사에서 얼마나 중요하고, 이 지정된 행사를 중단할 때에 어떤 고통이 야기될 것인지를 알려준다. 요엘 1:8-9, 1:13, 1:16은 예배 행위의 상실과 관련한 고통을 상술하고, 반면에 시편 122편과 125편은 야훼를 예배하는 일의 기쁨과 즐거움을 묘사한다.

이 구절의 후반부에서 "제사장들"(כהניה – 꼬하네하)과 "처녀들"(בתולתיה – 뻬툴로테하)이 도로와 성문의 슬픔에 합세한다. 물론 제사장들은 성전의 주요한 기능자들이다. 그들은 백성들을 가르치고 기도와 제사로 그들을 돕게 되어 있다. 그렇지만 어느 누구도 성전에 오지 않기 때문에 제사장들은 "신음한다"(נאנחים – 네에나힘). 이 단어의 형태는 다른 곳에서 애굽의 종 되었을 시에 이스라엘의 신음(출 2:23)과 야훼의 진노를 예상함으로 전전긍긍하는 에스겔(겔 21:6-7[맛소라텍스트 21:11-12]), 굶주린 소가 만드는 소리(욜 1:18)를 표현하는 다른 곳에서 사용된다. 애가서 1장에서 히팔 어근의 아나흐(אנח)는 제사장(1:4), 예루살렘(1:8C), 백성들(1:11a), 그리고 도성(1:21a)에 의한 끔찍한 고통의 소리를 전달한다. 처녀들에 관해서는 그들이 "성전의 예전적인 삶과 특별히 관련이 있었을"(Renkema, 116) 것 같다. 프로반(Provan, 40)은 젊은 여인들이 몇몇 구약 성경의 단락에서 조명을 받았음을 이렇게 지적한다. (1) 그들은 실로의 연중 축제에서 춤을 췄다(삿 21:19-21), (2) 그들은 즐거움이 있는 그 일의 과정에 참여한다(시 68:24-25[맛소라텍스트 68:25-26]), (3) 그들은 회복된 이스라엘을 기뻐하고 춤을 춘다(렘 31:4). 그들이 제사장들과 같이 기쁨을 공유했음을 알 수 있게 만든다(렘 31:13-14). 따라서 적어도 이 여인들의 통상적인 역할은 종교 예식 동안에 기쁨을 표현하는 것이었음이 분명하다. 이런 그들의 "근심"(נוגות – 누고트)은 이들의 소중한 활동을 비극적으로 역전시키고 있다. 동사 야가(יגה)의 형태도 1:5, 12과 3:32, 33에 나타난다. 그들의 근심은 의미가 있고, 특별한 일이며, 다른 사람들이 가져온 것이다(*NIDOTTE*, 2:397을 보라). 제사장들은 예배의 봉사를 할 수 없고, 처녀들은 기쁨을 갖지 못한다.

시온 그 자신도 "심히 곤고를 받는다"(והיא מר לה – 베히 말 라흐). 이 어구는 모든 고난 – 애곡, 근심, 신음 – 을 포괄하고 요약한다. 어미인 시온의 상황은 그 자녀들이 경험하는 것에서 만들어지고, 이 경험의 총계를 "심히 곤고한" 것으로 묘사할 수 있다. 고통의 와중에서 자신을 "기쁨"(나오미)이 아니라 "씁쓸함"(마라)이라 부르라고 요청했던 나오미처럼 시온의 현재 상황은 이런 결론으로 이끈다.

5 시인은 전체 책에 중요한 몇 가지 특징들을 도입했다: 도성, 시온, 대적, 불신실한 사랑하던 자와 동맹국들, 제사장들과 처녀들. 이제 이 책의 가장 중요한 인물인 야훼(하나님)가 모습을 나타내신다. 독자들은 1:1-4에 묘사된 모든 비참함이 하나님의 활동에서 유래한다는 것을 배운다. 하나님이 그 모든 것을 야기하셨다. 물론 이러한 사실이 하나님이 왜 그렇게 하셨는가라는 다른 의미 있는 이슈와 이스라엘이 주님의 행위에 어떻게 반응해야 하는가라는 또 다른 중요한 문제로 아직 이끌지는 않는다.

그러나 야훼를 도입하기 전에, 저자는 "대적들이 주인이 되고, 원수들이 번성한다"고 진술한다. 이것은 1:2-3에서 제기된 정보를 추가하고, 그것은 고정된 현재의 상황을 표현한다. 시온의 대적자들이 "저의 주인"(לראשׁ – 레로쉬), 문자적으로는 "저의 머리"가 되었다는 사실은 신명기 28:13, 44을 반영한다. 그 구절들에서 모세는 열방들 중에서 이스라엘의 "머리"나 "꼬리"로서의 상태는 하나님의 언약에 대한 순종이나 불순종에 달려 있다고 선언한다. 시온과 대비되어, 그 대적자들은 "형통하다"(שׁלו – 샬루). 그들은 다른 이들의 비참으로 인해 더 잘 되고 있다. 예레미야의 첫 번째 "고백"(12:1)에서 그는 왜 불충한 사람들이 "형통한"(שׁלו – 샬루)지를 묻는다. 시편 122:6(NRSV)에서 저자는 "당신을 사랑하는 그들이 형통하게 하옵소서"(ישׁליו אהביך – 이쉬라유 오하바이크)라고 기도한다. 분명히 이런 상황의 아이러니는 하나님의 백성들을 미워하는 사람들이 하나님의 백성들을 사랑하는 사람들에게 통상적으로 예약된 복을 받는다는 것이다. 모든 것이 뒤바뀐 것으로 보인다. 그렇지 않은가?

이 시점에서 저자는 이 책에서 아주 중요한 신학적인 개념 중 하나를 드러낸다: 유다에게 발생했던 것은 그 죄 때문이다. 어찌 대적자가 유다의 주인이 되었는가? 왜 대적자들이 형통한가? "주님이 유다의 수많은 죄 때문에 근심을 가져오셨다." 신명기 28:52-57은 하나님과 하나님의 말씀에 대한 끊임없는 죄의 침입, 포위, 포로를 약속하고, 신명기 28:58-63은 동일한 이유 때문에 끔찍한 고통, 인구와 영향력의 감소, 그리고 유배로 두려움을 주고 있다. 이 언약적 경고가 현 세대에 실제가 되었다.

불변화사 끼(כי)는 여기서 원인을 표명하고, 야훼가 예루살렘을 근심스럽게(יהוה הוגה – 아도나이 호가흐) 만들었다는 사실을 도입한다. 이 형식은 몇 가지 문맥의 기능을 돕는다. 첫째로 주요한 인물의 고통에 대한 간단한 이유를 전달한다. 둘째로, 사람들의 삶에 대한 모든 권위를 하나님의 손 안에 둔다. 셋째로 1:14의 근심을 1:5의 근심의 원인자와 어휘적으로 연결시킨다. 넷째로 이 책 전체를 통해서 나타나는 죄를 고백할 필요를 전조한다. "저의 죄가 많으므로"(רב פשעיה – 롭 뻬샤예하)는 죄에 대한 일반적인 용어로 이스라엘의 행위를 경각시킨다(פשע – 빠샤이). 이 용어는 하나님의 율법을 의지적으로 깨뜨리는 것을 묘사하는데 자주 사용된다. 그것은 첫 번째 시에서 표제어로서 기능하고(1:5, 14, 22을 보라), 그 용어의 동사적 형태는 3:42에 나타난다. 아모스서에서 그 용어("죄")는 이스라엘의 이웃과 이스라엘에 대해서 고발하는 목소리를 형성한다(암 1:3, 6, 9, 11, 13 2:1, 4, 6). 그 용어는 열왕기상 12:19과 열왕기하 1:1 그리고 3:5, 7에서 정치적인 반역을 묘사하는데 사용된다. 그러한 출현은 시인이 하나님의 신적인 권위에 대해서 이스라엘 백성이 불순종하는 것을 조명한다. 하나님의 권위에 대항하는 죄는 심각할 정도로 많았다. "많은"(רב – 라브)이란 용어는 넘쳐남, 심지어 증폭(호 8:11, 14; 10:1)을 암시한다. 시온의 불순종은 순종의 일반적인 패턴을 깨뜨린 일시적이고, 성급한 행위가 아니었다. 그들의 불순종은 오랜 기간에 걸친 활동으로 인해 하나님의 인내를 부식시켰다. 예레미야 5:6은 동일한 견해를 피력한다. 유다의 대적자들이 "그들(유다)이 허물이 많기"(כי רבו פשעיהם – 끼 랍부 뻬쉬예헴) 때문에 유다를 이겼다.

이 구절의 마지막 단락 – "어린 자녀들이 대적에게 사로잡혔도다" – 은 1:3에서의 유배의 주제를 반복하고 1:6에서 보다 정교한 묘사에 앞서서 언급한다. 여기서 "자녀들"(עולליה – 오라레하)이란 단어는 구체적인 나이 그룹을 일컫는 것이 아니라 전체적인 주민을 말한다. 따라서 그 용어는 1:3a에 "유다"(יהודה – 예후다)와 동등하다. 삶에서 나이와 신분에 상관없이 모든 포로자들은 시온의 자녀들이고, 그들이 포로자로서 유배됨은 그들이 어미를 빼앗기고 고통스럽게 사실상 홀로 남게 되었다. "대적에게 사로혔도다"(שבי לפני־צר – 쉐비 리프네 찰)는 이 백성들이 어느 한때에 모조리 유배의 땅으로 데려가졌음을 나타낸다. "포로, 사로잡힘"(שבי – 쉐비)은 얼핏 보기에 충분히 일반적이어서 유배의 목적지를 추측하게 만들지라도, 이 용어가 예레미야서(15:2; 20:6; 22:12; 30:10, 16; 43:11; 46:27; 48:46)와 에스라-느헤미야서(에 2:1; 3:8; 8:35; 9:7; 느 1:2-3; 7:6; 8:17)에 자주 사용되고 있다는 사실은 바벨론 유수를 의미함을 강력하게 암시한다.

6 6절은 두 주요한 강조(즉 시온의 적막함[1:6A]과 많은 백성들의 유배[1:6BC])를 요약하고 강화시킴으로써 이 항목(1:4-6)을 마감한다. 그것은 바벨론

으로 포로로 잡혀갔던 사람들의 목록에 도성의 관리들("목백" - 한글개역)을 추가시킴으로써 그리 한다. 그러한 지도자들이 없다면, 도성을 효과적으로 재형성하고, 빠른 시간 내에 재건할 수 없을 것으로 보인다.

이합체의 이 와우 소절은 "처녀 시온의 모든 영광이 떠나감이여"(ויצא מן־בת־ציון כל־הדרה - 바예체 민 빠트 치욘 콜 하다라흐)로 시작하는데, 이는 예루살렘의 탁월한 위치와 이에 반하는 현재의 상실을 다시 한번 강조한다. 빠트 치욘(בת־ציון)이란 구문의 속격적인 의미는 동격이다: 시온과 딸은 하나이고 동일하다(Provan, 41; Westermann, 110, 112; Hillers, [1992] 85을 보라). 그녀는 누구의 딸인가? 폴리스(Follis, *ABD*, 6:1103)에 따르면, "시온의 딸"은 "하나님의 은혜로 주민이 안정된 가정을 형성하는 지역과 백성들 간에 연합의 이미지"로서 기능한다. 다시 말해서 시온은 하나님의 딸이고, 그처럼 그 땅의 나머지 지역에 위로와 양육의 상징을 대변한다. 즉 그녀는 "모든 영광"(כל־הדרה - 콜 하다라흐)을 상실했다는 것은 유다의 모든 다른 지역에 운명을 알려주거나 그들의 운명이 시온에 달려 있음을 가리킨다.

"영광"은 여기서 무엇을 의미하는가? 시편기자는 하나님의 영광의 장엄함에 대한 동의어로서 하달(הדר)의 형태를 사용한다(시 96:6; 145:5). 렌케마(Renkema)는 이 용어가 야훼의 왕권(시 104:1; 111:3; 145:5, 12)과 창조에서 야훼의 영광(시 29:4; 사 35:2을 보라)을 나타냄을 지적한다. 그는 또한 하나님이 에스겔 16:6-13, 14에서 예루살렘에 하달(הדר)을 부여하셨다는 것을 관찰한다(Renkema, 122). 5:13-14에서 예루살렘에 대한 화를 이사야가 선포한 것은 여기서 이 용어의 의미에 대한 단서를 제공한다. 이사야는 이 민족과 문자적으로는 "영광"인 "지도자들"(כבודו - 케보도)이 유배를 당하리라고 겁을 준다. 나아가서 유배와 '쉐올'의 드라마틱한 비교에서 이사야는 문자적으로는 "그녀의 영광"(הדרה - 하다라흐)인 예루살렘의 "귀족들"이 유배의 무덤으로 "내려갈" 것을 진술한다. 이사야 5:13-14과 예레미야 1:5-6의 어휘와 개념적인 유사성이 "그녀의[시온의] 영광"(הדרה - 하다라)이 예루살렘의 아름다움이나 상태의 추상적인 묘사가 아니라 그 백성들과 지도자들에 대한 구체적인 언급이라는 것을 암시한다. 예루살렘의 지도자들은 하나님이 그 도성에 부여하셨던 영광의 일부였으나 이제 그 영광은 도성의 사랑하는 자녀들이 유배로 떠나가고 없음으로 사라졌다. 다시 말해서 언약 백성들이 유배를 당하였다.

백성들처럼, 유다의 "관리들"(שריה - 사레하, "목백들" - 한글개역)은 포위되어 제대로 음식을 먹을 수가 없었다. 그러므로 그들은 "꼴을 찾지 못한"(לא־מצאו מרעה – 로 마체우 밀예) "사슴처럼"(כאילים – 께아야림) 되었다. 따라서 대적자들이 다가왔을 때, 그들은 "힘없이 달렸다[도망했다]"(וילכו בלא כח – 바예레쿠 베로 코아흐). 그들은 끈질긴 추격자들(רודף – 로데프)의 손쉬운 먹이가 되었다. 이 목백(שׂריה – 사레하, "관리들")이 2:2, 2:9, 5:12에 다시 나타난다. 이 용어는 구약성경에서 넓은 사용의 범위를 가지나(BDB, 978-79을 보라), 여기서는 아마도 정치적, 군사적, 사회적 지도자들을 묘사한다. 렌케마는 그러한 사람들이 자주 부유했고 옷을 잘 입었기에 이 구절은 그들의 운명의 역전을 묘사하고 있다고 적고 있다(124). 그들이 힘이 없음은 자명하다. 그들의 대적자들은 굶주린 동물을 잡는 것처럼 그들을 잡았다. 그들의 포로에 대한 묘사는 열왕기하 25:5과 예레미야 52:8을 반영한다. 이 두 성경구절은 갈대아인들이 "그 왕과 군사를" 추적하여(וירדפו – 바이르떼푸) 그들을 쉽게 사로잡은 것을 설명한다. 가장 훌륭한 지도자들인 유다의 "영광"(הדר – 하다르)조차도 그 민족을 구원할 수 없었다. 심지어 지도자들은 그들 자신도 구원할 수 없었다.

7-9 지금까지 시인은 도성의 역전된 운명을 묘사했고(1:1-3), 또한 시온의 적막함과 폐허(1:4-6)를 설명했다. 이 도성은 자녀들과 동맹국과 사랑하는 이가 없는 과부가 된 반면에, 시온은 인간과 예전의 영광이 없는 창고가 되었다. 1:7-9에서 모든 것을 빼앗긴 주요한 인물을 처음으로 "예루살렘"(ירושלם – 예루살람)이라고 칭한다. 이 이름 하에서 신음하는 수도는 죄가 그곳의 파괴로 이끌었던 불결한 장소로 묘사된다. 따라서 1:5에서 시작된 시온의 죄의 주제가 이 항목에서 발전되고, 이는 이 민족의 화의 원인에 대한 오래 끌던 의심을 제거할 수 있는 영향을 미친다. 실제 공간과 시간에서 유다의 문제는 정치적인 실수나 역사적인 우연이 아니라 신학적인 잘못에서 유래한다.

7 애가 1:7과 2:19은 세 소절이 아니라 네 소절을 갖는 1-3장에서 유일한 구절들이다. 힐러스([1992] 68), 크라우스(22), 비스만(110), 그리고 여타 저자들은 두 번째 소절 – "옛날의 모든 즐거움을 생각함이여"(כל מחמדיה אשר היו מימי קדם – 콜 마하뮤데하 아쉘 하유 미메 퀘뎀)-을 생략할 것을 주장한다. 이 소절이 없이도 의미가 통하기 때문에 통상적인 세 소절의 구절로 재진술할 수 있도록 말이다. 그렇게 삭제해도 이 구절이 의미가 있다는 것을 그들이 옳게 지적하였을지라도, 다르게 구성된 구절은 바뀌어야 한다고 주장하는 것은 필연적으로 옳은 것은 아니다. 시인은 이 책에서 통상적인 형태와는 다른 변화를 제기하고 있기에 본문의 구조는 전체적

으로 동일하지 않다. 2:19에서도 네 소절이 있다고 보아야 한다. 두 텍스트가 변질되었다고 주장할 수 있을지라도, 시인이 첫 두 시들에서 각기 네 소절의 구절을 의도적으로 만들었다고 주장할 수 있다.

한편으로 알브렉슨(*Studies in the Text and Theology*, 62-63), 할러(96), 고트리브(*Study on the Text*, 13), 그리고 여타 저자들은 삭제되어야 하는 것은 두 번째 소절이 아니라 세 번째 소절이라고 결론짓는다. 세 번째 소절이 없이도 이 구절은 다시금 의미가 통한다. 하지만 소절에 대한 텍스트적인 증거가 다시금 존재하지 않는다. 알브렉손은 "모든 네 소절이 70인경과 수리아역에서 발견된다는 사실이 이 책이 작성되었던 때와 이 책이 번역되었던 때 사이에 몇 세기가 있기 때문에 물론 난외주의 이론에 대한 결정적인 증거 논증은 아니다"(62)라고 적고 있다. 알브렉손은 텍스트적인 증거가 없음을 볼 때, "모든 다른 스탠자들이 세 소절들만을 갖고 있다는 경험적인 관찰에"(62) 그의 적용을 둔다. 세 소절의 필연성에 대한 논증이 이 구절의 생략에 대한 주요한 이유라면, 애가서와 같은 책에서 그것은 불충분한 사유다. 이 구절은 있는 그대로 의미를 갖는다. 정반대의 증거가 없고, 이 구절의 적응성으로 볼 때, 이 주석은 맛소라텍스트의 본문을 취급한다.

"예루살렘이…생각한다"(זכרה ירושלם – 자케라 예루살람). 환난과 군박을 당하는 날에"(ימי עניה ומרודיה – 예메 아네야흐 우메루데하) 상실했던 것을 말이다. 분명한 시간적인 특징을 본문이 결여하고 있음이 사람들로 하여금 예루살렘이 현재 고통을 당하고 있는 것인지 아니면 과거에 고통 속에 있었던 것인지를 결정하게 만든다. 렌케마는 자칼(זכר)의 의미가 단순히 사건을 상기하는 것이 아니라 숙고하고 있고, 1:7ab는 그녀가 현재에 숙고하고 있음을 설명하고 있다고 주장한다(126-27). 그녀가 지금 숙고하고 있는 것은 부분적으로 최근의 과거에 발생했던 것이고, 어떤 강력한 도움자(ואין עוזר לה – 뻬엔 오젤 라흐)가 없기에 부분적으로 원인이 있었던 "백성이 대적의 손에 빠졌을 때"(בנפל עמה ביד־צר – 빼폴 암마흐 빼야드 찰)를 상기한다. 그녀는 대적자의 비웃는 웃음의 전적인 수치(על־משבתה ראוה צרים שחקו – 라우하 차림 사하쿠 알 미쉬빠뻬하, "대적은 보고 그 황적함을 비웃도다")를 반성한다. 이런 과거의 조롱들이 그녀의 귀에 울리면서 현재의 고통을 야기한다. 하지만 최근의 끔찍한 사건에 관한 이 현재의 기억은 1:6에서의 "모든 그녀의 영광"(כל הדרה – 콜 하다라흐)에 평행하는 "모든 그녀의 소중한 일들"(כל מחמדיה – 콜 마하무데하)에 관한 그녀의 회상에 의해 더욱더 악화된다. 아마도 "그녀의 영광"이 이스라엘의 유배된 지도자들을 언급하는 것처럼, "모든 그녀의 소중한 것들이 옛날에 있었다"(היו מימי קדם – 하유 미메 퀘뎀)는 사실은 이 시인이 "모세와 여호수아와 다윗과 솔로몬의 때"를 생각하고 있음을 의미한다(Keil, 364). 예루살렘은 승리의 날, 위대한 지도자들의 시대, 그리고 부유한 날을 기억하다. 비참함, 방랑, 패배, 그리고 멸시는 그녀의 끔찍하고 좌절적인 현재의 일부인 것처럼, 그 모든 것들(승리의 날, 위대한 지도자들의 시대, 부유한 날)은 그녀의 영광스러운 과거와 연관되어 있다. 그녀의 생각은 먼 과거로부터 최근의 과거, 현재 이 순간까지의 범위를 갖는다. 각기 이런 생각들은 현재의 마음의 상태의 일부를 차지한다. 모든 언약적 축복이 상실된 것으로 보인다.

8 이 시점에서 내레이터는 예루살렘의 마음의 상태에서 과거의 탁월함과 영광에서 현재의 고난과 수치로 하강한 이유로 전환한다. 이 본문은 "예루살렘이 크게 죄를 지었다"고 직설적으로 말한다. 그녀의 죄는 완료시제가 뒤따르는 부정사 절대형으로 강조되어진다(חטא חטאה – 헤테 하테아, "크게 범죄하므로"). 이런 선언은 다양한 유형의 불순종을 강조하는 단어인 예루살렘의 "범죄"(פשעיה – 뻬샤예하)(*NIDOTTE*, 3:706-10을 보라)가 주님으로 하여금 예루살렘을 근심하게 만들었다고 주장하는 1:5과 짝을 이룬다.

어근 헤테(חטא)는 하나님을 불순종하는 것을 넘어서는 예루살렘의 사악함을 확장한다. 렌케마가 설명한 것처럼 "어근 헤테(חטא)의 실제적인 내용은 공동체 관계의 위반을 더욱 가리키고, 따라서 죄에 대한 경향보다는 죄를 범한 사실에 강조점을 둔다. 규범과 규칙이 공동체에 존재하는 곳에 어근 헤테(חטא)는 그들의 범죄를 함축한다"(132). 예루살렘은 하나님께 대하여 불순종했고, 서로에 대해서 죄를 지음으로 거주자들이 예루살렘에 죄를 범했다. 범죄에 대해 다양한 용어들을 사용함으로써 시인은 효과적으로 이합체 형식을 사용하기를 계속한다. 이 경우에 예루살렘의 죄에 대한 철저한 취급이 예루살렘이 멸망한 철저한 이해로 이끌 것이다.

이런 커다란 죄로 인해(על־כי – 알 껜, "하므로, 그러므로"), 예루살렘은 "불결한 자"(לנידה – 레니다)가 되었다(היתה – 하야타). 케일은 이 용어가 "여인들의 월경 방출의 불결(레 xii.2, 5, 등등), 그 다음에 이런 상태에서의 여인의 불결(레 xv.19, 등등)과 같은 그러한 부정한 여인으로 의인화되고 그리하여 차단된 예루살렘으로 전이되었다"(365)고 적고 있다.

과거에 "높이던 모든 자가"(כל מכבדיה – 콜 메캅뻬데하) 이제는 "업신여겼다"(הזילוה – 힞지루하). "업신여겼다"는 예루살렘의 운명이 바뀌었음을 재강조하고 그녀가 감당해야 하는 수치의 깊이를 조명하는 용어다. 왜 그런가? "그들이 그녀의 벗은 몸(적신 – 한글개역)을 보았기 때문이다"(כי ראו ערותה – 끼 라우 엘바타흐). 힐러스는 이 어구를 이렇게 설명한다: "'그들이 그녀의 벗은 것을 보았다'는 모티브는 몇 가지 점에서 의미가 있다. 주로 그것은 시온이 취급을 당하고 있는 전적인 경시의 표현이다. 몸의 노출, 특히 생식기의 노출은 고대 이스라엘에서 거의 형용할 수 없는 수치, 즉 대부분의 현대인들이 느끼는 것보다 그들이 더 심각하게 느꼈던 부끄러움"이었다([1992] 86). 렌케마는 "이런 종류의 수치는 야훼의 심판을 받았던 도성들, 예를 들어 니느웨(나 3:5f)와 예루살렘(렘 13:26)의 운명을 묘사하는데 사용되었다"(134)고 부연한다. 그녀를 이전에 높였던 자들이 직접적으로 그녀의 불순함의 결과인 "그녀의 피가 묻은 옷"(Provan, 45)을 보았다. 그녀의 벗은 몸은 여기서 그녀의 죄를 포함하고, 그녀의 노출은 침략과 그녀의 패배를 포함한다. 다른 이들이 그녀의 죄와 그 결과를 보았을 때, 그들은 그녀를 업신여기고, 역겨워서 돌아섰다. 그녀는 이제 전적으로 홀로 남겨져 있기에, "탄식하며[נאנחה – 네옌하] 물러갔다[ותשב אחור – 바따샤브 아훌]." 하나님은 그녀(예루살렘)를 심판하셨고, 친구들은 그녀를 버렸지만 이 상황은 그녀 자신이 초래한 것이다.

9 이 구절의 첫 부분은 1:8에서 시작된 불결함과 적신(벗은 몸)의 이미지를 계속한다. 이제 시인은 "그녀의 불결함[טמאתה – 툼아타흐]이 그 치마에 있었다[בשוליה – 빼슈레하]"고 선언한다. 다시 말해서 불결함이 그녀에게 배어들었다. 베스터만이 주장하는 것처럼, "그녀는 이 불결함에서 스스로 자유할 수가 없고, 모든 이들이 그 불결함을 볼 수 있는 공개된 상태에 있다"(129). 이런 상태를 보살피지 않는 것은 "그녀가 결국(장래)을 생각지 아니한다"(לא זכרה אחריתה – 로 자케라 아하리타흐)는 것을 가리킨다. 또는 렌케마가 이 구절을 번역하였듯이, "그녀는 그러한 결과에 준비되어 있지 않았다"(136). 분명히 그녀는 그 방식을 수정할 아무것도 하지 않았다. 그녀는 잘못된 것을 하지 않았다고 생각했거나 하나님의 인내를 무관심으로 오인했기 때문이다. 어쨌든 그녀는 잘못된 결론에 이르렀다.

예루살렘의 끊임없는 죄악된 행동은 두 가지 근본적인 결과를 가졌다: 예루살렘의 몰락 또는 파멸, 그리고 예루살렘의 고립. 실로 "그녀는 놀랍게 낮아졌다"(ותרד פלאים – 바떼레드 빼라임). 어근 야라드(ירד)는 신명기 20:20의 도성의 함락의 문맥에서, 이사야 47:1에서 바벨론의 장래의 패배를 묘사하기 위해서, 그리고 에스겔 30:6에서 애굽의 멸망을 묘사하기 위해서 나타난다(Provan, 45). 따라서 이 어구는 여기서 587 B.C.E.의 바벨론의 승리를 십중팔구 일컬을 것이다. 예루살렘의 멸망은 "놀랍거나"(פלאים – 빼라임) "볼만했다." 그것은 전형적인 군사적 패배가 아니었다.

예루살렘의 가장 커다란 상실의 날에 "위로할 자가 없었다"(אין מנחם לה – 엔 메나헴 라흐). 어느 누구도 예루살렘을 위로하러 오지 않았다.

아마도 이런 황폐화가 주어졌을 때, 도성은 마침내 하나님께 외친다. 그녀는 제사장들이 분주하였고, 처녀들이 즐거워하며, 지도자들이 제자리에 있고, 주변에 칭송하는 자들이 있었을 때, 그리하였는가? 분명히 아니다. 그녀의 불결함이 치마에 있었을 때 그리하였는가? 다시금 분명히 아니다. 그 대신에, 그녀는 다른 이들과의 관계를 찾았다. 다른 위로자들을 놓쳤을 때에야, 그녀(예루살렘)는 주께로 돌아왔다. 그러나 이제 그녀는 야훼가 "나의 환난"(עניי – 온이)을 "감찰하시기를"(ראה – 레예) 간구한다. 레예(ראה)의 사용은 다시금 1:11, 1:20, 2:20에서 다시 나타난다. 베스터만은 공동체적 개인적 애가에서 간구는 보통 한탄 다음에 나타나고 하나님께 대한 호소를 포함하며, 장송곡에서는 아니지만 애가에서는 존재한다. 애가 1:9, 11, 20은 "시편의 한탄의 많은 시들 중에서도 나타날 수 있었다"(130)고 적고 있다. 예루살렘이 과거에 무슨 일을 행했든지 간에 이제 주님을 바라본다. 그녀는 자신이 당하고 있었던 환난에 주의를 기울이는데, 그것은 1:3, 7에 그녀의 화에 관한 내레이터의 묘사와 그녀의 간구를 연결시킨다. 또한 그것은 그녀를 먼 과거와 연관시킨다. 하나님이 이스라엘의 고통을 "보셔서" 그들을 구원하시기로 움직이셨던 때 말이다(출 2:23-25). 게다가 그녀는 그 환난이 대적자들이 "승리했"(הגדיל – 힉딜)거나 문자적으로 "크게 되었던"(히필 완료 삼인칭 남성 단수) 사실에 의해 야기되고 있음을 하나님이 아시기를 구한다. 지금까지 그녀는 명백하게 진술하였고, 그녀를 도우실 수 있는 유일한 분이신 하나님께 그리하였다. 보다 관련된 진술들은 나중에 나온다.

10-11 이 단락은 예루살렘의 탄식과 야훼가 그녀에게 일어난 것을 "감찰해"(ראה – 레예) 달라는 계속된 외침을 묘사한다. 또한 그것은 성소와 그 성물들을 침범한 바벨론 군대에 의해 약탈을 당한 것을 포함하는 탄식의 이유를 확장시킨다. 이미 1:1-9에서 사용한 단어들을 기술적으로 반복한 것은 이 단락을 이전에 있었던 것과 연결시키고, 예루살렘에 의한 일인칭 화자를 포함시킨 것은 1:12-16과 1:18-22에 도성의 열정적인 간청을 준비시킨다.

10 내레이터는 예루살렘의 상황에 대해 삼인칭으로의 설명을 재개한다. 그렇게 함으로써 내레이터는 1:7과 유사한 용어들을 선택한다. 그는 "대적이 손을 펴서"라고 진술한다. "대적"이란 말은 두 곳에서 동일하고(צר – 찰), 각각의 본문은 "손"의 형태를 사용하여 대적의 힘을 강조한다(1:7의 ביד – 뻬아드와 1:10의 ידו – 야도).

게다가 10절은 "대적이 손을 펴서 보물을 빼앗았다"고 설명한다. 1:7과 1:10은 "보물"이란 동일한 말을 1:7에서는 마하무데하(מחמדיה)로 1:10에서는 마하마데하(מחמדיה)라고 독법한다. 1:7에서 이 "보물"은 명백하게 확인할 수 없으나 그것들은 어떤 물건이나 사람일 수 있었다. 여기서 그 언급은 거의 확실히 바벨론이 약탈한 성전의 소중한 것들이다(Kraus, 30). 아주 실망스럽게도, 예루살렘은 이방인들(גוים - 고임)이 성소, 곧 성전([באו] מקדשה - [빠우] 믹따샤흐)에 들어오는 것을 "보았다"(ראתה - 라아타).

이 침범은 이스라엘에 대한 배반 때문에 모압 족속과 암몬 족속이 "주님의 총회"에 들어오지 못하게 한 신명기 23:3-6을 위반한 것이다(O. Kaiser, 126). 분명히 이 구절은 이스라엘의 대적자, 이방인 또는 이 둘 다에게 적용되었다. 물론 마카비 시대에 규범은 일반적으로 이방인들에게 적용되었으나, 회심자들도 거룩한 장소에 접근할 수 있도록 허락되었다. 신명기 23:4과 애가 1:10 사이에 밀접한 어휘적 연관은 이것이 시인이 염두에 두고 있는 계명이었음을 암시한다. 이 두 본문들은 금지된 곳으로서 "주의 총회"(신 23:4, בקהל יהוה - 삐크할 아도나이)나 "너의 공회"(애 1:10, בקהל לך - 박콰할 라크)에 대한 지칭만이 아니라 그들이나 그가 "들어갈 수 없는"(1:10에 לא יבאו - 로 야보우, 신 23:4에 לא יבא - 로 야보) 금지를 포함한다. 신명기 23:4과 예루살렘의 멸망과의 연관은 예루살렘과 그 성전이 침범되었을 때 주님도 마찬가지로 침범을 당하였다는 개념을 조명한다.

11 성전이 더럽혀지는 것을 보았던 정신적인 고통 이외에도(1:10), 백성들은 실제적이고 육체적인 고통을 견뎌야 했다. 예루살렘의 파괴로 인해, 매우 구체적인 이유 때문에 "모든 백성이[כל עמה - 콜 암마흐] 탄식하고[נאנחים - 네예나힘] 있다." 그들은 먹을 것(לחם - 레헴)을 위해 끊임없이(מבקשים - 메박퀘쉼) 구해야 했다. 배고픔과 먹을 것을 찾는 일의 어려움은 이 시점부터 규칙적인 주제가 된다. 사실상 렌케마가 주장한 것처럼, "구조적인 분석은 그들의[시인들의] 다섯 노래의 개념 속에는 기근이 문자 그대로 중심적인 위치를 차지하고 있었음을 드러낸다"(147). 결국에 2:11은 "어린 아이들의 절망적인 굶주림"을 강조하고, 3:16은 음식의 부족을 강조한다. 4:10은 어인들이 "자기 자녀들의 살"을 먹었음을 드러내고(또한 2:20을 보라), 5:9-10은 "그 땅에 미친 듯이 날뛰는 굶주림"(147)을 묘사한다. 이런 본문에 1:19, 2:19, 4:3-5, 4:7-9, 5:6(147)에서 발견할 수 있는 기근의 주제를 추가하라, 그러면 이 문제의 긴급성과 실제성을 감지하게 될 것이다. 놀랄 것도 없이, 이런 끊임없는 탄식을 들었을 것이다. 백성들은 기근과 포위를 참아내었고, 이제 황폐

화된 도성에서 살아갈 수 있는 음식을 마련해야 한다.

그러한 절망적인 시기에 백성들은 먹을 것을 얻기 위해서 갖고 있는 것을 팔아야 했다. 그들의 필사적인 모습을 묘사하기 위해서 시인은 익숙한 "보물"이라는 용어를 사용한다(맛소라텍스트의 케레[Qere, '읽을 것'] 독법을 따르는 מחמדיהם – 마하마데헴). 1:7에서 소중한 지도자들과 고귀한 유산을 묘사하기 위해서 사용되었고, 1:10에서 성전의 소중한 물건들을 묘사하기 위해서 사용되었던 단어가 이제는 어떤 소중한 물건이든지 백성들은 "생명을 소성시키기 위한 음식을 위해서"(להשיב נפש באכל – 빼오켈 레하쉽 나페쉬) 팔 수 있다는 것을 묘사한다. 힐러스는 이 보물이 자기 자녀라고조차 주장한다([1992] 87-88). 그렇다면 이에 준하여 이 고통은 더욱더 악화되었음이 틀림없다. 고로 시인은 절망적인 상황의 포괄적인 모습을 묘사할 수 있는 한 단어를 사용하여 이합체 형식에 본질적인 철저함에 의식이 어떻게 기여하는지를 보여준다.

1:9c에서처럼, 도성은 야훼가 이 끔찍한 상황을 "감찰해"(ראה – 레예) 달라는 간청으로 내레이터의 감동적인 묘사에 끼어든다. 실로 예루살렘은 "감찰하소서"(ראה – 레예)에 "생각하옵소서[권고하옵소서 – 한글개역]"(והביטה – 베합삐타)를 첨가함으로써 자신의 간청을 강화시킨다. 이전에 그녀(예루살렘)는 야훼가 자신의 환난과 대적자들이 승리했던 방식을 "보실[감찰하실 – 한글개역]"(ראה – 레예) 것을 구했다. 이제 그녀는 야훼가 지금 그녀가 어떻게 "업신여김을 당하고"(זוללה – 조레라) 있는지를 "보고 살피시기를" 원한다. 이 업신여김은 예루살렘을 이전에 높였던 자들이 이제는 업신여겼던(הזילוה – 힛지루하) 1:8에서의 주장을 반영한다. 이런 운명의 역전이 그녀를 괴롭히고, 이와 관련한 부끄러움이 그녀에게 고통을 더하게 만들었다. 핵심적인 개념의 반복은 그녀의 상황이 심각한 것과 간청이 정직한 것을 강조한다.

12-16 이 단락은 이 장의 두 번째 주요한 항목이다. 상황의 역전(1:1-3), 적막함과 외로움(1:4-6), 불결함(1:7-9), 그리고 먹을 것을 얻기 위한 고통(1:10-11)을 설명함으로써 예루살렘의 황폐화를 소개한 시인은 도움과 이해를 위한 도성의 구체적이고 진심어린 호소로 방향을 돌린다. 예루살렘은 심각하고, 겉으로 보기에 유일무이한 슬픔(1:12-16)과 죄에 대한 인정과 야훼에 대한 기도를 표현한다(1:18-22). 1:17에서 내레이터는 예루살렘의 곤경에 동정하고, 그녀(예루살렘)의 말의 타당성을 증거한다.

12-16절은 이 책이 전개될 때 더욱 중요해지는 핵심 개념들을 도입한다. 여기서

예루살렘은 하나님이 그녀를 벌주셨던 분이심을 인정하고(1:12), 여기서 그녀는 처음으로 자신의 죄에 대해서 언급한다(1:14). 여기서 도성은 먼저 자신과 자녀들이 느끼는 고통(1:14)과 그녀의 대적자가 가져오는 고통(1:14, 16)을 먼저 묘사한다. 이런 설명들은 본문이 진행될 때 아주 정교해진다. 이 단락은 단순한 출발점이 아니라, 중요하고 명확한 출발점이다.

12 예루살렘은 1:9c와 1:11c에서 야훼에게 외쳤으나 이제는 "무릇 지나가는 자"(כל עברי דרך - 콜 오베리 데레크)에게 견해를 묻는다. 그녀가 하나님이 "감찰하시고"(ראה - 레예) 1:11c에서 "권고하실"(והביטה - 베합삐타) 것을 원하지만 그녀는 1:12에서 모든 사람들에게(הביטו וראו - 합삐투 우레우) 동일한 것을 묻는다. 렌케마는 "야훼가 그녀를 돕는 자로서 돌아보실 것을 소망했을 때처럼, 그녀의 소망은 행인들이 그녀의 고통을 보았을 때, 그녀를 돕도록 움직이는 것이다"(154)라고 관찰한다. 물론 주님 이외에 다른 사람에게서 도움을 찾는 것은 예루살렘이 오랫동안 저지른 잘못이었다. 따라서 도성이 아직 하나님께만 구원을 위해 돌아서지 않고 있거나 베스터만이 주장하는 것처럼, 1:12-16은 "하나님을 향한 열렬한 한탄"(132)일 것이다. 어쨌든 이제 도움은 오직 주님으로부터 올 수 있고, 자신의 죄와 야훼에 대한 신뢰를 예루살렘이 인식하는 것이 그러한 도움이 올 수 있는지를 결정할 것이다.

예루살렘은 자신의 상황의 심각성을 설명함으로써 구경꾼들의 동정을 얻으려고 한다. 한편으로 "내게 임한 근심 같은 근심이 있는가"(אם יש מכאוב כמכאבי - 임 예쉬 막욥 께막요비)는 자기중심적이다. 다른 도성들도 바벨론의 공포적 통치를 견뎌야만 했었다. 그러므로 이 어구를 청자의 관심을 얻기 위한 과장법으로 확실히 생각할 수 있다. 다른 한편으로 예루살렘의 특별한 고통을 1:12c이 설명한다–"여호와께서 진노하신 날에 나를 괴롭게 하신 것이로다." 즉 예루살렘에 이런 참화를 보내셨던 분은 하나님이시기 때문에 그녀의 고통과 같은 고통은 없을 것이다. 그녀는 구원을 예상하였던 분의 손에 의해 고통을 당하고 있다. 하지만 그녀가 어떤 근거로 그러한 구원을 가정할 권리가 있는지를 의문해야 한다.

애가 1:12c는 이전에 이 구절에서 예루살렘의 진술과 관련한 질문에 부연하는 방식으로 1:5b을 반영한다. 내레이터는 야훼가 "그녀의 많은 죄 때문에"(על רב פשעיה - 알 롭 빼샤예하) 슬픔을 야기하였다는 것을 5b절에서 주장한다. 다시 말해서, 내레이터는 예루살렘의 슬픔의 문제에서 하나님이 책임이 없음을 이야기한다. 도성은 아직 명확하게 이해하지 못하고 있다. 이 시점에서 그녀는 "주님이 (나에게) 슬픔을 가져다준"(אשר הוגה יהוה – 아쉘 호가 아도나이) 것과 같은 슬픔이 있었는지를 생각해 보라고 행인들에게 묻는다. 양 부분에서 동일한 주어와 동사를 사용하였고, 또 예루살렘의 죄에 대한 구체적인 설명어구가 없는 점은 서술된 원인을 불가피하게 비교해보게 만든다.

예루살렘은 하나님이 이 슬픔을 "여호와께서 진노하신 날에"(ביום חרון אפו – 뻬욤 하론 앞뽀) 슬픔을 야기하였다고 말한다. 물론 야훼의 "날"에 대한 언급은 크고 끔찍한 "주님의 날"과 관련한 많은 본문들을 상기시킨다. 예를 들어, 바벨론에 대한 심판의 예언에서 이사야 13:13은 그 민족의 멸망의 때를 묘사하기 위해서 1:12c와 동일한 어구를 거의 사용한다 – 뻬욤 하론 앞뽀(ביום חרון אפו, Kraus, 31을 보라). 그때에 이사야 13:14-16은 놀란 양과 노루처럼 바벨론 사람들을 묘사하고, 그들의 자녀들이 죽임을 당하고 아내들이 겁탈을 당한다는 끔찍한 진리를 말한다. 분명히 그러한 이미지는, 단지 몇몇 본문만 거론한다면, 애가 1:6-7, 11; 2:12-15, 20; 5:11-14에서의 이미지와 유사한다. 예루살렘과 바벨론 또는 여타 지역에 진노하시는 하나님의 날의 공포는 바로 그러하다. 심판이 왔고, 그것은 철저하였다. 남아 있는 것은 예루살렘이 왜 이 사건이 발생했고, 기도와 회개와 새로움이 구속적인 전체로서 어떻게 작용하는지를 이해하느냐다.

13 심판의 이미지의 묘사가 이 구절에서 계속된다. "위에서부터 그가 보내신 불"(ממרום שלח אש – 밈마롬 샤라흐 에쉬)은 독자들에게 소돔과 고모라와 같은 곳에 있었던 하나님의 심판(창 19:23-29)과 아모스 1:3-2:5에서 다메섹, 가자 그리고 그밖에 다른 곳에 대한 멸망의 예언을 상기시킨다(Löhr, 6을 보라). 높은 곳에서 불이 내려왔다는 언급은 주님의 날의 이미지와 예루살렘의 곤경을 시인이 연결시키는 것을 강화한다. 예루살렘의 황폐화는 끔직하고 철저하며, 그것은 신적인 기원을 갖는다.

이 심판은 하나님으로부터 왔으나, 인간의 육체에 대해 인간의 힘의 형태를 취했다. 예루살렘은 이 진노를 개인적인 방식으로 경험했다. 이 불이 "나의 골수에"(בעצמתי – 뻬아츠모타이) 임했기 때문이다. 물론 이 어구는 이사야 선지자가 하나님을 잊고 말하려 하지 않으려 할 때 그 "중심이 불붙는 것 같아서[כאש בערת – 께에쉬 뽀에레트] 골수에 사무친[עצר בעצמתי – 아츄 뻬아츠모타이]"다고 한탄한 예레미야 20:9을 반영한다. 각각의 본문이 자신의 특별한 강조를 갖고 있을지라도, 이 두 단락은 하나님의 뜻이 그 사람에게 임하는 강력하게 인격적인 방식을 강조한다. 예레미야와 예루살렘은 내적으로 하나님의 불탐의 결과가 철저하다. 이 불은 예루살렘의 뼈를 "밟았고"("이기게 하시고" – 한글개역), 예레미야가 말하게 했다. "밟다"(וירדנה – 바이르데나)라는 번역은 문제가 없지는 않지만(이전에 원문주해 13.a.와 Renkema, 161을 보라), 적어도 두 가지 방식에서 잘 맞는다. 첫째로 "밟다"는 도성의 기본 구조를 망가뜨린 재앙/불을 묘사한다. 이 불은 분명히 망가뜨리게 하는 효과를 가졌다. 둘째로 "밟다"는 독자들에게 바벨론이 이 경우에 하나님의 불이었고, 그들의 행진은 도성과 거주자들과 성전을 밟았다는 것을 상기시킨다. 그러므로 바이르데나(וירדנה)의 사용은 일어난 일을 은유적으로 묘사하는데 시인에게 융통성을 준다.

하나님이 불을 보내셨을 뿐만 아니라 도망하려는 사람들을 잡으려고 "그물을 푸셨다"(פרש רשת – 빠라시 레쉐트). 프로반이 설명하는 것처럼, "구약성경의 여타 곳에서 '그물을 풀다'란 이미지는 의인들에게 임하는 대적자들의 공격(예. 시 35:7)이나 대적자들에 대한 야훼의 행위(호 7:12)에 자주 사용된다. 예루살렘이 이런 점에서 야훼의 관심의 대상이 되어야 한다는 것은 도성이 만나는 무서운 곤경을 강조하면서 규범의 충격적인 역전에 해당한다"(49). 이 그물은 도망을 불가능하게 만든다. 예루살렘은 "나로 물러가게 하셨"(השיבני אחור – 헤쉬바니 아홀)다고 고백한다. 하나님이 그들에게 불을 보내셨고 밟히게 하셨다.

불과 도망에 직면해서 도성은 대처할 수 없었다. 그녀는 "고적하고"(שממה – 쇼메마) "곤비해"(דוה – 따바)졌다. 곤비하다란 말은 "힘이 없거나" "아픈" 것을 의미하며, 그것은 이사야 1:5과 예레미야 8:18에서 또한 애가 1:22과 5:17에서 "마음"(לב – 레브)이란 말과 함께 나타난다(Hillers, [1992] 89을 보라). 분명히 도성은 이제 싸우거나 도망할 상태가 아니다. 도성의 에너지는 그녀의 전체적인 건강처럼 사라지고 없다. 다시금 하나님이 이런 상태를 야기하셨다. 해리슨(Harrison)은 "불이 도성의 깊은 곳까지 태웠고, 그물은 어느 누구도 도망하는 것을 막았으며, 힘이 없다는 개념은 혼란한 공동체의 모습을 완성시킨다"(210)라고 말할 때 이 상황을 잘 요약하고 있다.

14 불과 그물이 충분하지 않았던 것처럼, 주님은 그 이상의 행동을 취하셨다. 대적자들을 직면하여 놀라고, 힘이 없는 예루살렘은 하나님이 부여하신 "멍에"(על – 올)를 가졌다. 이 멍에는 흥미로운 재료로 만들어졌다 – 예루살렘의 죄(פשעי – 뻬샤아이, "내 죄악"). 하나님은 이 멍에를 취하셔서 그 손으로 직접 "얽어 묶으셨다"(בידו – 뻬야도). 예레미야 27:8에서 선지자는 하나님이 유다와 주변국들이 "바벨론 왕의 멍에 아래"(בעל מלך בבל – 빼올 멜레크 빠벨) 두시기를 결정하셨다고 보

고한다. 거짓 선지자 하나냐는 예레미야 28:2-3에서 하나님이 두 해 안에 이 멍에를 꺾으시리라고 예언하지만 예레미야는 28:5-17에서 이 주장을 반박한다. 이 멍에는 이스라엘의 죄로 인해 만들어졌고, 이 죄를 벌하기 위해서 하나님이 결정하셔서 그 목에 두셨다. 바벨론은 애가 1:13a에서 예루살렘의 골수를 짓밟는 불이고, 1:13b에서 그녀의 발을 빠뜨리게 하는 그물이며, 1:14a에서 그녀의 목에 지운 멍에다.

하나님이 만드시고 죄로 인해 생겨났으며 바벨론이 생산한 멍에가 "내 목에 올렸을"(עלו על צוארי – 아루 알 차바리) 때, 예루살렘은 그 결과가 예정되었다고 말한다. 그녀는 대적자들에게 저항할 수 없을 정도로 멍에와 올무와 질병을 가졌다. 그러나 다시 한번 바벨론은 불, 올무, 멍에가 되었지만 바벨론을 보내셨던 것은 하나님이셨다. 예루살렘은 하나님이 "내 힘을 피곤케 하셨"(הכשיל כחי – 히크쉴 꼬히)다고 주장하고, 이 선언을 설명 어구인 "내가 당할 수 없는 자의 손에 주께서 나를 붙이셨도다"가 뒤따른다. 렌케마는 이 통상적인 야훼(יהוה, "주님")를 사용하기보다는 "주님" 또는 "아도나이"(אדני)를 처음으로 사용한 것은 여기서 단순히 변화를 주기 위한 것이 아니다. 야훼(יהוה)라는 용어가 애가서에서 나타날 때, "우리는 야훼가 제어하시는 문맥에서이거나 야훼가 심판을 행하시는 일반적인 측면에서 언급된다"(167)라고 지적한다. 1:5과 1:9은 제어의 이미지를 대변하지만 1:17; 2:6, 17, 22과 4:11, 16은 일반적인 심판의 주제를 대변한다. 그런데 아도나이(אדני, "주님")란 텍스트는 더 혹독한 용어를 포함한다. 이 용어가 나오는 단락에서 주님은 넘기시고(1:14c), 쌓으시고(1:15a), 밟으시고(1:15c), 빠지게 하시고(2:1), 파괴하시고(2:2), 대적자처럼 되시며(2:5), 버리시기(2:7 3:31) 때문이다(167). 다시 말해서 거룩한 이름의 이 특별한 형태의 출현은 독자들에게 더 냉철하신 하나님, 곧 겉으로 보기에 이스라엘에게 덜 인격적이신 하나님이 작용하시고 있다는 것을 역시 알려준다. 또 다른 방식으로 말한다면, 하나님에 대한 이 이름(아도나이)은 하나님의 따뜻한 주권성보다는 주님의 벌주시는 주권성을 나타낸다. 적어도 이 특별한 이름의 사용은 심판의 구체적이고, 일반적이 아닌 형태를 나타낸다. 그러한 심판 하에서 백성들은 그 앞에 온전히 설 수가 없다(לא אוכל קום – 로 유칼 쿰).

15 독자들은 바벨론이 예루살렘을 침략했을 때 이스라엘의 전사들은 어디에 있었는지가 역시 궁금할 것이다. 아무런 저항이 없었는가? 예루살렘은 하나님이 병사들을 패배시켰음을 나타내는 "주께서 내 지경 안 모든 용사를 없는 것 같이 여기시고"(סלה כל־אבירי – 실라 콜 압빠라이)라고 진술한다. 프로반은 어근 사라(סלה, "그

가 없는 것같이 여기시다, 그가 경시하시다")는 구약성경에서 비교적 드물어서 여기와 시편 119:118과 욥기 28:16에서만 나타난다고 지적한다. 그는 "욥기 28:16의 경우에 그것은 금으로 다른 것(지혜)의 가치를 측정하는데 사용되고 있고, 시편 119:18의 경우에 그것은 '부정적으로 평가하다' 즉 '멸시하고, 경시하다'는 의미를 갖는 것으로 보인다…대적자의 장수처럼 하나님은 반대편을 저울로 재셔서 그것을 아무것도 아닌 것으로 여기셨다"(51)고 결론짓는다. 또한 시편 119:18은 심판에 관한 더 긴 단락의 일부다(시 119:118-20). 하나님은 예루살렘의 세력을 힘 있는 군사들로 여기지 않으셨다. 전사들을 나타내기 위해서 사용한 용어(렘 46:15; 삿 5:22[ET 5:23])인 그들의 "강한 용사들" 또는 "용감한 사람들"(אבירי – 압삐라이)과 완고한 사람들(사 46:12)은 이 싸움에서 쓸모가 없었다.

이런 경멸은 예루살렘에 대한 배반처럼 느껴졌다. 예루살렘 성에 계신(בקרבי – 뻬퀄뻬) 분이신 그의 주님(אדני – 아도나이)이 예루살렘에 반하는(עלי – 아라이) "성회를 요청하셨다"(קרא…מועד – 콰라…모에드). 이 성회의 요청은 스바냐 1:7-8에 주의 날에 희생 제사를 요청한 것과 같다(또한 렘 46:10; 사 34:6; 겔 39:17-30). 양 본문에서 하나님은 유다를 심판의 날로 따로 세우셨다. 여기서 하나님의 목적은 "내가 선택한 자들을 흩으시는"(לשבר בחורי – 리쉬뻘 빠훌라이) 것이었지만, 스바냐에서 그것은 사악한 자들을 "방문하거나" "벌주시는"(פקד – 빠콰드) 목적과 같았다. 백성들이 적어도 하나님께 말씀을 드리는 그들의 전통적인 축제 중 하나를 위해 이스라엘을 모으시는 것 대신에, 주님은 그 민족의 선택된 젊은이들을 부수시는 새로운 절기를 요청하셨다. 분명히 이 성회는 1:4에서 상실된 절기를 대신한다.

시편 119:118-20과 스바냐 1:7-8에서 발견할 수 있는 이미지와 유사한 심판의 이미지를 사용하여 시인은 이제 이사야 63:1-6에서의 은유와 같은 은유를 사용한다. 하나님은 용사들을 경멸하셨고, 선택된 젊은이들을 파괴의 축제로 부르셨다. 이제 하나님은 모든 손님들을 위한 포도주로 그들을 밟으신다. 미크(Meek)가 설명하는 것처럼, "그 모습은 무시무시하다. 연회를 위한 포도주는 포도주처럼 간주되는 인간의 몸에서 짜낸 피였다(참조. 사 63:3)"(14). "유다의 처녀 딸"(לבתולת בת יהודה – 립튜라트 빠트 예후다)은 이런 짓밟힘의 대상이었다. 예루살렘만이 고통을 당한 것이 아니었다. 전 국토가 바벨론의 공격을 받았다. 렌케마가 적고 있는 것처럼, "처녀 딸 유다는 처녀 딸 시온과 동일한 심판을 견뎌야만 했다(170). 따라서 이 구절은 전 인구의 파괴를 전체적으로 표현한다. 예루살렘은 젊은 남자들과 젊은 여자들을 상실했고, 이는 2:21-22에서 보다 명시적으로 진술되는 포괄적인 개념이다(O.

Kaiser, 127을 보라).

16 예루살렘이 1:1-3에서 내레이터의 언급을 상당히 생각나게 하는 이미지에 호소함으로써 그녀의 말을 결론짓는다. 1:12-15에서 묘사한 것 때문에(על אלה - 알 엘레), 그녀는 이해할 수 있게 "내가 우니"(אני בוכיה - 아니 보키야)라고 말한다. 실로 눈에 대한 매우 강조적인 진술로(עיני עיני - 예니 예니), 그녀는 눈에 "눈물이 흐르고 있다"(ירדה מים - 요레다 마임)고 말한다. 그녀의 울음은 내레이터가 1:3a에서 보고했던 것처럼 일관되고, 진심어리다.

외로움과 소외가 그녀의 눈물을 만들어낸다. 1:2b에서 먼저 언급된, "위로자"(מנחם - 메나헴)에 관한 이슈가 다시 한번 나타난다. 이전의 본문에서 상실한 "위로자"는 도성을 "사랑하던 자"(אהביה - 오하베하)였고, 이웃하는 "친구들"(רעיה - 레예하)이었다. 그러나 이 단락에서 위로자의 정체성은 분명하게 진술되지는 않고 있지만, 내레이터가 언급한 구절인 1:17이 동일한 위로자를 고려하고 있음을 알려준다. 여전히 이것은 예루살렘이 말하고 있는 것이므로, 그녀는 주님을 염두에 두고 있을 것이다. 렌케마는 "처녀 딸 시온을 위로하고 도울 수 있는 자가 없다고 다른 이들은 생각하지만(1:2b, 7c, 9b), 그녀는 야훼가 고난의 순간에 그녀를 돌보시리라는 가능성에 열려 있다"(173)고 적고 있다. 적어도 그녀의 진술은 주님을 차단하지 않는다. 특히 그녀가 9c절과 11c절에서 그녀의 고통을 주님이 "감찰하실"(ראה - 레예) 것을 구했고 다시 그렇게 20절에서 주님이 그렇게 하시도록 구하고 있기 때문이다. 그녀는 삶이나 영혼(משיב נפשי - 메쉽 나프쉬)의 정상적인 회복을 위해서 항상 위로자를 필요로 한다. "위로하는"(מנחם - 메나헴)과 "회복하는"(משיב - 메쉽)은 둘 다 분사다. 그녀가 위로자가 필요한 것은 그녀의 곤경의 깊이를 말해준다. 11b절에서 사람들은 "힘을 소성시키는"(להשיב נפש - 레하쉽 나페쉬) 음식을 찾는 반면에 여기서 위로자는 이 목표를 이룰 수 있게 해줄 것으로 기대되고 있다.

하지만 이렇게 반드시 필요한 위로자 대신에 예루살렘은 더 강한 대적자들을 만나서 그들이 범람하기까지 한다(כי גבר אויב - 끼 가발 요예브). 이들은 1:2과 1:5에서 예루살렘을 배반하였고, 그들의 계획에서 성공하였던 동일한 대적자들이다. 하나님의 구원을 소망하고 있는 예루살렘은 오히려 인간의 기만과 잔인함으로 대우를 받았다. 따라서 1:15로부터 그녀의 "아들들"(בני - 바나이), "용사들"(אבירי - 압뻴라이), "선택된 자들"(בחורי - 빠후라이), 그리고 "처녀 딸"(לבתולת - 립튜라트)이 1:4b(שוממין - 쇼메민)에서 시온의 문처럼 "황량하다(שוממים - 쇼메밈). 1:12-16에서 자신의 상황에 대한 그녀의 평가는 1:1-11a에서 내레이터와 마찬가지로 적막하다.

17 나래이터는 예루살렘의 두 주요한 화자 사이에서 요약적인 교량역할을 제공한다. 그것은 두 화자가 참이라고 발견했던 것을 명확하게 진술하고 있기 때문에 반성적이다. 또한 그것이 야훼를 언급하고 있기 때문에 가망성이 있다. 그것은 예루살렘이 야훼의 귀에 되풀이해서 시도할 것을 초대한다. 이런 관점에서 주님이 이 책의 주요한 주제가 된다.

1:10에서 내레이터는 예루살렘의 "대적이 손을 펴서"(ידו פרש צר – 야도 빠라스 찰), 성전의 보물들을 탈취했다고 보고한다. 이제 그는 "시온이 손을 편다"(פרשׂה ציון בידיה – 빼레사 치욘 빼야데하)고 밝힌다. 그녀의 손은 어떤 것을 손에 넣으려는 펼침이 아니라 간구의 일종이다. 그녀는 탄원자나 구걸하는 자와 같다. 그녀를 위로할 자가 없기에(אין מנחם לה – 옌 메나헴 라흐) 그녀의 손 벌림은 무익하다(렘 4:31을 보라). "위로자"(מנחם – 메나헴)가 없다는 주장은 1:16b을 반영한다.

그 다음에 내레이터는 그녀의 노력이 헛되다고 설명하고, 그렇게 함으로써 이 책의 분명한 신학적 논의를 새롭게 한다: "야곱과 관련한" 또는 "야곱에게"(ליעקב – 레야아콥) 구체적인 것을 "야훼가 명령하셨다"(צוה יהוה – 치바 아도나이). 족장의 이름을 사용한 것은 의미가 있다. 예루살렘, 시온 그리고 야곱은 모두 이 시점에서 동의어로 간주된다(Plöger, 139을 보라). 2:2-3에서 다시 나타나는 이런 연관성은 모든 이스라엘(2:3을 보라), 즉 모든 족장의 자손들(단지 유다만이 아니라)이 하나님의 선포의 대상이라는 것을 의미한다. 예루살렘의 함락이 하나님의 심판을 논하는 이 책의 주요한 초점일지라도, 722-587 B.C.E.의 이스라엘 역사 전체를 고려해야 한다. 북왕국이 대적자들에 의해 둘러싸였을 뿐만 아니라(סביביו צריו – 세비바 차라브), 유다도 지금 그러하다. 궁극적으로 구조가 이루어지는 것은 유다나 예루살렘만이 아니라 전체 백성들을 위해서다.

하나님은 1:8-9에서 그녀를 한때 존경했던 자들이 돌아섰던 것과 같은 이유로 야곱을 둘러싸도록 대적자들을 명하신다. 그녀의 죄가 그녀의 불결함과 더러움(לנידה היתה – 레니다 하야타 1:8)을 이루게 했고, 그녀는 이웃들에 의해 불결한 것으로 인식되었다(לנדה ביניהם – 레닌따 빼네헴 1:17). 불결함에 대한 이 용어는 이사야 30:22과 64:5, 에스겔 7:19과 에스라 9:11에서 나타난다(Ash, 342). 그것은 심판과 관련한 단락들의 공통된 용법을 보여준다. 이런 확증은 도성, 유다, 그리고 백성들 전체가 그들의 죄로 인해 고통을 당하였다는 내레이터의 확증을 강화시킨다. 개별적인 예외들이 존재할 수 있지만 집단으로서 이스라엘 백성들은 침략한 대적자들의 의로운 희생자들은 아니었다. 오히려 그들은 죄의 해(years)와 그에 따른 불결함의 결과에 직면하고 있다.

18-22 이 책의 첫 이합체 시의 마지막 항목은 야웨에게로 향하는 예루살렘의 최초의 기도를 기록하고 있다. 그녀는 더 이상 지나가는 사람들에게 외치고 있지 않다(1:12-16을 보라). 하지만 이제 그녀는 진정으로 그녀를 도울 수 있는 유일한 분에게 간구하고 있다(Renkema, 175). 이제 시온은 야웨가 참여하실 것을 요청하고, "하나님의 은혜로운 간섭"을 위해 기도하고 있다(Westermann, 136). 이제 남아 있는 것은 이 기도자들이 하나님과의 관계의 회복에 필요한 회개와 갱신을 반영하고 있는지, 그리고 이 기도자들이 구조를 위해 하나님에게만 온전히 의존하고 있음을 반영하고 있는지를 보는 것이다.

18 예루살렘은 벌의 문제에서 하나님의 의의 강조적인 선언으로 기도/말을 시작한다. 시인은 하나님의 이름 이전에 하나님의 성품과 하나님에 대한 대명사를 먼저 둔다(צדיק הוא יהוה – 차띠크 후 아도나이). 그리하여 "주님은 실로 의로우시다"는 강조적인 어구를 만든다. 물론 주님은, 1:17b에서 내레이터가 관련지은 것처럼, 야곱에 대한 그의 명령에 관한 문제에서 의로우셨다. 이런 인정은 주님이 시편기자에 반하여 말씀하고 있을 때에(למען תצדק בדברך – 레마안 디츠따크 빼다베레카) 의로우시다는 시편 51:6(ET 51:4)에서의 시편기자의 고백과 유사하다. 하나님은 이유 없이 벌을 주시지 않는다. 사실상 예루살렘은 "내가 하나님의 말씀을 불순종했나이다"나 보다 문자적으로는 "하나님의 입에 반해서"(כי פיהו מריתי – 끼 피후 마리티)를 고백하는 것으로 나아간다. 렌케마는 이런 표현이 "특별한 상황에서 주어진 특별한 명령과 관련하여 사용되지만 영원한 타당성을 갖는 명령과 관련한 불순종에 대해서는 아니다"(181)라고 주장한다. 그는 이 언급이 아마도 예레미야 같은 하나님이 보내신 선지자들을 예루살렘이 거부한 것과 관련이 있을 것이라고 결론짓는다(또한 Kraus, 33을 보라). 하나님의 대변자인 선지자들을 거부함으로써 백성들이 이 선지자들을 보내신 주님을 거부했다.

자신의 범죄를 진술한 예루살렘은 이제 모든 백성들이 그 고통을 듣고 볼 것을 요청한다. 힐러스(Hillers, [1992] 76)는 "'모든 백성'에 대한 호소는 대단히 드물다"고 지적하고 시편 49:2(ET 49:1), 미가 1:2, 그리고 열왕기상 22:28이 가장 근접한 평행을 제공한다고 말한다. 시편 49:2은 모든 민족들에게 하나님이 그 시편 저자를 "스올의 권세"(시 49:6[ET 49:15])에서 어떻게 구원하실 것인지를 듣도록 요청하는 지혜시이다. 미가 1:2은 민족들에게 하나님이 심판하기 위해서 오신다는 것을 경고하는 반면에 열왕기상 22:28은 아합에 대한 미가의 예언의 타당성을 강조하기 위해서 미가 선지자가 그 어구를 사용한 것을 보고한다. 충분히 흥미롭게도 이런 용법은 애가서 1:18b에 특별한 통찰을 제공해 준다. 결국에 민족들은 1:18c에서 설명한 황폐화가 예언적인 말씀을 유념하기(שמע – 샤마 "듣다")를 예루살렘이 거부함에서 온다는 것을 보게 될 것이다(ראה – 라아). 나아가서 민족들도 예루살렘의 심판과 (잠재적으로) 그들의 심판을 "보고" "듣도록" 부름을 받는다. 참으로 아모스 1:2-2:16과 예레미야 46-51은 주님의 날이 이스라엘에게만이 아니라 이 민족들에게 임할 것이다. 마지막으로 시편 49편에 아이러니한 성격은 기도하는 자가 회개하지 않을 때 어떻게 하나님이 구원하기를 거부하시는지를 도성은 강조한다.

예루살렘은 그녀의 슬픔(מכאבי – 막요비)이 선택된 아들들과 딸들의 유배로부터 기원한다고 진술한다. 그들이 "포로로"(בשבי – 밧쉐비) 잡혀감은 1:5c절에 내레이터의 이 포로에 대한 언급을 반영한다. "나의 처녀와 소년들"(בתולתי ובחורי – 뻬툴로타이 우바후라이)이란 말은 1:5c와 1:15에서 소개된 사람들과 동일한 그룹을 언급한다. 예루살렘은 아마도 가장 사랑하는 사람들을 상실했다. 회개에 대한 하나님의 말씀을 유념치 않음이 그녀의 곤경에 관심을 갖도록 외치게 만들었다. 선택된 청중이 그녀가 그러했던 것처럼 관심 있게 듣지 않는다면, 마찬가지로 그러할 것이다.

19 예루살렘은 내레이터가 처음에 제기한 이미지를 선택한다. 1:2에서 내레이터는 "사랑하던 자 중에"(מכל אהביה – 믹콜 오하베하) 위로하는 자가 없다고 진술하였고, 여기서 예루살렘은 "내가 내 사랑하는 자를 불렀으나 저희가 나를 속였"다고 말한다. 미크는 "그들이"(המה – 헴마)가 "중복어이고 따라서 강조적이다"(15)라고 적고 있다. 예루살렘은 내레이터가 보다 사실적인 방식으로 제기한 것을 매우 강력한 방식으로, 매우 개인적인 방식으로 진술한다. 그녀는 완전히 격분하지는 않았을지라도 적어도 실망하였던 것으로 보인다.

누가 사랑하는 자이고 그들이 어떻게 그녀를 속였는가? 1:2의 언급에서 진술되었던 것처럼, 이 사랑하는 자들은 이전의 불신실한 동맹국들이다(Peake, 311). 그들은 바벨론의 포위에서 그녀를 구원해줄 것으로 그녀가 희망했던 자들이다(Keil, 375). 렌케마는 "사랑하는 자"(למאהבי – 라메아하바이)에서 피엘 분사의 사용은 "분명히 부정적이다. 그것은 의문시되는 관계의 부정한 성격을 나타내는데 오로지 사용된다. 호세아의 문맥에서 그것은 발림과의 부적절한 사랑을 나타내기 위해서 직접적으로 사용된다[호 2:7, 9, 12, 14, 15]. 그밖에 다른 곳에서 그것은 동맹국들과 그들의 신들에 잘못되게 신뢰를 두는 것을 가리킨다[렘 22:20, 22; 30:14; 겔

16:33, 36, 37; 23:5, 9, 22]"(183). 여기서 마지막 선택이 지금 문맥에 가장 잘 들어맞는다. 예루살렘은 하나님의 말씀을 유념하지 않고 그녀의 사랑하는 자들을 좇았음을 인정한다(1:18을 보라). 동시에 그녀는 자신의 행동에 대한 온전한 책임을 취하지 않는다. 그녀가 속임을 당하였다고 주장하고 있기 때문이다. 사랑하던 동맹국들은 군사적인 도움을 맹세했으나 그녀를 홀로 남겨 주었다. 그들의 배반이 그녀의 불순종을 증가시켰다.

설상가상으로 그녀의 지도자들도 그녀를 도울 수가 없었다. 그녀는 "나의 제사장들과 장로들은…성중에서 기절하였도다"(כהני וזקני בעיר גועו – 꼬하나이 우제케나이 빠이르 까바우)라고 말한다. 그들은 "음식을 구하다가"(כי בקשו אכל למו – 끼 빅슈 오켈 라모) 죽었다. 이 어구에서 "하다가"(כי, "while")는 원인적이라기보다는 시간적인 것을 표현한다(Hillers, [1992] 63, 77; Keil, 375을 보라). 그들은 음식을 찾고자 하다가 힘이 없어서 기절했다(따라서 죽었다). 분명히 그러한 악화상태에 있는 사람은 예루살렘을 위로할 입장에 있지 않았다. 그 문제에 대해서 어느 사람도 마찬가지였을 것이다. 그들은 "자신들을 위한"(למו – 라모) 것을 찾으려고만 애쓸 뿐이었다.

20 예루살렘은 다시 한번 하나님이 그녀의 상황을 "돌아보실"(ראה – 레에) 것을 요구한다. 1:9c와 1:11c에서처럼 돌아봐달라는 요청이 다시 현재의 비참함에 대한 묘사로 이끈다. 이 구절은 가장 비통한 묘사를 담고 있다. 1:9c에서 도성은 대적자들이 어떻게 승리했는지, 1:11c에서 예루살렘이 얼마나 멸시를 당했는지를 하나님이 보셔야 한다고 주장한다. 여기서 예루살렘은 환난 상태에 있다고 주장한다(כי צר לי – 끼 찰 리). 환난(צַר – 찰)이란 말은 1:10에서 대적(צָר – 찰)이란 용어와 유사함으로 대적과 고통은 거의 동일함이 상기되어진다. 이 환난은 너무도 명백해서 그녀의 안쪽 부분(מעי – 메아이)이 벌겋게 타오르거나(חמרמרו – 호말마루) 뜨거워지는 것처럼 보인다(애 2:11; 욥 16:16; Keil, 376). 그녀의 감정적인 상태는 더 이상 황폐해질 수 없을 정도이고 단지 의사소통할 수 있는 능력만 있을 뿐이다.

아울러, 그녀는 "내 안에서 마음이 번뇌하다"(נהפך לבי בקרבי – 네빠크 립뻬 뻬킬뻬, 또는 뒤집어졌다). 그녀의 마음은 내던져졌다(הפך – 하파크). 시인은 4:6과 5:2에서 도성의 뒤집어짐(전복)과 3:5과 5:15에서 각 개인들과 그들의 마음의 뒤집어짐으로 되돌아간다. 감정은 여기서 발가벗겨진 도성과 마찬가지로 허약하다.

묘사되고 있는 세 단어들이 이 모든 감정적인 애탐과 고통의 원인을 진술한다. 시인은 부정사 절대형과 일인칭 완료 동사(מרו מריתי – 마로 마리티, "내가 매우 패역하였나이다")와 함께 목적의 불변화사인 끼(כי, "왜냐하면")를 뒤잇는다. 그것은 강력하게 강조적인 어구다. 그녀는 의미를 찾기 시작하고 있다(Harrison, 212). 패역(מר – 멜)에 대한 단어는 정확하게 그녀의 상태를 묘사할 뿐만 아니라, 그녀의 혼란을 묘사하는데 사용되는 단어처럼 들린다(חמרמרו – 호말마루). 그녀의 패역과 내적인 혼란이 동일한 것처럼, 그녀의 환난과 대적은 거의 동일한 의미처럼 들린다.

그녀는 어디에서 안전을 찾을 수 있는가? 어느 곳에서도 없다. 그녀는 도움 되는 동맹국을 갖고 있지 못하고 어느 지도자들도 그녀를 도울 수 없다는 것을 이미 알았다. 그녀는 "밖으로는(거리에는) 칼의 살육이 있고 집에는 사망 같은 것이 있나이다"라고 진술한다. 이 소절의 전반부(מחוץ שכלה חרב – 미휴츠 쉭께라 헤렙)는 신명기 32:25과 꽤 유사하고(מחוץ תשכל חרב – 미휴츠 떼샥겔 헤렙), 레위기 26:22-25, 예레미야 15:1-9, 에스겔 5:17과 14:15-17과 같은 다른 심판을 위협하는 텍스트들과도 유사하다(Ash, 343; Renkema, 181을 보라). 이 모든 텍스트들은 검으로 '위협하고', 사랑하는 사람들의 죽음으로 위협한다. 예루살렘은 이 위협이 '전조하는' 실제를 '경험했고', 그러한 경고에 대한 반응의 부족으로 인해 이런 현상이 왔다는 것을 이해한다. 이 소절의 후반부는 매우 난해하지만(원문주해 20.a.을 보라), 그 의미는 분명하다. 공포와 죽음이 그 집에 있다. 마치 그들이 거리를 배회할 때처럼 말이다. 예루살렘은 어느 곳에서도 안전하지 않다(Westermann, 137-38을 보라).

21 이전 구절들에서 몇 가지 주제들이 여기서 함께 나타난다. 첫째로 예루살렘은 "그들이 나의 탄식을 들었다"(שמעו כי נאנחה אני – 샤메우 끼 네예나하 아니) – 박정한 민족들이 1:18b에서 행할 것을 요구한 바로 그 일(שמעו נא כל עמים – 쉬우 나 콜 암밈) – 고 진술한다. 둘째로 그들은 들었고, 그녀가 위로자가 없다(אין מנחם לי – 옌 메나헴 리)는 것을 알고 있고, 내레이터(1:17a)와 도성(1:16b)은 이미 그것을 주목했다. 셋째로 그녀의 모든 대적들(כל איבי; 1:2, 5, 9, 16을 보라)이 "재앙"(רעתי – 라아티)을 "들었을"(שמעו – 샤메우) 때, 그들은 물론 그녀의 위로자가 되지 못했다. 오히려 그녀가 곤란할 때에 "그들은 기뻐했다"(ששו – 사수). 그녀의 "사랑하는 자들"은 쓸모가 없었고, 그녀의 "대적들"은 좋지 않게 영향을 미쳤다(1:2, 5, 9, 16을 보라). 넷째로 예루살렘은 하나님께 "당신이 그것을 했나이다"(כי אתה עשית – 끼 앝따 아시타)라고 인정하고, 그것은 1:20b에서 패역함에 대한 그녀의 고백과 일치한다(כי מרו מריתי – 끼 마로 마리티). 두 어절들은 대적자들의 존재, 위로자의 부재, 그리고 생명의 상실의 원인을 표현한다. 하나님의 말씀에 대한 이스라엘의 패역(1:18a; 1:20b)은 불순종하는 백성들에 대한 의로우신 하나님

의(1:18a) 벌을 야기하였다. 다섯째로 그녀는 "당신이(주께서) 반포하신 날을 이르게 하시리니"(הבאת יום קראת – 헤베타 욤 콰라타)라고 인정하고, 그것은 1:12과 예언적인 문서의 주님의 날의 이미지를 상기시킨다(사 2:12; 암 5:18; 습 1:14-18와 여타 구절들). 예루살렘은 그러한 경고를 무시했고, 그렇기에 지금 그녀의 의지적인 간과의 영향을 느낀다. 동시에 그녀는 하나님의 진노의 날의 보편적인 본질(사 13-23; 렘 46-51; 암 1:3-2:3과 여타 구절들)을 회상하고 하나님께 그녀의 사악한 대적자들을 "나와 같이"(ויהיו כמוני – 베이흐유 카모니) 되게 해달라고 간청한다. 그들은 심판의 대리자이지 의로운 행위의 수혜자가 아니다. 대적들에 대한 그러한 기도는 비탄의 시편에서 매우 표준적이다(시 79:12; 83:14-15; Westermann, 138). 대적들에 대한 그러한 기도들은 이스라엘이 죄 때문에 어떻게 패배를 당했는지를 논하는 시편 74편과 137편과 같은 시편들에서도 역시 두드러진다.

22 예루살렘은 대적자들에 대한 기도를 계속한다. 그 날을 "당신이 가져오셨다"(הבאת – 헤베타)고 말한 예루살렘은 이제 문자적으로는 "당신 앞에 그들의 모든 악을 제하옵소서"(תבא כל־רעתם לפניך – 따보 콜 라아탐 레파네카)라고 구한다. 연속되는 소절들에서 따보(בוא)의 형태를 반복한 예루살렘은 이제 다음 두 어구에서 "다루다, 행하다"(עלל – 아랄)를 사용한다. 그녀는 하나님이 그녀를 다루었던(עוללת לי – 오랄따 리) 것처럼(כאשר – 까아쉘), 그와 동일한 방식으로 또는 그와 똑같이 "그 악을 다루시기"(ועולל למו – 베오렐 라모)를 원한다. 그녀는 대적자들은 그녀만큼 "그 날"을 받아 마땅하다고 느낀다. 그녀가 1:20b과 1:21b에서 그러한 것처럼, 1:22b에서 예루살렘은 그녀의 죄가 이런 고통을 야기했다고 고백한다(על כל פשעי – 알 콜 뻬샤아이). 이런 코멘트들은 각기 이 구절의 두 번째 소절의 후반부에 나타나고, 각기 간결한 세 단어의 어구로 전개한다. 단어와 구조의 반복이 1:20-22을 특징짓는다.

반복의 한 마지막 부분은 이 구절을 결론짓는다. 예루살렘은 대적자들의 심판을 구함으로써 그녀의 많은 탄식과 마음의 상실을 중단시킬 수 있다. 그녀는 언젠가 "백성들이 많고/가득했고"(רבתי עם – 랍빠티 암), "열방들 중에 뛰어났"(רבתי בגוים – 랍빠티 바고임)지만(1:2), 이제는 탄식으로 가득하다(כי רבות אנחתי – 끼 랍뽀트 안호타이). 물론 탄식이란 용어는 1:21에서 사용된 것과 동일하다. 그녀의 마음에 대한 언급은 1:20b에서 낙심한 마음을 반영한다. 따라서 그녀는 이 모든 탄식과 마음의 곤비함이 그녀에게서 떠나서 대적자들에게로 갈 것을 기도한다. 예루살렘이 자신의 순결함을 언급하고 있지 않다는 것을 주목하는 것이 중요하다. 따라서 그녀는 하나님의 정의에 관해서만 그녀의 소망을 둔다(Harrison, 213). 베스터만은 "달리 말해서, 대적자들에 대한 복수를 간하는 전통적인 주제가 실로 채택되었지만 여기서 그것은 환경의 단일한 배경을 인식한 것과 관련이 있다. 보복에 대한 간청은 많은 사람들이 죽었던 경험으로부터 직접 나오고 있다. 하지만 어느 누구도 이스라엘의 회복에 대한 간청을 소리 내지 않는다"(138). 그러한 간청은 이 책의 뒷부분에서 나타날 것이다(5:21-22을 보라).

해설

1장은 서론적이다. 그것은 전체 책의 구성, 분위기, 그리고 주제를 설정한다. 이 강력한 이합체 애가는 예루살렘이 사람의 통상적인 무리들이 없는 황적함이 깃들어 있다고 선언한다(1:1). 친구들을 그녀를 버렸고(1:2-3), 길과 문은 처량하고(1:4), 절기는 참석하는 자가 없고(1:4), 대적자들이 승리를 불렀다(1:5-6)고 묘사한다. 도성의 함락은 특별했고(1:9), 그것은 황폐화로 이끌었다(1:11-16). 또한 이 장은 그러한 재앙이 선택된 도성에 왜 임했는지를 응답한다. 하나님이 그 말씀에 대항하는 죄를 범한 백성들에게 주의 날을 임하게 하셨다(1:5, 8-9, 12, 14, 18-22). 언약을 지키지 못한 것이 백성(1:1-3)과 땅(1:3, 18), 그리고 성소(1:10)를 잃는 것과 같은 언약적 저주에 이르게 했다. 탄식과 죽음이 모든 곳에 있다(1:20-22). 이 시가 어떤 주제에 관한 이합체의 철저한 취급을 우선해서 다루고 있을지라도, 또한 그것은 공동체의 애가의 근본적인 많은 요소들을 담고 있다. 도성은 주님에게 호소하고(1:9, 11), 그 대적자들이 도성에 가져다준 재앙을 묘사하며(1:12-15, 18), 대적자들을 벌줄 것을 간구한다(1:21-22).

도성의 슬픔은 그 일이 일어나지 않을 수도 있었다는 깨달음에 의해 더 가중된다. 백성들은 이 고난이 어느 정도 자기 스스로 저지른 것임을 느낀다. 하나님은 언약적 복과 저주의 본문(레 26장; 신 27-28장)이 약속하고 있는 것처럼 그들의 죄를 벌하셨다. 그들은 과거에 그들을 보호했던 하나님이 그들의 불순종 때문에 이 역할을 거두어 가셨다는 것을 이해한다. 그들의 상처는 그들 스스로 자초한 것이다. 하나님은 아무 이유 없이 그들을 버리시지 않았다. 이 전체 장은 하나님이 그의 말씀을 거부하고 그들의 언약적 헌신을 포기했던 사람들을 어떻게 고통을 주시고 버리시는지를 묘사하기를 추구한다. 두 화자인 내러티브와 예루살렘은 이런 주요한 주제를 표현하고, 각각의 주요한 단락은 이런 지배적인 개념에 기여한다. 시의 중심에는(1:12) 이 고난이 하나님의 진노의 날의 일부라는 믿음이 있다.

첫 번째 화자인 내러이터는 삼인칭의 간접적 화술을 사용한다. 독자들은 예루살렘의 상황에 대해서 인지하게 되고(1:1-9b, 10-11), 이 문제에서 도성의 심각한 상황(1:17)에 대한 이유를 내레이터가 알려준다. 두 번째 화자인 예루살렘/시온은 일인칭의 간접 화법과 일인칭 직접 화법을 통해서 자신을 표현한다. 그녀는 1:12-16과 1:18-19에서 독자들(간접적으로)과 1:9c, 1:11c 그리고 1:20-22에서 야훼에게(직접적으로) 분명하게 언급한다. 이 교대적인 화자는 화자들 사이에 일치, 고백, 그리고 마지막으로 대적자들로부터의 구조를 요청하는 탄원에 대한 묘사로 시를 나아가게 한다.

시온은 하나님이 그의 말씀을 거부했던 사람들에게 선언된 그 날을 가져오셨다는 것을 인식한다(1:18을 보라). 이 날은 "주님의 날"(암 5:18-20), "한 날"(사 2:12을 보라), "그 날"(호 2:21), "벌의 날"(호 9:7), 또는 이와 다소 유사한 의미로서 구약성경의 여타 곳에서 언급된 날, 곧 하나님의 심판의 때다. 이 날을 하나님의 선지자들이 선포했고(암 3:1-7을 보라), 사람들은 주께로 돌아오거나 돌아오기를 추구했거나(욜 2:12-27; 말 3:16-18), 심판에 직면했다. 시온은 이 날이 그녀(시온)를 압도했음을 깨닫고, 대적자들도 유사하게 심판을 받을 것을 기도한다(1:21c). 그녀는 그들의 악한 행위가 그녀가 벌을 받았던 것처럼 벌을 받기를 구한다(1:22). 그때에야 그들은 자유하여 상처가 치유될 것이다(1:22c). 그때에야 주님의 날이 완전해질 것이다. 그녀는 하나님이 요엘 3:1-21, 아모스 1:3-2:3, 스바냐 2:4-15과 여타 예언적인 본문들이 보여주는 것처럼 사악한 민족들을 벌하시기를 원한다. 다시금 하나님이 이런 방식으로 행하시기까지는 그녀는 구조를 이루지 못할 것이다.

이 장은 상황의 역전(1:1-3), 적막함(1:4-6), 불결함(1:7-9), 그리고 탄식(1:10-11)에 대한 현명한 내레이터의 견해를 보여준다. 그것은 예루살렘의 통곡(1:12-16), 도움을 위한 기도(1:18-22)를 드러낸다. 하지만 이 시는 단순히 묘사적이지 않다. 이 시는 고난의 모습을 그릴 뿐만 아니라(물론 그것이 중요한 임무를 이룬다), 고난을 초래한 자들과 그들이 사랑하는 자들이 이 어려운 상황을 어떻게 대처할 수 있는지에 관한 이 책의 논증을 시작한다. 지금까지 예루살렘은 이 사건에 대한 이유를 인정하고, 이런 상황을 가져온 분이 다시 한번 그 운명을 바꾸시기를 기도한다. 하나님의 의가 벌에 대한 핵심이었던 것과 마찬가지로 하나님의 의가 구조에 대한 핵심이다. 아이러니하게 다른 이들의 심판이 자유에 대한 그녀의 가장 좋은 소망이다. 사악한 자들은 한 때에 벌에 대한 거룩한 도구이었지만 궁극적으로 주님께 돌아오는 자들은 이런 억압의 굴레에서 자유할 것이다. 그렇지 않다면 하나님의 의가 인간의 사건들을 인도하지 못하는 것이 된다.

주님이 어찌 시온의 딸을 구름으로 덮으셨는고(2:1-22)!

참고문헌

Albright, W. F. "A Catalogue of Early Hebrew Lyric Poems." *HUCA* 23(1950-51) 1-39. **Buccellati, G.** "On Lam. 2, 5." *BeO* 3(1961) 37. **Buchanan, A.** "The Role of Protest in Lamentations." *Th.*M. thesis, Australian College of Theology, Kensington, 2001. **Dahood, M.** "New Readings in Lamentations." *Bib* 59(1978) 174-97. **Daiches, S.** "Lamentations ii 13." *ExpTim* 28(1917) 189. **Ferris, P. W., Jr.** *Genre of Communal Lament.* **Gordis, R.** "A Note on Lamentations ii 13." *JTS* 34(1933) 162-63. **Gottlieb, H.** *Study on the Text of Lamentations.* **Grossfeld, B.** "The Targum to Lam. 2:10." *JJS* 28(1977) 60-64. **Gous, I.** "Exiles and the Dynamics of Experiences of Loss: The Reaction of Lamentations 2 on the Loss of the Land." *OTE* 6(1993) 351-63. **Heim, K. M.** "The Personification of Jerusalem and the Drama of Her Bereavement in Lamentations." In *Zion, City of Our God.* Ed. R. S. Hess and G. J. Wenham. Grand Rapids, MI: Eerdmans, 1999. 129-69. **Jahnow, H.** *Hebräische Leichenlied.* **Kaiser, W. C., Jr.** *Biblical Approach to Suffering.* **Lee, N. C.** *Singers of Lamentations.* **Linafeldt, T.** *Surviving Lamentations.* **McDaniel, T. F.** "Philological Studies in Lamentations, II." *Bib* 49(1968) 27-53. **Meinhold, J.** "Threni 2, 13." *ZAW* 15(1895) 286. **Miller, C. W.** "Poetry and Personae: The Use and Function of the Changing Speaking Voices in the Book of Lamentations." Ph.D. dissertation. Iliff School of Theology and University of Denver, 1996. **O'Connor, K. M.** *Lamentations and the Tears of the World.* **Praetorius, F.** "Threni I, 12. 14. II, 6. 13" *ZAW* 15(1895) 143-46. **Provan, I.** "Feasts, Booths and Gardens(Thr 2, 6a)." *ZAW* 102(1990) 254-55. **Renkema, J.** "The Literary Structure of Lamentations(I-IV)." In *The Structural Analysis of Biblical and Canaanite Poetry.* Ed. W. van der Meer and J. C. de Moor. *JSOTSup* 74. Sheffield: *JSOT* Press, 1988. 294-396. **Rudolph, W.** "Der Text der Klagelieder." *ZAW* 56(1938) 101-22.

본 문

א 1 슬프다 주께서 어찌 그리 진노하사
처녀 시온을 구름으로 덮으셨는고
이스라엘의 아름다운 것을

1 How the Lord has clouded[a] with his wrath(3+2)
the daughter of Zion!
He has cast down from heaven (to) earth (3+2)

하늘에서 땅에 던지셨음이여
그 발등상을 기억지 아니하셨도다
진노하신 날에
ב 2 주께서 야곱의
모든 거처를 삼키시고
긍휼히 여기지 아니하셨음이여
노하사
처녀 유다의 견고한 성을 헐어
땅에 엎으시고

나라와 방백으로 욕되게 하셨도다
ג 3 맹렬한 진노로

이스라엘 모든 뿔을 자르셨음이여
오른손을 거두시고
원수 앞에서
맹렬한 불이
사방으로 사름 같이
야곱을 사르셨도다
ד 4 원수 같이 활을 당기고
대적처럼 오른손을 들고 서서
눈에 아름다운 모든 자를
살육하셨음이여
처녀 시온의 장막에
노를 불처럼 쏟으셨도다
ה 5 주께서 원수 같이 되어
이스라엘을 삼키셨음이여
모든 궁을 삼키셨고
견고한 성들을 훼파하사
처녀 유다에 근심과 애통을

더하셨도다
ו 6 성막을 동산의 초막 같이 헐어 버리시며
공회 처소를 훼파하셨도다
여호와께서 시온 가운데서
절기와 안식일을
잊어버리게 하시며 진노하사

왕과 제사장을 멸시하셨도다

the splendor of Israel.
Indeed, he has not remembered his footstool (4+2)
on the day of his wrath.
2 The Lord has swallowed up, (2+2+3)
he has not[a] shown mercy,
to all the pastures of Jacob.
He has overthrown in his fury (2+3)
the fortresses of the daughter[b] of Judah.
He has brought to the earth, he has defiled,[c] (3+2)
her kingdom[d] and her officials.
3 He has cut down in his burning wrath[a] (3+3)
all the might of Israel.
He has withdrawn his right hand (3+2)
from the face of the enemy.
Indeed he has burned in Jacob, (2+2+2)
like a blazing fire:
it has consumed all around.
4 He has bent his bow like an enemy, (3+2)
setting his right hand.
Like a foe indeed he has killed (2+3)
all the eye's delight.
In the tent of the daughter of Zion, (3+3)
he has poured out like fire his fury.
5 The Lord was like an enemy: (3+2)
he swallowed up Israel.
He swallowed up all her palaces: (3+2)
he laid in ruins his strongholds.
Indeed he has multiplied in the daughter of Judah (3+2)
mourning and lamentation.
6 Indeed he has done violence to his booth as to a garden:[a] (3+2)
he has laid in ruins his place for appointed festivals.
The Lord has brought to an end in Zion (3+2)
festival and Sabbath.
Indeed he has spurned in his indignant wrath (3+2)
king and priest.

ז 7 여호와께서 또 자기 제단을 버리시며
자기 성소를 미워하시며
궁장을
원수의 손에 붙이셨으매
저희가 여호와의 전에서 훤화하기를

절기날과 같이 하였도다
ח 8 여호와께서 처녀 시온의 성을
헐기로 결심하시고
줄을 띠고
훼파함에서
손을 거두지 아니하사
성과 곽으로 통곡하게 하셨으매

저희가 함께 쇠하였도다
ט 9 성문이 땅에 묻히며
빗장이 꺾여 훼파되고
왕과 방백들이 열방 가운데 있으며

율법 없는
그 선지자들은
여호와의 묵시를 받지 못하는도다
י 10 처녀 시온의 장로들이

땅에 앉아 잠잠하고
티끌을 머리에 무릅쓰고
굵은 베를 허리에 둘렀음이여
예루살렘 처녀들은
머리를 땅에 숙였도다
כ 11 내 눈이 눈물에 상하며
내 창자가 끓으며
내 간이 땅에 쏟아졌으니
이는 처녀 내 백성이 패망하여
어린 자녀와 젖먹는 아이들이
성읍 길거리에 혼미함이로다
ל 12 저희가 성읍 길거리에서
상한 자처럼 혼미하여 그 어미의 품에서
혼이 떠날 때에
어미에게 이르기를
곡식과 포도주가

7 The Lord has rejected his altar; (3+2)
he has disowned his holy place.
He has delivered into the hand of the enemy (3+2)
the walls of her palaces.
They have given voice in the house of the Lord, (4+2)
as on a day of festival.
8 The Lord determined[a] to lay in ruins (3+3)
the wall of the daughter of Zion.
He stretched out a measuring line – (2+2+2)
he did not return
his hand from swallowing up.
Indeed he caused rampart and wall to lament; (3+2)
they languish together.
9 Her gates have sunk to the ground; (3+3)
[a]he has ruined and shattered[a] her bars.
Her king and her officials (are) among the nations; (3+2)
[b]there is no law.[b]
Even her prophets (2+4)
have not found a vision from the Lord.
10 They sit[a] on the ground, they are silent,[b] (3+2)
the elders of the daughter of Zion.
They throw dust on their heads; (3+2)
they put on sackcloth.
They bow their heads down to the ground, (3+2)
the virgins of Jerusalem.
11 My eyes are worn out by weeping; (3+2)
my inward parts are in turmoil.
My liver[a] is cast down to the ground (3+3)
because of (the) shattering of (the) daughter of my people,
Because infants and nursing babes faint (3+2)
in the open places of the city.
12 They say to their mothers, (2+3)
"Where is (the) grain and wine?"
as they faint like wounded men (2+2)
in the open places of the city,
as their lives are poured out (2+3)

어디 있느뇨 하도다
מ 13 처녀 예루살렘이여 내가 무엇으로
네게 증거하며 무엇으로 네게 비유할꼬
처녀 시온이여
내가 무엇으로 네게 비교하여
너를 위로할꼬
너의 파괴됨이 바다 같이 크니
누가 너를 고칠소냐
נ 14 네 선지자들이 네게 대하여
헛되고 어리석은 묵시를 보았으므로
네 죄악을 드러내어서
네 사로잡힌 것을 돌이키지 못하였도다
저희가 거짓 경고와
미혹케 할 것만 보았도다
ס 15 무릇 지나가는 자는
다 너를 향하여 박장하며
처녀 예루살렘을 향하여
비소하고 머리를 흔들며 말하기를
온전한 영광이라, 천하의 희락이라 일컫던 성이
이 성이냐 하며
פ 16 너의 모든 원수는
너를 향하여 입을 벌리며
비소하고 이를 갈며
말하기를 우리가 저를 삼켰도다
우리가 바라던 날이 과연 이 날이라
우리가 얻기도 하고 보기도 하였다 하도다
ע 17 여호와께서 이미 정하신
일을 행하시고
옛날에 명하신 말씀을 다 이루셨음이여
긍휼히 여기지 아니하시고 훼파하사
원수로 너를 인하여 즐거워하게 하며
너의 대적의 뿔로 높이 들리게 하셨도다
צ 18 저희 마음이 주를 향하여 부르짖기를
처녀 시온의 성곽아
눈물을 강처럼 흘릴지어다
너는 밤낮으로

on their mothers' bosom.
13 What can I repeat to you[a] – (2+3+2)
what can I compare for you,
O daughter of Jerusalem?
[b]What can I liken for you that I may comfort you,[b] (4+3)
O virgin daughter of Zion?
For great as the sea[c] is your shattering. (4+3)
Who can heal you?
14 Your prophets envisioned for you (3+2)
vanity and worthlessness.
Indeed they did not expose your iniquity (4+2)
to avert your captivity.a
Indeed they envisioned for you (2+3)
burdens of vanity and enticement.
15 They clap (their) hands against you – (3+3)
all who pass (your) way.
They hiss and wag their heads (3+3)
against the daughter of Jerusalem.
"Is this the city that [a]was called 'perfection of beauty, (5+3)
the joy of all the earth'?"[a]
16 [a] They have opened their mouth against you – (3+2)
all your enemies.
They hiss and they gnash (their) teeth: (3+2)
they say, We have swallowed (her) up.
Surely this is the day we have waited for!(4+2)
We have found (it)! We have seen (it)!"
17 The Lord has done what he purposed: (4+2)
he has carried out his word,
which he commanded from days of old: (4+3)
he has thrown down and not shown pity.
And now (the) enemy rejoices over you: (3+3)
he has raised up the horn of your foes.
18 Their heart[a] cried out to the Lord: (4+3)
"O wall of the daughter of Zion,
make tears descend like a torrent (3+2)
day and night.

스스로 쉬지 말고
네 눈동자로 쉬게 하지 말지어다
ק 19 일어나 부르짖을지어다
밤 초경에
네 마음을 주의 얼굴 앞에
물 쏟듯 할지어다
각 길머리에서 주려 혼미한
네 어린 자녀의 생명을 위하여
주를 향하여
손을 들지어다 하였도다
ר 20 여호와여 감찰하소서
뉘게 이같이 행하셨는지요
여인들이 어찌 자기 열매
곧 손에 받든 아이를 먹으오며
제사장들과 선지자들이
어찌 주의 성소에서 살륙을 당하오리이까
ש 21 노유는 다 길바닥에
엎드러졌사오며
내 처녀들과 소년들이
칼에 죽었나이다
주께서 진노하신 날에 죽이시되
긍휼히 여기지 아니하시고 살육하셨나이다
ת 22 주께서 내 두려운 일을 사방에서 부르시기를
절기에 무리를 부름 같이 하셨나이다
여호와께서 진노하신 날에
피하거나 남은 자가 없었나이다
내 손에 받들어 기르는 자를
내 원수가 다 멸하였나이다.

Do not give yourself relief; (4+4)
do not let grow still (the) daughter of your eyes."
19 Arise! Cry loudly in the night[a] (3+2)
at the beginning of the watches.
Pour out your heart like water (3+3)
before the presence of the Lord.
Lift up your hands to him (3+3)
for the lives of your little ones,
[b]who are fainting from hunger (2+3)
at the head of every street.[b]
20 Look, O Lord, and consider: (3+3)
whom have you ever treated thus?
Should women eat their offspring, (4+2)
the little ones of their tender care?
Should one be killed in the sanctuary of the Lord, (4+2)
priest and prophet?
21 They lie in the dust of the streets, (3+2)
young and old.
My virgins and my choice men (2+2)
[a]have fallen by the sword.[a]
You have killed on the day of your anger;(3+3)
you have slaughtered without[b] pity.
22 You invited as to the day of an appointed feast, (3+2)
my terrors[a] on every side.
And there was not on the day of the Lord's wrath (5+2)
fugitive or survivor.
Those whom I tenderly care for and raised,(3+2)
my enemy has made an end of them.

원문주해

1.a. 알브렉손(*Studies in the Text and Theology*, 85-86)은 이 하팍스 레고메논이 아마도 아브(עב, "구름")에서 유래한다고 지적한다. 하지만 일부 다른 주석가들은 그것이 "비난하다"나 "욕하다"에 대한 아랍어 어근에서 유래한다고 믿는다. 70인경과 옛시리아어역은 알브렉손의 주장을 지원한다.

2.a. 70인경과 맛소라텍스트는 로(לא – 로, "not")를 독법한다. 케레(Qere)와 옛시리아

어역의 일부 사본들, 탈굼역, 벌게이트역은 ולא, "and not"을 독법한다. 양 독법이 가능하기는 하지만 이 주석은 후자의 독법을 따른다. 간단한 논의를 위해서는 Gordis(169)를 보라.

2.b. 벌게이트역은 비르지니스(*virginis*, בתולת – 뻬툴라트)라고 읽는다. 어느 다른 고대의 역본도 이 독법을 제기하지 않는다.

2.c. 알브렉손(Albrektson, *Studies in the Text and Theology*, 88)은 "70인경 에베벨로세(ἐβεβήλω)와 T אפים(입피스)와 달리, 시리아 번역은 히브리 단어를 정동사로 간주하지 않고 그것을 '찌르다, 죽이다'(חלל – 하랄)의 형태로 발음했다(참조. 2:12 4:9)"고 지적한다. 그는 "그 번역자가 이 단어 첫 부분의 מ을 이전 단어의 마지막 문자로 읽었다"고 제기한다. 다른 사본의 증거가 없는 것으로 보아서 알브렉손의 결론이 인정되고, 맛소라텍스트를 계속 사용할 수 있다. 반대적인 관점에 대해서는 Dahood, *Bib* 59(1978) 179-80을 보라.

2.d. 70인경은 옛시리아어역처럼 바실레아 아우테스(βασιλέα αὐτῆς, "그녀의 나라")라고 독법한다. 알브렉손은 옛시리아어역의 독법이 "앞부분의 מ이 이전 단어와 연관되어 있고…그 나머지가 멜라케하(מַלְכָּהּ)을 가리킨다"고 믿는다(*Studies in the Text and Theology*, 89). 고틀리브(Gottlieb, *Study on the Text*, 24-25)는 문맥상의 난해함과 맘라카(ממלכה)란 단어에 대한 개인적인 의미인 '왕'이 구약성경의 다른 구절에서 확실하게 나타나지 않는다는 사실에 기초하여 그 의미가 여기 애가 2:2에서 나타나고 있을 가능성은 없어 보인다"고 믿는다. 알브라이트(Albright, *HUCA* 23[1950-51] 34), 다후드(*Bib* 59[1978] 179), 그리고 힐러스(Hillers, [1992] 93)는 "그녀의 왕"으로 읽는다. 알브렉손과 고틀리브의 논증으로 볼 때 맛소라텍스트의 독법이 바람직해 보인다.

3.a. 70인경, 옛시리아어역, 그리고 일부 벌게이트 사본들은 "그의 진노"(אַפּוֹ – 압뽀)로 독법하고, 이 독법이 여기서 채택된다.

6.a. 70인경은 호스 암펠론(ὡς ἄμπελον, "포도처럼, 포도원")이라고 독법한다. 이 독법이 가능하기는 하지만 맛소라텍스트보다 더 분명하지는 않다(Gottlieb, *Study on the Text*, 28을 보라).

8.a. 70인경은 카이 에페스트렢센(καὶ ἐπέστρεψεν, "그리고 그가 돌아서셨다")이라고 독법한다. 번역자가 ה을 ח으로 착각했을 가능성이 있다. 알브렉손(Albrektson)의 *Studies in the Text and Theology*, 100-101을 보라.

9.a-a. *BHS*는 이 행(스티치)이 세 단어를 갖지만 한 소절에서 두 번째 행에 대한 규칙적인 운율이 오직 두 단어를 갖는다고 지적한다. 따라서 그것은 한 단어를 삭제하게 만든다. 하지만 그러한 절대적인 일관성을 전체적으로 애가서에 반영할 수는 없기에 맛소라텍스트의 독법을 유지할 수 있다.

9.b-b. 엔 또라(אין תורה, "율법이 없다"). 탈굼역은 이 어구를 원인적, 즉 "율법을 따르

지 않았기 때문에"라고 만든다. 그것은 황폐화에 대한 이유를 해석해준다. 고틀리브(*Study on the Text,* 30)도 이 어구를 제사장적 교훈으로 이해하지만 그는 텍스트를 수정하는 것은 불필요하다고 본다.

10.a. 맛소라텍스트는 미완료 예쉐부(יֵשְׁבוּ)로 독법하지만, 70인경, 옛시리아어역, 그리고 벌게이트역은 완료 야쉐부(יָשְׁבוּ)라고 독법한다. 그것이 번역상에서 의미 있는 변화로 귀결되지는 않는다.

10.b. 따맘(דמם)은 "잠잠한"이나 "애곡하는"을 의미할 수 있다(BDB, 199을 보라). 서로 반대적인 논증에도 불구하고(McDaniel, *Bib* 49[1968] 38-40을 보라), 고틀리브(*Study on the Text,* 31-32)는 문맥이 "잠잠한"에 가장 잘 맞는다고 결론짓는다.

11.a. 께베디(כְּבֵדִי, "내 간"(BDB, 458을 보라). 70인경은 독사 무(*δόξα μου,* "내 영광")라고 독법하고, 이는 옛시리아어역이 따르는 독법인 께보디(כְּבֹדִי)를 번역한 것을 의미한다(Kraus, 38을 보라). 알브렉손은 이 부분을 "매우 자연스러운 실수"라고 생각하고(*Studies in the Text and Theology,* 105), "간"을 "나의 내적 부분"(מעי - 메아이)과 자연스러운 평행으로 여긴다.

13.a. 케레(Qere)는 아유데카(אעודך עוד으로부터의 칼 미완료 일인칭 단수, "내가 증거하다")라고 독법한다. 벌게이트역은 콤파라보 테(*comparabo te,* אערך - 예에로크, "내가 비교할 것이다")라고 독법한다. 이런 가능성은 난해한 맛소라텍스트 독법을 더 쉽게 만들려는 노력의 일환인 것으로 보인다(Gottlieb, *Study on the Text,* 32; Albrektson, *Studies in the Text and Theology,* 107-8을 보라).

13.b-b. 70인경은 티스 소세이 세 카이 파라칼레세이(*τίς σώσει σε καὶ παρακαλέσει,* "누가 너를 구원하며 위로할 것인가?"라고 독법하는데, 이는 미 요쉬아 라크 베니하메카(מי יושיע לך ונחמך)에 상응한다. 루돌프(Rudolph, *ZAW* 56[1938] 108)는 70인경이 맛소라텍스트의 더 자유로운 번역을 하고 있다고 주장하지만, 지글러(Ziegler)의 주장을 따르는 알브렉손(*Studies in the Text and Theology,* 109)은 본래의 70인경의 변질을 제기한다. 다시 한번 변이형은 난해한 맛소라텍스트 독법을 쉽게 해석하게 위한 시도인 것으로 보인다.

13.c. 70인경은 포테리온(*ποτήριον,* "잔")을 까이얌(כים, "바다")로 독법한다. 따라서 꼬스(כוס)는 까이얌(כים)으로 읽혀진다. 70인경은 "잔"을 황폐화의 상태에 대한 직유라기보다는 하나의 의미로 취급한다.

14.a. "네 사로잡힌 것"에 대한 독법은 케레보다는 케디브(Kethib)를 번역하고 있다(Hillers, [1992] 95; Westermann, 142을 보라). 반대편 견해에 대해서는 Provan, 73-74; Keil, 394; Albrektson, *Studies in the Text and Theology,* 111을 보라.

15.a-a. *BHS* 와 몇몇 주석가들은 이 구절이 시편 48:3(ET 48:2)을 인용하고 있기 때문에 이 소절이 너무 길다고 생각한다(*ZAW* 56[1938] 108). 알브렉손은 올바르게 이렇

게 진술한다. "저자가 예루살렘에 대한 구분되는 칭호를 인용하고 있다는 사실이 예외적인 길이를 갖게 된 충분한 이유가 될 것이다"(*Studies in the Text and Theology*, 114).

16.a. 일부 히브리, 헬라, 옛시리아어역들은 פ-ע 알파벳 순서를 유지하기 위해서 2:16과 2:17을 바꾸어놓는다. 렌케마(48)는 통상적인 알파벳 순서를 저자가 깨뜨림으로써 1장과 2장간의 분명한 구분을 만들었다고 설득력 있게 주장한다. 그렇지 않았다면 사실상 서로 장을 바꾸어놓을 수 있었을 것이다.

18.a. *BHS*와 몇몇 주석가들은 이 단락의 문맥 속에서 이 소절을 번역하는 것이 아주 난해함을 발견한다. 따라서 어떤 강력한 텍스트적 증거가 없음에도 불구하고, 그들은 이 소절이 변질되었다고 보고 수정을 제기한다. 이 단락이 모호하기는 할지라도, 이것은 아마도 텍스트의 변질이 아니라 독특한 문학적 형식을 반영할 것이다. 난해함에 대한 개요를 위해서는 Gottlieb, *Study on the Text*, 35-37을 보라. 제기된 수정에 대해서는 Albrektson, *Studies in the Text and Theology*, 115-18을 보라.

19.a. 케레는 통상적인 형태의 스펠링을 반영하는 바라엘라(בַלַּיְלָה)로 독법한다.

19.b-b. 많은 주석가들은 이 소절을 삭제한다. 이 소절이 2장에 다른 구절들보다 이 구절을 더 길게 만들기 때문이다. 1장(1:7)도 네 소절의 구절을 갖고 있기 때문에, 네 소절의 구절이 있다는 것은 난외주나 첨가라기보다는 저자의 본래의 형태적인 결정이었을 것이다.

21.a-a. 70인경은 이 소절을 에포류데산 엔 아이크말로시아 엔 롬페이아 카이 엔 리모(*ἐπορεύθησαν ἐν αἰχμαλωσίᾳ ἐν ῥομφείᾳ καὶ ἐν λιμῷ*, "그들이 포로로, 검으로, 기근으로 사라졌다")로 독법하여 이 소절을 확장시킨다. 프로반은 이 독법이 20절과 21절을 더 긴밀하게 연결하려는 시도를 반영한다고 주장하고(78), 알브렉손은 이 독법을 "주관적인 헬라어의 변질의 또 다른 사례"라고 생각한다(*Studies in the Text and Theology*, 123).

21.b. 많은 옛시리아어역, 라틴역, 그리고 아람어역의 사본들이 ולא, "and not"라고 독법한다. 의미상의 중요한 변화가 발생하지 않는다.

22.a. 70인경은 파로이키아스 무 큐클로덴(*παροικίας μου κυκλόθεν*, "나의 체류자")이라고 독법하고, 이 텍스트를 두려운 일을 부르는 것이 아니라 연회에 참석하도록 하나님이 체류자들을 부르는 것으로 읽는다. 맛소라텍스트는 예레미야서에서 유사한 텍스트들을 연관시키므로(렘 6:25; 20:3, 10; 46:5; 49:29), 맛소라텍스트의 독법을 유지해야 한다. Albrektson, *Studies in the Text and Theology*, 124-25과 Gottlieb, *Study on the Text*, 37-38을 보라.

양식/구조/배경

애가 2장의 양식, 구조, 배경을 접근하는 일은 해석자들이 애가서 1장의 설명을 유념하고, 이 두 번째 시의 특별한 자료를 고려하는 것을 필요로 한다. 이런 관찰은 먼저 단순해보일지 몰라도, 몇몇 전문가들이 애가서를 본질적으로 개별적인 다섯 시로 다루거나, 한편으로 애가서 1장과 2장을 본질적으로 동일한 것으로 독법한다는 것을 상기할 때, 그렇게 단순하지 않다. 애가서 2장은 나름대로의 창조적인 성취로 특징지어지는 독특한 양상을 갖고 있지만 이 양상은 전체적으로 이 책의 메시지의 움직임을 생산하는 방식으로 다른 네 장들과 상호작용하는 단편 작품이게 만드는 공통된 특징들을 갖고 있다.

애가서 1장에서처럼, 애가서 2장은 단일한 문학 형태로만 구성되어 있지 않다. 애가서 2장은 장송곡, 공동체적 애가, 그리고 개인적 애가의 요소를 담고 있다. 이 요소들은 아주 세심하게 병합되어 있어서 전체적인 해석에 영향을 미치지 않고는 손쉽게 따로 떼어놓을 수 없다. 여전히 도성 파괴의 끔찍한 결과에 대한 묘사와 같은 그러한 장송곡적 요소들(2:11-12, 20-22)과 이스라엘의 패배에 대한 주님의 궁극적인 책임과 같은 그러한 비탄적 요소들(2:1-10, 17), 그리고 도움을 위한 백성들의 간구(2:20-22)는 충분히 명백하다. 하지만 그것은 어떤 장송곡적 요소들을 상실하고 있는데, 그 중에 가장 눈에 띄는 것은 리나펠트(Linafelt)가 지적한 것처럼 "어떤 이가 죽었다는 선언이 없다"(*Surviving Lamentations*, 36, 38). 하지만 매우 장례에 가까운 특징이 나타난다. 유사하게 의미 있는 비탄적 특징들이 부재한데, 그 중에 가장 중요한 것은 과거에 하나님이 베푸신 은혜에 기초한 하나님의 미래의 구원하시는 행위를 믿는 것에 대한 분명한 진술이 없다. 그러한 "결함"은 그 시가 다른 특징을 갖고 있는 시라고 인정한다면 단순히 구분지어지는 차이일 뿐이다. 이 텍스트는 문학적 형태와 기술의 훌륭한 조합을 갖고 있다. 장송곡적 요소들은 예루살렘을 죽었다고 선언하지 않고서도 장례적인 분위기를 가져오는 반면에 비탄적인 요소들은 시의 화자들(아래를 보라)이 하나님과 백성들과의 관계에 무너진 상태에 대한 결과를 논할 수 있게 한다.

애가서 1, 3, 4장처럼, 애가서 2장은 알파벳 순서를 따른 이합체 시이다. 그것은 아인-페의 순서를 서로 바꾼 것을 제외하고는 애가서 1장과 동일한 형태를 사용한다. 이합체 시의 목적은 의도적으로 철저한 묘사나 논증을 창출하는 것이다. 단순히 기억을 돕기 위한 도구로 시를 만드는 것이 아니다. 애가서 1장은 "슬프다 어찌 이

성이 적막히 앉아 있는고!"(1:1)라는 처절한 묘사를 제공한다. 애가서 2장은 "슬프다 주께서 어찌 그리 진노하사 처녀 시온을 구름으로 덮으셨는고"(2:1)를 조명하기 위해서 이 묘사에 살을 보탠다. 하나님은 첫 여덟 구절에서만 28번이나 나타나는 벌 지향적인 동사의 주어다. 하나님이 행하신 일임을 요란하게 떠드는 것은 일련의 불만이 아니라 사실에 대한 철저한 진술이다. 애가서 2:11-19은 고통을 야기하는 예루살렘의 곤경과 관련한 이유들을 묘사한다. 알파벳순서는 독자들 앞에서 전개되는 하나님의 행위와 그 영향에 관한 놀랄 정도로 완전한 묘사를 담고 있다.

통상적으로 시편과 관련한 이런 형식적인 양상 이외에도 애가서 2장은 예언적인 형태와 특별한 유사성을 갖고 있다. 애가서 1장처럼 이 시는 교대로 나오는 화자로 특징짓는다. 그러한 교대적인 화자는 예레미야 2-6, 8:4-10:25, 11-20만이 아니라 스바냐서와도 아주 유사하다. 애가서와 예레미야와 스바냐서와 같은 책에서 발견할 수 있는 신학은 매우 유사한 것이 사실이다.

이런 유사성은 2장에서 강화된다. 이제 세 화자가 나타나거나, 이전 시의 두 화자 중에 한 사람이 새로운 역할을 취한다. 다시 한번 내레이터는 2:1-10에서 삼인칭의 간접 화법으로 예루살렘의 상황을 설명한다. 전처럼, 예루살렘은 2:20-22에서 일인칭의 화술로 직접적으로 야훼를 호칭한다. 이런 단락들 사이에서 삼인칭 용어로 예루살렘에 관해 언급하는 것으로 보이는 일인칭 화술이 있다(2:11-12). 또한 예루살렘을 직접적으로 호칭하는 일인칭 화술도 있다(2:13-19). 2:11-19의 화자는 예루살렘에 커다란 동정심을 갖고 있고, 따라서 예루살렘이 주님을 찾으라고 촉구한다(2:18-19). 수사학적인 기술에서 이런 전환을 설명하기 위해서 학자들은 내레이터가 도성의 관점으로 바뀌어졌고(K. M. O'Connor, *Lamentations and the Tears of the World*, 31-34), 주님은 이제 예루살렘에 말하고 있으며(Gerstenberger, [2001] 487-89), 또는 예루살렘이 2:11-12에서 말하고 있으며, 내레이터는 2:13-19에서 말하고 있다(Miller, "Poetry and Personae," 111-15)고 주장했다.

리(Lee)는 자신의 주장에서 더 담대하다. 그녀는 애가서 2장과 다소 덜하지만 애가서 1장이 예레미야 4, 8, 10장과 수사적으로 아주 밀접하여 2:1-9에서의 화자를 예레미야로 2:20-22의 화자를 "예루살렘의 시인"으로 동일시할 수 있다고 주장한다(*Singers of Lamentations*, 132-62). 그녀는 예레미야 4, 10장과 애가서 1-2장이 모두 하나님이 어떻게 예루살렘의 함락을 야기하시면서 대적자처럼 부수시는지 그리고 예루살렘의 자녀들이 어떻게 해를 입었는지(161-62)에 초점을 맞추고 있다고 주장한다. 그녀는 "요컨대, 애가서 1장과 2장은 예레미야서의 시들과 그 언급들에서 상당히 연속되는, 특별한 상황의 위기에서 두 시인들이 구두로 발한 것을 암시하는, 수사적 단편에 함께 속해 있다"고 결론짓는다(162). 그녀의 세심한 언어적 작업은 적어도 애가서 2장을 예레미야서의 배경과 대비하여 읽어야한다는 것을 보여주며, 아래의 주석은 그녀의 통찰력을 상당히 활용하기를 시도할 것이다.

이 이합체 시는 장송곡, 비탄, 그리고 예언적인 대화의 요소를 포함한다. 그것은 관련되어 있지만 거의 동일하지는 않은 문학적 형태를 하나님의 진노와 이스라엘에 미친 영향에 관한 포괄적인 진술로 통합시킨다. 그것은 1장에서 발견할 수 있는 양상들을 취하고 그것들을 강화시키고 확장시킨다. 이는 묘사와 간구에서 고충과 토로로 주제가 이동하게 만든다. 애가서 1장과 2장은 "어찌"(איכה, – 에카, "슬프다" – 한글개역)로 시작하고, 각기 세 소절로 구성된 22개의 절을 갖는다. 1장과 2장 모두 화자가 바뀌고 있고, 독립적인 시적 단편이 될 수도 있다(K. M. O'Connor, *Lamentations and the Tears of the World,* 30-31). 동시에 1장과 2장은 묘사에서 긴급한 기도로 이 전체 책의 일관된 움직임에 기여할 만큼 충분히 다르다.

위에서 주목한 화자의 변화를 볼 때, 이런 변화에 따른 이 장의 구조를 살펴보는 것으로 시작함이 가장 좋을 것이다. 애가서 2:1-10은 하나님이 이스라엘에 행하신 것을 분명하게 설명하고 있고, 이는 1:21이 "주께서 반포하신 날"로서 묘사한 것을 설명하는 것으로 기능한다. 이 항목은 예루살렘에 대한 이 날의 영향에 관한 묘사로 끝난다. 베스터만(Westermann, 159-60)과 오크너(K. M. O'Connor, *Lamentations and the Tears of the World,* 31-35)는 2:1-10을 일련의 고충토로(비판)로 간주할지라도, 게르스텐버거(Gerstenberger, [2001] 485-87)와 힐러스(Hillers, [1992] 102-6)가 이 구절들을 분명한 신학적 묘사로 취급하고 있는 것은 옳다. 이인칭의 호칭은 비판적인 화술로 더욱 보이지만, 삼인칭의 화술이 그러한 역할로 나타나는 것이 불가능하지는 않다. 2:1-10에서 하나님이 행하신 것은 자비를 보이지 않으시고(2:1-3), 이스라엘을 대적자처럼 다루시며(2:4-5), 성전(2:6-7), 도성의 방비(2:8-9a), 그리고 민족의 지도자들(2:9b-10)을 아무것도 아닌 것으로 여긴 것을 포함한다. 존슨(Johnson)은 이 부분을 "사실적인 절반"으로 생각하고, 2:11-22은 이 시의 "해석적인 절반"이라고 여긴다(*ZAW* 97[1985] 64-65).

애가서 2:11-19은 2:1-10과 2:20-22과 충분히 따로 떼어놓기가 쉽지만 그것의 구체적인 요소들에서는 꽤 논쟁적이다. 밀러(Miller, "Poetry and Personae," 111-15)가 지적한 것처럼, 대부분의 학자들은 이 단락에서 "내"(I)가 내레이터라고 생각하지만 그와 몇몇 다른 학자들은 예루살렘이 2:11-12의 화자이고, 내레이터는

2:13-19에 화자라고 생각한다. 물론 이런 접근은 오직 두 화자가 1장과 2장에 존재한다는 견해에 기초하고 있다. 게르스텐버거는 이런 일치를 반대하고 세 번째 화자를 주장하는데, 바로 하나님이 이 화자라고 결론짓는다([2001] 487).

세 번째 화자가 억측인 것은 세 가지 이유로 인해 타당성이 있다. 첫째로 내레이터가 변화를 나타내는 조정하는 말이 없이 삼인칭에서 일인칭의 화술로 바꾸고 있을 것 같지 않아 보인다. 오코너(K. M. O'Connor)는 2:1-10이 이런 전환을 준비하고 있지만(*Lamentations and the Tears of the World*, 31-35), 2:1-10의 수사법은 이런 결론을 보증하지 않는다고 생각한다. 여전히 그녀가 2:11-22이 2:1-10과 다르다고 주장한 것은 옳다. 둘째로 리가 주장한 것처럼, 2:11-22의 언어는 예레미야서에서 발견할 수 있는 두 사람의 예언적 대화에 매우 가깝다. 리(Lee, *Singers of Lamentations*, 132-62)가 2:1-10을 예레미야서와 형태상 매우 밀접하다고 생각할지라도, 그녀는 2:11-22과 그 선지자의 스타일간의 더 많은 유사성들을 발견한다. 셋째로 3장은 고난을 당했던 이에 의한 일인칭 화술로 시작하지만 이스라엘이 하나님이 행하신 것에 반응하는 방법을 조언한다. 2장과 3장에서 두 비예루살렘 일인칭 화자는 동일한 자일 가능성이 있다.

이 구분에서 목소리들을 식별하는 일이 어려움에도 불구하고, 이 구절들의 메시지는 분명하다. 화자는 예루살렘의 자녀들의 운명에 특별한 관심을 기울이면서 자기 백성들의 파멸을 슬퍼하고 있다(2:11-12). 그 다음에 화자는 거짓된 선지자에 대한 이스라엘의 수용과 경멸의 대상으로서 이스라엘의 위치를 애통해 한다(2:13-17). 마지막으로 화자는 백성들에게 주님께로 돌아설 것을 조언한다(2:18-19). 여기서 하나님이 화자라는 게르스텐버거의 주장은 호소력이 있을지라도, 그 인물의 애곡과 조언은 선지자들을 더 밀접하게 만든다. 여기서 신원을 밝히는 일이 문제가 없는 것은 아니지만, 이런 결론이 리의 분석에서 그럴듯하게 주어진다. 애가서 2:20은 처음에 1:9c와 1:11c에서 나타난 "감찰하다, 보다"(ראה - 레예)라는 "호소/요청"을 사용한다. 이 사실은 여기서 화자를 예루살렘으로 동일시한다. "내 처녀들과 소년들"(2:21)과 "두려운 일"(2:22)이란 언급은 동일한 결론을 위한 문맥상의 증거를 제공해준다. 1:20-22처럼, 2:20-22은 야훼가 "감찰하실" 것을 요청한다. 하지만 1:20-22은 죄를 인정하고 하나님께 대적들을 심판하실 것을 요청하는 반면에, 2:20-22은 하나님이 누구를 심판하셨는지 그리고 그가 얼마나 끔찍하게 그리 행하셨는지를 생각하실 것을 하나님께 요청한다. 두 본문들은 하나님의 "날"(יום - 욤, 1:21 2:22)을 언급함으로써 이 차이점들이 그 "날"에 대한 다양한 의미를 살필 수 있게 만든다. 실로 2:1은 하나님의 "날"로 그 시를 시작해서, 2:22은 이 사건에 대한 언급으로 그 단편을 결론짓는다. 전체 시는 이런 주제를 유념하여 읽어야 한다(2장의 주석을 보라).

전환적인 화자에 기초한 이런 분명한 구조적 골격 이외에도, 시인은 1장에서처럼 대칭으로 맞물린 수사적 방법을 사용한다. 렌케마(Renkema, 307-8)는 다음과 같은 연결 상태를 주목한다.

2:1과 2:22은 "그의 진노의 날"을 강조한다.
2:2과 2:21은 하나님이 자비가 없음을 언급한다.
2:3과 2:20은 "강렬한" 이미지를 포함시킨다.
2:4과 2:19은 "붇다"라는 어구를 사용한다.
2:5과 2:18은 "주/아도나이"의 사용에 의해 연결된다.
2:6과 2:17은 "주/야훼"라는 이름을 사용한다.
2:7과 2:16은 이스라엘의 대적자들을 언급한다.
2:8과 2:15은 "딸"이란 용어를 사용한다.
2:9과 2:14은 선지자와 묵시(비전)를 언급한다.
2:10과 2:13은 "시온 딸"을 언급한다.
2:11과 2:12은 거리에서 혼절함을 묘사한다.

이런 유사성은 너무 두드러져서 단지 우연일 수가 없다. 따라서 시인은 일관된 전체를 창출하기 위해서 이합체의 패턴과 전개의 화법에 대칭적인 수사적 연결을 추가시킨다.

이런 구조적 언어적 특징들이 구조의 통일성을 형성하기에 충분하지 않았다고 여긴 것처럼, 시인은 애가서 1장을 애가서 2장과 연관시키는 주제적 강조를 포함한다. 첫째로 1:21c은 하나님이 이 약속된 "날"을 가져오셨다고 주장한다. 그것은 이사야, 아모스 그리고 다른 곳에서 야훼의 날로 경고했던 것과 다름이 없다. 그때에 2:1은 "그의 진노의 날"로 하나님의 진노의 구름을 설명함으로써 이런 강조를 계속한다. 마지막으로 2:22은 예루살렘이 "주님의 진노의 날"을 경험했던 사실로 이 시를 결론짓는다. 둘째로 2:20은 1:9c, 1:11c 그리고 1:20을 반영한다. 하나님께 일어났던 일을 "감찰하시고"(ראה - 레에) 그 상황을 바꾸시도록 간구함으로써 말이다. 이런 탄원은 흥미로운 긴장을 형성한다. 예루살렘은 자신이 죄가 임한 "날"을 야기하였다(1:18-22)는 사실을 알고 있지만 그 재앙을 가져오신 바로 그 하나님이 그가 행하셨던 일을 "감찰하실" 것을 요구하고 있기 때문이다. 셋째로 1장에서 동일한 파괴의 이미지의 상당수가 2장에서 다시 나타난다. 벽이 쓰러지고 예배가 일소되며, 사람들이 없어짐은 1:1-11과 2:1-10에서의 내레이터의 언급에서 특히 나타난다.

시인은 구조적, 언어적, 주제적 요소들을 독자적으로 설 수 있으면서도 연관된 전체의 다음 단계로서 기능할 수 있는 시를 만들기 위해서 사용한다. 이런 결론에 관한 몇 가지 가능한 의미가 있다. 애가서 2장은 한탄과 고백과 탄원의 기도의 다섯 부분의 실행에서 두 번째 부분으로 기능한다. 또한 애가서 2장은 주의 날이 왔다는 것을 인식하고 하나님께 그 "날"과 관련한 예상치 못한 공포에 떨고 있는 예배자들의 감정을 감안하여 "감찰하시고" 행하실 것을 요청하는 기도로 독자적으로 설 수 있다. 그때에 애가서 2장은 불평, 고백, 회개, 그리고 대처의 보다 진전되고 연관된 양상들을 다루는 다른 시들로 이끈다.

2장은 교대적인 화자에 기반한 세 항목으로 나뉜다: 주님이 "그의 진노의 날"에 진노의 구름으로 어떻게 예루살렘을 덮었는가를 내레이터가 묘사하는 1-10절, 선지자 예레미야와 같은 소리가 도성의 화에 대한 슬픔을 표현하고 도성이 도움을 위해 하나님께 외칠 것을 조언하는 11-19절, 그리고 진노의 날에 선택된 백성에게 어떤 공포를 가져오게 하셨는지를 하나님이 "보시도록, 감찰하시도록" 예루살렘이 요청하는 20-2절. 이 주요한 항목들은 몇 가지 하부 항목들을 갖는다. 2:1-10에서 본문은 하나님의 무자비한 공격(1-3절), 대적과 같이 이스라엘을 다루시는 하나님(4-5절), 그리고 성전(6-7절), 방비(8-9a), 그리고 지도자들(9b-10절)을 아무것도 아닌 것으로 여기시는 하나님을 강조한다. 2:11-19에서 화자는 예루살렘의 자녀들의 끔찍한 운명(11-12절)을 주목하고, 거짓 선지자들에 대한 이스라엘의 신뢰와 열방들의 조소거리로서의 이스라엘의 모습을 후회하며(13-17절), 예루살렘이 주님께 호소할 것을 촉구한다(18-19절). 2:20-22에서 예루살렘은 자녀들, 제사장, 그리고 선지자(20절)의 고난을 주목하고, 마지막으로 진노의 날의 완전한 참화를 언급한다(22절). 처음부터 끝까지 이 시는 하나님의 직접적이고 의도적이며 무제한적인 심판을 경험하는 일이 무엇을 의미하는지를 살핀다. 또한 묘사에서(2:1-10) 우려와 조언(2:11-19), 하나님께 대한 직접적인 호소(2:20-22)로 독자들을 이동시킨다.

애가서 1장의 배경에 대해 언급했던 것은 애가서 2장에도 적용된다. 전통적으로 학자들은 이 시가 587 B.C.E.의 예루살렘 파괴 직후에 일반적으로 만들어졌다고 연대를 매기지만(예를 들어, Haller, 93; Wiesmann, 146; Weiser, 322; Kraus, 44; and others), 보다 최근에 전문가들은 정확한 연대를 매기기를 좋아하지 않거나

(Provan, 7-19; Hillers, [1992] 10-15을 보라), 예루살렘의 몰락 바로 직후보다는 다소 후대로 연대를 매겼다(Westermann, 61-63; Renkema, 54-57). 물론 저작자와 전체 책의 연대에 대한 각 학자들의 견해가 이 장에 대한 그들의 견해에 영향을 미친다. 어쨌든 2:7이 있는 것으로 볼 때, 그리고 성전 파괴의 이미지로 볼 때, 적어도 587 B.C.E. 이전 시기의 연대를 사실상 모든 해석자들이 부정한다.

이 장의 내용은 성전 파괴가 있은 지 얼마나 지나서 이 시를 작성하였는지를 결정하는데 별로 도움이 되지 않는다. 분명한 주님의 날의 신학이 나타나지만, 그러한 신학은 587 B.C.E. 이전에도 존재했고, 그 이후에도 계속 이어졌다. 장송곡과 비탄이 적용되었으나, 다시금 이 문학적 형태를 예루살렘 함락 이전과 이후에도 손쉽게 찾아볼 수 있다. 하지만 새로운 성전이나 예루살렘에서의 새로운 활동이 없는 것으로 볼 때, 이 시를 587-515 B.C.E. 사이에 작성되었던 것으로 해석하는 것이 가능하다. 파괴에 관한 묵상을 그것이 발생한 직후에 시작했다고 가정하지 못할 확실한 이유가 없다. 그것을 예레미야 41:4-8이 증거한다. 유배 생활에 대한 언급이 없는 것으로 볼 때, 이 시는 팔레스타인에서 작성되었다고 보아야 할 것이다. '본문'의 배경은 예루살렘 함락과 그 일이 있은 직후의 결과다. 이 주석은 해석적인 설명에서 이런 배경을 강조할 것이다.

주석

[1]-[3] 이 단락은 "진노하사 처녀 시온을 구름으로 덮으셨는고"(2:1a)라고 하나님을 묘사하는 장으로 시작한다. 이런 일반적인 어구와 관련한 사례들이 20개 이상이 2:1-8에 뒤따라 나온다. 이 지배적인 이미지가 바뀔 때에도 그 영향은 동일하다: 이스라엘은 하나님의 진노의 길에 있으므로, 백성들은 그 진노의 완전한 예봉을 견뎌내야만 했다. 결과적으로 이 민족은 육체적으로 감정적으로 소진되어 있었다.

[1] 1:1에서처럼 내레이터는 이 시를 장송곡과 같은 외침인 "어찌"(איכה – 에카, "how", "슬프다" – 한글개역)로 시작한다. 이전 구절이 예루살렘의 소외를 소개하였지만 이 본문은 예루살렘이 혼자 있지만 오로지 '버려진' 것은 아님을 알려준다. 실로 하나님이 그녀를 방문하였지만, 그것은 격렬한 심판으로서이지 구원이나 구조의 행위로서는 아니었다. 사실상 하나님은 진노의 구름으로(יעיב באפו – 야이브 빼압뽀) "예루살렘을 삼키셨거나"(Renkema, 216) 덮으셨다. 따라서 이 진노는 모든 곳

에 있었다. 그것이 그녀(예루살렘)가 보고 느끼고 경험하는 것이다. 예루살렘이 하나님의 선택된 백성 곧 "시온의 딸"일지라도, 주님의 격렬한 진노의 수령자가 되었다. 그들의 특권이 그녀를 방어할 수 없었다. 오히려 그 특권이 그녀를 이런 상태에 두게 했다.

두 가지 파괴적인 어구가 이 일반적인 선언을 뒤따른다. 첫째로 "이스라엘의 아름다운 것을 하늘에서 땅에 던지셨음이여"(2:1b). 렌케마(217)는 주어로서 야훼를 갖는 샬라크(שׁלך)의 히필 용법은 거의 긍정적인 내포를 갖지 않는다는 것을 지적한다. 이 형식은 분명히 주님의 행위를 '의도적인' 것으로 특징짓는다. 예루살렘의 함락은 장엄했다: 하늘에서(משמים – 미샤마임) 땅으로(ארץ – 예레츠). 하지만 이 끔찍한 함락은 치명적이지 않다. 피케(Peake, 313)가 언급하는 것처럼, "하늘로 고양되었던 예루살렘이 땅으로 내던져졌지만, 스올은 아니었다. 그 파괴는 돌이킬 수 없는 것이 아니다." "이스라엘의 아름다운 것"(תפארת ישׂראל – 티페렡 이스라엘)이 떨어졌다. 2:1a에서 "시온의 딸"이란 언급으로 볼 때, 이 아름다움은 예루살렘 자체를 가리키지만(Streane, 368), 예루살렘의 일반적인 아름다움은 성전, 도성의 요새화, 관리들, 대중들, 기타 등등과 같은 몇몇 구체적인 요소들로 구성되었다(Provan, 59). 전체적으로 고려할 때, 예루살렘이 함락되었을 때, 전체 백성의 아름다움이 예루살렘과 함께 떨어졌다.

둘째로 하나님은 "진노하신 날에 그 발등상을 기억지 아니하셨도다." 이 두 어구는 무거운 신학적 무게를 담고 있다. 출애굽기 2:24과 6:5에서 하나님이 족장들과의 언약을 기억할 때, 그는 이스라엘을 위해서 행하셨다. 찬미의 시편(시 98:3)과 역사적으로 반성적인 시편(시 105:8)에서 시인은 이스라엘과의 언약을 절대로 잊으시지 않는 하나님을 칭송한다. 따라서 하나님이 어떤 식으로든 이스라엘을 기억하지 않으신다는 것(ולא זכר – 베로 자칼, "그가 기억지 아니하셨도다")은 하나님과 그들의 관계의 역전 때문에 그 백성들의 운명의 의미 있는 역전이 있음을 특징짓는다. 주님은 "그의 발등상"(הדם רגליו – 하돔 락라브)을 기억하지 아니하셨다.

이 어구가 아마도 시편 99:5, 132:7, 그리고 역대상 28:2에서의 언약궤를 가리킬지라도, 여기서 그것은 일반적으로 도성이나 특히 성전을 가리킨다. 언약궤가 587 B.C.E. 이전에 파괴되었기 때문이다(Hillers, [1992] 97). 이스라엘을 하나님이 기억지 아니하셨다는 것은 수동적인 잊음이 아니다. 하나님이 "그의 진노의 날에"(ביום אפו – 빼욤 압뽀) 예루살렘을 그의 진노의 대상으로 삼으셨기 때문이다. 이 끔찍한 날은 8세기 B.C.E.만큼 아주 이른 시기에 이미 약속되었고(사 2:1-4:1; 암 3-5),

예레미야(렘 4:5-31을 보라)와 스바냐(습 1:3-3:8)에 의해 보다 최근에 경고를 받았다. 1:21이 이미 인식했던 것처럼 이제 그 날이 임했고, 예루살렘은 언약적인 자비의 그 반대로서 그 날을 경험하고 있다.

2 다섯 개 이상의 어절들이 하나님의 진노의 날을 묘사하고 있다. 각각의 어절들은 2:1에 다소 일반적인 용어법보다 진전된 특별한 정의를 사용하고 있고, 각기 하나님이 야기하신 파괴의 완전성을 증거한다.

첫 두 어구는 이스라엘에 대한 주님의 태도가 어떻게 완전히 바뀌었는지를 설명한다: "주께서(아도나이) 야곱의 모든 거처를 삼키시고[בלע אדני – 빨라 아도나이] 긍휼히 여기지 아니하셨음이여[ולא חמל – 베로 하말] ." 첫 번째 동사("삼키시고")는 주어로서 야훼, 아도나이, 또는 엘로힘과 같이 거의 나오지 않는다. 리가 관찰한 것처럼, 이 용어는 어떤 사람을 휩쓸어 버리는 대적자들을 보통 가리킨다. 예레미야 51:34에서 이 동사는 느부갓네살의 예루살렘에 대한 파괴를 묘사한다. 따라서 애가서 2:2은 주님이 대적자들이 통상적으로 하던 방식으로 행하셨다는 것을 가리키고, 또한 주님이 바벨론을 그런 삼키는 일로 보내셨음을 알려준다(Lee, *Singers of Lamentations*, 135). 이 동사(בלע – 빨라, "삼키다")는 이 장에서의 하나님의 심판의 표준적인 방식이 된다(2:2, 5, 8, 16을 보라). 두 번째 동사(חמל – 하말, "긍휼을 보이다")도 마찬가지로 이스라엘에 대한 하나님의 태도의 변화를 반영한다. 요엘서 2:18에서 그 동사는 회개하는 백성들에 대한 하나님의 긍휼을 묘사하고, 역대하 36:15에서 그 동사는 백성들이 변화될 것을 경고하기 위해서 선지자들을 보내시는 주님의 동기와 연관되어 사용된다. 하나님이 긍휼을 베풀지 않으시는 것은 이제 경고하는 선지자를 보내는 시간이 끝났음을 의미한다. 또한 그것은 하나님의 경고하시는 자비가 중단되었음을 가리킨다. 요엘서 2:1-18에서 발견할 수 있는 것과 같은 회개가 발생하지 않았기 때문이다. 이스라엘은 수세기 동안 하나님의 자비를 향유했지만, 이 시점에서는 그렇지 않다.

이런 삼킴과 긍휼이 없음에 따른 결과는 그 나라 전체 국토에 영향을 미쳤다. 야곱의 모든 거처지(כל־נאות יעקב – 꼴 네오트 야아콥)가 심판의 날에 고통을 당했다. 황폐화된 땅은 야훼의 날의 이미지의 전형이므로(욜 1:2-2:11; 암 4:6-13; 습 2:4-15), 여기서 그러한 모습을 발견하는 것은 전혀 놀랍지 않다. 역사적으로 말해서, 이 땅에 바벨론의 침략은 그들이 수도에 이르기 전에 여러 파괴된 도성들과 많은 황폐화된 땅을 발생시켰다. 예루살렘의 화는 오로지 그곳에만 임한 것이 아니었다. 사실상 "유다의 딸"(בת־יהודה – 바트 예후다)이 "시온의 딸"(בת־ציון – 빠트 치욘)

에 고통이 임하기 전에 역시 고통을 당했다.

야곱의 거처지의 황폐화를 묘사하기 위해서 두 익숙한 동사 이미지를 사용한 시인은 이제 또 다른 이미지를 사용하여 "유다의 견고한 성"(מבצרי בת יהודה – 밉체례 빠트 예후다)의 함락을 묘사한다. 하나님은 "진노로 엎으셨다"(הרס בעברתו – 하라스 삐엡라토). 동사 하라스(הרס, "엎다")는 예레미야서에서 다섯 번 나타난다. 그것은 소명 이야기에서 "세우고 뽑으며 파괴하며 파멸하며 넘어뜨리며 건설하며 심게 하였느니라"(렘 1:10)는 하나님의 표제의 일부다. 하나님이 오랫동안 세우셨던 이스라엘을 심판하시는 것을 묘사하는 것이 예레미야 45:4에서 야훼에 의해 사용된다. 이 용어는 예레미야 1:10에서 이런 이스라엘의 부정적인 운명을 다시 바꾸겠다고 약속하시는 본문인 예레미야 24:6, 31:28, 42:10에서 나타난다. 예레미야서 이외에서 그 동사는 말라기 1:4과 시편 28:5 그리고 애가서 2:2b와 거의 동등한 "내가 너의 모든 견고한 성들을 뒤엎겠다"(והרסתי כל מבצריך – 베하라스띠 콜 밉차레카)고 하나님이 말씀하시는 미가서 5:10(ET 5:11)에서 심판에 관한 약속에서 나타난다. 다시 말해서, 내레이터는 주님의 날을 언급하는 본문들과 연관된 동사를 사용한다. 하나님이 미가서, 예레미야서, 시편에서 경고한 대로 엎으셨다.

마지막 두 동사도 2:2을 다른 심판의 텍스트들과 연관시킨다. 하나님이 "땅으로 던지시고"(הגיע לארץ – 힉끼아 라아레츠), 실로 "나라와 방백[ממלכה ושריה – 맘라카 베 사레하]으로 욕되게 하셨다[חלל – 하랄]." 히필 어근에서 첫 번째 동사는 이사야 25:5, 12와 에스겔 13:14에서 심판의 용어의 일부다. 아주 의미심장하게, 이사야 25:12은 애가서 2:2b에 나타나는(מבצרי – 밉체레, "…의 요새[견고한 성]") 형태인 "요새"(ומבצר – 우밉찰)란 말을 포함한다. 두 번째 동사(חלל – 하랄, "더럽히다, 욕되게 하다")는 이사야 43:28, 47:5-6 그리고 에스겔 22:16과 같은 몇몇 처벌에 관한 단락에서 사용된다(Renkema, 226). 이중에 마지막 두 본문은 역사적인 배경으로서 바벨론의 멸망을 포함한다. 마지막으로 시편 89:39-41(ET 89:38-40)은 하나님이 그 왕의 면류관을 얼마나 가치 없게 여기셨는지 그리고 그의 요새를 어떻게 파하셨는지에 대한 진술에서 "욕되게 하다"(חלל – 하랄)와 "요새, 견고한 성"(מבצר – 밉찰)을 포함한다(Lee, *Singers of Lamentations*, 137을 보라). 물론 시편 89편은 예루살렘의 함락을 요약하고 다윗가의 통치의 상실에 관한 언약적 의미를 조명한다. 애가서 2:2c는 587 B.C.E. 이후에 하나님이 무엇을 염두에 두셨는지를 의미하는 이 전승에 가세한다.

따로 떼어놓고 읽을 때, 2:2은 내레이터 편에서 놀람이나 비판을 나타내는 것으로 이해할 수 있다. 하지만 2:1-2의 문맥(주님의 날)과 다른 심판의 본문에서 이와 동일한 말의 용법으로 보건대, 진정한 동정에도 불구하고, 하나님이 선지서와 시편들이 경고하고/약속했던 것에 따라서 행하셨다는 것을 내레이터가 보고하고 있을 것이다. 그러한 보고는 정경적인 문맥에 두었을 때조차도 매우 끔찍하지만, 이 문맥은 배후에 신학적이고 역사적인 근거를 갖고 있음을 보여준다.

3 이 구절의 세 항목들은 이스라엘의 현재의 상황을 역사적/본문적 배경 내에 두는 과정을 계속한다. 내레이터는 율법서, 선지서, 그리고 성문서로부터 가져온 심판의 이미지를 사용하기 때문이다. 따라서 본문은 이스라엘에 주님의 날의 영향을 설명하기를 계속한다. 그렇게 함으로써 시인은 1:18-22에서 예루살렘에 의해 이미 고백되었고 1:5과 1:8-9에서 내레이터가 지적한 이스라엘의 죄의 결과를 밝힌다.

첫 번째 항목은 독자들을 율법과 연관시킨다. 애가서 2:3a는 하나님이 "맹렬한[타오르는] 진노로[בחרי אף – 뽀호리 아프] 이스라엘 모든 힘을[כל קרן ישראל – 꼴 퀘렌 이스라엘, 모든 뿔을 – 한글개역] 자르셨다[גדע – 까나]"고 진술한다. "타오르는"(בחרי – 뽀호리)이란 용어의 형태는 구약성경에서 다섯 번만 나타나고, 이 단락과 신명기 29:22-23(ET 29:23-24)은 하나님을 주어로 삼는 유일한 두 곳이다. 신명기 29:22-23에서 본문은 외국인들이 그 참화에 놀랄 정도로 하나님의 진노(אף – 아프)에 의해 황폐화된, 타버린 땅을 묘사한다. 이 본문에서 "분노"(האף – 하아프)와 "타오르는 진노"(חרי – 호리)가 모두 포함된 것은 그것을 2:3에 대한 전조이게 만들고, 이는 신명기 28장에서 선언된 심판에 뒤이어 일어나고 있다는 사실처럼 이것은 2:3a의 문맥을 비추어준다. 또한 2:2a의 황폐화된 거처지와 2:3c의 그을린 땅은 신명기 29장에 황폐화된 땅에 상응한다. 그때에 2:3a는 오랜 기간에 걸친 이스라엘의 깊이 자리 잡은 불순종에 대한 언약적 경고의 실천을 나타낸다. 하나님이 이스라엘의 힘을 자르셨다. "힘"("뿔" – 한글개역)이라 번역된 퀘렌(קרן)은 문자적으로는 "뿔"을 의미하며, 이는 교만과 힘을 내포하는 은유다(Hillers, [1992] 97). 프로반(Provan, 61)은 "하나님이 높이신 '뿔'을 갖는 것은 하나님에 의해 힘과 영광이 부여되었"(2:17; 삼상 2:10; 시 112:9)음을 의미하는 것이라고 지적한다. 자기 자신의 '뿔'을 높이는 것은 하나님의 대권을 넘어서는 것이고, 따라서 교만하게 행동하는 것이다(시 75:4-5[맛소라텍스트 75:5-6])." 다시 한번 시편 89편은 이 시편에 대한 배경을 제공한다. 시편 89:18, 25(ET 89:17, 24)에서 저자는 "당신의 은혜로 우리의 뿔이 높여졌나이다"라고 하나님께 고백하고 주님은 "나의 신실함과 나의 인내하는 사랑이 그와 함께 있을 것이고 나의 이름으로 그의 뿔을 높일 것이다"(ESV)라고 약속하셨다. 시편 89편에서 "뿔"(קרן – 케렌)은 다윗가의 통치자의 권력이고, 2:2c로 보건대, 동일한 것이 여기에서도 참일 것이다. 나라와 관리들을 파괴하심으로써 주님은 이스라엘의 "뿔"(קרן – 케렌)을 자르셨다. 모세의 언약에서 발견할 수 있는 경고들이 다윗의 언약에서의 연속성 상에서 구체적인 효력을 갖는다.

두 번째 항목도 율법서와 시편 89편과 연관된 이미지로 시작한다. 하나님이 "오른손을 거두시기"(השיב אחור ימינו – 헤쉽 아홀 예미노) 때문에 대적자들이 예루살렘을 정복했다. 힐러스([1992] 98)는 하나님이 이스라엘에 두어진 손을 거두셨다고 주장하고, 프로반(61)은 이 어구는 "일반적인 방식으로 단순히 하나님이 이스라엘을 힘없게 하셨다"는 것을 의미한다고 주장한다. 그러나 2장에서 하나님은 아주 능동적으로 관여하시고 있고, 여기서 하나님이 주체인 것으로 보인다. 그렇다면 그 철회는 하나님의 오른팔이 대적자들을 쳐부수셨고(출 15:6) 그 땅이 애굽인들을 삼키게 만들었다(출 15:12)고 백성들이 고백하는 홍해에서의 주님이 행하신 것을 뒤바꾸어놓은 것이다. 흥미롭게도, "삼키다"(בלע – 빠라)란 형태가 애가서 2:2, 5, 8 그리고 16과의 문맥상의 연관을 형성하는 출애굽기 15:12에 사용된다. 또한 그것은 시인이 다시금 시편 89편을 반영하는 사례일 것이다. 89:14(ET 89:13)이 창조주의 권능 – 하나님의 오른팔 – 을 찬미하고 있기 때문이다. 어쨌든 양 본문은 어울린다. 하나님의 오른팔을 거두심이 심판이나 출애굽의 구원과 반대되는 것으로 이끌지만, 하나님께 구조를 요청하는 시편 89편과 같은 시에서 하나님의 권능(오른팔)에 대한 인식이 애가서 2장에서와 유사한 반응으로 인도할 것이다.

시편 89:47(ET 89:46)이 하나님의 타오르는 진노를 역시 반영한다는 것을 주목해야할지라도, 세 번째 항목은 심판에 대한 흔한 선지자적인 비유를 사용한다. 하나님은 "맹렬한 불[כאש – 께예쉬]이 사방으로 사름 같이 야곱을 사르셨[ויבער ביעקב – 바이브알 뻬야아콥]"기에 "온 사방이 태워졌다"(אכלה סביב – 아케라 사빕). "타는"(בער – 빠알)과 "불"(אש – 예쉬) 그리고 "사름"(אכל – 아칼)이란 용어는 하나님의 진노의 온전한 세력을 묘사하기 위해서 다른 데서도 사용된다. 예를 들어, 시작되었지만 전체 땅이 그 열을 느낄 때까지 꺼지지 않는 심판을 묘사하기 위해서 예레미야 4:4, 7:20, 21:12, 44:6에서 "타는"(בער – 빠알)이 나타난다. 아모스 5:6은 동일한 이미지를 표현하고, 아모스 1:2-2:4은 "불"(אש – 예쉬)과 "사름"(אכל – 아칼)의 이미지를 사용하여 이스라엘, 유다. 그리고 이웃하는 민족들의 심판을 묘사한다.

다시 한번 내레이터는 주님의 날과 관련한 다양한 단락을 함께 묶는 용어법을 선택한다. 율법서로부터의 언약적 경고와 율법서와 시편 89편에서의 상황의 반전 이미지와 병합된 주님의 날의 비유는 이스라엘의 현재 상황의 강력하고도 기본적인 묘사를 제공한다.

4-5 이 항목은 주의 날, 하나님의 진노의 구름, 그리고 하나님의 맹렬한 불에 대한 이 시의 전반적인 강조를 전개한다. 하지만 주님이 이스라엘의 "원수같이" 되었다는 것을 2:1-3이 함축하는 것을 보다 명백하게 진술함으로써 그리한다. 다시 한번 이전 본문에서의 이미지들이 사용되고, 특히 하나님이 전사되심의 비유가 들어 있다. 다시 한번 이런 이미지는 이스라엘이 경험했던 운명이 뒤바뀐 것을 표현한다.

4 애가서 2:3b는 하나님이 대적자들로부터 "그의 오른손"(ימינו — 예미노)을 거두셨음을 지적한다. 이 구절은 하나님이 의도적으로 능동적으로 그의 오른손을 이스라엘에 화살을 쏘기 위해서 사용하셨다는 것을 주장함으로써 시작한다. 이는 그가 "원수같이"(כאויב – 께오예브) 되셨기 때문이다. 그것은 주가 시온을 약탈하고, 빼앗고, 억압하며 업신여겼던 1장에서 언급했던 자들과 같아 보인다는 것을 의미한다.

하나님이 마치 대적자와 같아 보인다고 설정한 다음에, 2:4b는 "원수처럼[כצר – 께찰] 서서 눈에 아름다운[כל מחמדי עין – 꼴 마하마떼 아인] 모든 자를 살육하셨음이여[ויהרג – 바야하록]"라고 언급한다. 열왕기상 20:6에서 신복과 에스겔 24:16에서 에스겔의 아내를 묘사하는데 사용된 이 마지막 어구("눈에 아름다운"[כל מחמדי עין – 꼴 마하마떼 아인])는 여기서 마치 사랑하는 자와 진귀한 물건을 가리킨다.

2:4b의 해석을 2:4c이 지원하는데, "처녀 시온의 장막에"(באהל בת ציון – 베오헬 빠트 치욘)는 삶의 소유물들 가운데서 자기의 사랑하는 가족 구성원들과 함께 살아가는 바로 그 장소를 일컫기 때문이다. 예레미야 10:20은 심판의 단락에서 이런 방식으로 장막의 이미지를 사용한다. 백성들에 대한 그러한 활동에 하나님이 직접적으로 관여하심을 하나님이 "불처럼 쏟으셨도다"(שפך כאש חמתו – 샤파크 까예쉬 하마토)라는 어구가 더욱더 알려준다. 예레미야 10장으로 다시 돌아가 보면, 25절에서 선지자는 하나님에게 "족속들에게 주의 분노를 부으소서"(שפך חמתך על הגוים – 쉐포크 하마테카 알 하꼬임)라고 촉구한다. 그것은 2:4c와 매우 유사하다. 2:3c이 "하나님의 타오르는 진노"를 귀결시키는 바로 그 일인 야곱을 "사르셨다"(אכלו – 아

켈루)고 예레미야는 계속 전개한다. 다시 말해서 2:4c와 예레미야 10:17-25는 주님의 활동과 열방들의 활동이 하나이고 동일하다는 것을 가리킨다. 이 요지는 1:5과 1:8-10에서 이미 분명하게 주어졌다. 원수들처럼 하나님의 행위는 외국 군대들을 보내고 심지어 인도하기까지 하는 것을 포함한다. 이 사실이 예레미야가 예레미야 10:25에서 주님께 외치고, 이 선지자가 예레미야 2:18-19에서 동일한 것을 행하도록 예루살렘에 조언하게 만든다.

5 이 구절은 이 본문에 핵심적인 단어들을 재사용함으로써 1-4절로부터의 주제를 존속시킨다. 사실상 5절의 일부 단어만이 이전에 사용되지 않았던 용어다. 이런 개념의 반복은 5절을 2:1-4의 요약으로 특징짓고, 따라서 하나님의 진노 아래 있고 하나님을 대적자로 갖는 것이 무엇을 의미하는지를 결정적으로 진술한다.

두 기억할 만한 어구가 2:5a와 2:1-4을 연결한다. 주님은 "원수처럼"(כאויב – 께오예브) 되셨고, "그는 이스라엘을 삼키셨다"(בלע ישראל – 벨라 이스라엘). "삼키셨다"(בלע – 벨라)가 통상적으로 대적자들의 활동을 담고 있기 때문에 여기서 그것을 "원수들"(אויב – 요예브)과 관련되어 있다는 것을 발견하는 것은 특이한 일이 아니다. "대적"에 대한 언급은 독자들에게 2:4을 상기하게 할 뿐 아니라, 레위기 26장과 신명기 28장에서 발견할 수 있는 언약적 저주로 취하게 만든다. 레위기 26:21-26은 하나님을 이스라엘의 대적으로 칭하지는 않을지라도, 이스라엘이 오랜 죄에서 돌이키지 않는다면 하나님이 이스라엘을 치시고, 백성들에게 검을 가져오시며, 포위하시고, 대적자들에게 그들을 넘길 것이라고 진술한다. 그때에 26:27-39는 대적자들이 이스라엘 백성들에게 지속적으로 가져오는 공포를 진술하고, 26:40-45은 죄의 고백에 기초한 용서를 강조한다. 유사하게 신명기 28:20-45은 하나님이 이스라엘의 죄에 대해서 그들을 '직접적으로' 벌하시겠다는 것을 진술한다. 이 두 본문들은 이스라엘이 대적자들에게 넘겨짐을 강조한다(레 26:17, 25, 34, 36, 37, 38, 39, 41, 44; 신 28:25, 31, 68). 하나님이 대적자들을 '위해서' 있기 때문에 "원수와 같다." 이 시점에서 이스라엘은, 그들이 주님의 날에 경험했다고 말하는 것의 또 다른 방식인, 언약적 저주 못지않은 것을 경험했다.

2:5b에서 내레이터는 하나님이 "모든 궁을 삼키셨고"(בלע כל ארמנותיה – 벨라 꼴 아르메노테하)라고 진술함으로써, "삼키다"(בלע – 빠라)는 이미지를 계속 이어간다. 이 어구는 하나님이 "그의 궁을" 보호하시는 시편 48:4(ET 48:3)과 같은데서 발견할 수 있는 이미지와 같은 긍정적인 시온의 이미지를 역전시킨다. 하나님이 이제 오른손을 거두시고(2:3b), 대적과 같이 되시며(2:4a 2:5a), 이 궁은 방비가 없

다. 궁의 이런 삼켜짐 외에도, 주님이 "견고한 성들을 훼파하셨다"(שחת מבצריו – 쉬헤트 밉차라브). 아마도 이 성은 2:2b에서와 동일한 요새들일 것이다.

이 삼켜짐과 파괴로 인해 하나님이 "처녀 유다[וירב בבת יהודה – 바예렙브 뻬바트 예후다]에 근심과 애통을 더하셨도다"[תאניה ואניה – 따아니야 바아니야]." 다시금 이 애통과 근심은 하나님에 의해 야기되었다. 하지만 이스라엘이 스스로 자초한 직접적인 결과다. 이 두 진리들은 조화된다. 이스라엘의 죄에 대한 직접적인 언급이 없음으로 이 사실을 2장에서 쉽게 잊을 수 있다.

6-7 이 두 구절들은 진노의 날과 대적자처럼 행하시는 하나님에 관한 의미를 설명하기를 계속하지만, 그것은 성전 그리고 연관된 축제와 안식일에 발생했던 일을 강조한다. 애가서 1:4은 그러한 규칙 준수가 중단되었다고 이미 진술했다. 애가서 2:6-7은 하나님이 이런 중단을 직접적으로 야기하셨다고 주장한다.

6 시온과 성전 주변에 대한 주님의 행위가 먼저 주목을 받는다. 첫 소절은 번역하기가 난해하지만 그 의미는 쉽게 이해할 수 있다. 하나님이 "성막([שׂכו – 숙꼬], 부스)을 동산[כגן – 까깐]에게 하는 것처럼 폭력을 휘두르셨다[ויחמס – 바야흐모스]." 일부 주석가들이 주님이 하마스(חמס, "폭력을 행사하다")의 주어임을 인정하기 어렵다고 여김을 렌케마(Renkema, 239-40)는 주목한다. 그 용어가 통상적으로 잘못된 행위를 반영하기 때문이다(BDB, 329). 하지만 하나님과 "폭력"(חמס – 하마스)과의 연관은 전혀 불가능하지 않다. 이런 난해한 용어가 이미 야훼에게 부여되었다. 다시금 이 이슈는 주님의 날이 어떻게 임하고 이스라엘 백성들이 어떻게 경험할 것이냐다. 나중에 2:6a에서 축제에 관한 언급으로 보건대, 하나님의 부스(초소[booth], שׂכו – 숙꼬)는 아마도 이중적인 비유적 의미를 갖고 있을 것이다). 야훼의 부스는 가장 확실하게는 성전이고, 이 부스의 파괴는 또한 부스(성전)의 축제나 이와 관련한 어떤 축제가 없을 것임을 의미한다. 이 소절의 나머지 부분은 이런 독법을 확증해준다. 하나님이 "지정된 축제[מועדו – 모아도]를 위한 장소를 헐어버리셨다[שחת – 쉬헤트]." "파괴하다, 폭력을 휘두르다"(שחת – 샤하트)라는 용어의 사용은 견고한 성이 파괴되었던 2:5b의 용법을 반영하지만, "지정된 절기"(מועד – 모에드)를 언급함은 유사한 파괴를 표현하는 1:4a를 독자들에게 상기시킨다. 성전이 훼파되었다.

성전이 파괴됨으로써 야훼는 효과적으로 "시온 가운데서 절기(מועד – 모에드)와 안식일(שבת – 샵빠트)을 잊어버리게 하셨다(끝내셨다)." 첫 번째 용어인 절기는 이스라엘의 커다란 연례적인 축제(신 16:1-17)를 가리키고, 두 번째 용어인 안식일은 매주 지키는 안식일과 절기와 관련하여 지키는 특별한 안식일을 가리킨다. 애가서 2:5은 1:4이 실제 주목했던 일을 하나님이 행하셨음을 제기한다. 야훼가 이 절기들을 끝내셨다("잊어버리게 하셨다" – 한글개역).

율법서와 선지서는 그러한 상실에 대해 경고한다. 레위기 26:34-35은 이 백성들이 그 땅에서 쫓겨날 때 그 땅이 백성들에게서 안식일을 누리게 될 것임을 강조한다. 이사야 1:2-20은 성전을 자주 드나들던 사람들이 회개하지 않는 마음을 갖고 있기 때문에 예루살렘이 "포도원의 초막같이"(사 1:8) 겨우 남게 되었다고 진술한다. 예레미야 7장과 26장은 성전이 구성원들의 사악함 때문에 파괴될 것임을 경고했다. 슬프게도 이스라엘은 이런 경고/약속의 온전한 힘을 느꼈다.

내레이터는 발생했던 일을 설명하기 위해서 하나님의 진노로 되돌아간다. "하나님이 폭력을 행사하셨다"와 같은 놀랄만한 어구에서 내레이터는 하나님이 "진노하사[בזעם אפו – 뻬자암 압뽀] 왕과 제사장[מלך וכהן – 멜렉 베코헨]을 멸시하셨도다[וינאץ – 바이네아츠]"라고 주장한다. 예레미야서의 세 본문이 이 문맥에서 "멸시하셨도다"(נאץ – 나아츠)라는 의미를 설정할 수 있도록 도와준다. 하나님께 간청하기 전에 거짓 선지자들을 책망하는 단락인 예레미야 14:13-22은 야훼에게 "우리를 멸시하지 마옵소서(אל תנאץ – 알 띤아츠)"라고 호소한다. 예레미야는 이 간청을 하나님의 이름의 영광, 언약 그리고 열방들의 신들 가운데서 하나님의 이름의 뛰어나심에 기초한다(14:19-22). 이 모든 근거들은 금송아지 사건이 있은 후에 모세가 이스라엘을 위해 중보 기도할 때에 모세가 제시한 것들이다(출 32:11-13을 보라). 하나님은 15:1-2에서 모세나 사무엘이 중보 기도하였다 할지라도 그가 이스라엘을 그냥 면케 하시지 않을 것이라고 반응하신다.

예레미야 23:16-17에서 주님은 "야훼의 말씀을 멸시하는" 자들, 즉 모든 것이 잘된다고 말하는 선지자들을 정죄하신다. 분명히 이스라엘은 하나님의 말씀을 경시하셨고, 이 거짓된 선지자들은 그들을 이런 경시 속에서 위로하였다. 이 구절은 예루살렘의 함락을 하나님의 말씀을 경시한 것으로 귀결시키는 시편 107:11과 유사하다.

예레미야 33:23-25은 하나님이 "백성을 멸시하여(ינאצון – 인아춘) 자기들 앞에서 나라로 인정치 아니하"였다고 백성들이 주장하는 것을 기록한다(렘 33:24). 예레미야 15:1-2과 달리, 주님은 아브라함, 이삭, 야곱과의 언약으로 인해 그들을 회복시키실 것이라고 말씀하심으로써 반응한다(렘 33:26). 따라서 이스라엘을 멸시하심은 영구적이지 않다. 징계적일 뿐이다.

이런 배경으로 보건대, 내레이터가 제사장과 왕을 여기서 선별하고 2:9에서 선지자들을 추가시키는 것은 놀랍지 않다. 왕, 제사장, 선지자 그리고 백성들은 예레미야를 배격했고(렘 1:17-19을 보라), 하나님이 멸시하신 것은 이와 동일한 그룹들이다. 여전히 이 멸시는 최종적이지 않다. 지금은 그렇게 보일지라도 말이다. 왕, 성전, 그리고 절기는 끝나지 않았다.

7 이 구절은 이 책에서 실제적인 성전 파괴의 양상을 가장 분명하게 제공한다. 하나님은 순종을 조건으로 자신의 이름을 두셨던(왕상 9:1-9) 바로 그 장소인 "자기 제단을 버리셨다"(זנח אדני מזבחו – 자나흐 아도나이 밎빼호). 순종하지 않으면 어느 희생제사도 가치가 없다(사 1:2-20). "버리셨다"(זנח – 자나흐)라는 동사는 대단히 드물지만 하나님의 진노를 역시 언급하는 구절인 시편 74:1에 나타난다. 이 시편은 성소에서 대적자들에 대한 묘사를 포함함으로 그것은 이 본문의 배경의 일부일 것이다. 시편 89:39(ET 89:38)은 하나님이 어떻게 다윗왕가를 버리셨는지를 묘사하기 위해서 이 동사를 사용한다. 이 두 시편들은 제사장과 왕에 관한 587 B.C.E.의 영향을 묘사한다.

제단을 버리셨다는 것은 하나님이 "성소와 관계가 없다"(נאר מקדשו – 니엘 밐따쇼)는 것을 의미한다. 이 동사는 오직 여기서와 시편 89:40(ET 89:39)에서만 나타나는데, 시편 89:40에서는 하나님이 다윗과 한 언약을 버리셨다는 것을 진술한다(נארתה ברית עבדך – 나테누 빼레트 아브떼카). 또한 명사 형태가 시편 74:3(בקדש – 빠코데쉬)에 나타나는데, 이는 "원수"(אויב – 오예브)와 "절기"(מועד – 모예드, 시 74:2-3을 보라)와 같은 익숙한 단어들과 같이 나타난다. 분명히 내레이터는 시편 74편의 버려진 성전의 곤경과 시편 89편의 버려진 왕조의 곤경을 반영한다. 동시에 내레이터는 재앙과 갱신에 관한 선지적 기도와 예언이 있는 모세의 언약적 경고를 활용한다. 내레이터는 전체 정경 신학을 반영하고 있지 단순히 정경 신학의 한 양상을 반영하고 있지 않다.

하나님이 성전을 버리신 구체적인 결과는 "궁장(궁의 벽)을[חומת ארמנותיה – 호모트 아르메노테하] 원수의 손에[הסגיר ביד אויב – 히스낄 빼아드 오예브] 붙이"신 것이다. 1장에서 아주 두드러지게 언급되었던 원수들이 하나님의 도움을 받았다. 그들은 독자적으로 예루살렘의 파괴를 이루어낸 것이 아니었다. 물론 "궁"이란 용어는 여기와 2:5b에서의 용어와 동일하다. 이전 구절에서 이스라엘과 유다는 이 언급의 틀을 제공하고, 이번에는 성전이 고려되고 있다. 하나님은 일반적으로 민족에게 그리고 왕권에 발생했던 일이 이제는 특히 성전에 발생하게 하셨다. 실로 "왕과 제사장"(2:6c)은 진노의 날, 즉 주님의 버리심의 힘을 느꼈다(2:7a).

이스라엘의 대적들은 자신의 승리를 즐겼다: "저희가 여호와의 전에서[בבית יהוה – 뻬베트 아도나이] 절기날과 같이[כיום מועד – 께욤 모에드] 소리를 높였다[נתנו קול – 콜 나테누]." 다시 말해서 그들은 하나님의 집에서 그들의 목소리를 높였다. 마치 파티를 갖는 것처럼 말이다. 렌케마(249)는 "우리가 '원수들이 비웃는다'(שחקו צרים – 차림 사하쿠)와 같은 노래의 반응(1:7)에서 보는 것처럼, 이 시끄러운 침략자들이 자기들의 기쁨으로 표현하고 있다"라고 설명한다. 성전에 들어가서는 안 되는 사람들을 성전에 들어갈 수 있도록 하나님이 허락하셨다(1:10을 보라; Renkema, 249-50). 언젠가 하나님이 "절기"(מועד – 모에드)를 중단시킨 곳에서(2:6b), 주님이 원수가 자기들의 종류의 "절기"(מועד – 모에드)를 갖게 하셨다. 프로반(67)이 관찰한 것처럼, "하나님은 이스라엘의 대적자들이 바로 그 성전에서 예배를 모방하는 것을 가능하게 하셨다!" 성전에서 대적자의 행위에 대한 이런 관심은 시편 74:4-8과 유사하다. 하지만 그 본문은 보다 상세하게 성전에서 떠들고, 부수고, 태우는 것을 묘사한다. 여전히 이 두 본문은 시온 신학을 언약적 복과 결과의 폭넓은 규정 하에 두지 않는다면 감히 생각할 수 없는 것을 진술한다(레 26장; 신 27-28; 왕상 9:1-9). 즉 열방들이 그 땅을 정복하고, 성전에 들어와 불살랐다. 마치 그들이 이전에 파괴했던 어떤 다른 곳과 성전이 별다른 의미가 없는 것처럼 말이다.

8-9a 이 소절들은 예루살렘에 대한 하나님의 파괴가 우연히 취해진 것이 아니라 의식적이고 계산된 행위였다는 것을 분명하게 해준다. 또한 이 소절들은 파괴의 철저성을 증거한다. 예루살렘의 벽과 그 전반은 훼파되었다. 단지 성전만이 아니다.

8 어떤 구체적인 시점에서 야훼는 시온의 "성[חומת – 호마트]을 헐기로[להשחית – 레하쉬히트] 결심하"[חשב – 하샤브]셨다. 첫 번째 동사(또는 그 동사의 형태)는 예레미야서에서 여섯 번 나타난다. 예레미야 18:11에서("토기장이의 환상"의 일부), 26:3(두 번째 "성전 설교"), 그리고 36:3(여호아킴이 불에 타죽는다는 설교의 일부)에서 유다를 심판하시려는 주님의 계획을 묘사하기 위해서 그 용어가 사용된다. 뒷부분의 두 본문은 하나님의 계획을 피하기 위한 방법으로 회개를 제시한다. 예레미야 29:20과 50:45은 에돔과 바벨론을 각기 심판하시려는 하나님의 계획을 선포한다. 보다 긍정적인 논조로는 예레미야 29:11이 바벨론에 있는 남은 자들에 대한 하나님의 선하신 계획을 선포한다. 따라서 이 용어는 긍정적이거나 부정적인 함축들을 담을 수 있으나 여기 문맥에서는 회개하지 않은 백성들에 대한 부정적인

논조를 담고 있다. 분명히 하나님이 "결정하신" 것을 하나님이 행하셨다. 예루살렘의 벽은 "헐렸다."

하나님의 의도적인 행위의 진전된 증거가 2:8b에서 나타난다: 하나님이 "측량줄을 띠셨다"(נטה קו – 나타 콰). 동일한 종류의 이미지가 아모스 7:7-9에 나타나는데, 거기서 주님은 파괴를 위해서 이스라엘의 높은 곳을 측량하신다. 하지만 거기서 측량하는 도구에 쓰인 용어는 여기서처럼 콰(קו)가 아니라 아나크(אנך)이다. 파괴에 대한 계획이 광범위해서 주님은 "훼파함에서 손을 거두지 아니하"(לא־השיב ידו מבלע – 로 헤쉽 야도 밉빨레아)셨다. 다시 말해서 하나님이 지정하신 것은 무엇이든 "삼켜졌고"(2:2, 5, 16에서도 발견할 수 있는 용어), 하나님은 계속해서 손을 뻗으심으로써 온 도성이 파괴될 것을 지정하셨다.

파괴와 삼킴을 목적으로 도성을 측량하심으로 인해 하나님은 도성의 방비인 "누각과 벽"(חל וחומה – 헬 베호마)이 "애곡하고"(ויאבל – 바야아벨) "쇠하게"(אמללו – 움라루) 하셨다. 이와 동일한 동사들이 예레미야 14:1-2에서 예루살렘의 애곡과 도성의 문의 쇠약함을 묘사하기 위해서 조합하여 사용된다. 다른 곳에서 그 용어들은 심판에 대한 본문에서 자주 사용된다(BDB, 5, 51을 보라). 도성이 울고 전쟁의 열기에 의해 쇠해지고 있는데, 하나님이 그렇게 되도록 감찰하고 계심을 기억해야 한다.

9a 내레이터는 도성의 파괴에 대한 묘사를 완성한다. 세 강경한 동사가 어떤 일이 발생했는지를 진술한다. 예루살렘의 "성문이 땅에 묻혔는데"(טבעו בארץ שעריה – 다베우 바아레츠 쉐아레하), 아마도 성벽이 무너졌기 때문일 것이다(2:8c). 하나님은 "빗장이 꺾여 훼파되"(אבד ושבר בריחיה – 입빠드 베쉽빨 빼리헤하)게 하셨다. "훼파되다"(אבד – 아바드)는 흔히 "파괴되다"나 "쇠하여지다"를 의미할 수 있다(BDB, 1-2). 이 동사들이 연합하여 전체적인 파괴를 묘사한다. 도성은 황폐화되고, 성전이나 요새가 없이 무방비 상태에 놓이게 되었다.

9b-10 이 시점에서 내레이터는 벽과 건물의 파괴에서 인간의 파멸로 이동한다. 왕, 선지자, 제사장, 관리 그리고 백성들(렘 1:17-19을 보라)이 모두 영향을 받고 있다. 그들이 없어짐은 그들이 있을 때보다 더 나쁜 사회적인 상태가 발생하였음을 의미한다.

9b-c 주님의 날에 관한 문맥으로 보건대(1:12c; 1:21c; 2:1c), 이 단락은 아무런 생각이 없는 무리들에게 발생한 일의 추상적인 묘사가 아니다. 이 무리들은 현재에 그들에게 발생했던 일과 관련한 과거를 갖고 있다.

왕, 관리, 그리고 이스라엘의 선지자들이 모두 바벨론의 침략에 의해 고통을 겪었다. 실로, 2:2c에 이미 언급된 "왕과 방백들"(מלכה ושריה – 말까흐 베사레하)의 범주(독자적으로는 1:6b의 "목백"[שריה – 사레하])가 "열방 가운데"(בגוים – 빠꼬임) 있다. 이 본문은 내레이터가 "유다가 유배로 떠났고"(גלתה יהודה – 깔타 예후다) "저가 열방에 거하였다"(היא ישבה בגוים – 히 야쉐바 빠꼬임)고 진술하는 1:3과 유사하다. 왕과 방백들도 백성들의 운명을 공유하고 있다.

더욱이 "율법이 없다"(אין תורה – 옌 또라). 이 어구는 문맥에서 해석하기가 난해하다. 즈로토비츠(Zlotowitz, 79)는 맛소라텍스트가 이 단락을 "왕과 방백들이 거룩한 율법이 없는 열방들 가운데 거하고" 있는 것으로 독법하도록 유도하고 있고, 미드라쉬도 그러하다고 지적한다. 하지만 그는 이 어구가 하나님의 말씀의 적절한 가르침이 없음을 가리킨다고 주장한다. 대부분의 학자들은 이 어구를 그런 식으로 해석한다. 렌케마(Renkema, 259)는 2:6c이 왕과 제사장을 연결하고 있음을 관찰하는데, 그것은 "명령된 제의를 유지할 수 있도록 왕이 보증한다. 보호자로서 왕을 잃음으로 인해서 예전의 중요한 기둥이 사라졌다. 이 사실은 연관된 제사장의 가르침에 심각한 결과를 가져왔다"고 지적한다. 알브렉손(*Studies in the Text and Theology*, 103)은 이 어구를 왕, 방백 그리고 선지자에 대한 어구들과 유사하다고 생각한다. 따라서 케일(500)이 그 문제를 요약하는 것처럼, "율법은 하나님이 자기 백성들에게 주신 삶의 규칙의 요약이다: 이 율법이 유다에게 더 이상 존재하지 않는다. 예루살렘과 성전의 파괴로 이스라엘에 하나님이 지정하신 제정이 폐지되고 망가졌다." 예레미야 18:18에서 선지자의 메시지에 분개한 백성들은 율법이 제사장에게서 끊어지지 않을 것이라고 선언한다. 하지만 바로 그런 일이 발생했다.

멸망의 시간이나 그 근경에 제사장의 활동을 상고하는 것은 중요하다. 예레미야서에 따르면, 제사장들은 왕, 방백들, 그리고 선지자들과 함께 우상숭배에 참여하였다(렘 2:26-28; 8:1-3; 19:1-15). 뿐만 아니라 부당한 이익을 추구하였다(렘 6:13; 8:10). 하지만 언젠가 미래의 시점에서 주님은 제사장들을 회복시키실 것이다. 그때에 그들은 적절히 기능할 수 있을 것이다(렘 31:14; 33:17-18). 따라서 제사장과 율법의 상실은 정당하였지만 영구적인 것은 아니었다. 표면적으로 이 상실은 매우 컸지만, 또 다른 차원에서는 거의 상실이 없다. 왕처럼, 제사장들은 현재에 아주 빈약하게 기능하였기에, 오직 미래의 소망이 남아있었다.

사태는 더 악화되었다. "그 선지자들[גם נביאיה – 깜 네비예하]은 여호와의 묵시[חזון מיהוה – 하존 메아도나이]를 받지 못하였기[לא מצאו – 로 마체우]" 때문이다.

이런 발견의 부족은 1:3b에서 쉼을 발견하지 못한 유다와 1:6b에서 거처지를 발견하지 못한 관리들(목백들)의 부족을 반영한다. 다시 한번 예레미야서는 도움 되는 증거를 가져다준다. 예레미야 14:14에서 하나님은 자신이 평화와 안전을 선포하는 선지자들을 보내지 않으셨음을 선포하신다. 따라서 이런 선지자들의 환상은 자기 기만적인 마음에서 형성된 거짓에 기초한 "잘못된 환상(묵시)"(חזון שקר – 하죤 쉐켈)이다. 예레미야 23:16은 유사한 접근을 시도하는데, 야훼가 그러한 선지자들이 "자기 마음으로 말미암은 것"이거나 그것은 "야훼의 입으로 나오지 않은 것"(חזון לבם ידברו – 하죤 립빰 예다뻬루)이라고 말씀하고 계시기 때문이다. 동시에 예레미야는 신실하게 자기 자신을 하나님의 말씀과 관련시켰다. 그런 때에 그가 이런 방식으로 선지자들을 언급할 수 있었는가? 실로 그는 위에서 지적한 그리고 다른 곳에서 지적한 단락에서 그렇게 한다. 리(Lee)가 적은 것처럼(*Singers of Lamentations*, 146 n. 53), "예레미야서에서 예레미야는 다른 선지자들을 선지자들(נבאים—네비임)이라고 자주 언급하지만 그는 그들과는 분리된다." 그가 역시 제사장이기 때문에(렘 1:1-3), 동일한 것이 그 역할에도 해당된다. 하나님과 예레미야 선지자가 그리한 것처럼 애가서 2:9이 일반적인 사례를 진술한다: 백성들의 부류로서 선지자들은 신실하지 못했고, 이 때문에 그들은 주님의 날에 발생하는 일의 특징인 야훼로부터 묵시를 받지 못한다(암 8:11-12을 보라).

10 왕, 방백, "열방들 중에" 사람들과 더불어 제사장들과 선지자들이 가르치고 묵시를 행하는 일을 하지 못하고 있고, 또 장로들과 처녀들이 돌 위에서 애곡하는 것은 당연하다. 모든 사회 구성원들이 하나님의 진노로 고통을 당하고 있다.

시온의 장로들은 잠잠하고(ידמו – 잇데무) "티끌을 머리에 무릅쓰고"(העלו עפר על ראשם – 헤예루 아팔 알 로샴) 굵은 베를 허리에 둘렀다(חגרו שקים – 하게루 삭킴). 그들은 발생한 일 때문에 애곡하고 있고, 사회에서 그들의 역할인 평결하고 나눌 지혜가 없기 때문에 침묵한다. 그들은 제사장들이나 선지자들과 마찬가지로 아무것도 제시할 수가 없다(Provan, 70). 사실상 1:19은 많은 장로들과 제사장들이 이미 굶주림으로 죽었다고 지적했다. 이는 그들이 심지어 자기 자신도 구할 수 없었음을 증거한다.

마찬가지로, 그들의 누이들처럼 유배로 끌려가지 않은(1:18) "처녀들"(בתולת – 뻬툴로트)은 "머리를 땅에 숙였"(הורידו לארץ ראשן – 호리두 라아레츠 로샨)다. 이 자세는 장로들이 행한 애곡과 거의 확실히 일치한다. 이 처녀들은 통상적으로는 노래하고, 춤추고 기쁨을 표현하는 제의적 역할을 가졌다(Renkema, 266을 보라). 그런데 노래하기보다 그들은 슬픔에 겨워 머리를 땅으로 숙이고 있다. 예레미야서는 이 그룹을 죄된 행위와 연관시키지 않지만 예레미야 31:13-14에서 예레미야는 하나님이 야곱의 운명을 회복시킬 때, 노인들, 젊은이들, 제사장들 그리고 처녀들의 슬픔이 기쁨으로 변할 것이라고 진술한다.

주님의 날은 내레이터에 따르면 아주 끔직한 영향을 미쳤다. 도성, 성전, 방어벽, 왕, 방백들, 제사장들, 선지자들, 장로들, 그리고 처녀들이 그 세력을 느꼈다. 그러한 일이 율법서와 선지서에 경고되었음이 발생한 일들을 더 잘 이해할 수 있게 만들었지만 견뎌내기가 쉽지 않았다. 오히려 그러한 지식이 그들의 고통을 가중시킬 수 있었다. 백성들이 이제 해야만 하는 이슈가 전면에 나타난다.

11-12 이 시점에서 시는 삼인칭 묘사에서 독자들에게로 향하는 일인칭의 진술로 전환한다. 그런데 2:13-19에서 예루살렘을 향한 일인칭의 언급으로 전환하기 전에(Miller, "Poetry and Personae," 114-17), 이 첫 번째 항목은 화자가 예루살렘과 그 곤경에 대해 직접적으로 감정이입적으로 분별하는 목적을 행한다(O. Kaiser, 143을 보라). 이 화자는 간섭자가 아니라 그들의 고통을 공유하고, 앞으로 나아갈 수 있는 방법을 표현한다.

11 이 화법의 구문은 화자를 예레미야로 확인해야할 정도로 또는 철저히 예레미야의 신학을 포용하고 있었던 사람으로서 귀착시켜야 할 정도로 예레미야서에서 발견할 수 있는 것과 아주 유사하다. 리(*Singers of Lamentations,* 147-48)는 전자 곧 예레미야가 화자일 가능성에 대한 몇 가지 이유를 제시한다. 첫째로 "눈물에 관한 예레미야의 개인적 표현(8:23 13:17 14:17)은 여러 번 예레미야서의 시에서 발견된다." 둘째로 이 단락에서 "그는 흔한 용어인 '눈'과 '눈물'을 사용할 뿐만 아니라 8:19-23에서와 14:17에서 *다섯 번* 그는 자신이 좋아하는 예루살렘에 대한 사랑의 용어(나의 백성들의 딸[בת עמי – 빠트 암미])를 사용한다. 그는 그들을 위해 운다" (강조는 본래부터 있었다). 셋째로 "나의 내적인 부분"(מעי – 메아이)이란 말이 2:11에 나타나고, 예레미야 4:9에서도 두 번 사용된다. 케일(501)은 네 번째 연관성을 부연한다: 2:11b에서 발견할 수 있는 "(그) 나의 백성들의 딸의 흩어짐"(שבר בת עמי – 쉐벨 빠트 암미)은 13, 3:47, 48과 4:10에서도 다시 나타나는 "진정한 예레미야적 표현이다"(참조. 6:14 8:11, 21 등등). 이런 예언적 인물이 백성들에게 봉사했던 사람만이 그리할 수 있는 것처럼 그들을 위해 슬퍼하고 있다.

이는 마음으로부터 나오는 진심어린 눈물이며, 1:20-22에서 예루살렘의 눈물과 상당히 유사하다. 화자는 "내 눈이 눈물에 상하며"(כלו בדמעות עיני – 꼴루 빧떼마오트 에나이)라고 진술한다. 유사한 어구가 시편 69:4(ET 69:3)에 나타남으로써 그 말은 시편의 애가 용어와 선지서의 애가 이미지에 의존한다. 아울러 그의 "안쪽 부분[창자 – 한글개역]은 끓고 있다"(חמרמרו מעי – 호말메루 메아이). 이 동사는 매우 드물고 전형적으로 액체의 포말이나 액체가 끓고 있는 것을 가리킨다(BDB, 330). 그 용어는 1:20에서 나타났는데, 거기서 그 어구는 동사와 명사가 바뀐 채로 나타난다. 이 어구의 재사용은 화자가 백성들과 그들의 고통과 동일시하고 있음을 가리킨다. 화자는 죄를 고백하고 있지는 않을지라도, 아이들의 상실에 대해서 백성들이 느끼는 것처럼 그도 느끼고 있다.

다시금 화자는 자신의 고통을 표현하는데, 이번에는 그의 "간이 땅으로 쏟아졌다"(2:11b)라고 주장한다. "땅"(לארץ – 라아레츠)에 대한 이런 언급은 2:10c에서 이와 동일한 형태의 용법을 반영한다. 화자의 간이나 감정이 처녀들이 머리를 낮게 한 것처럼 아래로 쏟아졌다. 왜 그러한가? "이는 처녀 내 백성[בת עמי – 빠트 암미]이 패망하였기[על שׁבר – 알 쉐발]" 때문이다. 따라서 화자는 자신을 특히 그들 중에 한 사람으로 간주한다. 다시 한번 그러한 묘사는 예레미야나 예레미야의 관점을 공유하고 있는 어떤 사람과 같은 선지자적인 인물에 적합하다. 결국, 선지자들은 소명을 이루기 위해서 주님과 백성들 사이에서 살아야 했다. 예레미야의 삶은 이런 면에서 특히 힘들었다(렘 11-20장을 보라).

이 패망(흩어짐)은 2:11c-12에서 구체적인 인간의 모습 속에서 제기된다. 이미 장로들과 제사장들의 곤경은 주목을 받았다. 이제 화자는 도성의 공개된 장소에서 "어린 자녀와 젖먹는 아이들"[עולל ויונק – 오렐 베요넥]이 "혼미"(기절[בעטף – 빼아텦])하는 것을 이야기한다. 예레미야 10:20은 이 민족이 직면하고 있는 화 중에 하나로서 자녀들을 잃게 되는 것을 열거한다. 신명기 28:41, 50 그리고 53-57은 회개하지 않는 이스라엘을 정복하는 민족이 젊은이들에게 자비를 베풀지 않으며, 자녀들을 포로로 잡아가며, 배고파서 죽기보다는 자기 자녀들을 먹기까지 그 백성들을 포위하는 것을 말해준다. 화자는 자녀들의 곤경이 언약적 저주가 백성들에게 임한 끔찍한 증거라는 것을 이해하고 있다. 백성들은 소름끼치는 결과에 계속 직면한다. 따라서 그것은 사람들의 죄가 자기 자녀들에게 어떻게 영향을 미쳤는지를 알려준다. 주님을 섬기는데 실패한 것은 다른 것들 가운데서 신명기 6:4-9이 지시한 것처럼 자기 자녀들에게 하나님을 가르치지 못한 것을 의미했다. 또한 그것은 자녀들이 침략자들에 의해 죽임을 당하거나 유배로 보내지고, 또는 영양 부족으로 죽게 되는 것을 의미했다. 이런 고통은 부모가 신실하였다면 면할 수 있는 것들이었다.

12 이미지들이 더욱더 끔찍해지고 있다. "아이들이 어미에게 이르기를 곡식과 포도주가 어디 있느뇨"라고 말한다. 유아들(עולל – 오렐)은 자기 어머니에게 먹을 것과 마실 것을 요구하지만 어미들은 그들에게 아무것도 해줄 수가 없다. 음식에 대한 이런 요구는 목소리가 점점 사그러들었을 것이다. 그들이 "상한 자처럼 혼미하"(בהתעטפם כחלל – 빼히트앝테팜 께하랄)였기 때문이다. 이 비유는 적절하다. 그러한 사람들이 도성에서 죽었다고 이전의 몇몇 구절들에서 언급하였기 때문이다. 그들은 화살이나 창에 의해 상하였지만, 어린이들은 배고픔과 굶주림에 상하였다. 전쟁으로 습격을 당한 그들의 가정은 더 이상 그들에게 유익하지 못하다. 그들의 고난은 2:11c에서 이미 언급되었던 장소인 "성읍 길거리에서"(ברחבות עיר – 뻴호보트 일) 발생하고 있다.

그들의 외침은 소용이 없다. 한 마지막 이미지가 그들의 고난을 완성시킨다. 12절의 마지막 소절은 공개된 장소에서 어린이들이 자기 어미들에게 말하고 있는 것을 나타내지만 그들의 생명은 어미의 품속에서 천천히 꺼져가고 있다. 동일한 동사(שפך – 샤팍)가 2:11b에서 화자의 감정이 무너진(쏟아진) 것과 여기서 생명이 천천히 떠나가고 있음을 묘사하고 있다. 슬프게도, 이 동사는 "자기 어머니에게"(לאמתם – 레임모탐) 말하는 어린아이로 시작해서, "자기 어머니의 품에서"(חק אמתם אל – 엘 헥 임모탐) 죽어가고 있는 어린이로 끝나고 있다. 이런 끔찍한 내용의 삽입은 화자가 전달하고자 하는 슬픔의 깊이를 정의해준다.

기아와 죽음의 이런 이미지들이 심금을 울린다. 베스터만(153-54)은 "이 돌연한 사건은 이스라엘이 하나님의 벌을 경험했던 '진노의 날'이었다. 이 사건을 벌로서 인정하였다할지라도, 그것은 너무도 심각해서 이해할 수 없었다…어린아이들이 기아로 죽어감으로 형언할 수 없는 일이 발생했다. 이것을 하나님의 벌이었다고 설명하는 것으로는 충분치 않다. 어찌 어린아이들에게 그런 일이 발생할 수 있단 말인가!"라고 적고 있다. 렌케마(276)는 "어린아이들이 어떤 종류의 투쟁을 감당할 있었겠는가? 성인들이 자기 삶을 위해 싸울 수밖에 없었던 곳에(참조. 1:11a, 19bc), 가장 작은 아이들이 말도 못하고 무기력하게 남겨져서 그들의 생명을 어미의 무릎에 맡겨놓았다"라고 언급한다. 칼빈(365)은 "그러므로 선지자가 어린이들이 자기 어머니에게 외쳤다고 말하였을 때, 이 선지자는 슬픈 광경을 대변하고 있음을 의미한다. 그것은 모든 마음속에 끔찍함을 생산하기에 충분하다"라고 부연한다. 화자에 대해서 오크너(K. M. O'Connor, *Lamentation and the Tears of the World*, 38)는 그가 "그 도성의 공간, 세계, 공포에 들어갔다. 그는 그것을 '보고' 있다"라고 주목한다. 그러한 비참함에 직면하였을 때 아무것도 느끼지 않는 것은 마비된 사람이나 죽은 사람이나 마찬가지다. 화자는 그렇지 않았다. 부모의 행위가 자녀들의 굶어주는 결과를 초래했음을 알고 있는 화자는 온유하게 이 부모들에게 말할 것이고, 2:13-19에서 그들이 주님을 찾을 것을 촉구한다.

13-17 슬픔과 후회가 이 단락을 특징짓는다. 화자는 백성들의 깊은 고통을 위로하기에 부적절하다고 느낀다. 하지만 그는 그들의 선지자들의 실패, 그들의 정치적인 친구들의 배신, 그리고 그들의 대적자들의 자랑을 지적함으로써 그들을 위로하려고 시도한다. 이런 파괴는 모두 백성들의 잘못은 아니었다. 그들은 도움을 가졌었다. 그는 백성들에게 하나님이 할 것이라 말씀하신 것을 행하셨음을 상기시킨다. 그러고 나서 그는 그들에게 하나님을 찾으라고 조언한다. 분명히 그는 야훼가 은혜로 응답하실 것을 확고히 믿는다.

13 예루살렘의 고통을 나누며 동일시한 화자는 "예루살렘의 딸", 곧 "시온의 처녀 딸"에게 정확히 무어라고 말해야할지를 알지 못한다. 이 구절은 세 개의 "무엇"(מה – 마, "what")과 한 개의 "누구"(מי – 미 "who")로 강조되고, 원인절인 끼(כי – 끼, "for")가 합세한다.

첫 번째 "무엇"은 "내가 무엇을 더 반복하여 말할 수 있겠는가"라고 묻는다. 동사 아이케크(אעידך)는 번역하기가 매우 난해하다(원문주해 13.a.를 보라). 아마도 그것은 "내가 너에게 무슨 익숙한 위로의 말을 할 수 있겠는가"라를 의미할 것이다. 화자는 여기서 해야할 적절한 말을 갖지 못하고 있다.

두 번째 "무엇"(מה – 마)은 "내가 무엇으로 네게 비유할꼬[מה אדמה־לך – 마 아담메 라크]?"라고 묻는다. 화자는 그녀가 느끼고 있는 고통을 완화시키거나 의미를 갖게 하는 방식으로 그녀의 상황을 비유할 방도가 없다. 이전의 "무엇"(מה – 마)과 합세한 13a절은 이 상황을 충족시킬 어떤 말도 비유도 없음을 가리킨다.

세 번째 "무엇"(מה – 마)은 "내가 무엇으로 네게 비교하여[מה אשוה־לך – 마 아쉬베 라크] 너를 위로할꼬[ואנחמך – 바아나하메크]?"라고 의문한다. 화자는 상처를 입은 예루살렘을 위로하는 목표를 이룰 수가 없다. 첫 번째 동사는 통상적으로 "유사하다, 같다"를 의미함으로(BDB, 1000), 화자는 예루살렘의 고난의 특이한 본질을 고백한다. 두 번째 동사는 1장에서 다섯 번 분사 형태로 나타난다(1:2, 9, 16, 17, 21). 이는 각기 예루살렘이 위로할 자를 갖고 있지 못함을 슬퍼한다. 하지만 이제 또 다른 화자가 위로가 없음을 확증하고, 소망이 그 순간에 더욱더 약화되어 있음을 보인다.

왜 그녀의 고통을 위로할 수 없는가? 끼(כִּי)란 어절은 이 질문에 응답한다: "너의 파괴됨이[שִׁבְרֵךְ – 쉽레크] 바다 같이 크도다[כִּי גָדוֹל כַּיָּם – 끼 가돌 까얌]." 사실상 그녀의 파괴됨은 너무도 커서 화자는 "누가 너를 치료할 수 있겠는가[מִי יִרְפָּא לָךְ – 미 일빠 라크]?"라고 묻는다. 예레미야 19:10-11은 예레미야가 그릇을 "파괴하는" 것을 듣게 되고, 사람들에게 "내가 이 백성을 파괴할 것이고"(אֶשְׁבֹּר אֶת הָעָם הַזֶּה – 예쉐볼 옐 하암 핮제), "어느 누구도 그것을 치유하거나/고칠 수 없을 것이라(לֹא יוּכַל לְהֵרָפֵה – 로 유칼 레헤라페)"고 말하는 상징적인 행위를 진술하고 있다. "파괴하다"(שׁבר – 샤발)와 "고치다/치유하다"(רפה – 라파)가 애가서 2:13c와 예레미야 19:10-11의 아주 유사한 문맥에서 나타나고 있기 때문에, 사실상 13c 절이 예레미야를 염두에 두고 있지 않다 하더라도, 아마도 유사한 개념이 양 부분에 적용되고 있을 것이다. 하나님은 예레미야 19:10-11에서 그가 하실 것이라고 말씀하신 것을 행하셨지만, 이 예언의 성취를 보고 경험하였을 때, 그것은 화자를 놀라게 하지 않을 수 없었다.

14 애가서 2:9c는 도성이 파괴됨으로써 선지자들이 묵시를 받지 못했다고 진술하고, 애가서 2:20은 제사장과 선지자들이 주님의 성소에서 죽임을 당하였음을 알린다. 여기서 예언적으로 방향을 맞춘 화자는 이스라엘의 선지자들이 "헛되고 어리석은[שָׁוְא וְתָפֵל – 샤베 베타펠] 묵시를 보았[חזו – 하쥬]"다고 단호하게 진술한다. 거짓 선지자들이 예레미야서에서 자주 나타날지라도, 쉐퀄(שֶׁקֶר)이 샤베(שָׁוְא)를 대신하여 거짓 진술에 대해 통상적으로 사용된다. 예레미야는 거짓 신들에 대한 텍스트에서(렘 6:29; 18:15) 그리고 사랑하는 자에게 스스로를 아름답게 보이려고 노력하던 이스라엘에 관한 텍스트에서(렘 4:30) 샤베(שָׁוְא, "헛됨")란 말을 사용하고 또한 거짓 선지자들에 관한 텍스트에서 "어리석음, 무가치함"(תִּפְלָה – 띠브라)이란 말을 사용한다(렘 23:13). 이 두 단어들이 동시에 에스겔 13:1-16에서 사용되는데, 하나는 거짓됨(שָׁוְא – 샤베)을 묘사하기 위해서 다른 하나는 죄의 "속임수"(תָּפֵל – 따펠)를 묘사하기 위해서 사용된다.

몇 가지 의미가 2:14a에서 파생한다. 첫째로 애가서는 불순종하는 백성들에게 하나님의 경고의 말을 전달하지 않는 선지자들에게 이스라엘의 파멸에 책임을 묻는 호세아(호 4:5을 보라), 예레미야(렘 14:13-22; 23:9-40; 27-29), 그리고 에스겔(겔 13:1-19을 보라)과 같은 선지자들과 일치한다. 물론 백성들도 비난을 받는다. 그들이 말씀되어진 것을 수용하지 않았기 때문이다. 칼빈(368)이 적은 것처럼, "우리는 지금 그 선지자의 의도를 인식한다. 그 선지자는 유대인들이 거짓 선지자들에 의해 실로 속임을 당하였다고 말하고 있다. 하지만 그러면서도 이는 이 백성들의 잘못으로 말미암아 발생했다. 그들이 하나님을 순종하지 않았기 때문이다. 그들이 건전한 교리(말씀)를 거부했기 때문이다. 그들이 이 선지자의 모든 조언을 불순종하였기 때문이다." 동시에 14a절은 위로와 조언을 강조하는 텍스트의 일부다. 그렇기에 백성들에 대한 비난은 여기서 암시적이다.

둘째로 예레미야 14:13-22에서 선지자는 거짓 선지자들이 중보의 위치에 설 수 없음을 이야기한다. 그는 "선지자들"을 자신과 구별된 그룹으로서 언급하고 있다. 따라서 애가서에서 선지자들에 대한 비판은 예레미야가 이 책을 쓰지 않았다는 증거도 아니요, 애가서가 예언적 신학을 조명하지 않는다는 증거도 아니다. 참된 선지자들은 거짓 선지자들에 대한 비판을 그들의 임무의 일부로 생각했다.

셋째로 애가서 2:14a는 에스겔 13:1-16이나 종교적인 문화에서 잘 알려진 핵심 어구를 사용한다. 이 사실이 예레미야를 애가서의 저자로 배제하지는 않는다. 에스겔 13:1-16이 예루살렘 함락 이전에 전달되었거나 쓰였기 때문이다. 연대와 상관없이 동시에 나타나고 있는 이 단어의 기이함이 애가서 2장의 저자가 시편 73, 74, 89편, 뿐만 아니라 레위기, 신명기, 예레미야서에서의 다양한 단락들을 알고 있었던 것처럼 에스겔 13장을 알고 있었을 것임을 알려준다. 다시 말해서 저자는 구약 정경의 전반으로 확대되는 문장에 관한 지식이 있었다. 이런 관찰로부터 애가서의 저자를 거론할 수는 없지만, 애가서의 신학에 대해서 더 많이 알 수는 있다.

넷째로 2:14a와 그밖에 다른 곳에서 거짓 선지자들에 대한 언급이 이스라엘 역사에서 신실한 선지자들의 가치를 평가절하 시키지는 않는다. 열왕기하 17장과 25장 그리고 예레미야 52장은 모두 하나님이 이스라엘을 그들의 죄로부터 돌이킬 수 있도록 참된 선지자들을 보내셨음을 분명히 한다. 일부 백성들만 이 메시지에 응답했을지라도, 이들이 이스라엘의 유일한 남은 자들을 형성했다.

애석하게도, 거짓 선지자들은 전해야 할 필요가 있는 것을 전하지 못했다. 그들은 "네 죄악[עונך – 아오네크]을 드러내[ולא גלו – 베로 길루]"지 못했다. 여기에는 언어유희가 작용하고 있다. "드러내다"란 말은 "유배되다"(גלה – 깔라)란 말과 동일한 어근에서 나온다. 따라서 여기서 이 개념은 죄를 드러내지 못함은 이 민족이 유배를 당하게 될 것임을 보여준다. 죄를 드러내는 목적은 "네 사로잡힌 것을 돌이키게 하는"(להשיב שביתך – 레하쉽 쉐비테크) 것이었다. 헤쉽(השיב)의 어근은 슙(שוב)이고 이 용어는 "돌아서다"를 의미한다. 슙(שוב)도 "회개하다"를 의미할 수 있다. 유일하게 회개하는 것만이 그들의 마음을 돌이켜서 재앙을 피할 수 있었으나 백번도 넘게 회개에 대해 말했던 예레미야와 달리, 문제가 있는 이 선지자들은 헛된 것과 어리석은 것 그리고 유익하지 못한 것을 전했다. 이 본문(שְׁבוּתֵךְ – 쉐부테크)의 케레 형은 그 어구를 아모스 9:14의 단어와 유사하게 만들어준다. 사실상 그들의 묵시는 "헛되고[다시금 שָׁוְא – 샤베] 유혹하는[וּמַדּוּחִים – 우맏뚜힘] 설교요 부담이었다[מַשְׂאוֹת – 마스옽]." 이 후자의 단어는 히필 어근에서 유혹의 의미를 갖는 나다흐(נדח)에서 나온다(신 13:14; 잠 7:21; Provan, 288을 보라). 백성들을 하나님께로 인도하기보다 이 선지자들의 메시지는 호세아 1-3장, 예레미야 2-6장 그리고 에스겔 16, 20, 23장이 영적인 간음을 살폈던 유형의 언약적 불순종으로 그들을 유혹했다. 이 선지자들의 설교는 시온의 딸을 치유하실 수 있었던 언약의 하나님을 향하게 하기보다는 위로할 수 없었던 사랑하던 자들(1:9, 20을 보라)에게로 이 백성들을 이끌었다. 그들의 설교는 죄를 범한 백성들(1:5, 18)에게 이보다 더 큰 영향을 미칠 수 없었다.

15 천천히 그리고 냉정하게, 화자는 주님을 찾으라는 조언으로 이 백성들을 이끈다(2:18-19). 부분적으로 그는 위로의 다른 요인들을 근절시킴으로써 그렇게 한다. 그들의 고통(2:11-12)의 가장 깊은 곳을 공감하고, 그들의 선지자들을 하나님의 뜻의 참된 지식의 근원으로 인정하지 않은(2:14; 2:9을 보라) 화자는 이제 가능성 있는 조력자로 지나가는 행인을 간주하는 것을 근절시킨다. 나중에 그는 그 목록에서 역시 대적자들을 공격할 것이다(2:16). 곧 주님이 그들을 도우시는 유일한 소망이 되실 것이다.

1:12에서 예루살렘은 "지나가던 행인들"(כָּל עֹבְרֵי דֶרֶךְ – 꼴 오베레 데렉)이 도성이 고통당하는 것을 "감찰하시고"(רְאוּ – 레예), 아마도 도성을 위해서 행하실 것을 구했다. 이제 화자는 같은 어구를 사용하여 동일한 그룹을 언급하지만 "그들이 너를 향하여 박장한다"(סָפְקוּ עָלַיִךְ כַּפַּיִם – 사페쿠 아라이크 까빠임)고 부연한다. 이 동사는 후회하면서 넓적다리를 치는 것(렘 31:19; 겔 21:17), 분노함으로 양손을 치는 것(민 24:10), 다른 이를 치는 것(욥 34:26), 때리거나 튀어 오르는 것(렘 48:26), 또는 조롱하는 것(여기서와 욥 27:23; BDB, 706)을 의미할 수 있다. 따라서 신체적인 학대를 의미할 수 있었으나 문맥에서는 본질상 조롱하는 것을 의미할 것이다. 지나가는 행인도 처녀 예루살렘을 향하여 "비소하고[שָׁרְקוּ – 샤레쿠] 머리를 흔들기[וַיָּנִעוּ רֹאשָׁם – 바야니우 로샴]" 때문이고, 이 용어는 통상적으로 조롱과 연관이 있다(Keil, 503; Gerstenberger, [2001] 489을 보라). 프로반(Provan, 74)은 이 조롱이 유쾌한 조롱이 아니라 적의를 가진 조롱이라고 말한다.

그들은 경멸스럽게 "온전한 영광이라, 천하의 희락이라 일컫던 성이 이 성이냐" 라고 묻는다. 이 마지막 소절은 특이하게 긴데(원문주해 15.a-a.를 보라), 그것은 조롱을 확장시키는 효과를 갖는다. 로어(Löhr, 13)는 "온전한 영광"(כלילת יפי – 께리랕 요피)이 두로의 멸망에 대한 애통에서 에스겔 27:3과 28:12에 나타나는 것을 주목한다. 구약성경에서 이 용어는 파괴를 특징짓는 멋진 도성 그 이상을 묘사한다. 그러나 "천하의 희락"(משוש לכל הארץ – 무숫 레콜 하아레츠)은 오직 여기와 시온의 영광과 주님의 위대한 능력에 대해 말하는 시편 48:3(ET 48:2)에서만 나타난다. 지나가는 행인이 도성으로서 또는 예배 처소로서 예루살렘의 아름다움과 의미를 조롱하고 있든지 간에, 그들은 그렇게 할 수 있다. 이 즈음에 예루살렘은 인상적인 수도도 아니요 하나님의 능력을 다른 나라에 밝히는 곳도 아니기 때문이다. 조롱자들이 그렇게 생각하기에, 2:17은 온 세계에 하나님의 주권을 밝힐 것이다.

16 하지만 이에 대한 강조가 있기 전에 화자는 이스라엘을 조롱하는 사람들에 대한 묘사를 계속한다. 이번에는 2:4과 2:5에서 하나님에 대해서 그리고 2:7에서 하나님이 예루살렘을 넘겼던 자들에 대해서 사용하던 명사인 "너의 원수"(אויביך – 오예바이크)가 "너를 향하여 입을 벌리며"(פצו עליך פיהם – 빠추 아라이크 삐헴)라고 언급한다. 지나가던 행인들이 2:15b에서 그리했던 것처럼, 이 원수들은 큰 바람처럼 "비소하고"(שרקו – 샤레쿠) "이를 간다"(ויחרקו שן – 바야할쿠 션). 이 후자의 용어는 시편 35:16과 37:12 그리고 욥기 16:9에서 나타나고, "여기서는 터져 나오는 분노의 표현이 있다"(Keil, 503). 2:15에서처럼, 조롱자들은 사악하고 폭력적인 특징을 취한다(Provan, 297). 이 원수들은 더 이상 기쁠 수가 없었다.

그들이 기뻐하는 이유는 그들이 이스라엘의 고통을 야기하였다는 믿음에서다. 네 개의 일인칭의 흔한 복수동사들이 그들의 기쁨과 경축을 표현한다. 첫째로 그들은 "우리가 저를 삼켰도다"(בלענו – 뻴라예누)라고 주장한다. 다시 말해서, 그들은 2:2, 5, 8, 16은 야훼가 행하셨다고 주장한 것을 자기들에게 신임을 돌린다. 하나님이 그들을 도구로서 사용하셨지만 그들은 다르게 그 일을 본다. 둘째로 그들은 "우리가 바라던 날이 과연 이 날이라"(שקוינהו – 쉐키비누후)고 의기양양해 한다. 실로 콰바(קוה)는 간절히 어떤 것을 기다리는 의미를 내포한다. 어떤 일이 일어날 때까지 단순히 기다리는 것이 아니다. 그들은 이런 시간이 온 것을 좀처럼 믿을 수가 없다.

셋째로 그들은 "우리가 얻기도 하고"(מצאנו – 마차누)라로 외친다. 쉴 곳을 찾지 못한 유다(1:3), 음식을 찾지 못한 예루살렘의 지도자(1:6), 또는 묵시를 받지 못한 이스라엘의 (거짓된) 선지자들(2:9)과 달리, 원수들은 그들이 찾고 있었던 것을 바로 얻었다. 그들이 마치 커다란 보물을 발견한 것처럼 말이다. 넷째로 대적자들은 그들이 본 것으로(ראינו – 라이누) 기뻐한다. 물론 내레이터는 1:8-9에서 언젠가 예루살렘을 높였던 자들이 이제는 돌아섰다고 진술한다. 그들이 예루살렘의 벗은 것을 "보았기"(ראו – 레예) 때문이다. 1:10에서 내레이터는 열방들이 성전으로 들어가는 것을 이스라엘이 "보았다"(ראתה – 라아타)고 지적한다. 이런 화들로 보건대, 예루살렘은 1:9, 11, 20에서 하나님이 "감찰하실"(보실) 것을 간구하고, 심지어 지나가는 행인들에게 1:12, 18에서 "감찰할"(볼) 것을 요구한다. 비극적이게도, 원수들은 보았고, 그들은 보았던 것을 좋아하는 애가서에서 유일한 자들이다.

17 예루살렘이나 예루살렘의 대적자들이 어떻게 생각하든지 간에 발생한 일은 야훼의 계획과 명령 때문에 일어났다. 이 도성이나 백성들에 대한 궁극적인 권위를 다른 어떤 것도 가질 수 없다. 모든 예루살렘의 대적자들의 성공은 이스라엘과 하나님과의 관계로 추적할 수 있다.

간단하게 진술하면, 정확히 "의도하신 것[זמם – 자맘]을 야훼가 행하셨다[יהוה עשה – 아사 아도나이]." 이 두 번째 동사는 일반적으로 계획에 대해 사용되나, 그것은 예언적인 심판의 텍스트에서 자주 나타난다(BDB, 273). 예를 들어, 예레미야 4:28은 다가올 심판에 대해 애곡할 필요를 표현한다. 하나님이 "내가 이미 말하였으며 작정하였고[זמתי – 잠모티] 후회하지 아니하였은즉 또한 돌이키지 아니하리라"고 말씀하시기 때문이다. 유사하게 예레미야 51:12에서 본문은 바벨론이 심판을 당할 것임을 진술하는데, "이는 여호와께서 바벨론 거민에 대하여 말씀하신 대로 경영하시고 행하심이로다[כי גם זמם יהוה גם עשה – 끼 깜 자맘 아도나이 깜 아사]"라고 말씀하시기 때문이다. 종합하면, 이 단락은 역사에서 하나님의 주권의 증거를 제공하는 예루살렘의 파괴에 관한 분명한 신학을 표명한다. 이런 관찰을 17a절의 나머지 부분에서 확인할 수 있다. 그것은 하나님이 "그의 말씀/경고를 실현하신다"(בצע אמרתו – 빳차이 엠라토)라고 설명하고 있기 때문이다. 이 동사는 폭력적인 함축을 담고 있고(BDB, 130-31), 그것은 문맥의 의미에 잘 들어맞는다. 예루살렘의 파괴에 대하여 선지자들로 말미암아 주어졌던 하나님의 경고는 단순히 상징적인 형태로만 전달될 수는 없었다.

하나님의 계획과 그것의 폭력적인 성취가 2:17b에서 계속 강조된다. 하나님은 목적하셨던 바를 행하실 뿐만 아니라 오래 전부터 그것들을 명하셨다(צוה מימי קדם – 치바 미메 퀘뎀). 예루살렘의 멸망은 무작정의 폭력이 아니었다. 오히려 그것은 특별한 민족, 즉 이스라엘의 오랜 죄를 벌하시기로 작정하셨던 하나님에 의한 특별한 행위였다. 따라서 이 구절은 매우 구체적인 언급의 틀을 가지며, 이것을 모든 도성의 함락에 적용해서는 안 된다. 이스라엘은 모세 시대 이래로 불순종의 오랜 기간의 대가를 알았지만(레 26장; 신명기 27-28장), 이런 위협의 성취는 587 B.C.E.에 임했다.

애가서 2:2은 하나님이 도성을 "뒤엎으셨다[הרס – 하라스]"는 것을 진술했다(렘 1:10; 24:6; 31:28; 42:10; 45:4). 이 구절도 역시 하나님이 자비를 베풀지 않으시고(ולא חמל – 로 하말) 그리 하셨다고 진술한다. 일단 파괴의 과정이 시작되면, 돌이킬 수가 없다. 특히 일반적인 회개로의 응답이 백성들에게서 나오지 않았기 때문이다. 결과적으로 많이 언급되었던(1:2; 2:3, 4, 5, 7) "원수, 대적"(אויב – 오예브)은 이스라엘의 멸망을 기뻐했다(וישמח עליך – 바예샤마흐 아라이크). 원수들의 흡족해함과 비소와 박장(2:15-16을 보라)은 큰 기쁨으로 화했다.

이 기쁨은 그들이 행한 것으로부터 온 것이 아니었다. 하나님이 "대적[צריך – 차라이크]의 뿔[קרן – 퀘렌]을 높이 들리게 하셨기[הרים – 헤림]" 때문이다. 여기서 원인적인 행위를 표현하는 히필 형의 동사는 이전에 이 책에서는 나타나지 않았다. 두 명사들이 나타나는데, 그것은 내레이터가 이스라엘의 권력의 파괴를 묘사할 때 2:3a에서 사용되었던 "뿔"과 도성과 성전을 파괴했던 자들을 묘사하기 위해서 1:5, 7, 10에서 사용되었던 "대적"이다. 다시 말해서 "대적"은 바벨론이며 이 바벨론의 "뿔"이나 권력을 주님이 더 크게 자라게 하셨다.

예루살렘은 이런 끔찍한 상황에 대해 대적자들을 비난할 수 있으나 하나님이 그 대적을 보내셨다. 선지자들이 언약의 백성들이 변하지 않는다면 그리될 것이라고 말씀하신 것처럼 말이다. 예루살렘은 지나가는 행인들과 그들과 오랫동안 있었던 선지자들이 호세아, 아모스, 스바냐, 그리고 예레미야가 제기한 것과는 다른 말을 전달해줄 것을 희망했지만 하나님은 이미 그들이 들어야 하는 말을 주셨다. 그들의 상황은 인간의 죄에 대한 하나님의 말씀에 따른 결과다. 유사한 텍스트에서 스가랴 1:1-6은 애가서 2:7에서도 사용된 매우 주요한 동사를 사용하여 심판이 죄 때문에 왔다는 것을 주장한다. 선지자들은 많이 예언했었기에, 백성들의 적절한 반응은 이제 회개다. 그러한 일이 발생하기 위해서 예루살렘은 1:20-22에서 그렇게 했던 것처럼 하나님께 말하기를 계속할 필요가 있다.

18-19 주님과 백성들 간의 새로운 관계를 이루기 위해서 화자는 백성들에게 하나님을 찾을 것을 촉구한다. 그렇게 하기 위한 동기가 자녀들의 궁핍에서 발견된다.

유아들의 고난이 교훈, 권고, 경고가 할 수 없었던 적절한 방식으로 예루살렘이 행할 수 있도록 움직이게 한다.

18 18절의 첫 소절은 번역하기가 매우 난해하다(원문주해 18.a.을 보라). 고디스(166)가 설명한 것처럼, "리밤의 접미사는 선행사가 없다. 그것은 분명히 이전에 언급된 대적을 가리킬 수가 없다." 따라서 그는 본문을 "그들의 마음이 부르짖었다"(צעק לבם – 차악 립빰)라기보다는 "너의 마음을 쏟아라"(צעקי לבך – 차아퀴 립뻬카)로 수정할 것을 주장한다. 이 주장을 힐러스가 따른다([1992] 101). 프로반(Provan, 75)은 모든 고대의 역본이 맛소라텍스트를 지지한다는 것을 주목하고, 그는 "그들의 마음"(לבם – 립빰)이 예루살렘의 거주자들을 언급한다고 생각한다. 케일(Keil, 504)은 화자가 마치 백성들이 이미 부르짖고 있는 것처럼 전개하고 있고, 그럼으로써 화자가 백성들을 주님께 더 가까이 나아갈 것을 요청하고 있다고 결론짓는다. 렌케마(308)는 어린아이들의 마음이 부르짖고 있다고 주장하는데, 그들의 부모가 그들을 위해 중보기도할 필요가 있는 것이 바로 그 때문이다. 2:11-12에서 자녀들의 커다란 고통에 대한 도입과 2:19에서 자녀들에 대한 중보의 언급으로 보건대, 렌케마의 결론은 가장 의미가 있다.

예루살렘의 자녀들의 마음은 아마도 2:12에서 그들이 부모들에게 했던 부르짖음과 조화되어 "주를 향하여[אל אדני – 엘 아도나이] 부르짖"[צעק – 차아크]었다. 그들이 부르짖을 때, 그들의 간청은 "처녀 시온의 성곽"(חומת בת ציון – 호맡 빠트 치욘)에 호소한다. 화자가 여기서 누구인지에 관해서 의견이 분분한 것으로 볼 때, 예루살렘의 성곽이 무엇을 말하는지에 대해서 유사한 의견 차이가 있음은 당연하다. 고디스(167), 리(Lee, *Singers of Lamentations*, 156-57), 그리고 케일(Keil, 504)은 성곽(성벽)이 도성 전체라고 생각한다. 확실히 그것은 지금까지 이 책에서 그 용어의 의미였다. 하지만 렌케마(311), 프로반(76), 그리고 고트왈드(*Studies*, 11)는 하나님이 예루살렘의 성곽 또는 방벽이라고 결론짓는다. 그들은 스가랴 2:9(ET 2:5)에 부분적으로 이 결론을 기초한다. 그 구절은 이런 식으로 하나님을 묘사한다. 다시 한번 그러한 문제에서 자신의 견해를 겸손하게 할 필요가 있다. 문맥을 따라 자녀들이 그 부모들을 포함하여 전체적으로 도성에 기도하고 슬퍼할 것을 부르짖고 있다고 독법하는 것이 가장 좋아 보인다. 그 다음에 화자는 그 부모들이 2:19에서 동일하게 행할 것을 촉구한다. 주님은 부모들의 기도의 궁극적인 수령자이므로 이 부분에서 하나님의 역할을 잊어서는 안 된다.

시온은 "밤낮으로"(יומם ולילה – 요맘 바라옐라) "눈물을 급류(강 – 한글개역)처럼 흘릴"(הורידי כנחל דמעה – 호리디 칸나할 띰아) 것을 요청받는다. "급류"로 번역된 단어는 "파여진 수로를 따라 내려가는 산의 홍수"를 내포할 수 있고(Streane, 373), 따라서 힘 있게 내려가는 물의 커다란 근원을 함축한다. 분명히 이 이미지는 긴급성과 파워를 강조한다. 예레미야 14:17은 "나의 눈에 밤낮[דמעה לילה ויומם – 띰아 라엘라 베요맘] 눈물이 흘러내린다[תרדנה עיני – 떼라드나 예이나이]"고 진술하고, 성벽은 지금 동일한 것을 행할 것을 격려 받는다. 그들은 쉬어서는 안 되고(לך אל תתני פוגת – 알 띹떼니 퓨갈 라크) 그들의 눈동자가 여전히 깨어 있어야 한다(עינך אל תדם בת – 알 띧똠 빠트 예나이크). 문제가 매우 급하기 때문이다. 물이 흐르는 것을 어떤 이유로든 중단해서는 안 된다. 자녀들의 생명이 사선에 있고, 민족의 미래가 위험에 처해 있다.

19 이제 화자는 예루살렘의 자녀들이 시작한 간구를 계속한다. 이 구절은 통상적인 세 소절 대신에 네 소절을 갖는다. 그러므로 몇몇 주석가들은 한 소절을 삭제한다. 하지만 1:7에서의 경우처럼, 그러한 삭제를 위한 본문상의 증거가 없다. 한 소절이 더 많은 것이 2:19에 관심을 끌게 하는데, 그 의미도 사실상 아주 중요하다. 이 경우에 백성들이 자손들을 위해 기도할 필요가 있음이 그들의 삶에서 가장 우선순위를 차지해야 한다는 것이다. 그밖에 문제들은 현재의 상황에서 그리 중요하지 않다. 그들은 하나님의 도움을 필요로 한다.

화자는 일련의 네 명령법을 사용한다. 첫째로 화자는 예루살렘에게 "일어나 부르짖을지어다"라고 명한다. 처음의 이 두 최초의 명령법(קומי רני – 쿠미 로니)은 "전례가 없는 강력한" 필요를 나타내고, "시온이 당했던 모든 일에 직면해서 다시 한번 하나님께 유념해달라고 간구하는 것이 더 이상 하나의 과정의 문제가 아니다"(Westermann, 157). 이런 강렬함을 "밤 초경에"(לראש אשמרות – 레로쉬 아쉬무로트, "보초의 시작에서") 파수꾼처럼 신실하게 일어나서 외쳐야하는 자에 대한 교훈에서 볼 수 있다. 프로반(76)은 "우리가 잠잔 후에 기도로 새롭게 시작하는 것보다 각각의 보초의 시작에서 새로운 노력을 함축하는 것으로 이해하는 것이 바람직하다(참조. 시 63:6[맛소라텍스트 63:7])"고 지적한다. 사실상 이런 상황의 긴급성이 전혀 잠을 잘 수 있는 여지를 주지 못한다.

세 번째 명령에서 화자는 예루살렘이 "네 마음을 주의 얼굴 앞에 물 쏟듯 할지어다"(שפכי כמים לבך – 쉬프키 캄마임 립빼크)라고 조언한다. 동사 "쏟다"(שפך – 샤파크)는 이 책의 전형이며, 이미 2:4, 11, 12에서 나타났다. 2:4에서 그 용어는 하나님이 어떻게 분노를 쏟으셨는지 또는 어떻게 던지셨는지를 묘사하는데 사용되었다.

2:11-12에서 내레이터는 그의 내적인 부분("창자" – 한글개역)이 땅에 던져졌거나 쏟아졌다고 진술하며, 또한 예루살렘의 자녀들의 생명이 이제 쏟아졌고, 어미의 품에서 꺼졌다는 것을 진술한다. 이제 백성들은 그들의 마음을 화자가 그의 마음을 쏟았던 것처럼, 또는 자녀들이 그들의 생명을 쏟은 것처럼 쏟아야 한다. 중보기도는 이런 필요와 일치해야 한다.

이런 쏟아짐의 위치가 분명하다–"주의 얼굴/임재 앞에"(נכח פני אדני – 노카흐 뻬네 아도나이). 칼빈(382)이 지적한 것처럼, 백성들은 "하나님으로부터 유화를 얻기 위해서" 구해야 한다. "하나님이 모든 그들의 재앙의 주권자라고 그들이 확신하지 못했다면 그렇게 행하지 않았을 것이다. 그러므로 회개로 일어나야 한다. 하나님의 심판과 인간의 죄 사이에 상호적인 관계성이 있다." 백성들은 다른 어느 곳으로 가서는 안 된다. 데비드슨(Davidson, 187)이 언급한 것처럼 "이제는 얻느냐(사느냐) 잃느냐다(죽느냐). 그들의 고통의 근원이시지만 모든 소망이 있는 하나님께 슬픔의 온전한 쏟음이 있어야 한다."

마지막 명령은 진정한 기도에 대한 화자의 묘사를 완성시킨다. 일어나서 목소리를 높이고, 마음을 쏟은 그들은 이제 "주를 향하여 손을 들지어다"(שאי אליו כפיך – 세이 에라브 깝빠이크)라고 듣게 된다. 베스터만(157)은 이 어구는 "비탄과 간구를 동시에 내포하고 있다"고 말한다. 하나님이 그들의 손을 채워야 한다. 그들 스스로는 그렇게 할 수 없다. 이 손을 "네 어린 자녀의 생명을 위하여"(על נפש עולליך – 알 네페쉬 오라라이크) 들어야 한다. 바로 그들이 포로로 잡혀갔고(1:5), 거리에서 혼절하였으며(2:11), 자기 부모들에게 기도할 것을 부르짖었다(2:18). 그들이 참으로 슬퍼한다면, 어찌 다른 것을 할 수 있겠는가? 자기 자녀들을 위해서 간청해야 한다. 그들의 "생명"(נפש – 네페쉬, 2:12을 보라)이 경각에 처해 있다. 그들이 거리에서 "주려 혼미하였"(העטופים ברעב – 하아투핌 빼라압)기 때문이다. 유사한 장면이 2:12에서 전개되었는데, 거기서 자녀들은 전쟁에서 부상을 당한 전사들처럼 혼미하였다.

하나님은 예레미야 6:11과 9:20(ET 9:21)에서 진노하심으로 "거리로 자녀들이 내몰리고"(שפך על עולל בחוץ – 쉐포크 알 오랄 빠휴츠), "자녀들이 거리에서 죽을 것이라"(להכרית עולל מחוץ – 레하크리트 오랄 미휴츠)고 선언한다. 애가서 2:11-12, 18-19은 이 경고를 유념치 않으므로 실제가 되었음을 알린다. 하나님의 말씀을 순종하지 않았던 동일한 부모들이 자기 자녀들을 위해서 돌이켜 기도해야 한다. 과거의 불순종이 현재의 교만과 완고함 그리고 위험을 인식하지 못하는 것으로 나아가게 해서는 안 된다.

이 전체 항목은 애가서에서 죄와 벌의 요소를 논하는 일이 난해함을 강조한다. 한편으로 이스라엘의 성인들의 대다수는 하나님과 그 민족의 관계에 부여된 언약적 표준을 따르지 않을 것을 선택하였음이 확실히 사실이다. 따라서 그들은 그들 자신의 죄로 인해 고통을 당했다. 다른 한편으로 자녀들은 신명기 28장과 같은 본문이나 부모들의 죄가 자기 자녀들에게 미치는 영향과 직접적으로 관련이 있는 예레미야 6:11과 9:20-21에서의 텍스트와 같은 경고를 믿지 않은 부모들 때문에 심각하게 고통을 당했다. 백성들은 이런 전체 상황에 대해 하나님을 비난할 수 있었다. 하나님이 바벨론을 보냈기 때문이다. 하지만 하나님이 이스라엘을 벌하지 않는다면, 그들의 사악함이 제거되지 않을 것이다. 이는 어느 누구도 좋아할 수 없는 선택이다. 자녀들이 다른 이들의 죄 때문에 고난을 당한다. 이 경우에 그들의 부모와 바벨론 때문에 말이다. 아벨이 가인의 손에 죽었기 때문에 백성들은 다른 이들의 죄 때문에 고난을 당했다. 이것이 자녀들의 고난을 바꾸지는 못하지만, 독자들의 질문이 "어찌 *하나님이* 그러한 일을 하실 수 있었단 말인가?"에서 "어찌 *그 부모들이* 자녀들에게 그러한 일을 할 수 있었단 말인가?"로 바뀔 수 있다. 이것이 하나님과 자녀들의 안전에 대한 경고를 간과하는 백성들 사이에 새로운 관계가 전적으로 가능한 것으로 인도해야 한다. 2:11-19에 따르면, 그러한 새로운 시작이 가능할 뿐 아니라, 부모들이 그들 자신을 구속하고 자손들이 더 이상의 고통을 당하지 않게 하는 방도다.

20-22 1장에서처럼, 예루살렘은 이 장의 마지막 말을 제시한다. 그녀는 내레이터와 예언적인 화자의 이야기를 들었다. 1:9, 11, 20에서 그녀는 하나님이 그녀의 상황을 "감찰해"(ראה - 레예) 달라고 요청하였는데, 그녀는 지금 다시 그렇게 간청한다. 이전에 그녀는 자신의 끔찍한 상황과 슬픔(1:12-16)을 묘사했고, 그 다음에 죄를 고백하고, 하나님이 자신을 심판하셨던 것처럼 진노의 날에 대적자들을 심판하실 것을 구했다. 다시 말해서 그녀는 애가의 근본적인 요소를 따라 진행하였다(Westermann, 139-40을 보라). 이제 그녀는 이전의 화자의 조언을 반응하여 야훼께 구한다. 그녀의 이전의 언급을 유념해야 한다. 이 말은 그녀의 다른 말과 따로 떼고 읽어서는 안 된다.

20 예루살렘의 서두어인 "보소서, 여호와여 감찰하소서"는 1:11c를 완벽하게 반영하고 있다(ראה יהוה והביטה - 레예 아도나이 베합삐타). 이 간구는 하나님이 아직 행하시지 않았던 것을 행하실 것을 한 번 더 구하는 효과를 갖는다. 이런 서두의

간구를 한 그녀는 하나님이 행하신 일에 대한 일련의 진술로 나아간다. 이 진술들은 2:1-10에서 내레이터가 행한 유사한 언급과 평행을 이룬다. 이 주장들은 "감찰하소서"가 "어떤 것을 행하옵소서"를 의미하는 기도로 제시되지 않았다면 단순한 비난에 해당하였을 것이다. 하나님이 감찰하실 것을 구하는 그녀는 한 가지 의문법과 두 가지 가정법 분사를 사용한다.

첫째로 그녀는 "당신이 뉘게 이같이 행하셨는지요(למי עוללת כה – 레미 오랄따 코)?"라고 묻는다. 여기서 동사는 "19절에서 어린이들(עלל – 오랄)과 언어유희"를 이루고(Lee, *Singers of Lamentations*, 159), 예루살렘에 지나가는 행인에게 주가 그녀에게 "[고통스럽게] 가져온"(עולל – 오랄) 것과 같은 슬픔을 일찍이 있었는지를 묻는 1:12과 주가 그녀의 범죄를 "심각하게 다루신"(עוללת – 오랄따) 것처럼 대적자들의 죄를 "심각하게 다루실"(ועולל – 베오렐) 것을 요청하는 1:22을 반영한다. 여기서 예루살렘은 그 동사를 반복하나, 이번에는 하나님과 그녀의 관계에 관한 이슈와 하나님이 행하신 일의 타당성을 제기한다.

둘째로 그녀는 "여인들이 어찌 자기 열매(נשים פרים אם תאכלנה – 나쉼 뻬랼 임 또칼나) 곧 손에 받든 아이(עללי טפחים – 오라레이 틮퓨힘)를 먹으리요"라고 묻는다. 의문의 여지없이, 이 질문에 대한 대답은 "아니라! 그러한 일이 발생해서는 안 된다"이다.

하지만 그러한 일이 전쟁 시에 발생했고(왕하 6:24-31), 레위기 26:39, 신명기 28:52-57, 예레미야 19:1-9, 에스겔 5:10은 언약의 백성들이 오랫동안 하나님을 불순종할 때 그러한 일이 발생할 것임을 경고한다(Renkema, 321을 보라). 아마도 예루살렘은 아가서의 이 시점에서 "이전에 저의 죄책을 인정하였음으로, 그러한 일이 어찌 계속되어야 하나요?"를 의미할 것이다. 어쨌든 그녀는 예언적인 화자가 그녀에게 하라고 말했던 것을 하고 있다: 그녀는 야훼 앞에 자녀들의 사례를 가져온다.

셋째로 그녀는 "제사장과 선지자"(כהן ונביא – 꼬헨 베나비)가 "주의 성소에서(במקדש אדני – 뻬믹따쉬 아도나이) 죽어야(אם יהרג – 임 예하렉) 하는지"를 의문한다. 이 두 그룹은 이전에도 언급되었는데, 제사장은 1:4, 1:19, 2:6, (암시적인) 2:9에서 그리고 선지자는 2:9과 2:14에서 그리하였다. 그러한 일이 일어나서는 안 된다. 제사장은 하나님의 말씀을 가르치고 예배 시에 하나님의 백성들을 도와야 하며(신 33:8-11; 말 2:1-9), 그리함으로써 존경을 받아야 한다. 선지자들은 하나님의 말씀을 정확하게 전달해야 하며(신 13:1-5; 18:15-22), 그 말씀을 순종해야 한다. 하지만 부주의하고 사악한 제사장들은 자주 잘못된 목적을 충족시키고(레

10:1-7; 삼상 4:12-22), 거짓 선지자들도 마찬가지다(렘 28:1-17). 그러한 제사장과 선지자들을 애가서는 이전에 언급했다. 여전히 예레미야는 좋은 선지자였고, 다른 그런 선지자들이 역시 존재했다(렘 26:20-23을 보라). 하나님은 생겨난 신실한 새로운 자들을 볼 필요가 있다. 예루살렘이 새로이 발견한 고백에 의존하는지 아직 이전의 행위의 의미를 이해하지 못하고 있는지가 의문이다.

21 이 구절은 전체 책에서 이전에 사용된 단어를 축약적으로 포함하고 있다. 사실상 "그들이 엎드러지고"(שׁכבו – 샤케부) "저희가 살육을 당했다"(טבחת – 타바흐따)는 아직 나타나지 않았다. 이 텍스트는 참인 것으로 이미 진술되었고, 필요한 것에 대해 기도했던 것을 요약하는 것으로 기능한다. 예루살렘의 편에서 이런 강렬함이 분명해 보이는데, 그녀가 2:13-19에서 요청된 긴급함으로 기도하기를 시도하고 있기 때문이다. 이와 연관된 이미지와 주제의 그러한 축약은 애가서 저자의 시적 기술을 강화시킨다.

예루살렘은 끔찍한 사실을 진술함으로써 기도를 계속한다: "노유([וזקן ונער – 베자퀸], 老幼, 늙은이나 젊은이)는 다 길바닥에 엎드러졌사오며[שׁכבו לארץ חוצות – 샤케부 라아레츠 휴쵸트]." 이전에 "길바닥에"(לארץ – 라아레츠)는 이스라엘의 통치자들을 얼마나 욕되게 하셨는지(2:2c), 예루살렘의 장로들이 얼마나 땅에 엎드렸는지(2:10a), 그리고 예루살렘이 얼마나 절망적으로 애곡하는지(2:10c)를 보이기 위해서 나타난다. 이제 그 용어는 도성의 노유(늙은이와 젊은이)가 엎어지는 장소를 묘사한다. 거리가 죽음이나 죽어가고 있는 장소를 형성하고 있음을 1:20에서 이미 진술하였고, 장로들이 이 죽음의 일부인 것을 1:19에서 확증하며, 반면에 2:10은 그들이 땅에 엎드러져서(לארץ – 라아레츠) 애곡하고 있음을 보여준다. 따라서 이 장로들은 그들이 언젠가 애통해했던 곳에서 죽어가고 있다. 이 소절은 예루살렘이 이런 상황에 대한 내레이터의 평가에 분명히 동의하고 있음을 보여주고, 이 정보를 예언적인 화자가 조언했던 대로 열렬하게 기도하기 위해서 사용하고 있다.

기근이 이 시기에 죽음의 원인임이 확실하였을지라도, 그것만이 유일한 원인은 아니었다. 가장 직접적인 방식은 바벨론의 칼날이었다. 따라서 예루살렘은 "내 처녀들과 소년들([בתולתי ובחורי – 뻬튜로타이 부바후라이], 선택된 남자들)이 칼에 죽었나이다[נפלו בחרב – 나페루 베하렙]"라고 기도하기를 계속한다. 예루살렘의 처녀들은 이미 1:4, 1:18, 2:10에서 나타났다. 1:4에서 처녀들이 고통을 당하였고, 1:18에서 그녀들은 포로로 잡혀 갔으며, 2:10에서는 애곡함으로 머리를 숙였다. 이제 예루살렘은 처녀들의 일부가 죽임을 당하였음을 드러낸다. 처녀들은 충분히 나이가 들어 전쟁에서 싸울 수 있었던 젊은이들, 즉 "선택된 남자들"이 처녀들의 죽음에 합세했다. 젊은이들이 1:15에서 전쟁에서 흩어진 것으로, 1:18에서 처녀들과 함께 포로로 잡혀간 것으로, 그리고 여기서 죽임을 당한 것으로 묘사된다. 예루살렘이 망하였다는 것을 1:7에서 확증하였지만, 1:20은 검이 예루살렘의 자녀들과 지도자들을 잃게 했다고 보고했다. 1:20에서처럼 예루살렘은 하나님이 그러한 일들을 감찰하시고 이제는 행동하실 것을 구한다. 예레미야 15:1-2과 심판에 관한 다른 여러 텍스트들은 벌의 도구로서 칼이 사용될 것임을 경고하고 있다. 예루살렘은 그러한 경고가 실현되는 것을 보게 되었고, 그녀는 같은 일이 미래에 발생하지 않도록 기도한다.

예루살렘은 하나님이 이 일을 행하셨다고 믿는다. 다시 한번 주님의 날의 이미지에 의존한 예루살렘은 "주께서(당신이) 진노하신 날에 죽이시되"(הרגת ביום אפך - 하라그따 뻬욤 앞뻬카)라고 진술한다. 이 동사는 주님이 예루살렘의 가족 구성원들을 죽이심으로써 대적자처럼 행하신다고 말하는 2:4에서 나타나고, 예루살렘이 선지자와 제사장들이 성소에서 죽어야하는지를 묻는 2:20에 나타난다. 여기서 예루살렘은 이 죽임을 하나님의 진노의 날과 연관시킨다. 이 용어는 이미 1:12, 2:1 그리고 2:6에서 이미 발견할 수 있다. 이 날의 심각성이 마지막 어절에 나타난다. "긍휼히 여기지 아니하시고[לא חמלת - 로 하마레따, 문자적으로는 '자비를 보이지 않으셨다'] 살육하셨나이다[טבחת - 타바흐따]." 새롭고 냉혹한 동사의 사용은 예루살렘의 기도의 강렬성을 드러낸다. 예루살렘의 자녀들과 장로들이 죽었다. 더 심각한 것은 그들이 살육을 당하였다. 하나님이 긍휼을 보이지 않으심은 이미 2:2과 2:17에서 나왔다. 거기서 하나님은 각기 삼키시고 훼파하였다. 예루살렘은 이미 알고 있는 참여자처럼 발생한 일을 이해하고 있다. 예루살렘이 이 개념들을 재사용한 것은 내레이터가 언급했던 것과 예언적 화자가 그녀에게 설명했던 것을 그녀가 온전히 수용하였음을 보여준다.

22 예루살렘은 2:21c에서 시작했던 하나님의 진노의 결과를 묘사하기를 계속한다. 하지만 지배적인 은유는 바뀐다. 이제 그녀는 주님의 날을 하나님이 요구하신 "지정된 절기"(כיום מועד - 케욤 모예드)와 비교한다. 물론 이 책은 이미 1:12, 1:21, 2:1, 2:21에서 하나님의 "날"로서 심판을 언급했다. 또한 이 책은 1:4과 2:6에서 "지정된 절기"(מועד - 모예드)를 예루살렘이 상실하는 것을 언급하고, 1:15과 2:7에서 패배의 날을 "절기"로서 언급한다. 하나님이 바벨론이 성전을 침범하도록 지정된 시간을 허락하셨기 때문에 예루살렘은 예배를 위한 지정된 절기를 갖지 못한

다. 제사장과 선지자들이 죽임을 당하였기에(2:20c), 어쨌든 예배를 위한 기능들이 소용이 없게 되었다.

하나님이 이 날을 도래하게 하셨을 때, 그가 불러오신 손님들은 "예루살렘의 사방에 두려운 것들(מגורי מסביב – 메구라이 밋싸빕)"이었다. 하나님은 이스라엘의 가장 강력한 대적자를 불러오심으로써 최악의 악몽을 가져다주었다. 이 매우 드문 어구는 분명히 예레미야적이다. 그 어구는 예레미야 6:25, 20:3, 20:10, 46:5, 49:29에서 나타나기 때문이다. 사실상 예레미야는 자신의 대적자인 바스훌에 예레미야 20:3에서 바로 이 이름을 주고 이 어구를 예레미야 20:10에서 자신에 대한 박해를 묘사하기 위해서 사용한다. 또한 이 용어는 시편 기자가 자신이 곤란 중에 있다고 인정하는 문맥에서(시 31:1-9) 시편 31:14(ET 31:13)에 나타난다. 시편기자는 자신이 한숨 짓고 슬퍼하고 있으며(시 31:10-11), 대적자들에게서 비난을 받고 있다고 진술한다(시 31:12-14). 이 시편은 신뢰와 찬미(시 31:15-23) 그리고 주님을 바라라는 권면을 표현하는 것으로 끝을 맺는다(시 31:24-25). 분명히 이 시편은 전반적으로 애가서와 상당한 주제적 연관을 갖고 있다. 따라서 2:1-22의 대부분이 그러한 것처럼, 2:22a의 어구는 예언적인 심판의 이미지와 시편의 애가와 일치한다. 예레미야 20장에서 하나님을 섬기는 것이 그에게 얼마나 끔찍한 고통을 야기하였는지를 진술하는 과정에서 일지라도(렘 20:7-18) 선지자는 하나님에 대한 신뢰를 표현한다. 유사하게 시편기자는 구원이 발생하기 전에 주님에게 외친다. 예레미야처럼 주님이 대적자들을 패배케 하실 것을 구한다(시 31:18; 렘 20:12). 여기서 예루살렘이 이 두 사례들을 따르고 있을 가능성이 충분히 있다. 이 모든 세 본문은 두려움이 임했음을 인정하고, 또 모든 세 본문은 대적자들을 언급하지만 선지서와 시편의 본문은 하나님의 선하신 성품을 언급한다. 그러나 이 부분을 "생략"하고 있을지라도, 예루살렘은 2:18-19에서 주어진 조언을 진정으로 취하고 있고, 이 두 유사한 성경 사례와 다르지 않는 형태로 기도하기를 시작했다.

예루살렘은 다음 소절에서 하나님의 심판의 철저성을 강조한다. 주님이 두려움을 불러오게 하신 것을 인정한 후에, "여호와께서 진노하신 날[ולא היה ביום אף־יהוה – 베로 하야 빼욤 아프 아도나이]에 피하거나 남은 자[פליט ושריד – 빠리트 베사리드]가 없었나이다"라고 고백한다. 마지막 두 명사는 여호수아 42:17, 예레미야 44:14, 44:14에 함께 나타난다. 첫 번째 경우는 이스라엘이 아이 성에서 승리한 문맥에 나타나는 반면에 뒤의 두 본문은 도성의 파괴 후에 이스라엘 백성들이 애굽으로 도망하는 일이 발생할 것인지를 묘사하는데 사용된다. 주님의 날은 커다란 두려움, 상실, 슬픔을 가져온다.

마지막으로 예루살렘은 잃어버린 자녀들에 관한 주제로 돌아간다(1:5; 2:4, 11-12, 18, 20-21을 보라). "온유하게 보호하고 양육하는"(אשר טפחתי ורביתי – 아쉘 팊빠흐띠 베립뻬티, "내 손에 받들어 기르는" – 한글개역) 자가 이 책에서 자주 언급되었던 "원수"(איבי – 오예비)에게 넘어졌다. "온유하게 보호된"이라고 번역된 어구는 2:20b에서도 나타나는데, 거기서는 예루살렘의 소중한 자녀들을 가리킨다.

예루살렘은 가르침 받은 대로 자녀들을 위해서 기도했다. 따라서 그녀는 하나님이 이 문제들을 "감찰하실" 것을 구했고(1:9c, 11c, 20a; 2:20a), 자신의 곤경을 설명했으며(1:12-16), 죄를 고백했고(1:18-19), 원수들을 벌하실 것을 하나님께 구했으며(1:20-22), 하나님이 "감찰하셔서" 자녀들, 선지자들, 제사장들이 직면하고 있는 두려움을 멈추게 해달하고 구했다. 다시 말해서 예루살렘은 개인적 또는 집합적 애가의 "정해진" 부분들을 통해서 그리하였다. 그녀는 이 시점에서 하나님에 대한 믿음의 진술을 암시적으로만 표현하고 있고, 명확하게 진술하지 않는다. 그녀는 2:11-19에서 일인칭 화자의 조언을 취하고, 자신의 독자적인 방식으로 나아가지는 않는다. 동시에 이런 종류의 고통을 단번에 멈추는 것은 가능하지 않을 것이다. 결국에 작물이 자라는 데는 시간이 걸리고, 도성이 재건되는데도 시간이 걸리며, 생명이 치유를 받는데도 시간이 걸린다. 심판과 새로운 갱신 사이에 삶도 마찬가지로 쉽지 않다.

해설

이 장은 주님의 진노의 날에 견주어서 읽어야 한다(1:12, 21; 2:1, 22). 성경신학에서 이 날은 이 백성들이 주님과의 언약을 반복해서 깨뜨리고, 주님이 그들을 경고하기 위해서 보냈던 선지자들의 말을 귀담아듣기를 거부하며, 외국의 분명한 위협에 직면해서도 불순종하기를 계속한(왕하 17장을 보라) 이후에야 이스라엘에게 임한다. 아마도 어느 예언서도 예레미야서보다 더 슬프고 이 긴 과정을 설명하는 것은 없을 것이다. 호세아서, 아모스서, 스바냐서가 보다 압축된 방식으로 그것을 긴밀하게 설명하고 있을지라도 말이다. 주의 날이 올 때, 신명기 27-28장에서 발견할 수 있는 언약적 저주가 임한다. 따라서 이 두 신학적 흐름을 간단하게 설명하는 것이 필요하다.

신명기 27-28장은 죄에 대한 구체적인 결과를 설명하고, 그 중에 많은 것들을 애가서, 특히 2장에서 발견할 수 있다. 예를 들어, 신명기 28:25-35은 이스라엘의 대적자들이 이스라엘을 패배케 할 것이고, 이 패배는 아주 혹독해서 이스라엘이 "세계 만국으로 흩어짐을 당할"(28:25) 것임을 경고한다. 그들의 몸은 새들의 먹이가 될 것이고(28:26), 자녀들이 "다른 이들에게 주어질" 것이다(28:32). 그들과 그들의 왕은 무자비한 한 민족에게로(28:45-51) 유배를 당하게 될 것이다(28:36-44). 바로 이 이방 민족은 이스라엘 백성들을 포위하여, 그들이 굶어죽기보다 자기 자녀들을 먹게 할 것이다(28:52-57). 그들의 자녀들은 고통을 당하고 끔찍한 질병으로 죽게 될 것이며(28:58-63), 이스라엘 민족은 끊임없는 공포에 시달리게 될 것이다(28:64-68). 유사한 본문인 레위기 26:14-39은 비슷한 경고를 제기한다. 구약성경에서 불순종이 오랫동안 전개되기 시작한 후에야 주님이 이런 결과를 맞게 할 것임을 상기하는 것이 중요하다.

예언서에서 주님의 종들, 선지자들은 그러한 일이 발생하기 전에 이 백성들이 돌아설 것을 경고한다. 이사야(예. 2:15), 호세아(예. 1:5), 요엘(예. 2:1), 아모스(예. 1:2-4:13), 그리고 그 외에 많은 선지자들이 하나님의 심판의 날을 선언한다. 이 날은 이스라엘의 죄와 다른 민족들의 죄를 외국 군대를 통해서 자주 벌하실 것이다. 예레미야 21-39장은 바벨론이 예루살렘을 혹독하게 핍박할 것임을 반복해서 선언한다. 이 백성들이 회개하지 않거나, 그렇게 회개하지 않음으로써 바벨론에 항복하게 된다면 말이다.

애가서 1-2장은 이런 침략과 관련한 화를 묘사하고 애곡해 한다. 그렇게 함으로써 이 장은 세 번째 신학적 흐름을 가져온다. 그것은 시편 73-78편에 있는 시의 유형들에서 발견할 수 있다. 그 시편들은 그 나라의 멸망이 주요한 주제다. 예를 들어, 시편 74편과 89편은 성전과 다윗왕조의 상실을 애곡한다. 충격, 슬픔 그리고 혼란을 표현하는 것 외에도, 이 본문들은 그들에게 "이제 어떻게"라는 흐름을 갖게 한다. 애가서에서 3-5장은 "이제 어떻게"라는 주제를 취하고, 시편에서 90-106편은 동일한 기능을 취한다. 애가서와 시편은 모두 이스라엘이 느꼈던 고통과 분노의 많은 형태와 단계를 표현하기 위해서 애가 형태를 사용한다. 하지만 그곳에는 쉼이 없다. 그들이 인식하는 소망의 유일한 근원이신 언약의 하나님과의 새로운 관계로 들어갈 것을 표명할 뿐이다(서론에서 "애가서의 신학적 목적"을 보라). 애가서는 단순히 비난하려는 것이 아니고, 고통을 표현하고 공동체와 예배를 복원하려는 방법을 발견하려는 것이다.

아마도 이 시점에서 시온 신학에 대한 말씀이 나오게 되어 있다. 의문의 여지없이 이사야 25, 65-66장, 에스겔 40-48장 그리고 시편의 여러 편들이 시온의 영광스러운 미래를 주장한다. 궁극적으로 시온은 하나님이 자기 백성들과 죽음과 죄가 없이 살아가는 곳이다. 따라서 "예루살렘은 시온과 동일하다"라는 단순한 공식은 작동하지 않는다. 여전히 이 텍스트들과 학개 2:1-9과 이웃하는 텍스트들은 새로운 성전과 복원된 도성을 상당히 약속한다. 하지만 미래의 영광에 대한 이런 구절들은 주님의 날과 방대한 파괴의 날에 뒤이어 나타난다는 것을 기억해야 한다. 따라서 시온의 영광은 언약적 저주와 주의 날의 단락에 뒤이어지는 주제로 생각하는 것은 적절하지만, 시온의 영광이 부차적인 것은 아니다. 그렇다면 애가서 1-2장과 시편 73-89편과 같은 단락들은 그것이 주의 날과 시온의 영광에 다리를 놓기 때문에 아주 중요하게 부상한다.

이 단락은 세 가지 주요한 부분으로 전개된다: 1-10절, 11-19절, 그리고 20-22절. 첫 번째 항목은 삼인칭의 화술로 이스라엘 민족의 패배와 거주자들과 예배의 상실을 야기한 주의 진노의 날이 어떻게 임했는지를 묘사한다(신 28:25-51; 시편 74편). 분명히 1:1-9b, 10-11b, 17절에 나타나는 동일한 내레이터가 여기서 말을 하고 있다. 두 번째 항목은 예루살렘의 자녀들이 겪고 있는 고통을 슬퍼하고(2:11-12), 재앙을 가져오신 주님에게 예루살렘이 부르짖을 것을 촉구한다(2:13- 119). 여기서 일인칭의 목소리는 예레미야의 목소리와 상당히 유사한 예언적 관점을 표현하면서 말을 한다. 마지막으로 세 번째 항목은 다시 한번 발생한 일을 "감찰하시고" 이스라엘을 위해서 행동해주실 것을 주님께 구하는 예루살렘의 부르짖음을 묘사한다(1:9c, 11c, 20-22). 그녀는 이전의 화자가 조언했던 대로 자녀들을 위해 기도한다. 그녀는 하나님의 진노의 날을 겪었고, 그것이 그토록 심각해야하는지를 의문한다.

2장은 어떤 구체적인 방식으로 이 책의 주제적인 움직임을 발전시킨다. 1:12과 1:21에서 소개된 주님의 날의 구체적인 요소들을 언급함으로써 외롭고, 죄악 되고, 쓸쓸하지만 기도하는 도성에 관한 1장의 묘사를 세워나간다. 특히 2:1-10은 전사로서, 이스라엘의 대적자로서, 그리고 예루살렘의 멸망을 계획하셨던 분으로서 하나님의 활동을 세심하게 전개해 나간다. 이 모든 이미지들은 선지서와 시편의 문헌과 유사하다. 그것은 벌이 왜 왔었는지에 관한 내레이터와 예루살렘의 관점과 일치하지만, 무고한 자들을 위해서 예루살렘이 기도할 것을 조언하는 단계, 즉 주님이 응답하실 것이라고 확실하게 믿는 기도를 취하는 일인칭의 화자를 도입한다. 이 화자는 선지서에서부터 시편에 이르는 이미지를 사용한다. 2장은 예루살렘이 이런 조언을 수용하는 것을 묘사한다. 그녀는 백성들의 고통을 묘사함으로써 그러한 일들이 발생해야하는지를 물음으로써 애곡한다. 특히 그녀는 어린 아이들, 즉 가장 취약하고 이 벌을 받는 날에 가장 해를 입는 이들을 위해서 기도한다. 다른 지침과 반응들이 3-5장에서 전개된다.

이 시는 하나님의 가혹한 처사와 인간의 책임 그리고 악한 자의 행위로 인한 무고한 고난에 관한 중요한 문제를 제기한다. 심판은 폭력적이 될 수 있고, 애가서는 이 사실을 결코 숨기려 하지 않는다. 또한 애가서는 이 특별한 폭력의 모습이 남용이 아니라 정의와 관련되어 있다고 주장한다. 동시에 애가서는 때로 무고한 자들이 다른 이들의 죄 때문에 고통을 당하며, 예루살렘의 자녀들이 이런 실제를 경험하고 있음을 진술한다. 하나님의 경고만으로는 자기 자녀들에 대한 위험을 간과하는 경향을 보이고 또한 자녀들도 유사하게 불순종의 방식으로 행하도록 양육하는 경향이 있는 이 민족의 마음과 행동을 바꾸기에 충분하지 않았다. 이 경우에 심판이 자기 패배적인 행동의 자손 대대로의 사악한 순환을 멈출 수 있다. 그렇다 하더라도 이 벌의 수용자들, 자신의 죄를 인정하는 모든 이들은 주님의 날의 심각성을 놀라워할 것이다. 그렇지만 그들은 자신들의 죄의 심각성의 증거로서 이 벌의 심각성을 간주해야 한다. 이 장과 전체 애가서는 듣고, 읽고 또는 수용하기가 어려운 메시지와 관련이 있다: 심판의 날이 올 때, 사람들은 죄를 고백하고, 고난에 대한 문제를 질문하며, 무고한 이들을 위해서 중보기도하는 방식으로 하나님께만 부르짖을 수 있다.

나는 인간이라(3:1-66)

참고문헌

Berges, U. "'Ich bin der Mann, der Elend sah'(Klgl 3.1): Zionstheologie als Weg aus der Krise." *BZ* 44(2000) 1-20. **Brandscheidt, R.** *Gotteszorn und Menschenleid.* **Buchanan, A.** "The Role of Protest in Lamentations." *Th.*M. thesis, Australian College of Theology, Kensington, 2001. **Dennison, J. T., Jr.** "The Lament and the Lamenter: Lamentations 3:1-23." *Kerux* 12(1997) 30-34. **Driver, G. R.** "Hebrew Notes on 'Song of Songs' and 'Lamentations.'" In *Festschrift Alfred Bertholet.* Ed. W. Baumgartner et al. Tübingen: Mohr(Siebeck), 1950. 134-46. **Ferris, P. W., Jr.** *Genre of Communal Lament.* **Gottlieb, H.** "Das kultische Leiden des Konigs: zu den Klageliedern 3:1." *SJOT* 2(1987) 121-26. ______. *Study on the Text of Lamentations.* **Gous, I.** "Psychological Survival Strategies in Lamentations 3 in the Light of Neuro-Linguistic Programming." In *Old Testament Science and Reality.* Ed. W. Wessels and E. Scheffler. Pretoria: Verba Vitae, 1992. 317-41. ______. "Sosiologiese eksegese van die Oude Testament(Lam 3)." *SK* 14(1993) 67-83. **Gurewisz, S. B.** "The Problem of Lamentations 3." *ABR* 8(1960) 19-23. **Heim, K. M.** "The Personification of Jerusalem and the Drama of Her Bereavement in Lamentations." In *Zion, City of Our God.* Ed. R. S. Hess and G. J. Wenham. Grand Rapids, MI: Eerdmans, 1999. 129-69. **Jahnow, H.** *Hebräische Leichenlied.* **Kaiser, W. C., Jr.** *Biblical Approach to Suffering.* **Lee, N. C.** *Singers of Lamentations.* **Linafeldt, T.** *Surviving Lamentations.* **Löhr, M.** "Der Sprachgebrauch des Bucher der Klagelieder." *ZAW* 14(1894) 31-50. ______. "Threni III. und die jeremianische Autorschaft des Buches der Klagelieder." *ZAW* 24(1904) 1-16. **McCarthy, C.** *The Tiqqune Sopherim and Other Theological Corrections in the Masoretic Text of the Old Testament.* OBO 36. Göttingen: Vandenhoeck & Ruprecht, 1981. **McDaniel, T. F.** "Philological Studies in Lamentations, I-II." *Bib* 49(1968) 27-53, 199-220. **Miller, C. W.** "Poetry and Personae: The Use and Function of the Changing Speaking Voices in the Book of Lamentations." Ph.D. diss. Iliff School of Theology and University of Denver, 1996. **O'Connor, K. M.** *Lamentations and the Tears of the World.* **Owens, P. J.** "Personification and Suffering in Lamentations 3."

Austin Seminary Bulletin: Faculty Edition 105(1990) 75-90. **Porteous, N.** "Jerusalem-Zion: The Growth of a Symbol." In *Verbannung und Geimkehr.* FS W. Randolph, ed. A. Kuschke. Tübingen: Mohr(Siebeck), 1961. 235-52. **Praetorius, F.** "Threni III, 5, 16." *ZAW* 15(1895) 326. **Provan, I.** "Past, Present and Future in Lamentations 3:52-66: The Case for a Precative Perfect Re-examined." *VT* 41(1991) 164-75. **Rudolph, W.** "Der text der Klagelieder." *ZAW* 56(1938) 101-22. **Saebø, M.** "Who Is 'the Man' in Lamentations 3? A Fresh Approach to the Interpretation of the Book of Lamentations." In *Understanding Poets and Prophets.* FS G. W. Anderson, ed. A. G. Auld. Sheffield: JSOT Press, 1993. 294-306. **Weissblueth, S.** "*Mipî ‹elyôn lō‹ tēṣē› hārā‹ôt wehaṭṭôb.*" *Beth Miqra* 32(1986-87) 64-67.

본 문

א **1** 여호와의 노하신 매로 인하여	**1** I am the man who has seen[a] affliction (4+2)
고난당한 자는 내로다	by (the) rod of his anger.
א **2** 나를 이끌어 흑암에 행하고	**2** Me he has driven away and made walk (3+3)
광명에 행치 않게 하셨으며	(in) darkness and not light.
א **3** 종일토록 손을 돌이켜	**3** Surely against me he turns again and again (4+3)
자주 자주 나를 치시도다	his hand all the day.
ב **4** 나의 살과 가죽을 쇠하게 하시며	**4** He has swallowed up my flesh and my skin: (3+2)
나의 뼈를 꺾으셨고	he has shattered my bones.
ב **5** 담즙과 수고를 쌓아	**5** He has besieged and surrounded me (3+2)
나를 에우셨으며	(with) bitterness[a] and weariness.
ב **6** 나로 흑암에 거하게 하시기를	**6** He has made me dwell in a dark place, (2+2)
죽은 지 오랜 자 같게 하셨도다	like the ones long dead.
ג **7** 나를 둘러싸서 나가지 못하게 하시고	**7** He has walled me in and I cannot escape: (4+2)
나의 사슬을 무겁게 하셨으며	he has made my chains heavy.
ג **8** 내가 부르짖어 도움을 구하나	**8** Even when I cry out and call for help, (4+2)
내 기도를 물리치시며	he rejects[a] my prayer.
ג **9** 다듬은 돌을 쌓아 내 길을 막으사	**9** He has walled in my ways with cut stones: (3+2)
내 첩경을 굽게 하셨도다	he has made my paths crooked.
ד **10** 저는 내게 대하여 엎드리어 기다리는 곰과	**10** He is a bear lying in wait for me, (4+2)
은밀한 곳의 사자 같으사	a lion in hiding.
ד **11** 나의 길로 치우치게 하시며 내 몸을 찢으시며	**11** He turned me aside from my path and tore me to pieces: (3+2)

나로 적막하게 하셨도다	he made me desolate.
ד **12** 활을 당기고	**12** He bent his bow and set me up (3+2)
나로 과녁을 삼으심이여	like the target of an arrow.
ה **13** 전동의 살로	**13** He brought into my kidneys (2+2)
내 허리를 맞추셨도다	the sons of his quiver.
ה **14** 나는 내 모든 백성에게 조롱거리	**14** I have become a laughingstock to all my people,[a] (4+3)
곧 종일토록 그들의 노랫거리가 되었도다	the object of their mocking song all the day.
ה **15** 나를 쓴 것으로 배불리시고	**15** He has fed me full of bitter herbs; (2+2)
쑥으로 취하게 하셨으며	he has made me drink wormwood.
ו **16** 조약돌로 내 이를 꺾으시고	**16** He has broken[a] (3+2)
재로 나를 덮으셨도다	he has pressed me down in the ashes.
ו **17** 주께서 내 심령으로 평강을 멀리 떠나게 하시니	**17** My soul rejects[a] peace; (3+2)
내가 복을 잊어버렸음이여	I have forgotten goodness.
ו **18** 스스로 이르기를 나의 힘과	**18** Indeed I said, "My endurance has perished, (3+2)
여호와께 대한 내 소망이 끊어졌다 하였도다	and my hope from the Lord."
ז **19** 내 고초와 재난	**19** Remember my affliction and my wandering, (3+2)
곧 쑥과 담즙을 기억하소서	the wormwood and the bitterness.
ז **20** 내 심령이 그것을 기억하고	**20** You will indeed remember, (2+3)
낙심이 되오나	and your soul[a] will meditate[b] about me.
ז **21** 중심에 회상한즉	**21** This I cause to return[a] to my heart; (4+3)
오히려 소망이 있사옴은	therefore I have hope.
ח **22** 여호와의 자비와 긍휼이 무궁하시므로	**22** [a] Indeed the Lord's (acts of) covenant mercy never cease;[b] (5+4)
우리가 진멸되지 아니함이니이다	indeed his (acts of) compassion never end.
ח **23** 이것이 아침마다 새로우니	**23** (They are) new every morning; (2+2)
주의 성실이 크도소이다	great is your faithfulness.
ח **24** 내 심령에 이르기를 여호와는 나의 기업이시니	**24** "The Lord is my portion," says my soul; (4+4)
그러므로 내가 저를 바라리라 하도다	therefore I will hope in him.
ט **25** 무릇 기다리는 자에게나 구하는 영혼에게	**25** The Lord is good to those who wait for him, (3+2)
여호와께서 선을 베푸시는도다	to (the) soul who seeks him.
ט **26** 사람이 여호와의 구원을 바라고	**26** It is good that he wait silently[a] (3+2)
잠잠히 기다림이 좋도다	for the salvation of the Lord.
ט **27** 사람이 젊었을 때에	**27** It is good for the man that he bear (4+2)
멍에를 메는 것이 좋으니	the yoke in his youth.

י 28 혼자 앉아서 잠잠할 것은
주께서 그것을 메우셨음이라
י 29 입을 티끌에 댈지어다
혹시 소망이 있을지로다
י 30 때리는 자에게 뺨을 향하여
수욕으로 배불릴지어다
כ 31 이는 영원토록 버리지 않으실 것임이며
주께서
כ 32 저가 비록 근심케 하시나
그 풍부한 자비대로 긍휼히 여기실 것임이니라
כ 33 주께서 인생으로 고생하며 근심하게 하심이
본심이 아니시로다
ל 34 세상에 모든 갇힌 자를
발로 밟는 것과
ל 35 지극히 높으신 자의 얼굴 앞에서
사람의 재판을 굽게 하는 것과
ל 36 사람의 송사를 억울케 하는 것은
다 주의 기쁘게 보시는 것이 아니로다
מ 37 주의 명령이 아니면
누가 능히 말하여 이루게 하랴
מ 38 지극히 높으신 자의 입으로
화, 복이 나오지 아니하느냐
מ 39 살아 있는 사람은 자기 죄로 벌을 받나니
어찌 원망하랴
נ 40 우리가 스스로 행위를 조사하고
여호와께로 돌아가자
נ 41 마음과 손을 아울러
하늘에 계신 하나님께 들자
נ 42 우리의 범죄함과 패역함을
주께서 사하지 아니하시고
ס 43 진노로 스스로 가리우시고 우리를 군축하시며

28 Let him sit alone and keep silent, (3+3)
for he laid it upon him.
29 [a] Let him place his mouth in the dust; (3+3)
there may yet be hope.
30 Let him give his cheek to the one striking; (3+2)
let him be filled with disgrace.
31 For he will not reject forever – (4+1)
the Lord.
32 For though he causes grief he will have compassion, (4+2)
according to the abundance of his covenant mercies.[a]
33 For he does not afflict from his heart, (4+3)
nor grieve the sons of man.
34 To crush under his foot (3+3)
all the prisoners of the earth,
35 to turn aside a man's justice (3+3)
in the presence of the most high,
36 to subvert a man in his case, (3+3)
the Lord does not countenance.
37 Who spoke this and it came to pass (4+3)
if the Lord did not command (it)?
38 From the mouth of the most high, does not come forth (4+2)
the bad and the good?
39 Why should a living man complain, (4+3)
a man about his sins?
40 Let us search our ways and let us examine thoroughly, (3+2)
and let us return unto the Lord.
41 Let us lift up our hearts[a] and hands[b] (4+3)
to God in the heavens.
42 We have indeed transgressed and rebelled; (3+3)
indeed you have not forgiven.
43 You have covered (yourself) with wrath and pursued us; (3+3)

살륙하사 긍휼을 베풀지 아니하셨나이다
כ 44 주께서 구름으로 스스로 가리우사
기도로 상달치 못하게 하시고
כ 45 우리를 열방 가운데서
진개와 폐물을 삼으셨으므로
פ 46 우리의 모든 대적이 우리를 향하여

입을 크게 벌렸나이다
פ 47 두려움과 함정과 잔해와 멸망이
우리에게 임하였도다
פ 48 처녀 내 백성의 파멸을 인하여

내 눈에 눈물이 시내처럼 흐르도다

ע 49 내 눈의 흐르는 눈물이
그치지 아니하고
쉬지 아니함이여
ע 50 여호와께서 하늘에서 살피시고
돌아보시기를 기다리는도다
ע 51 나의 성읍의 모든 여자를 인하여
내 눈이 내 심령을 상하게 하는도다
צ 52 무고히 나의 대적이 된 자가

나를 새와 같이 심히 쫓도다
צ 53 저희가 내 생명을 끊으려고 나를 구덩이에 넣고
그 위에 돌을 던짐이여
צ 54 물이 내 머리에 넘치니
내가 스스로 이르기를 이제는 멸절되었다 하도다
ק 55 여호와여 내가 심히 깊은 구덩이에서
주의 이름을 불렀나이다
ק 56 주께서 이미 나의 음성을 들으셨사오니
이제 나의 탄식과 부르짖음에
주의 귀를 가리우지 마옵소서
ק 57 내가 주께 아뢴 날에 주께서 내게 가까이 하여
가라사대 두려워 말라 하셨나이다
ר 58 주여 주께서
내 심령의 원통을 펴셨고
내 생명을 속하셨나이다

you have killed and not shown pity.
44 You have covered yourself with a cloud; (3+2)
no prayer can pass through.[a]
45 Offscouring and refuse you have made us (3+2)
in the midst of the peoples.
46 [a] They have opened their mouths against us, (3+2)
all our enemies.
47 Terror and pitfall come upon us, (4+2)
devastation and shattering.
48 Streams of tears descend (from) my eyes (4+3)
because of (the) shattering of (the) daughter of my people.
49 My eyes flow (2+2+2)
and do not cease;
there is no respite.
50 Until he looks out and sees, (3+2)
the Lord from heaven.
51 My eyes afflict my soul (3+3)
because of[a] all the daughters of my city.
52 They have indeed hunted me like a bird, (3+2)
my enemies – for no reason.
53 They threw me alive into the pit (3+3)
and cast stones on me.
54 The waters closed over my head; (4+2)
I said, "I am cut off!"
55 I called on your name, O Lord, (3+2)
from the depths of the pit.
56 You heard my voice; (2+3+2)
you did not close your ears
(to my cry) [a]for relief, for help.[a]
57 You came near on the day I called out to you; (3+3)
you said, "Do not fear."
58 You have taken up, O Lord, (2+2+2)
my soul's case;
you have redeemed my life.

ר 59 여호와여 나의 억울을 감찰하셨사오니	**59** You have seen, O Lord, the wrong done to me: (3+2)
나를 위하여 신원하옵소서	please judge[a] my cause.
ר 60 저희가 내게 보수하며 나를 모해함을	**60** You have seen all their vengeance, (3+3)
주께서 다 감찰하셨나이다	all their plots against[a] me.
ש 61 여호와여 저희가 나를 훼파하며	**61** You have heard their taunts, O Lord, (3+3)
나를 모해하는 것	all their plots against me.
ש 62 곧 일어나 나를 치는 자의	**62** The lips of those who rise up against me (2+2+2)
입술에서 나오는 것과	and their murmuring
종일 모해하는 것을 들으셨나이다	(are) against me all the day.
ש 63 저희가 앉든지 서든지	**63** Behold, (in) their sitting and their standing, (3+2)
나를 노래하는 것을 주여 보옵소서	I am (the subject of) their mocking song.
ת 64 여호와여 주께서 저의 손으로	**64** Requite them fully, O Lord, (4+2)
행한 대로 보응하사	according to the work of their hands.
ת 65 그 마음을 강퍅하게 하시고	**65** Give to them dullness of heart, (4+2)
저주를 더하시며	(as) your curse upon them.
ת 66 진노로 저희를 군축하사	**66** Pursue[a] in wrath and destroy them (3+3)
여호와의 천하에서 멸하시리이다	from under the heavens,[b] O Lord.

원문주해

1.a. 맛소라텍스트의 라아(ראה, "보았던")는 불변화사 없이 관계절처럼 기능한다. 70인경은 분사인 호 블레폰(ὁ βλέπων, "보는 자")으로 독법한다.

5.a. 70인경은 로쉬(ראש, "쓴")를 케팔렌 무(κεφαλήν μου, "나의 머리")로 독법한다. 고틀리브는 "독성이 있는 식물에 대한 특별한 용어(로쉬[ראש]는 전통적으로 '쓸개즙'으로 번역된다)가 보다 일반적인 개념인 '고통'과 조합되는 언어의 쌍인 로쉬 우테라아[ראש ותלאה]가 된다"는 것이 문제라고 지적한다(*Study on the Text,* 39). 그는 "그 조합의 흔치 않은 특징"이 맛소라텍스트가 오리지널이게 만든다는 것을 올바르게 주장한다. 알브렉슨은 70인경의 번역자가 "그 의미를 이해하지 못했다"(131)고 생각한다. 프래토리우스(Praetorius, *ZAW* 15[1895] 326)를 따르는 루돌프(Rudolph, *ZAW* 56[1938] 110)는 70인경이 옳다면, 그때에 맛소라텍스트는 최소한의 변화가 있는 로쉬 떼라아(ראשי תלאה, "나의 머리의 슬픔")로 독법해야 한다고 결론짓는다. 이 증거를 전제로, 맛소라텍스트를 따른다.

8.a. 사탐(שתם)은 몇몇 히브리 텍스트들이 동일한 것을 사탐(שתם, "막다, 닫다")인 것으로 취하는 하팍스 레고메논이다(Gottlieb, *Study on the Text,* 39-40). 드라이버(Driver,

"Hebrew Notes," 139)는 아랍어 평행문들이 "거부"나 "좌절"이 가장 좋은 의미라고 결론짓는데 여기서 이 독법을 따른다.

14.a. 맛소라(Masoretes)는 암미(עמי, "나의 백성")보다 암밈(עמים, "백성")을 선호하고, 복수형이 옛시리아어역과 약 50개의 히브리사본들에서 나타난다. 알브렉손은 이 시가 본질적으로 집합적인지 개인적인지에 관한 견해가 여기서 명확해진다고 주장한다(*Studies in the Text and Theology*, 137). 고틀리브는 "사본의 대다수"가 암미(עמי)라고 독법하고 있다고 지적하고, 전반적으로 텍스트의 증거가 그 독법을 지지한다고 올바르게 주장한다(*Study on the Text*, 41).

16.a. 70인경은 카이 엑세발렌(*καὶ ἐξέβαλεν*, "그리고 그가 내치셨다")으로 독법하는데, 이는 번역자가 그 단어의 마지막 문자를 오인함으로써 바예가레쉬(ויגרש)라고 독법하고 있음을 의미한다.

17.a. 이 독법은 맥다니엘(McDaniel, *Bib* 49[1968] 201)과 힐러스(Hillers, [1992] 114)를 따르고 이 두 사람은 מ을 전접어로 취급한다.

20.a. 이 번역은 베타쇼아흐(ותשיח)에 대한 어근으로서 사하(שחח, "엎드리다")나 슈아흐(שוח, "가라앉다")보다는 시아흐(שיח, "생각하다, 묵상하다, 이야기하다")를 취하므로, 이는 70인경의 카타돌레스케오(*καταδολεσχέω*, "이야기하다")와 일치하고, 케레보다는 케디브(Kethib)를 지지한다. 이 독법을 반대하거나 선호하는 논증에 관해서는 알브렉손(Albrektson, *Studies in the Text and Theology*, 142-43)과 고틀리브(Gottlieb, *Study on the Text*, 42-43)를 보라.

20.b. 이 용어는 티케네 소페림(*tiqqune sopherim*)이다. 힐러스(Hillers, [1992] 114-15)가 이 결론을 논쟁할지라도, 이 텍스트는 본래 나프쉐카(נפשך)를 독법하고 있을 가능성이 있다. 더 충분한 논증을 위해서는 맥카티(McCarthy, *Tiqqune Sopherim*, 120- 23)를 보라.

21.a. 70인경은 탁소(*τάξω*)=아심(אשים, "내가 정할 것이다").

22.a. 22-24절은 70인경에서는 나타나지 않는다.

22.b. 이 번역은 옛시리아어역과 아람어역처럼 탐무(תמו)라고 독법한다. 이런 결정에 대한 변호를 위해서는 고틀리브를 보고(*Study on the Text*, 45-46), 맛소라텍스트의 변호를 위해서는 알브렉손(Albrektson)의 *Studies in the Text and Theology*, 145-46을 보라.

26.a. "그리고 능력과 침묵"(ויחיל ודומם – 베야힐 베두맘)이란 구문은 매우 드물다. 몇몇 수성들이 제기되었다. 철저한 논증을 위해서는 알브렉손의 *Studies in the Text and Theology*, 146-48을 보라.

29.a. 이 구절은 몇몇 70인경 사본들에서는 생략되어 있다.

32.a. 이 번역은 케레와 일치한다. 맛소라텍스트와 70인경(LXX)에서 이 단어는 단수다.

41.a. 맛소라텍스트는 단수로 독법하지만 70인경, 옛시리아어역, 그리고 벌게이트역은 이 단어를 복수로 번역한다.

41.b. 70인경은 엘(אל, "to")을 에피(ἐπί, על – 알, "upon")로 독법한다. 그것이 옳다면 이 어구의 문자적 독법은 "하늘에 계신 하나님께 우리의 마음을 손으로 올려드리자"이다.

44.a. 맛소라텍스트는 메아볼(מעבור, "기도로부터")이 부정적인 함축을 갖고 있거나 기도의 방향을 나타낸다. 70인경은 에이네켄(εἵνεκεν, בעבור – 빠아뷸, "기도 때문에")이라고 독법한다.

46.a. 일부 헬라어, 시리아어 사본들은 פ(46-48절)과 ע(49-51절)의 소절들을 알파벳의 일관성을 위해서 순서를 바꾼다.

51.a. 민(מן)의 이 용법에 대해서는 GKC §119z을 보라.

56.a-a. 70인경의 에이스 텐 데에신 무 에이스 텐 보에데이안 무(εἰς τὴν δέησίν μου εἰς τὴν βοήθειάν μου, "나의 기도로, 나의 도우심으로"는 텍스트의 이문의 증거라기보다는 드물고 난해한 히브리 어구를 번역하려는 노력일 것이다. 이 어구에 관한 의견의 개요를 위해서는 알브렉손(*Studies in the Text and Theology*, 163-65), 고틀리브(*Study on the Text*, 53-54), 루돌프(*ZAW* 56[1938] 115), 그리고 렌케마(453-54)를 보라.

59.a. 70인경은 에크리나스(ἔκρινας, "당신이 심판하셨다")로 독법하고, 이는 숖타(שפטה, 명령형)보다는 샤파트따(שפטת, 미완료)를 함축한다. 옛시리아어역이 일치한다. 루돌프(*ZAW* 56[1938] 115)와 여타 비평적 학자들은 이 독법을 수용한다. 고틀리브(*Study on the Text*, 54)는 이 구절의 행위를 과거로 두려는 이 전문가들의 욕구로 이 독법을 귀결시킨다. 두 가지 가능성의 유사한 끝마침이 혼돈으로 이끌 수도 있다.

60.a. 많은 히브리 사본들, 옛시리아어역, 탈굼역, 그리고 벌게이트역은 리(לי, "to me" 또는 "for me")를 아라이(עלי, "upon me" 또는 "against me")로 독법한다. 따라서 그것들은 3장 60절의 마지막 소절을 3장 61절의 대응부와 일치하게 만든다. 의미상의 실제적인 변화가 위험스럽지는 않다.

66.a. 70인경은 대명사의 접미사인 아우투스(αὐτούς, "그들을")를 여기서 제공한다.

66.b. 70인경은 다수의 번역들이 뒤따르는 독법인 투 우라누(τοῦ οὐρανοῦ, שמים – 샤마임, "the heavens")라고 읽는다.

양식/구조/배경

애가서 3장은 이 책에서 가장 많이 논쟁이 되어진다. 학자들은 그것의 저작자, 연대, 형식, 구조, 그리고 배경에 대해 일련의 의견을 제시했다. 이 논증들은 이 장의 특징적인 이합체 형식, 1장, 2장, 4장, 5장과의 주제적 차이, 그리고 이 책의 중앙에 이 장이 놓인 것을 포함하는 많은 요소들을 도출한다. 각기 이에 관한 이슈들은 시의 해석에 부분적으로 그리고 전반적으로 이 책에서 시의 해석에 영향을 준다.

애가서 3장은 이 책의 다른 장들의 이합체 패턴과는 꽤 다른 이합체 형식을 따른다. 애가서에서 어느 두 장도 정확하게 이합체 형식이 동일하지는 않다. 1장과 2장이 가장 유사하기는 하다. 이 두 장이 세 소절의 22항목을 갖고 있고, 이는 알파벳의 연속되는 문자로 시작하는 첫 단어를 각기 갖고 있기 때문이다. 심지어 이 두 시도 두 번째 장에서 ע-פ의 순서를 바꾸어놓음으로써 구분이 지어진다. 네 번째 시는 두 소절의 22항목을 갖고 있는데, 이는 2장에서와 같은 동일한 알파벳 순서를 따른 이합체 패턴을 갖고 있다. 5장은 전문적으로 이합체는 아니다. 그것이 한 소절의 22개의 항목을 갖고 있을지라도, 이 항목들은 알파벳 순서로 배열되어 있지 않다. 반면에 3장은 삼소절의 22개의 항목을 갖고 있고, 항목의 각 소절은 동일한 문자로 시작한다. 1장과 2장과 같은 동일한 길이로 되어있을지라도, 이 시는 네 이합체 시 중에서 가장 이합체적이다(Saebø, "Who Is 'the Man' in Lamentations 3?" 295). 이런 사실과 이 장이 중 가운데 위치하고 있음이 많은 주석가들이 애가서의 구조와 그 신학에서 특별한 의미를 갖고 있는 것으로 결론짓게 한다.

이전의 두 시들처럼 애가서 3장은 이합체를 철저하게 이루는 과정에서 한 장르 이상의 것들을 혼합시킨다. 베스터만(168-69)은 1-25절과 64-66절이 임의적인 결론으로 추가되는 애가서의 개인적인 시, 42-51절에서 애가의 공동적인 시, 52-58절에서 찬미의 개인적인 시, 그리고 26-41절에서 어떤 특별한 시 형태도 따르지 않는 확장을 발견한다. 그는 애가서의 이합체 형식이 이 시들을 함께 묶어준다고 결론짓는다. 브랜드쉐이트(Brandscheidt, *Gotteszorn und Menschenleid*, 213, 222-23)는 이 장이 지혜적인 요소를 포함하는 강력한 교훈적 분위기를 보여준다고 주장한다. 이것은 특히 34-39절에 해당한다. 게르스텐버르거(Gerstenberger, [2001] 496)도 이 시의 일반적인 다양성을 강조하고 "이 텍스트가 이전의 불평토로와 애가적 의식의 다양한 요소들을 이용하여 새로운 장르의 애곡하는 노래를 형성하고 있으며, 이는 예루살렘 안이나 근처에 뿐만 아니라 디아스포라에서 기념하는 예배에 적합하다"고 결론짓는다. 다른 학자들처럼 게르스텐버르거([2001] 492-96)는 도성이나 성소를 위한 장송곡의 요소들이 여기서 나타나지 않는다는 것을 지적한다. 오히려 전반적인 영향은 공동적인 애가의 의식을 설정하고 있다.

이 전문가들은 애가서 3장에서 어떤 유형의 전통적인 문학적 장르가 나타나는지에 대한 주장에서 옳다. 공동적인 애가, 개인적인 애가, 지혜에 기초한 시편 관찰 그리고 시편 37편과 73편에서 발견할 수 있는 것과 같은 교훈들의 양상은 모두 증거가 있다. 마찬가지로 리가 주장한 것처럼(Lee, *Singers of Lamentations*, 166-68), 예언적 권면, 묵상, 그리고 애가서 2장과 예레미야 4-10장에서 발견되는 상호작용의 종류도 나타난다. 이 시는 절충적인 이합체다. 그것은 다양한 장르, 연관된 주제들, 그리고 화자의 변화를 사용하여 이런 요지를 만든다. 이합체 형식은 이 시가 필요로 하는 형식의 구조적 일관성을 제공하고, 우리는 그 이합체 형식을 세심한 사고와 예술의 증거로서 간주해야 한다.

1장과 2장에서 그러했던 것처럼, 관점의 변화가 이 시의 구조를 결정짓는다. 3장에는 적어도 네 가지의 이런 변화가 있다. 3:1-24은 일인칭 단수 화법을 사용하고, 3:25-39은 삼인칭 남성 단수 화법을 보여주며, 3:40-47은 일인칭 복수 화법을 사용하고, 3:48-66은 일인칭 단수 화법을 사용한다. 3:1-24과 3:25-39을 분리하는 문제는 3:1에 더 분명한 전환이 나타나는 3:39을 통해서도 "내"가 적어도 말하고 있다는 것이다. 관점이 바뀌는 것으로 보일 때마다 새로운 화자를 단정하는 또 다른 문제는 이 장의 첫 번째 화자가 이 장의 "우리"와 "우리를"의 일부일 수 있었다는 것이다. 그럼에도 불구하고 관점의 이런 변화는 주제의 변화에 상응함으로 유사한 변화들이 애가서 1장과 2장에 있는 것처럼 구조를 묘사하는 것은 가치가 있다.

이 네 폭넓은 항목들 내에서 3장은 한 사람이 고난을 통해서 배웠던 간증을 시작한다(1-24절). 그것은 그러한 상황에서 어떻게 하는 것이 선한 것인지를 묘사하기를 계속하고, 그러고 나서 공동체의 기도에 대한 권면으로 나아간다(40-47절). 마지막으로 이 장은 주님에 대한 확신의 기도로 끝을 맺는다(48-66절). 각각의 주요한 항목은 하부 항목을 갖고 있고, 이것들은 자주 지배적인 비유의 변화에 기초하고 있다. 예를 들어, 3:1-24은 "고난당한 자는 내로다"로 시작해서 "내가 저를 바라리라"로 끝난다. 양쪽의 주장들 사이에서 본문은 구조적인 이미지로서 어둠(1-6절), 걸음걸이(7-9절), 다양한 함정과 위험들(10-18절), 그리고 하나님의 선하심에 대한 고백을 사용한다. 3:25-39에서 시인은 고난당하는 자가 무엇을 해야 좋은 것인지를 진술하고(25-30절), 그 다음에 하나님의 정의(31-36절)와 주권(37-39절)을 강조한다. 그 다음에 3:40-47은 백성들이 기도할 것을 요청하고(40-41절), 그들의 죄를 고백하며(42-45절), 대적자들이 그들에게 행한 것들을 지적한다(46-47절). 마지막으로 3:48-51은 화자의 슬픔을 표현하고, 3:52-54는 대적자들이 무엇을 행했는지를 진술하며, 3:55-63은 하나님이 과거에 화자를 어떻게 도왔는지를 드러내며, 3:64-66은 하나님이 이 백성의 대적자들을 행하실 것을 확신하는 고백을 한다.

부카난(Buchanan, "Role of Protest," 16-19)과 밀러(Miller, "Poetry and Personae," 141-55)가 매우 충분하게 언급한 것처럼 이장에서 다양한 화자를 단정하는 것이 실로 가능하기는 할지라도, 이 주석은 동일한 사람이 전체적으로 말을 하고 있다는 입장을 취한다. 이런 결정은 본문의 모든 항목들에서 메시지가 유사하는 점과 2장과 3장간의 연관(아래를 보라)에 기초한다. 따라서 학자들이 3장에서 "나"의 정체성을 결정하기 위해 학자들이 제시한 많은 선택들을 살펴보는 것은 아주 중요하다. 복잡한 논의를 명백하게 단순한 방식으로 요약하기 위해서 전문가들이 이 문제에 대해서 적어도 여섯 근본적인 견해를 제기했다.

1. 애가서를 예레미야가 저작했다고 하는 전통적인 견해를 견지하는 학자들은 그 선지자가 화자라고 결론짓는다. 칼빈, 케일, 스트리니(Streane), 캐논(Cannon, *BSac* 81[1924] 42-58), 비스만(Wiesmann), 카이저(W. C. Kaiser, Jr., *Biblical Approach to Suffering*), 휴이(Huey), 그리고 여타 학자들은 예레미야 선지자가 경험을 통해서 하나님과 이스라엘의 상황에 대해서 알았던 것을 나누고 있다고 결론짓는다. 리(Lee, *Singers of Lamentations*)는 예레미야와 애가서의 언어적 연관성이 그녀로 하여금 그런 결론에 동의하게 만든다는 것을 적어도 강력하게 시사한다. 이 학자들의 일부는 그들의 결론의 이유 중 하나로 전승을 사용할지라도, 언어적 증거에 관한 그들의 주장에 주로 기초한다. 따라서 이 견해는 예레미야와 애가서 사이에 연관을 올바르게 주목하지만, 예레미야의 예언이 아주 정당할 때도 애가서가 예레미야의 이름을 거론하지 않는 이유를 설명하지 않는다.

2. 일부 학자들은 화자는 글자 그대로 예레미야가 아니라 예레미야처럼 말하는 자일뿐이라고 주장한다. 루돌프가 이 견해를 옹호했다. 그는 화자가 고난의 전형인 이상화된 예레미야라고 주장한다(227-45). 새보(Saebø, "Who Is 'the Man' in Lamentations 3?" 299)가 지적하는 것처럼, 로어(Löhr, *ZAW* 24[1904] 31-50)는 부데처럼 훨씬 이전에 유사한 결론에 이르렀다(91-91-93). 보다 최근에는 브란드사이트(Brandscheidt, *Gotteszorn und Menschenleid*, 350)가 이런 가능성에 동의했다. 이런 입장의 장점은 그것이 예레미야와 애가서의 언어적 연관성을 인식하고 있고 백성들의 중재자요 고난당하는 자로시 그 선지자의 역할을 강조하고 있다는 점이다. 이 주장의 주요한 약점은 수반하는 역사적인 책임성을 인정하지 않고 예레미야의 저작의 혜택을 누리려 한다는 점이다. 아울러, 이 책은 "이름"이 아니라 오직 "나"만을 제시할 뿐이다 – 그밖에 다른 것은 없다.

3. 몇몇 학자들은 "나"를 예레미야가 아닌 구체적인 성경의 다른 인물과 동일시

하려고 하였다. 예를 들어, 프로티우스(Porteous, "Jerusalem-Zion," 244-45)는 597 B.C.E.에 폐위된 여호아긴 왕이 "그 사람"일 것이라고 주장한다. 프로티우스는 여호아긴이 고난을 당하였지만 37년간의 유배가 있은 후에도 하나님이 온유하게 다루시는 자비를 보이심을 그가 발견했음을 주장한다(왕하 25:27-30; 렘 52:31-34). 그가 화자라면, 하나님의 신실하심(애 3:22-23)은 다윗가의 약속을 구체적인 포커스로 갖게 된다. 이런 구조 속에서 왕은 백성들의 고난의 대표자로 기능하고, 따라서 이사야서에서 주님의 종과 동일한 기능을 수행한다(Porteous, "Jerusalem-Zion," 245). 새보(Saebø, "Who Is 'the Man' in Lamentations 3?" 302-4)는 "그 사람"이 왕적인 인물이라는데 동의하지만, 그는 크게 고통을 당하였을 뿐만 아니라 문제가 되는 시간 구조에 적합하게 맞아 떨어지는 이스라엘 민족의 마지막 왕인 시드기야가 화자라고 주장한다. 이 두 가능성은 애가서 2장과 시편 89편 사이에 언어적 연관성에 시인이 관심을 두고 있는 다윗가의 언약을 고려하고 있다는 이점이 있다(2장의 주석을 보라). 이들은 예레미야가 유리한 가능성 있는 후보자가 아니라는 것을 보여준다. 하지만 동시에 그들이 제기하는 언어적 주제적 연관성은 대단히 불투명하다. "어둠"(3:2, 6)이 필연적으로 시드기야의 소경됨으로 이해할 수 없고, 유배된 지도자들 중에서 시드기야의 부상(rise)이 3:48-66의 찬미의 조건을 충족시키지 않는다.

4. 일부 전문가들은 전체 민족을 대변하는 시온이 여기와 1장과 2장에서 화자라고 주장했다. 에이스펠트(Eissfeldt)는 이런 견해를 확증하고(*Old Testament*, 502-3), 알브렉손이 이 견해를 따른다(*Studies in the Text and Theology*, 127-29). 이 관점의 이점은 예루살렘이 "나"로 의인화될 수 있거나 민중 전체("우리")를 포함할 수 있다는 점이다. 따라서 개인에서 집단적 형태로의 전환이 한 등장인물 하에서 가능해진다. 물론 예루살렘이 애가서의 어느 곳에서도 사람과 동일시되지 않는다는 사실이 이런 가정을 유지하기 매우 어렵게 만든다. 또한 이 견해는, 이 주석이 믿도록 견지할 수 없는, 마치 한 화자만 있는 것처럼 전체 책을 취급하게 만든다.

5. 일부 저자들은 화자가 다른 이들을 대변하는 개인이지만 어떤 특별한 역사적 인물이 그런 모습에 적합하지 않다고 결론짓는다. 그들은 예루살렘이 애가서에서 다른 역할을 하고 있기 때문에 예루살렘이 여기서 의도되어 있다고 생각하지 않는다. 오히려 그들은 고난자는 "모든 사람"(Hillers, [1992] 122), 곧 모든 백성들처럼 고난을 당하지만(Renkema, 348-52) 익명으로 고통을 당하는 자(Kraus, 53-59)라고 결론짓는다. 이 견해는 익명의 "사람"이 익명을 유지하게 만든다. 또한 이 주장

은 확실히 이 개인이 백성들과 고난을 당하는 방식을 진지하게 취한다. 하지만 2장이나 예레미야서와의 연관성을 충분히 참조하지 않는다.

6. 일부 전문가들은 "나"가 어떤 특별한 인물을 거론하지 않고 백성들 전체를 대변하는 것으로 생각하기를 선호한다. 게르스텐버거(Gerstenberger)는 "나" 뒤에 "전체 공동체가 숨겨져 있다"([2001] 493)고 말한다. 고르디스(Gordis, 172-74)는 "나"가 "유동적인 인물" 또는 일인칭의 인물이 쉽게 혼자가 되거나 집단의 일부가 되기도 하는 자로 생각한다. 이런 가능성이 "모든 사람"과 집합적인 관점의 힘을 공유한다. 그것은 애가서와 예레미야서의 이전 부분과의 구체적인 연관관계가 없는 것이 약점이다.

이런 점들을 유념해야할지라도, 이런 견해들의 장점과 그 견해들의 약점을 (소망스럽게) 피하는 것에 기초한 선택을 찾을 수 있다. 프로반(81)은 2:11과 3:48 사이에 유사성을 주목할 때 올바른 방향으로 시작하고, 나아가서 그는 "1장과 2장을 지배했던 내레이터의 목소리가 3장의 대부분의 화자인 것으로 보인다. 물론 1장과 2장에서처럼, 화자는 시온과 시온의 백성들과 자신을 긴밀하게 동일시함을 느끼고 있음을 부정할 수 없다. 그들의 고통은 그의 고통이고, 그는 그들이 회개함으로 그에게 합세할 것을 권면한다"(참조. 40-42절)고 적고 있다. 리(*Singers of Lamentations*, 167)는 2:11의 일인칭의 애곡하는 화술을 제공하고 2:18-19에서 기도를 촉구하는 자가 아마도 3:1-24에서 말하는 자일 것이라고 부연한다. 여기서 요지는 1장과 2장이 3:1에서 화자의 신원에 중요한 단서를 제공한다고 프로반과 리가 올바르게 주장하고 있다는 점이다.

지금까지 이 책에서는 하나의 삼인칭 화자와 두 개의 일인칭의 화자가 있었다. 이 화자들 중에 어느 누구도 다른 화자와 진정으로 불일치하지 않으므로 내용으로만 그들을 분류하여 문제를 해결할 수는 없다. 2:11-19에서 일인칭의 화자는 독자들(2:11-12)과 예루살렘(2:13-19)에게 언급한다. 예루살렘은 1:12-16과 1:18-19에서 다른 이들에게 말하고 1:20-22와 2:20-22에서 주님에게 말한다. 3:1에서 "그 사람"의 정체성은 외로운 과부-어미-속국의 예루살렘과 거의 일치하지 않는다. 그때에 아마도 2:11-19에서 일인칭의 화자는 3:1-24의 화자일 것이다. 특히 2:11-12과 3:48-49이 아주 유사하기 때문이다. 내레이터에서 이 화자를 나누는 일이 옳다면, 그때에 이 해석은 옳다. 만약 그렇지 않다면 프로반의 분류가 적절하다.

예루살렘에 대해 슬퍼하는 능력 외에도(2:11-12; 3:48-49), 2:11-19과 3:1-66은 어떤 특징을 공유하는가? 첫째로 둘 다 예루살렘의 화의 일부가 되었다(2:11

-12; 3:1-9). 둘째로 둘 다 대적자들의 조롱을 강조한다(2:15-16; 3:14, 61-62). 셋째로 둘 다 다른 이들이 기도할 것을 요청한다(2:18-19; 3:40-47). 넷째로 둘 다 하나님이 고통을 야기하신 것으로 인정한다(2:17; 3:1-18). 다섯째로 둘 다 예루살렘에게 조언을 한다. 이와 같은 유사성들은 2:11-19과 3:1-66간의 연관을 아주 그럴듯하게 만들어준다.

이 화자는 두 본문들에서 예레미야의 관점과 유사한 선지적 관점을 취한다. 예레미야처럼 그는 이 황폐화의 원인을 주님에게로 돌린다. 예레미야처럼 그는 기도로 주님을 찾을 것을 백성들에게 요청한다. 예레미야처럼, 그는 미래의 소망이 존재한다고 믿는다. 예레미야처럼 그는 민족의 화와 더불어 개인의 고통을 묘사한다. 확실히 이 "나"는 예레미야와 유사한 관점을 갖고 있고, 고통을 공유했다. 그런데 왜 "나"를 단지 예레미야라고 칭하지 않는가? 애가서 자체가 그렇게 하지 않고 있기 때문이고, 바룩, 에벳멜렉 그리고 여타 사람들이 예레미야와 동일하고 그로부터 배웠기 때문이다. 어떤 이유이든 간에 시인은 이름을 제공하지 않고 이 모든 세 연관성을 만든다.

화자는 강력한 지혜 지향적인 관점을 제공한다. 그는 그의 고난과 그가 얼마나 고난을 감당하였는지 그리고 그가 그 고난을 통해서 하나님에 대해서 무엇을 배웠는지를 이야기한다. 그는 다른 이들에게 어떻게 하는 것이 좋은지를 말하고 기도로 그들을 인도한다. 이 모든 행위들은 시편과 욥기에서 유사한 분명한 지혜들을 갖는다. 그러므로 화자는 예언적이고 지혜적인 믿음을 포용할 만큼 충분히 다재다능하다.

화자는 집합적인 이스라엘도 모든 사람도 아니다. 설사 이 용어가 적지 않게 전반적으로 고난의 일반적인 묘사를 의미하고 있다할지라도 말이다. 이 화자는 죄를 지었고 기도했으며 이제는 하나님이 그들의 고통에 무엇인가를 해주실 것을 바라는 백성들과 같이 행한다. 그는 동료 고난자와 죄인으로서 그들에게 조언하고 어떤 절망적인 환경에서라도 하나님을 좋은 분으로 묘사하며, 그는 대적자들로부터의 구원을 위해서 그들의 기도에 합세한다. 그러므로 그는 모든 시간에 모든 고통이 아니라 구체적인 상황 내에서 작용한다. 그는 특별한 맥락 내에서 리더다.

요약하면, 2:11-19의 화자와 동일한 이 화자는 개인적인 관찰에서 집합적인 기도로, 결론적인 찬미와 간구로 이동한다. 이런 이동은 이 책이 죄-벌의 구조를 넘어서서 하나님의 성품과 시온의 대적자들의 운명을 포함하는 요소로 신학적으로 발전해 나아갈 수 있게 한다. 화자의 정해진 과정은 이 장의 다양한 형태를 반영하고,

그렇게 함으로써 이합체에 본질적인 빈틈없음을 조명한다.

예상할 수 있는 것처럼 화자들과 구조에 관한 많은 의견을 파생시키는 장은 많은 가능성 있는 배경도 만들어낸다. 이런 선택들이 저작자와 연대에 관한 서론적인 문제들(이전을 보라)과 사실상 관련이 있기 때문에 여기서는 간단하게 그것을 다룰 것이다. 근본적으로 배경에 관해서는 세 가지 표준적인 견해들이 있다.

첫째로 대부분의 학자들은 다른 장과 마찬가지로 이 장이 예루살렘 함락 직후 또는 적어도 587-538 B.C.E. 사이에 작성되었다고 결론짓는다. 그들은 이 장의 내용들이 1, 2, 4, 5장의 내용과 다를지라도 하나님의 대한 진술과 고난에 대한 묘사가 아가서의 나머지 부분에 대한 것과 유사하기 때문에 이런 결론에 이른다. 예레미야의 저작권과 이 책의 통일성을 견지하는 대부분의 학자들은 이런 접근을 취하고, 이 주석의 서론이 지적한 것처럼("저작자와 연대" 그리고 "시의 형식과 운율"을 보라), 이 작품도 역시 그러하다.

둘째로 어떤 전문가들은 3장을 587 B.C.E 이후로 역시 연대를 정한다. 이런 저자들은 두 가지 근본적인 그룹으로 나뉜다. 첫째는 모든 시들이 누가 그것을 작성했는지 상관없이 후대라고 믿고, 둘째는 3장이 다른 시들 중에 두 장 이상에서 더 후대에 속한다고 생각한다. 이 두 번째 그룹은 3장을 이전 장들에 대한 주석이나 집합인 것처럼 취급한다. 첫 번째 그룹에는 부데(Budde, 91-93), 로어(Löhr, xiv-xvi), 할러(Haller, 91-92), 뵈커(Boecker, 13-15) 등등이 포함된다. 두 번째 그룹에는 미크(Meek, 4), 베스터만(Westermann, 72-73) 등등이 포함된다. 물론 3장에 관한 이런 해석은 다른 시들과 분리해서 이 시를 독법하게 만드는데, 왜냐하면 해석학적인 전제나 3장이 이 책의 나머지 부분과 동일한 배경을 묘사하지 않고 있다는 확신 때문이다. 그것은 베스터만의 경우에서처럼 587 B.C.E.의 빈약한 해석을 제공하는 이전의 애가들처럼 취급하는 결정을 요구한다.

셋째로 일부 주석가들은 이 시들이 너무 일반적이어서 정확하게 연대를 정할 수 없다고 단순히 믿는다. 프로반(7-19)과 오크너(K. M. O'Connor, [2001] 1013-16)가 이런 입장을 취하고, 많은 저자들이 미래에 이런 견해를 채택할 것으로 보인다. 이런 조심성 있는 선택이 장점이 있을지라도, 587 B.C.E. 이후에 하시만 애가서에서 상실됨으로 애통했던 성전의 재건 이전으로 일반적인 연대를 제기하는 논증이 의미가 있다.

그러므로 이 주석은 애가서 3장을 좀더 이른 시기에 선호를 둔 587-520 B.C.E. 사이에 작성된 작품으로 취급한다. 3장은 이 책에서 독특한 목적이 있다(아래에 주석을 보라). 하지만 2장과 3장의 언어적 주제적 연관성은 전반적으로 아가서에서 진행되는 논의, 예전, 또는 권고의 일부로서 3장을 특징짓는다. 3장의 화자는 애가서에서 이미 표현된 신학과 필요들을 반영하고 확장시킨다. 애가가 계속되지만, 이 애가는 단순히 고통만을 표현하고 있지 않다. 그것은 하나님과의 관계를 심사하고 회복하고 개인적이고 민족적인 삶과 환경을 치유하는 수단이다. 애가를 단순히 "어떤 것을 고치는 방법"으로 취급하는 것은 잘못이지만, 더 진전된 해석이 없이 고통을 외치는 방식으로만 애가를 취급하는 것도 잘못이다. 애가서 3장은 하나님과 백성들 간의 간격을 연결해주고, 이 다리는 이스라엘의 역사의 어떤 다른 시점에서만큼이나 필사적으로 587 B.C.E. 직후의 연대에 확실히 필요했다.

주석

3장은 네 가지 폭넓은 항목으로 전개된다: 1-24절, 25-39절, 40-47절, 그리고 48-66절. 첫 번째 항목은 일인칭의 화자가 하나님의 신실하심과 고통에 대해서 배웠던 것을 강조한다. 두 번째 항목은 하나님의 주권과 선하심에 대한 화자의 반응을 조명한다. 세 번째 항목은 이스라엘의 대적자들이 행한 일에 비추어서 기도를 요청하고, 네 번째 항목은 이스라엘을 위해서 하나님이 적극적으로 행동해 주시리라는 확신을 표명한다. 이 구조는 독자들을 감동케 하거나 적어도 반성적인 조언에서 하나님의 궁극적인 선하심에 대한 확신으로 독자들을 나아가게 한다.

1-6 이 첫 번째 항목은 화자의 삶에서 주님의 날에 따른 결과를 묘사하는 통합된 은유로 어둠을 사용한다. 이 서두 항목은 3장을 이전 장들과 연결시킨다. 이 구절들도 심판을 의인화하면서, 이 사람을 예루살렘과 동일시하게 하면서 빼앗긴 도성에 대한 조언을 제공하는 동료 고난자의 길을 열어놓는다.

1 화자는 2:20에서부터 화자의 변화를 보여주는 "내가 그 사람이라"(אני הגבר – 아니 학께벨)고 선언하며, "고난당한 자"(ראה עני – 라아 오니)라고 부연한다. 이 어구는 화자를 내레이터가 예루살렘의 고난을 묘사하는 1:3과 1:7 그리고 예루살렘이 하나님께 그 고난을 감찰해달라고 요청하는 1:9c과 연결된다. 이 화자는 하나님이 도성의 죄에 대해 보내셨던 고통을 참아내었다. 그가 이 시점에서 죄의 고백을 하지 않을지라도 말이다.

그의 고난은 "그[주]의 노하신 매"로 인해 발생하고 있다. "그의 노하신"(עברתו – 엡라토)이란 말은 내레이터가 그의 진노의 날에 "노하심으로"(2:1), 주님이 예루살렘의 견고한 요새를 무너뜨리시고, 나라와 방백으로 욕되게 하셨던 것을 보고 하는 2:2에서도 나타난다. 또한 그 용어는 "슬픔"(קִינָה – 퀴나)을 "그의 진노의 세대"(את דור עברתו – 에트 돌 에브라토)와 관련짓는 본문이 예레미야 7:29에서도 나타난다. 이 용어는 통상적으로 격렬한 진노와 노여움에 따른 심각한 결과를 묘사함으로써 화자는 심판 받는 자의 슬픔을 여기서 공유하고 있다. 그는 경험으로부터 이야기할 수 있다.

[2] 주님의 날을 상기시키는 은유들이 계속된다. 하나님이 이 사람이 "흑암에서 그리고 광명이 없게"(חשך ולא אור – 호쉑 베로 올) 행하게(וילך – 바요라크, 히필, 미완료 삼인칭 남성 단수) 하셨다. 요엘 2:1-2와 스바냐 1:14-16은 깊은 어둠의 시대로서 주님의 날을 묘사한다. 더욱 구체적으로는 아모스 5:18이 이와 정확한 어구를 사용하여 그 날의 심각성을 묘사한다. 이런 배경에 근거하여, 렌케마는 이 표현은 "이전의 심판에 대한 선언의 성취를 암묵적으로 인정하고 있음을 암시한다"(354) 주장한다. 그때에 화자는 자신과 자신의 청중들이 주님이 경고하셨던 것을 경험했다는 것을 이해하고 있다. 경고를 무시함으로 이런 결과가 왔다.

[3] 하나님의 벌이 화자를 끊임없이 괴롭게 한다. 또 다른 동사가 뒤따르는 어근 슙(שׁוב)은 반복된 행위를 묘사한다(Renkema, 354). 따라서 야슙 야하포크(יהפך ישׁב, "그가 다시금 돌이키다"나 "그가 돌이켜서 되풀이해서 치다")라는 어구는 화자를 반복해서 치시는 하나님의 행위를 내포한다. "그의 손"(ידו – 야도)이 "온종일"(כל היום – 콜 하욤) 화자를 앞뒤로 움직임으로 그는 쉼이 없다. 이와 동일한 "손"이 예루살렘의 범죄로 인해 1:14에서 외국의 지배의 멍에에 묶이게 했고, 2:8에서는 도성의 파괴를 가져왔다.

[4] 화자는 자신의 곤경을 묘사하기를 계속할 때 두 가지 익숙한 지배적인 동사를 사용한다. 첫째로 그는 "나의 살과 가죽[בשׂרי ועורי – 베사리 베오리]을 쇠하게 하시며[בלה – 빨라, 삼키다]"라고 진술한다. 빨라(בלה, "쇠하게 하다")의 일부 형태가 하나님이 야기하신 파괴의 다양한 차원을 묘사하기 위해서 2:2, 5, 8, 16에 나타난다. 둘째로 화자는 "그가 나의 뼈를 흩으셨다(꺾으셨고 – 한글개역)"(שׁבר עצמותי – 쉽빨 아츠모타이)고 부연한다. "흩으셨다"(שׁבר – 샤발)의 다른 형태가 1:15, 2:9, 2:11에서 나타나서 예루살렘의 젊은이들, 도성의 방비, 그리고 도성 자체의 흩어짐을 각기 묘사한다. 이런 반복은 화자가 예루살렘의 고통을 공유하고 있음을 강조한다. 그는 대중들이 집합적으로 고통을 당했던 방식으로 개인적으로 고통을 당하고 있었다.

5 분명히 예루살렘의 파괴는 지금까지 애가서의 지배적인 주제였다. 분명히 바벨론은 도성의 거리로 들어가기 전에, 백성들에게 해를 입기기 전에, 그리고 성전을 약탈하기 전에 그 도성을 포위했다. 이 구절에서 화자는 하나님이 "나를 대적하시고"(בנה עלי - 빠나 아라이), 자신을 "에워쌌다"(ויקף - 바야콰)고 진술한다. 요컨대, 이 은유는 "포위된"으로 번역할 수 있을 것이다(Hillers, [1992] 113을 보라). "담즙과 수고"(ראש ותלאה - 로쉬 우테라아 ; 원문주해 5.a.을 보라)가 화자를 정복할 준비를 하고 바깥에 잠복해 있다. 그의 운명은 도성의 운명과 동일하였다.

6 3:2에서 언급한 주님의 날의 어둠은 여기서 무덤의 어두움처럼 어둡다. 세 시편이 이 시점에서 화자의 배경자료로서 기능한다. 시편 143:3은 이 구절을 정확히 반영하고 있다. 첫 두 용어만 서로 바꾸어놓고 있을 뿐이다. 애가서가 시편 143:3을 인용하고 있고, 그 용어들을 이합체를 위해서 단순히 바꾸어놓고 있을 것이다(반대로는 Renkema, 358). 이 시편은 시편기자의 커다란 딜레마와 관련이 있고, 소망의 주요한 수단으로서 하나님의 성품에 의존한다. 애가서 3:6과 시편 143:3은 모두 하나님이 어두운 장소에 두시고(במחשכים הושיבני - 빼마하샤낌 호쉬바님) 잊어버렸던 것으로 보이는 사람에 대한 은유로서 "오래 죽은 자"(כמתי עולם - 께메테 오람)를 사용한다. 따라서 양 단락은 궁극적으로 하나님이 기억하시고 자기를 위해서 행동해달라고 요청한다.

시편 88:4-8(ET 88:3-7)도 어두운 장소(במחשכים - 빼마하샤낌)로 묘사되는 무덤을 하나님이 두신 무서운 협곡에 있는 한 개인을 묘사한다. 다시 한번 이런 상황은 시편기자가 마치 하나님이 자신을 잊어버리신 것처럼 느끼게 만든다. 따라서 시편기자는 애가서 3:1-6과 매우 유사한 장면인 시편 88:14-19(ET 89:13-18)에서 대적자들이 자신을 둘러싼 것처럼 하나님께 외친다.

시편 74:18-20은 하나님께 은밀한 장소, 이 땅의 어두운 장소(מחשכי ארץ - 마하샤케 에레츠)가 폭력으로 가득할 때에 고난당하는 자를 기억하실 것을 구한다. 애가서 2장에서의 언급이 보여주는 것처럼, 애가서의 저자는 거의 확실히 이 시편을 알고 있었거나 아니면 시편기자가 애가서를 알고 있었다. 적어도 두 저자들은 주된 어구를 공유했다. 이 마지막 시편과의 연관성은 덜 분명하고 따라서 이전의 두 가지 가능성보다 덜 그럴듯할지라도, 고통, 하나님으로부터 소외된 느낌, 그리고 도움을 위한 기도가 병존하고 있는 텍스트를 제공한다.

이 구절은 예루살렘처럼, 화자가 거의 죽었다는 것을 가리킨다. 하나님은 주님의 날의 어두움, 무덤의 어두움 그리고 화자를 에워싼 전쟁의 공포를 보내셨다. 하지만 화자는 죽지 않았고 예루살렘도 죽지 않았다. 화자와 도성은 이 끔찍한 환경에서 이제 사는 방법을 결정해야 한다. 죽게 되거나 죽는 것이 더 좋아 보이나, 지금 그것은 선택이 아니다.

[7]-[9] 지배적인 은유가 이제 어두움에서 하나님이 화자의 움직임을 제한하는 방식으로 바뀐다. 벽, 사슬, 돌 그리고 구부러진 길이 화자가 도움을 위해 기도할 때까지 그를 속박한다. 심지어 도움을 구할지라도 구조를 받지 못한다. 그는 어둠 속에서 살고, 설상가상으로 그는 가두어져 있을 뿐 아니라 사슬에 묶여 있다.

[7] 하나님은 이 남자의 어둠을 "도망할 가능성이 없는 밀봉한 감옥"으로 전환하신다(Renkema, 361). 화자에 따르면, "하나님이 나를 둘러싸서[גדר בעדי – 까달 빠아디] 나가지 못하게 하신다[ולא אצא – 베로 예체]." 어근 까달(גדר)은 호세아 2:8과 욥기 19:8에서도 여기와 동일한 의미로 나타나는데, 각각의 텍스트는 하나님이 벌로서 어떤 이를 특이하게 또는 분명하게 가두시는지를 강조한다. 시편 88:9(ET 88:8)은 "그리고 내가 도망할 수 없다"(ולא אצא – 베로 예체)라는 어구를 포함함으로써 저자는 이 시편을 시금석으로 삼기를 계속하거나 또는 그 시편이 이 구절을 표준으로 삼았을 수 있다(Reyburn, *Handbook*, 79). 벽으로는 충분하지 않았던 것처럼, 주님은 무거운 사슬을 그 사람에게 두셨기에 어느 죄수도 도망할 방도가 없다.

[8] 화자는 자신의 간수에게 탄원하는 것만이 유일한 구조의 방법이다. 애가서 2:11-19은 예루살렘을 이와 유사한 상황에 이미 두었다. 하나님이 심판하셨을 때, 하나님만이 치유하실 수 있거나 구조하실 수 있다. 하지만 그가 부르짖을(אזעק – 예즈악) 때"조차도"(גם כי – 깜 끼), 즉 예언적인 화자가 2:18에서 조언하고 있는 바로 그 일을 하고 있을 때조차도, 하나님이 그의 기도를 거부하신다. 도움을 위한 그의 외침이 여기서 거부될지라도(ואשוע – 바아샤베아), 3:56에서 주님은 도움을 위한 외침을 들으신다(לשועתי – 레샤베아티). 전반적으로 이 시는 긍정적인 방향으로 움직이고 있음을 보여준다.

[9] 다시 한번 화자는 "벽으로 둘러싸인"(גדר – 까달) 이미지로 전환한다. 그는 하나님이 "다듬은 돌을 쌓아 내 길을 막으사"(גדר דרכי בגזית – 까달 데라카이 빼가지트)라고 주장한다. 그의 "길"은 하나님께 외치는 것이었다. 이 길이 "벽을 쌓기 위해서 사용되기 전에 적절한 형태로 깎아놓았던 돌"에 의해 막혔다(Reyburn, *Handbook*, 80). 이 돌은 그의 감옥을 만들었던 자료였을 것이다. 적어도 그것은 단단하고, 잘 준비되었고, 고정되었으며 의도적인 건축 자료였을 것이다. 하나님은 의

도적으로 그를 가두셨다. 도움을 위한 어떤 외침도, 기도도 도망할 방도도 없다.

10-18 화자는 이제 우울한 은유에 관한 목록을 더 확장시킨다. 하나님은 굶주린 곰이나 사자(10-11절), 치명적인 화살(12-13절), 그리고 잘못된 음식을 화자에게 먹이고 학대하는 분(15-16절)이시다. 따라서 화자는 조롱거리가 되고(14절), 평화와 소망을 상실하였다(17-18절). 이 항목은 절망으로 화자가 빠져드는 것을 포함한다. 오직 죽음이나 새로운 소망이 있어야 한다.

10 처음에 죽음이 화자의 운명인 것으로 보인다. 하나님은 "엎드리어 기다리는 곰"(דב ארב – 뜁 오렙)이다. 이 이미지는 이사야 59:9-11, 호세아 13:8, 그리고 아모스 5:19과 같은 심판의 단락에서 사용되었다. 불길하게도 주님은 "숨어 있는 사자"(אריה במסתרים – 아리 뻬미스따림)이며, 이 은유는 시편 17:12에서 대적자들을 묘사하기 위해서 사용되었다. 또한 예레미야도 자주 대적자들을 "사자"라 일컫는다(렘 4:7; 5:6; 49:19; 50:44; Keil, 407을 보라). 만약 화자가 감옥에서 빠져나간다할지라도, 무서운 맹수들이 그를 공격할 것이다(암 5:18-22을 보라. 거기서 유사한 개념이 심판의 단락에서 전개된다).

11 화자는 마치 그러한 일이 발생하였던 것처럼 전개한다. 그는 "나의 길로[סורר דרכי – 떼라카이 소렐] 치우치게 하시며 내 몸을 찢으시며[ויפשחני – 바에파쉐헤니]"라고 말한다. "나의 길"이란 언급은 3:9의 언급과 동일함으로 이 단락은 두려운 분위기를 유지한다. 벽으로 둘러싸여 있거나(3:9), 유리되어 있음으로(3:11), 화자는 무서운 길에 들어서 있다. 이 경우에 그는 "하나님이 나를 적막하게 하셨다"(שמם שמני – 사마니 쇼멤)고 주장한다. 여기서 "황폐화된"을 의미할 수 있는 "적막한"으로 번역된 단어의 일부 형태(BDB, 1030-31)가 1:4, 1:13, 1:16에 나타나는데, 그때에 그것은 각기 예루살렘의 문, 예루살렘 자체, 그리고 예루살렘의 자녀들을 묘사한다. 다시 한번 화자는 도성과 자신을 동일시함으로써 도성이 경험했던 것을 자신이 경험했음을 주장한다.

12 황폐화된 도성과의 동일시를 진전시키기 위해서 화자는 "그가 활을 당겼다"(דרך קשתו – 따라크 콰쉬또)라고 주장한다. 이 어구는 2:4에서의 첫 두 단어와 동등하다. 여기서 주님은 화자를 그의 목표물로 정하신 반면에, 이전 구절에서 주님은 이 백성들을 대항하여 군대를 이끄신다. 하나님이 화자를 쫓으신다(Berlin, 91을 보라).

13 활의 이미지가 이 구절을 결론짓는다. 따라서 저자는 지배적인 은유가 알파벳 소절을 교차하게 만든다. ר 항목이 2:12에서 끝나기 때문이다. 그 뜻이 다음 소

절에도 계속되는 이 사례는 시인의 기교를 강화시킨다. 활을 당기시는(3:12) 주님은 목표물을 발견하신다. "진동의 아들들"("전동의 살" – 한글개역, בני אשפתו – 뻬네 아쉬빠토), 곧 화살이 그들의 과녁으로 "내 콩팥"(בכליותי – 뻬킬요타, "허리" – 한글개역)을 발견한다. 하나님의 화살이 여기서 콩팥을 의미하는 것으로 보이는 그의 존재의 우묵한 곳으로 스며든다.

14 이 구절에 관한 원문주해가 보여주는 것처럼(원문주해 14.a.를 보라), "내 모든 백성에게"(לכל עמי – 레콜 암미)란 어구는 학자들 간에 상당한 논쟁적 요소다. 일부 학자들은 이 남자가 자신의 백성들을 언급하였을 것이라고 믿기 어렵다고 여긴다. 예를 들어, 프로반(88)은 "이것은 화자가 자기 자신을 자기 백성들과 동일시하지만 그를 박해한 자에게 복수를 구하는(참조. 61-66절, 특히 63절은 자신이 '그들의 노래'의 대상임을 반복한다) 시의 여타 항목들의 논조와 어울리지 않는다"(참조. 40-48절)고 말한다. 이런 견해에 견주어, 프로반은 비이스라엘 백성을 일컫는 복수의 "백성들"을 주장한다.

한편으로 힐러스(Hillers, [1992] 127)는 "자기 백성들의 그러한 잔인성은 화자가 겪어야 했던 일부분"이라고 생각한다. 베를린(82)은 힐러스에 동의하고, 렌케마도(369-71)도 화자가 예루살렘과 자기 자신에게 발생했던 모든 일에도 불구하고 하나님을 신뢰하기를 계속함으로 자기 백성들이 그를 조롱하고 있다고 결론짓는다. 어느 독법도 가능하기는 하지만 단수의 독법(즉 자기 백성이 화자를 조롱함)이 대부분의 고대 본문의 지지를 받고 있고, 문맥에서 고통의 커다란 양을 가중시키며, 주님에 대한 가장 궁극적인 신뢰를 구한다. 확실히 예레미야도 동료 고난자들이 자신을 조롱하였음을 발견하였음으로(렘 39-44장을 보라), 이는 낯선 개념이 아니다.

따라서 화자는 예루살렘과 공유하고 있는 모욕인 외국의 대적자들의 조롱을 참아내었을 뿐만 아니라(1:7을 보라), 자기 백성들이 그에게 던진 조롱의 아픔을 느꼈다. 하나님이 대적이 되시었고, 외국인들이 자기의 고국을 황폐케 했으며, 자기 백성 사람들의 일단이 그의 믿음을 조롱했다. 그는 적어도 예레미야와 같은 경험을 했다(렘 1:17-19을 보라).

15 이 시점에서 화자는 어두움, 감옥, 짐승, 그리고 화살의 비유에 음식의 이미지를 추가한다. 하나님이 그에게 "쓴 풀"(במרורים – 밤메로림)을 먹이셨다. 유월절 음식에 사용되었던 음식처럼 말이다(Renkema, 371-72). 어느 것도 먹을 수 있는 것이 없기 때문이다. 이 용어는 "쓴 것"을 의미하는 상징을 갖는다. 욥기 9:18이 이런 방식으로 매우 유사한 어구(כי ישבעני ממררים – 끼 야스삐아니 맘메로림, "하지

만 내게 괴로운 것을 마시게 하는구나")를 사용하기 때문이다. 그에게 쓴 나물을 먹이신 주님은 그 음식을 완성시키는 음료에 해당하는 "쓴 쑥"(לענה – 라아나)을 마시게 한다. 베를린(91)이 주목한 것처럼, "쓴 쑥, 곧 쓴맛이 나는 식물은 고통이나 슬픔에 대해 비유적으로 자주 사용된다(참조. 암 5:7; 6:12; 잠 5:4). 이 용어와 그 유사어들이 자주 이 장에 나타난다(5, 19절에서도). 베를린은 이것을 유배에 대한 은유로 생각하지만, 화자는 예루살렘의 고통을 공유하고 있다. 그것은 실로 유배자들이 경험했던 것보다 더 가혹한 것일 수 있다.

16 음식의 비유를 계속 말하고 있는 화자는 "그가 자갈로 내 이를 부러뜨리셨다"(ויגרס בחצץ שני – 바약게레스 뻬하차츠 쉰나)고 진술하는데, 이는 아마도 화자가 무엇을 먹었는지를 가리킨다. 그것은 자갈을 먹은 것이기도 하고 비참한 상태에 놓여 있는 것을 가리키기도 할 것이다. 현대 영어의 용법에서 "먼지를 먹다"는 어떤 이가 비참한 상태에 빠져 있다는 것을 말하는 생생한 방식이다. 여기서 그 어구는 "재로 나를 덮으셨도다"(הכפישני באפר – 힉피샤니 빠예펠)라는 화자의 언급이 제시하는 것처럼, 쓴 음식을 먹는 일에서 비참하고 소망이 없음을 느끼는 일로의 연관관계를 제공해준다(3:17-18).

17 하나님이 화자에게 행하신 것들을 표현하고 있는 그는 이제 전개된 일들로 인한 자신의 좌절을 묘사한다(Hillers, [1992] 128). 그는 "나의 영혼이 평강/온전함을 멀리 떠나게 한다"(ותזנח משלום נפשי – 바띠즈나흐 밋샤롬 나프쉬)고 인정하고 "내가 선함[복 – 한글개역]을 잊었다"(נשיתי טובה – 나쉬티 토바)고 부연한다. 이 어구들은 분명히 서로 평행하고 있다. "멀리 떠나게 했다"와 "잊었다"는 서로 보충적이며, "온전함/평강"과 "선함"(복)도 동일하다. 하나님이 예루살렘뿐만 아니라(2:4-5) 그에게도 대적자처럼 행하셨기에 그가 어떤 종류의 평강과 온전함을 느낄 수 있었겠는가? 그의 물리적인 가정은 파괴되고, 그의 하나님이 그를 대항하여 서 계시다. 그가 무엇을 할 수 있는가?

18 분명히 그는 다시 하나님께로 돌아가거나 또는 구조를 발견하려는 모든 시도를 포기할 수 있다. 여기서 그는 처음으로 하나님의 이름을 언급함으로써 전자의 선택을 취하기를 시작한다. "나의 인내(힘 – 한글개역)"(נצחי – 니츠히)와 "나의 소망"(ותוחלתי – 베토할띠)이 "주님으로부터"(מיהוה – 메아도나이) "끊어졌다"(אבד – 아바드)고 말하고 있을지라도 말이다. 하나님에 대한 새로운 이해가 그 자리를 차지할 수 있도록 하나님은 이 옛 소망들을 짓밟으셨다(Renkema, 379). 화자가 무엇을 생각하고 있든 간에 그것은 근본적으로 바뀌었다. 이제 보이는 것은 하나님의

성품과 활동에 대한 새로운 이해가 재활력을 주는 능력과 소망에 기여할 것이라는 점이다.

19-24 이 구절들은 애가서에서 가장 잘 알려진 구절들이다. 이 구절들은 찬미, 코러스 그리고 애가서로부터 전파되는 일단의 설교들의 근간으로 사용되었다. 이 항목은 과거의 지극한 고난을 진술하는 것에서 자기 자신과 자신의 결론에 동의할 모든 이들을 위한 믿음의 새로운 활동의 시작으로서 하나님의 신실하심을 고백하는 것으로의 전환을 제공한다. 스스로 이런 이해에 이르게 된 화자는 자신이 발견한 것을 다른 이들에게 제공하는 것으로 나아간다. 고백이 교훈과 궁극적으로 이 장의 나머지 부분에서의 찬미에 길을 내어준다.

19 3:1-18에서 예루살렘과 유대(solidarity)를 같이 하는 주님의 날에 거룩한 박해를 화자가 견뎌내었음을 보여준 다음에, 그는 도성이 2:11-19에서 행하도록 조언을 받은 바로 그 일인 기도를 한다. 예루살렘은 1:9, 11, 20, 그리고 2:20에서 하나님이 "감찰하실"(ראה – 레에) 것을 요청하고, 이제 화자는 하나님께 간청한다. "내 고초[עניי – 온이]와 재난[ומרודי – 우메루디 방랑] 곧 쑥[לענה – 라아나]과 담즙[וראש – 바로쉬]을 기억하소서[זכר – 제콜]."

기도의 이런 시작은 몇몇 텍스트들을 반영해준다. 예를 들어, 출애굽기 2:23-25에서 하나님이 이스라엘을 보시고, 들으시며, 아시고, 기억하신다. 이로 인해 주님이 출애굽으로 인도하는 일련의 사건들을 시작할 수 있도록 모세를 보내신다. 애가서 1:7에서 예루살렘은 여기서 화자가 기억해달라고 요청하는 바로 그 일인 "그녀의 고초와 재난"(עניה ומרודיה – 온야흐 우메루데하)을 기억한다. 사실상 화자가 하나님이 "기억하시고" 그의 고초와 재난을 제거해달라고 기도할 때, 그는 예루살렘의 고초와 재난을 위해서도 기도하고 있다. 같이 고통을 당하는 자로서 자신을 위해서 기도하는 것은 전체 그룹을 위해서 기도하는 것을 의미한다. 나아가서 1:9에서 이스라엘은 진노의 날에 그의 "발등상"(예루살렘)을 기억하지 않았다. 이 기도는 관련된 모든 사람들이 깨어진 관계를 회복할 수 있기 위해 기억해야 하는 것들을 기억할 수 있도록 돕는다. 3:15에서의 "쑥"(לענה – 라아나)이 다시 나타남은 화자가 이스라엘의 환경만이 아니라 자신의 개인적인 환경에 관심을 갖고 있음을 가리킨다.

20 이 구절의 번역에 달려 있는(원문주해 20.a.과 20.b.을 보라, Provan, 91-92) "소망스런 태도의 표현은 19절에서 즉시 뒤따라 나오거나 이 남성의 내적인 낙심에 관한 확장된 묘사 이후에 21절에서 뒤따라 나오고 있다"(Hillers, [1992] 128). 힐러

스([1992] 128), 베를린(Berlin, 82-83), 그리고 렌케마(380-81)는 전자의 입장을 취하는 반면에, 베스터만(161)과 알브렉손(*Studies in the Text and Theology*, 141-45)은 후자의 입장을 취하는 것으로 보인다. 후자의 관점을 인정하는 것이 확실히 문제가 있기는 하지만, 그것이 가장 좋은 가능성이 있는 것으로 보인다. 부정사 절대형을 사용함으로써 화자는 하나님이 실로 기억하시고 그의 간구에 세심한 배려를 하시리라는 믿음을 강력하게 확증한다.

21 간구한 대로 하나님이 행하시고 그를 기억하시리라고 확신한 화자는 확신의 다음 단계, 곧 확신을 회복시키는 단계로 나아간다. 3:18에서 그는 야훼에 대한 자신의 소망을 상실했다고 진술하지만 여기서 하나님과의 언약에 대한 기억(출 2:23-25; 3:19-20)과 하나님의 언약적 자비(3:22을 보라)를 상기하는(אשיב אל לבי – 아쉽 엘 립비) 행위는 그 잃어버린 소망을 회복시킨다. "소망"(אוחיל – 오힐)이란 형태의 반복은 그 상황에 태도가 바뀌었음을 의미한다. 이 장이 전개될 때, 저자는 3:1-18에서 처음 나타나는 용어들의 보다 긍정적인 사용을 통해서 화자의 패배감을 천천히 해체시킨다.

22 화자는 이런 새롭게 된 소망을 "주의 무궁한 긍휼"(Keil, 413)에 기초한다. 두 가지 핵심적인 용어가 하나님의 특징을 정의한다. 화자는 "주님의 언약적 자비의 행위"(חסדי יהוה – 하스데 아도나이)가 "정말로"(단정적인 끼[כי]; Gordis, 179) "멈추지 않는다"(לא תמנו – 로 탐누, 원문주해 22.b.을 보라)는 것을 확증한다. 하나님의 "언약적 자비"(חסד – 헤세드)는 "신실한 자, 이스라엘의 백성들, 그리고 일반적으로 인류를 향한 하나님의 성향과 은혜로운 행위를 묘사한다"(*NIDOTTE*, 2:211). 예루살렘에 주님의 날이 닥침은 하나님의 언약적 자비의 종말을 나타내고 있지 않다. 이것이 사실이라면, 어느 것도 은혜로이 행하시는 하나님의 마음을 지치게 할 수 없다. 화자는 "정말로[2인칭의 단정적인 כי] 하나님의 긍휼하신 행위는 결코 끝나지 않는다"는 것을 강조한다. "긍휼"이란 용어는 "따뜻한 동정, 같이 동행해주시는 동정을 의미하고, 이는 죄를 용서하시고, 심판을 은혜로 바꾸실 준비가 되어 있는" 용어인 라함(רחם)에서 출원한다(*NIDOTTE*, 3:1094). 심판이 뒤따르는 끔찍한 죄의 시기가 있은 후에 새롭게 하나님이 시작하시는 뜻은 화자의 마음속에서 적어도 분명히 있다.

이 고백은 적어도 두 중요한 언약적 단락과 일치한다. 출애굽기 34:6-7에서 야훼는 이스라엘이 황금송아지 사건으로 범했던 언약을 새롭게 하실 것임을 말씀하신다. 하나님이 "긍휼하시고 은혜로우시며"(רחום וחנון – 라훔 베한눈) "자비와 신실하심으로 가득하기"(ורב חסד ואמת – 베랍 헤세드 베에메트) 때문이다. 신명기 30:1-11에서 모세는 신명기 27-28장에서 발견할 수 있는 모든 언약적 결과가 이스라엘에 임할 것이고, 만약 이스라엘 백성들이 야훼에게로 돌이켜 순종한다면, 주님이 긍휼(ורחמך – 베리하메카)을 베푸시고, 언약적 관계만이 아니라 이 땅도 회복케 하실 것임을 약속하신다. 요엘 2:13-14과 요나서 4:2은 출애굽기 34:6-7에서 발견한 하나님의 성품에 관한 요소들을 신명기 30:1-10에서 발견할 수 있는 회개의 가능성과 조합시킨다. 애가서처럼, 이 텍스트들은 심판의 맥락에서 나타난다. 두 텍스트 중에서 요엘 2:13-14만이 재앙의 실제적인 경험을 전제하고 있는 것으로 보이지만 말이다.

따라서 애가서 3:22은 구약성경의 가장 두드러진 가르침 중 하나와 일치한다. 하나님이 마지막에 심각하게 벌을 가하실 정도로 이스라엘이 우상숭배, 부도덕, 억압, 그리고 장기간의 언약적 간음의 여타 형태로 하나님에 대해 죄를 지었을지라도, 주님은 회개하는 이스라엘 백성들을 여전히 새롭게 시작케 하실 것이다. 다시 말해서 복주시고 치유하시는 하나님의 결심은 벌을 주시는 하나님의 결심만큼 철저하고 특별하시다. 특히 죄의 상태와 벌의 깊이로 보건대 언약적 관계의 길로 되돌아오는 일이 오래고 힘든 일일 것이다. 하지만 그럼에도 불구하고 시작될 가능성이 있다.

23 하나님의 언약적 자비와 긍휼에 대한 이런 이해를 심중에 간직한 화자는 "이것들이"(복수의 "자비의 행위들"[חסדי – 하스데]이나 종합적으로 "자비[행위들, חסדי]" 그리고 "긍휼[의 행위들, רחמיו – 라하마브]") "날마다 새롭다"(חדשים לבקרים – 하다쉼 랍빼콰림)고 고백한다. 레이번(Reyburn, *Handbook*, 86)이 설명한 것처럼, "새로운"이란 말은 "전에는 결코 존재하지 않았던 것"이 아니라, 전에 경험했던 것의 신선한 갱신을 의미한다. 매일 새로운 날에 하나님의 은혜의 증거가 그의 긍휼하신 본질로부터 흘러나온다(Keil, 414). 새 날은 벌을 받은 사람들을 위한 언약적 갱신의 가능성으로 동이 큰다. 이런 기회는 하나님이 존재하시는 한 계속 지속된다. 그것은 하나님의 인격적인 성품에 기초하고 있기 때문이다.

이 시점에서 화자는 하나님을 "당신의 성실이 크도소이다"(רבה אמונתך – 랍빠 에무나테카)라고 선언함으로써 직접적으로 찬미한다. 렌케마(Renkema, 389)는 "성실"(신실)은 하나님의 행위에서 나타나는 인간과의 관계에서 그의 특징을 표현한다. 그러한 신실함의 특징은 일관성, 안정성, 진리 그리고 영원성이다"라고 표현한다. 하나님의 언약적 신실성과 고결성은 어떤 일이 벌어지든 간에 손상되지 않는다. 인간은 그렇게 되기를 희망하지 않겠지만 약속으로서 죄에 대한 심판도 하나님의 이런 신실성을 증거한다. 감사하게도 하나님은 매우 타협적인 언약의 파트너와 약속을 새롭게 하기를 원하시고, 화자가 여기서 확증하고 있는 것이 야훼의 신실하심의 이런 양상이다.

24 이 구절은 화자가 좌절에서 초기적인 소망으로의 태도 변화를 완성시킨다. 3:17에서 평강이 멀리 떠남을 주장하던 동일한 영혼이 여기서 "주님이 나의 분깃(기업 - 한글개역)이시다"(חלקי יהוה - 헬퀴 아도나이)라고 주장한다. 이 고백은 화자가 자신의 소망이 끊어졌다고 주장하는 3:18의 반전으로 이끈다. 이제 그는 하나님이 자신의 분깃이시기 때문에 "그러므로"[על כן - 알 껜] "내가 저를 바라리라[소망하리라]"[אוחיל לו - 오힐 로]고 주장한다. 이 마지막 어구는 3:21에 "그러므로 소망이 있사옴을"(על כן אוחיל - 알 껜 오힐)과 일치한다. 따라서 이 반복은 언젠가 잃어버린 소망의 갱신을 강조한다.

이 새로움은 3:20-23에서 진술된 언약적 맥락에서 하나님의 성품에 대한 화자의 믿음으로부터 나온다. 또한 그것은 화자가 하나님이 그의 분깃이나 보상이 기꺼이 되게 하려는 것에서 나온다. 두 단락이 이런 태도를 증거한다. 민수기 18:20에서 하나님은 레위인들이 이 땅에서 기업이나 분깃이 없다고 그들에게 말하지만 "내가 너의 분깃"(אני חלקך - 아니 헬퀠카)이라고 말씀하신다. 레위인들은 기업으로서 모든 다른 것들을 포기해야 했다. 유사하게 시인이 하나님의 선하심(73:1)을 고백하지만 그 선하심에 대해서 의문을 품는 시(時)인 시편 73:26에서 시인은 하나님이 "나의 분깃"(וחלקי - 베헬퀴)이라고 고백한다. 따라서 시편기자는 악한 자가 어떻게 번성할 수 있는지를 더 이상 상관하지 않는다. 오히려 시인은 하나님이 피난처가 되시는 그 선하심에 관심의 초점을 맞춘다. 간단하게 진술하면, 하나님은 저자를 만족시키기에 충분하고, 그와 동일한 의미가 애가서 3:24에 화자에게도 분명히 해당된다.

25-39 화자는 논의를 확장하여 하나님이 선하심으로 현재의 상황에서 인간이 무엇을 하는 것이 좋은지에 관한 사례들을 포함시킨다(25-30절). 그때에 그는 하나님의 정의(31-36절)와 주권(37-39절)을 강조하는 것으로 나아간다. 그리할 때, 화자는 3:1-18에서 상실되었다고 선언했던 소망과 확신을 재건하기를 계속한다. 그는 독자들이 배웠던 진리를 발견하고 나눌 수 있도록 그들을 가르친다.

25 25-27절은 모두 "좋은, 선한"(טוב - 토브)으로 시작한다. 이 첫 구절은 "주님이 선하시다"(טוב יהוה - 토브 아도나이)는 일관된 성경적 고백을 제공하며, 이 사실을 시편 34:9(ET 34:8)과 86:5, 호세아 3:5과 느헤미야 9:25(Keil, 414; 이 본문들

과 하나님의 선하심에 대해서 논의하는 Renkema, 392을 보라)에서도 발견할 수 있다. 하지만 하나님의 선하심은 여기서 구체적인 초점이 있다. 하나님은 "그를 기다리는 자들에게"(לקוו – 레코바) 선하시다. 하나님은 "그를 찾는 영혼에게"(תדרשנו – 띠드레쉔누) 선하시다.

이런 확증은 예언서와 시편의 텍스트들과 일치한다. 시편 34:9-11(ET 34:8-10)은 독자들에게 "주님이 선하심을 맛보고 보라"고 초대하고(34:9), "주안에서 피난처를 찾는 사람"은 복되도다(34:11)라고 주장하며, "여호와를 찾는 자는 모든 좋은 것에 부족함이 없으리로다"(34:11)라고 결론짓는다. "주님이 선하시고"(טוב יהוה – 토브 아도나이), "그 사람"(לגבר – 락께벨), 그리고 "주님을 찾는 사람들"(ודרשי יהוה – 베도레쉬 아도나이)이란 이 모든 용법들은 애가서 3:25-27에서 거의 동의어를 갖는데, 이는 이 단락 중 어느 것도 다른 것을 인용하고 있지는 않을지라도, 그것들은 공통된 신학과 어휘를 공유하고 있음을 가리킨다. 또한 그것들은 분명히 지혜 지향적이다. 아모스 5:4과 5:6은 독자들에게 "주님을 찾으라"(דרשו את יהוה – 띠르슈 엣 아도나이)고 권고하고 아모스 5:14은 그들에게 "선을 좇고, 악을 좇지 말라"(דרשו טוב ואל רע – 띠르슈 토브 베알 라)고 말한다. 이는 주님을 찾는 것과 선을 좇는 것이 동의어적임을 가리킨다. 성실하게 주님을 찾기에 충분할 정도로 진정으로 주님을 바라는 자들은 주님으로부터 좋은 것을 받을 것이다.

26 "잠잠히 기다림이 좋도다"(טוב ויחיל ודומם – 토브 베야힐 베두맘)란 어구가 구약성경에서 드문 구문일지라도(원문주해 26.a.을 보라), 하나님의 구원을 잠잠히 기다리는 개념은 확실히 그렇지 않다(시 37:9; 62:2, 6[ET 62:1, 5]을 보라). 애가서 2:10은 망연자실한 침묵으로 앉아 있는 시온의 장로들을 묘사한다. 그러나 지금 26절의 침묵은 기대의 침묵으로 보인다. 렌케마(396)는 3:26의 침묵은 "넋을 잃은 형태로 단순히 앉아 있는 것으로 이해해서는 안 된다. 현재의 본문은 침묵을 의식적으로 선택하고 집요할 정도로 강력하게 '침묵을 유지하는' 것을 말한다"고 주장한다. 다시 말해서 이 본문은 패배의 자세에서 곧 있게 될 구원의 자세로 전환하는 침묵을 가리킨다. 나아가서 이 침묵은 2:11-19과 3:19-24에서 주어진 기도를 차단하지 않는다. 따라서 이 침묵은 "주님의 구원"(לתשועת יהוה – 리트슈아트 아도나이)으로 궁극적으로 보상을 받게 될 기다림을 조명한다. 물론 이 시점에서 화자가 그러한 구원과 관련한 것을 구체적으로 명시하지는 않을지라도 말이다.

27 화자는 "사람[לגבר – 락께벨]이 젊었을 때에[על בנעורי – 올 벤유라] 멍에를 메는[כי ישא – 끼 잇사] 것이 좋으니"라고 진술함으로써 "좋은, 선한"(טוב – 토브)이

란 항목을 결론짓는다. 물론 "사람"(גבר – 께벨)을 반복한 것은 여기서 독자들에게 3:1에서의 화자의 자기 지칭을 상기시키고, 또한 이 용어가 인간이 하나님으로부터 기대할 수 있는 정의의 맥락 속에서 나타나는 3:35을 예기(豫期)한다. "사람이"는 여기서 일반적인 인간에 대한 표상으로 기능할지라도, 이 문맥에서 그것은 확실히 화자를 포함한다.

두 서로 다른 용어들이 이전의 본문을 반영해준다. 첫째로 화자는 자신이 짊어져야 하는 멍에를 언급한다. 1:14에서 예루살렘은 야훼가 예루살렘의 죄를 아주 무거운 멍에로 표현하여 그것이 그녀의 목에 두어졌을 때 힘을 소실했다고 진술한다. 따라서 여기서 언급된 멍에는 죄의 멍에이지만, 적어도 화자의 고난도 멍에일 수 있다. 케일(41)이 설명한 것처럼, "현재의 문맥에서 멍에는 고난의 멍에이고, 젊었을 때에는 무거운 짐을 더 쉽게 질 수 있는 생기와 활력의 때라고 언급된다. 젊었을 적에 고난을 감당하는 것을 배웠던 화자는 나이든 시절에 그에게 고난이 찾아온다 하더라도 좌절에 빠지지 않을 것이다." 물론 죄 – 화자의 죄, 민중의 죄, 또는 이 둘 다 – 가 이런 고난을 야기하였기에 죄와 고난을 유념해야 한다. 둘째로 케일의 인용이 보여주는 것처럼, "젊었을 때에"(בנעוריו – 삔유라브)라는 용어는 시간의 길이(짧은 시간 동안)나 멍에를 짊어지기 위해 가질 수 있는 힘의 차원을 표현한다. "젊음"이란 이 용어의 형태는 2:21에서 포괄적인 진술로 나타나고("노유" – 젊은이와 늙은이, נער וזקן – 나아르 벤자켄), 나중에 5:13에서 "선별된 사람"과 유사한 것으로 나타난다(בחורים···ונערים – 빠휴림··· 우네아림) 본문이 묘사하는 것처럼, 늙은이와 젊은이가 고난을 당하는 때엔, 젊은이가 이런 고난을 당하는 것이 가장 좋다. 이런 환난은 궁극적으로 지나갈 것이다. 젊은이가 이런 멍에를 지고서 노인이 되지는 않을 것이다.

28 26절은 하나님의 구원을 잠잠히 기다리는 것이 좋다고 진술했다. 이제 화자는 "혼자 앉아서 잠잠할 것은[ישב בדד וידם – 예쉡 빠다드 베이똠] 주께서 그것을 지우셨음이라([כי נטל עליו – 끼 나탈 아라브], 메우셨음이라 – 한글개역)"를 덧붙인다. 이 구절의 전반부는 1:1과 3:26을 반영한다. 애가서 1:1은 "어찌 그리 적막히 앉았는고"(איכה ישבה בדד העיר – 예카 야쉬바 바다드 하일)라고 선언한다. 이 어구는 구절의 주어와 권고적인 어조에서만 3:28과 다르다. 하나님의 활동을 인식함으로써 적막히 홀로 침묵하며 앉아 있는 결정은 단순한 홀로 있음에서 조용하면서 확신 있는 기대로 앉아 있는 것으로 전환한다. 화자가 침묵을 조언하는 것은 아이러니이지만 이 침묵은 삭막한 실제적 상황과 하나님의 선하심을 인식한 것에서 오는 끈질기

면서 결의적인 기대에 상응한다. 여기서 잠잠히 기다리는 것은 이 상황에서("하나님이 고난을 그에게 주셨다") 하나님의 능력을 고백하고, 주님의 신실하심과 언약적 자비를 신뢰하며(3:19-24), 발생한 일에 직면해서 겸손을 품는 것을 의미한다. 이 모든 일들은 행하면 좋은 것들을 정의한다(3:25-27).

29 겸손과 인내가 29-30절에서 보다 관심이 주어진다. 2:10에서 장로들이 침묵으로 땅에 앉아 있고, 머리에 재를 뿌리는데, 이는 고대의 애곡의 의식을 반영하는 습관이다. 이제 화자는 자발적인 복종의 행위처럼 먼지를 입에 대는 것(יתן בעפר פיהו – 일뗀 뻬아팔 삐후)이 좋다고 진술한다. 이런 행동을 하는 이유는 "아직 소망이 있기"(אולי יש תקוה – 우리 예쉬 띠크바) 때문이다. 퓨어스트(Fuerst, 238)는 "이는 회의적인 용인이 아니라 미래를 기대하는 자의 열린 마음의 고백이며, 하나님이 그런 기대를 가져오시게 할 것이라는 준비된 자세를 일컫는다. 그는 하나님이 은혜로우시다는 경험으로부터 얻어진 확신 이외에 어떤 보증도 예기된 승리의 증표도 없다(22-24절)"고 적고 있다. 다시 말해서 화자는 하나님이 그에게 이런 상황을 두셨다는 것을 믿기 때문에(3:28) 그리고 야훼가 그의 삶의 분깃임을 결정했기 때문에(3:24) 자신을 먼지로 낮출 수 있다.

30 외로움, 침묵, 낮춤으로는 충분하지 않았던 것처럼, 화자는 이제 "때리는 자에게 뺨을 향하여[יתן למכהו לחי – 일뗀 레막께후 레히] 수욕(수치)으로[ישבע בחרפה – 이세빠 뻬헬빠] 배불릴지어다(채울지어다)"라고 부연한다. 물론 침략자들은 예루살렘 시민들에게 이 모든 고난(그리고 이보다 더한)을 가하였지만, 화자는 독자들에게 이 수치가 주님이 의도하심으로 오는 것임을 수납하도록 조언한다. 발생한 일들은 운명, 정치적인 실패 또는 민족의 중추를 상실하였기 때문이 아니라, 하나님이 하신 일이다. 그것이 그 조언을 스토아적인 체념에서 "믿음의 긍정적이고 창조적인 요소" 바꾸어준다(Davidson, 196).

31 행하면 좋은 것이라고 화자가 주장한 것(3:25-30)을 사람들이 어떻게 수납할 수 있는가? 이 고난이 실로 하나님의 뜻이라면, 이 하나님의 뜻을 수납하는 것은 더 좋은 것임을 어떻게 수납할 수 있는가? 30절에서 화자는 이에 대해서 또 이와 관련한 질문에 대해서 아홉 구절의 반응을 시작한다. 3:19-24에서처럼 하나님의 성품에 대한 그의 확신이 그가 이전에 진술한 결론의 기초를 형성한다.

31-33절은 각기 설명적인 접속사로 시작한다(כי). 이것의 첫 번째는 하나님이 "영원토록 버리시지 않는다"(יזנח לעולם – 이즈나흐 레오람)는 것을 주장하기 위해서 부정의 불변화사(לא – 로)와 연합한다. 2:7에서 내레이터는 하나님이 그의 제단

을 버리셨다고 진술하고, 3:17에서 화자는 자신의 영혼이 평강을 버렸다("멀리 떠나게 하였다" – 한글개역)고 진술한다. 이제 그는 평강을 버린 것을 거부하기 시작한다. 하나님이 영원히 버리시지 않음을 믿기 때문이다. 렌케마(405)가 주목한 것처럼, 화자는 하나님이 영원히 화가 난 상태에 계시지 않을 것임을 확증한다(시 103:9). 그가 이것이 왜 그러한지를 말하기 위해서 기다리고 있을지라도 말이다.

32 이 시점에서 화자는 하나님의 진노가 한이 없지 않다는 것을 믿는 이유를 설명한다. 요컨대, 그는 자신이 3:22-24에서 진술했던 것을 믿기를 계속한다. 출애굽기 34:6-7과 신명기 30:1-11에서 기초하여 그는 하나님이 실로 슬픔(הוגה – 호가)을 야기하셨지만, 3:22 곧 "여호와의 자비와 긍휼(ורחם – 베리함)이 무궁하시"(חסדו כרב – 께롭 하사다)다는 개념인 긍휼을 가지셨다고 결론짓는다. 화자는 주님이 "슬픔을 야기하신 후에 그의 은혜의 충만함으로 한 번 더 긍휼을 보이신다. 긍휼이 슬픔을 능가한다"(Keil, 416)고 믿는다. 하나님은 그의 사랑을 지치게 하는 것이 불가능할 정도로 과거에 아주 자주 용서하셨다. 참으로 현재 상황의 극악함은 하나님이 소유하신 놀라운 사랑과 인내를 증거한다(Renkema, 408).

33 하나님이 영원히 버리시지 않을 것이기 때문에(31절), 또한 하나님의 긍휼이 특별하시기 때문에(32절) 하나님의 벌에 겸손히 순복하는 것이 좋다고 주장한 화자는 세 번째 이유를 추가한다. 그는 하나님이 필요하다면 사람들에게 실로 고난을 가하실지라도 주님이 "본심으로 고난을 가하는 것이 아니라"(לא ענה מלבו – 로 인나 밀리뽀)고 주장한다. 하나님의 본래의 본능은 심판하시는 것이 아니라 복주는 것이다. 하나님은 사람의 아들들에게 근심을 주는 것을 바라지 않으신다(ויגה בני איש – 바약께 뻬네 이쉬). 하나님이 필요한 대로 심판하실 수 있을지라도, 애가서가 증거하는 것처럼 하나님의 마음은 본시 이런 종류의 마음이 아니다. 그때에 하나님이 벌을 주기 원하신다면, 또 그가 긍휼로 돌아오실 것이라는 소망이 있게 된다. 3:22과 3:32은 이것이 하나님의 본질임을 강력하게 함축한다. 고난을 가하고 슬프게 하는 것은 불가피하게 끝나게 될 것이다. 고트왈드에 따르면(*Studies*, 99), "주께서 인생으로 고생하며 근심하게 하심이 본심이 아니라는 표현은 하나님에 대한 애가서의 이해의 높은 수위표다…하나님의 본질에서 예루살렘에 대해서 단호하게 바뀌신 노함의 측면은 하나님의 목적에서 확정적인 요소가 아니다. 유감스럽게, 마지못해서 하나님의 더 높은 목적을 위한 다른 방도가 없다면 하나님은 악의 세력을 풀어놓으실 것이지만, '그의 본심'은 그것이 아니다."

34 하나님의 마음은 사람의 아들들에게 고생하며 근심하게 하는 것이 아닐 뿐만

아니라 이 땅에서 부정의(不正義)와 억압이 횡행하지 않는 것에 있다. 이 사실이 세 부정사절을 통해서 34-36절에 나타나고, 이 부정사절들은 각기 "목적어가 라아(ראה, "장려하다, 보시다"; Keil, 417을 보라)에 걸리는" 부정의(injustice)의 형태를 묘사한다. 하나님은 잘못된 것을 "장려하지" 않으심으로 이스라엘의 최근의 경험은 어떤 다른 목적이 있음이 틀림없다.

첫 번째 부정사절은 하나님이 "세상에 모든 갇힌 자[כל אסירי ארץ – 꼴 아시레 아레츠]를 발로 밟는 것[לדכא תחת רגליו – 레다께 따하트 락라브]"을 원치 않는다고 주장한다. 이 본문이 바벨론의 발아래 짓밟히거나 일반적으로 억압 하에 짓밟히는 사람을 가리키는 것이 가능할지라도(Keil, 417; Westermann, 178; Brandscheidt, *Gotteszorn und Menschenleid*, 64을 보라), 대명사적인 접미사인 "그의"는 하나님을 아마도 가리킨다. 결국에 하나님이 예루살렘에 바벨론을 보내셨다. 여기서의 요지는 아주 미묘하다. 하나님은 죄수와 유배자를 의도적으로("본심으로") 짓밟지 않으시고, 또 일반적인 환경에서 이 땅에 그러한 활동을 재가하지 않으신다. 따라서 현재의 짓밟힘은 미래의 어떤 불특정한 시간에 통상적인 과정에 양도하게 될 일시적인 심판이다.

35 두 번째 부정사절은 하나님이 "인간의 정의"(משפט גבר – 미쉬빠트 까벨)를 굽게 하는 것을 장려하거나 인정하지 않으신다고 부연한다. 정의를 굽게 한다는 개념은 다른 곳에서도 나타나고(출 23:2, 6; 신 16:19; 24:17; 27:19), "근본적인 권리의 위반, 특히 간신히 자기 자신을 변호하고 있는 사람들 즉 가난한 자와 외국인과 과부와 고아들의 기본적인 권리들을 위반하는 것을 가리킨다"(Renkema, 414). 사악한 자들만이 방어할 수 없는 자들을 사취하고, 그들의 뻔뻔스러움은 "지극히 높으신 자의 얼굴 속에서"(נגד פני עליון – 네게드 뻬네 엘욘) 그리한다. 물론 사악한 자들은 하나님이 돌보시지 않거나 행동하시지 않을 것이라고 믿는다(습 1:12을 보라). 그들은 하나님이 보시지 않는다고 생각하고, 과부, 거주하는 외국인, 그리고 부모 없는 고아들에게 죄를 짓는다(시 94:1-7).

하지만 하나님이 보시는가? "인간의 정의"가 부정될 때마다 하나님이 보신다. 여기서 문제는 억압을 당하는 자들이 하나님의 승인으로 승리했다는 것이다. 다시 한번 그러한 것은 이 세상에 대한 하나님의 마음이나 하나님의 이상(vision)이 아니다. 따라서 변화가 언젠가 발생할 것이다.

36 세 번째 부정사절은 하나님이 "사람의 송사를 억울케 할"(לעות אדם בריבו – 레아베트 아담 뻬리보) 때에 그것을 인정하지 않으신다고 진술한다. 부정사는 어떤

일을 왜곡되게 만드는 것을 문자적으로 의미함으로(BDB, 736), 왜곡되고 치우친 방식으로 소송과 변호를 행하는 것을 가리킨다.

3:34-36을 요약하면, 하나님은 갇힌 자들을 짓밟거나 그들을 괴롭게 하는 것을 원치 않으신다(34절). 하나님은 정의를 왜곡되게 하거나 억울케 하는 것을 보기 원치 않으신다(36절). 따라서 지금 발생한 것들은 하나님의 특별한 행위이다. 이사야 28:21이 지적하는 것처럼 심판은 하나님의 통상적인 행위가 아니라 하나님의 특이한 행위다.

37 몇몇 이전의 본문들은 이스라엘의 상황에 대한 하나님의 완전한 주권을 설정했다. 주님이 죄 때문에 예루살렘에 고통을 가져오셨다는 것을 명확하게 진술한다(1:5, 12-16; 2:1-10). 마찬가지로 3:1-36은 하나님이 그의 자비하시고 신실하신 성품에도 불구하고 화자에게 손을 대셨다는 것을 알려주었다. 주님은 부정의(不正義)를 인정하지 않으신다. 따라서 발생한 일들은 이스라엘의 삶에서 일시적인 기원일 뿐이다. 단지 "일시적"인 것이 얼마나 오래 가느냐다. 37-39절에서 화자는 화자의 상황과 예루살렘의 미래를 하나님이 제어하시고 있음을 확증하기를 계속한다. 그렇게 함으로써 화자는 하나님이 부정의를 장려하지 않기 때문에 예루살렘의 함락을 둘러싼 사건을 제어하시지 않았었다는 어떤 오해도 발생하지 못하게 한다.

화자는 창조주로서 하나님의 신분에 기초한 논증으로 시작한다(Brandscheidt, *Gotteszorn und Menschenleid*, 65). 그는 "시편 33:9과 아주 근접한 어구인 주의 명령이 아니면 누가 능히 말하여 이루게 하라"(주가 말씀하셨기에 이루어졌다[ותהי מי זה אמר – 미 제 아말 바떼히])고 말한다. 시편 33:9은 "그가 말씀하셨기에 발생했고[כי הוא אמר ויהי – 끼 휴 아말 바예히], 그가 명령하셨기에, 서 있다[הוא ויהי כיאמר – 휴 치와 바야아모드]"고 주장한다. 시편 33편도 하나님의 신실하심(באמונה – 빼예무나; 시 33:4), 정의(ומשפט – 우미쉬빠트; 시 33:5), 그리고 언약적 자비(חסד – 헤세드; 시 33:5), 또한 주님을 바라고 기다릴 필요(시 33:20-22)와 같은 애가서 3장에서 발견할 수 있는 여타 용어들을 포함한다. 그러므로 애가서 3장과 시편 33편은 위기의 순간에 주님을 바라는 전반적인 문맥에서 하나님의 주권을 강조하는 창조 이미지를 사용한다. 시편 33:9에서 창조 모티브는 이 땅의 거주자들이 얼마나 그들의 창조자를 두려워해야 하는지를 강조하는 반면에 애가서 3:37에서의 모티브는 피조물을 만드셨던 말씀이 예루살렘의 황폐화를 가져다주었던 말씀을 발하게 하셨다고 주장하는데 사용된다. 어느 누구도 이런 방식으로 통치할 수 있는 권세를 소유하고 있지 않다.

38 게다가 화자는 "화, 복이 지극히 높으신 자의 입으로 나오지 아니하느냐 [הרעות והטוב - 하라오트 베핱톱]"라고 주장한다. 이 질문은 애가서에서 그리고 아모스 3:6과 이사야 45:7과 같은 이전의 본문들에서 이미 응답되었다. 아모스 3:6과 이사야 45:7은 인간이 경험한 화와 복이 주님으로부터 온다고 진술한다. 모든 부정의가 발생할 때를 아시는(3:35) 동일하신 "지극히 높으신 자"가 유쾌하고 불유쾌한 경험이 발생할 것임을 선언하신다. 3:31-36이 하나님의 본심을 드러내었기 때문에, 독자들은 힘든 시간이 끝날 것을 기대할 수 있다.

힐러스(Hillers, [1992] 130)가 설명한 것처럼, "결국 하나님은 창조자시고(37절), 그가 선한 것과 나쁜 것(재난, 고통, 도덕적이지 못한 악; 참조. 암 3:6)을 가져오실지라도, 창조적인 전능에 대한 이런 언급은 위로하고자 하는 것으로 의도되어 있다. 창조자와 창조주가 만드신 것들이 최종적인 분석에서 악한 것이 되지 않을 것이기 때문이다." 화자는 하나님이 "화"(나쁜 것)를 제어하시지 않는다면(다시금 인간의 관점으로 본) 선한 것도 제어하시지 못할 것이다(여기서 현재의 상황으로부터의 구조로부터 본)라는 것을 깨달은 것으로 보인다. 요컨대, 하나님이 심판을 보내셨다는 사실이 하나님이 그들의 운명을 회복시키실 수 있다는 것을 의미한다. 하나님이 본심으로부터 심판하지 않으신다는 것은 구조에 대한 희망이 근거가 없는 것이 아님을 의미한다.

39 이 구절은 약간 다른 개념들을 담고 있다. 첫째로 화자는 "살아 있는 사람이 어찌 원망하랴"고 묻는다. "원망하다"(יתאונן - 이트오넨)로 번역된 이 용어는 여기와 민수기 11:1에서만 나타나는 어근에서 출원한다(BDB, 59). 렌케마(Renkema, 423)는 민수기 11:1에서 이 용어는 "다른 이들(야훼, 모세)의 잘못으로 생각하는 어떤 불확실한 상황에서 나오는 완고한 불평을 가리킨다"고 지적한다. 거기서 이스라엘은 이스라엘 민족이 가나안을 향해 시내산을 떠난 직후의 어려움에 대해 하나님과 모세를 원망했다. 여기서 화자는 그러한 근거 없고, 자기정당화식이고, 잘못된 비난조의 불평을 해서는 안 된다는 것을 주장한다.

둘째로 화자는 "살아 있는 사람"(אדם חי - 아담 하)이 왜 불평해야하는지를 의문한다. 베를린(Berlin, 95)에 따르면, 이 어구는 "고통스러울지라도 죽는 것보다 살아 있는 것이 더 좋다는 것을 주장하는 것으로 보인다(만약 이것이 그런 의미라면, 욥의 견해의 대구법이다). 하나님이 사람에게 생명을 유지시킴으로써 자비를 보여주시고 있다. 게다가 그 죄로 인한 것으로 그 고통을 정당화할 수 있을 때, 그 벌에 대해서 그가 어찌 불평할 수 있는가?" 베를린은 이 단락이 살아 있는 사람이 죽은 자보다 궁극적으로 더 좋다는 것을 가리킨다고 올바르게 주장한다. 이것은 변론의 집요한 시도에서 나오는 욥이 궁극적으로 표현한 믿음이다. 이 확신은 예레미야 45:1-5에서도 나타나는데, 거기서 하나님은 바룩에게 그의 삶이 바벨론이 지배하는 어둠의 시대에서 그의 보상이라고 말한다. 따라서 3:36에서 정의를 추구하는 사람(אדם – 아담)에 상응하는 살아 있는 사람은 삶을 선물로서 인정해야지 자신의 곤경에 대해서 하나님을 원망해서는 안 된다.

셋째로 사람(גבר – 께벨; 3:1, 27, 35을 보라)은 자신의 죄가 야기한 것을 원망해서는 안 된다. 힐러스([1992] 130)는 "자기 죄의 대해서"(על חטאיו – 알 하타아브)가 아마도 벌을 가리키거나 인간의 죄가 그에게 임하게 하였던 것을 가리킨다고 결론짓는다. 따라서 "이것은 인간의 고통이 자기 죄로 인한 것이고(그가 벌을 받다) 인간은 자신의 선에 대해서 의문해야지 하나님의 선에 대해서 의문해서는 안 된다는 것을 처음으로 시에서 함축하고 있다. 그러므로 이 소절은 회개에 대한 뒤이어지는 요청으로 인도한다." 다시 말해서 화자는 그가 당했던 것이 실로 하나님의 손으로부터 나온 것이지만(3:37-38을 보라), 자신이 행동한 방식 때문에 그렇게 된 것이다(3:33). 궁극적으로 그가 겪은 것은 그 자신으로부터 기인한다. 이 진리를 깨닫는 것은 화자에게서 하나님의 본질을 이해하는 일의 중요성과 유사하다. 화자의 목표는 단지 애통해 하는 것만이 아니라 하나님과 그의(다른 이의) 관계를 가르치고 새롭게 하는 것이다. 이런 식으로 그의 경험은 의미가 있게 되고 심지어 구속적이 된다.

40-47 지금까지 화자는 고난과 하나님의 본질에 대해서 깨달았던 것을 설명했고(3:1-24), 자신이 믿기에 자신과 백성들의 현재의 상황에서 행하면 좋은 것들을 설명했다(3:25-39). 이제 그는 백성들이 하나님을 찾는다면 하나님이 들으실 것이라고 암묵적으로 탄원하면서 기도할 것을 그들에게 권면한다. 따라서 그는 주로 개인적인 범주에서보다 공동체적인 범주로 시를 이동시킨다. 그는 3:48-66에서 대단히 개인적인 관점으로 돌아갈 것이지만, 전혀 민족에 대한 관심을 상실하지 않는다. 오히려 3장의 나머지 부분들의 영향은 처음에 시작했던 대로 시를 끝맺는다 – 화자와 예루살렘의 운명이 불가분하게 연결되어 있다.

40 이 구절은 화자의 백성들에게 "자기를 심사하고 회개할" 것을 요청한다(Provan, 100). 화자는 두 가지 권면적인 용어로 자기 심사를 위한 필요를 표현한다. "우리가 우리의 길을 찾고[נחפשה דרכינו – 나흐빼사 데라케누] 우리를 철저히 심사하자[ונחקרה – 베나흐코라]"라는 권면은 찾고 살피는 것뿐만 아니라 어떤 문제에 관

한 세심하고 철저한 검증을 나타내는 동사를 사용한다(BDB, 344, 350). 아마도 화자는 행한 일에 대한 문제들을 그들이 생각해 보기를 의도하고 있다. 그들이 그렇게 한다면, 그들이 하나님께로 돌아갈 필요가 있다는 결론(ונשובה עד יהוה – 베나슈바 아드 아도나이)에 이를 것이다. 이 어구는 죄와 하나님으로부터 멀어졌음을 인정하는 것일 뿐만 아니라 하나님과 연결되는 것으로 이끄는 회개를 포함한다.

이 구절은 죄가 하나님이 대적자처럼 행하시도록 이끌었고(2:1-10) 하나님이 그와 예루살렘에게 끔찍한 고통을 야기하셨다(2:11-22; 3:1-18)는 내레이터(1:5)와 예루살렘(1:12-16)과 화자가 일치함을 분명히 알려준다. 그는 순수한 고난자의 모습을 주장하지는 않지만, 3:43-47에서 적어도 이 벌이 너무 심하거나 지금쯤 문제가 되고 있는 이런 범죄를 덮기에 충분하다고 시사할 것이다. 개인과 민족의 실패에 대해 정직함이 자기를 섬기는 무도함의 감정을 근절시킬 수 있다.

41 주님께로 돌아가는 것은 마음으로부터 시작한다. 죄와 불순종이 기원하는 바로 그 장소 말이다. 하나님에 대한 사랑이 마음에서 시작한다면(신 6:4-9), 회개도 마찬가지다(신 4:30-31; 30:1-10; 렘 4:3-4). 따라서 화자는 독자들에게 "우리의 마음을 들자"(נשׂא לבבנו – 닛사 레바베누)라고 말하고, 나아가서 "손"이나 "손과 관련하여"(원문주해 41.b.를 보라)를 추가한다. 화자는 손만이 아니라 마음을 들 것을 조언한다. 즉 마음과 손을 하나로 올려드릴 것을 요구한다. 또는 하나님께 마음을 올려드리기 위해서 손을 사용하라고 조언한다. 이 모든 가능성들은 동일한 메시지를 낳는다: 사람들은 "하늘에 계신 하나님께"(אל־אל בשמים – 엘 엘 빠샤마임) 간청해야 한다(Berlin, 95). 그들은 하나님에 대해서 죄를 지었고, 벌을 받았다. 따라서 그들은 하나님께로 돌아가야 한다(3:40). 그들이 범했던 분이신 하나님께로 그들의 마음으로부터 돌이켜야 한다.

42 이제 화자는 민족의 공통된 죄들을 표현한다. 일인칭 보통 복수 대명사를 일인칭 보통 복수 동사와 함께 사용하면서 화자는 이 구절의 전반부 소절에서 두 동사를 강조한다. 그는 "우리가 실로 범죄함과 패역함을 가졌나이다"(נחנו פשענו ומרינו – 나흐누 파샤예누 우마리누)라고 고백한다. 그것은 꾸밈없고 진심어린 진술이다. "범죄하다"(פשע – 빠샤)의 명사 형태가 1:5, 14, 22에서 나타나고 거기서 내레이터(1:5)와 예루살렘(1:14, 22)은 하나님이 예루살렘의 "범죄" 때문에 도성을 벌하였다고 주장한다. 유사하게 "패역하다, 불순종하다"(מרה – 마라)란 동사 형태가 1:18에 나타나고, 거기서 예루살렘은 자신이 하나님의 말씀에 대해 죄를 지었다고 인정하며, 1:20에서는 예루살렘이 매우 불순종의 죄를 지었다(כי מרו מריתי – 끼 마로 마

리티)고 고백한다. 분명히 화자는 자기 자신을 3:1-18에서 벌을 받은 자로 여겼던 것처럼, 불순종하는 범죄자의 그룹에 두고 있다. 그는 집합적인 전체의 구성요소인 개인으로서 말한다.

이 구절의 후반부에서 화자는 백성들의 범죄함과 패역함에 대한 하나님의 반응을 보고한다: "실로 당신이(주께서) 사하지 아니하시고"(אתה לא סלחת - 앝따 로 사라흐따). 이 절의 전반부처럼, 대명사는 동사의 주어를 강조하기 위해서 사용된다. 하나님이 이 죄들을 그냥 지나치시고, 제어하지 않으신 채로 또는 벌하지 않으신 채로 지나가지 않으셨다. 하나님의 정의가 이 경우에 벌을 요구하기 때문에 그러한 행위를 가만 두거나 사하지 않으셨다.

베스터만과 베를린은 죄용서를 보류하는 것은 신학적인 문제를 도입한다고 주장한다. 베스터만(182-83)은 이 어구가 "백성들이 자신의 죄책을 인정했다는 것을 전제하고 있으므로", 그것은 시편에서 흔히 발견할 수 있는 것과 같은 하나님에 대한 불평에 상응한다. 하나님은 통상적으로 그렇게 하실 것으로 예상되었을 때 용서하지 않으셨다. 베를린(96)은 이 문제를 더 진전시켜 다음과 같이 말한다. "옛 신학은 잘못된 것으로 입증되었다. 백성들이 회개하면 하나님이 그들을 벌하시려는 마음을 바꾸실 것이라고 가르치는 예레미야 18:5-12과 대조되어, 우리의 시인은 회개와 용서 사이에 직접적인 관계가 없다고 결론짓는다. 이것은 이 장과 전체 애가서에서 가장 혼란스러운 개념일 것이다." 따라서 베를린은 애가서 3:42이 회개가 자동적으로(그리고 즉시) 용서를 수반한다는 성경의 일반적인 규칙을 역전시킨다고 지적한다. 그 다음에 그녀는 다음과 같이 부연한다. "그러나 시인은 회개의 능력을 부인하지 않는다. 오히려 그는 다음 두 절들에서 하나님에게만 이를 수 있다면 회개가 효력이 있을 것임을 시사한다. 하나님께 이르지 못하는 것은 하나님의 잘못이 아니다. 교묘하게 아이러니한 암시 속에서 시인은 하나님의 우주 내재론에 대한 주요한 종교적 원리를 재해석하고 있다." 그러므로 베를린은 시인이 인간의 죄에 대한 문제에서 죄를 뉘우치는 기도를 하나님이 듣지 않으시려는 것 - 적어도 어떤 불특정한 시기 동안 - 으로 관심을 교묘하게 전환시킨다고 주장한다.

베를린이 제기한 것은 언급할 만한 가치가 있는 몇 가지 이슈가 있지만 여기서는 몇 가지만 주목할 것이다. 첫째로 회개는 예레미야서에서 흔한 주제이고, 예레미야 18:5-12은 이 책에서 이 주제에 대한 일 백 번 이상의 언급 중 하나다. 가장 흥미로운 본문 중 하나는 예레미야 14:19-22이며, 거기서 선지자는 왜 하나님이 자기 죄를 인정할 때 그 백성들을 치셨는지를 의문한다. 하나님이 언약을 깨뜨리셨는가?

예레미야 15:1-9에서 하나님의 반응은 예레미야가 자기 죄와 백성들의 죄를 고백하였지만 백성들이 여전히 불순종의 상태로 있다는 것을 가리킨다. 따라서 한 신실한 참회자에 의한 회개의 순전한 언급이 필연적으로 전체 그룹의 실제적인 회개를 나타낼 수는 없다. 그러한 상황에서 주님은 궁극적인 심판의 길을 계속 진행해 가신다.

둘째로, 회개와 용서가 즉각적인 구조를 가져오지 않는다. 구조는 시간을 요한다(신 30:1-10을 보라). 또한 열정이 신실을 입증하지는 않는다. 셋째로 이런 진술은, 베스터만이 지적한 것처럼, 문학적 방책일 수 있다. 렌케마(432)가 결론지은 것처럼, 아마도 벌을 주시는 일에 대한 하나님의 불쾌함을 보여주려는 문학적 시도일 수 있다. 그렇다면, 저자는 문학적 관습을 좇는 것이지 고백, 회개 그리고 용서와의 관계성에 대해서 어떤 새로운 점을 필연적으로 만들고 있지 않다.

넷째로 화자는 3:66까지 이어지는 그의 기도를 방금 시작했다. 화자가 하나님이 이 경우에 듣지 않으실 것이라고 결정했다면, 3:52-57에서 과거의 구원을 재진술하고, 3:58-66에서 하나님이 행하실 것이라는 그러한 확신으로 끝을 맺는다는 것은 이상한 일이다. 오히려 화자는 자신의 기도의 초기 부분을 전달할 때 일들이 어떻게 진행되었는지를 보고한다. 그들은 죄를 지었고, 하나님은 이 시점에서 그 죄를 사하지 않으셨다. 그는 하나님이 이유 없이 벌하시지 않는다는 것을 이미 진술했다(3:25-39). 베를린이 지적하는 것처럼(96) 참된 회개와 벌에 대한 적절한 끝에 대한 인식에 따라서 궁극적으로 하나님은 들으실 것이다.

43 이 구절에서 화자는 애가서 전반에 하나님의 심판에 관한 묘사에서 이미 두드러지게 언급했던 네 단어들을 사용한다. 첫째로 3:44을 시작하는 동일한 단어 형태로 이 구절을 시작한 후에 화자는 1:12와 2:1(2회), 3, 6, 11, 22(또한 3:66; 4:11, 20을 보라)에서 나타나는 개념인 하나님의 진노(סכתה באף – 사꼬타 바아프)를 언급한다. 모든 이전 단락에서 "진노"는 주님의 날의 일부이고, 여기서도 그 경우일 것이다. 화자는 이 고백을 이 책이 이미 하나님의 날이라 추산되는 것을 강조했던 것과 연결시킨다.

둘째로 화자는 "우리를 군축하시며"(ותרדפנו – 바띨떼페누, 좇으시며)라고 진술한다. "좇다"(רדף – 라다프)의 일부 형태가 1:3, 6에서 사용될 뿐만 아니라 4:19과 5:5에서도 사용된다. "진노"(אף – 아프)처럼 이 용어는 하나님의 벌하시는 행위에 관한 내레이터의 묘사에서 나타난다(2:1, 3, 6을 보라). 하지만 그것은 예루살렘의 말에서는 나타나지 않는다. 하지만 이 용법은 이 고백을 이스라엘의 죄책과 야훼의 심판에 대한 이전의 주장과 연결시킨다.

셋째로 화자는 "당신이 살육하사"(הרגת – 하락따)를 부가한다. 이 개념을 2:4(ויהרג – 베야하록, "그리고 그가 죽이셨다")와 2:21(הרגת – 하락따)에서 발견할 수 있다. 2장에서 이 두 용법은 하나님의 심판을 일반적으로 묘사하는 문맥에서 나타나는데, 첫 번째 용법은 내레이터의 말에서 두 번째 용법은 예루살렘의 말에서 나타난다. 따라서 3:43의 화자는 이 책에서 다른 주요한 인물들의 목소리에 자신의 목소리를 합세시킨다.

넷째로 화자는 "긍휼을 베풀지 아니하셨나이다"(לא חמלת – 로 하말따)라고 주장함으로써 이 구절을 결론짓는다. 부정의 불변화사가 있는 "긍휼을 베풀다"(חמל – 하말)란 형태는 2:2, 17, 22에서 나타난다. 다시 말해서 2장의 각 화자는 하나님이 이보다 더 심각할 수 없을 정도로 심판하셨다고 동의한다. 이전의 본문과의 이 마지막 연관성은 화자의 기도를 두드러지게 하려는 요약적인 구절로서의 이 구절의 역할을 강조한다.

44 하나님이 예루살렘을 진노로 덮으셨을 뿐 아니라(3:43), 그는 자신을 구름으로 덮으셨다(סכותה בענן לך – 사꼬타 베아난 라크). 이런 덮음은 그들의 기도가 하나님께 상달되지 못하게 한다(מעבור תפלה – 메아볼 떼필라). 하나님은 스스로 자기 백성들에게 이르지 못하게 하신다. 이 순간에 백성들이 느끼는 하나님과의 유일한 밀접성은 그의 진노와의 밀접성이고 그들로부터 하나님의 멀어지심이다.

45 화에 관한 묘사가 계속된다. 하나님이 구름 뒤에 멀리 계시는 동안에(Hillers, [1992] 132을 보라), 백성들은 이 땅에서 고통을 당한다. 야훼는 그들의 기도에 응답하지 않고 대적자처럼 행동하기를 계속하신다. 화자는 "우리를 진개(찌끄러기)와 폐물을 삼으셨"(סחי ומאוס תשׂימנו – 세히 우마오스 떼시메누)다고 말한다. 이 두 명사는 구약성경에서 여기만 나타난다(각기 BDB, 695과 549을 보라). 그것은 발생한 일의 특이한 본질을 강화시킨다.

그들의 고난이 특이하다면, 그것은 역시 치욕적이다. 이 일이 "열방 가운데서"(בקרב העמים – 뻬퀘렙 하암밈) 전개되고 있기 때문이다. 프로반(101)은 "이 사고는 백성들이 이스라엘을 마치 쓰레기와 폐물인 것처럼 불쾌하게 간주하고 있다는 것이다. 물론 이스라엘의 고난을 지켜보는 자들의 경멸스러운 태도에 대해 이전에 몇 번 언급했다(참조. 14절; 1:7-8; 2:15-16). 의심할 것도 없이 45절이 언급하는 것은 46절의 관점에서다"라고 지적한다. 화자는 이 기도를 이 책의 이전 단락과 연결시킨다. 이스라엘의 치욕은 이미 확정된 사실이다.

46 다시 한번 화자는 자신의 기도를 이전 단락과 연결시킨다. 이번에는 "우리의 모든 대적[כל איבינו – 꼴 오예베누]이 우리를 향하여 입을 크게 벌렸나이다[פצו עלינו פיהם – 빠추 아레누 삐헴]"라고 보고한다. 그것은 2:16과 거의 동일하다. 차이는 이전의 본문은 예루살렘을 향해 있었고(עליך – 아라이크, "against you"), 뒤에 나오는 본문은 여호와께로 향해 있다. 화자가 이미 3:1-18에 분명히 한 것처럼, 그는 예루살렘의 화, 수치, 대적자들을 같이 공유하고 있다. 따라서 그는 이에 대해 가르칠 수 있는 자이며 기도의 리더다.

47 이제 화자는 이스라엘 대한 대적자들의 행위의 급작스럽고 예기치 않은 끔찍한 본질을 묘사하기 위해서 사냥 이미지를 사용한다. 그는 "두려움과 함정[문자적으로는 구덩이]이 우리에게 있다"(פחד ופחת היה לנו – 빠하드 바파하트 하야 라누)고 주장한다. 이 명사들은 전체 땅에 대한 심판의 본문인 이사야 24:17과 모압을 향한 심판의 본문인 예레미야 48:43에 동시에 나타난다. 렌케마에 따르면(439), "함정"(ופחת – 바파하트)은 동물을 잡거나 죽이기 위해서 파놓은 구덩이나 함정을 암시하며, "두려움"(פחד – 빠하드)은 보통 하나님의 심판(출 15:16; 사 19:16; 33:14; 미 7:17; 렘 49:5)이나 예기치 않은 출현(사 2:10, 19, 21)에 대한 인간의 반응을 묘사한다. 따라서 화자는 심판의 단락에서 온 이미지를 사용하여 대적자들이 이 백성들을 어떻게 좇으셨고 놀라게 했는지를 묘사한다. 이 단어들의 유음과 두운은 그것들의 연관된 활동과 예상할 수 있는 반응을 강화시킨다.

이스라엘의 두려움과 함정은 "멸망과 흩어짐"(השאת והשבר – 핫쉐에트 베핫샤벨)을 포함한다. 첫 번째 용어는 파괴, 멸망, 혼돈, 또는 죽음을 전형적으로 묘사한다(BDB, 981). 두 번째 명사는 2:11, 13; 3:48; 4:10에 나타나는데 모두 심판의 영향에 관한 문맥에서다("흩어지다"[שבר – 샤발]의 동사형이 1:15; 2:9; 3:4에 나타난다). 예루살렘의 운명은 이보다 더 나쁠 수 없었다. 하나님이 그들과의 통로를 닫으셨고, 그들에게 해를 입히셨고, 끔찍한 상황으로 그들을 내모셨다.

48-66 3:1-18에서 백성들의 고통과 동일시하고, 3:19-39에서 하나님의 성품을 확신하는 진술을 하며, 행동의 과정에 대해서 자기 백성들에게 조언하고, 3:40-47에서 백성의 고통과 낙심을 표현했던 화자는 이제 백성들을 위해서 또한 백성들과 함께 정직하게 기도한다. 그렇게 하는 동안에 그는 예루살렘의 곤경에 대해 자신의 개인적인 슬픔을 묘사하고(48-51절), 대적자들이 행했던 것들을 묘사하며(52-54절), 야훼가 어떻게 과거에 그를 도왔는가를 고백하고(55-58절), 확신 있게 하나님이 이 백성의 대적자들을 보시고 벌하시도록 구한다(59-66절). 이런 형태는 개인적

이고 집합적인 애가와 개인적인 찬미의 요소를 조합하고 있는데, 마치 이 장의 이전 부분이 개인적이고 집합적인 애가적 요소와 지혜/교훈적 주제들을 연합하고 있는 것처럼 말이다. 이 항목의 끝에서 3:45-47을 특징지었던 대적자들을 야훼가 다루실 것이라고 화자는 결론짓는다.

48 화자는 자신의 슬픔에 관한 묘사로 시작한다. 1:16에서 예루살렘처럼 그의 눈은 눈물로 가득하다(또한 2:11, 18을 보라). 그는 이전 구절에서 언급한 멸망(흩어짐, 파멸) 때문에(על־שבר – 알쉐벨) "내 눈에서 눈물 줄기가 흐르도다"(תרד עיני פלגי מים – 빨게 마임 떼라드 예니)라고 보고한다. 예루살렘이 여기서 흩어진 자이기 때문에 화자는 특히 개인적인 상실을 느낀다. 예루살렘은 "나의 백성의 딸"(בת עמי – 빠트 암미)이기 때문이다. 이와 매우 밀접한 어구가 2:11에서도 나타나는데, 그것은 이 구절과 두 번째 가장 강력한 연관을 제공하며, 이전의 두 장과 4장을 연관지으면서 4:3, 6, 10에서도 나타난다. 다른 딸의 이미지는 "시온의 딸"(1:6; 2:1, 4, 8, 10, 13, 18; 4:22), "유다의 딸"(1:15; 2:2, 5), "딸 예루살렘"(2:13, 15), "나의 도성의 딸들"(3:51), 그리고 "에돔의 딸"(4:22, 2회)을 포함한다. "시온의 딸"과 "유다의 딸"이 모두 예루살렘을 언급할지라도, 그것들은 각기 하나님의 임재와 민족의 정체성의 이미지에 초점을 맞추고 있다. 유사하게 "딸 예루살렘"과 "내 백성의 딸"은 도성과 그 거주자들과 화자가 밀접한 관계가 있음을 표현한다. 따라서 이런 익숙한 은유는 개인적이고 시민적이며 민족적인 양상을 포함한다. 눈의 이미지의 반복과 도성의 파멸과 관련한 어구의 반복은 동일한 사람이 2:11과 3:48에서 말하고 있음을 입증하지는 않을지라도, 이런 유사성은 적어도 그런 가능성에 열려 있게 한다.

49 3:48에서 "눈"(עיני – 예니)은 페로 시작하는 구절에 정확히 중앙에 나타난다. 이제 그 용어는 이 시의 아인 항목을 시작하고, 그것은 3:51에서도 그렇게 시작할 것이다. 다시 한번 시인은 이 시의 다양한 부분들을 연결하는 뜻이 다음 소절에도 계속되는 것을 활용한다(3:47-48을 보라). 이번에 시인의 눈과 눈물이 두 항목을 결합시킨다.

여기서 화자는 "나의 눈에 눈물이 흐르고 그치지 아니한다"(עיני נגרה ולא תדמה – 예니 닉께라 베로 티드메)라고 주장한다. 그는 하나님이 행하실 때까지는(3:50) 쉬지 않을 것이다(מאין הפגות – 메엔 하구고트). 요컨대 3:48-49은 예레미야 14:17과 매우 흡사하게 읽을 수 있다. 예레미야 14:17의 본문은 처녀 딸 예루살렘의 파멸(שבר – 쉐벨)에 끊임없이(ואל־תדמינה – 베알 띠트메나) 눈물이 흐르는 "나의 눈"(עיני

－예니)을 포함한다. 그때에 두 단락들은 하나님의 도움을 위해서 끊임없이 기도하는 결의적인 개인을 묘사한다.

50 이 슬픔은 "그가 [창문으로부터－BDB, 1054] 살피시고 돌아보실 때까지"(עד ישקיף וירא－아드 야쉬퀴프 바이라) 계속된다. 물론 여기서 "그"는 하늘에 거하시는(יהוה משמים－아도나이 밋샤마임) 여호와시다. 이 구절은 화자가 하나님이 현재에 진노의 구름으로 덮여 있는 하늘의 창문을 여시고 살펴보시며 그들이 직면하고 있는 것을 돌아보실 때까지 계속해서 울며 중보기도할 것을 의미한다. 실로 여기서 "돌아보다"(see)는 "행동하다"(acts)를 의미한다. 이 구절로 보건대, 하나님이 1:9, 11, 20에서 예루살렘의 기도에 아직 응답하지 않으셨음이 분명하다.

51 이 슬픔은 화자의 내적 존재로 스며든다. 그의 눈물은 그의 내적 고통의 외적인 표현이다. 3:49에서처럼, 화자는 이 구절을 "나의 눈"(עיני－예니)으로 시작한다. 이번에는 이 눈이 "나의 심령을 상하게 한다"(עוללה לנפשי－올라 레나프쉬)고 그는 진술한다. 모든 것이 "나의 도성의 딸들"(בנות עירי－빼노트 이리)에게 발생한 것 때문이다. "딸들"(בנות－빼노트)이란 용어는 "승리한 부대원들에게 아마도 강간을 당하였던 그리고 포로로 잡혀갔던 예루살렘의 젊은 여인들을 언급할 수 있었고, 또는 어미인 예루살렘의 딸에 해당하는 마을들로 사려 되는 도시들, 곧 이 땅 전체에 흩어져 있는 모든 다른 마을들에 임했던 운명을 언급할 수 있었다(Davidson, 199-200). 전자의 선택은 이 장의 심히 개인적인 본질과 궤를 이루고 2:11-19에서 화자의 말과도 일치하지만 후자의 선택은 폭넓은 민족적 범주의 의미를 가져다준다. 두 가능성들은 우려와 비극을 연합시킨다. 전자의 선택이 더욱 그럴듯하지만, 민족의 딸들 전체를 염두에 두는 것은 중요하다.

52 이 시점에서 화자는 명확히 개인적인 방향으로 이동한다. 베스터만은 3:52-58이 "소절마다 찬미의 묘사적인 시편이나 감사의 시편에 상응하는 구조를 갖는다"는 것을 관찰한다(184). 그리고 그는 "이것은 개인의 시이다"(185)는 것을 부연한다. 이 개인적인 묵상은 야훼가 전체로서의 백성들을 위해서 행하실 것이라는 증거로서 기능한다. 하나님이 이런 방식으로 그에게 응답하셨다면, 주님이 유사한 방식으로 그 민족에게 응답하시는 것이 가능하다. 동시에 그의 언급은 화자가 전체 민족의 슬픔을 의인화하고 구현하게 만든다(Harrison, 230).

화자가 3:1-18에서 그리한 것처럼, 그는 이 백성이 고난당했던 것과 자신을 동일시한다. 그들은 대적자들에 의해 쫓김을 당하였고, 그도 마찬가지로 "그들이 나를 새처럼 쫓았다"(צוד צדוני כצפור－초드 차두니 까치뽈)고 말한다. 누가? 그의 대적자들이 아무런 이유도 없이(איבי חנם – 오예바 힌남) 말이다. 대적자들에 대한 이런 고발을 쉽게 오해할 수 있었다. 3:39, 42에서 화자는 자신의 죄와 백성들의 죄를 혼란시킨다. 그는 지금 그의 고백을 철회하고 있는가?

프로반(104)은 이 본문은 대적자들이 "자기 행동에 대해서 책임이 있다. 심지어 그들이 하나님에 의해서 이스라엘을 벌하는 것으로 사용되고 있을 때라도 말이다"라고 결론짓고, 이 개념이 이사야 10:5-19에서 앗수르에게 적용되었음을 지적한다. 렌케마(446)는 이 어구가 "대적이 백성들과 그 사람(גבר – 께벨, man)을 학대한 독단을 진실로 가리킨다. 대적자는 어떤 구분도 배려도 없었다"고 생각한다. 베스터만(186)은 이 언급이 "이유 없이 박해를 당하는 자를 적대하는 구경꾼들"을 가리키고 있다고 부연한다. 따라서 화자는 이 민족이 다른 자들에 의해서 더 심하게 취급을 받았다고 인정하고 있고, 어느 정도 과도하거나 바벨론 이외의 다른 자들에 의해서 가중되었다고 주장하고 있다. 여기서 비바벨론인들이 의도되어 있다면, 그때에 4:20에서 에돔에 대한 언급이 보다 의미를 갖고, 1:18-22, 2:20-22, 3:64-66에서의 기도도 역시 그러할 것이다.

[53] 화자를 포로로 잡았던 대적자들은 그를 구덩이에 넣고 돌은 던졌다. "그들이 던졌다"(צמתו – 차메투)는 음흉한 분위기를 갖는다. 그것은 "화자를 죽게 하거나 그들 스스로 죽으려는 적들을 가리킬 수 있을지라도(삼하 22:41; 시 18:42 54:5[7]; 69:4[5]; 73:27; 88:17; 94:23[2회]; 101:5, 8; 143:12; 애 3:53)"(*NIDOTTE*, 3:819), "끝내다"나 "근절하다"를 의미할 수 있다(BDB, 856). 따라서 이 구절은 화자를 죽이려는 목적으로 구덩이에 두었다는 것을 가리킨다. 물론 이 이미지는 독자들에게 요셉이 창세기 37장에서 취급받았던 방식과 예레미야가 예레미야 38:4-28에서 아울러 예레미야 11:18-12:6, 18:18, 20:1-6, 26:7-15, 37:11-16에 나오는 삽화에서 취급받았던 방식을 상기시킨다(Rudolph, 243을 보라). 예레미야처럼 화자는 부당하게 고난을 당했고, 심지어 자기 백성들에 의해서도 그러했을 것이다.

[54] 베를린(97)은 이 수조가 예레미야나 요셉의 구덩이보다 더 심각했을 것이라고 지적한다. 그녀는 "시인의 수조는 물로 가득했고, 맨 위가 닫혀 있어서 보다 위험스러운 감금상태에 있었다"라고 적고 있다. 그녀는 시편 88:6-7이 이 구절과 유사한 어휘를 공유하고 있고, 레이번(Reyburn, *Handbook*, 100)은 이 단락과 요나 2:3-5 사이에 평행을 지적한다. 따라서 화자는 예레미야가 직면했던 또는 그 이상의 일을 겪었고, 요나가 물고기 뱃속에서 있었던 것처럼 상실감을 느꼈다(אמרתי נגזרתי – 아마르띠 닉자르띠).

55 요나와 예레미야처럼, 화자는 자신을 구원하실 수 있었던 분에게 부르짖었다(קראתי - 콰라티). 그는 "여호와여 내가 심히 깊은 구덩이에서 주의 이름을 불렀나이다"라고 고백한다. "깊은 구덩이"(מבור תחתיות - 밉뽁 따흐띠요트)라는 어구는 길의 가장 낮은 부분(겔 40:18-19) 또는 건물의 가장 낮은 부분(왕상 6:6; BDB, 1066)을 지칭하는 것으로 다른 데서 사용된다. 렌케마(450-51)는 "그러한 용어는 시편에서 감사의 노래에서 발견할 수 있다. 그 용어는 야훼가 구덩이에서 간구자를 끌어내어서 죽음의 나라의 권세에서 그를 구원하셨다는 것을 여기서 정확히 우리는 발견할 수 있다(시 30:2, 40:2-4; 참조. 시 18:4-20, 103:4)"고 지적한다. 과거의 지극히 어려운 상황에서 화자는 하나님께 부르짖었다. 그가 다시금 그렇게 하고 있다는 사실은 그가 3:19-39에서 분명히 진술했던 야훼에 대한 확신을 여기서 강화시킨다.

학자들은 3:55-57의 완료시제 동사를 번역하는 방식에서 몇 가지 의견을 제시했다. 케일(427)은 이 동사들은 "간구자가 갖고 있는 온전한 확신"을 전달한다고 믿고, 그는 그것을 현재완료시제("당신이 들으셨다"["You have heard"])로 번역한다. 프로반(Provan, 105-7; 또한 같은 저자의 *VT* 41[1991] 164-75)은 이 동사가 현재시제에서의 간구를 표현한다고 주장한다. 이것들은 꽤 요구조가 아니다. 오히려 이것들은 소망과 정직한 간구를 전달한다("나의 간구를 들으소서; 당신의 귀를 닫지 마소서"). 그는 이 구절이 과거의 경험에 의뢰하고 있는 것이 불가능하지는 않지만 "구약성경의 다른 곳에서 그러한 구문의 평행이 없다"고 결론짓는다(105). 힐러스(Hillers, [1992] 112, 133)와 베를린(Berlin, 81, 97)은 프로반의 접근에 동의한다.

한편으로 렌케마(451-53)는 프로반에 동의하지 않는다. 그는 프로반이 주장한 것의 가능성을 인정하기는 하지만 3:55-57을 이 장의 초기 부분에서의 신뢰에 관한 화자의 진술의 맥락에서 읽어야 한다고 주장한다. 이런 방식으로 읽는다면, 렌케마는 "그의[화자의] 고난의 지극성에서 그는 하나님의 신실하심을 경험하고 있다"(452)고 이해할 수 있다고 주장한다. 따라서 그는 현재시제로 이 동사를 번역한다("당신이 듣다"). 이 구절이 주님과의 바라는 관계가 아니라 진행 중인 관계를 묘사하기 때문이다.

이 주석은 베스터만(164, 186-87)이 번역한 대로 과거시제로 이 동사를 번역한다. 이 항목은 화자가 과거의 끔찍한 환경에 직면했던 것과 관련이 있다. 그는 쫓김을 당하였고, 함정에 빠졌으며, 사실상 매장되었다—다시 말해서 많은 이들이 죽임을 당했을 때 거의 죽을 뻔했다. 하지만 하나님이 그를 구원하셨다. 예레미야, 요나와 많은 시편기자들이 하나님에게서 구원을 받은 것처럼 말이다. 이 사실이 순전하지 않을지라도 화자와 이스라엘 백성을 벌하였던 대적자들을 하나님이 벌하실 것이라는 소망을 화자가 갖게 한다(3:64-66). 그는 여전히 "여기에" 있고, 여전히 살아 있으며, 아무리 그 고난이 심각할지라도, 하나님의 현재의 사랑이 하나님의 과거의 자비를 세워나간다는 것을 스스로 입증한다.

56 화자가 주님께 부르짖었을 때, 하나님은 그의 목소리(קוֹלִי – 코리)를 들으셨다(שָׁמַעְתָּ – 샤마에따). 실로 화자는 "당신이 나의 구조, 나의 도움[לְרַוְחָתִי לְשַׁוְעָתִי – 레가브하티 레샤브아티]에 대한 귀[אָזְנְךָ – 오네카]를 닫지 않으셨다[אַל תַּעְלֵם – 알 따렘]"고 고백한다. 3:56b의 지배적인 동사가 없을지라도, 가정된 동사는 3:55에서 시작한 "부르다"이다. 하나님이 그때에 귀를 닫지 않으셨음으로, 아마도 하나님이 가려진 구름(3:43-44)을 통해서 보실 것이고(3:50), 이제 응답하실 것이다.

57 아울러 화자는 "내가 주께 아뢴 날에 주께서 내게 가까이 하여"(בְּיוֹם אֶקְרָאֶךָּ קָרַבְתָּ – 콰랍따 뻬욤 에크라에카)라고 계속 말한다. 해리슨(Harrison, 230)이 말한 것처럼, 이 "구절은 그들이 하나님께 실제로 간구하는 동안에 그의 신실한 자녀들에게 응답하신 하나님의 특징적 반응을 제공한다(참조. 사 58:9; 65:24)." 하나님은 들으시고 용서하신다.

하나님은 들으셨을 뿐 아니라 "두려워하지 말라"(אָמַרְתָּ אַל תִּירָא – 아마르따 알 띠라)고 선언하셨다. 크라우스(67)는 위로에 관한 그러한 하나님의 선언은 이스라엘과 아카디아 시편의 특징이었다고 지적한다. "두려워하지 말라"(אַל תִּירָא – 알 띠라)는 하나님이 예레미야를 선지자의 "소명 경험"으로 재확신시키는 예레미야 1:8에도 나타난다. 하나님은 두려워하는 자, 상처 입은 자를 위로하시고 화자에게도 그렇게 하셨다.

58 하지만 하나님은 위험 속에 있는 사람에게 "단순히" 격려하는 말만을 하지 않으셨다. 오히려 그는 화자의 대의를 취하셨다. 보다 문자적으로 진술하면, "오 주님, 당신은 내 영혼의 (변론적인) 논증을 제기하셨나이다"(רַבְתָּ אֲדֹנָי רִיבֵי נַפְשִׁי – 랍따 아도나이 리베 나프쉬). 사실상 하나님이 화자의 "변호사"가 되셨다(Davidson, 202을 보라). "변증했다"와 "변증"의 어근은 주장, 변론, 또는 법적인 행위에 대한 흔한 용어인 립(רִיב)이다(*NIDOTTE*, 3:1105-6을 보라). 렌케마(456)는 화자가 부당하고 위험스러운 대적들에 직면하였을 때 간섭하셨다고 지적한다.

하지만 화자의 변호자가 되셨던 주님은 심지어 그 이상을 행하셨다. 그는 "레위기 25:25ff., 47-54; 룻기 4:1-12에서도 발견할 수 있는"(Ash, 359) 개념인 이 화자의 생명의 "구속자"가 되셨다(גאלת חיי – 까아레따 하야이). 이 용어는 화자를 위한 하나님의 간섭과 대적자들로부터의 그의 해방을 여기서 가리킨다(*TLOT*, 1:288-96을 보라). 이 경우에 화자가 그의 생명을 부여받았고, 예레미야 45:1-5에 따르면 그것은 바벨론의 침략에 따른 위험스러운 시대에 고귀한 보상이었다.

59 이제 화자는 하나님이 대적자들을 벌하시라(3:64-66)는 그의 요청의 전주로서 마감하는 "논증"을 시작한다(Westermann, 187을 보라). 그는 "여호와여 나의 억울을 감찰하셨사오니"(ראיתה יהוה עותתי – 라이타 아도나이 압바타티)라고 주장한다. 1:9,11, 20에서 예루살렘이 자신을 위해서 하나님이 행하실 것을 요청했던 것을 주님이 화자를 위해서 행하셨음을 주장한다: 하나님이 화자가 고통을 당하는 것을 보셨다.

하나님이 보셨던 것에 기초해서 화자는 "나의 대의/사례를 심판하옵소서"("나를 위하여 신원하옵소서" – 한글개역)(שפטה משפטי – 샤페타 미쉬빠티)라고 구한다. 이 절박한 어절은 화자가 억압자를 하나님이 심판하시기를 바라는 첫 번째 표시다. 그는 하나님의 정의가 대적자의 정의를 대신해주기를 바란다(Renkema, 458). 하나님이 이런 요청을 허락하실 때만이 구조가 진정으로 올 것이다.

60 연이어서 화자는 "당신이 감찰하셨다"(ראיתה – 라이타)고 진술한다. 이번에는 하나님이 화자에 대한 "모든 그들의 복수"(כל נקמתם – 꼴 닉마탐)와 "모든 그들의 모해"(כל מחשבתם – 꼴 마흐쉐보탐)를 보셨다. 요컨대, 이 용어는 "복수의 결과가 아니라 마음에 품었던 복수의 사상을 의미한다. 하지만 그것은 복수의 바람이나 복수하는 경향이 아니라 단순히 복수에 대한 사고와 묵상을 의미한다"(Keil, 427-28). 하나님은 대적자들이 모해할 때와 그들이 계획을 행동에 옮길 때를 아신다. 하나님은 보셨고, 확실히 행하신다.

61 야훼는 대적자의 조롱도 역시 들으셨다(שמעת חרפתם יהוה – 샤마따 헬빠탐 아도나이). 화자는 3:30에서 인내함으로 조롱하는 것을 받았다고 언급하고, 그러한 조롱은 애가의 시편에서 규칙적인 특징이다(시 69:10[ET 69:9]; 79:4을 보라; Provan, 108; Berlin, 97을 보라). 유사한 용어법이 예레미야 11:18-20과 20:11-12에 나다나고, 이 둘 다 선지자의 고백에 해당한다. 화자는 이 전에 그러한 조롱을 참아내었지만 하나님께 이런 조롱에 대해 이제 반응해 주실 것을 구한다. 따라서 그는 사람들에게 기도했지만 자신에 대한 반복만을 발견했던 예레미야와 같고, 또한 하나님이 적당한 때에 대적자들을 다루실 것을 신뢰하는 – 그리고 하나님께 구하는 – 시편기자와도 같다. 3:60b에서처럼 이 구절은 그들의 모해에 대한 언급으로

끝난다. 59절과 60절이 동일한 단어로 시작하는 반면에 60절과 61절은 거의 동일한 어구로 끝난다. 3:60-61에서 이런 맞물린 형태의 기교는 서로 다른 알파벳 문자로 시작하는 소절들의 내용을 연결시킨다.

62 3:60에서 시작했던 은밀함의 모티브가 계속된다. 3:60-61에 따르면 대적자들은 모해했다. 여기서 그들의 입술은 "투덜대고, 속삭이며, 또는 중얼거린다"(שפתי – 시프테) 다시 말해서 그들은 조용히 하지만 악하게 화자에 대해서 모함하거나 말한다(Reyburn, *Handbook*, 103을 보라). 그리고 그들은 "온종일"(כל היום – 꼴하욤) 그렇게 한다. 아마도 하나님이 3:61에서 조롱을 들으셨던 것처럼 분명히 이런 속삭임을 들으셨을 것이다.

63 마지막으로 화자는 대적자들이 앉으나 서나(שבתם וקימתם – 쉽땀 베퀴마탐) 그가 조롱하는 노래(מנגינתם – 만끼나탐)의 대상이 되고 있음을 면밀하게 관찰해 달라(הביטה – 하삐타 1:11, 12; 2:20; 4:16; 5:1을 보라)고 주님에게 요청한다. 이런 간절한 요청은 하나님이 그의(즉 화자, 그리고 백성들의) 대적자들에게 구체적인 일을 행하실 것을 요청하는 화자의 과정을 시작한다. "조롱하는 노래"의 형태는 3:14에 나타나고, 거기서 화자는 자신이 자기 백성들에게 조롱하는 노래가 되었다고 진술한다. 이 기도에 포함된 대적자들은 바벨론만이 아니라 에돔과 같은 외국 나라와 유다의 백성들도 포함한다. 누구든 상관하지 않고, 화자는 하나님이 그들을 다루시기를 원한다.

64 화자에 따르면, 발생한 일을 하나님이 보셨고("감찰하셨고" – 한글개역, 3:59-60), 들으셨다(3:61). 그는 대적자들의 조롱이 화자에게 집중되고 있음을 주목해달라고 하나님께 구하기 위해서 명령법을 사용했다(3:63). 이제 네 미완료가 기도를 결론짓는다(3:64-66). 프로반(108)은 "이 장의 마지막 세 소절의 동사들은 모두 미완료이고, 하나님이 궁극적으로 대적자들을 다루실 것이라는 확신을 표명하거나, 아마도 56-61절의 패턴을 계속 사용하여 그가 그렇게 하실 것을 구하고 있다(JB, NEB, NIV)." 고트왈드(Gottwald, *Studies*, 15)는 첫 번째 선택을 따르고, 힐러스(Hillers, [1992] 112)와 베를린(Berlin, 81)은 두 번째 선택을 따르며, 베스터만(Westermann, 164)은 두 가능성을 혼합시킨다. 그리고 루돌프(Rudolph, 236-37)는 과거 시제를 취한다. 미래나 명령법(간절한 요청)의 방식을 취하는 것이든 간에 문맥에 잘 들어맞는다. 화자가 하나님이 과거에 행하셨기 때문에 하나님이 행하실 것을 믿고 있기 때문이다. 화자는 3:63에서 분명한 간절한 요청과 3:64-66에서 확실히 함축되어 있는 요청을 사용함으로써 하나님이 지금 그렇게 행하실 것을 촉구

한다.

화자가 원하는 것은 하나님이 "저의 손으로 행한 대로[כמעשׂה ידיהם – 께마아세 예데헴] 온전히 보응하시[תשׁיב להם גמול – 따쉽 라헴 께뮬]"는 것이다. 그는 하나님의 정의가 대적자에게 행해지기를 원한다. 이미 이스라엘에 대한 하나님의 정의를 인정했다. 힐러스([1992] 133)가 말한 것처럼, "이스라엘이 이 시에서처럼(39-42절) 하나님에 대한 자신의 불순종을 인식했던 때라도 그리고 그녀에게 할당된 그러한 벌의 정당성을 인정했을 때라도, 이 죄책이 그녀의 대적자들이 행했던 무도함을 정당화할 수 있음을 의미하지 않았다. 오히려 하나님의 정의에 대한 믿음은 야훼가 이스라엘에게 행하셨던 것처럼 열방들을 엄격하게 다루셔야 한다는 것을 의미했다." 이 시점에서 화자는 1:22에 예루살렘의 간청과 4:22에 내레이터의 감정에 동의한다. 이스라엘의 대적자들은 하나님의 정의로 인해서 심판받아야 할 뿐 아니라, 멀리서온 대적자(바벨론)와 가까이에서 온 대적자(에돔)가 그들 자신의 심각한 문제에 직면할 때 이스라엘이 구조를 얻을 수 있다는 매우 실제적인 사실 때문에 심판을 받아야 한다.

65 화자는 결론을 계속 진행해 가면서 "그 마음을 둔하게(강퍅하게 – 한글개역)하시고"(תתן להם מגנת לב – 띹뗀 라헴 메긴나트 렙)라고 구한다. 화자는 그것을 "그들에 대한"(תאלתך להם – 따아라테카 라헴) 하나님의 "저주, 맹세, 또는 비난"(BDB, 46)이라고 생각한다. 의문의 여지없이, 이스라엘에 대한 하나님의 "저주"는 레위기 26장과 신명기 27-28장에서 요약되고, 애가 1, 2, 4장에서 상세히 묘사된 불순종에 따른 언약적 결과를 경험하였다. 대적자들에 대한 "저주, 맹세, 또는 비난"은 일종에 그들의 마음을 가리는 것이다(BDB, 171). 크라우스(Kraus, 68)는 이 본문이 창세기 19:11에서 나오는 소돔사람들의 무지나 열왕기하 6:18에서 보게 되는 수리아인들, 또는 이사야 6:8-10에서 하나님이 이사야가 직면하게 될 것을 말씀하시는 마음의 강퍅함을 일컫는다. 확실하게 말할 수는 없을지라도, 이런 제기들은 이 구절의 분위기에 잘 들어맞는다. "마음의 둔함" 자체가 "저주"일 수 있다. 결국에 그러한 둔함은 어떤 하나님의 제안에 그들이 적극적으로 반응하지 못하게 한다.

66 이 구절은 두 단어로 시작하는데, 그것들의 어근은 이전의 몇몇 본문들을 반영한다. 첫 번째 단어(תרדף – 띨또프, "쫓다")는 1:3, 6; 3:43; 4:19; 5:5에서 몇몇 형태로 나타난다. 이 구절들은 각기 이스라엘을 쫓는 대적자들을 묘사함으로 이 단락은 그런 사건들의 반전을 요청하고 있다. 두 번째 단어(באף – 뻬아프, "진노로") 또는 그 단어의 일부 변형이 1:12과 2:1, 3, 6, 11, 22에 나오고, 문맥은 주님

의 날을 일컫는다. 물론 3:43에서 두 단어가 동시에 하나님이 이스라엘을 어떻게 쫓으셨는지를 묘사하는데 사용된다. 이제 화자는 이스라엘이 진노로 쫓김을 당하였던 것처럼 그들을 진노로 쫓으시고 이 땅에서, "하늘의 하나님의 면전에서" "그들을 멸하실"(ותשמידם – 베타쉬미뎀) 것을 원한다(70인경을 따름 – 원문주해 66.b.을 보라).

화자는 하나님의 정의에 대한 확고한 믿음에 기초해서 대적자들에 대한 강력한 진술로 결론을 맺는다(Berlin, 97-98을 보라). 오크너(O'Connor, [2001] 1057)는 이런 끝마침을 이상하다고 생각한다. 화자가 희망을 향해서 나아가지만 "신학적인 해결 없이, 납득이 가지 않고, 지침이 없는 방식으로 그리하기 때문이다. 따라서 이 소망의 상태를 항상 논쟁이 될 것이다." 한편으로 렌케마(473)는 좌절에서 화자가 변화되는 것은 "하나님의 이름이 마지막 말이 된다는 야훼에 대한 소망과 신뢰로 기도함에" 달려 있다. 이런 전환은 3:19ff에서 발견할 수 있는 하나님의 본질에 관한 묵상으로부터 파생한다. 화자는 발생했던 일과 주님의 "자비", "신실하심", 그리고 "마음"(동기)을 묵상할 때 그의 태도가 장이 전개될 때에 변한다. 애가 내에서 찬미의 용법은 하나님을 믿는 확신에서 나온다. 그의 진술은 그 시가 개인적이고 집합적인 애가로서 기능하게 하지만 또한 "좋은" 것에 대한 화자의 정의에 동의하는 사람들에게 소망의 진술로서 기능한다(3:25-27을 보라). 이 책에서 소망은 고통으로부터 발생한다. 어떤 다른 궤도도 가능하지 않다.

해설

몇몇 주석가들은 애가서 3장을 이 책의 신학적인 핵심으로 생각한다(이런 견해들의 개요에 대해서는 Westermann, 66-76을 보라). 이런 결정은 많은 면에서 적절하다. 이 3장은 하나님의 성품과 고난당하는 민족의 태도에 관한 이 책의 가장 분명한 표현을 제시한다. 또한 이 장은 역사의 이 시점에서 하나님과 관계할 수 있는 방식에 관한 가장 광범위한 교훈을 민족에게 제공한다. 백성들이 이 정보에 반응하는 방식이 하나님과 그들의 언약적 유대를 회복할 수 있는 속도를 결정하며, 나아가서 그들이 대적자들로부터 구조를 얼마나 빨리 받을 수 있느냐를 결정지을 것이다. 동시에 이 장은 이 민족이 느끼는 고통을 표현하기를 계속한다. 화자는 민족이 화를 당하는 일에 참여하고 있다. 그는 백성들이 겪은 것을 견뎌내었고, 백성들이 본 것을 보았으며, 백성들이 의문했던 것을 의문했다. 그러므로 그의 관찰, 권면 그리고 기도는 원 독자들과 독자들의 연이은 세대와 관계가 있고, 또 의미가 있다.

이전 단락이 이미 제시한 것처럼, 이 주석은 애가서 3장이 한 화자를 갖고 있는 것으로 해석한다. 이 화자는 이 책의 다른 화자와 상당히 일치한다. 실로 2:11-19에서의 화자와의 유사성은 상당히 중요함으로 그가 동일한 화자이거나 예언 지향적인 화자의 사상(위를 보라)에 영향을 매우 받은 자일 것이다. 동시에 화자는 2장에서는 발견할 수 없는 지혜 주제를 포함한다. 그는 고난의 본질, 하나님의 성품, 하나님의 성품과 관련한 고난의 의미를 통해 생각하는 방법 그리고 고난이 정신적으로, 영적으로, 육체적으로 그리고 감정적으로 "소화된" 후에 기도하는 방법을 강조한다.

이 장은 네 부분으로 전개된다. 첫째로 1-24절에서 화자는 하나님의 고난 받는 백성들 중에 한 사람으로서 자신이 겪었던 고난을 묘사하고, 그가 주님에 대해서 배웠던 것을 강조한다. 이런 묘사와 설명은 배웠던 것을 다른 백성들에게 가르치기에 필요한 경험을 가진 사람으로 그에게 자격을 부여한다. 둘째로 25-39절에서 화자는 현재 상황에서 행하기에 "좋은" 것이 무엇인지를 설명한다. 셋째로 40-47절에서 화자는 죄의 고백에 관한 기도로 백성들을 인도하고, 대적자들이 행했던 일에 관해서 묘사한다. 기도의 이런 유형은 시편에서 여러 번 나타난다. 넷째로 48-66절에서 화자는 이 장을 주님에 대한 개인적인 확신의 기도로 결론짓는다. 그러한 기도는 시편들에서 흔하다. 이 장의 독특한 것은 이합체 형식이 다양한 시 형태를 통합하여 고통, 하나님의 본질, 전체 백성들이 나아가야할 방식, 그리고 야훼에 대한 개인적인 확신을 표현하는 일관된 전체를 안출하는 방법이다. 이런 폭넓은 시적 표현은 이 책이 언급하고 있는 문제를 충분히 접근하게 만든다. 그것은 죄를 지은 독자들에게 고통을 설명하지만 그들이 주님과의 관계를 새롭게 하는 방식을 발견할 수 있게 만든다.

이 장은 개인적인 고통에서 개인적인 믿음으로, 나아가서 많은 이들에 대한 교훈으로, 마지막으로 온전한 구원을 위한 기도로 이동한다. 화자는 정신적으로 분열되어 있지도 않고 일관성이 없지도 않다. 그는 여러 구절들이 분명히 하는 것처럼, 고난을 당하지만 이 고난으로부터 안식할 수 있는 요지를 분명히 생각하고 있다. 그는 하나님의 공고한 성품을 신뢰하고 다른 이들이들도 하나님을 동일하게 신뢰하기를 조언한다. 물론, 일부 당대의 신학자들은 화자가 자신을 벌주셨던 분을 신뢰하는 것은 이상하다고 생각한다. 하지만 화자는 비난을 받을 자가 누구인지를 알고 있다 – 하나님이 아니라 자기 자신을 포함한 이 백성들이다. 동시에 그는 진정으로 구원을 바란다. 그가 하나님에 대해 생각하는 것이 진실할수록, 그는 미래에 대한 참된 소망을 갖는다. 그가 주님을 신뢰할 때, 하나님과의 새로운 관계를 발견하고 그의 확고한 확신은 전반적으로 그 민족이 동일한 일이 참이라는 것을 발견하게 되리라는 점이다. 그들은 화자가 배웠던 것을 배울 수 있고, 주님에게로 돌아갈 수 있다.

어찌 그리 금이 빛을 잃었는고(4:1-22)!

참고문헌

Buchanan, A. "The Role of Protest in Lamentations." Th.M. thesis, Australian College of Theology, Kensington, 2001. **Cohen, A.** "Lamentations 4:9." *AJSL* 27(1910-11) 190-91. **Driver, G. R.** "Hebrew Notes on 'Song of Songs' and 'Lamentations.'" In *Festschrift Alfred Bertholet.* Ed. Walter Baumgartner et al. Tübingen: Mohr(Siebeck), 1950. 134-46. **Emerton, J. A.** "The Meaning of *ʾabnē qōdeš* in Lamentations 4:1." *ZAW* 79(1967) 233-36. **Ferris, P. W., Jr.** *Genre of Communal Lament.* **Fries, S. A.** "Parallelen zwischen den Klageliedern Cap. IV, V und der Makkabaerzeit." *ZAW* 13(1893) 110-24. **Gottlieb, H.** *Study on the Text of Lamentations.* **Gous, I.** "Mind over Matter: Lamentations 4 in the Light of the Cognitive Sciences." *SJOT* 10(1996) 69-87. **Guillaume, A.** "A Note on Lamentations IV 9." ALUOS 4(1962-63) 47-48. **Heim, K. M.** "The Personification of Jerusalem and the Drama of Her Bereavement in Lamentations." In *Zion, City of Our God.* Ed. R. S. Hess and G. J. Wenham. Grand Rapids, MI: Eerdmans, 1999. 129-69. **Jahnow, H.** *Hebräische Leichenlied.* **Kaiser, W. C., Jr.** *Biblical Approach to Suffering.* **Linafeldt, T.** *Surviving Lamentations.* **Löhr, M.** "Sind Thr. IV und V makkabäisch?" *ZAW* 14(1894) 51-59. **Miller, C. W.** "Poetry and Personae: The Use and Function of the Changing Speaking Voices in the Book of Lamentations." Ph.D. diss. Iliff School of Theology and University of Denver, 1996. **O'Connor, K. M.** *Lamentations and the Tears of the World.* **Rudolph, W.** "Der Text der Klagelieder." *ZAW* 56(1938) 101-22.

본 문

א 1 슬프다 어찌 그리 금이 빛을 잃고	**1** How the gold has tarnished!	(3+3)
정금이 변하였으며	How changed[a] the pure[b] gold!	
성소의 돌이 각 거리	The sacred stones are scattered	(3+3)
머리에 쏟아졌는고	at the head of every street.	
ב 2 시온의 아들들이	**2** The precious sons of Zion,	(3+2)
보배로워 정금에 비할러니	worth their weight in fine gold,	
어찌 그리 토기장이의 만든 질항아리 같이	how they are counted as earthen pots,	(4+3)
여김이 되었는고	the work of a potter's hands!	

ג 3 들개는 오히려 젖을 내어
새끼를 먹이나
처녀 내 백성은 잔인하여
광야의 타조 같도다
ד 4 젖먹이가 목말라서
혀가 입천장에 붙음이여
어린 아이가 떡을 구하나
떼어 줄 사람이 없도다
ה 5 진수를 먹던 자가
거리에 외로움이여
전에는 붉은 옷을 입고 길리운 자가
이제는 거름더미를 안았도다
ו 6 전에 소돔이 사람의 손을 대지 않고
경각간에 무너지더니
이제 처녀 내 백성의 죄가
소돔의 죄악보다 중하도다
ז 7 전에는 존귀한 자의 몸이
눈보다 깨끗하고 젖보다 희며
산호보다 붉어 그 윤택함이
마광한 청옥 같더니
ח 8 이제는 그 얼굴이 숯보다 검고
그 가죽이 뼈에 붙어
막대기 같이 말랐으니
거리에서 알 사람이 없도다
ט 9 칼에 죽은 자가 주려 죽은 자보다 나음은
토지 소산이 끊어지므로
이들이 찔림 같이
점점 쇠약하여 감이로다
י 10 처녀 내 백성의 멸망할 때에
자비한 부녀가 손으로
자기 자녀를 삶아
식물을 삼았도다
כ 11 여호와께서 분을 발하시며
맹렬한 노를 쏟으심이여
시온에 불을 피우사

3 Even the jackals[a] extend a breast; (4+2)
they nurse their young.
The daughter[b] of my people has become cruel, (3+3)
like the ostriches in the desert.
4 The nursing one's tongue cleaves (3+3)
to the roof of his mouth because of thirst.
The little ones ask for bread; (3+3)
there is no one breaking it for them.
5 Those feasting on delicacies (2+2)
are desolate in the streets.
Those brought up wearing crimson (3+2)
embrace ash heaps.
6 The iniquity of the daughter of my people has been greater (4+2)
than the sin of Sodom,
the one overthrown in an instant, (3+4)
without a hand laid on it.
7 Her Nazirites were purer than snow; (3+2)
they were whiter than milk.
Their bodies[a] were ruddier than coral, (3+2)
their form like sapphire.
8 Their appearance is blacker than soot; (3+3)
they are not recognized in the streets.
Their skin has shriveled on their bones; (4+3)
it has become as dry as wood.
9 It was better for those who were pierced (by) a sword (4+2)
than for those who were pierced (by) famine,
[a]those whose (life) flows away from being pierced through (3+2)
from lack of the fruit of the field.a
10 The hands of compassionate women (3+2)
have boiled their own children.
They have become their food (3+3)
during the shattering of (the) daughter of my people.
11 The Lord completed his anger; (3+3)
he poured out his burning wrath.
He kindled a fire in Zion, (3+2)

그 지대를 사르셨도다
ל 12 대적과 원수가
예루살렘 성문으로 들어갈 줄은
세상 열왕과 천하 모든 백성이
믿지 못하였었도다
מ 13 그 선지자들의 죄와
제사장들의 죄악을 인함이니
저희가 성읍 중에서
의인의 피를 흘렸도다
נ 14 저희가 거리에서 소경 같이
방황함이여
그 옷이 피에 더러웠으므로
사람이 만질 수 없도다
ס 15 사람이 저희에게 외쳐 이르기를 부정하다
가라
가라, 가라, 만지지말라 하였음이여
저희가 도망하여 방황할 때에
이방인이 이르기를
저희가 다시는 여기 거하지 못하리라 하였도다
פ 16 여호와께서 노하여 흩으시고

다시 권고치 아니하시리니
저희가 제사장들을 높이지 아니하였으며
장로들을 대접지 아니하였음이로다
ע 17 우리가 헛되이 도움을 바라므로
우리 눈이 상함이여
우리를 구원치 못할 나라를
바라보고 바라보았도다
צ 18 저희가 우리 자취를 엿보니
우리가 거리에 행할 수 없음이여
우리의 끝이 가깝고
우리의 날이 다하였고
우리의 마지막이 이르렀도다
ק 19 우리를 쫓는 자가
공중의 독수리보다 빠름이여
산꼭대기에서도 쫓고
광야에도 매복하였도다
ר 20 우리의 콧김 곧 여호와의 기름 부으신 자
가
저희 함정에 빠졌음이여

and it has consumed her foundations.
12 The kings of the earth did not believe, (4+3)
nor all[a] the inhabitants of the world,
that foe or enemy could enter (4+2)
the gates of Jerusalem.
13 Because of (the) sins of her prophets, (2+2)
(the) iniquities of her priests,
the ones casting down in her midst, (2+2)
(the) blood of (the) righteous,
14 they wandered blind[a] in the streets; (3+2)
they were defiled by the blood
so no one could touch (3+1)
their garments.
15 "Turn aside! Unclean!" [a]they called to them.[a]
(4+4)
"Turn aside! Turn aside! Do not touch!"
For they were ruined, so they wandered (4+2+3)
Those among the nations said,
"They shall no longer sojourn (with us)."
16 [a] The face of the Lord has scattered them;
(3+3)
he no longer shows regard for them.
The face of the priests they did not honor; (4+3)
to the elders they did not show favor.
17 Our eyes were ever looking (3+3)
to our empty help.
In our watching we watched (2+4)
for a nation that did not save.
18 They hunted our steps (2+2)
so that we could not walk in our open places.
Our end drew near, (2+2+3)
our days were fulfilled;
thus our end came.
19 Swifter were our pursuers (3+2)
than (the) eagles (in the) heavens.
They chased us in the mountains; (3+3)
they lay in wait for us in the desert.
20 The breath of our nostrils, the anointed of
the Lord (4+2)
was captured in their pits –

우리가 저를 가리키며 전에 이르기를	the one of whom we said, (2+3)
우리가 저의 그늘 아래서 열국 중에 살겠다 하던 자로다	"In his shade, we will rest among the nations."
ש 21 우스 땅에 거하는 처녀 에돔아	**21** Rejoice and be glad, O daughter of Edom,
즐거워하며 기뻐하려무나	(4+3)
	O dweller[a] in the land of Uz.[b]
잔이 네게도 이를지니	Even to you (the) cup[c] shall pass; (4+2)
네가 취하여 벌거벗으리라	you shall become drunk and strip yourself naked.
ת 22 처녀 시온아 네 죄악의 형벌이 다하였으니	**22** The punishment for your iniquity is completed,
	O daughter of Zion; (4+3)
주께서 다시는 너로 사로잡혀 가지 않게 하시리로다	he will no longer keep you in exile.
처녀 에돔아 주께서 네 죄악을 벌하시며	He will visit your iniquity, O daughter of Edom;
	(4+3)
네 허물을 드러내시리로다	he will uncover your sins.

원문주해

1.a. 이쉬네(ישׁנא)는 샤나(שׁנה, "바뀌다"; *GKC* §77d; BDB, 1039을 보라)로부터 출원한다. 힐러스(Hillers, [1992] 137)는 사나(שׂנא, "미워했다")로 수정한다. 그가 믿기에 맛소라텍스트가 "만족스러운 의미를 생산하지 않기" 때문이다.

1.b. 70인경은 토 아르구리온(*τὸ ἀργύριον*= הכסף – 하께세프, "은")이라고 읽는다. 알브렉손(Albrektson, *Studies in the Text and Theology*, 173)은 욥기 31:24이 동일한 평행어구를 갖고 있기 때문에, 여기서 번역자가 엄격한 정확성보다는 다양성을 강조했을 것이라고 주장한다. 4:6을 보라.

3.a. 70인경은 "'들개'(תן – 딴)의 복수인 맛소라텍스트의 딴닌(תנין, '용, 바다괴물')을 딴님(תנים)과 혼동했다" – 미가 1:8과 예레미야 9:10에서도 행해진 실수(Albrektson, *Studies in the Text and Theology*, 174).

3.b. 70인경은 두가테레스(θυγατέρες= בנות – 뻬노트, "딸들")라고 독법한다. 고틀리브(Gottlieb, *Study on the Text*, 61), 알브렉손(Albrektson, *Studies in the Text and Theology*, 175-76), 그리고 힐러스(Hillers, [1992] 139)는 이 독법을 문맥에 대한 번역자의 관점에 기초한 무의식적인 또는 의식적인 실수라고 생각한다.

7.a. 70인경은 "뼈"(עצם – 에쳄)를 생략한다. 옛시리아어역은 "몸"이 아니라 "뼈"라고 읽는다. 알브렉손은 그것을 보증되지 않은 것이라고 생각한다(*Studies in the Text and Theology*, 181). 드라이버(Driver, "Hebrew Notes," 140)는 מ이 위치가 바뀌었다고 주장한다. 그러므로 그는 "(붉은) 산호의 뼈보다도 그것들이 더 붉었다"는 독법을 제시한다.

이런 주장은 이 구절의 의미를 향상시키지는 못한다. 이 어구는 맛소라텍스트에서 난해하지만(Gottlieb, *Study on the Text*, 62-64을 보라) 이해할 수 있다.

9.a-a. 이 전반절은 보편적으로 매우 난해하다고 인식된다(Driver, "Hebrew Notes," 140-41; Albrektson, *Studies in the Text and Theology*, 183-84; Renkema, 517-18을 보라). 고틀리브(Gottlieb, *Study on the Text*, 64)는 확장된 "찔림"의 비유가 여기서 전개되고 있다고 정확히 결론짓는데, 그것은 여기서 특이한 용어를 부분적으로 설명해준다.

12.a. 케레(Qere)와 70인경은 베꼴(וכל, "그리고 모든") 대신에 꼴(כל, "모든")이라고 독법한다. 의미상에 중요한 변화가 발생하지 않는다.

14.a. 70인경은 에그레고로이 아우테스(ἐγρήγοροι αὐτῆς= עריה – 예레하, "그녀의 경비원[watchman]")이라고 독법한다. 드라이버(Driver, "Hebrew Notes," 141)는 아루밈(עֲרֻמִּים)이나 아롬(עָרֹם, "벗은")을 제기한다. 고틀리브(Gottlieb, *Study on the Text*, 65)는 눈먼 선지자는 흔한 모티브라고 지적한다(미 3:6-7).

15.a-a. 70인경은 명령법으로서 퀴르유(קרא, "외치다")라고 독법한다. 몇몇 주석가들은 운율을 고려하여 그 어구를 난외주라 여기고 삭제하지만 어느 사본의 증거도 그 어구의 삭제를 지지하지 않는다(Gottlieb, *Study on the Text*, 66을 보라).

16.a. 일부 히브리 사본들과 70인경은 16-17절을 바꾸어 ע-פ 알파벳 순서를 유지한다.

21.a. 케레(Qere)는 이 단어에서 마지막 '요드'를 생략한다.

21.b. 70인경과 벌게이트역은 עוץ, "우스"(Albrektson, *Studies in the Text and Theology*, 194을 보라)를 생략한다.

21.c. 70인경은 토 포테리온 큐리우(τὸ ποτήριον κυρίου, "주의 잔")라고 독법한다. 옛 시리아어역과 다른 역본들은 맛소라텍스트와 일치한다.

양식/구조/배경

어떤 이들은 3장의 신학적인 강렬함이 있은 후에 애가서 4장은 점강법적인 시라고 생각한다. 이 본문은 예루살렘의 상실, 자녀들의 고통, 그리고 주님이 죄악된 백성들을 어떻게 벌하셨는가를 진술하는 것으로 돌아간다. 오크너(K. M. O'Connor)는 이 장이 "강한 사람(3장에서의 화자)이 슬픔과 고통을 가져왔던 것처럼 피로와 소외감을 전달한다"고 생각한다([2001] 1059). 도브스-알소프(Dobbs-Alsopp)는 이 본문은 끔찍한 본질을 강조하기 위해서 이런 "통상성"을 사용한 고난에 대한 매우 사실적인 묘사를 전달하고 있다고 결론짓는다(129). 분위기와 시적 전략에 대한 이런 언급은 어느 정도 정확하지만 이 네 번째 시가 하나님과 이스라엘간의 관계의 새로움을 향해 나아가는 책의 움직임을 계속 진행하고 있음을 주목해야 한다. 이런 움직임은 1장과 2장에서 시작되었고, 3장에서 강화되었다. 4장은 이 과정을 고난의 대의와 그 고난의 공통된 본질을 강조함으로써 아울러 이 백성들의 유배와 심판의 끝을 선언함으로써 더 진전시킨다. 이 장은 백성들의 기도가 들으심을 입었고, 그들의 벌이 끝났으며, 그들의 대적자들이 벌을 받을 것임을 나타냄으로써 3장을 발전시킨다. 하나님의 심판에서 벗어난다는 이 진술이 이스라엘의 모든 문제를 해결하지는 않는다. 커다란 고난이 여전히 대중들을 괴롭힌다. 새로운 상황이 현재의 고통을 되조케 하고 나아가서 전적으로 멈추게 하기 전에, 그들은 현재의 고통이 얼마나 오래갈지를 알지 못한다.

4장은 1장과 2장과 내용과 형태에서 유사하다(서론과 이 장들에 관한 양식/구조/배경을 보라). 이 모든 세 장들은 애처로운 "어찌 그리"로 시작한다. 각 시는 아주 상세하게 예루살렘의 화를 묘사하고, 각 장은 일인칭과 삼인칭의 관점을 활용한다. 하지만 이 세 장들은 이합체 형식에서 서로 다르다. 1장과 2장은 각 구절의 첫 단어가 알파벳의 연속하는 단어로 시작하는 세 소절의 구절로 구성되어 있다. 반면에 4장은 각 구절의 첫 단어가 알파벳의 연속되는 단어로 시작하는 두 소절의 구절로 구성되어 있다. 2장처럼 그것은 페 다음에 아인의 순서를 따르는데 그것은 2장과 4장을 1장과 구분지어 준다. 4장은 1장과 2장보다 1/3이 더 짧지만, 3장보다 첫 두 장을 독자들에게 더 상기시키는 방식으로 짜여 있다.

세아(Shea)는 첫 세 장들은 66소절로 구성되어 있고, 4장은 44소절 그리고 5장은 22소절로 구성되어 있음을 주목한다. 그때에 그는 이런 패턴은 이 책 자체가 이 책의 키나 운율이 그러한 것처럼 "약화되고" 있음을 가리킨다고 결론짓는다(*Bib* 60[1979] 103-7). 물론 소절의 수는 줄어들고 있지만, 이 책은 주제적으로는 약화되지 않는다. 4장은 이 책의 신학에 대한 탁월한 요약을 제공하고 있고, 5장은 강력한 결론적 기도를 제공한다.

애가서에 모든 시들처럼, 4장은 애가와 장송곡의 요소를 혼합하고 있다. 또한 4장은 개인적인 특질과 공동체적 특질을 혼합하고 있다. 베스터만은 1-10절이 공동체의 불평을 대변하고 있고, 11-13절은 하나님에 대한 불만으로 구성되어 있으며, 17-20절은 왕의 포로에 대한 보고에 상응하고, 21-22절은 에돔에 대한 복수의 기도를 제기한다(197-99). 페리스(Ferris, *Genre of Communal Lament*, 103)는 형식의 그러한 혼합은 이 본문을 어떤 특별한 장르로 할당할 수 없게 만든다고 결론짓는다. 이전의 장들에서처럼, 고통을 당하고 있는 도성 안에서 고통의 상세한 묘사와 같은 장송곡의 어떤 양상들이 나타난다. 하지만 첫 세 시들에서 그러했던 것처럼, 도성은 확실히 황폐화되기는 하였을지라도 죽지는 않는다. 따라서 여기서 이합체 형태의 보호 아래 관련된 형식의 혼합은 이 시가 화에 대한 묘사를 철저하게 만들어주고, 하나님의 심판의 끝에 관한 결론적인 선언을 근사하게 만든다. 그것은 사람들의 매우 고통스러운 고난을 설명하는 이 책의 강조를 계속 진행하고 아울러 그들의 죄와 그들이 하나님과의 새로운 관계로 걸어가는 길을 조명한다. 이 장에서 이런 철저성은 도성의 벌의 끝에 관한 절대적인 진술을 포함한다.

그때에 애가/기도로서 이 시는 백성들에게 소망을 표현할 기회를 제공한다. 동시에 이 소망은 배아적이다(embryonic). 하나님과의 온전히 회복된 관계는 이 시점에서는 아직 발생하지 않았다. 여전히 묘사, 고백, 중보, 그리고 간구가 백성들에게 영향을 미친다. 그들은 새로움을 향한 더 가까운 작은 단계로 움직이고 있다.

첫 두 장에서처럼, 네 번째 시의 구조는 화자의 전환이 나타나는 것으로 전개한다. 밀러의 탁월한 개요가 지적하고 있는 것처럼, 학자들은 애가서 4장에서 말하는 자에 대한 다양한 접근을 제공했다("Poetry and Personae," 181-86). 그는 "나의 백성들"이라는 일인칭 단수의 언급이 4:3, 6, 10에서 나타나고, "우리의" 고난이라는 다양한 요소들에 관한 일인칭 복수의 언급이 4:17-20에 나타난다고 올바르게 결론짓는다. 그렇지 않다면 모든 경우에 간접적인 화술로 예루살렘에 대해서 언급하는 화자와 함께 삼인칭 화술이 나타난다. 그녀에 대한 벌이 완성되었다는 것을 지적하면서 화자가 예루살렘을 직접적으로("너의") 언급하는 4:22을 제외하고서 말이다.

각 경우에 누가 말하고 있는지를 결정하도록 해야 한다. 밀러는 예루살렘이 4:1-16의 모든 일인칭 화술의 근원이라고 주장한다. 나아가서 그는 1장과 2장에서와 같은 동일한 내레이터가 4:1-16의 삼인칭 화술을 발하고 있다고 주장하고, 민족의 리더들이 4:17-22에서 말하고 있다고 제기한다("Poetry and Personae," 186). 하임(Heim)은 공동체의 단일한 멤버가 4:1-16에서 말하고 있으며 "그룹으로서의 예루살렘의 시민들은 어느 누구도 4:17-20에서 그들의 운명에서 그들을 구할 수 없었다는 그들의 인식을 표하고 있고, 공동체와는 구분되는 사람(아마도 내레이터)이 4:21-22에서 말하고 있다고 결론짓는다("Personification of Jerusalem," 164-65). 선택의 목록을 확장할 수 있었으나, 요지는 분명하다: 이 장에서 화자의 정체성과 수에 대해서 일치가 없다.

시의 사상의 흐름을 따라가기 위해서 어떤 결정에 이르는 것이 필요하다. 다음과 같은 결론들이 뒤이어지는 주석에서 활용될 것이다. 사실상 이 문제를 거론하는 모든 학자들은 4:1-10이 기본적으로 일인칭의 언급을 갖는 삼인칭의 내레이터라고 말한다(위를 보라). 이 항목은 2:11-19과 같은 예루살렘의 자녀들에 대한 동일한 우려를 갖고 있고, "나의 백성"이란 용어를 포함한다. 공동체의 한 멤버가 양 단락에서 말하고 있다. 공동체가 2장에서 선지자적인 목소리로 확인했던 동일한 사람이 양 경우에 말하고 있는 것 같다. 유사하게 4:11-16은 삼인칭의 내레이터의 관점을 소리 내고 있는 텍스트인 1:1-11과 2:1-10에서와 같이 예루살렘의 화와 그 원인에 대해서 동일한 관점을 공유하고 있다. 이 목소리는 필연적으로 공동체에서 오지는 않는다. 이 책의 다른 곳에서보다 더 먼 거리에서 바라본 사실을 담고 있기 때문이다. 4:11-16을 이전 장의 내레이터와 동일시하는 것은 일리가 있다. 4:17-20의 화자를 결정하는 일은 더 어려운 일이지만, "우리의"란 말의 사용과 분위기, 내용 등이 그것을 그 "남자"가 기도로 백성들을 이끌거나 단순히 그들이 기도하도록 권면하는 3:40-47과 연관시켜준다. 3:40-47에서처럼, 화자는 예루살렘의 거주자들과 자신을 충분히 동일시한다. 그러므로 2:11-19, 3:1-66과 4:1-10은 동일한 관점과 매우 유사한 용어법을 공유한다. 그때에 이 항목을 동일한 일인칭 화자로 할당하는 것은 타당한 선택이다. 4:21-22의 화자는 2:11-10에서 예루살렘에 대해 언급하였던 방식과 유사한 형태로 직접적으로 에돔과 예루살렘에 대해 이야기한다. 하지만 이 화술은 내레이터의 단락의 동일하게 초연한 특징을 역시 보여준다. 2:11-19, 3:40-47, 4:1-10의 화자가 여기서도 말하고 있는 것으로 보인다. 예언적인 목소리는 하나님이 에돔을 벌하실 것이고 예루살렘의 벌이 끝났다는 소식을 전달하는 자다. 다음의 가장 좋은 선택은 새롭고 권위적인 목소리가 이 정보를 주고 있다고 결론내리는 것이다. 아마도 이 장의 목소리에 대한 가장 흥미로운 사실은 예루살렘 자체는 절대로 아무 말도 하지 않는다는 점이다.

화자들의 정체성에 대해서 임의적인 결론을 제시하였을 때, 그들의 화법은 이 장의 구조를 어떻게 말하고 있는가? 일반적으로 이 장은 예루살렘의 곤경에 대한 이 책의 가장 초기의 진술을 묵상하는 말에서부터 하나님께로 예루살렘이 돌아가는 보다 최근의 언급으로 나아간다. 이 장은 화에 대한 묘사에서 심판에서 해방된다는 주장으로 이동한다. 첫 번째 이야기에서(1-10절), 공동체로부터의 목소리는 예루살렘이 직면했고 또 계속 직면하고 있는 두려움을 상세히 설명한다. 두 번째 이야기에서(11-16절), 내레이터는 예루살렘이 죄 때문에 겪었던 두려움에 대한 묘사를 추가한다. 세 번째 이야기에서(17-20절) 공동체로부터의 화자는 왕의 포로 됨을 포함하는 도성의 멸망을 묘사한다. 네 번째와 마지막 이야기에서(21-22절), 선지자적인 목소리가 에돔의 화와 예루살렘의 구조에 대해서 선언한다. 이 순서에서 가장 위로가 되는 장면은 마지막 이야기다. 예루살렘은 하나님이 벌을 마치셨다는 소식을 애가서의 가장 첫 번째 구절에서부터 기다리고 있었다.

이 시의 배경은 서론과 다른 장들의 양식/구조/배경에서 이미 논의하였다. 그 자료를 여기에서 다시 충분히 반복할 필요는 없을 것이다. 오직 선별된 언급만을 할 것이다.

4장의 장면은 1장과 2장의 장면과 보통 나란히 취급된다. 이런 경향을 세 장간의 유사성으로 추적할 수 있다(위의 양식[형식]에 관한 논의를 보라). 학자들이 이 시 중 어느 하나의 배경을 어떻게 설정하는지가 이 모든 세 장을 전문가가 어떻게 생각하는지를 통상적으로 결정짓는다. 일반적으로 이에 대한 예외는 있다. 루돌프(Rudolph, 209-11)는 1장을 유다가 597 B.C.E.에 경험했던 문제들을 언급하는 것으로 취급하지만, 2장과 4장을 587 B.C.E.의 붕괴를 묘사하는 것으로 생각한다. 그럼에도 불구하고 일반적인 원리가 적용된다.

대부분의 학자들은 세 시의 저작을 유배가 시작된 후 상당히 짧은 시기 내에 연대를 둔다. 적어도 그들은 이 시들이 587-520 B.C.E. 시기 사이에 생산되었다고 생각하고, 이 주석도 마찬가지로 그런 입장을 취한다. 이런 일반화에 대한 예외가 있기는 하다. 프라이스(Fries)는 4장을 마카비 시대로 연대를 두어야 한다고 주장하는데, 애가서와 마카비 사이에 언어적 유사성 때문이다. 또한 그는 묘사된 사건들이 아주 포괄적이어서 그것들이 오랜 기간 동안에 묵상된 것으로 보이기 때문에 이런 결론을 도출해낸다(*ZAW* 13[1893] 110-24). 카이저(O. Kaiser, 106-10, 174-80)는 4장이 유배 이후의 문헌과 연관되는 방식으로 심판의 끝을 확신 있게 표현하고 있다고 주장한다. 그는 이 시가 말라기 시대(약 450 B.C.E.)와 가장 잘 들어맞는다고 결정한다. 카이저의 가정이 갖는 문제점은 이 시가 예루살렘의 파괴 이후에 관한 책의 묘사를 계속 진행하고 있다는 점이다. 심판이 끝났다는 정보는 새롭다. 하지만 도성은 아직 회복되기를 시작하지 않았다. 성전이 재건되지 않았고, 묘사된 화는 말라기에서 언급된 것과는 다르다. 양 책에 먹을 것이 부족하다고 적혀 있으나 그 상황이 말라기에서보다 애가서 4장이 더 심각하다. 유사한 논증을 프라이스의 결론에 대해서 제기할 수 있다.

비교적 파괴 직후에 어떤 연대가 가장 좋은 선택일지라도, 일부 시간이 파괴와 4장 사이에 지나갔음이 확실하다. 예루살렘의 자녀들의 고통은 진행 중인 문제로 묘사하고 있고, 이 장은 그들의 마음속에 꽤 최근의 것인 것처럼 충분히 가깝지만 이전 장들에서 듣고자 했던 것(하나님의 벌이 끝났다)을 그들이 들을 정도로 충분히 오래 전에 있었던 백성들의 곤경을 제시한다. 다시 말해서 587-520 B.C.E. 사이에 연대가 이 시에서 발견할 수 있는 보다 오래 전에 또한 보다 가까이에 있는 양상들에 의미를 가져다준다.

1-3장처럼, 4장은 수도의 황폐화와 관련한 재앙을 당한 백성들을 묘사한다. 도성은 죽은 것이 아니지만 끔찍할 정도로 피해를 입었고, 몹시 부서졌다. 이 백성들이 구조를 얻으려면 주님께로 돌아와야 하고, 야훼가 그들의 유일한 소망의 근원임을 그들은 안다. 치명적인 바벨론의 침략 이후 도성이 잿더미로 변한 후에 이 시는 백성들에게 고난을 표현하고, 고통의 근원을 탄원하며, 야훼의 새로운 관계의 문이 활짝 열려 있거나, 적어도 약간 열려 있음을 배우게 한다.

주석

애가서 4장은 화에 대한 묘사에서 하나님의 심판의 종지로 텍스트가 이동하는 네 이야기로 구성되어 있다. 이 선언은 시의 말미에 나오므로, 고통에 목소리를 싣는 것이 여전히 이 장의 핵심이다. 1장과 2장에서처럼 4장의 모든 화자는 고통이 끔찍했고, 여전히 끔찍하며, 이스라엘의 죄가 그 고통을 야기했고, 이 고통은 그 죄에 대한 벌로 충분하며, 구조가 이제 필요하다는 것에 동의한다. 모든 화자가 주님이 이 화를 보내셨고, 주님만이 이 화를 끝내실 수 있다고 동의한다. 따라서 4장은 이스라엘과 하나님 사이에 화해를 향한 이 책의 움직임을 계속 진행한다. 천천히 하지만 의도적으로 고백에서 최초의 결의에 대한 집요한 간구로 나아가는 개인적이고 집합적인 애가를 강조함으로써 말이다.

1-10 이 항목은 1:12-16과 3:1-18을 특징지었던 주제 – 예루살렘의 거주자들의 고난 – 와 2:11-22에서 아주 두드러졌던 주제 – 예루살렘의 자녀들의 고난 – 로 다시 돌아간다. 이 자녀들은 부서진 성전의 바로 그 돌들처럼 흩어졌다(4:1-2). 나이든 사람들은 음식이 없음으로 아주 볼썽사납게 되어, 칼에 의해 죽임을 당했던 사람들이 침략 시에 살아남았던 사람들보다 더 좋았다고 결론짓는다(4:7-10). 이런 이미지들은 하나님의 심판의 문맥에서 설정되어 있다. 이번에 이 본문은 예루살렘에 유감스럽게 발생했던 것을 소돔에 발생했던 것과 비교한다(4:6). 선택된 백성들을 10명의 의인이 없었던 곳인 창세기의 가장 죄악된 도성(창 18:22-23)과 연관짓는 비유보다 더 뚜렷한 비유는 생각하기 어렵다.

1-2 이 구절들은 "어찌"(איכה – 에카) 선택된 민족에게 그런 끔찍한 일이 있

었는가라는 두 외침을 담고 있다. 이 책은 자녀들에 대한 특별한 언급과 함께 거주자들에게 초점을 맞추고 있다. 이 소중한 사람들이 무게를 못 이겨 무너진 성전 돌과 같이 거리에서 죽어가고 있다. 1장은 "어찌" 도성이 홀로 적막히 있다라는 외침으로 시작하고, 2장은 "어찌" 주님이 진노로 벌하셨는가라는 외침으로 시작한다. 4장은 성전의 파괴와 예루살렘의 거주자들의 죽음을 비교하기 시작하는 외침을 사용한다. 여기서 화자에게 놀랍고 슬프게 하는 것은 어찌 "금이 빛을 잃"(יועם זהב - 유암 자합)거나 "희미해졌느냐"는 것이다. 물론 전문적으로 말해서, 힐러스가 적은 것처럼([1992] 137) 금은 변색되지 않는다. 베를린은 금이 먼지가 덮였기 때문에 색깔이 희미해졌다고 주장할 때, 그녀는 올바르게 말하고 있다. 금은 그 자체로는 검어질 수가 없다. 오히려 금을 다루는 방식 때문에 희미해졌다(104). 이 장의 나머지 부분에서 묘사되는 이런 잘못된 취급이 그 모습에서 "순금/정금이 변하게"(ישנא הכתם הטוב - 이쉬네 학께템 핱토브) 된 이유를 설명해준다(이런 번역의 변증을 위해서는 원문주해 1.b.을 보라).

고귀한 금의 이미지를 사용한 화자는 이제 "성스러운 돌이 모든 거리의 머리에 흩어졌다"고 진술한다. 이 문장의 주어인 "성소의/거룩한 돌"(אבני־קדשׁ - 압네 코데쉬)은 몇 가지 배경 중 하나에서 출원한다. 에머톤(Emerton)은 전문가들이 이 용어가 성전의 보물, 대제사장의 옷에 있는 보석, 호부, 또는 에머톤이 믿는 것처럼, "진귀한 돌"을 가리키는 것이라고 주장했다(*ZAW* 79[1967] 233-36). 렌케마(Renkema, 494-95)는 "거룩한 돌들"은 성전 자체를 가리키는 것이라고 믿기 때문에 이에 동의하지 않는다. 다시 말해서 그는 이 장이 성전 파괴에 관한 묘사로 시작하고 있다고 생각하고, 인간 존재의 뒤이은 모습들을 성전의 파괴와 비교해야 한다고 생각한다.

여기서 성전의 무너짐이 백성의 무너짐을 비교하는 근거일 수 있을지라도, 성전이 아니라 백성이 여기서 중심적인 초점이다. 2:19에서처럼, 그들은 "모든 거리의 머리에서" 고통을 당하고 있다(בראשׁ כל־חוצות - 뻬로쉬 콜 유초트). 4:5, 8, 14은 "거리에서" 백성들의 고난에 대한 언급을 담고 있다. 따라서 진귀한 돌들은 백성들 자체일 수 있고, 이는 성전 파괴의 의미를 어떤 식으로든 손상시키지 않는 결론이다.

2 백성들과 진귀한 돌들 간에 비교는 4:2에서 계속된다. 이번에 화자는 "시온의 소중한(보배로운) 아들들"(בני ציון היקרים - 뻬네 치욘 하예콰림)에 분명히 초점을 맞추고 있다. 그들은 너무도 귀해서 "정금에 가치가 있거나"(המסלאים בפז - 함술

라임 빹빠즈), 보다 문자적으로는 "정금에 비할 바가 아니다"(BDB, 698). 이 어구는 푸알(강조형 수동태) 분사를 정금에 대한 명사와 조합시킨다(BDB, 808). 따라서 그것은 언어적으로 매우 드물다. 그러나 그들의 가치에도 불구하고, 화자는 "어찌" 그들이 단순히 "토기장의 손의 작품"(מַעֲשֵׂה יְדֵי יוֹצֵר – 마아세 예데 요첼)인 질항아리처럼 취급받고 있는가라고 외친다. 하나님의 백성으로서 그들의 신분에 적합한 특별한 대접을 받기보다는 거칠고 부주의한 취급을 견뎌내고 있다. 당연히 금이 더러움에 의해 어두워졌다.

3-6 매우 혹독한 두 비유가 이 항목의 틀을 제공한다. 예루살렘은 들개보다도 마음이 더 잔인해졌고(4:3), 소돔보다도 더 심각하게 벌을 받았다(4:6). 이 이미지들이 죽음과 기아를 강조하는 다른 이미지들을 둘러싸고 있다. "나의 백성들"의 첫 두 사례는 황폐화의 인간적인 본질을 강조한다(3:48-51).

3 예루살렘의 어머니들은 들개보다도 못하게 모정을 가졌다. 결국에 "들개는 오히려 젖을 내어 새끼를 먹이나(גַּם־תַּנִּין חָלְצוּ שַׁד – 깜 딴닌 하례추 샤드) 처녀 내 백성은 잔인하다"(בַּת־עַמִּי לְאַכְזָר – 빠트 암미 레악잘). 이런 잔인성은 부사에 대한 강조적인 '라멧'의 용법에 의해 조명된다(Hillers, [1992] 139). 사실상 딸들은 "사막의 타조와 같게"(כַּיְעֵנִים בַּמִּדְבָּר – 까예에님 빰미드빨) 되었다. 이 타조는 욥기 39:13-17이 자기 알을 버린 것으로 묘사되는 짐승이다(Berlin, 106을 보라). "들개"로 번역된 용어도 "바다 괴물"일 수 있었으나 대부분의 주석가들과 케레(Qere, '읽을 것')는 들개를 선택한다(원문주해 3.a.를 보라). 어느 독법도 심판의 단락을 상기시킨다. 들개는 벌 받은 황폐화된 도성에 거주하고(Provan, 112; 렘 9:10[ET 9:11]을 보라), 바다괴물은 몇몇 비유적으로 은유 지향적인 심판의 텍스트에서 나타나기 때문이다(Renkema, 499-501; 예를 들어, 사 13:22, 34:13도 보라). 예루살렘의 딸들은 들개와 망한 도성을 공유하고 있는데, 들개만이 자기의 어린 것들에게 줄 수 있는 양분과 에너지를 갖고 있다. 자비는 힘이 소실할 때 끝이 난다.

4 힘이 없음으로 야기된 어미의 자비의 결여로 인해, 2:11이 거리에서 먹을 것을 위해 울고 혼절하는 것으로 묘사된 "젖먹이"(יוֹנֵק – 요넥)는 "목마름 때문에"(בַּצָּמָא – 빷차마) 혀가 입천장에 붙었다. 베를린은 입천장에 붙은 혀의 이미지가 에스겔 3:26, 욥기 29:10 그리고 시편 137:6에 나타남을 관찰한다. 이 모든 본문들은 사람이 말을 발하지 못할 정도인 것으로 묘사된다. 이 "어린 유아들은 기아에 굶주려 몹시 약해져서 더 이상 먹고자 할 때 울지도 못한다"(Berlin, 106). 2:12에서처럼 "작은 것"(עוֹלָלִים – 오라림), 즉 말을 할 정도로 충분히 나이가 들은 어린

아이들이 빵을 구하나, 어미들은 그들에게 줄 것이 없다. 그들에게 빵을 떼어줄 자도 없다(פרש – 빠라시, 문자적으로는 "내밀다"' 1:10, 13을 보라).

5 특출했던 어른들도 자녀들과 마찬가지로 곤경을 당하고 있다. 이런 사람들은 음식을 위해서 자기 어머니들의 품에 의존하지 않았다. 오히려 그들은 한때 드물고 고귀한 음식들을 먹었다(למעדנים – 레마마단님 ; BDB, 726; 창 49:20을 보라). 이제 그들은 "거리에서 외롭게 있다"(נשמו בחוצות – 나샴무 빠후초트). 이 어구는 1:4, 13, 16; 3:11; 5:18에서 발견할 수 있는 외로움의 비유와 1:20; 2:11, 19, 21과 이 장의 뒷부분(4:8, 14)에 나타나는 거리 비유를 조합하고 있다. 그들은 유아들과 동일한 방식으로 죽어가고 있다. 기아가 모든 세대의 부류의 희생자를 낳고 있다. 사람을 구분하지 않는다. 이 성인들은 한때에 부자였다. 그들은 "자색 옷을 입었다"(האמנים עלי תולע – 하예무님 아레 토라; 창 38:28; 수 2:21; 사 1:18을 보라). 그들은 가장 좋은 염색의 과정을 통해 만들어진 비싼 옷을 입었다(*NIDOTTE*, 5:300-301을 보라). 그런데 이제 그들은 "재/거름 더미를 안았다"(חבקו אשפתות – 힙뻬쿠 아쉬빠토트). 이 어구는 쓰레기 사이에서 살고자하는 모든 방식을 포괄한다. 하나님은 궁핍한 자들을 그러한 곳에서 건져내시지만(삼상 2:8; 시 113:7), 사악한 자들을 탁월한 장소에서 사회의 폐물들 사이에 헤매는 장소로 몰아가신다. 운명의 역전을 이보다 더 분명하게 진술한 것을 상상하기 어렵다.

6 이 책은 사람들의 고난의 원인으로 돌아간다. 화자는 "이제 처녀 내 백성의 죄[ויגדל עון בת־עמי – 바이그딸 아온 빠트 암미]가 소돔의 죄악보다[מחטאת סדם – 메할따아트 소돔] 중하도다"라는 놀라운 주장을 한다(비교의 '멤'의 사용에 대해서는 GKC §133a을 보라). 학자들은 이 단어들이 여기서 벌을 내포하는 것인지 법을 어긴 것을 내포하는 것인지를 논쟁했다. 특히 4:22에 비추어서 말이다. 케일은 주석가들이 전자의 의미를 자주 취하고 있다고 보지만 이 용어들이 단순히 "죄"와 "사악함"을 의미한다고 주장한다(434-35). 고르디스(Gordis, 189)는 베를린이 그러한 것처럼 이제 동의하지 않지만 죄의 개념이 전적으로 배제되지는 않는다고 결론짓는다(107). 렌케마(508-9)는 백성들의 죄가 4:6과 4:22에서 핵심적 요소라고 생각하지만 죄가 크면 클수록 죄에 대해 있게 될 하나님의 반응도 더 커진다고 진술한다. 힐러스는 "관련된 히브리 용어들은 이 경우에 도덕적인 결함과 그 결과를 상기시킨다"고 말할 때 중재적인 입장을 제기한다([1992] 139). 이 구절의 문맥이 이런 해석을 입증한다. 다음 어구는 소돔이 어떻게 망했는지를 묘사한다. 예루살렘의 죄가 컸기에 아주 크고 끔찍한 파괴로 고통했다. "죄악"(עון – 아온, "iniquity")이란 언급

은 다시 한번 이 말을 2:11-19과 연결시켜준다. 2:14이 예루살렘의 선지자들이 백성들의 죄악을 드러내지 못하였다는 사실을 조명하고 있기 때문이다. 이 도성은 침략자들에게 무너졌다. 그것은 또한 이 단락을 4:21-22과 연결시켜주는데, 거기서 본문은 예루살렘의 "죄악"의 끝을 언급함으로써 백성들의 벌의 끝을 강조한다.

예루살렘의 황폐화는 소돔의 멸망보다 훨씬 천천히 그리고 더 고통스러웠다. 소돔은 "사람의 손을 대지 않고[ולא־חלו בה ידים – 베로 하루 바흐 야다임] 경각간에 무너졌다[ההפוכה כמו־רגע – 하하푸카 케모 라가]." 소돔의 신속한 심판과 비교해서 천천하고도 끔찍한 벌은 예루살렘의 죄의 과중함을 나타낸다. 소돔의 특정한 죄와 예루살렘의 죄를 단순히 비교하는 것이 이 단락의 의도는 필연적으로 아니다. 오히려 독자들은 언약을 신실하게 지키지 못한 극악성에 대한 보다 분명한 이해로 인도된다. 예루살렘은 지극한 성적인 죄 때문이 아니라 언약에 대한 지극한 불신실성 때문에 죄악이 중하였다. 하지만 때로 두 개념들은 병합한다. 여기서 이 본문은 하나님의 특별한 백성들이 크게 죄를 짓고 심히 고난을 당하였다는 사실에 초점이 맞추어져 있는 것이지 그 죄의 특별한 요소에 맞추어져 있지 않다.

7-10 이 구절들은 공동체의 곤경에 대한 첫 번째 화자의 묘사를 결론짓는다. 전처럼 이 화자는 어느 정도 떨어진 삼인칭 내레이션과 "나의 백성"에 관한 일인칭의 진술을 혼합한다(3:48-51을 보라). 이런 식으로 애통하는 사람은 백성들과 함께 서 있으면서도 그들과 떨어져 있다. 그의 진술은 도성의 나실인들(4:7-8) 그리고 침략 시에 죽었던 사람들이 살아남았던 사람들보다 덜한 고통을 당했다(4:9-10)는 사실과 관련이 있다. 4:3-6에서처럼, 화자의 애통은 독자들로 하여금 예루살렘의 고난이 다른 어느 도성의 고통과 등등하거나 그것보다 능가한다는 것을 이해하도록 이끈다.

7 4:1-6에서 도성의 어미와 자녀들 그리고 성인들에 대해서 – 다시 말해서 일반적인 모든 주민들에 대해서 – 언급한 화자는 예루살렘의 나실인의 운명을 묘사하는 것으로 이동한다. 4:1-6에서처럼 그는 그들의 운명이 극적으로 어떻게 변했는지를 지적함으로써 그리한다. 학자들은 "그녀[예루살렘]의 나실인"(נזיריה – 네지레하)의 정체성에 대해 논쟁한다. 할러(Haller, 108)와 루돌프(Rudolph, 248)는 이 본문을 "그녀의 젊은 사람들"(נעריה – 네아레하)이라고 읽어야 한다고 결론짓는다. 예루살렘의 자손들에 대한 이 단락의 관심 때문이다. 전문가들은 이런 수정을 거의 따르지 않는다. 이에 대한 강력한 텍스트적 증거가 없기 때문이다. 몇몇 주석가들은 이 용어를 "고귀한"이나 "왕자"로 번역하는데, 창세기 49:26과 신명기 33:26이 왕

관을 쓴 자를 나타내기 위해서 이 용어를 사용하기 때문이다(Berlin, 101; Keil, 435; Renkema, 511-12을 보라). 일부 저자들은 이 용어가 동일한 이름에 의한 종교적인 그룹을 의미하는 것(민 6:1-21)으로 취한다. 힐러스는 본문이 "술을 삼가겠으며 죽은 자를 만지지 않고 머리를 길게 기르겠다는 특별한 맹세를 하는 사람"을 일컬을 수 있었다고 생각하지만([1992] 140), 그는 이 용어가 지도자들을 지칭할 가능성이 있음을 지적하기도 한다. 칼빈(464-65)은 여기서 종교적인 그룹이 의도되어 있다고 결론짓고, 그러한 특별한 그룹의 사람들의 소멸은 도성의 멸망과 끔찍한 파괴를 조명한다고 제기한다.

다수의 해석이 확실히 타당할지라도, 본문을 대단히 헌신적인 종교적 그룹을 언급하는 것으로 해석하는 것이 아주 가능하다. 다른 시민적 종교적 지도자들은 이 책에서 분명한 방식으로 지칭되고 있다(예를 들어, 1:5; 4:20). 아모스 2:11-12은 하나님의 말씀을 유념하지 않는 것을 비판할 때 나실인을 선지자에 포함시킨다. 하나님께 헌신한 사람들도 멸망에서 크게 고난을 당하였다는 것을 강조하기 위해서 유사한 방식으로 그 그룹이 여기서 나타나고 있을 수 있다. 마지막으로 4:1-6은 자신의 잘못으로 고난을 당하는 것이 아닌 어린아이들에게 초점을 맞추므로, 유사한 일이 나실인에게도 발생하였을 수 있다. 가장 헌신된 사람들도 주의 진노의 날에 사악한 자들과 함께 고통을 당하였다.

이 나실인들은 언젠가 모습에서 흠이 없었지만 이제 그들은 극적으로 변해 있다. 그들은 한때는 "눈보다 정결하고[זכו…משלג – 자꾸…미쉬쉐레그] 젖보다 희었다[צחו מחלב – 차휴 메하랍]." 그들의 "몸"(문자적으로는 그들의 "뼈"[עצם – 예쳄], 이는 잠언 16:24에서 전체 몸을 대변한다[Provan, 114을 보라])은 한때에 "산호보다 붉었고"(אדמו…מפנינים – 아드무…멮뻬니님), "그들의 형체나 모양은 청옥(사파이어)과 같았다"(ספיר גזרתם – 삽필 끼즈라탐). 이 모든 이미지들은 육체적인 완벽성과 아름다움에 대한 고전적인 묘사를 가리킨다. 아가서 5장에 나타나는 자처럼 말이다(Renkema, 513-14을 보라). 백성들의 이 그룹은 잘 먹었고, 잘 지냈고, 하나님에 의해 은혜를 입었던 모습들을 가졌었다.

8 하지만 예루살렘의 자녀들처럼(2:11-12 4:3-4을 보라), 나실인들은 기아의 고통을 겪었다. 언제인가 하얀 그들의 얼굴은 이제 "숯보다 검다"(חשך משחור תארם – 하샤 밋쉐홀 또오람). 결과적으로 "그들은 거리에서 알 사람이 없다"(לא נכרו בחוצות – 로 닉께루 빠후초트). 물론 거리에는 모든 종류의 비참함이 나타나는 곳이다(2:21 4:5, 8, 14, 18을 보라). 이런 고통당하는 자들은 욥과 같은데, 욥의 모습은

아주 초췌해져서 그의 친구들도 알아보지 못할 지경이었다(욥 2:12). 그들의 피부는 "뼈에 붙어 막대기 같이 말랐다"[צפד עורם על־עצמם – 차파드 오람 알 아츠맘]." 실로 "마른 나무와 같았다[יבש היה כעץ – 야베쉬 하야 카예츠]." 그들의 피부는 굶주림 때문에 색깔이 변했을 뿐 아니라 그 피부가 뼈에 단단하게 달라붙었다. 4:7이 온전함과 건강함의 상징으로 "뼈"(עצם – 예쳄, "몸" – 한글개역)를 사용한 반면에 4:8은 나실인이 죽음에 거의 가까이 온 것을 조명하기 위해서 그 용어의 소유격 형태(עצמם – 아츠맘)를 사용한다.

애가서의 이 항목(4:1-8)은 백성들의 고통에 대한 분명하고도 기억에 남을 만한 묘사를 전달하고 있다. 그것은 이전의 본문들에서 나온 이미지들, 반복 그리고 드문 단어의 사용을 포함한다. 베를린(103-4)은 이 단락도 효과적으로 색깔 이미지를 사용하고 있다고 언급한다. 그녀는 "이 장은 예루살렘 백성들의 육체적인 고난을 묘사하는데 있어서 이 책에서 가장 생생하고, 그것을 특히 생생하게 하는 것은 색깔의 사용이다. 사실상 색깔은 이 장의 두드러진 특징 중 하나다: 금, 진홍색(1, 2, 5절), 흰색, 붉은 색, 사파이어, 검은 색(7, 8절). 밝은 색깔은 이전의 상태를 대변하고, 기근이 진행될 때, 이 밝은 색깔들은 그 모습이 퇴색되어 남아 있는 모든 것은 둔함과 어두움뿐이다"라고 적고 있다. 그러므로 색깔의 이미지는 이 책이 운명의 역전을 강조하는 한 가지 방식이고, 사람들의 건강과 소망은 밝은 색깔이 시간이 지날수록 퇴색하였던 것처럼 사라졌다.

9 이 구절은 4:6에서 발견할 수 있는 것과 유사한 감정을 표현한다. 이전 구절에서 화자는 예루살렘의 고난이 소돔이 경험했던 것보다 더 컸다는 것을 진술했다. 소돔의 벌은 오랜 기간에 걸친 것이 아니라 단번에 발생했기 때문이다. 여기서 화자는, 동일한 이유로, 살아있는 사람들보다 침략자들에 의해 죽임을 당하였던 사람들이 더 좋았다고 주장한다.

3:25-27에서 "남자"는 "좋은"(טוב – 토브)이란 말로 각 소절을 시작한다. 거기서 하나님은 좋으신 분이시기 때문에 조용히 하나님을 기다리고 온유하게 벌을 감당하는 것이 좋다고 말한다. 여기서 화자는 "칼에 죽은(찔린) 자가[חללי־חרב – 할레 헤렙] 주려 죽은 자[מחללי רעב – 메할레 라압]보다 났다[טובים היו – 토비임 하유]"고 진술한다. 어쨌든 백성들은 "찔린" 것이고 양쪽 다 죽는다. 하지만 기근으로 죽는 자는 천천히 그리고 더 고통스럽게 죽는다. 찔림의 이미지를 사용한 것이 2:12에도 나타나는데, 거기서는 예루살렘의 자녀들이 전쟁에서 부상당한 자처럼 죽어가고 있는 것으로 묘사된다.

예레미야서도 검과 기근의 이미지를 포함하고 있다. 예레미야 14:12에서 주님은 "칼과 기근과 염병으로"(בחרב וברעב ובדבר – 빠헤렙 우바라압 우바떼벨) 백성들을 멸하리라고 선언하신다. 또한 예레미야 15:2에서 하나님은 예레미야에게 칼과 기근으로 지정된 곳으로 그 백성들을 보내겠다고 말씀하시며, 예레미야 16:1-4에서 하나님은 많은 예루살렘의 아들들과 딸들이 검과 기근으로 죽을 것임을 드러내신다. 바벨론의 칼은 예레미야 21:1-10에서 예루살렘의 파괴의 수단과 동일시되고 예레미야 43:11에서 하나님은 애굽에 있는 불순종한 도망자들을 거기서 그들을 칠 것이라고 경고하신다. 애가서 4:9은 예레미야의 경고가 실제가 되었음을 보여준다(애 2:17을 보라). 이 상황은 그렇게 되리라고 경고했던 것을 혹독하게 입증하였다. 굶주림이 자녀들과 어른들을 찔렀다(죽게 했다).

화자는 4:9b에서 찌름의 이미지를 강화시킨다. 백성들은 굶주림에 의해 죽임을 당했다. "토지의 소산이 없음으로"(מתנובת שׂדי – 밑떼누보 사다이: 원문주해 9.a-a.을 보라) "찔림을 당했다"(מדקרים – 메둑콰림, "찔림을 당한 자들"). 심각한 찔림에 대한 이 단어의 푸알 형들은 여기와 예레미야 37:10과 51:4에서만 나타난다. 예레미야서의 본문들은 심각하게 상처를 입은 병사들을 조명한다. 굶주림이 바벨론의 병사들에 의해 시작된 일을 완성시켰다. 사실상 굶주림은 바벨론의 병사들이 가할 수 있었던 것보다 각 개인들에게 더 많은 고통을 가하였다.

10 이 항목은 확실히 끔찍한 포위로 인해 예루살렘이 하나님께 여인들이 자기 자손을 먹어야 하는지를 묻는 2:20에서 이전에 사용한 이미지로 끝난다. 레위기 26:29과 신명기 28:52-57에서 발견할 수 있는 언약적 결과를 반영하는 이 구절에서 "자비한 여인들"(נשים רחמניות – 나쉼 라하마니요트), 즉 아마도 이 땅에서 가장 친절한 여인들이 "자기 자녀들을 삶아 먹었다"(בשלו ילדיהן – 삣쉐루 얄데헨). 자녀들을 삶아먹는 이런 끔찍한 이미지는 우아한 여성들이 심판의 벌로 포위를 당하는 동안에 자녀들을 먹을 것을 모세가 경고한 신명기 28:52-57를 반영할 뿐만 아니라 엘리사 시대에 포위를 당하는 동안에 자녀를 삶아서 먹은 열왕기하 6:29을 반영한다. 통상적으로 자비한 여성들의 이러한 행동은 그들의 운명의 역전의 상태를 나타내고, 언약의 불충으로 인해서 하나님의 심판이 야기한 상황의 심각성을 강조한다. 이런 비정상적인 일이 "내 백성의 딸의 흩어짐"(בשבר בת־עמי – 뻬세벨 빠트 암미, "처녀 내 백성의 멸망할 때에" – 한글개역)의 시대에 흔한 일이 되었다. 이 어구는 2:11(על שׁבר בת־עמי – 알 쉐벨 빠트 암미)과 3:48(על שׁבר בת־עמי – 알 쉐벨 빠트 암미)에서의 유사한 표현과 긴밀하게 평행을 이룬다.

11-16 이 시점에서 시인은 보다 객관적인 목소리를 사용한다. 이는 1장과 2장에서 내레이터의 목소리와 일치한다. 더 이상 예루살렘의 거주자들은 4:3, 6, 10에서처럼 "내 백성들"이라고 불리지 않는다. 오히려 화자는 "그녀의 지대"(4:11), "그녀의 선지자"(4:13), 그리고 "그녀의 제사장"(4:13)을 언급한다. 감정의 일치는 없을지라도, 명백한 감정이입이 발생한다. 11-12절은 주님의 날의 일부로서 예루살렘의 벌에 초점을 맞추지만 13-16절은 예루살렘의 제사장과 선지자들의 죄와 고통을 묘사한다. 벌을 받는 자들이 죄가 있다고 하는 것이 그들이 곤경을 당할 때 사람들의 동정을 축소시키지는 않는다.

11 사실상 4:11에서 모든 단어들은 이 책에서 주님의 날을 상기하는 본문에 이미 나타난다. 이 구절은 "주님이 진노를 완성시켰다"(כלה יהוה את־חמתו – 낄라 아도나이 에트 하마토)는 선언으로 시작한다. 하나님이 진노를 "표출하셨거"(RSV)나 그 적용과 영향이 이루어질 때까지, 또한 "진동하신 목적을 이루실 때까지"(Renkema, 521), 그 일을 행하셨다는 것이다. 낄라(כלה)의 형태가 2:11과 2:22에 나타나는데, 전자의 경우에는 화자의 슬픔의 전체성을 진술하고, 후자의 경우에는 예루살렘의 대적자들이 주민들을 죽였다는 것을 언급한다. "그의 진노"(חמתו – 하마토)라고 번역된 단어가 2:4에서도 사용되는데, 거기서 하나님의 진노는 불의 쏟아짐으로 비유된다(שפך כאש חמתו – 샤파크 까예쉬 하마토). 마지막으로 "그가 그의 불타는 진노를 쏟아 부으셨다"(שפך חרון אפו – 샤파크 하론 앞뽀)는 사실은 독자들에게 2:4, 19와 4:11, 13, 1:12에서 지적한 격렬함, 그리고 1:12; 2:1, 3, 6, 21, 22; 3:43, 66에서 조명된 "진노"를 상기시킨다. 내레이터는 독자들에게 단지 정치적인 실패로 인해 야기된 나쁜 행운이 아니라 예루살렘이 주님의 날을 경험했다는 것을 주목할 수 있게 가르친다. 이 본문은 레위기 26장과 신명기 27-28장에 나타나는 언약적 저주를 주님의 날에 관한 선지자들의 강조와 연결시키기를 계속한다.

4:11a가 독자들에게 신명기 신학과 연계된 주님의 날의 주제를 상기시킨다면, 4:11b는 하나님이 "시온에 불을 켜셨다"(ויצת אש בציון – 바얏체트 예쉬 빼치욘)고 진술함으로써 시온 신학을 독자들에게 상기시킨다. 4:11 이전에 이 책은 열한 번 시온에 대해 언급한다. 이 사례들은 시온의 텅 빈 길(1:4), 파괴된 벽(2:8, 18), 장막(2:4), 아들들(4:2), 위엄의 상실(1:6; 2:10), 좌절(1:17), 그리고 위로를 받을 필요에 대한 언급을 포함한다. 이제 내레이터는 주님의 날이 "그 지대를 불사른"(ותאכל יסודתיה – 바또칼 예소도테하) 불을 어떻게 시작시켰는지를 강조한다. 이 어구는 독자들에게 아모스 1:3-2:5을 상기시킨다. 거기서 선지자는 불이 유다를 포

함하여 하나님의 진노 하에 있는 몇몇 장소를 불사를 것임을 보고한다. 애가서 4:11b은 아모스를 통한 주님의 말씀이 발생했다는 것을 드러낸다. 하나님은 아모스가 올 것이라고 약속하였던 불을 보내셨다. 이 단락도 독자들에게 열왕기상 9:1-9을 상기시키는데, 거기서 야훼는 솔로몬에게 뿌리 깊은 고집 센 죄가 성전의 파괴를 낳을 것임을 말한다. 하나님은 열왕기하 19:35-37에서 예루살렘/시온을 면하게 하시고, 시편 46, 48, 76편은 선별된 도성에 대한 하나님의 선택과 보호를 찬미한다. 하지만 영광스러운 종말론적 상태의 시온만이 영원히 남게 된다(사 65:17-25). 애가서는 하나님과 거주자들이 어떤 관계에 있든지 간에 예루살렘의 단순한 존재가 시온과 동등하다는 어떤 개념도 내놓지 않는다. 이 땅의 "시온"의 어떤 종류의 죄도 심판을 받을 것이다.

12 예루살렘의 파괴는 주님의 날로 인한 것이 틀림없다. 어떤 다른 설명도 충분치 않다. 이 구절은 "세상 열왕"(מלכי־ארץ – 말케 예레츠)과 "천하 모든 백성"(וכל ישבי תבל – 베꼴 요쉐베 테벨), 다시 말해서 크고 작은 모든 사람들이 예루살렘이 침범을 당할 수 있었음을 "믿지 않았다"(לא האמינו – 로 헤예미누)는 것을 주장한다. 하지만 대적자들은 애가서 1장이 이미 매우 분명하게 해주었던 사실인 예루살렘의 문으로 들어왔다.

열왕들은 예루살렘의 방어의 정도를 살피는데 상당한 시간을 소비하지는 않았다(Provan, 116-17). 동시에 베를린이 믿는 것처럼(110) 많은 이들이 그 도성이 함락당하였음을 놀라워했을 것이라고 결론지을 이유도 없다. 확실히 본문은 과장법이거나(O. Kaiser, 182을 보라) 힐러스가 결론짓는 것처럼([1992] 149) 예루살렘의 운명의 역전을 강조하는 방법일 수 있다. 하지만 여전히 예루살렘은 오랫동안 확립되어 있었고, 앗수르의 침략에 저항한 것과 바벨론에 자주 저항하며 생존했던 것으로 알려져 있다(Renkema, 525을 보라). 왕들이 오랫동안 생존했던 도성이 이제 함락되었음을 놀라워했다고 생각하는 것도 무리는 아니다. 외국인들의 편에서 이런 놀라움은 본문에 주님의 날의 일반적인 주제를 더 강화시킨다. 주님의 날은 이스라엘이 주목했던 것만이 아니었음을 가리키기 때문이다. 그것은 이스라엘의 이웃들이 하나님이 행하셨다고 생각하게 만들 정도로 충분히 강력한 사건이었다.

대부분의 학자들은 열왕들과 천하 모든 백성들보다는 예루살렘 백성들의 사고에 초점을 맞춘다. 크라우스(78), 바이저(Weiser, 356), 베를린(110), 프로반(117), 리에미(Re'emi, 122)와 여타 사람들은 세상의 지도자들이 예루살렘의 불가침성을 믿지 않았다할지라도, 예루살렘의 많은 거주자들은 그렇게 믿었다고 주장한다. 그러므로 그들은 도성이 함락 당하였을 때, 충격을 받았다. 그렇지만 여전히 이 구절은 비이스라엘 백성들이 생각했던 것을 조명한다. 적어도 예루살렘에 대한 그들의 구체적인 믿음이 무엇이든 간에 이 구절은 도성의 함락에 놀라워했던 사람들로서 예루살렘 백성들과 함께 외국인을 포함한다. 주님의 날은 관심을 끌었다. 그것이 태도를 변화시키며, 또한 그것이 경외를 고취시키지 않을 때 혼란을 야기한다. 하나님의 진노가 이제껏 발생했던 일을 가장 잘 설명할 수 있게 만든다.

13 이 책은 주님의 날이 왜 왔는지에 대한 견해에서 일관되다. 1:5, 8, 14, 18; 2:14; 3:39에서처럼 화자는 발생한 일에 대한 책임을 죄를 지은 사람들에게 둔다. 하나님이 주관하시고, 예루살렘은 오랜 기간 동안 크게 죄를 지었으며, 좋은 선지자를 통한 하나님의 말씀을 배격했다(2:17). 이 책의 어느 곳에서도 이런 믿음은 모순이 없다. 여기서 본문은 선지자와 제사장의 죄에 초점을 맞춘다. 이 주제는 2:14에서도 나타났다.

이 화자가 예루살렘이 "그녀의 선지자의 죄 때문에"(מחטאת נביאיה – 메핱또트 네비예하) 그리고 "그녀의 제사장의 사악함"(עונות כהניה – 아오노트 꼬하네하) 때문에 망했다고 주장하는 것은 이상하지 않다. 몇몇 구약의 단락들은 거짓선지자들을 백성들의 기만에 주요한 이유로 인용한다. 엘리야는 바알 선지자와 싸웠고(왕상 18장), 예레미야는 하나냐와 자신과 일치하지 않았던 여타 선지자들에 맞섰으며(렘 27-28장), 예레미야는 그가 거짓되다고 생각했던 여타 선지자들을 비판했다(렘 5:30-31; 23:9-40). 이런 목록들은 훨씬 확대할 수 있다(왕상 22장을 보라). 마찬가지로 하나님의 백성들에게 하나님을 말씀을 가르치지 못한 제사장들도 수많은 단락에서 비난을 받는다(호 4:1-9; 말 2:1-9 등등). 그들도 민족의 멸망에 기여했다.

이 단락은 종교지도자들의 특히 부적당한 행동의 구체적인 부분을 공격한다. 참으로 이 선지자들과 제사장들은 "성읍 가운데서 의인의 피를 흘린 자들"이다(השפכים בקרבה דם צדיקים – 핫쇼페킴 뻬킬빠흐 땀 찯띠킴). 렌케마(Renkema, 527-28)는 의인의 피를 흘렸다는 개념을 예레미야가 말씀을 전파하고 제사장과 선지자들에 의해 비난을 받은 예레미야 26장과 같은 본문들과 정확하게 연결시킨다. 이 선지자들과 제사장들은 관리와 백성들에게 예레미야를 마땅히 죽여야 한다고 말하였다(렘 26:1-11). 내러티브의 이 시점에서 예레미야는 만약 그들이 자신을 죽이면 "스스로 무고한 피를 흘리게 된다"(렘 26:11-15)고 설명한다. 관리들, 백성들, 제사장들, 그리고 선지자들은 모레셋 사람 미가에 대한 그들의 견해로 인해 마음이 누그러졌다(렘 26:16-19). 그러나 이 단락은 이 시점에서 끝나지 않는다. 전파한 것 때문에 죽임을 당한 우리야라 이름 하는 선지자를 언급하기 때문이다(렘 26:20-23). 따라서 무고한 피가 흘려졌다. 그것이 예레미야의 피가 아니었다할지라도 말이다. 이 구절에서 "의인"(צדיקים – 찯띠킴)이란 일반적인 용어의 사용은 죽임 당한 사람의 유형이 선지자를 뛰어넘을 수 있도록 아마도 확장시킨다. 그들의 비난과 기소는 주님을 믿음으로 알았던 사람들, 주님이 명하신 대로 살았던 사람들이 죽음에 처해지는 것이다. 죽음에 처할 수 있는 힘을 가졌던 제사장과 선지자들과 의견이 일치하지 않았다고 해서 말이다. 하나님은 그러한 행동들을 예루살렘의 멸망을 통해 벌주셨다.

14 "저희가 거리에서 소경 같이 방황함이여"(בחוצות נעו עורים – 빠휴초트 나우 이브림)란 어절의 주어가 누구인지를 결정하는 것은 난해하다(원문주해 14.a.를 보라). 크라우스(79-80)는 의인들이 의도되어 있다고 생각한다. 베스터만(202), 베를린(110), 그리고 렌케마(530-31)는 제사장과 선지자들이 주어라고 여기고, 힐러스([1992] 149-50)와 프로반(117-18)은 전체적인 백성들을 의미한다고 결론짓는다. 첫 번째 관점은 주어로서 가장 가까이에 있는(언어적으로) 그룹을 취한다. 문제는 죄를 지은 사람들을 어떤 방식으로 불결한가를 결정하는 것이다. 두 번째 관점은 4:14의 피를 살해자의 손에 흘려진 의인들의 무고한 피로 해석한다. 따라서 제사장과 선지자들은 그들이 한 행동 때문에 불결해졌다. 이 독법이 인접한 문맥에 가장 잘 어울린다. 세 번째 관점은 4:15을 4:15-16에 견주어서 해석하려고 노력하는 것으로서 열방들에 의해 배척당한 사람들은 종교지도자들만이 아니라 모든 이스라엘을 포함한다. 이 마지막 개념은 문맥과 진지하게 씨름할지라도, 두 번째 독법이 단락을 가장 의미 있게 만들어준다. 제사장과 선지자들은 무고한 피를 흘렸고(4:13), 그들의 손에 있는 피 때문에 불결한 것으로 적절하게 간주되었다(4:14). 자기 자신이 백성들에 의해 불결한 것으로 배척당했던 종교지도자들은 열방들과 관련해서도 거할 곳 없는 도망자들이었다(4:15). 갈 곳이 없는 그들은 하나님에 의해 더 멀리 흩어졌다(4:16). 고향이든 외국이든 간에 명예도 은신처도 이 지도자들에게 주어지지 않았다(4:16).

제사장과 선지자들의 소경됨과 불결함은 "피로 더럽혀진"(נגאלו בדם – 네고아루 빧땀) 것과 관련이 있다. 프로반(117-18)은 "소경됨은 그들의 곤궁이나(참조. 신 28:29; 사 59:10; 습 1:17) 위로부터의 인도가 없음으로 도덕적 의미가 부족한 것에 대한 비유일 수 있었다(참조. 사 42:18-20)"라고 말한다. 케일(439)은 예레미야 23:12과 이사야 29:9은 백성들이 계속 죄악된 방식으로 산다면 "소경되고 무기력한 상태에서 헤매게" 될 것임을 경고하는 것을 부연한다. 의인의 피를 흘리고, 손과 옷에 피를 묻힌 것이 그들을 의식적으로 도덕적으로 불결하게 만든다. 당연히 "어느 사람도 그들의 옷을 만질 수 없었다"(בלא יוכלו יגעו בלבשיהם – 뻬로 유케루 익께유 뻴부쉐헴)는 어구는 제사장의 옷에 어떤 특정한 의미를 둔 것이라기보다는 그들이 전체적으로 부정한 것을 가리킨다.

15 백성들이 선지자와 제사장들에 대한 하나님의 뜻을 거의 따르지 않았을지라도, 레위기 13:45이 문둥병자들에게 행하라고 지시한 것처럼 그들은 적어도 "부정하다, 가라"(סורו טמא – 수루 타메)고 외친다. 이 종교지도자들은 문자적으로 문둥병자는 아니지만, 그들의 행위가 치명적인 결과를 가져왔다. 사람들이 백성들에게 이 종교지도자들을 만지지 말라고 경고한 것은 적절하다(אל־תגעו – 알 띡까유). 실로 "가라"(סורו – 수루)는 말을 세 번 사용한 것은 이전의 지도자들의 경고를 꽤 긴급하게 만든다.

두 번째 소절은 번역하기가 난해하지만 그것의 근본적인 의미는 명백하다. 난해성은 첫 번째 어구에 있는데(כי נצו – 끼 나추), 그 어구에 동사는 어근 나차(נצה, "날다")나 누츠(נוץ, "망하다")에서 또는, 루돌프(249)가 옳다면, 아마도 노드(נוד, "방황하다")에서 출원하는 하팍스 레고메논이다. 대부분의 학자들은 처음 두 선택 중 하나를 취한다. 만약 어근 누츠(נוץ)가 옳다면, 그때에 이 말은 "망하다"나 "파멸하다"를 의미함으로(*HAL*, 1:715), 이 소절은 "[도성처럼: 렘 4:7을 보라] 그들이 망했기/파멸되었기 때문에 방황하였다"와 같은 것을 의미할 것이다. 어근 나차(נצה)가 옳다면, 이 말은 "도망하다"를 의미한다(*HAL*, 1:682; BDB, 663). 이는 이 소절이 "그들이 도망하였기에(또는 실로) 방황한다"를 의미한다. 케일은 이 번역을 변호하여 "이 개념은 다음과 같다: 그들은 집에서도 문둥병자처럼 동료 백성들에 의해서 차단되었고, 그들이 자기 나라를 떠나 피난처를 찾기를 바랐을 때 쉴 곳을 발견하지 못하고 방황할 수밖에 없었다"(440)라고 주장한다. 어느 독법도 가능할지라도, 첫 번째 선택이 가장 잘 맞는다. 그것은 파괴의 이미지를 종교지도자들에게 적용함으로써 그 심상을 계속 존속시키고 있기 때문이다. 종교지도자들은 예루살렘 도성처럼 파괴되었기에, 열방들 중에서 방황하고 있다.

하지만 열방들은 그들의 곤경에 관심이 없다. 사실상 사람들은 그들이 더 이상 거주하는 외국인(לגור – 라궅)으로서 체류할 수 없도록(לא יוסיפו – 로 요시푸) "그들이 방황하는" 곳에서 "열방들 사이에서 말했다"(אמרו בגוים – 아메루 빠꼬임)(동일한 동사 형태에 대해서는 4:14a을 보라). 피를 묻히고 소경되며, 불결한 사람은 피난처를 찾을 수 없다. 누가 그들을 원하는가? 그들은 하나님으로부터 돌아섰고, 자기 백성들과도 등을 졌으며, 그들을 패배시킨 나라를 혐오스럽게 했다. 그들의 곤경은 그들의 삶에서 주님의 날에 따른 슬픈 결과를 묘사해준다.

16 4:11에서처럼 내레이터는 야훼가 제사장과(또는) 장로의 벌을 야기하였음을 분명히 한다. 이는 이미 1:4, 19 그리고 4:13에 나타났고, 5:12에서 다시 나타날 주제다. "주님이 임재하시어 그들을 흩으셨다"(פני יהוה חלקם – 뻬네 아도나이 힐레캄). 하나님은 모국에서 열방으로 그들을 쫓아내셨다. 열방에서 그들은 어떤 환영도 받지 못한다. 야훼는 "더 이상 그들을 궤념치 않으심을 보이신다"(לא יוסיף להביטם – 로 요시프 레합삐탐). 열방들이 "더 이상"(4:15b) 도망자들을 환영하지 않은 것처럼, 주님도 "더 이상" 특별한 관심, 존중 또는 그들에 대한 개인적인 관심을 보이시지 않는다. 이 요지를 확실히 하기 위해서 후반절은 4:16a에서 하나님의 얼굴에 관한 언급과 유사한 "제사장들의 얼굴"(פני כהנים – 뻬네 코하님)을 "그들이 존중하지 않았다"(לא נשׂאו – 로 나사우). 이는 4:16ab에서 하나님의 유사한 태도와 평행을 이룬다. 나아가서 열방은 나이나 특출함에 상관없이 장로들에게 자비를 보이지 않는다(זקנים לא חננו – 제퀘님 로 하나누). 그들이 행한 일로 인해 어느 사람도 주님의 진노의 날을 온전히 감당해야 한다. 그들은 죄를 지었고, 고난을 당했으며, 도망했고, 퇴짜를 당했다. 하나님은 그들이 묻힌 백성들의 피에서 도망할 수 없음을 보이셨다. 그들이 도망하는 곳마다 하나님의 벌이 그들에게 임한다. 야훼의 날은 본질상 철저하다.

17-20 화자가 3장에서 그러했던 것처럼, 자신을 고난을 당하는 민족과 온전히 동일시한다. 실로 그는 하나님의 진노를 당하는 자들을 나타내기 위해서 "우리를"(נו – 누) 사용한다. 이 항목에서 그는 포위와 도성의 헛된 소망으로 시작해서 시간적인 순서대로 예루살렘의 포위와 함락을 설명한다. 이 항목의 특이한 양상은 왕의 포로에 대한 설명이다. 제사장, 장로, 어미, 그리고 전사들이 이전에 이 책에 나타나고 있지만 왕에 대한 명백한 언급은 없었다. 왕에 대한 이 언급은 다윗가의 언약을 민족의 화에 대한 이 책의 설명과 밀접하게 연관시킴으로써 이미 지배적인 언약과 시온의 이미지를 왕의 신학과 연결시킨다.

17 언약적 헌신의 부족이 도성의 포위를 야기하였을지라도, 예루살렘의 주민들은 그들의 문제에 대해서 정치적인 해결을 찾고자 하는 일을 중단하지 않았다(Berlin, 112을 보라). 그들의 눈은 동맹군을 살피는 일에 혈안이 되어 있었다(עינינו תכלינה – 띠크레나 예네누). 그들은 멀리서 나타나는 구원하는 민족을 보려는 일을

결코 멈추지 않았다. 프로반(121)은 에돔이 예루살렘을 도우러오지 않았던 민족임을 제기한다. 그 나라가 4:22에서 비난을 받고 있기 때문이다. 하지만 베를린(112), 렌케마(546-47), 힐러스([1992] 150-51)와 여타 학자들은 애굽이 문제가 되고 있는 민족인 것으로 확인하는데, 이는 옳은 것으로 보인다. 힐러스는 "도성이 함락되기 직전에 대해서 말하는 그[화자]는 그들이 헛되게 애굽으로부터의 도움을 찾고자 하는 눈으로 지쳐 있었다(렘 37:5-10). 애굽은 다시 한번 자신을 '부러진 갈대' 임을 입증시켰다(사 36:6). 우리가 예레미야서에서 아는 것처럼(34:21-22; 37:5-11), 한 때에 바벨론의 군대는 애굽의 군대가 옴으로써 일시적으로 예루살렘에서 멀리 있었다. 예레미야가 예견했던 것처럼 예루살렘 도성에 대한 구조는 일시적이었다"([1992] 150)고 말한다. 그러한 "도움"(אל עזרתנו – 엘 에즈라테누)을 찾는 일은 "헛된 것/텅 빈 것"(הבל – 하벨)으로 입증되었다. 하나님만이 그들의 유일한 소망이었지만 그들은 그 소망을 배격했다. 그들이 스스로 택한 미래가 그것을 보증하였다.

애가서 1-4장에서 발견할 수 있는 엄격한 동의어적인 평행의 비교적 드문 사례 중 하나에서, 화자는 4:17b에서 그들의 주시의 세심함과 그 무익성을 재강조한다. "우리가 바라보고 바라보았다"(בצפיתנו צפינו – 뻬칖삐야테누 칖삐누)는 진술은 파수꾼이나 초병처럼 지켜보는 자를 가리킨다(BDB, 859). 이 바라봄은 문맥과 피엘 어근의 용법이 증거하는 것처럼 강렬하였다. 그러한 지켜봄은 잠을 자지 않고 지켜본 것만큼 좌절도 컸다. 슬프게도, 도움을 기다렸던 민족은 "구조를 받지 못했다"(לא יושע – 로 요쉐아). 이 단락은 포위 하에서 심각한 고통 속에 있는 도성이 동맹군이 성문에서 침략군을 몰아내기를 위해서 올 것을 소망하며 지켜보고 있는 모습을 묘사한다. 그러나 세심하게 지켜보는 것도 열렬한 소망도 실망만을 낳았다.

18 어느 동맹국도 포위를 멈추기 위해 오지 않았기 때문에, 적군은 예루살렘의 거주자들이 성문 밖으로 나오기를 기다리면서 편안히 있었고, 그들이 밖으로 나올 시점에서 이 불행한 도성 거주자들을 공격할 수 있었다. 화자는 적군이 "우리의 자취를 좇았다"(צדו צעדינו – 차두 체아데누)고 주장함으로써 이 상황을 묘사한다. 렌케마(551)가 관찰한 것처럼, 이런 독법은 3:52, 즉 이 시의 צ 항목에 해당하는 것과 유사하며, 거기서 그 본문은 "그들이 나를 실로 좇았다"(צוד צדוני – 초드 차두니)고 진술한다. 케일은 이 동사가 "찾다, 추적하다, 그리고 이런 모습은 추적하는 것에서 취한 것"을 의미한다고 지적한다(442). 3장과의 평행으로 보건대, 본문을 수정하여 차랄(צרר)을 어근으로 독법할 이유가 없다. 루돌프(249), 고르디스(194), 그 외에

사람들이 주장하는 것처럼 차랄(צרר)은 그 어구를 "그들이 나를 코너로 몰았다"나 "에워싸다"가 되게 만든다. 또한 가장 좋은 독법은 어근 초드(צדה)로부터 출원하지도 않는다: "그들은 기다리고 있었다"(*HAL*, 2:1010을 보라).

이 대적자들은 공개된 장소에서 걷는 것처럼 이 백성들의 모든 발걸음을 추적했다. 이 어구는 도망하려는 시도, 도성 근처에 어느 곳으로 걷는 일의 두려움, 또는 심지어 침략자가 그들의 모든 움직임을 알고 있는 밤의 악몽과 같은 두려움을 일컫는다(Renkema, 551-52; Keil, 442을 보라). "열린 곳"(ברחבתינו – 삘호보테누)이란 용어는 2:11-12에도 나타나는데, 이는 시장, 광장, 또는 사람들이 거주하지 않는 도성 근처의 땅을 일컫는다(*HAL*, 2:1212-13; O. Kaiser, 184을 보라). 백성들이 적군의 지켜보는 눈을 느끼지 않았던 곳은 없었다. 구원하는 군대가 오는지 보려고 임무를 다하려는 기회를 갖고 살피는 도성을 바벨론 사람들은 에워싸서 지켜보고 있다. 시간이 지날수록, 예루살렘의 거주자들은 때가 거의 가까이 왔다는 것을 알았다. 화자는 "우리의 끝이 가깝고[קרב קצינו – 콰랍 퀴체누] 우리의 날이 다하였고 [מלאו ימינו – 말우 아메누]"라고 진술한다. 그 요지를 보다 더 강조하기 위해서, 독자들의 두려운 감정을 더하기 위해서 화자는 "우리의 마지막이 이르렀도다"(קצינו כי־בא – 끼 바 큊체누)라고 결론짓는다. "끝"(קצינו – 큊체누)란 말을 두 번 사용한 것은 독자들에게 그 결과가 확실함을 전달한다.

19 언젠가 백성들은 도망하기를 시도하였으나 바벨론인들은 "공중의 독수리보다 빨랐다"(קלים היו···מנשרי שמים – 콸림 하유···민니쉬레 샤마임). 이 "추적자들"(문자적으로는 "우리의 추적자들"[רדפינו – 로데페누])은 1:3과 1:6에서도 언급되었는데, 그들은 빨랐을 뿐 아니라 무자비하였다. 그들은 백성들을 산으로 추격했고 (על־ההרים דלקנו – 알 헤하림 떼라쿠누) 사막에서도 기다리고 있었다(במדבר ארבו לנו – 빰믿빨 아레부 라누). 예루살렘의 거주자들이 도성에서 기다리는 동안에도 그러했던 것처럼, 백성들은 바벨론이 그들을 발견할 수 없는 곳으로 도망할 수 없었다. 오크너(K. M. O'Connor)는 "그들을 추적하는 자들은 독수리처럼 빨랐고, 공격적이며, 영리하고 집요했다"([2001] 1065)라고 말한다.

이런 추적자들은 아주 효과적이었는데, 하나님이 그들을 도왔기 때문이다. 결국에 애가서 3:43은 야훼가 예루살렘을 추적했다고 진술하고 3:66에서 화자는 하나님이 이스라엘의 대적자들을 추적할 것을 간청한다. 2:1-10에 따르면, 하나님이 도성에 대항하여 싸우셨고, 하나님이 그 백성들의 대적자가 되셨다. 3:19b에서 사용된 것과 아주 유사한 용어인 3:10에서 화자는 자신을 기다리고 있는 곰처럼(הוא לי

דב ארב – 또브 오레브 후 리) 하나님을 묘사한다. 바벨론인들은 예루살렘의 패배의 인간 도구이지만 이 도구를 휘두른 것은 하나님이시다.

20 열왕기하 25:4-7과 예레미야 39:1-10 그리고 52:1-11에 따르면 예루살렘이 함락되려 할 때, 왕과 방백들의 일부가 두 성벽 사이에 문을 통해서 도망하려고 시도했다. 그들은 사막으로 달아났으나 바벨론 사람들에 의해 사로잡혔다. 그리하여 바벨론인들은 왕이 보는 앞에서 그의 아들들을 죽이고 그를 소경이 되게 했다. 이런 묘사는 애가서 4:17-19의 내용에 상응한다. 어느 도움도 없었고, 바벨론인들은 지극히 감시적이었으며, 왕이 도망했을 때 적군이 그를 사로잡았다. 왕이 모든 그의 돕는 자들과 함께 피신하지 못하였을 때, 일반적인 시민들은 대적자들에 대항하여 어떤 소망을 가질 수 있었겠는가?

왕의 사로잡힘은 화자에게 아주 심하게 영향을 준다. 그는 왕을 "콧김"("우리의 코의 숨")(רוח אפינו – 루아흐 앞뻬누)이라고 부른다. 이 용어는 가나안과 애굽의 지도자들을 그 나라의 문헌이 그렇게 묘사한다(Hillers, [1992] 151-52; Kraus, 82을 보라). 이 단락에서 적어도 이 비유는 백성들이 그들의 삶을 왕에게 어떻게 의존하며 살았음을 느끼게 한다(Berlin, 113). 왕이 없다면, 그들은 보호나 안전이 없다고 느꼈다(K. M. O'Connor, [2001] 1065). 다시 말해서 그들은 왕이 전통적으로 하는 것으로 예상하는 것들을 그가 행할 것으로 여겼다.

그러나 그 백성들은 그들의 왕에 대해서 이보다 이상 되는 것을 믿었다. 그들은 왕이 "주님의 기름 부으신 자"(משיח יהוה – 메쉬아흐 아도나이), 하나님이 그 백성들을 이끌기 위해서 선택한 자, 다윗의 선택된 아들(삼하 7장; 시 2편 등등을 보라)이라고 믿었다. 게르스텐버거(Gerstenberger, [2001] 499)는 이 본문이 미래의 메시아를 일컫다고 주장하지만 시드기야가 이 약속의 현재적 구현이었다. 그가 유배 중에 있다면, 다윗가의 계보와 약속은 위험에 처하게 되었다. 렌케마가 말한 것처럼, "많은 다윗가의 왕은 이와 관련해서 실망하였을지라도, 왕에 대한 백성들의 기대는 축소되지 않고 계속되었다. 새로운 다윗가의 왕이 이 기대를 실현하기 위한 잠재력을 가졌다"(557). 바벨론에 있는 왕으로 인해 그러한 소망이 영원히 좌절되는 것처럼 보일 수 있었다. 왕이 화자가 3:53-55에서 구덩이에 던져졌던 방식인 "구덩이에 포로로 잡혔을"(בשחיתותם – 뻬쉬히토탐) 때, 시드기야와 다윗가의 계보에 대한 미래에 대한 백성들의 소망은 심각하게 손상을 입었다. 다윗가의 도성과 다윗가의 계보가 무너짐으로써 그 나라는 실로 상실한 상태에 있었다.

백성들은 "그의 그늘에서"(בצלו – 뻬칠로) "열국 중에서 쉴 수 있기"(נחיה בגוים –

니흐예 박꼬임)를 소망했다. 그늘에 관한 이 개념은 보호에 대한 또 다른 비유이다. 시편 17:8과 91:1에서처럼 자주 주님은 이스라엘의 그늘로 불려짐으로써 주님과 주님의 기름 부으신 자와의 관계가 만들어진다(Weiser, 359을 보라). 실로 이사야 32:1-2은 다가올 의로운 왕과 그의 방백들을 은신처, 숨을 곳 그리고 뜨거움을 피하는 그늘로 묘사한다. 열국들 중에서 쉴 수 있다는 언급은 평화롭게 살 수 있는 본국에 대한 이스라엘의 소망을 상기시킨다. 이는 이스라엘이 새 땅에서 모든 대적자들에게서 떠나 쉼을 얻을 것을 약속하였던 여호수아서에서 주요한 주제다(1:13, 15; 21:44; 22:4; 23:1). 사무엘하 7:10-11에 따르면, 하나님은 더 이상 혼란을 겪지 않고, 대적자들에게 떠나 쉼을 얻을 수 있는 곳을 이스라엘에 주겠다고 다윗에게 약속하셨다. 성전 헌당 시에 솔로몬은, 성전의 존재가 상징하였던 복인, 이 땅에서 이스라엘에 쉼을 주시는 것에 대해서 하나님께 감사한다(왕상 8:56). 이제 특별한 백성으로서 "열국들 중에" 거하는 대신에(1:1을 보라). 이 백성들은 "열국들 중에서" 흩어졌다(1:3을 보라). 그들의 지도자들이 그렇게 된 것처럼 말이다(2:9; 4:15을 보라). 그들의 "쉼"은 끝나게 되었고, 그들은 오직 신명기 30:1-10에서 발견할 수 있는 사람들과 같은 민족적이고 개인적인 새로운 가능성에 대한 약속만을 붙들 수 있다.

21-22 이 결론적인 말은 두 가지 의미 있는 요소를 포함한다. 그것은 에돔이 이스라엘의 파멸에서 느꼈던 기쁨을 강조하지만 동시에 에돔의 확실한 파괴를 강조한다. 에돔 사람들은 할 수 있는 한 예루살렘의 고통을 즐겨야 한다. 그들도 곧 유사한 형태로 고통을 당하게 될 것이기 때문이다. 그리고 그것은 예루살렘의 벌의 끝을 조명하거나 적어도 그 끝이 시작되었음을 암시한다. 이 말의 내용으로 보건대, 선지자의 소리가 여기서 말하고 있을 것으로 보인다. 그렇다면, 이 항목을 시작한 동일한 화자가 이 항목을 결론짓고 있을 가능성이 있다.

21 처음이자 유일하게 이 책은 구체적인 대적자를 거명한다. 에돔은 에서의 자손들이며, 에돔과 이스라엘은 전통적인 라이벌 관계다. 유다의 남동쪽에 위치한 에돔은 노예무역(암 1:6, 9을 보라)과 지혜(왕상 4:29-34), 뿐만 아니라 이스라엘을 그 백성들이 미워한 것(렘 49:7; 오바댜)으로 잘 알려져 있다. 시편 137:7, 에스겔 25:12-14, 요엘 4:19(ET 3:19), 그리고 오바댜 10-14절에 따르면, 그들은 난민들을 죽임으로써 그리고 다른 변절의 행위로 이스라엘에 대한 미움을 보여주었다. 에돔 사람들은 역사적으로 대적자였으며 또한 상징적으로 대적자를 가리켰다(Renkema, 561).

이런 배경으로 보건대, 4:21a가 분위기에서 아이러니가 있음을 쉽게 알 수 있다. 화자가 에돔에게 "즐거워하고 기뻐하려무나"(שישי ושמחי – 시시 베시메히)라고 말할 때, 그는 "네가 할 수 있는 동안 기뻐하라"(Westermann, 205)를 의미한다. "우스 땅에"(בארץ עוץ – 뻬에레츠 유츠)로 에돔의 위치를 언급한 것은 에돔과 이스라엘의 갈등에 관한 오래된 본질을 반영한다(창 36:28; 대상 1:42-43을 보라). 에돔은 오래가지 않을 것이다. 화자가 "잔이 네게도 이를지니"(גם־עליך תעבר־כוס – 깜 아리이크 따아발 꼬스)라고 말하고 있기 때문이다. 리에미(Re'emi)는 "고대 시대에 사람들은 다른 이에게 술을 먹이지는 않고 단지 잔을 건넴으로써 그 사람의 '미래의 분깃'이나 운명을 상징했다. 따라서 비유에서 하나님이 잔을 그 사람에게 넘겼다. 그것은 다가올 행복의 잔이 될 수도 있었지만(참조. 시 23:5), 진노의 잔 곧 하나님의 진노일 수 있었다(시 60:3; 75:8; 사 51:17; 렘 25:15-17; 겔 23:32-34)"고 설명한다(125). 의문의 여지없이 잔은 심판의 잔이며, 언젠가 에돔은 마신 술로 인해 취하여 스스로 옷을 벗게 된다(תשכרי ותתערי – 띠쉬께리 베티트아리). 에돔은 예루살렘이 느끼고 견뎠던 일종의 수치, 혼란, 그리고 퇴락을 겪게 된다(1:7, 21; 3:61-63을 보라). 예레미야 49:7-22은 에돔이 망할 것이라고 진술한다. 에돔은 심판이 잔을 마실 것이고(49:12), 잔을 마심으로써 에돔이 예루살렘에 했던 대로 열국들 중에서 조롱거리가 될 것이다(49:14-12). 에돔은 벗은 몸을 보일 것이다. 마치 예루살렘이 그런 모습을 보인 것처럼 말이다(1:8을 보라).

22 화자는 에돔에 대한 자신의 말을 중단하고 예루살렘에 대해서 중요한 말을 한다. 에돔의 화가 막 시작하는 것일지라도, 예루살렘의 운명은 가장 열악한 지점에 이르고서 의미상 이제 회복되기를 시작한다. 모든 말을 언급한 후에 화자는 이제 예루살렘에 "처녀 시온아 네 죄악의 형벌이 다하였으니"(תם־עונך בת ציון – 땀 아보네크 빠트 치욘)라고 확신시킨다. 4:6에서처럼, "너의 죄악의 형벌"(עונך – 아보네크)이라 번역된 말은 문맥에 따라서 죄악, 죄악에 따른 죄책, 또는 죄악에 대한 형벌을 가리킬 수 있다(BDB, 730-31; *HAL*, 1:800-801을 보라). 현재의 상황과 유배의 끝의 대조가 이 구절에 나타나기 때문에 뒷부분의 두 의미가 정확하다고 볼 수 있다. 렌케마는 그 상황이 이 책에서 전혀 좋아지지 않았음을 지적함으로써 이에 동의하지 않는다(564-66). 렌케마가 고통이 계속되고 있고 새로움과 재건이 한밤중에 일어날 수 없다고 말한 것은 옳다. 삶과 사회의 더디고 힘든 재건의 기간이 이 책이 묘사하고 있는 황폐화를 아마도 뒤따랐을 것이다. 그러므로 이 경우에 대다수의 학자들을 대변하는 힐러스는 "소망이 아니라 선언적인 문장으로 이 소절을 읽어야 할

지라도 아직 이것은 시온의 구원에 대한 분명한 선언(참조. 예를 들어, 사 40:2의 '그녀의 죄악이 사해졌다')은 아니다. 그렇지만 그 말은 이 책의 다른 어느 말보다도 소망의 표현에 보다 가깝다. 도성의 함락과 유배의 시작으로 야훼의 진노의 홍수가 이미 발생했었다는 것을 인식한다. 에돔은 아직 아니다. 에돔의 심판의 날은 아직 발생하지 않았다"라고 말할 때 옳다([1992] 152-53). 5장은 그 민족의 잃어버린 신분과 야훼에게서 갖는 위치를 온전히 회복하기 위해서 하나님께 간구하는 일이 이 최초의 소망 위에서 세워질 것이다.

이 백성들의 벌이 이제 끝났기 때문에 주님은 "다시는 네가 사로잡혀 가지 않게 하실 것이다"(לֹא יוֹסִיף לְהַגְלוֹתֵךְ – 로 요시프 레학로테크). 이 어구에서 히필의 두 동사가 있는 것은 하나님이 이 유배에서 야기했던 것을 강조한다. 4:15b에서 화자는 열국들이 더 이상 자기들 영토에 예루살렘의 지도자들을 두지 않기를 희망한다고 진술한다. 하나님이 벌을 시작케 하신 것처럼 벌을 끝나게 하신다. 이제 소망이 구체적인 역사적 행태를 취하기 시작한다.

예루살렘의 새로운 시작과 대비되어, 에돔은 그들의 옛 라이벌이 겪었던 고통의 종류를 겪게 되기 시작할 것이다. 이제 "그[야훼]가 처녀 에돔에 벌을 가하실 것이다"(פָּקַד עֲוֹנֵךְ בַּת־אֱדוֹם – 빠콰드 아보네크 빠트 에돔). 빠콰드(פָּקַד)는 심판의 단락과 자주 관련한 어근이므로(BDB, 823-24을 보라), 이 은유는 하나님이 그 죄악을 벌하실 것임을 가리킨다. 예레미야 5:9, 29; 6:15 등등 외에 스바냐 1:8-9, 12; 2:7; 3:7이 보여주는 것처럼 말이다. 결과적으로 "그가 네 허물을 드러내실 것이다"(גִּלָּה עַל־חַטֹּאתָיִךְ – 낄라 알 핱또타이크). 예루살렘의 허물을 드러냄이 1:3에서 유배로 들어가는 일을 의미했던 것과 동일한 방식으로, 이 어구는 하나님이 에돔을 유배로 보내실 것임을 의미한다. 백성들의 죄를 드러내지 않으려한 예루살렘의 지도자들의 죄가 2:14에 따르면 예루살렘의 화로 이끌었던 것처럼, 에돔의 죄가 심판으로 이끈다. 이런 끝마침은 요엘 4:19-20(ET 3:19-21), 아모스 9:11-12, 그리고 오바댜 19-21절을 반영한다. 이 모든 본문들은 이스라엘의 갱신과 주님의 날의 맥락에서 에돔의 몰락을 강조하는 의미를 갖는다.

예루살렘과 에돔의 현재 상태의 대조가 이제 완성된다. 에돔은 그렇게 할 수 있는 동안 즐거워해야한다. 죄악으로 인해 야기된 에돔의 죄책이 곧 허물의 드러냄이나 커다란 고통과 치욕을 가져올 유배로 귀결될 것이기 때문이다. 한편으로 예루살렘의 상당한 고통은 줄어들기 시작할 것이다. 단번에 멈추어지지는 않을지라도 말이다. 최악의 상태를 넘겼다는 것은 작은 위로가 된다. 단지 소망의 시작에 불과할지라도 말이다. 이 태아적인 소망은 3:19-39에서 표현된 것과 형태상 유사하다. 거기서 화자는 하나님의 성품에 기초한 새로운 소망의 시작을 가졌는데, 여기서는 소망의 동일한 종류가 죄책에 관한 야훼의 벌이 멈추어졌다는 믿음을 발생시킨다.

해설

이 장은 한 화자(예루살렘)를 제외하고는 1-4장의 다양한 화자를 포함한다. 이 화자들은 개인적이고 집합적인 애가의 요소들과 장송곡의 양상들을 포함하는 이합체의 애가를 창출한다. 1장과 2장에서처럼, 화자가 바뀌는 것이 이 장의 구조를 특징짓는다. 3장은 오직 한 화자만을 특징지었으나, 그 화자는 모든 다른 목소리들과 더불어 이 장에 참여한다. 이 화법은 독자들에게 처음에 묘사를 통해서 그 다음에 약속을 통해서 새로움의 발단을 취한다.

2:11-19에서 처음 그리고 3장에서 다시금 나타났던 화자가 4:1-10에서 "내 백성들"이 당했던 끔찍한 궁핍, 특히 어린이들의 그룹에서의 궁핍을 강조한다. 이 궁핍은 음식, 아름다움 그리고 위험을 포함한다. 그 다음에 4:11-16에서 1:1-11, 17 그리고 2:1-10으로부터의 내레이터는 죄가 예루살렘의 삶에 가져다준 양상들을 묘사한다. 전처럼 이 화자는 발생한 일이 주님의 날의 일부라는 것을 강조한다. 그러고 나서 4:17-20에서 2:11과 3장(그의 화술은 예루살렘의 화를 자기 자신과 연관짓는 것으로 특징지어진다)으로부터의 일인칭 화자는 도성이 포위되었고, 왕이 어떻게 포로로 잡혀갔는지를 진술한다. 마지막으로 4:21-22에서 예언적인 화자는 주님이 이 백성들의 벌을 끝내셨고, 에돔의 벌을 시작시키셨음을 드러낸다. 이 계시는 행복한 시간이 즉시 뒤따르는 것을 의미하지 않고, 단지 최악의 상황이 끝났음을 의미할 뿐이다. 그럼에도 이 태아적인 소망은 그들이 미래가 있다는 감정을 불어넣는다. 이는 그들이 5장에서 하나님이 그들의 상황에 긍정적으로 응답하실 것을 기도하게 만든다. 4:21-22까지 화자는 고통이 멈춰지기를 기도한다. 5장에서 이 민족은 하나님과 이전의 관계로 회복되기를 위해 간구한다.

신학적으로 이 장은 구약성경의 주요한 주제들의 몇 가지를 제기한다. 첫째로 4:1-10에서 화자는 레위기 26장과 신명기 28과 같은 언약적 결과에 관한 단락과 일치하는 이 백성들의 고난에 대한 용어를 사용한다. 이 용어는 이 화자가 이전에 나타나는 2:11-19에서 발견할 수 있는 것과 유사하다. 둘째로 4:11-16에서 화자는 예언적인 문학에서 발견할 수 있는 것과 같은 주님의 날의 용어들을 사용한다. 물론 동일한 화자, 즉 내레이터가 1:1-11과 2:1-10에서 유사한 주제를 사용한다. 셋째로 4:17-20에서 화자는 도성의 함락과 다윗가에 동반해서 발생한 몰락을 강조한다. 이런 식으로 화자는 시온과 다윗가의 이미지를 교묘하게 연결하여 시온은 불가침이 아니며 다윗가는 감히 건드릴 수 없는 것이 아니라는 것, 즉 이스라엘이 들을 수 있었던 가장 처참한 소식을 논한다. 물론 사무엘하 7장과 열왕기상 8장은 이미 이 점을 다루었으나 이 백성들은 이 중요한 신학적 정보를 상기하지 않았다. 넷째로 4:21-22에서 화자는 예루살렘의 벌이 끝났다는 선언의 일부로서 반 에돔적인 예언의 이미지를 사용한다. 화자는 신명기 30:1-10과 같은 텍스트에 동의하여, 하나님이 궁극적으로 회개하는 이스라엘을 회복시키실 것임을 진술한다. 또한 그것은 이스라엘을 배반한 에돔과 여타 민족들을 비난하는 단락들과 연관이 있다. 이런 강조를 통해서 이 장은 애가서의 신학적 요약으로서 기능하고 구약정경의 나머지 부분들과 믿음을 일치시킨다. 그렇게 하는 동안에 어떤 식으로든 화자는 이 민족이 겪은 고난을 축소시키지 않는다. 이 책은 전문적인 기술, 이합체의 애가적 스타일, 그리고 신학적인 연속성을 적절히 조합하고 있다.

심판이 끝났기 때문에, 주님은 "유배로" 이 백성들을 "더 이상 유지시키지 않을 것이다." 새로움은 유배의 중단으로 시작될 것이고 그 다음에 백성들이 귀환하는 단계로 나아갈 것이다. 하지만 이 모든 활동은 돌연하게 일어나지 않는다. 언약이 깨어진 것이 오래 걸린 만큼 회복도 시간을 취하는 것은 이상하지 않다. 사실상 552 B.C.E.의 바벨론의 침략이 에돔과 관련한 예언을 성취한다면, 식별할 수 있는 진보가 나타나기까지는 수많은 세월이 흐른다. 여전히 유배의 끝은 예루살렘의 엄청난 구조로 나타나야 한다. 아마도 예루살렘은 신명기 30:1-10에서 발견할 수 있는 유배에서의 귀환과 관련한 약속이 실현될 것을 예상할 수 있다.

이 장이 끝날 때, 백성들은 이 장이 시작되었을 때보다 더 나은 미래에 대한 약속을 갖는다. 이와 관련한 예언적 화자는 예루살렘의 화, 특히 예루살렘의 자녀들의 화를 묘사했고(1-10절), 거룩한 심판의 완성을 선언했다(21-22절). 이 화술들 사이에서 내레이터는 발생했던 것들은 하나님의 날의 사례(example)였음을 재강조했다(11-16절). 구조는 어떤 식이든 그들에 대한 적대를 끝내시는 하나님의 결정으로부터 와야 한다. 이 장의 결론은 이 점과 일치한다. 3장에서부터 화자는 침략을 둘러싼 황폐화를 어떻게 견뎌냈는지를 다시 한번 묘사한다(17-20절). 그가 이미 3:19-39에서 하나님의 신실하심과 자비로운 본질을 고백했기 때문에, 심판의 끝은 전적으로 놀라움으로 그를 사로잡지는 않는다. 예루살렘과 이 모든 화자들은 주님을 찾고 주님이 은혜로 응답하실 것을 구하는 일에 한 목소리로 참여해야 한다. 그 시점에서 하나님과의 관계는 회복되고, 백성들은 하나님의 벌의 단순한 중단을 넘어서서 하나님과의 새로운 동행으로 나아갈 수 있다.

하나님이여 기억하소서(5:1-22)

참고문헌

Bergler, S. "Threni V—Nur ein alphabetisierendes Lied: Versuch einer Deutung." *VT* 27(1977) 304-20. **Brunet, G.** "La cinquieme Lamentation." *VT* 33(1983) 149-70. **Dobbs-Allsopp, F. W.** "Linguistic Evidence for the Date of Lamentations." *JANESCU* 26(1998) 1-36. **Driver, G. R.** "Hebrew Notes on 'Song of Songs' and 'Lamentations.'" In *Festschrift Alfred Bertholet*. Ed. W. Baumgartner et al. Tübingen: Mohr(Siebeck), 1950. 134-46. ______. "Notes on the Text of Lamentations." *ZAW* 52(1934) 308-9. **Ferris, P. W., Jr.** *Genre of Communal Lament.* **Fries, S. A.** "Parallele zwischen den Klageliedern Cap. IV, V und der Maccabäerzeit." *ZAW* 13(1893) 110-24. **Gordis, R.** "The Conclusion of the Book of Lamentations(5:22)." *JBL* 93(1974) 289-93. **Gottlieb, H.** *Study on the Text of Lamentations.* **Gous, I.** "Lamentations 5 and the Translation of Verse 22." *OTE* 3(1990) 287-302. **Jahnow, H.** *Hebräische Leichenlied.* **Johnson, B.** "Form and Message in Lamentations." *ZAW* 97(1985) 58-73. **Lachs, S. T.** "The Date of Lamentations V." *JQR* 57(1966-67) 46-56. **Linafeldt, T.** *Surviving Lamentations.* **O'Connor, K. M.** *Lamentations and the Tears of the World.* **Renkema, J.** "Does Hebrew *ytwm* Really Mean 'Fatherless'?" *VT* 45(1995) 119-22. **Rosenfeld, A.** "Aqrostikhon be-'ekhah pereq 5." *Sinai* 110(5752) 96. **Rudolph, W.** "Der Text der Klagelieder." *ZAW* 56(1938) 101-22. **Shea, W.** "The *qinah* Structure of the Book of Lamentations." *Bib* 60(1979) 103-7. **Wiesmann, H.** "Die Textgestalt des 5. Kapitels der Klagelieder." *Bib* 8(1927) 339-47. **Zenner, P. J. K.** "Thr 5." *BZ* o.s. 2(1904) 370-72.

본 문

1 여호와여 우리의 당한 것을 기억하시고	**1** Remember, O Lord, what has happened to us: (5+3)
우리의 수욕을 감찰하옵소서	have regard for and see our disgrace.
2 우리 기업이 외인에게,	**2** Our inheritance has been thrown down to strangers, (3+2)
우리 집들도 외인에게 돌아갔나이다	our homes to foreigners.
3 우리는 아비 없는 외로운 자식이오며	**3** We have become orphans, fatherless: (4+2)

우리 어미는 과부 같으니
4 우리가 은을 주고 물을 마시며
값을 주고 섶을 얻으오며
5 우리를 쫓는 자는 우리 목을 눌렀사오니
우리가 곤비하여 쉴 수 없나이다
6 우리가 애굽 사람과 앗수르 사람과 악수하고
양식을 얻어 배불리고자 하였나이다
7 우리 열조는 범죄하고 없어졌고
우리는 그 죄악을 담당하였나이다
8 종들이 우리를 관할함이여
그 손에서 건져낼 자가 없나이다
9 광야에는 칼이 있으므로
죽기를 무릅써야 양식을 얻사오니
10 주림의 열기로 인하여
우리의 피부가 아궁이처럼 검으니이다
11 대적이 시온에서 부녀들을,
유다 각 성에서 처녀들을 욕보였나이다
12 방백들의 손이 매어달리며
장로들의 얼굴이 존경을 받지 못하나이다
13 소년들이 맷돌을 지오며
아이들이 섶을 지다가 엎드러지오며

14 노인은 다시 성문에 앉지 못하며
소년은 다시 노래하지 못하나이다
15 우리 마음에 희락이 그쳤고
우리의 무도가 변하여 애통이 되었사오며
16 우리 머리에서 면류관이 떨어졌사오니
오호라 우리의 범죄함을 인함이니이다
17 이러므로 우리 마음이 피곤하고

이러므로 우리 눈이 어두우며
18 시온 산이 황무하여
여우가 거기서 노나이다
19 여호와여 주는 영원히 계시오며
주의 보좌는 세세에 미치나이다

20 주께서 어찌하여 우리를 영원히 잊으시오며
우리를 이같이 오래 버리시나이까
21 여호와여 우리를 주께로 돌이키소서 그리하시
면 우리가 주께로 돌아 가겠사오니

our mothers are like widows.
4 Our water for silver we drink; (3+3)
our wood for a price they bring.
5 By[a] our necks we are driven hard;[b] (3+4)
we are weary, and[c] we have no rest.
6 We have given (the) hand to Egypt, (3+3)
(to) Assyria to have enough bread.
7 Our fathers sinned; they are no more; (3+3)
we have carried their iniquities.
8 Servants rule over us; (3+3)
there is no one tearing (us) from their hand.
9 At peril of our lives we get our bread (3+3)
because of the sword of the desert.
10 [a]Our skin is wrinkled as by a furnace[a] (3+3)
from the burning heat of famine.
11 Women are raped in Zion, (3+3)
virgins in the cities of Judah.
12 Officials are hung up by their hands; (3+3)
the faces of (the) elders are not respected.
13 Choice young men bear (burdens) at the
grinding mill, (3+3)
and boys stagger under (loads) of wood.
14 The elders have ceased from (the) gate,
the choice young men from their music. (3+2)
15 The joy of our hearts has ceased; (3+3)
our dancing has been cast down into mourning.
16 The crown has fallen from our head; (3+5)
woe to us, for we have sinned.
17 Because of this our heart has become faint;
(5+4)
because of these things our eyes grow dim.
18 Because Mount Zion is desolate, (4+3)
jackals prowl in it.
19 You,[a] O Lord, reign forever; (4+3)
your throne (endures from) generation to
generation.
20 Why do you continually forget us? (3+3)
Why do you forsake us for so many days?
21 Restore us, O Lord, to yourself, and we shall be
restored.[a] (4+3)

우리의 날을 다시 새롭게 하사 옛적 같게 하옵소서	Renew our days as in times past
22 주께서 우리를 아주 버리셨사오며	22 even[a] though you have indeed rejected us (4+4)
우리에게 진노하심이 특심하시니이다	and have been exceedingly angry at us.

원문주해

5.a. 고틀리브(Gottlieb, *Study on the Text*, 69)와 여타 사람들은 명사 올(על, "멍에")을 전치사 알(על, "위에, 옆에")로 독법할 것을 주장한다. 알브렉손(Albrektson, *Studies in the Text and Theology*, 197-98)은 이런 변화는 문맥에서 불필요하다고 올바르게 지적한다.

5.b. 고틀리브(Gottlieb, *Study on the Text*, 69)와 드라이버(Driver, "Hebrew Notes," 142), 그리고 알브렉손(Albrektson, *Studies in the Text and Theology*, 198)은 모두 옛시리아어역의 "심하게 눌리다"가 통상적인 "쫓다"보다 닐따페누(נרדפם)에 대한 더 좋은 번역이라고 주장한다.

5.c. 70인경, 탈굼역, 그리고 벌게이트역은 모두 여기서 베로(ולא, "그리고 아닌[and not]")라고 독법한다. 그것들은 난해한 형태를 단순화시키는 것이지만 일리가 있다.

10.a-a. 몇몇 히브리 사본들은 복수의 "우리의 피부들"(עורינו – 오레에누)을 단수의 "우리의 피부"(עורנו – 오레누)라고 읽음으로써 주어와 동사가 수에서 일치하게 만든다(Albrektson, *Studies in the Text and Theology*, 199-200을 보라). 드라이버(Driver, *ZAW* 52[1934] 308)는 닉마루(נכמרו)를 언어적 의학적 증거에 기초하여 "주름이 지다"로 정의한다. 루돌프(Rudolph)의 *ZAW* 56, (1938) 121-22을 보라.

19.a. 70인경과 옛시리아어역은 베앝따(ואתה, "그리고 당신은")로 독법하지만 탈굼역은 맛소라텍스트와 일치한다. 의미상의 중요한 변화가 발생하지는 않는다.

21.a. 케레(Qere)는 모음을 나타내기 위해서 단순히 ה을 사용하는 베나슈바(ונשובה)라고 읽는다.

22.a. "하실지라도"("even though")로 끼 임(כי אם)을 번역하는 선택에 대해서는 22절의 주석을 보라.

양식/구조/배경

이 시가 이전의 시와는 다른 몇 가지 방식이 있다. 첫째로 이 시는 애가서의 다섯 시 중에서 가장 짧고 가장 적은 이합체 형식을 취하고 있다. 이 시는 한 소절의 22개의 구절로 구성되어 있어서 1-3장의 길이에 1/3 정도이고, 4장의 절반 정도의 길이를 형성한다. 이 시가 알파벳 문자와 동일한 수인 22개의 소절을 갖고 있을지라도, 알파벳의 순서를 따르지는 않는다. 이 구절의 수와 관련해서 베를린(116-17)은 "대부분의 주석가들은 이런 현상을 보고서, 이 장이 이 책의 다른 장과의 길이를 맞추려는 형태를 띠고 있는 것으로 시사한다. 하지만 그러할지라도 22개의 구절을 갖고 있는 장들이 시편들에 있을 뿐 아니라(시 33편과 103편), 21절이나 23절을 갖고 있는 많은 시들이 있다(예를 들어, 시 34, 38, 49편). 따라서 애가서 5장에서 구절 수는 우연일 수도 있다"라고 말한다. 이런 불확실성이 이 장의 길이의 목적에 대해서 존재한다. 둘째로, 이 장은 키나 운율의 균형 잡히지 않은(세 단어 다음에 두 단어) 소절 대신에 각각의 절반 소절에 세 단어로 균형 잡힌 소절을 주로 형성한다(서론을 보라). 이전 장들에서처럼 이 소절들에서 단어 수에 대한 절대적으로 설정된 패턴은 없다. 여전히 이 일반적인 패턴은 보다 분명한 평행어구, 보다 덜한 연속어구, 그리고 이전 장들보다 보다 적은 인위적인 평행들을 만든다(Provan, 124; Hillers, [1992] 161; Renkema, 576-80을 보라). 셋째로 이 장에는 화자가 바뀌기보다는 이 장에서 한 사람의 화자가 있을 뿐이다. 넷째로 그리고 세 번째 요지와 관련해서, 이 시는 이 책에서 가장 일관된 문학적 단편을 형성하는데, 그것은 매우 긴밀하게 공동적 애가 형태를 고수하기 때문이다.

이 시는 첫 네 장들과 전적으로 다르지 않다. 베를린의 관찰이 옳을지라도, 이 장은 다른 시들과 동일한 구절 수를 사용한다. 또한 하나님과의 회복된 관계와 결과적인 고통 해소를 위해 애통하고 간청하기를 계속한다. 그것은 그 요지를 만들기 위해서 이전의 장들 위에서 세워나가고, 이 책의 이전 부분들에서 발견한 주제를 포함한다. 따라서 이 장은 전반적으로 애가서에 적합하다. 이 장이 독특한 방식으로 그리하고, 또한 이것이 왜 그러한지 이 장이 애가서의 메시지에 어떻게 기여하는지를 결정하기 위해서 그 형태와 구조와 배경을 심사하는 것이 적절할지라도 말이다.

5장은 "전통적인 공동체 애가와 아주 유사한" 방식으로 전개되는 22개의 통상적으로 균형 잡힌 소절로 구성되어 있다(Westermann, 211). 군켈은 애가서 5장을 공동체의 불평토로의 노래의 목록에 포함시키고(*Introduction to Psalms*, 82), 이 시는 불행에 대한 불평, 이 상황을 바꾸어달라는 하나님에 대한 간청, 그리고 이 상황이 먼저 어떻게 초래되었는지에 대한 자아비판과 같은 요소들을 포함한다(88). 그는 "애가서 5장이 스가랴 7장에서 언급된 것과 같은 예루살렘의 파괴를 기억하는 절기 중에 불려졌을 것이다"라고 주장한다(88). 베스터만(211-13)은 군켈의 견해에 근본적으로 동의하며, 이 본문이 백성들을 기억해 달라는 하나님에 대한 간청과 서두의 호소(1절), 공동체의 불평토로(2-18절), 찬미의 문장(19절), 하나님에 대한 불평(20절), 두 번째 간청, 그리고 결론적인 질문(22절)을 포함하고 있다고 주장한다. 그는 특히 화의 묘사에서 장송곡의 양상들이 이 시에 영향을 주었다고 결론짓지만, 서두에 애곡하는 외침이 없다는 것은 이 시가 형태적으로 장송곡은 아니라고 믿는다. 게르스텐버거(Gerstenberger, [2001] 501-2)는 돕스-알소프(Dobbs-Allsopp, 140-42)처럼 형식, 구조, 그리고 장송곡의 역할에 관한 군켈과 베스터만의 결정에 동의한다. 이런 대표적인 양식 비평자들은 문맥에 대한 놀라운 일치에 상응하기에 이른다. 양식 비평이 출현하기 이전에 작품을 썼던 케일은 이 장을 세 부분으로 나눈다: 하나님이 예루살렘의 치욕을 감찰해달라는 간청(1절), 치욕에 대한 묘사(2-18절), 그리고 하나님이 이 백성들을 은혜로 회복시켜달라는 간청(19-22절). 그는 이 장의 화자가 무리의 "고통과 간청을 주님 앞에"(446) 두고 있다고 결론짓는다. 따라서 그는 후대에 양식비평학자들이 그러한 것처럼 이 시의 형식에 대해 사실상 동일한 결론에 이른다.

하지만 모든 애가서 학자들이 이 전문가들의 견해를 공유하고 있지는 않다. 예를 들어, 렌케마는 이 시가 집합적인 애가의 방식에 상응하는 집합적인 기도라고 제기하지만, 5장과 전형적인 집합적 애가 사이에 차이가 있음을 주장한다. 이런 차이점들은 통상적이지 않는 긴 불평토로의 항목, 성소나 예전에 대한 어느 언급도 없는 점, 구체적인 역사적 상황(예루살렘의 함락)과의 실제적인 연관성, 그리고 야훼에 대한 반성과 신뢰의 요소가 있는 점(586)을 포함한다. 렌케마는 이 텍스트가 새롭고 독특한 형태를 예배자들에게 제공하기 위해서 다양한 시의 유형에서 온 양상들을 조합하고 있다고 결론짓는다. 베를린은 적어도 부분적으로 렌케마에 동의한다. 그녀는 5장이 "제2성전 시대의 속죄하는 기도의 특질을 공유하고 있고 시편서에서 공동적인 애가와 부분적으로 유사한"(116) 기도라고 말하기 때문이다. 기도로서 애가서 5장에 대한 이런 강조는 헬라와 라틴의 일부 사본들이 이 시를 "기도"로 지칭하고 있기 때문에 고대의 전승을 따르고 있는 것이다.

렌케마가 이 장은 정확히 공동적인 애가 형태(그러한 정확한 형식이 실제로 존재한다면)를 따르고 있지 않다고 한 것은 옳을지라도, 이 시는 시편 44, 60, 74, 79, 80, 83편과 같은 공동적인 애가와 매우 유사하게 전개된다(Dobbs-Allsopp, 140을 보라). 그것은 화자들이 자기 자신에게 그리고 일인칭의 복수나 이인칭의 복수 형식으로 백성들에게 말하고 있고, 세부적인 불평토로가 있으며, 도움을 위한 결론적인 간구가 아주 명확하게 두드러진다(Kraus, 86을 보라). 이 시점에서 백성들은 함께 기도한다. 여기서 보충적이거나 경쟁적인 목소리는 없다. 이 시가 공동적인 애가로의 독특한 접근을 갖고 있을지라도, 그럼에도 불구하고 애가의 이 유형에 매우 가깝다. 22개의 소절들은 여전히 주요한 예술적인 목표가 철저성이라는 것을 독자들에게 상기시킬 만큼 충분히 이합체의 맛을 전달하고 있다.

이전의 결론으로 보건대, 이 장의 구조를 기술하는 것은 아주 단순하다. 하지만 마지막 구절을 해석하는 방식에 대해서는 논쟁이 있기 때문에 이 장의 논증의 흐름을 결정하는 것은 단순하지 않다. 첫 두 항목들은 매우 직설적이다. 1절은 하나님에게 "기억하시고", "관심을 가지시며", 이 백성들에 발생한 일들을 "감찰해 달라"고 요청한다. 따라서 1절은 매우 강력한 서두의 간청으로 확실히 기능한다. 그 다음에 2-8절은 백성들이 견뎠으며, 지금도 계속 참아내고 있는 화를 묘사하는데, 2-10절은 경제적인 빈곤을 강조하고, 11-14절은 사회적인 치욕, 심지어 학대에 집중하며, 15-18절은 사회적이고 정치적인 분열을 조명한다(Berlin, 116).

한편으로 19-22절은 해석자들에게 몇 가지 선택을 하게끔 하는데, 그것은 아래의 주석에서 언급된다. 미리 그 문제를 결정하는 위험을 무릅쓰고서, 19절은 야훼가 영원히 통치하신다고 고백하고, 20절이 주님이 오랫동안 그들을 왜 버리셨는지를 묻는 것으로 뒤따른다. 21절은 옛날의 관계를 회복할 수 있도록 야훼가 백성들의 회복을 야기하실 것을 촉구한다. 마지막으로 이 본문의 가장 논쟁적인 부분인 22절은 20절에 하나님의 주권에 대한 적극적인 진술과 21절에 회복된 관계를 위한 긴급한 청원에 뒤를 이어서 하나님이 이 백성에게 특히 화가 나셨을지라도 회복이 있게 되기를 소망한다. 도움의 구체적인 종류를 위한 간청에 상응하는 이 항목은 주님으로부터 한 마디의 말이 없으시지만 이 책을 신중하게 소망스러운 논조로 결론짓는다. 그렇지만 많은 주석가들이 이런 평가에 동의하지 않는 것은 불합리한 것은 아님을 주목하는 것이 중요하다. 언어적 데이터는 평가하기가 단순하지 않고, 5장이 보고하는 것처럼 그 상황이 나쁘다면 벌이 끝났는지를 모든 이들이 동의하지는 않는다.

이전의 장들과 달리, 5장에는 화자의 변화가 없다. 오크너는 공동체가 1-4장의 모든 화자를 대신하고 있다고 주장한다([2001] 1067). 이것은 사실일 수 있으나, 이전 장에서의 모든 화자들이 여기서 한 목소리로 합세하고 있을 가능성이 있다. 그렇다면 그들은 공동체를 대변하거나 전체적으로 공동체에 합세하고 있다. 이 문제에 관한 최종 결정과 상관없이, 연합된 목소리는 이전의 화자들과 일치한다. 이 목소리는 하나님만이 하나님이 야기하신 고통에서 구원을 가져올 수 있다고 결론짓고, 이 목소리는 고통을 표현하는 것으로 만족하지 않고 하나님과 민족의 필연적인 궁극적 화해의 목표로 나아간다. 이런 식으로 연합된 목소리는 모든 이전의 화자들의 일반적인 관점을 공유하고, 도성의 끔찍스러운 고통, 상당한 죄, 그리고 엄하시지만 자비로우신 하나님과의 관계와 같은 특별한 강조를 포함한다. 이 연합된 목소리는 고통의 중단만을 단순히 구하는 것이 아니라, 물론 그 필요가 중요하기는 하지만, 고통의 중단의 수단이 되는 하나님과의 관계 회복을 구한다.

4장의 양식/구조/배경에서 진술한 것처럼, 윌리엄 세아(William Shea)는 키나 운율이 이 소절들에서 3:2의 강조를 갖는 것처럼, 애가서는 3:2의 구조를 반영한다고 주장한다(*Bib* 60[1979] 103-7을 보라). 즉 이 책의 구조는 주요한 리듬이 그리하는 방식으로 "약화되고" 있다. 처음 세 장들은 각기 66소절을 갖고 있지만, 마지막 두 장은 44소절과 22소절을 각기 갖고 있다. 하지만 메시지의 약화나 소진이 아니라 이 책은 4장에서의 주제의 요약과 5장에서의 관점과 목소리에서의 일치를 향해 나아가고 있다. 우리는 이 책이 확고한 결론으로 나아가고 있다고 정당하게 주장할 수 있다. 백성들의 연합된 간청은 활발하고, 그 상황이 아마도 보증하는 것처럼 많은 소망이 가미되어 있다. 세아가 이 책의 전체를 창조적으로 연구하고 이 책을 전반적으로 옳게 다루고 있을지라도, 점점 약화되고 있는 것으로 이 책을 강조한 것은 이 주석이 취하는 접근이 아니다. 오히려 이 주석은 4장과 5장이 애곡, 참회, 새로움 그리고 구원을 향한 이 책의 경향을 결론짓는 방식을 강조한다.

모든 다섯 장에서 그러했던 것처럼, 지형적인 배경은 예루살렘이 바벨론에 함락된 후의 예루살렘(5:18을 보라)과 유다(5:1을 보라)가 확실하다(Kraus, 86-87). 이 장은 예루살렘이 심히 고난당하는 환경을 묘사한다. 유다는 정치적이거나 경제적인 자유가 없다. 예루살렘은 세상의 도성에서 정체성을 갖지 못한다. 성전은 파괴되어, 예배하는 일이 크게 손상되었다. 배고픔과 죽음이 모든 곳에 있다. 분명히 삶은 억압, 기아, 그리고 치욕으로 구성되어 있다.

이 시의 정확한 연대를 확정하는 것은 불가능하다. 연대의 추산이 폭넓게 다양하다. 존슨(Johnson)은 이 장이 애가서에서 "가장 오래된 부분"이라고 주장하면서, 1-4장이 5장의 22개의 절에 기초해서 "알파벳 형식의 작성으로" 추가되었다고 주장한다(*ZAW* 97[1985] 72). 고디스(Gordis, 127)는 "전례문이었던 5장은 구체적인 것보다는 형식적이었지만, 민족의 종속과 시온의 폐허의 길게 확장된 기간을 반영하는 것으로 보인다. 따라서 약 530 B.C.E.가 가장 좋은 연대일 것이다"라고 말한다. 도브-알소프는 언어적 증거는 애가서가 586-520 B.C.E. 사이에 작성되었던 것으로 보이고, 540-520 B.C.E.가 가장 그럴 법 하다고 생각한다(*JANESCU* 26[1998] 1-36을 보라). 베스터만은 5장이 예배의 유배 이전 형태로부터 넘어온 공동체 애가의 시의 확장이라고 제기한다. 예루살렘이 함락된 후에 유다와의 새로운 실제로 확장되고 적용되었으며, 이 책의 원래의 집합 속에 1, 2, 4장과 함께 확립되었다. 그는 이 장의 연대를 예루살렘이 망한 바로 직후로 정한다(Westermann, 219-20). 브루넷(Brunet)은 5장이 5:1-14과 5:15-22의 두 시를 합성한 것이라고 주장한다. 그는 첫 번째 시는 580 B.C.E.에 기원하고 두 번째 시는 570-540 B.C.E.에 기원한다고 여긴다(*VT* 33[1983] 149-70을 보라). 프로반(Provan, 7-19), 힐러스(Hillers, [1992] 9-10), 그리고 베를린(Berlin, 33-36)은 구체적인 연대를 정하는 것이 가능하다고 생각하지 않는다. 그러면서도 베를린(35)은 두 번째 성전의 건축이 이 책 저작의 최후 연대를 설정한다고 진술한다.

1-4장처럼 이 장은 587 B.C.E.에 예루살렘의 함락과 520-515 B.C.E.의 성전 재건 사이에 어느 시기에 작성된 것으로 적합하다. 진행 중인 사건을 묘사할 만큼 충분히 시간이 지나갔을지라도 – 묘사된 고통을 이스라엘 백성들이 얼마나 당하였는지를 정할 수는 없을지라도 – 성전 재건이 발생할 만큼 충분한 시간이 지나지는 않았다. 고통을 기억해야 하고, 기도/애가를 예배 시에 사용할 만큼 충분한 시간이 지났지만 – 상처를 받은 사람들이 하나님께 외치는 기도로 작성할 만큼 시간이 지났을지라도 – 그 기도가 응답을 가정하거나 기록할 만큼 충분한 시간이 지나지는 않았다. 힐러스가 말한 것처럼, 전체 책의 형태처럼 이 장의 형태는 "도성 함락에 관한 의례적이고 전통적인 묘사를 사용함으로써 의도적으로 보편화시키고 있다. 그 본질과 내용에 의해서, 발생한 일을 다큐멘터리적인 기록적 필름으로 취급하지 않게 하려 한다."

주석

1 1절은 하나님이 백성들의 상황을 이해하시고 그들을 위해서 행동해주시라는 강력한 간청을 제기한다. 이 간청은 이 시의 도입으로서 기능한다. 그것은 1:9c, 11c, 20, 그리고 2:20에서 발견할 수 있는 것과 같은 이전에 주님에 대한 요청과 아주 유사하게 들린다. 하지만 전반적으로 이 구절은 이전의 간청들보다 훨씬 더 강렬하다. 서두의 명령형(절박한 간청)인 "오 주님, 기억해주소서"(זכר יהוה – 제콜 아도나이)를 후반절에서 연이은 두 명령형이 뒤따르기 때문이다: "살피시고"(הבּיט

– 합뻬타), "보시옵소서"(וּרְאֵה – 우레예). 렌케마는 이 명령형이 "애가서 5:1을 구약성경에서 찾을 수 있는 가장 간절한 기도가 되게 만든다"고 지적한다(589). 주님이 기억하고 살피시고 보시기를 백성들이 원하는 것은 "우리의 수욕[수치]"(את חרפתנו – 에트 헬빠테누)인데 이 용어는 그들이 견뎌냈던 모든 일들의 요약으로 기능한다.

첫 번째 명령법은 애가서의 이전 부분과 이미 이 책에서 접근했던 시편에서 출원하는 이미지를 상기시킨다. "기억하다"(זכר – 자칼)는 1:7, 9; 2:1과 3:19, 20에 나타난다. 1:7의 경우에 백성들은 고난의 시간에 어떤 일이 있었는지를 기억하고, 그것을 하나님이 지금 상기하시기를 바란다. 1:9과 2:1에서 백성들은 미래가 어떻게 될지를 기억하지 못했기에 하나님은 언약의 백성들을 각기 기억하는 것을 거부하셨다. 이 현재의 기도는 이 백성들의 그러한 망각은 과거에 있었던 것이기를 바란다는 것을 가리킨다. 5:1의 이해에 보다 의미 있는 것은 3:19에서 화자는 야훼에게 자신의 고난과 방황을 기억하실 것을 요청하고, 3:20에서 그의 영혼이 그가 고난당했고 지금도 그가 계속 고난당하고 있음을 확실히 상기하고 있음을 보고한다. 사실상 5:1이 고난과 방황을 치욕/수욕으로 묘사할지라도 그것은 동일한 것을 요청한다. 이 모든 텍스트들은 여기에 요청된 기억은 근본적으로 "현재의 상황을 주지하시고 그것을 바꾸어 달라"는 것이지 "잊는 것을 멈추어 달라"는 것을 의미하지는 않는다. 하나님이 이 상황을 야기하셨기 때문에, 하나님이 일어난 일을 상기하시지 못하는 것은 불가능하다.

그 다음 두 명령법은 애가서에서만이 아니라 시편 74편과 89편에서도 사용된다. 이 양 시편에서 그 용어는 "조롱/치욕"(חרף – 하라프)과 연계해서 나타나고, 그것은 애가서가 이 텍스트들을 인용하고 있거나 이 모든 단락들이 공통된 주요 어구에서 작업했을 가능성이 있음을 말해준다. 1:11에서 두 명령법은 예루살렘이 하나님께 "내가 비천하오니 보시고…권고하옵소서"라고 구하는 곳에서 함께 나타나고, 반면에 1:12에서 예루살렘이 지나가는 행인에게 자기와 같은 고통을 당한 자가 있는지를 "생각하고/이해하고, 보아 달라"고 구한다. 예루살렘은 동일한 일을 2:20에서 야훼에게 구한다. 이 명령법들은 예루살렘이 하나님이나 다른 이들에게 요청하는 문맥에서, 그리고 전체 그룹이 한 목소리로 주님께 외칠 때에 나타난다. "감찰하옵소서"(ראה – 레예)라는 명령법은 예루살렘이 자신의 바람을 처음으로 발하는 1:9c에서 나타난다. 그렇게 보고 생각해달라는 것은 이 상황에 대한 분명한 이해를 가질 것과 그 상황을 바꾸어달라는 것에 상응한다.

2장에도 반영된 단락(그곳에서의 주석을 보라)인 시편 74편에서, 화자는 "대적자들이 어떻게 조롱하는지를 기억하고"(시 74:18; זכר זאת אויב חרף יהוה - 제콜 조트 오에브 헤레프 아도나이), 또한 "어리석은 자들이 온종일 당신을 얼마나 조롱하는지를 기억해 달라"(시 74:22 ESV; נבל כל היום זכר חרפתך מני - 나발 꼴 하욤 제콜 헤르빠테카 민니)고 야훼에게 간구한다. 이 명령법은 대적자들이 성전을 더럽히고 파괴했는지에 관한 묘사(시 74:4-8)에 뒤이어 나온다. 근접한 곳에서 "기억하다"(זכר - 자칼)와 "조롱하다"(חרף - 하라프)의 형태가 나타나는 것과 더불어 이는 시편 74편과 애가서 5장간에 연관성이 있게 해준다. 동일한 것이 애가서 2장에 반영된 또 다른 시인 시편 89편에 해당하는데(그곳에서의 주석을 보라), "기억하다"(זכר - 자칼)와 "조롱하다"(חרף - 하라프)가 거기서도 거의 근접하게 나타나기 때문이다. 시편 89:51-52에서(ET 89:50-51) 화자는 그 용어를 사용하여 이스라엘의 대적자들의 조롱을 하나님이 다루실 것을 구한다. 이는 5:1과 유사한 문맥이다.

애가서 5:1에서 백성들은 자신들의 상황의 간청의 심각성을 강조하기 위해서 치욕을 묘사하는 확실한 방법들과 더불어 다양한 표준적 명령법들을 사용한다. 그들이 이보다 긴급하고 솔직하게 말할 수 있다고 상상하기 어렵다. 그들이 "우리의 수욕"(חרפתנו - 헬빠테누)으로 의미하는 것은 이 시의 다음 항목에서 분명하게 나타난다. 그것은 그들이 당했던 일들을 길게 묘사한다. 이 백성들은 유사한 상황을 다루는 텍스트들에서 확신이나 태동하는 소망에 관한 간청/진술로 매우 인식할 수 있는 방식으로 주님에게 구한다.

2-18 이 긴 서술적인 항목은 몇 부분으로 나눌 수 있다. 베를린(116)은 이 항목을 세 가지 근본적인 부분으로 나눈다: 경제적인 빈곤에 관한 묘사(2-10절), 사회적인 수치와 쇠락에 대한 묘사(11-14절), 그리고 사회적이고 정치적인 붕괴에 관한 묘사(15-18절). 렌케마는 5:1-10을 두 부분으로 나눈다: 기업의 상실(1-4절)과 억압과 굶주림(5-10절). 그는 5:11-14이 더럽혀짐, 고난, 죽음 그리고 슬픔을 강조한다고 믿고, 5:15-18은 시온의 황폐화에 대한 슬픔을 조명한다고 제기한다(Renkema, 587-621). 이런 황폐화는 베를린의 더 커다란 구조적 구분과 잘 들어맞지만, 렌케마는 5:1을 이 시에서 분리된 부분으로 취급하지 않는다. 이런 묘사는 도성이 고통당하고 있는 것을 마지막으로 보여주고, 그 백성들이 주님의 날을 온전하게 경험했고, 지금은 그들이 보다 완화되어 취급을 당하고 있다는 마지막 증거로서 기능한다.

2 경제적인 손실은 땅과 집의 손실로 시작한다. 이 백성들은 "우리의 기업

[נחלתנו – 나하라테누]이 외인[נהפכה לזרים – 네헤프카 레자림]에게 돌아갔다/내쳐졌다"고 진술한다. 일반적인 용어로 이 전반부는 유다가 침략군과 그들의 약점을 먹이로 삼는 파렴치한 사람들에게 그 땅을 빼앗겼다는 것을 의미한다. 신학적인 용어로 첫 번째 말은 이스라엘이 하나님의 기업이라는 사실을 기억하게 만든다. 모세는 출애굽기 34:9에서 그와 같이 이스라엘을 삼으실 것을 기도하고, 하나님의 긍정적인 반응이 문맥에 가정되어 있다. 신명기 4:20에서 모세는 이 백성들이 하나님의 기업이라는 것을 그들에게 말하고, 신명기 4:21, 38에서 이 땅이 그들의 기업이라고 설명한다. 이 땅은 언약의 하나님과의 가까운 관계에 있음을 보이는 실제적인 증거다. 그 땅을 잃는 것은 백성들이 하나님의 기업이고 그 기업에 상응하는 복을 그들에게 주시리라는 강력한 진리를 상실하는 것을 의미한다. 이 상실을 던져짐이나 돌아간 것으로 묘사한 것은 당연하다. 예루살렘은 애가서 1:20에서 자신의 마음이 내쳐졌고, 애가서 3:3에서 화자는 하나님이 그 사람에게서 손을 내치셨고, 애가서 4:6에서 화자는 예루살렘의 내쳐짐이 소돔의 내쳐짐보다 더 나빴음을 진술하며, 이 백성들은 애가서 5:15에서 그들의 춤이 내쳐졌다/변하였다고 주장한다. 하파크(הפך)의 형태는 모든 종류의 내쳐짐의 감정과 육체적인 공격을 묘사하는 수단을 제공한다.

후반절은 파괴를 행하는 자들의 적대적인 본질을 강조한다. "외인"(לנכרים – 레노크림)이란 말은 중립적이거나 호의적인 용어가 아니다. 그것은 "대적자들의 공격이나 이방의 점령자"를 자주 대변한다. "이 외인들은 완전히 다른 배경을 가졌으며 자기들이 이스라엘 땅에서 행한 방식에 대해서 작은 민감성도 갖지 않았다"(Renkema, 592). 이들은 우호적인 이방인이 아니라 레위기 26장과 신명기 28에서 약속된 일종의 거친 대적자들이다.

[3] 예루살렘이 기업을 상실하고 위협적인 외인들에게 노출되었음을 묘사한 사람들은 가족의 파산을 묘사하는 것으로 이동한다. 다시 한번 이 텍스트는 역사적인 상황에서 생성되는 신학적 의미를 갖는다. 그 수가 얼마나 많든지 간에 전쟁과 유배로 아버지를 상실한 사람들을 정확히 "우리는 아버지가 없는 고아가 되었다"(יתומים היינו אין אב – 예토밈 하이누 엔 압)라고 진술한다. "고아"(יתומים – 예노밈, "외로운 자식" – 한글개역)란 말은 유동적이다. 그것은 양 부모를 잃어버린 자를 필연적으로 의미하지 않는다. 그러한 경우가 있을 수 있지만 말이다. 그것은 "아버지가 죽은 자"를 의미할 수 있는데, 그것이 여기서의 의미다. 이것을 부연하는 말인 "아비가 없는"(אין אב – 엔 압)이 분명히 해준다. 동일한 의미가 출애굽기 22:21과 신명

기 10:18에 적용된다(BDB, 450). 아버지가 없는 자나 아버지와 어머니가 없는 자를 공동체가 지켜주지 않는다면 아무도 변호해줄 자가 없다. 그러한 의존적인 사람들은 이스라엘 역사에서 일부 경우에 노예로 팔려갔을 가능성이 있다(왕상 4:1을 보라). 그들은 확실히 위험한 상태에 있었다(Hillers, [1992] 163을 보라).

많은 이스라엘 백성들이 이 본문이 설명하는 상황에 처해 있었다. 전쟁, 기근, 그리고 유배가 자녀들로부터 아버지를 빼어갔다. 이 이슈는 모든 이스라엘의 자녀들이 이런 입장에 있었느냐 아니냐가 아니다. 오히려 멸망 이후에 존재했던 분명한 상황 – 고아, 강력한 변호자가 없는 사람들 – 을 진술하고 있는 것이다(O. Kaiser, 193을 보라). 또한 더 이상 자기들의 왕이 통치하지 않고 그들을 보호해주지 않는다는 점에서 이스라엘이 "아버지"가 없다는 것도 사실이다(4:20을 보라). 모든 이스라엘이 그들을 이끄는 정치적인 아버지 없게 되었다(Budde, 105을 보라). 렌케마(593-98)가 주목한 것처럼, 설상가상으로 이 단수의 "아버지"는 이스라엘의 궁극적인 아버지인 야훼(호 11:1-4을 보라)가 그들을 외인들에게 넘겼음을 가리킨다. 그들의 언약의 아버지가 그들의 기업을 취소하고, 그들을 그의 기업으로 여기기를 거부하셨다(5:2을 보라). 분명히 그들의 생물학적, 정치적, 그리고 영적인 아버지를 잃어버린 이 백성들은 마치 "고아(아버지 없는 자)"와 같다.

그들의 어머니들이 있지만, 이 어머니들도 자녀들의 아버지의 상실을 느끼고, 마치 "과부와 같다"(כאלמנות – 께알마노트). 고아들처럼, 여기서 이슈는 여인들이 정확히 어떤 방식으로 과부가 되었느냐가 아니다. 그들의 남편들은 죽임을 당하거나 체포되었으며, 또는 어렵기 때문에 여인들이 단순히 버려졌을 수도 있다. 이 모든 가능성은 여인들을 "마치 과부와 같게" 만들거나 실제로 과부가 되게 만든다. 따라서 그러한 "과부들"은 역사적으로 존재했고, 이 묘사에서 형상화되고 있다.

과부됨의 지칭은 1:1이 예루살렘 자신에 대해서 말하고 있는 것과 평행을 이룬다. 따라서 유다의 도성이 여기서 언급되고 있을 가능성을 주목하는 것은 적절하다(Renkema, 596을 보라). 예루살렘처럼, 이 민족의 도성들은 남자, 여자 그리고 자녀들의 상실로 고통했다. 예루살렘이 그러했던 것처럼 말이다. 여기의 경우가 그러할 것이다. 이 도성들을 전쟁에서 있을 수 있는 수단들로 인해 가족의 구성원들을 상실하는 어미에 비교되었을 수 있었다. 루돌프는 예루살렘이 여기서 의미하고 있는 어미 자신일 수 있다고 주장한다(260). 아버지로서 하나님의 잠재적인 지칭과는 다르다할지라도, 백성들이 예배를 위한 중심점을 상실했음을 의미할 가능성이 있다.

"고아와 같은" 그리고 "과부와 같은"이란 유연한 용어를 사용한 것은 이 시가 독자들에게 다양한 개념과 감정을 불러일으키게 한다. 또한 그것은 사람들이 이 무서운 상황을 전체적으로 야훼에게 가져가서 기도하게 한다. 그들을 외인들에게 버려두셨던 하나님, 변호자가 없이 그들을 남겨두었던 하나님이 그들에게로 돌아오셔서 도우실 수 있다. 이 시가 전개될 때, 이것은 정확히 백성들이 궁극적으로 구하는 것이다(5:19-22을 보라). 야훼가 그들을 기업으로 인정하고 이 자녀들에게 다시 돌아오신다면, 그들은 그 기업을 빼앗은 적대적인 사람들에게 되찾을 수 있다. 이 "고아들"은 "아버지"로부터 그러한 보호를 필요로 한다(Provan, 126을 보라).

4 집, 기업, 또는 부모들의 지원이 없이, 이 사람들은 통상적으로 생각할 수 있는 고난을 당한다. 부모들이 물과 음식과 같은 기본적인 자원을 제공할 것으로 기대할 수 있는 보통의 자녀들과 달리, 이 자녀들은 스스로 먹을 것을 구해야 한다. 다른 이들의 것을 얻으려할 때 공짜는 없다. 실로 4b절에서 "값"(במחיר – 뻼힐)으로 번역된 용어는 부당하거나 포악한 가격을 가리킨다. 그것은 4a절에서 "은"을 강화시키고, 구약성경에서 자주 사악한 활동의 대가와 관련이 있다(BDB, 564을 보라). 4:1-10이 이미 언급했던 것처럼, 예루살렘의 자녀들은 어느 작은 도움도 기대할 수 없다. 그들의 세상 아버지는 그들을 도울 힘이 없고, 그들의 하늘 아버지는 이 땅의 아버지들의 죄로 인해 그들에게서 떠나가셨다. 그러므로 민족으로서 이 "자녀들"은 자신들이 고통을 당하고 있는 것을 하나님이 보시고 이전의 관계를 기억하실 것을 함께 외친다. 실로 하나님이 그들의 아버지라면, 그들은 그 용어의 가장 엄격한 의미에서 단지 과거일 수 없는 관계를 하나님이 상기하시도록 구하고 있다.

5 경제적인 화가 억압에 의해 더욱더 가중되고, 굶주림과 비참한 가난으로 이끈다. 다른 이들이 이스라엘의 기업과 땅을 취함으로써 남아 있는 사람들은 고국 땅에서 노예(또는 거의 그렇게)가 된다. 이 구절의 전반부는 번역하기가 난해하다(원문주해 5.a.와 5.b.를 보라). 여전히 그것은 멍에를 통해서 그들의 목이 짓눌려지고 있다(על צוארנו – 알 참바레누)는 의미를 분명히 생산한다. 하지만 이 어구는 힘든 벌을 묘사하는 단순히 구어적인 방식일 수도 있다(Provan, 127; Hillers, [1992] 163; Keil, 448을 보라). 이 구절의 후반부는 동정심이 없는 사람들이 이 백성들을 육체적인 한계를 넘어서서 일하도록 강요한다는 사실을 강조한다. 백성들이 그들이 행하도록 명해진 것을 힘써 행하는 동안에 매우 지쳐있음을 이야기할지라도(יגענו – 야가예누; *HAL*, 1:386을 보라), 그들은 어쨌든 계속해서 일해야 한다. 힘써 일함으로써 분명히 지쳐있을지라도, 쉼을 얻을 수가 없다(לא הונח לנו – 로 후

나흐 라누). 쉼이란 용어가 호팔(수동사역) 어근으로부터 출원하기 때문에 이 어구는 그들의 주인이 종속된 그룹(일꾼)에게 노동하는 동안에 쉬는 시간을 주지 않았다는 것을 가리킨다. 기업과 가족의 지원이 없이 이 "자녀들"은 엄한 주인의 혹독함에 좌우되었다.

6 이 구절은 해석자들이 몇 가지 도전적인 언급을 하게 만든다. 첫째로, 이 본문이 과거, 현재, 또는 둘 다를 가리키고 있는지를 결정해야 한다. 둘째로 "우리가 악수하다"(נתנו יד – 나탄누 야드, 손을 주다)란 어구가 무엇을 가리키는지를 결정하는 것이 필요하다. 셋째로 애굽(מצרים – 미츠라임)과 앗수르(אשור – 앗슈)란 언급이 문자적인지 비유적인지 그리고 이 이름들이 민족 자체를 의미하는 것인지 그 땅에 유배자들을 의미하는 것인지를 결정하는 것이 중요하다. 넷째로 "양식을 얻어 배불리고자 하였나이다"(לשבע לחם – 리시뽀 라헴)란 어구가 문자적인 진술인지 비유적인 진술인지를 결정하는 것이 필요하다. 각기 이 문제들은 사람들의 불평토로/간청의 본질과 관련이 있고, 또한 그들은 야훼가 그들에게 무엇을 행하시기를 원하는지와 관련이 있다. 이런 문제들은 각기 애가서의 전문가들을 서로 나뉘게 만든다.

첫 번째 문제와 관련해서, 이 백성들은 어떻게 이런 방식으로 고통을 당하게 되었는지를 진술함으로써 그들이 지금 느끼고 경험하는 것을 전달한다. 따라서 그들은 현재의 고난이 다른 민족들과 과거에 이루어졌던 빈약한 동맹에서 기인한다고 주장한다. 그런데 과거와 현재간의 강조를 결정하는 것은 필요하지 않다. 이 해석은 이전 본문들, 즉 1:2, 12, 19 그리고 4:17-20과 같은 본문들과 일치한다. 이 본문들은 위기 시에 그들을 구원할 수 없었거나 구원하지 않았던 동맹국들에 대한 유다의 의존과 협약을 강조한다. 빈약한 동맹을 선택했던 이 백성들은 지금 그들을 도울 수 있는 좋은 동맹국을 갖고 있지 못하다. 이전 사람들이 행한 과거의 선택들이 비참한 현재로 이끌었다. 동시에 현 세대가 인정하는 죄성은 그들이 부모들의 위치에 있었다하더라도 별다르게 행동하지 않았을 것임을 가리킨다.

그 다음 두 이슈들은 같이 살필 수 있다. "우리가 애굽 사람과 앗수르 사람과 악수하고"란 어구를 이해할 수 있는 두 방식이 있다. 이 어구를 이해할 수 있는 한 가지 방식은 위에서 시사했던 것처럼 과거에 외국 나라에 대한 정책을 언급하는 것일 수 있다. 즉 유다는 애굽과 앗수르와 같은 민족들과 동맹하여 손을 뻗쳤다(Kraus, 88; Rudolph, 261; Hillers, [1992] 163). 물론 그러한 외국 나라에 대한 정책이 이스라엘 역사에서 발생했고, 궁극적으로 이 민족들은 예루살렘을 돕지 않았다.

또 다른 선택은 그것을 백성들이 예루살렘을 도망해서 먹을 것을 얻기 위한 필사적인 노력으로 다른 나라로 갔다는 것을 시사하는 것으로 해석할 수 있다. 렌케마는 "어떤 유대인들은 자발적으로 유배를 당할 것은 선택했고, 스스로 외국의 권세에 자신들을 복종시켰다. 굶주림을 채울 음식을 충분히 얻을 목적으로 말이다"라고 주장한다(603-4). 그는 "바벨론의 위협적인 행위에 자극을 받는 많은 이들이 유다에서 이웃하는 나라인 모압, 암몬, 그리고 에돔으로 이미 도망했다(참조. 렘 40:11f). 안전과 음식에 대한 욕구가 예레미야 42:14 이하에도 언급되는데, 거기서 애굽은 '떡의 나라'라고 말한다"(604)고 부연한다. 렌케마는 이런 해석이 갖는 어려움은 여기서 "앗수르"가 나온다는 것을 인정하며, 애굽과 앗수르의 연관은 외국의 영토를 묘사하는 전통적인 방식이라고 결정짓는다(604). 케일도 이 구절은 현재의 고난을 가리키는 것이라고 결론짓고, 앗수르에 대한 언급은 바벨론을 언급하는 한 방식이라고 주장한다(449). 프로반은 본문이 백성들이 해외에 살고 있는 유대인이든, 외국인이든 간에 외부자들로부터 도움을 구해야 했다는 것을 가리킨다고 주장한다(128).

근본적으로 프로반과 일치할지라도, 베를린은 그 방식으로 좀더 진전시키는 주장을 제시한다. 그녀는 "애굽과 앗수르의 조합은 이전 시대의 현실적 정책에서 나온 의례적인 단어 조합(단어의 짝)이지만 유배 후 시대에서 상징적으로 사용되었다…나는 유배 중에 있던 유대인들이 유대에 남아 있는 사람들을 도울 수 있었다는 개념을 진지하게 취할 것이다. 하지만 프로반의 관찰에 의지하여, 나는 애굽과 앗수르가 거짓 동맹과 유배의 장소에 관한 상징이 되었다고 생각한다"(119). 이런 해결책이 문맥이 가장 잘 어울린다. 모든 데이터에 대한 가장 좋은 설명을 제공하기 때문이다. 예루살렘은 과거에 있었던 동맹으로부터 고통을 당하고 있었다. 이 백성들이 이 사실을 인식하고 있었다. 현재의 예루살렘의 자녀들은 음식을 위해서 해외로 나가야 한다. 그곳에서 그들을 패배시키고 과거에 그들을 돕지 않았던 동일한 사람들로부터 도움을 구하고 있다. 다시 한번 이 구절의 용어는 모든 관련된 역사적 가능성을 열어놓는다. 그것은 과거와 현재에 고난을 포함하기 때문이다. 네 번째 문제를 두 번째와 세 번째 이슈와 유사한 방식으로 해결할 수 있다. 분명히 "양식을 얻어 배불리고자 하였나이다"란 어구는 음식의 희소성과 높은 가격에 연유한 굶주림을 가리킨다(5:4을 보라). 동시에 그것은 정치적인 고난의 시대에 도움을 위한 이 민족의 노력에 대한 좋은 비유다(호 2:9-10[ET 2:7-8]). 이 말의 선택은 백성들이 직면한 문제가 매우 오래된 뿌리를 갖고 있음을 진술하게 만든다. 그들은 그들의 전 세대의 사람들에게 모든 비난을 두지 않고 이전 세대의 죄에 자기들의 죄를 포함시킨다.

7 과거와 현재를 연견하는 6절에 관한 이런 이해는 7절과 이웃하는 단락인 16절을 적절히 이해할 수 있도록 돕는다. 전문가들은 이 단락을 이해하는 방식에서 일치하지 않는다. 돕스-알소프는 현재 세대가 이전 시대가 행한 것 때문에 고통을 당하는 것에 대해서 하나님께 이 사실/불평을 아뢰는 것으로 5:7을 해석한다 (145-46). 오크너는 이에 동의하고 이렇게 말한다. "이전 세대는 확실히 집단적으로 죄를 지었지만 화자인 '아버지가 없는 고아들'(3절)에게서 이 벌은 확실히 과도하다. 그것이 그들 자신의 세대에게로 계속 이어지고 있기 때문이다. 조용히 그들은 내레이터, 시온의 딸, 그리고 죄가 그들의 삶의 끔찍한 상황을 설명해 준다는 이전에 나오는 강건한 한 남성의 신학을 저항한다. 이 시에서 그들은 회개를 표하지 않는다"([2001] 1069). 한편으로 프로반(128)은 구약성경이 한 세대가 다른 세대의 죄로 인해 고통을 당할 수 있음을 가르치지만(출 20:5), 동시에 구약성경은 그들이 이전 세대의 죄의 일부를 스스로 자기 것으로 간주하는 개인들의 고백을 담고 있다 (단 9:16을 보라)고 지적한다. 힐러스(Hillers, [1992] 164)는 유사한 접근을 시도하면서 5:7과 16의 논조는 자기들의 곤고한 시간에 대해서 부모들의 죄를 비난하는 이스라엘 백성들을 인용하는 예레미야 31:29과 에스겔 18:2과는 다르다고 지적한다. 베를린은 5:7과 16이 아버지나 자녀의 죄가 이 문제를 야기하였느냐를 강조하기보다 현재와 과거의 죄에 대한 벌이 계속되고 있음을 강조하고 있다고 믿는다 (120-21).

애가서 5:7은 5:16이 그러한 것처럼 역사적인 실제를 진술하고 있고, 이 두 진술들은 5장의 동일한 주요 항목에서 나타난다. 백성들이 "우리 열조는 범죄하고 없어졌고"(אבתינו חטאו אינם - 아보테누 하테우 베예남)라고 말할 때 역사적으로 옳다. 구약성경의 단락들은 수십 년간 수백 년간에 걸쳐서 발생한 이스라엘의 죄가 민족적인 재앙으로 이끌었다고 증거한다(왕하 17장; 렘 39, 52장). "죽었음"을 의미하는 단어인 아버지가 "더 이상 없다, 없어졌다"(אינם - 베예남)는 정당하다(창 42:12). 그들이 죽었고, 유배되었으며, 도망했기 때문이다(2:1-10; 4:1-16; 5:2-3). 백성들이 지금 참아내고 있는 것은 아버지의 사악함으로 추적할 수 있는 것도 사실이다 (אנחנו עונתיהם סבלנו - 아나흐누 아보노테헴 사바레누). 여기서 "담당하였다"(סבלנו - 사바레누)란 말은 이사야 53:4에서도 사용된 것처럼 대속적인 고난을 가리킨다. 그들은 다른 이들이 행한 결정으로 인해 고난을 당하고 있다. 또한 현 세대가 상당한 죄를 저질렀고 커다란 정치적인 실수를 저질렀다고 진술하는 것도 역사적으로 사실이다(예레미야서를 보라). 그들은 1:18-22, 2:20-22, 3:40-42과 일치하는 단락인 5:16에서 상당히 그렇게 고백한다. 전반적으로 이 책에서 백성들은 죄를 인정하고 오랜 기간과 짧은 기간의 죄를 망라하는 벌에 대한 고통을 표현하고 있다. 야훼로부터 어떤 죄를 사함 받든지 간에, 오랜 세대로부터의 죄일지라도 철저해야 한다.

8 지금까지 백성들은 기업의 상실(2절), 혈육적, 정치적, 영적 부모들의 상실(3절), 음식과 물의 부족(4절), 그리고 체포자에 의한 억압(6절)을 보고했다. 그들은 이전의 동맹이 현재의 화로 이끌었다고 인정했다(6-7절). 이제 그들은 "종들이 우리를 통치했다"(עבדים משלו בנו – 아바딤 마쉐루 바누, "종들이 우리를 관할함이여" – 한글개역)는 사실과 "그 손에서 건져낼 자가 없나이다"(פרק אין מידם – 뽀렉 옌 미야담)라는 이에 상응하는 사실을 한탄한다. 억압자의 손아귀는 핍박으로 이끌었고, 이 상황은 하나님이 간섭하시지 않는다면 바꿀 수 없어 보인다.

이 "종들"은 누구인가? 다양한 선택들이 제기되었다. 과거의 견해들을 조사한 케일은 이 용어를 일반적으로 바벨론(케일의 견해), 바벨론의 군사들, 바벨론이 선별한 통치자들(Hillers, [1992] 164과 Rudolph, 261은 이 입장에 동의한다), 그리고 이스라엘의 책임 하에 두어졌던 노예들(Keil, 450)을 가리키는 것으로 해석했다고 지적한다. 렌케마는 언젠가 유다가 통치했던 민족들, 에돔, 그리고 바벨론이 인정한 다른 민족의 통치자일 가능성을 부연한다(606-7). 프로반은 절대적으로 정확하게 이 그룹을 결정하는 것은 불가능하다고 말한다. 그는 "운명의 커다란 역전이 발생했음을 강조하기 위해서 이 장의 다른 구절들에서 분명한 바람들이 그 용어에 부분적으로 영향을 주었고, 결과적으로 영향을 받아서는 안 되는 경우일 수 있다"(129)고 적고 있다. 사용된 용어는 유다가 직면한 다양한 역사적 실제를 포함할 만큼 충분히 일반적이다. 바벨론은 확실히 그들을 지배했다. 바벨론이 선택한 통치자들(렘 40장을 보라)도 그들을 지배했고, 바벨론이 예루살렘을 괴롭힐 수 있도록 허락한 민족들이 그들을 역시 지배했다(렘 42장을 보라). 확실히 종들은 세력을 일으키고, 그 힘을 남용했다(이런 가능성에 대해서는 왕하 25:12을 보라). 사용된 용어는 모든 가능성이 작동하게 만든다. 그러므로 그 말은 기도에 포함된 모든 침범을 가리킨다.

바벨론의 이 무자비한 종들과 자기 유익을 추구하는 무도한 자들이 잘 설정되고 있다. 유다는 그들을 제거할 수 있는 방도가 없다. 궁극적으로 형제의 멍에를 벗게 될 것이라고 에서에게 아버지가 약속한 것(창 27:40; ופרקת עלו מעל צוארך – 우파라크따 울로 메알 찹바레카)과 달리, 예루살렘은 구체적인 소망이 없는 채로 있게 되었다. 하나님이 대적자들에게서 그들을 벗어나게 하셨다고 고백하는 시편 136:24에 예배자와 달리(ויפרקנו מצרינו – 바이프레퀘누 및차레누), 유다는 겉으로 보기에 구원자가 없다. 다시 말해서 이 백성들은 현재에 에서보다도 덜 소망스럽고 이전의 세대보다도 덜 은혜를 입고 있다.

9 4절은 설사 구할 수 있다 해도 물과 나무(섶)가 매우 비쌌다고 이미 진술하였고, 6절은 백성들이 양식을 얻기 위해서 멀리 가야했음을 지적했다. 이제 백성들은 자신들의 곤경에 대한 묘사를 확장시킨다. 그들은 "죽기를 무릅써야 양식을 얻을"(בנפשנו נביא לחמנו – 빼나프쉐누 나비 라흐메누) 수 있다고 주장한다. 그들의 존재의 위험스러운 상태로 보건대 그것은 예상하지 못했던 주장은 아니다. 하지만 다음 하반절은 덜 분명하다. 즉 하반절은 "광야의 칼"로 생명을 위협한다는 이유를 제시한다(מפני חרב המדבר – 밒빼네 헤렙 함미드빨).

이전 구절들에서와 마찬가지로 이 어구는 기본적인 해석에서 변화를 준다. 그것은 예루살렘의 거주자들이 생명에 기본적인 필수품을 얻기 위해서 자기 생명의 위협을 무릅써야 하는 필사적인 모습을 그리고 있다. 힐러스는 "칼"이 그 땅에 법과 질서가 없었음을 가리킨다고 생각한다([1992] 164). 크라우스(Kraus)는 열왕기하 13:20-21에서와 같은 자들인 약탈하는 강도를 가리킨다고 결론짓는다(89). 베를린은 "칼"이 신명기 28:22에서처럼 기근을 나타낸다고 믿는다(121). 렌케마는 이 절이 독자들에게 도성이 끊임없이 감시를 당하고 있었음을 상기시킨다고 주장한다(4:19을 보라). 따라서 백성들이 숨겨진 음식을 얻기 위해서 나갔을 때(렘 41:8), 적들에 의해 칼로 죽임을 당하였다(607). 이 어구는 이 진술의 진리를 뒷받침하는 이런 모든 가능성들을 망라한다. 그들은 다양한 근원에서 죽음에 직면하고 있다. 아마도 이전 구절에서 주목한 "종들"이 이런 종류의 "칼"을 사용하고 있을 것이다.

10 제한된 양식과 물로 인해 백성들이 굶주림과 관련한 육체적 손상으로 고통당했을 것이라고 이해할 수 있다. 슬프게도 그들은 "우리의 피부가 혹독한 시련(아궁이)으로 주름이 졌나이다"(עורנו כתנור נכמרו – 오레누 께탄눌 닠마루, "우리의 피부가 아궁이처럼 검으니이다" – 한글개역). 이 "아궁이"는 기근으로 인해 열을 받고 있다(מפני זלעפות רעב – 밒빼네 잘아포트 라압). 나실인이 4:7-8에서 굶주림으로 몸이 허약해졌던 것처럼, 이 백성들은 천천히 계속되는 기아로 죽음에 이를 정도로 손상을 입었다. 주름진 피부(원문주해 10.a.a를 보라)는 몸의 손실로부터 오며, 피부의 색깔이 퇴색됨은 영양실조로 인한 것이다.

[11] 경제적인 화가 끔찍할지라도, 그것은 예루살렘이 겪은 고통의 가장 고통스러운 유형은 아니다. 온갖 종류의 학대는 금전적인 것을 빼앗긴 것에서 오는 것과 관련한 화를 능가한다. 젊은 여인들, 젊은 남자들, 장로들, 그리고 관리들이 모두 치욕적인 곤경을 당하였다. 이 구절을 도성의 함락 시에 발생했던 일을 묘사하는 것으로 취급하는 것이 가능할지라도, 백성들이 현재의 일반적인 무법함을 묘사하는 것이 더 맞을 것이다(Hillers, [1992] 164; Berlin, 122; Renkema 609-10을 보라). 법이 시행되지 않음이 위험을 낳는다. 억압이 지배한다.

냉정하게 현실을 이야기하고 있는 백성들은 "대적이 시온에서 부녀들을, 유다 각 성에서 처녀들을 욕보였나이다"라고 보고한다. "욕보였다"(ענו – 아누)로 번역된 말은 "폭력과 치욕과 억압을 행사하는 일반적인 의미를 가지며, 이 본문에서는 남자가 여자에게 강제로 성행위를 하는 것을 가리킨다"(Reyburn, *Handbook*, 137). 이 단어의 형태는 창세기 34:2과 사무엘하 13:14에서 이 의미를 갖는다. 그것은 디나와 다말이 각기 강간을 당하는 본문들이다. 이런 상황이 만연해서 "시온에서"(בציון – 빼치욘) 그리고 "유다의 성에서"(בערי יהודה – 빼아레 예후다)를 포함한다. 여인들은 어느 곳에서도 안전할 수 없다. 1:4과 1:18에서처럼 일찍이 이 책은 이런 상황을 지적했다.

[12] 전통적인 지배 그룹도 안전하지 않기는 마찬가지다. 예루살렘의 "방백들은 그들의 손에 의해 매어 달린다"(שרים בידם נתלו – 사림 빼야담 닠트루). 손에 의해 매어 달리다는 의미와 관련해서 돕스-알소프(146)는 "5:12에서 매어달린 방백들의 이미지는 매어 달려 처형되거나(예. 창 40:19; 에 2:23), 말뚝에 찔림을 당한(예를 들어, 라키쉬[Lachish]의 포위를 묘사하는 앗수르 부조에서처럼, *ANEP*, 372, 373), 또는 쇠락의 수단으로서 그리고 생존자들에게 두려움을 주입시키기 위한 목적으로 시체를 (처형 후에) 밖에다 내걸은 것을 의미한다(예. 수 8:29; 삼상 31:10)"고 적고 있다. 왕자(방백)/관리들의 가장 최근의 쇠락은 이전의 쇠락을 뒤잇는다. 1:6에서 이 그룹은 목초가 없어서 혼절하는 사슴과 같았고, 2:9에서 그들은 열방들 가운데로 흩어졌다. 이제 그들은 어떤 이유에서든 억압자가 원하는 방식으로 심판을 받고 있다. 따라서 이 땅에 남아 있는 관리들이 해외로 흩어졌던 관리들보다 훨씬 더 고통스러웠다.

마찬가지로, "장로들의 얼굴이 존경을 받지 못한다"(פני זקנים לא נהדרו – 빼네 제케님 로 네흐따루). 이 동사형은 어근 하달(הדר, "존경하다")에서 나온다. 명사 하다라흐(הדרה, "꾸밈, 광채")는 1:6에서도 나타남으로 존경의 상실은 관리와 장로들의 화를 여기서 서로 연결짓는다. 1:19에서 예루살렘은 장로들이 혼절했던 것을 서술하고, 2:10에서 내레이터는 그들 중에 일부는 멍청한 침묵 속에서 땅에 앉아 있고, 4:16에서 내레이터는 그들이 흩어졌던 땅에서 자비를 얻지 못하고 있음을 진술한다. 지금 그들은 나이와 신분에 따른 존중을 받지 못하고 있다. 수치가 이 책의 주요한 주제다.

13 이전에 이 책에서 언급했던 다양한 그룹에 관한 보고가 계속된다. 여기서 "선별한 젊은이들"(בחורים – 빠후림, "청년" – 한글개역)과 "아이들/젊은이들"(ונערים – 우네아림)은 능력을 초과해서 짐을 진다. 이미 1:18은 젊은 여인들과 함께 아마도 군사들이거나 적어도 잠재적으로 군사들이 될 수 있는 선별된 젊은이들이 포로로 잡혀갔다고 진술했다. 예루살렘은 이 사람들이 이 성을 보호해줄 것으로 기대했지만(1:15), 그들 대부분이 거리 바닥에 넘어졌다(2:21). 남아 있는 사람들은 통상적으로 노예나 짐승들이 맡았던 일인 아마도 옥수수 방앗간(Provan, 131을 보라)에서 "맷돌을 갈고"(טחון – 테혼) 있다(Reyburn, *Handbook*, 139을 보라). 다른 젊은이들은 무게에 겨워 넘어질 때까지 나무를 수집한다(בעץ כשלו – 빠예츠 까샤루). 물론 그들 중에 많은 이들이 이미 혼절하여 죽었고(2:21을 보라), 선별된 젊은이와 같이 살아남아 있는 사람들은 혹독한 노동일을 하고 있다. 수치스러운 운명의 역전이 통일된 주제로 그 역할을 계속 행사한다.

14 이 구절은 한 항목(11-14절)을 결론짓고, 다음 항목(15-18절)에 대한 전환을 제공한다. 이 구절은 두 그룹, 즉 12절과 13절에서 나타나는 "장로들"(זקנים – 제케님)과 "선택된 젊은이들"(בחורים – 빠후림, "소년" – 한글개역)로 다시 돌아옴으로써 현재의 항목을 마감한다. 전자(장로)의 그룹은 "성문에 앉지 못하며"(שבתו משער – 밋샤알 샤바투), 후자(소년)의 그룹은 "그들의 음악"(מנגינתם – 민네기나탐)을 중단했다. 따라서 이 백성들은 젊은 여인들, 선별된 젊은 남자들, 장로들, 그리고 방백들(관리들)에게 일어났던 일의 보고를 완성한다. 이 책을 마감하는 시의 중요한 지점에서 백성들은 시온의 자녀들에게 더 좋은 일이 일어나지 않았음을 보고한다. 따라서 주님 앞에 그들의 곤경과 새로움을 위한 소망을 가져오기를 계속하는 것은 적절하다.

이 구절은 통상적인 일상생활이 실제로 전적으로 멈출 정도로 어떻게 쇠락했는지를 강조함으로써 다음 단락에 전환을 제공한다. 성문은 어떤 결정들이 행해지며, 업무가 실행되며, 백성들을 서로 만나며, 일부 환대가 이루어지는 곳이었다(Keil, 452을 보라). 노인들이 그곳에 앉아서 그들의 사회적 기능을 수행하고, 젊은이들이 거기서 노래로 즐거워하는 것은 자연스러웠다. 이 모든 자연스러운 활동이 중단되었다는 것은 도성이 더 이상의 일상적 활동과 행사, 그리고 통상적인 공동체 생활을 수행하는 자유를 갖지 못했음을 가리킨다(Berlin, 123-24을 보라).

15 어떤 분명한 진보가 보이는 것은 이 장에서 멀어 보인다. 예루살렘은 외부자들에게 넘겨졌고(2-3절), 완전히 무너지지 않았을 때 육체의 자양분은 매우 빈약하며(4-10절), 억압자들은 백성들을 무자비하게 통치했으며(11-13절), 공동체 생활은 중단되었다(14절). 이제 백성들은 통상적인 공동체 생활의 상실과 이 상실이 발생시킨 고통을 강조한다. 운명의 역전과 집단적인 수치가 15-18절을 특징짓는다. 희락(기쁨)이 그쳤고, 애통이 노래를 대신했고, 시온은 백성들의 감정적 상태만큼이나 황폐해져 있다. 전처럼 야훼만이 상황을 바꾸실 수 있는 유일한 소망이시므로, 그들은 그들에게 벌을 가하셨던 분에게 기도한다.

15절은 선언으로 시작한다: "우리 마음에 희락이 그쳤고"(שבת משוש לבנו – 샤밭 메소스 립뻬누). "그쳤다"(שבת – 샤밭)란 용어의 사용은 여기서 이 어구를 샤바투(שבתו, "그들이 그쳤다")가 지배적인 동사인 14절과 분명히 연결시켜준다. 14b절에서 음악이 그쳤고, 여기서는 희락이나 즐거움이 그쳤다. 하지만 이 구절에서 "희락"(שוש – 소스)에 대한 이유는 이전 구절에서 음악에 대한 경우와 동일하지는 않다. 거기서 음악은 아마도 다양한 경우에 행해진 음악을 일컫지만, 이 구절에서 희락은 아마도 본질적으로 예전적이다(Gerstenberger, [2001] 503). 렌케마(Renkema, 615)는 여기서 기쁨을 상실한 것은 호세아 2:13(ET 2:11)에서 경고했던 절기와 예배 시에 희락의 상실일 것임을 지적한다. 호세아의 단락이 이교의 의식을 언급하고 있을지라도, 실로 동일한 단어가 양 텍스트에서 사용되고 있다(삼인칭 여성 소유대명사). 퓨어스트(Fuerst)는 예레미야 25:10에서 예견된 희락의 상실에 대해서 유사한 언급을 한다(259). 그때에 아마도 이 구절은 예루살렘에 발생했던 것이 예언적인 경고에도 불구하고 발생했다는 것을 다시 한번 독자들에게 상기시키고 있을 것이다. 적절한 예배로 인한 희락은 결코 중단되어서는 안 된다. 예전적인 이미지가 이 구절의 하반절에서도 계속된다: "우리의 무도가 변하여 애통이 되었사오며"(נהפך לאבל מחלנו – 네흐빠크 레에벨 메호레누). 베를린은 이 구절의 전반절에 언급된 희락이 이제는 그것의 상실로 인해 애통으로 변해버린 성전에서의 절기적 축제를 가리킨다. 희락은 마음의 상태가 아니라 하나님의 임재하심으로 수행된 의식적 경험이다"(124)고 믿는다. 무도(춤)와 같은 희락과 연관된 의식들이 슬픔과 애통과 연관된 의식에 길을 내어주었다. 예루살렘의 상황은 이 책이 전개될 때 향상되지 않았다. 1:4이 시온의 도로가 어느 누구도 정규적인 절기에 나오지 않기 때문에 애곡하고 있다(דרכי ציון אבלות – 딸케 치욘 아베로트)고 진술하고, 2:6은 시온이 안식일과 절기를 잊었다고 지적하고 있기 때문이다. 이 단락들은 절기의 상실을 성전의 상실과 연관시킴으로써 종교적 삶은 공동체의 삶처럼 무익하다.

16 15절에서 한 번 더 분명하게 진술된 예전의 상실을 진술한 백성들은 18절에서 시온의 퇴락에 대한 확실한 진술을 향해 나아간다. 이제 백성들은 "우리 머리에서 면류관이 떨어졌사오니"(נפלה עטרת ראשנו – 나펠라 아테레트 로쉐누)라고 말한다. 베를린은 이 면류관이 다윗의 왕권이라고 믿는다. 그러므로 그녀는 이 구절이 왕권과 성전 예배의 상실을 슬퍼한다(124). 한편으로 렌케마는 면류관이 예루살렘과 도성의 벽 또는 시온의 성전일 것이라고 주장한다. 그때에 1장과 2장의 내용과 이 구절의 유사함으로 보건대, 그는 성전이 가장 좋은 선택이라고 결론짓는다(616-17). 애가서는 다윗 왕권의 상실보다 더 자주 시온의 상실을 확실히 애통한다. 물론 후자에 대한 관심이 4:20에서 직접적으로 나타날지라도 말이다. 크라우스(40)는 예레미야 13:18이 왕권의 상실과 이 민족의 도성의 상실을 연관짓고 있으므로 두 이미지가 여기에 의도되어 있다고 지적한다. 예루살렘의 황폐화는 도성, 백성들, 제의, 그리고 왕을 포함하기 때문이다.

백성들은 이 모든 고통을 야기했던 죄를 고백한다. 1:18-22에서처럼 죄책의 인정이 나타난다: "우리의 범죄함으로 인해 우리에게 화가 있도다"(אוי נא לנו כי חטאנו – 오이 나 라누 끼 하타아누, "오호라 우리의 범죄함을 인함이니이다" – 한글개역). 이 어구는 죄가 발생했고, 벌이 죄를 뒤따랐다는 이중적인 이해, 즉 1:5, 8, 14, 18, 22; 2:14; 3:42; 4:6, 13, 22을 특징짓는 이해를 포함한다(Wiesmann, 259). 그것은 예루살렘의 파괴에 관한 문제에서 하나님의 의를 단언한다(Weiser, 366). 렌케마는 오이 나(אוי נא, "오호라 우리에게 화가 있도다")가 여기서와 예레미야 4:31과 45:3(617-18)에 나타나고 있음을 주목한다. 예레미야 4:31의 본문에서 시온의 딸은 살육하는 자를 인하여 외치고, 예레미야 45:3의 본문에서 예레미야는 이해할 수 있을지라도 자기 개인의 상실에 대한 바룩의 자기 연민적인 불평을 인용한다. 이 텍스트는 독자들에게 예언적인 경고를 상기시킨다. 예루살렘은 주님의 말씀을 따라서 망했다(1:21을 보라).

이 책은 하나님이 언약 백성들이 행한 일로 인해 벌하셨다는 확신을 주저하지 않는다. 애가서는 오래전부터 선언된 주님의 날이 이스라엘에 임했다는 확신에서 결코 떠나지 않는다. 동시에 기도가 전혀 식지 않는다. 또한 애가서는 그들의 심판자이신 언약의 파트너와의 관계를 회복하기에 충분히 적절할 만큼 죄를 고백하는 끈질긴 결의를 유지한다.

17-18 17절과 18절은 15-18절의 다양한 요소들을 함께 묶어준다. 세 연속되는 반소절들(half-lines)이 설명적인 알(על, "왜냐하면")로 시작한다. 이 반소절의 첫 번째는 남성 단수 지시형용사(זה – 제)에 합세한다. 분명히 "이것은"(זה – 제)은 그들이 죄를 지었고 그들에게 화를 가져왔다는 사실을 언급한다(Hillers, [1992] 159을 보라). 이런 깨달음이 "우리 마음이 피곤하고"(היה דוה לבנו – 하야 다베 립빼누)라고 그들이 진술하게 만들고, 이는 하나님의 심판이 예루살렘을 "종일토록 곤비케 하셨다"(כל היום דוה – 꼴 하욤 따바)고 진술하는 1:13의 내용과 매우 유사하다.

두 번째 반소절은 복수 지시형용사(אלה – 엘레)에 합세한다. 절대적으로 확실하게 아는 것은 불가능할지라도, 엘레(אלה, "이것들")는 아마도 5:2-16에서 열거되었던 모든 것을 가리킬 것이다. 시온이 황폐화되고 야생 동물들이 거닐고 있다고 말하는 5:18이 이 재앙들을 요약한다. 1:16a가 유사한 구문을 담고 있기 때문에(על אלה אני בוכיה – 알 엘레 아니 보키야; Renkema, 619을 보라), "이것들은" 아마도 눈물로 인해 백성들의 "눈을 어둡게"(חשכו עינינו – 하쉐쿠 에네누) 만든다. 그렇다면, 그들은 예루살렘이 1장에서 그랬던 것처럼, 그리고 "그 남성"(화자)이 3장에서 그랬던 것처럼 여기서 울고 있다. 오크너가 주장한 것처럼([2001] 1070), 그들은 낙심하고 있으나 어느 소망도 보지 못하고 있지는 않다.

세 번째 반 소절은 요약적인 어절을 도입한다. 마음의 피곤과 눈의 어두움은 "시온 산이 황무하였기" 때문에 빚어진다(על הר ציון ששמם – 알 할 치욘 쉣샤멤). 이 사실이 이미 1:4, 13, 16; 3:11; 4:5에서 확정되었다. 시온의 황폐화는 백성, 궁전, 그리고 성전의 상실을 포함한다. 인간 활동의 전적인 결어를 강조하기 위해서 이 소절의 항목은 "여우/들개가 거닐고 있다"(שועלים הלכו בו – 슈아림 힐레쿠 보)는 개념으로 결론짓는다. 이 짐승들은 황폐화된 곳에 출몰하는 것으로 잘 알려져 있었다(겔 13:4). 매일 경험하는 그러한 끔찍한 경험으로 인해 백성들이 이런 슬픔을 표현하는 것은 당연하다.

19-22 이 마지막 항목은 희망적이지만 불확실한 논조로 이 책을 마감한다. 백성들이 하나님의 지속적인 권능과 권위를 고백하고(19절) 또한 회복하시고 새롭게 하시는 하나님의 능력을 인정하고 있다(21절)는 점에서 희망적이다. 하지만 하나님이 그들을 회복하실 것인지를 의문하면서(22절) 하나님이 아주 오랜 동안 그들을 버려두셨음을 통명스럽게 진술하고 있다는 점에서 불확실하다(20절). 이 책의 전반

에서 그러했던 것처럼, 이스라엘은 그들이 할 수 있는 모든 것은 죄를 고백하고 하나님의 권위를 인정하며, 그들의 고통을 표현하고 긴급하게 하나님이 그들을 구원하실 것을 간구하는 것임을 깨닫는다. 이 책의 메시지가 많은 형태를 취하고 있고, 또 독자들에게 많은 새로운 각도를 제시할지라도, 이 통일된 메시지는 모든 연속된 단위들에서 손상되지 않고 그대로 유지되고 있다.

19 백성들이 겪었던 모든 것들에도 불구하고, 그들은 하나님의 절대적인 주권에 대한 기본적인 믿음을 상실하지 않았다. 그들은 하나님의 진노의 범위와 오랜 벌에 대해서 의문하지만 "여호와여 주는 영원히 계시오며[אתה יהוה לעולם תשב – 앝따 아도나이 레오람 떼쉐브 통치하시며] 주의 보좌는 세세에 미치나이다"[כסאך לדר ודור – 끼스아카 레돌 바돌]"라고 여전히 주장한다. 케일이 지적한 것처럼, "주님이 지상에 거주함을 말하는 시온의 영광은 끝나지만 주님의 보좌는 영원히 지속한다"(453-54). 그는 하나님의 보좌의 영원한 본질이 "시편 102편 13절과 같은 거의 동일한 말에서 소망의 근거로 표현되었다"(454)라고 부연한다. 시편 102:13-13(ET 102:12-13)에서 시편기자는 하나님이 보좌에 앉으셔서 온 세대를 통해 기억하셨다고 고백하고(ואתה יהוה לעולם תשב וזכרך לדר ודר – 베앝따 아도나이 레올람 떼쉐브 베지크레카 레돌 바돌), 주님이 시온을 동정하실 것을 구하고, 마지막으로 시온에 동정을 베풀 시간이 되었다고 주장한다. 렌케마(623-24)는 시편 45:7-8(ET 45:6-7)과 93:2이 하나님의 보좌가 영원히 서있고, 전자의 구절은 하나님의 의를 강조한다고 지적한다. 시편 90편도 하나님이 영원히 존재하셨고(90:1), 하나님이 영원히 하나님이 되셨다고 주장한다(90:2). 이런 고백에 기초해서 시편기자는 하나님의 백성이 얼마나 고난을 당해야 하는지를 묻고 하나님이 그들을 은혜로 회복하시기를 간구한다(90:13-17).

그러한 평행 단락이 여기서 배경이라면, 이 구절은 주권적인 하나님에 대한 믿음에 기초한 결의된 기도를 강조하고 있다. 이 기도는 시간에 제약을 받지 않으시는 하나님이 시온을 위해서 행동하실 때임을 상기시키고, 반면에 하나님의 주권, 영속성, 그리고 의에 대한 믿음이 백성들이 언약의 하나님께 그들의 고통을 맡겨드리는 것에 초점을 맞추게 한다. 따라서 그것들은 시편 90편과 102편의 저자와 유사할 뿐만 아니라 2:11-19에 화자 그리고 3장의 "남성"과도 역시 유사하다. 고통에 대한 표현이 하나님의 고결하심에 대한 믿음을 소실하였음을 의미하지 않는다. 실로 백성들은 여전히 기도하고 있다는 것은 그들이 믿음을 버리게 하는 강력한 압박에 직면해서도 믿음을 확증하고 있음을 가리킨다.

20 백성들은 하나님의 무한성을 인식하고 있는 것처럼 자신들의 유한성을 인식하고 있다. 그들은 하나님이 왜 계속해서 잊으시는지를 의문하고(למה לנצח תשכחנו – 람마 라네차흐 띠쉬까헤누), 왜 하나님이 그들을 아주 오랜 날 동안 버리셨는가를 질문한다(תעזבנו לארך ימים – 따아즈베누 레오레크 야밈). 이런 강렬한 평행은 두 요소를 강조한다: 그들이 겪은 경험이 그토록 길게 된 일의 본질과 야훼와의 언약적 교제의 상실.

지속(לנצח – 라네차흐)에 대한 첫 번째 언급은 시편 74:1과 유사하다. 거기서 저자는 "오 하나님이여 왜 당신은 우리를 계속해서 버리시나이까"(למה אלהים זנחת לנצח – 라마 엘로힘 자나흐따 라네차흐)라고 묻는다. "왜, 어찌"(למה – 라마)와 "계속해서"(לנצח – 라네차흐, "영원히" – 한글개역)의 반복은 특히 두드러지는데, 양 단락에서 시온의 황폐화에 대한 강조가 있기 때문이다. 2장과 4장의 주석에서 지적했던 것처럼, 애가서는 여러 번 시편 74편을 언급하거나 적어도 공통된 어근 형태를 공유한다. 게다가 애가서가 알고 있거나 적어도 요소들을 공유하고 있는 것으로 보이는 또 다른 단락인 시편 89편도 이스라엘의 고난의 지속에 대해서 의문하면서 라네차흐(לנצח, "계속해서")를 사용한다(시 89:47[ET 89:46]을 보라). "아주 오랜 날 동안"(לארך ימים – 레오레크 야밈)이란 지속에 대한 두 번째 언급과 관련해서 렌케마는 이런 조합이 여기서와 시편 23:6과 93:5에 나타나고 있음을 지적하고, 그 다음에 이 어구는 "백성들이 끊임없이 고난의 날들을 겪는 일들의 연속"을 가리킨다고 주장한다(626). 첫 번째 언급은 계속된 행위에 초점을 맞추지만, 두 번째 언급은 그 행위와 관련한 고난에 초점을 맞춘다. 첫 번째 어구는 같은 사상이 들어있는 시들에서 유사한 질문들을 가리키고, 두 번째 어구는 첫 번째 표현을 강화시킨다.

이 구절의 두 동사는 백성들의 상실에 대한 언약적 본질을 강조한다. 이와 동일한 형태가 이사야 49:14에 나타나는데, 거기서 시온은 야훼가 자신을 버리고 잊으셨다고 진술한다(ותאמר ציון עזבני יהוה ואדני שכחני – 바또멜 치욘 아자바니 아도나이 바아도나이 쉐케하니). 이사야 49:15에서 야훼는 그의 사랑하심을 시온에 재확증시키신다. 따라서 그러한 진술들은 주님으로부터 긍정적인 반응을 얻을 것이 아마도 의도되어 있고, 이사야서에서의 평행 단락은 그러한 반응이 사실상 결과일 수 있음을 가리킨다. "잊었다"라는 말이 예레미야서에서 자주 나타나지는 않을지라도 "버렸다"란 말은 자주 나온다. 예레미야 2-6장은 이스라엘이 야훼를 버렸다고 반복해서 진술한다. 하나님의 백성들이 우상숭배로 말미암아 불충성함으로써 야훼와의 언약을 깨뜨렸다. 따라서 그들은 그런 행위로 인해 고통을 당할 것이다. 그러나 애가서의 이 시점에서 백성들은 자신들이 더 이상 불순종의 상태에 있지 않음을 보실 것을 간구한다. 그들은 그들의 잘못과 죄악, 그리고 하나님께 대한 그들의 의존을 깨닫게 되었다. 이런 깨달음에 준하여 그들은 이미 길게 주어진 벌이 얼마나 오래 지속되어야 하는지를 의문한다. 그들이 전과 같지 않으므로 하나님이여 어찌하여 벌을 주시기 시작하기 이전에 그들과의 관계로 돌아가지 않으시나이까?

21 베스터만(217)과 게르스텐버거([2001] 503-4)가 지적한 것처럼, 이 구절은 회복에 대한 분명한 간구를 형성한다. 하지만 이 백성들은 그들의 운명이 회복되는 것만을 단순히 구하고 있지 않다. 그들은 언약의 파트너인 하나님과 그들이 회복되는 것을 구하고 있다. 그들은 회복된 관계를 바란다(Berlin, 125). 그들은 주님의 날과 그에 따른 벌을 견뎌내었다. 그들이 하나님을 버렸음으로 하나님이 그들을 버렸다는 것을 깨닫고 있다. 그들은 시편 74편과 89편, 이사야 49:14-15과 예레미야 2-6장과 같은 언약적 텍스트들에서 발견할 수 있는 용어를 사용하였다. 이 모든 사실들은 언약의 회복에 대한 그들의 필요와 바람을 강화시킨다.

그들은 믿음의 간청과 고백으로 시작한다. 그들은 하나님께 "여호와여 우리를 주께로 돌이키소서"(השיבנו יהוה אליך ונשוב – 하쉬베누 아도나이 엘레카 베나슈바)라고 촉구한다. 이 어구는 에브라임이 "나를 회복케 하소서 그리하면 회복될 것이니이다, 당신은 나의 하나님의 여호와시기 때문이니이다"(השיבני ואשובה כי אתה יהוה אלהי – 하쉬베니 베아쉬바 끼 앝따 아도나이 엘로하이)라고 구하는 예레미야 31:18과 평행을 이룬다. 이 두 텍스트들은 하나님이 새롭게 하실 수 있음을 고백한다. 언약에서 하나님이 부당한 대우를 받은 당사자였기 때문이다. 관계를 계속할 수 있는지를 결정하는 것은 하나님께 달려 있다. 두 텍스트들도 하나님이 바라신다면, 이 백성들은 진실로 회복될 것임을 주장한다. 하나님의 주권은 이 장에서 의문시되고 있지 않다. 5:19이 이미 이 사실을 입증했다. 이 단락은 그들이 회개할 수 있도록 주님이 그들을 회복시키실 것을 구하지 않는다. 고백과 회개는 이미 발생했다. 남아 있는 것은 새로운 관계가 변화된 상황을 언제 이끌거나 기인하느냐다.

하나님이 그리 원하시면, 이 백성들은 과거에 있었던 상태에 있기를 바란다. 그들은 하나님이 "옛적 같게 우리의 날을 새롭게 하시기"(חדש ימינו כקדם – 핟떼쉬 야메누 께퀘뎀)를 바란다. 날의 새로움은 이전 구절에서 언급했던 오랜 동안의 버림과 날카롭게 대조된다. 이 백성들은 이 책에서 많은 역전된 상황을 경험했고, 그들은 한 번 더 그것을 원한다. 이번에는 오래 전에 선언된 심판을 경험하는 것이 아니라(2:17을 보라 – אשר צוה מימי־קדם, – 아쉘 치바 미메 퀘뎀, "옛적부터 선언된"), 그들이 소중한 것들을 누렸던(1:7을 보라－כל מחמדיה אשר היו מימי קדם － 꼴 마하무데 하 아쉘 하유 미메 퀘뎀, "옛날에 있었던 모든 소중한 것들") 때로 되돌아가는 운명의 역전을 원한다. 새롭게 됨은 잊어버림과 버림의 끝을 의미한다.

22 이 마지막 구절은 서두절 때문에 그리고 그것이 이 책의 결론에 어떻게 영향을 미치느냐 때문에 상당한 논의를 불러일으켰다. 예레미야 31:31-40에서 새 언약의 약속 그리고 다른 오랜 기간의 복으로 이끄는 단락인 31:18에도 나타나는 소절을 따라 백성들은 자신들을 회복케 하실 것을 주님에게 구했다. 22절에서 그들은 수수께끼 같은 끼 임(כי אם, "할지라도"["even though"])으로 시작하고, 그 다음에 쉽게 이해할 수 있는 용어법으로 끝난다: "당신은 실로 우리를 버리셨고, 우리에게 심히 화가 나셨나이다"(מאס מאסתנו קצפת עלינו עד מאד － 마오스 메아스따누 콰차프따 아레누 아드 메오드).

알브렉손(Albrektson, *Studies in the Text and Theology*, 205-7)과 고르디스(Gordis, 196-98)는 끼 임(כי אם)을 번역하고 해석하는 선택들에 대한 탁월한 요약을 제시했다. 다른 가능성들을 설명할 수 있을지라도, 아마도 다음의 개요가 그 문제를 거의 묘사할 것이다. 첫째로 70인경과 옛시리아어역이 임(אם, "한다면"["if"])을 번역하고 있지 않기 때문에 이 용어를 삭제해야 하는 것이 가능하다. 한편으로 이 두 번역들은, 실제로 애가서의 모든 주석가들이 공감할 수 있는, 난해한 어절에 대해서 할 수 있는 한 가장 좋은 의미를 만들려는 시도일 것이다. 둘째로 이 어구는 "없었다면"("unless")을 의미할 수 있었다. 이 어절을 포함하는 텍스트들(예를 들어, 창 32:27; 레 22:6)이 그런 의미를 갖고 있기 때문이다. 이런 결론이 갖는 문제는 이 모든 텍스트들이 그 어절 이전에 부정의 불변화사를 포함하고 있으므로, 5:22은 이 패턴에 적합하지 않다는 사실이다(Gordis, 197; Hillers, [1992] 160을 보라). 이 사실이 베스터만(217-19)과 알브렉손(*Studies in the Text and Theology*, 206-7)이 이 의미가 여전히 가장 자연스러운 선택이라고 결정한 것을 저지하지는 못한다. 케일은 이런 접근에 변화를 준다. 그는 이 어절이 부정적이지만 가정적인 상황, 즉 "그것의 실제적인 출현이 전혀 문제가 되지 않는 것"(454)을 도입한다고 믿는다. 셋째로 어떤 번역들(예를 들어, RSV)은 이 어절을 질문으로 바꿨다: "당신이 그러한가?" 이런 번역은 어절을 의미 있게 하려는 시도로 보이지만, 이 어절이 질문을 도입하는 것으로 결론지을 구문론적인 이유는 없다. 넷째로 힐러스는 이 어절을 역접으로 읽어야 한다고 결론짓는다("하지만, 오히려"; Hillers, [1992] 160-61을 보라). 이런 독법에서 그 어구는 백성들이 새로움을 위해 기도했다(21절)는 것을 의미하지만, 그들이 현재에 받은 것은 거부와 하나님의 진노가 계속되고 있다는 것이다(22절). 그러므로 이 구절은 5:21과 모순을 일으키지 않는다. 오히려 그것은 그 사실을 더 분명하게 한다: 이스라엘은 하나님과의 회복된 언약적 관계와 모든 관계의 혜택을 바라지만 그러한 일은 아직 일어나지 않았다. 다섯째로 고르디스(198)는 끼 임(כִּי אִם, "할지라도"["even if, although"])으로 번역되어야 한다고 주장한다. 그는 예레미야 51:14, 이사야 10:22, 아모스 5:22 그리고 애가서 3:32-32에 어절의 용법과 5:21-22과 시편 89:51-52과 유사한 본문들의 구조에 그의 결정을 기초한다. 그때에 그는 이 구절의 동사들을 대과거로 번역해야 한다고 결론짓는다. 그러므로 그는 5:21-22을 "오 주여 당신 자신을 우리에게로 돌리소서, 그러면 우리가 회복될 것이니이다, 당신이 우리를 심히 미워하셨고(had despised), 우리에게 매우 화가 나셨을지라도(had been) 우리의 날을 옛날처럼 새롭게 하소서"라고 번역한다. 여섯번째로 리나펠트(Linafelt, *Surviving Lamentations*, 60)는 이 어절이 "하지 않았다면"("unless")을 의미한다고 주장하는데, 이는 이 책이 하나님으로부터 아무런 말이 없는 점점 사라짐을 뜻한다. 그러므로 이 책은 열려진 종지의 "결론"이 있다. 베를린은 "이런 해석은 현대의 독자들에게는 공감이 가지만, 고대의 저자들에게는 너무 현대적일 것이다"라고 지적한다(126). 일곱 번째로 베를린은 이 어절을 "전에 진행되었던 것과는 반대의 제한적인 의미로" 독법해야 한다고 결론짓는다(125). 이런 독법은 사람들을 곤란케 하는데, 그들이 바라던 것과 반대로 하나님이 행하셨다고 진술하는 것이기 때문이다. 그러한 해석은 22절 다음에 21절을 반복하거나 두 구절들을 전치시키는 유대인의 관습이 배후에 있을 것이다(Wiesmann, 264-67을 보라).

이런 가능성을 분류하고 가장 좋은 선택을 결정하는 일은 결코 단순한 일이 아니다. 이런 가능성의 몇 가지는 GKC §163에 나오는 문법적인 선택들을 반영하고 그들 중 몇몇은 문맥의 지지를 어느 정도 받는다. 그럼에도 불구하고 이 문제에 관한 한 가지 결론에 이르는 것이 필요하다. 첫째로 구문론적인 지지를 받지 못하는 선택들, 말하자면 이 구절을 의문문이나 열린 진술로 취급하는 것과 같은 선택들은 제하여야 한다. 이런 주장들이 완전히 근거가 없는 것은 아닐지라도 말이다. 둘째로, 이 단락이 결여하고 있는 요소들을 필요로 하는 구문론적인 선택들도 제하여야 한다. 가장 중요한 삭제는 "하지 않는다면"("unless")이란 가능성을 삭제하는 것이지만, 이전에 부정어 불변화사가 없는 것에 좀더 무게를 두어야 한다. 셋째로 헬라어역과 시리아어역의 생략이 의미가 있다할지라도, 이 단락은 보다 난해한 독법을 오리지널한 것으로 여기는 주요한 사례일 것이다. 또한 이 어절이 3:21에 나타남으로 이 책 자체가 이 용어 사용의 선례를 제공한다. 넷째로 5:21-22이 아마도 발생하지 않을 수 있는 가정적인 상황을 설정하고 있을 수 있을지라도, 본문이 이런 전략을 사용하고 있지 않는 것으로 보인다. 이 책은 실제에 아주 확고하게 내려져 있어서 그러한 전략으로의 전환이 발생하였는지가 의문스럽다. 다섯 번째로 유사한 이유로, 이 책이 벌하시는 하나님의 결정과 불화하는 백성들로 끝나고 있을 것 같지 않다. 문제는 이 백성들이 그들의 고백이 하나님이 공감하시기에 충분하였다고 믿고 있기 때문에 구조가 없음을 분개하고 있는 것이 아니라, 그들이 언약적 관계를 회복하기 위해서 무엇을 더 해야 하는지를 의문하고 있다는 점이다.

힐러스와 고디스는 가장 좋은 가능성을 제시한다. 힐러스가 이 구절을 단순히 "하지만 (이 시점에서) 당신은 우리를 버리셨고, 당신은 우리에게 매우 화가 나있으셨나이다"([1992] 160-61)라고 읽는 것은 올바르게 관찰하고 있다. 따라서 백성들은 현 상황의 변화를 요청하고 있다. 끼 임(כי אם)이 "심지어, 그렇지라도"("even, although")를 의미한다는 고디스의 주장은 세 가지 이유로 인해서 훨씬 더 좋은 해결책이다. 첫째로 그것은 이 백성들이 기도하고 있다는 힐러스의 견해를 유지하는데, 하나님의 궁극적인 은혜에 대한 믿음을 보일지라도, 그들의 현 상황을 백성들이 진술케 만들기 때문이다. 둘째로 그것은 3:32의 동일한 어구의 그럴법한 의미와 일치한다. 거기서 화자는 백성들이 지금 경험한 것과 그들이 궁극적으로 경험할 것 사이에 대조를 설정한다. 그는 하나님이 영원히 벌하시지 않을 것임을 주목하고 (3:31), "저가 비록 근심케 하시나 그 풍부한 자비대로 긍휼히 여기실 것임이니라"(3:32)고 진술한다. 따라서 5:22을 "당신이 참으로 우리를 버리셨고 우리에게 심히 화가 나셨을지라도"로 독법할 수 있을 것이다.

셋째로 이런 선택은 고르디스가 인용한 단락에 용어의 용법과 일치한다(렘 51:14; 사 10:22; 암 5:22). 이 모든 텍스트들은 형태의 역전을 표현한다. 그러므로 다른 가능성들이 확실히 실행 가능할 수 있을지라도, "할 수 있을지라도"("even though")란 번역이 가장 좋은 선택이다. 그러나 이런 결정이 동사들을 대과거로 번역하는 고르디스의 논증이 설득력이 있음을 의미하지는 않는다.

완료시제동사가 뒤따르는 부정사 절대형을 사용함으로써 백성들은 하나님이 그들을 버리셨다(מאס מאסתנו – 마오스 메아스따누)는 것을 강조적으로 진술한다. 이 동사는 언약적 의미를 갖는다. 대부분이 애가서 1, 2, 4장과 평행을 이루는 레위기 26:15에서 야훼는 율법을 버린 것이 레위기 26:16-39에서 요약된 언약적 저주의 고통으로 이끌 것임을 경고하신다. 예레미야 6:19은 이스라엘이 하나님을 배격했고, 그것이 예레미야 6:30에서 하나님이 이스라엘을 배격하는 것으로 이끈다고 말씀한다. 유사하게 예레미야 14:19에서 선지자는 하나님이 이스라엘을 영원히 버리셨는지를 묻는다. 레위기 26:44-45은 이미 이 질문에 반응했다. 언약의 저주가 임한 후일지라도, 주님이 완전히 그 백성들을 버리지 않으실 것임을 말씀하고 있기 때문이다. 오히려 하나님은 언약을 기억하시고 그들의 하나님이 되실 것이다. 마찬가지로 예레미야 31:37, 33:24, 33:26은 하나님이 한동안 이스라엘을 버리셨을지라도 이스라엘을 완전히 버리시지 않을 것임을 알린다. 이 백성들은 하나님이 선택한 미래의 시간에 이런 유기를 주님이 바꾸실 것임을 기대할 수 있다.

백성들이 현재에 겪고 있는 하나님의 진노에 대해서 이와 상당히 동일한 말을 할 수 있다. 유배의 과정이 끝났을지라도(4:22), 많은 고난이 여전히 상존하고, 이 고난은 하나님의 계속된, 지극하고, 정당한 진노의 결과인 것으로 설명할 수 있다. 하나님의 진노에 대한 묘사와 새로움에 대한 간청은 이사야 57:14-21과 유사하다. 이사야 57:14-21에서는 주님이 겸손한 자를 소성케 하실 것임을 말씀하시고(사 57:15), 하나님이 무한히 진노하시지 않을 것임을 제기한다(사 57:16: לנצח אקצוף ולא – 베로 라네차흐 에크쾌쵸프). 오히려 그는 치신 자들을 치유하실 것이다. 사악한 자들에게는 평강을 주시지 않을지라도 말이다(사 57:17-21). 이 백성들은 하나님의 성품에 관한 이런 종류의 설명에 기대한다. 이런 방식으로 5:22은 하나님의 엄하심이 그의 주요한 성품이 아니거나 이스라엘과의 관계에서 마지막 단계가 아니라는 3:19-38과 유사하다. 이 과정이 얼마나 걸릴지 몰라도, 백성들의 간청은 그들이 언약적 관계가 회복될 수 있고 회복될 것이라고 믿고 있음을 가리킨다. 하지만 하나님이 스스로 그들을 회복시킬 것을 결정하셔야 한다. 애가서에서 이스라엘의 많은 고백은 그들의 믿음을 가리키고, 그들의 믿음 없음이 장기간에 걸친 그들의 벌로 이끈 언약의 위반을 야기하였다. 그들은 심판이 닥쳤을 때처럼 이제 새로운 갱신이 역시 찾아올 것임을 소망한다. 레위기 26:44-45, 이사야 57:14-21, 예레미야 31-32과 같은 단락들은 사악한 자들을 회복시키지 않을 것임을 알려주므로, 백성들은 그들이 믿기에 벌을 야기하였던 죄에서 돌이키기 위해서 할 수 있는 모든 일을 하면서 하나님의 손에 그들 자신을 맡긴다.

해설

많은 면에서 이 장은 설명하기에 가장 단순하다. 특히 이 단락의 형태를 고려한다면 말이다. 이 단락은 대단히 직설적인 공동체 애가로서 전개된다. 그것이 서두의 선언(1절), 화에 대한 묘사/애통(2-18절), 그리고 언약적 관계의 갱신을 위한 간청(19-22절)을 포함하고 있기 때문이다. 동시에 마지막 네 구절은 상당한 논쟁을 불러일으켰다. 이미 이 사실을 이전의 주석에서 설명했다. 이 책 전체의 일부로서 취해진 이 장은 애가서의 목적과 메시지를 요약한다.

서두의 간청(1절)은 2:11-19와 3:48-66이 백성들이 행할 것을 권면하고 있는 바로 그것을 직접적으로 하나님께 아뢴다. 1:12-16에서 그러했던 것처럼 이스라엘의 치욕이 이 구절의 핵심에 있다. 전체 책이 고백하고 있는 것처럼, 오직 하나님만이 이 치욕을 제하실 수 있다. 이스라엘의 미래는 하나님의 손에 전적으로 달려 있다.

이스라엘의 화에 관한 묘사도 이전의 이미지를 상기시킨다. 이스라엘은 침략에 의해 초래된 경제적인 빈곤과 땅의 상실로 고통을 당하고 있다(2-10절). 그러한 황폐화와 억압의 이미지가 1:1-11, 2:1-10, 4:1-10을 특징짓는다. 백성들은 7절에서 조상의 죄를 고백하고 그들이 당하는 벌은 언약적 의무에 대한 이 민족의 역사적 태도와 관련이 있음을 인정한다. 또한 이스라엘은 끔찍한 사회적 억압을 겪었다. 여기에는 여인들의 강간, 장로들에 대한 푸대접, 그리고 선별된 젊은이들에 대한 학대가 포함된다(11-14절). 다시금 1:1-11, 2:20-22, 3:1-18, 4:1-10와 같은 단락도 이런 능욕을 조명한다. 자녀들에 대한 학대와 고난은 이 모든 단락들에서 역시 특별한 관심사다. 마지막으로 이스라엘은 정치적이고 사회적인 조직의 붕괴(15-18절)로 고통당했다. 1:1-11, 2:1-10, 4:17-20에서처럼, 왕, 성전, 그리고 제의의 상실이 특별한 주목을 받는다. 5:16에서 백성들은 장로들만의 죄가 아니라 자신들의 죄를 고백한다. 이런 상황에 도달케 된 것은 수많은 세월과 수많은 죄가 있었다. 백성들이 이 책에서 너무도 좌절됨을 표현했을지라도, 죄가 하나님과의 관계를 깨뜨리게 했다는 확신에서 동요함이 없다.

그러나 죄책을 인정했을지라도, 이 백성들은 언약의 상태로 회복될 수 있음이 가능하다고 믿는다. 따라서 그들은 갱신을 위한 마지막 간청을 드린다(19-22절). 이 간청은 2:11과 3:19-38에서 그러했던 것처럼 하나님의 주권적인 성품에 기초한다(19절). 주님의 성품에 기초해서 백성들은 하나님이 이 벌을 끝낼 것을 고려해달라고 구한다(20절). 그들은 하나님이 한동안 그들에게 정당하게 화가 나셨을지라도 그들을 회복시키실 것을 구한다(21-22절). 하나님은 아직 대답하지 않으시지만, 레위기 26:44-45과 신명기 30:1-10과 같은 본문들은 죄의 고백과 하나님의 긍휼이 버려짐의 기간을 끝나게 할 것이라는 소망을 제기한다. 이런 확증이 애가서 2:11-19와 3:19-38에서도 진술된다.

이 책이 끝나갈 때, 이스라엘은 하나님으로부터 직접 대답을 듣지는 못한다. 문제는 이제 하나님께 달려 있다. 그러나 백성들은 그들을 회복시키실 수 있는 자에게 돌아가기 위해서 그들이 해야 하는 것을 행했다. 고통이 표현되었다. 백성들은 발생한 일에 대한 그들의 잘못을 인정했다. 그들은 하나님께 구조를 요청하지만, 이 구조를 받을 만하다고 주장하지 않는다. 그들은 하나님의 권능과 의를 고백하고 유사한 언약적 단락들에서 발견되는 새로움을 위한 소망을 제기한다. 하나님의 약속이 그들을 위해 있음으로 언약적 관계의 회복이 수평선 위에 있다. 이 회복의 타이밍은 오로지 하나님께 달려 있다. 아이러니하게도 여전히 이런 입장에 있음이 백성들이 한동안 가졌던 상태보다 더 좋은 위치에 있다. 그들의 상황은 하나님과의 언약 때문에 좋아질 것이고, 그들의 세심하고 진정한 애통은 이런 향상이 있게 하는 수단이 된다. 그들의 애통은 새로움이라는 목적을 위해 있고, 성경 신학 전체는 이런 목적이 충족될 것임을 알린다.

아가 · 예레미야애가

- 2010년 6월 25일 초판 1쇄 발행
- 지은이 : 두안 가렛, 폴 R. 하우스
- 옮긴이 : 채천석
- 펴낸이 : 박영호
- 펴낸곳 : 도서출판 솔로몬
- 등록번호 : 제16-24호
- 등록일 : 1990년 7월 31일
- 주소 : 서울시 동작구 사당 3동 207-3
  신주빌딩 1층
- 전화 : 599-1482 FAX: 592-2104

ISBN 978-89-8255-459-9
ISBN 978-89-8255-267-0(세트)